Eric Hilgendorf (Hrsg.)
Die deutschsprachige Strafrechtswissenschaft
in Selbstdarstellungen

Juristische Zeitgeschichte
Abteilung 4: Leben und Werk
Band 12

**Juristische Zeitgeschichte**
Hrsg. von Prof. Dr. Dr. Thomas Vormbaum
(FernUniversität in Hagen)

**Abteilung 4:**
**Leben und Werk**

Band 12

Redaktion: Zekai Dagasan, Sara Gorißen

De Gruyter

Eric Hilgendorf (Hrsg.)

# Die deutschsprachige Strafrechtswissenschaft in Selbstdarstellungen

De Gruyter

ISBN 978-3-89949-791-5
e-ISBN 978-3-89949-792-2

*Bibliografische Information der Deutschen Nationalbibliothek*

Die Deutsche Nationalbibliothek verzeichnet diese Publikation in der Deutschen Nationalbibliografie; detaillierte bibliografische Daten sind im Internet über http://dnb.d-nb.de abrufbar.



Druck: Hubert & Co. GmbH & Co. KG, Göttingen
∞ Gedruckt auf säurefreiem Papier

Printed in Germany

www.degruyter.com

# Inhaltsverzeichnis

**ANHANG**

*Eric Hilgendorf*

# Einführung

Der vorliegende Sammelband soll die Entwicklung der deutschsprachigen Strafrechtswissenschaft und Strafrechtsgeschichte in den letzten 50 Jahren anhand repräsentativer Selbstdarstellungen bedeutender Strafrechtslehrer beleuchten. Es geht also nicht nur um die persönliche und wissenschaftliche Entwicklung der hier vertretenen Autoren; die individuelle Entwicklungsgeschichte ist vielmehr eingebettet in die Geschichte der deutschsprachigen Strafrechtswissenschaft insgesamt und damit Teil der Zeitgeschichte. Umgekehrt beeinflussen zeitgeschichtliche Ereignisse den persönlichen und wissenschaftlichen Werdegang und finden so in die Selbstdarstellungen Eingang.

Allerdings unterscheidet sich die gewählte Thematik von anderen zeitgeschichtlichen Berichten durch die Identität von berichtendem Subjekt und dem Objekt der Berichterstattung. Diese Identität ist ein typisches Merkmal einer besonderen literarischen Gattung, der Autobiographie. Um Eigenart und Zielsetzung der abgedruckten Gelehrten-Autobiographien deutlicher werden zu lassen, ist ein Blick auf die in sich durchaus heterogenen Formen autobiographischen Schrifttums sinnvoll[1]. Dazu gehören neben der Autobiographie im Sinne einer eigenen Lebensbeschreibung auch literarische Formen wie der autobiographische Brief, das Selbstportrait, das Tagebuch und Memoiren. Im Internetzeitalter ist das „Blog" als online publizierte Variante des Tagebuchs hinzugetreten.

Während der Brief nur ausschnitthaft berichtet und das Selbstportrait im Kern eine auf das eigene Ich bezogene, quasi zeitlose Charakterdarstellung ist, weist das Tagebuch eine größere zeitliche Kontinuität auf. Vor allem dann, wenn es als „offenes Tagebuch" von vornherein zur Publikation bestimmt war, zeigt es deutlich autobiographische Züge. Es fehlt jedoch der größere Zusammenhang, der erst durch eine Erzählerperspektive gestiftet wird und der sowohl Memoiren als auch Autobiographien i.e.S. auszeichnet. Die beiden letztgenannten literarischen Formen unterscheiden sich dadurch, dass der Begriff „Memoiren"

---

1 Überblick bei *R.-R. Wuthenow*, Autobiographie und autobiographische Gattungen, in: U. Ricklefs (Hg.), Fischer Lexikon Literatur, Bd. 1, 2002, S. 169–189; ausführlich *M. Holdenried*, Autobiographie, 2000; *M. Wagner-Egelhaaf*, Autobiographie, 2. Aufl. 2005.

eher für autobiographische Texte Prominenter verwendet wird, z.B. bekannter Künstler oder Politiker. Für sie ist typisch, dass die Erfahrungen und Erlebnisse des erzählenden Subjekts zu markanten äußeren Begebenheiten in Beziehung gesetzt werden.

Autobiographien i.e.S. ist eine deutlich *subjektive Perspektive* eigen; sie eröffnen dem Leser intime Einblicke in die Seele des Autors. Berühmte Beispiele hierfür sind etwa die „Confessiones" des *Augustinus* (um 400), die Essays von *Michel de Montaigne* (1580/1595) oder die „Bekenntnisse" des *Jean-Jacques Rousseau* (1782). *Rousseau* leitet sein Buch mit einem Bild ein, in dem er, sein Buch unter dem Arm, am Tag des Jüngsten Gerichts vor Gott tritt und ihm erklärt, er habe nichts verschwiegen, nichts beschönigt, er habe sich niedrig dargestellt, wenn er es war, und sein Innerstes aufgedeckt, so wie es vor dem Auge Gottes offen lag. Alle Menschen „sollen meine Bekenntnisse hören, über meine Schwächen seufzen und über meine Nöte erröten"[2].

Autobiographische Bekenntnisse im Sinne *Rousseaus* wird man im vorliegenden Band vergebens suchen. Es handelt sich um Gelehrten-Autobiographien, um Selbstdarstellungen von Strafrechtswissenschaftlern, bei denen nicht die eigene psychische Entwicklung, sondern der *intellektuelle Werdegang* und das *wissenschaftliche Werk* im Mittelpunkt stehen. Hinzu tritt die Perspektive auf die Entwicklung der deutschen Strafrechtswissenschaft und des Strafrechts, wodurch sich die hier vorgelegten Texte in gewissem Sinne der Memoiren-Literatur annähern. Teilweise wird die Geschichte des eigenen Lebens und Wirkens auch durch Werksdarstellungen ergänzt, wodurch die Gelehrten-Autobiographien ein eigenständiges Gepräge erhalten, das sie von anderen Formen autobiographischen Schrifttums deutlich unterscheidet.

Autobiographien sind der Rechtswissenschaft, jedenfalls der deutschen Rechtswissenschaft, weitgehend fremd[3]. Juristen scheinen, wie *Radbruch* formuliert hat, „weniger durch Persönlichkeit gekennzeichnet als durch Sach-

---

2 Die Bekenntnisse des *Jean-Jacques Rousseau.* Nach dem Text der Genfer Handschrift übertragen von *A. Semerau*, 1920, S. 1.

3 Vgl. aber immerhin H. Planitz (Hg.), Die Rechtswissenschaft der Gegenwart in Selbstdarstellungen, 3 Bände, 1924–1929, ein Werk, das dem vorliegenden Band als Vorbild gedient hat. Es handelt sich um einen Teil einer Buchreihe des Meiner-Verlages mit autobiographischen Gelehrtendarstellungen, die auch die Geschichtswissenschaft, die Kunstwissenschaft, die Medizin, die Philosophie und die Theologie umfasst. Kritisch dazu *E. Klausa*, Vom Gruppenbewusstsein akademischer Subkulturen: Deutsche Fakultäten um 1900. Ein inhaltsanalytischer Vorstoß in wissenschaftssoziologischer Absicht, in: Kölner Zeitschrift für Soziologie und Sozialpsychologie 33 (1981), S. 329–344. Aus jüngerer Zeit *C. Jabloner*, Österreichische Rechtswissenschaft in Selbstdarstellungen, 2003.

lichkeit“ und daher „nicht häufig Anziehungskraft […] zu biographischer Gestaltung“ auszustrahlen[4]. Erst recht dürfte dies für autobiographische Schilderungen gelten. Dazu mag zum einen eine bestimmte methodologische Grundhaltung beigetragen haben: Der Jurist tritt als Person hinter das Gesetz und seine „objektive“ Auslegung zurück. Die persönliche Geschichte des Autors darf aus dieser Perspektive keine Rolle spielen. Ein anderer Faktor, der zur geringen Verbreitung von Autobiographien berühmter deutscher Juristen beigetragen haben könnte, liegt in der Tatsache, dass die Lebensgeschichte der meisten Juristen jedenfalls nicht zwingend von äußeren Glanzlichtern geprägt ist. Dies gilt auch und vielleicht sogar gerade dann, wenn es sich um Hochschullehrer handelt.

Autobiographische und biographische Literatur war in den 70er und 80er Jahren des 20. Jahrhunderts nicht modern. Vor allem von Seiten einer eher theoretisierenden Literaturwissenschaft wurde ihr die Existenzberechtigung, teilweise sogar die Existenzmöglichkeit, abgesprochen. Heute hat sich das Bild gewandelt[5]. Seit einigen Jahren lässt sich in den Geisteswissenschaften eine Renaissance biographischen wie autobiographischen Schrifttums erkennen, die auch die Gelehrtenbiographie erfasst hat. Dies gilt auch für die Rechtswissenschaft[6]. Nach Ansicht kundiger Beobachter hat die Rückkehr der ersten Person

---

4 *G. Radbruch*, *Oliver Wendell Holmes*, in: Gustav Radbruch. Biographische Schriften, eingeleitet und bearbeitet von *G. Spendel*, 1988, S. 136–142 (136) (Gustav Radbruch Gesamtausgabe, hg. von Arth. Kaufmann, Bd. 16). Dennoch existiert eine ganze Reihe von ausgezeichneten Juristenbiographien, etwa *Gustav Radbruchs* Biographie über *Feuerbach* (1934), das Werk *Erik Wolfs* über „Große Rechtsdenker der deutschen Geistesgeschichte“ (4. Aufl. 1963) oder die „Kriminalistenportraits“ *Günter Spendels* (2001). *Spendel* hat sich darüber hinaus auch mit der Theorie der Autobiographie befasst, vgl. seine Einführung in den o.g. Band mit *Radbruchs* biographischen Schriften, S. 7 ff.

5 Vgl. etwa das 2002 erschienene Kursbuch 148 mit dem Titel „Die Rückkehr der Biographien“, darin: *R. Kämmerling*, Das Ich und seine Gesamtausgabe. Zum Problem der Autobiographie, der die Rückkehr des Autobiographischen als „Suchbewegung nach einer verlorenen Zeit“ deutet (a.a.O., S. 108).

6 Vgl. etwa *Th. Hoeren* (Hg.), Zivilrechtliche Entdecker, 2001; *St. Grundmann*, *K. Riesenhuber* (Hg.), Deutschsprachige Zivilrechtslehrer des 20. Jahrhunderts in Berichten ihrer Schüler. Eine Ideengeschichte in Einzeldarstellungen, Bd. 1 2007, Bd. 2 2009. Knappere Darstellungen in: *G. Kleinheyer*, *J. Schröder* (Hg.), Deutsche und Europäische Juristen aus neun Jahrhunderten. Eine biographische Einführung in die Geschichte der Rechtswissenschaft, 5. Aufl. 2008; *M. Stolleis* (Hg.), Juristen. Ein biographisches Lexikon. Von der Antike bis zum 20. Jahrhundert, 1995. Mit Blick auf die akademischen „Verwandschaftsverhältnisse“ in der Strafrechtswissenschaft interessant *K. Miyazawa*, Materialien zum Strafrechtsvergleich, 1978 ff. Vgl. schließlich auch die thematisch orientierten Bände: *H. Heinrichs*, *H. Franzki*, *K. Schmalz* und *M. Stolleis* (Hg.), Deutsche Juristen Jüdischer Herkunft, 1993; *Kritische Justiz* (Hg.), Streitbare Juristen. Eine andere Tradition, 1988.

Singular in wissenschaftliche Texte teilweise sogar schon bedenkliche Ausmaße angenommen; die Rede ist von der „autobiographischen Versuchung“, der immer mehr Wissenschaftler zu erliegen scheinen[7].

Unabhängig vom Auf und Ab der geisteswissenschaftlichen Moden verdienen autobiographische Darstellungen auch in der Jurisprudenz mehr Interesse, als ihnen bislang zuteil geworden ist. In der Autobiographie eines bedeutenden Gelehrten tritt die Person hinter dem Werk hervor und wird sichtbar. Dadurch gewinnt das Werk an Plastizität; manches erscheint in neuem Licht und Nuancen werden verständlich. Der Leser lernt Faktoren kennen, die die Entstehung des Werks beeinflusst und geprägt haben[8]. Damit steht ein zweiter Gesichtspunkt in unmittelbarem Zusammenhang: Autobiographische Darstellungen sind häufig wertvolle Dokumente der *Zeitgeschichte*. Zur Strafrechtsgeschichte der letzten 50 Jahre gehören vor allem die Strafrechtsreformdiskussion der späten 50er Jahre, die im berühmten Entwurf von 1962 gipfelte, die Debatten um die „finale Handlungslehre“, der Alternativentwurf (1966), die Auseinandersetzungen um Moralschutz vs. Rechtsgüterschutz und die Säkularisierung des deutschen Strafrechts sowie schließlich die lange Kette von Reformen im Besonderen Teil seit Mitte der 70er Jahre, die von der Wissenschaft kritisch begleitet wurden[9].

In vielen der hier versammelten Darstellungen werden auch die Universitätsbedingungen der 50er und 60er Jahre sowie die studentische Revolte der späten 60er und frühen 70er Jahre thematisiert. Die offenbar zeitlosen Probleme jüngerer Wissenschaftler mit ihren bereits etablierten Kollegen, verbunden mit einer oft als schwer durchschaubar empfundenen Berufungspraxis, kommen ebenfalls zur Sprache. Für die älteren Autoren sind auch noch das NS-Regime und der 2. Weltkrieg Teil der eigenen Biographie; die teilweise sehr ausführliche Darstellung dieser Zeit offenbart ihre prägende Wirkung. Sehr

---

7 *P. Schöttler*, Die autobiographische Versuchung, in: A. Lüdtke, R. Prass (Hg.), Gelehrtenleben. Wissenschaftspraxis in der Neuzeit, 2008, S. 131–140.

8 In seinem 1957 erschienenem Buch „Welt und Werkstatt des Geistes“ hat der Jurist *Erich Schwinge* auf der Grundlage von über 700 (Auto-)Biographien von Forschern aller Disziplinen versucht, die Bedingungen wissenschaftlicher Produktivität darzustellen. Die Studie besitzt bis heute einen besonderen Reiz und beeindruckt überdies durch ihre sehr reichhaltige Zusammenstellung biographischen und autobiographischen Schrifttums aus dem 19. und der ersten Hälfte des 20. Jahrhunderts.

9 *J. Baumann*, *U. Weber*, *W. Mitsch*, Strafrecht Allgemeiner Teil. Lehrbuch, 11. Aufl. 2003, § 6 Rn. 25 ff.; vgl. auch *E. Hilgendorf*, *Th. Frank*, *B. Valerius*, Die deutsche Strafrechtsentwicklung 1975–2000. Reformen im Besonderen Teil und neue Herausforderungen, in: Th. Vormbaum, J. Welp (Hg.), Das Strafgesetzbuch, Supplementband 2: 130 Jahre Strafgesetzgebung – Eine Bilanz, 2004, S. 258–380.

schwierig und gelegentlich schmerzhaft ist das Thema der NS-Verstrickung der eigenen akademischen Lehrer, das nur vereinzelt berührt wird. Angesprochen werden ferner – auch in allgemeiner Perspektive – das Verhältnis zwischen Wissenschaft und Praxis, Fragen der Hochschuldidaktik, die Veränderungen im Stil der Strafrechtswissenschaft seit den 90er Jahren und schließlich die Internationalisierung der strafrechtswissenschaftlichen Arbeit heute.

Dass die deutsche Strafrechtswissenschaft nach wie vor Weltgeltung besitzt, ist nicht zuletzt den in diesem Band versammelten Autoren zu verdanken. In anderen Ländern, vor allem in Ostasien, aber auch in Südamerika und der Türkei, wird die Rechtswissenschaft erheblich personalisierter verstanden als in Deutschland. Die wissenschaftliche Herkunft eines Autors, also die Zuordnung zu einem wissenschaftlichen Lehrer, spielt dort eine große Rolle. Dasselbe gilt für die Zugehörigkeit zu einer wissenschaftlichen Schule[10]. Autobiographischen Darstellungen kommt damit über die persönliche Verankerung rechtwissenschaftlicher Beziehungen hinaus auch im Hinblick auf die Außendarstellung des deutschen Strafrechts eine besondere Bedeutung zu.

Ein weiterer Grund, der für autobiographische Darstellungen in der Jurisprudenz angeführt werden kann, ist ein didaktischer: Autobiographien berühmter Juristenpersönlichkeiten führen exemplarisch vor, dass die Beschäftigung mit dem Recht und der Rechtswissenschaft mehr bedeutet als bloß die Lösung hochkomplexer Fälle unter großem Zeitdruck. Letzteres ist ein Irrtum, dem die Studierenden heute unter dem Eindruck immer bedrängender werdender Examensanforderungen in nachvollziehbarer Weise leicht verfallen. Umso wichtiger ist es deutlich zu machen, dass die Entwicklung des Rechts eng mit der Entwicklung der Gesellschaft und der Kultur verbunden und damit auch das Ergebnis der darin agierenden Subjekte ist.

In der wissenschaftlichen Selbstdarstellung geht es immer auch um „den Gelehrten“ als solchen, um *Wissenschaft als Lebensform*[11]. Derartige Stellung-

---

10 Die letzten einigermaßen klar definierten Schulen in der deutschen Strafrechtswissenschaft dürften die *Welzel*-Schule, die Schule *Arthur Kaufmanns* und die Frankfurter Strafrechtsschule gewesen sein.

11 „Was zieht nun, im ganzen genommen, den akademischen Lehrer zu seinem Beruf? Das Bedürfnis, in die Tiefe, in die Weite zu wirken? Der Wunsch, in köstlicher Freiheit sein Dasein der Betrachtung, der Forschung, der Schöpfung zu widmen? Die Lust am Lehren derjenigen Dinge, die er für notwendig und recht hält? Die Freude am Geben, an der Mitteilung, am unausgesetzten Verkehr mit der Jugend? Es ist wohl bei dem ersten mehr dies, bei dem zweiten mehr jenes. Eines aber ist sicher: in der akademischen Tätigkeit steckt ein starkes, innerliches Stück Leben, das Leben des Geistes: ein nie versiegender Quell echten Reichtums.“ *Max Gutzwiller*, Der Universitätslehrer (1943),

nahmen von Wissenschaftlern sozusagen „in eigener Sache“ können auf eine lange Tradition zurückblicken, die bis zu den Wurzeln der europäischen Wissenschaft reicht. Schon *Aristoteles* hat vertreten, dass unter allen wertvollen seelischen Betätigungen die wissenschaftliche Arbeit die höchste Befriedigung (Eudämonie) gewährt[12]. Dass „Wissenschaft als Beruf“ auch ein besonderes Ethos des Wissenschaftlers, insbesondere geistige Disziplin und intellektuelle Redlichkeit erfordert, hat zu Beginn des vergangenen Jahrhunderts *Max Weber* hervorgehoben[13]. Zu den wichtigsten Forderungen *Webers* an die Wissenschaft gehört die Beachtung des Postulates der Wert(urteils)freiheit, also die gewissenhafte Trennung von wissenschaftlichen Feststellungen einerseits, persönlichen wertenden, insbesondere rechtspolitischen Forderungen andererseits. Insbesondere im Hörsaal müsse beides klar auseinander gehalten werden. In der Jurisprudenz korrespondiert dem *Weberschen* Wertfreiheitspostulat die Unterscheidung der Perspektiven de lege lata und de lege ferenda[14]. Auch dieses Thema findet sich in den hier abgedruckten Lebensberichten wieder.

Jede Selbstdarstellung wirft ein besonderes Problem auf, das seine klassische Umschreibung im Titel einer der berühmtesten Autobiographien der Weltliteratur gefunden hat: „Dichtung und Wahrheit“[15]. Realistische Eigenbeschreibung und Fiktion gehen in der Autobiographie leicht ineinander über, ein Phänomen, das häufig nicht nur vom Leser, sondern auch vom Autor nicht wahrgenommen wird. Die Selbst*er*kennung wird dann zur Selbst*ver*kennung. Nur allzu rasch werden Erinnerungslücken überbrückt, problematische Entscheidungen nachträglich rationalisiert und „unpassende“ Ereignisse beschönigt oder ganz weggelassen, so dass ein harmonisches Bild entsteht[16]. Dies gilt gerade dann, wenn aus Platzgründen ohnehin eine strenge Auswahl unter den

---

hier zitiert nach: *ders.*, Elemente der Rechtsidee. Ausgewählte Aufsätze und Reden, 1964, S. 303. Vgl. auch (in historischer Perspektive) *E. Hilgendorf*, Abschied vom deutschen Professor?, in: Universitas. Zeitschrift für interdisziplinäre Wissenschaft, 2003, S. 495–506; 583–594.

12 Nikomachische Ethik, 1177a 20.

13 *M. Weber*, Wissenschaft als Beruf (1919), in: *ders.*, Gesammelte Aufsätze zur Wissenschaftslehre, hg. von J. Winckelmann, 1988, S. 582–613.

14 *E. Hilgendorf*, Die Wertfreiheit in der Jurisprudenz, 2000 (Schriftenreihe der Juristischen Studiengesellschaft Karlsruhe, Band 242) (zusammen mit Lothar Kuhlen).

15 *J. W. Goethe*, Aus meinem Leben. Dichtung und Wahrheit. Teile 1–3 1811–1814, Teil 4 1833.

16 Den besonderen Vertrauensvorschuss, den der Leser eines autobiographischen Textes seinem Autor gewährt, hat man als Wirkung eines „autobiographischen Paktes“ gedeutet, vgl. *P. Lejeune*, Der autobiographische Pakt, 1994 (franz. Original 1975), und dazu *Wagner-Egelhaaf* (Fn. 1), S. 69.

zu berichtenden Ereignissen getroffen werden muss. Gegen dieses notorische Problem autobiographischer Texte ist vielleicht die Gelehrten-Autobiographie noch am ehesten gefeit, hat doch der Autor in der Regel die Standards der objektiven wissenschaftlichen Darstellung so stark verinnerlicht, dass er sie auch auf die eigene Lebensgeschichte anzuwenden vermag.

Ein zweites Kernproblem der Herausgabe von Selbstdarstellungen deutscher Strafrechtslehrer der zweiten Hälfte des 20. Jahrhunderts liegt offenkundig in der Auswahl der Autoren. Dass hier in der wissenschaftlichen Sozialisation des Herausgebers begründete und insofern „subjektive" Präferenzen eine große Rolle spielen mussten, braucht nicht näher erläutert zu werden. Um das Projekt nicht von vornherein zum Scheitern zu verurteilen, wurden nur Autoren berücksichtigt, die bei Projektbeginn das 70. Lebensjahr bereits erreicht hatten. Ganz überwiegend wurden Autoren ausgewählt, deren strafrechtswissenschaftliche Arbeiten internationale Wirkung entfaltet haben. Eine weitere Eingrenzung erfolgte unter dem Blickwinkel, dass der Sammelband nicht bloß bedeutende deutschsprachige Strafrechtsdogmatiker umfassen, sondern darüber hinaus einen Eindruck von der Vielfalt der deutschsprachigen Strafrechtswissenschaft vermitteln soll. Aus diesem Grund wurde den Autoren auch große Freiheit bei der Gestaltung und dem Umfang ihrer Texte belassen. Die Heterogenität der Texte spiegelt die Heterogenität der Persönlichkeiten und ihres Stils und war daher zu akzeptieren.

Einige Texte (*Karl Lackner*, *Werner Maihofer*, *Hans-Ludwig Schreiber*) entstanden auf der Grundlage von Interviews, die der Herausgeber mit den Betreffenden geführt hat, wurden danach aber von den jeweiligen Autoren (teilweise erheblich) überarbeitet und erweitert. Der 2006 verstorbene Tübinger Strafrechtsgelehrte *Theodor Lenckner* wurde wegen seiner besonderen Bedeutung für die deutsche Strafrechtswissenschaft posthum aufgenommen. Der Text stammt aus der Feder seines Tübinger Schülers *Edward Schramm*. Der Freiburger Kriminologe *Günther Kaiser* verstarb kurz nach Fertigstellung einer ersten Fassung seines Manuskripts, das dankenswerter Weise von seiner Tochter *Bettina Kaiser* und dem Münchner Kollegen *Heinz Schöch* fertig gestellt wurde.

Sehr zu Dank verpflichtet bin ich meinem wissenschaftlichen Assistenten *Christian Krauße* für sein großes, niemals nachlassendes Engagement. Für die Aufnahme des Werks in die Reihe der „Juristischen Zeitgeschichte" danke ich herzlich Herrn Kollegen *Thomas Vormbaum*. Die Würzburger *Wilhelm H. Ruchti-Stiftung* und ein privater Förderer, der anonym zu bleiben wünscht, haben die Drucklegung großzügig unterstützt. Danken möchte ich auch den Autoren des Bandes, die nicht nur die besondere Mühe der Erinnerungsarbeit auf sich nahmen, sondern nicht selten den Herausgeber ebenso bereitwillig wie freigiebig mit ihrem Rat unterstützten. Schon die darin liegende intellektuelle Bereicherung hat die Arbeit an dem Band jedenfalls für den Herausgeber zu einem lohnenden Unterfangen werden lassen.

Die Idee zu diesem Buch entstand in Gesprächen mit meinem Würzburger Kollegen *Günter Spendel*, dem ich für vielfältige Anregungen und Hinweise zu besonderem Dank verpflichtet bin. *Spendel*, selbst ein Nestor der deutschen Strafrechtswissenschaft und der juristischen Biographik, hat das Projekt von Anfang an konstruktiv begleitet, mich in seiner Fortführung bestärkt und mir bei zahlreichen Fragen hilfreich zur Seite gestanden. Leider hat *Günter Spendel* das Erscheinen des Werkes nicht mehr erlebt. Am 4. Juni 2009, wenige Tage nach der gemeinsamen Durchsicht der Druckfahnen, ist er gestorben. Ich widme unser Buch seinem Andenken.

Würzburg, den 9. Juni 2009

Gunther Arzt

# Gunther Arzt

## *1936–1955: Anfänge (Geburt bis Studium)*

„So, so, Rechtsverdreher willst Du werden“, mit dieser Bemerkung quittierte mein Vater 1955 die Mitteilung, dass ich mich für das Jurastudium entschieden hatte. Die Bemerkung signalisierte keine Opposition. Mein Vater wusste, dass ich über ein Mathematikstudium nachgedacht hatte. Weder er noch der Berufsberater konnte mir jedoch verdeutlichen, was man eigentlich *nach* einem solchen Studium beruflich konkret machen konnte. Dem Berufsberater war nur „Mathelehrer“ eingefallen, was ich wenig originell und vor allem überhaupt nicht attraktiv fand. Meine Eltern hatten weder positive noch negative Erfahrungen mit Juristen gemacht. Der einzige Prozess, in den meine Eltern je involviert gewesen sind, betraf die Entnazifizierung meines Vaters – und da fühlte er sich nicht besonders ungerecht behandelt.

Rückblickend denke ich, dass mir die eher beiläufige Bemerkung über die Juristen als „Rechtsverdreher“ mehr zugesetzt hat, als mir damals bewusst gewesen ist. Natürlich hatte ich es schon als Schüler lustig gefunden, wie der Teufel durch arglistige wortwörtliche Auslegung der entsprechenden Pakte betrogen worden ist, etwa als Brückenbauer; gar nicht zu reden von der Verspottung des angehenden Studenten durch Mephistopheles im Faust. In den Seminaren zur Rechtsphilosophie meines späteren Doktorvaters *Erich Fechner* ist mir bewusst geworden, wie groß die Auslegungsspielräume sind und wie schwach deshalb die Bindung des Juristen an das Recht ist. Ich weiss nicht, wann mir klar geworden ist, dass hinter dem Ruf nach mehr Gerechtigkeit jedenfalls *auch* der *Berufsegoismus der Juristen* steckt. Wer – wie ich – den sprunghaften Anstieg der Zahl der Professoren allgemein und Strafrechtslehrer im Besonderen miterlebt hat, musste sich doch wundern über die absurde Welt der deutschen Universitäten, in der sich seit Beginn der 50er Jahre die Forschungskapazität nach dem Unterrichtsbedarf im betreffenden Fach gerichtet und *deshalb* vervielfacht hat! Dass sich ein so offensichtlich korruptes System seit einem halben Jahrhundert hält, belegt die enorme Macht dieses Berufsegoismus. Hätte nicht die Jahrtausendwende einen künstlichen Einschnitt gebracht und mit ihm das Bedürfnis nach feierlich-kritischer Rückschau – meine einschlägigen Arbeiten wären wohl ohne Resonanz geblieben. Wie dem auch sei, ich habe mich jedenfalls sehr gefreut, dass der „Wissenschaftsbedarf“ auf der Strafrechtslehrertagung in Halle 1999 zum Thema geworden ist und ich

29 Jahre nach meinem Regensburger Vortrag über die Delikte gegen das Leben zum zweiten Mal zu den Kolleginnen und Kollegen sprechen durfte[1].

1936 dürften meine Eltern bei meiner Geburt glücklich gewesen sein. Mein Vater (Jahrgang 1899) war mit Notabitur in den 1. Weltkrieg nach Frankreich gezogen. Nach dem Chemiestudium in der Inflationszeit in Leipzig musste er angesichts massenhafter Arbeitslosigkeit auch und gerade der Akademiker froh sein, dass ihm seine älteste Schwester, meine Tante *Erna*, eine Stelle in einer kleinen Färberei verschaffen konnte. Die dort gewonnenen praktischen Erfahrungen haben dann dazu beigetragen, dass meinem Vater 1935 die Stelle als Lehrer für Textilchemie (mit Professorentitel) am Staatlichen Technikum für Textilindustrie in Reutlingen angeboten worden ist. Meine Mutter (geboren 1901) hatte nach der Volksschulzeit Geld in Heimarbeit durch Spitzenklöppelei verdient. Die gute Zeit, die 1935 mit Angebot einer festen Stelle und Heirat begonnen hatte, sollte nur vier Jahre dauern. Mein Vater wurde mit Kriegsausbruch ein zweites Mal „eingezogen". Er kam erst an die Front nach Frankreich, dann nach Russland. Von da kehrte er 1944 als – wie die Terminologie damals so schön lautete – „Schwerbeschädigter" zurück. Der linke Arm musste zwar nicht amputiert werden, war aber unbrauchbar und ist im Laufe der folgenden Jahre und Jahrzehnte durch Knochen- und Metallsplitter Quelle immer neuer Operationen geworden.

Nach Kriegsende hat sich mein Vater als Färber durchgeschlagen; Uniformen und Fahnen waren das Rohmaterial. Besonders begehrt waren die Offiziersmäntel, wegen des Wollstoffes. Arbeitsstätte war der Waschkessel in der Waschküche. Ab 1952 hat er mit fremdem Geld eine Färberei in Schopfheim / Baden betrieben, in der er zugleich die neuesten Maschinen getestet hat. So kam der Betrieb zur schönen Bezeichnung „Versuchsanstalt für praktische Textilveredelung" und ich vom Reutlinger Gymnasium ans neusprachliche Gymnasium nach Schopfheim. Mein Vater hat mich nie zu einem Chemiestudium oder gar zur Übernahme des Betriebs gedrängt. Er hat sich über die Krise der Textilindustrie und die Überlebenschancen kleiner Betriebe wohl auch keine Illusionen gemacht. Der Zufall wollte es, dass sich ihm die Rückkehr als Professor ans Technikum nach Reutlingen etwa ein Jahr vor meinem Abitur angeboten hat (gestützt auf das Gesetz nach Art. 131 GG). Ich bin (sehr gerne!) in Schopfheim geblieben, dort habe ich 1955 das Abitur gemacht. Deutsch und Mathe waren meine Lieblingsfächer.

1 *Arzt*, Wissenschaftsbedarf nach dem 6. StrRG, ZStW 111 (1999) 757; vgl. auch *Arzt*, Die deutsche Strafrechtswissenschaft zwischen Studentenberg und Publikationsflut, GS Armin Kaufmann, Köln etc. 1989, S. 839. – Zur Resonanz Eser (Hrsg.), Die deutsche Strafrechtswissenschaft vor der Jahrtausendwende; Rückbesinnung und Ausblick, München 2000 (insbes. *Burkhardt* zur „folgenlosen" Dogmatik, S. 111 ff., 230 f.).

## *1955–1959: Studium in Tübingen*

Da meine Eltern 1954/1955 in Reutlingen gebaut haben, war für mich Tübingen als Studienort 1955 buchstäblich „nahe liegend". *Günter Dürig* hat als Dekan uns Erstsemestrige am Einführungsabend mit den Worten begrüßt, „willkommen an der besten Juristischen Fakultät Deutschlands". Wir haben gelacht, weil wir das für einen Scherz gehalten hatten. Dass es *Dürig* Ernst war, ist mir erst Jahrzehnte später bewusst geworden. Ich habe als Student das „Goldene Zeitalter" der Tübinger Juristischen Fakultät miterlebt: *Zweigert* war in der Einführungsvorlesung spannend; *Dölle* hat das Schuldrecht nicht gelesen, sondern zelebriert; *Dürig* hatte eine geradezu magische Fähigkeit, so zu formulieren, dass seine „Slogans" im Gedächtnis geblieben sind. Bei *Bachof* konnte man spüren, wie die unerhörte Vielfalt der Verwaltung (die sich in seiner in rasendem Tempo gehaltenen Vorlesung spiegelte) in einem klar strukturierten rechtlichen Netz eingebunden worden ist. Wer solche Vorlesungen in den großen Hörsälen erlebt hat, kann die Didaktik-Experten nur bedauern, die (offenbar selbst didaktisch unfähig) landauf landab predigen, man könne in „Frontalvorlesungen", also im Auditorium Maximum, nichts lernen. Von offensichtlichen Interessen des sog. Mittelbaus abgesehen, dürften zu diesem didaktischen Aberglauben die Kollegen beigetragen haben, die sich (didaktisch unbegabt) angesichts des Fernbleibens ihrer Studenten auf Kleingruppen beschränken möchten.

Während des Studiums habe ich in den Seminaren bei *Fechner* und gelegentlich im „Examinatorium" von *Baur* auf eine Frage geantwortet oder gar eine Frage gestellt. Davon abgesehen habe ich während des Studiums nur zwei Mal etwas zu einem Professor gesagt (Assistenten gab es im Lehrbetrieb praktisch keine). Das erste Mal war im ersten Semester in der Einführung bei *Zweigert.* Als vorsichtiger Mensch saß ich im Auditorium Maximum weit hinten. Als auf eine an alle gerichtete Frage niemand reagierte und *Zweigert* einfach wartete, verlor ich als erster die Geduld. Gut 100 Köpfe haben sich gedreht und mich missbilligend angestarrt, auch klang mir meine Stimme im großen Raum fremd. Beim zweiten Mal ging es um eine Wette. Gegenüber einem Freund hatte ich den Slogan von *Dürig*, „keine Gleichheit im Unrecht", dahin interpretiert, dass eine Autofahrerin im Unrecht sich auf Ungleichbehandlung berufen dürfe, wenn der Polizist in vergleichbarer Lage bei Männern ein Auge zudrücken würde. *Dürig* gab mir Recht und zeigte sich nicht nur bestürzt, dass man seinen Slogan dahin deuten könnte, dass er die Rüge anderer Ungleichheiten als Recht / Unrecht ausschließe, er suchte die Schuld für das Missverständnis bei sich. Von Interesse ist meine Passivität nur insofern, als sie die damalige Normalität spiegelt. Die Distanz zwischen Professoren und Studenten signalisierte jedoch keine Überheblichkeit der Professoren, sondern mangelnde Gelegenheit für Nähe. Ergab sich eine Gelegenheit, ist sie wahrgenommen worden. Mein Freund *Reinhard* fuhr im dritten Semester in hohem Tempo mit dem Fahrrad über die Neckarbrücke und rammte auf dem Fußgängerüberweg ein Mädchen, etwa sechs Jahre alt. Es hatte Schürfungen und Prellungen, war aber einigermaßen okay und wollte nicht nach Hause gebracht werden. *Reinhard* beharrte darauf, das Kind solle wenigstens Name und Adresse sagen. Der Schock war groß, er hatte eine Tochter des Sachenrechtlers *Baur* umgefahren. In der Mittagspause diskutierten wir das weitere Vorgehen. Am frühen Nachmittag läutete mein Freund mit Pralinen an der Haustür, um sich nach dem Kind zu erkundigen. Die Familie war gerade auf dem Weg ins öffentliche Schwimmbad, *Baur* nahm den Übeltäter mit und dieser verbrachte den Nachmittag in einer professoralen Badehose.

Sinn dieses kurzen Rückblicks kann nur sein, über einige mir wichtig scheinende positive oder negative Erfahrungen zu berichten – bestenfalls exemplarisch, oft wird aber nur eine Auslese nach sehr persönlichen Gesichtspunkten möglich sein. Was an dieser Stelle mit Blick auf meine Lehrer[2] gilt, trifft an späterer Stelle ebenso zu bezüglich meiner inländischen und ausländischen Freunde und Kollegen oder meine Assistenten und Doktoranden.

Wie den meisten meiner Freunde erschien auch mir ein rasches Ende der Studienzeit schon angesichts sehr knapper finanzieller Mittel selbstverständlich. Dass die durchschnittliche Studiendauer in den folgenden Jahren rasch angestiegen ist, zeigt die gestiegene Behaglichkeit studentischen Lebens. Mit meinem Freund Konrad saß ich die letzten sechs Monate vor dem Examen praktisch täglich von 8 Uhr bis gegen 18 Uhr in der UB, am 24. Dezember und 31. Dezember bis mittags. Die UB ist schon wenige Jahre später an solchen Tagen geschlossen geblieben; ihre Ressourcen hat man brach liegen lassen, weil man die vergleichsweise geringen Zusatzkosten für das Personal sparen wollte. Das 1. Examen im Frühjahr 1959 (im achten Semester) ergab die (in Baden-Württemberg wichtige) gute Platzziffer 4/132; eine höchst angenehme Überraschung. Ich hatte während des ganzen Studiums nur einmal eine Klausur besser als „befriedigend" geschrieben. Nun hatte ich von den acht Examensklausuren sechs Mal „gut"; zwei Arbeiten waren unter dem Strich. Mein Freund hatte fast identische Noten erzielt. Wenn ich das heute schildere, dann deshalb, weil ich es für eine besondere Faulheit derer halte, die Noten verteilen, wenn sie studentische Leistungen in den Bereich von mäßig schlecht bis bestenfalls mittelmäßig befriedigend zusammendrängen. Vor allem möchte ich

2 Es liegt mir fern, an meine Tübinger Lehrer nachträglich gute oder schlechte Zensuren zu verteilen. Strafrecht hat mich als Student nicht mehr interessiert als andere Fächer; den AT bei *Schmidhäuser* habe ich als seltsam realitätsfremd in Erinnerung; *Horst Schröder* hat den BT schnell vorgetragen; seine Fallbesprechungen waren eine Klasse für sich, wenn es darum ging, uns mit einem kräftigen Schuss Ironie unsere Fehler um die Ohren zu schlagen. *Eduard Kern* war einer meiner Prüfer im Rigorosum.

den Ratschlag von *Dürig* weiter geben, „klotzen, nicht kleckern". Ich habe ihn befolgt und mir sogar den Tick geleistet, über irgendetwas so viel lernen zu wollen, bis ich mich wirklich sicher fühlte. Meine Wahl fiel auf das Eigentümer/Besitzer-Verhältnis, wo ich sogar die alten Großkommentare zum BGB konsultiert habe (freilich hat das im Examen nichts gebracht). Nicht erst seit heute denke ich, dass die *Examensreformen* hin zu „immer mehr – immer oberflächlicher" mitsamt der ex und hopp Mentalität, mit der Wissensbrocken am Ende einer Lehrveranstaltung „abgeprüft" und vergessen werden, in die falsche Richtung weisen.

## *1959–1964: Referendar, Assistent, Promotion und mit dem Assessorexamen nach Berkeley in eine neue Welt*

Das gute Examen eröffnete die Chance, neben der Tätigkeit als Gerichtsreferendar (die 320 DM pro Monat Unterhaltszuschuss einbrachte) Geld als Korrekturassistent zu verdienen. Ich wählte Strafrecht und kam zu *Jürgen Baumann*, der mir erstmals im mündlichen Staatsexamen – frisch aus Münster berufen – als Prüfer begegnet war. Er hatte unsere Vierergruppe in die Prüfungspause mit der Bemerkung entlassen: „Die Herren scheinen vom Prozessrecht nicht eben viel zu wissen". Gleich nach dem 1. Examen hat mich *Fechner* auf die von der Fakultät (auf seine Anregung hin) ausgeschriebene Preisarbeit „Die Ansicht aller billig und gerecht Denkenden" aufmerksam gemacht. Ich habe mich intensiv neben Referendartätigkeit und Korrekturassistenz mit diesem Thema befasst und den Preis gewonnen. Das hat sich insofern ausgezahlt, als mir der Preis einen Grund dafür geliefert hat, die Fakultät zu bitten, mir die Promotion (nach Überarbeitung der Preisarbeit) durch Befreiung vom (damaligen) Erfordernis des Großen Latinums zu ermöglichen. Ich hatte mit dem Abitur nur das Kleine Latinum erworben. Meinem Gesuch ist stattgegeben worden.

*Jürgen Baumann* hat seinen „Vollassistenten" *Ulrich Weber* und mich als Hilfsassistenten intensiv beschäftigt, aber nie seine Argumente höher als unsere gewichtet. Wir hatten u.a. die Aufgabe, die erste Fassung seines Lehrbuchs zum AT kritisch durchzulesen. Ich erinnere mich, dass *Ulrich Weber* und ich uns darüber gewundert haben, dass bei den zwei Leuten auf einer Planke, die auf Dauer nur einen tragen kann, das Notstandsproblem bei minimen Änderungen der Schilderung des Sachverhalts zum Notwehrproblem changiert und damit der Schuldausschluss zur Rechtfertigung. Über *Karneades* haben wir gestritten, aber *Ulrich Weber* und ich sind rasch Freunde geworden und bis heute geblieben[3].

Die Referendarzeit (damals 3 ½ Jahre) war schön, die Konfrontation mit der Praxis war lehrreich und mitunter lustig. „Mein" Staatsanwalt hat so auf seinen Schreibtisch (d.h. sein Sekretariat) Rücksicht genommen und Kürzung meiner Entwürfe verlangt, dass ich nach einem Weg gesucht habe, ihn durch Kürze des Entwurfs einer Anklageschrift zu schockieren. Einen mit Blick auf Mord oder „nur" vorsätzliche Tötung wegen der Motive komplexen Sachverhalt (Judenhass in Russland) habe ich durch eine Heimtückekonstruktion radikal vereinfacht. Mein Entwurf war (angesichts des Aktenbergs provokativ knappe) sieben Seiten lang. Zu meiner Verblüffung hat der Staatsanwalt ihn überflogen und nach einer zweiten langsamen Lektüre kommentarlos abgezeichnet; gescheitert ist die Konstruktion erst am BGH[4]. „Mein" Amtsgerichtsrat, der Verkehrsstrafsachen am laufenden Band abzuurteilen hatte, selber aber keinen Führerschein besaß, würde in eine moderne Fernsehserie passen. Er hat eine „Nachtrunk"-Verteidigung[5] mit dem Argument vom Tisch gewischt, es sei allgemein bekannt, dass man maximal eine Promille Alkohol pro Stunde aufnehmen könne (man kann sehr viel mehr aufnehmen, aber nicht mehr als ein Promille abbauen); er hat ohne viel Federlesens trotz Radarmessung freigesprochen, weil das Gerät einen Fehler haben müsse, denn es sei gerichtsbekannt, dass man mit einem Fahrzeug der Marke „Isabella" keine 120 km/h fahren könne (Borgward Isabella war dazu durchaus fähig, doch stand dem Richter der Kabinenroller BMW-Isetta vor Augen) etc. Als ich in meiner Strafprozessvorlesung in Göttingen die Ablehnung wegen Befangenheit mit Hinweis auf solche und weitere Geschichten und der Bemerkung illustrierte, man könne einen Richter nur wegen Parteilichkeit, nicht aber wegen Unfähigkeit ablehnen, hat eine Studentin diese Aussage einem Freund mitgeteilt, der Mitarbeiter der Bildzeitung war. So hat eine breitere Öffentlichkeit erfahren, dass Richter – jedenfalls nach Meinung von Prof. *Arzt*, Göttingen – wegen Dummheit nicht abgelehnt werden können. Die Flut an Zuschriften war überwältigend.

Gleich nach der Promotion (mit der Preisarbeit) 1962 bin ich auf eine Vollassistentenstelle bei *Jürgen Baumann* befördert worden. Allerdings war die erste schwere Krise vorprogrammiert, denn die Kombination von Arbeit als Vollas-

---

3 Zu *Karneades* (und der Idee eines Losentscheids) *Arzt*, in FS Weber, 2004, 17. Dass Notfälle in der Realität durch Los entschieden werden, belegt *Mitsch*, in FS Weber, 2004, 49. Erstsemestrige kommen beim alten Rätsel, wie man gerecht teilt, wenn man keinen Zugang zu einem Markt hat, rasch auf Auktionsmodelle; das Los wird für mein Gefühl erst befremdend spät erwogen.

4 BGHSt 18, 37.

5 D.h. der angetrunkene Fahrer behauptet, er habe nach dem Unfall, kurz vor der Blutprobe, Schnaps getrunken.

sistent, Referendartätigkeit und Vorbereitung des Assessorexamens ist mir bald über den Kopf gewachsen, zumal *Ulrich Weber* als Redakteur zur JZ gewechselt ist. Ich kündigte abrupt die Assistentenstelle, doch *Jürgen Baumann* beruhigte mich, versprach, mich zeitweilig zu entlasten und riet mir zu einem Auslandsaufenthalt gleich nach dem Assessorexamen. Meine schwachen Englischkenntnisse (wenn schon, wollte ich weit weg) ließ er als Hinderungsgrund nicht gelten (im betreffenden Land lerne sich die Sprache rasch) und ein Stipendium werde sich schon auftreiben lassen.

Seine Einschätzung sollte sich wie so oft als richtig erweisen. So fuhr ich 1964 – nach dem Assessorexamen 1963 in Stuttgart (Platzziffer 4/240) – mit dem Frachter und einem VW-Stipendium durch den Panama-Kanal nach San Diego und weiter mit dem Greyhound nach Berkeley. Ich war in einer neuen Welt gelandet. Als Kind hatte ich mich nach der Ferne gesehnt; Berichte von Forschungsreisen waren meine Lieblingslektüre und irgendwie habe ich sogar 50 Pfennig (kurz nach der Währungsreform viel Geld!) für einen Lichtbilder-Vortrag über den Titicaca-See aufgebracht. Statt von der Eisenbahnbrücke aus den Zügen nachzusehen, segelte ich nun unter dem Golden Gate. Vom Segelkurs wurden mir zwei credits für meinen LL.M. gutgeschrieben, reglementskonform! Man mag diese starken Gefühle belächeln, heute, wo Fernreisen längst zur Selbstverständlichkeit geworden sind. Ich hatte, sieht man von den Nachbarländern Schweiz / Österreich / Frankreich ab, in den ersten 30 Jahren meines Lebens nur je einen Aufenthalt in Sizilien und an der Costa Brava vorzuweisen. Außerdem bin ich mit zwei Freunden zur Feier unseres Assessorexamens mit dem Auto von Tübingen via Balkan, Türkei, Syrien, Libanon und Jordanien nach Haifa gefahren (zurück mit der Fähre), was das Fernweh angefacht hat. Wir hatten uns für das nächste Mal den Khyberpass vorgenommen, dazu sollte es freilich nicht kommen. Die Neue Welt hieß für mich eine neue Landschaft, neue Sprache, neue Freunde. San Franzisko war meine erste Großstadt; ein alter Studebaker 6-Zylinder mein erstes Auto (spottbillig, die Gesellschaft war pleite und die Ersatzteilversorgung dubios).

*Neu war auch die Sicht der Kriminalität.* Ich hatte schwere Kriminalität aus der Opferperspektive als bösen, ganz unwahrscheinlichen Zufall angesehen. Dass die Chauffeure in den Stadtbussen in San Franzisko nur „exact fare“ akzeptieren wollten, schien mir der beschleunigten Abfertigung beim Einsteigen zu dienen. Dass der Fahrer sich so gegen eine Beraubung schützen wollte, habe ich nicht sofort begriffen. Als ein vielleicht zwölfjähriges Kind in der Law School an einem Professor, mit dem ich im Gespräch war, vorbei joggte („hi, Dad“), fragte ich verblüfft, ob das Kind nicht in der Schule sein müsse. Doch, seine Tochter jogge nur in der Pause in die Law School, da seien die Toiletten sicherer.

Auch abgesehen von der Kriminalität waren die USA für mich juristisch eine neue Welt. Die kleine Gruppe europäischer Studenten (wir waren fünf bis sechs Deutsche und etwa ebenso viele Franzosen) – jeder von uns musste sich ständig vorhalten lassen, wir würden „overbroad" argumentieren. Die Enge des case law war gewöhnungsbedürftig. Für mich kam die Erlösung im Rechtsphilosophie-Seminar von *Albert A. Ehrenzweig*. Obwohl primär für amerikanische Studenten gedacht, war seine „jurisprudence" für mich der Schlüssel zum Verständnis des amerikanischen Systems. *Ehrenzweig* prophezeite den Kollaps des case law binnen weniger Jahre, es sei wegen seiner eigenen Fülle zum Untergang verurteilt. Exzerpte der vielen Fälle (für den „Shepard") zu produzieren, sei eine öde Aufgabe, für die sich nur schlechte Juristen finden ließen; der Dschungel der vielen Urteile werde bald undurchdringlich sein. *Ehrenzweig* hatte zwar den Nationalsozialismus vorhergesehen, aber nicht den Computer, der das case law gerettet und die Ansteckung des europäischen Rechts ermöglicht hat.

Obwohl kein dominanter Faktor, kann man über Berkeley 1964 nicht sprechen, ohne die *Studentenrevolte* zu erwähnen (mit *Joan Baez* im Fußballstadion). Ich habe die den Wahlkampf um die Präsidentschaft abschließende Veranstaltung des republikanischen Kandidaten *Goldwater* in San Franzisko miterlebt (Gratisbus ab Berkeley!); seine hohe Niederlage gegen *Johnson* war korrekt vorhergesagt worden. Die Proteste der Studenten entzündeten sich während des Wahlkampfes an einigen Quadratmetern nahe des Hauptzugangs des Campus, bei denen die Zuständigkeit zum Verbot von Tischen mit Werbematerial zwischen Stadt und Universität unklar war. Der anfangs offensichtliche Konnex zum Vietnam-Krieg ging rasch verloren, denn von free speech wurde um des Prinzips willen der Schritt zu „foul" speech rasch zurückgelegt, also die öffentliche Zurschaustellung der „four-letter-words". Warum die deutsche Revolte der Studierenden erst mehr als drei Jahre später losgebrochen ist, ist in der ganz auf 1968 fokussierten Diskussion nach meinem Eindruck nie thematisiert worden. Da man mir als jungem Professor 1970 nur zu gern die Einführung in die Rechtswissenschaft überlassen hat, weil diese Vorlesung einer ersten Welle studentischer Kritik ausgesetzt war, erinnere ich mich auch an die rätselhafte Plötzlichkeit, mit der die Erstsemestrigen von einem Jahr auf das andere (1973) sich von der 68er-Revolution abgekehrt haben und aus etwas viel Unruhe jäh etwas viel Ruhe geworden ist.

Auffällig war in Berkeley der Arbeitseifer der amerikanischen Jurastudenten; sie haben wirklich Tag und Nacht gebüffelt („gecrammt"). Die Bibliothek war deshalb auch nachts geöffnet. Zu Berkeley hat eine als selbstverständlich angesehene Zugänglichkeit der Professoren und eine unerhörte und unkomplizierte Gastfreundschaft gehört. *Hans Kelsen* hat es sich nicht nehmen lassen, die jungen deutschen Jurastudenten in sein Heim einzuladen. Dank der *Fechner-*

Seminare war mir die „Reine Rechtslehre" kein Fremdwort. Das Angebot von *Friedrich Kessler*, damals Gastprofessor in Berkeley und Betreuer meiner LL.M.-Thesis[6], mit ihm zwecks amerikanischer Promotion nach Yale zu kommen, war eine große Versuchung. Mir ist die Ostküste als viel ähnlicher zu Europa geschildert worden als die Westküste; so habe ich mich für die Rückkehr nach Deutschland entschieden. Zuvor bin ich ein paar Wochen im Westen der USA und Kanadas mit einem englischen Biologen gereist und vor allem gewandert. Wir hatten uns zusammen mit einem Atomphysiker aus Oxford eine Wohnung in Berkeley geteilt. Bei einer dieser Wanderungen bin ich meiner Frau begegnet (Heirat 1966). Zur Heimreise habe ich mir drei Monate Zeit für den Weg durch Asien genommen; mit Beginn in Japan. Ein Schopfheimer Schulfreund ist mir nach Tokyo entgegen geflogen, als erstes haben wir den Fuji bestiegen, was viele Jahre später die japanischen Kollegen vielleicht mehr beeindruckt hat als meine Ansicht über Rechtsfragen. Mit dem vorletzten Flug vor dem blutigen Putsch gegen *Sukarno* haben wir Indonesien verlassen und mit dem ersten Flugzeug, das nach dem Krieg zwischen Indien und Pakistan von Bombay aus in Karachi gelandet ist, sind wir in Pakistan eingetroffen.

## *1965–1975: Habilitation, Göttingen und noch einmal Berkeley (Kriminalitätsfurcht)*

Bei meiner Rückkehr habe ich es geradezu als Schock empfunden, dass sich in diesem an Ereignissen für mich übervollen Jahr daheim nichts Neues zugetragen hatte. Ich wollte in eine international tätige Anwaltskanzlei eintreten und hatte auf meine Annonce einige Angebote erhalten, die ich schwer einschätzen konnte. Ich suchte Rat bei *Jürgen Baumann*. Das Gespräch endete mit einem Habilitationsangebot. So bin ich sein erster Schüler geworden[7]. Hätte es nicht geklappt, wäre ich mit meiner Frau, die wegen mir ihre erste Universitätsstelle in Pocatello an der Idaho State University verlassen hatte, in die USA zurückgekehrt und hätte dort mein Glück als Deutschlehrer versucht.

Auf der Suche nach einem Thema für die Habilitationsschrift hat mich die Unbestimmtheit des Bestimmtheitsgrundsatzes gereizt. Da sich schon meine

6 Normalerweise ist die LL.M.-Thesis Vorläufer einer deutschen Diss. geworden. Ich habe dies umgekehrt und das Diss.-Thema als LL.M.-Thesis weiter verfolgt. Meine Erwartung, dass die Anrufung der Wertmaßstäbe der Rechtsgemeinschaft durch die Richter angesichts der empirischen Fortschritte in der Meinungsforschung in den USA zu einer stärkeren Beachtung der real von der Bevölkerung vertretenen Meinung führen würde als in Deutschland, hat sich nicht erfüllt.

7 Zum Gedenken an *Jürgen Baumann* (1922–2003) vgl. Tübinger Universitätsreden, n.F. Bd. 43 (= Bd. 21 der Reihe der Juristischen Fakultät), Tübingen 2006. Die Reden seiner Schüler (Frau *Schlüchter* ist vor ihm verstorben) anlässlich der Gedenkstunde am 12.12.2004 sind dort publiziert und spiegeln – vielleicht intensiver als die Beiträge in der Festschrift zu seinem 70. Geburtstag – den Menschen, Wissenschaftler und Lehrer.

Dissertation („Die Ansicht aller billig und gerecht Denkenden“) mit der Konkretisierung von Generalklauseln beschäftigt hatte, habe ich schließlich ein konkreteres Thema vorgezogen (Der strafrechtliche Schutz der Intimsphäre). Darin findet sich das ältere Interesse in den Überlegungen, dass der Gesetzgeber „Bestimmtheit“ leicht durch eine (unerwünschte!) *Ausweitung* des Tatbestandes herstellen könne. Ich habe viel Zeit in die *Habilitationsschrift* investiert, zu viel. Immerhin ist mir nach intensivem Nachdenken zum alten Problem des Verhältnisses Ehre / Intimsphäre eine einfache Formel eingefallen: Je näher an der Wahrheit, desto intensiver die Tangierung der Intimsphäre; je ferner von der Wahrheit, desto massiver der Angriff auf die Ehre. Es war Klarheit für mich selbst, irgendwie war es mir nicht wichtig, wie es andere sehen. Als publizistischem Anfänger ist es mir auch nicht eingefallen, die schöne These mit Posaunenklängen zu verkünden (Überschriften, Fettdruck, Wiederholungen oder am besten durch Herauslösung aus dem Buch und separate Publikation als Aufsatz). Auch im *Habilitationsvortrag* („Der befangene Strafrichter“[8]) finden sich Reste der Problematik der Bestimmtheit. Je größer der vom Gesetzgeber dem Richter überlassene rechtspolitische Spielraum bei der Gesetzesanwendung ist, desto kleiner wird die Bereitschaft einer Partei sein, auf Objektivität eines politisch „engagierten“ Richters zu setzen. – Meine Tübinger *Antrittsvorlesung* als Privatdozent war sehr gut besucht. Das Echo war positiv, doch die Kritik meiner Freunde an der Formulierung des Themas („Die strafrechtliche Bedeutung der mit Willensmängeln behafteten Einwilligung des Verletzten“) war gnadenlos. Dieser Kritik habe ich bei der Publikation Rechnung getragen („*Willensmängel bei der Einwilligung*“). Ins Zentrum habe ich die wechselseitige Abhängigkeit der Interessen von Täter und Opfer gerückt. Wird die Einwilligung als ein Instrument des Interessenausgleichs begriffen, führt dies zu einer radikalen Abkehr von der damals h.M., die alle mit fehlerhafter Einwilligung verbundenen Risiken dem Täter überbürden wollte. Mir war schon bei der Intimsphäre aufgefallen, dass die theoretische Diskussion zwar um den „absoluten“ Schutz der Privatsphäre kreiste (Totenmaske *Bismarcks*), es *praktisch* jedoch fast immer darum geht, die Bedingungen für den Zugang in die Privatsphäre festzulegen, oft geht es einfach um den Verkaufspreis. Ich vermute, dass das beträchtliche Echo, das ich mit „Willensmängeln bei der Einwilligung“ gefunden habe, auch auf banale Gründe zurückgeht, nämlich die Kürze schon des Titels und dann der Schrift insgesamt, sowie die brutale, vor Vereinfachung nicht zurückschreckende Klarheit. Schließlich war es ein Vortrag für ein studentisches Publikum!

---

8 In erweiterter Form publiziert, *Arzt*, Der befangene Strafrichter, Tübingen 1970. Wegen der Selbstverständlichkeit, mit der von einem *strafprozessrechtlichen* Thema ausgegangen wird, antiquiert. Heute wäre es ein *verfassungsrechtliches* Habilitationsthema.

Glück hatte ich mit der Habilitation insofern, als mich *Jürgen Baumann* schon als Assistent in den Kreis der Professoren eingeführt hat, die sich damals mit dem *Alternativ-Entwurf* eines StGB befassten. Ich habe das als Privileg und Herausforderung zugleich angesehen. Erst später ist mir klar geworden, dass es mir genutzt hat, dass mich die AE-Professoren nicht nur der Papierform nach gekannt haben. Nicht im Geringsten bewusst war mir das Glück, das sich einfach aus Angebot und Nachfrage des expandierenden akademischen Marktes ergeben sollte. Habilitiert 1969, ein Vertretungssemester in München (*Bockelmann* war auf den Stufen eines Tempels in Sizilien ausgerutscht) und schon 1970 o. Prof. in Göttingen (Nachfolge *Friedrich Schaffstein* 1905–2001). Ich denke gerne an die Göttinger Zeit zurück, ein Anfang mit *Roxin* und *Schüler-Springorum* als menschlich wie fachlich wunderbare Kollegen. Die stärkere Berücksichtigung der Sozialwissenschaften war ein zentraler Punkt der damaligen Studienreformdiskussion. Die Göttinger (zu denen bald nach meiner Berufung *Klaus Lüderssen* gestoßen ist) brauchte man diesbezüglich nicht zu überzeugen. *Honig*, den ich durch seine 1919 publizierte Monographie zur Geschichte des Einwilligungsproblems und von seiner Darstellung des amerikanischen Strafrechts[9] dem Namen nach kannte, lebte im Ruhestand in Göttingen. Er hat spannend von seiner schweren Zeit in der Türkei erzählt, wohin er sich vor dem Nationalsozialismus zurückgezogen hatte. Uns allen erschien es ganz selbstverständlich, dass an solchen Abenden *Schaffstein* mit eingeladen war, der die Zeit anders verbracht hatte. Die Beurteilung des Verhaltens in der NS-Zeit ist ganz allgemein mit zeitlicher Distanz strenger (aber mit abnehmenden Detailkenntnissen nicht notwendig gerechter) geworden. Ich habe das in der Schweiz in dramatischer Weise miterlebt. Das an sich triviale Problem der schweizerischen Großbanken, die wegen ihres Umgangs mit jüdischem Vermögen im Krieg und kurz danach ins Visier von Sammelklägern geraten waren, hat dazu geführt, dass sich die Schweiz insgesamt via „Historikerkommission" eine radikal neue Sicht ihrer neueren Geschichte auferlegt hat, mit dieser Sicht harmonierte das von den Banken eingeräumte diffuse Fehlverhalten und die Zahlung einer runden $ 1 Milliarde.

Die Göttinger Fakultät (ganz überwiegend mit sehr jungen Hochschullehrern besetzt) befand sich in raschem Wandel. *Roxin* wechselte nach München, *Schüler-Springorum* nach Hamburg, so dass ich, auch angesichts der auf Wachstum angelegten Fakultät, mich binnen kurzem in der Rolle des Dienst-

---

9 *Richard M. Honig*, Das amerikanische Strafrecht, in Mezger / Schönke / Jescheck (Hrsg.), Das ausländische Strafrecht der Gegenwart, 4. Band, Berlin 1962, S. 57 ff. Der Zufall (?) wollte es, dass im selben Band (S. 417 ff.) eine Darstellung des türkischen Strafrechts durch *Önder* erschienen ist, mit Hinweisen auch auf Veröffentlichungen von *Honig* in türkischer Sprache. Vgl. auch den Beitrag von *Honig* in der Schaffstein-FS 1975, S. 89 (Hrsg. Grünwald, Miehe, Rudolphi, Schreiber). Ich habe in der FS einen Beitrag zu Notwehr und Bürgerwehr publiziert.

ältesten in der Fraktion der Strafrechtler / Kriminologen wieder fand: *Schreiber*, *Horn*, *Schöch* (*Lüderssen* hat Göttingen leider bald verlassen); dazu der die sozialtherapeutische Anstalt leitende nebenamtliche Prof. *Gschwind* und die (damaligen) PD *Miehe* und *Rüping* habe ich in meiner Göttinger Zeit erlebt. Die dynamische und selbstbewusste Fakultät war von einer Objektivität und fachübergreifenden Kontakten und Interessen[10], dass sie den Vergleich mit Berkeley nicht scheuen musste. In mein Göttinger Dekanat fiel das Urteil des BVerfG vom 29.5.1973 betr. Verfassungswidrigkeit der drittelparitätischen Mitbestimmung nach dem niedersächsischen HochschulG. Die Wogen gingen hoch: „Weichen für Friedhofsruhe an der Universität gestellt!“[11] Weichen hin oder her, ausweichen wollte ich nicht, appeasement war auch generell nicht der Stil meiner damaligen Fakultät. Freilich ist mir der Stress an die Nieren gegangen. Ich hatte in dieser Zeit (und seitdem nie wieder) Nierenkoliken. Der niedersächsische Kultusminister (*von Oertzen*) setzte kurzerhand alle verfassungswidrig gewählten Dekane „kommissarisch“ wieder in ihr Amt ein. Nach Ansicht des Ministers waren nur die Dekane der theologischen und der juristischen Fakultät (infolge des Widerstandes der beiden Fakultäten gegen das neue Hochschulrecht) noch von verfassungskonformen Gremien gewählt worden. Was die Regierung wohl nicht bedacht hatte, war die starke Stellung der zwei echten Dekane im Kreis von Kollegen, die man als Dekan in kritischen Situationen mit „Herr Kommissar“ ansprechen konnte. Wie dem auch sei, die zwei Dekane sind in dieser kritischen Übergangszeit von den Kommissaren nicht einmal überstimmt worden. Wir haben beispielsweise sehr frei beurteilt, ob ein Berufungsvorschlag durch die Verfassungswidrigkeit des Gremiums kontaminiert war oder nicht. So haben wir dazu beigetragen, dass zwar politisch einseitige Entscheidungen blockiert geblieben sind, es aber nicht zur Lähmung der Universität durch ein – von manchen gewünschtes – Auskosten

10 Ich nenne nur das Arztrecht mit *Schreiber / Deutsch*, vgl. dazu das Vorwort zur Schreiber-FS, Heidelberg 2003 und den darin enthaltenen Beitrag von *Deutsch*. *Schreiber* ist es gelungen, dieses Interesse an seine Schüler und Schülerinnen weiter zu geben. Die Akademie der Wissenschaften hat zum besonders guten Klima in Göttingen beigetragen.

11 Schlagzeile der Roten Juristenzeitung / Zeitung der Zelle Jura des Kommunistischen Studentenbundes, 26.6.1973. Ein Beispiel von vielen: Anlässlich eines Vorstellungsvortrags Nachfolge *Wieacker* (*Wolff*, Politik und Gerechtigkeit bei Trajan) hatte ich als Dekan zum studentischen Antrag auf freie Diskussion nach dem Vortrag „dreist und frech“ (Zitate aus dieser Ausgabe) bemerkt, „die Diskussion ist frei, so frei, wie der Fakultätsrat es beschlossen hat“, d.h. allgemeinpolitische Fragen waren danach nicht gestattet. Als der Bewerber nach seiner Meinung zum HochschulG gefragt wurde, habe ich die Frage nicht zugelassen, weil die politische Zuverlässigkeit durch die damaligen Ministerpräsidentenbeschlüsse zum Berufsverbot hinreichend kontrolliert werde. Dass die Studenten, die diese Berufsverbotsbeschlüsse heftig bekämpften, nicht in den selben Topf geworfen werden wollten, war mir klar. Die Verblüffung über meinen Angriff war aber so groß, dass Ruhe eintrat, oder – in der Terminologie der Roten JZ – „Verzicht auf putschistische Einzelaktionen“.

des Triumphes der klagenden Hochschullehrer über die sozialdemokratische Landesregierung gekommen ist.

Für die Regensburger Strafrechtslehrertagung 1970 war mir – zusammen mit *Harro Otto* – das Thema „*Die Delikte gegen das Leben*“ zugeteilt worden. Niemand hatte mir eine Wahl offeriert (außer der Frage, ob ich zu einem Referat bereit sei), doch empfand ich das Thema als Glücksfall. Ich habe mich auf den „Sanktionensprung“ konzentriert, also den Übergang zur lebenslangen Freiheitsstrafe. Ich konnte plausibel machen, dass die Besonderheit der Mordmerkmale nicht in der Schuld, sondern in der Gefährlichkeit des Täters wurzelt. Meine These, dass nicht die Schuldschwere, sondern allenfalls die anhaltende Tätergefährlichkeit eine lebenslang zu vollziehende Strafe legitimieren könne, hat sich im Ergebnis durchgesetzt, nach heftigen Kontroversen und Einschaltung des BVerfG, das mich als einen der Gutachter gehört hat[12]. Was die Strafrechtslehrertagungen betrifft, waren sie im Wandel. *Bockelmann* hatte schon auf der vorausgegangenen Münsteraner Tagung eine unvergessliche Rede gehalten und einen Friedensschluss zwischen der älteren und der jüngeren Generation der Strafrechtslehrer verkündet, dessen Bedeutung den Westfälischen übertreffe. In Regensburg ist auf Göttinger Initiative für die nächste Tagung ein Themen- und Referentenvorschlag gemacht worden (Beeinflussung des materiellen Rechts durch Beweisprobleme)[13].

*1974/1975* bin ich nach *Berkeley* zurückgekehrt. Die beim ersten Besuch 1964 erlebte Erschütterung habe ich, wie man so schön sagt, aufgearbeitet und Material für ein ziemlich undogmatisches Buch über die *Kriminalitätsfurcht* gesammelt. Niemand hat die Schnelligkeit vorausgesehen, mit der sich massive Kriminalitätsängste und Drogenprobleme[14] auch in Deutschland einstellen sollten, auch ich nicht. Insofern ist es normal, dass es nach meiner 1976 veröffentlichten Monographie[15] unzählige Publikationen zu dieser Problematik gegeben hat. Ich habe mit einigen wenigen späteren Wortmeldungen nur zu verhindern versucht, dass die Soziologen ihnen unbequeme Thesen, die ich damals entwickelt hatte, unter den Teppich wischen konnten. So scheint mir

---

12 *Arzt*, Die Delikte gegen das Leben, ZStW 83 (1971) 1. *Mein* Gutachten ist publiziert in Jescheck / Triffterer, Ist die lebenslange Freiheitsstrafe verfassungswidrig? Dokumentation über die mündliche Verhandlung vor dem BVerfG am 22. und 23. März 1977, Baden-Baden 1978, S. 141.

13 *Lüderssen* (von Göttingen rasch nach Frankfurt zurück berufen) hat dann in Kiel ein brillantes Referat gehalten: „Die strafrechtsgestaltende Kraft des Beweisrechts“, ZStW 85 (1973) 288.

14 Als Referendar war es mir gelungen, eine Station bei der Tübinger Polizei abarbeiten zu dürfen, ein ungewöhnliches Privileg. *Alle* der insgesamt sehr seltenen Drogenfälle betrafen damals Ärzte oder ihr Umfeld.

15 *Arzt*, Der Ruf nach Recht und Ordnung, Ursachen und Folgen der Kriminalitätsfurcht in den USA und in Deutschland, Tübingen 1976.

beispielsweise das gängige Argument, Ängste vor schweren Taten seien irrational, weil die Statistik die Seltenheit der Schwerkriminalität belege, elementar falsch zu sein. Auch Bagatelldelikte können Anlass sein, sich in rationaler Weise vor Schlimmerem zu fürchten. Ich hatte diesen simplen Gedanken am Beispiel illustriert, dass eine junge Frau, die nachts den einsamen Weg zu einem abgelegenen Bauernhof vor sich hat, durch mehrere Männer wiederholt gedrängt wird, in deren Auto einzusteigen, man werde sie heimfahren, ihr Fahrrad solle sie zurücklassen. Der Fall hatte das BVerfG beschäftigt, nach Verurteilung der Männer zu einer Geldstrafe wegen „groben Unfugs". Keine Statistik kann derartige Fälle so erfassen, dass die rationale Furcht vor Schwerstkriminalität (im Beispiel Vergewaltigung) sichtbar wird. Später musste ich verdeutlichen, dass man dieses Beispiel nicht mit einem sozialwissenschaftlichen Experiment beiseite schieben kann, bei dem eine Frau durch das nächtliche London geht und siehe – es passiert ihr nichts[16]. Die Verharmlosung der Furcht als irrational ist außerordentlich attraktiv, denn so kann unter dem Titel „Prävention" Geld für hoch bezahlte Psychologen ausgegeben werden, die der Bevölkerung einreden sollen, sie sei sicher – statt es in schlechter bezahlte Polizisten zu investieren, die mehr Sicherheit schaffen.

Auch *strafrechtsdogmatisch* hat mir das Thema der *Kriminalitätsfurcht* neue Perspektiven eröffnet. Mit zunehmender Kriminalität wird das unmittelbar verletzte individuelle Rechtsgut vom Aspekt der mittelbar betroffenen weiteren individuellen Rechtsgüter bis hin zur öffentlichen Sicherheit überlagert. Wegen solcher Fernwirkungen hat der Gesetzgeber dem Wohnungseinbruch mit Recht eine Sonderstellung zugewiesen. *Kriminalpolitisch* führt *„Viktimodogmatik"* u.a. zur Frage, ob es sinnvoll ist, dass wir uns selbst aus Angst vor den Verbrechern einsperren, und ob es sinnvoll ist, Kinder zum Misstrauen gegenüber Fremden zu erziehen.

Meine Beiträge zu Kriminalitätsfurcht und Viktimodogmatik sind Ausdruck des Traumes einer Juristenausbildung unter *Einbezug der Sozialwissenschaften*. Kriminologie / Strafvollzug / Jugendstrafrecht hat man in Niedersachsen schon 1972 zum Prüfungs(wahl)fach gemacht. Der Zeitgeist kommt auch im Titel der Sammelbände „Vom Nutzen und Nachteil der Sozialwissenschaften für das Strafrecht" zum Ausdruck (Hrsg. Lüderssen/Sack, 1980). Ich habe (auch durch eine Reihe von Rezensionen) versucht, einen entsprechenden Beitrag zu leisten. Freilich hatte ich bald den Eindruck, dass den Soziologen die Annäherung der Juristen oft nicht erwünscht war. Dass empirische Daten

---

16 *Arzt*, Probleme der Kriminalisierung und Entkriminalisierung sozialschädlichen Verhaltens, Kriminalistik 1981, 117 (BKA-Vortrag). Aus späteren Veröffentlichungen vgl. *Arzt*, Privatisierung der Sicherheit, Strafrecht am Ende, in Wiegand (Hrsg.), Rechtliche Probleme der Privatisierung, Berner Tage für die juristische Praxis 1997, Bern 1998, S. 313 – auch zur Brücke zur Bürger(ab)wehr, dazu o. Fn. 9.

für eine Stärkung der uniformierten Polizei sprechen könnten, war für Sozialwissenschaftler eine so fremde Vorstellung wie das Tragen einer Krawatte in einer Fakultätssitzung. Es ist vor allem *Kaiser*, *Schöch* und *Kerner* (alle mit Tübinger Wurzeln) zu danken, dass die Kriminologie in Deutschland als eine strafrechtsrelevante Wissenschaft etabliert werden konnte und sich so einige Jahrzehnte behauptet hat.

## *1975–1981: Erlangen und USA; Entscheidungen gegen München und Freiburg; Publizistische Schwerpunkte*

*Dieter Leipold* und *Wolfgang Blomeyer* haben mir die Berufung nach Erlangen 1975 schmackhaft gemacht (Nachfolge *Georg Schwalm*, 1905–1979). Es war eine knappe Entscheidung; sie hätte auch für ein Verbleiben in Göttingen ausgehen können. Im Rückblick kommt der Göttinger Zeit eine überproportionale Bedeutung zu. Die Verbindungen zu *Friedrich Schaffstein* und dem Ehepaar *Roxin* sind nicht abgerissen (sicher auch ein Verdienst der Schweizer Berge; *Schaffstein* war schon weitgehend erblindet, da sind meine Frau und ich mit ihm noch einmal zum Staubbachfall in Lauterbrunnen spaziert). Zu meinem Abschiedsvortrag vom Geldwäschereithema[17] bin ich 1996 aus den USA nach Göttingen geflogen; *Schaffstein* und *Michaelis* waren unter den Hörern.

In meiner *Erlanger Zeit* habe ich mich 1978 unbezahlt beurlauben lassen und bin als Visiting Professor an die Cornell University gegangen (Ithaca, upstate N.Y.). Akademisch war die Universität sehr gut, aber der extreme Mangel an öffentlich zugänglichem Land (zum Wandern etc.) hat die von meiner Frau geteilte Skepsis gegenüber einem Leben an der Ostküste bekräftigt. Die Kontakte, die durch meine verschiedenen USA-Aufenthalte und Gegenbesuche amerikanischer Kollegen entstanden sind, haben mich gezwungen, vermeintliche Selbstverständlichkeiten zu hinterfragen. Beispielsweise wollte *John Langbein*[18] wissen, ob viele Beschuldigte in unserem System geständig seien. Ich bejahte, geriet aber bei der Frage nach dem „warum" in Verlegenheit. Es ist geradezu komisch, dass die Praxis auch heute noch ganz selbstverständlich ein Geständnis strafmildernd berücksichtigt und das Paradox ignoriert, dass damit reziprok der Gebrauch eines Verfahrensrechts (nicht zu kooperieren) strafschärfend wirkt. Neben den USA haben sich vor allem Kontakte zu *Japan* ergeben. *Fukuda* hatte ich in Göttingen kennen gelernt, *Miyazawa*[19] schon in

---

17 Diederichsen / Dreier (Hrsg.), Das missglückte Gesetz (Abhandlungen der Akademie der Wissenschaften in Göttingen), 1997. Dort *mein* Vortrag: Das missglückte Strafgesetz, am Beispiel der Geldwäschegesetzgebung, S. 17.

18 *Langbein*, Torture and the Law of Proof, 1977.

19 Vgl. die ihm gewidmete FS, die mit Recht den Untertitel trägt: „Dem Wegbereiter des japanisch-deutschen Strafrechtsdiskurses" (Baden-Baden, 1995). Für *meinen* Beitrag

Tübingen (er ist über lange Zeit der Mittler zwischen japanischer und deutscher Wissenschaft gewesen, später haben wir mehr als einen seiner Geburtstage am Thuner See gefeiert). In Erlangen war *Makoto Ida* am Lehrstuhl *Gössel*, so haben sich erste Kontakte zu diesem ganz jungen japanischen Kollegen ergeben. Zur Auswahl der namentlich Genannten bitte Text oben bei Fn. 2 lesen!

Die Rufe nach München (*Bockelmann*-Nachfolge[20]) und Freiburg (*Jescheck*-Nachfolge[21] auf den Lehrstuhl und als Direktor des MPI) haben mich 1979 vor schwierige Entscheidungen gestellt. Meine Ablehnungen zeigen, wie wohl ich mich in Erlangen gefühlt hatte. Das Verhältnis zu *Karl Heinz Gössel*[22], der mit mir das Strafrecht vertreten hat, war reibungslos. *Theodor Kleinknecht*[23] konnten wir wenigstens als nebenamtlichen Professor gewinnen und *Klaus Volk* hat kurze Zeit auf einer C 3-Professur in Erlangen verbracht. Die minimale Belastung mit Verwaltungsaufgaben und die geringen Zeitverluste zwischen Wohnort und Arbeitsplatz waren eine Idylle, die mir Zeit für Publikationen geschenkt hat. Diese Idylle hätte sich bezüglich der Verwaltungsaufgaben am MPI in Freiburg und bezüglich der Zeitverluste als Pendler in München nicht aufrechterhalten lassen. Mein Bleiben in Erlangen hat dem MPI nicht geschadet, es dürfte mit *Albin Eser* besser gefahren sein, als es mit mir der Fall gewesen wäre. Die *Bockelmann*-Nachfolge hat mit *Klaus Volk* ein happy end gefunden.

In meinen *Publikationen aus der Göttinger und Erlanger Zeit haben sich drei Schwerpunkte* herausgebildet: (1) Didaktisch-erklärende Beiträge; (2) eine Gesamtsicht von Tätern und Opfern (Stichworte Einwilligung oder der sprichwörtliche betrogene Betrüger; zu letzterem die Arbeit meines Erlanger Assistenten *Manfred Ellmer*[24]); (3) unter dem Einfluss amerikanischer Erfahrungen das Drängen auf eine Gesamtsicht des materiellen und formellen Rechts (Stichwort Verdachtsstrafen durch entsprechende materiellrechtliche Konstruktionen). Wenn Tatbestände geschaffen werden, die keiner strikt einhält, und die nur benutzt werden, um bei Verdacht ganz anderer Rechtsverletzungen eine Strafe zu verhängen, habe ich vom *Al Capone Syndrom* gesprochen. Auf meine publizistischen Interessen blicke ich am Ende kurz zurück.

---

hatte ich im Hinblick auf die viktimologischen Interessen des Jubilars einen Übergang von Opfern zu Tätern gewählt: „Lehren aus dem Schneeballsystem", S. 519.

20 *Paul Bockelmann*, 1908–1987.

21 *Hans-Heinrich Jescheck*, geb. 1915.

22 Vgl. die FS Gössel, 2002, *mein* Beitrag hat sich mit Menschenschmuggel als Bagatellunrecht befasst.

23 Vgl. die zum 75. Geburtstag erschienene FS Kleinknecht, 1981, in der *ich* das private Festnahmerecht anhand Erlanger Examensfälle behandelt habe, S. 1 ff., 13.

24 *Ellmer*, Betrug und Opfermitverantwortung, Berlin 1986.

## *1981–2008: Bern, gelebte Rechtsvergleichung*

1981 bin ich unerwartet auf den 1977(!) vakant gewordenen Lehrstuhl in Bern berufen worden (Nachfolge *Hans Schultz*). *Hans Schultz* war über die Fakultät erbittert, er hat seine Abschiedsvorlesung[25] in München gehalten und mit dem Hinweis publiziert, „rebus bernensibus sic stantibus". Umso dankbarer war ich ihm dafür, dass er mir freundschaftlich geholfen hat, die schweizerischen und die Berner Besonderheiten zu verstehen. Wo immer er konnte, hat er mir die Wege geebnet. Das gilt auch für *Hans Walder*, den damals amtierenden strafrechtlichen Kollegen, ohne den meine Berufung nicht zustande gekommen wäre. *Hans Schultz* war (zusammen mit einer seiner Enkeltöchter, die gerade das Jurastudium begonnen hatte) bei meiner Abschiedsvorlesung „Vom Nutzen der Rechtsunsicherheit"[26] am 27. Juni 2001 anwesend. Ich war nahe daran, die Fassung zu verlieren[27].

Die mit dem Anfang in Bern verbundenen Belastungen habe ich bei Weitem unterschätzt. Die Wirklichkeit des kantonalen Prozessrechts war aus dem Gesetzestext nicht erschließbar; die Selbstverständlichkeit von Kenntnissen auch im Privatrecht und Öffentlichen Recht musste ich mir neu erarbeiten. Auf der anderen Seite sind rascher als erwartet ausgezeichnete Kontakte zur Justiz und dem Ministerium auf Ebene des Kantons und des Bundes entstanden. Vor allem sind die von mir insbesondere mit den Studierenden befürchteten Probleme ausgeblieben. Von allem Anfang an war die Resonanz gut. Das betrifft nicht nur die Jurastudenten, sondern auch die Mediziner. Ich habe 20 Jahre lang erst in Absprache mit dem Gerichtsmediziner *Zink* und danach mit den Rechtsmedizinern *Dirnhofer / Zollinger* den juristischen Teil der Gerichts- bzw. Rechtsmedizinvorlesung gehalten; zehn Jahre war ich das (einzige) juristische Mitglied des Sanitätskollegiums des Kantons Bern. Dieses Gremium berät das zuständige Ministerium in allen Beschwerdesachen gegen eine Medizinalperson, die zur Entziehung der Berufsausübungsbewilligung führen könnten (Medizinalpersonen sind Ärzte, einschließlich Zahn- und Tierärzte, die eine Untersektion des Kollegiums bilden, sowie Apotheker). Viele Medizinstudenten hatten von den Prozessrisiken gehört, denen die amerikanischen Ärzte ausgesetzt sind. Ich konnte ihnen erklären, dass das amerikanische Prozessrecht den Vorteil hat, dass es den Mut belohnt, geringe Chancen wahrzunehmen. Dieses Plus muss jedoch mit vielen Nachteilen erkauft werden. Wer auch immer meine Vorlesungen gehört haben mag – ich erwähne noch die

---

25 *Schultz*, Abschied vom Strafrecht?, in FG Kummer, Bern 1980, S. 51. Zur spektakulären Karriere seines Schülers *Stefan Trechsel* vgl. die diesem gewidmete Festschrift (Zürich etc. 2002), darin findet sich auch *mein* Beitrag zu Zeugenbeweis und Verhältnismäßigkeit.

26 Publiziert in recht 2001, 166.

27 *Hans Schultz* ist 2003 kurz nach seinem 91. Geburtstag verstorben.

vielen angehenden Medienwissenschaftler, die meine Einführung (für sie ein Prüfungsfach) besucht haben – mir ist schon zur Zeit meiner ersten Klausurbesprechung als Assistent in Tübingen das Echo wichtig gewesen. Ich bin dankbar, dass ich bis zur Abschiedsvorlesung in Bern bei den Studierenden Sympathie und Vertrauen gespürt habe, ohne mir ihr Interesse mit primitivem Konnex zwischen Vorlesungs- und Examensinhalt erkaufen zu müssen. Kollegen, die ohne solche Resonanz geblieben sind, haben sich das mitunter damit erklärt, dass sie kein Theater machen wollten. Das halte ich für eine dekuvrierende Fehldiagnose. Es ist die Spontaneität, die als Brücke zu den Hörern unentbehrlich ist: Das freie Sprechen mit dem Risiko des gelegentlichen Fehlers und das ad hoc gebildete Beispiel. Es ist der Wille, Hörerinnen und Hörer zu riskanten Antworten in einem großen und teils anonymen Kreis dadurch zu animieren, dass man immer wieder klar macht, dass das Gelächter kein Spott, kein „Auslachen" ist; sondern Erleichterung signalisiert, weil jemand anderes eben die falsche Antwort gegeben hat, die der Lachende selbst gegeben hätte. Mir ist auch das Eingeständnis leicht gefallen, dass weder die Wissenschaft und damit der vorgetragene Stoff noch die Person des Redners allzu ernst genommen werden sollten. Von der Last der Verantwortung (für Welt, Umwelt, Sozialstaat, Rechtsstaat, künftige Generationen etc.) sichtlich gebeugt vor die Hörer zu treten, war meine Sache nicht. Ich habe es aber den Kollegen gegönnt, wenn sie mit großen Worten zu ganz großen Themen Anteilnahme gesucht und gefunden haben. Hin und wieder habe ich mich gegen die Fehlvorstellung gewehrt, zwischen Freiheit und Sicherheit bestehe ein Gegensatz. Zur Freiheit gehört nicht nur Sicherheit gegenüber Räubern, sondern auch Rechtssicherheit als Schutz gegen unbestimmt-billig scheinende Ausnahmen von Regeln.

Das positive Echo der Lehrveranstaltungen hat es mir leicht gemacht, ausgezeichnete Assistentinnen und Assistenten zu finden, die sich mit Freude am Unterricht beteiligt haben. Ich nenne aus der Anfangszeit nur *Werner Beulke* und *Thomas Hillenkamp* in Göttingen und aus der Zeit gegen Ende *Grace Schild Trappe*[28] in Bern. Trotzdem kann ich keinen habilitierten Nachwuchs vorweisen[29], was jedenfalls zum Teil mit meinen Ortswechseln zu erklären ist.

*Privat* haben sich die von Bern aus leicht zugänglichen Berge für meine Frau und mich als noch schöner erwiesen, als wir es uns erhofft hatten. *Wissenschaftlich* hat mir Bern ermöglicht, *in zwei Systemen* zu *leben*, die trotz vieler

---

28 Harmlose Gehilfenschaft?, Diss. Bern 1994 = Abhandlungen zum schweizerischen Recht, ASR 563, Bern 1995.

29 Im 1992 erfolgreich abgeschlossenen Habilitationsverfahren von *Peter Popp* war ich Erstgutachter. Das Verfahren war insofern ungewöhnlich, als kein engerer Bezug zur Berner Fakultät vorlag. Prof. *Popp* ist jetzt Richter am Bundesstrafgericht in Bellinzona.

Gemeinsamkeiten auch große Unterschiede aufweisen. Meiner Ansicht nach gibt es viele Juristen, die zwei oder mehr Systeme punktuell vergleichend beurteilen können. Da schon im eigenen System Spezialisierung Trumpf ist, ist es ganz normal, dass bei einem solchen punktuellen Vergleich nur sehr selten die verschiedenen Systeme insgesamt bedacht und Fernwirkungen in den Vergleich einbezogen werden können. So führen die üblichen punktuellen Analysen oft zu Verzerrungen (schlimm, weil man sie gar nicht bemerkt). Nirgends gibt es so viele Selbsttäuschungen und mitunter primitive Irrtümer, wie auf internationaler Ebene. Das ist kein Plädoyer für mehr europäisches oder internationales Recht im Studium, im Gegenteil: Wer oberflächliche Kenntnisse des eigenen Rechts besitzt, wird zur Gefahr für das Publikum, wenn man ihm auch noch oberflächliche Kenntnisse eines fremden Rechts beibringt. Ich will diesen Bemerkungen mit einer kleinen Geschichte die Spitze nehmen. Die Creme der Creme des rechtsvergleichenden Strafrechts, darunter Dekane (jedenfalls ehemalige Dekane) zweier Topuniversitäten Kaliforniens, sitzt 1984 bei warmem Wetter und kühlem Wein im Freien im gastlichen Breisgau[30]. Irgendjemand kommt auf die Idee, anhand bestimmter Sachverhalte zu fragen, in welchem Strafrechtssystem man am liebsten wäre (z.B. bei bestrittener fahrlässiger Tötung im Straßenverkehr; oder wenn man im Verdacht einer Brandstiftung steht etc.). Alle Mitspieler waren sich sofort einig, dass sie im Falle einer Freiheitsstrafe diese in Europa, am liebsten in Skandinavien oder der Schweiz, absitzen wollten[31]. Kalifornien war ganz unpopulär. Im Laufe dieses Spieles entdeckten die amerikanischen Kollegen, dass in Bern die Anklagebehörde (je nach Schwere des Delikts) gegen einen Freispruch Berufung einlegen kann. *Sanford Kadish* reagierte schockiert: „You have double jeopardy", aus amerikanischer Sicht ein elementarer Verstoß gegen das rechtsstaatliche Minimum, wie es vom Fifth Amendment der US-Verfassung garantiert wird. Statt mich mit dem Hinweis zu verteidigen, dass prosecutorial appeal keine auf Bern beschränkte Verirrung darstellt, sondern in Europa weit verbreitet ist, habe ich einen Gegenangriff versucht. Ich habe darauf hingewiesen,

30 Vgl. *Eser / Fletcher* (Hrsg.), Rechtfertigung und Entschuldigung – Rechtsvergleichende Perspektiven, Beiträge und Materialien aus dem MPI, Bd. S. 7/1 Freiburg (Brsg.) 1987; Bd. S. 7/2 1988.

31 Ein junger chinesischer Kollege, der auf Einladung des EDA (=Außenministerium) Strafvollzugsanstalten in der Schweiz besucht hatte, hat in seinem vom EDA organisierten Vortrag die Differenz zwischen Bern und China am Beispiel zweier Gefangener geschildert, die sich in ihrer Zelle immer wieder über das Fernsehprogramm gestritten hatten. Die Anstaltsleitung habe ihnen ausnahmsweise einen zweiten Apparat zur Verfügung gestellt. Von solchen menschenrechtlichen Standards sei man in China noch weit entfernt, da gebe es keine Fernsehgeräte in der Zelle, sogar Teilnahme am Gemeinschaftsfernsehen sei eine Vergünstigung. – Die anwesenden Journalisten wussten nicht so recht, wie sie mit dem Lob für die Berner Standards umgehen sollten. Vielleicht haben sie zum ersten Mal geahnt, dass ein hoher Komfort im Strafvollzug weniger den Gefangenen und mehr der Bequemlichkeit des Personals dient.

dass die USA mit dem Civil Rights Act die Fälle einer Zuständigkeit des Bundes *neben* der des Einzelstaates drastisch ausgeweitet hätten. Je nach politischer Opportunität könne so nach einem Freispruch durch ein Schwurgericht wegen desselben Lebenssachverhalts Anklage vor Bundesgerichten erhoben werden. Die „double sovereign doctrine" laufe *funktionell* auf eine Berufungsmöglichkeit hinaus – und dies sogar (anders als in Bern) bei schwerster Kriminalität[32]. In diesem Beispiel sind die zwei Doktrinen relativ nahe benachbart. Mit zunehmender Entfernung gerät der funktionelle Konnex rechtsvergleichend schnell aus dem Blick. – In der Kenntnis von zwei Systemen liegt nicht nur eine Bereicherung, sondern auch ein Verlust. Weiß man, dass ein rechtsstaatlich ebenbürtiges System existiert, das (beispielsweise) ohne Wahlfeststellung auskommt, verliert man die Lust, über einschlägige Details zu streiten. Sogar das Unmittelbarkeitsprinzip im Strafprozess erlebt man als heilige Kuh. Bezüglich der liturgischen Details ihrer Anbetung streitet man erbittert. Treibt man die Kuh über die nahe Grenze, wird sie ohne lange Debatte geschlachtet. Wenn jenseits des Rheins ein rechtsstaatlicher Prozess ohne dieses Prinzip auskommt, fallen die Streitereien diesseits wie ein Soufflé in sich zusammen[33].

Meine exakt 20 Jahre an *Erfahrungen in der Berner Fakultät* lassen sich grob in die ersten fünf Jahre und die folgenden 15 Jahre unterteilen. In die frühe Periode fällt die Berner Strafrechtslehrertagung (weitgehend von *Hans Walder* organisiert) und meine Zeit als Dekan der Rechts- und Wirtschaftswissenschaftlichen Fakultät bzw. Vorsteher der Juristischen Abteilung (insgesamt zwei Jahre). In dieser Zeit konnte ich die (von *Hans Walder* vorgespurte) Schaffung eines Lehrstuhls für Kriminologie durchsetzen (Besetzung mit *Karl Ludwig Kunz*), sowie die ungefähr gleichzeitige Besetzung des mit dem frühen Rücktritt von *Hans Walder*[34] freigewordenen strafrechtlichen Lehrstuhls mit *Guido Jenny*[35]. Bis zu meiner Emeritierung 2001 hat sich an dieser Besetzung

---

32 Ein Jahrzehnt später anlässlich eines von mir in Berkeley gehaltenen Vortrags über procedural justice (auf Anregung von *Kadish*) haben wir noch einmal über diesen Punkt diskutiert, offenbar sind solche doppelten Verfahren praktisch sehr seltene Ausnahmen geblieben. Es war zum ersten Mal, dass ein Vortrag von mir ein Erdbeben ausgelöst hat (jedenfalls hat die Erde gebebt, während ich gesprochen habe); vor allem hat er mir eine letzte Begegnung mit *Stefan Riesenfeld* ermöglicht.

33 „Vérité en deça des Pyrénées; erreur au delà": *Pascal*, zitiert nach dem Spruchbuch für *Anselm* (*Radbruch*), Göttingen 1954.

34 *Hans Walder* hat das Verhalten einiger Kollegen angesichts einer von Studenten gesprengten Fakultätssitzung nicht vergessen, vgl. BGE 107 IV 113 (1979, vor meiner Zeit).

35 Zu *Guido Jenny* vgl. den Nachruf in ZStrR 2006, 349. Mit ihm habe ich reibungslos zusammen gearbeitet; die ganz wenigen Seminare, die ich veranstaltet habe, habe ich gemeinsam mit ihm durchgeführt. Die Seltenheit von Seminaren (auch in anderen Fächern) war systembedingt.

der drei Lehrstühle nichts geändert. Mir war diese Stabilität willkommen, hat sie mir doch eine mit Erlangen vergleichbar geringe Belastung mit administrativen Sorgen gebracht. Mein Nachfolger *Günter Heine* gibt mir das Gefühl, bei meinen gelegentlichen Besuchen des Instituts herzlich willkommen zu sein – und ich versuche, ihm dies durch Seltenheit solcher Besuche leicht zu machen.

In den ersten fünf Jahren habe ich die Fakultät als nicht grundsätzlich verschieden von einer deutschen Fakultät erlebt. Der einzige augenfällige Unterschied lag in der Normalität von Hausberufungen und in der Bereitschaft, mit dieser oder jener Begründung auf das Habilitationserfordernis zu verzichten. Dafür habe ich nach und nach – vielleicht zu langsam – Verständnis aufgebracht. Nicht sofort augenfällig war die außerordentlich enge Vernetzung vieler Kollegen untereinander und mit Behördenmitgliedern, Politikern, Journalisten etc. Wenn Konflikte als Belastungsproben von Freundschaften empfunden werden, fördert dies die Tugenden der Streitvermeidung und Kompromissbereitschaft, aber wohl auch die Untugend der falschen Solidarität.

Für die folgenden 15 Jahre fehlt mir ein Vergleichsmaßstab. Die Göttinger Fakultät um 1970, die es als normal empfunden hat, dass die F-Züge zwei Mal im Jahr in Celle einen außerfahrplanmäßigen Halt eingelegt haben, um die dort am OLG prüfenden Göttinger Professoren mit angemessener Geschwindigkeit zurück nach Göttingen zu befördern, lässt sich mit Bern um 1990 nicht vergleichen. In Bern hat man wichtigere Bevorzugungen der Professoren als beim Eisenbahnfahren, etwa die Wahl auf sechs Jahre oder das gegenüber dem sonstigen Staatspersonal spätere Pensionsalter (ebenso wie die mit den Schullehrern gemeinsame Option eines früheren Pensionsalters), zu Privilegien umgetauft. Privilegien hat man abgeschafft, ohne Übergangsregeln und ohne Widerstand. Vor allem sind Zeitverluste (um deren Minimierung es im Beispiel des außerplanmäßigen Halts in Celle gegangen war!) in Form wissenschaftsferner Fakultätsgeschäfte massiv gestiegen, dies wohl nicht nur in Bern. Je länger je mehr hat man *Ansehen durch Öffentlichkeitsarbeit*, Medienstellen, Forschungsberichte[36] in Hochglanz oder in umweltbewusstem Grau, durch ein neues „Logo" der Hochschule (es ist schon nach ein paar Jahren durch ein zweites neues Logo abgelöst worden) und durch neue Förmlichkeiten bei Abgangsfeiern der Fakultät etc., etc. schaffen wollen. Wie wohl auch andernorts sind „Drittmittel" zum Indiz für Bedeutung avanciert. „How to launder your money in Switzerland and get away with it" (mit Simultanübersetzung in italienische Sprache) gehört zu den Kursen, die ich – trotz Drittmittelträchtigkeit – nicht gehalten habe. Die für eine juristische Fakultät wichtige Bereitschaft zur Verteidigung bewährter Traditionen auch gegenüber der Universitätsleitung

36 Als ein jährlicher Forschungsbericht Vorschrift geworden ist, habe ich meinem Jahr für Jahr das gleiche Goethewort vorangestellt: „Quark, der getreten wird, wird breit, nicht stark".

oder dem Ministerium war nicht so ausgeprägt, wie ich es mir gewünscht hätte. Um ein Beispiel anzuführen: Unter dem Tagesordnungspunkt „Mitteilungen" informiert der Dekan über die von der Universitätsleitung beschlossene „Weisung über die Stellung der emeritierten Professorinnen und Professoren an der Universität (sc. Bern)"[37]. Danach ist „spätestens[!] ein Jahr vor dem Rücktritt" die Doktorandenbetreuung an länger aktiv bleibende Kollegen abzugeben. Die Begutachtung einer Dissertation nach Emeritierung darf nur noch mit Bewilligung der Fakultät erfolgen (und das nur „während maximal zweier Jahre" über den Rücktritt hinaus). – Wie eine Juristische Fakultät einen derartigen Ukas diskussionslos und widerspruchslos zur Kenntnis nehmen kann, war mir damals unverständlich[38] und ist es heute noch. Diese leise Kritik sollte nicht als besondere Distanz gegenüber der Fakultät gedeutet werden. Angesichts der (für mich positiven) statischen Verhältnisse am strafrechtlichen Institut hatte ich kaum einmal Ansprüche an die Fakultät zu stellen. Den wenigen Initiativen, die *Fakultät als wissenschaftlichen Verbund* darzustellen, habe ich mich nie entzogen. Fast alle solche Anstöße waren *Wolfgang Wiegand*[39] zu verdanken.

## *Rückblick auf wissenschaftliche Gewinne und Verluste*

Die Idee einer Sammlung von Biographien schien mir anfangs auf eine problematische Selbstdarstellung hinauszulaufen. Ich habe dann rasch bemerkt, dass der Reiz eines solchen Rückblicks für mich und – wie ich hoffe – für die Leserinnen und Leser im Zusammenhang liegt, der zwischen den eigenen Fehlschlägen und Leistungen mit den Gewinnen und Verlusten einer ganzen Generation liegt. Will ich über das urteilen, was mir wichtig war und ist, muss ich mir ein Urteil über meine Generation anmaßen – volens oder nolens. Konsens dürfte über den größten meiner und der vorangegangenen Generation zuzuschreibenden *Gewinn* bestehen, nämlich die *Reform des Sanktionen-*

---

37 Zitiert wird Zif. 4a und Zif. 4b der Weisung vom 26.10.1998, die von der Universitätsleitung auf die VerO vom 27.5.1998 über die Universität gestützt worden ist. Nach meiner Erinnerung hat es weder vor noch nach dieser Weisung irgendeine Diskussion in der Rechts- und Wirtschaftswissenschaftlichen Fakultät über den zitierten Inhalt gegeben. Inzwischen ist die Weisung modifiziert worden.

38 Dass *ich* als einer der ersten Betroffenen keinen Anlass gesehen habe, zu opponieren, harmoniert ohne weiteres mit dieser Einschätzung. Ich habe den jüngeren Kollegen die Einschätzung des Wertes der akademischen Traditionen und Freiheiten überlassen.

39 Einige dieser Initiativen habe *ich* in Fn. 1 meines Beitrags in der FS Wiegand, Bern 2005, S. 739 ff., 740 zusammengestellt. Darüber hinaus erinnere ich an die von *Wiegand* lancierten Fortbildungsveranstaltungen für Praktiker (in Zusammenarbeit mit dem Anwaltsverband), auch dort habe ich das Strafrecht vertreten. Das Projekt eines faculty clubs geht ebenfalls auf *Wiegand* zurück, doch ist das eigentliche Anliegen, informelle wissenschaftliche Kontakte zu fördern, gescheitert (so *Wiegand*, mündlich, anlässlich der Feier 25 Jahre Zeitschrift „recht", November 2007).

*systems und des Strafvollzugs*, auch wenn das heute, wie es *Hans Schultz*[40] 1992 so schön formuliert hat, als Schnee von gestern empfunden werden mag. Zu diesem Bereich habe ich, abgesehen von der Beseitigung der lebenslang vollzogenen Freiheitsstrafe[41], nichts beigetragen. – Ein sehr viel problematischerer Gewinn liegt in der *Komplexität und Subtilität* der wissenschaftlichen Behandlung der Probleme des *AT und BT* des StGB. Ich habe eingangs diesen Gewinn mit einem Überangebot an Kapazität(en) erklärt und relativiert. Ob in der deutschen Strafrechtswissenschaft der „Drall" aus dem Nationalsozialismus weiterwirkt, vor der Realität in die Theorie zu flüchten, ist hier nicht zu erörtern[42]. Es wäre meiner Ansicht nach reizvoll, wissenschaftliche Beiträge (eigene oder fremde) am Maßstab „Vereinfachung gegenüber der h.M. bzw. neue Differenzierungen und damit Komplizierung" zu messen. Ich habe *einmal* eine radikale Vereinfachung vorgeschlagen, nämlich die Reduktion des komplexen Systems der Kontrolle von Zwangseingriffen im Strafverfahren durch Quoten[43]. Wenn man totale Stille als Echo bezeichnen darf, war das mein Echo (nicht unerwartet, trotzdem schmerzlich). Bescheidenere Vereinfachungsvorschläge sind z.T. lebhaft diskutiert worden, so die simple Idee, beim Zusammentreffen einer typischen Schärfung mit einer typischen Milderung nicht zu fragen, ob da oder dort Atypizität vorliegt, sondern vom gesetzlich vorgesehenen Mittelwert auszugehen und erst dort etwaige Atypizität zu berücksichtigen[44]. Durchgesetzt habe ich mich mit Vereinfachungsideen nur selten, so mit meiner radikal einfachen Lösung der Notwehr gegen Erpressung (mein zweiter wissenschaftlicher Beitrag überhaupt). Auch andere dürften die Erfahrung gemacht haben, dass der Mut zur Vereinfachung nur selten belohnt wird.

Wenn ich oben angemerkt habe, meine Beiträge hätten schon in der Erlanger Zeit (neben Didaktik) zwei Schwerpunkte erkennen lassen, nämlich (1) die Bilanzierung der Interessen zwischen Opfer und Täter und (2) die Bilanzierung

---

40 *Hans Schultz*, FS Baumann, 1992, S. 431.

41 Dazu o. Fn. 12.

42 *Gustav Radbruch* an Pfenniger (Zürich) 1949: „Die allzu subtile Pflege rein theoretischer Probleme der Strafrechtsdogmatik ist wirklich zur Gefahr geworden. Sie war insofern eine Abirrung der Nazi-Zeit, als man vor heiklen kriminalpolitischen und praktischen Problemen in diese unkontrollierbare Sphäre auswich". Den Hinweis verdanke ich *Ulrich Weber*, Savigny-Zeitschrift (Germanistische Abteilung) 124 (2007) 919, 920.

43 *Arzt*, Ein Rationierungsmodell zur Begrenzung schwerer strafprozessrechtlicher Eingriffe, FS Lenckner, 1998, S. 663.

44 Vielleicht habe ich die Idee (hoffentlich atypisch) kompliziert formuliert. Gemeint ist beispielsweise beim Diebstahl das Zusammentreffen eines Versuchs (typisch mildernd) mit einem besonders schweren Fall oder bei der Tötung das Zusammentreffen von Unterlassen (typisch mildernd) mit Mordmerkmalen; zu letzterem *Arzt*, Mord durch Unterlassen, FS Roxin 2001, S. 855, zu ersterem *meine* Göttinger Antrittsvorlesung über die Gesetzgebungstechnik der Regelbeispiele, JuS 1972, 385.

zwischen materiellem Recht und dessen Nachweis (oder rechtsstaatlicher Fortschritte mit kompensatorischen Rückschritten), dann heißt das nicht, dass ich im Laufe der Jahrzehnte immer wieder dasselbe publiziert habe. Ich habe mich auch nicht hingesetzt und gedacht, es wird Zeit, wieder mal was zu schreiben, was sich thematisch bei (1) oder (2) rubrizieren lässt. Mir sind entsprechende Fragestellungen bei voneinander weit entfernten Straftatbeständen zugeflogen. Wie kann man über das Modethema „Organisierte Kriminalität" schreiben, ohne den eigentümlichen Übergang des Schutzgeld zahlenden Opfers zum Unterstützungstäter zu bemerken? Wie kann man über Bestechung schreiben, ohne sich im Kontext einer Auftragsvergabe mit dem Übergang des mit Nichtberücksichtigung bedrohten Opfers zum Täter einer Korruptionszahlung zu befassen – et tu, Siemens? Dass die Opferrolle, die ich bei der Einwilligung und beim Betrug betont hatte, von einigen Autoren als Selbstverantwortung im Zeichen der sog. objektiven Nichtzurechnung bis zum Eingangstor aller strafrechtlichen Prüfungen vorverlagert werden würde, habe ich nicht erwartet; an dieser Diskussion habe ich mich nur sehr zurückhaltend beteiligt.

Eng mit dem soeben als Komplexität und Subtilität beschriebenen Gewinn hängt der *Verlust der Rechtssicherheit* zusammen, der meiner Generation anzulasten ist, und das nicht nur im Strafrecht. Sogar die Einschätzung der Rechtssicherheit als Wert, den es zu verteidigen gilt, ist abhanden gekommen. Da ich mit dieser Sicht ziemlich allein dastehe, verweise ich auf meine Abschiedsvorlesung[45]. Mehr Zustimmung erwarte ich bezüglich meiner Einschätzung, dass im Strafrecht die *schlimmste Einbuße im Prozess* zu registrieren ist. Nach zwei Jahrhunderten steht der moderne rechtsstaatliche Strafprozess, der Ende des 18. Jahrhunderts an die Stelle des alten Systems der geständnisabhängigen Wahrheitsfindung getreten ist, zwar nicht vor einem plötzlichen Kollaps, er zerbröckelt. Mit ein paar Jahrzehnten Verzögerung gegenüber den USA wird das Strafverfahren vom plea bargaining überwuchert. Die in dieses System eingebaute Geständnisabhängigkeit muss zur Folter (oder einem modernen Äquivalent) zurückführen. Dem wissenschaftlichen „Mainstream" schien die von mir[46] als einzig wirkungsvoll empfohlene Medizin (Abbau der rechtsstaatlichen Übersicherung des ordentlichen Prozesses, bis hin zur Rückkehr zur Verwertbarkeit des Schweigens als Schuldindiz) zu bitter. Die einzige Alternative besteht in tief greifenden Veränderungen des materiellen Rechts. Neue Tatbestände werden nach dem Motto konstruiert, strafbar macht sich, wer seine Unschuld nicht ausreichend dokumentiert. So lässt sich jedoch keine flächendeckende Lösung erreichen. Zu beiden Aspekten dieses Problemkreises

---

45 Vgl. o. Fn. 26.

46 Vgl. meinen Berliner Vortrag: *Arzt*, Ketzerische Bemerkungen zum Prinzip in dubio pro reo (Schriftenreihe der Juristischen Gesellschaft zu Berlin, Heft 149), 1997, dort Hinweise auf frühere Veröffentlichungen.

habe ich Beiträge veröffentlicht. Mitunter habe ich mich wie im griechischen Theater gefühlt, als Teil eines Chores, der sieht und klagt, aber am Geschehen auf der Bühne nichts zu ändern vermag.

## *Geldwäscherei – Zugleich ein Nachruf auf die Rechtspolitik*

Um ein Forschungssemester sinnvoll in den USA verbringen zu können, habe ich mich 1987 um geeignete Themen gekümmert. So bin ich auf die damals aus Sicht des schweizerischen Gesetzgebers langsam(!) näher rückende Problematik der Geldwäscherei aufmerksam geworden. Das Justizministerium hatte als Experten *Bernasconi* gewonnen, der im September 1986 einen Vorentwurf vorgelegt hatte. Das Ministerium hat 1987 diesen Entwurf unverändert in das übliche Konsultativverfahren geschickt[47]. In Deutschland war zu dieser Zeit das Thema noch nicht am gesetzgeberischen Horizont aufgetaucht. Da mir das Thema nicht der Befassung durch zwei Strafrechtsprofessoren wert schien (!), habe ich *Niklaus Schmid* und *Günter Stratenwerth* angerufen, um – sollte einer von ihnen sich schon mit Geldwäscherei herumschlagen – mich einer lohnenderen Thematik zuwenden zu können. Beide waren anderweit beschäftigt. So habe ich mich einmal mehr in die USA aufgemacht und mein Forschungssemester dort verbracht (überwiegend an der University of Florida in Gainesville, unterstützt von *Walter O. Weyrauch*). Auf die Gründe für die ganz unschweizerische Schnelligkeit des Gesetzgebungsverfahrens will ich hier nicht eingehen. Ich bin dadurch mitgerissen worden und zum ersten Strafrechtsprofessor (Irrtum vorbehalten) geworden, der in deutscher Sprache zur Geldwäscherei publiziert, der den ersten Beitrag zur Sorgfalt bei Identifizierung des wirtschaftlich Berechtigten veröffentlicht hat und der die erste Dissertation[48] betreut hat, die über Geldwäscherei in deutscher Sprache publiziert worden ist. Der Leser, der etwas verwundert auf die Schulter schaut, auf die ich mir so heftig klopfe, soll von der Attacke überrumpelt werden, um die es mir geht: Ich habe schon eingangs angedeutet, dass ich das *meine Generation prägende Phänomen* in der *Juristenschwemme* sehe. Es ist uns gelungen, die Bürger dazu zu bringen, dass sie immer mehr Gerechtigkeit (also mehr Rechtsunsicherheit!) verlangen. Dieses Verlangen ist das Vehikel, das die ökonomischen Bedürfnisse der Juristen befördert und kaschiert. Dass man über den Konnex zwischen der Zahl der Berufsangehörigen und den Missbräuchen im System bei Ärzten, statt bei Juristen, diskutiert – also im Gesundheitswesen statt im Rechtsunwesen – zeigt die Beherrschung des öffentlichen „Diskurses" durch uns Juristen. Keine Veränderung im BT des StGB hat in den letzten 50 Jahren auch nur zu einer annähernd so drastischen Vermehrung der Mittel geführt, die

47 Details (auch zur Beschleunigung) bei *Arzt*, ZStrR 106 (1989) 160 ff.

48 *Graber*, Geldwäscherei, Bern 1990. – Vgl. auch *Graber*, GwG, 2. Aufl. Zürich etc. 2003.

für Kriminalitätsprävention ausgegeben werden, wie die Geldwäscherei[49]. Die geradezu abergläubische Vorstellung, man könne so der organisierten Kriminalität im Allgemeinen und der Drogenkriminalität im Besonderen das Lebensblut entziehen, mag man belächeln. Kriminalpolitisch schockieren sollte jedoch die Plötzlichkeit, mit der sich Vorstellungen über *zero tolerance* im System etablieren konnten. Mit der Geldwäscherei ist über Nacht (jedenfalls haben die Zivilrechtler tief geschlafen; die Datenschützer haben wohl nur so getan, als schliefen sie) eine extrem teure Präventionspolitik installiert worden, und das weltweit. Die Geldwäscherei ist Beispiel für die moderne Kriminalpolitik der Nulltoleranz in Bereichen, über deren Auswahl man nicht diskutiert. Meiner Generation war immer klar, dass Kriminalitätsbekämpfung nicht vom „input" der begangenen Straftaten gesteuert wird, sondern vom „output", insbesondere von Kapazitäten im Strafvollzug und auf polizeilicher Ebene[50]. Sicherheit war für meine Generation im Straßenverkehr so relativ wie im Geldverkehr und sogar bezüglich des Schutzes von Kindern gegen sexuelle Übergriffe. Inzwischen geht man gegen Raser im Straßenverkehr mit Mordanklagen vor; gegen Missbrauch des Geldverkehrs mit Totalüberwachung völlig harmloser Kunden im Zeichen der Geldwäschereiprävention; gegen sexuellen Missbrauch von Kindern mit Beseitigung der Verjährung (als ob die Strafjustiz im Stande wäre, einen Jahrzehnte zurück liegenden Übergriff gegen ein Kind mit der nötigen Sicherheit aufzuklären!) und mit Lockvögeln (was zur Vorverlagerung der Versuchsstrafbarkeit führt). Weil man Alkohol am Steuer leicht nachweisen kann, wird er zum Problem. Dass fast schlagartig Hunderttausende von Quasi-Betrunkenen sich neu im Straßenverkehr bewegen, interessiert nur am Rande, weil man die mit Trunkenheit vergleichbare Ablenkung (Mobiltelefon) nicht so einfach beweisen kann.

Die Irrationalität des Geldwäschereikonzepts gleicht der Bekämpfung der Unzucht mit Tieren. Dort war der gentechnische Aberglaube maßgebend, man müsse das menschliche Seelenmonopol gegen Kreuzungen Mensch / Tier schützen. Wir haben geholfen, solche und viele andere Straftatbestände zu beseitigen. *Entkriminalisierung war das rechtspolitische credo meiner Generation.* Nach 15 Jahren Geldwäschereibürokratie ist offensichtlich, dass der versprochene Effekt der drogenfreien Welt auf Aberglauben beruht. Es ist mir eine große Genugtuung, dass diese von mir seit langem ausgesprochene Diagnose, die bei den an der Prävention gut verdienenden Leuten begreiflicher-

---

49 Außerhalb des StGB ist der Drogenhandel zu nennen, der zur Legitimierung der ersten Generation der Geldwäschereitatbestände missbraucht worden ist.

50 Vgl. nur *Lüderssen*, Strafrecht und „Dunkelziffer", 1. Aufl. 1972; zur Kapazitätskrise des Kriminalitätskontrollsystems und Steuerung über „output" *Arzt*, Der Ruf nach Recht und Ordnung (wie Fn. 15), S. 146 ff. Zurückweisung der These, es sei die jüngere Generation, die die Relativität der Sicherheit entdeckt habe, bei *Arzt*, FS Riklin, 2007, S. 17 ff.

weise unpopulär ist, in Deutschland inzwischen vom Praktikerkommentar[51] mit aller Deutlichkeit ausgesprochen wird. Die international agierenden Vandalen, die diesen Teilbereich des Rechtsstaats verwüstet haben, sind inzwischen weiter gezogen: Organisierte Kriminalität, Terrorfinanzierung und Bestechung, der man das neue Logo „Korruption" verpasst hat, sind ihre neuesten weltweiten Beschäftigungsprogramme für Juristen. Der rechtspolitische Wind hat gedreht, neue Tatbestände müssen her.

Wie dem auch sei, auch ich gehöre zu den Profiteuren der „Geldwäscherei". Nach meinen ersten Publikationen 1989 konnte ich mich vor Vortragseinladungen kaum noch retten. Auch mein Aufenthalt als Gastprofessor am Unafei, Tokyo (United Nations Asia and Far East Institute) 1991 stand im Zeichen von Geldwäscherei und internationaler Rechtshilfe in Strafsachen. In meiner ersten Publikation zur Geldwäscherei ist dokumentiert, dass in den USA damit die zentrale Erwartung verknüpft ist, die Drogenhändler am Anfang des Strafverfahrens arm zu machen, um sie von teuren Wahlverteidigern abzuschneiden. In den USA macht das rechtsstaatlich übersicherte System bei Ausschöpfung aller Möglichkeiten allzu oft unschuldig. 1989 hätte ich es für völlig unmöglich gehalten, dass die deutsche Verfassungsjustiz nur noch ein Jahrzehnt brauchen würde, um sich selbst zu bescheinigen, den deutschen Strafprozess so weit ruiniert zu haben, dass eine skandalöse Chancenungleichheit zwischen Beschuldigten besteht, die nur einen Pflichtverteidiger haben, und solchen, die sich einen Wahlverteidiger leisten können[52]. Die Konsequenz, dass eine Wahlverteidigung mit verbrecherisch erlangten Mitteln weitestgehend gestattet werden muss, weil sie den Rechtsstaat des Grundgesetzes allemal besser verwirkliche als eine Pflichtverteidigung, stellt die mit Geldwäscherei verbundenen Erwartungen ebenso auf den Kopf wie das Grundgesetz. Bitter ist die Hilflosigkeit angesichts dieser Entwicklung. Gelächter befreit nicht, denn das versöhnliche Ende der Geschichte vom Kaiser und seinen Schneidern entpuppt sich als Märchen. Mächtig ist erst der Kaiser, der die Leute, die ihn nackt sehen, zwingen kann, über den Faltenwurf der nicht existierenden Kleider zu parlieren.

Die schönsten Touren, die meine Frau und ich gemacht haben, waren die, bei denen wir froh waren, als das Ende in Sichtweite kam und die Erinnerung das Übergewicht erlangte: Der Friedhof in Chiquian nach der Cordillera Huayhuash; der Parkplatz (allerdings war es der falsche) nach unserem längsten Backpacking im Escalante; das Zelt nach dem Kala Pattar; der erste Wegweiser der Berner Wanderwege nach einem langen Abstieg. Mit meinen Publikationen empfinde ich ähnlich wie mit einer großen Wanderung: Sie zu machen war sehr schön, und es ist schön, dass jetzt der Rückblick dominiert.

51 *Fischer*, StGB, 56. Aufl. 2009, § 261 Rn. 4b ff.

52 Zum zunehmend rechtsstaatlichen und damit chancenungleichen Prozess *Arzt*, Dynamisierter Gleichheitssatz und elementare Ungleichheiten im Strafrecht, FS Stree / Wessels, 1993, S. 49 ff., 64 f. unter Hinweis auf die Geldwäscherei.

# *Schriftenverzeichnis (in Auswahl)*[53]

## *1. Selbständiges Schrifttum*

Die Ansicht aller billig und gerecht Denkenden. Geschichtliche Wurzel, theoretische Begründung und praktische Auswertung, Diss. (Maschinenschrift vervielfältigt), 1962.

Der befangene Strafrichter – zugleich eine Kritik an der Beschränkung der Befangenheit auf die Parteilichkeit, 1969.

Willensmängel bei der Einwilligung, 1970.

Der strafrechtliche Schutz der Intimsphäre: Vom zivilrechtlichen Persönlichkeitsschutz aus betrachtet, 1970.

Entwurf eines Gesetzes gegen Ladendiebstahl (in Zusammenhang mit dem Alternativ-Entwurf eines Strafgesetzbuches, vorgelegt von einem Arbeitskreis deutscher und schweizerischer Strafrechtslehrer), 1974 (Mitautor).

Der Ruf nach Recht und Ordnung. Ursachen und Folgen der Kriminalitätsfurcht in den USA und in Deutschland, 1976.

Ketzerische Bemerkungen zum Prinzip in dubio pro reo, 1997.

## *2. Kommentierungen*

Kommentar zum Schweizerischen Datenschutzgesetz, 1995, Art. 34, 35 DSG, Art. $179^{\text{novies}}$, $321^{\text{bis}}$ StGB.

Kommentar Einziehung, Organisiertes Verbrechen, Geldwäscherei, Band 1, 2. Aufl. 2007, Art. $260^{\text{ter.}}$ StGB (Kriminelle Organisation), Art. $260^{\text{quinquies}}$ StGB (Finanzierung des Terrorismus).

Basler Kommentar, Strafgesetzbuch II, 2. Aufl. 2007, Art. 146 (Betrug), Art. 149 (Zechprellerei), Art. 151 (Arglistige Vermögensschädigung).

## *3. Lehrbücher und Fallsammlungen*

Strafrechtsfälle und Lösungen, zusammen mit Jürgen Baumann und Ulrich Weber: 1. Aufl. 1963, 6. Aufl. 1986.

Die Strafrechtsklausur, 1. Aufl. 1973, 7. Aufl. 2006.

Strafrecht, Besonderer Teil. Ein Lehrbuch in 5 Heften, zusammen mit Ulrich Weber,

Strafrecht, Besonderer Teil / 1 Delikte gegen die Person, 1. Aufl. 1977, 3. Aufl. 1988.

Strafrecht, Besonderer Teil / 2 Delikte gegen die Person (Randbereich), Schwerpunkt: Gefährdungsdelikte, 1983.

Strafrecht, Besonderer Teil / 3 Vermögensdelikte (Kernbereich), 1. Aufl. 1978, 2. Aufl. 1986.

---

53 Ausführliche Version auf der Website des Instituts für Strafrecht und Kriminologie der Universität Bern (http://krim.unibe.ch), unter Emeriti.

Strafrecht, Besonderer Teil / 4 Wirtschaftsstraftaten, Vermögensdelikte (Randbereich), Fälschungsdelikte, 1. Aufl. 1980, 2. Aufl. 1989.

Strafrecht, Besonderer Teil / 5 Delikte gegen den Staat, gegen Amtsträger und durch Amtsträger, 1982.

Strafrecht, Besonderer Teil, mit Ulrich Weber, 1. Aufl. 2000; 2. Aufl. mit Bernd Heinrich, Eric Hilgendorf, Ulrich Weber 2009.

Einführung in das Strafrecht und Strafprozessrecht, zusammen mit Claus Roxin und Klaus Tiedemann, 1. Aufl. 1983, 5. Aufl. 2006.

Einführung in die Rechtswissenschaft, 1. Aufl. 1987, 2. Aufl. 1996.

Einführung in die Rechtswissenschaft. Grundfragen mit Beispielen aus dem deutschen Recht, 1996.

## *4. Aufsätze in Zeitschriften und Sammelwerken*

Notwehr gegen Erpressung, MDR 1965, S. 344–345.

Bedingter Entschluss und Vorbereitungshandlung, JZ 1969, S. 54–60.

Die Delikte gegen das Leben, ZStW 83. Bd. (1971), S. 1–38.

Zum Verhältnis von Strengbeweis und freier Beweiswürdigung, in: Festschrift für Karl Peters, 1974, S. 223–237.

Zum Zweck und Mittel der Nötigung, in: Festschrift für Hans Welzel, 1974, S. 823–839.

Offener oder versteckter Rückzug des Strafrechts vom Kampf gegen Ladendiebstahl?, JZ 1976, S. 54–58.

Rechtsdogmatik und Rechtsgefühl, JA 1978, S. 557–563.

Fremdnützige Hehlerei, JA 1979, S. 574–579.

Zum Verbotsirrtum beim Fahrlässigkeitsdelikt, ZStW 91. Bd. (1979), S. 857–887.

Zur Garantenstellung beim unechten Unterlassungsdelikt, JA 1980, S. 553–561, S. 647–654, S. 712–717.

Die Hehlerei als Vermögensdelikt, NStZ 1981, S. 10–15.

Probleme der Kriminalisierung und Entkriminalisierung sozialschädlichen Verhaltens, Kriminalistik 1981, S. 117–122.

Der Einfluss von Beweisschwierigkeiten auf das materielle Strafrecht, in: Strafrechtliche Probleme der Gegenwart, Bd. 8, 1981, S. 77–104.

Der strafrechtliche Ehrenschutz – Theorie und praktische Bedeutung, JuS 1982, S. 717–728.

Viktimologie und Strafrecht, MschrKrim 1984, S. 105–124.

Recht auf den eigenen Tod?, JR 1986, S. 309–314.

Das schweizerische Geldwäschereiverbot im Licht amerikanischer Erfahrungen, ZStrR 106. Bd. (1989), S. 160–201.

Die deutsche Strafrechtswissenschaft zwischen Studentenberg und Publikationsflut, in: Gedächtnisschrift für Armin Kaufmann, 1989, S. 839–878.

Geldwäscherei – Eine neue Masche zwischen Hehlerei, Strafvereitelung und Begünstigung, NStZ 1990, S. 1–6.

Geständnisbereitschaft und Strafrechtssystem, in: SKG-Festschrift, ZStrR 110. Bd. (1992), S. 233–248.

Geldwäsche und rechtsstaatlicher Verfall, JZ 1993, S. 913–917.

Die fortgesetzte Handlung geht – die Probleme bleiben, JZ 1994, S. 1000–1002.

Lehren aus dem Schneeballsystem, in: Festschrift für Koichi Miyazawa, 1995, S. 519–531.

Amerikanisierung der Gerechtigkeit – die Rolle des Strafrechts, in: Festschrift für Otto Triffterer, 1996, S. 527–549.

Das missglückte Strafgesetz – am Beispiel der Geldwäschegesetzgebung, in: Diederichsen, Uwe und Dreier, Ralf (Hrsg.), Das missglückte Gesetz, 1997, S. 17–42.

Filz statt Kriminalität, in: Festschrift für Günther Kaiser, 1998, Bd. 1, S. 495–507.

Ein Rationierungsmodell zur Begrenzung schwerer strafprozessrechtlicher Eingriffe, in: Festschrift für Theodor Lenckner, 1998, S. 663–670.

Bemerkungen zum Überzeugungsopfer – insbesondere zum Betrug durch Verkauf von Illusionen, in: Festschrift für Hans Joachim Hirsch, 1999, S. 431–450.

Wissenschaftsbedarf nach dem 6. StrRG, ZStW 111. Bd. (1999), S. 757–784.

Beweisnot als Motor materiell-rechtlicher Innovation, in: 50 Jahre Bundesgerichtshof. Festgabe aus der Wissenschaft, Bd. 4: Strafrecht, Strafprozessrecht, 2000, S. 755–779.

Zur Strafbarkeit des Erpressungsopfers, JZ 2001, S. 1052–1057.

Grundrechtsverwirkung im Strafverfahren, in: Festschrift für Niklaus Schmid, 2001, S. 633–658.

Mord durch Unterlassen, in: Festschrift für Claus Roxin, 2001, S. 855–867.

Über den Nutzen der Rechtsunsicherheit (Abschiedsvorlesung), recht 2001, S. 166–178.

Menschenschmuggel als Bagatellunrecht, in: Festschrift für Karl Heinz Gössel, 2002, S. 389–398.

Über die subjektive Seite der objektiven Zurechnung, in: Gedächtnisschrift für Ellen Schlüchter, 2002, S. 163–172.

Moderner Zeugenbeweis und Verhältnismäßigkeitsprinzip, in: Festschrift für Stefan Trechsel, 2002, S. 655–670.

Strafbarkeit juristischer Personen: Andersen, vom Märchen zum Alptraum, Schweizerische Zeitschrift für Wirtschaftsrecht, 74. Bd. (2002), S. 226–235.

Hans im Glück und Neuer Markt, in: Festschrift für Klaus Lüderssen, 2002, S. 851–860.

Betrug mit bio und öko, in: Festschrift für Ernst-Joachim Lampe, 2003, S. 673–687.

Bürokratisierung der Hilfe beim Sterben und beim Suizid – Zürich als Modell, in: Festschrift für Hans-Ludwig Schreiber, 2003, S. 583–592.

Schutz juristischer Personen gegen Selbstbelastung, JZ 2003, S. 456–460.

Interessenkonflikte bei der Vertretung eines angeschuldigten Unternehmens, Schweizerische Zeitschrift für Wirtschaftsrecht, 76. Bd. (2004), S. 357–368.

Strafverfahren ohne Menschenrechte gegen juristische Personen, in: Festschrift für Manfred Burgstaller, 2004, S. 221–237.

Terrorismus und Tourismus – strafrechtsdogmatisch betrachtet, in: Festschrift für Ulrich Weber, 2004, S. 17–31.

Dolus eventualis und Verzicht, in: Festschrift für Hans-Joachim Rudolphi, 2004, S. 3–13.

Der Internationale Strafgerichtshof und die formelle Wahrheit, in: Festschrift für Albin Eser, 2005, S. 691–704.

Neue Wirtschaftsethik, neues Wirtschaftsstrafrecht, neue Korruption, in: Festschrift für Wolfgang Wiegand, 2005, S. 739–765.

Für Sterbehilfe relevante standesrechtliche Bestimmungen im Lichte der Gesamtrechtsordnung, in: Petermann, Frank Thomas (Hrsg.), Sterbehilfe – grundsätzliche und praktische Fragen, 2006, S. 69–98.

Vorverlagerung des Schutzes gegen kriminelle Organisationen und Gewalt: Alte Dogmen in einer neuen Welt, ZStrR 124. Bd. (2006), S. 350–373.

Chancenlose Baueinsprachen: Strafrechtliche Bemerkungen, in: Festschrift für Franz Riklin, 2007, S. 17–30.

Betrug durch massenhafte plumpe Täuschung, in: Festschrift für Klaus Tiedemann, 2008, S. 595–603.

Salomonische Wahrheit – heute, in: Festschrift für Klaus Volk, 2009, S. 19–32.

Manfred Burgstaller

# Manfred Burgstaller

Ich bin in Oberösterreich geboren und aufgewachsen. Ebendort habe ich auch meine gesamte schulische Ausbildung absolviert. Studium, Promotion und Habilitation erfolgten an der Universität Wien. Professuren hatte ich an den Universitäten Wien (Extraordinariat), Linz und wieder Wien inne; seit 1. Oktober 2007 bin ich an der zuletzt genannten Universität als Emeritus tätig. Wie man sieht, bin ich also ganz und gar ein *österreichischer* Strafrechtler. Die liebenswürdige Einladung, an einem Band autobiographischer Darstellungen *deutscher* Strafrechtslehrer teilzunehmen, habe ich dennoch gerne angenommen. Erstens habe ich mich der traditionell engen Verknüpfung der österreichischen mit der deutschen Strafrechtswissenschaft stets in besonderer Weise verbunden gefühlt. Und zweitens erschien mir gerade die Möglichkeit, in meiner Darstellung auch einen Eindruck von einigen Spezifika des Werdens und Wirkens eines Strafrechtsprofessors in Österreich zu vermitteln, durchaus reizvoll.

## *I.*

Geboren bin ich am 13. September 1939 als erstes Kind meiner Eltern im oberösterreichischen Wels. Mein Vater, *Franz Burgstaller*, war Gemeindebeamter im nahe gelegenen Marchtrenk, wo er mit seiner den Haushalt führenden Frau Hilde, geborene Rothbauer, auch wohnte. Meine Geburt erfolgte in einer für meine Eltern – über das nach Kriegsbeginn für alle geltende Maß hinausgehend – schwierigen Zeit. Von beiden war bekannt, dass sie dem Nationalsozialismus keinerlei Sympathie entgegen brachten. Dass mein Vater, nachdem er sehr rasch einen Nationalsozialisten als Vorgesetzten bekommen hatte, immerhin seine Anstellung am Gemeindeamt behalten konnte, war allein der hohen Anerkennung zu verdanken, die er sich durch seine untadelige Amtsführung in allen Teilen der Bevölkerung erworben hatte. Vom Kriegsdienst blieb mein Vater mit viel Geschick und Glück verschont. So konnte ich meine frühen Kindheitsjahre – damals ein seltenes Privileg – in liebevoller Geborgenheit durch beide Elternteile verbringen. Die durch die Nähe unseres Hauses zum Frachtenbahnhof Wels bedingten massiven Luftangriffe 1944 und Anfang 1945 überstanden wir glücklicherweise ebenso ohne Schaden wie das Kriegsende selbst. Nachdem einige zur sinnlosen Verteidigung entschlossene Fanatiker durch beherzte Männer außer Gefecht gesetzt worden waren, erfolgte die Übergabe von Marchtrenk an die amerikanischen Truppen kampflos. Mein Vater wurde mit Genehmigung des amerikanischen Kommandanten sehr bald zum provisorischen Leiter des Gemeindeamtes berufen und trug durch die umsichtige Wahrnehmung dieser Funktion wesentlich dazu bei, dass das dem Zusammenbruch der bisherigen Ordnungsstrukturen zwangsläufig folgende

Chaos in unserem Ort nur kurz dauerte. Den in den ersten Nachkriegsjahren herrschenden Mangel an Lebensmitteln und Heizmaterial, der unsere Familie durch die 1946 erfolgte Geburt meines Bruders *Erich* gesteigert traf, konnten wir durch „Nothilfen" aus an der Peripherie von Marchtrenk und in Nachbargemeinden gelegenen Bauernhöfen bewältigen. Mit der Etablierung regulärer Verhältnisse wurde mein Vater als Gemeindeamtsleiter bestätigt und übte diese Position dann allseits hochgeschätzt aus, bis er altersbedingt in den Ruhestand trat.

Wie schon aus dem bisher Gesagten ersichtlich, war mein Vater ein sehr bemerkenswerter Mann. Er entstammte väterlicher- und mütterlicherseits alteingesessenen Bauernfamilien aus dem Mühlviertel, das ist der nördlich der Donau gelegene, an Böhmen grenzende Teil Oberösterreichs. Seine Eltern betrieben dort eine mit einem Gasthaus verbundene Landwirtschaft, wobei sein Vater zusätzlich als Viehhändler tätig war. Dass mein 1900 geborener Vater als einziger Sohn den elterlichen Betrieb einmal übernehmen würde, galt als selbstverständlich. Durch das Zusammentreffen einer Reihe von hier nicht auszubreitenden Umständen kam es aber ganz anders. Das gesamte Anwesen wurde 1927 verkauft, wobei meine Großeltern glaubten, mit den Erträgen des Erlöses bis an ihr Lebensende ein gutes Auslangen zu finden. Die folgende Wirtschaftskrise mit ihrer galoppierenden Inflation bereitete diesem Glauben freilich alsbald ein brutales Ende. Der bereits mit der Aufgabe des elterlichen Betriebs gefasste Entschluss meines Vaters, sich eine komplett neue Lebensbasis aufzubauen, musste nun unter denkbar ungünstigen Bedingungen umgesetzt werden. Unter Ausschöpfung seiner vielfältigen Begabungen und Einsatz seiner gewaltigen Willensstärke ist das auf beeindruckende Weise gelungen. Mit der Bereitschaft, jedwede Arbeitsmöglichkeit zu ergreifen, schaffte er es, seinen Lebensunterhalt zu verdienen und gleichzeitig durch Absolvierung weiterführender Schulen und Kurse binnen weniger Jahre ein der Matura (=Abitur) entsprechendes Ausbildungsniveau zu erreichen. Mit dieser Qualifikation erhielt er dann Anfang der 30er Jahre unter 103(!) Bewerbern die erwähnte Anstellung am Gemeindeamt Marchtrenk. Die aus dieser gerafften Lebensgeschichte immerhin skizzenhaft deutlich werdende Persönlichkeit meines Vaters – enorme Lebenstüchtigkeit gepaart mit einem von höchsten moralischen Standards geprägten Charakter – hat meine Entwicklung und mein gesamtes Leben nachhaltig beeinflusst.

Kaum weniger wichtig für mich war freilich auch meine Mutter. Von ihr empfing ich genau das, was ich als Ausgleich zu den mitunter allzu rigiden Anforderungen meines Vaters benötigte: Freude an den schönen Dingen des Lebens und Gelassenheit gegenüber seinen Widrigkeiten. Auch die Wurzeln meiner Mutter reichen ins bäuerliche Milieu des Mühlviertels zurück. Allerdings wurde dieses Milieu bereits von ihren Eltern verlassen. Ihr Vater war Zollinspektor und hatte in den für sie prägenden Jahren seinen Dienst- und Familienwohnort in der schönen Grenzstadt Schärding am Inn. In diesem Umfeld konnte meine Mutter nach Volks- und Bürgerschule noch eine Handelsschule absolvieren. Mit dieser Qualifikation erreichte sie bald die Anstellung als Chefsekretärin eines größeren Unternehmens, welche Position sie bis zu ihrer Verehelichung mit meinem Vater sehr erfolgreich und mit viel Freude ausübte. Sie hatte überhaupt die seltene Gabe, Lebensfreude und Disziplin harmonisch zu verbinden. Das machte sie für meinen Vater zu einer idealen Partnerin und für mich zu einer wunderbaren Mutter.

## *II.*

Meinen Schulbesuch konnte ich trotz umfassend bestehender Mangelsituation an der Volksschule Marchtrenk programmgemäß beginnen. Nachdem ich die vierjährige Unterstufe als einer der Klassenbesten absolviert hatte, schickten mich meine Eltern nicht in die als reguläre Weiterführung vorgesehene Hauptschule, sondern – damals auf dem Land für ein Kind von Nichtakademikern durchaus unüblich – ins Gymnasium nach Wels. Die dort naturgemäß auftretenden Anpassungsschwierigkeiten hatte ich mit Hilfe meiner Mutter, die mich das – für mich jetzt erstmalig nötig werdende – bewusste Lernen lehrte, rasch überwunden. So konnte ich schon die erste Klasse mit ausgezeichnetem Erfolg abschließen und diesen Standard dann durchgehend beibehalten. Als meine besonderen Interessensgebiete kristallisierten sich Latein, Deutsch und Mathematik heraus. An den hervorragenden Unterricht, den ich in diesen Fächern vier Jahre lang am Welser Gymnasium genoss, denke ich noch heute mit Dankbarkeit zurück.

Dass ich 1953 nach Absolvierung der Unterstufe trotz aller positiven Erfahrungen aus der genannten Schule ausschied, war auf ökonomische Überlegungen zurück zu führen. Angesichts des damals besorgniserregenden Gesundheitszustandes meines Vaters schlugen mir meine Eltern vor, in die Lehrerbildungsanstalt zu wechseln. Sie meinten, auf diese Weise hätte ich nach fünf Jahren zusätzlich zur Matura eine solide Berufsausbildung, während die Gymnasialmatura eigentlich nur als Vorstufe für ein Universitätsstudium Sinn mache. Ein derartiges Studium wäre aber, sollte mein Vater zwischenzeitig sterben, mit der zu erwartenden kleinen Witwenpension meiner Mutter nicht zu finanzieren gewesen. Diese Überlegung leuchtete mir ein. Und da mir der Lehrberuf durchaus attraktiv erschien, stimmte ich dem Vorschlag meiner Eltern zu und bewarb mich um Aufnahme in die Lehrerbildungsanstalt in Linz.

Der im September 1953 erfolgte Eintritt in die neue Schule war mit einer tiefgreifenden Veränderung meiner Lebensumstände verbunden. Da Linz doch deutlich weiter von Marchtrenk entfernt ist als Wels und es in der Lehrerbildungsanstalt mehrmals in der Woche ganztägigen Unterricht gab, boten mir meine Eltern an, meine Unterbringung in einem von der Schule empfohlenen Schülerheim zu finanzieren. Dass ich dieses Angebot – zunächst durchaus mit zwiespältigen Gefühlen – annahm, wirkte sich für mich überaus positiv aus. Der Aufenthalt in dem sehr liberal geführten Heim ermöglichte es mir, schon sehr früh ein hohes Maß an Selbständigkeit und Eigenverantwortung zu entwickeln, was mir im Hause meines ebenso fürsorglichen wie dominanten Vaters wohl kaum gelungen wäre. Der Umstand, dass das nördlich der Donau befindliche Heim in der sowjetischen, die Schule dagegen in der amerikanischen Besatzungszone von Linz gelegen war, bedeutete nur noch eine geringe Erschwernis. Denn im Herbst 1953 war das Überschreiten der Zonengrenze bereits ohne die früher oft schikanösen Kontrollen möglich. Dass mich der von Österreich im Mai 1955 erreichte Staatsvertrag und der damit verbundene Wegfall dieser Grenze damals dennoch mit großer persönlicher Freude erfüllte, möchte ich aber an dieser Stelle festhalten.

Den Besuch der Lehrerbildungsanstalt habe ich in sehr angenehmer Erinnerung. Für die auch in den allgemeinen Mittelschulen unterrichteten Fächer konnte ich auf Grund der exzellenten Grundausbildung im Gymnasium sehr gute Leistungen erzielen, ohne dafür besondere Mühe aufzuwenden. Und von der angebotenen spezifischen Ausbildung habe ich außerordentlich profitiert. Das gilt zunächst für den Gesamtbereich der Pädagogik unter Einschluss von Philosophie, Psychologie und Didaktik. Das, was mir auf diesen Gebieten theoretisch und in der integrierten Schulpraxis vermittelt wurde, hat mir in meinem gesamten beruflichen und privaten Leben vielfältig geholfen. Aber auch die intensive Musikausbildung an der Lehrerbildungsanstalt hat mich nachhaltig bereichert.

Im Juni 1958 legte ich an der Lehrerbildungsanstalt Linz die Matura mit Auszeichnung ab. Da mein Vater seine gesundheitliche Krise Gott sei Dank überwunden hatte, war bereits seit einiger Zeit klar, dass ich die mit dieser Matura erworbene Befähigung als Volksschullehrer nicht in Anspruch nehmen, sondern ein Universitätsstudium anschließen würde. Dabei war meine erste Wahl ein Studium für das Lehramt an Mittelschulen in meinen Lieblingsfächern Mathematik und Latein. Meine Eltern waren einverstanden, wenngleich mein Vater klar zum Ausdruck brachte, dass er ein Jusstudium für sinnvoller hielte. Die Erkundung der näheren Bedingungen für das von mir bevorzugte Lehramtsstudium brachte freilich ernüchternde Ergebnisse. Die Fächerkombination Mathematik und Latein war in den geltenden Studienplänen nicht vorgesehen; ich hätte dafür eine spezielle ministerielle Genehmigung benötigt und bei deren Erteilung mit laufend auftretenden Kollisionen der Lehrveranstaltungen rechnen müssen. Dazu kam, dass für ein Lateinstudium zumindest Grundkenntnisse des Altgriechischen verlangt wurden, die ich hätte nachholen müssen. Als in dieser Situation dann auch noch der Direktor der Lehrerbildungsanstalt erklärte, er würde mir statt des erwogenen Lehramtsstudium eher ein – doch viel bessere Chancen bietendes – Jusstudium vorschlagen, ich sei dafür sicher gut geeignet, waren die Würfel gefallen: Ich beschloss, Jus zu studieren. Als Studienort stand für mich Wien von vornherein außer Frage; ich wollte unbedingt in die Metropole.

## *III.*

Die Erwartungen, die ich an ein Leben in Wien geknüpft hatte, wurden, als ich im September 1958 dorthin übersiedelte, von Anfang an voll erfüllt. Das kulturelle und intellektuelle Angebot, das diese Stadt für mich bereit hielt, war überwältigend. Vor allem die mehrmals in der Woche erfolgten Besuche von Theateraufführungen und Vorträgen brachten mir nicht nur vielfache Anregungen, sondern bereiteten mir auch großes Vergnügen.

Mit den Studienbedingungen an der Universität konnte ich mich dagegen zunächst gar nicht anfreunden. Dass der erste, zwei Semester umfassende, Studienabschnitt – abgesehen von einer sehr abstrakt konzipierten Einführung in die Grundbegriffe von Staat und Recht – allein der Rechtsgeschichte (Römisches Recht, Entwicklung des deutschen bzw. österreichischen Rechts bis ins 19. Jahrhundert, Geschichte des Kirchenrechts) gewidmet war, wusste ich. Damit aber, dass in den Vorlesungen meist tatsächlich bloß „vorgelesen" wurde und dass es angesichts der riesigen Zahl von Hörern praktisch keine Möglichkeit zu fragen oder gar zu diskutieren gab, hatte ich nicht gerechnet. So hielt ich es sehr bald für sinnvoll, an der Universität nur die nötigen, leider meist ebenfalls überfüllten, Übungen zu besuchen und das Schwergewicht der Stoffaneignung, wie von älteren Studenten empfohlen, in einen privaten Rechtskurs zu verlagern. Dort gab es Skripten, die den für die Prüfungen wesentlichen Stoff konzise zusammenfassten, und Unterrichtsstunden, in denen didaktisch erfahrene Praktiker einer Gruppe von nur 20 bis maximal 30 Studenten für Fragen und Diskussionen zur Verfügung standen. Ich habe das als sehr angenehm empfunden und von dieser Art Studium auch durchaus profitiert.

Im zweiten Semester machte ich freilich eine neue Erfahrung. In einer Übung aus dem Römischen Recht bekam ich erstmals demonstriert, was es heißt, sich wissenschaftlich mit dem Recht zu beschäftigen. Die vom Übungsleiter *Theo Mayer-Maly* brillant vorgeführte Auseinandersetzung mit verschiedenen Interpretationen einer Digestenstelle fand ich so interessant, dass ich mich durch eigenständiges Studium von Spezialliteratur über den besprochenen Gegenstand detailliert informierte. Das brachte mir – völlig unerwartet – einen über die genannte Lehrveranstaltung weit hinaus reichenden Ertrag: *Mayer-Maly* erklärte mich als förderungswürdig, verschaffte mir ein Begabtenstipendium und lud mich für das nächste Semester in sein Seminar ein. Diese umfassende Anerkennung hat meinen weiteren Studienweg wesentlich beeinflusst. Das Stipendium, das ich durch laufende Erbringung der geforderten Leistungen bis zum Studienende beziehen konnte, steigerte meine Unabhängigkeit vom Elternhaus und ermöglichte es mir, mich fortan unter Aufgabe des bis dahin erteilten Nachhilfeunterrichts voll auf das Studium zu konzentrieren. Und die mir zuteil gewordene ideelle Anerkennung motivierte mich dazu, dass ich – nach programmgemäßem Abschluss des ersten Studienabschnitts mit der rechtshistorischen Staatsprüfung im Juni 1959 – das weitere Studium mit wesentlich höheren Ansprüchen betrieb. Ich besuchte zwar nach wie vor Rechtskurse, weil diese eine gute Vorbereitung für die Staatsprüfungen und zugleich wertvolle Einblicke in die Handhabung des Rechts in der Praxis boten. Aber die entscheidende, mich prägende juristische Sozialisation bezog ich nunmehr, auch wenn das mitunter erhebliches Durchhaltevermögen erforderte, aus den an der Universität angebotenen Lehrveranstaltungen und der dort empfohlenen Literatur.

Der im Oktober 1959 begonnene zweite Studienabschnitt, in dem in drei Semestern Bürgerliches Recht, Handelsrecht, Zivilprozessrecht sowie Strafrecht und Strafprozessrecht unter Berücksichtigung der Kriminologie zu absolvieren waren, hat mich von Anfang an sehr angesprochen. Das gilt gleichermaßen für alle der genannten Disziplinen. Zumindest bei drei Mitstudenten, mit denen ich eine Lerngruppe gebildet hatte, muss ich freilich schon damals den Eindruck erweckt haben, dass ich dem Strafrecht besonders zugetan war. Denn nachdem wir beschlossen hatten, dass sich jeder von uns mit einem der vier Fachgebiete des Abschnitts speziell beschäftigen und das damit erworbene vertiefte Wissen den anderen zur Verfügung stellen sollte, einigte man sich sehr rasch darauf, dass ich dabei den strafrechtlichen Bereich zu übernehmen hatte. Was mich an diesem Gegenstand faszinierte, war im Übrigen damals weniger die Dogmatik als vielmehr die große gesellschaftspolitische Bedeutung des Strafrechts. Diese wurde uns in den Vorlesungen von *Roland Graßberger*, der die juristischen Fragen stets mit realen Beispielen aus seiner reichen praktischen Erfahrung plastisch zu veranschaulichen wusste, ungemein eindrucksvoll demonstriert.

Der Abschluss des zweiten Studienabschnittes im Jänner 1961 verlief für mich überaus erfolgreich. Erstens bestand ich sowohl die judizielle Staatsprüfung als auch das – damals als erster Teil des Doktoratserwerbs an der Universität abzulegende – judizielle Rigorosum jeweils mit Auszeichnung. Und zweitens erhielt ich gleich von zwei Prüfern attraktive Angebote. Der handelsrechtliche Staatsprüfer, ein führender Wiener Wirtschaftsanwalt, bot mir eine Anstellung als studentischer Mitarbeiter in seiner Kanzlei an. Und der strafrechtliche Rigorosenprüfer, Professor *Graßberger*, lud mich zur Mitarbeit an seinem Institut ein. Beides war für mich durchaus verlockend. Letztlich entschied ich mich freilich doch klar für das zweitgenannte Angebot und trat am 1. März 1961 meinen Dienst als halbtägig beschäftigte wissenschaftliche Hilfskraft am Institut für Kriminologie der Universität Wien an. *Roland Graßberger*, der sich selbst primär als Kriminologe und Kriminalist verstand, war Vorstand dieses Instituts, betreute aber zugleich auch die damals einzige strafrechtliche Lehrkanzel der Wiener Juristenfakultät. Beim Einstellungsgespräch wurde geklärt, dass ich gemäß meiner Neigung primär im Strafrechtsbereich arbeiten sollte, daneben aber auch zur Mitarbeit an kriminologischen Untersuchungen herangezogen würde. Dass ich mich für die Kriminalistik als ungeeignet erachtete, hat *Graßberger* – selbst ein geradezu begnadeter Kriminalist – von Anfang an großzügig akzeptiert.

Zugleich mit dem Institutsdienst begann ich im März 1961 mit dem dritten Studienabschnitt, in dem in drei Semestern Verfassungsrecht, Verwaltungsrecht, Völkerrecht sowie – in Grundzügen – Volkswirtschaftslehre, Volkswirtschaftspolitik und Finanzwissenschaft zu absolvieren waren. Da Professor *Graßberger* bei Festlegung der Dienststunden auf meine Studienerfordernisse größtmögliche Rücksicht nahm, konnte ich die nun gegebene Doppelbelastung mit einer durchaus zumutbaren Steigerung meiner bisherigen Arbeitsintensität gut bewältigen. Es gelang mir sogar, den in Rede stehenden Studienabschnitt nicht nur programmgemäß bereits im Juni 1961 abzuschließen, sondern auch die aus den genannten Fächern abzulegende Staatsprüfung und das entsprechende Rigorosum wiederum jeweils mit Auszeichnung zu absolvieren.

Die parallele Tätigkeit als wissenschaftliche Hilfskraft am Institut für Kriminologie erwies sich für mich als ungemein profitabel. Weder vorher noch nachher habe ich in so kurzer Zeit so viel gelernt. Da waren zunächst die wertvollen Erfahrungen, die ich aus der mir aufgetragenen Unterstützung *Graßbergers* bei der Abhaltung strafrechtlicher Übungen und der Durchführung kriminologischer Untersuchungen bezog. Ich hatte aber auch Gelegenheit zur systematischen Wissenserweiterung. So wurde ich eingeladen, alle von *Graßberger* gehaltenen kriminologischen und kriminalistischen Speziallehrveranstaltungen zu besuchen, was mir völlig neue Einsichten vermittelte. Ebenso wurde ich ausdrücklich dazu ermuntert, die gängigen strafrechtlichen Lehrbücher genau zu studieren und mir diskussionswürdig erscheinende Punkte in der Teestunde, zu der *Graßberger* seine wissenschaftlichen Mitarbeiter täglich einlud, zur Sprache zu bringen. Dass das mein strafrechtliches Wissen und Verständnis ganz wesentlich steigerte, liegt auf der Hand. Von den erwähnten Teestunden habe ich aber noch weit darüber hinausgehend profitiert. Da *Graßberger* selbst und die übrigen strafrechtlichen und kriminologischen Mitarbeiter dort ebenfalls ihre sie jeweils akut beschäftigenden fachlichen Probleme zur Diskussion stellten, gewann ich einen ersten Einblick in die faszinierende Vielfalt der Kriminalwissenschaften. Und durch die Art, wie mit den aufgeworfenen Problemen umgegangen wurde, erhielt ich zugleich eine Lektion, der ich besondere Bedeutung beimesse: In unserer Wissenschaft genügt es oft nicht, dass die gefundene Lösung intellektuell befriedigt; es ist vielmehr auch zu überlegen, ob man sie ethisch verantworten kann.

Mit Ablegung der dritten Staatsprüfung hatte ich den – dem heutigen Magister entsprechenden – Grad eines „abs. iur." erworben, der den Zugang zu den meisten juristischen Berufen eröffnete. Es war aber klar, dass ich das juridische Doktorat anstrebte, wozu mir – nach bereits erfolgter Ablegung des judiziellen und staatswissenschaftlichen Rigorosums – nur noch das zwingend als letzte Prüfung zu absolvierende rechtshistorische Rigorosum fehlte. Eine Dissertation für Juristen war damals in Österreich nicht vorgesehen. Gegenstand der genannten letzten Prüfung waren – wie bei der ersten Staatsprüfung – Römisches Recht, deutsche bzw. österreichische Rechtsgeschichte und Entwicklung des Kirchenrechts, wobei es jetzt aber zusätzlich darum ging, diese Gebiete jeweils mit der geltenden staatlichen und kirchlichen Rechtsordnung in Beziehung zu setzen. Diese Aufgabenstellung sprach mich sehr an, weshalb es mir nicht schwer fiel, das rechtshistorische Rigorosum im Spätherbst 1962 mit Auszeichnung zu absolvieren. Meine Promotion zum Doktor der Rechte erfolgte am 7. Dezember 1962.

## *IV.*

Nach Abschluss des Studiums lud mich Professor *Graßberger* ein, am Institut zu bleiben und eine wissenschaftliche Laufbahn zu versuchen. Ich war davon sehr angetan, wollte aber jedenfalls vorher das als Basis für alle praktischen Juristenberufe dienende Gerichtsjahr absolvieren. *Graßberger* fand das vernünftig und bot mir an, während des Gerichtsjahres weiterhin als halbtägige wissenschaftliche Hilfskraft zu arbeiten; er würde sich dafür einsetzen, dass ich für meine Praxis durchgehend Wiener Gerichten zugeteilt würde; damit ließe sich mein Dienst am Institut, wenn man ihn in die Abendstunden verlege, gut vereinbaren. Dieses großzügige Angebot nahm ich dankbar an.

Die erste Station meiner Gerichtspraxis, die ich von Jänner bis Dezember 1963 programmgemäß in Wien absolvierte, war eine Untersuchungsrichterabteilung des Landesgerichts für Strafsachen Wien. Das Erste, das ich hier lernte, war, dass das Prozessrecht für den Praktiker in der ersten Instanz viel wichtiger ist als das materielle Strafrecht. Und zweitens wurde mir sehr rasch die große Bedeutung klar, die kriminologische und kriminalistische Erfahrungen im strafprozessualen Vorverfahren haben. Für die mir übertragenen Einvernahmen von Beschuldigten und Zeugen waren Kenntnisse über Technik und Taktik von Vernehmungen, die ich aus *Graßbergers* Buch und Vorlesung über die Psychologie des Strafverfahrens bezogen hatte, eine unschätzbare Hilfe. In der theoretischen Ausbildung im Zentrum stehende Fragen der Strafrechtsdogmatik spielten bei meiner Tätigkeit in der Untersuchungsrichterabteilung kaum eine Rolle. Immerhin verdanke ich Beschuldigtenvernehmungen in einem komplexen Betrugsverfahren eine vertiefte Einsicht in die Problematik der Abgrenzung von Eventualvorsatz und bewusster Fahrlässigkeit. Ich musste erkennen, dass die Annahme eines dolus eventualis in der Praxis oft tatsächlich, wie das ein böses Wort behauptet, auf der Differenz der Intelligenz von Vernehmendem und Vernommenem gründet.

Meine zweite Zuteilung erfolgte zum Strafbezirksgericht Wien, und zwar in eine Abteilung, die fast ausschließlich mit der Aburteilung von Straßenverkehrsunfällen mit Personenschaden beschäftigt war. Die wichtigste Erfahrung, die ich hier machte, bestand in der Erkenntnis, dass die damals in Österreich gelehrte Fahrlässigkeitsdogmatik die Bedürfnisse der Praxis glatt verfehlte. Die in der Theorie angestellten differenzierten Überlegungen zur individuellen Fahrlässigkeitsschuld erlangten für die Beurteilung der konkreten Fälle so gut wie keine Bedeutung. Demgegenüber bot die damalige österreichische Dogmatik für die ständig auftretenden Probleme der objektiven Sorgfaltswidrigkeit und der – heute unter diesem Namen bekannten – objektiven Erfolgszurechnung kaum Unterstützung. In dieser Erfahrung liegt wohl eine der Wurzeln dafür, dass ich zehn Jahre später gerade das Fahrlässigkeitsdelikt zu einem meiner zentralen Forschungsgebiete erkor.

Den restlichen Teil meiner Praxis verbrachte ich bei Zivilgerichten. Im Handelsgericht Wien war ich dem Vorsitzenden eines erstinstanzlichen Senats zugeteilt, im Landesgericht für Zivilrechtssachen Wien einem Berufungssenat. An beiden Orten konnte ich Ziviljustiz in Spitzenqualität erleben. Nach kurzer Testung überließen mir die Vorsitzenden Fälle zur selbständigen Vorerledigung, wobei mir meine als wissenschaftliche Hilfskraft gemachten Erfahrungen im produktiven Umgang mit Judikatur und Literatur sehr nützlich waren. Dass meine Entwürfe fast immer Zustimmung fanden, bereitete mir natürlich große Genugtuung.

Da ich von allen Ausbildungsrichtern eine ausgezeichnete Dienstbeschreibung erhalten hatte und auch in den Kursen zur Aufnahme in den richterlichen Vorbereitungsdienst sehr erfolgreich gewesen war, wollte man mich nach Beendigung des Gerichtsjahres gerne in der Justiz behalten. Während meiner Praxis beim Handelsgericht hatte ich zusätzlich das Angebot erhalten, als Konzipient mit der Aussicht auf eine spätere Partnerschaft in eine renommierte Rechtsanwaltskanzlei einzutreten. Ich empfand zwar beide Angebote als durchaus attraktiv, lehnte sie aber nach nur kurzer Überlegung dankend ab. Ich wollte an die Universität zurück. Und zwar keineswegs nur, weil ich das mit Professor *Graßberger* so vereinbart hatte – er hätte mich auf meine Bitte hin sicher großzügig freigegeben. Es war schlicht so, dass die in Aussicht stehende intensive wissenschaftliche Beschäftigung mit dem Strafrecht für mich eine Verlockung bedeutete, der ich nicht widerstehen konnte.

## *V.*

Ab Jänner 1964 arbeitete ich also ganztägig als Assistent am Institut für Kriminologie. Mein Aufgabenbereich erfasste neben dem Schwerpunkt Strafrecht und Strafprozessrecht nach wie vor auch die Mitwirkung an kriminologischen Projekten. Deutlich gesteigert gegenüber meiner Tätigkeit als wissenschaftliche Hilfskraft wurde mein Einsatz in der Lehre. Neben der unterstützenden Mitwirkung an Übungen und Seminaren Professor *Graßbergers* hatte ich relativ bald immer wieder strafrechtliche Übungen und auch einzelne Vorlesungsstunden in Vertretung des Genannten selbständig zu halten. Das bedeutete für mich eine gewaltige Herausforderung, von der ich aber auch viel profitierte. Vor allem die schmerzhafte Einsicht, dass mir Dinge, von denen ich glaubte, sie zu beherrschen, noch keineswegs so klar waren, dass ich sie kritisch nachfragenden Studenten befriedigend erklären konnte, war für meine Entwicklung außerordentlich wichtig. Folgenreich war für mich auch die über meine Anregung getroffene Entscheidung des Instituts, zusätzlich zur seit jeher geführten kriminologischen Bibliothek auch die strafrechtlichen Bestände der – im Hauptgebäude der Universität und damit getrennt von unserem Institut untergebrachten – Fakultätsbibliothek zur Betreuung und eigenverantwortlichen Fortführung zu übernehmen. Dass mir dadurch auch die Aufgaben eines Bibliothekars zuwuchsen, nahm ich gerne in Kauf. Denn ich hatte nun alle Bücher, die ich brauchte, in unmittelbarer Nähe und konnte meine Bedürfnisse auch bei den Neuanschaffungen bestmöglich berücksichtigen.

Bei all den angeführten Aktivitäten war von Anfang an klar, dass meine eigenständige wissenschaftliche Arbeit nicht zu kurz kommen sollte. Unerfahren und unbekümmert, wie ich war, wagte ich mich sogleich an die Konzeption des Verbrechensbegriffs. Das Interesse an diesem Thema war bereits während meiner Studienzeit geweckt worden. Erstens war mir aufgefallen, dass der in Österreich damals ganz unangefochtene Verbrechensaufbau mit strikt auf die äußere Tatseite beschränkten Begriffen von Tatbestand und Rechtswidrigkeit in Deutschland längst zur Außenseiterposition geworden war. Und zweitens erschien mir die im hochgeschätzten Lehrbuch von *Friedrich Nowakowski* (im Anschluss an *Ferdinand Kadečka*) vertretene Auffassung, es gäbe nicht rechtswidrige strafbare Handlungen, als geradezu unerträgliche Provokation. Nachdem ich mich seit dem dritten Studienabschnitt intensiv mit der Reinen Rechtslehre *Hans Kelsens* befasst hatte – mit Vergnügen erinnere ich mich vor allem an die Seminare von *Günther Winkler*, in denen die zweite Auflage des genannten Werks Seite für Seite kritisch diskutiert wurde –, glaubte ich, mit dem dort entwickelten rechtstheoretischen Ansatz eine einfache Lösung für all die angeschnittenen Fragen bieten zu können. Mit der nur Anfängern möglichen Forschheit verfasste ich ein etwa 70 Seiten starkes Manuskript, in dem gezeigt wurde, dass die Aufspaltung der Strafbarkeitsvoraussetzungen in Tatbestand, Rechtswidrigkeit und Schuld rechtstheoretisch nicht zu begründen sei und es sich dementsprechend bei allen Kontroversen um die Abgrenzung der genannten Elemente voneinander in Wahrheit um Scheinprobleme handle. Dass Professor *Graßberger* von diesem Ansatz vermutlich nicht begeistert sein werde, nahm ich an. Dementsprechend legte ich ihm meine Arbeit mit einer Mischung aus Stolz und Bangen vor. *Graßberger* las das Manuskript und reagierte auf eine wahrlich großartige Weise. Er sagte klipp und klar, dass er persönlich mit meinem Ansatz nichts anfangen könne, fügte aber hinzu, dass er den Versuch eines jungen Mannes, den Verbrechensbegriff von einer ganz neuen Warte aus zu betrachten, nicht vorschnell ablehnen wolle. Er schlug vor, dass ich mich vor einer Publikation der Arbeit noch eingehender mit der erörterten Problematik befassen und vor allem versuchen sollte, mit meinem Ansatz irgendein konkretes Problem zu lösen. Diesem Ansinnen konnte und wollte ich mich, bei aller Enttäuschung, nicht verschließen.

Also startete ich zum Thema Verbrechensbegriff ein intensives Literaturstudium. Dabei kam ich über das österreichische sehr rasch zum deutschen Schrifttum. Als wichtigste Basis des damals in Österreich vertretenen Verbrechensaufbaues erwiesen sich die Arbeiten *Ernst Belings*, insbes. dessen 1906 erschienene „Lehre vom Verbrechen". Mich von diesem Jahr in die aktuelle deutsche Diskussion vorarbeitend, las ich alle wichtigen Werke zur Entwicklung des normativen Schuldbegriffs und der Lehre von den subjektiven Unrechtselementen sowie natürlich die damals ganz zentralen Auseinandersetzungen um die finale Handlungslehre und die darauf gründende Deliktskonzeption von *Hans Welzel* und seinen Schülern. Das erste Ergebnis dieser nachgeholten dogmatischen „Allgemeinbildung" war die bittere Erkenntnis, dass ich mit meinem erwähnten rechtstheoretischen Ansatz die Probleme, um die es beim Verbrechensbegriff geht, gar nicht erkannt und daher schlicht verfehlt hatte. Darüber, dass das diesbezügliche Manuskript über Empfehlung *Graßbergers* nicht publiziert worden war, war ich jetzt froh. Die spätere Entdeckung, dass meine auf die Rechtstheorie *Kelsens* gestützten Überlegungen zum Verbrechensbegriff im Kern auch bereits in einem 1928 – unter dem schönen Titel „Die Überwindung des Naturrechts in der Dogmatik des Strafrechts" – erschienenen Buch von *Ottokar Tesar* vertreten worden waren, erfüllte mich mit gemischten Gefühlen.

Das skizzierte erste Scheitern am Verbrechensbegriff bewirkte keineswegs, dass ich dieses Thema aufgab. Im Gegenteil! Ich hatte – bestärkt durch die damalige Diskussion in Deutschland – die Überzeugung gewonnen, dass es bei den Kontroversen um den Verbrechensaufbau um die wichtigsten Fragen des Strafrechts insgesamt geht, denen ich mich mit voller Kraft widmen wollte. Dabei kam ich relativ rasch zur Auffassung, dass der entscheidende Hebel, um die in Rede stehenden Probleme in den Griff zu bekommen, im Begriff der Rechtswidrigkeit liegt. Diesen und den damit in engem Zusammenhang stehenden Begriff des Unrechts umfassend zu klären, schien mir auch ein geeignetes Thema für eine Habilitationsschrift zu sein. Der Arbeitstitel war mit „Rechtswidrigkeit und tatbestandsmäßiges Unrecht im Strafrecht" schnell gefunden. Bei der Durchführung dieses Vorhabens stieß ich freilich bald auf ein prinzipielles Problem. Es fiel mir leicht, an praktisch allen bestehenden Konzeptionen Mängel und oft sogar Widersprüche aufzuzeigen; anstelle der kritisierten eine eigene bessere Konzeption zu entwickeln, bereitete mir aber die größten

Schwierigkeiten. So lag nach gut zwei Jahren entsagungsvoller, weil die Wochenenden einschließender, und oft quälender Arbeit zwar ein mehrere hundert Seiten umfassendes Manuskript vor, das aber immer noch unvollendet war und für etliche entscheidende Fragen auch noch keine Lösungen enthielt, die meinen eigenen Ansprüchen genügten.

In der angesprochenen Situation, die mich psychisch stark belastete, war es ein großes Glück, dass ich auf den liebevollen Zuspruch meiner Frau zählen konnte. Ich hatte mich, was hier kurz einzuschieben ist, bereits als Student in die Volksschullehrerin *Marianne Renner* verliebt, und wir waren uns bald einig geworden, dass wir, sobald es die äußeren Umstände zuließen, heiraten wollten. Und so geschah es dann auch: Im Sommer 1964, nach meiner Ernennung zum ganztägig beschäftigten Assistenten und Erwerb einer für einen ehelichen Haushalt tauglichen Wohnung, feierten wir Hochzeit. Nach mehr als 40 gemeinsamen Jahren kann ich heute dankbar sagen, dass Marianne für mich eine wunderbare Partnerin geblieben ist, die mich auch in meiner beruflichen Arbeit stets auf hervorragende Weise unterstützt hat.

Was das angeführte große Werk anlangt, trat 1966 eine entscheidende Wende ein. Ich musste die Arbeit daran zunächst einschränken und dann 1967 überhaupt unterbrechen. Grund dafür waren zwei Vorhaben, die ich auf Wunsch von Professor *Graßberger* durchzuführen hatte. Das erste betraf vom Rektorat der Universität Wien erbetene rechtliche Klärungen zu Verlust und möglichem Wiedererwerb akademischer Grade im Gefolge einer strafgerichtlichen Verurteilung. Daraus entstand meine erste Publikation, nämlich der 1967 in den Juristischen Blättern erschiene Aufsatz über „Die Sicherung eines sozialethischen Standards des Akademikers im österreichischen Recht".

Wesentlich umfang- und folgenreicher war das zweite Vorhaben. Es ging um eine Untersuchung des Rechtsinstituts der Aussetzung der Entscheidung im Verfahren vor den – in Österreich im Gegensatz zu Deutschland nach wie vor bestehenden – Geschworenengerichten. Dieses Rechtsinstitut bildet das wichtigste Korrektiv gegen Fehlentscheidungen der Laienrichter, indem es den drei Berufsrichtern die Möglichkeit gibt, durch einstimmigen Beschluss einen von ihnen als unrichtig eingestuften Wahrspruch der Geschworenen aufzuheben und damit – alle Komplikationen können hier weggelassen werden – ein neues Verfahren vor einem anderen Geschworenengericht zu bewirken. Aus Anlass der vom Justizministerium in einem Gesetzesentwurf aus 1965 vorgeschlagenen Beseitigung der Aussetzungsregelung hielt Professor *Graßberger* eine empirische Untersuchung über deren Anwendung in der Praxis für dringend geboten. Die eigenverantwortliche Durchführung des – als Aktenstudie mit einer Auswertung aller seit Wiedereinführung der Geschworenengerichte im

Jahr 1951 angefallenen Verfahren, in denen von der Aussetzung Gebrauch gemacht worden war, angelegten – Projekts übertrug er seinen Assistenten *Konrad Schima, Franz Császár* und mir selbst. Nach der gemeinsam erfolgten systematischen Durchforstung der umfangreichen Akten und ersten Sichtung der erhobenen Daten stellte sich heraus, dass es für die folgende nähere Auswertung unbedingt einer vertieften Aufarbeitung der rechtlichen Probleme der zu untersuchenden Materie bedurfte. So vereinbarten wir für das weitere Vorgehen eine Arbeitsteilung. Ich als Strafrechtler hatte eine umfassende rechtliche Klärung der Aussetzungsregelung zu liefern und die beiden Kriminologen *Schima* und *Császár* sollten auf dieser Grundlage die detaillierte Auswertung des empirischen Materials durchführen. Nach Fertigstellung dieser Arbeiten verfasste ich dann auf Basis des rechtsdogmatischen und des empirischen Teils noch einen rechtspolitischen Teil, der nach einer Auseinandersetzung mit den gegen die Aussetzungsregelung erhobenen Einwänden zum Ergebnis kam, dass das untersuchte Rechtsinstitut bei all seiner Problematik unentbehrlich ist. Die gesamte Studie wurde 1968 mit dem Titel „Die Aussetzung der Entscheidung im Verfahren vor den Geschwornengerichten" als Band 9 der von *Roland Graßberger* herausgegebenen Kriminologischen Abhandlungen im Springer Verlag publiziert. Sie fand allgemeinen Anklang, und ihr Ergebnis überzeugte: Auf die geplante Beseitigung der Aussetzungsregelung wurde verzichtet.

Die Ausführlichkeit der vorstehenden Darstellung hat einen besonderen Grund. Er liegt darin, dass meine als solche klar ausgewiesenen Beiträge zum genannten Buch (Einleitung, rechtsdogmatischer und rechtspolitischer Teil) – von mir ganz unerwartet – zur Habilitationsschrift mutierten. Die Initiative dazu kam von Professor *Graßberger*, der mir erklärte, er halte die angeführten Beiträge für hervorragend gelungen und mich selbst, unter Berücksichtigung meiner ihm bekannten bisher erbrachten sonstigen strafrechtlichen Leistungen, nunmehr für habilitationsreif. Ich war über diese Wertschätzung meiner Arbeit und meiner Person natürlich hocherfreut; die Beiträge zum Aussetzungsbuch als Habilitationsschrift vorzulegen, erschien mir aber angesichts ihres geringen Umfangs und des doch recht eingeschränkten Themenbereichs einigermaßen gewagt. So holte ich den Rat von *Winfried Platzgummer* ein, der 1967 als Extraordinarius für Strafrecht und Strafprozessrecht an unser Institut berufen worden war. Dieser, ein von *Nowakowski* in Innsbruck Habilitierter, war mir, dem um einige Jahre Jüngeren, von Anfang an mit besonderer Liebenswürdigkeit begegnet, so dass ich mich vertrauensvoll an ihn wenden konnte. Als *Platzgummer* nach umfassender Prüfung der Sachlage seine Bereitschaft erklärte, die von *Graßberger* empfohlene Habilitation zu unterstützen, waren meine Bedenken überwunden. Ich stellte an die rechts- und staatswissenschaftliche Fakultät der Universität Wien den Antrag auf Verleihung der Lehrbefugnis für Straf- und Strafprozessrecht, und das daraufhin eingeleitete dreistufige Habilitationsverfahren führte erfreulicherweise zum Erfolg: Mit Wirkung vom 23. Mai 1969 wurde mir die beantragte Lehrbefugnis erteilt. Dass meine Leistungen bei den mündlich vor der gesamten Fakultät zu absolvierenden Verfahrensteilen (Kolloquium mit Fragen aus allen Bereichen des Straf- und Strafprozessrechts und Probevortrag zu einem – aus drei von mir eingereichten Vorschlägen – ausgewählten Thema) stärkeren Eindruck hinterlassen hatten als meine Schrift, war mir bewusst.

Kurz einzuschieben ist hier, dass ich die zweite Hälfte der 1960er Jahre auch deshalb sehr lebhaft in Erinnerung habe, weil ich in dieser Zeit intensiven Kontakt mit meinem Bruder *Erich* hatte. Dieser, in den angesprochenen Jahren Student der Germanistik und Anglistik in Wien, war als sieben Jahre Jüngerer naturgemäß wesentlich stärker als ich von den in dieser Zeit stattfindenden kulturellen Umbrüchen erfasst und bestens mit der damals geradezu überschäumenden Wiener Kunstszene vertraut. Das, was ich daraus von ihm vermittelt bekam, hat mich sehr bereichert. Alsbald nach seiner Promotion war es damit freilich zu Ende. Mein Bruder nahm eine Position als Lecturer an der Universität Canberra (Australien) an und ist seither fast durchgängig in außereuropäischen Ländern tätig. Das macht unsere Begegnungen leider zu seltenen Ereignissen.

## *VI.*

Die Habilitation ließ mein Dienstverhältnis als Assistent am Institut für Kriminologie an sich unberührt. Mein Aufgabenbereich hat sich aber doch wesentlich verändert. Die Assistenzleistung für Professor *Graßberger* wurde deutlich eingeschränkt, und der selbständige Tätigkeitsbereich wurde entsprechend ausgeweitet. Das betraf zunächst die Lehre. Auf Basis der eigenen venia hielt ich nun neben strafrechtlichen Übungen auch ein alle Bereiche des Straf- und Strafprozessrechts umfassendes Repetitorium und vor allem Spezialvorlesungen zur im Gange befindlichen Strafrechtsreform.

Wesentlich verändert hat sich aber auch meine Forschungstätigkeit. Dazu ist vorweg zu bemerken, dass ich die unterbrochene Arbeit an meinem großen Projekt über Rechtswidrigkeit und Unrecht entgegen meiner früheren festen Absicht nicht wieder aufgenommen habe. Die Gründe dafür sind sicher komplexer Natur. Letztlich entscheidend war wohl, dass ich von der Wichtigkeit des Themas „Verbrechensbegriff“ nicht mehr hinreichend überzeugt war. Wesentlichen Anteil daran hatten gewiss die mit dem Jahr 1968 assoziierte breite geistige Strömung im allgemeinen und die – damals auch in Österreich große Aufmerksamkeit erregenden – Aktivitäten der sogenannten „Alternativ-Professoren“ im besonderen. In deren Gefolge hat sich ja, so sehe ich es jedenfalls, auch im gesamten deutschen Sprachraum der Schwerpunkt der strafrechtswissenschaftlichen Diskussion von den Auseinandersetzungen um den Aufbau des Verbrechensbegriffs weg und hin zu unmittelbar kriminalpolitisch relevanten Problemen verlagert. Später bedauerte ich manchmal, dass ich, zumindest mitbedingt durch den angesprochenen Zeitgeist, mein Grundlagenwerk nicht fortgeführt und zu Ende gebracht habe. Wichtiger Trost dabei war aber immer, dass mir selbst auch die unvollendete Arbeit unendlich viel gebracht hat; sie ist die Basis, auf der ich für alle meine folgenden dogmatischen Untersuchungen aufbauen konnte.

Meine erste Publikation nach der Habilitation betraf den Verbrechensversuch. Die Behandlung dieses Themas war besonders reizvoll, weil es damals in Österreich zur Abgrenzung des Versuchs von der Vorbereitung und zur Beurteilung des untauglichen Versuchs jeweils eine Rechtsprechungslinie gab, die im Widerspruch zu den – ihrerseits wieder gegensätzlichen – führenden Lehrmeinungen stand. Ich bemühte mich um vermittelnde Positionen, die ich vor allem aus der fast hundertjährigen Entwicklung der Rechtsprechung zu gewinnen trachtete. Die dazu erforderliche Auswertung einer Unzahl von Entscheidungen war zwar sehr aufwendig; der Aufwand hat sich aber gelohnt. Die damit gewährleistete Praxisnähe war ersichtlich dafür entscheidend, dass meine Untersuchung nicht nur bei den Theoretikern, sondern vor allem auch bei den Praktikern überaus positive Resonanz erfuhr. Diese Erfahrung war für meine gesamte weitere Arbeit prägend. Ich habe einen besonderen Ehrgeiz dahin entwickelt, mit meinen Publikationen nicht nur Professoren und Assistenten des Strafrechts anzusprechen, sondern ganz gezielt auch aufgeschlossene Praktiker.

Ein wichtiges Anliegen war es für mich als frischgebackenen Dozenten selbstredend, wissenschaftliche Kontakte auch außerhalb Österreichs aufzubauen. Vordringlich waren dabei naturgemäß nähere Beziehungen zur deutschen Strafrechtsszene. Einen idealen Einstieg dazu boten mir die Strafrechtslehrertagungen, die ich nach meiner Habilitation eifrig besuchte. Ich habe davon fachlich wie persönlich ungemein viel profitiert. Das gilt sowohl für die Kontakte mit Assistenten und Dozenten meiner Generation, die sich mehrfach zu bis heute währenden Freundschaften entwickelten, als auch für die Begegnungen mit bereits etablierten Professoren, um die ich mich ebenfalls aktiv bemühte. Für die Freundlichkeit, mit der mir, dem jungen unbekannten Dozenten aus Österreich, gerade auch die ganz Großen unserer Zunft, wie *Karl*

*Engisch* oder *Hans-Heinrich Jescheck,* von Anfang an entgegenkamen, bin ich bis heute dankbar.

Im Übrigen hatte ich das Glück, bald nach meiner Habilitation auch bereits einen ersten Einblick in die internationale Strafrechtsszene zu gewinnen. Über Vermittlung *Graßbergers* wurde ich im Juni 1969 zu einem in englischer und französischer Sprache abgehaltenen Seminar des Europarats über die praktische Umsetzung des Europäischen Auslieferungsübereinkommens eingeladen, das Österreich gerade ratifiziert hatte. Obwohl ich mich bestmöglich vorbereitet hatte, erlebte ich die Teilnahme an dieser Veranstaltung selbst infolge meiner mangelnden Konferenzerfahrung sowie der fehlenden Französisch- und recht bescheidenen Englischkenntnisse als eher frustrierend. Es gab aber zwei überaus positive Folgewirkungen. Erstens war ich mit einer mir bis dahin ganz fremden Materie vertraut geworden und konnte das neu erworbene Wissen auch gleich in einem Büchlein über das Europäische Auslieferungsübereinkommen und seine Anwendung in Österreich nutzbringend verwerten. Und zweitens motivierten mich die beim genannten Seminar gemachten Erfahrungen dazu, massiv in eine Verbesserung meiner Englisch-Kenntnisse zu investieren, was mein weiteres berufliches wie privates Leben wesentlich bereicherte.

Was die Universitätskarriere anlangt, lief es zunächst nicht so gut. Bei der Besetzung neu geschaffener Strafrechtsprofessuren in Salzburg und Graz kam ich nicht zum Zug. Die Enttäuschung darüber wurde dann durch das 1971 erfolgte Angebot gemildert, die Vertretung des Lehrstuhls von Professor *Kienapfel* in Linz zu übernehmen, dem ein oder zwei Freisemester bewilligt worden waren. Dieses Angebot war für mich umso attraktiver, als für die Tätigkeit in Linz eine rechtliche Konstruktion gefunden wurde, die es mir ermöglichte, meine Stellung am Wiener Institut mit eingeschränkten Verpflichtungen beizubehalten. Meine Lehrveranstaltungen in Linz kamen sehr gut an, weshalb man mich nach Ablauf der Vertretungsdauer einlud, bis zur Schaffung des angestrebten zweiten Lehrstuhls auf Lehrauftragsbasis weiter an der Linzer Universität tätig zu sein. Da ich mich meinerseits in Linz sehr wohl fühlte und von *Diethelm Kienapfel* und der gesamten Fakultät besonders freundlich aufgenommen worden war, nahm ich diese Einladung gerne an. Das gleichzeitige Wirken in Wien und Linz war zwar Kräfte raubend, auf Grund der bloß etwa 200 km betragenden Entfernung der beiden Städte voneinander aber bewältigbar.

Im Herbst 1972 gab es dann eine für mich überaus erfreuliche Entwicklung in Wien. Über Vorschlag *Graßbergers* und *Platzgummers*, der selbst inzwischen längst zum Ordinarius geworden war, wurde ich mit Wirkung vom 1. Jänner

1973 von der Wiener Fakultät auf ein neu geschaffenes strafrechtliches Extraordinariat berufen und zugleich zum Leiter des an unserem Institut ebenfalls neu eingerichteten Arbeitsbereiches „Strafrechtsreform" ernannt. Über beide Teile dieses Avancements war ich sehr glücklich. Mit der Professur hatte ich – nach der damals grundsätzlich nur befristet vergebenen Assistentenstellung – erstmals ein unbefristetes und damit berufliche Sicherheit bietendes Dienstverhältnis. Und die spezielle Betrauung mit Fragen der Strafrechtsreform entsprach voll und ganz meinen aktuellen Interessen. Ich hatte mich mit diesem Themenbereich ja bereits mehrere Jahre eingehend beschäftigt. Mich ihm jetzt, als die Gesamtreform des materiellen österreichischen Strafrechts in die heiße Endphase eingetreten war, noch intensiver widmen zu können, war hochwillkommen.

Im Herbst 1972 gab es aber auch noch ein zweites für meine berufliche Ausrichtung wichtiges Ereignis. Mein Studienfreund *Udo Jesionek*, inzwischen junger Strafrichter und engagierter richterlicher Standesvertreter, stellte mir ein zukunftsweisendes Projekt einer Kooperation von Strafrechtspraxis und Strafrechtstheorie vor. Er plante ein neuartiges Fortbildungsseminar für Strafrichter und Staatsanwälte, in dem Universitätslehrer ihre neuen Forschungsergebnisse präsentieren und mit den Praktikern diskutieren sollten. Ich war begeistert und sagte sofort meine volle Unterstützung zu. *Jesionek,* bis heute ein begnadeter Lobbyist und Organisator, erreichte vom Justizminister die Finanzierung des Seminars, und ich übernahm es, die österreichischen Strafrechtsprofessoren von der Attraktivität einer derartigen Veranstaltung zu überzeugen und sie als Referenten zu gewinnen. Das erste Seminar fand im Februar 1973 an einem abgelegenen Ort im niederösterreichischen Waldviertel, nämlich in Ottenstein, statt und wurde ein durchschlagender Erfolg. Das Konzept eines in lockerer Atmosphäre ablaufenden, inhaltlich aber durchaus auch auf kritische Konfrontation angelegten Diskurses zwischen Theorie und Praxis empfanden beide Teile als so bereichernd, dass eine Fortsetzung als geradezu selbstverständlich erschien. Und so geschah es auch. Die jeweils in der letzten Februarwoche stattfindenden strafrechtlichen Ottenstein-Seminare sind zu einer bis heute existierenden und hochgeschätzten Institution geworden. Dass ich selbst ein besonders eifriger Referent und Diskutant bei diesen Veranstaltungen war und bin, ist nach der Vorgeschichte nicht verwunderlich.

Im Übrigen entstand aus dem großen Erfolg des ersten Ottenstein-Seminars noch eine zweite langjährige Einrichtung. Auf Wunsch zahlreicher junger Richter und Staatsanwälte animierte ich Professor *Platzgummer* dazu, mit mir gemeinsam an der Universität Wien ein strafrechtliches Privatissimum anzubieten, das ganz speziell dem laufenden Dialog von Theorie und Praxis dienen sollte. Das Konzept dazu war simpel: Einmal im Monat sollte an einem Abend mit offenem Ende eine Veranstaltung auf universitärem Boden stattfinden, in der möglichst alle Professoren und wissenschaftlichen Mitarbeiter des Strafrechtsinstituts und interessierte Strafrechtspraktiker jeweils einvernehmlich bestimmte Probleme zur wechselseitigen Bereicherung freimütig diskutieren können. Als wir die in Rede stehende Veranstaltung im Sommersemester 1973 starteten, hatte ich nicht zu hoffen gewagt, dass sie bis zu meiner Emeritierung Bestand haben würde. Ich habe aus dem geschilderten Privatissimum, bei allen Höhen und Tiefen, die es in dieser langen Zeit durchlaufen hat, persönlich unendlich viel Gewinn gezogen.

## *VII.*

Im Frühjahr 1973 wurde ich von der Linzer Fakultät darüber informiert, dass der beantragte zweite strafrechtliche Lehrstuhl vom Ministerium zur Verfügung gestellt worden war. Die gleichzeitig erfolgte ausdrückliche Einladung, mich um diese Professur zu bewerben, nahm ich aufgrund der in Linz bereits gemachten guten Erfahrungen selbstverständlich mit Freuden an. Und meine Bewerbung hatte Erfolg: Mit Wirkung vom 1. Oktober 1973 wurde ich zum Ordinarius für Strafrecht, Strafprozessrecht und Kriminologie an der Universität Linz ernannt. Mit dem Antritt dieser Position hat sich mein Leben tiefgreifend verändert.

Davon ausgehend, dass ich jedenfalls längere Zeit an der Universität Linz bleiben würde, war es für mich selbstverständlich, mit Einverständnis meiner Frau den Familienwohnsitz nach Linz oder in dessen nähere Umgebung zu verlegen. Die neue Professur von Wien aus als Pendler wahrzunehmen, wie das damals – von den Linzern naturgemäß gar nicht geschätzt – bei Kollegen aus anderen Fächern vorkam, hätte ich mit meinem Amtsverständnis nicht vereinbaren können. Und die Lösung, die meine Frau und ich fanden, erwies sich als überaus glücklich. Wir bezogen eine Wohnung in meinem geliebten Mühlviertel, nämlich in dem auf 750m Seehöhe gelegenen Bad Leonfelden, wo wir bereits mehrere schöne Ferienwochen verbracht hatten. Die Entfernung zur Universität betrug bloß eine halbe Autostunde und war damit kein Problem. Die hohe Lebensqualität, die wir im genannten Kurort genossen, trug wohl auch dazu bei, dass wir uns im Oktober 1974 über die Geburt unseres ersten und einzigen Kindes *Clemens* freuen durften. Und die Freundschaften, die wir damals geschlossen haben, halten bis heute. Wenn meine Frau und ich zumindest einmal im Jahr einige Tage in Bad Leonfelden verbringen, dann ist das immer ein Fest.

Neben dem privaten hat sich aber auch mein berufliches Leben mit dem Antritt der Professur in Linz stark verändert. Mit damals bloß etwa 700 Studenten – in Wien gab es bei ebenfalls nur zwei Strafrechtsordinarien ca. 10 000 Jus-Studenten – bot die Linzer Fakultät ideale Arbeitsbedingungen. Die – abgesehen von den strafrechtlichen Hauptvorlesungen, die ich alternierend mit *Diethelm Kienapfel* anbot – in Kleingruppen abgehaltenen Lehrveranstaltungen, zu denen gemäß der Widmung meines Lehrstuhles auch eine Vorlesung über Grundzüge der Kriminologie gehörte, verschafften mir durch den hier möglichen persönlichen Kontakt mit den Studierenden viel Befriedigung. Und auch auf die mir wichtigen Praktikerkontakte brauchte ich nicht zu verzichten. An das Engagement, mit dem die Linzer Richter und Staatsanwälte an dem von mir gemeinsam mit *Kienapfel* nach Wiener Muster organisierten Privatissimum aus Strafrecht und Strafprozessrecht mitwirkten, denke ich noch heute gerne zurück.

Besonders genoss ich freilich, dass mir der Studien- und Prüfungsbetrieb in Linz ausreichend Zeit für die eigene wissenschaftliche Arbeit ließ. So war es mir möglich, meine in Wien begonnenen Untersuchungen zur Fahrlässigkeit zügig fortzuführen und rasch zu Ende zu bringen. Das daraus entstandene, im Sommer 1974 erschienene Buch über das Fahrlässigkeitsdelikt im Strafrecht ist eindeutig mein erfolgreichstes Werk. Es fand nicht nur in der Strafrechtswissenschaft Anklang, sondern vor allem auch bei der österreichischen Praxis. Diese hat die von mir – auf Basis der Konzeptionen deutscher Autoren, wie namentlich *Claus Roxin* und *Günter Stratenwerth*, einerseits, und einer umfassenden Analyse der österreichischen Rechtsprechung, anderseits – entwickelte neue Fahrlässigkeitsdogmatik in ihrer Grundstruktur vollständig übernommen. Dabei soll nicht verschwiegen werden, dass mein Buch zu einem besonders günstigen Zeitpunkt erschienen ist. Der Umstand, dass mit dem 1. Januar 1975 jedenfalls die Umstellung auf das neue Strafgesetzbuch vorzunehmen war, hat die Bereitschaft der österreichischen Gerichte, dann auch gleich eine neue Fahrlässigkeitsjudikatur zu konstituieren, sicher erhöht. Von den weiteren Arbeiten, die während meiner Linzer Zeit entstanden sind, ist mir noch der große, in der Richterzeitung erschienene Aufsatz zur Beteiligungslehre wichtig, in dem ich versuchte, die im neuen österreichischen Strafgesetzbuch normierte Einheitstäterschaft möglichst einschränkend zu interpretieren. Nachhaltigen Erfolg hatte ich hier freilich nur, soweit es um die Beteiligung an Fahrlässigkeitsdelikten geht. Im Zentralbereich der Vorsatzdelikte haben sich Rechtsprechung und ganz überwiegende Lehre inzwischen klar für eine ausgeprägt einheitstäterschaftliche Beteiligungskonzeption entschieden, wie sie von Anfang an mein Linzer Kollege und späterer Freund *Diethelm Kienapfel* vertreten hat.

Im Frühjahr 1975 gab es dann eine große Überraschung: Ich erhielt die Berufung auf den per 1. Oktober 1975 durch Emeritierung von *Roland Graßberger* freiwerdenden Lehrstuhl für Strafrecht und Kriminologie an der Universität Wien. Das kam für mich gänzlich unerwartet. Ich hatte fest damit gerechnet, dass der genannte Lehrstuhl vom Innsbrucker Strafrechtsordinarius *Friedrich Nowakowski* übernommen werden würde. Dieser war als bedeutendster aktiver Strafrechtslehrer Österreichs für diese Position klar prädestiniert und hatte, wie ich wusste, an einer Professur in Wien auch mehrfach Interesse bekundet. Doch als *Nowakowski* die Berufung auf die *Graßberger*-Nachfolge erhalten hatte, kamen ihm Zweifel, ob er sich die mit der in Rede stehenden Position verbundenen Belastungen im Hinblick auf sein Alter und seinen angegriffenen Gesundheitszustand noch zumuten könne. Und schließlich schrieb er an die für die Berufung zuständige Ministerin einen Absagebrief. Dass der hochgeschätzte *Nowakowski* in diesem – mir freundlicherweise zur Kenntnis übermittelten – Brief auch ausdrücklich erklärte, er halte seine Absage im Hinblick auf mich als Zweitgereihten auf der Liste für verantwortbar, empfinde ich bis heute als besondere Auszeichnung.

Die in Rede stehende Rückberufung nach Wien, die ich erst zu einem wesentlich späteren Zeitpunkt für möglich gehalten hatte, erfüllte mich naturgemäß mit Stolz und Freude. Gegen eine Annahme des ehrenvollen Rufes gab es aber durchaus ernste Bedenken. Die Erwartungen, mit denen man am Institut und an der Fakultät, aber auch in der Justiz und bei der Polizei, dem Nachfolger *Graßbergers* begegnen würde, waren – das wusste ich – nur sehr schwer zu erfüllen. War ich in meiner persönlichen und wissenschaftlichen Entwicklung schon so weit, dass ich mich den ebenso hohen wie vielfältigen Anforderungen des traditionsreichen Lehrstuhls mit gutem Gewissen stellen konnte? Dieser bangen Frage standen die exzellenten Arbeitsbedingungen in Linz gegenüber, die mich gerade kurz vorher veranlasst hatten, einen attraktiven Verlagsvertrag über das Verfassen eines Kurzkommentars zum neuen Strafgesetzbuch abzuschließen. Dass dieses und weitere geplante Vorhaben bei einer Annahme der Wiener Professur auf absehbare Zeit nicht zu realisieren waren, stand für mich fest. Letztlich war die Entscheidung für mich aber doch eindeutig: Die Chance, den in ganz Österreich geschätzten Lehrstuhl meines Lehrers zu übernehmen, konnte ich einfach nicht ungenutzt lassen. In dieser Auffassung hat mich in vielen intensiv geführten Gesprächen auch meine Frau ausdrücklich bestärkt. Ich nahm die Berufung also an, und wir übersiedelten zurück nach Wien. Die wenigen Jahre an der Universität Linz aber zähle ich bis heute zu den schönsten und fruchtbarsten meines Lebens.

## *VIII.*

Von den mehr als 30 Jahren, die ich als Ordinarius für Strafrecht und Kriminologie an der Universität Wien wirkte, möchte ich zur besseren Bewältigung der Materialfülle in drei Teilen berichten, und zwar getrennt nach Arbeitsbereichen. Beginnen will ich mit meiner Tätigkeit unmittelbar an der bzw. für die Universität selbst.

Die ersten Fragen, mit denen ich bei meinem Dienstantritt am 1. Oktober 1975 konfrontiert wurde, waren organisatorischer Natur. Zum genannten Termin war ein neues Universitätsorganisationsgesetz in Kraft getreten, das nicht nur ein ausgeprägtes Mitbestimmungsmodell brachte, sondern auch die selbständigen Lehrkanzeln abschaffte. Als kleinste Organisationseinheit waren Institute zu bilden, dem alle Professuren mit der gleichen oder einer verwandten Fachwidmung zuzuordnen waren. Gemäß dieser Vorgabe war klar, dass für den – inzwischen zu einem besonders geschätzten Freund gewordenen – *Winfried Platzgummer* als Ordinarius für Straf- und Strafprozessrecht und mich als Ordinarius für Strafrecht und Kriminologie ein gemeinsames Institut zu errichten war. Wir einigten uns sehr rasch darauf, dass dies am einfachsten so zu bewerkstelligen war, dass das bestehende Institut für Kriminologie zu einem Institut für Strafrecht und Kriminologie erweitert wurde.

Lebens- und Dienstalter hätten selbstverständlich dafür gesprochen, dass zum Vorstand des neuen Instituts *Winfried Platzgummer* bestellt würde. Dieser schlug aber seinerseits ausdrücklich mich für die in Rede stehende Funktion vor. Die gemäß diesem Vorschlag erfolgte Wahl zum Institutsvorstand nahm ich gerne an. Als langjähriger Mitarbeiter *Graßbergers* war ich mit den Besonderheiten des den Kern der neuen Einheit bildenden Vorgängerinstituts eng vertraut. Und ich wusste, dass die Kriminologin *Marianne Dokoupil* das erweiterte Institut für mich ebenso exzellent managen würde, wie sie das mit dem früheren Institut für Kriminologie unter *Graßberger* getan hatte. Das Budget des Instituts, in das neben den Zuweisungen durch die Fakultät auch die festgelegten Anteile der Sachverständigengebühren für Gerichtsgutachten der kriminalistisch tätigen Institutsangehörigen flossen, und die gesamte Personalverwaltung waren bei ihr in den besten Händen. An die ebenso entsagungs- wie wertvollen Dienste, die Frau Dr. *Dokoupil* dem Institut und mir persönlich geleistet hat, werde ich mich immer mit Dankbarkeit erinnern. Dasselbe gilt freilich nicht minder für die bereits 1976 zu meiner Assistentin gewordenen *Ursula Graczol*, später verehelichte *Medigovic*, die nach der Pensionierung *Dokoupils* das Institutsmanagement auf meine Bitte hin übernahm. Ihr bin ich gleich doppelt zu Dank verpflichtet. *Ursula Medigovic* hat nämlich nicht nur das Management des Instituts ganz hervorragend weitergeführt, sondern war mir überdies – bis zu ihrer Berufung als Professorin für Straf- und Strafprozessrecht an die Universität Graz im Oktober 2004 – auch eine große Hilfe in meiner gesamten Lehr- und Forschungstätigkeit. Ihre durch absolute Verlässlichkeit und hohe fachliche Kompetenz ausgezeichnete Unterstützung bleibt unvergessen. Nachzutragen ist, dass ich das Amt des Institutsvorstands im Einvernehmen mit *Platzgummer* zehn Jahre lang durchgehend innehatte. 1985 etablierten wir dann ein Rotationssystem, wonach die durch vermehrte Bürokratieanforderungen immer belastender werdende Institutsleitung für die vorgesehene zweijährige Wahlperiode abwechselnd von den ordentlichen Professoren des Instituts wahrzunehmen war.

Bei meiner Berufung auf die Wiener Professur für Strafrecht und Kriminologie war von Anfang an klar, dass mein Schwerpunkt in Forschung und Lehre – konträr zu meinem Vorgänger *Graßberger* – eindeutig im Strafrechtsbereich liegen werde. Das entsprach nicht nur meinen Interessen, sondern auch dem von der Fakultät definierten Bedarf. Dessen ungeachtet wollte ich nach Kräften auch der von meiner Professur mitzubetreuenden Kriminologie gerecht werden. Dies erschien mir umso wichtiger, als dieses Fach ja leider von vielen Juristen nicht sehr geschätzt wird. Abgesehen von meinen eigenen bescheidenen kriminologischen Beiträgen war es mir vor allem stets ein besonderes Anliegen, der Kriminologie an unserem Institut die für eine sinnvolle Arbeit erforderlichen Bedingungen zu sichern. Die diesbezügliche Ausgangslage bei meinem Dienstantritt war ungewöhnlich gut. Für die Kriminologie waren damals am Institut nicht nur die schon erwähnte *Marianne Dokoupil*, sondern vor allem auch meine früheren Assistentenkollegen und Freunde *Konrad Schima* und *Franz Császár* tätig. *Schima* hatte sich bereits während meiner Zeit in Linz für Kriminologie habilitiert, und *Császárs* Habilitationsverfahren für das genannte Fach wurde unmittelbar nach meiner Rückkehr nach Wien erfolgreich abgeschlossen. Alle drei genannten Personen waren zugleich ausgebildete Kriminalisten und Gerichtssachverständige, so dass auch dieser Bereich, der nach traditionellem österreichischem Verständnis integrierender Bestandteil der Kriminologie ist, hervorragend abgedeckt war. Die skizzierte positive Situation wurde 1977 noch weiter verfestigt, als die Position *Schimas* zu einer eigenständigen Professur für Kriminologie aufgewertet wurde. Der tragische Unfalltod des Genannten im Sommer 1982 war freilich nicht nur ein schreckliches Ereignis für seine Familie und Freunde, sondern auch ein schwerer Verlust für unser Institut. Daran ändert nichts, dass die verwaiste Kriminologieprofessur erfreulicherweise sehr rasch von *Franz Császár* übernommen werden konnte, der sich vor allem in den Bereichen der Kriminalstatistik, der Waffenkunde und der Schriftvergleichung große Verdienste erworben hat.

Nach der Pensionierung des Genannten Ende 2003 ist die in Rede stehende Professur leider trotz intensiver Bemühungen meinerseits bisher nicht zur Nachbesetzung freigegeben worden. Es ist dies einer derjenigen Misserfolge in meinem beruflichen Leben, die mich wirklich schmerzen. Tröstlich ist immerhin, dass die der Kriminologie gewidmete Abteilung unseres Instituts auch nach dem Abgang *Császárs* Leistungen erbringt, die man angesichts der eingeschränkten Ressourcen nur bewundern kann. Es ist dies primär das Verdienst des 1999 für Kriminologie und Kriminalistik habilitierten Assistenten *Christian Grafl,* der diese Abteilung derzeit als Extraordinarius mit großem Engagement leitet.

Wesentlich besser entwickelte sich die personelle Ausstattung des Instituts im Strafrechtsbereich. Im Zusammenwirken mit *Platzgummer* gelang es mir, zwei zusätzliche Planstellen für ordentliche Professoren des Straf- und Strafprozessrechts bewilligt zu erhalten. Die erste dieser Professuren wurde 1986 mit *Helmut Fuchs* besetzt, der sich 1983 in Wien bei *Platzgummer* habilitiert hatte. Auf die zweite der neuen Professuren wurde 1994 *Frank Höpfel*, ein 1987 in Innsbruck habilitierter Schüler *Nowakowskis*, berufen. Und die Professur des 1999 emeritierten *Platzgummer* konnte mit dessen 1991 in Wien habilitierten Schüler *Wolfgang Brandstetter* prompt nachbesetzt werden. Dass ich dazu beitragen konnte, dass die Wiener Fakultät mit den genannten Kollegen ein hervorragendes Team von Strafrechtsordinarien erhielt, dessen Mitglieder einander mit ihren ausgeprägt unterschiedlichen Persönlichkeiten und Forschungsschwerpunkten bestens ergänzen, zähle ich mit Freude zu den Erfolgen meines universitären Wirkens in Wien.

Meine Lehrtätigkeit umfasste den Gesamtbereich des Strafrechts. Für die Hauptvorlesungen in den traditionellen Teilgebieten – Allgemeiner Teil I (Grundlagen und Lehren vom Delikt), Allgemeiner Teil II (Lehren von den Deliktsfolgen), Besonderer Teil und Strafprozessrecht – hatte ich mit *Platzgummer* und später auch mit den anderen Ordinarien ein Rotationssystem vereinbart, das gewährleistete, dass jeder von uns in allen Bereichen stets auf dem aktuellen Stand blieb. Dazu kamen Übungen und Seminare sowie wechselnde Spezialvorlesungen. In allen Lehrveranstaltungen war ich um ausgeprägte Praxisnähe bemüht. Das hatte auch zwangsläufig zur Folge, dass ich die bei uns bis Ende der 70er-Jahre des vorigen Jahrhunderts in der Theorie verbreitet vertretene Auffassung, die wichtigste, wenn nicht gar einzige Legitimierung des Strafrechts liege in der Resozialisierung des Täters, stets entschieden ablehnte. Mit einer derartigen Ideologie wird ja die Realität des Strafrechts völlig verfehlt. Ich war und bin kein Anhänger eines Vergeltungsstrafrechts. Dass das Strafrecht – bei aller Wichtigkeit von (Re-) Sozialisierungsbemühungen im Vollzug – essentiell von einer umfassend verstandenen Generalprävention her zu begreifen ist, die auch die Kanalisierung der emotionalen Reaktionsbedürfnisse auf ein begangenes Delikt miterfasst – diese meine tiefe Überzeugung habe ich in meiner Lehrtätigkeit durchgehend zu vermitteln versucht. Besonders habe ich im Übrigen Veranstaltungen für Kleingruppen geliebt, deren Luxus ich mir trotz Massenuniversität geleistet habe. An erster Stelle sind hier – abgesehen von den schon früher erwähnten Privatissima für Assistenten, Richter und Staatsanwälte – die regelmäßig gemeinsam mit den Kriminologen durchgeführten Exkursionen in Strafanstalten zu nennen. Die dortigen Führungen sowie die substantiellen Gespräche mit dazu bereiten Häftlingen haben nicht nur die Studierenden, sondern immer wieder auch mich selbst ganz wesentlich bereichert. Überaus erfolgreich waren auch meine Konversatorien zur Strafprozesspraxis. Bei dieser Veranstaltung für maximal 15 Studenten besuchte ich jede zweite Woche die verschiedenen Stationen der Strafrechtspflege – Polizeikommissariat, Staatsanwaltschaft, Untersuchungsrichter, Hauptverhandlungs- und Rechtsmittelgericht, fallweise auch Jugendgericht und Bewährungshilfe. Die Termine in den dazwischen liegenden Wochen dienten der Vor- und Nachbesprechung am Institut. Wegen des großen Aufwandes konnte ich diese Intensivlehrveranstaltung naturgemäß nur in größeren Abständen anbieten. Ihr Ertrag hat aber den Aufwand immer gerechtfertigt.

Was meine Publikationstätigkeit als Wiener Ordinarius anlangt, ist vorweg zu sagen, dass ich das bei der Darstellung meiner Linzer Zeit erwähnte Projekt eines Kurzkommentars zum StGB bald endgültig aufgegeben habe. Und auch den mehrfach an mich herangetragenen Wunsch, ein Lehrbuch zum Allgemeinen Teil des Strafrechts zu verfassen, konnte ich nicht erfüllen. Die Kraft zu einer Gesamtdarstellung, die meinen Ansprüchen genügt hätte, brachte ich einfach nicht auf. Zu groß war demgegenüber die Verlockung, auf jeweils als dringlich erkannte konkrete Bedürfnisse aus der Praxis zu reagieren. Aus einem solchen Bedürfnis entstand auch das einzige Buch, das ich nach meiner Rückkehr nach Wien publizierte, nämlich die 1981 erschienene Monographie über den strafrechtlichen Umgang mit Ladendiebstählen und deren private Bekämpfung durch die betroffenen Unternehmen. Dass diese – damals politisch heiß diskutierte – komplexe Problematik mit den in meiner Schrift erarbeiteten Lösungsvorschlägen von der Praxis ohne Eingreifen des Gesetzgebers auf eine sozial befriedigende Weise bewältigt werden konnte, erfüllt mich bis heute mit Genugtuung. Beiträge in Zeitschriften und Sammelwerken habe ich im Laufe der langen Tätigkeit in Wien ziemlich viele publiziert. Mehrheitlich handelt es sich dabei um rechtsdogmatische Arbeiten, es gibt aber auch von mir als durchaus gleichrangig eingestufte empirische und kriminalpolitische Untersuchungen, die ich oft gemeinsam mit Kriminologen, vor allem mit *Franz Császár,* durchgeführt habe. Die behandelten Themen entstammen allen Bereichen des Straf- und Strafprozessrechts. Bemerkenswert ist vielleicht meine – für einen Strafrechtler eher untypische – intensive Beschäftigung mit Theorie und Praxis der strafrechtlichen Sanktionen. Für Details möchte ich an meinen Publikationen Interessierte auf das Verzeichnis verweisen, das sich in der 2004 erschienenen Festschrift findet, die zu meinem 65. Geburtstag liebenswürdigerweise von *Ursula Medigovic* und *Christian Grafl* organisiert wurde. (In dieser Festschrift gibt es übrigens auch einen berührenden Beitrag von *Franz Császár* über das Institut, in dem ich beruflich „großgezogen" wurde.) Von den nach Abschluss des angeführten Verzeichnisses erschienenen Arbeiten möchte ich nur zwei erwähnen. Das ist zum einen die gemeinsam mit *Christian Grafl* verfasste empirische und kriminalpolitische Studie über fünf Jahre allgemeine Diversion in Österreich (Miklau-Festschrift 109) und zum andern mein – gegen die ganz überwiegende Meinung der Praktiker wie der Theoretiker des Strafrechts vorgetragenes – Plädoyer für die Beibehaltung der Geschworenengerichte (JBl 2006, 69).

Als langjähriger Ordinarius hatte ich in Wien natürlich viele Assistenten. Zur Habilitation aus Straf- und Strafprozessrecht konnte ich leider nur zwei von ihnen führen, nämlich die schon mehrfach genannte *Ursula Medigovic* und *Hannes Schütz. Medigovic* – jetzt, wie bereits erwähnt, Professorin in Graz – hat sich 2001 mit einer Monographie und ergänzenden Aufsätzen über die vorbeugenden Maßnahmen des österreichischen Strafrechts habilitiert; die 2002 erfolgte Habilitation von *Schütz*, der nunmehr als Extraordinarius am Wiener Strafrechtsinstitut tätig ist, basierte auf einer Schrift über Grundlagen, Voraussetzungen und Indikationen der in Österreich möglichen Diversionsentscheidungen. An der Habilitation des ebenfalls schon mehrfach genannten *Christian Grafl* aus Kriminologie und Kriminalistik im Jahr 1999 habe ich nur einen geringen Anteil; der zentrale Betreuer war hier *Franz Császár*. Ebenso verhält es sich mit der einzigen externen Habilitation, die ich begleiten durfte: *Wolfgang Gratz* – heute nach reichen Praxiserfahrungen Leiter der österreichischen Strafvollzugsakademie – hat sich erfreulicherweise 1986 bei uns aus Kriminologie habilitiert. Das Potential zu einer Habilitation hätten sicher mehrere meiner Assistenten gehabt; für sie war aber eben eine Karriere in der Praxis attraktiver. Und es bereitet mir auch große Freude, wenn ich heute frühere Mitarbeiter von mir oft als leitende Ministerialbeamte oder als arrivierte Richter, Staatsanwälte und Rechtsanwälte treffe.

Ergänzen will ich, dass es mir stets ein besonderes Anliegen war, für die universitäre Lehre auch qualifizierte Praktiker zu gewinnen. Eine besondere Bereicherung nicht nur für die Studenten, sondern auch für mich selbst, bildeten – und bilden – vor allem Honorarprofessoren aus dem Obersten Gerichtshof und der Generalprokuratur. Einen davon muss ich an dieser Stelle nennen, nämlich den leider viel zu früh verstorbenen *Herbert Steininger,* zuletzt Präsident des OGH. Wie dieser Mann persönliche Liebenswürdigkeit mit höchster praktischer und wissenschaftlicher Kompetenz in sich vereinte, bleibt wohl einzigartig. Dass ich mit ihm einige Jahre freundschaftlich zusammenarbeiten durfte, werde ich immer in dankbarer Erinnerung behalten.

## *IX.*

Bei meiner Rückkehr nach Wien im Oktober 1975 stand von vornherein fest, dass ich das außeruniversitäre Wirken *Roland Graßbergers*, das ich in meiner Assistentenzeit als ungemein beeindruckend hautnah miterlebt hatte, nicht unverändert fortführen konnte. Dazu fehlten mir einfach die persönlichen Voraussetzungen. Sehr wohl wollte ich mich aber nach Kräften bemühen, die von mir aus tiefer Überzeugung geteilten Grundanliegen meines Lehrers weiter zu verfolgen. Das bedeutete ein Doppeltes: Es sollten erstens Gespräch und Kooperation der verschiedenen Zweige der Kriminalwissenschaften untereinander bestmöglich gefördert werden; und zweitens ging es darum, sich ständig um einen fruchtbaren Dialog zwischen den Kriminalwissenschaften, einerseits, und den verschiedenen Bereichen der Strafrechtspraxis, anderseits, zu bemühen. Diesen anspruchsvollen Zielen habe ich, so gut ich es eben konnte, mein ganzes berufliches Leben zu dienen versucht.

Ein hervorragendes Instrument zur Verfolgung der genannten Anliegen hat mir *Graßberger* gleichsam „übergeben". Im Jänner 1976 wurde ich nämlich über seinen Vorschlag zu seinem Nachfolger als Präsident der – als gemeinnütziger Verein organisierten – Österreichischen Gesellschaft für Strafrecht und Kriminologie gewählt. Ich trat dieses Amt nicht ohne Bangen an. Denn eine Gesellschaft zu leiten, in dessen Vorstand einerseits die renommiertesten Vertreter der Gerichtsmedizin, sowie der forensischen Psychiatrie und Psychologie und anderseits Spitzenvertreter der Gerichte und Staatsanwaltschaft sowie des Justizministeriums, des Innenministeriums und der Wiener Polizei saßen, war für einen sehr jungen Professor, der ich damals war, alles andere als einfach. Heute kann ich erleichtert sagen, dass alles gut gegangen ist. Nachdem ich in den statutengemäß jährlich stattfindenden Hauptversammlungen stets wiedergewählt wurde, habe ich für die Gesellschaft nun mehr als 30 Jahre durchgehend die Hauptverantwortung getragen. Und ich wage – bestärkt durch den vielfachen Zuspruch, den ich beim festlichen Symposium zum 50jährigen Bestandsjubiläum 2001 erhalten habe – zu behaupten, dass die Österreichische

Gesellschaft für Strafrecht und Kriminologie in der Verfolgung der oben angeführten Ziele unter meiner Leitung durchaus erfolgreich war. So habe ich im Jänner 2008 – bei der ersten meiner Emeritierung folgenden Hauptversammlung kandidierte ich gemäß unserer Konvention nicht mehr für eine Wiederwahl – meinem Nachfolger eine Gesellschaft übergeben können, die blüht und gedeiht. Ich habe in meine langjährige Präsidentschaft ohne Zweifel viel Kraft und Energie investiert. Durch die breite Anerkennung meines Engagements, einerseits, und durch die vielen wertvollen Begegnungen und Erfahrungen, die unmittelbar aus meiner Tätigkeit für die Gesellschaft selbst erwachsen sind, anderseits, fühle ich mich aber reich belohnt.

Von den vielfältigen außeruniversitären Aktivitäten, die ich außerhalb der angeführten Gesellschaft in Österreich entfaltet habe, sind zuerst meine zahlreichen Vorträge und Seminare zu nennen, die ich vor allem für Richter und Staatsanwälte aller Bundesländer, aber auch für Polizisten, Strafvollzugsbedienstete, Bewährungshelfer und Beamte verschiedener Ministerien und des Rechnungshofes gehalten habe. Ich habe bei diesen Veranstaltungen stets auch selbst profitiert. Als nächstes möchte ich meine Herausgebertätigkeit anführen. Die von mir 1981 begründeten „Schriften zum Strafrecht", in denen ich fast alle zur Zeit ihres Bestehens in Österreich entstandenen strafrechtlichen Habilitationsschriften publizieren konnte, sind inzwischen leider aus ökonomischen Gründen eingestellt worden. Die 1990 übernommene Verantwortung als für den Strafrechtsbereich zuständiger Mitherausgeber der Juristischen Blätter übe ich dagegen bis heute aus. In dieser Funktion kann ich nicht nur wissenschaftlichen Arbeiten aus dem Straf- und Strafprozessrecht zur Veröffentlichung in einer angesehenen Zeitschrift verhelfen, sondern auch dafür sorgen, dass ausgewählte höchstrichterliche Entscheidungen aus dem genannten Fachgebiet mit qualifizierten Anmerkungen publiziert werden.

Seit 1976 wirke ich als Mitglied des Vorstands des Österreichischen Juristentages bei der Vorbereitung und Durchführung von dessen Veranstaltungen, insbesondere der alle drei Jahre stattfindenden Juristentage mit. Beim Juristentag 2000 habe ich in der strafrechtlichen Abteilung, die dem Thema „Strafprozess und Polizei" gewidmet war, den Vorsitz geführt. Und vor kurzem habe ich mich dazu bereit erklärt, diese ehrenvolle, aber leider auch ziemlich arbeitsintensive Aufgabe, auch bei dem 2009 stattfindenden Juristentag zu übernehmen. Dessen strafrechtliche Abteilung wird sich mit den vielfältigen Herausforderungen beschäftigen, die sich für das Strafrecht aus der Kriminalität nicht integrierter Ausländer ergeben. Als bedeutsam habe ich stets auch meine Tätigkeit als Experte in Arbeitsgruppen und Kommissionen des Justiz- und Innenministeriums sowie in Ausschüssen des Nationalrats erlebt. In dieser

Funktion habe ich die Entstehung einer ganzen Reihe zentraler Gesetzesreformen – etwa die Schaffung eines neuen Jugendgerichtsgesetzes, die Zulassung besonderer Ermittlungsmaßnahmen gegen Organisierte Kriminalität, die Einführung umfassender Diversionsregelungen im allgemeinen Strafrecht und die komplette Neugestaltung des strafprozessualen Vorverfahrens – hautnah mitverfolgen und manchmal auch ein bisschen beeinflussen können.

Nicht unerwähnt möchte ich lassen, dass ich – zwar nicht sehr häufig, aber doch immer wieder – auch private Rechtsgutachten verfasst habe. In der Regel ging es dabei um die Untersuchung ganz konkreter Fragen zur Unterstützung von Verteidigern in einem laufenden Strafverfahren. Vereinzelt habe ich aber auch Gutachten zu allgemeinen Problemstellungen verfasst, wie etwa zu den Themen Strafrecht und Gentechnologie oder Geldwäsche durch Annahme eines Rechtsanwaltshonorars. Ich möchte die Einblicke, die mir diese kautelarjuristische Arbeit vermittelte, nicht missen. Sie haben meine Lehr- und Forschungstätigkeit vielfach befruchtet.

Im Übrigen habe ich in meinen außeruniversitären Aktivitäten auch den Strafrechtsbereich überschritten. So habe ich mehrfach in Expertengremien mitgearbeitet, die sich mit ethischen und rechtlichen Fragen der modernen Medizin zu beschäftigen hatten. Dabei habe ich stets die Position vertreten, dass das Strafrecht auf diesem sensiblen Gebiet größtmögliche Zurückhaltung üben sollte. Dessen ungeachtet habe ich die Mitwirkung in den bezogenen Gremien durchwegs als wichtig empfunden. In besonderem Maße trifft dies auf die Tätigkeit in der zur Beurteilung konkreter Forschungsprojekte am Menschen eingerichteten Ethikkommission der Medizinischen Fakultät der Universität Wien und des Allgemeinen Krankenhauses Wien zu, der ich von 1988 bis 2004 als Mitglied angehörte. Vollends außerhalb des Strafrechts liegen schließlich meine – bisher recht bescheidenen – Aktivitäten in der Österreichischen Akademie der Wissenschaften. Dass ich als erster Strafrechtler nach *Theodor Rittler* für würdig erachtet wurde, 1984 zum korrespondierenden und 2001 zum wirklichen Mitglied dieser Institution gewählt zu werden, ist für mich die höchstmögliche wissenschaftliche Auszeichnung.

## *X.*

Es versteht sich von selbst, dass ich als Wiener Ordinarius auch den nach der Habilitation begonnenen wissenschaftlichen Austausch mit Fachkollegen im Ausland fortsetzen und intensivieren wollte. Nächstliegend war naturgemäß der Ausbau der bereits sehr gut angelaufenen Kontakte mit Strafrechtlern in Deutschland. Ich nahm weiter regelmäßig an den Strafrechtslehrertagungen teil und nützte dabei intensiv die Gelegenheit zu persönlichen Gesprächen am Rande der Veranstaltungen. Sehr bald erhielt ich auch Einladungen zu Vorträgen an eine Reihe von deutschen Universitäten, die ich, wenn immer möglich, gerne annahm. Umgekehrt habe natürlich auch ich viele deutsche Kollegen nach Wien eingeladen, wobei ich oft Gastvorträge an der Universität mit Vorträgen vor der Österreichischen Gesellschaft für Strafrecht und Kriminologie koppelte. Das steigerte nicht nur den Ertrag, sondern ermöglichte auch einen angemessenen Ersatz der Reise- und Aufenthaltskosten über die kargen Fakultätsmittel hinaus. Der solcherart zustande gekommene intensive Meinungsaustausch mit deutschen Strafrechtslehrern war für mich so reizvoll, dass ich Anfang der 1980er Jahre sogar mit dem Gedanken spielte, selbst eine Professur in Deutschland anzustreben. Mit Bewerbungen in Heidelberg und Gießen erreichte ich auch tatsächlich jeweils einen zweiten Listenplatz. Zu einer Berufung durch das zuständige Ministerium kam es aber in beiden Fällen nicht. Ob ich einen erteilten Ruf wirklich angenommen hätte, scheint mir im Rückblick freilich zweifelhaft. Einige Jahre an einer deutschen Universität hätten mir sicher gefallen. Das Risiko, möglicherweise nie mehr nach Wien zurückkehren zu können, wäre mir aber vermutlich doch zu groß gewesen.

Eine neue Qualität erreichten meine Kontakte mit deutschen Kollegen, als ich 1984 in den Fachbeirat und das Kuratorium des Max-Planck-Instituts für ausländisches und internationales Strafrecht in Freiburg berufen wurde. Die Mitarbeit in diesen Gremien, denen ich bis zum Ablauf der von der Max-Planck-Gesellschaft akzeptierten Höchstbestellungsdauer im Jahr 1996 angehörte, war für mich ungemein bereichernd. Die Möglichkeit, mit so bedeutenden Persönlichkeiten wie den Institutsdirektoren und den anderen Beiratsmitgliedern in kleinem Kreis intensiv diskutieren zu können, war für sich allein bereits faszinierend. Dazu kam der enorme inhaltliche Gewinn, der sich aus der Präsentation der Forschungsprojekte des Instituts und der kritischen Auseinandersetzung mit ihnen ergab. Eine zusätzliche Vertiefung erfuhr meine Einbindung in die deutsche Strafrechtsszene, als ich 1987 die Einladung annahm, an der Ausarbeitung des „Alternativ-Entwurfs Wiedergutmachung" mitzuwirken. Die qualitätsvollen und oft wirklich spannenden Diskussionen sowie die freundschaftlichen Begegnungen, die ich hier in wunderbarer Atmosphäre genießen durfte, habe ich in angenehmster Erinnerung. Die letzte Stufe meiner Integration in die deutsche Strafrechtswissenschaft bildete dann die 1991 erfolgte ehrenvolle Aufnahme in das Herausgeberkollegium der Zeitschrift für die gesamte Strafrechtswissenschaft. Ich konnte damit den Kreis bedeutender deutscher Strafrechtslehrer, mit denen ich in vielfältig bereicherndem Kontakt stehe, nochmals wesentlich erweitern.

Ergänzen möchte ich, dass ich stets auch sehr an einem Gespräch mit deutschen Kriminologen interessiert war. Das Freiburger Max-Planck-Institut und der erwähnte Arbeitskreis der „Alternativ-Professoren“ bildeten glücklicherweise auch dafür gute Möglichkeiten. Ich habe aber auch immer wieder an Veranstaltungen der Neuen Kriminologischen Gesellschaft, der Kriminologischen Zentralstelle und des Bundeskriminalamts in Wiesbaden teilgenommen und davon viel profitiert. Dabei ist es mir gelungen, zu den wichtigsten deutschen Kriminologen einen guten persönlichen Kontakt aufzubauen. Und die Beziehung zu *Heinz Schöch* darf ich sogar als freundschaftlich bezeichnen.

Meine wissenschaftlichen Kontakte mit dem zweiten deutschsprachigen Nachbarland Österreichs, der Schweiz, treten – dem Größenverhältnis der Länder entsprechend – quantitativ hinter denen mit Deutschland weit zurück. Qualitativ erwiesen sie sich aber als überaus reizvoll. Gemeinsamkeiten und Unterschiede, die schweizerische und österreichische Strafrechtswissenschaft in ihrem Verhältnis zur Strafrechtswissenschaft des großen Nachbarn zeigen, boten mir immer wieder Anlass zur selbstkritischen Reflexion. Von den Schweizer Kollegen, denen ich viele ebenso fruchtbare wie angenehme Begegnungen verdanke, möchte ich nur meinen Freund *Stefan Trechsel* nennen.

Zentrale Basis meiner wissenschaftlichen Beziehungen zu nicht deutschsprachigen Staaten ist meine Mitgliedschaft in zwei großen internationalen strafrechtlichen Vereinigungen. Schon knapp vor Antritt des Wiener Ordinariats nahm ich die freundliche Einladung an, im Vorstand der gerade in Gründung befindlichen österreichischen Landesgruppe der weltweit agierenden Internationalen Strafrechtsgesellschaft (AIDP) mitzuarbeiten. Diese Position, die ich nach mehrmaliger Wiederwahl bis heute wahrnehme, erwies sich als optimaler Einstieg in die internationale Strafrechtsszene. Die Teilnahme an den alle fünf Jahre stattfindenden großen Kongressen der AIDP und den dazu abgehaltenen vorbereitenden Kolloquien vermittelte mir Kontakte mit Fachkollegen aus praktisch allen Staaten Europas, aber auch aus den USA und mehreren Staaten Südamerikas. Daraus entstanden eine ganze Reihe mich vielfältig bereichernder persönlicher Beziehungen. Überaus fruchtbar verliefen für mich auch mehrere Seminare an dem mit der AIDP verbundenen Istituto superiore internazionale di science criminali in Siracusa, bei denen ich meine ersten Begegnungen mit dem Generalsekretär und späteren Präsidenten der AIDP *Cherif Bassiouni* (Chicago) hatte. Den Höhepunkt meiner Aktivitäten im Rahmen der AIDP bildete aber ohne Zweifel der Festvortrag, den ich bei dem 1989 in Wien stattfindenden großen Jubiläumskongress zum Thema „Kriminalpolitik nach 100 Jahren IKV/AIDP“ halten durfte. Die mir damit gebotene Möglichkeit, in glanzvollem Ambiente ein weltweit repräsentatives Forum von Strafrechtlern ansprechen zu können, betrachte ich als besonderes Privileg.

Die zweite internationale Vereinigung, in der ich bis heute aktiv bin, ist die Internationale Straf- und Strafvollzugsstiftung (FIPP). In diesen ziemlich exklusiven Club wurde ich 1979 als Nachfolger *Graßbergers* gewählt. Die jährlich stattfindenden Kolloquien der Stiftung, in der ich inzwischen für Österreich als „Voting Member" fungiere, haben vor allem mein Verständnis für den Strafvollzug und die praktische Umsetzung der strafrechtlichen Sanktionen insgesamt wesentlich gesteigert. Ich verdanke der in den früheren Jahren klar von frankophonen Juristen dominierten FIPP aber auch hochinteressante Einblicke in die – vom deutschen und anglo-amerikanischen Zugang grundverschiedene – Denkweise des französischen Rechtskreises. Die Begegnungen mit *Marc Ancel*, dem berühmten Schöpfer der „Neuen Sozialverteidigung", und der geistsprühenden *Yvonne Marx*, die mir als Emigrantin aus Wien bei der Überwindung der Sprachbarriere behilflich war, bleiben unvergessen. Ich bin froh darüber, dass sich die FIPP nach einer kleinen Schwächeperiode jetzt wieder klar im Aufwind befindet. Und ich bin zuversichtlich, dass dazu auch der vor kurzem zum Mitglied der Stiftung gewählte Österreicher *Wolfgang Gratz* einen substantiellen Beitrag leisten wird.

Eine gesonderte Erwähnung verdienen meine beruflichen Kontakte mit der DDR, Polen und Ungarn. Mit Kollegen aus diesen Staaten in nähere Beziehung zu treten, war für einen Repräsentanten des neutralen Österreich vor 1989 wesentlich leichter als für Strafrechtler anderer westlicher Länder. Meine Besuche in der DDR, wo mein Hauptansprechpartner *Horst Luther* von der Humboldt-Universität in Berlin war, waren für mich deshalb besonders aufschlussreich, weil ich hier durch Wegfall der Sprachbarriere nicht allein auf die mir präsentierten Informationen angewiesen war, sondern mir doch – bei allen gegebenen Beschränkungen – auch eine Reihe unmittelbarer Eindrücke verschaffen konnte. So wurde mir etwa klar, dass die behauptete niedrige Kriminalitätsrate der DDR zum Teil durchaus real war, weil die Einbindung jedes Menschen in mehrere Kollektive eben nicht nur eine drastische Einschränkung der Privatsphäre, sondern auch eine sehr effektive Kriminalitätsprävention bedeutete. Die Strafrechtspflege im kommunistischen Polen habe ich insgesamt als deutlich liberaler als die der DDR erlebt, wobei hier besonders auffällig war, welch unterschiedliche Informationen ich von meinen Gesprächspartnern, je nach ihrer Nähe zur kommunistischen Partei, erhielt. Die große Breite meiner Eindrücke aus Polen verdanke ich vor allem *Andrzej Szwarc* (Posen), der für mich eine Vortragsreise zu einer Vielzahl polnischer Universitäten organisierte, sowie *Andrzej Zoll* (Krakau), zu dem ich erfreulicherweise bis heute – er agierte nach 1989 als Präsident des Verfassungsgerichts und später als Ombudsman, bevor er an die Universität zurückkehrte – laufend Kontakt aufrechterhalten konnte. Ganz speziell waren und sind schließlich meine Beziehungen zu Ungarn. Das hat mehrere Gründe. Eine bedeutsame Rolle spielen zunächst sicher die lange historische Verbindung von Österreich und Ungarn und die durch die kommunistische Herrschaft kaum tangierte hohe Übereinstimmung zwischen ungarischer und (ost-) österreichischer Mentalität. Zu diesen generellen treten aber individuelle Umstände. Zum einen hat meine Frau nicht nur eine ungarische Mutter und einige ungarische Sprachkenntnisse, sondern erhielt auch durch die ungarischen Großeltern eine tiefe Zuneigung zu Ungarn eingepflanzt. Dass dies von den ungarischen Kollegen überaus positiv aufgenommen wurde, versteht sich von selbst. Und zum anderen habe ich in *Kálmán Györgyi* von der Universität Budapest, mit dem mich inzwischen eine persönliche Freundschaft verbindet, einen schlechthin idealen Partner gefunden. Diesem perfekt Deutsch sprechenden Mann, der sich in der sensiblen Übergangszeit nach 1989 große Verdienste als Generalstaatsanwalt der Republik Ungarn erwarb und heute als Sonderbeauftragter des Justizministers für Strafrechtsfragen arbeitet, verdanke ich unendlich viel. Er hat Kontakte zu den wichtigsten Strafrechtlern Ungarns hergestellt und für mich Vorträge an der Universität sowie bei hochrangigen Praktikerveranstaltungen organisiert; dabei fungierte er auch selbst als Übersetzer, was sicher ganz wesentlich zur Akzeptanz meiner Ausführungen beitrug. *Györgyi* hat darüber hinaus veranlasst, dass nicht nur meine speziell für Ungarn verfassten Texte, sondern auch eine Reihe anderer Arbeiten von mir ins Ungarische übersetzt und in ungarischen Zeitschriften publiziert wurden. Aus alledem erwuchs dann auch eine Auszeichnung, die ich mit ebenso viel Stolz wie Freude erwähne: Im Jahr 1998 wurde mir von der Eötvös Loránd Universität in Budapest die Würde eines „doctor et professor iuris honoris causa" verliehen. An dieser Stelle auch *Tibor Király*, den Lehrer *Györgyis*, dankbar zu erwähnen, der – als hochgeschätztes Mitglied nicht nur der Budapester Juristenfakultät, sondern auch der Ungarischen Akademie der Wissenschaften – meine „ungarische Karriere" von Anfang an maßgeblich gefördert hat, ist mir ein aufrichtiges Bedürfnis.

Was den wissenschaftlichen Austausch mit außereuropäischen Ländern anlangt, machte ich die mit Abstand intensivsten Erfahrungen in den USA. Durch die liebenswürdige Vermittlung von *Freda Adler* und *Gerhard O.W. Mueller*, beide Professoren an der School of Criminal Justice der Rutgers University in Newark, New Jersey, konnte ich an dieser renommierten Institution von September bis Dezember 1991 als Gastprofessor wirken. Keine Tätigkeit vorher und nachher vermittelte mir eine gleiche Fülle gänzlich neuer Eindrükke. Das betrifft sowohl die Arbeit an der Universität selbst als auch das Alltagsleben in den USA mit meiner Familie. Wir alle – meine Frau belegte Sprachkurse an der Universität, mein damals 16jähriger Sohn besuchte die seinem Alter entsprechende Klasse einer High School – hatten etliche unerwartete Probleme zu bewältigen; wir sind uns aber heute einig darüber, dass uns der Aufenthalt in den USA enormen Gewinn brachte. Die umfassende Unterstützung, die ich an und außerhalb der Universität von *Gerhard Mueller* laufend genoss, hat daran einen wesentlichen Anteil. An der Universität selbst faszinierte mich der ausschließlich in Seminaren mit kaum mehr als zehn postgraduate-Studenten ablaufende Lehrbetrieb ebenso wie die intensive, großteils mit Drittmitteln finanzierte Forschungstätigkeit. Etwas ernüchternd war, dass die Integration von normativen und empirischen Kriminalwissenschaften auch an einer Institution, die sich das zum erklärten Ziel gesetzt hat, nur mit Einschränkungen funktioniert. In den von mir gemeinsam mit *Gerhard Mueller* gehaltenen strafrechtlichen Seminaren war für mich ungemein spannend, welche Bedeutung den Standards der UNO beigemessen wurde und wie die Amerikaner mit der Konkurrenz und Überlappung von Bundes- und Staatenstrafrecht umgehen. Dass sich bei uns bald ähnliche Probleme ergeben werden, die aus der zunehmenden Überlagerung der nationalen Strafrechte durch EU-Regelungen erwachsen, kam mir damals nicht in den Sinn.

Überaus interessante Erfahrungen konnte ich auch bei Vortrags- bzw. Seminarreisen in der Türkei sowie in Japan und Südkorea machen. Die Kontakte mit der Türkei und das Erleben der legendären türkischen Gastfreundschaft verdanke ich vor allem *Feridun Yenisey*, der bei mir in Wien einen Teil seiner Habilitationsschrift verfasste. Über seine Initiative und mit Unterstützung des österreichischen Kulturinstituts in Istanbul konnte ich mehrfach Universitäten in Istanbul und Izmir besuchen und einmal auch einige Tage an der Universität in Ankara verbringen. Die riesigen Unterschiede an den und außerhalb der Universitäten, die ich im zeitlichen und regionalen Vergleich erlebte, vermittelten mir immerhin eine Ahnung davon, mit welch ungeheuren Problemen das Strafrechtswesen der Türkei zu kämpfen hat und wie man sie mit großem Engagement zu bewältigen sucht. Meine Reisen nach Japan und Südkorea basierten auf großzügigen Einladungen von *Koichi Miyazawa* bzw. der von ihm repräsentierten Miyazawa-Stiftung. Japan besuchte ich mit einer kleinen Gruppe von österreichischen Kollegen im Mai 1995. Neben sehr anregenden Seminaren an der Keio-Universität in Tokio und an der Kansai-Universität in Osaka hatten wir Exkursionen zu mehreren Gerichten und Strafanstalten, die ungemein aufschlussreich waren. Nach Südkorea kam ich im September 2000 als österreichisches Mitglied einer im Übrigen von prominenten deutschen Kollegen gebildeten Gruppe. Hier gab es hochinteressante Seminare an mehreren ganz verschiedenartigen Universitäten. Das von *Koichi Miyazawa* sowohl für Japan als auch für Südkorea zusammengestellte Rahmenprogramm war einfach großartig. Es gewährte auch faszinierende Einblicke in Kultur und aktuelle politische Probleme der beiden Länder, die ich übrigens als sehr unterschiedlich erlebte. Je mehr Erfahrungen ich in Japan und Südkorea machte, desto stärker wurde mir freilich auch bewusst, dass meinem Verstehen des Erlebten enge Grenzen gesetzt sind. Das gilt durchaus auch für den fachlichen Austausch mit japanischen und koreanischen Kollegen. Sie sprechen unsere Sprache und diskutieren mit uns über uns wohlbekannte Texte. Aber das Gesagte hat doch in dem juristischen und soziokulturellen Kontext, in dem es steht, eine andere als die uns vertraute Bedeutung. Dass das nichts daran ändert, dass ich die Gespräche mit diesen Kollegen als überaus bereichernd einstufe, sei vorsichtshalber ausdrücklich betont.

## *XI.*

Nach Erreichung der gesetzlichen Altersgrenze wurde ich mit Ablauf des Studienjahres am 30. September 2007 emeritiert. Das wird mein Leben sicher gravierend verändern. Derzeit freilich – Manuskriptschluss dieser Selbstdarstellung ist Oktober 2007 – halten sich die Auswirkungen der Emeritierung noch in engen Grenzen: Ich brauche nicht mehr zu prüfen, und meine Lehrtätigkeit ist auf eine Spezialvorlesung über „Aktuelle Strafrechtsentwicklung" reduziert. Alles Übrige läuft zunächst weiter wie bisher. Es gibt noch keinen Nachfolger, so dass ich vorerst weiter mein Zimmer am Institut benutzen und auch die Dienste meiner bewährten Sekretärin, Frau *Charlotte Holy*, in Anspruch nehmen kann. Sobald ich diese Infrastruktur verliere, wird es freilich schwierig. Vor allem die Unterstützung durch Frau *Holy*, die seit Anbeginn meines Wirkens als Wiener Ordinarius ganz hervorragend für mich gearbeitet hat und mit allem, was mir wichtig ist, bestens vertraut ist, werde ich schmerzlich vermissen. Wie ich dann meine wissenschaftliche Tätigkeit, die ich in eingeschränktem Umfang jedenfalls weiterführen möchte, organisieren kann, ist noch offen. Von der gefundenen Lösung – und natürlich von meiner Gesundheit – wird es abhängen, in welchem Ausmaß und in welchem Tempo ich meine das Strafrecht betreffenden Aktivitäten an und außerhalb der Universität reduziere. Mehr Zeit für meine Familie zu haben, zu der jetzt auch eine wunderbare Schwiegertochter und ein besonders liebes Enkelkind gehören; wieder mehr Theateraufführungen und Konzerte zu besuchen; endlich die interessanten Bücher zu lesen, die ich zu diesem Zweck seit Jahren zur Seite gelegt habe – auf all das und auf vieles Schöne mehr freue ich mich sehr. An Langeweile werde ich sicher nicht leiden.

## *Schriftenverzeichnis (in Auswahl)*

### *1. Selbständiges Schrifttum*

Einleitung, 1. und 3. Teil des Buches: Burgstaller / Schima / Császár, Die Aussetzung der Entscheidung im Verfahren vor den Geschwornengerichten, 1968.

Das Europäische Auslieferungsübereinkommen und seine Anwendung in Österreich, 1970.

Das Fahrlässigkeitsdelikt im Strafrecht. Unter besonderer Berücksichtigung der Praxis in Verkehrssachen, 1974.

Der Ladendiebstahl und seine private Bekämpfung im österreichischen Strafrecht, 1981.

### *2. Kommentierungen*

Strafgesetzbuch, Wiener Kommentar, §§ 6–7, 1979.

Strafgesetzbuch, Wiener Kommentar, §§ 80–82, 1981.

Strafgesetzbuch, Wiener Kommentar, §§ 83–87, 1984.

Strafgesetzbuch, Wiener Kommentar, §§ 88–90, 1989.

Österreichisches Bundesverfassungsrecht. Textsammlung und Kommentar, Art. 91 Abs. 2 und 3, Art. 93 B-VG, 2000.

Strafgesetzbuch, Wiener Kommentar, §§ 6–7, § 80, 2. Aufl. 2001.

Strafgesetzbuch, Wiener Kommentar, §§ 82–87, zusammen mit Ernst Fabrizy, 2. Aufl. 2002.

Strafgesetzbuch, Wiener Kommentar, § 81, 2. Aufl. 2002.

Strafgesetzbuch, Wiener Kommentar, §§ 88–89, 2. Aufl. 2003.

Strafgesetzbuch, Wiener Kommentar, § 90, zusammen mit Hannes Schütz, 2. Aufl. 2004.

Österreichisches Bundesverfassungsrecht. Textsammlung und Kommentar, Art. 90a B-VG, 2009.

### *3. Aufsätze in Zeitschriften und Sammelwerken*

Die Sicherung eines sozialethischen Standards des Akademikers im österreichischen Recht, JBl 1967, S. 601–611.

Über den Verbrechensversuch. Eine Konfrontation von Lehre und Rechtsprechung, JBl 1969, S. 521–535.

Diebstahl, Veruntreuung und Unterschlagung, ÖJZ 1974, S. 540–545.

Zur Täterschaftsregelung im neuen StGB, RZ 1975, S. 13–18, S. 29–33.

Der Versuch nach § 15 StGB, JBl 1976, S. 113–127.

Zur Einwilligung im Strafrecht, RZ 1977, S. 1–4.

Ist der Einsatz des Strafrechts eine sinnvolle Reaktion auf delinquentes Verhalten Jugendlicher?, ÖJZ 1977, S. 113–121.

Die Scheinkonkurrenz im Strafrecht, JBl 1978, S. 393–404.

Zu den objektiven Grenzen der Fahrlässigkeitshaftung. Moderne Strafrechtsdogmatik in einem praktischen Fall, AnwBl 1980, S. 99–103.

Der strafrechtliche Schutz wirtschaftlicher Geheimnisse, in: Ruppe, Hans Georg (Hrsg.), Geheimnisschutz im Wirtschaftsleben, 1980, S. 5–44.

Grundprobleme des Strafzumessungsrechts in Österreich, ZStW 94. Bd. (1982), S. 127–160.

Ein Banküberfall mit Folgen, in: Kienapfel, Diethelm (Hrsg.), Fälle und Lösungen zum Strafrecht, 1982, S. 123–142.

Vollendung oder Ende der Einheitstäterschaft?, RZ 1982, S. 216–217.

Das neue österreichische Strafrecht in der Bewährung, ZStW 94. Bd. (1982), S. 723–746.

Entscheidungsbesprechung zu 10 Os 183/82 (betr. gleichartige Idealkonkurrenz und ihre Behandlung im Strafprozessrecht), JBl 1983, S. 659–663.

Empirische Daten zum neuen Strafrecht, ÖJZ 1983, S. 617–626.

Omissive Offences and Penal Responsibility for Omissive Conduct in Austria (Unterlassungsdelikte und strafrechtliche Verantwortlichkeit für die Deliktsbegehung durch Unterlassung in Österreich). Österr. Landesbericht zum Thema I des XIII. Internationalen Strafrechtskongresses der AIDP, erstellt für das vorbereitende Kolloquium vom 7.–10. Oktober 1982 in Urbino, Italien, Revue Internationale de Droit Penal, 55. Bd. (1984), S. 535–558.

Entscheidungsbesprechung zu 10 Os 31/83 (betr. Strafzumessung bei Rückfallstätern), RZ 1984, S. 237–239.

Wirtschaftsstrafrecht in Österreich, JBl 1984, S. 577–588.

Straßenverkehrsdelikte in Österreich, in: Das Straßenverkehrsrecht in Ost und West, Studien des Instituts für Ostrecht München, Bd. 35, 1985, S. 59–80.

Erfolgszurechnung bei nachträglichem Fehlverhalten eines Dritten oder des Verletzten selbst, in: Festschrift für Hans-Heinrich Jescheck, 1985, S. 357–375.

Zur regionalen Strafenpraxis in Österreich, zusammen mit Franz Császár, ÖJZ 1985, S. 1–11, S. 43–47 und S. 417–427.

Strafbarer oder strafloser Versuch? Bemerkungen zu OGH 26.9.1985, 13 Os 104, 105/85, JBl 1986, S. 76–80.

Drogenstrafrecht in Österreich, ÖJZ 1986, S. 520–528, Criminal Law in Action, 1986, S. 179–198.

Gentechnik und Reproduktionsmedizin aus der Sicht des Juristen, in: Molden, Otto (Hrsg.), Erkenntnis und Entscheidung: die Wertproblematik in Wissenschaft und Praxis, 1987, S. 215–227.

Spezielle Fragen der Erfolgszurechnung und der objektiven Sorgfaltswidrigkeit, in: Festschrift für Franz Pallin, 1989, S. 39–62.

Kriminalpolitik nach 100 Jahren IKV/AIDP – Versuch einer Bestandsaufnahme, Festvortrag auf dem XIV. Internationalen Strafrechtskongress der AIDP in Wien am 2. Oktober 1989, ZStW 102. Bd. (1990), S. 637–657.

Gentechnologie und österreichisches Strafrecht, in: BMWF (Hrsg.), Gentechnologie im österreichischen Recht, 1991, S. 295–361.

Normative Lehren der objektiven Zurechnung, in: Lahti, Raimo und Nuotio, Kimmo (Hrsg.), Strafrechtstheorie im Umbruch, 1992, S. 383–395, JAP 1992/93, S. 136–143.

Die Sanktionierung von Jugendstraftaten in Österreich, JAP 1993/94, S. 12–18.

Die neuen Geldwäschereidelikte, ÖBA 1994, S. 173–182.

Perspektiven der Diversion in Österreich aus der Sicht der Strafrechtswissenschaft, in: BMJ (Hrsg.), Perspektiven der Diversion in Österreich, 1995, S. 123–164.

Spezielle Fragen der internationalen Rechtshilfe in Strafsachen, in: Festschrift für Otto Trifterer, 1996, S. 733–753.

Aktuelle Wandlungen im Grundverständnis des Strafrechts, JBl 1996, S. 362–366.

Entscheidungsbesprechung zu 13 Os 63, 64/97 (betr. Strafbarkeit des untauglichen Versuchs), JBl 1998, S. 397–399.

Entwicklung des Strafrechts in Österreich seit 1975, in: Gedächtnisschrift für Heinz Zipf, 1999, S. 3–34.

Selbstbestimmtes Sterben und Strafrecht, in: Pfusterschmid-Hardtenstein, Heinrich (Hrsg.), Materie, Geist und Bewusstsein. Europäisches Forum Alpbach 1999, 2000, S. 154–158.

Geldwäscherei durch Annahme eines Rechtsanwaltshonorars?, AnwBl 2001, S. 574–587.

Wohin geht unser Strafprozess?, JBl 2002, S. 273–280.

Was erwartet man von einem Strafrechtslehrer?, in: Festschrift für Herbert Steininger, 2003, S. 249–257.

A jogi személy felelössége büncselekmény miatt – tudósitás a vita állásáról Ausztriában (Verantwortlichkeit juristischer Personen für Kriminaldelikte – Bericht über den Diskussionsstand in Österreich), zusammen mit Elisabeth Köck, Magyar Jog 2004, S. 237–242.

Entscheidungsbesprechung zu 13 Os 46/05x und 13 Os 97/05x (betr. Untersuchungshaft und Straffestsetzung bei Ladendiebstahl eines Asylwerbers), JBl 2006, S. 471–472.

Rollenbilder und Ethos in der Strafrechtspflege aus der Sicht der Strafrechtswissenschaft, in: Vereinigung österr. Staatsanwälte (Hrsg.), Rollenbilder und Ethos im Strafrecht, 2007, S. 29–47.

Diversion in Österreich – eine Zwischenbilanz, in: BMJ (Hrsg.), 35. Ottensteiner Fortbildungsseminar aus Strafrecht und Kriminologie, 2007, S. 5–26.

Unabhängigkeit der Staatsanwälte?, in: ÖJK (Hrsg.), Rechtsstaat und Unabhängigkeit, 2007, S. 70–85.

Albin Eser

## Albin Eser
## Über Grenzen – Streben nach Mitte

### *I.*

Rückschauend betrachtet erscheint mir mein Leben wie ein so nicht vorhersehbarer, letztlich aber glücklicher Reigen von Herausforderungen und Chancen, die mich immer wieder aus traditionell vorgezeichneten Bahnen heraustreten und über scheinbar vorgegebene Grenzen hinausgehen ließen. Ohne dies auf dem Weg selbst immer schon so klar empfunden und mit dem Voraussehen aller Folgen entschieden zu haben, hat mich der Verlauf meines Lebens wiederholt an Weichenstellungen geführt, die ein Abgehen von Gewohntem und den Schritt in unbekanntes Neuland abverlangten.

Das begann bereits mit dem Übergang von der damals so genannten Volksschule zum Gymnasium. Am 26. Januar 1935 als Schneiderssohn in Leidersbach, einem kleinen Spessartdorf, geboren und in handwerklich-bäuerlicher Umgebung aufgewachsen, hätte dies nach familiärer Gewohnheit auch meinen weiteren Lebensweg vorzeichnen können. Wäre da nicht ein Ortspfarrer gewesen, der sich, wie für die damalige katholische Geistlichkeit nicht unüblich, für die Förderung begabter Schüler aus einfachen Verhältnissen verantwortlich fühlte und meine Eltern dazu ermunterte, ihren Sohn auf eine höhere Schule zu schicken. Glücklicherweise wurden sie dabei mütterlicherseits von meinem Großvater unterstützt, der sich, obgleich zunächst nur gelernter Steinmetz, bereits kleinunternehmerisch in die seinerzeit im Aschaffenburger Raum aufkommende Kleiderindustrie hineingewagt hatte und zudem als viel gefragter selbstgelernter Chorleiter auch bei seinem ältesten Enkel nachhaltige Liebe zur Musik und das Streben nach „Höherem" zu wecken wusste.

Solche Hoffnungen ließen sich freilich nur fern der Heimat und nicht ohne fremde Unterstützung verwirklichen: so ab September 1946 an dem damals nicht leicht erreichbaren „Humanistischen Gymnasium" in Miltenberg am Main sowie aufgrund der – dank kirchlicher Förderung weitgehend kostenfreien – Aufnahme in das „Bischöfliche Knabenseminar Kilianeum". Vor allem letzterem habe ich viel zu verdanken: über das am staatlichen Gymnasium vermittelte solide Wissen hinaus die Einführung in vielfältige musische Bereiche, die Blickerweiterung in Theologie und Philosophie sowie nicht zuletzt die Erfahrung, sich in eine enge Seminargemeinschaft einfügen und darin durchsetzen zu müssen.

Das konnte nicht ohne teils auch schmerzliche Erfahrungen gelingen. Zunächst war es die von manchem Heimweh begleitete und – wie sich im Nachhinein herausstellen sollte – dauernde Trennung von den Eltern, Großeltern und einem jüngeren Bruder, zu denen man gemäß einem strengen Reglement nur während der dreimaligen Ferien zu Weihnachten, Ostern und im Sommer zurückkehren durfte und deren Besuche im Seminar allenfalls einmal pro Monat erwünscht waren. Später war es das innere Ringen um die von Kilianisten erwartete Entscheidung für den Priesterberuf. Diesen Weg glaubte ich nicht mit voller Überzeugung gehen zu können. Trotzdem – entgegen strenger Gepflogenheiten – im Kilianeum verbleiben zu dürfen, habe ich dem Verständnis des seinerzeitigen Würzburger Seminarbischofs und nachmaligen Münchner Kardinals *Julius Döpfner* zu verdanken.

Aber wenn nicht Theologie, was dann? Da ich in Mathematik zur Klassenspitze gehörte, meinte mich die Lehrerin zu einem solchen Studium animieren zu sollen. Meine Vorliebe gehörte jedoch den alten Sprachen, der Literatur und der Geschichte. Aber was tun, wenn man sich nicht den einem Lehrer drohenden Zumutungen aussetzen möchte? Da kam in einem Berufsberatungsgespräch vor meinem Abitur im Jahr 1954 der Ratschlag eines Richters zur rechten Zeit: Man solle nicht sein Hobby zum Beruf machen – um im Falle eines Sinneswandels oder gar Scheiterns nicht gleich beides zu verlieren. Die von ihm empfohlene Alternative eines Jurastudiums erschien mir vor allem angesichts vielfältiger beruflicher Optionen verlockend, aber zugleich fremd, hatte ich doch bis dahin weder vom familiären Hintergrund noch von der schulischen Ausbildung her irgend etwas mit Juristerei zu tun, es sei denn mit eher abschreckenden Mahnungen zur Vorsicht vor Fallstricken dieses Berufsstandes. Deshalb meinte ich, mich dieser Disziplin nur unter Absicherung mit einem nicht ganz so unbekannten Bereich, nämlich dem der Wirtschaft, nähern zu können.

Dieser zögerliche Schritt in völliges Neuland durch ein Doppelstudium von Jura und VWL an meiner fränkischen Heimatuniversität Würzburg erstarkte aber schon im Laufe des ersten Studienjahres 1954/1955 zu einem vollen Übertritt zur Rechtswissenschaft. Nachdem ich zunächst mehr Vorlesungszeit meinem philosophischen Hobby gewidmet hatte, dabei aber manchen wirklichkeitsfernen Abstraktionshöhen nicht mehr so recht folgen mochte, muss mir vielleicht gerade deshalb die Beschäftigung mit dem Recht intuitiv immer mehr als eine spannende Konfrontierung und Verbindung von Wirklichkeit und Wertung erschienen sein. Es waren die offenbar unausweichlichen Konflikte und Ordnungsbedürfnisse im zwischenmenschlichen und gesellschaftlichen Zusammenleben, deren gerechte Lösung mich zu faszinieren begann.

Selbst das dabei zu bewältigende „Begriffsgeröll" konnte intellektuellen Reiz entfalten, wenn es dessen Zweckhaftigkeit freizulegen gelang.

Nachdem ich in dem manch anderem frönenden Würzburger Jahr die Vorlesungen eher leger genommen hatte, habe ich, was Rechtswissenschaft an Einsatz und Einsicht wirklich bedeutet, wohl erst in Tübingen so recht erfahren. Dort ließ uns auf der gemeinsamen Suche mit einem altphilologischen Studienfreund nach einer Universität jenseits der fränkischen Grenzen eine annehmbare Studentenbude Halt machen – ohne dabei zu ahnen, dass ich dort einmal – zusammengenommen – 15 Jahre meines Lebens verbringen sollte. Inspiriert durch hervorragende Vorlesungen, wobei vor allem das Verfassungsrecht des sich zum Star entwickelnden *Günter Dürig* starken Eindruck hinterließ, provoziert durch den Wettbewerb mit ungemein strebsamen schwäbischen Kommilitonen, und restringiert auf eine allenfalls zu kleineren Ablenkungen verleitende Stadt, fiel es mir nicht schwer, in einem Jahr alle für das Examen erforderlichen Übungsscheine zu schaffen.

Somit „scheinfrei" und damit auch frei, dem Drang in weiteres Neuland nachzugeben, wechselte ich zum Wintersemester 1957/1958 mit einem – inzwischen in lebenslanger Freundschaft verbundenen – Münsteraner Kommilitonen an die Freie Universität Berlin, um dadurch erstmals mit einer Weltstadt Bekanntschaft zu machen. Hier war es weniger die FU, die mich – vielleicht abgesehen von der amüsant-theatralischen Zivilprozesspräsentation von *Arwed Blomeyer* und dem wirklichkeitsnahen kriminologisch-forensischen Seminar von *Ernst Heinitz* – in den Bann zog, als vielmehr die Künste und politischen Ereignisse, die mich fesselten. Erleichtert durch studentische Freikarten hat sich mir hier vor allem die noch unbekannte musikalische Welt von *Anton Bruckner* eröffnet; die von *Richard Wagner* habe ich noch mit sehr gemischten Gefühlen auf mich wirken lassen. Eine Offenbarung waren die Ostberliner Brecht-Aufführungen eines zu Kilianeumszeiten zensierten Dramatikers, ebenso wie neue Kunst erregte Kontroversen entfachte. Politisch sensibilisiert durch die Insellage Westberlins innerhalb der DDR, die per Nachtzug zu durchqueren nicht ohne Angstgefühle abging, hat mich der überwältigende Prostestzug gegen den sowjetischen Einmarsch in Ungarn bewusst werden lassen, dass Menschenrechte ohne grenzüberschreitende Gesamtverantwortung der Weltgemeinschaft nicht zu sichern sind. Vermutlich lag in dieser Erfahrung auch ein Keim für mein steigendes Interesse für Rechtsvergleichung und internationale Beziehungen.

Das Sommersemester 1957 brachte einen erneuten Ortswechsel. Dies schon deshalb, weil damals westdeutsche Studenten, um sich nicht der Wehrpflicht entziehen zu können, über das fünfte Semester hinaus nicht in Berlin bleiben durften. Deswegen aber gerade nach Würzburg zurückzukehren, hatte einen persönlichen Grund: Dort hoffte ich meiner bis dahin nur durch fast tägliche Korrespondenz erreichbaren Freundin *Gerda Schneider* näher zu kommen, mit der ich dann Ende 1959 auch noch den nun schon seit fast 50 Jahren dauernden Bund fürs Leben schließen konnte. Jedenfalls war diese Aussicht auch Motivation genug, um mich – abgesehen von einem, wie sich alsbald zeigen sollte, folgenreichen Strafrechtsseminar bei *Walter Sax* und einem weniger ersprießlichen rechtsphilosophischen Seminar bei *Günther Küchenhoff* – ganz auf die Examensvorbereitung zu stürzen und nach dem siebten Fachsemester die Referendarprüfung hinter mich zu bringen.

Diese war so gut ausgefallen, dass ich zwei verlockende Offerten erhielt, die allerdings nur schwer miteinander vereinbar schienen: zum einen ein Promotionsangebot von *Sax*, was meinen, in seinem handlungstheoretischen Seminar wiederbelebten philosophischen Neigungen entgegenkam, aber angesichts seiner methodenstrengen und bekanntermaßen höchst kritischen Betreuungspraxis konfliktträchtige Herausforderung bedeutete; zum anderen eine zivilrechtliche Assistentenstelle bei *Heinrich Lange*, der vollen Einsatz für sein Erbrechtslehrbuch erwartete. Beides ließ sich dann doch – gleichsam grenzgängerhaft – miteinander verbinden, indem ich den kurz zuvor angetretenen Referendardienst, der damals dreieinhalb Jahre dauerte, zugunsten einer zügigen Promotion bei *Sax* zurückstellte. Diese stand jedoch einmal wegen eines philosophischen Prinzipienstreits ernstlich auf der Kippe: Während sich mein Doktorvater auf der wertphilosophischen Basis von *Victor Kraft* eine Fundierung seiner Abgrenzung von Straftaten und Ordnungswidrigkeiten erwartete, sah ich – mit ihm teilweise unwillkommen abweichenden Ergebnissen – in *Nicolai Hartmann* den überzeugenderen Gewährsmann. Hier kam mir, wie schließlich auch von *Sax* respektiert, meine Berufung auf die auch schon einem Doktoranden einzuräumende Wissenschaftsfreiheit zur Hilfe.

Eine weitere Grunderfahrung aus jener Zeit erscheint mir des Benennens wert: der unterschiedliche Umgang von Professoren mit ihrer NS-Vergangenheit. Auf der einen Seite hatte es der wegen seiner Eloquenz viel bewunderte Öffentlichrechtler *Günther Küchenhoff* blendend verstanden, vormals Naziideologie verherrlichende Aussagen nunmehr unter einer scheinbar heilen Naturrechtsphilosophie, wie auch ich ihr in seinem Seminar erlegen war, zu kaschieren; umso mehr sollte mich dann deren eher zufällige Entlarvung schockieren. In beeindruckendem Unterschied dazu wurde mir von *Heinrich Lange* schon vor meinem Dienstantritt über seine NS-Verwicklung als Vorsitzender des unrühmlichen Erbrechtsausschusses reiner Wein eingeschenkt, verbunden mit der Anweisung, fragwürdige Aussagen in den seinerzeitigen

Denkschriften in seinem neuen Erbrechtslehrbuch nicht zu unterdrücken, sondern entweder freimütig als verfehlt zu widerrufen oder als weiterhin bedenkenswert zu kennzeichnen. Bei solcher Aufrichtigkeit sah ich auch für mich den Weg für eine Mitarbeit frei.

Diese Assistenz fand allerdings schon im Jahr 1960 durch einen in die Neue Welt führenden und, wie sich später ergeben sollte, sehr folgenreichen Grenzübertritt ein Ende: durch ein rechtsvergleichendes Studienjahr an der New York University. Nicht nur, dass wir uns als jungvermähltes Paar in einer Umwelt, in der man jungen Deutschen nach wie vor nicht ohne einen gewissen Argwohn zu begegnen pflegte, erstmals unserer nationalen Herkunft voll bewusst wurden und diese glaubwürdig zu vertreten hatten, und nicht nur, dass uns andererseits durch bewundernswerte amerikanische Gastfreundlichkeit und Hilfsbereitschaft das Eingewöhnen in den „american way of life“ erleichtert wurde; vielmehr hatte auch die im damals hippybewegten Herzen von Manhattans Greenwich Village gelegene Law School Unterschiedliches zu bieten: zum einen ein durch die „case method“ stark praxisorientiertes und schulmäßig aufgezogenes Lehrsystem mit lästig-nützlichen Vorbereitungspflichten, und zum anderen eine Offenheit des Diskutierens, bei dem es weniger auf ein systematisches Ergebnis als auf die Überzeugungskraft des Arguments ankam. Rechtsvergleichend eindrücklich war es zu erkennen, wie einerseits feste Rechtsüberzeugungen, die man aus dem eigenen Recht mitgebracht hatte, gegenüber fremden Rechtserfahrungen ins Wanken geraten konnten, während andererseits scheinbare Schwächen des eigenen Rechts im Vergleich zu fremden Regelungen plötzlich in hellerem Licht erschienen. Von vielfältigen persönlichen Begegnungen sind vor allem drei hervorzuheben: mit *Richard Honig*, der uns als ein vom NS-Regime aus Göttingen vertriebener Strafrechtler mit seiner gastfreundlichen Frau sowohl einen erschütternden Einblick in erlittenes Unrecht als auch tiefe Einsichten in Überlebensweisheit vermittelte, mit *Gerhard O. W. Mueller*, der als Deutsch-Amerikaner begeisternde Rechtsvergleichung in Person verkörperte und meine Magisterarbeit betreute, sowie mit *Horst Schröder*, dem ich während seiner gleichzeitigen Gastprofessur an der NYU als eine Art „famulus“ behilflich sein konnte und der die Vorstellung einer akademischen Laufbahn, von der zu träumen ich bis dahin kaum gewagt hätte, erstmals offen ansprach, indem er mir eine Assistentenstelle an seinem Tübinger Lehrstuhl anbot. Damals meinte ich jedoch meinen Assessor lieber in Bayern absolvieren zu sollen.

Dazu im Sommer 1961 nach Würzburg zurückgekehrt, galt es nunmehr das aufgeschobene Referendariat fortzusetzen und die Promotion zu dem damals noch verliehenen Dr. iur. utr. (des zivilen und kanonischen Rechts) zum

Abschluss zu bringen. Gleichzeitig eröffnete sich neben kleineren strafrechtlichen Veröffentlichungen mit einer Assistenz in Rechtsgeschichte bei *Paul Mikat* eine weitere akademische Option.

Obgleich damit meine beruflichen Ambitionen schon deutlich in wissenschaftliche Richtung zeigten, schien nach gut bestandenem Assessorexamen im Frühjahr 1964 meine Zukunft noch eine ganz andere Wende zu nehmen: zum einen zugunsten einer aussichtsreich erscheinenden Laufbahn im Bayerischen Justizministerium und damit in politiknaher Praxis, zum anderen durch ein vielversprechendes Angebot in einer journalistischen Leitungsfunktion. Zum Glück kannte mich aber meine Frau auch in dieser Beziehung schon gut genug, um mir bewusst zu machen, dass mich weder der Reiz aktueller Einzelfälle noch das Jagen nach journalistischen Eintagsfliegen auf Dauer befriedigen könnte. Demgegenüber sei ich doch schon zu sehr von tiefergehendem und breiter ausgerichtetem Forscherdrang besessen.

Obwohl uns klar war, dass dies existentiell den Schritt in eine ungewisse akademische Zukunft bedeutete, kam ich bei *Schröder* auf sein New Yorker Angebot einer Assistentenstelle in Tübingen zurück, um mich bei ihm in Strafrecht zu habilitieren. Dies erwies sich in vielerlei Hinsicht als eine Zäsur: durch weitere Entfernung von unseren Familien, durch Abschiednehmen von vielen Freunden, durch Aufgeben von Zivilrecht und Rechtsgeschichte, für die ich mich – trotz dahingehender Neigungen und eines Habilitationsangebots von *Mikat* – ohne vorheriges Erlernen des historischen Handwerks nicht hinreichend gewappnet fühlte, durch Ablösen von meinem Doktorvater *Sax*, der mir zwar die Habilitation, aber keine existenzsichernde Assistentenstelle anbieten konnte.

Gleichwohl lag im Gang nach Tübingen auch die Chance eines Neuanfangs, wie man ihn immer wieder einmal braucht, um Altes hinter sich und Neuartiges auf sich zukommen zu lassen. Dazu kann auch ein Schockerlebnis gut sein, wie es mir bei *Schröders* unerwarteter Art von Strafrechtsarbeit widerfuhr: Einerseits hatte ich mich für das Strafrecht nicht zuletzt deshalb entschieden, weil dort – weitaus stärker als in anderen Rechtsgebieten – der Mensch im Mittelpunkt steht und sich dementsprechend vielfältig auch disziplinübergreifende Bezüge zu anderen Lebens- und Handlungswissenschaften, wie Psychologie, Soziologie, Anthropologie und Philosophie ergeben, wobei ich vor allem von letzterer unter dem Einfluss meines Doktorvaters *Sax* nachhaltig beeindruckt war. Andererseits schien all dies in *Schröders* Augen von der mehr positivistischen Interpretationsarbeit am Gesetz und dessen Anwendung im Einzelfall abzulenken, wobei für die Kommentarbearbeitung des „Schönke / Schröder" zudem schnörkellose Präzision und Kürze geboten war. Das war gewiss ein entsagungsvoller, aber letztlich doch eiserner Zwang: sich mit einer Aussage erst dann zufrieden zu geben, wenn sie geradlinig bis zu klarer Anwendbarkeit durchdacht und unter Vermeidung jedes überflüssigen Wortes formuliert ist. Jedenfalls hatte ich mich hinsichtlich meines Habilitationsthemas alsbald darauf einzustellen, dass dafür bei *Schröder* nur eine positivrechtliche Arbeit in Betracht kommen konnte. Um dabei gleichwohl nicht auf das Strafrecht eingegrenzt zu sein, wählte ich die rechtspolitisch stark umstrittene Problematik der bis dahin noch nicht als zusammengehöriger Komplex behandelten „strafrechtlichen Sanktionen gegen das Eigentum", zu deren Fundierung auch in das Zivil- und noch mehr in das Verfassungsrecht einzusteigen war.

Nicht weniger reizvoll wie gleichermaßen riskant war es, auch bei meinen Vorschlägen für den Probevortrag im Dezember 1968 über eingefahrene Bahnen hinauszugehen. Entgegen der erwarteten Gewohnheit meinte der Fakultätsrat, statt des ersten meinem zweiten Vorschlag über „Wahrnehmung berechtigter Interessen als allgemeiner Rechtfertigungsgrund" den Vorzug geben zu sollen; dies wohl deshalb, weil man sich davon eine auch für Zivil- und Öffentlichrechtler interessante Auseinandersetzung mit den damals grassierenden Sitzstreiks und dem nicht selten auch tätlichen Aufbegehren gegen die „etablierte Ordnung" unter Berufung auf Entfaltungs- und Meinungsfreiheit versprach. In der Tat machte ich dabei den Versuch, bei Rechtsgütern mit starker Sozialverflochtenheit – über den traditionellen notwehr- und notstandsrechtlichen Schutz des „status quo" gegen Werteinbußen hinaus – im Sinne eines „evolutiven" Durchsetzungsrechts auch für die Schaffung neuer Werte den Weg zu einem „status ad quem" zu bahnen. Obgleich dies manchem – nicht zuletzt angesichts der politischen Brisanz – schon mehr als nur evolutiv kühn erschien und mein Habilvater mich vor diesem Themenvorschlag gewarnt hatte, ist es mir eine bleibende Genugtuung, trotz aller Skepsis vor allem den Beifall der von mir besonders geschätzten Fakultätsmitglieder gefunden zu haben.

Doch auch mit dem an erster Stelle vorgeschlagenen Thema, das ich dann im Januar 1970 für meine Antrittsvorlesung wählte, hätte ich mich wahrscheinlich in politische Nesseln gesetzt. „Gesellschaftsgerichte in der Strafrechtspflege" – unter diesem Titel den neuen Wegen zur Bewältigung der Kleinkriminalität in der DDR auch etwas für uns Positives abzugewinnen, damit konnte man sich zu jener Zeit leicht unliebsamen Verdächtigungen aussetzen, war doch für das „Recht" der damals üblicherweise noch so bezeichneten „sowjetischen Besatzungszone", falls man es einer Befassung überhaupt für wert befand, eigentlich nur Verwerfung gefragt. Tatsächlich hat mir meine – bereits auf das Studium von „Soviet Law" an der New York University zurückgehende –

Beschäftigung mit sozialistischem Recht auf einer Prozessualistentagung die von einem jungen Kollegen lauthals in eine Vorstellungsrunde gesprochene Begrüßung als „unser Sozialist“ eingetragen.

Was die Lehre betrifft, so hatte ich schon vor meiner Habilitation wiederholt als Übungsleiter fungieren und auch in großen Vorlesungen in Vertretung meines Lehrers *Schröder* erste Gehversuche machen können. Dies erleichterte die weitaus schwierigere Bewährungsprobe, die ich im Sommersemester 1969 in meinem ersten „Allgemeinen Teil“ des Strafrechts als Privatdozent in Tübingen und parallel dazu mit wöchentlichen Bahnfahrten als Lehrstuhlvertreter in Hamburg zu bestehen hatte. Immerhin hatten sich dabei, wie auch bei meiner darauf folgenden Lehrstuhlvertretung in Mainz, bereits Berufungschancen abgezeichnet, die zum Sommersemester 1970 zu einer mit einem Ruf verbundenen Vertretung nach Mannheim führten. Obgleich ich dort schon kurz vor der Rufannahme stand, ließ ich mich im selben Sommer dann doch noch an die Universität Bielefeld verlocken: so vor allem deshalb, weil diese sich durch ihre neuartige Konzeption von Forschung und Lehre von anderen Neugründungen vielversprechend abhob.

Auch wenn ich dort schließlich nur vier Jahre verbringen sollte, war diese Lebensphase für mich ungemein prägend. So erschlossen sich mir vor allem in meiner wissenschaftlichen Grundausrichtung neue Perspektiven. Während in meinen Würzburger Promotions- und Assistentenjahren philosophische und historische Obertöne dominierten und in meiner Tübinger Habilitations- und Kommentarphase die Arbeit am positiven Recht den Grundton vorgab, wurden mir in Bielefeld durch Zusammenarbeit mit Soziologen in Lehre und Forschung und dabei nicht zuletzt durch mein Engagement in den Aktivitäten des damals einzigartigen „Zentrums für interdisziplinäre Forschung“ die Augen für die empirische Sozialwissenschaft geöffnet. Neben gemeinsamen Seminaren und Tagungen schlug sich das auch in einer neuartigen normativ-empirischen – und nicht mit traditioneller Kriminologie zu verwechselnden – Vorlesung über sozialwissenschaftliche Grundfragen im Strafrecht nieder.

Anschauliches Material und wichtige Einsichten konnte ich dafür auch aus einer praxisorientierten Grenzerweiterung ziehen: aus meiner nebenamtlichen Tätigkeit als Richter in einem Strafsenat am Oberlandesgericht Hamm. Trotz der damit verbundenen Belastung ist mir diese wechselseitig befruchtende Verbindung von Theorie und Praxis so wichtig geworden, dass ich sie später auch in Tübingen nicht missen wollte und erfreulicherweise am Oberlandesgericht Stuttgart fortsetzen konnte.

Ein wiederum völlig neues Erfahrungsfeld, auf das ich nach nur einem professoralen Jahr in Bielefeld noch kaum vorbereitet war, eröffnete sich mit meiner Wahl zum Dekan in einer noch ganz jungen Universität und Fakultät: Da gab es nicht nur viel Neues zu regeln, vielmehr war dies auch noch in paritätisch (im Verhältnis von 2:1:1 zwischen Professoren, Assistenten und Studenten) besetzten und stark politisierten Gremien durchzusetzen. Obgleich die dafür zu gewinnenden Mehrheiten streckenweise viel Zeit und Nerven kosten konnten, hatte ich aus meiner Assistentenzeit den Mangel jeglicher Mitbestimmung noch in allzu unguter Erinnerung, um in den Chor jener – wohl außerhalb von Bielefeld noch häufiger anzutreffenden – Kollegen einzustimmen, die lieber zur Alleinzuständigkeit der Ordinarien zurückgekehrt wären. Auch wenn die – inzwischen ohnehin für verfassungswidrig erklärte – Parität von Professoren einerseits und Assistenten und Studenten andererseits mit der Gefahr lähmender Blockaden erkauft war und daher auf Dauer nicht durchzuhalten gewesen wäre, müssen Alternativlösungen den anderen Gruppen jedenfalls soviel Einflusskraft belassen, dass sie nicht einfach als „quantité négligeable" von den Professoren übergangen werden können. In dieser grundsätzlich mitbestimmungsfreundlichen Einschätzung konnten mich auch konfliktreiche Erfahrungen, die ich im Anschluss an mein Dekanat als Prorektor für Lehre und studentische Angelegenheiten zu machen hatte, nicht kurswechselnd beirren.

Auch in der Juristenausbildung suchten wir in Bielefeld nach neuen Wegen: so mit Ersetzung der traditionellen „Zweiphasigkeit" von Studium und Referendariat durch eine – missverständlich als „einphasig" bezeichnete – Sequenz von universitärem Grundstudium (mit einer sozialwissenschaftlichen Einführungsphase), referendariatsähnlicher Praxis und Rückkehr zu theoretischer Aufarbeitung an die Universität. Dabei habe ich als Dekan konzeptionell vor allem von meinem schon damals „schwergewichtigen" Strafrechtskollegen und späteren Bundesinnenminister *Werner Maihofer* einfallsreiche Unterstützung gefunden. Wenn sich dieses Modell – trotz unverkennbarer Anfangserfolge – nicht dauerhaft etablieren konnte, dann nicht etwa deshalb, weil es schlecht gewesen wäre, sondern weil es sich, wie ich zu behaupten wage, gegen voreingenommenen Widerstand im Sinne von „self-fulfilling prophecy" schlicht nicht durchsetzen durfte.

Als ob all diese Aktivitäten nicht schon zeitraubend genug gewesen wären, meinte ich auch noch einen neuartigen Studienkurs entwickeln zu sollen. In guter Erinnerung an die induktiven Erfahrungen mit der amerikanischen „case method" sollten anhand von Gerichtsentscheidungen Probleme entfaltet, argumentativ analysiert und zu einem systematischen Gesamtbild zusammengefügt werden. Dass ich von diesem „Juristischen Studienkurs Strafrecht" schon zu meiner Bielefelder Zeit drei Bände – mit dankenswerter Unterstützung insbesondere meines späteren Habilitanden *Björn Burkhardt* – vorlegen konnte, vermag ich im Nachhinein nur durch schmerzliche Vernachlässigung unserer mittlerweile vierköpfigen Familie und der aufopfernden Nachsicht meiner Frau zu erklären, auch wenn schwerlich zu entschuldigen. Umso mehr bedauere ich, dass mir für weitere Neubearbeitungen dieses Studienkurses, zu dem ich auch heute noch immer wieder positive Rückmeldungen und Aufforderungen erhalte, meine spätere Doppelbelastung in Freiburg keine Zeit mehr ließ.

Noch vor Ablauf von nur vier Jahren sah sich die Familie einem weiteren Ortswechsel zurück nach Tübingen ausgesetzt. Nach dem unerwarteten Tod meines Habilvaters *Schröder* an dem auch uns aus gemeinsamem Arbeitsurlaub bekannten Strand von Viareggio ereilte mich der Ruf auf seine Nachfolge. Sich als sein jüngster Schüler einer solchen gleichermaßen ehrenvollen wie dem Andenken des Lehrers geschuldeten Verpflichtung nicht entziehen zu können, hat trotz mancher unvollendet zurückzulassender Aufgaben auch das Verständnis meiner Bielefelder Kollegen gefunden.

Verglichen mit der spannungsreichen Aus- und Aufbruchstimmung in Bielefeld war es schwierig, sich ab 1974 wieder an das disziplinäre Fahrwasser in Tübingen zurückzugewöhnen. Schon das Abdecken des strafrechtlichen Lehrangebots mit nur zwei weiteren Kollegen – dem auch rechtspolitisch ambitionierten *Jürgen Baumann* und dem strenger dogmatisch orientierten *Theodor Lenckner* – ließ wenig Raum für Außergewöhnliches. Aber selbst dort, wo man mit zusätzlichen Belastungen verbundene Sonderwege zu gehen bereit gewesen wäre, konnte man sich gestoppt finden, wie beispielsweise durch die gegen meine Fortführung der „Sozialwissenschaftlichen Grundfragen des Strafrechts" geäußerte Befürchtung, damit die Grenzen zum Terrain meines kriminologischen Kollegen *Horst Göppinger* zu übertreten. Umso bereitwilliger habe ich grenzüberschreitende Brücken zu normtheoretischen Seminaren mit Theologen, Philosophen und Politologen genutzt, wobei insbesondere der bereits auf gemeinsame Würzburger Zeit zurückgehenden freundschaftlichen Beziehung zu dem für seinen „Weltoffenen Christ" gerühmten Ethiker *Alfons Auer* gedacht sei. Auch die in Bielefeld begonnene interdisziplinäre Zusammenarbeit mit der Medizin hat durch gemeinsame Seminare und wechselseitiges Auftreten in Vorlesungen, wie vor allem zu Fragen von Sterilisation und Schwangerschaftsabbruch mit dem Gynäkologen *Hans A. Hirsch*, eine weitere Vertiefung erfahren.

Vor eine neuartige hochschulpolitische Herausforderung sah ich mich aufgrund der – im Vergleich zu anderen Universitäten ungewöhnlichen – Konfrontation von zwei miteinander rivalisierenden Professorengruppen gestellt. Durch meine Wahl in den Verwaltungsrat der Universität Tübingen hatte ich Einblick in nahezu alle Fakultäten gewinnen können, woraus sich auch vielfältige Beziehungen über die Fakultätsgrenzen hinaus entwickelten. So wurde ich von der liberalen Gruppierung, mit der sich zu identifizieren mir leichter fiel als mit dem maßgeblich von meinen juristischen Fakultätskollegen beherrschten konservativen Pendant, zur Kandidatur für die anstehende Präsidentenwahl gedrängt. Weil damit die Hoffnung eines Brückenschlags zwischen beiden Gruppierungen verbunden war, hätte ich mich – trotz der heiklen Außenseiterposition innerhalb der eigenen Fakultät – dazu bereit finden können. Doch zum einen wollte ich diesen Schritt nicht gegen einen zur Wiederwahl bereiten Präsidenten tun, mit dem ich bereits jahrelang vertrauensvoll im Verwaltungsrat zusammen gearbeitet hatte, und zum zweiten schien mir das Opfer jahrelanger wissenschaftlicher Abstinenz nur dann zumutbar, wenn auf diesem Wege die vielseits gewünschte Rückkehr von der managementmäßigen Präsidialverfassung zur akademischen Rektoratsverfassung ermöglicht würde. Von bereits publizistisch angeheizten Spekulationen wurde ich schließlich dadurch erlöst, dass Präsident *Alois Theis*, als er nicht mehr damit rechnen konnte, seine Wiederwahl alternativlos angetragen zu bekommen, seine Bereitschaft zu einer erneuten Kandidatur offen zu bekunden hatte. Damit einer Entscheidung enthoben zu sein, wurde nicht nur – und zwar von meiner Familie wohl noch mehr als von mir – als Erleichterung empfunden, sondern hat sich – und deshalb erschien mir dies berichtenswert – im Nachhinein als glückliche Fügung des Schicksals erwiesen. Denn als Rektor an die Universität Tübingen gebunden, hätte mich schwerlich der Ruf nach Freiburg erreichen können.

Eine solche Chance zu verfehlen, wäre weniger der Universität und Fakultät wegen bedauerlich gewesen; denn im Vergleich zu vorher und nachher Erlebtem wird ein kollegialer Geist und universitär-gesellschaftlicher Gedankenaustausch, wie beides in Tübingen gegeben war, anderenorts nicht leicht zu finden sein. Woran ich jedoch dort wissenschaftlich zu leiden begonnen hatte, war die didaktische Einschränkung auf die klassischen Strafrechtsfächer und die unzureichenden Mittel und Freiräume für rechtsvergleichende Forschung und Lehre. Zu deren Pflege konnte ich mir – in nie erloschener Erinnerung an komparative New Yorker „Appetizer" – von einer Berufung zum Direktor des Max-Planck-Institutes für ausländisches und internationales Strafrecht – neben der hauptamtlichen Professur an der Freiburger Fakultät – eine wesentlich bessere Plattform erhoffen.

Diese Erwartungen an das MPI waren hoch genug, um sich nach acht Jahren als Professor, zuvor sechs Jahren als Assistent und noch davor einem Studienjahr als Student von dem uns lieb gewordenen Tübingen zu trennen und Anfang 1982 nach Freiburg zu wechseln. Dort fand ich eine Forschungsstätte vor, die unter der Leitung meines verehrten Amtsvorgängers *Hans-Heinrich Jescheck* einen sowohl personellen wie bibliothekarischen Ausbau erreicht hatte, auf dessen Grundlage sich auch größere rechtsvergleichende Projekte durchführen ließen. Auch war das Institut durch sein gerne als „Mekka des Strafrechts" bezeichnetes Renommee zum Anziehungspunkt für Forschungsgäste aus aller Welt und damit auch zu einem Reservoir für externe Projektbeteiligte geworden. Zugleich bot sich mir damit die Basis für zahlreiche Vortragsreisen mit der Chance zum Aufbau von grenzüberschreitenden wissenschaftlichen Kooperationen. Auch intradisziplinär gab es im Verhältnis von Strafrecht und Kriminologie keine Abgrenzungsquerelen mehr, nachdem am MPI die Kriminologie schon unter der Leitung meines langjährigen, leider vor kurzem verstorbenen Mitdirektors *Günter Kaiser* unter ein gemeinsames Dach mit dem Strafrecht gefunden hatte und diese Kooperation auch mit seinem Nachfolger *Hans-Jörg Albrecht* eine harmonische Fortsetzung fand. Auf daraus entstandene Projekte wird ebenso wie zu meinen sonstigen Forschungsvorhaben noch zurückzukommen sein.

Weniger harmonisch – und auch solche Schattenseiten dürfen redlicherweise nicht unbelichtet bleiben – verlief mein Verhältnis zur Fakultät. Dass ich neben dieser mit dem MPI gleichzeitig noch einer zweiten Herrin zu dienen hatte, ließ Spannungen nicht immer vermeiden. Angesichts der weit über ein normales Universitätsinstitut hinausgehenden Belastung durch die kollegiale Leitung eines Max-Planck-Instituts mit rund 100 Mitarbeitern und durchschnittlich rund 40 in- und ausländischen Forschungsgästen hatte ich mir – im Vertrauen auf dahingehende Beteuerungen seitens des Wissenschaftsministers – für mein Professorenamt an der Fakultät mehr Kulanz erwartet. So sehr mir die Lehre immer Freude machte, war doch das Durchstehen eines nahezu vollen Lehrdeputats nicht einfach. Auch Verständnis dafür aufzubringen, dass mir die Fakultät selbst neben der Leitung eines Instituts von der Größe des MPI die Würde und Bürde des Dekanats nicht meinte ersparen zu können, fällt mir auch im Rückblick noch schwer. Gleichwohl bin ich vorbehaltlos dafür dankbar, dass ich mir im Lehren ein erstrebenswertes Lebensziel erfüllen konnte und mir durch die Betreuung zahlreicher Doktoranden und Habilitanden der Zugang zu jungen Menschen offen stand, die auf diese oder jene Weise auch mein eigenes Denken immer wieder befruchtet haben.

Jedenfalls schien mir mit Erreichen des 65. Lebensjahres die Gelegenheit gekommen, mich von meiner Doppelbelastung zu befreien, indem ich mich von meinem Universitätsamt emeritieren ließ, um mich bis zu meinem 68. Lebensjahr ganz meinem Direktorenamt zu widmen. Auch meinen Nachfolgern glaubte ich die mit Professur und Direktorat verbundene Überbelastung ersparen zu sollen, indem ich mich für eine Auflösung der bisherigen Personalunion stark machte und dies durch einen entsprechenden Kooperationsvertrag zwischen der Universität Freiburg und der Max-Planck-Gesellschaft auch erreichen konnte. Demzufolge wurde in *Walter Perron*, einem meiner Habilitanden, ein Nachfolger auf meine Professur und in *Ulrich Sieber* ein Nachfolger am Max-Planck-Institut gefunden, wobei beide wechselseitig mit der jeweils anderen Institution – ersterer als auswärtiges Wissenschaftsmitglied des MPI und letzterer als korporatives Fakultätsmitglied – verbunden sind.

Die mit meiner Emeritierung im Jahr 2003 erhoffte Entlastung hielt jedoch nicht allzu lange an. Denn nachdem ich im Jahre 2001 von der Generalversammlung der Vereinten Nationen in den Kreis der Ad Litem-Richter am Internationalen Strafgerichtshof für das Ehemalige Jugoslawien gewählt worden war, folgte im September 2004 meine Berufung nach Den Haag. Damit eröffnete sich mir noch einmal eine völlig neue Perspektive: Auf diese Weise sollte ich nicht wenig von dem, was mich jahrelang theoretisch beschäftigt hatte, nunmehr auch in der Praxis anwenden können. Dass ich diese knapp zwei Jahre zusammen mit meinem dänischen Freund *Hans Henrik Brydensholt*, den ich vor mehr als 40 Jahren bei einem Sommerkurs zum englischen Recht in Cambridge kennengelernt hatte, auf derselben Richterbank ableisten konnte und mir auch der Vorsitzende Richter *Carmel Agius* aus Malta bereits aus internationalen Begegnungen bekannt war, darin sehe ich ebenfalls eine glückliche Schicksalsfügung.

## *II.*

Ähnlich wie mich mein Lebenslauf manche Grenze überschreiten ließ, wurden mir auch durch wechselnde Forschungsfelder immer wieder neue Horizonte eröffnet. Gleichwohl scheint mich dabei – wenn auch anfänglich unbewusst, so in der Rückschau doch immer deutlicher – ein durchgehendes Leitmotiv bestimmt zu haben. Schon bei der Wahl des Jurastudiums muss mich weniger die abstrakte Rechtslogik als vielmehr der angemessene Umgang mit menschlich-gesellschaftlichen Konflikten, einschließlich ihrer über das formal juristische hinausgehenden geistes- und sozialwissenschaftlichen Bezüge, fasziniert haben. Ebenso wurde ich immer stärker von Fragestellungen angezogen, bei denen es um die Suche nach menschengerechten Konzepten ging.

Dieser Motiverforschung scheint zu widersprechen, dass meine ersten größeren Untersuchungen mehr allgemein-theoretischen Strafrechtsfragen und damit weniger „menschennahen" Problemen gegolten haben. Genauer besehen ging es mir jedoch schon bei meiner Dissertation über „Die Abgrenzung von Straftaten und Ordnungswidrigkeiten" (1961) um den materialen Gehalt des Unrechts und inwieweit dieses der Bestrafung eines Menschen würdig und bedürftig ist. Auch in meiner amerikanischen Magisterarbeit über „The Principle of Harm" (1962) war ich auf der Suche nach dem materialen Gehalt eines formalen Rechtsverstoßes. Direkt ins Zentrum gesellschaftlicher Konflikte und deren evolutiver Kanalisierung zielte meine Fundierung der „Wahrnehmung berechtigter Interessen als allgemeiner Rechtfertigungsgrund" (1969), ähnlich wie es auch in meinen späteren Arbeiten zur Rechtfertigung und Entschuldigung (ab 1976) um Wertabwägungen ging. In meiner Arbeit über „Gesellschaftsgerichte in der Strafrechtspflege" (1970) wurden möglichst „sozialnahe" Wege zur Bewältigung der Kleinkriminalität einem Vergleich unterzogen.

Selbst soweit das Menschenbezogene in meiner wissenschaftlichen Anfangsphase weniger nahe lag, bin ich im Nachhinein überrascht zu sehen, dass mich juristisch eingeengte Lösungswege selten zufrieden stellen konnten: so beispielsweise in meinem ersten Betrugsaufsatz (1962), in dem ich durch die Entwicklung eines „dynamischen Vermögensbegriffs" auch die Beeinträchtigung der wirtschaftlichen Bewegungsfreiheit als Betrugsschaden zu begründen versuchte, oder in meinem ersten Diebstahlsbeitrag (1964), wo es um eine Neubestimmung des Verhältnisses von formalen und sachwertbezogenen Zueignungselementen ging. Dieses – möglicherweise auf meine ersten VWL-Semester zurückgehende – Interesse für wirtschaftliche Bezüge mag mich auch zu meiner Habilitationsschrift über „Die strafrechtlichen Sanktionen gegen das Eigentum" (1969), mitmotiviert haben, waren dabei doch nicht zuletzt auch wirtschaftliche Faktoren zu gewichten.

In ähnlicher Weise könnte man auch bei allen weiteren Veröffentlichungen auf Motivationssuche gehen. Doch mag es mit diesen Exempeln genug sein, um stattdessen teils durchgehende, teils wechselnde Untersuchungsthemen zu beleuchten. Auch wenn ich mich für ein Arbeitsfeld schwerlich geöffnet hätte, wenn nicht bereits ein untergründiges Erkenntnisinteresse dafür vorhanden gewesen wäre, bedurfte es doch jeweils eines zusätzlichen Anreizes, um Zeit und Mühe einem bestimmten Gegenstand zu widmen. So war es bei der Wahl meines Habilthemas Mitte der 60er Jahre der bei der Mitarbeit am „Schönke / Schröder" zutage getretene Mangel an Konsistenz und Rechtsstaatlichkeit, der die in das Eigentum eingreifenden Sanktionen der Einziehung und Unbrauchbarmachung einer auf grundlegende Reformierung ausgerichteten Untersuchung bedürftig erscheinen ließen. Bei meinen Arbeiten zum rechtlichen Gehör (1966) und zur Aussagefreiheit des Beschuldigten (1967) hatte ich mich durch die auf Verstärkung seiner Rechtsstellung abzielende amerikanische Rechtsprechung inspirieren lassen, zudem aber auch beflügelt durch den weisen Rat meines Habilvaters, mich neben meiner vorzugsweisen Beschäftigung mit dem materiellen Strafrecht auch auf prozessualem Gebiet auszuweisen, um mich nicht dem Einwand von Einseitigkeit auszusetzen.

Davon konnte ohnehin keine Rede mehr sein, als ich erstmals im Jahre 1970 den Grenzbereich von Recht und Medizin betrat. Dies war durch Umstände veranlasst, wie man sie eher aus dem Einspringen eines jungen Kapellmeisters bei einem plötzlich ausgefallenen Stardirigenten kennt: Nachdem bei einer Gynäkologentagung in Tübingen der als Hauptredner vorgesehene „Medizinrechtspapst" *Paul Bockelmann* krankheitshalber hatte absagen müssen und der Dekan der medizinischen Fakultät bei seinem juristischen Kollegen kurzfristig um einen Ersatzmann ersuchte, wurde ich von diesem als damals jüngster Privatdozent der Fakultät kurzerhand dazu „verdonnert", praktisch von einem Tag auf den anderen eine hinsichtlich der höchst umstrittenen Zulässigkeit freiwilliger Sterilisation verunsicherte Ärzteschaft mit der neuesten Rechtsprechung vertraut zu machen. Vom Beifall angetan und zur Veröffentlichung in einer medizinischen Zeitschrift ermuntert, sollte sich diese Premiere als Auftakt zu einem langfristigen und sich stetig ausweitenden Weg in ein mir bis dahin unbekanntes Problemfeld erweisen. Als ein erster Markstein kommt dabei das auch über Universitätskreise hinaus bekannt gewordene Medizinrechtsseminar in Erinnerung, das ich mit der ersten Bielefelder Studentengeneration unter Beteiligung von Praktikern aus der Ärzteschaft und der Justiz etablieren konnte. Durch Presseberichte auch überörtlich darauf aufmerksam geworden, wurde unser Programm für die Deutsche Richterakademie in Trier zum Modell der dort seit 1974 regelmäßig angebotenen Fortbildungstagung über „Recht und Medizin".

Nach Tübingen zurückgekehrt, hat sich mit der seit Mitte der 70er Jahre in Gang gekommenen Diskussion über Sterbehilfe und die ethische Sensibilisierung für Arzneimittelerprobung und riskante Heilversuche nicht nur die interdisziplinäre Kooperation mit Medizinern und Ethikern vertieft, vielmehr wurde ich als einer von ohnehin nur wenigen Juristen, die sich zu diesen – nicht zuletzt auch weltanschaulich heiklen – Fragen auch öffentlich zu bekennen wagten, zu einem vielgefragten Referenten. Auch wenn dies mit viel Zeitaufwand und Reisen verbunden war, habe ich das Gespräch über Fachgrenzen hinweg immer als gleichermaßen herausfordernd wie befruchtend empfunden – und nicht zuletzt als Beweis dafür, dass eine Rechtsfrage erst dann voll zu Ende gedacht ist, wenn man die Antwort, statt sich hinter juristischem Fachjargon zu verstecken oder gar damit zu blenden, auch einem Laien verständlich machen kann. Dieses Erfolgsrezept gilt umso mehr auf rechtspolitischer Ebene, auf der ich – in Form von Memoranden, Einführungen und Mitwirkung in Gremien – in zunehmendem Umfang involviert wurde: sei es durch einen Alternativentwurf zur Sterbehilfe, an dessen Entwicklung ich – wie ich meine sagen zu dürfen – nicht unmaßgeblich beteiligt war, oder sei es durch Konfrontierung mit juristisch noch völlig unerforschten Phänomenen wie Humangenetik und Fortpflanzungsmedizin, mit denen ich mich als Mitglied der sogenannten Benda-Kommission und des Wissenschaftlichen Beirats der Bundesärztekammer auseinanderzusetzen hatte. Am nachhaltigsten dürfte aber wohl mein Engagement in Sachen Schwangerschaftsabbruch gewesen sein: Nachdem ich mich zu dessen dringender Reformierung schon in meiner Bielefelder Zeit geäußert hatte, konnte ich dazu am Freiburger Max-Planck-Institut ein großangelegtes Forschungsprojekt verwirklichen, um schließlich auch noch als Gutachter des Deutschen Bundestages vor dem Bundesverfassungsgericht zu fungieren.

Dabei konnte ich bemerkenswerte Erfahrungen machen, wovon zwei ganz verschiedenartige und unterschiedlich gewichtige kurz angesprochen seien. Wenn man sich als wohl erster mit einem neuartigen Phänomen befasst hat, kann man es schon als ärgerlich empfinden, dass durch die in Mode gekommene alphabethische Sequenz der Nachweise der eigentliche „Urheber“ einer neuen Idee je nach seiner Positionierung im Alphabet unter Umständen erst „unter ferner liefen“ auftaucht, ja vielleicht sogar gänzlich in Vergessenheit gerät, wenn jeweils nur der letzte einschlägige – aber damit kaum noch etwas Ureigenes beitragende – Autor des Erwähnens für wert befunden wird. Wenn ich beispielsweise daran zurückdenke, wie schwer es war, bei der Vorbereitung meines ersten Vortrags zum Umgang mit menschlichem Erbgut auf dem Bremer Wissenschaftsforum von 1981 innerhalb Deutschlands überhaupt schon brauchbares Material zu finden, und dass demzufolge auch rechtspolitische Aussagen kaum mehr als ein erstes Vortasten in unsicheres Gelände sein konnten, dann kann man sich durch die Ignorierung solcher ersten Gehversuche wie auch durch den häufig zu beobachtenden Mangel an Einsicht in den damaligen Sach- und Erkenntnisstand ungerecht behandelt fühlen – ganz zu schweigen von der wissenschaftshistorisch bedauerlichen Originalitätsvergessenheit.

Wissenschaftspraktisch positiver ist demgegenüber eine andere Erfahrung, nämlich die, dass man sich durch die aus einem Forschungsprojekt gewonnenen Einsichten zu einem grundsätzlichen Meinungswechsel veranlasst sehen kann. Solches ist mir bei meiner rechtspolitischen Grundeinstellung zum Schwangerschaftsabbruch widerfahren. In der ersten Reformphase der 70er Jahre erschien mir allenfalls eine strenge „Indikationslösung" vertretbar. Davon war ich moralisch so tief überzeugt, dass ich der sich parlamentarisch abzeichnenden „Fristenlösung" auch öffentlich durch eine mit meinen Bielefelder Kollegen *Ernst-Wolfgang Böckenförde* und *Gerhard Otte* lancierte Unterschriftenaktion unter vermutlich gleichgesinnten Hochschullehrerinnen und -lehrern in Form einer Petition an den Deutschen Bundestag meinte entgegentreten zu müssen. Nach wie vor unzufrieden mit dem auch verfassungsrechtlich höchst umstrittenen Reformstand und getrieben von der Suche nach einem besseren Weg, nutzte ich dann als eine meiner ersten Forschungsinitiativen am Freiburger Max-Planck-Institut die bereits angesprochene Chance, in einem rechtsvergleichend breit angelegten wie auch – mit kooperativer Unterstützung meines kriminologischen Mitdirektors *Günter Kaiser* – empirisch fundierten Projekt die weltweiten Erfahrungen im rechtlichen Umgang mit Schwangerschaftsabbruch zu erkunden. Aus den daraus gewonnenen Ergebnissen war zu erkennen, dass es zwischen der „klassischen" Frontstellung von Indikations- und Fristenlösung eine Vielfalt von Regelungswegen gibt. Dabei war insbesondere zu den Indikationsmodellen festzustellen, dass diese nicht einmal den erhofften Lebensschutz zu gewährleisten vermögen, und zudem die Schwangere mit ihrem Konflikt alleingelassen, wenn nicht gar in eine ausweglos erscheinende Isolation getrieben wird. Stattdessen war jedoch nicht einfach zu einer einseitig die Interessen der Schwangeren berücksichtigenden Fristenlösung überzugehen. Vielmehr, und ohne damit meine individualethische Grundeinstellung gegen Schwangerschaftsabbruch aufgeben zu wollen, erschienen mir auf rechtspolitischer Ebene die in manchen Ländern zu beobachtenden Bemühungen um einen „mittleren Weg" vorzugswürdig.

Auch wenn das schließlich vom Deutschen Bundestag verabschiedete „Beratungsmodell" hinter den Forderungen, die ich mit *Hans-Georg Koch* als dem Projektkoordinator in Form eines „notlagenorientierten Diskursmodells" entwickelt hatte, zurückbleibt, hat mir unser Schwangerschaftsabbruchprojekt eine zweifache Einsicht erschlossen: dass einerseits Wissenschaft auch politisch etwas bewegen kann, dies aber andererseits auch beim Forscher die Bereitschaft voraussetzt, sich vorurteilslos von neuen Erkenntnissen belehren und leiten zu lassen. Wenn man eine dadurch veranlasste Änderung seines Standpunkts offenlegt, sich aber gleichwohl dem – mir von engagierten Indikationsanhängern widerfahrenen – Vorwurf von Widersprüchlichkeit ausgesetzt sieht, scheinen mir Beharrlichkeit im Glauben und wissenschaftliche Lernfähigkeit verwechselt zu werden.

Noch bevor es am Max-Planck-Institut zu solchen Projekten hatte kommen können, waren in Tübingen erst noch weitere Marksteine auf dem Weg in das Medizinrecht zu setzen: so vor allem durch Begründung einer neuen Schriftenreihe „Medizin und Recht“, die unter thematischer Erweiterung ab Band 12 in Mitherausgeberschaft mit dem Freiburger Medizinethiker *Eduard Seidler* als „Medizin in Recht und Ethik“ fortgeführt wurde und es inzwischen auf 43 Bände gebracht hat, sowie der Aufbau einer medizinrechtlichen Bibliothek, die ich bei meinem Wechsel nach Freiburg an das Max-Planck-Institut überführen konnte. Damit war die Grundlage für einen weiteren Markstein geschaffen: gemeinsam mit dem medizinhistorischen Institut von *Seidler* die Gründung einer „Forschungsstelle für Ethik und Recht in der Medizin“ (FERM), die bald darauf unter Einbeziehung der „Ethikkommission“ der Universität Freiburg zu einem „Zentrum für Ethik in der Medizin“ (ZERM) erweitert wurde und neue Wege in die Philosophie, Theologie und Psychologie eröffnete. Dessen weiteres Schicksal ist allerdings auch ein Beispiel dafür, wie sehr Institutionen von Personen leben. Denn nach Emeritierung der die FERM und das ZERM tragenden Kollegen kam es zwar wieder zur Umbenennung in ein FERM, dies aber lediglich als Abbreviatur eines lockeren und unverkennbar auf Abwicklung hintreibenden „Forums“ für Ethik und Recht in der Medizin. Den dabei zu beobachtenden Mangel an Verständnis für rechtliche Bezüge vermag ich nur als bedauerlichen Rückschritt zu konstatieren.

Über meiner intensiven Beschäftigung mit dem Medizinrecht durfte natürlich auch das eigentliche Strafrecht als Hauptaufgabe des Max-Planck-Instituts – entgegen manchen Befürchtungen – nicht vergessen werden. Immerhin zeitigte aber dabei das typischerweise auf den Menschen ausgerichtete Medizinrecht insofern eine thematische Nebenwirkung, als sich meine frühere Fokussierung auf Vermögensdelikte und -sanktionen immer stärker auf den Schutz von Leib und Leben und andere Personendelikte hin umorientierte. Ein breites Fundament war dafür bereits mit dem noch in Tübingen erarbeiteten rechtsvergleichend-empirischen Gutachten zur Neuregelung der Tötungsdelikte für den Deutschen Juristentag von 1980 gelegt worden. In Erinnerung geblieben ist mir die Arbeit daran nicht zuletzt durch ein gleichermaßen arbeitsam enges wie auch atmosphärisch geselliges Zusammenwirken, wie es in einem kleinen Kreis von Lehrstuhlmitarbeitern, aber schwerlich mit einem größeren MPI-Team zu erleben ist. Auch sieht man diese Erinnerung gerne dadurch wiederbelebt, dass selbst nach fast 30 Jahren immer wieder auf unsere damaligen Regelungsvorschläge zurückgegriffen wird.

Auch von meinen im „Schönke / Schröder" zu betreuenden Kommentarpartien wusste ich den Zwang zur Bewältigung teils gewaltiger Stoffmassen an Judikatur und Literatur bei den Delikten gegen die Person am leichtesten zu ertragen; so jedenfalls dann, wenn nicht zum hundertsten Mal eine bereits bekannte Meinung repetiert wurde, sondern hinter positivistischen Argumenten auch weltanschauliche Grundüberzeugungen erkennbar wurden. Dadurch konnten sich freilich selbst mit freundschaftlich verbundenen Kollegen unerquickliche Spannungen ergeben, wie beispielsweise zum „vergeistigten" Gewaltbegriff oder zur Berücksichtigung von „Fernzielen" bei Freiheitsdelikten, ganz zu schweigen von unüberbrückbaren Gegensätzen beim Schwangerschaftsabbruch.

Anspannungen ganz andere Art konnte der Bearbeitungsdruck erzeugen, unter dem die mehrfachen Neuauflagen des „Schönke / Schröder" durchzuführen waren. Dabei ist nicht nur der übliche Zeitdruck gemeint, unter dem termingebundene Publikationszusagen zu stehen pflegen. Weitaus schwerer drückt vielmehr die Chronistenpflicht des Kommentators, sich als Filter und Mittler zwischen Theorie und Praxis durch Materialberge von Rechtsprechung und Schrifttum durchwühlen und dabei neben Erhellendem auch vieles Unergiebige lesen zu müssen, um das für erläuterungswert Befundene dann auch noch möglichst kurz oder gar unter Streichung von anderem auszudrücken. Damit nicht genug, wird er bei seinem Wählen und Wägen auch auf der Hut sein müssen, sich nicht von zu erwartenden Empfindlichkeiten von Autoren, die einem vielleicht sogar schon einen passenden Zitierungsort im Kommentar avisiert haben, vereinnahmen zu lassen, aber auch sich selbst gegenüber nicht vor dem Revozieren von überholten Auffassungen zurückzuschrecken und erforderlichenfalls auch den Mut zu kühnen Neuinterpretationen aufzubringen. So kann Kommentararbeit zu einem Wechselbad von Gefühlen werden: einerseits die Last, Eigenes einmal mehr überprüfen und manch Anderes überflüssigerweise lesen und dann selektieren zu müssen, andererseits die Lust, Theorie und Praxis beeinflussen zu können und möglichst auch Gefolgschaft zu finden. In der Hoffnung darauf liest man natürlich auch höchstrichterliche Entscheidungen, deren Leitsatz eine Stellungnahme zu einer selbstvertretenen Meinung erwarten lässt, besonders gespannt – und ist beglückt, wenn man, wie ich es beispielsweise bei Mordmerkmalen, Raub, Nötigung und Einziehung erfahren durfte, zu einer Stärkung oder gar Änderung der Rechtsprechung beitragen konnte.

Mit eigenen Veröffentlichungen kann ein Lehrstuhlinhaber normalerweise seine professorale Forschungspflicht erfüllt sehen. Von einem MPI-Direktor hingegen wird mehr erwartet: Neben eigenen Vorhaben hat er auch größere gemeinschaftliche Projekte mit den Mitarbeitern anzustoßen und zu leiten. Die Initiative dazu kann vom Institut selbst ausgehen oder von außen herangetragen werden, wobei es eine die Institutsunabhängigkeit zu wahrende Balance zu halten und den Mitarbeitern auch noch Freiraum zur Selbstprofilierung durch eigene Vorhaben zu bewahren gilt.

Bei den in Eigeninitiative zu entwickelnden Gemeinschaftsprojekten lag mir – neben dem bereits erwähnten Großprojekt zum Schwangerschaftsabbruch – die dogmatische Grundlagenarbeit sehr am Herzen. Beispielhaft dafür sei kurz das Projekt eines „Allgemeinen strafrechtlichen Strukturvergleichs" beleuchtet. Erste Anstöße dazu waren bereits von Tübingen ausgegangen, als ich in einem Einführungsband zum deutschen Strafrecht eine amerikanische Leserschaft mit der deutschen Verbrechenslehre vertraut machen sollte. Dabei hatte ich größte Schwierigkeiten, die für das deutsche Strafrecht charakteristische Dreistufigkeit von Tatbestandsmäßigkeit, Rechtswidrigkeit und Schuld in das Common Law-Verständnis des „crime" zu übersetzen, nachdem dieses dort auf einer Zweigliedrigkeit von „actus reus" und „mens rea" aufgebaut ist. Nachdem sich bei einem weiteren Vergleich mit dem sozialistischen Strafrecht herausstellte, dass dort von einer vierstufigen Differenzierung zwischen jeweils objektiven und subjektiven Aspekten der Tat und des Täters ausgegangen wird, schien man vor unüberbrückbaren Strukturunterschieden zu stehen. Gegenüber diesem traditionellen Aufbauvergleich hatte ich jedoch schon bei meinem Amtsantritt in Freiburg darüber spekuliert, ob nicht diesen verschiedenen Verbrechensstrukturen ein gemeinsames Fundament von Elementen zugrunde liegt, die – mit welcher begrifflich-formalen Ausprägung auch immer – für jedes rechtsstaatliche Verständnis von Straftat wesentlich sind. Um dahin vorzudringen, waren jedoch nicht nur die Vorderfassaden der verschiedenen Verbrechensaufbauten mit ihren tragenden Bausteinen zu vergleichen, vielmehr war gleichsam auch von der Rückseite her danach zu fragen, ob und inwieweit positive Strafbarkeitselemente negativ durch bestimmte Straffreistellungsgründe ausgeschlossen sein können. Auf der Linie einer solchen vergleichenden „Verbrechensdogmatik durch die Hintertür" habe ich dann sowohl verschiedene transnationale Kolloquien veranstaltet als auch monographische Dissertationen zu klassischen Rechtfertigungs- und Entschuldigungsgründen sowie zu sonstigen Formen von Tatbestands- oder Strafausschließungsgründen veranlasst.

Wie sich bei diesen Analysen freilich immer deutlicher abzeichnete, ist es mit der normativen Erfassung von positiven und negativen Strafbarkeitselementen nicht getan; vielmehr kommt es auch auf deren Implementation in der Praxis und dabei nicht zuletzt auf das Gesamtgefüge des Ermittlungs- und Verurteilungsverfahrens bis hin zur Strafvollstreckung an. Denn während beispielsweise mögliche Entlastungsfaktoren – wie etwa schuldmindernde Depression oder Provozierung des Täters durch das Opfer – in dem einen Land bereits im Schuld- oder Strafausspruch Berücksichtigung finden können, auf dieser gemilderten Basis aber dann kein weiteres Pardon in der Strafvollstreckung mehr zu erwarten ist, mögen in einem anderen Strafrechtssystem solche Entlastungsaspekte zwar vor dem Richter wenig Gnade finden; stattdessen kann jedoch einem Korrekturbedürfnis später noch dadurch Rechnung getragen werden, dass man in der Vollstreckungsphase – wie etwa in Form vorzeitiger Entlassung – umso größere Milde walten lässt. Es versteht sich, dass sich ein solcher komplexer Strukturvergleich nicht auf eine bloße Normanalyse beschränken kann, sondern auch einer besonderen empirischen Vorgehensweise bedarf. Diese so nicht ganz voraussehbare Komplexität des Projekts hat es mit sich gebracht, dass zwar erste Zwischenergebnisse vorgelegt werden konnten, der gesamtvergleichende Querschnitt des Projektkoordinators *Walter Perron* hingegen noch aussteht, ebenso wie demzufolge meine Abschlusswürdigung des Projekts. Dieser Herausforderung gilt es natürlich noch gerecht zu werden.

Von den nicht wenigen Forschungsprojekten, die von außen an uns herangetragen wurden, sind mir vor allem zwei Erfahrungen – mehr oder weniger erfreulich – in Erinnerung geblieben. Thematisch geht es bei Auftragsforschung, wie beispielsweise zum Betäubungsmittelstrafrecht, zur Korruptionsbekämpfung, zur Effizienz des deutschen Rechtsmittelsystems oder zur justiziellen Kontrolle von Europol, meist weniger um dogmatische als um rechtspolitische Fragestellungen. Auf diese Weise auch rechtspolitische Aktualität als Auswahlprinzip für Projekte gelten zu lassen, mag auf Unverständnis stoßen, wie vor allem bei jenen Rechtsgelehrten, die sich durch Beschränkung auf eine scheinbar apolitische Dogmatik über alles Politische meinen erheben zu können. Was jedoch – je nach Selbstverständnis – für den einzelnen Privatforscher gelten mag, kann schwerlich eine Maxime für öffentlich geförderte Forschungseinrichtungen sein. So erscheinen mir jedenfalls juristische Max-Planck-Institute zu Politikberatung nicht nur berechtigt, sondern unter Umständen sogar verpflichtet; dies jedenfalls dann, wenn bei öffentlich besonders umstrittenen Gesetzgebungsvorhaben Erfahrungen und Alternativmodelle anderer Länder in Betracht zu ziehen und – unter dem selbstverständlichen Vorbehalt der letztzuständigen Legislativorgane – erforderlichenfalls auch vergleichend zu bewerten sind. Entgegen mancher wohlmeinender Ratschläge, um nicht zu sagen krittelnder Vorhaltungen von innen und außen, sich doch lieber auf reinen Rechtsvergleich und wertungsfreie Dogmatik zu beschränken, hat es mir daher gut getan, in einem Evaluationsbericht des Fachbeirats an den MPG-Präsidenten die Beratung der Politik als eine legitime Aufgabe unseres Instituts ausdrücklich bestätigt zu finden.

Dies habe ich nicht zuletzt deshalb begrüßt, weil es mir ohnehin immer schwerer fällt, Strafrechtsdogmatik als völlig wertfrei zu begreifen, steckt doch bereits in der Wahl eines Untersuchungsgegenstandes und des dafür wesentlichen Erkenntnisinteresses eine Wertung, ebenso wie bei mehreren Auslegungsalternativen eines Gesetzes die Entscheidung für das eine oder das andere – und sei es auch noch so versteckt oder minimal – von weltanschaulich-politischen Vorverständnissen abhängt. Statt diese blauäugig zu ignorieren, wären sie bewusst zu machen und offen zu legen.

Sobald es zudem, wie typischerweise bei Auftragsforschung, um mehr geht als um völlig zweckfreie Erkenntnis, wie etwa dort, wo die Auslegung eines Gesetzes oder der Ausgang eines Rechtsvergleichs zum Vorteil des einen oder zum Nachteil eines anderen Interesses ausfallen kann, ist noch in einer weiteren Hinsicht Wachsamkeit geboten: so gegen das – mir ebenfalls widerfahrene – Ansinnen von Auftraggebern, die Ergebnisse eines Projekts nicht zu veröffentlichen, wenn sie den verfolgten Interessen zuwider laufen sollten. Auch wenn es derartige Abmachungen bei Privatgutachten geben mag, erscheint mir eine solche Selbstbeschneidung von Forschung jedenfalls für ein öffentlich gefördertes Institut nicht akzeptabel. Liegt im Unterdrücken von Erkenntnissen ohnehin schon ein Akt von Täuschung, so wiegt dies umso schwerer, wenn Befunde einer rechtspolitischen Fragestellung, weil aus der Sicht des Auftraggebers kontraproduktiv, der öffentlichen Meinungsbildung vorenthalten bleiben sollen – ganz zu schweigen davon, dass beim Einsatz von Steuermitteln für ein Projekt die Allgemeinheit einen legitimen Informationsanspruch hat. Deshalb habe ich, selbst auf die Gefahr hin, uns damit ein verlockendes Projekt entgehen zu lassen, immer auf der vertraglichen Bedingung bestanden, die Ergebnisse eines Projekts auch ohne Einverständnis des Auftraggebers veröffentlichen zu können, falls dieser es zu einem bestimmten Zeitpunkt nicht selbst veranlasst hat. Dass ohne Durchsetzen dieser Abmachung manche Befunde tatsächlich nicht zur Veröffentlichung hätten kommen können, erscheint mir, weil offenbar selbst von öffentlichen Auftraggebern für gangbar gehalten, als gefährliches Einfallstor für den Missbrauch von Wissenschaft.

Auch von weltpolitischen Ereignissen kann ein Forschungsanstoß ausgehen. Eine solche Bewegung war die Wiederherstellung der Deutschen Einheit samt der politischen Wende in Osteuropa. Als strafrechtliches Mitglied der Arbeitsgruppe „Rechtsfragen, insbesondere Rechtsangleichung" des im Februar 1990 von der Bundesregierung eingesetzten „Kabinettsausschusses Deutsche Einheit" war ich einerseits sprach- und ratlos angesichts der schwer abschätzbaren Übergangsprobleme, die sich sowohl rückblickend auf die strafgerichtliche Aufarbeitung von DDR-Unrechtstaten als auch vorausblickend auf die Angleichung von unvereinbar erscheinenden Strafrechtsordnungen in Ost und West stellten. Andererseits sah ich in einem unvoreingenommenen Vergleich von bundesrepublikanischer Strafrechtstradition und sozialistischen Neuerungen auch eine Chance, aus dem jeweils kriminalpolitisch Besten ein gemeinsames Neues zu gestalten, wie etwa – falls absicherbar gegen politischen Missbrauch – durch stärkeren Einsatz von Wiedergutmachung im Strafrecht oder mittels gesellschaftsgerichtlicher Bewältigung von Kleinkriminalität. Umso mehr war ich davon enttäuscht, dass man sich weder in der Arbeitsgruppe noch seitens des Parlaments auf eine Prüfung möglicherweise übernehmenswerter Elemente aus dem DDR-Recht ernsthaft eingelassen hat, sei es schon von Anfang an aus pauschaler Voreingenommenheit gegenüber angeblich „immanent unrechtem" DDR-Recht, oder sei es aus dem auf schnelle Wiedervereinigung hintreibenden – und manchem offensichtlich nicht unwillkommenem – Zeitdruck, der nichts anderes zuzulassen schien, als schlankweg das bundesdeutsche Strafrechtsnetz über die neuen Bundesländer auszudehnen – mit Ausnahme der heiß umkämpften Neuregelung des Schwangerschaftsabbruchsrechts, die auch mich – wie schon erwähnt – noch lange beschäftigen sollte.

Über die Strafrechtsentwicklung im wiedervereinigten Deutschland hinaus galt es natürlich auch den Übergang von totalitärem zu rechtsstaatlichem Strafrecht in den ehemals sozialistischen Ländern Osteuropas zu verfolgen, wobei zwei Kolloquien im Abstand von zehn Jahren neben manchen Gemeinsamkeiten auch beträchtliche Unterschiede zutage förderten, nicht zuletzt im Hinblick auf teils weitgehende Öffnung für adversatorische Elemente des Common Law, ohne dass jedoch dessen andersartige kulturelle Rahmenbedingungen stets gebührend mitbedacht worden wären.

Nicht weniger gravierend waren die weltpolitisch bedingten Anstöße, die von den schrecklichen Gräueltaten im ehemaligen Jugoslawien und in Ruanda auf die Entwicklung des Völkerstrafrechts ausgingen und auch mich in ungeahntem Maße in ihren Bann ziehen sollten. Gewiss hatte ich mich schon seit Übernahme des „Schönke / Schröder" regelmäßig mit dem „klassischen" Internationalen Strafrecht im Sinne der Anwendung von nationalem Strafrecht auf extraterritoriale Straftaten befasst und auch Beiträge zu grenzüberschreitender Zusammenarbeit in Strafsachen geliefert. Ebenso hatte ich bereits zum „interlokalen

Strafrecht“, das anlässlich der Wiedervereinigung gesetzlich zu regeln bedauerlicherweise versäumt wurde, einiges publiziert. Zudem hatte mich auch schon das Ideal einer supranationalen Strafgerichtsbarkeit für die Verfolgung von Völkerrechtsverbrechen fasziniert. Gleichwohl erschienen mir deren Verwirklichungschancen lange als zu illusorisch, um mich dafür eingehender zu engagieren. Umso schlagartiger wurde mit den erfolgreichen Bemühungen um Internationale Strafgerichtshöfe für das ehemalige Jugoslawien in Den Haag und für Ruanda in Arusha auch mein Interesse für inter- und supranationales Strafrecht neu belebt. In dieser Aufbruchstimmung konnte ich – bemerkenswerterweise auf gemeinsame Initiative mit einem japanischen Kollegen und damit aus einem Land mit international-strafgerichtlicher Erfahrung – einen länderübergreifenden Kreis von weiteren Strafrechtlern für die Ausarbeitung eines ausgewogenen Alternativentwurfs für einen ständigen internationalen Strafgerichtshof gewinnen. Nachdem zuvor von der völkerrechtlich dominierten International Law Commission ein vorwiegend jurisidiktionell-organisatorischer und dafür strafrechtlich umso dürftigerer Entwurf vorgelegt worden war, galt es dem einen die fundamentalen Strafbarkeitselemente genauer definierenden Alternativentwurf entgegenzustellen. Solche Vorarbeiten konnten mir natürlich auch als Mitglied der Deutschen Delegation auf der Staatenkonferenz in Rom zur Errichtung eines Internationalen Strafgerichtshofs zustatten kommen. Dass ich schließlich sogar noch die Chance erhielt, durch die bereits erwähnte Berufung zum Richter am Internationalen Strafgerichtshof für das ehemalige Jugoslawien in Den Haag meine theoretische Beschäftigung mit Internationalem Strafrecht auch noch in der Praxis zu erproben, bedeutete mir Glück und Ansporn zugleich. Letzteres umso mehr, als es an der vorherrschend adversatorischen Prozesspraxis der gegenwärtigen internationalen Strafgerichtsbarkeit manches auszusetzen gibt. Dies bedarf einer theoretischen Aufarbeitung, zu der ich mich – auch über den offiziellen „Ruhestand“ hinaus – weiterhin aufgerufen fühle.

Sollte ich für meine verschiedenen Forschungsinteressen eine tieferliegende Motivation benennen, die mich nicht ruhen lässt, so wäre es die Suche nach einem Recht, das weniger abstrakten Prinzipien als vielmehr dem konkreten Menschen gerecht zu werden versucht. Auch wenn ich die Vision einer „menschengerechten“ Strafrechtsjustiz erst in neuerer Zeit mit diesem Terminus auszudrücken versucht habe, glaube ich doch im Nachhinein, schon seit langem von diesem Gedanken mehr oder weniger bewusst geleitet worden zu sein. Da ich auf diese Maxime noch zurückzukommen gedenke, sei hier, wo es um motivische Hintergründe meiner Arbeiten geht, nur soviel bemerkt. Während in meinen ersten strafprozessualen Untersuchungen die Sorge um eine gerechte Behandlung des Beschuldigten im Vordergrund stand, hat im Laufe der Zeit die Rolle des Opfers größeres Gewicht erhalten. Dafür konnte nicht schon das Bemühen um seine prozessuale Besserstellung genügen. Vielmehr gilt es auch, in das zu einer abstrakten Rechtsgutsverletzung entmaterialisierte Unrechtsverständnis das konkrete Opfer zu reintegrieren. Auf der gleichen Linie darf sich auch die Strafe nicht in formaler Normstabilisierung erschöpfen, sondern muss auch auf konkrete Wiedergutmachung ausgerichtet sein. Dass Theorie und Praxis von solchen Vorstellungen noch weit entfernt sind, wurde mir einmal mehr durch unser Wiedergutmachungsprojekt bewusst, ebenso wie unser Projekt zur strafrechtlichen Aufarbeitung von Systemunrecht horrende Mängel im Umgang mit Opfern offengelegt hat. Auch in menschengerechtem Umgang mit Zeugen sind nicht zuletzt in der internationalen Strafgerichtsbarkeit verbesserungsbedürftige Defizite zu erkennen. Sich demgegenüber für ein „menschengerecht(er)es" Strafrecht einzusetzen, ist mir Motivation genug. Deshalb könnte ich mich kaum besser verstanden fühlen als durch die mir unter dem Titel „Menschengerechtes Strafrecht" zu meinem siebzigsten Geburtstag gewidmete Festschrift.

## *III.*

Forschung und Lehre sind zweifellos die wichtigsten Aufgaben eines Universitätsprofessors. Zum Glück hat mir beides Freude, ja – ich möchte sogar sagen – Spaß gemacht.

Auch wenn beim Forschen ein Manuskript immer seltener ohne Zeit- und Leidensdruck zustande kam, war es doch stets ein gleichermaßen erwartungsvolles wie erhebendes Gefühl, etwas Fertiges aus der Hand geben zu können. An dieses entspannende „Sich lösen" von einem Manuskript vermochten selbst Empfindungen von Freude und Stolz auf das schließlich publizierte Produkt nicht immer heranzukommen, hat man doch auf das Erscheinen vielleicht zu lange warten müssen und sich in der Zwischenzeit ganz anderen Themen zugewandt.

Auch beim Lehren werden einem ambivalente Erfahrungen nicht erspart. Selbst nach langjähriger Routine steht man vor allem in den ersten Minuten einer Vorlesung unter psychischer Hochspannung, nicht wissend, wie das – zumal zum Semesterbeginn noch unbekannte und nicht berechenbare – Auditorium reagieren wird und wie man es auf Dauer bei Laune halten kann. Wenn ich Rückmeldungen, wie sie mich erfreulicherweise selbst heute noch von früheren Hörerinnen und Hörern erreichen, glauben darf, ist mir das Lehren in freier Rede und in einem die Hörerschaft kolloquial einbeziehenden Stil offenbar gut gelungen – wobei es mich besonders freut, nicht als bloßer

Vermittler fremder Meinungen, sondern als glaubwürdiger Vertreter eigener Überzeugungen geschätzt worden zu sein. Zudem ist Lehren nicht nur ein Geben, sondern auch ein Nehmen: so schon dadurch, dass man durch Fragen und Diskussionsbeiträge zum Vertiefen seiner Argumente veranlasst wird oder sich gar bewusst werden kann, einen Gedankengang nicht ganz zu Ende gedacht zu haben und deshalb noch einmal überdenken zu müssen. Über das Fachspezifische hinaus kann man sich als Hochschullehrer auch dadurch bereichert fühlen, es immer mit jungen Menschen und deren neuartigen Vorstellungen und Herausforderungen zu tun zu haben – ein nicht hoch genug einzuschätzendes Geschenk.

Indes, so fundamental Forschung und Lehre für einen Universitätsprofessor sind, erschöpfen sich seine Aufgaben doch nicht darin. Ja, rein temporär bemessen, dürften andere Aktivitäten hinter meiner Forschungsarbeit am Schreibtisch und meiner Lehrzeit am Katheder nur wenig zurückbleiben.

Immerhin noch lehr- und forschungsnah ist die Betreuung von Doktoranden und Habilitanden. Darin habe ich nie eine möglichst zu vermeidende „Zusatzbelastung", sondern immer eine originär-professorale Verpflichtung gesehen, und zwar nicht nur zur Förderung individueller Karrieren, sondern auch im Allgemeininteresse der Wissenschaft, werden doch mittlerweile monographische Forschungsergebnisse vorwiegend auf dem Promotionsweg gewonnen. Erfreulicherweise wird dies neuerdings auch von ministerialer Seite anerkannt, indem in die Leistungsbeurteilung von Hochschullehrern nicht nur Lehrstunden und Publikationen eingehen, sondern auch die Betreuung von wissenschaftlichem Nachwuchs mitberücksichtigt wird. Jedenfalls hat meine betreuungsbereite Einstellung zusammengenommen zu nahezu 90 erfolgreichen Promotionen und Habilitationen geführt. Und nicht nur dies; denn da ich von Doktoranden mehr erwartete, als sich ein „Dr." vor dem Namen zu verschaffen, und meine Anforderungen an die zu erbringende wissenschaftliche Leistung offenbar als vergleichsweise streng galten, konnten die Arbeiten fast ausnahmslos mit „magna cum laude" und besser bewertet werden – mit dementsprechend gutem Forschungsertrag. Auch der Lehre konnte dies schließlich zugute kommen, nachdem 21 der von mir Betreuten – davon neun aus dem Ausland – eine Laufbahn als Hochschullehrer verschiedenartiger Einrichtungen eingeschlagen haben.

Sollen Forschung und Lehre einer Universität gedeihen, so hängt das aber nicht zuletzt auch von der Bereitschaft ihrer Professoren ab, sich in der akademischen Selbstverwaltung zu engagieren. Gewiss ist die Verwaltungsroutine bei geschultem Personal in besseren Händen. Sobald es jedoch um die forschungspolitische Ausrichtung und die Sicherung der Lehrqualität einer

Universität oder Fakultät geht, kann selbst dem besten Administrator das Gespür für das wissenschaftlich Gebotene abgehen. Deshalb ist den unternehmerisch orientierten Strukturierungstendenzen, mit denen man derzeit auch die Universitäten auf fremdbestimmte Marktmechanismen hinzutrimmen versucht, mit größter Wachsamkeit zu begegnen. Diese bedenkliche Entwicklung wird nur aufzuhalten sein, wenn man sich auch in einem Selbstverwaltungsamt primär als Wissenschaftler versteht, und nicht etwa deshalb, weil man mit eigenem Forschen schon abgeschlossen hat, nun ersatzweise auf administrativer Ebene nach Selbstbestätigung sucht.

Soweit ich selbst manches Opfer für die akademische Selbstverwaltung gebracht habe – und das war, wie ich mit Verweis auf bereits erwähnte Ämter glaube sagen zu dürfen, in nicht geringem Maße der Fall, war eine gewisse Entschädigung am ehesten dort zu finden, wo sich über Fakultätsgrenzen hinweg neue Horizonte eröffneten: so bei meinem Prorektorat in Bielefeld wie auch im Beirat des dortigen Zentrums für interdisziplinäre Forschung, sowie im Verwaltungsrat der Universität Tübingen. Ähnliche Bereicherung wurde mir als Senator der Deutschen Forschungsgemeinschaft und noch mehr als eines ihrer Vizepräsidenten zuteil. Neben den vielfältigen Einblicken, die man beim Studium von Förderungsanträgen in neue Forschungsfelder gewinnen konnte, sind mir aus meiner DFG-Zeit vor allem zwei Ereignisse in lebhafter Erinnerung geblieben: so Anfang 1981 eine Delegationsreise in die kurz zuvor von ihrer „Viererbande" befreite Volksrepublik China. Dort war nach Besichtigung höchst unterschiedlich ausgestatteter Universitäten ein Vertrag für den damals als sensationell empfundenen Austausch von Wissenschaftlern auszuhandeln, wobei wir manche Lektion im diplomatischen Umgang mit chinesischen Funktionären zu lernen hatten. Zum anderen konnte ich nach dem Fall der Mauer aus der Begehung von damaligen DDR-Universitäten, als ihre Förderungswürdigkeit durch die DFG zu prüfen war, zwiespältige Eindrücke mitnehmen, nicht zuletzt im Hinblick auf manche Leichtigkeit von Gesinnungswechseln. Weitaus positiver waren demgegenüber einige Jahre später die Erfahrungen, die ich als Vorsitzender der Geisteswissenschaftlichen Sektion der Max-Planck-Gesellschaft bei Besichtigungen und Verhandlungen zur Neugründung von Max-Planck-Instituten in den Neuen Bundesländern machen konnte. Nicht nur hatte sich im äußeren Erscheinungsbild viel geändert, auch für neue Konzepte war größere Offenheit festzustellen. Doch nicht nur deshalb denke ich an meinen Sektionsvorsitz gerne zurück: Neben den ebenfalls horizonterweiternden Einblicken in andere Fächer und akademische Gepflogenheiten war es die sektionsübergreifende Solidarität, mit der damals drohende Institutsschließungen abgewendet werden konnten.

Schon meine vorgenannte Mitgliedschaft im Senat und Präsidium der DFG hatte nicht mehr unmittelbar mit universitärer Selbstverwaltung zu tun, wohl aber immer noch indirekt, ist doch die DFG ein integraler Teil des deutschen Wissenschaftssystems, ohne dessen Förderung weder die Universitäten noch sonstige Forschungseinrichtungen wie die MPG gedeihen könnten. Wenn auch nicht gleichermaßen existenziell, so lebt der Wissenschaftsorganismus aber auch noch von weiteren Institutionen, Gremien oder gesellschaftlichen Einrichtungen. Auch solchen Inanspruchnahmen vermochte ich mich nur schwer zu entziehen. Einerseits sehr freudig habe ich die Chance zur Etablierung der bereits erwähnten „Forschungsstelle für Ethik und Recht in der Medizin" ergriffen. Auch an der vergleichsweise frühen Gründung eines Ethik-Komitees für Heilversuche in Tübingen habe ich gerne mitgewirkt, ebenso wie mir die Mitgliedschaft in weiteren Ethik-Kommissionen, wie insbesondere die der Bundesärztekammer und der Universität Freiburg in guter Erinnerung geblieben ist. Als weniger erfreulich hingegen sollte sich mein Einsatz gegen wissenschaftliches Fehlverhalten erweisen. Gewiss kam meine Betrauung mit dem Vorsitz der Freiburger Untersuchungskommission zu „Vorwürfen wissenschaftlichen Fehlverhaltens durch Falschangaben in Publikationen sowie bei Durchführungen von Folgeprojekten" nicht von ungefähr, musste ich doch schon in Bielefeld durch Einrichtung eines internationalen Symposiums zu „Forschung in Konflikt mit Recht und Ethik" mögliches Fehlverhalten von Wissenschaftlern erahnt haben. Auch war ich wegen einschlägiger Berichte aus den USA während meiner Vizepräsidentenzeit der DFG mit der Ausarbeitung von Richtlinien zum Umgang mit Fehlverhalten befasst gewesen. Dann aber tatsächlich mit der Untersuchung umfangreicher Verfälschungsvorwürfe beauftragt zu werden, erfordert nicht nur beträchtlichen Zeitaufwand, vielmehr bleibt einem dabei auch Frustration nicht erspart: so schon aufgrund der zwiespältigen Erfahrung, dass man sich mit dem – jedenfalls von Rektor *Wolfgang Jäger* energisch unterstützten – Bemühen, Glaubwürdigkeit einer wissenschaftlichen Einrichtung durch konsequente Aufdeckung und Ahndung von Fehlverhalten wiederherzustellen, nicht nur Freunde schafft, wollten doch manche die Ehre – im Grunde aber wohl lediglich die Fassade – der Universität besser durch „unter den Teppich kehren" gewahrt sehen. Aber auch das nachherige Ausbleiben ernstzunehmender ministerialer Reaktionen lässt schwerlich abschreckende Wirkung erhoffen. Im Vergleich dazu habe ich die Art und Weise, wie man seinerzeit in Tübingen auf die Ergebnisse der von mir geleiteten Kommission zur Überprüfung von medizinischen Präparaten aus der NS-Zeit reagiert und den Opfern ein würdiges Gedenken bereitet hat, in weitaus besserer Erinnerung.

Von sonstigen Aktivitäten in der universitären Peripherie seien lediglich zwei als besonders grenzerweiternd erwähnt: so mein Vorsitz in der Sektion für Rechts- und Staatswissenschaft der Görres-Gesellschaft zur Pflege der Wissenschaft, wo mir die Konzipierung und Leitung interdisziplinärer Veranstaltungen erhellende Einblicke vor allem in Philosophie und Wirtschaftswissenschaften verschafft hat, wie auch meine Mitgliedschaft im Stiftungsrat der Schering-Stiftung, auf deren Boden durch Kolloquien und die Befassung mit Förderanträgen – neben medizinischen Projekten – auch mein Blick in künstlerische Bereiche erweitert wurde.

Ein noch größerer Schritt über den Wissenschaftsbereich hinaus war mir schon zuvor durch die bereits erwähnte Berufung zum nebenamtlichen Richter an den Oberlandesgerichten Hamm und Stuttgart ermöglicht worden. Einerseits konnte ich aus dieser Praxis für die Lehre profitieren, indem sich theoretische Problemstellungen anhand konkreter Fälle und ihrer Hintergründe besser illustrieren ließen, als dies mit den meist schon stark abstrahierten höchstrichterlichen Entscheidungen möglich ist. Andererseits konnte ich in die Rechtsprechung neue theoretische Erkenntnisse einbringen, wovor Praktiker eher zurückzuschrecken pflegen. Hat man sich aber einmal zu einem neuen Weg durchgerungen, tut man in der Praxis gerne so, als sei man immer schon danach verfahren. So kann man beispielsweise selbst Verwaltungsrechtler damit überraschen, dass der inzwischen zur Standardterminologie des Straßenrechts gehörende Begriff des „kommunikativen Verkehrs“, wonach neben dem fließenden und ruhenden Verkehr auch die Kontaktaufnahme und Kommunikation auf Straßen und Plätzen zum „Gemeingebrauch“ gehört und deshalb keiner besonderen Genehmigung bedarf, auf die Entscheidung eines Stuttgarter Strafsenats zurückgeht, in dem ich als Berichterstatter zu fungieren und demzufolge das Urteil zu entwerfen hatte. Ebenso wenig möchte ich die Wechselwirkung missen, mit der ich als Richter am Internationalen Jugoslawien-Tribunal einerseits zur strafrechtsdogmatischen Fundierung der Rechtsprechung beizutragen vermochte und andererseits aus den praktischen Erfahrungen Impulse zu weiterer theoretischer Auseinandersetzung erhalten konnte.

Mit zu den reizvollsten Optionen eines Rechtsprofessors gehört ferner, dass er sich auch auf legislativem Terrain betätigen kann. Die erste Chance dazu habe ich bereits in meiner Bielefelder Zeit durch Aufnahme in den Kreis der sogenannten „Alternativprofessoren“ erhalten, die sich für reformbedürftige Strafrechtsbereiche die Ausarbeitung von Gesetzentwürfen zur Aufgabe gemacht hatten. Aufgrund der dabei üblichen Arbeitsteilung war ich, nicht zuletzt wegen meiner vorangegangenen Befassung mit den gesellschaftsgerichtlichen Erfahrungen der DDR, mit einem Entwurf zur „Regelung der Betriebsjustiz“

betraut und, weil damit schon aus bereits angesprochenen Gründen befasst, maßgeblich an einem Gesetzentwurf über „Sterbehilfe“ beteiligt. Noch näher am Gesetzgeber mochte man sich Einflussnahme von zahlreichen Anhörungen durch Bundestagsausschüsse erhoffen, auch wenn dies nicht selten durch ungemein knappe Terminierungen erschwert und parteiliche Vorprogrammierung nicht zu verkennen war. Umso mehr konnte man sich freuen, wenn man gelegentlich doch das eine oder andere noch zu bewegen vermochte, wie vor allem bei weltanschaulich heiß umkämpften Reformvorhaben im Bereich von Humangenetik und Schwangerschaftsabbruch. Auch in meiner Mitgliedschaft in der Ständigen Deputation des Deutschen Juristentages sah ich einen Beitrag zur Rechtspolitik. Das galt schon für das bereits erwähnte Gutachten zu den Tötungsdelikten, aber auch durch die Möglichkeit, als Deputationsmitglied Einfluss auf die Auswahl der zu behandelnden Juristentagsthemen zu haben. So war insbesondere die strafrechtliche Sektion zu „Absprachen im Strafverfahren?“ schon als Tagungsthema nicht leicht durchzusetzen und dann auch nicht leichthändig von mir zu moderieren, war doch „plea bargaining“ Anfang der 90er Jahre hierzulande ein Tabuthema, das man besser nicht in aller Öffentlichkeit diskutieren sollte. Auch die von mir präsidierte Sektion zu möglichen Änderungen des Strafverfahrensrechts verlief im Widerstreit von praktischen Beschleunigungsinteressen und Wahrung der Rechtsstaatlichkeit teils recht stürmisch. In der ebenfalls schon erwähnten Benda-Kommission war vor allem zur umstrittenen Forschung mit Embryonen nur mit großer Mühe eine mittlere Linie zwischen möglichst schrankenfreier Forschung und lebensschutzorientiertem Totalverbot zu finden. Dass schließlich die von einer breiten Mehrheit getragene Öffnung, die wir eher als zu restriktiv empfunden hatten, vom Parlament parteiübergreifend und unter Zustimmung der breiten Öffentlichkeit als zu permissiv eingestuft wurde, hat uns überrascht – wobei mir hinsichtlich unserer Fehleinschätzung nach wie vor nicht klar ist, ob wir, weil in unserem wissenschaftlichen Elfenbeinturm auf Forschungsinteressen fixiert, blind für unsere gesellschaftliche Umwelt waren oder ob andererseits die öffentliche Meinung fundamentalistisch voreingenommen war. Zur wechselseitig bereichernder Politikerfahrung möchte ich nicht zuletzt auch meine Funktion als staatlich unabhängiger Scientific Expert in der vom Europarat eingesetzten „Groupe d'Etats contre la corruption“ (GRECO) rechnen, zumal man dabei zwischen konträren nationalen Positionen den rechtsvergleichend aufklärenden Vermittler spielen konnte.

Mit diesem Blick über nationale Grenzen hinweg kommen auch viele andere Auslandskontakte in Erinnerung. Solche ergaben sich schon innerhalb des Max-Planck-Instituts durch Gespräche mit zahlreichen Forschungsgästen aus aller Herren Länder. Auch wenn schon allein für die jeweilige Begrüßung und

Verabschiedung viel Zeit aufzuwenden war, wurde man dafür doch reichlich belohnt durch Einblicke in nationale Besonderheiten, die sich schwerlich aus Büchern gewinnen lassen. Auch bildeten solche Begegnungen nicht selten den Ausgangspunkt für Vortragseinladungen ins Ausland, für Anstöße zu gemeinschaftlichen Tagungen, für den Austausch von Nachwuchswissenschaftlern, für Kooperation mit unseren Projekten oder für sonstige grenzüberschreitende Aktivitäten. Auch die Übersetzung von eigenen Veröffentlichungen in andere Sprachen wurde durch persönliche Kontakte naturgemäß sehr erleichtert. Demzufolge kann ich mich auch glücklich schätzen, durch Übersetzungen vieler meiner Arbeiten in zahlreichen Ländern wissenschaftlich wahrgenommen zu werden.

Wollte man alle Erfahrungen und Erlebnisse – auch über den fachlichen Bereich hinaus zu Land und Leuten – schildern, die wir durch Auslandskontakte erlangen konnten, so würde das den hier vorgegebenen Rahmen sprengen. Deshalb möchte ich mich auf einige Ereignisse beschränken, die mir besonders nachdrücklich in Erinnerung geblieben sind. Von längeren Auslandsaufenthalten, die ich glücklicherweise alle in Begleitung meiner Frau verbringen konnte, waren dies – nach meinem früheren Studienjahr in New York – meine späteren Gastprofessuren an der University of California at Los Angeles und an der Columbia University in New York, wo jeweils das rechtsvergleichende Co-teaching mit *George Fletcher* besonderen Spaß gemacht hat, sowie an der akademisch wie landschaftlich andersartigen University of Texas in dem am Golf von Mexiko gelegenen Galveston. Diese amerikanischen Lehrerfahrungen mit dem grundlegend anderen asiatischen Stil zu vergleichen, war mir vor kurzem durch eine Gastprofessur an der Ritsumeikan Universität in der alten japanischen Kaiserstadt Kioto vergönnt.

Einen Vorgeschmack auf das dortige akademische Leben konnte ich bereits an der Waseda Universität in Tokio erleben, als mir im Rahmen einer festmusikalisch umrahmten, von langen Einmärschen geprägten und von großer Öffentlichkeit begleiteten Semestereröffnungsfeier der Ehrendoktor verliehen wurde. Ganz anders die Atmosphäre an der noch jungen Universität Huancayo hoch in den peruanischen Anden, als von dieser erstmals ein Ehrendoktor verliehen wurde. Wiederum anders war in der alterwürdigen Aula der Jagiellonen-Universität im polnischen Krakau die Verleihungszeremonie von einer akademischen Tradition geprägt, wie sie in Deutschland seit den 68er Jahren verloren gegangen ist. Auch bei dem zu meinen Ehren veranstalteten medizinrechtlichen Symposium im portugiesischen Coimbra war das traditionelle akademische Flair noch stärker zu spüren. Ohne damit der Rückkehr zu hohlem Pomp das Wort reden zu wollen, sollten wir wieder mehr Mut zur Festlichkeit haben. Wenn man sich die formlose Art und Weise vor Augen hält, in der man hierzulande Examensergebnisse zu verkünden oder Promotionsurkunden per Post zuzustellen pflegt, kann man dies kaum anders als einen Verlust an Kultur empfinden. Wenn es eine Leistung anzuerkennen gibt, sollte dies auch in gebührender Form zum Ausdruck kommen dürfen.

## *IV.*

Zu den teils schmerzlichen, teils tröstlichen Einsichten gereifteren Lebens gehört es, manches erst am Ende eines Weges zu erfassen, was man schon an dessen Beginn hätte erkennen sollen. Das gilt nicht nur für persönliche Entscheidungen, über die zu reflektieren hier nicht der Ort ist, sondern auch im Hinblick auf das, was man innerhalb des gewählten Betätigungsfeldes mit welchem Erkenntnisinteresse und nach welchen Prinzipien betreibt. Zum Abschluss dieser Rückschau möchte ich einige Einsichten wiedergeben, die ich bereits anlässlich meiner Emeritierung vortragen konnte. Dabei geht es, weil mir immer wesentlicher erscheinend, zum einen vor allem um die Rolle des Menschen im Recht – und dabei insbesondere im Strafrecht – und zum anderen um die Funktion der Rechtsvergleichung.

Erstens: Hinsichtlich der Rolle des Menschen in der Theorie und Praxis des Rechts sind es vor allem drei Aspekte, die – sofern überhaupt beachtet – meines Erachtens viel zu wenig ernst genommen werden.

Das beginnt bereits – scheinbar trivial, aber damit vielleicht um so verhaltensprägender – mit der Juristenausbildung, indem mit höchstmöglicher Abstraktion Theorien gepaukt und auf problemträchtig präparierte Fälle angewendet werden, wobei zudem meist nur nach der systemimmanenten „Vertretbarkeit" der Lösung gefragt wird.

Nichts gegen Theoriebildung als solche; springender Punkt ist aber, wen man dabei im Blickfeld hat: Ist es der Mensch, für den eine Verhaltensregel – und dies zumal auch in einer für ihn nachvollziehbaren Form – zu entwickeln ist? Oder geht es dabei – wie man als leidgeprüfter Strafrechtskommentator bei pflichtgemäßer Lektüre des einschlägigen Schrifttums immer wieder zu registrieren hat – um nicht mehr als um intellektuelle Selbstbefriedigung der Wissenschaft, bei der man eher nach der Reaktion der Zunftgenossen schielt, als die Auswirkungen auf das Verhalten der möglicherweise betroffenen Menschen im Auge zu haben?

Auch gegen die Einübung von Rechtskenntnissen anhand von Fällen mag nichts Grundsätzliches einzuwenden sein. Aber könnte eine einstellungsprägende Gefahr nicht etwa darin liegen, dass die Übungsfälle weniger vom konkreten Leben als vielmehr von juristischen Streitpunkten her konstruiert werden und in einer solchen problemfixierten „Lehrbuchkriminalität“ der Mensch nur als Kunstprodukt in Erscheinung tritt? Als ein solches gesehen zu werden, kann er dann auch im forensischen Betrieb Gefahr laufen, indem nicht das Rechtsproblem vom Menschen her entwickelt als vielmehr der Mensch der Rechtsfigur angepasst wird.

Auch mit dem grassierenden Reden von „Vertretbarkeit“ mag man sich so lange abfinden können, als nach problemerschöpfender Prüfung keine vorzugswürdige Lösung zu finden und daher eine Abwägung zwischen mehr oder weniger gleichgewichtigen Alternativen vorzunehmen ist. Was mir jedoch Sorge macht, ist die eilfertige Genügsamkeit mit bloßer „Vertretbarkeit“ einer Meinung, ohne sich zuvor ernsthaft um eine nach menschlicher Erkenntnis „richtige“ und hoffentlich auch „gerechte“ Lösung bemüht zu haben. So wird ein Angeklagter, der einen Mordversuch aufgegeben hat, sich schwerlich mit der Ablehnung eines strafbefreienden Rücktritts, weil ihm in vertretbarer Weise verwehrt, abfinden können; er möchte vielmehr begründet sehen, dass er „gerechterweise“ – und nicht nur „vertretbarerweise“ – eine langfristige Freiheitsstrafe abzusitzen hat. Nicht als ob wir uns angesichts der Grenzen menschlichen Erkenntnisvermögens der Richtigkeit unseres Urteilens jemals sicher sein könnten; dies kann uns jedoch – statt sich mit einem bequemen „Vertretbarkeitsjargon“ zufrieden zu geben – nicht davon entbinden, zumindest im Ringen um Wahrheit und Gerechtigkeit nicht nachzulassen.

Das bringt mich zu einem weiteren, eine wohl noch bedenklichere Fehlentwicklung indizierenden Aspekt: die Rolle des Menschen im Verhältnis zum Staat. Gewiss kann unsere Generation stolz darauf sein, dass die sogenannten „Menschenrechte“ wohl noch nie zuvor weltweit in vergleichbarem Umfang Anerkennung gefunden haben. Gleichwohl bleibt zu fragen, ob man sich aus der Sicht des Menschen damit bereits zufrieden geben darf oder ob nicht zumindest möglichen Fehlvorstellungen entgegenzuwirken wäre, die sich aus einem verkehrten Vorrangverständnis des Staates gegenüber dem Menschen ergeben können. So kann schon das in manchen Weltregionen immer noch erforderliche Erkämpfenmüssen von „Menschenrechten“ leicht den Anschein erwecken, als seien diese gar nicht von vornherein gegeben, sondern erst staatlicherseits zugestanden, so dass sie als lediglich verliehen ebenso gut wieder entzogen werden können. Gleicherweise kann man sich auch beim üblichen Reden von „Menschenrechten im Strafverfahren“ des Eindrucks nicht erwehren, als seien diese Rechte nur als bloße Beschränkung eines bereits existenten staatlichen Verfahrens zu verstehen – dass dieses also als das primäre vorausgesetzt wird, dem bestimmte Beschränkungen gleichsam erst von außen auferlegt werden. Bei dieser Sichtweise kann etwa die Funktionsfähigkeit des Strafverfahrens – und damit das Staatsinteresse – leicht als das vorgegebene, überlegene und regelgemäße erscheinen, während demgegenüber „Menschenrechte" lediglich als ausnahmsweise Restriktionen des staatlichen Strafverfolgungsinteresses zu verstehen seien – mit der Folge, dass nicht diese, sondern die sie beschränkenden Rechte zu rechtfertigen seien. Bildlich gesprochen wirken bei dieser Sichtweise die „Menschenrechte" wie bloße Planeten, die gleichsam um den Staat als dem maßgeblichen Fixstern kreisen. Dieses Bild wird ein ganz anderes, wenn man nicht den Staat, sondern den Menschen als den Fixstern begreift, der zu seinem Schutz vom Staat umkreist wird. In dieser Konstellation werden staatliche Einrichtungen wie das Strafverfahren nicht als primär vorgegeben, sondern lediglich als sekundär dienende Instrumente verstanden. Aus dieser Perspektive sind „Menschenrechte" nicht bloße Beschränkungen vorrangiger staatlicher Gewalt; vielmehr ist es dann der Mensch, der dem Staat vorgeordnet ist und diesem überhaupt erst seine eigene Existenzberechtigung verschafft. Damit sei weder etwas gegen den Staat als solchen noch gegen einen starken Staat gesagt, wohl aber seiner Verabsolutierung oder gar Apotheisierung entgegengetreten. Denn nicht um seiner selbst, sondern erst um des Menschen und der Menschheit willen ist der Staat im Recht. In diesem Sinne hat dann naturgemäß nicht der Mensch dem Staat, sondern der Staat dem Menschen gerecht zu werden – wie im Bereich des Strafrechts sowohl zum Schutz und zur Befriedigung des Opfers als auch im Umgang mit dem Täter.

Vielleicht ist dem Leser aufgefallen, dass ich entgegen der gängigen Redeweise von „Staat und Individuum" den letzteren Terminus bisher vermieden und statt dessen immer vom „Menschen" gesprochen habe. Wie aber ist dieser – und damit komme ich zu meinem dritten Aspekt – selbst zu verstehen? Folgt man der abendländischen Tradition, so ist der Mensch wesenhaft ein Individuum. Diesem lateinischen Fremdwort – und vielleicht noch plastischer dem griechischen Äquivalent des „átomon" – ist zu entnehmen, dass der Mensch als ein „Unteilbares" zu verstehen ist, dem damit zugleich auch Einmaligkeit, Unwiederholbarkeit und Unverletzlichkeit zukommt. Auch wenn dieser hohe Anspruch tagtäglich mit Füßen getreten wird und man sich sogar noch im Sinne höherer Gerechtigkeit handelnd wähnt, wenn anstelle der vor einem verbrecherischen Regime geretteten Individuen dann andere gleichermaßen einmalige Individuen als sogenannte Kollateralschäden ihr Leben lassen müssen, auch wenn es also mit der normativen Unaustauschbarkeit des Individuums faktisch nicht so weit her ist, verliert damit der Grundsatz seiner Unverletzlichkeit nichts von seiner Gültigkeit. Auch ist die Charakterisierung des

Menschen als „Individuum" immer noch gehalt- und anspruchsvoller als dessen Verdeutschung zum „Einzelnen", als welcher er sich dem Staat gegenüber leicht als „Vereinzelter" isoliert vorkommen muss und bei merkwürdiger Kleinschreibung des „einzelnen" noch weiter diminuiert sehen kann.

Ohne damit die Individualität als Wesenskern des Menschen in Frage stellen zu wollen, bliebe doch dieser um wesentliche Dimensionen verkürzt, wenn man ihn ausschließlich als Individuum begreifen wollte. Vielmehr ist er – und das erscheint mir trotz ähnlicher Beteuerungen seitens des Bundesverfassungsgerichts wichtig – zugleich auch Mitmensch. Dies ist jedoch weder in humanitär-empathischem Sinne von bloßem Altruismus noch in kommunitaristischem Verständnis von Gemeinsinn und noch viel weniger in landläufigen Vorstellungen von Geselligkeit gemeint, sondern vielmehr kategorial-essentiell: So sehr die Existenz des Menschen eine individuale ist, so sehr ist und bleibt der Mensch zugleich auch immer einer unter anderen. Mag er sich auch noch so weit in Vereinzelung zurückziehen oder in Opposition begeben, so verdankt doch jeder Mensch bereits seine Entstehung und sein Werden anderen Menschen, wobei selbst in bewusster Distanzierung eine – und sei es auch nur negative – Anerkennung des Anderen liegt. Insofern ist der Mensch – im Guten wie im Bösen – wesenhaft Mit-Mensch. Wie ernst es mir mit diesem – alles andere als marginal zu verstehenden – Element des Menschseins ist, möge man daraus entnehmen, dass ich es gerne durch einen neuen Terminus zum Ausdruck gebracht sähe, indem ich das über die Individualität des Menschen hinausgehende Mit-Mensch-Sein – in Ermangelung eines noch unverbrauchten Wortes – als „Kohominität" (im Sinne von „homo cum homine") bezeichnen möchte: und zwar als existenzielle Kohominität in dem Sinne, dass der Mensch nicht erst akzidentiell, sondern schon essentiell gar nicht anders als in seiner Kontingenz von und mit anderen Menschen begriffen werden kann. So gesehen ist es denn auch weniger seine Individualität als vielmehr seine Kohominität, aus der sich jene immanenten Schranken individualer Freiheit ergeben, die der Mensch nur insoweit ausüben und als respektiert beanspruchen darf, als er nicht an die gleiche und gleichermaßen zu achtende Freiheit und Rechtssphäre seiner Mitmenschen stößt.

Diese transindividuale Prägung des Menschen ist zudem in zwei kohominalen Dimensionen zu sehen: auf der horizontalen Ebene aufgrund gleicher Zeitgenossenschaft mit den lebenden Mitmenschen, wie auch in vertikaler Ausrichtung gegenüber den vorausgehenden und nachfolgenden Menschheitsgenerationen. In gleicher Weise nämlich, wie die gerade Lebenden von ihren Vorfahren empfangen haben und diese entsprechenden Respekt verdienen, dürfen auch die Nachkommenden von den Lebenden Vorsorge erwarten.

Insofern steht der individuelle Mensch im Kreuzungspunkt einer horizontalen Verbindung mit seinen Mitmenschen und einer vertikalen intergenerativen Verantwortlichkeit gegenüber seinen Vor- und Nachfahren.

Ohne dies hier weiter entfalten zu können, ist zu vermuten, dass eine solche gleichsam „dreifaltige“ Wesenhaftigkeit des Menschen auch zum Überdenken mancher überkommener Erscheinungsformen des Strafrechts Anlass geben könnte, wobei es kaum überraschen dürfte, wenn die Auswirkungen teilweise gegenläufig ausfielen: Während durch bewusste Ausrichtung eines – gegebenenfalls erforderlichen – Strafrechts am Menschen dessen Position gegenüber dem Staat eine Stärkung erfahren könnte, wären unter Berücksichtigung seiner horizontalen und vertikalen Kohominität bislang kaum gesehene Pflichten und Verantwortlichkeiten nicht auszuschließen.

Zweitens: Ein ähnliches Gewahrwerden dessen, was erkenntnisfördernd und letztlich handlungsleitend sein kann, drängt sich auch im Hinblick auf die Rechtsvergleichung auf.

Was der Rechtsvergleicher – sofern er nicht in abschätziger Selbstsicherheit, im Besitz des ohnehin besten Rechts zu sein, sondern mit unvoreingenommener Offenheit einem fremden Recht begegnet – jedem noch so profunden Kenner einer allein aus sich selbst heraus betrachteten Rechtsordnung voraus hat, ist die Erfahrung des Andersartigen: des möglicherweise gleichwohl Guten, vielleicht aber auch Schlechteren oder gar Besseren. Eine der nachhaltigsten Erschütterungen meiner bis dahin scheinbar „heilen“ juristischen Weltsicht, wie sie mir als frisch gebackenem Referendar während eines rechtsvergleichenden Studienjahres an der New York University widerfuhr, war die Einsicht in die weltanschauungsbedingte Relativität und kulturabhängige Alternativität des Rechts. Das dabei gemachte Aha-Erlebnis konnte ein durchaus gegenläufiges sein: Während man einesteils scheinbar feste deutschrechtliche Fundamente ins Wanken geraten sah, konnten andernteils Zweifel an der heimischen Rechtsordnung verfliegen, wenn man sich die noch viel schlechteren Alternativen ausländischer Regelungen vor Augen hielt. Kurzum: der bequeme Glaube an zeitlose Vorgegebenheiten und alternativlose Einzigartigkeiten war gebrochen; an seine Stelle hatte das Ringen um die jeweils besseren Gründe zu treten. Auch wenn anfangs noch nicht so klar erkannt, erwies sich mir die Rechtsvergleichung doch immer mehr als die beste Medizin gegen den Aberglauben an absolute Wahrheiten – dies jedenfalls im menschlichen und gesellschaftlichen Bereich und damit nicht zuletzt auf staatlicher Ebene.

Noch in einer weiteren Hinsicht scheint mir die Rechtsvergleichung immer dringlicher zu werden und dabei auch einer gewissen Funktionserweiterung zu bedürfen. Stichworthaft dafür mag die viel beschworene „Internationalisierung" des Rechts und das damit einhergehende Bemühen um „Harmonisierung" auch des Strafrechts genannt sein. Ohne dies hier im einzelnen darlegen zu können, meinte ich noch vor wenigen Jahren die Strafrechtsvergleichung von ihren Funktionen her als eine dreifache erfassen zu können: als eine „judikative", eine „legislative" und eine „wissenschaftlich-theoretische". Vielleicht ließe sich schon mit diesen Funktionsbeschreibungen in der Tat alles abdecken, was etwa für Rechtsangleichungsbedürfnisse auf europäischer Ebene von Nöten ist. Was mich jedoch gegenüber dem traditionellen Funktionsverständnis von Strafrechtsvergleichung immer skeptischer werden lässt, ist ihre Wehrlosigkeit gegen technokratische und politische Instrumentalisierung. Wenn man etwa Rechtsangleichung meint damit betreiben zu können, dass man die in einem zu harmonisierenden Rechtsraum geltenden Regelungen einander gegenüberstellt und unter Ausgrenzung von Extremen die Mitte und/oder die am häufigsten vertretene Position wählt, dann hat man vielleicht ein Höchstmaß von Gemeinsamkeit oder Balance erreicht, aber damit noch lange nicht die inhaltlich optimale, geschweige in sich gerechte Regelung gefunden. Oder wenn sich ein Land – womöglich sogar noch unter politischem und wirtschaftlichem Druck – von einem anderen Land etwa ein Geschworenensystem aufdrängen lässt, weil es scheinbar ja nur um die Auswechslung von austauschbaren Justizmodulen gehe, so führt das allenfalls zu einer im Sinne rechtsmissionarischer Expansion erfolgreichen, aber letztlich nur rechtsmechanistischen Installation, der im Grunde alles abgeht, was zu einer rechtskulturverträglichen Implantation gehören würde. Solchen Fehlentwicklungen – so fürchte ich – vermag die Rechtsvergleichung nichts entgegenzusetzen, solange sie sich auf die bloße Deskription von Gemeinsamkeiten und Unterschieden von Rechtsregeln beschränkt, womöglich noch unter Außerachtlassung des kulturellen Untergrunds und sozialen Umfelds.

Über diese defensive Grundeinstellung hinausgehend möchte ich für eine bewusst offensive Erweiterung der Rechtsvergleichung plädieren, die nicht davor zurückschreckt, auch wertend zu vergleichen und damit eine Art rechtspolitischen Wettbewerb zu eröffnen. Eine solche – wie ich sie einfach mal schlagwortartig so nennen darf – „evaluative" und „kompetitive" Rechtsvergleichung bedürfte natürlich auch eines Leitprinzips. Welches Recht sich nämlich auf einem solchen Vergleichsmarkt durchsetzt, sollte weniger von der wirtschaftlichen oder politischen Macht der dahinterstehenden Länder abhängen dürfen, als vielmehr nach dem Grad seiner „Menschengerechtheit" zu bemessen sein.

Diese Zielsetzung wird umso maßgeblicher, je mehr die Strafjustiz nationale Grenzen und damit auch kulturelle Bedingtheiten hinter sich lässt und nach globaler Strafgerechtigkeit strebt. Wenn etwa die Terroranschläge vom 11. September 2001 nicht nur gegen das amerikanische Volk, sondern – wie von dessen damaligen Präsidenten proklamiert – gegen die Menschheit in ihrer Gesamtheit gerichtet waren, dann dürfen Strafaktionen, sofern nicht ohnehin einer supranationalen Instanz überantwortet, nicht bloß eigenen nationalen Standards genügen, sondern müssen – nicht zuletzt um rechtsfortbildend rückzuwirken – auf ein Höchstmaß an „menschengerechter" Strafjustiz ausgerichtet sein. Dieser Weg wird um so leichter zu finden sein, je mehr man etwa bei der Entwicklung von Regeln für internationale Strafgerichtsbarkeit vom chauvinistischen Durchsetzenwollen des eigenen Rechtssystems ablässt, um statt dessen dem jeweils besseren Rechtsgedanken – von wo auch immer herstammend – den Vortritt zu lassen.

Nichts anderes wird zu gelten haben, wenn man den Gefahren fortschreitender Globalisierung, wie sie vor allem mit dem Ausbau neuer Technologien verbunden sind, strafrechtlich begegnen will: Auch hier dürfen technokratische Interessen oder scheinbar schicksalhafte Zwangsläufigkeiten nicht die Oberhand gewinnen über das, was dem Menschen als Opfer und Täter am besten gerecht zu werden verspricht.

## *V.*

Eine Rückschau wie diese ist notwendigerweise unvollkommen. Sie kann nicht mehr bieten als einen Widerschein von dem, wie ich mein Leben derzeit sehe und gewichte. Und selbst davon musste vieles unausgesprochen bleiben. Deshalb möchte ich bezüglich Einzelheiten auf meinen gesonderten Bericht über „Stationen und Tätigkeiten" verweisen (abrufbar im Internet unter: http://www. freidok.uni-freiburg.de/volltexte/3600), aus dem neben meinen wichtigsten Lebensdaten und einer Veröffentlichungs- und Vortragsliste auch die von mir geleiteten Institutsprojekte und Tagungsveranstaltungen, die von mir betreuten Promotionen und Habilitationen, meine Nebenämter und Mitgliedschaften in wissenschaftlichen Organisationen, meine Mitwirkung an sonstigen Veranstaltungen wie schließlich auch die mir zuteil gewordenen Ehrungen zu entnehmen sind. In diesem Bericht sind auch genauere Angaben zu den vorangehend oft nur angedeuteten Publikationen und Aktivitäten zu finden. Deshalb möchte ich diese „Stationen und Tätigkeiten" gerne als Teil dieser Rückschau verstanden wissen.

Soweit ich in meinem Leben etwas geleistet und erreicht habe, hätte mir dies nicht ohne Rat und Hilfe vieler mir wohlgesinnter Menschen geschehen können. Dazu wären dankenswerterweise weitaus mehr zu nennen, als vorangehend gleichsam exemplarisch geschehen konnte.

Von buchstäblich existenzieller Bedeutung, sofern ich mein Leben als gelungen bezeichnen darf, war jedenfalls die nun schon mehr als 50jährige Lebensgemeinschaft mit meiner Frau *Gerda*. Nicht nur, dass sie mir bereits bei meinem Ersten Staatsexamen eine emotionale Stütze war, alle späteren beruflichen Entscheidungen mitgetragen und viele meiner „Grenzgänge" und wissenschaftlichen Arbeiten als kritisch-anregende Gesprächspartnerin begleitet hat; vielmehr hat sie auch – eigene Interessen hintanstellend und mir den Rücken von Aufgaben freihaltend, die eigentlich den Ehemann und Vater forderten – eine häusliche Atmosphäre geschaffen, in der man Erholung und neue Kraft gewinnen konnte.

Unseren Kindern *Thiemo*, *Katja* und *Fabian* gegenüber bin ich ganz besonders dankbar für das Glück und die Freude, die man aus Zuneigung und gutem Gedeihen gewinnen darf. Umso mehr habe ich dies mit der Abbitte zu verbinden, ihnen meinerseits nicht soviel zeitliche Zuwendung gegeben zu haben, wie sie es wahrlich verdient hätten. Sollten sie deswegen andere berufliche Wege eingeschlagen haben als ihr Vater, kann ich eine gewisse Nachfolge immerhin darin erblicken, dass alle auf je eigene Weise über gewohnte Grenzen hinausgegangen sind: *Thiemo*, indem er als promovierter Volkswirt in der Ministerialverwaltung von Luxemburg mit „Affaires europeénnes" betraut ist; *Katja*, die sich – nach einem ersten Abtasten der Jurisprudenz – dann auf anderem Weg als Heilpraktikerin und Physiotherapeutin dem Menschen und durch Osteopathie schließlich auch dem Pferd zugewandt hat, sowie *Fabian*, der bereits zum Studium der Philosophie, Politikwissenschaft und Ökonomie in Oxford den Weg ins Ausland gegangen ist.

Sich nicht von scheinbar Vorgegebenen eingrenzen, sondern immer wieder auf neue Wege verlocken zu lassen, gehört wohl auch zu dem mir stets wichtiger gewordenen Leitbild des „Menschengerechten". Ebenso wie es vor dem Erstarren bewahrt, mahnt es auch zur Wachsamkeit gegenüber dem Beharren auf scheinbar Absolutem. So ist mir das Reden von „absoluter Gültigkeit" wie auch das Fordern von „absoluten Verboten" immer suspekter geworden; dies jedenfalls dann, wenn man „absolut" in dem aus dem lateinischen Ursprung zu entnehmenden Sinn ernst nimmt, dass eine Regel „losgelöst" von allen Umständen – und damit genau genommen unter allen Bedingungen – ausnahmslos Geltung beanspruchen soll. Ganz abgesehen davon, dass dies das Erkennen absoluter Wahrheit voraussetzen würde, was dem Menschen nicht gegeben ist, sind die individuellen Besonderheiten der Menschen zu verschieden und die gesellschaftlichen Umstände zu variantenreich, um einem universalistisch gleichförmigen Rigorismus unterworfen zu werden. In diesem Eingestehen von Relativität alles Menschlichen ist auch weder Prinzipienlosigkeit noch Beliebigkeit zu sehen, wohl aber das Zugeständnis, dass Prinzipien, so unerlässlich sie für ein gleichermaßen friedliches wie sicheres und freiheitliches Zusammenleben gegenüber der Auslieferung an Willkür sind, nicht ohne die Möglichkeit von Ausnahmen verstanden werden können.

Vielleicht ist es auch die daraus entspringende Skepsis gegenüber konsequent erscheinenden Extremen, die mich immer wieder nach mittleren Wegen suchen ließ. Nachdem dies – in gemeinsamem Bemühen mit der damaligen Bundestagspräsidentin *Rita Süssmuth* – auch beim Schwangerschaftsabbruch der Fall war, bin ich in der ihr gewidmeten Festschrift auf der Suche nach einem Mittelweg „zwischen Fundamentalismus und Beliebigkeit" bei *Thomas Mann* auf ein Zwiegespräch gestoßen, in dem das, was dem Menschen gemäß ist, wenn vielleicht auch etwas verkünstelt, so doch treffend zum Ausdruck kommt. In seinem „Zauberberg" lässt er den in gegensätzliche Extreme führenden Humanismusstreit zwischen Naphta und Settembrini in den Augen von Hans Castorp folgendermaßen erscheinen: „Alles stellten sie auf die Spitze [...], während ihm doch schien, als ob irgendwo inmitten [...] das gelegen sein müsse, was man als das Menschliche oder Humane persönlich ansprechen durfte."

## *Schriftenverzeichnis (in Auswahl)*

### *1. Selbständiges Schrifttum*

Die Abgrenzung von Straftaten und Ordnungswidrigkeiten, 1961.

The Principle of "Harm" in the Concept of Crime: A comparative analysis of the criminally protected legal interests, 1962.

Die strafrechtlichen Sanktionen gegen das Eigentum. Dogmatische und rechtspolitische Untersuchungen über Einziehung, Unbrauchbarmachung und Gewinnverfall, 1969.

Wahrnehmung berechtigter Interessen als allgemeiner Rechtfertigungsgrund. Zugleich ein Versuch über Rechtsgüterschutz und evolutives Recht, 1969.

Gesellschaftgerichte in der Strafrechtspflege. Neue Wege zur Bewältigung der Kleinkriminalität der DDR, 1970.

Empfiehlt es sich, die Straftatbestände des Mordes, des Totschlags und der Kindestötung §§ 211 bis 213, 217 StGB neu abzugrenzen?, 1980.

Neuartige Bedrohungen ungeborenen Lebens: Embryoforschung und „Fetozid" in rechtsvergleichender Perspektive, 1990.

Schwangerschaftsabbruch: Auf dem Weg zu einer Neuregelung. Gesammelte Studien und Vorschläge, zusammen mit Hans-Georg Koch, 1992.

A Vision of a "Humane" Criminal Justice. Sketch of a Criminal Law and procedure System oriented towards Man as an Individual and as a Social Being, 1995.

Criminal law in reaction to state crime – comparative insights into transitional processes, zusammen mit Jörg Arnold und Helmut Kreicker, 2002.

Schwangerschaftsabbruch und Recht – vom internationalen Vergleich zur Rechtspolitik, zusammen mit Hans-Georg Koch, 2003.

Institutions against Corruption. A Comparative Study of the National Anti-Corruption Strategies reflected by GRECO's First Evaluation Round, zusammen mit Michael Kubiciel, 2005.

### *2. Kommentierungen*

Strafgesetzbuch. Kommentar (begründet von Schönke, Adolf und Schröder, Horst, herausgegeben zusammen mit Lenckner, Theodor / Cramer, Peter / Stree, Walter), §§ 1–12, §§ 22–24, §§ 73–76a, §§ 102–121, §§ 211–212, § 223, §§ 234–256, §§ 284–302 f., § 329, 18. Aufl. 1976 bis 27. Aufl. 2006.

Cassese, Antonio / Gaeta, Paola / Jones, John R. W. D. (Hrsg.), The Rome Statute of the International Criminal Court: A Commentary, Volume I, 2002, Individual Criminal Responsibility (Article 25 Rome-Statute), S. 767–822; Mental Elements – Mistake of Fact and Mistake of Law (Article 30 and 32 Rome-Statute), S. 889–948.

Justizielle Rechte, in: Meyer, Jürgen (Hrsg.), Kommentar zur Charta der Grundrechte der Europäischen Union, 2. Aufl. 2006, S. 477–526.

Grounds for excluding criminal responsibility (Article 31 Rome-Statute), in: Triffterer, Otto (Hrsg.), Commentary on the Rome Statute of the International Criminal Court. Observers' Notes. Article by Article, 2. Aufl. 2008, S. 803–893.

### 3. Lehrbücher und Fallsammlungen

Juristischer Studienkurs Strafrecht I. Schwerpunkt: Allgemeine Verbrechenselemente, 1. Aufl. 1971, 4. Aufl. 1992, zusammen mit Björn Burkhardt.

Juristischer Studienkurs Strafrecht II. Schwerpunkte: Fahrlässigkeit, Unterlassen, Versuch, Teilnahme, 1. Aufl. 1971, 4. Aufl. 2008.

Juristischer Studienkurs Strafrecht III. Schwerpunkte: Delikte gegen die Person und Gemeinschaftswerte, 1. Aufl. 1978, 3. Aufl. 2008.

Juristischer Studienkurs Strafrecht IV. Schwerpunkt: Vermögensdelikte, 1. Aufl. 1974, 4. Aufl. 1983.

Einführung in das Strafprozeßrecht. In 13 Studieneinheiten mit 22 Schaubildern, 1983.

### 4. Aufsätze in Zeitschriften und Sammelwerken

Die Beeinträchtigung der wirtschaftlichen Bewegungsfreiheit als Betrugsschaden. Rechtspolitische und rechtsvergleichende Gedanken zu einem dynamischen Vermögensbegriff, GA 1962, S. 289–303.

Das Verwertungsverbot des § 252 StPO und die Vernehmung des vernehmenden Richters, NJW 1963, S. 234–237.

Das rechtliche Gehör im Strafbefehls- und Strafverfügungsverfahren, JZ 1966, S. 660–669.

Aussagefreiheit und Beistand des Verteidigers im Ermittlungsverfahren. Rechtsvergleichende Beobachtungen zur Rechtsstellung des Beschuldigten, ZStW 79. Bd. (1967), S. 565–623.

Absehen von Strafe – Schuldspruch unter Strafverzicht. Rechtsvergleichende kriminalpolitische Bemerkungen, namentlich im Blick auf das DDR-Strafrecht, in: Festschrift für Reinhart Maurach, 1972, S. 257–273.

Resozialisierung in der Krise? Gedanken zum Sozialisationsziel des Strafvollzugs, in: Festschrift für Karl Peters, 1974, S. 505–518.

Aspekte eines Strafrechtlers zur Abtreibungsreform, in: Hofmann, Dietrich (Hrsg.), Schwangerschaftsunterbrechung. Aktuelle Überlegungen zur Reform des § 218, 1974, S. 117–177.

Strafrechtlicher Schutz des religiösen Friedens, in: Friesenhahn, Ernst und Scheuner, Ulrich (Hrsg.), Handbuch des Staatskirchenrechts der Bundesrepublik Deutschland, 1975, Bd. 2, S. 821–838.

Zwischen „Heiligkeit" und „Qualität" des Lebens. Zu Wandlungen im strafrechtlichen Lebensschutz, in: Festschrift zum 500jährigen Bestehen der Tübinger Juristenfakultät, 1977, S. 377–414.

Das Humanexperiment – Zu seiner Komplexität und Legitimität, in: Gedächtnisschrift für Horst Schröder, 1978, S. 191–215.

Die vorsätzlichen Tötungstatbestände, zusammen mit Hans-Georg Koch, ZStW 92. Bd. (1980), S. 491–560.

„Scheinwaffe" und „schwerer Raub" (§ 250 I Nr. 2, II StGB). Zugleich ein Beitrag zur Dogmatik des „minder schweren Falles", JZ 1981, S. 761–769, S. 821–825.

Ökologisches Recht, in: Markl, Hubert (Hrsg.), Natur und Geschichte, 1983, S. 349–396.

Ärztliche Aufklärung und Einwilligung des Patienten, besonders in der Intensivtherapie, in: Becker, Paul / Eid, Volker (Hrsg.), Begleitung von Schwerkranken und Sterbenden. Praktische Erfahrungen und wissenschaftliche Reflexion, 1984, S. 188–207.

Aktuelle Rechtsprobleme der Sterilisation, MedR 1984, S. 6–13.

Die Rechtsstellung des Beschuldigten und des Verletzten im Strafprozeßrecht der Bundesrepublik Deutschland, in: Jescheck, Hans-Heinrich / Kaiser, Günther und Eser, Albin (Hrsg.), Zweites deutsch-sowjetisches Kolloquium über Strafrecht und Kriminologie, 1985, S. 197–230.

Die Entwicklung des Internationalen Strafrechts im Lichte des Werkes von Hans-Heinrich Jescheck, in: Festschrift für Hans-Heinrich Jescheck, 1985, Bd. 2, S. 1353–1377.

Medizin und Strafrecht – Eine schutzgutorientierte Problemübersicht, ZStW 97. Bd. (1985), S. 1–46.

Sterbehilfe und Euthanasie in rechtlicher Sicht, in: Volker Eid (Hrsg.), Euthanasie oder Soll man auf Verlangen töten?, 1975, S. 45–70, 2. Aufl. 1985.

Recht und Humangenetik – Juristische Überlegungen zum Umgang mit menschlichem Erbgut, in: Schloot, Werner (Hrsg.), Möglichkeiten und Grenzen der Humangenetik, 1985, S. 185–209.

Freiheit zum Sterben – Kein Recht auf Tötung, JZ 1986, S. 786–795.

Rechtfertigung und Entschuldigung – Rechtsvergleichende Perspektiven / Justification and Excuse – Comparative Perspectives. Darin als Autor: Einführung aus deutscher Sicht, Bd. I, S. 1–8, Justification and Excuse. A Key Issue in the Concept of Crime, Bd. I, S. 17–65, Rechtfertigungs- und Entschuldigungsprobleme bei medizinischer Tätigkeit, Bd. II, S. 1443–1485, herausgegeben mit George P. Fletcher. 2 Bde, 1987/1988.

Gentechnologie und Recht: Der Mensch als Objekt von Forschung und Technik, in: Däubler-Gmelin, Herta / Adlerstein, Wolfgang (Hrsg.), Menschengerecht, 1986, S. 149–172.

Der Forscher als „Täter" und „Opfer". Rechtsvergleichende Beobachtungen zu Freiheit und Verantwortlichkeit von Wissenschaft und Technologie, in: Festschrift für Karl Lackner, 1987, S. 925–949.

Forschung mit Embryonen in rechtsvergleichender und rechtspolitischer Sicht, in: Günther, Hans-Ludwig / Keller, Rolf (Hrsg.), Fortpflanzungsmedizin und Humangenetik – Strafrechtliche Schranken?, 1987, S. 263–292, 2. Aufl. 1991.

Hundert Jahre deutscher Strafgesetzgebung. Rückblick und Tendenzen, in: Festschrift für Werner Maihofer, 1988, S. 109–134.

Der Arzt im Spannungsfeld von Recht und Ethik, in: Marquard, Odo / Seidler, Eduard / Staudinger, Hansjürgen (Hrsg.), Ethische Probleme des ärztlichen Alltags, 1988, S. 78–103.

Zur Renaissance des Opfers im Strafverfahren, in: Gedächtnisschrift für Armin Kaufmann, 1989, S. 723–747.

Sterilisation geistig Behinderter – Zur Reformdiskussion im Inland mit Blick auf das Ausland, in: Festschrift für Herbert Tröndle, 1989, S. 625–645.

Strafrecht in Staat und Kirche. Einige vergleichende Beobachtungen, in: Festschrift für Paul Mikat, 1989, S. 493–513.

Umweltschutz: Eine Herausforderung für das Strafrecht, in: Festschrift für Josef Maria Häußling, 1990, S. 76–97.

Irritationen um das „Fernziel". Zur Verwerflichkeitsrechtsprechung bei Sitzblockaden, in: Festschrift für Gerd Jauch, 1990, S. 35–53.

Deutsche Einheit – Übergangsprobleme im Strafrecht, GA 1991, S. 241–268.

Funktionswandel strafrechtlicher Prozeßmaximen – Auf dem Weg zur „Reprivatisierung" des Strafverfahrens?, ZStW 104. Bd. (1992), S. 361–397.

„Ärztliche Erkenntnis" und richterliche Überprüfung bei Indikation von Schwangerschaftsabbruch nach § 218a StGB, in: Festschrift für Jürgen Baumann, 1992, S. 155–181.

Gustav Radbruchs Vorstellungen zum Schwangerschaftsabbruch: Ein noch heute „moderner" Beitrag zur aktuellen Reformdiskussion, in: Festschrift für Günter Spendel, 1992, S. 475–501.

Misrepresentation of Data and Other Misconduct in Science: The German View and Experience, in: Cheney, Darwin (ed.), Ethical Issues in Research, 1993, S. 73–85.

Neue Wege der Gewinnabschöpfung im Kampf gegen die organisierte Kriminalität, in: Festschrift für Walter Stree und Johannes Wessels, 1993, S. 833–853.

Der „gesetzliche" Richter und seine Bestimmung für den Einzelfall, in: Festschrift für Hannskarl Salger, 1994, S. 247–271.

Beweisermittlung und Beweiswürdigung in vergleichender Perspektive. Einige überbrückende Betrachtungen zwischen „adversatorischem" und „inquisitorischem" System, in: Festschrift für Koichi Miyazawa, 1995, S. 561–569.

Laienrichter im Strafverfahren. Ein Vergleich zwischen inquisitorischem und adversatorischem System aus deutscher Sicht, in: Kroeschell, Karl / Cordes, Albrecht (Hrsg.), Vom nationalen zum transnationalen Recht, 1995, S. 161–181.

Entwicklung des Strafverfahrensrechts in Europa, ZStW 108. Bd. (1996), S. 86–127.

Rechtsgut und Opfer: Zur Überhöhung des einen auf Kosten des anderen, in: Festschrift für Ernst-Joachim Mestmäcker, 1996, S. 1005–1024.

„Defences" in Strafverfahren wegen Kriegsverbrechen, in: Festschrift für Otto Triffterer, 1996, S. 755–775.

Collection and Evaluation of Evidence in Comparative Perspective, Israel Law Review 31. Bd. (1997), S. 429–438.

Legal Aspects of Experimentation of the Living: A Comparative Survey, in: Noble, Denis / Vincent, Jean-Didier (eds.), The Ethics of Life. UNESCO Publishing. 1997, S. 125–155.

Verhaltensregeln und Behandlungsnormen. Bedenkliches zur Rolle des Normadressaten im Strafrecht, in: Festschrift für Theodor Lenckner, 1998, S. 25–54.

Funktionen, Methoden und Grenzen der Strafrechtsvergleichung, in: Festschrift für Günther Kaiser, 1998, 2. Halbbd., S. 1499–1530.

Zur Regelung der Heilbehandlung in rechtsvergleichender Perspektive, in: Festschrift für Hans Joachim Hirsch, 1999, S. 465–483.

Das „Internationale Strafrecht" in der Rechtsprechung des Bundesgerichtshofs, in: Roxin, Claus / Widmaier, Gunter (Hrsg.), 50 Jahre Bundesgerichtshof. Festgabe aus der Wissenschaft. Band IV: Strafrecht, Strafprozessrecht, 2000, S. 3–28.

Völkermord und deutsche Strafgewalt. Zum Spannungsverhältnis von Weltrechtsprinzip und legitimierendem Inlandsbezug, in: Festschrift für Lutz Meyer-Gossner, 2001, S. 3–31.

„Sozialadäquanz": eine überflüssige oder unverzichtbare Rechtsfigur? – Überlegungen anhand sozialüblicher Vorteilsgewährungen, in: Festschrift für Claus Roxin, 2001, S. 199–212.

Welches Strafrecht braucht und verträgt der Mensch? Einige Gedanken zu vernachlässigten Grundfragen, in: Festschrift für Klaus Lüderssen, 2002, S. 195–204.

Harmonisierte Universalität nationaler Strafgewalt: ein Desiderat internationaler Komplementarität bei Verfolgung von Völkerrechtsverbrechen, in: Festschrift für Stefan Trechsel, 2002, S. 219–236.

Internet und internationales Strafrecht, in: Leipold, Dieter (Hrsg.), Rechtsfragen des Internet und der Informationsgesellschaft, 2002, S. 303–326.

Auf der Suche nach dem mittleren Weg: Zwischen Fundamentalismus und Beliebigkeit, in: Festschrift für Rita Süssmuth, 2002, S. 117–139.

Auf dem Weg zu einem internationalen Strafgerichtshof: Entstehung und Grundzüge des Rom-Statuts, Zeitschrift des Bernischen Juristenvereins 139 (2003/1), S. 1–42.

Harmonization of Penal Sanctions in Europe: Comparative Typology of Convergences and Divergences, in: Delmas-Marty, Mireille / Giudicelli-Delage, Geneviève / Lambert-Abdelga-wad, Elisabeth (eds.), L'Harmonisation des sanctions pénales en Europe, 2003, S. 379–442.

Forschung mit humanen embryonalen Stammzellen im In- und Ausland, zusammen mit Hans-Georg Koch, in: Deutsche Froschungsgemeinschaft (Hrsg.), Forschung mit humanen embryonalen Stammzellen. Strafrechtliche Grundlagen und Grenzen, 2003, S. 37–207.

Das Rom-Statut des Internationalen Strafgerichtshofs als Herausforderung für die nationale Strafrechtspflege, in: Festschrift für Manfred Burgstaller, 2004, S. 355–373.

Perspektiven des Medizin(straf)rechts, in: Frisch, Wolfgang (Hrsg.), Gegenwartsfragen des Medizinstrafrechts. Portugiesisch-deutsches Symposium zu Ehren von Albin Eser in Coimbra, 2006, S. 9–31.

Interlokales „ne bis in idem" in Europa? Von „westfälischem" Souveränitätspathos zu europäischem Gemeinschaftsdenken, Mitautor Christoph Burchard, in: Festschrift für Jürgen Meyer, 2006, S. 499–524.

Zur Schlüsselrolle des Anklägers für die internationale Strafjustiz, in: Festschrift für Kay Nehm, S. 111–124.

Gedanken im Übergang, in: Albrecht, Hans-Jörg / Sieber, Ulrich (Hrsg.), Perspektiven der strafrechtlichen Forschung. Amtswechsel am Freiburger Max-Planck-Institut für ausländisches und internationales Strafrecht 2004, 2006, S. 21–34.

Vorzugswürdigkeit des adversatorischen Prozesssystems in der internationalen Strafjustiz? Reflektionen eines Richters, in: Festschrift für Heike Jung, 2007, S. 167–187.

The Nature and Rationale of Punishment, in: Cardozo Law Review 28 (2007), pp. 2427–2436.

Reflexionen zum Prozesssystem und Verfahrensrecht internationaler Strafgerichtsbarkeit, in: Festschrift für Klaus Tiedemann, 2008, S. 1453–1472.

Verteidigung in der internationalen Strafgerichtsbarkeit, in: Festschrift für Gunter Widmaier, 2008, S. 147–176.

Hans-Joachim Hirsch

# Hans Joachim Hirsch

## *I. Kindheit und Schulzeit*

Im Nachruf auf einen vor einigen Jahren verstorbenen Strafrechtsprofessor hieß es, daß aus seinem Geburtsort auch *Goethes* Mutter gestammt habe. Mit solchen ethnischen Vorgaben konnte mir meine Geburtsstadt Wittenberge nicht dienen. Sie ist nur als zwischen Berlin und Hamburg gelegener Eisenbahnknotenpunkt von Bedeutung. Daß ich dort geboren bin, hängt damit zusammen, daß zur Zeit meines Geburtstags, dem 11. April 1929, von Wittenberge aus die mittlere Elbe reguliert wurde und mein Vater damals als Regierungsbauassessor für die Reichswasserstraßenverwaltung dort tätig war. Die Familie stammt väterlicherseits an sich aus Lübeck und Hamburg. Mein Vater war allerdings bereits woanders aufgewachsen, nämlich in Aachen, wo mein Großvater Professor für Wasserbau an der Technischen Hochschule gewesen ist. Die Eltern meiner Mutter, eine geborene *Peitzsch*, stammten aus Thüringen und Nassau. Aufgewachsen ist meine Mutter indes in Verden a.d. Aller, einer Stadt, die auch in meinem Leben noch eine Rolle spielen sollte.

Der Beruf meines Vaters brachte es mit sich, daß wir häufig den Wohnsitz zu wechseln hatten. Im Jahre 1932 wurde mein Vater nach Berlin ins Reichsverkehrsministerium versetzt, vier Jahre später nach Emden und 1938 nach Stettin, wo er Leiter des Wasserstraßenamts gewesen ist. Für meine Mutter und meine Geschwister – ich bin das älteste von vier Kindern – schloß sich 1943 die Evakuierung nach Pasewalk an. Nach dem Kriege lebte die Familie zunächst in Verden a.d. Aller, dann in Hannover und später in Koblenz.

Während des Dritten Reiches, das ich jedenfalls von 1935, dem Jahre meines Schulbeginns, an bewußt miterlebt habe, war die Familie ständig mit der Vermutung konfrontiert, jüdisch zu sein, da der Name Hirsch unter Juden verbreitet war. Kamen wir Kinder in eine andere Schule oder Klasse, war eine der ersten Fragen: „Bist Du Jude?" Mein Vater, der von einem verstorbenen Onkel familiengeschichtliche Unterlagen geerbt hatte, konnte damals anhand einer Inschrift auf einer im Lübecker Dom befindlichen Grabplatte nachweisen, daß wir nicht unter die NS-Rassegesetzgebung fielen. Auf der Inschrift ist als Name zu lesen: „Hanß Hinrichsen, dictus Hirsch". Man vermutet, daß der Name sich von der Bezeichnung eines damaligen Lübecker Hauses herleitet.

Den Nationalsozialisten stand die Familie auch sonst mit Distanz gegenüber: mein Vater, der ganz in seinem Ingenieurberuf aufging, wohl vor allem aus Abneigung gegenüber Ideologien und Desinteresse an Politik. Erst als *Hitler* sich im Jahre 1940 nach dem erfolgreichen Frankreichfeldzug auf dem Höhepunkt der Herrschaft befand, blieb ihm mit Rücksicht auf die Familie nichts anderes übrig, als der Partei beizutreten. Und das kam so: Es erschien eines Tages der Betriebsobmann der Deutschen Arbeitsfront – der Funktion nach einem heutigen Betriebsrat vergleichbar – in seinem Dienstzimmer und erklärte, daß es für die Belegschaft nicht länger tragbar sei, einem Behördenleiter zu unterstehen, der nicht der Partei angehöre. Falls er nicht unverzüglich den Beitritt beantrage, werde das Konsequenzen haben, die nicht näher erläutert zu werden brauchten.

Meine Mutter interessierte sich stärker für Politik. Ihr Vater ist neben seinem Beruf als Vermessungsdirektor zeitweilig Stadtratsabgeordneter der Deutschen Volkspartei gewesen. Die Nazis verabscheute sie als „Straße“ und deren Führungsschicht als Ansammlung von verkrachten Existenzen. Andererseits räumte auch sie ein, daß *Hitler* die Arbeitslosigkeit beseitigt und der deutschen Bevölkerung, soweit sie sich nicht offen gegen das Regime wandte oder unter die Rassengesetzgebung fiel, bis 1939 wieder einige als gut empfundene Jahre gebracht hatte. Die Sorgen begannen mit der Sudetenkrise im Herbst 1938. Ich erinnere mich, mit welcher Erleichterung meine Eltern damals den Nichtausbruch eines Krieges empfanden. Der Erste Weltkrieg mit seinen verlustreichen Schlachten und den Hungerjahren in der Heimat von 1916 an hatte sich als furchtbare Erinnerung tief in das Volksbewußtsein eingegraben. Sehr oft war in unserer Familie von den drei gefallenen Brüdern meines Vaters und der schweren Kriegsverletzung meines Großvaters mütterlicherseits die Rede. Mehr noch wurde die Erinnerung an den Ersten Weltkrieg für uns Kinder aktuell, wenn wir bei Tisch unsere Teller nicht aufessen wollten. Sofort kam meine Mutter auf jene Hungerjahre zu sprechen und ließ uns nicht eher aufstehen, bis alles aufgegessen war, auch wenn wir das betreffende Essen nicht mochten.

Im Unterschied zu 1914 sind 1939 nur sehr wenige begeistert in den Krieg gezogen. Ich erinnere mich an den 1. September 1939 in Stettin. Von der Schule wurden wir an dem Tag wieder nach Hause geschickt, weil mehrere Lehrer zum Militärdienst einberufen waren, und als ich mit dem Fahrrad durch die Stadt fuhr, sah man dort keine jubelnden oder gar Fähnchen schwingende Menschen, sondern viele ernste Gesichter. Zwar bestand in der Bevölkerung schon seit der Weimarer Zeit weitgehend Einigkeit darüber, daß der 1919 diktierte Friedensvertrag von Versailles revisionsbedürftig war. Das „Unrecht von Versailles“ ist während meiner ganzen Kindheit ein aktuelles Thema in Familie, Schule und Presse gewesen. Es arbeitete der Außenpolitik der Nazis in die Hände. Gleichwohl wünschte eine kriegerische Revision nur eine Minderheit.

Der Kriegsausbruch war für mich bis zum Jahre 1942 noch wenig spürbar. Dann aber begannen die nächtlichen Luftangriffe, die dazu zwangen, einen Teil der Nacht im Luftschutzkeller zu verbringen, und die Sorge ums Überleben aufkommen ließen. Auch wurden wir Schüler im Herbst 1942, dreizehn Jahre alt, zum „Ernteeinsatz“ (Kartoffelernte) nach Hinterpommern transportiert. Wir mußten auf einem Gut zusammen mit polnischen Zwangsarbeitern bei Wind und Wetter hart arbeiten – und das bei miserabler Verpflegung. Seither habe ich Ressentiments gegenüber ostelbischen Großagrariern, bin mir aber bewußt, daß wir vielleicht nur einer schlechten Adresse zugeteilt waren. Im Sommer 1943 wurden dann Mütter und Kinder wegen der Luftangriffe aus Stettin evakuiert. Meine Mutter kam mit uns Kindern in das 40 km westlich gelegene Pasewalk, wo wir auf engem Raum einquartiert wurden. Trotz Stalingrad konnte sich noch kaum jemand vorstellen, daß die Russen Anfang 1945 hier sein würden, obwohl nach dem Kriegseintritt der USA nur ein Wunder die Kriegslage hätte wenden können. Das sich nähernde Ende trat dann im Spätsommer 1944 ins Blickfeld. Nach den Sommerferien begann der Schulunterricht nicht wieder, sondern alle über vierzehnjährigen Jugendlichen wurden zum Schanzen an den „Ostwall“ verfrachtet. In der Nähe von Schneidemühl, nicht weit entfernt der polnischen Grenze von 1919, bauten wir Stellungen, und zwar bis Mitte Dezember des Jahres. Im Januar 1945 schloß die Schule dann endgültig, weil das Gebäude als Lazarett benötigt wurde. Ich kam zum Volkssturm, konnte aber in Pasewalk bleiben. Bald darauf näherten sich die Russen der Oder. Meine Mutter gelangte noch mit meinen jüngeren Geschwistern nach langer abenteuerlicher Bahnfahrt nach Verden a.d. Aller, wo meine Großmutter mütterlicherseits wohnte. Ich mußte als Fünfzehnjähriger in Pasewalk allein zurückbleiben. Vor ihrer Abreise hatte ich meiner Mutter zu versprechen, alles daran zu setzen, heil davonzukommen. Treffpunkt der Familie sollte Verden sein. Der Rekrutierung zur Waffen-SS entging ich auf die Weise, daß ich bei dem Aufmarsch zur Eintragung in ausliegende „Freiwilligen“-Listen mich zu Beginn der Zeremonie zur Toilette begab und mich erst anschließend wieder in die Einheit einordnete. Die SS galt bei uns zu Hause als Organisation, mit der man nichts zu tun haben wollte. Zwischenzeitlich bekam ich Kontakt mit meinem Vater, der als Wasserbaufachmann seit Mitte des Krieges der Organisation Todt zugewiesen war und sich im Hauptquartier der nördlichen Heeresgruppe aufhielt.

Am 25. April 1945 setzten die Russen südlich von Stettin über die Oder und bombardierten Pasewalk mit Spreng- und Brandbomben. Wir Volkssturmleute waren bis tief in die Nacht mit Löscharbeiten befaßt. Am nächsten Morgen wurden wir zur Kreisleitung der NSDAP beordert, um auf deren Hof die Mitgliederkarteien zu verbrennen. Als wir in die Einsatzzentrale zurückgekehrt waren, erschien dort – in einer Pause zwischen ständigen Luftangriffen – plötzlich mein Vater, um mich noch aus Pasewalk herauszuholen. Das Hauptquartier war bereits im 60 km westlich gelegenen Neubrandenburg. Er brauchte mich nicht zum Mitkommen zu überreden. Nach Anbruch der Dunkelheit schlichen wir mit dem Fahrrad aus der Stadt und kamen am nächsten Morgen nach äußerst dramatischer Fahrt in Neubrandenburg an. Diese fürsorgliche Tat meines Vaters, der zurück in Richtung des russischen Vormarsches gefahren war, um seinen soeben erst 16 Jahre alt gewordenen Sohn nicht dem Schicksal zu überlassen, habe ich ihm nie vergessen. Wir bekamen dann von der Wehrmacht Entlassungsstempel in unsere Wehrpässe, so daß wir jedenfalls von deutscher Seite nichts mehr zu befürchten hatten und fuhren alsbald mit unseren Fahrrädern weiter Richtung Westen. Hinter Güstrow gerieten wir in den Einzugsbereich amerikanischer und britischer Tiefflieger. Sie schossen auf alles, was sich auf der Straße bewegte; in bleibender Erinnerung geblieben ist mir ein schrecklich zerschossener Flüchtlingstreck. Unser nächstes Ziel war Ludwigslust, wo eine Tante wohnte, und von dort sollte es weiter zur Elbe gehen. Am 1. Mai waren wir soeben in Ludwigslust angekommen, als die Amerikaner dort einmarschierten. Die Erleichterung währte jedoch nur kurze Zeit. Nach wenigen Stunden hieß es, daß die Stadt am Abend den Russen übergeben würde. Um unbehelligt aus ihr herauszukommen, ließen wir unsere Fahrräder zurück und wurden von den in einer endlosen Fahrzeugkolonne in Richtung Hamburg in die Gefangenschaft strömenden Resten der deutschen Wehrmacht mitgenommen. Dieser Rückzug spielte sich in ziemlicher Panik ab, da die Parole ausgegeben war, daß an die Russen ausgeliefert würde, wer nicht bis zum Mittag des nächsten Tages bei Lauenburg den Elbe-Lübeck-Kanal überquert habe, also die Stelle, in deren Nähe die künftige Grenze zwischen dem russischen und dem britischem Besatzungsgebiet verlief. Um nicht mit der Wehrmacht in Gefangenschaft zu geraten, machten wir uns einige Kilometer vor der Kanalbrücke wieder selbständig und erreichten die britischen Kontrollen, von denen wir als Zivilisten durchgelassen wurden. Die Demoralisierung auch dieser Armee überraschte uns allerdings. Allen Passanten wurden die Wertsachen, nämlich Eheringe und Uhren, abgenommen. Mein Vater erkannte die Situation glücklicherweise rechtzeitig, so daß wir unsere Uhren und er den Ehering in den Schuhen verstecken konnten. Sonst hatten wir ohnehin nur unsere Rucksäcke mit elementarer „Reiseausrüstung“ bei uns. Von nun an waren wir nur noch zu Fuß unterwegs. In Lüneburg hatten die Engländer in der Hauptstraße in einem Schaufenster große Fotos ausgestellt, auf denen die Leichenberge zu sehen waren, die sie in dem KZ Bergen-Belsen vorgefunden hatten. Mein Vater und ich hielten damals die Bilder zunächst für Greuelpropaganda. Die Zustände in den KZ-Lagern und die Vernichtung der Juden waren vor der Bevölkerung geheim gehalten worden. Und sollte jemand etwas davon erfahren haben, hatte er allen Anlaß, eine solche Information für sich zu behalten, da die dem Reichsführer der SS unterstehende Gestapo ihn sonst selbst in einem KZ hätte verschwinden lassen. Im übrigen wird man hinsichtlich des die damalige menschliche Vorstellungskraft überschreitenden Hyperverbrechens der „Endlösung der Judenfrage“ zu berücksichtigen haben, daß die deutsche Bevölkerung in den letzten Kriegsjahren praktisch nur noch mit dem weiteren Schicksal von sich selbst, der eigenen Familie und der nächsten Umgebung befaßt war. Es blieb daher wenig Raum für Gedanken über den Verbleib anderer.

Nach mehrtägigem Fußmarsch durch die Lüneburger Heide kamen wir schließlich am 8. Mai in Verden a.d. Aller an, wo wir die übrige Familie, von der wir seit Wochen nichts gehört hatten, lebend vorfanden.

Die Besatzungsmächte wurden auch im Westen zunächst nicht als Befreier empfunden. Man war nur froh, daß der Krieg zu Ende war. Das Kriegsziel der Alliierten war die Niederlage Deutschlands und nicht lediglich die Beseitigung der Naziherrschaft. Deshalb war man auf alliierter Seite auch nicht in Kontakt zum deutschen Widerstand getreten und hatte bereits 1943 in Casablanca die bedingungslose Kapitulation Deutschlands zur einzigen Option für einen Friedensschluß erklärt. Eine Befreiung bedeutete aber natürlich der deutsche Zusammenbruch für die Vielzahl von politisch Unterdrückten, rassisch Diskriminierten, alle leidenden politischen Häftlinge und die Verschleppten. Erst nach und nach setzte sich im Volk die Erkenntnis durch, daß mit der Beseitigung der nationalsozialistischen Diktatur der Weg zu einem freiheitlichen und damit besseren Staatswesen eröffnet worden war. Für absurd habe ich es jedoch immer angesehen, wenn ideologisch verrannte oder opportunistische Politiker in die Einschätzung des Zusammenbruchs als nationale Befreiung auch das Geschehen im Osten einbezogen haben. Das Morden, Verschleppen und Vergewaltigen durch die Rote Armee, ebenso wie die Vertreibung von Millionen Menschen und die Etablierung eines neuen Unrechtsregimes waren alles andere.

Da in Verden erst Anfang Januar 1946 der Schulunterricht wieder aufgenommen wurde, arbeitete ich zunächst auf einem Bauernhof in der Lüneburger Heide in der Landwirtschaft. Auf diese Weise hatte ich keine Ernährungsprobleme und konnte auch meiner Familie das eine oder andere zukommen lassen. Seither fällt mir frühes Aufstehen nicht schwer; jeden Morgen waren um halb sechs die Pferde zu füttern und zu putzen.

Als die Schule dann wieder begann, hatte ich fast eineinhalb Jahre keinen Unterricht gehabt. Die Lücken waren daher riesig. Wir Schüler strengten uns außerordentlich an, Versäumtes nachzuholen. Mit großer Dankbarkeit erinnere ich mich an den Lehrkörper des ehrwürdigen Verdener Domgymnasiums, einer Schule, die übrigens 2002 ihr 1000-jähriges Jubiläum beging. Unsere Lehrer taten alles Erdenkliche, um uns auf das normale Niveau der Oberstufe zu bringen, sei es durch nachmittägliche Kurse, sei es durch Lesekreise in ihren Wohnungen. Von heutiger, durch gewerkschaftliche Vorstellungen angekränkelter Berufseinstellung großer Teile der Lehrerschaft war man gottlob noch weit entfernt. Als ich im Frühjar 1948 das Abitur ablegte, hatte die Oberprima einen Wissensstand, der in etwa den Maßstäben entsprach, die vor dem Kriege galten. Vergleiche ich ihn mit dem, der später meinen Kindern und meinen Studenten im Bundesland Nordrhein-Westfalen vermittelt worden ist – sogar in dreizehn und nicht wie damals zwölf Schuljahren – ist das Niveaugefälle bestürzend. Der Sozialschaden, der durch die Schulpolitik seit Ende der 60er Jahre des vergangenen Jahrhunderts angerichtet worden ist, erscheint mir manchmal größer als der, mit dem sich das Strafrecht befaßt.

Die Wahl des Studienfachs ist für mich nicht einfach gewesen. Im letzten Zeugnis vor dem Abitur war meiner Angabe entsprechend vermerkt: „Hirsch will Jura studieren“. Nähere Vorstellungen von dem Fach hatte ich allerdings nicht. Wenn man sich in meiner Familie und Verwandtschaft umschaute, handelte es sich um Ingenieure und Architekten. Einen Juristen gab es bis dahin nicht. Mich motivierte wohl die mit dem Fach Jura verbundene Breite späterer beruflicher Möglichkeiten. Ich hatte zudem kein spezielles Schulfach, das eine Präferenz beanspruchte, sondern erzielte über die Breite der Fächer erfreuliche Noten. So interessierte ich mich auch in gleicher Weise für alle Gebiete, die als zuverlässige Voraussetzungen für das Jurastudium genannt werden, nämlich Mathematik, Deutsch, Geschichte und Latein. Aber ich war mir mangels genauerer Information nicht sicher, ob es die richtige Wahl sein würde. Mein Vater hätte es gerne gesehen, wenn ich wie er und mein Großvater Bauingenieurwesen mit dem Schwerpunkt Wasserbau studiert hätte, und mein Mathematiklehrer beschwor mich, Mathematik oder doch jedenfalls ein naturwissenschaftliches Fach zu wählen. Beide Ratgeber wiesen auf die damals ungewisse Zukunft Deutschlands hin. Es war ja noch vor der Währungsreform. Technische und naturwissenschaftliche Fächer eröffneten im Unterschied zu Jura zumindest die Chance, künftig im Ausland sein Glück zu suchen. Da die Bewerbungsfrist für das damals überall dem Numerus clausus unterliegende Studium bereits für das Sommersemester verstrichen war, ließ sich die Entscheidung noch bis zum Winter hinausschieben. Ich ging zunächst an die TH Karlsruhe, um dort ein Aufbausemester zu absolvieren, das für die Zulassung zum Bauingenieurstudium im Wintersemester Voraussetzung war. Meine Tätigkeit ist die eines Bauhilfsarbeiters gewesen, der die Steine des bei einem Bombenangriff zerstörten Instituts für Wasserbau wieder so herzurichten hatte, daß sie beim Wiederaufbau verwendet werden konnten. Die damals zunächst katastrophale Ernährungslage besserte sich glücklicherweise nach der Währungsreform.

In Karlsruhe war es mir gelegentlich möglich, schon Vorlesungen zu besuchen. Dabei wurde mir bald klar, daß das Studienfach Bauingenieurwesen nicht das richtige für mich sein würde. Mit dem Beginn des Wintersemesters 1948/1949 begann ich deshalb das juristische Studium in Göttingen, das mir schnell zusagte. Meine heutigen wissenschaftlichen Gegner werden die damalige Entscheidung vielleicht bedauern, aber ich selbst habe sie nie bereut.

Mit ihr begann der im Mittelpunkt dieser Autobiographie stehende Werdegang als Jurist. Den Leser bitte ich um Nachsicht, daß ich ihn bis zu dieser Stelle mit Einzelheiten meiner Vita behelligt habe, die sich noch vor meinem Juristenleben ereignet haben. Im Rückblick möchte ich aber sagen, daß die wohl dramatischste und ereignisreichste Phase meines Lebens bereits die zwischen meinem vierzehnten und siebzehnten Lebensjahr gewesen ist. Alles Außergewöhnliche hat sich in diesem Zeitraum ereignet. Die damaligen Eindrücke haben mich nicht wenig geprägt, meine künftige Lebenseinstellung und Weltsicht sind ohne sie nicht zu erklären.

## *II. Vom Studium bis zur Habilitation*

Göttingen ist nach dem Kriege für einige Jahre so etwas wie das geistige Zentrum Deutschlands gewesen. Stadt und Universität waren unzerstört, so daß die aus Ost- und Mitteldeutschland vertriebenen oder geflohenen Professoren vielfach hier ihre erste Bleibe fanden, und ohnedies verfügte die Universität bereits über einen ausgezeichneten Lehrkörper. Ich hörte bei so namhaften Juristen wie *Paul Bockelmann*, *Günter Beitzke*, *Werner Flume*, *Rudolph Smend*, *Werner Weber*, *Hans Welzel* und *Franz Wieacker* Vorlesungen. Auch bot die Universität ebenfalls in den anderen Fakultäten viel Interessantes, zu dem es einen hinzog. So habe ich während meiner Göttinger Semester regelmäßig morgens um acht Uhr die wöchentlich vierstündige Vorlesung des Historikers *Hermann Heimpel* besucht. Auch in der Ethik-Vorlesung von

*Nicolai Hartmann* gehörte ich zu den Zuhörern. In Göttingen herrschte damals ein sehr lebendiges geistiges Leben, wie ich es später nie wieder an Universitäten vorgefunden habe. Die Erklärung dafür war neben dem hervorragenden Lehrkörper die Zusammensetzung der Studentenschaft, die überwiegend aus Kriegsteilnehmern bestand und deshalb einen großen geistigen Nachholbedarf empfand und die dementsprechende Aufnahmebereitschaft mitbrachte. Verbunden war dies mit einer durch das Kriegserlebnis bewirkten fortgeschrittenen Reife. Man war begierig auf den geistigen Neuanfang, aber auch selbstbewußt genug, um als im positiven Sinne kritische Studentengeneration gelten zu können.

Die äußeren Studienbedingungen waren allerdings nicht die besten. In meinem ersten (Winter-)Semester hatte ich in Göttingen nur ein unheizbares Zimmer. Bücher gab es im Buchhandel kaum. Wir kauften sie daher nach Möglichkeit älteren Semestern ab. Bei einem Göttinger Lehrbuchverfasser, der im wesentlichen in den Vorlesungen sein Buch vortrug, fanden sich dann am Rande des erworbenen Buchexemplars handschriftliche Vermerke wie der: „Hier pflegt J. v. G. einen Witz zu machen“. Und so war es dann auch.

Mir erschien es trotz aller Vorzüge Göttingens etwas zu einseitig, mein gesamtes Studium dort zu verbringen. Das Studium war zu jener Zeit noch eine Chance des Lebens, durch Wechsel des Studienorts andere Städte und Landstriche Deutschlands näher kennenzulernen; denn die spätere allgemeine Mobilität gab es noch nicht. Ich beschloß daher, für zwei Zwischensemester, mein drittes und viertes, nach Heidelberg zu gehen. Dazu mußte man damals einen Tauschpartner an der angestrebten Universität finden, der mit einem nicht nur den Studienplatz, sondern auch die Unterkunft tauschte. In Heidelberg, ebenfalls im Kriege unzerstört, fand ich wie in Göttingen hervorragende Professoren vor. Besonders in Erinnerung geblieben sind mir *Karl Engisch*, *Walter Jellinek*, *Wolfgang Kunkel*, *Eugen Ulmer* und *Eberhard Schmidt*. Im vierten Semester belegte ich erstmalig ein Seminar, und zwar bei *Engisch*, dessen Vorlesung und Übung mir gut gefallen hatten. Ich ahnte nicht, daß ich damit eine entscheidende Weiche für mein weiteres Leben stellte. Thema des Seminars war *Bockelmanns* Schrift über Täterschaft und Teilnahme. Ich war damals – trotz meiner Göttinger Anfänge – noch nicht von der Richtigkeit der personalen Unrechtslehre überzeugt. Die Ablehnung durch *Engisch* und die damalige herrschende Meinung gaben Anlaß, mich für das Problem näher zu interessieren. Deshalb nahm ich, vom fünften Semester an wieder in Göttingen, dort am Seminar von *Welzel* teil. Ich hielt ein Referat über die Akzessorietät der Teilnahme, das offenbar *Welzels* fachliches Interesse an mir geweckt hat. In dem Seminar erlebte ich außerordentlich fesselnde Diskussionen, und mich faszinierte, wie *Welzel* an dogmatische Probleme heranging und mit welcher Unerbittlichkeit er unklarem Denken und entsprechenden Argumentationen entgegentrat.

Meine juristische Arbeitsweise ist auch von dem Zivilrechtler *Wolfgang Siebert* erheblich beeinflußt worden. Er war gegen Ende meines Studiums wegen seiner NS-Belastung noch nicht wieder im Amt und hielt sich mit einem exzellenten Examensrepetitorium über Wasser. Der Besuch eines Repetitoriums vor dem Examen – aber auch erst dann – ist meines Erachtens von erheblichen Nutzen, um dort durch den Vergleich mit den anderen Teilnehmern den eigenen Leistungsstand zu testen. Im Unterschied zu heute war man damals auf private Einrichtungen angewiesen. *Siebert* war ein Pädagoge von hohen Graden und ein Wissenschaftler, der durch glasklare Analysen beeindruckte. Ich habe über die Examensvorbereitung hinaus viel von ihm für meine spätere Lehrtätigkeit und meine wissenschaftliche Arbeit gelernt.

Vor meinem Staatsexamen bei dem für Göttingen zuständigen OLG Celle wurde *Welzel* an die Universität Bonn berufen. Da sich sein Umzug noch etwas hinzog, hing eines Tages an der Tür des Göttinger Juristischen Seminars ein kleiner handschriftlich beschriebener Zettel, auf dem er uns Studenten mitteilte, daß am Vortag der Große Strafsenat des BGH die Beachtlichkeit des Verbotsirrtums anerkannt und dabei die von ihm geforderte Schuldtheorie übernommen hatte. Mit diesem Sieg über die herrschende Lehrmeinung, dem ein jahrelang die strafrechtliche Debatte beherrschender Streit vorausging, erreichte *Welzel* den Höhepunkt seiner wissenschaftlichen Erfolge. Ich hatte bis zum Ende seiner Göttinger Tätigkeit weiter regelmäßig sein Seminar besucht. Er bot mir beim Weggang an, mich in Bonn nach meinem Examen als Doktorand anzunehmen. Von dem Examen ist mir in Erinnerung geblieben, daß ich in einen der beiden Termine geriet, die jährlich nicht in Celle, sondern in Göttingen stattfanden. Zu ihnen konnten alle Examenssemester als Zuschauer erscheinen, weshalb man sie auch „Schauprozeß" nannte. Ich saß am Anfang der Kandidatenreihe und wurde als erster gefragt. Die von dem BGB prüfenden Professor *N.*, der kurz vor der Emeritierung stand, gestellte Frage lautete: „Herr Hirsch, weshalb werden Sie Vater?" Ich war völlig überrascht, da ich die Gründung einer Familie noch nicht ins Auge gefaßt hatte, und suchte die Antwort auf die offensichtlich juristisch gemeinte Frage im Familienrecht, erntete aber nur Kopfschütteln. Als auch die übrigen fünf Kandidaten nicht beantworten konnten, weshalb ich Vater würde, schlug *N.* mit der Faust auf den Tisch und sagte: „Um sein Vermögen zu vererben!" Abgesehen davon, daß mein „Vermögen" nur aus einer monatlichen Unterstützung durch meine Eltern bestand, mit der ich gerade die Kosten für mein Zimmer und die Mensa decken konnte, wirkte diese Erklärung auf die zahlreichen Zuhörer so erheiternd, daß ein homerisches Gelächter ausbrach. Darauf schlug *N.* unwirsch ein zweites Mal auf den Tisch und bemerkte: „Na, heute ist es wohl nicht mehr so!“ Wohl dank der anderen Prüfer und der schriftlichen Arbeiten endete das Examen für mich dann aber doch mit einem schönen Ergebnis. Ich teilte *Welzel* den Ausgang mit, worauf er mir auf einer Postkarte erfreut vorschlug, eine Dissertation über die Lehre von den negativen Tatbestandsmerkmalen zu schreiben.

Ich hatte sofort nach dem Examen den Referendardienst begonnen, und zwar bei einem kleinen Amtsgericht in der Nähe von Hannover. In Hannover wohnten damals meine Eltern und Geschwister. Der noch dreieinhalbjährige Referendardienst beließ einem Zeit für das gleichzeitige Arbeiten an einer Dissertation. Außerhalb einer Universitätsstadt fehlte mir jedoch die erforderliche Literatur, weshalb ich am Ende des ersten Ausbildungsabschnitts im Frühjahr 1953 als Gastreferendar nach Bonn wechselte. Dort war ich gleichzeitig Korrekturassistent bei *Welzel* und besuchte sein Seminar.

Für eine Doktorarbeit war das Thema zum damaligen Zeitpunkt eigentlich etwas zu umfangreich. Es ging darum, den bis dahin nachwirkenden formalen Tatbestandsbegriff *Belings* mit materiellem Inhalt anzufüllen, dabei aber gleichzeitig ihn als Verbotsmaterie folgerichtig zu umgrenzen und zu verhindern, daß er unter dem Einfluß von Problemen der Irrtumslehre nicht mehr von den Rechtfertigungsgründen getrennt wurde. Von der Irrtumslehre her gesehen verband sich damit die Frage, ob bei der im Gefolge der personalen Unrechtslehre stattfindenden Verlagerung des Vorsatzes in den Unrechtstatbestand nicht auch der Erlaubnissachverhaltsirrtum (z.B. die Putativnotwehr) der Unrechtsebene zuzuordnen ist. Das Buch erforderte mehr Zeit als ich veranschlagt hatte, so daß ich mich von der Referendarausbildung zeitweilig beurlauben ließ, um nicht mit der Vorbereitung auf das Zweite Staatsexamen in Kollision zu geraten. Als ich die Dissertation schrieb, schlugen mich die Probleme in ihren Bann. Das Ziel, Universitätsprofessor zu werden, hatte ich aber noch nicht. Die Arbeit veranlaßte jedoch *Welzel* dazu, mir nach erfolgreichem Abschluß des Promotionsverfahrens die Habilitation vorzuschlagen. Das war damals für einen jungen Juristen eine außerordentliche Auszeichnung. Dies um so mehr, als der Beruf des Universitätsprofessors noch in der Gesellschaft in höchstem Ansehen stand. Die Entscheidung brauchte ich aber erst nach dem Zweiten Staatsexamen zu treffen. Dieses endete dann (1957) ebenfalls für mich sehr erfreulich, so daß mir nun alle juristischen Berufe offenstanden.

Ich entschied mich damals zunächst gegen die Hochschullehrerlaufbahn. Das hatte drei Gründe: Zum einen behagte mir die zu jenem Zeitpunkt in der Bonner Rechtswissenschaftlichen Fakultät herrschende Atmosphäre wenig. Es gab auffällige persönliche Gegensätze, die sich bis zu den Assistenten fortsetzten. Auch befanden sich die beiden Strafrechtler in einem Dauerkonflikt miteinander. Zweitens spielte eine Rolle, daß mein Bild des Universitätsprofessors durch die jahrelange Tätigkeit bei *Welzel* geprägt war und ich deshalb das Gefühl hatte, daß dieser Schuh doch zu groß und zu anspruchsvoll für mich sei. Und drittens wollte ich etwas Neues anfangen, wobei ich an eine Tätigkeit als Wirtschaftsjurist mit Auslandsbezug dachte.

Nachdem ich die redaktionellen Vorbereitungen der Veröffentlichung meiner Dissertation abgeschlossen hatte, ging ich 1959 mit einem DAAD-Stipendium zur London School of Economics nach England. Während dieses halbjährigen Aufenthalts entwickelte sich ein enger Kontakt mit *Max Grünhut*, so daß die Verbindung mit dem Strafrecht doch nicht abriß. *Grünhut* war als deutscher Emigrant am All Souls College in Oxford tätig. Er kannte mich, weil er regelmäßig im Sommersemester eine Gastprofessur in Bonn wahrnahm. Von mir wird er außerordentlich verehrt. Das Schicksal hat dieser noblen Persönlichkeit hart zugesetzt. Wegen jüdischer Abstammung verlor er 1935 seinen Bonner Strafrechtslehrstuhl. Bis zum Sommer 1939 wohnten er und seine Frau weiterhin in Bonn. Dort kümmerte sich fast niemand mehr um ihn. Nach England emigriert, wurde er wegen des kurz darauf erfolgenden Kriegsausbruchs als feindlicher Ausländer interniert. Als der Krieg vorbei war, erhielt er einen Ruf zur Rückkehr an die Universität Bonn. Er hätte ihn sehr gerne angenommen, lehnte ihn dann aber ab, weil seine Frau sich weigerte, deutschen Boden je wieder zu betreten. Die zu seinem 70. Geburtstag in Deutschland geplante Festschrift kam wegen eines kleinlichen Streits über die Herausgeberschaft nicht rechtzeitig zustande. Da der Jubilar bald darauf starb, erschien dann nur noch eine schmale Gedenkschrift. Ich berichte so eingehend über *Max Grünhut*, weil er zu den menschlich beeindruckendsten Persönlichkeiten gehört, die mir in meinem akademischen Leben begegnet sind. Während meines Aufenthalts hat er mich in London und Oxford geradezu väterlich betreut, und auch anderen deutschen Stipendiaten ist er in England mit Rat und Tat behilflich gewesen.

Zurückgekehrt nach Bonn übernahm ich eine Stelle in der Abteilung Außenwirtschaft des Bundesministeriums für Wirtschaft und wurde Regierungsassessor. Die Tätigkeit war nicht uninteressant, weil ich dem Ostblockreferat zugeteilt wurde, das damals wegen fehlender diplomatischer Beziehungen (Hallstein-Doktrin) gleichzeitig die bundesdeutschen Interessen gegenüber den sowjetischen Satellitenstaaten wahrnahm. Auf die Dauer wurde mir aber klar, daß das Entwerfen von Briefen – die anschließend die Hierarchie des Ministeriums bis zu dem am Ende in der Sache Zeichnungsberechtigten zu durchlaufen hatten –, meinen juristischen Neigungen nicht entsprach. *Welzel* hatte diesen Eindruck wohl auch; denn beim Freiwerden einer Assistentenstelle fragte er bei mir an, ob ich mich nicht doch habilitieren wolle. Zunächst war die Angelegenheit aber mit meiner Frau zu besprechen. Ende 1960 hatten *Rosemarie von Schmiedeberg* und ich geheiratet. Sie hatte sich nach ihrem juristischen Assessorexamen eigentlich nicht die entsagungsvolle Zeit einer Ehefrau eines Habilitanden vorgestellt, war aber bereit, die schwierigen Jahre bis zur Habilitation und dem ersten Ruf auf sich zu nehmen. Die Rolle der Professorenfrau hat sie später hervorragend ausgefüllt. Sie wurde gewissermaßen zum Außenminister der Familie, deren Mittelpunkt sie bis heute ist. Ich habe ihr nicht zuletzt dafür zu danken, daß sie sich unter Verzicht auf berufliche Tätigkeit ganz der Familie, insbesondere dem Aufwachsen unserer beiden Kinder, gewidmet und mir damit den Rücken freigehalten hat für meine wissenschaftliche Arbeit. Mit einem Professor verheiratet zu sein, ist nicht einfach, weil die besten wissenschaftlichen Einfälle leider häufig zu einem für Frau und Familie ungünstigen Zeitpunkt kommen.

Ich kehrte also an die Bonner Universität zurück. Dies auch mit dem Empfinden, daß sich durch Emeritierung und Neuberufungen die Zusammensetzung des Lehrkörpers und die Atmosphäre verändert hatten. Habilitand auf der anderen Assistentenstelle war *Gerd Geilen*, den ich schon damals persönlich und fachlich sehr schätzte.

Bei der Wahl des Themas der Habilitationsschrift ging es darum, sich in einem anderen Bereich des Strafrechts als dem des Allgemeinen Teils, aus dem mein Dissertationsthema stammte, auszuweisen. Damals war seit dem Herrenreiter-Urteil des Großen Zivilsenats des BGH das allgemeine Persönlichkeitsrecht eine stark ins Blickfeld getretene Problematik, die lebhaft im Zivilrecht debattiert wurde. Die Diskussion wurde extensiv geführt, so daß der strafrechtliche Ehrenschutz in diese Schutzeuphorie hineingezogen zu werden drohte. Das Strafgesetzbuch war hinsichtlich der Tatbestandsmerkmale der Beleidigungsdelikte – wie noch heute – sehr sparsam. Der Ehrbegriff und der Begriff der Beleidigung waren im Schrifttum und der Rechtsprechung wenig geklärt, sie wurden ohnehin schon überdehnt, und auch das Schuldprinzip wurde wenig beachtet. Ich arbeitete damals den normativen Ehrbegriff heraus, der sich dann auch in der Judikatur und der überwiegenden Literatur durchgesetzt hat, und gab den einzelnen Deliktsformen schärfere Konturen.

Nebenbei publizierte ich einige kleinere Arbeiten, von denen insbesondere mein ZStW-Aufsatz über „Soziale Adäquanz und Unrechtslehre“ auf stärkere Beachtung stieß.

Meine Assistentenaufgaben bestanden vornehmlich in der Vorkorrektur von zivilrechtlichen Examensarbeiten (mit deren Erstkorrektur wegen nur weniger strafrechtlicher Hausarbeiten auch Strafrechtsprofessoren ständig betraut wurden), der Mitwirkung bei der Vorbereitung und Redaktion von Neuauflagen des *Welzel*'schen Strafrechtslehrbuchs, der Betreuung von Seminarteilnehmern und dem Abhalten von Arbeitsgemeinschaften zu den Vorlesungen. Die Habilitationsschrift nahm bei alledem wie schon die Dissertation mehr Zeit in Anspruch, als ich anfänglich veranschlagt hatte. Gespräche über Probleme, bei denen man zeitweilig festsaß, gab es grundsätzlich nicht. *Welzel* war ein sehr strenger Lehrer, der zudem äußerst ungeduldig und manchmal auch verletzend sein konnte. Wenn er irgendetwas benötigte, rief er mich an, ob am Wochenende oder früh am Morgen. Meine Frau spricht noch heute davon, daß er in unserer damals jungen Ehe allgegenwärtig gewesen ist.

Rückschauend bin ich ihm für die harte Schule aber dankbar. Vor allem seine wissenschaftliche Strenge hat mich gut für den späteren Beruf gerüstet. Daß er gegenüber uns Assistenten die Rolle eines Übervaters einnahm, vermittelte zudem das Gefühl der Geborgenheit. Wenn er sich für jemanden entschieden hatte, setzte er sich auch nachdrücklich für ihn ein. Hinzu kam seine vorbildliche Hingabe an den Beruf. Universitätsprofessor zu sein, bedeutete für ihn rastlose Befassung mit den wissenschaftlichen Fragen des Fachs. Daß er dabei außerordentlich erfolgreich war, verdankte er zweierlei: Erstens klarem systematischen Denken und der Fähigkeit, seine Überlegungen in prägnanter, schnörkelloser Sprache klar verständlich zu Papier zu bringen. Zweitens: Wissenschaftlicher Gestaltungskraft, verbunden mit einem feinen Gespür für die Angemessenheit der Ergebnisse. Wir Assistenten hätten uns keine fachlich bessere Ausbildung wünschen können. Ein anfängliches Problem war für uns, daß das Verhältnis unseres Lehrers zur strafrechtlichen Kollegenschaft nicht immer das beste gewesen ist. Dies hatte mehrere Ursachen. Die primäre ist wohl die gewesen, daß er mit seinen wissenschaftlichen Lehren vom personalen Unrecht, von der Finalität der Handlung und zum Verbotsirrtum vielfach als wissenschaftlicher Störenfried empfunden wurde und daß er in der Diskussion den bisherigen Spitzenvertretern des Faches quasi die Schau stahl. Die Folge war, daß er viele Pfeile auf seine Brust gerichtet sah, was bei ihm nicht nur eine kämpferische Abwehrhaltung hervorrief, sondern auch gereizte Reaktionen. So manches Mal vermischten sich auf beiden Seiten des Meinungsstreits wissenschaftliche Auffassungsverschiedenheit und persönliche

Abneigung. Anfänglich mußten wir älteren Schüler uns wie Angehörige einer Sekte vorkommen. Folgenreich ist für *Welzel* und seine Lehren wohl auch seine Ungeduld gewesen. Erschien in einer Zeitschrift ein wissenschaftlicher Angriff auf ihn, verfaßte er vielfach in wenigen Tagen eine Erwiderung. Sobald die Sekretärin sie getippt hatte, gab er sie mir, als ich bei ihm Habilitand und Assistent war, zu lesen. Da er um 13 Uhr zum Mittagessen nach Hause ging, mußte alles sehr schnell gehen. Vorsichtig geäußerte Änderungsvorschläge hielt er zwar für erwägenswert, aber seine Reaktion war zumeist, daß jetzt der Text fertig getippt sei und nun schnell zur Post müsse. Die Konsequenz ist gewesen, daß es zu einer eingehenden, Schwachstellen des bisherigen Standpunkts beseitigenden umfassenden Erwiderung außerhalb des knappen Raums des Lehrbuchs nicht gekommen ist. Dies wirkt sich bis in die Gegenwart dahingehend aus, daß viele Autoren seine wissenschaftlichen Überlegungen noch heute auf dem Stande des Anfangs betrachten.

Meine Habilitation für Strafrecht, Strafprozeßrecht und Rechtsphilosophie erfolgte im Frühjahr 1966. Der am Ende des Wintersemesters 1965/1966 gehaltene Probevortrag hatte das Thema „Die Abgrenzung von Straf- und Zivilrecht". Die damals in Bonn zu den Habilitationsleistungen zählende Antrittsvorlesung befaßte sich mit „Richterrecht und Gesetzesrecht". Damit war der Weg geebnet, daß ich bereits kurze Zeit später einen Ruf an die neu gegründete Universität Regensburg erhielt.

## *III. Regensburger Zeit*

Als ich im Sommer 1966 zu Berufungsverhandlungen in Regensburg war, fuhr mich der Gründungsrektor an einen von Ackerland umgebenen Bauplatz und erklärte, daß an dieser Stelle die Universität errichtet würde. Am 1. Oktober 1966 wurden dann ein von der Universität München kommender Zivilrechtler und ich als die ersten Professoren der neuen Universität ernannt. Die Überreichung der Ernennungsurkunden fand im Freien beim Richtfest des ersten Universitätsgebäudes – umrahmt von den Klängen einer bayerischen Blaskapelle – durch den bayerischen Ministerpräsidenten statt. Obgleich ich in Deutschland für damalige Zeiten schon viel herumgekommen und auch mit dem westlichen Süddeutschland vertraut war, fühlte ich mich als Preuße etwas in eine andere Welt versetzt. Regensburg war nach dem Reichsdeputationshauptschluß von 1803 und der Auflösung des Immerwährenden Reichstags eine Provinzstadt geworden, die nur noch Zuzug aus dem nahen bayerischen Umland hatte. Ich empfand mich – ganz anders als im Rheinland – zunächst als Fremder. Auch der Wohnungsmarkt war nicht auf die Universitätsgründung vorbereitet. Ich pendelte daher noch ein Jahr lang zwischen Regensburg und Bonn. Um bis zur Aufnahme des Lehrbetriebs zu Beginn des Wintersemester 1967/1968 meine Lehrtätigkeit auszuüben, hielt ich in Bonn Vorlesungen und Übungen.

Die Arbeit in Regensburg bestand in dieser Anfangsphase im Aufbau der Bibliothek – zu Anfang gab es nur die auf dem Büchermarkt erhältlichen Neuerscheinungen und Neuauflagen – und der Mitwirkung bei der Klärung von Personal- und Strukturfragen. Ein Glücksfall kam mir zustatten. Ich wurde in Bonn darauf aufmerksam gemacht, daß sich in einem Haus im Siebengebirge eine ca. 15.000 Bände umfassende strafrechtliche Bibliothek befand, um deren Erwerb man sich bemühen sollte. Es handelte sich um die Bibliothek des schon vor mehreren Jahren verstorbenen früheren Kölner Professors *Coenders*. Dieser war Junggeselle, hatte sich in ein einsam gelegenes Haus in einem Bachtal zurückgezogen und zur Weimarer Zeit in großem Umfang auf dem Antiquariatsmarkt strafrechtliche Literatur des 19. Jahrhunderts gekauft. An praktisch allen Wänden des Hauses befanden sich Bücherregale. Als im Früjahr 1945 die Amerikaner in Remagen den Rhein überqueren konnten, richteten sie dort ihr erstes Hauptquartier ein. Bevor sie weiterzogen und, wie mir erzählt wurde, sie im Buchbestand auch *Hitlers* „Mein Kampf" entdeckt hatten, warfen sie die Bücher aus den Regalen und zerschmetterten dazwischen auch noch gefüllte Einmachgläser aus dem Keller. Als *Coenders*, der offenbar bereits unter Altersdemenz litt, zurückkehrte und das Chaos sah, stellte er sich auf den Standpunkt: Die Amerikaner haben das alles verwüstet, sie sind verpflichtet, es wieder aufzuräumen. Er lebte dort noch einige Zeit inmitten der Trümmer seiner Bibliothek, bis er in ein Heim gebracht wurde. Die Erben veranlaßten dann, daß die Bücher, wenn auch ungeordnet, wieder in die Regale gestellt und äußerlich gesäubert wurden. Der Universität Regensburg gelang es nach der Entdeckung, die Bibliothek zu einem sehr günstigen Preis zu erwerben. Mit Bonner Seminarteilnehmern zusammen haben wir sie in einen Lastzug verladen. Jemand, der das Haus zu beaufsichtigen hatte, erzählte uns, daß von ihm noch am Vorabend mit dem Kleinkalibergewehr eine Ratte erlegt worden sei, die sich an einem der Bücher zu schaffen gemacht hatte. Da diese Tierart bekanntlich über einen ausgeprägten Instinkt verfügt, steht zu vermuten, daß es sich um das Lehrbuch von *Feuerbach* oder einen Band von *Bindings* Normen gehandelt hat.

Der Start der neuen Universität verlief sehr gut, aber kurz darauf brach in der Bundesrepublik die Studentenrevolte aus. Diese führte an der Regensburger Universität zu katastrophalen Verhältnissen. Man beschloß eine Satzung, die dem Lehrkörper 50 Prozent, den Assistenten 25 Prozent und den Studenten ebenfalls 25 Prozent der Stimmen in allen Angelegenheiten einräumte. Da die Assistenten von auswärts kamen, ihren Studienabschluß soeben erst hinter sich hatten und sie außer dem Promotionsvorhaben noch nichts an der Universität hielt, bildeten sie mit dem von linken Extremisten dominierten Studenten einen gegen die Professorenschaft gerichteten Abstimmungsblock. Das eröffnete Opportunisten unter den Professoren die Möglichkeit, mit dieser Gruppierung zusammen die Mehrheit zu gewinnen und die Kollegenschaft zu majorisieren. Im Juristischen Fachbereich konnte sich ein Professor auf solche Weise Gewicht verschaffen, das ihm fachlich eigentlich nicht zukam. Als er eines Tages, ohne Strafrechtler zu sein, eine inhaltslose Doktorarbeit aus dem Umfeld des Strafprozesses präsentierte, diese auch noch mit „magna cum laude" bewertet hatte und sich ihm ein ebenfalls fachfremder Kollege, der damals ein Pamphlet für eine marxistische Universität Regensburg mit unterschrieben hatte, bereitwillig anschloß, erhob ich Einspruch, was nach der Promotionsordnung möglich war. Dieser scheiterte an den Mehrheitsverhältnissen, so daß der Doktorand gegen die nahezu einhellige wissenschaftliche Auffassung des Lehrkörpers promoviert wurde. In einigen anderen Fachbereichen ging es noch turbulenter zu. Ich selbst geriet außerdem vier Wochen lang in den Mittelpunkt der Angriffe linksextremer Gruppen, als ich mich weigerte, für einen Assistenten, der seine wissenschaftliche Arbeit weitestgehend eingestellt, stattdessen die Tätigkeit auf politische Agitation verlagert und sein Assistentenzimmer in eine politische Zentrale verwandelt hatte, eine Verlängerung des Dienstvertrags zu beantragen. Ich wurde tagein, tagaus auf Plakaten angegriffen, und Regensburger und Münchner Zeitungen befaßten sich mit dem Fall.

Anfang der 70er Jahre fand eine Rektorwahl statt, bei der ein nicht habilitierter Physiker gewählt wurde, der Lehrveranstaltungen über Physik und Marxismus hielt, Bart und Haupthaar bis zur Gürtellinie trug, dazu ein knallrotes Oberhemd und Sandalen. Nach der Satzung gehörte auf der Professorenseite neben den Dekanen (für die Rechts- und Wirtschaftswissenschaften damals ein Wirtschaftswissenschaftler) je ein Wahlsenator für die Geistes- und die Naturwissenschaften dem Senat an. Ich wurde von der Kollegenschaft zum Wahlsenator für Geisteswissenschaften gewählt. Obwohl mir klar war, daß das Amt mir nur Verdruß bis hin zu Diffamierungen einbringen würde, nahm ich es an, weil ein Jurist noch am ehesten diesem Rektor auf die Finger sehen konnte. Der Senat tagte damals jede Woche. Ich stellte zu Beginn fast jeder Sitzung den Antrag, die Tagesordnung um einen Beratungspunkt „Amtsführung des Rektors" zu erweitern. Der Antrag ließ sich aber nur selten durchsetzen, nämlich dann, wenn es in langwierigen Unterredungen vor den Sitzungen gelang, einen Studenten aus dem (kleinen) gemäßigten Lager dazu zu bewegen, ihn zu unterstützen. In den Sitzungen ging es chaotisch zu. Magnifizenz und Studenten duzten sich. Und wenn der Rektor doch einmal einen vernünftigen Gedanken äußerte, wurde er von den Studentenvertretern zu linientreuer Disziplin ermahnt. Für mich hatte mein Amt noch den Nebeneffekt, daß ein Ruf, auf den sich die Strafrechtler einer auswärtigen Universität verständigt hatten, daran scheiterte, daß den dortigen Studentenvertretern durch Regensburger Funktionäre dringend von mir abgeraten wurde. Aber vermutlich wäre ich zu jener Zeit vom Regen in die Traufe geraten.

Übrigens löste mich als Wahlsenator der heutige Papst ab, der damals noch Professor an der Regensburger Katholisch-Theologischen Fakultät gewesen ist. Bevor er die Nachfolge als Stellvertreter Christi antrat, war er also erst einmal Nachfolger meiner Wenigkeit. Übrigens wird darüber gerätselt, wie aus dem progressiven Berater des 2. Vatikanischen Konzils später ein als besonders konservativ eingeschätzter Kurienkardinal werden konnte. Nach meinem Eindruck bilden die persönlichen Erfahrungen der Studentenrevolte eine naheliegende Erklärung.

Positive Erinnerungen verbinde ich mit der Strafrechtslehrertagung 1970, die von den Regensburger Strafrechtlern, d.h. *Friedrich-Christian Schroeder* und mir, ausgerichtet wurde. Den Vorsitz der Tagungen der deutschsprachigen Strafrechtslehrer hat bekanntlich kraft Tradition der dienstälteste Münchner Strafrechtler. Das war damals *Karl Engisch.* Als in der deutschen Strafrechtswissenschaft nach dem Erscheinen des Amtl. StGB Entwurfs von 1962 schwere Konflikte zwischen den Kritikern und den Verfassern ausbrachen, die noch bis Mitte der 70er Jahre anhielten und zur Bildung des Alternativkreises (AE-Verfasser) führten, der einen Gegenentwurf zum Allgemeinen Teil und Gegenentwürfe zu Teilgebieten des Besonderen Teils vorlegte, waren die Tagungen außerordentlich spannungsgeladen. *Engisch*, der an keinem der Entwürfe beteiligt gewesen ist, vermochte jedoch mit seiner beeindruckenden Autorität nicht nur die Zusammenkünfte als gemeinsame Veranstaltungen aller Strafrechtler zu bewahren, sondern auch für Sachlichkeit des Diskussionsablaufs zu sorgen. Bei einem solchen Vorsitzenden wagte es niemand, sich im Ton zu vergreifen. Ich habe die Ausstrahlung, die von dieser Persönlichkeit ausging, schon seit meinen Heidelberger Studientagen bewundert. Sie verband sich hinsichtlich der Strafrechtslehrertagungen mit einem sicheren Gespür bei der Auswahl der Themen. Die deutsche Strafrechtslehrerschaft hat *Karl Engisch* über sein wissenschaftliches Werk hinaus viel zu verdanken.

Die damaligen Spannungen konnten sich übrigens auch in Heiterkeit entladen. Während der Strafrechtslehrertagung 1970 fanden offizielle Ansprachen im ehrwürdigen Reichssaal statt, in dem 1532 die Carolina verabschiedet und 1962 dann auch der Amtl. Reformentwurf der Öffentlichkeit übergeben worden war. Bei der Tagung war ein jüngeres Mitglied der Kommission, die den E 1962 vorbereitet hatte, damit beauftragt worden, die Ansprache zur Begrüßung des Justizministers und anderer Ehrengäste zu halten. In dieser unterlief ihm ein in der Wirkung auf die Zuhörer kaum zu übertreffender „Versprecher“: „Als wir hier im Jahre 1532 den Entwurf 1962 [...]“. Die Gegner waren begeistert, und auch die anderen bogen sich vor Lachen.

Ich habe bei der Tagung ein Referat über die Reform der Körperverletzungsdelikte gehalten. Auf das Thema war ich gut vorbereitet, da ich für die 9. Auflage des Leipziger Kommentares die Neubearbeitung des Abschnitts über die Körperverletzung übernommen hatte. Der dieses Gebiet betreffende Alternativentwurf war wenig gelungen, so daß er die Möglichkeit zu einem Totalverriß bot. Wohl nicht zuletzt deshalb machte ich mir im Alternativkreis mit meinem damaligen Referat wenig Freunde.

Was den Leipziger Kommentar betrifft, übernahm ich dann auch noch den Abschnitt „Vor § 51 StGB“, in dem die Unrechts- und Schuldlehre sowie die nichtkodifizierten Rechtfertigungs- und Entschuldigungsgründe zu behandeln waren. Ging es bei der Kommentierung der §§ 223 ff. StGB allein um die Aktualisierung und wissenschaftliche Vertiefung, handelte es sich bei „Vor § 51“ darum, den Kommentar von der Dogmatik der späten 20er Jahre auf die neueren Entwicklungen umzustellen und auch das umfangreiche Material, das die bevorstehende Reform mit sich gebracht hatte, schon in die Kommentierung einzuarbeiten. Was die theoretische Grundlegung betrifft, folgte ich der sogenannten personalen Unrechtslehre und markierte damit gleichzeitig, in welche Richtung meine weiteren wissenschaftlichen Überlegungen zu diesem Bereich in den folgenden Jahren gehen würden. Außerdem nahm ich, damals noch unter dem Etikett des übergesetzlichen rechtfertigenden Notstands, die Kommentierung der dann durch das 2. Strafrechtsreformgesetz eingeführten strafgesetzlichen Regelung (§ 34 n.F. StGB) vorweg. Mein besonderes Interesse an Grundfragen des Allgemeinen Teils wurde ebenfalls in Aufsätzen zu „Einwilligung und Selbstbestimmung“ und zum „Erfolgsqualifizierten Delikt“ deutlich, zwei Themenkreisen, auf die ich wiederholt zurückgekommen bin.

In den Anfang der 70er Jahre fällt auch der Beginn des Endes des *Welzel*'schen Lehrbuchs. *Welzel* rief mich eines Tages aus Fischbachau an, wo er im Richterheim regelmäßig seinen Urlaub verbrachte. Er bat mich, ihn dort zu besuchen. Es ging darum, daß er mir anbot, sein Lehrbuch zu übernehmen. Bewußt habe er meine Mitarbeit schon im Vorwort der letzten Auflage (11. Aufl. 1969) besonders hervorgehoben. Ich fühlte mich sehr geehrt, hörte aber zunächst nichts mehr davon. Dann erfuhr ich, daß seine Frau Bedenken gegen das Vorhaben geäußert hatte, und zwar mit der Begründung, daß sie es für die örtliche Harmonie als abträglich einschätze, den in Bonn tätigen Schüler zu übergehen. Wie es der Zufall wollte, wurde mir kurz darauf der erwähnte LK-Abschnitt „Vor § 51“ angetragen, der mich fachlich nicht weniger reizte. Die „Tragödie“ des *Welzel*'schen Buches, das bis dahin alle zwei Jahre in Neuauflage erschienen war und eines der verbreitetsten Lehrbücher gewesen ist, nahm fortan ihren Lauf. Als bis Mitte der 70er Jahre kein Manuskript für die Neuauflage vorlag, kündigte der Verlag den Vertrag mit dem Neubearbeiter. *Welzel* und der Verlag baten mich, nun einzuspringen. Dazu konnte ich mich aber nicht mehr entschließen, da für mich neben den übernommenen Neubearbeitungen im Leipziger Kommentar keine weitere laufende Verpflichtung in Betracht kam. Der Verlag gewann dann zwei andere Schüler *Welzels*, von denen der eine den Allgemeinen Teil, der andere den Besonderen Teil übernehmen sollte. Beide gaben das Unternehmen aber nach einiger Zeit auf. Heute stehe ich bei Lehrbüchern, die stark von den wissenschaftlichen Gedanken ihres Autors geprägt sind, solchen „Erbgängen“ auch skeptisch gegenüber. Zumeist mißlingt es, das Typische, was den Reiz des Originals ausmachte, wieder zu erreichen, so daß die „Bindestrichausgabe“ entweder deutlich schwächer ist oder aber ein aliud unter unrichtiger Namensnennung darstellt.

## *IV. Kölner Zeit bis zur Emeritierung und die wissenschaftlichen Ziele*

**1.** Ende 1974 erhielt ich einen Ruf nach Köln. Für mich stand von vornherein fest, daß ich ihn annehmen würde. Zwar hatte sich meine Familie inzwischen in Regensburg gut eingelebt. Wir schätzten die herrliche Umgebung und den besonderen Reiz der Stadt. Außerdem hatten sich zur Kollegenschaft, deren Solidarität auch in schwierigen Zeiten ich zu schätzen wußte, sehr angenehme Kontakte entwickelt. Aber das Rheinland zog meine Frau und mich außerordentlich an, weil wir dort aus früheren Jahren zahlreiche Freunde und Bekannte hatten und meine Eltern in Koblenz – wo mein Vater zuletzt Präsident der Bundesanstalt für Gewässerkunde war – und die Angehörigen meiner Frau in Bonn wohnten. Obgleich evangelisch, beschleicht mich im Kölner Raum nicht das Gefühl, ein Zugewanderter zu sein. Auch war die Kölner Rechtswissenschaftliche Fakultät eine der führenden in Deutschland, und die Studentenrevolte hatte – dank geschickt agierender Rektoren, rheinischer Mentalität und selbstbewußten Auftretens der Professorenschaft gegenüber den Politikern – keinen Schaden genommen. In Köln beschäftigte man sich nicht mit der an ständige Nabelschau erinnernden langjährigen Diskussion über die Universitätsstruktur, wie das andernorts vielfach der Fall gewesen ist, sondern man ging in bewährter Weise seinen Aufgaben in Forschung und Lehre nach. Ich kam in eine heile Universitätswelt.

Die Berufung hatte ich in erster Linie der Initiative des Kölner Strafrechtlers *Richard Lange* und der Kriminologin *Hilde Kaufmann* zu verdanken. Dies war um so bemerkenswerter, weil *Lange* als einer der Hauptvertreter der kausalen Handlungslehre mit *Welzel* in Fehde lag und Köln damals noch ein Zentrum dieser älteren Lehre war. Wie wichtig die Meinungsgegensätze genommen wurden, spiegelte sich in den 60er Jahren, als die einschlägigen Debatten besonders lebhaft waren, darin wider, daß das für Köln und Bonn zuständige Justizprüfungsamt mit der Durchsicht der strafrechtlichen Prüfungsarbeiten nur noch Professoren der eigenen Universität der Prüflinge betraute, um zu verhindern, daß der wissenschaftliche Streit auf die Bewertungen durchschlug. Ich rechne es *Lange* hoch an, daß er mich trotz der unterschiedlichen wissenschaftlichen Positionen, die wir in diesen dogmatischen Fragen einnahmen, und meiner wissenschaftlichen Abstammung als seinen Nachfolger favorisiert hat. Nicht zuletzt aus Dankbarkeit habe ich mich bemüht, ihm als Emeritus optimale Bedingungen im Institut zu erhalten. In den Stand des Emeritus konnte er sich allerdings nicht leicht hineinfinden. Als ich meine Tätigkeit als neuer Direktor des Kölner Kriminalwissenschaftlichen Instituts aufnahm – nachdem ich immerhin schon mehr als acht Jahre Ordinarius war –, begrüßte er mich mit den Worten: „Herr Hirsch, ich freue mich, Sie hier als meinen Juniorpartner begrüßen zu können."

Köln bot ideale Arbeitsmöglichkeiten. Die im Institut vorhandene große Fachbibliothek, die räumliche Abschirmung durch das bestehende Institutssystem und das geräuschlose Funktionieren der akademischen Selbstverwaltung spielten dabei eine wichtige Rolle. Daß die Kölner Fakultät der Studentenzahl nach die zweitgrößte in Deutschland war, empfand ich nicht als Belastung. Ich habe immer sehr gerne Lehrveranstaltungen gehalten. Die 500 bis 600 Teilnehmer zählenden großen strafrechtlichen Vorlesungen habe ich als Bad in der Menge genossen, auch wenn sie gelegentlich der Bewältigung eines Trapezakts glichen. Zumeist war es vom Thema her möglich, mit einem Fall zu beginnen. Damit erreichte ich, daß schnell Ruhe einkehrte, weil die Zuhörer den Sachverhalt mitbekommen wollten, um anschließend folgen zu können. Im übrigen habe ich die Vorlesungen schon bald nach den Anfängen meiner Lehrtätigkeit in freier Rede gehalten, nur unterstützt von einigen Aufzeichnungen zur Gliederung und zum neuesten Stand von Rechtsprechung und Literatur. Ich habe mir allerdings auch immer Zeit zur ausreichenden Vorbereitung der einzelnen Lehrveranstaltungen genommen.

**2.** Bei meiner wissenschaftlichen Arbeit ging es zum einen um die 10. Auflage des Leipziger Kommentars. Die Neubearbeitung war zeitraubend, da inzwischen der neue Allgemeine Teil Gesetz geworden war und die Vorbemerkungen zu § 51 a.F. StGB umgearbeitet werden mußten zu Vorbemerkungen zu § 32 n.F. StGB. Auch die Kommentierung der §§ 223 ff. StGB war erweiterungsbedürftig.

Im übrigen nahm ich 1981 die Gelegenheit des 100jährigen Bestehens der ZStW wahr, um einen zweiteiligen Aufsatz über den „Streit um Handlungs- und Unrechtslehre" in der Zeitschrift zu veröffentlichen. Damit wollte ich zwölf Jahre nach dem Erscheinen der letzten (11.) Auflage des *Welzel*'schen Lehrbuchs eine auf den neuesten Stand gebrachte Darstellung des Inhalts der personalen Unrechtslehre geben und eine Würdigung dieser Auffassung vornehmen. Ich halte deren Systemansatz, der vom Normbefehl und dessen Gegenstand, der Handlung, ausgeht, nach wie vor für den einzigen wissenschaftlich überzeugenden. Durchgesetzt hatten sich damals auch bereits die Mehrzahl der aus dieser modernen Unrechtsauffassung abgeleiteten Ergebnisse, sei es in einzelnen Vorschriften des neuen Allgemeinen Teils (z.B. §§ 26 und 27 StGB), sei es durch die Zuordnung des Tatbestandsvorsatzes und der Fahrlässigkeit zum Unrechtstatbestand. Was sich nicht durchgesetzt hat, ist die von *Welzel* gegebene Begründung, nämlich die Zugehörigkeit des Willenselements zur Handlung, ohne die aber dem System dogmatisch die Basis fehlt.

Überzeugt hat mich vor allem das Hauptanliegen *Welzels*: Bei der Strafrechtsdogmatik von den Phänomenen und deren Strukturen auszugehen, anstatt normativistisch – oder wie am Ende des 19. Jahrhunderts „naturalistisch" (z.B. Beleidigung als Erzeugung von Schallwellen) – dogmatische Kunstprodukte zu bilden. Erst wenn man die Phänomene und Strukturen herausgearbeitet hat, kann es um Wertungen gehen. Dabei sind dann aber auch die jeweiligen Bewertungsmaßstäbe offenzulegen. Der Handlungsbegriff ist innerhalb dieser Problematik ein besonders wichtiges Beispiel. Mag er auch in den verschiedenen wissenschaftlichen Disziplinen unterschiedlich definiert werden, geht es im Strafrecht um die Frage, worin der strukturelle Inhalt des Gegenstands eines Verbots besteht. Die Antwort lautet: In einer Willenshandlung, denn die bloße Ursächlichkeit läßt sich nicht verbieten. Eine solche gegen den Normativismus gerichtete Sichtweise ermöglicht auch, daß über die nationalen Grenzen hinweg allgemeingültige dogmatische Einsichten gewonnen werden können.

Leider wurde dieser Ansatz von einigen seiner Vertreter übertrieben, indem sie die ontologische Seite überbetonten und dadurch den Eindruck einer gewissen „Blutleere" der Argumente und deren quasi naturrechtlichen Charakters hervorriefen. Auch gerieten sie – worauf noch zurückzukommen sein wird – in einen dem Tatstrafrecht widersprechenden Subjektivismus. Das ließ die herrschende Lehre leider auf Distanz zu dem Handlungsansatz gehen. Es wurden Gegenströmungen auf den Plan gerufen, die sich teilweise bis zu einem radikalen Normativismus steigerten, der ernsthaft behauptet, daß alle Gegenstände des Strafrechts normativer Natur seien.

Ich sah mich daher zwischen zwei Lagern: Auf der einen Seite die herrschende Lehre, welche die Linie der teleologischen Unrechtslehre *Mezgers* der 20er Jahre fortsetzte. Diese Unrechtslehre modifzierte das aus dem Naturalismus des ausgehenden 19. Jahrhunderts stammende Kausaldogma durch ergänzende objektive Gesichtspunkte (damals als „Relevanztheorie", heute als „objektive Zurechnung" bezeichnet) sowie besondere subjektive Unrechtselemente. Die herrschende Lehre hat von der personalen Unrechtslehre dann Anfang der 70er Jahre die Zuordnung des Tatbestandsvorsatzes und der objektiven Fahrlässigkeit übernommen, ohne dafür eine schlüssige dogmatische Begründung zu geben.

Auf der anderen Seite stand die erwähnte subjektivistische Richtung, die zwar moderner vom Normbefehl und damit der verbotenen Handlung ausgeht, sich deshalb als Sachwalter von *Welzels* Erbe geriert, jedoch im Gegensatz zu diesem den Handlungsbegriff auf betätigte Intentionalität (im Sinne der subjektiven Versuchstheorie) verkürzt und deshalb das volle normwidrige Unrecht des Vorsatzdelikts bereits ohne den gewollten Erfolgseintritt für gegeben ansieht.

Als Nebenschauplatz der Diskussion kam seit den 80er Jahren dann noch – namentlich in der internationalen Debatte – eine positivistisch-normativistische Lehre hinzu, die alle Begriffe des Gesetzes durch und durch als Produkte des Gesetzgebers ansehen will und damit die diametrale Gegenposition zu *Welzel* vertritt.

Mir ging es in meinen zu diesen dogmatischen Kontroversen verfaßten Publikationen – einschließlich in noch nach der Emeritierung verfaßten Arbeiten – darum, die verbreiteten Mißdeutungen des Inhalts der personalen Unrechtslehre richtigzustellen, aus den Anfängen stammende Schwächen dieser Lehre auszumerzen, das Konzept in kritischer Auseinandersetzung mit den vorgenannten wissenschaftlichen Lagern fortzuentwickeln und weitere Resultate aus ihm abzuleiten. So war dem durch anfängliche Unklarheiten ausgelösten und seither fortwährend wiederholten Einwand entgegenzutreten, daß die Ableitung aus dem „finalen" Handlungsbegriff nicht mit der Fahrlässigkeit in Einklang zu bringen sei. Auch bei der Fahrlässigkeit geht es um das Verbot einer Willenshandlung, z.B. das willentliche Schneiden einer Kurve. Gerade durch die Herausarbeitung von sorgfaltswidriger Willenshandlung einerseits und dadurch bewirktem nicht gewollten Erfolg andererseits ist die Dogmatik des fahrlässigen Delikts wesentlich bereichert worden. Auch war, wie schon erwähnt, dem Einwand des „Ontologismus" und dem als Alternative vertretenen Normativismus entgegenzutreten. Es versteht sich von selbst, daß die Rechtsordnung als Sollensordnung nicht einseitig ontologisch begriffen werden kann. Zu fordern ist jedoch, daß Dogmatik, Gesetzgebung und Justiz die Strukturen und sonstigen vorrechtlichen und vorstrafrechtlichen Wesensmerkmale der jeweiligen Gegenstände der strafrechtlichen Regelungen beachten und nicht Kunstprodukte an die Stelle der wirklichen Phänomene setzen. Dieser Punkt entzündete sich beim Handlungsbegriff, hat jedoch grundsätzliche Bedeutung für jegliches dogmatische Arbeiten. Es geht im übrigen bei bei den Regelungsgegenständen nicht allein um ontische Befunde, sondern auch um sozial-normative Phänomene wie die Ehre oder das Eigentum. Von mir wurde deshalb betont, daß es sich in der Strafrechtsdogmatik nicht um die Alternative von Ontologismus oder Normativismus handelt, sondern um die Unterscheidung zwischen den Wesensmerkmalen der Gegenstände der Bewertung und der deliktsrechtlichen Bewertung selbst. Eine solche Wirklichkeitsorientierung, z.B. hinsichtlich der Willenshandlung als Gegenstand rechtlicher Verbote, eröffnet eine mehr auf den Normadressaten gerichtete Sicht der Dogmatik und trägt damit zu einem humaneren Strafrechtsverständnis bei. Fruchtbar machen ließen sich diese Fragen bei der Klärung der Struktur des schon genannten Fahrlässigkeitsunrechts, des Wesens des Handlungsunrechts, der Struktur des Teilnahmeunrechts und des untauglichen Versuchs.

Diese Überlegungen verbanden sich mit der Forderung nach einer allgemeingültigen, d.h. vom historisch bedingten Stand der nationalen Gesetzgebung unabhängigen wissenschaftlichen Strafrechtsdogmatik, die aufzeigt, welche Folgerungen sich sachlich aus den zugrunde liegenden Maximen (Tatstrafrecht, Schuldstrafrecht u.a.) ergeben. Ich habe darauf hingewiesen, daß es insoweit darum geht, die allgemeinen Voraussetzungen und Rechtsfiguren allgemeingültig wissenschaftlich herauszuarbeiten und durch eine solche universale, echte Strafrechtswissenschaft einen Austausch der Ergebnisse über die nationalen Grenzen möglich zu machen und damit kritisch oder weiterführend die jeweilige Gesetzgebung zu beurteilen und anzuregen.

Es bedarf nach alledem keiner näheren Erläuterung, daß ich die oben erwähnte positivistisch-normativistische Lehre für einen wissenschaftlichen Rückfall halte. Indem sie von ihrem rechtspositivistischen Ausgangspunkt her inzwischen bei der Konsequenz angekommen ist, daß ein Feindstrafrecht, d.h. ein gewisse Straftäter als Unpersonen behandelndes Strafrecht, legitim sei, hat jene Lehrmeinung sich wohl bereits selbst ad absurdum geführt.

Die auf die teleologische Dogmatik der 20er Jahre aufbauende herrschende Lehre von der objektiven Zurechnung hat zwar das Verdienst, bewußt gemacht zu haben, daß der durch das Kausaldogma weit geöffnete *objektive* Unrechtstatbestand schon objektiver Restriktion bedarf. Methodisch habe ich jedoch eingewandt, daß sie von der Verursachung des Erfolges ausgehend nach einschränkenden Kriterien sucht und diese dann normativ zuschreibend aneinanderreiht. Ich habe anhand der aufgereihten Fallkonstellationen im einzelnen ausgeführt, daß sie erhebliche dogmatische Verwerfungen im Gefolge hat und beim Vorsatzdelikt auch die Tatbestandsbestimmtheit bedenklich relativiert. Meiner Ansicht nach erschließt sich demgegenüber der eigentliche Sitz der Problematik, sobald man von den verbotenen Handlungen und deren sachlich-strukturellen Grenzen aus an die Dinge herangeht. Von der Handlungsseite her ergibt sich, daß es der Lehre von der objektiven Zurechnung nicht bedarf, sondern bereits eine genauere Analyse der allgemeinen Kriterien des Handlungsbeginns und sonstiger vorgegebener Handlungsvoraussetzungen (namentlich die Beeinflußbarkeit des Geschehens) die sachlich gebotene Eingrenzung gewährleistet, andere Fallkonstellationen dagegen spezifische Fragen des fahrlässigen Delikts und des erfolgsqualifizierten Delikts betreffen oder von vornherein nicht einschlägig sind.

Ein im Vordergrund stehendes Anliegen von mir war auch bis in die Gegenwart, die *Grenzen des Strafrechts* genauer aufzuzeigen und zu erklären. Die Einhaltung des Tatstrafrechts bildet hier einen wichtigen Punkt. Das personale Unrecht wurde in Deutschland von manchen Autoren als Einladung zum Subjektivismus verstanden. Der berühmte Satz, daß es Aufgabe des Strafrechts sei, das „Abfallen von den rechtlichen Gesinnungswerten" zu ahnden, und unscharfe Ausführungen *Welzels* dazu haben dies begünstigt. Mir war es deshalb darum zu tun, die zwischen Tatstrafrecht und Gesinnungsstrafrecht verlaufende Grenze in Erinnerung zu bringen, wobei sich das Augenmerk später dann auf den aus ex-ante-Sicht ungefährlichen untauglichen Versuch konzentrierte. Die Frage der Grenzen des Strafrechts stellte sich auch noch in anderer Richtung, nämlich im Verhältnis zum Zivilrecht. Ging es dabei zunächst um die sachwidrige Erweiterung der zivilrechtlichen Schmerzensgeldrechtsprechung durch Übernahme strafrechtlicher Aspekte, so Ende der 80er Jahre um die Verwischung von Zivil- und Strafrecht bei der verfehlten Auffassung, es könne bei der Schadenswiedergutmachung um eine strafrechtliche Rechtsfolge originär und autonom strafrechtlicher Natur gehen. Auch befaßte ich mich mit der Frage der Grenzen des Kriminalstrafrechts angesichts der starken Vermehrung der abstrakten Gefährlichkeitsdelikte. Die Kritik an der damit verbundenen, sich als fortschrittlich ausgebenden Vorfeldkriminalisierung machte neben der genaueren Systematisierung der Gefahrdelikte eine nähere Betrachtung der Rechtsgutslehre erforderlich. Um die Grenzen des Kriminalstrafrechts ging es auch bei der Frage, ob juristische Personen strafbar sein können. Der herrschenden Meinung in Deutschland, die dies verneint, hielt ich entgegen, daß es einen Widerspruch darstellt, wenn sie gleichwohl bei den Ordnungswidrigkeiten die Handlungs-, Schuld- und Straffähigkeit bejaht. Ich gelangte zu dem Ergebnis, daß bei allen korporativen Gebilden parallele Erfordernisse möglich sind, weshalb meines Erachtens die eigentliche Frage lautet, ob ein praktisches Bedürfnis für eine teilweise Einbeziehung ins Kriminalstrafrecht besteht und ob eine solche mit negativen Auswirkungen für die Entwicklung des Kriminalstrafrechts der natürlichen Personen verbunden wäre. Im übrigen habe ich dargelegt, daß im Gegensatz zur Meinung mancher Strafgesetzgeber sachlich für eine strafrechtliche Verantwortlichkeit juristischer Personen nicht schon das Vorliegen der aus dem Zivilrecht geläufigen Haftungsvoraussetzungen genügen kann.

Ein dritter Schwerpunkt meiner wissenschaftlichen Arbeiten liegt bei *Rechtfertigungs- und Schuldfragen.* Er fand Ausdruck in meinen einschlägigen Ausführungen im Leipziger Kommentar, in einem Beitrag über die Stellung von Rechtfertigung und Entschuldigung im Verbrechenssystem und in mehreren Veröffentlichungen zu Einzelproblemen. Bereits meine Dissertation über negative Tatbestandsmerkmale und den Erlaubnissachverhaltsirrtum betraf dieses Gebiet. Zu meinen ersten Veröffentlichungen gehörte, wie schon erwähnt, auch eine ZStW-Abhandlung über „Soziale Adäquanz", in der ich darlegte, daß es dabei nicht um Fragen der Rechtfertigung, sondern der Auslegung von Tatbestandserfordernissen geht. Es folgten im Laufe der Zeit weitere Aufsätze: Es ging einmal darum, den mit dem Gesichtspunkt des rechtsfreien Raums intendierten Aufweichungen der Voraussetzungen des Unrechtsausschlusses entgegenzutreten. Weiterhin war darzulegen, daß das Notwehrerfordernis der „Rechtswidrigkeit" des Angriffs im Sinne des personalen Unrechts auszulegen ist, wenn die Sachverschiedenheit von Notwehr und rechtfertigendem Defensivnotstand erklärbar sein soll. Später folgten noch eine kritische Gesamtdarstellung der BGH-Rechtsprechung zu den Rechtfertigungsgründen, außerdem eine Schrift über die Frage der Rechtfertigung bei Staatsunrecht sowie jüngst eine kritische Auseinandersetzung mit der Sicht der Notstandsproblematik in der zu § 14 Abs. 3 LuftSiG ergangenen Entscheidung des Bundesverfassungsgerichts. Was die Schuldlehre angeht, richteten sich meine Beiträge gegen die Deutung der strafrechtlichen Schuld als Gesinnungsschuld und vor allem gegen die Vermischung von Schuld und Generalprävention. Es war zu betonen, daß das am Maßstab des individuellen Könnens ausgerichtete Schulderfordernis gerade ein Bollwerk gegenüber einer Entindividualisierung der Straftat darstellt. Auch kann die Generalprävention nicht dazu dienen, den Indeterminismusaspekt zu ersetzen. Ich habe darauf hingewiesen, was vielmehr für das Strafrecht ausschlaggebend ist: Verbote, Gebote und Strafe sind an Menschen adressiert, und der geistig normale Mensch begreift sich als frei in seinen Entscheidungen. Will die Rechtsordnung ihn beeinflussen, muß sie ihn so nehmen, wie er sich selbst versteht. Die Strafrechtswissenschaft ist keine Naturwissenschaft, sondern eine Gesellschaftwissenschaft.

Weitere Themen waren die Schuldfrage beim Vollrauschtatbestand sowie bei der actio libera in causa. Die Beiträge zu letzterer richteten sich gegen den von Teilen des Schrifttums geforderten Verzicht auf diese Rechtsfigur, indem sie die Parallelen zur mittelbaren Täterschaft aufzeigten.

Mit Fragen der Einwilligung habe ich mich wiederholt im Zusammenhang mit einem vierten Schwerpunkt meiner wissenschaftlichen Arbeiten, den *Delikten gegen die Person,* befaßt. Dieser Deliktsgruppe hatte ich, wie schon erwähnt, in meiner Habilitationsschrift über „Ehre und Beleidigung“ und in der Kommentierung der Körperverletzungsdelikte im Leipziger Kommentar besonderes Interesse gewidmet. Hinsichtlich der Einwilligung bei der Körperverletzung ging es darum, deren Grenzen nicht bei der Sittenwidrigkeit des verfolgten Zwecks zu ziehen, sondern rechtsgutorientiert die Sittenwidrigkeit nach dem Gewicht und der Gefährlichkeit der betreffenden Verletzung zu bestimmen. Als die „Sterbehilfe“ ins Blickfeld des öffentlichen Interesses trat und dabei extreme Positionen von sich reden machten, habe ich die Gründe für die Unverzichtbarkeit eines Straftatbestands der vorsätzlichen Tötung auf Verlangen im einzelnen dargelegt. Früh lenkte die nähere Beschäftigung mit den Körperverletzungsdelikten meine Aufmerksamkeit auf die Erfolgsqualifizierung. Ich trat der Meinung entgegen, sie sei ganz abzuschaffen; denn dies würde nur auf eine Verlagerung ins „Dunkelfeld“ der Strafzumessung und eine Erhöhung der Strafrahmen der Grundtatbestände hinauslaufen. Dabei wies ich aber darauf hin, daß eine solche Rechtsfigur nur zu legitimieren ist, wenn man strikt beachtet, daß die gegenüber der Idealkonkurrenz starke Verschärfung der Strafdrohung das Vorliegen des tatbestandsspezifischen Gefahrzusammenhangs (sog. „Unmittelbarkeitszusammenhang“) zwischen vorsätzlichem Erfolg des Grundtatbestands und schwerer Folge voraussetzt (sog. Letalitätstheorie). Die Rechtsprechung hat diesen Zusammenhang leider bis zur Bedeutungslosigkeit aufgeweicht. Ein anderes Thema, das mich mehrfach beschäftigte, war die dogmatische Einordnung des ärztlichen Heileingriffs. Anknüpfend an die

Vorarbeiten namhafter älterer Autoren habe ich ein dem heutigen dogmatischen System entsprechendes Lösungskonzept aufgezeigt. Der zu dessen Durchsetzung in der Praxis erforderliche, als Freiheitsdelikt einzuordnende Tatbestand der eigenmächtigen Heilbehandlung ist bisher aber am Unvermögen des Gesetzgebers gescheitert.

Hinzu treten Themen außerhalb der genannten Schwerpunkte, so Aufsätze über die Reform des Widerstandsparagraphen (§ 113 StGB) und die Falsche Verdächtigung sowie – nach meiner Emeritierung – die Kritik an der vom deutschen Gesetzgeber unter Außerachtlassung des verfassungsrechtlichen Bestimmtheitsgebots eingeführten „Besonders schweren Fälle".

Nähere Angaben zu meinen bis 1998 veröffentlichten Arbeiten finden sich in dem der Festschrift zu meinem 70. Geburtstag beigefügten Schriftenverzeichnis; eine aktualisierte Liste ausgewählter Publikationen findet sich im Anhang zu dieser Autobiographie.

Der Nutzen von Strafrechtsdogmatik wird heute nicht ernsthaft in Zweifel gezogen. Das war Ende der 60er Jahre zeitweilig anders. Mit Recht hat sie sich behauptet; denn sie ermöglicht eine sichere und berechenbare Anwendung des Strafrechts und entzieht es der Irrationalität, der Willkürlichkeit und der Improvisation. Die Begriffe müssen dementsprechend klar und subsumtionsfähig sein und dürfen nicht durch ihre Unbestimmtheit Freiräume zu manipulierbarer Handhabung der Strafgesetze schaffen, wie es in der Gegenwart leider teilweise zu beobachten ist. Auch müssen die Ergebnisse der Strafrechtsdogmatik immer die praktische Bedeutung erkennen lassen. Eine „l'art pour l'art" betriebene Dogmatik begibt sich jeglichen Einflusses auf die Praxis. Ich habe mich selbstkritisch manchmal gefragt, ob der „Finalismus"-Streit der Nachkriegszeit, der die Fachdisziplin weithin in seinen Bann schlug, als Beispiel eines ins Übertriebene abgeglittenen Dogmatikverständnisses anzusehen ist. Hat man 20 Jahre lang das Hauptproblem etwa in einer bloßen systematischen Rubrizierungsfrage des Tatbestandsvorsatzes gesehen? Man könnte sich dann an den Marburger Streit zwischen *Luther* und *Zwingli* erinnert fühlen, bei dem es um die „Realpräsenz" Christi beim Abendmahl ging. Da ich die „Finalismus"-Diskussion, d.h. den Streit um die personale Unrechtslehre und deren Grundlagen, in allen Einzelheiten miterlebt habe, kann ich aber aus eigener Erinnerung unterstreichen, daß die damalige strafrechtliche Debatte Probleme von zentraler theoretischer und praktischer Bedeutung betraf, nämlich den begrifflichen Inhalt von Unrecht und Schuld mit praktischen Auswirkungen für Verbotsirrtum, Teilnahme u.a. sowie die methodischen Grundlagen. Eine andere Frage ist, ob nicht sonstige kriminalwissenschaftliche Bereiche, vor allem die Kriminologie, darüber zu sehr vernachlässigt wurden. Die Gefahr des Überdrehens der Strafrechtsdogmatik besteht erst in neuerer Zeit. Es befassen sich zu viele Autoren mit zu wenig Themen, und es gibt zu viele Publikationsorte mit zu geringen fachlichen Ansprüchen. Die damit verbundene Autoritätseinbuße der Wissenschaft spiegelt sich darin wider, daß die Reihenfolge zwischen Theorie und Praxis inzwischen häufig umgedreht ist. Die Theorie ist oft nicht mehr Vordenker der Praxis, sondern beschränkt sich auf die Rolle eines konformistischen „Hinterherdenkers". Eine gute Praxis bedarf aber einer ihr als Wegbereiter dienenden guten Theorie. Damit habe ich mich näher in einem Festschriftbeitrag mit dem Thema „Das Spannungsverhältnis von Theorie und Praxis im Strafrecht" befaßt.

In meinen Arbeiten bin ich bestrebt gewesen, die Aufgaben der wissenschaftlichen Strafrechtsdogmatik im Blick zu behalten. Ob mir das gelungen ist, können nur die Leser beurteilen.

Als ehemaliger Assistent von *Welzel* interessiere ich mich naheliegenderweise auch für Rechtsphilosophie. Die strafrechtlichen Themen und die mit ihnen verbundenen wissenschaftlichen Auseinandersetzungen hielten mich jedoch so in Atem, daß ich rechtsphilosophischen Fragen nur kontemplatives Interesse gewidmet habe. Meine Veröffentlichungen über „Richterrecht und Gesetzesrecht" sowie „Strafrecht und rechtsfreier Raum", ebenfalls die Stellungnahmen zu den „sachlogischen Strukturen" in den Beiträgen zur personalen Unrechtslehre lassen meine Position zu einschlägigen Fragen aber teilweise erkennen.

Auch das Strafprozeßrecht hat mich publizistisch nur gelegentlich beschäftigt. Zwar habe ich eine ZStW-Abhandlung über die „Behandlung der Bagatellkriminalität unter besonderer Berücksichtigung der Stellung der Staatsanwaltschaft" und Aufsätze über die „Zukunft des Privatklageverfahrens" und „Die Stellung des Verletzten" geschrieben, natürlich auch regelmäßig Strafprozeß-Vorlesungen gehalten. Da es über längere Zeit so schien, als ob es im Strafprozeßrecht kaum rechtliche Grundprobleme gebe – weshalb es auch in erheblichem Maße Autoren aus der Praxis überlassen war –, ist mir aber erst spät bewußt geworden, daß eine vertiefende wissenschaftliche Durchdringung und Neubesinnung notwendig wäre. Vor der inzwischen eingetretenen Krise des deutschen Strafprozesses hatte ich immerhin frühzeitig gewarnt. In der obengenannten ZStW-Veröffentlichung ließen sich bereits im Jahre 1980 die Mißstände voraussagen, die inzwischen aus der an Geldbuße geknüpften Opportunitätseinstellung und der konsensualen Erledigung entstanden sind. Das wurde damals beiseite geschoben mit dem Bemerken, daß die deutsche Strafjustiz hinreichend Gewähr dafür biete, es dazu nicht kommen zu lassen. Einen Reformer mit der Gestaltungskraft eines *v. Liszt* oder *Welzel* hat das deutsche Strafprozeßrecht jetzt dringend nötig.

Auf die staatliche Kriminalpolitik habe ich keinen unmittelbaren, direkten Einfluß zu nehmen versucht. Soweit bei derartigen Auseinandersetzungen ideologische oder parteipolitische Zielsetzungen eine Rolle spielen, sind mir diese eher zuwider. Ich bin auch der Meinung, daß ein Wissenschaftler, der in einer politischen Partei aktiv ist, damit leicht einen Teil der zu wissenschaftlicher Arbeit notwendigen Unabhängigkeit aufgibt. Die kriminalpolitischen Auseinandersetzungen der 60er/70er-Jahre haben aber glücklicherweise in der Bundesrepublik nicht zu einer einseitigen Strafrechtssicht, sondern zu im wesentlichen ausgewogenen gesetzlichen Lösungen geführt. Gescheitert ist allerdings leider der Abbau übertriebener oder überholter Kriminalisierung, vielmehr erleben wir verfehlterweise eine anhaltende Expansion des Kriminalstrafrechts. Mein Vorschlag, wenigstens die Bagatelldelinquenz durch eine materiellrechtliche Lösung zu entkriminalisieren, ist vom Gesetzgeber nicht aufgegriffen worden. Auf der anderen Seite scheint er mir mit der Beseitigung der kurzen Freiheitsstrafe zu weit gegangen zu sein. Sicherlich entspricht die freigiebige Verhängung solcher Strafen, wie sie früher praktiziert wurde, nicht mehr heutigen Maßstäben. Aber im Ausland, wo die kurze Freiheitsstrafe entweder beibehalten oder wieder eingeführt worden ist, hat man erkannt, daß sie wegen ihrer Eindruckswirkung („short sharp shock"), gerade auch auf erst in neuerer Zeit ins Blickfeld getretene Tätergruppen, notwendig ist. Mein Aufsatz „Bilanz der Strafrechtsreform" (1986) hatte schon auf diesen Punkt hingewiesen.

Es ist normal, daß die Ziele eines Wissenschaftlers sich außerhalb des Kreises derjenigen, die ihm fachlich nahestehen, nur von Fall zu Fall durchsetzen. Vieles hat den Charakter eines Beitrags zu einer weiter in Fluß befindlichen Debatte. Als besonders wirkungsvoll haben sich Beiträge erwiesen, welche die Unrichtigkeit oder Unausgereiftheit voreilig in die Welt gesetzter Theorien aufzeigen. Ein griechischer Kollege stellte mich einmal dem Auditorium als „Theorienkiller" vor. Im übrigen muß man sich in der Jurisprudenz immer bewußt sein, daß sich alles nur langsam entwickelt. Beispielsweise hat es fast 35 Jahre gedauert, bis die von mir bei der Strafrechtslehrertagung 1970 dargelegte Auffassung zur Sittenwidrigkeit der Einwilligung Eingang in die höchstrichterliche Rechtsprechung gefunden hat. Auch darf die allgemeine fachliche Situation nicht außer acht gelassen werden. Die sich ausbreitende Flut der Grundrisse und Ausbildungszeitschriften ist nicht empfänglich für das wissenschaftliche Streitgespräch und auf eigenes Nachdenken gestützte fachliche Einsichten, sondern sucht den Halt an der Darstellung der vorherrschenden Meinung. Der deutschen Strafrechtswissenschaft sind, wenn ich recht sehe, seit der Reform von 1975 der geistige Schwung und auch die Präzision, die sie in früheren Jahrzehnten hatte, etwas verlorengegangen. Ob das ihrer bisherigen internationalen Stellung als einer ersten wissenschaftlichen Adresse auf die Dauer bekömmlich ist, wird die Zukunft zeigen.

**3.** Die Kölner Rechtswissenschaftliche Fakultät zeichnete sich durch ein großes Zusammengehörigkeitsgefühl und gesellschaftliches Leben aus. Unbeschadet hier und da hervortretender weltanschaulicher Gegensätze konnte man jeden mit jedem einladen, und auch jedes Jubiläum wurde aufwendig begangen. Die Älteren sorgten dafür, daß der in der Fakultät gepflegte Stil gewahrt wurde. Die wissenschaftlich herausragenden Kollegen waren für mich *Gerhard Kegel* und *Klaus Stern*, zu denen ich im Laufe der Zeit auch ein sehr freundschaftliches Verhältnis gewann.

Im Jahre 1978 erhielt ich von *Hans-Heinrich Jescheck*, dem damaligen Direktor des Freiburger Max-Planck-Instituts für ausländisches und internationales Strafrecht, überraschend eine Einladung zu einem von der Gesellschaft für Rechtsvergleichung mitveranstalteten deutsch-jugoslawischen Juristenstreffen in Belgrad und Zagreb. Mich überraschte sie um so mehr, als nicht die Bitte um Übernahme eines Referats damit verbunden war. Die Erklärung fand sich, als *Jescheck* mich in einem geeigneten Augenblick beiseite nahm und fragte, ob ich sein Nachfolger als Direktor des Instituts werden wolle. Für mich kam diese Frage völlig unerwartet. Obgleich ich mich in Köln sehr gut aufgehoben fühlte, erschien mir ein solches Angebot dermaßen ehrenvoll, daß ich meine Bereitschaft erklärte, es für den Fall anzunehmen, daß es von *Jescheck* bei der Freiburger Fakultät und der Max-Planck-Gesellschaft durchgesetzt werden könnte. Ganz wohl fühlte ich mich bei dem Projekt allerdings nicht, weil mir klar war, daß ein Institut solcher Größe meine Zeit für gewohnte eigene literarische Arbeit am häuslichen Schreibtisch erheblich einschränken würde. Mir fehlt die Fähigkeit zum Delegieren. Ich habe in meinem wissenschaftlichen Leben möglichst alles selbst gemacht und mich so gut wie nie auf Dritte verlassen. Daß in der Freiburger Fakultät und in der Max-Planck-Gesellschaft dann andere Personalvorstellungen entwickelt wurden, hat mich daher nicht sonderlich berührt. Das um so weniger, als sich seither eine enge freundschaftliche Beziehung zwischen *Jescheck* und mir entwickelt hat. Er wurde zu meinem väterlichen Freund und besten Ratgeber. Ich habe es immer als Auszeichnung empfunden, das besondere Wohlwollen dieses bedeutenden, weltweit in der Strafrechtsvergleichung führenden Strafrechtlers zu genießen, der sehr viel zur Wiedererlangung des durch die NS-Zeit geschädigten Ansehens der deutschen Strafrechtswissenschaft im Ausland geleistet und Deutschland dort glänzend repräsentiert hat.

Die Freiburger Erfahrung hatte noch eine weitere Folge. Sie regte mich dazu an, die bis dahin nur geringfügigen Auslandsbeziehungen des Kölner Kriminalwissenschaftlichen Instituts zu intensivieren. Schon seit meiner Bonner Assistentenzeit hatte ich viele Kontakte mit ausländischen Strafrechtlern, die bei *Welzel* als Besucher oder Stipendiaten waren. Sie, ihre Schüler und auch andere motivierte ich, sich für Forschungsaufenthalte in Köln zu interessieren. Zeitweilig hatten wir dann im Institut bis zu 15 ausländische Gäste, was wegen der beschränkten Raumverhältnisse gelegentlich dazu führte, daß ich meinen Institutsschreibtisch in einen Kellerraum verlegen mußte. Neben Griechen, Japanern, Koreanern und Spaniern, die zunächst den Hauptanteil ausländischer Gastwissenschaftler stellten, waren es dann vor allem Polen, die nach Köln kamen. Später traten noch Argentinier, Esten und Türken hinzu. Alle diese Kontakte erwiesen sich auch für uns im Institut als sehr fruchtbar, weil wir auf solche Weise nähere Informationen über ausländische Rechtsentwicklungen und damit fachliche Anregungen erhielten. Auch begünstigten sie, daß viele meiner Aufsätze in fremde Sprachen übersetzt worden sind.

Die sich ständig verbreiternden Auslandsbeziehungen hatten zur Folge, daß ich häufig von ausländischen Universitäten (über 60) zu Gastaufenthalten oder Vorträgen eingeladen wurde. Auf solche Weise bin ich in der Welt weit herumgekommen: Von Tokio, Seoul und Peking bis Mexico City, und von Buenos Aires und Sao Paulo bis Helsinki und Istanbul. Dabei sind zahlreiche dauerhafte Freundschaften entstanden. Besonders erinnerungsreich sind für mich die Reisen nach Polen geblieben, als der Eiserne Vorhang noch bestand. Von 1979 an war ich alle eineinhalb Jahre dort, darunter in den dramatischen Wochen vor der Verhängung des „Kriegsrechts" 1983. Fast an allen polnischen Universitäten und der Polnischen Akademie der Wissenschaften bin ich zu jener Zeit mehrfach gewesen. Obgleich die politischen Beziehungen zwischen Polen und Westdeutschland damals nach wie vor frostig waren, wurde man von den Kollegen und Studenten mit großer Freundlichkeit empfangen. Ich habe zu vielen Polen, mit denen ich im Laufe der Jahre zusammenkam, schnell einen gemeinsamen „Draht" der Empfindungen und des Denkens gefunden. Nicht zufällig habe ich gerade viele dauerhafte Freundschaften mit polnischen Kollegen und deren Familien begründen können. Besonders hervorzuheben sind ebenfalls die ausgedehnten Vortragsreisen, die ich zusammen mit *Karl-Heinz Gössel* durch Spanien (von Universität zu Universität) und nach Mexiko unternommen habe. Diese Reisen, bei denen uns *Gössels* Spanischkenntnisse sehr zustatten kamen, ermöglichten es, über Themen und Lösungen der deutschen Strafrechtswissenschaft auch an Universitäten zu sprechen, die nicht zu den gewöhnlichen Besuchsadressen gehören. Ich habe an diese Unternehmungen angenehmste Erinnerungen.

Höhepunkte der Auslandsbeziehungen des Kölner Instituts waren die von ihm veranstalteten deutsch-spanischen (1986) und deutsch-japanischen (1988) Strafrechtskolloquien, zu denen es gelang, die führenden Strafrechtler der beteiligten Länder für Vorträge zu gewinnen. Die positive Resonanz hatte zur Folge, daß mir auch die Vorbereitung des wissenschaftlichen Programms des anläßlich der Jahrtausendwende von der Alexander v. Humboldt-Stiftung organisierten Bamberger Treffens der 140 ehemaligen Humboldt-Stipendiaten des Strafrechts anvertraut wurde. Ebenfalls war ich bei den beiden deutsch-polnischen und den drei deutsch-japanisch-polnischen Strafrechtlertreffen auf deutscher Seite an den wissenschaftlichen Vorbereitungen beteiligt. Mit der von mir außerordentlich geschätzten Humboldt-Stiftung stand ich schon seit Regensburger Tagen in Verbindung. Noch lange über meine Emeritierung hinaus war ich als Gutachter für ausländische Stipendienanträge tätig.

Meine Bemühungen, die strafrechtliche Fachdiskussion verstärkt auf internationaler Ebene zu führen und dabei Ergebnisse in beiden Richtungen auszutauschen, waren Anlaß zur Verleihung der Ehrendoktorwürde durch die Universitäten Thessaloniki (1985), Keio in Tokio (1990), Posen (1990), Sung Kyun Kwan in Seoul (1994) und Athen (1999). Auch wurde ich zum Ehrenmitglied der japanischen Gesellschaft für Strafrecht gewählt (1984). In Krakau erhielt ich 1994 die jährlich von der Jagellonen Universität verliehene Universitätsmedaille „merentibus“, und der polnische Staatspräsident verlieh mir 1995 das Offizierskreuz des polnischen Verdienstordens. Für diese Ehrungen möchte ich hier noch einmal meinen tief empfundenen Dank aussprechen. Zu danken habe ich ebenfalls den Kollegen *Edgardo Alberto Donna* (Buenos Aires) und *José Cerezo Mir* (Madrid), die inzwischen vier Teilbände mit spanischen Übersetzungen meiner Arbeiten publiziert haben.

Zum Hochschullehrerberuf gehört, daß man das eine oder andere Amt im akademischen Bereich zu übernehmen hat. Da mein persönlicher Bedarf an administrativer Entfaltung bereits durch meine Tätigkeit im Ministerium befriedigt war, habe ich mich in der Universität in dieser Hinsicht immer zurückgehalten und war froh, wenn andere sich nach den Ämtern drängten. Das Amt des Dekans, das zu meiner Zeit derjenige zu übernehmen hatte, der nach der Anciennität an der Reihe war, habe ich im Amtsjahr 1978/1979 an der Kölner Rechtswissenschaftlichen Fakultät innegehabt. Es war glücklicherweise eine verhältnismäßig ruhige Zeit. Stärker sind mir die 17 Jahre (1987–2004) in Erinnerung geblieben, die ich Gesamtschriftleiter der Zeitschrift für die gesamte Strafrechtswissenschaft gewesen bin. Schon seit 1975 war ich Mitherausgeber. Diese von *Franz v. Liszt* im Jahre 1881 gegründete führende strafrechtliche Zeitschrift bedarf besonders umsichtiger und sorgfältiger

Pflege. Das Hauptproblem bestand für mich darin, daß es immer schwieriger geworden war, in ausreichendem Maße Manuskripte zu erhalten, die den traditionell hohen Ansprüchen der Zeitschrift genügten. Denn inzwischen begann die Inflation der Festschriften, die einen Großteil der Aufsätze verschlang. Auch nahm die Anzahl der Professoren, die durch die Neuauflagen von Kommentaren und eigenen Grundrissen in Atem gehalten wurden, stark zu. Es ist dann zwar immer noch gelungen, die Zeitschrift rechtzeitig mit Beiträgen von Niveau zu füllen, aber der Weg dahin war oft mühsam. Hinzu kam, daß umgekehrt der Anteil von Einsendungen anstieg, die sich qualitativ nicht eigneten und daher abzulehnen waren. Es versteht sich von selbst, daß ich mich als Schriftleiter nicht nur beliebt machen konnte.

Obwohl ich mich nicht fachspezifisch den Rechtsvergleichern zuordne, sondern nur ein am Meinungsaustausch mit ausländischen Kollegen interessierter Strafrechtler bin, wurde ich 1987 zum Vorsitzenden der Strafrechtlichen Sektion und Vorstandsmitglied der Gesellschaft für Rechtsvergleichung gewählt und nahm beide Ämter bis 1997 wahr. Die alle zwei Jahre stattfindenden Tagungen waren immer sehr ergiebig, weil der relativ kleine Teilnehmerkreis es ermöglichte, daß wirklich diskutiert werden konnte. Andererseits spiegelte die bescheidene Anzahl der Teilnehmer das fachlich noch zu jener Zeit nicht sehr ausgeprägte Interesse der deutschen Strafrechtler an Rechtsvergleichung wider, ganz anders, als es bei den Zivilrechtlern zu beobachten ist. Diese Nachwuchslücke konnte leicht zu Problemen bei der Besetzung einschlägiger Stellen führen.

## *V. Nach der Emeritierung*

Meine aktive Dienstzeit als Universitätsprofessor endete bereits mit dem Sommersemester 1994. Das Land Nordrhein-Westfalen, mein Dienstherr, hatte einige Jahre zuvor die Altersgrenze der Professoren obligatorisch auf 65 Jahre heruntergesetzt. Die meisten anderen Bundesländer beließen sie dagegen entweder bei 68 Jahren oder führten eine nur fakultative Vorverlegung ein. Die den Eigenheiten des Professorenberufs widersprechende zeitliche Vorziehung des Emeritierungsalters, die zudem den Landeshaushalt mit hohen zusätzlichen Kosten belastete, empfand ich als staatliche Zwangsvergreisung. Deshalb hatte ich vorsorglich schon ein Jahr zuvor als Nebentätigkeit einen Lehrauftrag an der im Wiederaufbau befindlichen Juristischen Fakultät in Halle a.d. Saale übernommen, zu dessen Wahrnehmung ich jede zweite Woche einige Tage dorthin fuhr. Nach der Emeritierung wurde daraus eine Gastprofessur mit wöchentlichem Vorlesungsprogramm. Insgesamt war ich viereinhalb Jahre in

Halle. Es ist eine außergewöhnlich interessante Zeit gewesen, aus der ein bleibender enger Kontakt mit der dortigen Fakultät und dem Kollegen *Hans Lilie* entstanden ist. Da meine Vita mannigfache Verbindungen ins mittlere und östliche Deutschland aufweist, berührten mich die Aufenthalte dort auch emotional außerordentlich. Ich hatte während der deutschen Teilung nie Verständnis für westdeutsche Politiker und Pseudointellektuelle, die sich aus Opportunismus oder Ignoranz mit der Teilung abgefunden hatten oder sie sogar für berechtigt hielten. Ihnen war offenbar nicht bewußt, daß seit der Reformation im Dreieck Wittenberg / Leipzig / Weimar der Mittelpunkt der deutschen Geistesgeschichte gelegen hat. Im Falle der endgültigen Bildung von zwei deutschen Staaten wären *Luther*, *Bach*, *Lessing* zu Ausländern, und *Goethe* und *Schiller* wären zu zwei ins Ausland gegangenen Westdeutschen geworden. Eine absurde Vorstellung. Hinzu kommen die engen familiären Beziehungen, die in großer Zahl zwischen den beiden Teilen Deutschlands bestehen. Was ich bei meinen Aufenthalten in der ehemaligen DDR nach der Wiedervereinigung vermißte, war allerdings eine allgemeine Aufbruchstimmung, wie ich sie aus der Zeit nach der westdeutschen Währungsreform in Erinnerung hatte. Der die Eigeninitiative zerstörende Ungeist der SED-Diktatur hat – schon wegen seiner 40jährigen Dauer – stärkere Spuren im Verhalten der Menschen hinterlassen als das kürzere NS-Regime. In meinem anläßlich der Verleihung des Bundesverdienstkreuzes gesprochenen Dankesworten auf die Ansprache des damaligen Ministerpräsidenten von Sachsen-Anhalt erwähnte ich meinen insoweit enttäuschten Eindruck, was mit Verständnislosigkeit aufgenommen wurde.

In Köln hat man mir in meinem früheren Institut entgegenkommenderweise ein Arbeitszimmer überlassen, das ich, zumal nach Abschluß meiner Hallenser Tätigkeit, wegen der Nähe zur Institutsbibliothek häufig nutze. Auch veranstalte ich während des Semesters noch regelmäßig ein Seminar, so daß der Kontakt mit den Studenten, den ich für außerordentlich und wichtig halte, nicht verlorengegangen ist – auch wenn ich jetzt keine Exkursionen zum Bundesgerichtshof oder nach Polen mehr organisieren kann. Im übrigen aber haben sich meine Interessen etwas von der Universität auf die Nordrhein-Westfälische Akademie der Wissenschaften (Düsseldorf) verlagert, zu deren ordentlichem Mitglied ich 1991 gewählt worden bin. Die wissenschaftlichen Akademien können heute in Deutschland als verbliebene Oasen der Gelehrsamkeit gelten, nachdem die Universitäten ihren Akzent auf die Lehre und diese in verschulter Form verschoben haben. In der Klasse für Geisteswissenschaften bilden die Juristen zwar nur eine kleine Gruppe. Aber aus den monatlich stattfindenden Sitzungen zieht man doch reichen Gewinn. Man erfährt durch die Vorträge und Diskussionen, was derzeit in anderen Disziplinen geschieht, und man erhält Anregungen aus der methodischen Vorgehensweise anderer Fächer. Von 1995 bis 1997 bin ich stellvertretender Sekretar (stellvertretender Vorsitzender) der Klasse für Geisteswissenschaften, dann 2004 und 2005 deren Sekretar und Vizepräsident der Akademie gewesen. Die Leitung der wissenschaftlichen Sitzungen hat mir immer viel Freude bereitet. Auch hat mich fasziniert, welch geballtes Wissen in dem Kreis der Teilnehmer vereinigt war.

Sehr gerne erinnere ich mich an die feierliche Begehung meines 70. Geburtstags, bei dem mir eine anspruchsvolle Festschrift und ein Band mit meinen wichtigsten bis dahin erschienenen Aufsätzen überreicht wurde. Ich empfinde große Dankbarkeit gegenüber den Herausgebern: meinem Schüler *Georg Küpper* und *Thomas Weigend*, mit dem ich sehr angenehm in der Schriftleitung der ZStW zusammenarbeitete, für die Festschrift, und *Günther Kohlmann*, meinem freundschaftlich verbundenen Weggefährten auf dem anderen strafrechtlichen Lehrstuhl des Instituts, für den Aufsatzband. Gleicher Dank gilt allen, die sich an der Festschrift mit Beiträgen beteiligt haben, und denjenigen, die durch ihr Kommen auch ihre persönliche Verbundenheit bekunden konnten.

Meine letzte größere Vorlesung war ein zweiwöchiger Intensivkurs über deutsches Strafrecht, den ich 2003 auf Bitten der Erlanger Jurafakultät an der Reformierten Hochschule in Papa / Ungarn für junge ungarische Richter, Staatsanwälte, Rechtsanwälte und Doktoranden gehalten habe. Der Meinungsaustausch mit dem Hörerkreis ist außerordentlich informativ gewesen.

Nach diesem endgültigem Abschied vom Vorlesungsbetrieb und auch dem von den akademischen Gremien habe ich meine wissenschaftliche Arbeit – unterbrochen von gelegentlichen Auslandsvorträgen (so in Peking, Shanghai und Xian gegen die Todesstrafe) – auf das Verfassen von Aufsätzen zu mir wichtig erscheinenden aktuellen Themen konzentriert. Hierfür bietet der Status des Emeritus ideale Bedingungen. Das um so mehr, als zu den erheblichen Schäden, die seit Ende der 60er Jahre den Geisteswissenschaften an den deutschen Universitäten zugefügt worden sind, nicht zuletzt gehört, daß den im Amt befindlichen Professoren die Ruhe zu ungestörtem Forschen immer mehr beschnitten worden ist. Das gilt namentlich für große Fächer wie Jura, in denen sich Lehre und Prüfungsaufwand wegen der erheblich angewachsenen Studentenzahlen und auch der unzureichenden Schulbildung vieler Studenten stark ausgeweitet haben. Hinzugetreten ist die wie ein Krebsgeschwür wuchernde innere Bürokratisierung der Universitäten mit der darin liegenden Zweckentfremdung des doch eigentlich für Forschung und Lehre finanzierten Lehrkörpers. Daß die letztgenannte Entwicklung jetzt von Bildungsfunktionären weiter geschürt wird, sieht derjenige, der die klassische deutsche Universität noch erlebt hat, mit Befremden. Ich frage mich manchmal, ob ich mich unter den heutigen Verhältnissen für die Universitätslaufbahn entschieden hätte. Das betrifft die Verschlechterung des wissenschaftlichen Arbeitsklimas; auch ist für Juraprofessoren reiner Universitätsfächer (d.h. solche ohne mögliche Nebeneinkünfte aus Gutachtertätigkeit udergl.) die jetzige Besoldungsstruktur unzumutbar und grotesk, wenn man sie mit parallel eingestuften Beamtenrängen und deren Qualifikationsvoraussetzungen vergleicht. In Köln war die Konkurrenz von attraktiven anderen juristischen Berufen schon zu meiner aktiven Zeit spürbar. Nicht weniger als drei sehr qualifizierte Assistenten, denen ich während der 80er/90er-Jahre angeboten hatte, sie zur Habilitation zu führen, entschieden sich für die Praxis. Einer davon mit den Worten: „Herr Professor, wenn ich so sehe, was Sie zu arbeiten haben, daraus aber keinen dazu im Verhältnis stehenden materiellen Gewinn ziehen, dann [...]“. Einige Jahre später erschien er als Syndikus eines Großunternehmens und lächelte, als er sah, daß noch alles so wie vorher war. Immerhin gelang es mir, zwei tüchtige Mitarbeiter trotz allem für die Habilitation zu gewinnen: *Georg Küpper* und *Frank Zieschang*, die heute erfolgreich an den Universitäten in Potsdam und Würzburg wirken. Zu meiner großen Freude sind auch mehrere meiner ausländischen Doktoranden inzwischen ordentliche Professoren in ihren Heimatländern: *Nikolaos Bitzilekis* (Thessaloniki), *Makoto Ida* (Keio Universität Tokio), *Tae Hoon Ha* (Korea Universität Seoul), *Hakan Hakeri* (Konya / Türkei), *Bo Hack Su* (Kyunghee Universität Seoul) und *Akihiro Onagi* (Hokkaido Universität Sapporo).

Die Aufsätze, die ich heute als Emeritus ungestört schreiben kann, sind zumeist für Festschriften bestimmt. Früher charakterisierte man Festschriften als „wissenschaftliche Massengräber“. In der Gegenwart sind sie die Hauptbühne der strafrechtlichen Diskussion. Ein Vorzug dieser Publikationsform besteht jedenfalls darin, daß Abgabetermine nicht wesentlich überschritten werden können und daß man über den Zeitpunkt des Erscheinens von vornherein im Bilde ist. Auch regt die Vielzahl der Jubiläen dazu an, daß man den „Ruhestand“ dazu nutzt, mehr Aufsätze zu schreiben, als das in der aktiven Dienstzeit möglich gewesen ist. Daher sind nach der Emeritierung noch eine ganze Reihe von Beiträgen entstanden, in denen frühere Gedanken zu vertiefen und neue Themen aufzugreifen waren. Besonders zu nennen sind – teilweise schon oben bei den wissenschaftlichen Arbeitsgebieten erwähnt – Aufsätze zu allgemeinen dogmatischen Fragen sowie dem ungefährlichen untauglichen „Versuch“, der Teilnahme bei besonderen persönlichen Merkmalen, dem Defensivnotstand gegenüber ohnehin Verlorenen, der Systematik der Gefahrdelikte, der deutschen Gesetzesfigur der besonders schweren Fälle und der

Tötung in der Geburt. Gereizt hat es mich auch, nach fast einem halben Jahrhundert noch einmal auf den in meiner Dissertation behandelten Erlaubnissachverhaltsirrtum zurückzukommen. Unter dem Eindruck, daß der Streit zwischen der eingeschränkten und der strengen Schuldtheorie weiterhin anhält, weil beide Theorien Schwächen bei ihren Ergebnissen zeigen, habe ich jetzt versucht, eine vermittelnde Schuldtheorie zu entwerfen, die allseits befriedigende Lösungen eröffnet.

Nicht mehr möglich sind mir Neubearbeitungen innerhalb des Leipziger Kommentars. Ein in erheblichen Abständen erscheinender Großkommentar verlangt, daß er dem Vollständigkeitsideal huldigt. Der Bearbeiter, der diesem Anspruch genügen will, benötigt daher zumindest eine Hilfskraft, die ihm beim Sammeln des Materials (ich selbst denke nur an die Flut höchstrichterlicher Entscheidungen zum Arztrecht) zur Hand geht. Als auf sich allein gestellter Emeritus vertut man andernfalls zuviel der noch verbliebenen Zeit mit Tätigkeiten, die im Vorfeld der eigentlichen wissenschaftlichen Arbeit liegen. Die Konsequenz des Ausscheidens aus dem Bearbeiterkreis ist dann allerdings bei der gegenwärtigen Praxis einiger Großkommentare, daß über dem Text, den der bisherige Bearbeiter für die Vorauflagen verfaßt hat, nach Hinzusetzen zwischenzeitlich ergangener Rechtsprechung, der Aktualisierung von Literaturfundstellen und geringfügigen Änderungen der originäre Bearbeitername mit einem neuen ausgetauscht wird und die Herkunft der Gedanken nicht immer deutlich ist. Diese Praxis, die aus einer Zeit stammt, als solche Großkommentare lediglich systematisch geordnete Sammlungen von Rechtsprechung und Schrifttumsmeinungen waren, sollten Verlage und Herausgeber einmal kritisch überdenken.

Die eingehende Schilderung meiner juristischen Arbeit darf nun allerdings nicht zu dem Mißverständnis Anlaß geben, es fehlten sonstige Interessen. Neben meiner Familie ist hier das Interesse an anderen Ländern, deren Kultur, Geschichte und Geographie zu nennen. Schon im Jahre 1950, als man dazu noch ein Visum benötigte, bin ich als Heidelberger Student bis nach Neapel getrampt. Das notwendige Geld verdiente ich mir auf dem Wege dorthin als Tellerwäscher in einem Hotel in Lugano. Bei späteren Reisen wurde dann keine Sehenswürdigkeit und kein beachtenswertes Museum ausgespart. Als ich, inzwischen Professor geworden, zu Gastvorträgen ins europäische und außereuropäische Ausland eingeladen wurde, habe ich mich nie auf den wissenschaftlichen Teil des Aufenthalts beschränkt, sondern immer die Gelegenheit wahrgenommen, mich – vielfach auf eigene Faust – näher im Lande umzusehen. Mein Interesse bezog sich dabei nicht nur auf Stätten weit zurückliegender Epochen wie Mykene, Ephesus, Paestum, die Terrakotta-Armee in

Xian und den Monte Alban in Mexiko, sondern auch auf die jüngste Vergangenheit wie Auschwitz I und II, Majdanek und den russischen Erschießungsort der polnischen Offiziere in Katyn. Bücher mit historischen Themen bilden meine bevorzugte außerjuristische Lektüre. Wie anfangs erwähnt, dominierten in der Familie *Hirsch* Bauingenieure und Architekten. Daher kommt es wohl, daß ich mich auch sehr für Architektur und Eisenbahnwesen interessiere. Bei Erscheinen eines neuen Kursbuchs verbindet sich letzteres mit meiner Reiselust, so daß das Studieren eines neuen Eisenbahnfahrplans meine Phantasie immer auf das Angenehmste anregt. Aber es brauchen nicht notwendig Verkehrsmittel zu sein. Meine Frau und ich unternehmen auch gerne am Wochenende oder während des Urlaubs ausgedehnte Fußwanderungen.

## *VI. Rückschau und Ausblick*

Wenn ich nun auf die acht Jahrzehnte meines bisherigen Lebens in ihrer Gesamtheit zurückblicke, so wird mir bewußt, daß sie aus einer Kette von Glückfällen bestanden haben: ein Elternhaus, das ideale Voraussetzungen für den Lebensweg schuf, das Überleben am Ende des Zweiten Weltkriegs, die richtige Entscheidung bei der Wahl des Studienfachs, Schüler zu sein von *Hans Welzel*, meine Frau, der Ruf nach Köln und die umfangreichen Auslandsbeziehungen, die es mir ermöglichten, weit in der Welt herumzukommen. Was fehlt, ist ein Lehrbuch des Allgemeinen Teils des Strafrechts, in dem meine wissenschaftlichen Auffassungen insgesamt zum Ausdruck gelangen. Viele Punkte sind zwar bereits in den Vorbemerkungen vor § 32 StGB im Leipziger Kommentar und in Aufsätzen behandelt, aber eine Gesamtdarstellung wäre von Vorteil. Ich hoffe daher, daß es mir vergönnt ist, noch ein solches Alterswerk zu schreiben.

## *Schriftenverzeichnis (in Auswahl)*

### *1. Selbständiges Schrifttum*

Die Lehre von den negativen Tatbestandsmerkmalen. Der Irrtum über einen Rechtfertigungsgrund, 1960.

Ehre und Beleidigung. Grundfragen des strafrechtlichen Ehrenschutzes, 1967.

Die Frage der Straffähigkeit von Personenverbänden, 1993.

Rechtsstaatliches Strafrecht und staatlich gesteuertes Unrecht, 1996.

Strafrecht und Überzeugungstäter, 1996.

Strafrechtliche Probleme, Bd. I 1999, Bd. II 2009.

Derecho Penal. Obras Completas, 4 Bde., 1999–2005 (span.).

### *2. Kommentierungen*

Strafgesetzbuch, Leipziger Kommentar, §§ 223–233, 9. Aufl. 1972, 10. Aufl. 1981, §§ 225–231, 11. Aufl. 2001.

Strafgesetzbuch, Leipziger Kommentar, Vor § 51, 9. Aufl. 1974, Vor §§ 32 ff., 10. Aufl. 1984, 11. Aufl. 1994.

Strafgesetzbuch, Leipziger Kommentar, § 340, 10. Aufl. 1981, 11. Aufl. 1999.

Strafgesetzbuch, Leipziger Kommentar, §§ 34, 35, 10. Aufl. 1984, 11. Aufl. 1994.

### *3. Aufsätze in Zeitschriften und Sammelwerken*

Soziale Adäquanz und Unrechtslehre, ZStW 74. Bd. (1962), S. 78–135.

Eigenmächtige Zueignung geschuldeter Sachen, Rechtswidrigkeit und Irrtum bei den Zueignungsstrafbestimmungen, JZ 1963, S. 149–156.

Richterrecht und Gesetzesrecht, JR 1966, S. 334–342.

Zur Abgrenzung von Strafrecht und Zivilrecht, in: Festschrift für Karl Engisch, 1969, S. 304–327.

Hauptprobleme einer Reform der Delikte gegen die körperliche Unversehrtheit, ZStW 83. Bd. (1971), S. 104–176.

Zur Problematik des erfolgsqualifizierten Delikts, GA 1972, S. 65–78.

Einwilligung und Selbstbestimmung, in: Festschrift für Hans Welzel, 1974, S. 775–800.

Gegenwart und Zukunft des Privatklageverfahrens, in: Festschrift für Richard Lange, 1976, S. 815–836.

Die Notwehrvoraussetzungen der Rechtswidrigkeit des Angriffs, in: Festschrift für Eduard Dreher, 1977, S. 211–233.

Strafrecht und rechtsfreier Raum, in: Festschrift für Paul Bockelmann, 1979, S. 89–115.

Zur Behandlung der Bagatellkriminalität in der Bundesrepublik Deutschland (unter besonderer Berücksichtigung der Stellung der Staatsanwaltschaft), ZStW 92. Bd. (1980), S. 218–254.

Der Streit um Handlungs- und Unrechtslehre, ZStW 93. Bd. (1981), S. 831–863 (Teil I) und 94. Bd. (1982), S. 239–278 (Teil II).

Die Diskussion über den Unrechtsbegriff in der deutschen Strafrechtswissenschaft und das Strafrechtssystem Delitalas, Studi in memoria di Giacomo Delitala, 1984, S. 1931–1968.

Rechtfertigungsgründe und Analogieverbot, in: Gedächtnisschrift für Zong Uk Tjong, 1985, S. 50–68.

Die strafrechtliche Behandlung der Betäubungsmitteldelinquenz in der Bundesrepublik Deutschland vor dem Hintergrund der gegenwärtigen Drogensituation, Hokkaigakuen Law Journal XX, 1985, S. 574–592 (jap.).

Der unmittelbare Zusammenhang zwischen Grunddelikt und schwerer Folge beim erfolgsqualifizierten Delikt, in: Festschrift für Dietrich Oehler, 1985, S. 111–133.

Hauptprobleme des dogmatischen Teils der deutschen Strafreform, in: Hirsch, Hans Joachim (Hrsg.), Deutsch-Spanisches Strafrechtskolloquium, 1986, S. 47–79.

Bilanz der Strafrechtsreform, in: Gedächtnisschrift für Hilde Kaufmann, 1986, S. 133–165.

Behandlungsabbruch und Sterbehilfe, in: Festschrift für Karl Lackner, 1987, S. 597–620.

Die Entwicklung der Strafrechtsdogmatik nach Welzel, in: Festschrift Rechtswissenschaftliche Fakultät Universität Köln, 1988, S. 399–427.

Zum Spannungsverhältnis von Theorie und Praxis im Strafrecht, in: Festschrift für Herbert Tröndle, 1989, S. 19–40.

Zur Stellung des Verletzten im Straf- und Strafverfahrensrecht. Über die Grenzen strafrechtlicher Aufgaben, in: Gedächtnisschrift für Armin Kaufmann, 1989, S. 699–721.

Die Stellung der Strafrechtsdogmatik in der Bundesrepublik Deutschland in grundsätzlicher Sicht, in: Hirsch, Hans Joachim und Weigend, Thomas (Hrsg.), Strafrecht und Kriminalpolitik in Japan und Deutschland, 1989, S. 65–79.

Wiedergutmachung des Schadens im Rahmen des materiellen Strafrechts, ZStW 102. Bd. (1990), S. 534–562.

Die Stellung von Rechtfertigung und Entschuldigung im Verbrechenssystem, in: Eser, Albin (Hrsg.), Rechtfertigung und Entschuldigung III, 1991, S. 27–52.

Rechtsstaat und Strafrecht, in: Uniwersytet Poznań, Seria Doktorzy Honoris causa 14, 1991, S. 36–50 (dtsch.), S. 51–65 (poln.).

Gibt es eine national unabhängige Strafrechtswissenschaft?, in: Festschrift für Günter Spendel, 1992, S. 43–58.

Gefahr und Gefährlichkeit, in: Festschrift für Arthur Kaufmann, 1993, S. 545–563.

Konkrete und abstrakte „Gefährdungsdelikte“, in: Festschrift für Kazimierz Buchala, 1994, S. 223–235.

Das Schuldprinzip und seine Funktion im Strafrecht, ZStW 106. Bd. (1994), S. 746–765.

Strafrecht als Mittel zur Bekämpfung neuer Kriminalitätsformen?, in: Kühne, Hans-Heiner und Miyazawa, Koichi (Hrsg.), Neue Strafrechtsentwicklungen im deutsch-japanischen Vergleich, 1995, S. 11–31.

Strafrechtliche Verantwortlichkeit von Unternehmen, ZStW 107. Bd. (1995), S. 285–323.

Zur actio libera in causa, in: Festschrift für Haruo Nishihara, 1997, S. 88–104.

Zur Lehre von der objektiven Zurechnung, in: Festschrift für Theodor Lenckner, 1998, S. 119–142.

Grundfragen von Ehre und Beleidigung, in: Festschrift für E.A. Wolff, 1998, S. 125–151.

Zur Frage eines Straftatbestands der eigenmächtigen Heilbehandlung, in: Gedächtnisschrift für Heinz Zipf, 1999, S. 353–373.

Rechtfertigungsfragen und Judikatur des Bundesgerichtshofs, in: Festgabe 50 Jahre Bundesgerichtshof, Bd. IV, 2000, S. 199–236.

Untauglicher Versuch und Tatstrafrecht, in: Festschrift für Claus Roxin, 2001, S. 711–728.

Die aktuelle Diskussion über den Rechtsgutsbegriff, in: Festschrift für Dionysios Spinellis, Athen 2001, S. 425–445.

Der dogmatische Teil der deutschen Strafrechtsreform von 1975 aus heutiger Sicht und der türkische Entwurf 1997, in: Umut Vakfi (Hrsg.), Ceza Hukuku Reforma, Istanbul 2001, S. 361–374 (türk.).

Tatstrafrecht – ein hinreichend beachtetes Grundprinzip?, in: Festschrift für Klaus Lüderssen, 2002, S. 253–267.

Die verfehlte deutsche Gesetzesfigur der „besonders schweren Fälle“, in: Festschrift für Karl Heinz Gössel, 2002, S. 287–302.

Los conceptos de „desvalor de accion“ y „desvalor de resultado o sobre el estado de cosas“, in: Libro homenaje al José Cerezo Mir, Madrid 2002, S. 763–779.

Zum Unrecht des fahrlässigen Delikts, in: Festschrift für Ernst-Joachim Lampe, 2003, S. 515–536.

Grundlagen, Entwicklungen und Missdeutungen des „Finalismus“, in: Festschrift für Nikolaos K. Androulakis, Athen 2003, S. 225–249.

Zur Notwendigkeit der Auslegungsänderung und Neufassung der Teilnahmeregelung bei „besonderen persönlichen Merkmalen”, in: Festschrift für Hans-Ludwig Schreiber, 2003, S. 153–171.

Internationalisierung des Strafrechts und Strafrechtswissenschaften, ZStW 116. Bd. (2004), S. 835–854.

Problemas actuales de la legislación penal propria de un Estado de Derecho, in: Libro homenaje al Rivacoba y Rivacoba, Buenos Aires 2004, S. 129–146.

Cuestiones acerca de la armonizacion de derecho penal y del derecho procesal pena en la Union Europea, in: Libre homenaje al Julio B.J. Maier, Buenos Aires 2005, S. 657–669.

Die Grenze zwischen Schwangerschaftsabbruch und allgemeinen Tötungsdelikten, in: Festschrift für Albin Eser, 2005, S. 309–322.

Zur Todesstrafe, in: Wuhan University Forum on Criminal Law, 2005, S. 297–320 (chin.).

Einordnung und Rechtswirkung des Erlaubnissachverhaltsirrtums. Über eine vermittelnde Schuldtheorie, in: Festschrift für Friedrich-Christian Schroeder, 2006, S. 223–239.

Die subjektive Versuchstheorie, ein Wegbereiter der NS-Strafrechtsdoktrin, JZ 2007, S. 494–502.

Über Irrungen und Wirrungen in der gegenwärtigen Schuldlehre, in: Festschrift für Harro Otto, 2007, S. 307–329.

Defensiver Notstand gegenüber ohnehin Verlorenen, in: Festschrift für Wilfried Küper, 2007, S. 149–172.

Systematik und Grenzen der Gefahrdelikte, in: Festschrift für Klaus Tiedemann, 2008, S. 145–164.

Einwilligung in sittenwidrige Körperverletzung, in: Festschrift für Knut Amelung, 2009, S. 181–202.

Zu strafrechtlichen Fragen des Sportrechts, in: Festschrift für Andrzej J. Szwarc, 2009, S. 559–583.

Hans-Heinrich Jescheck

# Hans-Heinrich Jescheck

## *Herkunft, Elternhaus, Schulzeit*

Ich bin Schlesier, geboren 1915 in Liegnitz, der alten Herzogstadt, in deren Nähe im Jahre 1241 die Mongolenschlacht stattgefunden hat und verloren ging. Die Stadt selbst wurde aber von den Bürgern gehalten.

Mein Vater war Rechtsanwalt und Notar. Er hatte als sechstes Kind eines Postbeamten in einer Kleinstadt im Bober-Katzbach-Gebirge unter Opfern der ganzen Familie das humanistische Gymnasium Augustinum in Görlitz besucht und anschließend in Leipzig studieren können. Meine Mutter stammte aus einer Lehrer- und Kantorenfamilie hoch oben im Eulengebirge. Im Tal hatte einige Jahrzehnte zuvor in zwei typischen schlesischen Industriedörfern der Aufstand der verarmten Heimweber stattgefunden. Meine Mutter schloss eine Ausbildung als Lehrerin an der Lehrerbildungsanstalt in Breslau ab.

Aus diesem Elternhaus zog ich nach der Volksschule zu Ostern 1924 stolz auf das humanistische Gymnasium Johanneum in Liegnitz, das damals nach dem Ort seiner Unterbringung allgemein einfach „Ritterakademie" genannt wurde. Die Ritterakademie war eine Gründung noch aus österreichischer Zeit für die Ausbildung der Söhne des schlesischen Adels, ein imponierender Bau im Stil des Wiener Barock aus dem ersten Drittel des 18. Jahrhunderts. Das Johanneum wurde durch einen auf *Wilhelm von Humboldt* zurückgehenden Erlass im Zuge der *Stein*schen Reformen in Preußen im Jahre 1811 auch für „Stadtschüler" geöffnet, die fortan zusammen mit den Zöglingen des Internats unterrichtet wurden.

Als ein solcher Stadtschüler habe ich am Johanneum im März 1933 das Abitur abgelegt. Ich hielt damals die Abiturrede und habe mit Rücksicht auf den Zeitpunkt, der mit dem Staatsakt vor der Garnisonkirche in Potsdam zusammenfiel, ganz frei das Thema „Der Geist von Weimar und der Geist von Potsdam" ausgewählt. Das Johanneum war durchaus keine Kadettenanstalt, sondern ein klassisches humanistisches Gymnasium nach dem *Humboldt*schen Bildungsideal.

Ein Jahr vor dem Abitur hatte ich dank meiner guten Latein- und Griechischkenntnisse die Gelegenheit, an einer zweiwöchigen Schiffsreise, genannt „Hellas-Fahrt", von deutschen Professoren und Studenten – meist natürlich Altphilologen, Althistoriker und Archäologen – teilzunehmen. Sie führte in die

Magna Graecia, d.h. vor allem nach Sizilien und dann natürlich nach Griechenland. Bedeutsam war für mich damals ein Erlebnis bei dem Rundgang auf der Akropolis in Athen. Der große Archäologe *Wilhelm Dörpfeld*, der uns führte, legte mir beim Besuch des Erechtheions die Hand auf die Schulter, wie um sich auf mich zu stützen. In diesem Augenblick entstand in meiner Vorstellungswelt der Gedanke: Ich will auch Professor werden, ein Gedanke, den ich in all den Jahren danach bis zur Habilitation immer für mich behalten und festgehalten habe. Vorher hatte mich auf dieses Schlüsselerlebnis schon ein anderer Eindruck von antiker Kultur vorbereitet: Bei dem Besuch von Syrakus durfte ich im antiken griechischen Theater auf Einladung einer Erlanger Studentengruppe im Chor der „Elektra" von *Sophokles* mitsprechen. So war für mich die Kultur der Magna Graecia in Sizilien mit dem Höhepunkt der Kultur der Antike in Athen verbunden.

## *Studium in Freiburg und Göttingen*

Zum Studium ging ich nach Freiburg, allerdings nicht zum Studium der alten Sprachen, sondern der Rechtswissenschaft. Mein Lehrer war vor allem *Fritz Pringsheim* im Bürgerlichen Recht, der zu meiner Freude dessen Grundlagen oft auf das klassische Römische Recht zurückführte. Ich lernte dadurch die Kürze, Klarheit und Ausdruckskraft der lateinischen Rechtsregeln und Rechtssprichworte kennen. *Pringsheim* hatte selbst diesen Sprachstil übernommen und wirkte auch in seiner ganzen Erscheinung auf mich so, wie ich mir einen römischen Prätor vorstellte. Mein besonders verehrter Lehrer war ferner *Erik Wolf* in der Rechtsphilosophie und der Geistesgeschichte des Rechts, ein großartiger Redner, der mich begeisterte; dann sehr viel nüchterner, aber durch die praktische Denkweise im Strafrecht unmittelbar überzeugend der Schwabe *Eduard Kern*[1], mein späterer Promotions- und Habilitationsvater. Man war damals seinen Lehrern noch bekannt und wurde auch eingeladen. Ich habe das als Professor später auch so gehalten und unternahm jedes Semester eine Studentenwanderung im Schwarzwald mit den 10 % Besten meiner Übungen, im Winter auch Skiwanderungen. Mit *Eduard Kern* wanderte ich durch den Kaiserstuhl; er erklärte mir dabei die besondere Flora. Eine Einladung bei Professor *Pringsheim* ist mir aus dem ersten Semester unvergesslich. Es war eine Soirée, wie sie in seinem Hause üblich war, für Professoren, Assistenten und Freunde, natürlich alle älter als ich. Sein brillanter Schüler *Franz Wieacker*, bei dem ich am Tisch saß, schloss mich sogleich ins Gespräch ein und sorgte dafür, dass ich mich nicht fremd fühlte.

---

1 *Jescheck, H.-H.,* Kern, Eduard, Leben und Werk, GA 1973, S. 232–241.

Meine Freiburger Semester hatten aber auch negative Seiten durch den Druck der Parteiinstanzen auf die Studentenschaft, dem ich auszuweichen und auch entgegenzutreten suchte. Ein Zusammenstoß mit dem Studentenführer – es ging um das Verbot, an einem Gespräch mit dem Dekan Professor *Hans Großmann-Doerth* über die juristische Studienreform teilzunehmen, das ich nicht befolgte – hätte mich ernstlich in Gefahr bringen können, und ich bin deswegen in meinem sechsten Semester nach Göttingen gegangen, wo ich am Oberlandesgericht Celle bei dem als besonders streng geltenden Prüfungsamt dann auch das Referendarexamen bestanden habe. Das freie Jahr bis zum Beginn des Wehrdienstes im November 1937 konnte ich außer für den Vorbereitungsdienst noch für den mündlichen Teil des Promotionsverfahrens (Rigorosum) in Tübingen nutzen, wohin mein Lehrer *Eduard Kern* berufen worden war.

## *Wehrdienst*

Ich kam bei der 18. Inf. Division in eine Panzerjägerabteilung, die in meiner Heimatstadt Liegnitz lag, was ich aus einem besonderen Grunde angestrebt hatte. Ich hatte nämlich meine Dissertation über das Thema „Die juristische Ausbildung in Preußen und im Reich, Vergangenheit und Gegenwart" (1939)[2] aus Zeitnot nur als „Provisoria" einreichen können und musste sie noch überarbeiten. Deshalb bin ich meist schon um 17 Uhr, wenn ich nicht gerade Dienst hatte, von der Kaserne nach Hause geradelt, um bis zum Zapfenstreich an meiner Doktorarbeit zu sitzen. Dort hatte ich auch meine Bücher und alle nur denkbare Unterstützung der Eltern. Die Promotionsurkunde aus Tübingen hat mir dann Anfang 1938 der Hauptfeldwebel beim Kompanieappell bei der Postverteilung ohne viel Umstände ausgehändigt, ohne zu ahnen, welchen Schatz er mir überreichte. Wenn man mich heute fragt (meist von Seiten der jüngeren Generation), warum ich das alles ohne Widerspruch auf mich genommen habe, muss ich bekennen, dass diese Frage sich für mich gar nicht stellte. Ich war als Angehöriger des Jahrgangs 1915 wehrpflichtig und wenn schon Soldat, so wollte ich doch wenigstens ein guter Soldat werden. Das war Ehrensache und wurde nicht diskutiert. Meine vaterländischen Prinzipien wurden alsbald auf die Probe gestellt, denn am 1. September 1939 begann der Zweite Weltkrieg. Von einer Entlassung nach Erfüllung der zweijährigen Wehrpflicht war keine Rede mehr.

---

2 Verlag Junker und Dünnhaupt, Berlin 1939 (Neue deutsche Forschungen, Abt. Bürgerl. Rechtspflege, Bd. 212).

## *Zweiter Weltkrieg*

### *Polenfeldzug*

In den Polenfeldzug kam ich als Unteroffizier und Kompanietruppführer unmittelbar nach der zweijährigen Ausbildung. Die 18. Division trat aus dem Raum um Namslau und Kreuzburg östlich von Breslau nach Überschreiten des Grenzflusses Prosna zum Angriff an und gelangte in Eilmärschen – wir als Mot. Truppe zur Flankensicherung eingesetzt – bis in den Raum südlich von Kutno und Lowicz, wo wir unter erheblichen Verlusten noch in die Entscheidungsschlacht an der Bzura hineingerieten. Der Kampf war trotz aller Tapferkeit für die Polen nicht zu gewinnen, da wir schon mit der Front nach Westen in ihrem Rücken standen. Die Sowjetunion hatte zudem bereits das gesamte Ostpolen bis zum Bug aufgrund des Geheimabkommens mit *Hitler* als ihr Interessengebiet besetzt. Die Vierte polnische Teilung war damit vollzogen.

### *Frankreichfeldzug*

Hieran schloss sich für mich ein halbes Jahr später der Frankreichfeldzug an. Ich war inzwischen Leutnant geworden und wurde als Ordonanzoffizier zbV beim Führungsstab der Division eingesetzt. Der Angriff gegen die Westmächte begann am 10. Mai 1940, für uns aus dem Raum um Geilenkirchen. Wir gelangten in harten Kämpfen gegen die Belgier, später gegen Franzosen und auch gegen englische Truppen über den Juliana- und den Albert-Kanal, die Maas, die Dyle und die Lys bis Ypern und waren damit wieder auf den Schlachtfeldern des Ersten Weltkriegs angelangt. Ich war mit dem Krad vorausgefahren und gelangte so als erster auf die Hochdüne vor Dünkirchen. Hier bot sich mir im Angesicht des Atlantiks – unserem Ziel – ein Bild, das ich nicht vergessen werde. Auf dem Strand warteten Tausende von französischen Soldaten auf die Evakuierung nach England, doch die Briten hatten sie mangels Transportraum zurücklassen müssen. Kein Zweifel: Der Krieg war für Frankreich ebenso verloren wie vorher schon für Polen. Die französische Armee hatte nicht das gehalten, was die Franzosen erwartet und wir nach den Erfahrungen von 1914/18 auch gefürchtet hatten.

In einer kurzen Zwischenzeit in der Heimat habe ich geheiratet, nicht zuletzt auch wegen all dessen, was jetzt durch den drohenden Krieg mit der Sowjetunion zu erwarten war. Meine Frau war Freiburgerin, Chemikerin, ausgebildet bei Professor *Staudinger* und Frau Professor *Husemann* in Freiburg, und promovierte dann bei Professor *Wöhlisch* in Würzburg. Wir kannten uns seit meinem zweiten Semester.

## *Russlandfeldzug*

Die 18. Inf. Division wurde für den Russlandfeldzug motorisiert und hieß damit Panzer-Grenadier-Division. Ich kam als Leutnant und Panzerjägerzugführer zur Schweren Kompanie des Kradschützenbataillons 38. Der Angriff gegen die Sowjetunion begann am 20. Juni 1941, für uns vom Raum Suwalki (nahe der ostpreußischen Grenze bei Lötzen) aus und brachte hier einer Vorausabteilung von uns einen spektakulären Erfolg, nämlich die unversehrte Einnahme der großen Holzbrücke über den Njemen (die Memel) bei Merkine durch Handstreich. Der Krieg wurde wie von *Napoleon* ohne Kriegserklärung begonnen und endete wie für diesen mit der totalen Katastrophe, ja für uns mit der Gefahr des Schlimmsten: der Aufteilung Deutschlands. Der Gegner war völlig überrascht und leistete zunächst kaum Widerstand. Dies änderte sich aber schnell, als die sowjetische Führung erkannt hatte, dass der Krieg auf der ganzen Front entbrannt war, und dass es auch für die Sowjetunion ernst wurde. Die 18. Division kam in schweren Kämpfen über Witebsk und Orscha bis kurz vor Smolensk, sie wurde dann herausgezogen und trat zur Heeresgruppe Nord südlich von Leningrad. Wir kamen bis Schlüsselburg und Tichwin als vorderste Positionen, die aber wieder verloren wurden. Von einem Blitzkrieg wie gegen Polen und Frankreich war keine Rede mehr. Jetzt zeigte sich bald, dass wir bei dem frühen Beginn eines strengen Winters mit bis zu minus 38 Grad mit unserer normalen Sommeruniform den uns angreifenden frischen sibirischen Divisionen, die ganz mit Winterbekleidung und Filzstiefeln ausgestattet waren, unterlegen waren. Der volle Einbruch des Winters Ende Oktober 1941 machte dann allen Angriffsplänen unserer eigenen Führung ein Ende.

Mitte Dezember 1941 trat das Wunder des Studienurlaubs für Soldaten ein, die mehrere Fronteinsätze hinter sich hatten.

Als ich Ende März 1942 aus dem Studienurlaub zurückkam, sah ich meine Kameraden im Stellungskrieg südlich von Staraja Russa wieder, soweit sie noch da waren. Alle erschienen mir durch die Strapazen und schweren Verluste des Winterkriegs gezeichnet und wie frühzeitig gealtert. Ich war inzwischen Oberleutnant und Führer einer Schützenkompanie geworden. Die Kompanie bekam ab Oktober 1942 einen Sicherungsauftrag am Südufer des Ilmensees. Als der Winter kam, war die unübersehbare Fläche des Sees zugefroren, und wir mussten unsere Sicherungsaufgabe durch Spähtrupptätigkeit auf dem See zu lösen suchen, um bei dem Gegner eine durchlaufende Front am Seeufer vorzutäuschen. Wir waren jetzt mit Winterbekleidung gut ausgerüstet und hatten auch Skier sowie zwei Motorschlitten. Damit ließ sich eine Spähtrupptätigkeit durch Skiläufer organisieren und die Fühlung mit dem linken Nachbarn bei Nowgorod auf dem Eis des Sees erreichen. Das Ganze verlief aber verhältnismäßig harmlos, da wir kaum Feindberührung hatten und der erwartete große Ansturm durch die Frühjahrsoffensive 1943 der Russen südlich von Staraja Russa stattfand. Wir wurden in aller Eile herausgezogen und an einer Einbruchstelle bei der Division im Redjatal eingesetzt, die wir schließen und dann auch halten konnten. Bei den Kämpfen um die Stabilisierung der Front wurde ich schwer verwundet, kam in die Heimat zurück und gelangte für mehrere Monate in das Reservelazarett in Freiburg.

In dieser Ruhepause habe ich mich wieder mit meinen Büchern beschäftigt und entschloss mich zur Meldung für das außerordentliche Assessorexamen, wie es damals für Kriegsteilnehmer angeboten wurde. Die mündliche Prüfung fand am Oberlandesgericht Dresden statt, da das Reichsjustizprüfungsamt in Berlin bereits ausgebombt war. Die Prüfungskommission bestand aus dem noch ziemlich jungen Vizepräsidenten des Reichsjustizprüfungsamts und zwei älteren Oberlandesgerichtsräten. Die Prüfung war natürlich wohlwollend, wir Prüflinge waren zwei Oberleutnants, und wir wurden nach bestandener Prüfung mit vielen guten Wünschen entlassen. Wir umarmten einander am Ausgang und gingen jeder seinen Weg. Zum Abschied warf ich einen letzten Blick auf das noch unversehrte herrliche Stadtbild an der Elbe.

Nach diesem unwahrscheinlichen Glücksfall, dem Prüfungserfolg im Assessorexamen, kam ich zum Ersatztruppenteil meiner Division nach Mutzig im Elsass. Hier erreichte mich die Einberufung zum Bataillonsführer-Lehrgang. Ich wurde davon überrascht, da ich inzwischen zwar Hauptmann geworden war, aber nur über begrenzte Fronterfahrung verfügte und keine besonderen Kenntnisse in der Truppenführung besaß. Trotzdem habe ich die beiden ersten Stationen des Lehrgangs – Panzertruppenschule in Krampnitz und Panzerschießplatz in Putlos an der Ostseeküste – verhältnismäßig leicht absolviert. Auf der dritten Stufe, dem Taktikunterricht an der École Militaire in Paris, vermochte ich als Jurist durch gut formulierte und gegliederte Bataillonsbefehle meine Lücken in der Führung von Panzerverbänden teilweise auszugleichen. Der Taktik-Lehrgang ging vielfach von falschen Voraussetzungen aus und war – da stets auf unserer Seite Panzerdivisionen angenommen wurden – unrealistisch. In meiner Beurteilung las ich zu meinem Erstaunen „geringe Erfahrungslücken in der Führung vollgepanzerter Verbände“. Ich hatte nie einen solchen Verband bei uns gesehen – außer im Manöver –, hatte aber wiederholt im Feuer angreifender Feindpanzer gelegen. So kam ich im Juli 1944, mit der Ernennung zum Führer der Panzeraufklärungsabteilung 118 in der Tasche, bei der Frontleitstelle in Brest-Litowsk an. Dort wurde mir zu meinem Entsetzen eröffnet, dass es die 18. Division und damit auch die Panzeraufklärungsabteilung 118 gar nicht mehr gebe. Die Division sei bei der russischen Offensive im Raum der Heeresgruppe Mitte durch die überwältigende Übermacht der Angreifer überrannt worden.

Nach einem Zwischenkommando wurde ich im November 1944 zum Führer einer neu aufgestellten Panzeraufklärungsabteilung 118 an der ostpreußischen Grenze ernannt; der gesamte Raum vorwärts dieser Grenze war schon verloren. Die Abteilung bestand hauptsächlich aus frisch eingezogenen ganz jungen Leuten und Älteren, die wie ich nach einer Verwundung oder einem Kommando zur Abteilung zurückgekehrt waren. Die Ausstattung mit Waffen und Fahrzeugen war nur noch für einen infanteristischen Einsatz ausreichend. Die Aufgabe nach dem Beginn der russischen Winteroffensive im Januar 1945 konnte es nur sein, der verängstigten und schwer leidenden Bevölkerung den Weg zu den Schiffen der Kriegsmarine offen zu halten und sie auf der Flucht vor den nachdrängenden Russen und den unsäglichen Leiden, die sie dann erwarteten, zu schützen. Im Rahmen des Möglichen ist diese Aufgabe erfüllt worden. Meine Abteilung hat sich dabei sehr bewährt; sie war in der ganzen Division als „Feuerwehr“ bekannt. Ich wurde in einem Nachtgefecht vor dem brennenden Städtchen Mehlsack noch einmal verwundet und von Heiligenbeil aus mit einem Verwundetentransport nach Berlin ausgeflogen. Bei dem Nachtflug konnte ich aus ganz geringer Höhe das herzzerreißende Bild des unendlichen Zuges der Flüchtlinge über das zugefrorene Frische Haff in Richtung auf Pillau sehen. Ostpreußen war verloren, aber die Bevölkerung wenigstens in der Mehrheit gerettet.

## *Gefangenschaft*

Von Berlin ging es auf abenteuerlichen Wegen durch das zerstörte Deutschland, wobei unser Transportzug unterwegs von britischen Jagdfliegern aus geringer Höhe angegriffen wurde, was zahlreiche Opfer forderte. Schließlich gelangte ich nach Freiburg, wo ich meine Familie unversehrt nach dem schweren Luftangriff auf unsere Stadt am 27. November 1944 überglücklich wieder antraf.

Als die Franzosen im April 1945 Freiburg besetzten, wurde ich im Lazarett Kriegsgefangener. Wir erwarteten gemäß der Genfer Konvention von 1929, alsbald entlassen zu werden, kamen aber stattdessen als Kriegsgefangene nach Frankreich. Die Gefangenschaft dauerte bis zum Juni 1947, also gut zwei Jahre.

Meine Eltern mussten fast zur gleichen Zeit mit meiner Schwester und deren zwei kleinen Kindern mit knapper Not vor den Russen und Polen aus Liegnitz nach Westen fliehen; sie fanden in einem kleinen Dorf bei Regensburg eine erste Zuflucht – für sieben schwere Jahre. Sie hatten alles verloren, die Heimat für immer. Mein acht Jahre jüngerer Bruder war als Oberleutnant und Adjutant in einer österreichischen Gebirgsjäger-Abteilung schon 1943 in Griechenland gefallen.

Unsere Lage als Kriegsgefangene war im ersten Jahr sehr schlecht, da die Gefangenen ohne Vorbereitung in verschiedene provisorische Lager verlegt wurden und dort keine ausreichende Versorgung antrafen. Stattdessen gab es eine Rattenplage. Wir sahen allesamt elend aus, wie ein Heer von Toten.

Die Lage änderte sich im zweiten Jahr, als wir in dem großen Offizierslager in Mulsanne bei Le Mans die Lageruniversität gegründet hatten, an der verschiedene Wissenschaften erst aus dem Gedächtnis, dann mit aus der Heimat geschickten oder von der YMCA und dem Internationalen Roten Kreuz zur Verfügung gestellten Büchern gelehrt wurden. Das bürgerliche Recht übernahm Kammergerichtsrat *Gustav Goecke,* das öffentliche Recht Marinerichter *Ule,* ich das Strafrecht und die Presseschau auf der Grundlage von französischen Zeitungen, die von der Kommandantur des Lagers für diesen Zweck an uns weitergegeben wurden – offenbar ein erstes Zeichen einer maßvolleren Politik gegenüber den Kriegsgefangenen. Jahre danach zeigte mir ein Hörer nach der Vorlesung in Freiburg strahlend einen Strafrechtsschein, den sein Vater bei mir in Mulsanne gemacht hatte und der diesem im Referendarexamen anerkannt worden war.

Die Lage änderte sich erneut und jetzt ganz grundsätzlich, besonders auch für mich, als *Joseph Rovan*, damals Kabinettssekretär des Verteidigungsministers *Michelet* in unser Lager kam und sich mit einigen Mitarbeitern der Lageruniversität unterhielt, darunter auch mit mir. Es sollte etwas Ähnliches aufgebaut werden, wie es die Engländer in Wilton-Park in London schon hatten. Ich erläuterte ihm meine Vorstellungen und wurde von ihm mit sechs Kameraden nach Paris geschickt, wo wir mit anderen aus anderen Lagern – etwa 35, auch Unteroffizieren und Mannschaften – im Vorort St. Denis in einer alten Kaserne recht ordentlich untergebracht waren. Das Ganze hieß jetzt „Centre d'études pour prisonniers de guerre allemands"[3] und hat uns durch eigene Seminararbeit und die Diskussionen mit hervorragenden französischen Politikern, Professoren, Künstlern, Theologen, Philosophen, Journalisten und Widerstandskämpfern – auch Minister *Edmond Michelet* war dabei – und vor allem mit *Rovan*

3 *Jescheck, H.-H.*, Erinnerungen an das Centre d'études pour prisonniers de guerre allemands in St. Denis 1946/47, Bildung und Erziehung 36 (1983), S. 69–75. – Franz. Übers.: Souvenirs du Centre d'Etudes pour Prisonniers de Guerre Allemands à Saint Denis (1946–1947), in: Le lien. Union nationale des amicales de camps de prisonniers de guerre, 1994, Nr. 493, S. 4–5.

persönlich viel Stoff zum Nachdenken geboten. Besonders in Erinnerung geblieben sind mir die lebhaften Diskussionen über das zukünftige Schicksal Deutschlands mit dem späteren französischen Hochkommissar *François-Poncet*, dem Schriftsteller *André Maurois*, dem als Politologen, Soziologen und Deutschlandkenner bedeutenden Journalisten *Raymond Aron,* dem Philosophen *Emanuel Mounier*, in dessen Zeitschrift „Esprit“ ich auf seine Einladung hin einen kleinen Artikel über die Haltung der deutschen Offiziere in diesem Krieg schrieb. Als er mich fragte, warum von uns keiner desertiert sei, antwortete ich: „Un officier allemand ne déserte pas“. Und er als Franzose antwortete nach kurzem Überlegen: „Un officier français non plus“. Starken Eindruck machten der Widerstandskämpfer *Vercors* und der Schriftsteller *David Rousset* sowie *Michelet* selbst, dem man die Entbehrungen aus dem Konzentrationslager noch deutlich ansehen konnte. Als Sprecher unserer Gruppe hatte ich für die Vorbereitung der Veranstaltungen alle Hände voll zu tun. Der Schöpfer des Ganzen, *Joseph Rovan,* wurde später Professor für deutsche Geschichte an der Sorbonne und ein hoch angesehener Protagonist der deutsch-französischen Verständigung. Er hat unserer kleinen Gruppe in seinem Buch „Mémoires d’un Français qui se souvient d’avoir été Allemand“[4] als den „Sept de Saint Denis“ ein Denkmal gesetzt.

Das Centre d’études endete für die Teilnehmer des ersten Schubs im Juni 1947 ohne Vorwarnung, und als wir in Kehl überglücklich aus dem Zug sprangen, wussten wir alle, dass wir frei werden würden und ein neues Leben anfangen könnten.

## *Heimkehr*

Nach glücklicher Heimkehr zu meiner Familie habe ich in der badischen Justiz schnell wieder Fuß fassen können. Ich wurde als Richter am Landgericht Freiburg angestellt und sowohl für die Große Strafkammer als auch für eine Zivilkammer eingeteilt. Anfangs war dies durchaus eine Überforderung.

Ein für die erste Nachkriegszeit typisches Erlebnis ist mir in Erinnerung geblieben. Bei meinem ersten Einzelrichtertermin erschien eine Dame mit einem Aktenbündel unter dem Arm in einer alten Offiziersjacke (offenbar von ihrem Mann), wie ich sie auch trug, und erklärte mir, dass sie für eine (übrigens sehr angesehene) Anwaltskanzlei in Freiburg komme. Ich entschuldigte mich dafür, dass ich in meiner unangemessenen Aufmachung hier auftrete und sagte ihr, dass ich nach zehn Jahren Militärdienst gerade heute ganz neu als

4 Deutsche Übersetzung: *Wilczek, Bernd*: Erinnerungen eines Franzosen, der einmal Deutscher war, München 2003, S. 208 (im Original S. 221).

Richter am Landgericht anfange und deswegen „nicht viel Ahnung“ habe. Meine Besucherin antwortete mir darauf sichtlich erfreut, das treffe sich ja gut, denn sie sei als Flüchtling mit ihren Kindern hoch oben in einem Schwarzwalddorf untergebracht und habe deswegen „auch nicht viel Ahnung“. Wir erörterten den Fall gemeinsam nach Aktenlage und vereinbarten dann einen neuen Termin. Sie war, wie ich bald darauf erfuhr, „Einser-Absolventin“ des Assessorexamens im Reichsjustizprüfungsamt (eine sehr seltene Note). Später wurde sie eine hoch angesehene Partnerin in ihrer Kanzlei.

Beim Neuanfang in Freiburg halfen mir drei Startvorteile: Ich hatte eine abgeschlossene juristische Ausbildung, ich hatte das feste Ziel, Professor zu werden und hatte für die Habilitation auch schon ein aktuelles Thema, das ich Professor *Kern* in Tübingen vorschlagen konnte. Durch das Studium der französischen Tageszeitungen für die Presseschau in Mulsanne, von denen ich mir seinerzeit jeweils Ausschnitte gemacht hatte, war es mir möglich gewesen, den Nürnberger Hauptprozess von Anbeginn bis zum Urteil am 1. Oktober 1946 zu verfolgen und die internationale Resonanz dieses erstmaligen Versuchs der juristischen Aufarbeitung der in einem gewaltigen Krieg von einer Seite begangenen Verbrechen kennenzulernen, mochte es auch die Sicht der Sieger sein, die mir dabei entgegentrat. Dieses Urteil wollte ich nach dem Recht der vier Siegermächte, nach deutschem Recht und dem in diesem Zeitpunkt geltenden Völkerrecht rechtsvergleichend analysieren.

## *Habilitation*

Unterstützt hat mich bei der Ausarbeitung der Habilitationsschrift Professor *Adolf Schönke,* der seit 1937 den Lehrstuhl meines Lehrers *Eduard Kern* in Freiburg übernommen hatte. Er lud mich dazu ein, als Gast in der schon recht leistungsfähigen Bibliothek seines von ihm so benannten „Instituts für ausländisches und internationales Strafrecht“ für mein Habilitationsthema „Die Verantwortlichkeit der Staatsorgane nach Völkerstrafrecht“[5] zu arbeiten. Bei der mündlichen Habilitationsprüfung in Tübingen stellte mir *Hans Dölle* eine Frage aus dem Zivilprozessrecht, die ihm unangemessen leicht erschien, entschuldigte sich aber sofort dafür, einem Oberlandesgerichtsrat (der ich inzwischen in Freiburg geworden war) eine solche alltägliche Frage zu stellen. So nobel ist man damals in akademischen Prüfungen miteinander umgegangen.

---

5 *Jescheck, H.-H.*, Die Verantwortlichkeit der Staatsorgane nach Völkerstrafrecht. Eine Studie zu den Nürnberger Prozessen, Bonn 1952.

In dieser Zeit doppelter Belastung als Richter am Landgericht in Freiburg und Habilitand in Tübingen starb meine Frau an einer unheilbaren Krankheit. Ich blieb mit unserer fünfjährigen Tochter allein, habe mich aber durch diesen grausamen Schicksalsschlag nicht entmutigen lassen und habe meine letzten Kraftreserven zusammengenommen, um die Habilitation zu schaffen.

Nach der Habilitation am 1. Oktober 1949 nahm Professor *Schönke* mich zu dem im Jahre 1950 in Tübingen stattfindenden Gründungskongress der Gesellschaft für Rechtsvergleichung mit und stellte mich dort mehreren älteren Kollegen vor, die mich als Heimkehrer aus dem Krieg und neuen Privatdozenten herzlich begrüßten. Den Eröffnungsvortrag hielt *Ernst Rabel*, der zu diesem Kongress eigens aus den USA gekommen war, über das Thema „Die Aufgabe der Rechtsvergleichung in der Welt von heute". Dieses Erlebnis hatte für mich große Bedeutung und bestärkte mich in dem Entschluss, die doppelte Arbeitsbelastung in Freiburg und Tübingen weiter auf mich zu nehmen.

## *Gesellschaft für Rechtsvergleichung und Association Internationale de Droit Pénal*

*Adolf Schönke* bestellte mich kurz darauf zum Sekretär der im Rahmen der Gesellschaft für Rechtsvergleichung eingerichteten strafrechtlichen Fachgruppe, die er selbst leitete, und ein Jahr später auch zu einem der beiden Generalsekretäre der von ihm gegründeten deutschen Landesgruppe der „Association internationale de droit pénal" (AIDP). Er überwand damit die historische Barriere zwischen der Tradition der von *Franz von Liszt* 1889 gegründeten „Internationalen Kriminalistischen Vereinigung", der berühmten IKV, und der 1924 in Paris wohl gegen den als zu stark empfundenen internationalen Einfluss der deutschen Strafrechtswissenschaft gegründeten Association.

## *Im Bundesjustizministerium*

Im Oktober 1952 wurde ich auf Antrag von Staatssekretär Dr. *Walter Strauß*[6] durch die badische Justiz in das Bundesjustizministerium in Bonn abgeordnet, wo ich an den Vorbereitungen für die Große Strafrechtskommission zur Gesamtreform des deutschen Strafrechts mitwirken sollte. Ich kam dadurch in Verbindung mit *Eduard Dreher* und *Karl Lackner*, die im BMJ schon an

---

6 *Jescheck, H.-H.,* Dr. Walter Strauß, Mitteilungen der Gesellschaft für Rechtsvergleichung, Nr. 17, Mai 1980, S. 9–10.

diesen Fragen arbeiteten. Mit ihnen hat mich in der Folgezeit eine dauernde Freundschaft verbunden.

In meiner Bonner Zeit erlebte ich ein zwar nicht erfolgreiches, aber für meine spätere Arbeit in der Rechtsvergleichung höchst lehrreiches Zwischenspiel. Ich wurde für die damals in Paris stattfindenden Verhandlungen der Konferenz zur Gründung einer Europäischen Verteidigungsgemeinschaft (Communauté Européenne de Défense) eingeteilt und sollte im Rahmen der deutschen Delegation in der Kommission zur Schaffung eines gemeinsamen Militärstrafgesetzbuches für die europäischen Streitkräfte mitwirken, die aus Vertretern Belgiens, Frankreichs, Italiens, Luxemburgs, der Niederlande und eben Deutschlands (!) bestehen sollten. Für mich war das fünf Jahre nach der Gefangenschaft in Frankreich ein fast atemberaubender Szenenwechsel. Dabei zeigte sich aber von vornherein als unübersteigbares Hindernis das Fehlen jeglicher rechtsvergleichenden internationalen Vorbereitung. Außerdem hatte die Europäische Verteidigungsgemeinschaft keine klare Legitimation für eine strafrechtliche Gesetzgebung. Wie bei der EU heute musste das Bemühen um ein europäisches Strafrecht scheitern, wenn dieses durch Hilfskonstruktionen ersatzweise geschaffen werden sollte. Die Gründung der Europäischen Verteidigungsgemeinschaft wurde bekanntlich vom französischen Parlament im August 1954 abgelehnt. Auf der Besuchertribüne in der Chambre des Députés hörte ich damals die leidenschaftliche Rede des französischen Ministerpräsidenten *George Bidault* gegen jede Art der Wiederbewaffnung Deutschlands.

In meiner Bonner Zeit erreichte mich auch die erste Einladung zur Strafrechtslehrertagung in München im September 1953. Aufgrund meiner Erfahrungen mit dem Schicksal der Europäischen Verteidigungsgemeinschaft wählte ich für meinen Vortrag das Thema „Die Strafgewalt übernationaler Gemeinschaften“[7] als Neuigkeit für die strafrechtliche Diskussion in Deutschland. Mein Ergebnis war damals: „Ich glaube kaum, dass an ein allgemeines europäisches Strafrecht und eine europäische Strafgerichtsbarkeit gedacht werden kann“ (S. 517). Auch heute gilt: Wenn ein europäisches Strafrecht geschaffen werden soll, dann nur durch Erweiterung des EU-Vertrages auf das Strafrecht und die Ratifikation dieser Änderung durch die Mitgliedsstaaten.

Inzwischen hatte ich wieder geheiratet. Wir haben zwei gemeinsame Kinder. Meine zweite Frau ist Juristin und stammt aus Freiburg. Nach dem zweiten Staatsexamen entschloss sie sich, nicht weiter beruflich tätig zu sein, da ich durch meine Tätigkeit in Bonn, Tübingen und vorübergehend auch in Paris

---

7 *Jescheck, H.-H.*, Die Strafgewalt übernationaler Gemeinschaften, ZStW 65 (1953), S. 497–518.

sowie durch die kurz danach beginnenden, nach Zeit und Ort wechselnden Sitzungen der Großen Strafrechtskommission überaus belastet war. Bei meiner beruflichen Arbeit, meiner Betreuung der Institutsmitarbeiter und -gäste und bei der Pflege der sich mit der Zeit entwickelnden internationalen Beziehungen hat meine Frau mich stets hervorragend unterstützt.

## *Schönkes Tod*

Die Nachricht vom Tode *Adolf Schönkes* am 1. Mai 1953 erreichte meine Frau und mich bei der Rückkehr nach Bonn von einer Kommissionssitzung bei der Europäischen Verteidigungsgemeinschaft und traf mich gänzlich unvorbereitet, da ich ihn nicht lange vorher noch in seinem Hause in Freiburg am Krankenbett besucht hatte und damals nichts von der Gefährlichkeit der Erkrankung ahnte. Durch seinen Tod wurde ich sehr erschüttert. Ich war zwar nicht eigentlich sein Schüler gewesen, stand ihm aber durch die beiden Ämter nahe, die er mir anvertraut hatte.

Als Generalsekretär der deutschen Landesgruppe der Association musste ich alsbald die deutsche Beteiligung an dem im September 1953 in Rom stattfindenden VII. Internationalen Strafrechtskongress vorbereiten, zu der die deutsche Landesgruppe erstmalig eingeladen war. Durch die repräsentative Vertretung der deutschen Strafrechtswissenschaft und Justizpraxis auf dieser Tagung wurde der Kongress für uns ein beachtlicher Erfolg, den *Adolf Schönke*, der hinter all dieser Entwicklung gestanden hatte, leider nicht mehr erleben konnte. Die deutsche Landesgruppe wurde durch einstimmigen Beschluss der Mitgliederversammlung als Vollmitglied in die Association aufgenommen. Für mich bedeutete dies, dass ich für die deutsche Landesgruppe von Anfang an offiziell teilnahm und im Kreise der Spitzen der Association als junger Anfänger im internationalen Geschäft bekannt und gewissermaßen auf Probe auch anerkannt wurde. Dabei half mir auch, dass ich inzwischen im BMJ eine Planstelle bekommen hatte und Ministerialrat geworden war.

## *Die Berufung nach Freiburg*

Im Oktober 1953 kam für mich unerwartet der Ruf auf den Freiburger Lehrstuhl als Nachfolger von *Adolf Schönke* und als Direktor seines Instituts. Meine Frau und ich freuten uns über das Vertrauen der Fakultät und die Größe der Aufgabe, waren aber vor allem froh darüber, dass wir in Freiburg bleiben und hier nach den jahrelangen Erschütterungen, Entbehrungen, Trennungen und Verlusten unser Leben in Ruhe einrichten und führen konnten.

Am 1. April 1954 trat ich mein erstes akademisches Amt als Nachfolger des von mir dankbar verehrten *Adolf Schönke* an, auch als Direktor des Instituts für ausländisches und internationales Strafrecht. Ich hatte jedoch nur wenig Zeit, um darüber nachzudenken, insbesondere meine Vorlesung vorzubereiten. Meine Antrittsvorlesung fand schon am 14. Juni 1954 über mein Grundthema für die Forschung „Entwicklung, Aufgaben und Methoden der Strafrechtsvergleichung"[8] im großen Hörsaal statt. Im Anschluss daran wurde im Rektorat die Umgründung des Universitätsinstituts von *Schönke* in die von diesem selbst noch geplante und vorbereitete öffentliche Stiftung mit den Unterschriften des Staatssekretärs Dr. *Walter Strauß* für das Bundesjustizministerium und unseres Rektors Magnifizenz *Pfannenstiel* vollzogen. Der Kultusminister in Stuttgart hatte schon vorher unterzeichnet. Dem kleinen Universitätsinstitut flossen damit ausreichende Mittel für den Ausbau von Personal und Bibliothek zu.

Damit wartete eine große Aufgabe auf mich; es sollte meine Lebensaufgabe werden. Eine zweite große Aufgabe folgte allerdings unmittelbar darauf und stellte mich in den Dienst der Großen Strafrechtskommission.

## *In der Großen Strafrechtskommission*

Zu meinem größten Erstaunen wurde ich fast gleichzeitig mit meiner Berufung als ordentlicher Professor nach Freiburg als Mitglied mit allen Rechten und Pflichten in die Große Strafrechtskommission berufen, der ich dann für die ganze Zeit ihres Bestehens angehört habe (1954–1959). Es mag sein, dass Staatssekretär *Strauß*, der mich kannte und mich auch nach der Annahme des Freiburger Rufs weiter mit dem BMJ in Verbindung halten wollte, bei dieser Gelegenheit der Gruppe der arrivierten und sehr viel älteren Strafrechtslehrer einen jüngeren an die Seite stellen wollte. Ich habe darüber aber nicht weiter nachgedacht, sondern habe die Berufung dankbar angenommen, da ich damit rechnen konnte, in der Kommission auf jeden Fall viel Neues lernen zu können. In der Gruppe der Strafrechtslehrer ragte Professor *Gallas* als dominierende Figur hervor, und ich freute mich sehr darüber, ihm in diesem Kreis der Kenner des Strafrechts wieder zu begegnen. Ich kannte ihn seit meiner Zeit als Privatdozent in Tübingen, da er mich zu seinem Seminar eingeladen hatte und dafür die Termine sogar so gelegt hatte, dass ich jeden für das Seminar vorgesehenen Tag mit meiner Vorlesung in Tübingen verbinden konnte. Die Große Strafrechtskommission wurde auf diese Weise mein „Oberseminar".

8 *Jescheck, H.-H.*, Entwicklung, Aufgaben und Methoden der Strafrechtsvergleichung, Recht und Staat 181/182 (1955).

In der Kommission haben wir uns fünf Jahre lang alle zwei bis drei Monate, jeweils für zwei Tage an wechselnden Orten versammelt. In der Zwischenzeit mussten von den Kommissionsmitgliedern die ihnen jeweils aufgetragenen Themen, Problemkreise und einzelnen Gesetzesartikel vorbereitet werden, die von der Gesamtkommission dann beraten und in namentlicher Abstimmung angenommen bzw. abgelehnt werden konnten. Die Fakultätsarbeit der Professoren an den verschiedenen Hochschulen ging dabei natürlich weiter. Die Protokollführung lag in den Händen von Assessor *Helmut Engler*, der die hervorragende Redaktionsarbeit für die Protokolle geleistet hat und später Kultusminister von Baden-Württemberg wurde. Seine Protokolle waren so gut, dass Professor *Eberhard Schmidt*, einer der Ältesten in unserem Kreis, in einem Anflug von Selbstironie von seinen Beiträgen sagte, er wisse erst nach der Lektüre von *Engler*s Protokollen seine eigenen Beiträge richtig zu würdigen und zu erkennen, welch kluge Worte er in der Sitzung jeweils gesprochen habe.

Der daraus nach und nach entstehende Entwurf 1962, zuerst des Allgemeinen und dann des Besonderen Teils, die beide auch durch rechtsvergleichende Vorarbeiten des Freiburger Instituts vorbereitet waren, hatte seine starken Seiten in der gelungenen Regelung grundlegender dogmatischer Bestimmungen des Allgemeinen Teils, wie derjenigen über Vorsatz und Irrtum, Täterschaft und Teilnahme, über das Schuldprinzip und im Besonderen Teil in der präziseren Fassung von Tatbeständen, die im Sinne der Garantiefunktion des Strafrechts verbessert werden konnten. Dagegen gab es im Sanktionenteil deutliche Defizite. Ein solcher Mangel grundsätzlicher Art war die Beibehaltung der kriminalpolitisch überholten Zuchthausstrafe, die dann auch alsbald von dem Sonderausschuss des Bundestags für die Strafrechtsreform durch die Einheitsfreiheitsstrafe ersetzt wurde, für die ich in der Kommission mit Nachdruck eingetreten war[9]. Ein Fortschritt war auf der anderen Seite die Neuregelung der Geldstrafe nach dem Tagessatzsystem und deren weitgehende Verwendung.

Erst der private Alternativ-Entwurf[10] von vierzehn deutschen und schweizerischen Strafrechtslehrern (1966), mit denen ich mich in der Kriminalpolitik geistig verbunden fühlte, war die nach meiner Ansicht notwendige und sachlich richtige Ergänzung des Regierungsentwurfs E 1962. Die Vollendung der

---

9 Eine Würdigung meiner Beiträge in der Großen Strafrechtskommission hat mir *Eduard Dreher* in meiner Festschrift (1985) gewidmet, „Hans-Heinrich Jescheck in der Großen Strafrechtskommission“, Band 1, S. 11–34.

10 *Jescheck, H.-H.,* Die kriminalpolitische Konzeption des Alternativ-Entwurfs eines Strafgesetzbuches (Allgemeiner Teil), ZStW 80 (1968), S. 54–88.

Strafrechtsreform durch die beiden Reformgesetze (1969) ist dadurch möglich geworden, dass die Verknüpfung der beiden Entwürfe von 1962 und 1966 durch den Sonderausschuss des Bundestags mit starker Unterstützung des BMJ gelang (Neufassung des Strafgesetzbuchs in Kraft seit 1. Januar 1975, BGBl I, S. 1). Die Zahl der vollstreckten Freiheitsstrafen ist seither auf weniger als 20 % zurückgegangen. Die Freiheitsstrafe als „ultima ratio" ist damit Wirklichkeit geworden.

So weit war man aber im Zeitpunkt des Abschlusses der Arbeiten der Großen Strafrechtskommission noch nicht. Der von der Großen Strafrechtskommission fertiggestellte Entwurf sollte in einer feierlichen Schlusssitzung am 19. Juni 1959 verabschiedet und der Öffentlichkeit übergeben werden. Diese Sitzung fand, um das Werk der Kommission als Jahrhundertereignis richtig herauszustellen, im alten Sitzungssaal des Reichstags des Heiligen Römischen Reichs Deutscher Nation in Regensburg statt. In diesem Raum war im Jahre 1532 das erste Reichsstrafgesetzbuch, die „Constitutio Criminalis Carolina" beraten, beschlossen und der Öffentlichkeit übergeben worden. Dieses alte Gesetz war zwar ehrwürdig, aber aus heutiger Sicht von unendlicher Härte geprägt. Bei dem Festakt mehr als 400 Jahre später sollte ich in meiner vorbereiteten Rede daran anknüpfen und begann mit den Worten: „Meine Damen und Herren, hochansehnliche Festversammlung, heute kann ich Ihnen die Frucht unserer Arbeit in die Hände legen. Der Entwurf trägt die offizielle Bezeichnung 'Entwurf von 1532'". Ein schallendes Gelächter zeigte mir, dass ich den Anfang meines Auftritts total verpatzt hatte, denn der Text von 1532 war natürlich die alte Constitutio Criminalis Carolina, die peinliche Gerichtsordnung Kaiser Karls V., die für eine moderne Kriminalpolitik kein Vorbild mehr sein konnte.

Beim festlichen Abendessen wurden dann noch zu später Stunde Spottgedichte und Schüttelreime zwischen den Kommissionsmitgliedern ausgetauscht, soweit diese eine poetische Ader hatten. Drei Schüttelreime sind mir in Erinnerung geblieben:

Von Ministerialrat *Dreher* auf Professor *Bockelmann* und Professor *Gallas*:

> „Was kann denn schon der Bockelmann,
> auch nur, was jeder Mockel kann.
> Doch was der kluge Gallas tut,
> ist in der Tat fast alles gut."

Darauf die Antwort von *Bockelmann* an *Dreher*:

> „Kein Backenstreich mich weher drischt,
> als einer, den mir Dreher wischt."

Statt einer „Damenrede" von *Dreher* für Frau Bundesrichterin Dr. *Else Koffka*:

> „Es gibt in jedem Kaff Kollegen,
> die Liebe für Frau Koffka hegen."

## *Professor an der Universität Freiburg (1954–1980)*

Als Professor in Freiburg ab 1954 habe ich mich in der Lehre mehr und mehr an *Wilhelm Gallas*[11] angeschlossen, der durch die Einladung zu seinem Seminar seinerzeit in Tübingen und seine Vorträge, Diskussionsbeiträge und Formulierungen von Gesetzestexten in der Großen Strafrechtskommission mein bewunderter Lehrer geworden war. Seinen berühmten Vortrag „Zum gegenwärtigen Stand der Lehre vom Verbrechen"[12], den er seinerzeit auf der Strafrechtslehrertagung 1954 in Tübingen hielt, habe ich – als Freiburger Ordinarius soeben berufen – mit angehört.

Zwar war es in der damaligen Situation der Strafrechtsdogmatik noch *Gallas*' erstes Anliegen gewesen, „eine Synthese zu finden zwischen den neuen Impulsen, die wir dem Finalismus verdanken, und gewissen unverzichtbaren Ergebnissen der vorausgehenden, vom Wert- und Zweckgedanken bestimmten Entwicklung unserer Wissenschaft" (S. 47). Der Finalismus als Zentralinstanz für die Beurteilung der menschlichen Handlungsweise im Strafrecht war aber schon allmählich in den Hintergrund getreten. *Gallas'* eigene Grundansichten für die Dogmatik des Strafrechts lösten in dieser Zeit immer deutlicher die Lehre *Welzel*s ab. Fundamentale Einsichten waren für *Gallas* die doppelte Begründung des strafrechtlichen Unrechts in der Rechtsguts- und Pflichtverletzung, die persönliche Verantwortlichkeit des Täters für sein Verhalten, eine Strafsanktion, die den Täter nach Verdienst behandelt, sowie die Eignung der schuldangemessenen Strafe für die Sicherung der Generalprävention in einem umfassenden sozialpädagogischen Sinn und zugleich ihre Eignung als Mittel der Warnung, Selbstbesinnung und Selbstentfaltung für den Täter. Das Schuldprinzip, aufgebaut auf der persönlichen Verantwortung des Täters, war für ihn der zentrale Systemgedanke des Strafrechts. Es grenzt die Strafe prinzipiell gegen die Maßregeln ab. Daraus ergaben sich für ihn wesentliche Einsichten in die Stellung des Vorsatzes im System. Es ist eine Doppelstellung, die auf der einen Seite den Unrechtsgehalt der Tat charakterisiert und auf

11 *Jescheck, H.-H.,* Wilhelm Gallas in seiner Bedeutung für die Strafrechtsdogmatik und Kriminalpolitik. In memoriam Wilhelm Gallas (1903–1989), Heidelberg 1991, S. 7 ff. (Heidelberger Forum 74).

12 *Gallas, W.,* ZStW 67 (1955), S. 1–47.

der anderen Seite auch den Gesinnungsunwert als Schuldelement mitbestimmt. Daraus folgte für *Gallas* weiter die verschiedene Wertigkeit der Arten des Vorsatzes, die als Absicht, Wissentlichkeit und bedingter Vorsatz (dolus eventualis) in Erscheinung treten. Der bedingte Vorsatz wird dadurch bestimmt, dass der Täter die naheliegende Möglichkeit, dass ein strafbarer Erfolg eintreten kann, wirklich ernst nimmt und als konkrete Gefährdung für ein bestimmtes Rechtsgut nicht beiseite schiebt. Die Rechtfertigungsgründe sind in diesem System konkrete, selbständige Einheiten der strafrechtlichen Betrachtungsweise, sie treten der tatbestandlichen Situation gegenüber und bedingen eine andere Bewertung der Tat. Sie betreffen jedoch nicht die tatbestandlichen Elemente des Unrechts.

Die grundlegende Infragestellung des Schuldbegriffs durch die neuere Hirnforschung war damals noch nicht in den Vordergrund getreten. Sie ist mir zum ersten Mal ganz eindeutig vor Augen geführt worden, als ich 1996 den Vortrag von *Wolf Singer* bei der 50-Jahr-Feier der Wiedergründung der Max-Planck-Gesellschaft in der Göttinger Aula hörte. Seine Grundthese lautete, dass die menschlichen Handlungen durch festliegende Abläufe des Zusammenspiels des Nervensystems im Gehirn selbst gesteuert werden und dass ein eigener Impuls zur Durchsetzung einer selbständigen verantwortbaren Entscheidung durch die moderne Hirnforschung nicht festgestellt werden könne.

Demgegenüber lässt sich nur sagen, dass die Fehlanzeige bei dem Versuch der naturwissenschaftlichen Feststellbarkeit eines freien Impulses für den Antrieb zu einer menschlichen Handlung *nicht* besagt, dass es einen solchen Impuls als feststellbare Realität in der geistig-seelischen Existenz des Menschen nicht gebe. Das Strafrecht muss jedenfalls davon ausgehen, dass die Struktur der menschlichen Seele so beschaffen ist, dass für den Menschen die Möglichkeit der Auswahl seiner Handlungsimpulse nach Wert- und Rechtsgesichtspunkten gemäß unserer Erfahrung und unserer Erwartung gegenüber dem Handeln der Mitmenschen durchaus besteht. Die Verantwortlichkeit des Menschen für sein Handeln ist als Voraussetzung einer freien Gesellschaft in einem durch Rechtsnormen bestimmten und gegenüber dem Unrecht abgegrenzten System eine feststehende Größe des gesitteten Daseins unserer Gesellschaft und der Auffassung der Stellung des Menschen in ihr.

## *Richter im Nebenamt am Oberlandesgericht Karlsruhe*

Bald nach meinem Amtsantritt in Freiburg als Ordinarius für Strafrecht an der Rechtswissenschaftlichen Fakultät bot mir das Justizministerium in Stuttgart eine Planstelle als Richter im Nebenamt am Oberlandesgericht Karlsruhe an.

Ich war daran interessiert, da ich immer die Vorstellung gehabt hatte, ich solle nicht allein Theoretiker und Strafrechtslehrer für meine Studenten sein, sondern Berufserfahrung auch durch regelmäßige Mitarbeit in der Justizpraxis gewinnen. Im Rahmen einer Stellung, die darauf zugeschnitten war, nur eine Teilzeitbelastung in der Praxis neben meinem akademischen Hauptamt zu übernehmen, schien mir dies ausführbar zu sein. Meine Dienstgeschäfte umfassten dabei eine ganztägige Senatssitzung alle zwei bis drei Monate mit der Vorbereitung von jeweils zwei bis drei Fällen bis zur Vorlage des Entwurfs der abschließenden Entscheidung. Auf dieser Grundlage habe ich bis zu meiner Pensionierung als Richter im Jahre 1975 Fälle vorbereitet, im Senat vorgetragen, abschließend bearbeitet und dabei viel gelernt. Nach und nach lernte ich die Präsidenten und Mitglieder der anderen Strafsenate kennen und konnte mich in der Mittagspause auch mit den Mitgliedern anderer Senate und den Staatsanwälten unterhalten.

## *Die studentischen Unruhen in der Zeit um 1968*

Zu der Zeit, in der ich meine akademische Tätigkeit in Freiburg aufnahm, waren die Verhältnisse an der Universität noch geordnet. Auch während meines eigenen Rektorats 1965/1966 habe ich eine Infragestellung der akademischen Ordnung und der allgemeinen Rechtsordnung nicht feststellen können[13]. Erst zu Beginn des zweiten Halbjahres 1968 wurde eine Unruhe in der Universität bemerkbar, die sich allmählich auch in Störungen von wissenschaftlichen Veranstaltungen und in Behinderungen des Verwaltungsbetriebes auswirkte. In dieser Zeit wurden meine Vorlesungen ebenso wie die Veranstaltungen einiger anderer Kollegen systematisch gestört, sodass ich mich als verantwortliche akademische Autorität kaum mehr durchsetzen konnte. Es war der Aufstand der jüngeren Generation gegen die Älteren, die den Krieg mitgemacht (und nicht verhindert hatten, weil sie ihn nicht verhindern konnten), die jetzt für viele Entscheidungen eines Unrechtssystems verantwortlich gemacht wurden. Ich habe mich damals dem Druck der Studenten nicht gebeugt, sondern habe im Rahmen des Möglichen meinen Widerstand in ange-

13 Die Rede, die ich als Rektor bei der Eröffnung des Rektoratsjahres als Repräsentant der Fakultät zu halten hatte (ihr Thema: „Aufbau und Behandlung der Fahrlässigkeit im modernen Strafrecht", Freiburger Universitätsreden N.F., 1965, Heft 39), verlief in guter Ordnung im Auditorium Maximum. Dasselbe gilt für einen Vortrag, den General *Speidel* zum Gedenken an Graf *Stauffenberg* und seine Kameraden am 20. Juli 1965 auf meine Einladung am gleichen Ort hielt. Auch der Satz aus dem Haydn'schen Kaiserquartett mit der Melodie des Deutschland-Liedes, gespielt von einer studentischen Gruppe unter Leitung von *Uwe Blaurock* – später unser Fakultätskollege –, wurde von der Versammlung mit Achtung und ohne die geringste Störung angehört.

messener Weise geleistet und auch zum Ausdruck gebracht. Es gab nur ganz wenige, die auf meine Seite traten und die allgemeine Hetze zu durchbrechen suchten; es waren meistenteils Mitarbeiter aus meinem Institut oder Teilnehmer meines Seminars, die aber mundtot gemacht wurden. Die Gruppe der Kollegen, die Widerstand leistete, kannte sich untereinander und zog daraus ihre Kraft. Das Ganze dauerte zwei Semester und flaute dann ab.

## *Das Institut als selbständige Stiftung*

Das Institut blieb als selbständige Stiftung mit eigenem Kuratorium und eigenen Haushaltsmitteln von den Zustandsveränderungen der Universität im Ganzen unberührt – bis auf Drohschriften im Stil von *Che Guevara* (z.B. „vinceremos!"), die später, als das Institut schon Max-Planck-Institut war, auf die Türen aufgesprüht wurden. Auch Beleidigungen wurden dort in dieser Weise angebracht (z.B. „Freisler-Institut"). Der Betrieb im Hause lief aber ungestört weiter.

Die dem Institut zufließenden größeren finanziellen Mittel der Stiftung wurden für den Aufbau der Bibliothek und die personelle Verstärkung der Gruppe der wissenschaftlichen Mitarbeiter, der Verwaltung und des Sekretariats auf der Grundlage meiner weitreichenden Selbständigkeit als Direktor in Angriff genommen.

Die erste Gruppe der zukünftigen Mitarbeiter habe ich vornehmlich aus meinem Seminar gewinnen können und damit einen Kreis von hoch motivierten Rechtsvergleichern um mich versammelt, von denen mir einige im Besitz der vielen gemeinsamen Erinnerungen aus der Anfangszeit bis heute verbunden geblieben sind. Wir haben uns anfangs auf den Bereich der mitteleuropäischen Hauptrechtsordnungen beschränkt, die wir gemäß unseren sprachlichen Kenntnissen bewältigen und auch rechtsgeschichtlich als Nachbarn im gleichen Kulturkreis verstehen konnten. Erst allmählich haben wir das entferntere Ausland eingebunden. Japan war als historisches Rezeptionsland des deutschen Strafrechts aber schon frühzeitig vertreten. Als erster kam zu uns *Haruo Nishihara,* der spätere hoch geehrte Präsident der Waseda-Universität in Tokio.

So hat sich das Institut von vornherein gut in seine Aufgabe hineingefunden und international auch Achtung und Anerkennung gewonnen. Unsere ausländischen Stipendiaten, die sich schon bald einstellten, wurden nach dem Prinzip der Friedenspflicht im Haus freundschaftlich aufgenommen und von uns nicht nur als Lernende, sondern auch als Lehrmeister in Bezug auf ihr eigenes Recht geachtet und geschätzt. Die Namen der langen Reihe der ausländischen Gelehrten, die zu Vorträgen zu uns kamen, sprechen für sich. Ich nenne in dankbarer Erinnerung: *Hans Schulz, Cesare Pedrazzi, Friedrich Nowakowski, Robert Hauser, Oskar Adolf Germann, Marc Ancel, Yvonne Marx, Max Grünhut, Edmund Mezger, Kasimiř Buchała, Georgios Mangakis, Jimenez de Asua, Pietro Nuvolone, Eduardo Correia, Giuseppe Bettiol.*

Erste Einladungen an ausländische Universitäten folgten und führten uns in die Welt hinaus. Die ersten Ziele waren Frankreich als historischer Sitz der Rechtsvergleichung, Italien als Herkunftsland des rezipierten Römischen Rechts, Spanien als Teil des Heiligen Römischen Reiches, Österreich als Schicksalsgefährte und die Schweiz – diese als ein wunderbarer Mikrokosmos von Rechtsordnungen verschiedener Herkunft, von Sprachen, Sitten und Überlieferungen. Die ersten rechtsvergleichenden Projekte wurden ausgearbeitet und veröffentlicht, nach einer Methode, die wir auf Grund der gemachten Erfahrungen unter uns entwickelt hatten. Die Bibliothek, die *Adolf Schönke* begründet hatte, wurde mit den zusätzlichen Mitteln rasch erweitert und neu geordnet. Sie umfasst heute mehr als 350.000 Bände. Auch die Brücke nach den USA wurde frühzeitig geschlagen. Amerikanische Gelehrte wie *Gerhard O.W. Mueller, Monrad Paulsen, Jerome Hall, Richard Honig* und *Stanford Kadish* hielten bei uns Seminare. Einladungen als „Visiting Professor" für mich an die New York University und nach Yale erweiterten meinen Gesichtskreis und gaben auch Anregungen für neue Lehrmethoden. So habe ich in Yale bei einem deutschen Emigranten, Professor *Keßler,* die Anwendung der an Rechtsfälle angelehnten Lehrmethode kennengelernt und dann in Freiburg nachgeahmt. Erste Kolloquien mit polnischen Universitäten wurden vereinbart. Sogar je ein Kolloquium mit der Strafrechtsabteilung der Sowjetischen Akademie der Wissenschaften kam später zustande, zeigte aber bei aller Aufgeschlossenheit von unserer Seite doch die tiefen Gegensätze der Grundauffassungen.

## *Das Max-Planck-Institut für ausländisches und internationales Strafrecht*

Unter dem starken Eindruck dieser vielfältigen Entwicklung wurde das Institut 1966 in die Max-Planck-Gesellschaft aufgenommen. Der Aufnahmeakt wurde durch Präsident *Adolf Butenandt* bei einer Feier im Kaisersaal des historischen Kaufhauses in Freiburg vollzogen. Das Institut erhielt damit seine Position in der Geisteswissenschaftlichen Sektion der Max-Planck-Gesellschaft, seine Organe, seine Satzung und seinen Haushalt, der die weitere Entwicklung des Personals und des Ausbaus der Institutsbibliothek sicherstellte. Ich blieb mit allen Rechten und Pflichten Mitglied der Rechtswissenschaftlichen Fakultät und bin heute deren Emeritus. Auch mein Nachfolger, Professor *Albin Eser*, blieb immer Ordinarius an der Universität. Darin kommt zum Ausdruck, dass das Institut aus der Fakultät hervorgegangen und ihr auch stets verbunden geblieben ist. Die Universität selbst legt auf diese Beziehung Wert und hat daher das Max-Planck-Institut und seine Arbeit als wichtige Ergänzung für die strafrechtliche Forschungsarbeit der Rechtswissenschaftlichen Fakultät in der Schrift zum 550-jährigen Jubiläum der Universität ausdrücklich hervorgehoben. Inzwischen sind von der Fakultät Professor *Wolfgang Frisch* und Professor *Walter Perron* als auswärtige wissenschaftliche Mitglieder in das Institut eingetreten. Die aktiven Direktoren des Instituts, Professor *Ulrich Sieber* für das Strafrecht und Professor *Hans-Jörg Albrecht* für die Kriminologie, sind Honorarprofessoren mit Sitz und Stimme in der Fakultät.

Schon im Jahre 1970 gelang als weiterer Schritt die Einrichtung einer selbständigen kriminologischen Forschungsgruppe am Institut mit eigener Direktorenstelle, eigenen Personalstellen und eigenen Bibliotheksmitteln. Für die Gründung einer solchen Gruppe am Institut habe ich mich persönlich eingesetzt, da ich die empirische Forschung auf dem Gesamtgebiet der Auswirkungen des Strafrechts auf die Gesellschaft mit der normativen Wissenschaft als gleich wichtig angesehen habe. Für das Gelingen dieser Erweiterung um eine neue Wissenschaft am Institut war die Berufung von Professor *Günther Kaiser* als Direktor eine Voraussetzung und ein Segen. Wir kamen beide aus der Schule von *Eduard Kern*, er außerdem für die Kriminologie aus der Schule von *Hans Göppinger* in Tübingen, den ich aus meiner dortigen Zeit her kannte. Wir verstanden uns ausgezeichnet und haben in Eintracht zusammengearbeitet. Wir bildeten – wie man unter den Mitarbeitern sagte – „ein gutes Team".

Das größte Geschenk für das neu gegründete Max-Planck-Institut war der Neubau am Sternwaldeck, der im Jahre 1978 bezogen werden konnte und uns aus der erdrückenden räumlichen Enge und der Unterbringung in fünf verschiedenen Häusern erlöste. In seiner modernen äußeren Gestalt wurde das Institut zwar anfangs auch angefeindet, aber allmählich doch angenommen, wozu ein „Tag der offenen Tür" mit Zugänglichkeit des Hauses für alle Besucher viel beitrug. Die gesamte Atmosphäre des Hauses ist trotz der modernen Gestaltung einladend und freundlich geblieben[14].

In diesem Hause habe ich bis zu meiner Emeritierung im Jahre 1983 als Direktor mit *Günther Kaiser* als gleichberechtigtem Mitdirektor weiter gearbeitet und auch nach der Emeritierung meinen Arbeitsplatz behalten. Meine

14 *Jescheck, H.-H.,* Max-Planck-Institut für ausländisches und internationales Strafrecht in Freiburg i.Br., Bauwelt 11 (1980), S. 388–391.

erste Sorge in der verbleibenden Amtszeit wie auch besonders nach meiner Emeritierung galt der Fortsetzung des Lehrbuchs, das zuletzt in der fünften Auflage (1996) erschienen ist.

Die Entstehung und Fortentwicklung des „Lehrbuchs des Strafrechts, Allgemeiner Teil“[15], meines Hauptwerks, ist durch den laufenden Ausbau der Bibliothek stark gefördert und durch die Einbindung in die Idee einer internationalen Kulturgemeinschaft des Strafrechts eigentlich erst möglich geworden. Die Hinweise auf ausländisches Strafrecht habe ich von der ersten (1969) bis zur vierten Auflage (1988) allein geschaffen und gestaltet; sie sind ausgehend von Einzelzitaten bis zu ganzen rechtsvergleichenden Anmerkungen unter Einbeziehung mehrerer fremder Rechte für das Verständnis der internationalen Zusammenhänge im Strafrecht zunehmend aufbereitet worden. An den Arbeiten zur fünften Auflage hat mein Schüler *Thomas Weigend* als verantwortlicher Mitautor teilgenommen und diese Auflage besonders durch die moderne Gestaltung des Sanktionenteils bereichert. Natürlich ist dadurch kein rechtsvergleichendes Lehrbuch entstanden, was man in einem der Darstellung des deutschen Strafrechts gewidmeten Werk auch nicht erwarten kann, aber eine Öffnung für den Blick des Lesers auf die Rechtsvergleichung hat doch zunehmend und von Auflage zu Auflage fortschreitend stattgefunden.

Nach diesen Vorbemerkungen, die sich aus der speziellen Richtung des Werkes, eben der Rechtsvergleichung, ergeben, möchte ich nun die einzelnen Auflagen kurz charakterisieren, um sie historisch den verschiedenen Epochen der Strafrechtsreform zuordnen zu können.

Die erste Auflage (1969) geht noch von den Arbeiten der Großen Strafrechtskommission aus, schließt aber die dringendsten Reformbedürfnisse der Kriminalpolitik schon ein, die durch den Alternativ-Entwurf veranlasst und durch den Sonderausschuss des Bundestages angenommen und beschlossen worden waren. Die zweite Auflage (1972) nimmt bereits Bezug auf eine große internationale Reformbewegung im Strafrecht, die seit dem Ende der 1950er Jahre eingesetzt hat. Die deutsche Reformpolitik hat sich in beachtlichem Maße in diese Bewegung eingeordnet. Zu nennen sind hier für das deutsche Strafrecht vor allem die Definition des unechten Unterlassungsdelikts (§ 13) und die Gegenüberstellung von Tatbestands- und Verbotsirrtum (§§ 16, 17). Die Reform bei den Strafen und Maßregeln hat ein ganz neues Bild der Sanktionspolitik der Bundesrepublik entstehen lassen. Die dritte Auflage (1978) enthält als Schwerpunkt eine Darstellung der Kodifikation der gewandelten

15 *Jescheck, H.-H., Weigend, Th.,* Lehrbuch des Strafrechts, Allgemeiner Teil, 5. Aufl. 1996.

Rechtsanschauungen, die sich in der Kriminalpolitik in Deutschland nach dem totalen Zusammenbruch des Nationalsozialismus alsbald durchgesetzt haben. Sie ergaben ein neues Bild einer humanen und rechtsstaatlichen Ordnung in Deutschland, die auch im Ausland anerkannt wird. Die vierte Auflage des Lehrbuchs (1988) hat in der Auffassung vom deutschen Strafrecht als Glied eines internationalen Kulturzusammenhangs den Anteil der ausländischen Rechte vermehrt. Ich habe hier das brasilianische Strafrecht als das Recht des größten südamerikanischen Landes, das außerdem einen modernen Allgemeinen Teil mit deutschen Einflüssen besitzt, neu einbezogen und an zahlreichen Stellen des Buches zusätzliche Einzelhinweise auf ausländische Rechte und das betreffende Schrifttum angebracht. Stellungnahmen der ausländischen Literatur zu den wichtigsten Positionen des deutschen Strafrechts sind vermerkt, weil das Echo der eigenen Entwicklung jenseits der Grenzen für den deutschen Leser erhebliches Interesse besitzt; häufig sind solche Seitenblicke auf deutsches Recht vom Ausland her allerdings nicht. Auch die historische Dimension des Strafrechts, die mir nicht weniger wichtig erscheint als die vergleichende, habe ich beibehalten und durch zusätzliche Hinweise zur Gesetzgebungs- und Dogmengeschichte verstärkt. Die fünfte Auflage (1996), die schon an die Grenzen einer neuen Epoche des Strafrechts heranführt, bietet das Bild einer gut durchdachten, abgewogenen und rechtsstaatlichen Ordnung, die auch von der Bevölkerung zwar kritisch diskutiert, aber doch im Wesentlichen angenommen wird.

Die Schrift „Grenzen des Strafrechts“[16], die mir mein zweiter Nachfolger als Direktor des Instituts Professor *Ulrich Sieber* zum 92. Geburtstag zum Geschenk gemacht hat, bietet jetzt eine eingehende und weiterführende Darstellung der Auswirkungen der Globalisierung, der transnationalen Kriminalität und der Europäisierung des nationalen Strafrechts unter den veränderten politischen, wirtschaftlichen und internationalen Verhältnissen unserer Zeit.

Als meine letzte Institutsarbeit habe ich im Jahre 1982 den Querschnitt für das Forschungsprojekt „Freiheitsstrafe“ beigesteuert. Das wichtigste Ergebnis war dabei für mich, dass das „ultima ratio“-Prinzip als Prioritätsregel bei der Freiheitsstrafe in zahlreichen von uns behandelten Ländern anerkannt ist und in manchen sogar in die Praxis umgesetzt wird. Die Bundesrepublik Deutschland steht in diesem Punkte mit einem Anteil der Freiheitsstrafe von im Jahre 1982 18,7 % an sämtlichen gerichtlichen Verurteilungen Erwachsener international mit an der Spitze. Die eigentliche Prioritätsklausel zugunsten der Geldstrafe, wie sie in Deutschland und Österreich verwendet wird, ist der reinen

16 *Sieber, U.*, Grenzen des Strafrechts, ZStW 119 (2007), S. 1 ff.

Ermessensregelung, die überwiegend anzutreffen ist, an Wirksamkeit überlegen. Doch sollten weitere Surrogate für kurze Freiheitsstrafen wie Arbeitsleistung oder ein Fahrverbot eingeführt werden[17].

Im Jahre 1983 wurde ich bei einer Feier im Institut durch den Präsidenten der Max-Planck-Gesellschaft Professor *Reimar Lüst* emeritiert.

## *Präsident der Association Internationale de Droit Pénal (1979–1989)*

Schon vor meiner Emeritierung als Direktor des MPI wurde ich von der Mitgliederversammlung der AIDP auf deren XII. Kongress in Hamburg am 22. September 1979 einstimmig zum Präsidenten für die nächsten fünf Jahre gewählt. Das Ergebnis war bemerkenswert und zeigte überzeugend die glückliche Rückkehr Deutschlands in die Weltorganisation der Strafrechtswissenschaft, denn bei der Wahl des Generalsekretärs auf dem X. Kongress (1969) war ich, obwohl von der US-amerikanischen Landesgruppe als Kandidat vorgeschlagen, an dem Widerstand der Italiener und Franzosen gescheitert.

Die deutsche Landesgruppe der AIDP, die *Adolf Schönke* alsbald nach dem Tübinger Kongress von 1950 gegründet und zu deren Generalsekretär er mich bestellt hatte (oben S. 179), war am 27. September 1953 vor Beginn des VI. Internationalen Strafrechtskongresses der AIDP in Rom in die AIDP aufgenommen[18] und bei der Eröffnungssitzung in Rom mit Freude begrüßt worden. Sie hat seit dieser Zeit der AIDP angehört, alle Kongresse besucht und durch Mitarbeit bei der Vorbereitung die Kongressthemen unterstützt. Mit der Durchführung der wissenschaftlichen Organisation dieser Mitarbeit hatte mich *Edmund Mezger* als gewählter Vorsitzender der deutschen Landesgruppe nach meiner Berufung als Nachfolger von *Adolf Schönke,* auch als Direktor des Instituts, beauftragt. Nachdem ich an die Stelle von *Mezger* getreten war, habe ich alle Aufgaben auf diesem neuen Feld übernommen. Auf diese Weise bin ich in der Ämterfolge der AIDP allmählich nach oben gerückt und war lange Jahre Mitglied des Conseil de Direction. Ich habe auf diese Weise für alle Kongresse der AIDP *eines* der jeweils vier Kongressthemen zur Organisation durch das Max-Planck-Institut in Freiburg übernommen. Es handelte sich dabei um die Vororganisation des jeweils nächsten Kongresses durch eine

---

17 *Jescheck, H-H.,* Die Freiheitsstrafe und ihre Surrogate im deutschen und ausländischen Recht. Rechtsvergleichende Untersuchungen zur gesamten Strafrechtswissenschaft, Band 16.3, 1984, S. 21–56.

18 *Heinitz, E.,* Bericht über den Kongress, ZStW 66 (1954), S. 22.

zweitägige Zusammenkunft der Landesberichterstatter mit dem Generalberichterstatter im Institut. Dieses System stellte an alle Mitwirkenden (Landesberichterstatter, Generalberichterstatter, Redaktion der Revue internationale de droit pénal der AIDP, in der die Ergebnisse der Vorkolloquien veröffentlicht wurden) auf den verschiedenen Stufen natürlich hohe Ansprüche, die aber doch im Wesentlichen erfüllt wurden, weil jeder wusste, dass die wissenschaftliche Qualität der Schlussresolutionen des Kongresses davon abhing.

Der XII. Internationale Strafrechtskongress im September 1979 in Hamburg war ausgesprochen gelungen. Bei der Besichtigung von Lübeck als Zielpunkt einer Sternfahrt der Teilnehmer musste ich damals sogar als Ersatz-Stadtführer einspringen, weil unserer Gruppe überraschend ein offizieller Stadtführer fehlte. Anschließend wurde ich, wie erwähnt, einstimmig zum Präsidenten für die nächsten fünf Jahre gewählt – vielleicht hat die unerwartete Übernahme der Stadtführung in Lübeck dazu beigetragen.

Auf der Vorstandssitzung wurde für den nächsten Kongress der AIDP, der auf Einladung der ägyptischen Landesgruppe im Oktober 1984 in Kairo stattfinden sollte, zu meiner Überraschung und Freude das Grundthema „Islamisches Strafrecht und westliches Strafrecht" gewählt. Als Thema für die Eröffnungssitzung wurde von ägyptischer Seite ein Vortrag des Dekans der Rechtswissenschaftlichen Fakultät der Nationaluniversität in Kairo, Professor *Naguib Hosni,* „Zu den Grundlagen des Islamischen Strafrechts"[19] bestimmt. Für mich wurde als Eröffnungsrede für den Kongress das Thema „Islamisches und westliches Strafrecht – Gemeinsames und Gegensätze"[20] angenommen.

## *Exkurs: Reise in den Vorderen Orient*

Meine Frau und ich beratschlagten nun, wie wir uns am besten auf Kairo und auf das Hauptthema des Kongresses, eben islamisches und westliches Strafrecht, vorbereiten könnten. Wir beschlossen daher eine Reise in einige arabische Länder auf dem Weg nach Kairo als dem eigentlichen Sitz und Schwerpunkt der arabischen Kultur. Von dieser Reise mit ihren Erlebnissen und Erkenntnissen möchte ich an dieser Stelle als Einschub in meinem Lebensbericht erzählen, zugleich als Beispiel für andere Reisen, die ich als Direktor des Max-Planck-Instituts und später auch als Präsident der AIDP zusammen mit meiner Frau unternommen habe.

---

19 *Hosni, N.,* Zu den Grundlagen des Islamischen Strafrechts, ZStW 97 (1985), S. 609.

20 *Jescheck, H.-H.,* Islamisches und westliches Strafrecht – Gemeinsames und Gegensätze, FS für Dietrich Oehler, 1985, S. 543.

Unser erstes Reiseziel im November 1983 war Damaskus, die Hauptstadt Syriens, eine moderne, durch vielerlei Sehenswürdigkeiten ausgezeichnete, interessante und als Geschäftsmittelpunkt lebendige Stadt. Ich war zu einem Vortrag an der Universität Damaskus eingeladen, der sehr gut besucht war und Gelegenheit zu einer lebhaften Diskussion gab.

Die Sehenswürdigkeiten umfassten vor allem die Omayaden Moschee mit dem Grabmal von *Saladin* als einem der großen Gegner bei den Kreuzzügen und im Übrigen mit herrlichen Mosaiken auf Goldgrund sowie mancher anderen kostbaren Ausstattung. Wir konnten noch eine Fahrt nach Palmyra unternehmen, einer römischen Ruinenstadt aus der Zeit des Höhepunktes der Macht des Imperium Romanum. Die Bauten sind überwiegend hellenistisch in Stil und Baumaterial. Aber auch zahlreiche Grabdenkmäler einer eigenen Kultur haben uns beeindruckt.

Am nächsten Tag besuchten wir die zweitgrößte Stadt Syriens, Aleppo, die etwas nördlich von Damaskus liegt und im Gegensatz zu der Hauptstadt den Eindruck einer in sich ruhenden, echt arabischen Siedlung mit entsprechenden Häusern und engen Gassen machte. Auch in Aleppo war ich zu einem Vortrag an der Universität eingeladen. Bei dem Gang durch die völlig unübersichtlichen Suks, die von orientalischen Gerüchen erfüllt waren, aber nach europäischen Begriffen fast unbeleuchtet dalagen, habe ich meine Frau fest an der Hand genommen, um uns nicht im Gewühl zu verlieren. Plötzlich merkte ich, dass mich irgendetwas von hinten am Hals leckte. Als ich mich umdrehte, war es ein Lastkamel, das mir über die Schulter blickte. Wir waren in eine Welt eingetaucht, die uns neu und fremd war, eine Welt, die uns faszinierte. Wir stiegen noch über eine steile Treppe zur Zitadelle empor und genossen von oben den Blick über die Stadt mit den orientalischen Dächern und den Moscheen, die sich darüber erhoben. Das archäologische Museum zeigte uns eine Sammlung uralter Keilschriften – wir befanden uns auf dem Boden des antiken Assyriens. Auf der Rückfahrt nach Damaskus sahen wir bei einem Zwischenhalt in der Stadt Homs eine umfangreiche Baulücke, die mit Erde planiert war. Einer der Mitreisenden erklärte uns unauffällig auf Deutsch, die Stadt sei bei einem Aufstandsversuch vor nicht langer Zeit teilweise zerstört, die Bevölkerung getötet und in dieser Baulücke von Planierraupen begraben worden.

Unsere nächste Station auf der Reise durch arabische Länder war der Sudan, ein Flächenstaat südlich Ägyptens, ein gewaltiges und vielfach umkämpftes Gebiet, jetzt ein selbständiger Staat. Die Bekanntschaft mit dem neuen, uns gänzlich unbekannten Land begann mit einer Vorlesung an der Universität in Khartum. Zu meinem größten Erstaunen war der Hörsaal mit Studenten beiderlei Geschlechts und verschiedensten Alters in weißer Schulkleidung gefüllt.

Ich hielt eine ins Arabische übersetzte französische Vorlesung und versuchte dann eine Diskussion, die mit stürmischem Beifall aufgenommen wurde. Der deutsche Botschafter, der uns später in seiner Residenz am Weißen Nil empfing, berichtete, dass es im Untergrund vielfach unruhig sei. Tatsächlich geschah schon im folgenden Jahr ein Umsturz, der ein streng fundamentalistisches Regime ans Ruder brachte.

Zwei Ereignisse aus der neueren Geschichte mögen diese Unruhe im Untergrund begründen oder jedenfalls für heutige Betrachter erklärlich machen. Das erste war der Aufstand der Mahdisten unter ihrem charismatischen Führer *El Mahdi*. Dieser war ein Angehöriger des Derwisch-Ordens, der eine fanatische Gruppe von Anhängern um sich gesammelt hatte. Im Jahre 1881 trat er in der Öffentlichkeit hervor, erklärte sich für den vom Propheten verheißenen *Mahdi* und begann den Heiligen Krieg gegen Ägypten, das den Sudan besetzt hielt. Damit entfesselte er eine religiös motivierte gewaltsame Volksbewegung, mit der er Khartum militärisch eroberte und dazu den ganzen Osten und Süden des Sudan. Der britische General-Gouverneur General *George Gordon* wurde mit seinen Truppen eingeschlossen und fiel. Der *Mahdi* war damit bis zu seinem Tod im Jahr 1885 uneingeschränkter Herrscher in der Mitte und in den Gebieten südlich von Khartum, ebenso noch – bis zum britischen Gegenschlag 1898 unter Feldmarschall *Kitchener* – sein Nachfolger und engster Vertrauter *Abdallhi ibn Muhammad.*

Das zweite Ereignis in der Geschichte des Sudan, das den *Mahdi*-Aufstand an politischer Bedeutung noch übertraf, war die Faschoda-Krise von 1899. Es war ein britisch-französischer Konflikt um die Herrschaft über den Sudan. Feldmarschall *Kitchener* stieß nach der Niederwerfung der *Mahdi*-Herrschaft über Khartum hinaus am Weißen Nil nach Süden vor und traf dort im Raum von Faschoda (heute Kodok) auf französische Soldaten eines von Westen kommenden Expeditionskorps, die sich an dieser Stelle festsetzen wollten und Miene machten, die britischen Truppen anzugreifen. Die akute Kriegsgefahr zwischen den beiden Großmächten wurde in der Folgezeit durch den Sudan-Vertrag beigelegt. Frankreich verzichtete auf den Sudan und erhielt dafür das ganze Gebiet westlich der Provinz von Darfour bis zur Grenze des Tschad als eigenes Interessengebiet. Es ist heute derjenige Landesteil, in dem eine bescheidene und unterentwickelte farbige Bevölkerung in Angst und Schrecken lebt vor den grausamen Vorstößen arabischer Reiterverbände, die zu jedem Verbrechen und jeder Plünderung bereit sind. Dass diese Zustände von der Zentralregierung heute zumindest geduldet werden, liegt meines Erachtens daran, dass im Gegensatz zur arabischen Bevölkerung des Hauptgebiets hier eine armselige farbige Randbevölkerung um ihr Überleben kämpft, Menschen, die von der Regierung offenbar nicht als vollgültige Bürger anerkannt sind. Damals wurde jedoch durch den Sudan-Vertrag der Konflikt zwischen England und Frankreich beigelegt, und es trat eine Teilung der Interessengebiete ein. So blieb es grundsätzlich bis zur großen Unabhängigkeitsbewegung in Afrika nach dem Zweiten Weltkrieg, die schließlich zur Bildung unabhängiger Staaten führte, aber eben nicht zur Besserung der Verhältnisse in Darfour. Das Bewusstsein, ein Spielball zwischen den westlichen Großmächten gewesen zu sein, lastet noch immer auf dem Selbstgefühl der heutigen Regenten.

Wir besuchten noch das gegenüber von Khartum liegende Omdurman, eine typisch arabische Stadt, in der der große Volksführer *El Mahdi* begraben liegt. Unser Begleiter schilderte uns im Angesicht des Nils, der hier nach der Vereinigung des Weißen mit dem Blauen Nil eine gewaltige Wassermasse bildet, das Erscheinen einer Flottille von britischen Kanonenbooten, die 1895 Omdurman und Khartum beschossen und damit die britische Herrschaft über den Sudan wiederherstellten.

Eine Einladung zu einem Vortrag vor den obersten Justizkreisen in Khartum zeigte uns vor dem Abflug nach Kairo das Bild eines westlich orientierten Staates, in dem jedoch bald darauf das Recht der Scharia eingeführt wurde.

Unser nächstes Ziel war Kairo, der Schwerpunkt unserer Reise für die gemeinsame Vorbereitung des Kongresses von 1984 mit dem Vorsitzenden der ägyptischen Landesgruppe der AIDP, Professor *Sorour*, den ich von meiner früheren Tätigkeit als Mitglied des Conseil de Direction der AIDP gut kannte.

Wichtig war uns auch der Besuch der Hauptsehenswürdigkeiten dieser uralten Stadt, dem Zentrum einer Hochkultur, als dessen wichtigste Zeugnisse die Sammlungen der Museen zu sehen sind, vor allem aber im klaren Licht des Tages die bekannten großartigen Bauwerke am Nil aufwärts bis zum Staudamm von Assuan. Wir mussten uns jedoch bei diesem Besuch auf Kairo beschränken und haben alles Übrige auf die Zeit nach dem im folgenden Jahr stattfindenden Kongress verschoben. Damals sind wir dann auf einer Schiffsreise auf dem Nil bis zu dem Staudamm gekommen, aber leider nicht bis Abu Simbel mit den vier berühmten Kolossalstatuen, die vor dem Fluten des Nasser-Sees auf einem höher gelegenen Ufer wieder aufgestellt werden mussten.

Die Tage in Kairo begannen für mich mit einem fast festlich zu nennenden Vortrag in der Aula der Universität, den der Vorsitzende der ägyptischen Landesgruppe, Professor *Sorour*, zugleich Dekan der Juristischen Fakultät, organisiert hatte. Dagegen fand die Begegnung mit Präsident *Mubarak* erst im nächsten Jahr während des Kongresses selbst durch eine Einladung an den

Vorstand der AIDP statt. Davon ist mir in deutlicher Erinnerung die Persönlichkeit von *Mubarak* als einer stattlichen Erscheinung geblieben, seine flüssige Sprachbeherrschung in Französisch und Englisch und insbesondere sein stolzes Bewusstsein, an der Spitze der arabischen Republik Ägypten mit einer freiheitlichen säkularen Verfassung zu stehen.

Nach Abschluss der Verhandlungen mit Professor *Sorour* über offene Fragen des Kongresses im Oktober 1984 war für uns eine, wenn auch nur kurze Besichtigung der großartigen Kunstwerke und Sehenswürdigkeiten von Kairo möglich. Wir besuchten die Pyramiden in Gizeh, weiter vor allem das Nationalmuseum mit der bedeutendsten Sammlung der altägyptischen Kunstschätze, vor allem mit dem unversehrten Grab des Pharaos *Tutenchamun* und eine Menge anderer Dinge, bei denen man lange hätte verweilen wollen. Wir sahen das koptische Museum, das mit reichhaltigen Sammlungen der Kunst, insbesondere der religiösen Kunstwerke der Kopten und dem Schatz an Handschriften die Erinnerung an die frühen Christen und an das Fortbestehen einer koptischen Kirche in Ägypten und Äthiopien festhält. An die 500 Moscheen repräsentieren Kairo als die geistige Hochburg der sunnitischen Richtung des Islam. Wir besuchten einige der schönsten und kunstreichsten Moscheen, so die Aznar-Moschee und die Al-Hakim-Moschee.

Ein Besuch der Zitadelle von Kairo erinnerte mich an den berüchtigten Offizier albanischer Herkunft namens *Mehmed Ali*, der durch außergewöhnliche Tüchtigkeit und ebensolche Rücksichtslosigkeit Anfang des 19. Jahrhunderts in Ägypten zu einer Art von Nebenherrschaft kam. Er zeichnete sich unter anderem dadurch aus, dass er die gesamte Schicht der Mamelucken, die er zu einem großen Gastmahl auf die Zitadelle eingeladen hatte und die für *Ali* ihrerseits infolge ihrer jahrhundertelang führenden Position in Militär, Verwaltung und Politik eine Konkurrenz darstellte, bis auf den letzten Mann in der Zitadelle umbringen ließ (1811).

Nach Kairo besuchten wir die herrlich am Mittelmeer gelegene große Handelsstadt Alexandria, die im Altertum der Sitz der weltberühmten Bibliothek war. Eine zu Ehren von *Pompeius* errichtete Säule kennzeichnete den Platz, an dem dieses berühmte Zentrum hellenistischer Geistigkeit früher gestanden hatte. Auch in Alexandria war ich zu einem Vortrag in der Universität eingeladen, wobei mir auffiel, dass meine Gastgeber den Vortrag eigentlich in italienischer statt in französischer Sprache wünschten; der Kultureinfluss von Italien war in Alexandria am südlichen Ufer des Mittelmeers noch bemerkbar.

Das Wichtigste bei dem Abstecher nach Alexandria war für uns aber die Erinnerung an die verlorene Schlacht von El Alamein im Oktober 1942 im

Zweiten Weltkrieg, das wir mit dem Leiter des Goethe-Instituts besuchten. Man findet an diesem Ort, der auf einem durchlaufenden Höhenzug vor der Kattara-Senke und relativ nahe bei Alexandria liegt, noch Reste der Stellungen der Deutschen und Italiener. Sichere Stellungen, die gegen massiven Artilleriebeschuss Schutz geboten hätten, konnte man in der Wüste nicht bauen. Ein kleines Museum enthält Erinnerungen an die Kämpfe und außerdem die Karten von den Positionen der beiderseitigen Verbände. Die Deutschen standen im Zentrum und am linken Flügel der Front, die Italiener rechts davon am Rande der Wüste. Der Angriff von *Montgomery* gegen das Zentrum der Verteidiger, der mit Übermacht ausgeführt wurde und hervorragend vorbereitet war, ließ den Deutschen und Italienern, nachdem der Durchbruch erst einmal gelungen war, keine Wahl, als immer weiter zurückzugehen, bis sie schließlich in Tripolis in Libyen in Gefangenschaft kamen. Mich erinnerte das Schicksal des Afrikakorps und seiner italienischen Bundesgenossen sehr an das Schicksal der Polen und Franzosen, das ich im ersten und zweiten Jahr des Krieges selbst miterlebt hatte.

Meine Frau und ich betraten auch das Mausoleum der deutschen Gefallenen, das nach dem Muster des Castel Del Monte in Apulien, der bekannten Schöpfung des letzten Stauferkaisers *Friedrich II.* um 1240 angelegt worden war – vielleicht eine nicht ganz passende Art der Ehrung, aber jedenfalls eine passende Architektur in dieser trostlosen Wüste. Im Innenraum waren wir erschüttert von der absoluten Einsamkeit und tonlosen Stille, die uns dort umgab. Die Friedhöfe für die Briten, Südafrikaner, Australier und die anderen Bundesgenossen der Engländer liegen dagegen frei in der Landschaft. Vor dem italienischen Soldatenfriedhof in El Alamein lasen wir auf einem Gedenkstein die Worte „Mancava la fortuna, non il valore“ (Es fehlte das Glück, nicht die Tapferkeit).

## *Der Verlauf des XIII. Kongresses der AIDP im Oktober 1984*

Unsere Reise in die Länder der arabischen Welt und des Islam war eine gute Vorbereitung auf den Internationalen Strafrechtskongress der AIDP im Jahre 1984 in Kairo. Nach meiner Begrüßungsrede verlas der ägyptische Ministerpräsident *Kamal Hassan Ali* die Willkommensadresse des Präsidenten der Arabischen Republik *Hosni Mubarak*, die ein Bekenntnis zur freiheitlichen Demokratie und zum Rechtsstaat als Grundlagen der Gerechtigkeit und des sozialen und politischen Friedens enthielt. Professor *Hosni* folgte mit seinem Festvortrag über „Das islamische und laizistische Strafrecht – Gemeinsames und Gegensätze". Die Diskussion der Thesen von Professor *Hosni* konnte ich an einem der folgenden Tage bei einem stark besuchten Rundgespräch verfolgen, an dem als Mediatoren von islamischer Seite eine Spitzengruppe der Wissenschaft teilnahm (Professor *Sorour*, Dekan der Juristischen Fakultät und der Lehrstuhlinhaber für islamisches Recht an der Universität Kairo, Professor *Youssef Kassem* sowie als Vertreter der Zentralinstanz der sunnitischen Lehre der Dekan der Juristischen Fakultät der religiösen Universität Al Azhar, Professor *Abd al-Fattah Elscheikh*). Das Ergebnis war zwar erwartungsgemäß keine Übereinstimmung der Ansichten, wohl aber eine Atmosphäre der Verständigungsbereitschaft und eine Begrenzung der prinzipiellen Gegensätze auf die Hauptpunkte, zu denen natürlich vor allem die Leibes- und Lebensstrafen des islamischen Rechts für die sieben schwersten Verbrechen der Scharia gehörten.

Am Schluss des Kongresses wurde ich für die nächsten fünf Jahre bis 1989 einstimmig als Präsident der AIDP wiedergewählt. Außer den beiden Eröffnungsvorträgen von Professor *Hosni* und mir sind alle anderen einschlägigen Äußerungen auf dem Kongress leider unveröffentlicht geblieben. Das Interesse und die Initiative zur Herstellung der Texte war offenbar doch nicht stark genug, um die wissenschaftliche Auseinandersetzung fortzusetzen.

## *Abschied von der AIDP auf dem XIV. Kongress in Wien*

Der XIV. Internationale Strafrechtskongress der AIDP im Oktober 1989 in Wien, der letzte meiner Amtszeit als Präsident, brachte die freudige Überraschung, dass bei diesem Ereignis zugleich der 100. Geburtstag der Association Internationale de Droit Pénal gefeiert werden sollte. Die AIDP als solche ist zwar bekanntlich erst im Jahre 1924 ins Leben getreten. Diese Neugründung war jedoch als Fortsetzung der Internationalen Kriminalistischen Vereinigung (IKV) gedacht, die am 1. Januar 1889 ihre Tätigkeit aufgenommen hatte, infolge des Ersten Weltkriegs aber in ihrer universalen Gestalt erloschen war.

*Franz von Liszt,* zusammen mit dem Niederländer *Gérard van Hamel* und dem Belgier *Adolphe Prins*, die Gründer der IKV, waren mit anderen bedeutenden Vertretern der fortschrittlich gesinnten Wiener Rechtsschule wie *Rudolf von Jhering*, *Wilhelm Wahlberg, Adolf Merkel, Georg Jellinek* und *Lorenz von Stein* Vertreter der modernen Richtung, auch für das Strafrecht. Es war daher ein historisch wohlbegründeter Akt, die IKV mit der AIDP als geistige Einheit zusammenzufassen, und wohlbegründet war es auch, dieses Ereignis auf dem ersten Kongress der AIDP in Wien gemeinsam zu feiern. Die den Kongress veranstaltende österreichische Landesgruppe, die 1974 auf dem Kongress in Budapest in die AIDP aufgenommen worden war, stand damals unter der Führung von *Victor Liebscher* und *Otto F. Müller* und eingedenk der großen Vorbilder Justizminister *Broda* und Professor *Nowakowski*[21] im Zentrum der internationalen Bewegung zur Reform des Strafrechts; sie ist diesen Weg auch zielbewusst weitergegangen.

Zum Abschied von der AIDP wurde ich in der letzten Sitzung zum Ehrenvorsitzenden gewählt, zu meinem Nachfolger als Präsident wurde *M. Cherif Bassiouni* bestimmt, der mich in meiner Amtszeit von 1979 bis 1989 als Generalsekretär begleitet hatte. Der gegenwärtig amtierende Präsident, Professor *José de la Cuesta*[22], San Sebastian, hat in seiner Glückwunschrede zu meinem 90. Geburtstag daran erinnert, dass er nach dem Vorbild seines Lehrers Professor *Antonio Beristain* von der Universität San Sebastian seinen postdoktoralen Forschungsaufenthalt von zwei Jahren am Max-Planck-Institut in Freiburg verbracht hat.

## *Erinnerungen an Greifswald*

Nach meiner Emeritierung konnte ich der Max-Planck-Gesellschaft noch einen Dienst erweisen und damit zugleich meine Verbundenheit mit den im Rahmen der Wiedervereinigung zu uns zurückkehrenden Universitäten bekunden. Bei der Hauptversammlung der Max-Planck-Gesellschaft in Lübeck / Travemünde im Juli 1990 fragte mich Generalsekretär *Ranft* im Auftrag des Präsidenten, ob ich nicht eine Vorlesung an der soeben wieder eröffneten Juristischen Fakultät der Universität Greifswald übernehmen könnte. Ich sagte sofort zu[23] und fuhr mit meiner Frau im November 1990 – bepackt mit Büchern – nach Greifswald, eingedenk seiner früher hoch anerkannten Juristischen Fakultät, die von den Sowjets als Besatzungsmacht geschlossen und soeben von der neuen Regierung wieder eröffnet worden war. Die Vorbereitungen für mein Kommen befanden sich noch ganz in den Anfängen. Der Vortragssaal war ein großer, sparsam möblierter Raum im Bereich des Bezirksgerichts Greifswald, der für meine Vorlesungen reserviert war. Als ich erkannte, dass es wegen des nur kurze Zeit zurückliegenden Eröffnungszeitpunkts der Fakultät keine Vorlesung für Studenten sein könnte, entschloss ich mich zu einer Vortragsreihe „Einfüh-

---

21 *Jescheck, H.-H.,* Friedrich Nowakowski als Strafrechtsdogmatiker und Kriminalpolitiker, ZStW 103 (1991), S. 990 ff.

22 *De la Cuesta, J.,* Glückwünsche der AIDP, in: Sieber, U., Albrecht, H.-J., Strafrecht und Kriminologie unter einem Dach, Berlin 2006, S. 157.

23 *Jescheck, H.-H.,* Als Strafrechtslehrer an der Universität Greifswald, MPG-Spiegel, März 1990, S. 22–25.

rung in das deutsche Strafrecht" für im Beruf stehende Angehörige der Justiz und verwandter Gebiete (Strafrichter, Staatsanwälte, Rechtsanwälte, Angehörige der Kriminalpolizei, Strafvollzugspersonal, Sozialarbeiter), die dann auch regelmäßig an den abends stattfindenden Vorträgen teilnahmen. Meine Hörer wollten sich offenbar über die vor ihnen liegenden Aufgaben informieren, aber auch die Chancen für eine Fortsetzung ihrer Berufstätigkeit überhaupt erkunden. Das Interesse war groß, die Stimmung aber auch gespannt, da die politisch belasteten Personen, die anwesend waren, um ihre Zukunft bangen mussten.

Einige Jahre später hielt ich an derselben Fakultät, jetzt aber im Hauptgebäude der Universität, einen Vortrag in einem Hörsaal voller Studenten. Die Atmosphäre unterschied sich kaum noch von der an einer Universität der alten Bundesländer. Im Ganzen fühlte ich mich an der Juristischen Fakultät in Greifswald ebenso zuhause wie in Freiburg.

## *Ultima lezione*

Nach italienischer Übung habe ich im September 2002 eine „ultima lezione" (letzte Vorlesung) an der Universität Modena gehalten, da ich italienischem Geist und italienischer Kultur besonders viel verdanke und in Modena ein Kreis meiner italienischen Schüler und Freunde versammelt war, die mir einen ganz besonderen „congedo" (Abschied) zugedacht hatten. Diese Vorlesung haben nämlich eine Reihe der Anwesenden durch eigene Beiträge, die im Anschluss an meine Vorlesung gehalten wurden, inzwischen zu meinem 92. Geburtstag veröffentlicht. Professor *Luigi Foffani*[24] hat diesen Band herausgegeben. Ich habe mich über dieses Zeichen der Verbundenheit und auch Dankbarkeit gegenüber dem Freiburger Institut und über die mir gewidmeten Glückwünsche und lieben Worte natürlich sehr gefreut und habe alles mit herzlichem Dank und in gleicher Gesinnung entgegengenommen.

Was bleibt für einen Emeritus vorgerückten Alters noch zu tun, wenn er erfüllt von der Überzeugung, noch etwas Nutzbringendes leisten zu können, in seiner gewohnten Umgebung weiterarbeiten will? Für mich gibt es auf diese Frage nur eine Antwort, nämlich den Hinweis auf eine Aufgabe, die meine gesamte verbleibende Kraft in Anspruch nehmen wird. Vor mir liegt die Begleitung der sechsten Auflage meines Hauptwerks *Jescheck / Weigend*, „Lehrbuch des Strafrechts, Allgemeiner Teil", für die ich inzwischen Autoren gewonnen habe. Diese sind natürlich Professor *Thomas Weigend* in Köln, mein Schüler

---

24 *Foffani, L.*, Diritto penale comparato, europeo e internazionale: Prospettive per il XXI secolo, Omaggio per il 92° compleanno, Milano 2006.

und Mitautor schon bei der fünften Auflage, sowie zwei jüngere Kollegen, die ebenfalls bestens qualifiziert sind.

Für mich ist das Gelingen natürlich eine Frage, wie viel Zeit mir dafür noch bleibt.

## Schriftenverzeichnis (in Auswahl)

### 1. Selbständiges Schrifttum

Die juristische Ausbildung in Preußen und im Reich. Vergangenheit und Gegenwart, 1939.

Die Verantwortlichkeit der Staatsorgane nach Völkerstrafrecht. Eine Studie zu den Nürnberger Prozessen, 1952.

Entwicklung, Aufgaben und Methoden der Strafrechtsvergleichung, 1955.

Das Menschenbild unserer Zeit und die Strafrechtsreform, 1957.

Strafrecht und Strafrechtsanwendung in der sowjetisch besetzten Zone Deutschlands, 1962.

Pressefreiheit und militärisches Staatsgeheimnis, 1964.

Aufbau und Behandlung der Fahrlässigkeit im modernen Strafrecht, 1965.

Die internationale Krise in der Verbrechensbekämpfung, 1980.

Strafrecht im Dienste der Gemeinschaft. Ausgewählte Beiträge zur Strafrechtsreform, zur Strafrechtsvergleichung und zum Internationalen Strafrecht aus den Jahren 1953–1979, 1980.

### 2. Kommentierungen

Strafgesetzbuch, Leipziger Kommentar, Einleitung, Vorbemerkungen zu den §§ 13 ff., § 13, §§ 331–335a, 343–345, 357, 11. Aufl. 1992.

### 3. Lehrbücher und Fallsammlungen

Lehrbuch des Strafrechts. Allgemeiner Teil, 1. Aufl. 1969, 5. Aufl. (zusammen mit Thomas Weigend) 1996.

Fälle und Lösungen zum Lehrbuch des Strafrechts, Allgemeiner Teil, 1. Aufl. 1978, 3. Aufl. (zusammen mit Norbert Pantle) 1996.

### 4. Aufsätze in Zeitschriften und Sammelwerken

Das Verfahren in Zivilsachen vor den Gerichten der französischen Militärregierung, DRZ 1948, S. 274–278.

Kriegsverbrecherprozesse gegen deutsche Kriegsgefangene in Frankreich, SJZ 1949, Sp. 107–116.

Die Tätigkeit der Vereinten Nationen auf dem Gebiet des Strafrechts, Mitteilungsblatt der Fachgruppe für Strafrechtsvergleichung in der Gesellschaft für Rechtsvergleichung 1951, S. 12–22.

Die Verwirkung von Verfahrensrügen im Strafprozess, JZ 1952, S. 400–403.

Die strafrechtliche Verantwortlichkeit der Personenverbände, ZStW 65. Bd. (1953), S. 210–225.

Zur Frage der Kuppelei gegenüber Verlobten, MDR 1954, S. 645–649.

Die Rechtsprechung des Bundesgerichtshofs in Strafsachen, Bd. 1–5 der Amtlichen Sammlung – Entscheidungen zum Allgemeinen Teil des StGB, GA 1954, S. 322–334.

Der erste Kongreß der Vereinten Nationen über die Verhütung von Verbrechen und die Behandlung der Straffälligen vom 22.8.–3.9.1955 in Genf, ZStW 67. Bd. (1955), S. 659–666.

Die Konkurrenz, ZStW 67. Bd. (1955), S. 529–555.

Anstiftung, Gehilfenschaft und Mittäterschaft im deutschen Strafrecht, SchwZStr 1956, S. 225–243.

Straftaten gegen das Ausland, in: Festschrift für Theodor Rittler, 1957, S. 275–85.

Die Entwicklung des Völkerstrafrechts nach Nürnberg, SchwZStr 1957, S. 217–248.

Der 5. Internationale Kongreß für Soziale Verteidigung in Stockholm 25.–30.8.1958, ZStW 70. Bd. (1958), S. 693–699.

Das deutsche Wirtschaftsstrafrecht, JZ 1959, S. 457–462.

Methoden der Strafrechtswissenschaft, Studium Generale 1959, S. 107–119.

Der strafrechtliche Handlungsbegriff in dogmengeschichtlicher Entwicklung, in: Festschrift für Eberhard Schmidt, 1961, S. 139–155.

Aufbau und Stellung des bedingten Vorsatzes im Verbrechensbegriff, in: Festschrift für Erik Wolf, 1962, S. 473–488.

Die Bedeutung nicht-krankhafter Bewußtseinsstörungen und seelischer Ausnahmeerscheinungen für die Zurechnungsfähigkeit aus Sicht des Juristen, in: Blau, Günter und Müller-Luckmann, Elisabeth (Hrsg.), Gerichtliche Psychologie, 1962, S. 208–222.

Die Vollstreckung ausländischer Straferkenntnisse in der Bundesrepublik Deutschland, in: Festschrift für Hellmuth von Weber, 1963, S. 325–342.

Verantwortung und Gehorsam im Bereich der Polizei, Das Polizeiblatt für das Land Baden-Württemberg 1964, S. 97–102.

Die internationalen Wirkungen der Strafurteile, ZStW 76. Bd. (1964), S. 172–176.

Gegenwärtiger Stand und Zukunftsaussichten der Entwurfsarbeiten auf dem Gebiet des Völkerstrafrechts, in: Erinnerungsgabe für Max Grünhut (1893–1964), 1965, S. 47–60.

Die Behandlung der männlichen Homosexualität im ausländischen Strafrecht, Studium Generale 1966, S. 332–346.

Zur Reform des politischen Strafrechts, JZ 1967, S. 6–13.

Die Behandlung des sog. illegalen Staatsgeheimnisses im neueren politischen Strafrecht, in: Festschrift für Karl Engisch, 1968, S. 584–599.

Gustav Radbruchs Beitrag zur Strafrechtsvergleichung, in: Gedächtnisschrift für Gustav Radbruch, 1968, S. 356–365.

Gedanken zur Reform des deutschen Auslieferungsgesetzes, in: Etudes en l'honneur de Jean Graven, 1969, S. 75–89.

Der strafrechtliche Schutz der Bundeswehr gegen Zersetzung, Neue Zeitschrift für Wehrrecht 1969, S. 121–133.

Neue Formen der internationalen Rechtshilfe in Strafsachen, in: Festschrift für Richard M. Honig, 1970, S. 69–78.

Gegenstand und neueste Entwicklung des internationalen Strafrechts, in: Festschrift für Reinhart Maurach, 1972, S. 579–594.

Kommentar zum Thema III des XI. Internationalen Strafrechtskongresses, 9.–15. September 1974 in Budapest: „Die Entschädigung des durch eine Straftat Verletzten", ZStW 84. Bd. (1972), S. 855–860.

Die Kriminalpolitik der deutschen Strafrechtsreformgesetze im Vergleich mit der österreichischen Regierungsvorlage 1971, in: Festschrift für Wilhelm Gallas, 1973, S. 27–47.

Wesen und rechtliche Bedeutung der Beendigung der Straftat, in: Festschrift für Hans Welzel, 1974, S. 683–699.

European criminal law in development, in: Festschrift für Robert Rie, 1975, S. 25–33.

Die Ausschließung des Strafverteidigers in rechtsvergleichender Sicht, in: Festschrift für Eduard Dreher, 1977, S. 783–799.

Die Bedeutung der Rechtsvergleichung für die Strafrechtsreform, in: Festschrift für Paul Bockelmann, 1978, S. 133–154.

Die Krise der Kriminalpolitik, ZStW 91. Bd. (1979), S. 1037–1064.

Nishidoitsu niokeru Terobôshi no Keijirippô (Die strafrechtliche und strafprozeßrechtliche Gesetzgebung der Bundesrepublik Deutschland gegen den Terrorismus), Hiroshima hogaku 1979, Vol. 2, Nr. 4, S. 53–61.

Der Einfluß der IKV und der AIDP auf die internationale Entwicklung der modernen Kriminalpolitik, ZStW 92. Bd. (1980), S. 997–1020.

Grundfragen der Dogmatik und Kriminalpolitik im Spiegel der Zeitschrift für die gesamte Strafrechtswissenschaft, ZStW 93. Bd. (1981), S. 3–7.

Die Freiheitsstrafe bei Franz von Liszt im Lichte der modernen Kriminalpolitik, in: Festschrift für Ulrich Klug, 1983, S. 15–36.

Alternativen zur Freiheitsstrafe, in: Contemporary Problems in Criminal Justice. Essays in Honour of Professor Shigemitsu Dando, 1983, S. 83–96.

Die Berücksichtigung der Täterpersönlichkeit bei der Strafzumessung nach deutschem Recht, in: Jescheck, Hans-Heinrich u.a. (Hrsg.), Zweites deutsch-sowjetisches Kolloquium über Strafrecht und Kriminologie, 1984, S. 127–146.

Die Beziehung des Freiburger Max-Planck-Instituts für ausländisches und internationales Strafrecht zu Ostasien, in: Gedächtnisschrift für Zong Uk Tjong, 1985, S. 69–77.

Islamisches und westliches Strafrecht – Gemeinsames und Gegensätze, in: Festschrift für Dietrich Oehler, 1985, S. 543–557.

Das Strafensystem des Vorentwurfs zur Revision des Allgemeinen Teils des schweizerischen Strafgesetzbuches in rechtsvergleichender Sicht, in: Festschrift für Karl Lackner, 1987, S. 901–924.

Die Behandlung der unechten Unterlassungsdelikte in neueren Strafgesetzentwürfen, in: Festschrift für Herbert Tröndle, 1989, S. 795–815.

Möglichkeiten und Probleme eines europäischen Strafrechts, in: Festschrift für Jhong-Won Kim, 1991, S. 947–961.

Der Allgemeine Teil des Entwurfs eines polnischen Strafgesetzbuchs von 1990 in rechtsvergleichender Sicht, in: Festschrift für Günter Spendel, 1992, S. 849–869.

Grundgedanken der neuen italienischen Strafprozeßordnung in rechtsvergleichender Sicht, in: Festschrift für Arthur Kaufmann, 1993, S. 659–679.

Grundsätze der Kriminalpolitik in rechtsvergleichender Sicht, in: Festschrift für Koichi Miyazawa, 1995, S. 363–382.

Zum Stand der Arbeiten der Vereinten Nationen für die Errichtung eines Internationalen Strafgerichtshofs, in: Festschrift für Haruo Nishihara, 1998, S. 435–449.

Ernst Heinitz zum Gedächtnis, ZStW 111. Bd. (1999), S. 579–596.

Der Internationale Strafgerichtshof, in: Rechtshistorisches Journal 19/2000, S. 598–603.

Neue Entwicklungen im Strafrecht Deutschlands und Spaniens sowie im europäischen und internationalen Strafrecht, Informaciones, Zeitschrift für den deutsch-spanischen Rechtsverkehr 2002, S. 71–76.

Der Internationale Strafgerichtshof nach der Resolution des Sicherheitsrats der Vereinten Nationen vom 12. Juli 2002, in: Festschrift für Christiaan Frederik Rüter, 2003, S. 118–130.

Neuere Entwicklungen im nationalen, europäischen und internationalen Strafrecht, in: Festschrift für Albin Eser, 2005, S. 991–1003.

Günther Kaiser

# Günther Kaiser*

## I.

Im Jahre 1928 geboren, stamme ich aus „einfachen Verhältnissen". Meine Mutter, früh verwitwet, hat meine zwei älteren Geschwister und mich aufgezogen. Obwohl es zu Hause recht bescheiden zuging und meine Mutter angesichts ihrer knappen Rente stets arbeiten und sparsam wirtschaften musste, verlebte ich eine unbeschwerte, glückliche Kindheit. Aufgewachsen bin ich in einem landwirtschaftlich geprägten Dorf namens Walkenried in den Ausläufern des Südharzes, etwa 20 km nordwestlich von Nordhausen, nahe der Sprachgrenze vom Oberdeutschen zum Niederdeutschen. In jener Zeit zählte die Wohngemeinde rund 1.600 Personen evangelisch-lutherischen Glaubens; nur eine Familie war katholischer Konfession. Jüdische Bürger gab es bei uns nicht, sondern nur in der benachbarten Kleinstadt. Im dörflichen Leben bildeten Staatsdomäne, Forstamt, Amtsgericht und Gerichtsgefängnis seit jeher Fixpunkte, die erst im Zuge der Verwaltungsreform in den 1950er- und 1960er-Jahren ihre überkommene Bedeutung einbüßten. Im Übrigen bestimmte das Arbeiter- und Kleinbürgermilieu die Wohngemeinde. Teils fanden die Bürger in einer Seifenfabrik sowie in der Gipsherstellung, teils in den benachbarten Hüttenwerken des Südharzes Beschäftigung.

Gleichwohl prägten Geschichte, Ruinen und Kreuzgang des im 12. Jh. erbauten und im Bauernkrieg 1525 überwiegend zerstörten Zisterzienserklosters Land und Leute, und so auch mich. Die Mönche des Klosters und die ihm zugehörigen Bauern hatten im Mittelalter die zwischen Harz und Kyffhäuser gelegene Sumpflandschaft weitgehend trockengelegt und aus ihr die sog. „Goldene Aue" entstehen lassen. Das Kloster war nicht zuletzt wegen seiner bedeutsamen Rolle in der sog. Ostkolonisation bis zu seiner Zerstörung so mächtig, dass der Abt nach der Reichsheerordnung Kaiser Maximilians mehrere Reiter und Landsknechte zu stellen hatte, wie ich allerdings erst in meinem Göttinger Jurastudium 1954 erfahren sollte. Immerhin beflügelte das Kloster, seine Entstehung und Zerstörung meine kindliche Fantasie, verankert in festem Luthertum. Die Schulerziehung, insbesondere in Form der Heimatkunde,

---

* Nach dem Tod des Autors (3. September 2007) wurde der noch nicht vollständig abgeschlossene Text von Prof. Dr. *Heinz Schöch* (München) und Dr. *Anna-Bettina Kaiser* (Freiburg) ergänzt und fertig gestellt.

verstärkte die Eindrücke, vertieft durch schulische Wanderungen zu den alten in der Schule nachgezeichneten Grenzverläufen vom Herzogtum Braunschweig, Königreich Preußen und Königreich Hannover, die hier zusammengetroffen waren und ein Jahrzehnt später als Zonengrenze bzw. Grenze zur DDR erwartungswidrig erneut aktuelle Bedeutung gewinnen sollten. Heute treffen hier die Bundesländer Niedersachsen, Sachsen-Anhalt und Thüringen zusammen.

Natürlich beeinflusste in der Zeit des Dritten Reiches wie fast überall der Nationalsozialismus das dörfliche Leben sowie die schulische Erziehung, diese ergänzt durch den Dienst im „Jungvolk" ab dem zehnten Lebensjahr. Zu frühen Konflikten sowohl in der Gemeinde wie in der Familie kam es durch die nationalsozialistische Stoßrichtung gegen christliche Konfessionen und Kirchen. Allerdings steuerte meine Mutter, obwohl keine Regimegegnerin, als Mitglied der evangelischen Frauenhilfe gegen den Strom und missbilligte insbesondere die nationalsozialistische Antikirchenpolitik, so dass es in dieser Hinsicht wiederholt zu Auseinandersetzungen im Dorf und auch in der Familie kam. Doch meine Mutter, die sehr gläubig war, ohne freilich bigott zu sein, wurde seit den Dreißigerjahren eigentlich nur von einem Buch begleitet, nämlich der Bibel. Aus ihr schöpfte sie Mut und Kraft, vor allem in den Kriegs- und Nachkriegsjahren, aber auch bereits in der Zeit davor. Ihre Einstellung und Haltung äußerten sich im Familienkreis auch in der Missbilligung der Judenverfolgung, insbesondere im Zusammenhang mit der Reichspogromnacht. Hier kam allerdings eine mittelbare Betroffenheit hinzu, da Bekannte und auch entfernt Verwandte, die in jüdischen Geschäften einzukaufen pflegten und infolge fehlender Mittel nicht immer zahlen konnten, sondern „anschreiben" lassen mussten, später durch entsprechende Anprangerung an den zerstörten jüdischen Geschäften diskriminiert wurden. Im Übrigen bewegte sich das dörfliche Leben zwischen Geburt, Taufe, Konfirmation, Heirat und Leichenbegängnis sowie Schützenfest und Kirmes in den Nachbarorten. Erst später kamen nationalsozialistisch geprägte Veranstaltungen, etwa Umzüge zum 1. Mai oder zum sog. Heldengedenktag und ferner die üblichen Verpflichtungen im „Jungvolk" hinzu.

Obwohl meine Mutter nur eine kleine Kriegshinterbliebenenrente bezog und als Arbeiterin der Staatsdomäne oder als Hilfe in der Gärtnerei lediglich einen geringen Stundenlohn erzielte (meiner Erinnerung nach 36 Pfennig in der Stunde), war es ihr Wunsch, ja ihr fester Wille, dass ich, einem dörflichen Beispiel folgend, das Lehrerseminar, später Lehrerbildungsanstalt genannt, besuchen und Volksschullehrer werden sollte. Mit dieser Vorstellung machte sie unsere Bekannten und auch mich schon früh vertraut, weshalb ich die in der benachbarten Kleinstadt gelegene städtische Mittelschule besuchen sollte. Das damalige Schulgeld betrug monatlich zehn Reichsmark. Daher warnte mich einer der Volksschullehrer vor dem Schulbesuch, da er fürchtete, dass ich später wegen des finanziellen Unvermögens meiner Mutter die Schule eventuell vorzeitig, also ohne Abschluss der „Mittleren Reife", verlassen müsse, um dann noch ungünstiger dazustehen als mit abgeschlossener Volksschulbildung. Trotz derartiger Bedenken hielt meine Mutter an ihrer Planung fest, zumal im Laufe der Kriegsjahre sowie mit der staatlichen Anerkennung der städtischen Mittelschule die Kostenpflicht entfiel und ich in den Märztagen 1945 noch mein Abschlusszeugnis mit der Mittleren Reife erhalten konnte.

Im Übrigen nahm ich mittwochs und samstags auf Grund der üblichen Dienstpflicht an den Veranstaltungen des „Jungvolks" teil. Hier dominierten Sport, Spiel und sog. Heimnachmittage den Ablauf, falls kein Ernteeinsatz notwendig war. In Erinnerung ist mir allerdings besonders der 20. Juli 1944 geblieben, als ich mich in einem Zeltlager in Hasselfelde im Harz befand, wo nach Bekanntwerden des Attentats auf Hitler alle Teilnehmer des Lagers zu einem Marsch durch den nahen Ort verpflichtet wurden, um dadurch demonstrativ die Treue gegenüber dem „Führer" zu bekunden. Teilnahme an Lehrgängen im Wehrertüchtigungslager Lebenstedt bei Salzgitter im Herbst 1944 und an der Reichsschießschule Suhl im März 1945 folgten, so dass ich wegen Abwesenheit im März 1945 weder der Einberufung zu den Panzergrenadieren nach Quedlinburg folgen noch am offenbar geplanten Einsatz bei der Festung Torfhaus im Harz, in der Nähe des Brockens, mitwirken musste. Vielmehr zog sich Ostern 1945 unsere Suhler Einheit angesichts der vorrückenden amerikanischen Streitkräfte am Rennsteig im Thüringer Wald über Ilmenau allmählich nach Sachsen zurück, bis sie sich dort nach einem Luftangriff auflösen sollte. Mit dem Zug sowie einem Wehrmachts-Lkw und schließlich zu Fuß gelangte ich über Riesa in Sachsen, Nordhausen und das geräumte KZ Dora wieder nach Hause, um mich am folgenden Tag sogleich dem Volkssturm anschließen und in einem der Täler des Südharzes Stellung beziehen zu müssen. Dies führte allerdings zu erheblichen Spannungen mit der dortigen Bevölkerung, die nach einem Artilleriebeschuss durch die Amerikaner wegen der von uns beabsichtigten Verteidigung um ihr Hab und Gut fürchtete. Mit der Selbstauflösung der Volkssturmeinheit Mitte April 1945, insbesondere durch nächtliche Flucht der Volkssturmmänner über die Demarkationslinie zu den Amerikanern, folgte schließlich auch die Auflösung der Gruppe, der ich angehörte. Diese wurde aber im Unterschied zu den vorausgeeilten Überläufern nicht ins Gefangenenlager nach Andernach am Rhein verfrachtet, sondern nach einem kurzen Verhör freigelassen, was wegen der Ungleichbehandlung durch die Amerikaner den dörflichen Frieden nicht unerheblich beeinträchtigte.

## II.

Nach dem Zusammenbruch des Deutschen Reiches im Mai 1945 prüfte ich meine beruflichen Möglichkeiten. Diese waren erwartungsgemäß zunächst äußerst begrenzt, zumal auf dem Land und im Zonenrandgebiet. Ein landwirtschaftlicher Ausbildungsgang erschien langfristig wenig attraktiv, während mir die erwogene Ausbildung im forstwirtschaftlichen Dienst verschlossen blieb. Die Rücksprache mit meinem letzten Klassenlehrer und dessen Beratung lenkten mich angesichts verbreiteter Zerstörungen des Landes auf das Bauhandwerk. Aus dörflichen Beispielen und Erzählungen wusste ich von den Möglichkeiten, durch den Besuch von Baufachschulen oder auch Staatsbauschulen Bauingenieur zu werden. Dazu reichten als Zulassungsbedingungen die Mittlere Reife und Praxiserfahrung aus. Ein solcher Weg erschien mir angesichts der damaligen Lage und meiner persönlichen Möglichkeiten attraktiv und gangbar, indem ich zunächst nicht nur ein Praktikum, sondern eine Maurerlehre absolvierte, um anschließend eine Baufachschule zu besuchen.

Entgegen dem Wunsch meiner Mutter, die für mich eher eine kaufmännische Ausbildung favorisierte, um mich vor den manuellen Beschwernissen sowie vor „Wind und Wetter" zu bewahren, begann ich am 1. Juli 1945 eine dreijährige Maurerlehre. Diese beendete ich mit achtmonatiger Unterbrechung im Jahre 1948, da ich von November 1945 bis Juli 1946 durch Anordnung des britischen Field Security Service interniert wurde, zuletzt im Internierungslager Fallingbostel. Die Internierung hatte ich wohl vor allem meinem von Fanatismus und falschem Stolz erfüllten, spätpubertären Imponiergehabe zuzuschreiben. Außerdem mag der vage, freilich unbegründete Verdacht der Werwolf-Zugehörigkeit mit ursächlich gewesen sein. Die Internierungszeit äußerte sich für meinen Lebenslauf allerdings ambivalent. Zwar riss sie mich einerseits aus Familie und Ausbildung heraus; andererseits verschaffte sie mir durch die Nutzung der verhältnismäßig üppigen Lehr- und Unterrichtsangebote in Deutsch, Mathematik und Fremdsprachen sowie den Besuch von Musikveranstaltungen den Zugang zu lang entbehrten Bildungsinhalten. Diese bereicherten mich sehr, indem sie meinen Bildungshunger stillten, ließen aber später auch die Unzufriedenheit mit meiner praktischen beruflichen Tätigkeit wachsen, als ich, in den Heimatort zurückgekehrt, die Altersgenossen zum Gymnasium gehen sah, das inzwischen seinen Betrieb wieder aufgenommen hatte, während ich mich in der Lehrzeit mit Kiesschippen und ähnlichen Hilfsarbeiten (im Winter mit Schilfschneiden für die Herstellung von Putzträgern zum Lohn von 18 Reichspfennig in der Stunde) befassen musste. Doch die verfügbaren Finanzmittel erlaubten die Fortsetzung des an sich möglichen

Schulbesuches nicht. Daher versuchte ich verstärkt, meine ganze Energie für die Berufsausbildung zu verwenden.

Dabei kam mir die inzwischen wieder aktivierte Berufsschule entgegen. Meinem Berufsschullehrer verdanke ich auch den unterstützenden Hinweis auf das Braunschweig-Kolleg, eine Einrichtung, die im Herbst 1949 als eine der ersten westdeutschen Einrichtungen des zweiten Bildungsweges ihre Tätigkeit aufnehmen und zur Hochschulreife vorbereiten sollte. In diese vom Land Niedersachsen geschaffene und finanziell getragene Bildungsstätte wurde ich nach erfolgreicher Absolvierung eines Auswahllehrganges im Oktober 1949 aufgenommen. Die Aufnahme verdanke ich nicht zuletzt dem Gutachten und der Fürsprache der Psychologin und späteren Professorin *Elisabeth Müller-Luckmann*, wie ich durch ein späteres Gespräch erfahren sollte. Ein kurzer Krankenhausaufenthalt im September 1949 hatte mir zur Vorbereitung gedient, währenddessen ich mich mit den damals aktuellen Schriften zu Kultur und Ethik von *Albert Schweitzer* vertraut machte. Zwar war ich aufgrund meiner parallel laufenden Bewerbung zwischenzeitlich auch zum Bauingenieurstudium an der Staatsbauschule Nienburg / Weser zugelassen worden und hatte mir dort vorsorglich bereits eine Wohnunterkunft angemietet. Doch nach Zulassung zum Braunschweig-Kolleg verzichtete ich auf die Aufnahme des Bauingenieurstudiums, um zunächst meine Allgemeinbildung zu verbessern, deren Lücken ich noch immer schmerzlich empfand, so dass mir die Aufnahme in das Braunschweig-Kolleg als überaus reizvolle Chance erschien.

Diese Erwartung sollte sich auch erfüllen. Denn die dortige Bildungszeit hat mich bis zum heutigen Tag geprägt, wie mir immer wieder bewusst wird. In der zur Reifeprüfung obligatorischen Halbjahresarbeit befasste ich mich mit der Sozialkritik im modernen Drama, nachdem ich die zunächst erwogene Analyse des Herbstgedichtes in der Dichtung verworfen hatte. Bei der Wahl des sozialkritischen Themas kam mir das Programm der in der Nähe des Braunschweig-Kollegs arbeitenden Studiobühne des Staatstheaters Braunschweig entgegen, da ich dort reiche Anregung schöpfen konnte und auch den Zugang zu aktuellen dramatischen Texten fand, die zu jener Zeit im Buchhandel noch nicht erhältlich waren. Außerdem setzte ich mich mit *Werner Bergengruens* Großnovelle „Der Großtyrann und das Gericht" intensiv auseinander, weil mich die Gespräche über das Verhältnis von Recht und Macht, ein Stück innerer Emigration während der Zeit des Dritten Reiches, faszinierten. Die fortdauernde Auseinandersetzung damit bot schließlich den Anlass, mich für das vorerst fern liegende Jurastudium zu interessieren und von den zunächst beabsichtigten Studien der Germanistik und Geschichte abzusehen.

Um weitere Klarheit über meine Fähigkeiten und Studieninteressen zu gewinnen, nützte ich von Herbst 1951 bis Frühjahr 1952 die einigen Braunschweiger Mitkollegiaten und auch mir eröffnete Chance, mich im Leibnizkolleg der Universität Tübingen dem Studium generale zu widmen. Insbesondere unter der Betreuung von Dr. *Andreas Flitner*, meinem Mentor und dem späteren Ordinarius für Pädagogik an der Universität Tübingen, befasste ich mich mit dem Sozialvertrag *Jean-Jacques Rousseaus* sowie den Frühschriften von *Karl Marx*. *Flitner* verdanke ich auch den Hinweis auf die 1950 neu erschienene „Rechtsphilosophie" *Gustav Radbruchs*. Im Übrigen sind mir die Begegnungen mit *Arnold Gehlen*, *Eduard Spranger*, *Wilhelm Weischedel*, *Theodor Eschenburg*, *Hans Rothfels*, *Wilhelm Gallas* und *Eduard Kern* sowie Lehrveranstaltungen *Ernst Kretschmer*s in fester Erinnerung geblieben.

## *III.*

Nach dem Studium generale beschloss ich, mich zum Sommersemester 1952 für das Jurastudium an der Universität Tübingen einzuschreiben. 1954 setzte ich das Studium an der Universität Göttingen für zwei Semester fort, um 1955 wieder nach Tübingen zurückzukehren und das Studium im Juni 1956 mit dem Ersten Juristischen Staatsexamen abzuschließen. In der Zwischenzeit, nämlich im Jahr 1955, hatte ich mich in Stuttgart verheiratet, nachdem ich zuvor meine Frau als Tübinger Studentin kennengelernt hatte. Im Studium beeinflussten mich namentlich Lehrveranstaltungen von *Eduard Kern*, *Carlo Schmid*, *Hans Schneider*, *Hans Dölle*, *Konrad Zweigert*, *Walter Schönfeldt* und *Günter Dürig* in Tübingen sowie *Paul Bockelmann*, *Wolfgang Siebert*, *Rudolf Smend*, *Gerhard Leibholz* und *Werner Weber* in Göttingen. Dabei verdanke ich besonders *Kern* die Sensibilisierung für Aufbau, Einfachheit und Klarheit der Gedankenführung.

Da ich während der letzten Semesterferien als Werkstudent nicht mehr wie zuvor auf dem Bau in meinem Heimatort, sondern in der Rechtsberatungsstelle des Deutschen Gewerkschaftsbundes in Stuttgart gearbeitet hatte und mich daher für das Arbeits- und Sozialrecht besonders interessierte, versuchte ich, über ein Thema aus diesem Gebiet zu promovieren, wobei mir besonders ein sozial- und dienstrechtlicher Vergleich zwischen dem Beamtenstatus und dem nichtverbeamteten öffentlichen Dienst vorschwebte. Als Alternative hatte ich auch an die Bearbeitung von damals heftig umstrittenen Fragen zum Kündigungsschutz bei Kurzarbeitsverhältnissen gedacht. Meine Versuche jedoch, entweder von *Siebert* in Göttingen oder *Erich Fechner* in Tübingen als Doktorand angenommen und betreut zu werden, misslangen aus unterschiedlichen Gründen.

Daher folgte ich bei einer von *Eduard Kern* und *Eberhard Schmidhäuser* geleiteten Seminarabschluss-Exkursion auf den Schauinsland im Südschwarzwald im Juni 1956 der Einladung zu einem Gespräch über eine Promotionsmöglichkeit. Aufgrund dessen nahm mich *Kern* als Doktorand an. Bei *Kern* hatte ich im Übrigen bereits im Sommersemester 1952 meine erste Hausarbeit zur Einheitsfreiheitsstrafe geschrieben und im Sommersemester 1956 meinen letzten Seminarvortrag zum Thema „Freiheitsstrafe als Konkurrenzproblem" gehalten.

Da ich inzwischen als Gerichtsreferendar dem Jugendgericht Stuttgart zugewiesen worden war, erzählte ich *Kern* von meinen jugendrechtlichen Interessen. Daraufhin erhielt ich von ihm alsbald ein Schreiben aus seinem Feriendomizil Ellwangen, in dem er mir vorschlug, mich mit dem damals überaus aktuellen Problem der sog. Halbstarken zu befassen. Gern griff ich diesen Vorschlag auf. Allerdings erwies sich der wissenschaftliche Zugang als schwierig, da die internationale jugendkriminologische Literatur weder im Juristischen Seminar noch in der Universitätsbibliothek Tübingen verfügbar war, die natürlich auch keinen kriminologischen Schwerpunkt wie in der Gegenwart hatte. Immerhin eröffnete mir das der württembergischen Landesbibliothek Stuttgart überlassene Geschenkexemplar der amerikanischen Zeitschrift „Journal of Criminology, Criminal Law, and Criminal Justice" den Zugang zur aktuellen amerikanischen Diskussion. Weitere literarische Kenntnisse schöpfte ich aus den offenbar antiquarisch erworbenen Bibliotheksbeständen der amerikanischen Gedenkbibliothek in Berlin, die ich im Rahmen meiner Berliner Feldstudien konsultierte. Auf diese Weise ging aus der mehrjährigen Beschäftigung mit der Materie, einschließlich der Beobachtung von Jugendkrawallen in Stuttgart, nicht nur meine Dissertation hervor, sondern wurde auch mein vertieftes Interesse für die Kriminologie geweckt. Überdies entstand eine langjährige freundschaftliche Verbindung mit meinem Doktorvater. Diese führte zu zahlreichen gemeinsamen Wanderungen auf die Schwäbische Alb und sollte später bis zur Tätigkeit am Freiburger MPI für Strafrecht fortwirken. Auf diese entfernte Möglichkeit hatte mich *Kern* schon früh aufmerksam gemacht. Der erwähnte Seminarausflug hatte auch zu meiner ersten Begegnung mit *Hans-Heinrich Jescheck*, ebenfalls ein Schüler *Kerns*, geführt, dem ich damals vor dem Fachschaftshaus der Universität Freiburg auf dem Schauinsland vorgestellt wurde.

Nach Bestehen des Zweiten Juristischen Staatsexamens – während meiner Referendarzeit war ich für mehrere Semester auch als Korrekturassistent bei

*Günter Dürig* und *Otto Bachof* im öffentlichen Recht tätig gewesen und hatte überdies bei der Staatsanwaltschaft Stuttgart einen Beschäftigungsauftrag (d. h. die selbständige Betreuung eines Referates) wahrgenommen – trat ich nach Prüfung verschiedener beruflicher Möglichkeiten in Verwaltung und Wirtschaft am 8. August 1960 in den höheren Justizdienst des Landes Baden-Württemberg ein. Hier wurde ich nacheinander mit richterlichen Aufgaben in Zivil- und Strafsachen an den Amtsgerichten Göppingen, Ulm und Ludwigsburg betraut. Danach wurde ich der Staatsanwaltschaft Stuttgart, Abteilung für Kapitalverbrechen, zugewiesen und war u.a. mit der Ermittlung von NS-Gewaltverbrechen durch Einsatzgruppen in der Sowjetunion sowie in entsprechenden Fällen in württembergischen und elsässischen Konzentrationslagern befasst. Hier führte ich die erforderlichen Ermittlungen durch und bereitete einige Anklagen sowie gerichtliche Voruntersuchungen vor, ließ mich aber dann zum 1. Mai 1963 vom Justizdienst wegen meiner neuen Tätigkeit am Tübinger Institut für Kriminologie beurlauben.

Dabei war es neben der psychischen Belastung durch Art und Inhalt der Ermittlungstätigkeit vor allem der Initiative und dem fortwährenden Zuspruch *Kerns* zu verdanken, dass ich mich nach dreijähriger Tätigkeit von der Justiz für maximal sieben Jahre beurlauben ließ, um die wissenschaftliche Arbeit am Institut für Kriminologie der Universität Tübingen bei *Hans Göppinger* aufzunehmen. In jener Zeit hatte mir auch *Thomas Würtenberger* eine Assistentenstelle am Freiburger Universitätsinstitut für Kriminologie und Strafvollzugskunde angeboten. *Würtenberger* hatte ich zuvor bereits auf der von ihm veranstalteten internationalen Tagung über Kriminologie und Strafvollzug in Freiburg 1960, an der ich auf Betreiben *Kerns* und dessen Intervention beim Justizministerium teilgenommen hatte, sowie ferner bei einer kriminologischen Fortbildungstagung der Justiz in Buchenbach bei Freiburg 1961 kennengelernt. Jedoch hatte ich mich bereits vor der Anfrage *Würtenbergers* in Tübingen gebunden, zumal mich das von *Göppinger* beabsichtigte interdisziplinäre Konzept kriminologischer Forschung neugierig gemacht hatte und mir sehr attraktiv erschien.

Obwohl mit Zustimmung der Tübinger Juristenfakultät meine Dissertation unter dem Titel „Randalierende Jugend“ bereits 1959 als Buch veröffentlicht worden war, konnte ich meine Promotion mit dem Rigorosum erst 1962 abschließen, da ich zunächst nur über das „Kleine“ und nicht das „Große Latinum“ verfügte; dessen Vorliegen war jedoch nach der damaligen Promotionsordnung zwingende Zulassungsbedingung. Da mich *Kern* aber davor gewarnt hatte, das Große Latinum bei den „Barmherzigen Schwestern“ in München zu absolvieren, damals ein begehrter „Wallfahrtsort“ der Tübinger Doktoranden, denen das Große Latinum fehlte, blieb mir nur die Möglichkeit, die Lateinprüfung an einem Gymnasium nachzuholen, zumal – wie mir versichert wurde – ein Dispens nach der Promotionsordnung aussichtslos erschien. Daher suchte ich neben meiner Tätigkeit im Justizdienst meine Lateinkenntnisse durch Inanspruchnahme eines pensionierten Lateinlehrers zu verbessern, um dann schließlich 1961 durch schriftliche und mündliche Prüfung am Stuttgarter Eberhard-Ludwigs-Gymnasium das Große Latinum zu erlangen. Da nach der Tübinger Promotionsordnung außerdem eine deutsch- oder römischrechtliche Exegese erforderlich war, nahm ich Anfang des Jahres 1962 einen mehrwöchigen Urlaub, um in der Seminarbibliothek der Juristischen Fakultät der Universität Tübingen eine Digestenexegese über eine mietrechtliche Stelle im Corpus Juris Civilis abzufassen. Erst am Prüfungstag, dem 17. Februar 1962, erfuhr ich von dem Gelingen der Exegese und damit von der Erfüllung der Zulassungsvoraussetzungen zur Promotion, die ich dann mit „Summa cum laude" abschloss. Das Erstgutachten zu meiner Dissertation war von *Kern* und das Zweitgutachten von *Andreas Flitner* erstattet worden. Da zum Termin des Rigorosums *Kern* wegen Krankheit verhindert war, wurde ich im Dissertationsfach von *Armin Kaufmann* geprüft.

## *IV.*

Während meiner siebenjährigen Tätigkeit am Tübinger Institut für Kriminologie befasste ich mich zunächst mit organisatorischen Aufgaben, insbesondere mit der Mitwirkung am Aufbau der Institutsbibliothek, ferner mit der Vorbereitung von Lehrtexten, Seminarveranstaltungen und studentischen Exkursionen sowie allmählich auch mit dem Entwerfen eigener Texte, die zur Veröffentlichung bestimmt waren. Ferner skizzierte ich in der Aufbruchstimmung jener Jahre erste Überlegungen zu einer größeren Untersuchung, die sich, ähnlich der Publikation *Edmund Mezgers* aus dem Jahr 1934, jetzt allerdings unter veränderten Vorzeichen, den kriminologischen Grundlagen der Kriminalpolitik widmen sollte und möglicherweise als Habilitationsschrift gedacht war. *Kern*, den ich über das Vorhaben unterrichtete und ihm dazu eine Planungsskizze vorlegte, ermutigte mich auch zur Durchführung. Hervorgegangen aus den Bemühungen ist allerdings nur ein längerer Aufsatz „Zur kriminalpolitischen Konzeption der Strafrechtsreform", der 1966 in der ZStW erschienen ist.

Ein in der Juristenzeitung 1962 (S. 193 ff.) veröffentlichter Vortragstext von *Hilde Kaufmann*, in dem sie sich mit Schriften von *Richard Lange* auseinandersetzte, sowie die Diskussion zum Verhältnis von Kriminologie und Strafrecht auf der Saarbrücker Strafrechtslehrertagung 1963 boten mir Anlass, in diesem Streit Stellung zu beziehen. Dazu ist 1964 mein Beitrag unter dem Titel „Moderne Kriminologie und ihre Kritiker“ erschienen. Meine Auseinandersetzung mit den kriminologiekritischen Arbeiten von *Lange* trübte jedoch nur vorübergehend meine Beziehung zu ihm, ohne langfristig das Verhältnis zu beeinträchtigen.

Da ich ohne Zusicherung einer Habilitationsmöglichkeit durch *Göppinger* an das Tübinger Institut gekommen war und es *Göppinger* überdies ablehnte, jemanden als Habilitanden anzunehmen und wissenschaftlich zu betreuen, der über keine eigene Erfahrung im Umgang mit Patienten in psychiatrischen Krankenanstalten verfügte, gestalteten sich meine Entwicklungsmöglichkeiten für lange Zeit schwierig. Erst der Intervention von *Kern* war es wohl zu verdanken, dass *Göppinger* auf mein psychiatrisches Praktikum verzichtete und zögernd der von mir ins Auge gefassten Habilitation zustimmte. Diese sollte sich mit den damals aktuellen Problemen der Verkehrsdelinquenz befassen. Ein kriminologisches Seminar 1966 lieferte dazu reiche Materialien und Anstöße, nicht zuletzt durch die Beiträge der Seminarteilnehmer *Hans-Jürgen Kerner* und *Heinz Schöch*, mit denen ich bis zur Gegenwart wissenschaftlich verbunden bleiben sollte. Den Blick für die Generalprävention, die ich mit der Analyse der Verkehrsdelinquenz zu verknüpfen suchte, schärfte ein Vortrag des Norwegers *Johannes Andenaes* auf dem Kölner Kriminologentag 1967. Das Gespräch mit *Schöch* und die gemeinsame Teilnahme am Goslarer Verkehrsgerichtstag 1967 erweiterten die Perspektive durch Einbeziehung der Strafzumessung.

Im Übrigen befasste ich mich wissenschaftlich mit der Planung und Grundlegung der Tübinger Jungtäteruntersuchung und einer entsprechenden Sonderveranstaltung zur psychotherapeutischen Behandlung von Jungtätern im Gefängnis Rottenburg bei Tübingen sowie mit dem von *Göppinger* geplanten Lehrbuch für Kriminologie. Einzelne Arbeitsschritte jener Zeit habe ich in der Gedächtnisschrift für *Göppinger* (2002) festzuhalten versucht. Ferner veranlasste mich ein Vortrag auf der Gießener Kriminologentagung 1965 zur erneuten Befassung mit der Jugendkriminalität und ihrer Analyse. Außerdem regten mich *Göppingers* arztrechtliche Interessen an, mich mit den neu entstandenen Problemen im Zusammenhang mit der künstlichen Insemination, der Transplantation sowie dem Gehirntod zu befassen und darüber einige Beiträge zu veröffentlichen (1966 und folgende). Durch die Beschäftigung damit flossen auch Fragen der Eugenik ein – als Aufsatz 1969 in der NJW erschienen –, die damals vorerst zögernd und dann allmählich häufiger, vorwiegend vergangenheitskritisch, aufgegriffen wurden. Ausgehend von den Tübinger Ansätzen zur Behandlungsforschung lenkte der etwa zeitgleich veröffentlichte Alternativentwurf zu einem Strafgesetzbuch (1966) mein Interesse auf die allmählich in Gang kommende Strafvollzugsreform, intensiver darüber nachzudenken und das Reformvorhaben durch eigene Beiträge kritisch zu begleiten. Der 80. Geburtstag *Kerns* bot mir Anlass, mich einer Beziehungsanalyse über Gemeinsamkeiten und Unterschiede von Kriminologie und Strafrecht zuzuwenden: Die Untersuchung ist dann 1967 in Goltdammer's Archiv für Strafrecht erschienen. Schließlich war ich Ende der 60er-Jahre mit dem von *Göppinger* initiierten DFG-Schwerpunkt „Empirische Kriminologie" und der Einrichtung des DFG-Sonderforschungsbereiches „Kriminologie" an der Universität Tübingen befasst.

Nach der Habilitation am 29. Januar 1969 bereitete ich mich auf die Lehrveranstaltungen im Sommersemester 1969 und ferner meine Habilitationsschrift „Verkehrsdelinquenz und Generalprävention" für die Drucklegung vor (erschienen 1970). Die Durchführung der Lehrveranstaltungen während des Sommersemesters 1969 fiel allerdings wegen der studentischen Protestbewegung in die Zeit wachsender Turbulenzen, und zwar sowohl in Tübingen als auch in Münster, wo ich zum Sommersemester 1969 eine Lehrstuhlvertretung übernommen hatte. Die sich durch die studentischen Unruhen und kräftezehrende Umorganisation der Universitäten mitunter ergebenden Frustrationserlebnisse mögen mir den Entschluss erleichtert haben, 1970 schweren Herzens die Rufe auf die Kriminologischen Lehrstühle an den Universitäten Bonn und Münster abzulehnen und dem Ruf der Max-Planck-Gesellschaft zu folgen, um als wissenschaftliches Mitglied am Freiburger Institut für ausländisches und internationales Strafrecht auf dem Gebiet der Kriminologie zu wirken. Eine solche Möglichkeit hatte sich zwar bereits im Jahr 1969 abgezeichnet. Sie erschien mir aber jetzt als besonders attraktive Chance, mich vor allem der langfristig angelegten kriminologischen Forschung zuzuwenden.

## *V.*

Nach der Berufung durch den Präsidenten der Max-Planck-Gesellschaft nahm ich am 1. Juli 1970 meine Tätigkeit am Freiburger MPI auf, um mich hier im Verbund mit der Strafrechtswissenschaft dem Aufbau einer kriminologischen Forschungsgruppe zu widmen[1].

Wie die Vorgeschichte der Freiburger Kriminologischen Forschungsgruppe zeigt, haben die Gründung schwere Geburtswehen begleitet. Kritiker und

1 Vgl. die Antrittsrede: Probleme, Aufgaben und Strategie kriminologischer Forschung heute, ZStW 83 (1971), 881 ff.

Zweifler an der Konzeption „Kriminologie und Strafrecht unter einem Dach“ fanden sich sowohl auf Seiten der Sozialwissenschaftler und Praktiker als auch in den Reihen der Kriminologen selbst. Zwar sind die Vorbehalte und Einwände, denen die Kriminologie als Forschungszweig am Freiburger MPI ausgesetzt war, nicht verstummt, haben aber seither nicht mehr an Boden zu gewinnen vermocht. Dass wir heute auf mehr als drei Jahrzehnte kriminologischer Forschungstätigkeit am Freiburger Max-Planck-Institut zurückblicken können, ist schließlich der Initiative *Jeschecks* zu verdanken. Dieser hatte es Ende Februar 1969 im Rahmen der Jahressitzung des Institutskuratoriums verstanden, die Mitglieder für seine Pläne zu gewinnen und das Max-Planck-Institut für ausländisches und internationales Strafrecht um eine kriminologische Dimension zu erweitern[2]. Zur Begründung hatte *Jescheck* darauf hingewiesen, dass es – abgesehen von der Förderung der Kriminologie als solcher und um ihrer selbst willen – auch der Pflege der Kriminologie als Ergänzung der Strafrechtswissenschaft bedürfe.

Denjenigen, die eine Abwanderung der Kriminologie aus dem universitären Bereich an das Max-Planck-Institut als negativ ansahen, hielt *Jescheck* entgegen, dass es durch das zu erwartende Massenproblem an den Universitäten ohnehin zweifelhaft sei, ob die Kriminologie dort wirklich großzügig, wirkungsvoll und dauerhaft gefördert werden könne – eine Vorhersage, die sich im Übrigen in vollem Umfang bewahrheiten sollte. Der Aufnahme kriminologischer Forschungstätigkeit am MPI ging die Erarbeitung der Ziele und Kriterien voraus, die auch heute noch im Wesentlichen die empirischen Forschungsvorhaben bestimmen[3]. Zunächst und vor allem sollte es um die Erforschung des breiten Spektrums von Verbrechen und Verbrechenskontrolle gehen. Bestimmt wurde diese Zielsetzung vom weltweiten Erkenntniswandel in den späten 60er-Jahren und seiner Blickschärfung für die Mechanismen und Prozesse der strafrechtlichen Sozialkontrolle[4]. Dabei wurde die beabsichtigte Vorgehensweise auf einen multidisziplinären Ansatz gestützt. Vorausgesetzt

---

2 Nachw. bei *Kaiser*, Kriminologie im Verbund gesamter Strafrechtswissenschaft am Beispiel kriminologischer Forschung am Max-Planck-Institut in Freiburg, in: Theo Vogler (Hrsg.), FS für Hans-Heinrich Jescheck zum 70. Geburtstag, Berlin 1985, 2. Halbband, 1035 (1037).

3 Dazu *Kaiser*, Kriminologie am Freiburger Max-Planck-Institut. Entwicklung, Bilanz und Ausblick, in: Heinz Müller-Dietz (Hrsg.), Dreißig Jahre Südwestdeutsche und Schweizerische Kriminologische Kolloquien, Freiburg i. Br. 1994, 17 ff. (21) m.N.; ferner *Hans-Jörg Albrecht*, Kriminologische Forschung: Erwartungen an die Zukunft, in: Albin Eser (Hrsg.), Kriminologische Forschung im Übergang, Freiburg i. Br. 1997, 49 ff. (76), jew. m.N.

4 Dazu *Kaiser*, Strategien und Prozesse strafrechtlicher Sozialkontrolle. Legitimation, Wirklichkeit und Alternativen, Frankfurt a.M. 1972.

wurde im Rahmen der einzelnen Forschungsprojekte eine Teamarbeit der beteiligten Wissenschaftler. Für die Konkretisierung des Forschungsprogramms erwiesen sich unter den Rahmenbedingungen vier Gesichtspunkte als leitend, nämlich der internationale, nationale und institutionelle Bezug sowie die forschungsökonomischen Möglichkeiten.

Anfangs nahm die kriminologische Tätigkeit das gesamte System der Kriminaljustiz in den Blick. So lässt sich die Forschungsarbeit der ersten zwölf Jahre, also in der Zeit gemeinsamer Leitung mit *Jescheck*, im Wesentlichen in fünf größere Komplexe unterteilen, nämlich in Betriebsjustiz, Staat und Polizei, Geldstrafen und Strafvollzug, Wirtschaftskriminalität sowie Dunkelfeld- und Opferbefragung. In den folgenden Jahrzehnten traten demgegenüber Themen in den Vordergrund, deren Dimensionen in den ersten Jahren nur vage zu erkennen waren. Neben der bedeutsamen Einbeziehung des Verbrechensopfers in die kriminologische Forschung gelten heute Problemfelder der Diversion, Mediation, Kriminalprävention, der Gewalt im sozialen Nahraum sowie Fragestellungen der historischen Kriminologie als vorrangige Schwerpunkte kriminologischen Forschens. Einen weiteren Impuls hatte die kriminologische Forschung am MPI durch den Eintritt *Albin Esers* in das Institut als Direktor und Leiter der strafrechtlichen Forschungsgruppe mit einem eigenen Forschungsprogramm zum Schwangerschaftsabbruch, zum Umweltstrafrecht sowie zum Verbrechensopfer erfahren.

Eine stattliche Anzahl der Mitarbeiter und Nachwuchskräfte hat sich aufgrund ihrer kriminologischen Forschungsarbeit qualifiziert. Hervorzuheben sind die Habilitationen von *Josef Kürzinger* (1978), *Klaus Sessar* (1981), *Helmut Kury* (1986), *Frieder Dünkel* (1989), *Hans-Jörg Albrecht* (1994) sowie *Hans Hoch* (1994), außerdem rund 70 Dissertationen, die überwiegend in den Institutsreihen veröffentlicht worden sind. Dabei sind die Dissertationen von *Wiebke Steffen* (1976), *Frieder Dünkel* (1980), *Hans-Jörg Albrecht* (1982), *Volker Meinberg* (1985), *Michael Kilchling* (1996) und *Jörg Kinzig* (1996) hervorzuheben. Außerdem verdienen die „Stuttgarter Opferbefragung“ von *Egon Stephan* (1976) und die Längsschnittstudie von *Rüdiger Ortmann* über die Resozialisierung im Strafvollzug (1987) besondere Beachtung.

Auch wenn man die Gefahren etwaiger Schönfärberei und Verzerrung nicht verkennt, die darin bestehen, die eigene Arbeit nicht nur zu rechtfertigen, sondern auch in „helleren Farben“ darzustellen, als sie der Wirklichkeit entspricht, wird man mit gutem Grund zu dem Schluss gelangen, dass sich die Institutionalisierung der Kriminologie am Freiburger Max-Planck-Institut als sinnvoll und fruchtbar erwiesen hat und dass das Institut zu einer Art Anlaufstelle von kriminologisch interessierten Strafrechtlern und Nachwuchswissenschaftlern aus vielen Teilen der Welt geworden ist. Dabei geht der Reiz freilich nicht allein von der hier geleisteten empirischen Forschung aus; die Anziehungspunkte reichen darüber hinaus von dem sich an diesem Ort öffnenden Tor zur Gemeinschaft der Wissenschaftler in Deutschland über die Begegnung mit ausländischen Gastwissenschaftlern und der Nutzung der Bibliotheksressourcen bis hin zur internationalen Community. So gesehen erscheint es absurd, den Freiburger Ansatz als unzulässig verengt zu verdächtigen und hieran angelehnt geradezu eine Sonderwegdebatte loszutreten. Die Verbindung von eigener Primär- und Sekundärforschung, internationalen Perspektiven, der Verfügbarkeit einer international dimensionierten Fachbibliothek sowie dem ständigen Austausch mit ausländischen Fachkollegen machen die eigentliche Attraktivität aus. Das Fachgespräch bleibt aber nicht bei der Erlangung oder Vermittlung von Bücherwissen stehen, sondern wird unterfüttert und angereichert durch die eigene Forschungspraxis. Daher gibt es keine Alternative zu dem metaphorischen Postulat „Kriminologie und Strafrecht unter einem Dach“[5].

## *VI.*

Nachdem ich 1971 von der Freiburger Rechtswissenschaftlichen Fakultät zum Honorarprofessor für Kriminologie und Strafrecht ernannt worden war und auch 1973 weder dem Ruf auf den kriminologischen Lehrstuhl an der Freien Universität Berlin noch auf jenen der Universität Würzburg folgte, bin ich in demselben Jahr auf Antrag *Jeschecks* zum Mitdirektor des MPI ernannt worden. Allerdings sollte sich die schwache korporationsrechtliche Stellung an der Rechtswissenschaftlichen Fakultät der Universität Freiburg für lange Zeit im Hinblick auf die Annahme, Beurteilung und Prüfung von Doktoranden als Handicap erweisen und mit erheblichen Schwierigkeiten und Enttäuschungen verbunden sein. Nur dem Entgegenkommen einiger Kollegen war es zu verdanken, dass die Widrigkeiten und Hindernisse überwunden werden konnten. Hingegen habe ich mich während der Zeit meines persönlichen Extraordinariats an der Rechtswissenschaftlichen Fakultät Zürich seit Anfang der 1980er Jahre dank der dortigen Unterstützung stets wohl aufgenommen gefühlt, so dass ich meine Lehr- und Forschungsaufgaben ungetrübt wahrnehmen konnte.

Meine kriminologischen Vorstellungen suchte ich in den Lehrveranstaltungen an den Universitäten Freiburg, Zürich und Basel – wo mir *Günter Stratenwerth*

5 Dazu *Kaiser*, „Strafrecht und Kriminologie unter einem Dach“ aus der Perspektive des Kriminologen, in: Ulrich Sieber und Hans-Jörg Albrecht (Hrsg.), Strafrecht und Kriminologie unter einem Dach, Berlin 2006, 66 ff. m.w.N.

in den 1970er-Jahren einen Lehrauftrag ermöglicht hatte – zu entwickeln. Daraus entstand zunächst ein Grundriss zur Systematisierung der Kriminologie (Erstauflage: 1971, 10. Aufl.: 1997), aus dem im Laufe von zwei Jahrzehnten mein kriminologisches Lehrbuch hervorgegangen ist (3. Aufl. 1996, 1256 Seiten). Außerdem führten kollegiale Verbindungen mit *Hans-Jürgen Kerner*, *Fritz Sack* und *Hartmut Schellhoss* sowie gemeinsame wissenschaftliche Interessen zur Herausgabe des „Kleinen Kriminologischen Wörterbuchs" (Erstauflage: 1974, 3. Aufl.: 1993), des weiteren zur Veröffentlichung eines Lehrbuchs zum Strafvollzug, gemeinsam mit *Hans-Heinrich Eidt*, *Hans-Jürgen Kerner* und *Heinz Schöch* (Erstauflage: 1974, 5. Aufl.: 2002; als Studienbuch 5. Aufl.: 2003) sowie zu einer Untersuchung „Zum Strafvollzug im europäischen Vergleich" (1983). Hauptsächlich zur Examensvorbereitung für Studierende habe ich gemeinsam mit *Heinz Schöch* den Juristischen Studienkurs „Kriminologie, Jugendstrafrecht, Strafvollzug" veröffentlicht (Erstauflage: 1979, 6. Aufl.: 2006).

Bei alldem wurde meine wissenschaftliche Arbeit stark durch die internationalen Kontakte mit Gastwissenschaftlern aus Osteuropa, Griechenland, Spanien, der Türkei und Ostasien (China, Japan und Korea) beeinflusst, verstärkt durch die Betreuung von Doktoranden aus jenen Gebieten, ferner ergänzt durch Vortragsreisen, die mich in die Türkei, ferner nach Ägypten und in den Nahen Osten sowie bis nach Brasilien, Mexiko, Australien und Neuseeland führen sollten. Dieser vielfältigen Zusammenarbeit mit ausländischen Wissenschaftlern sind die Ehrenpromotionen in Wrocław (Breslau) und Miskolc 1990, San Sebastian und Athen 1996 und in Tokio 1999 zu verdanken.

Von 1989 bis 1998 hatte ich Gelegenheit, als einziges deutsches Mitglied im Ausschuss zur Verhinderung von Folter und unmenschlicher oder erniedrigender Behandlung oder Strafe des Europarates (sog. Antifolterausschuss) mitzuarbeiten. Diese Tätigkeit nahm mich stark in Anspruch. Sie entsprach aber auf praktischem Gebiet meinen wissenschaftlichen Interessen an menschenrechtlichen Fragen und an vergleichender Vollzugsforschung. Bei der Achtung der Menschenrechte im Strafvollzug handelt es sich um einen überaus sensiblen Bereich, in dem Mittelknappheit, berufliche Abstumpfung, in manchen Fällen auch Willkür gegenüber Gefangenen oder gar Folter zu unmenschlicher oder erniedrigender Behandlung führen können. Die Tätigkeit im Antifolterausschuss des Europarates war mit beschwerlichen Inspektionsreisen in viele europäische Länder verbunden, manchmal auch am Wochenende und in der Nacht. In zwei Berichten habe ich meine Erfahrungen in diesem Komitee veröffentlicht[6], und von diesem Geist ist auch das 2002 in 5. Auflage erschienene Lehr- und Handbuch zum Strafvollzug geprägt.

Zu meinen Lehrtätigkeiten an den Universitäten Freiburg (seit 1970) und Zürich (seit 1982) kamen weitere Aktivitäten in Beiräten oder Arbeitsgruppen des Europarates (seit 1964) hinzu, ferner beim Bundeskriminalamt, der Kriminologischen Zentralstelle, am Kriminologischen Forschungsinstitut Niedersachsen und schließlich beim Nationalen Drogenrat, der Ethik-Kommission der Medizinischen Fakultät Freiburg sowie beim Ehrengericht der Deutschen Gesellschaft für Psychologie[7].

Ein besonderes Anliegen war für mich die Pflege des wissenschaftlichen Dialoges in einer kriminologischen Fachgesellschaft der deutschsprachigen Länder. Daher habe ich mich bereits während meiner Assistentenzeit für die Vereinigung von täterorientierter Kriminologie und Kriminalsoziologie eingesetzt, die Ende der 60er-Jahre durch die modernen interaktionistischen Theorien und den *labeling approach* mächtigen Auftrieb erhielten. Des weiteren habe ich an den Treffen des „Arbeitskreises junger Kriminologen" teilgenommen, die sich kritisch mit der klassischen ätiologischen Kriminologie auseinandersetzten. Unverständlich blieb mir, dass in Deutschland die verschiedenen Schulen kaum miteinander kommunizierten und dass es darüber hinaus zwei getrennte kriminologische Gesellschaften in Deutschland gab.

Deshalb veranstaltete ich 1975 während meiner ersten Präsidentschaft in der Gesellschaft für die gesamte Kriminologie in Freiburg einen Kongress, bei dem alle Richtungen der modernen Kriminologie und deren Vertreter in die Rahmenthemen Kriminologie und Strafverfahren sowie neuere Ergebnisse der Dunkelfeldforschung einbezogen waren. Mit *Claus Roxin* konnte ich auch einen herausragenden Repräsentanten der gesamten Strafrechtswissenschaften für ein programmatisches Referat gewinnen.

Obwohl die damals von mir eingeleiteten Bemühungen um Vereinigung der beiden Gesellschaften kurz vor dem Abschluss standen, obsiegten letztlich bedauerlicherweise die retardierenden Kräfte. Ich gab die Idee aber nicht auf und nutzte die Gelegenheit, 1988 gemeinsam mit anderen die Gesellschaft für

---

6 *Kaiser,* Die Europäische Antifolterkonvention als Bestandteil internationalen Strafverfahrens- und Strafvollzugsrechts, Vorgeschichte, Ausgangspunkte und Bedeutung, SchwZStr 108 (1991), 213–231; *ders.*, Europäischer Antifolterausschuss und die Vorbeugung kriminellen Machtmissbrauchs, in: Festschrift für Otto Triffterer, 1998, 777–797.

7 Weitere Hinweise finden sich bei *Josef Kürzinger*, Günther Kaiser zum 70. Geburtstag, in: Hans-Jörg Albrecht u.a. (Hrsg.), Internationale Perspektiven in Kriminologie und Strafrecht. Festschrift für Günther Kaiser zum 70. Geburtstag, Berlin 1998, 1. Halbband, 2 ff.

die gesamte Kriminologie und die Deutsche Kriminologische Gesellschaft zusammenzuführen zur „Neuen Kriminologischen Gesellschaft", in der deutsche, österreichische und schweizerische Kriminologen vereint sind. Die rational eigentlich nicht mehr verständliche Abspaltung einer kleinen Gruppe überwiegend nordwestdeutscher Kriminalsoziologen konnte ich zwar nicht verhindern; ich blieb aber auch mit ihnen im wissenschaftlichen Gespräch.

1991 wurde ich erneut Präsident dieser vereinigten Gesellschaft und richtete 1993 eine Tagung in Freiburg aus, an der sich wiederum alle kriminologischen Bezugswissenschaften beteiligten. Es ging um den politisch-gesellschaftlichen Umbruch, die Kriminalität, die Strafrechtspflege und die kriminologische Opferforschung. Mit dieser Tagung begann eine Blüte der Neuen Kriminologischen Gesellschaft, die ihre Mitgliederzahl seither mehr als verdoppelt hat. Deshalb freue ich mich, dass offenbar die Umbenennung in „Kriminologische Gesellschaft (KrimG) – Wissenschaftliche Vereinigung deutscher, österreichischer und schweizerischer Kriminologen" demnächst zustande kommt[8]. Im nichtdeutschen Sprachraum soll der Name „Society of German, Austrian and Swiss Criminologists" geführt werden.

Meine kriminologischen Aktivitäten wurden 2003 durch Verleihung der Beccaria-Medaille in Gold seitens der Neuen Kriminologischen Gesellschaft und 1999 durch die Verleihung des Bundesverdienstkreuzes Erster Klasse gewürdigt.

Ein Gehirnschlag, den ich im Oktober 1993 erlitt, war eine jähe Zäsur, indem er meine körperliche Mobilität und dadurch auch meine wissenschaftliche Aktivität empfindlich beeinträchtigte. Dass ich gleichwohl viele meiner beruflichen Ziele noch verfolgen und auch weitgehend abschließen konnte, verdanke ich neben der Unterstützung durch das Freiburger Max-Planck-Institut vor allem der Kritik und entsagungsvollen Hilfe meiner Ehefrau *Charlotte*, die mir meinen Sohn *Peer-Stephan*, geboren 1961, und meine Tochter *Anna-Bettina*, geboren 1976, schenkte. Sie hat mich nach langer unheilbarer Krankheit allzu früh im Jahre 2002 verlassen; ihren Tod konnte ich bis zum heutigen Tag nicht überwinden.

## *VII.*

Meine wissenschaftlichen Interessen sind in den vergangenen fünf Jahrzehnten trotz unterschiedlicher Gewichtung im Wesentlichen gleich geblieben. Theori-

8 Wenige Wochen nach dem Tod *Günther Kaisers* wurde bei der Innsbrucker Tagung der Gesellschaft am 20.10.2007 die erforderliche Satzungsänderung beschlossen.

enwandel und gesellschaftliche Umbrüche haben sich dabei bestenfalls blickschärfend ausgewirkt. Die Frage nach dem Rand- und Außenseiter stand am Anfang und führte mich zunächst zu kulturanthropologischen und jugendkundlichen Studien, später abgelöst durch Untersuchungen zu Kriminalpolitik und Sozialkontrolle. Diese haben mich zunehmend stärker beschäftigt, insbesondere verbunden mit der Frage nach Verhältnismäßigkeit, Austauschbarkeit und Alternativen der Sanktionsmittel. Dabei habe ich immer die Zusammenarbeit mit Justiz- und Polizeibehörden gesucht und mich um die praktische Relevanz kriminologischer Forschung bemüht. Stellvertretend dafür sei die experimentell angelegte Untersuchung der Wirkungen sozialtherapeutischer Behandlung auf die Rückfallkriminalität schwerer Straftäter in Nordrhein-Westfalen genannt[9].

Erst später war es mir möglich, mich meinen wissenschaftshistorischen Interessen intensiver zuzuwenden. Denn um Deutungsansprüche richtig einzuschätzen, kann der historische Rückblick weiterhelfen. Die Wissenschaftsgeschichte ist ja auch stets ein Weg, um die aktuelle Wissenschaft in den Blick zu bekommen, die Reichweite ihrer Argumente zu bestimmen und ihre etwaigen Einseitigkeiten in übergreifende Perspektiven zu rücken.

Obwohl ich meine, gegenüber theoretischen Fragen der Kriminologie stets die gebotene Offenheit gewahrt zu haben, konnte ich mich letztlich dafür nur schwach erwärmen, was mir dann wohl begründet wiederholt vorgeworfen worden ist. Hier hatten mich offenbar Zurückhaltung und Skepsis gegenüber bloßem „Glasperlenspiel“ sowie das unnachsichtige Insistieren auf die Empirie durch *Göppinger* geprägt. Ich bin immer nachdrücklich dafür eingetreten, dass Theorien und Hypothesen strengen empirischen Widerlegungsversuchen ausgesetzt werden müssen, bevor sie kriminalpolitisch und praktisch verwertet werden. Bei dem Bemühen um die adäquate „Härte der Forschungsmethoden“ war ich mir bewusst, dass der methodenbewusste Kriminologe die Gefahr sehen muss, im Dilemma zwischen Genauigkeit und Bedeutsamkeit immer Exakteres über Belangloseres zu erforschen sowie mit der Schärfung und Vertiefung der Perspektive unvermeidlich deren Einengung einzuhandeln. Deshalb sollte interdisziplinärer Diskurs die Einsicht in die begrenzte disziplinäre Zuständigkeit fördern, damit als Mittel zur Selbstreflexion und Selbstkontrolle der Forschungsmethodik dienen und schließlich für die gebotene Offenheit sorgen.

---

9 *Hans Jörg Albrecht / Rüdiger Ortmann,* Abschlussbericht, Längsschnittstudie zur Evaluation der Wirkung der Sozialtherapie in Nordrhein-Westfalen sowie Ansätze zur Effizienzsteigerung, Freiburg 2000.

Bis jetzt sehe ich noch immer keinen vollständig überzeugenden Lösungsweg für eine interdisziplinäre Theorie der Kriminologie, die sowohl Täter wie Opfer als auch die Sozialkontrolle einbindet. Daher ist es auch bei mir nur bei Ansätzen in Anlehnung an Sozialisations- und Bindungskonzepte geblieben. Die Bindungstheorien legen den Grad der Einbindung des Individuums in die Gesellschaft als Maßstab für die Angepasstheit seines Verhaltens zu Grunde. Am überzeugendsten ist dies in der Kontrolltheorie von *Travis Hirschi*[10] gelungen, weil diese im Zusammenhang mit der rationalen Bindungskomponente die externe Verhaltenskontrolle ausdrücklich bejaht. Zur Entstehung und damit zur Erklärung von Bindung oder Bindungslosigkeit muss allerdings das Sozialisationskonzept herangezogen werden. Soziale Lernprozesse, aber auch individuelle Merkmale und die emotionalen Beziehungen eines Menschen zu seiner Umwelt von Geburt an können erklären, wie Bindungen zustande kommen, wie intensiv sie sind, ferner wie sie aufrechterhalten und gefestigt werden. Theorieelemente der Sozialisation, der Moralentwicklung und externen Sozialkontrolle treffen danach zusammen. Sie betten die deskriptiv begriffenen kriminoresistenten oder kriminovalenten Konstellationen[11] theoretisch ebenso ein, wie sie die vielschichtige Genese der so genannten Integrationsprävention verdeutlichen. Es handelt sich also um eine integrierende Perspektive, die dem sozialpsychologischen Theoriebestand entstammt.

Dennoch gehört es zu den unaufgebbaren Wahrheiten des *labeling approach*, auf Ungleichheiten und dysfunktionale, ja missbräuchliche Handhabung staatlicher Sanktionierung hingewiesen zu haben. Hinter dieser Blickschärfung stehen fundamentale Prinzipien unserer Gesellschaft. Darauf soll und darf nicht verzichtet werden. Jede Strategie zur Intensivierung externer Verhaltenskontrolle wird sich daran messen lassen müssen. Allein in der Kraft zur Erklärung, wie und warum es zu straffälligem Verhalten überhaupt kommt, und in der praktischen Leistungsfähigkeit ist die Theorie von der unterschiedlichen Sozialisation und Sozialkontrolle an Reichweite anderen Konzepten überlegen. Denn sie vermag nicht nur unterschiedliche Kriminalitätsbewegung, Werdegang des Rechtsbrechers, Situation des Rechtsbruchs und soziales Reaktionsverhalten zu erklären, sondern auch die Frage zu beantworten, warum trotz struktureller Unterschiede der Großteil der Menschen überwiegend konform handelt.

Bei alledem habe ich mich stets gern an anderen Auffassungen „gerieben" und mich an ihnen entzündet, so an jenen von *Hans Muchow* und *Helmut Schelsky*

---

10 *Travis Hirschi,* Causes of Delinquency, Berkeley 1969.

11 Dazu *Hans Göppinger,* Kriminologie, 5. Aufl., München 1997, 394 ff.

in der Jugendkunde, an denen *Langes* zur Kriminalpolitik und an den Ansichten *Sacks* zur Kriminologie und Punitivität, insbesondere bei allzu schnellem Wandel der Position. Jedoch habe ich trotz Beharrens auf Differenzen im internationalen Vergleich nie für einen „Sonderweg“ der Kriminologie in Deutschland plädiert, wie mir in der Kritik gelegentlich unterstellt wird (s.o.). Zwar erscheint Forschung zu „Strafrecht und Kriminologie unter einem Dach“ noch immer als ein Experiment, aber doch im Ganzen als ein geglücktes.

Bei der Suche nach der Bilanz und einem treffenden Abschluss der ein halbes Jahrhundert zurückreichenden wissenschaftlichen Bemühungen fällt es mir schwer, dafür eine prägnante Formel zu finden, ohne zugleich anmaßend zu werden. Trotz reicherer Erfahrung und der Verfügbarkeit weit größeren Wissens als in den bescheidenen Anfängen vor 50 Jahren bleibt noch immer vieles ungeklärt, wenn nicht gar rätselhaft. Dies gilt auch dann, wenn ich mir bei aller Selbstkritik nicht vorwerfen muss, wissenschaftlich viel geirrt und falsch angesetzt zu haben.

# *Schriftenverzeichnis (in Auswahl)*

## *1. Selbständiges Schrifttum*

Randalierende Jugend. Eine soziologische und kriminologische Studie über die sogenannten „Halbstarken", 1959.

Verkehrsdelinquenz und Generalprävention, 1970.

Strategien und Prozesse strafrechtlicher Sozialkontrolle. Legitimation, Wirklichkeit und Alternativen, 1972.

Jugendrecht und Jugendkriminalität. Jugendkriminologische Untersuchungen über die Beziehungen zwischen Gesellschaft, Jugendrecht und Jugendkriminalität, 1973.

Empirisch gesicherte Erkenntnisse über Ursachen der Kriminalität. Eine problemorientierte Sekundäranalyse, zusammen mit Bernhard Villmow, 1973.

Tendenzen in der Entwicklung des heutigen Strafrechts, zusammen mit Hartmuth Horstkotte und Werner Sarstedt, 1973.

Stand und Entwicklung der kriminologischen Forschung in Deutschland, 1975.

Gesellschaft, Jugend und Recht. System, Träger und Handlungsstile der Jugendkontrolle, 1977.

Jugendkriminalität. Rechtsbrüche, Rechtsbrecher und Opfersituationen im Jugendalter, 3. Aufl. 1982.

Strafvollzug im europäischen Vergleich, 1983.

Befinden sich die kriminalrechtlichen Maßregeln in der Krise?, 1990.

## *2. Lehrbücher und Fallsammlungen*

Kriminologie. Eine Einführung in die Grundlagen, 1. Aufl. 1971, 10. Aufl. 1997.

Strafvollzug. Ein Lehr- und Handbuch, 1. Aufl. (zusammen mit Heinz Schöch, Hans-Jürgen Kerner und Hans-Heinrich Eidt) 1974, 5. Aufl. (zusammen mit Heinz Schöch) 2002.

Strafvollzug. Eine Einführung in die Grundlagen, 1. Aufl. (zusammen mit Heinz Schöch, Hans-Heinrich Eidt und Hans-Jürgen Kerner) 1974, 5. Aufl. (zusammen mit Heinz Schöch) 2003.

Juristischer Studienkurs „Kriminologie, Jugendstrafrecht, Strafvollzug", zusammen mit Heinz Schöch, 1. Aufl. 1979, 6. Aufl. 2006.

Kriminologie. Ein Lehrbuch, 1. Aufl. 1980, 3. Aufl. 1996.

Einführung und Fälle zum Strafvollzug (zusammen mit Heinz Müller-Dietz und Hans-Jürgen Kerner) 1985.

## 3. *Aufsätze in Zeitschriften und Sammelwerken*

Die Kriminalität der sogenannten Halbstarken, Unsere Jugend 1957, S. 301–309.

Die Vorbelastungen der randalierenden Jugend, Kriminalistik 1959, S. 52–57.

Moderne Kriminologie und ihre Kritiker, in: Mergen, Armand (Hrsg.), Kriminologie – morgen, 1964, S. 63–69.

Künstliche Insemination und Transplantation. Juristische und rechtspolitische Probleme, in: Göppinger, Hans (Hrsg.), Arzt und Recht 1966, S. 58–95.

Die Beziehungen zwischen Kriminologie und Strafrecht, GA 1967, S. 289–315.

Der kriminalpolitische Standort des Alternativ-Entwurfs eines Strafgesetzbuches, Kriminalistik 1967, S. 287–290.

Zum Verhältnis Kriminologie und Kriminalpolitik in der sozialistischen Gesellschaft, in: Festschrift für Hans von Hentig, 1967, S. 211–232.

Eugenik und Kriminalwissenschaft heute. Die Frage nach der strafrechtlichen Zulässigkeit der Unfruchtbarmachung und des Schwangerschaftsabbruchs aus eugenischer Indikation, NJW 1969, S. 538–544.

Juristische Probleme des Todesbegriffs, Der medizinische Sachverständige 1969, S. 97–102.

Die Kriminalität der Gastarbeiter und ihre Erklärung als Kulturkonflikt, Kriminalistik 1969, S. 251–253, S. 308–311, S. 365–369.

Ausgangspunkte, Wandlungen und Streitfragen kriminologischen Denkens, DRiZ 1970, S. 255–260.

Der Einfluss des Jugendrechts auf die Struktur der Jugendkriminalität, Zeitschrift für Pädagogik 1970, S. 334–364.

Entwicklungstendenzen des Strafrechts, in: Festschrift für Reinhart Maurach, 1972, S. 25–39.

Praxis der Strafzumessung und der Sanktion im Verkehrsrecht, Blutalkohol 1972, S. 141–158.

Die Fortentwicklung der Methoden und Mittel des Strafrechts, ZStW 86. Bd. (1974), S. 349–375.

Zur Kriminalität von Randgruppen und Minderheiten, in: Festschrift für Karl Peters, 1974, S. 531–545.

Recent Developments in German Penal Policy, International Journal of Criminology and Penology 1976, pp. 193–206.

Was ist eigentlich kritisch an der „kritischen Kriminologie"?, in: Festschrift für Richard Lange, 1976, S. 521–539.

Kriminologie als angewandte Wissenschaft, in: Festschrift für Hans Schultz, 1977, S. 514–531.

Resozialisierung und Zeitgeist, in: Festschrift für Thomas Würtenberger, 1977, S. 359–372.

Kriminalpolitik ohne kriminologische Grundlage? Die Zukunft des Strafrechts und die Wandlungen des kriminologischen Denkens, in: Gedächtnisschrift für Horst Schröder, 1978, S. 481–503.

Möglichkeiten der Bekämpfung von Bagatellkriminalität in der Bundesrepublik Deutschland, ZStW 90. Bd. (1978), S. 877–904.

Was wissen wir von der Strafe? Zu den Aufgaben, Problemen und Grenzen pönologischer Forschung heute, in: Festschrift für Paul Bockelmann, 1979, S. 923–942.

Rang, Recht und Wirklichkeit des Strafvollzugs in der hundertjährigen Entwicklung der Zeitschrift für die gesamte Strafrechtswissenschaft, ZStW 93. Bd. (1981), S. 222–248.

„Biokriminologie", „Staatskriminologie" und die Grenzen kriminologischer Forschungsfreiheit, in: Festschrift für Heinz Leferenz, 1983, S. 47–68.

Kriminalisierung und Entkriminalisierung in Strafrecht und Kriminalpolitik, in: Festschrift für Ulrich Klug, 1983, S. 579–596.

Kriminologie im Verbund gesamter Strafrechtswissenschaft am Beispiel kriminologischer Forschung am Max-Planck-Institut in Freiburg, in: Festschrift für Hans-Heinrich Jescheck, 1985, S. 1035–1059.

Kriminologie in der Juristenausbildung, in: Festschrift für Rudolf Wassermann, 1985, S. 589–604.

Das Bild der Frau im neueren kriminologischen Schrifttum, ZStW 98. Bd. (1986), S. 658–678.

Kinderdelinquenz ohne Kindheit?, in: Festschrift für Liselotte Pongratz, 1986, S. 41–56.

Religion, Verbrechen und Verbrechenskontrolle, in: Festschrift für Wolf Middendorff, 1986, S. 143–160.

Strafvollzug im internationalen Vergleich, in: Gedächtnisschrift für Hilde Kaufmann, 1986, S. 599–621.

Abolitionismus – Alternative zum Strafrecht? Was lässt der Abolitionismus vom Strafrecht übrig?, in: Festschrift für Karl Lackner, 1987, S. 1027–1046.

Prahlerei, Lug und Trug in kriminologischer Sicht, in: Guggenbühl, Allan und Kunz, Martin (Hrsg.), Prahlerei, Lug und Trug, 1987, S. 70–96.

Gewinnabschöpfung als kriminologisches Problem und kriminalpolitische Aufgabe, in: Festschrift für Herbert Tröndle, 1989, S. 685–704.

„Lebensstil". Entwicklung und kriminologische Bedeutung eines Konzepts, in: Festschrift für Hans Göppinger, 1990, S. 27–40.

Menschenrechte im Straf- und Maßregelvollzug, in: Festschrift für Rudolf Schmitt, 1992, S. 359–386.

Viktimologie, in: Festschrift für Horst Schüler-Springorum, 1993, S. 3–17.

Bekämpfung der Kriminalität – Aufgabe des Staates, Kriminalistik 1994, S. 762–772.

Entwicklung der Kriminalität in Deutschland seit dem Zusammenbruch des realen Sozialismus, ZStW 106. Bd. (1994), S. 469–501.

„Innere Sicherheit" – kein Rechtsbedürfnis der Bevölkerung?, in: Widmungsschrift für Manfred Rehbinder, 1995, S. 31–46.

Ist der Erziehungsgedanke im Jugendstrafrecht wirklich veraltet?, in: Festschrift für Karl Härringer, 1995, S. 9–24.

„Kriminalität der Mächtigen" – Theorie und Wirklichkeit, in: Festschrift für Koichi Miyazawa, 1995, S. 159–175.

Der Europäische Antifolterausschuss und die Vorbeugung kriminellen Machtmissbrauchs, in: Festschrift für Otto Triffterer, 1996, S. 777–797.

Strafen statt Erziehen?, ZRP 1997, S. 451–458.

Ist die Resozialisierung noch ein aktuelles Thema der Strafprozessreform?, in: Festschrift für Theodor Lenckner, 1998, S. 781–800.

Stand und Perspektiven gegenwärtiger Kriminologie in den Vereinigten Staaten und in Großbritannien, ZStW 110. Bd. (1998), S. 674–715.

Folter und Misshandlung in Europa, in: Köhne, Gunnar (Hrsg.), Die Zukunft der Menschenrechte: 50 Jahre UN-Erklärung. Bilanz eines Aufbruchs, 1998, S. 141–161.

Täter-Opfer-Ausgleich als moderne Konfliktlösungsstrategie strafrechtlicher Sozialkontrolle, in: Gedächtnisschrift für Heinz Zipf, 1999, S. 105–121.

Strafvollzug unter totalitärer Herrschaft, in: Festschrift für Heinz Müller-Dietz, 2001, S. 327–347.

Kriminalpolitik in der Zeitenwende. Wandlungen der Kriminalpolitik seit der großen Strafrechtsreform, in: Festschrift für Claus Roxin, 2001, S. 989–1000.

Von der Kriminalberichterstattung zur Kriminalität als Medienrealität, in: Festschrift für Günter Herrmann, 2002, S. 49–71.

Jugend unter sozialer Kontrolle. Probleme, Entwicklungen und Modelle in historisch und international vergleichender Betrachtung, in: Festschrift für Tsukasu Sato, 2002, S. 588–606.

Folter, Misshandlung und krimineller Machtmissbrauch heute, Kriminologisches Journal 2003, S. 243–259.

Moderne und postmoderne Kriminalpolitik als Probleme des Strukturvergleichs, in: Festschrift für Albin Eser, 2005, S. 1357–1374.

Menschenrechte im europäischen Strafvollzug – Gewährleistung oder Gefährdung durch Staat, Gesellschaft und Staatengemeinschaft?, in: Festschrift für Jürgen Meyer, 2006, S. 133–157.

Postmoderne Kriminologie oder Kriminologie in der Postmoderne?, in: Festschrift für Andrzeja Gaberle, 2007, S. 429–446.

Moderne und postmoderne Kriminalpolitik als Probleme des Strukturvergleichs, Criminology: Yesterday, Today, Tomorrow 2007, S. 11–32.

Brennpunkte der Wirtschaftskriminologie, in: Festschrift für Klaus Tiedemann, 2008, S. 1583–1598.

Diethelm Kienapfel

# Diethelm Kienapfel

*Uxori carissimae*

## *Jugend und Ausbildung in Deutschland*

Die Stadt, in der ich am 23. Juni 1935 geboren wurde, heißt heute Mamonovo und liegt in der Enklave Kaliningrad. Heiligenbeil war einst eine idyllische ostpreußische Kleinstadt, nur wenige Kilometer vom Frischen Haff entfernt. Im Sommer fuhren die Eltern mit meinem neun Jahre älteren Bruder und mit mir an den nahen Strand oder nach Cranz an die Kurische Nehrung. 1939 entschlossen sie sich, Ostpreußen zu verlassen und „ins Reich", wie man seinerzeit sagte, zu ziehen. Mein Vater, den die Nähe zu Berlin reizte, trat in Frankfurt / Oder eine Stellung als Regierungs- und Schulrat an. Da unsere Wohnung auf der östlichen Seite der Oder gelegen war, der damaligen Dammvorstadt, dem heutigen Slubice, bedeutete dieser Schritt 1945 den unersetzlichen Verlust der neu gewonnenen Heimat und aller Habe.

Die Familie meines Vaters besitzt thüringische, baltische, hugenottische und holländische Wurzeln. Meine Mutter stammt von Salzburger Exulanten ab, die auf Grund des Emigrationspatents des Salzburger Erzbischofs *Firmian* vom 31. Oktober 1731 aus Glaubensgründen ihre Heimat verlassen mussten und vom Preußenkönig *Friedrich Wilhelm I.* in den Kreisen Stallupönen, Pillkallen, Ragnit sowie in der Gegend von Goldap zur litauischen Grenze hin angesiedelt worden waren. Großvater *Ernst Niederstraßer*, dessen typisch österreichischer Name sowohl in der Liste der 16.313 nach Ostpreußen ausgewanderten Exulanten als auch in den Matrikeln von Altenmarkt und anderen Gemeinden des damaligen „Gerichts Radstadt" relativ häufig aufscheint, ist mir mit seinem altösterreichischen Habitus noch gut erinnerlich.

Ostpreußen war ein Land der Bauern und Handwerker. Die überwiegend ländliche Bevölkerung lebte einfach und anspruchslos. Hof, Acker und der Hände Fleiß sicherten das tägliche Brot. Da Ostpreußen reich an Wäldern und Seen war, gab es stets genügend Wild und Fische, Pilze und Beeren. Armut fühlte man nicht – wie *Ernst Wiechert* schreibt –, weil man Reichtum weder kannte noch begehrte. Bares Geld war aber stets knapp. Die Verwandten konnten sich mitunter nicht einmal die Wagenschmiere für den Leiterwagen leisten, und ihr Hochzeitsgeschenk für die Eltern, als diese 1920 in Osterode heirateten, bestand aus einer Fuhre selbstgeschlagenen Holzes, ausreichend, um es beim Schreiner gegen ein Schlafzimmer aus Birke einzutauschen.

Mit leiser Wehmut denke ich an die Sommerferien im Juli 1944 zurück. Es war das letzte Mal, dass ich in den Ruinen der alten Ordensburg in Balga herumkletterte, kleine Bernsteinstücke aus dem hellen Sand und dem klaren Wasser des Haffs klaubte, dem Rauschen der sich im steten Winde wiegenden Kieferkronen und der Melodie der heranbrandenden Wellen lauschte. Wenige Monate später begann längs der östlichen Grenze Ostpreußens auf breiter Front ein massiver Vorstoß der sowjetischen Truppen. Als diesen im Januar 1945 bei Elbing der Durchbruch zur Ostseeküste gelang, war den Flüchtlingstrecks der Landweg gen Westen versperrt. Heiligenbeil und Balga wurden zum Zentrum einer wochenlang erbittert geführten und für beide Seiten äußerst verlustreichen Kesselschlacht. Das Halten dieses Verteidigungsrings ermöglichte Zehntausenden das Entkommen über das zugefrorene Haff und den Seeweg. Noch am 8. Mai 1945, dem Tag der Kapitulation, wurden zum letzten Mal Flüchtlinge und Soldaten vor der Halbinsel Hela von sieben Zerstörern und fünf Torpedobooten aufgenommen. Mit an Bord des Zerstörers Z 25 befand sich *Rudolf Strasser*, der zweiundzwanzig Jahre später als Vizerektor der neu gegründeten Hochschule in Linz für meine Berufung mitverantwortlich war.

In Frankfurt / Oder war ich 1941 mit fünf Jahren eingeschult worden. Es folgten Jahre unbeschwerter Kindheit, bis im eisigen Winter 1944 die Front rasch näher rückte, so dass die Lage immer bedrohlicher wurde. Lange Panzerkolonnen mit meist blutjungen Soldaten wälzten sich im Januar 1945 über die Oderbrücke Richtung Osten. Frankfurt wurde am 27. Januar 1945 zur Festung erklärt, und es dauerte nicht mehr lange, bis Kampfes- und Schlachtenlärm zu uns drang.

Am 6. Februar 1945 war es soweit. Am Stadtrand wurde bereits geschossen. In aller Herrgottsfrühe eilte meine Mutter mit mir über die noch unzerstörte Oderbrücke zum Bahnhof. Im Handgepäck nur das Nötigste. Noch fuhren Züge nach Berlin. Dort hatten wir beim Umsteigen das Glück, dass wir in keinen Luftangriff gerieten. Die Bahnsteige waren berstend voll von Flüchtlingen, Ausgebombten, Soldaten und Verwundeten. Menschentrauben schoben, drängten und quetschten sich in den wartenden Zug, der uns in den Süden bringen sollte. Der damals Neunjährige war unter den Abgedrängten, Draußengebliebenen. Einige versuchten, durch die Abteilfenster in den überfüllten Zug zu klettern. Meine Mutter hatte es geschafft, ins Zuginnere zu gelangen, stand aber eingekeilt von den Nachdrängenden im Gang und rief und schrie nach mir. In diesem Gewühle und Geschiebe besaß ich einen Schutzengel.

Jemand hatte Erbarmen und hob mich durch ein offenes Fenster in den Zug. Die nächtliche Fahrt wurde mehrfach unterbrochen, es gab Umleitungen und längere Stehphasen. In der Ferne brannte ein größerer Ort. Das Glück war noch ein zweites Mal auf unserer Seite. Denn wir passierten Dresden eine Woche vor jenem verhängnisvollen Luftangriff des 13. Februar, der die Stadt in Schutt und Asche legen sollte.

Den Eltern gelang es, mich Ende Februar in einem Kinderlandverschickungslager in Steinach / Brenner unterzubringen. Bei Bombenalarm suchte unsere Gruppe zusammen mit anderen, großenteils aus Innsbruck evakuierten Schülern in einem sicheren Bergstollen Schutz. Dreißig Jahre später stellte sich heraus, dass in jenen Kriegswochen dort auch *Winfried Platzgummer*, nunmehr Strafrechtsprofessor in Wien, und *Richard Holzhammer*, seit 1967 Professor für Zivilprozessrecht in Linz, nicht nur geschätzter Kollege, sondern auch Freund und später Ratgeber in heiklen Fragen, Zuflucht gesucht hatten. *Richard* sollte 1969 bei der Hochzeit mit *Elgin Kaldrack* mein Trauzeuge werden.

Nach einer von Kriegs- und Nachkriegswirren geprägten Odyssee verschlug es meine Mutter und mich im Spätherbst 1945 in ein mit Flüchtlingen und anderen Gestrandeten überfülltes Barackenlager in Lauenburg / Elbe. Später erhielten wir unter dem Titel der Familienzusammenführung eine Zuzugsgenehmigung ins Ruhrgebiet und übersiedelten Ende 1946 nach Kettwig / Ruhr in ein möbliertes Zimmer, das mein Vater ursprünglich für sich als vorübergehende berufliche Bleibe gemietet hatte. Kettwig – heute der südlichste Stadtteil von Essen – liegt an einem Ruhrstausee und war damals eine vom Krieg weitgehend verschont gebliebene, in sich ruhende, fast ein wenig verträumt wirkende Kleinstadt. Dort besuchte ich von 1947 bis 1953 das Neusprachliche Gymnasium. Der provisorischen Schulleiterin *Ursula Bredlau* danke ich die Chance und die Möglichkeit, zwei Klassen zu überspringen, so dass ich mit siebzehn Jahren das Abitur machte und fortan bei allem, was ich unternahm, fast immer der Jüngste war.

Ab dem 15. Lebensjahr verbrachte ich nahezu jeden Nachmittag auf dem Tennisplatz, reiste zu Clubturnieren und Jugendmeisterschaften. Ich liebäugelte sogar damit, Tennislehrer zu werden. Später waren unter meinen Assistenten und Doktoranden auch einige sehr ambitionierte Sportler. Spitzensportler sind es gewohnt, von sich das Maximum zu fordern. Ich habe mit ihnen meist gute Erfahrungen gemacht, zeichneten sie sich doch in der Regel durch die Bereitschaft aus, Herausforderungen anzunehmen, sowie durch Zielstrebigkeit, gute Selbstorganisation und Durchhaltevermögen, Eigenschaften, die auch einem Wissenschaftler gewiss nicht schlecht anstehen.

Von meinen Gymnasiallehrern sind mir jene besonders in Erinnerung geblieben, die zu motivieren verstanden und zugleich forderten. In der Rückschau hat mir Latein nicht nur Spaß gemacht, sondern auch manches gebracht, wird doch analytisches Vorgehen sowie die Fähigkeit, den Kern eines Gedankens zu erfassen, ebenso geschult wie der kreative und differenzierte Ausdruck. Weitere Lieblingsfächer waren Deutsch, Fremdsprachen, Geschichte, Musik und Kunsterziehung. Mit Nachhilfestunden in Latein und Englisch verdiente ich das erste eigene Geld.

Mich nach dem Abitur auf ein bestimmtes Studium festzulegen, fiel mir schwer. Meine Interessen galten vielen Gebieten, vor allem den modernen Sprachen, ebenso der Medizin, der Psychologie und der Kunst. Den Ausschlag für die Rechtswissenschaften gaben weniger die damals noch guten beruflichen Perspektiven für Juristen, verlockend erschien vielmehr die außerordentliche Vielfalt der potenziellen juristischen Tätigkeitsfelder, aber noch mehr der Umstand, dass sich bei dieser Studienwahl die konkrete Berufsentscheidung noch lange hinausschieben ließ.

Ich inskribierte Rechtswissenschaften zunächst an der Universität Köln, ohne dass schon im ersten Semester der zündende Funke übersprang. Das änderte sich mit dem Wechsel nach Freiburg im Breisgau zum Wintersemester 1953/1954. Die Freiburger Rechts- und Staatswissenschaftliche Fakultät war mit Koryphäen wie *Fritz Pringsheim*, *Erik Wolf* und *Constantin von Dietze* glänzend besetzt. *Gustav Boehmer*, ein drahtiger, weißhaariger Anfangssiebziger mit scharfer Hakennase und funkelnden blauen Augen, der im Sommer in kurzen weißen Hosen, weißem Hemd und stets mit bunter Fliege an das Stehpult zu treten pflegte, begeisterte uns Jurastudenten mit seinem ebenso temperamentvollen wie witzigen Vortrag und zog auch viele Hörer anderer Fakultäten an.

Von den jüngeren Professoren erlebte ich vor allem *Ernst von Caemmerer* und *Hans-Heinrich Jescheck* als fesselnde Vortragende. Die Vorlesungen *Jeschecks* bestachen durch Systematik, Prägnanz und Anschaulichkeit und animierten zum Mit- und Weiterdenken. Er verstand es wie kein anderer, Strafrechtsdogmatik mit Praxisnähe zu verknüpfen und das Strafrecht in stringenter Gedankenführung sowie mit besonderem didaktischem Geschick vorzutragen. Erst viel später ist mir bewusst geworden, wie sehr mich seine charismatische Persönlichkeit, sein wissenschaftliches Credo und sein didaktisches Darstellungsvermögen geprägt haben.

In den Semesterferien war ich regelmäßig als Werkstudent tätig. Dankbar erinnere ich mich an die unvoreingenommene Kameradschaft, die mir als

Kumpel im Oberhausener Hüttenwerk und als sogenannter „Handlanger“ beim Bau eines Schwimmbads in Liestal / Kanton Basel Landschaft entgegengebracht wurde. Die mein karges Studentenbudget strapazierenden Studiengebühren – in Österreich bis heute umstritten – gab es in deutschen Landen mit Ausnahme von Hessen schon damals.

Am Ende des achten Semesters meldete ich mich zur Ersten juristischen Staatsprüfung und erzielte im Sommer 1957 ein Ergebnis, das mir den Weg zur Promotion eröffnete. Ich entschied mich für ein strafrechtsdogmatisches Thema und promovierte 1960. Die beiden Gutachter waren *Thomas Würtenberger* und *Hans-Heinrich Jescheck*. Meine Dissertation wurde in der JZ 1962 von *Hans Jürgen Bruns*, einem engagierten Vertreter der von mir abgelehnten herrschenden Auffassung, einer ebenso gründlichen wie kritischen Rezension unterzogen. Zufall? Oder einfach nur Glück? Denn es war *Hans Jürgen Bruns*, der mich fünf Jahre später seinem ehemaligen Erlanger Fakultätskollegen *Ludwig Fröhler*, der inzwischen zum Gründungsrektor der Hochschule für Sozial- und Wirtschaftswissenschaften in Linz bestellt worden war, für die neu geschaffene strafrechtliche Lehrkanzel empfohlen hat.

Doch bis dahin sollten noch Jahre vergehen. Denn nach dem Referendarexamen hatte ich zunächst eine Art „Auszeit“ genommen, nicht nur um den Prüfungsstress abzuschütteln, sondern auch um andere Interessen und Perspektiven außerhalb der klassischen Juristenberufe auszutesten. Ich hörte in Freiburg wirtschaftswissenschaftliche und psychologische Vorlesungen und inskribierte für einige Semester Anglistik, Amerikanistik und Romanistik. Eine Zeit lang erwog ich ernsthaft den Eintritt in den diplomatischen Dienst. Die Neigung zur Jurisprudenz gewann jedoch Oberhand. So war ich zunächst kurzfristig als Korrekturassistent für Zivil- und Strafrecht tätig. Ab 1958 übertrug mir die Rechts- und Staatswissenschaftliche Fakultät die Leitung von Arbeitsgemeinschaften für Studienanfänger im Strafrecht. Im Sommersemester desselben Jahres wurde ich für einige Monate zum „Verwalter einer wissenschaftlichen Assistentenstelle“ am Institut für Kriminologie und Strafvollzugskunde bestellt.

Beruflich noch gänzlich offen und ohne Juristenvorbild in der Familie wusste ich lange nicht, wohin mich mein Weg führen würde. Aber eines wusste ich gewiss, ich wollte noch so lange wie möglich im sonnenverwöhnten südbadischen Dreiländereck und vor allem in Freiburg bleiben. Ich konnte mir nicht vorstellen, Freiburg zu verlassen mit seinen vielen „Bächle“, seinem samstäglichen Wochenmarkt auf dem Münsterplatz, auf dem sich damals wie heute mit den zahlreichen Marktbesuchern und Touristen auch viele Studenten einfinden. Hier herrscht noch immer eine ganz eigene Atmosphäre. Man trifft sich, hält ein Schwätzchen, wandelt zwischen den Obst- und Gemüseständen, verzehrt genüsslich eine „Rote mit oder ohne“ (Zwiebel). In der Mitte des Platzes das weltberühmte Münster mit seinem durchbrochenen, lichtdurchfluteten gotischen Turmhelm, der, wie es heißt, zu den „schönsten der Christenheit“ zählt.

Dass es mir gelang, meine Begeisterung für das Strafrecht und die Strafrechtsdogmatik auf die Studierenden zu übertragen, wurde zu einem meinen weiteren Lebensweg bestimmenden Schlüsselerlebnis. Denn erstmals konnte ich mir nicht nur eine Tätigkeit in der Wirtschaft, als Diplomat, Richter oder Verwaltungsbeamter, sondern – wenngleich noch als vages Fernziel – sogar eine wissenschaftliche Laufbahn vorstellen. Das Ablegen der Zweiten juristischen Staatsprüfung war nach der Freiburger Habilitationsordnung zwar kein zwingendes Erfordernis, wurde aber „für den Regelfall“ vorausgesetzt und erschien auch sonst ratsam, um im Falle des Scheiterns andere Möglichkeiten offen zu halten. So trat ich im Herbst 1958 als Gerichtreferendar in den damals noch dreieinhalb Jahre dauernden Vorbereitungsdienst ein, den ich in Freiburg, Tübingen und Berlin ableistete. Die dabei gewonnene Praxiserfahrung kam mir später sehr zugute.

In diese Zeit fällt auch meine erste Ehe. Ich hatte *Rosemarie Wechselberger* beim Studium kennengelernt. An die Gründung einer Familie war angesichts meines kargen Referendargehalts – damals Unterhaltszuschuss genannt – nicht zu denken. Wir heirateten daher erst, als sie 1961 in Freiburg eine feste Anstellung als Redakteurin gefunden hatte. 1963 wurde *Christiane* geboren, 1965 kam *Jörn* zur Welt.

Im Herbst 1962 bestand ich beim Landesjustizprüfungsamt in Stuttgart das „Große juristische Staatsexamen“. Trotz eines Habilitationsangebots im Verwaltungsrecht – auf diesem Gebiet hatte ich 1962 und 1963 meine beiden ersten wissenschaftlichen Aufsätze publiziert – und eines weiteren im Staatsrecht unternahm ich noch einen letzten Versuch, aus den traditionellen Gleisen üblicher Juristenlaufbahnen auszubrechen. Unmittelbarer Anlass war ein Inserat von Procter & Gamble in der Frankfurter Allgemeinen, in dem Spitzenkandidaten jeglicher Fachrichtungen für eine internationale Karriere als Produktmanager gesucht wurden. Die definitive Offerte lehnte ich jedoch ab, da mir eine solche Karriere und die Aussicht auf hohen Verdienst angesichts der damit verbundenen Einbußen an Freiheit und Selbstbestimmung nicht als wirklich erstrebenswertes Lebensziel erschienen, während eine wissenschaftliche Laufbahn in jener Zeit neu geschaffener Lehrstühle bei entsprechendem Einsatz und dem dazu nötigen Glück vielfältige Entfaltungs- und Gestaltungsmöglichkeiten verhieß.

Inzwischen hatte mir auch mein verehrter Lehrer *Thomas Würtenberger* angeboten, mich auf der Grundlage eines ab 1963 gewährten Habilitandenstipendiums der Deutschen Forschungsgemeinschaft im Strafrecht zu habilitieren. Dieses Angebot war ebenso generös wie verlockend, konnte ich mich doch sogleich meinem Thema widmen und ganz auf die wissenschaftliche Arbeit konzentrieren. Außerdem blieb mir auf diese Weise die übliche „Ochsentour" einer langjährigen Assistentenzeit mit oft ungewissem Ausgang erspart. Ende 1964 legte ich der Fakultät meine Habilitationsschrift vor. Wiederum waren *Thomas Würtenberger* und *Hans-Heinrich Jescheck* die beiden Gutachter.

Im Sommersemester 1965 erhielt ich die venia legendi für Strafrecht und Strafprozessrecht. Im September wurde ich zum beamteten Privatdozenten ernannt und einige Monate später als Mitglied des Landesjustizprüfungsamtes Baden-Württemberg bestellt. Im Sommersemester 1966 nahm ich eine Lehrstuhlvertretung in Gießen wahr. Ende Mai 1967 erreichte mich der Ruf auf die Lehrkanzel für Österreichisches Strafrecht und Strafprozessrecht an der Hochschule für Sozial- und Wirtschaftswissenschaften in Linz, wo ich zum 1. Oktober desselben Jahres als ordentlicher Hochschulprofessor ernannt wurde.

## *Forschung und Lehre in Österreich*

Die oberösterreichische Landeshauptstadt war mir mit ihrer Lage am großen Strom und ihrer malerischen Umgebung von Anfang an sympathisch. Dass auf der Urfahraner Seite – dort liegt auch die Hochschule im Park eines ehemaligen Starhemberg'schen Schlosses – noch die Folgen der bis 1955 dauernden sowjetischen Besatzung spürbar und sichtbar waren, störte mich nicht. Das bergige Hinterland erinnerte mich an den Schwarzwald, der fast 1000 m hohe Breitenstein, von dem man an klaren Herbsttagen einen unvergleichlichen Rundblick genießen kann, an den Schauinsland, den Freiburger Hausberg. Meine erste Frau, welcher der eigene Beruf viel bedeutete, fand in Linz keine adäquate Stellung und kehrte nach einigen Monaten wieder nach Deutschland zurück. Ein Jahr später wurde die Ehe geschieden.

Um die Chancen zu erhöhen, qualifizierte Wissenschaftler, insbesondere auch aus dem Ausland zu gewinnen, besaß die durch Bundesgesetz vom 5. Juli 1962 neu errichtete Hochschule für Sozial- und Wirtschaftswissenschaften ein attraktives und erfolgreiches Lockmittel. Der von Stadt und Land getragene Linzer Hochschulfonds hatte am Rand des nördlichen Bannwaldes acht auf dem Campus gelegene, für damalige Verhältnisse sehr modern und großzügig konzipierte Professorenwohnhäuser errichtet. Ich griff gerne zu, als man mir eine solche Dienstwohnung für die Dauer meines Verbleibs an der Hochschule anbot. Dieses Domizil wurde wegen seiner zauberhaften Lage und der Nähe zum Kindergarten, zu den Schulen und zum Strafrechtsinstitut, das über ein paar Treppenstufen leicht zu erreichen war, nicht nur zum Eldorado für die ganze Familie, sondern auch zum Zentrum und Refugium meines wissenschaftlichen Schaffens. Ich habe mich aber auch gerne in die Einsamkeit und Stille eines unterhalb des Breitensteins gelegenen kleinen Bergdorfs zurückgezogen, das durch *Adalbert Stifters* „Winterbriefe aus Kirchschlag" in die Literatur eingegangen und seit den sechziger Jahren mit seinen Skiliften und Skischulen zu einem beliebten Ziel für viele Linzer Familien geworden ist.

Die Hochschule hatte am 8. Oktober 1966 mit einer Handvoll Professoren ihren Studienbetrieb aufgenommen. Der Lehrkörper war zu Beginn in zwei Fakultäten gegliedert, in eine Sozial-, wirtschafts- und rechtswissenschaftliche sowie in eine Technisch-naturwissenschaftliche Fakultät. Als modernes Vorzeigestudium galt die gezielt zur Durchbrechung des Juristenmonopols in der Verwaltung konzipierte sozialwirtschaftliche Studienrichtung, eine für Österreich neuartige Kombination von Rechts- und Wirtschaftswissenschaften, die nur in Linz angeboten wurde. Für die rechtswissenschaftliche Studienrichtung weist das Vorlesungsverzeichnis des Sommersemesters 1968 insgesamt zehn Professoren aus. Von diesen waren drei aus der Bundesrepublik Deutschland berufen worden, der Gründungsrektor *Ludwig Fröhler* für Öffentliches Recht, *Hermann Eichler* für Deutsches Recht; mein Aufgabengebiet umfasste österreichisches Straf- und Strafprozessrecht. 1975 wurde die Hochschule in Johannes Kepler Universität umbenannt. Heute gehören der im selben Jahr verselbständigten Rechtswissenschaftlichen Fakultät fünfundzwanzig aktive Professoren an, drei davon lehren Strafrecht. Dass damals ausgerechnet ein Strafrechtler aus dem Ausland berufen wurde, war für das Nachkriegsösterreich ein nur zögerlich und mit zwiespältigen Gefühlen akzeptiertes Novum. Ich verdanke diese Berufung nicht zuletzt dem Umstand, dass die drei juristischen Traditionsfakultäten Wien, Graz und Innsbruck – überrascht durch die zeitgleichen Neugründungen in Salzburg und Linz und die rasante Entwicklung der Rechtswissenschaften an beiden Hochschulen – es verabsäumt hatten, rechtzeitig Strafrechtler zu habilitieren.

Drei Wochen nach Semesterbeginn fuhr ich nach Wien, um mich bei dem für die strafrechtliche Legislative zuständigen Sektionschef *Eugen Serini* vorzustellen, der gemeinsam mit *Egmont Foregger*, dem späteren Justizminister, die beiden in der Praxis unentbehrlichen Kurzkommentare zum StG und zur StPO verfasst hatte. Ich traf einen noblen Herrn, der mich auf das Liebenswürdigste empfing, sich eingehend aus meinem Lebenslauf berichten ließ und danach das Gespräch auf österreichische Themen lenkte. Zur Sprache kam insbesondere auch die österreichische Strafrechtsreform, deren Fortschreiten mich natürlich brennend interessierte. Am Ende verabschiedete mich *Serini* mit Worten, die mir unvergesslich in Erinnerung geblieben sind: „Sie werden feststellen", sagte er mit charmantem Lächeln, „dass es in Österreich nicht so sehr um die Sache, sondern in erster Linie um die Person geht". Spätestens in diesem Moment war mir bewusst, dass mein Gegenüber es nicht bloß auf eine rhetorische Pointe oder auf ein launiges Bonmot angelegt hatte, sondern mich ebenso elegant wie dezent mit dem vielschichtigen Problem der Akzeptanz in Österreich konfrontieren wollte.

Ich war also gewarnt und hatte mich von nun an komplexen Herausforderungen zu stellen. Es galt, sich möglichst rasch profunde Kenntnisse des österreichischen Strafrechts zu verschaffen, und zwar ungeachtet des Umstands, dass das damals noch geltende, im Wesentlichen auf des Jahr 1852 zurückgehende StG weitgehend veraltet war und 1967 längst ein unsichtbares, wenngleich noch zeitlich unbestimmtes Ablaufdatum trug. Nicht minder dringlich erschien es, sich nicht nur mit den strafrechtlichen Kategorien und der aktuellen Strafrechts- und Kriminalpolitik, mit den verfassungsrechtlichen, prozessualen und sonstigen legistischen Gegebenheiten vertraut zu machen, sondern darüber hinaus vor allem auch mit der österreichischen Rechtskultur, den ideengeschichtlichen Traditionen, den sozialpsychologischen Strukturen und den gesellschaftlich-politischen Vorgaben. Es dauerte ziemlich lange, bis ich diesen Kontext einigermaßen in den Griff bekam und ein Gespür für die schwer ergründbaren personellen Konstellationen, für die feinen Unterschiede in der Mentalität und im Toleranzempfinden, für versteckte Tabuzonen sowie für eine eher pragmatisch orientierte und auf konsensuale Lösungen bedachte Denk- und Herangehensweise entwickelte.

Angesichts der Zugehörigkeit der beiden Nachbarstaaten zum gleichen Rechts- und Kulturkreis überraschten mich die zum Teil erheblichen Unterschiede im Rechtsverständnis, namentlich in der Verfassungstradition und in der Verfassungskultur. Das österreichische Verfassungsgefüge beruht auf einem weiten und formellen Verfassungsbegriff. Danach ist Verfassung alles, was mit Zweidrittelmehrheit vom Nationalrat beschlossen wird. Dieses weite Verfassungsverständnis hat im Laufe der Zeit zu ungefähr 1300 verfassungsrangigen – bei materieller Betrachtung mitunter bedenklichen – Einzelnormen außerhalb der Stammverfassung geführt. Nicht minder bedeutsam ist, dass in der österreichischen Verfassung lange Zeit der Gedanke des Institutionenschutzes dominiert und jenen des Werteschutzes überlagert hat, dies mit weitreichenden

Auswirkungen auf das gesamte Recht und seine Interpretation. Erst unter der Ägide der EMRK sind durch die Rechtsprechung des Straßburger Gerichtshofs nach und nach zahlreiche Schwachstellen offenbar geworden, die, wie *Franz Matscher*, langjähriger Richter am Europäischen Gerichtshof für Menschenrechte formuliert, „ihre Grundlage vielfach in einer vom Josefinismus geprägten paternalistischen Auffassung von der Stellung der Staatsorgane hatten". Nicht wenige der meist erfolgreichen Beschwerden an den Europäischen Gerichtshof betrafen den Justizbereich, etwa die Stellung der Staatsanwaltschaft, die Prinzipien der Waffengleichheit und des Fair Trial, vor allem aber die Verhängung und die Dauer der Untersuchungshaft in Österreich. Längst ist allerorten ein grundlegender Wandel eingetreten. Durch zahlreiche Novellierungen der StPO und das 1992 eingeführte Grundrechtsbeschwerdegesetz sind die Rechtschutzmöglichkeiten entscheidend erweitert worden. Noch steht die geplante umfassende Verfassungs- und Verwaltungsreform aus. Einen diesbezüglichen Vorgriff hat die Aufhebung beziehungsweise Bereinigung von fast 1000 isolierten Verfassungsbestimmungen durch das von der Großen Koalition am 5. Dezember 2007 beschlossene Erste Bundesverfassungsbereinigungsgesetz gebracht.

Auch das neue StGB 1975 drohte in den Sog oft extensiver Gesetzesinterpretation zu geraten. Von Beginn an habe ich es daher als eine wichtige Aufgabe angesehen, dieser Tendenz mittels einer strafrechtsspezifischen, am Begriff und Gedanken des Rechtsguts orientierten Auslegung gegenzusteuern, um so nicht nur die Richtung, sondern auch die Interpretationsgrenzen mit dem Blick auf das im § 1 StGB verankerte Fundamentalprinzip nullum crimen sine lege herauszuarbeiten und zu präzisieren. Diese rechtsgutbezogene Auslegung der einzelnen Delikte liegt allen meinen Lehrbüchern zugrunde. Die durch das StRÄG 1987 erfolgte gesetzliche Einschränkung des von der Praxis als allgemeines Behördenirreführungsdelikt ausgedeuteten vagen Tatbestands der Täuschung, der mit der StGB-Novelle 1993 vorgenommene Rückbau der durch das 2. AntikorruptionsG 1982 geänderten und stark überdehnten Hehlereibestimmungen sowie die Konsolidierung der Urkundendelikte im Wege strukturierter restriktiver Auslegung und vieles andere mehr ist nicht allein, aber vornehmlich unter dem Blickwinkel des für das Strafrecht unverzichtbaren Rechtsgutdenkens zu sehen. Das alles gelang nicht auf einmal und im übrigen nur, weil meine diesbezüglichen Bemühungen und Vorschläge die Unterstützung anderer Strafrechtslehrer, nach und nach auch der Strafgerichte und schließlich das Ohr des Strafgesetzgebers fanden. Es ist hier nicht der Ort, dies näher auszuführen.

Als ein Gebot der Fairness betrachtete ich es, die Studierenden nicht mit den vielen Ansichten und subtilen Differenzierungen zu überfallen, für welche die deutsche Strafrechtsdogmatik bekannt ist – von den einen geschätzt, von den anderen mit eher kritischer Distanz betrachtet –, die in dieser Form in der damaligen österreichischen Wissenschaft und Praxis eine geringere Rolle spielten. Zugleich waren die Entwicklungen zu berücksichtigen, die sich in den österreichischen Entwürfen der Jahre 1962 bis 1968 abzeichneten und ein erfreuliches Maß an inhaltlichen Übereinstimmungen mit der parallel laufenden deutschen Strafrechtsreform aufwiesen. Vor allem aber war es mir ein Anliegen, sowohl der Eigenständigkeit der österreichischen Strafrechtstradition die gebotene Reverenz zu erweisen als auch den Erkenntnissen der neueren Strafrechtswissenschaft Raum zu geben und beides miteinander zu verbinden. Diese Sichtweise impliziert die Berücksichtigung rechtsvergleichender Aspekte ebenso wie heute die Bedachtnahme auf die immer wichtiger werdenden europäischen Perspektiven.

Die Herausforderung, als Mitglied des Lehrkörpers einer jungen dynamischen Hochschule am weiteren Aufbau der Fakultät und der Gestaltung des juristischen Studiums mitzuwirken, besaß einen unwiderstehlichen Charme, war aber trotz der scheinbar so nahen Verwandtschaft beider Rechtssysteme – oder gerade deshalb – mit mancherlei Ungewissheiten und Fußangeln verbunden. Im Eiltempo musste ich mich, gestützt auf den Gesetzestext und einige antiquarisch erworbene, allerdings längst nicht mehr auf dem neuesten Stand befindliche Bücher, sowohl in das materielle Strafrecht als auch in das im Kern auf das Jahr 1873 zurückgehende Strafprozessrecht einarbeiten. Oft von heute auf morgen. So war ich in meinem ersten Linzer Semester den Hörern wissensmäßig manchmal nur einen Tag voraus. Es kam hinzu, dass in den mir zunächst außerhalb der Hochschule zugewiesenen provisorischen Räumen nur einige Tische und leere Regale standen. Man konnte für die Studierenden und die künftige Strafrechtsbibliothek in dieser Spät- und Auslaufphase des StG von 1852 nicht einmal mehr Lehrbücher und Kommentare nachkaufen, diese waren mit wenigen Ausnahmen entweder veraltet oder vergriffen, in der Regel beides. Ein glücklicher Zufall wollte es, dass ein Jahr später die Privatbibliothek des von mir seit Dissertations- und Habilitationstagen sehr geschätzten, 1967 im hohen Alter von 91 Jahren verstorbenen Nestors des österreichischen Strafrechts, *Theodor Rittler*, angeboten wurde. Es gelang, diesen etwa 1.500 Bände umfassenden Bücherschatz mit vielen wichtigen Zeitschriften, zahlreichen Monografien und den vollständigen Protokollen der österreichischen Strafgesetzkommission gegen Gebote aus dem Ausland für das Strafrechtsinstitut zu sichern und aus Trins im Tiroler Gschnitztal nach Oberösterreich zu überführen. Dieser Bestand bildet noch heute das Fundament der Linzer Strafrechtsbibliothek.

Zu Beginn waren die Studienverhältnisse sowohl für die Studierenden als auch für mich noch in manch anderer Hinsicht ungewohnt. So musste ich schmunzeln, als ich in den Fragebögen zu meiner Vorlesung etwa die Notiz fand: „Er spricht einen so eigenartigen Dialekt". Ein anderer schrieb: „It's nice to be a Preuss, but it's higher to be a Bayer". Es war gewiss nicht bös gemeint, aber nicht zu übersehen, dass die Studierenden beim Vortragenden das vertraute identitätsstiftende Timbre vermissten. Umgekehrt bekenne ich frank und frei, dass auch ich eine Zeit lang meine liebe Not mit manchen ländlichen Varianten der oberösterreichischen Mundart hatte. Vom Versuch, meine Sprechweise der österreichischen anzupassen, wurde mir von Anfang an dringend abgeraten. Nichtsdestoweniger bereichern seitdem so praktische und vielseitig verwendbare Kurzfloskeln wie „eh klar" und „passt" meinen Wortschatz, und den liebenswerten Charme bodenständiger Austriazismen wie „Grätzl", „Salettl" oder „Kuchl" weiß ich durchaus zu schätzen.

In der Vorlesung saßen etwa zwei Dutzend Studierende, die meisten zwischen fünfundzwanzig und fünfunddreißig Jahren, verheiratet und berufstätig, auffallend interessiert, motiviert und außerordentlich diskussionsfreudig. Es stellte sich bald heraus, dass es sich um die Crème de la crème jener jungen Linzer und Oberösterreicher handelte, die nach der Matura insbesondere wegen der räumlichen Entfernung zu Wien, Graz und Innsbruck nicht hatten studieren können, jetzt aber ihre Chancen gekommen sahen und sich mit wahrem Feuereifer in das juristische Studium stürzten. Man kannte jeden einzelnen. Viele haben später Karriere gemacht und leitende Positionen in Bund, Land und Stadt sowie an den Universitäten erlangt.

Der Lehrbetrieb und die auf dem Campus herrschende Atmosphäre erschienen mir im Vergleich zum damaligen Massenandrang an vielen deutschen Universitäten geradezu idyllisch. Während es dort seit einiger Zeit rumorte, war in Linz noch alles ruhig und friedlich. Allein zielstrebiges Studieren war angesagt. In den Lehrveranstaltungen trugen die Herren meist Sakko, Hemd und Krawatte, die wenigen Damen Kleid oder Rock und Bluse. Eine einzige erschien damals schon in Jeans, sie kam aus Kiel. Manche Studentin mochte sich auch in der Vorlesung nicht von ihrem Hund trennen. Andere ließen sich durch meinen Vortrag nicht beim Stricken stören und vertrauten wohl auf die Mitschriften ihrer Kommilitonen, in Österreich bis heute ausnahmslos Kollegen genannt. Niemand fand etwas dabei, dass eine Hörerin, die ihr Baby in die Vorlesung mitgebracht hatte, dieses hin und her wiegte und stillte, bevor es zu schreien anfing. Nicht minder überrascht war ich, als Studenten nach bestandener Prüfung zu mir kamen und sich mit einem großen Landschinken oder anderen Geschenken bedanken wollten. Vermisst habe ich allerdings bei den Studierenden den gewohnten „Schönfelder" beziehungsweise ein vergleichbares Pendant als Markenzeichen für angehende Juristen. Im Verlag Manz habe ich mehrfach auf die Herausgabe einer solchen Gesetzessammlung gedrängt. Es dauerte noch mehr als ein Jahrzehnt, bis in Kooperation mit dem Beck Verlag der in Format, Umfang und Farbe ähnliche „Bydlinski" für das Zivil- und Strafrecht (1980) und der „Schäffer" für das Verfassungs- und Verwaltungsrecht (1981) erschienen.

Erst mit einiger Verspätung erreichte die gegen Autoritäten und alles Autoritäre gerichtete studentische Protestbewegung Österreich und beendete an der Hochschule Linz die beschauliche und beinahe familiäre allererste Aufbauphase. Die studentischen Gremien begannen, Mitsprache einzufordern. Es formierten sich hochschulpolitische Gruppierungen mit dem Ziel, wirkliche oder vermeintliche Missstände in der Lehre und im gesellschaftlichen System „aufzudecken" und medienwirksam anzuprangern. Erste Pamphlete tauchten auf. Alsbald gab es Hörerversammlungen, Plakat- und Protestaktionen. Vereinzelt kam es zu Vorlesungsstörungen und Institutsbesetzungen, auch bei den Juristen. Die Talare, die wir Professoren bis dahin bei offiziellen Anlässen getragen hatten, verschwanden rasch in den Kleiderschränken. Insgesamt nahm die „Studentenrevolution" der „Achtundsechziger" in Österreich aber einen dem hiesigen Naturell entsprechenden eher gemäßigten Verlauf; nicht zuletzt auch deshalb, weil man im Ministerium flexibel reagierte und die Studentenwünsche aufgriff.

Überhaupt lassen sich die universitären und außeruniversitären Rahmenbedingungen und das Folgegeschehen in der Bundesrepublik mit der Situation in Österreich nicht vergleichen. Weder in Wien noch in Linz gab es eine Kommunardenszene wie in Berlin und anderen deutschen Universitätsstädten. Erst recht fand die RAF, welche die Bundesrepublik Deutschland ab 1972 mit Mord- und Bombenanschlägen erschütterte, in Österreich weder Verständnis noch virulente Sympathisanten. Die im November 1977 von der „Bewegung 2. Juni", das heißt der deutschen Terrorszene gesteuerte Entführung des Industriellen *Palmers* aus seiner Wiener Villa, blieb ein isoliertes Kommandounternehmen und wurde von den Medien und der Öffentlichkeit zunächst nicht als terroristische Geldbeschaffungsaktion wahrgenommen, sondern eher als dreistes Gangsterstück oder gar als interfamiliäre Angelegenheit abgetan. Zitat aus einer damaligen Passantenbefragung: „In Wien Terroristen? Na gehn S'!" Die radikalen Exzesse der exzentrischen Wiener Aktionisten *Günter Brus*,

*Hermann Nitsch* und *Otto Mühl* sorgten 1968 und danach ohnehin für genug Aufregung und Empörung.

In jenen Jahren von einer deutschen Rechtsfakultät an eine österreichische Hochschule zu wechseln, war eine in vieler Hinsicht interessante Erfahrung. Die akademische Juristenausbildung beruhte bis 1978 auf drei universitären Teilprüfungen, die mündlich, in Linz zunächst kommissionell, später vor Einzelprüfern abzulegen waren. Nicht eine umfassende staatliche Prüfung wie das Erste Staatsexamen in der BRD, sondern das Ablegen dieser drei universitären Teilprüfungen dokumentierte den erfolgreichen, jedoch titel- und schmucklosen Abschluss des rechtswissenschaftlichen Studiums. Zu akademischen Würden führte erst das erlangte juristische Doktorat. Bis 1978 bedurfte es dazu noch keiner Dissertation, verlangt wurde stattdessen zusätzlich das Bestehen von drei mündlichen Rigorosen aus sämtlichen Studienfächern. Die weitere juristische Ausbildung führte und führt in Österreich nicht zum universell einsetzbaren Volljuristen, sondern findet berufsspezifisch statt und wird mit der Richteramts-, Rechtsanwalts- oder Notariatsprüfung oder mit der Dienstprüfung für den rechtskundigen Verwaltungsdienst abgeschlossen.

Das gänzliche Fehlen des schriftlichen Elements hatte mannigfaltige und nachhaltige Auswirkungen auf Inhalt und Umfang des Lehrbetriebs, Art und Intensität der Prüfungsvorbereitung der Studierenden, das Publikationsprogramm der Verlage und ganz generell auf das Verhältnis der Praxis zur Rechtswissenschaft im Allgemeinen und zur universitären Ausbildung im Besonderen. Diese ausschließlich auf mündliche Prüfungen abgestellte Juristenausbildung wurde von Richtern und Rechtsanwälten oft beklagt. Auch im Strafrecht gab es noch keine verpflichtenden schriftlichen Übungsarbeiten, erst recht keine Klausurenkurse. Den letzten Prüfungsschliff holte man sich in Universitätsrepetitorien und/oder bei professionellen Repetitoren, die in Linz allerdings nie Fuß fassen konnten. Systematisches Falltraining anhand komplexer Fallkonstellationen stand im Belieben des jeweiligen Lehrveranstaltungsleiters. Strafrechtliche Falllösungsbücher mit Fallprüfungsschemata, Musterfällen und ausgetüftelten Lösungen, wie ich ein solches 1967 bei Klostermann veröffentlicht hatte, waren unbekannt. Meine 1982 unter Mitwirkung von acht der damals zehn österreichischen Strafrechtsordinarien im Manz Verlag herausgegebenen „Fälle und Lösungen zum Strafrecht" brachten insoweit erste Abhilfe.

Zu Beginn meiner Tätigkeit in Linz gab es keine aktuellen strafrechtlichen Lehrbücher für die Studierenden. Die beiden Standardwerke zum StG von *Theodor Rittler* (1954) und *Friedrich Nowakowski* (1955) lagen schon mehr als zwei Jahrzehnte zurück und waren längst vergriffen. Die 1953 unter dem

Vorsitz von *Ferdinand Kadečka*, der schon an der gemeinsamen deutsch-österreichischen Strafrechtsreformarbeit der Jahre 1919 bis 1933 führend mitgewirkt hatte, engagiert und hoffnungsvoll wieder aufgenommene österreichische Strafrechtsreform war immer wieder ins Stocken geraten. Da ihr Abschluss 1967 noch in ungewisser Ferne lag, waren auch auf dem Lehrbuchsektor weder Neuauflagen noch Neuerscheinungen zu erwarten. Die Studierenden mögen dies nicht unbedingt als Mangel empfunden haben, waren sie doch gewohnt – oft sogar anstelle von Vorlesungen – kommerzielle Paukerkurse zu besuchen und sich nach Skripten, allenfalls nach Vorlesungsmitschriften auf die mündlichen Prüfungen vorzubereiten. Mit der Österreichischen Juristen-Zeitung (ÖJZ) und den Juristischen Blättern (JBl) existierten zwar zwei traditionsreiche und international anerkannte Fachzeitschriften. Für Studienanfänger waren aber beide nicht bestimmt. Erst 1990 wurde mit der Juristischen Ausbildung und Praxisvorbereitung (JAP) die erste und bisher einzige österreichische Ausbildungszeitschrift ins Leben gerufen. Anders als ich es in Freiburg erlebt hatte, galt das Strafrecht formal als Anhängsel des Öffentlichen Rechts und wurde nicht als eine dem Zivilrecht und dem Öffentlichen Recht in der Gewichtung gleichwertige und insoweit eigenständige dritte Säule der juristischen Ausbildung angesehen. Bedauert habe ich, dass die österreichische Rechtslage es nicht erlaubte – und bis heute nicht erlaubt –, gleichzeitig als beamteter Professor und als Richter tätig zu sein. Für die Mitglieder des Verfassungsgerichtshofs gelten Ausnahmen.

Angesichts der geschilderten Rahmenbedingungen ergaben sich zu Beginn meiner Tätigkeit in Linz mannigfaltige Aufgabenstellungen, aber auch ungewöhnlich große Freiräume und Gestaltungsmöglichkeiten, wie sie sich ein junger Strafrechtslehrer nur wünschen konnte. Einerseits galt es, das Strafrecht als gleichberechtigtes Kernfach zu positionieren und es insbesondere durch schriftliche Prüfungsaufgaben an die Erfordernisse einer modernen Juristenausbildung heranzuführen. Im Hinblick auf das bis heute beibehaltene System der Teilprüfungen hieß es andererseits, Abschied zu nehmen von den gewohnten Vorstellungen und Erfahrungen einer Universitätsausbildung, bei der von Beginn die zentralen juristischen Disziplinen eng vernetzt und bis zum Staatsexamen zu trainieren waren. Erst 1978 ist im Zusammenhang mit der Firnberg'schen Universitätsreform das rechtswissenschaftliche Studium unter maßgeblicher Mitwirkung des bereits eingangs erwähnten Linzer Arbeits- und Sozialrechtlers *Rudolf Strasser* grundlegend umgestaltet worden. Erklärtes Ziel war es, ein zeitgemäßes achtsemestriges Diplomstudium zu schaffen, „das ein höheres Maß an Praxisnähe mit einer intensivierten Berufsfortbildung verbindet". Vor allem wurden der Fächerkanon modernisiert, in den Kernfächern schriftliche Pflichtübungen und Diplomprüfungen, eine schriftliche Diplomarbeit aus einem selbst gewählten Fach sowie die Dissertation eingeführt. Für das Strafrecht ergab sich daraus die Notwendigkeit, innerhalb des durch das Teilprüfungssystem vorgegebenen begrenzten zeitlichen Rahmens von in der Regel zwei Semestern eine fundierte und qualitativ hochwertige Grundausbildung auf die Beine zu stellen. Dies erschien umso dringlicher, als drei Jahre zuvor das zur Zeit der großen Koalition unter der Ägide des Justizministers *Christian Broda* beschlossene, unter der Federführung von *Friedrich Nowakowski* gereifte und auch im Ausland viel gelobte neue StGB in Kraft getreten war und das ehrwürdige StG abgelöst hatte.

Wie von einem Zauberstab berührt erweckte das neue StGB das gesamte Strafrecht aus dem Dornröschenschlaf. Wissenschaft, Praxis und Lehre begannen, sich intensiv auf die ab 1. Januar 1975 geltende Rechtslage einzustellen. Auch ich verlegte nunmehr den Schwerpunkt meiner Publikationen, der bis 1972/73 noch dem deutschen Strafrecht gegolten hatte, nach Österreich und konzentrierte mich auf die neuen Herausforderungen. In dieser Übergangsphase vom alten StG zum StGB 1975 kommt der von der österreichischen Richtervereinigung ins Leben gerufenen Fortbildungsveranstaltung für Richter und Staatsanwälte in Ottenstein eine besondere Rolle zu. Dieses Seminar ist seither zur festen Institution geworden. Es fand 1973 unter der wissenschaftlichen Leitung von *Udo Jesionek*, ab 1982 Präsident des Jugendgerichtshofs Wien und seit 1990 Honorarprofessor der Universität Linz, zum ersten Mal statt und führte alljährlich die österreichischen Strafrechtsprofessoren mit maßgeblichen Vertretern der Praxis zu einem lebendigen und fruchtbaren Dialog zusammen.

In der Anfangsphase, in der Probleme des Allgemeinen Teils im Vordergrund standen, kann man im Hinblick auf den Teilnehmerkreis fast von einer österreichischen Strafrechtslehrertagung sprechen. So referierten 1973 *Roland Graßberger* (Wien), *Winfried Platzgummer* (Wien), *Manfred Burgstaller* (damals noch Linz), 1974 *Reinhard Moos* (damals noch Graz), *Friedrich Nowakowski* (Innsbruck), 1975 wiederum *Burgstaller* (nunmehr Wien) sowie *Graßberger*. Ich selbst hielt im ersten Jahr einen Vortrag über die Einheitstäterschaft, sprach im nächsten über die unechten Unterlassungsdelikte und im Jahr darauf über den rechtfertigenden Notstand. Mich beeindruckte der unprätentiöse und unverkrampfte Umgang miteinander. Ebenso der von der gesamten österreichischen Strafrechtswissenschaft mitgetragene allgemeine Konsens, plausiblen und praktikablen Lösungen den Vorzug vor allzu filigranen und perfektionistischen theoretischen Konstruktionen zu geben. Das in Österreich seit jeher gepflegte und bis heute bestehende ausgezeichnete Verhältnis zwischen Judikatur und Strafrechtswissenschaft hat – wie bereits angedeutet – in einem pragmatischen, primär anwendungsorientierten Strafrechtsdenken eine seiner wesentlichen Ursachen. Ähnliches gilt für die Zusammenarbeit mit der Legislativabteilung des Ministeriums. Letztlich zählt, was sich in der Praxis durchsetzt bzw. in die Gesetzgebung einfließt.

Von Beginn an der Auslegung eines neuen StGB mitzuwirken und daher die Mitverantwortung für die maßgeblichen Weichenstellungen in Wissenschaft und Praxis zu übernehmen, ist eine Chance, die sich in einem Juristenleben nur ein einziges Mal bietet. Diese Aussicht hatte mich schon 1971 davon abgehalten, einen Ruf an die Universität Kiel anzunehmen. Dasselbe galt für den Ruf nach Bielefeld, der mich drei Jahre später erreichte. Als mich während dieser Berufungsverhandlungen der federführende Bochumer Kollege telefonisch verständigte, dass beim Ministerium auch ein Ruf an die Ruhruniversität für mich bereitläge, ich diesen aber nur „unter der Bedingung" erhalten würde, dass ich jenen nach Bielefeld ablehnen würde, antwortete ich, dass ich dazu neige, in Österreich zu bleiben.

Diese Entscheidung wurde mir auch durch die weitere hochschulpolitisch und personell erfreuliche Entwicklung in Linz erleichtert. Denn im Jahr zuvor hatte das Strafrechtsinstitut mit der neuen Lehrkanzel für Strafrecht, Strafprozessrecht und Kriminologie eine zweite Professorenstelle erhalten, so dass ab WS 1973 die Verantwortung für die strafrechtliche Ausbildung in Linz nicht mehr allein auf meinen Schultern ruhte. Zu dem aus Oberösterreich stammenden und in Wien habilitierten *Manfred Burgstaller* entwickelte sich rasch ein ebenso anregendes wie ertragreiches partnerschaftliches Verhältnis. Leider kehrte er schon nach zwei Jahren nach Wien zurück, um die Nachfolge seines Lehrers *Roland Graßberger* anzutreten.

Schon in Freiburg, wo ich mit einer Arbeit zum Allgemeinen Teil dissertiert hatte und mit einer Untersuchung zum Besonderen Teil habilitiert worden war, hatte sich abgezeichnet, dass mich das Strafrecht in allen seinen Facetten wie Strafrechtsdogmatik, ausländisches Strafrecht, Strafrechtsvergleichung und Kriminalpolitik sowie Systematik, allgemeine Methodik und Didaktik besonders interessierten. Als mit dem Beschluss der österreichischen Regierungsvorlage 1971 feststand, dass am 1. Januar 1975 tatsächlich ein neues StGB in Kraft treten wird, habe ich mich zunächst in Vorträgen und Publikationen mit einzelnen Problemen des neuen Rechts befasst, dann aber entschlossen, meine Forschungskraft auf ein Ziel zu konzentrieren. Ich wollte eine sowohl den Allgemeinen Teil als auch den Besonderen Teil des neuen Rechts umfassende Folge von strafrechtsdogmatisch akzentuierten und zugleich anwendungsorientierten Lehrbüchern schaffen, welche drei Ansprüchen genügen sollten. Diese Bücher sollten nach Inhalt, Darstellung und Methodik auf der Höhe der Zeit sein, der Praxis einen möglichst vollständigen systematischen Überblick über Wissenschaft und Judikatur sowie Lösungsvorschläge für künftig auftretende Probleme bieten und für die Studierenden auf Anhieb verständlich sein. Letzteres war das Schwierigste und erforderte den konsequenten Einsatz bzw. die Weiterentwicklung von mnemotechnischen Darstellungsstrukturen, wie sie sich in ähnlicher Weise schon bei *Jescheck*, *Wessels* und in anderen didaktisch ausgerichteten strafrechtlichen Lehrbüchern finden. Dass ich mein Ziel, Mittler zwischen Theorie und Praxis zu sein, erreicht habe, lässt sich durch einen Blick in die Judikatur des OGH und das österreichische Schrifttum feststellen.

Das Vorhaben, eine komplette strafrechtsdogmatische Bearbeitung des neuen StGB vorzulegen, hat allerdings viel mehr Zeit und Arbeitskraft in Anspruch genommen, als ich ursprünglich geplant hatte. Zwar konnte ich wesentliche dogmatische Grundlagen des Allgemeinen Teils bereits in einem 1974 erschienenen Lehrwerk, über dessen Besonderheiten noch zu berichten sein wird, und 1978 sowie 1980 zwei der geplanten drei Bände zum Besonderen Teil des StGB publizieren. Durch die raschen Folgeauflagen und die damit verbundene Dynamik von ständigen Anpassungen, Ergänzungen und Erweiterungen – Ähnliches gilt für meine beiden trotz meines Weggangs von den deutschen Studierenden weiterhin nachgefragten Bücher – wurde die Arbeitsbelastung so stark, dass ich seit Ende der achtziger Jahre meine Vortragstätigkeiten und sonstigen Publikationen einschränken musste. Letzteres betraf insbesondere den Festschriftensektor und die Urteilsanmerkungen, die ich bis dahin häufig zu interessanten Entscheidungen des BGH, des OGH und der Oberlandesgerichte verfasst hatte. Erst 1999 konnte mit dem dritten Band des Besonderen Teils, bei dem *Kurt Schmoller* die Hauptarbeit leistete, der Abschluss des Gesamtwerks präsentiert werden. Mit dem Blick auf meine 2003 mit 68 Jahren anstehende Emeritierung habe ich ihm auch die Weiterführung des zweiten Bandes über die Delikte gegen Vermögenswerte anvertraut. Des ersten Bandes über die Delikte gegen Personenwerte hat sich mein Schüler *Hans Valentin Schroll*, heute Hofrat des Obersten Gerichtshofs und Honorarprofessor der Universität Wien, angenommen.

Beharrlichkeit und Zielstrebigkeit sind Grundvoraussetzungen jeder wissenschaftlichen Arbeit, für sich allein jedoch keine Garantie, die gesteckten Ziele zu erreichen. Stets gehört auch eine gute Portion Glück dazu. Hierzu zwei Beispiele, die Forschungsgebiete berühren, mit denen ich mich über Jahre in Monografien, Aufsätzen, aber auch in meinen Lehrbüchern und Beiträgen zum Wiener Kommentar befasst habe. Das in meiner Habilitationsschrift entwickelte differenzierte Gewährschaftsträgerprinzip, das mit seiner die Beweiszeichen ausgrenzenden Typologie zu einer Reduktion des strafrechtlichen Urkundenbegriffs und damit zu einer erheblichen Beschränkung der Strafbarkeit führt, wurde im deutschen Schrifttum zwar wohlwollend erwähnt. Es hatte aber gegenüber einer Rechtsprechung, die seit mehr als 100 Jahren auf einen uferlosen Urkundenbegriff eingeschworen war, von vornherein keine realistische Chance sich durchzusetzen. So gesehen war es für mich ein Glücksfall, dass ich nach Österreich berufen wurde und weitgehend unerforschtes Terrain vorfand, während in Deutschland Judikatur und Literatur zur Urkunde längst eine voluminöse Spezialbibliothek füllten. Der Urkundenbegriff des neuen StGB war offen für die anhand des deutschen Rechts erarbeitete Systematik, welche auf diese Weise Eingang in die österreichische Rechtsprechung und Zustimmung im Schrifttum fand.

Auch meine Forschungen auf dem Gebiet der Beteiligung wurden in Deutschland und Österreich ganz unterschiedlich aufgenommen. In Deutschland hatte ich in einer 1971 bei Klostermann erschienenen kleinen Schrift und einigen Aufsätzen das im österreichischen StGB verankerte funktionale Einheitstätersystem als Alternative zum akzessorischen Teilnahmesystem vorgestellt und war damit erwartungsgemäß auf wenig Gegenliebe gestoßen. Aber auch meine ab 1974 in Österreich publizierten Untersuchungen zum Einheitstätermodell der §§ 12 ff. und 32 ff. StGB, das eine eigenständige und markante Besonderheit des österreichischen Strafrechts darstellt und zusammen mit ähnlichen Regelungen der nordischen Länder im Zuge der heutigen Bemühungen um eine Strafrechtsharmonisierung in der EU immer stärker ins internationale Blickfeld gerät, riefen im eigenen Land anhaltenden Widerstand hervor. Das war ebenso überraschend wie paradox, besaß doch der Einheitstätergedanke bereits um 1900 in *Franz von Liszt* einen machtvollen Fürsprecher und im neuen Recht in *Friedrich Nowakowski* den maßgeblichen Proponenten. Während sich *Reinhard Moos*, der 1972 von Freiburg nach Graz berufen worden und vier Jahre später nach Linz gewechselt war, und *Otto Triffterer*, 1978 von Gießen nach Salzburg gekommen, beide ebenfalls im Teilnahmedenken groß geworden, alsbald der Einheitstäterlehre anschlossen, hat sich ein Großteil der österreichischen Kollegen gegen diese Auslegung des StGB gestemmt und für eine akzessorische Interpretation nach dem Vorbild des deutschen Rechts plädiert. Entscheidend für die Durchsetzung der Einheitstäteridee in Österreich war der Umstand, dass ich in *Herbert Steininger*, führender Autor eines in der Praxis und von der Wissenschaft gleichermaßen hochgeschätzten Kommentars zum StGB, später Präsident des Obersten Gerichtshofs und Honorarprofessor der Universität Wien, von Anbeginn einen einflussreichen Mitstreiter gewonnen hatte und dass nach und nach sämtliche Strafsenate des Höchstgerichts von den praktischen Vorteilen des funktionalen Einheitstätersystems überzeugt werden konnten.

Zum Lehrbuchautor bin ich auf recht verschlungenen Wegen geworden. Das Erscheinen der ersten juristischen Lernprogramme von *Gerhard Dilcher* (1970) und *Ignaz Seidl-Hohenveldern* (1971) im sich anbahnenden Computerzeitalter in Deutschland hatte schon frühzeitig meine Neugier und mein Interesse geweckt. Mir war bewusst, dass der Entschluss, ein solches auf interaktive Kommunikation zwischen dem Autor und seinen Studierenden angelegtes Forschungsprojekt für das Strafrecht zu übernehmen, gegen rechtswissenschaftliche Unterrichtskonventionen und den allgemeinen Trend verstieß; ebenso, dass der Erfolg eines solchen Unternehmens ungewiss war. Aber es reizte mich, dieses neue Feld hochschuldidaktischer Grundlagenforschung zu betreten und die Vor- und Nachteile des damals sogenannten computerbasierten Lehrens und Lernens und seine Grenzen mit einer Pilotstudie für den Allgemeinen Teil des Strafrechts zu erkunden. Das Ziel war, das didaktische Grundkonzept einer effizienten Vorlesung für Strafrechtsanfänger: ermutigen – motivieren – begeistern, auf das neue Medium zu übertragen. Ich hatte die Absicht, Erstsemester in einer besonders sensiblen und für die Lehrenden oft schwierigen Phase bei freier und flexibler Bestimmung von Ort, Zeit und Lerntempo sowie möglichst optimaler Lernmotivation rasch an das in der Vorlesung Allgemeiner Teil und in der Anfängerübung vorausgesetzte Sprach- und Verständnisniveau heranzuführen. Gleichzeitig ging es darum, der Situation der im Linzer Raum auffällig hohen Zahl von Studierenden Rechnung zu tragen, die aus beruflichen Gründen die Vorlesungszeiten nicht einhalten konnten. Mich faszinierte schon damals die Vision, das strafrechtliche Lernprogramm durch Umwandlung in ein PC-taugliches Medium – heute spricht man von Digitalisierung – in ganz Österreich auf Datenträgern anzubieten, um auf diese Weise zumindest Teile des akademischen Unterrichts aus den Räumen der Universität in den autonomen privaten Bereich zu verlagern. Das war zu Beginn der siebziger Jahre zwar noch Zukunftsmusik, aber alles andere als Utopie, denn das Zeitalter der digitalen Medien hatte längst begonnen. Allerdings besaßen nur wenige Studierende bereits einen eigenen Computer. Der Laptop wurde erst Mitte der achtziger Jahre eingeführt.

In Österreich fand das Lernprogramm schon in der mehrjährigen Erprobungsphase engagierte Unterstützung durch *Reinhard Moos*, der 1976 gemeinsam mit *Karlheinz Probst* einen ausführlichen Erfahrungsbericht über den Einsatz des programmierten Strafrechtsunterrichts an der Universität Graz in der ÖJZ veröffentlichte. Wir waren beide ziemlich überrascht, als sich wesentliche Teile dieses Lernprogramms als Plagiat in einer von einem Grazer Repetitor verfassten Buchpublikation zum neuen StGB wiederfanden. Nachdem *Reinhard Moos* 1976 in Linz die Nachfolge von *Manfred Burgstaller* angetreten hatte, entwickelten wir gemeinsam mit dem integrierten Grundkurs Allgemeiner Teil ein in dieser Kombination neuartiges Unterrichtsmodell und haben diese Lehrveranstaltung – unter Wahrung einzelner abweichender Positionen – bis zur Emeritierung von *Reinhard Moos* wechselweise abgehalten. Das interaktive Selbststudium des einführenden Lernprogramms und der diesbezüglichen Lehrbuchabschnitte wird über einen Zeitplan gesteuert und ist in Kombination mit ergänzenden und vertiefenden Vorlesungen und spezifischen Übungselementen sowie mehreren Klausuren zu einem Kompaktkurs zusammengefasst. Dieser schließt mit dem Strafrechtsschein ab.

Die „Basics", das heißt die formalen Grundstrukturen wie Aufbau und differenzierte strafrechtliche Aufbauschemata, aber auch die grundlegenden Prinzipien sowie die meisten Institutionen und Grundbegriffe des neuen österreichischen StGB decken sich mit Ausnahme des Einheitstätersystems im Wesentlichen mit jenen des 1975 runderneuerten Allgemeinen Teils des deutschen StGB. Es lag daher nahe, ein solches Forschungsprojekt von Anbeginn zweigleisig, sowohl für das deutsche als auch für das österreichische Strafrecht anzulegen. Welcher Aufwand in personeller, zeitlicher und finanzieller Hinsicht mit der Entwicklung eines interaktiven computerbasierten Lernprogramms verbunden war, hatte ich allerdings unterschätzt. Das umso mehr, als sich bald die Hoffnung zerschlug, die von *Milos Lánský*, seit 1969 Professor für Kybernetik und kybernetische Pädagogik in Linz, für den Einsatz von Lehrautomaten entwickelten Computermodelle verwenden zu können. Zumindest im Strafrecht ließ sich eine optimale Lernstruktur durch die Vorgabe der Häufigkeit der Wiederholungen, der Zahl der Beispiele und anderer Verknüpfungen didaktisch nicht sinnvoll gestalten. Learning by doing, und zwar von der Pike auf, hieß von nun an die Devise. Das Ganze war ein ebenso spannendes wie zeitraubendes Unterfangen, bei dem es galt, für die Vermittlung des strafrechtlichen Basiswissens im Zusammenspiel mit Motivationspsychologie, Mnemotechnik, Informationswissenschaften und digitaler Kommunikationstechnik sowohl die Grenzen des Faches als auch die der Vorlesung zu überwinden und neue didaktische Wege zu beschreiten. So vergingen bis zur Publikationsreife vier Jahre, in denen sämtliche Lern- und Testeinheiten unter Inanspruchnahme des Computers des Linzer Rechenzentrums Semester für Semester evaluiert wurden und immer wieder verbessert werden mussten, um am Ende die für eine optimale Lernmotivation erforderliche durchschnittliche Richtigkeitsquote der Antworten von 80% bis 90% zu erreichen.

Der kurz zuvor an die Spitze des Manz Verlags getretene Diplomkaufmann *Franz Stein* war 1974 so wagemutig, ein solches damals in Österreich methodisch sowie mit seinen Intentionen völlig aus dem Rahmen fallendes Erstlingswerk eines noch kaum bekannten Autors zu veröffentlichen, das zudem voraussehbare Widerstände provozieren würde und provoziert hat. Es erschien unter dem Titel „Einführung in das Österreichische Strafrecht. Lernprogramm". Ein Jahr später konnte ich bei de Gruyter das Parallelwerk für das deutsche Strafrecht publizieren. Der Titel wurde in späteren Auflagen angesichts der dualen Struktur dieses Buches präzisiert und lautete nunmehr „Strafrecht Allgemeiner Teil. Mit Einführungen in programmierter Form". Das Interesse von deutschen und einer nicht geringen Zahl Schweizer Studierenden sowie von einigen deutschen Strafrechtskollegen war so nachhaltig, dass dieses Buch 1984 noch eine vierte Auflage erlebte. In Österreich waren es nicht nur die Studierenden, sondern anfangs auch viele Praktiker, die sich auf diese Weise in das neue Strafgesetz eingearbeitet haben. Seit 1991 werden das strafrechtliche Lernprogramm und der Grundriss Allgemeiner Teil getrennt publiziert. Im Jahr 2000 konnte ich als Mitautor für den Allgemeinen Teil *Frank Höpfel* gewinnen, von 2005 bis 2008 auch Ad-litem Richter am International Criminal Tribunal for the former Yugoslavia in Den Haag und seit langem vertrauter Weggefährte und Mitstreiter.

Offen ist die Frage, warum sämtliche anderen deutschsprachigen juristischen Lernprogramme nach einer kurzen „Blütezeit" mit dem Ende der Siebzigerjahre wieder von der Bildfläche verschwanden, während sich das strafrechtliche Lernprogramm in Österreich über drei Jahrzehnte halten konnte und 2008 in 12. Auflage erschienen ist. Ich erblicke einen wesentlichen Grund darin, dass dieses Lernprogramm von Anfang an fest in die im Ansatz multimediale Unterrichtsstruktur des Linzer strafrechtlichen Grundkurses eingebunden war und dadurch eine hohe und dauerhafte Akzeptanz bei den Studierenden in Linz, aber auch an den anderen österreichischen Universitäten erreichte. So konnte das Lernprogramm mit jeder Auflage verbessert, der Rechtsentwicklung und den aktuellen Unterrichtsbedürfnissen angepasst werden. Hinzu kommt, dass viele der heute Lehrenden als Studierende selbst zum strafrechtlichen Lernprogramm gegriffen haben.

Alle meine in Österreich publizierten Bücher sind im Manz Verlag erschienen. Zu dem im Herbst 2005 viel zu früh verstorbenen Verlagschef Diplomkaufmann *Franz Stein* entstand schon mit unserer ersten Begegnung im Jahr 1971 ein besonderes Vertrauensverhältnis, das zum Fundament einer langjährigen Verbindung zwischen Autor und Verlag wurde. Zu Beginn meiner Tätigkeit in Linz stieß ich auf mancherlei Schwierigkeiten, in Österreich zu publizieren. Dem so unerwartet aus dem Ausland hereingeschneiten Professor schlugen Skepsis, auch Gegenwind und Ablehnung entgegen. Der Springer Verlag, den ich als ersten kontaktierte, lehnte es rundweg ab, das strafrechtliche Lernprogramm zu veröffentlichen. Für ein solches Buch gäbe es in Österreich keine Absatzchancen. Auch hatte ich einige Mühe, meine Aufsätze bei hiesigen Fachzeitschriften unterzubringen. *Franz Stein*, der 1970 mit sechsundzwanzig Jahren die Leitung des Manz Verlags übernommen hatte und fast zehn Jahre jünger war als ich, öffnete mir sein Haus und die Verlagszeitschriften ohne Vorbehalt und ohne zu zögern. Ich habe dieses Angebot gerne und dankbar angenommen, ließ sich doch *Serinis* Rat an den Neuankömmling aus Deutschland, sich im österreichischen Strafrecht und mit österreichischen Themen zu profilieren, nunmehr problemlos umsetzen.

## *Ausblick*

Nachdem das Internet von den USA aus seinen Siegeszug angetreten hatte, begann die neue Informations- und Kommunikationstechnologie ab Mitte der neunziger Jahre allmählich auch auf die europäischen Universitäten überzugreifen. Die Verbreitung des Internets war jener Quantensprung, der nach einer mehr als dreißigjährigen Vorgeschichte den Übergang vom computerbasierten Rechtsunterricht und vom interaktiven Lernprogramm zum E-Learning ermöglichte. Die technologisch aufgerüstete und multimedial ausgerichtete Hochschuldidaktik erhielt sub titulo Mediendidaktik einen klangvollen und zukunftsträchtigen Namen.

Als erste in Europa bietet die Johannes Kepler Universität Linz seit 2003 ein komplettes Multimedia-Diplomstudium für Rechtswissenschaften auf der Basis des E-Learning an. *Bruno Binder*, Professor für Öffentliches Recht, der Initiator dieser neuen Studienform, hatte als Vizerektor für Lehre vor allem den schonenderen Einsatz der universitären Ressourcen im Blick. Er sah im Linzer programmierten Strafrechtsunterricht, insbesondere in der zeitlichen und örtlichen Flexibilität des Lehrens und des Lernens, einen seit über dreißig Jahren erfolgreichen Vorreiter einer multimedialen Studienkonzeption. Ich sollte die Effizienz und Akzeptanz dieses Unterrichts in das neue Studium einbringen. Eigentlich hatte ich vor, meine Lehrtätigkeit im Sommer 2003 mit einem ruhigen Abschiedssemester ausklingen zu lassen. Es wurde eines meiner aufregendsten Semester, denn die neue Herausforderung, den programmierten Strafrechtsunterricht weiterzuentwickeln und in das E-Learning-Konzept des Linzer Multimedia-Studiums der Rechtswissenschaften zu integrieren, elektrisierte mich und mobilisierte meine Kräfte. Ich begann, den Grundkurs Strafrecht Allgemeiner Teil für die Bedürfnisse des Multimedia-Studiums mediendidaktisch aufzubereiten und im Wege von DVD- und Streamingmodulen zu digitalisieren. Die zentrale DVD, das Lernprogramm und meine

Lehrbücher zum Allgemeinen und Besonderen Teil bilden wesentliche Bestandteile des Medienkoffers Strafrecht. Das Lernprogramm gibt es aber nach wie vor nur in der schriftlichen Form, weil nicht nur die Präsenz-, sondern auch die Multimedia-Studierenden regelmäßig mit großer Mehrheit für deren Beibehaltung votieren. Der kombinierte Grundkurs Strafrecht Allgemeiner Teil wird von meinen beiden Schülern, *Herbert Wegscheider*, seit 2000 Nachfolger von *Reinhard Moos*, sowie von *Oliver Plöckinger*, der 2006 mit einer Arbeit über Kunstfälschung und Raubkopie habilitiert wurde, mit Engagement und Überzeugung mitgetragen. Die Examensergebnisse im Präsenz- und Multimediastudium unterscheiden sich im Strafrecht kaum.

Das Institut für Multimediale Linzer Rechtsstudien wird seit 2003 von *Andreas Riedler*, Professor für Bürgerliches Recht, Versicherungsrecht und Europarecht, geleitet. Oberstes Gebot ist die Einheitlichkeit des Ausbildungs- und Prüfungsniveaus. Sie wird nicht nur durch dieselben Prüfer im Präsenz- und im Multimedia-Studium, sondern vor allem auch dadurch garantiert, dass die schriftlichen Prüfungen für Präsenz- und Multimedia-Studierende inhalts-, zeit- und korrekturgleich stattfinden. Die Studienpläne sind identisch, aber der Studienbetrieb ist wesentlich flexibler und individueller als im Präsenzstudium gestaltet. Alle Vorlesungen, Seminare, Übungen, Arbeitsgemeinschaften und Repetitorien werden außerhalb des Universitätscampus in einem eigens dafür adaptierten Gebäude angeboten. Die Räume sind nach Art der TV-Studios eingerichtet, das größte Studio bietet mehr als hundert Teilnehmern Platz. Die Veranstaltungen werden live und ungeschnitten übertragen. Die Multimedia-Studierenden können sich von jedem anderen Ort in Österreich und der Welt in die laufenden Lehrveranstaltungen einschalten und den Stream zeitversetzt noch zwei Wochen lang abrufen. Zu den Vorlesungen gibt es DVDs, zum Teil mit automatisierten Testsequenzen. Sie werden zusammen mit den aktuellen Gesetzestexten, den Lehr- und Übungsbüchern sowie den sonstigen Studienmaterialien in einem „Medienkoffer" des jeweiligen Fachs angeboten. Zahlreiche hochrangige Praktiker sind in die multimedialen Lehrveranstaltungen eingebunden. Mehrere juristische Datenbanken stehen den Multimedia-Studierenden als Fachbibliotheken kostenlos online zur Verfügung. Schriftliche Prüfungen können nicht nur in Linz, sondern auch an mehreren externen Studienstandorten sowie bei österreichischen Notariaten und außerdem weltweit an den österreichischen Botschaften abgelegt werden, mündliche entweder in Linz, den externen Studienorten oder über Videokonferenzen.

Eine 2006 von der Fernuniversität Hagen durchgeführte Evaluierung bescheinigt dem Linzer multimedialen Rechtsstudium ein perfekt durchorganisiertes „richtungsweisendes Konzept". Bei ungefähr 600 Studienanfängern im Jahr nehmen derzeit mehr als 3.000 Studierende aktiv an diesem Studium teil. Der

Korrekturaufwand ist beträchtlich. Pro Studienjahr werden insgesamt etwa 8.500 Prüfungsarbeiten geschrieben und den Studierenden mit den Korrekturvermerken auf elektronischem Weg zugeleitet.

Durch die Berufung nach Österreich zum Wanderer zwischen zwei Welten geworden, bin ich dankbar dafür, dass ich seit mehr als vier Jahrzehnten das Privileg genießen darf, junge Menschen zu unterrichten. Nimmt man meine Lehrtätigkeit an der Universität Freiburg seit 1958 hinzu, sind es sogar fünfzig Jahre. „Forschung und Lehre" habe ich stets als Auftrag und Verpflichtung angesehen, beides gleichrangig zu betreiben und miteinander zu verknüpfen. Als Forscher wusste ich das Vorrecht zu schätzen, Themen und Projekte, die mich gefesselt haben, in freier Selbstbestimmung aufzugreifen, auch dann, wenn sie nicht in den wissenschaftlichen Mainstream passten oder im Bereich der Didaktik Neuland zu erschließen war. Das Gespräch mit der Praxis habe ich immer gern gesucht und als Bereicherung empfunden. Als Verfasser anwendungsorientierter Lehrbücher und Mitautor des Wiener Kommentars bereitet mir auch die damit verbundene „juristische Miniaturarbeit" nach wie vor Freude. Das Privatleben mit Familie und guten Freunden, auf das in Österreich großer Wert gelegt wird, ist darüber nicht zu kurz gekommen. Dem Tennisspiel, das sich auch zum Familiensport entwickelte, bin ich lange treu geblieben. Bei dem reichhaltigen kulturellen Angebot in Linz, Salzburg und Wien sowie dem Zauber der Berge und der landschaftlichen Vielfalt war es ein Leichtes, Zugang zu Österreich und seinen vielen liebenswerten Seiten zu finden.

Das Wichtigste aber kommt zum Schluss, und das Wichigste ist meine Frau. *Elgin* wäre selbst gerne Juristin geworden. Sie hat auf den Abschluss ihres Studiums, eine eigene Karriere und damit auch auf die Fortsetzung einer langen Familientradition verzichtet, um zu heiraten. „What a waste of talents", schrieb ihre englische Freundin damals entgeistert. *Elgin* hat das nicht so gesehen. Die beiden Kinder aus erster Ehe waren zu betreuen, weiterer Nachwuchs, *Philip* und *Rolf*, stellte sich ein. Eine solche Familiensituation forderte von Anfang an vollen Einsatz. Über die Mär von der intellektuellen Unterforderung der „Nur-Hausfrauen" hat die vielseitig Interessierte und Tätige nur den Kopf geschüttelt und mit ihrem Frohsinn, ihrer Umsicht und mit Fortune das Unternehmen Großfamilie erfolgreich durch alle Fährnisse des Lebens gesteuert und dabei auch stets für meine Bodenhaftung gesorgt. Ihr gilt mein besonderer Dank.

## *Schriftenverzeichnis (in Auswahl)*

### *1. Selbständiges Schrifttum*

Körperliche Züchtigung und soziale Adäquanz im Strafrecht, 1961.

Das erlaubte Risiko im Strafrecht, 1966.

Urkunden im Strafrecht, 1967.

Privatsphäre und Strafrecht, 1969.

Vorlesung und Vorlesungskritik, Arbeitskreis für Hochschuldidaktik, 1971.

Der Einheitstäter im Strafrecht, 1971.

Urkunden und andere Gewährschaftsträger, 1979.

### *2. Kommentierungen*

Strafgesetzbuch, Wiener Kommentar, §§ 223–231, 1. Aufl. 1982, 2. Aufl. 2000, Austauschheft 2006, gemeinsam mit Hans Valentin Schroll.

Strafgesetzbuch, Wiener Kommentar, §§ 232–241, 1. Aufl. 1986.

### *3. Lehrbücher und Fallsammlungen*

Strafrechtsfälle, 1. Aufl. 1967, 9. Aufl. 1989.

Strafrecht Allgemeiner Teil, 1. Aufl. 1975, 4. Aufl. 1984.

Fälle und Lösungen zum Strafrecht (Hrsg.), 1. Aufl. 1982, 2. Aufl. 1989.

Lernprogramm Strafrecht Allgemeiner Teil, 1. Aufl. 1974, 12. Aufl. 2008, 13. Aufl. 2009 (in Vorbereitung).

Grundriß des Strafrechts. Allgemeiner Teil, seit 8. Aufl. 2000 gemeinsam mit Frank Höpfel, 12. Aufl. 2007, 13. Aufl. 2009 (in Vorbereitung).

Grundriss des österreichischen Strafrechts. Besonderer Teil I, 1. Aufl. 1978, 5. Aufl. 2003, gemeinsam mit Hans Valentin Schroll.

Grundriss des österreichischen Strafrechts. Besonderer Teil II, 1. Aufl. 1980, 3. Aufl. 1993.

Grundriss des österreichischen Strafrechts. Besonderer Teil III, gemeinsam mit Kurt Schmoller, 1999.

Studienbuch Strafrecht. Besonderer Teil I, gemeinsam mit Hans Valentin Schroll, 1. Aufl. 2003, 2. Aufl., 2008.

Studienbuch Strafrecht. Besonderer Teil II, gemeinsam mit Kurt Schmoller, 2003.

Studienbuch Strafrecht. Besonderer Teil III, gemeinsam mit Kurt Schmoller, 2005, 2. Aufl. 2009.

## *4. Aufsätze in Zeitschriften und Sammelwerken*

Die Verteidigung im Verwaltungsverfahren, BadWürttVBl 1962, S. 149–152, S. 165–169.

Die Fehlerhaftigkeit mehrstufiger Verwaltungsakte nach dem Bundesbaugesetz und dem Bundesfernstraßengesetz. Zugleich ein Beitrag zur Evidenztheorie, DÖV 1963, S. 96–102.

Betriebskriminalität und Betriebsstrafe, JZ 1965, S. 599–605.

Urkundenbegriff und „Rechtserheblichkeit“, ZStW 82. Bd. (1970), S. 344–378.

„Absichtsurkunden“ und „Zufallsurkunden“, GA 1970, S. 193–214.

„Beteiligung“ und „Teilnahme“. Zum Verhältnis vom OWiG zum StGB, NJW 1970, S. 1826–1833.

Urkunden und technische Aufzeichnungen, JZ 1971, S. 163–167.

Erscheinungsformen der Einheitstäterschaft, in: Müller-Dietz, Heinz (Hrsg.), Strafrechtsdogmatik und Kriminalpolitik, 1971, S. 21–58.

Juristische Lernprogramme, JR 1972, S. 89–95.

Zur gegenwärtigen Situation der Strafrechtsdogmatik in Österreich, JZ 1972, S. 569–577.

Neue Horizonte des Urkundenstrafrechts, in: Festschrift für Reinhart Maurach, 1972, S. 431–450.

Probleme der Einheitstäterschaft in: Strafrechtliche Probleme der Gegenwart Bd. 1, 1973, S. 63–104.

Die Einheitstäterregelung der §§ 12 ff. und 32 ff. Grundlagen, System und Auslegung, JBl 1974, S. 113–123, S. 180–192.

Die Garantenpflichten (§ 2 StGB). System, Voraussetzungen und Grenzen, JBl 1975, S. 13–22, S. 80–86.

Der rechtfertigende Notstand, ÖJZ 1975, S. 421–431.

Zur Gleichwertigkeit von Tun und Unterlassen, ÖJZ 1976, S. 197–202.

Unrechtsbewusstsein und Verbotsirrtum, ÖJZ 1976, S. 113–121.

Die Schriftform der Urkunde, in: Festschrift für Hermann Eichler, 1977, S. 347–366.

Urkunden und Beweiszeichen, in: Festschrift für Thomas Würtenberger, 1977, S. 187–218.

Imstichlassen eines Verletzten (§ 94 StGB). Wesen, Voraussetzungen, Grenzen, ÖJZ 1977, S. 425–432.

Die Fahrlässigkeit unter besonderer Berücksichtigung des Straßenverkehrs, ZVR 1977, S. 129–134, S. 162–172.

Die Hilfeleistungspflicht des Arztes nach deutschem und österreichischem Strafrecht, in: Festschrift für Paul Bockelmann, 1979, S. 591–601.

Grundprobleme des Urkundenstrafrechts in rechtsvergleichender Sicht, ZStR 1981, S. 25–44.

Zur Veruntreuung und Unterschlagung von „Giralgeld“, ÖJZ 1985, S. 487–489.

Arzthaftung und Aufklärungspflicht im österreichischen Strafrecht in: Gramberg-Danielsen, Berndt (Hrsg.), Rechtsophtalmologie, 1985, S. 29–38.

Probleme des strafrechtlichen Geldbegriffs. Rechtliche, rechtsvergleichende und numismatische Aspekte, ÖJZ 1986, S. 423–433.

Der bestechliche Machthaber (§§ 153, 153a StGB), RZ 1988, S. 74–80.

Probleme des unvermittelt abgebrochenen Versuchs, in: Festschrift für Franz Pallin, 1989, S. 205–220.

Das neue liechtensteinische Urkunden- und Beweiszeichenstrafrecht. Rechtsvergleichende Betrachtungen unter Berücksichtigung des österreichischen, deutschen und schweizerischen Strafrechts, LJZ 1989, S. 67–76.

Dauerdelikt und Dauerstraftat am Beispiel der Begehungsformen der Hehlerei, JBl 1991, S. 435–439.

Die Geldwäscherei, ÖJZ 1993, S. 80–85.

Reichweite und Grenzen der Begünstigung, in: Festschrift für Rudolf Strasser, 1993, S. 227–250.

Bildung einer kriminellen Organisation (§ 278a Abs. 1 StGB), JBl 1995, S. 613–623.

Zur Vereinheitlichung des Beweismittelbegriffs im StGB, in: Gedächtnisschrift für Heinz Zipf, 1999, S. 375–391.

Toleranz und Recht, in: Festschrift für Udo Jesionek, 2002, S. 349–363.

Der Oberste Gerichtshof und das Prinzip der funktionalen Einheitstäterschaft, in: Festschrift für Herbert Steininger, 2003, S. 157–172.

Die Wiener Werkstätte. Sein und Schein aus strafrechtlicher Sicht. Sicht und Sein aus strafrechtlicher Sicht, in: Festschrift für Manfred Burgstaller, 2004, S. 75–95.

Karl Lackner

# Karl Lackner

## I. Kindheit und Grundschule

Geboren bin ich am 18. Februar 1917, also gegen Ende des ersten Weltkrieges. Meine Mutter konnte damals meine beiden Brüder und mich in Bochum (Westf.) beim besten Willen nicht zureichend ernähren. Mein Vater leitete hier im Rahmen der Staatsanwaltschaft die Unterabteilung „Amtsanwälte", war zu diesem Zeitpunkt aber im Kriegseinsatz. Meine Mutter war deshalb zu unserer Großmutter nach Maikammer (Pfalz) gezogen. Aber auch hier war die Ernährung der Kinder ein Problem. Ich bin infolge der allgemeinen Mangellage an Rachitis erkrankt. Deren Folge bestand in einer Skoliose, die als solche zunächst nicht erkennbar war. Als ich ungefähr acht Jahre alt war, hat ein Arzt die Krankheit erkannt und sog. Heilturnen empfohlen. Ich wurde deshalb u.a. in einem Dehnapparat aufgehängt, und zwar so, daß ich mit den Zehenspitzen den Boden gerade noch berührte. Auf diese Weise sollte das Rückgrat gestreckt werden. Diese Behandlung habe ich ein paar Jahre über mich ergehen lassen, bis der Arzt meinte, daß davon keine weitere Wirkung mehr zu erwarten sei.

Die Not hielt über das Kriegsende an und wurde durch die einsetzende Inflation, die das Geld vollständig entwertete, erheblich verschärft. Viele haben damals ihr ganzes Vermögen verloren und sind völlig verarmt. In den Industriezentren – auch in Bochum – führte das zu einer Radikalisierung der Parteien und zu einem starken Anwachsen der Nationalsozialisten und der Kommunisten. Deren Anhänger lieferten sich fast täglich im sog. Weilenbrink (in der Nähe der Probsteikirche) Straßenschlachten, bei denen es manchmal Tote und regelmäßig Verletzte gab. Ich konnte das damals aus dem oberen Stockwerk unseres Hauses beobachten.

Mittelfristig ist es meinen Eltern etwas besser gegangen. Meine Mutter hatte aus der Erbschaft unserer Großmutter, die 1917 verstorben war, die Mittel erlangt, um ein Mietshaus in Bochum in der Scharnhorststraße erwerben zu können. Nach Kriegsende war mein Vater heimgekehrt und hatte seinen Dienst bei der Staatsanwaltschaft in Bochum wieder angetreten. Das hatte dann auch den Umzug der übrigen Familie nach Bochum zur Folge. Wir zogen in das Haus ein, in dem wir eine Sechs-Zimmer-Wohnung selbst bewohnten und die übrigen drei vermieteten. Der Ertrag aus den Mieten war allerdings gering, weil er von der damals zu entrichtenden Hauszinssteuer nahezu vollständig aufgezehrt wurde. 1922 wurde meine Schwester *Johanna* geboren. Für die Wohnverhältnisse ergab sich daraus nur, daß wir etwas näher zusammenrükken mußten.

Mit der Währungsreform und Einführung der Rentenmark im Jahre 1923 trat insofern eine Verbesserung der Lage ein, als die Menschen jetzt auf einer festen, allerdings ganz niedrigen Basis neu anfangen konnten. Vereinfachend und pauschalierend, im Kern aber zutreffend, kann man feststellen, daß damals nur die „Kriegsgewinnler", die durch Betrügereien und andere dubiose Geschäfte die Not der Menschen ausgebeutet hatten, reich geworden sind. Sie ersetzten die bisherigen „Reichen" durch die Schicht der „Neureichen".

Die Verbesserung der wirtschaftlichen Lage der Bevölkerung beschleunigte sich, so daß es schon im Jahre 1927 zu einer (Schein-)Blüte kam, die viele dazu verleitete, ihre in der Regel noch beschränkten Barmittel in Spekulationspapieren (namentlich Aktien) anzulegen und häufig auch durch Bankkredite aufzustocken. Mit der allgemeinen Weltwirtschaftskrise im Jahre 1929 wurden diese Papiere wertlos mit der Folge, daß nun die Bankkredite abgedeckt werden mußten. So ist es auch meinem Vater ergangen. Allerdings konnte er sich schnell mit seiner Bank einigen, weil nur ein relativ geringer Betrag zur Debatte stand. Meine Mutter hat der Verlust zu größter Sparsamkeit in der Haushaltsführung angespornt. Tröstlich war dabei, daß die Preise für Lebensmittel extrem niedrig waren; ich kann mich daran erinnern, daß z.B. vier Apfelsinen nur 10 Pfennig gekostet haben.

An die Grundschule (von 1923–1927) habe ich kaum Erinnerungen. Ich habe sie aber, wie sich aus einem erhaltenen Zeugnisheft ergibt, anstandslos durchlaufen und gute Zeugnisse heimgebracht. Allerdings wurde mir auch bescheinigt, daß ich aus Gesundheitsgründen häufig gefehlt habe und bei meiner Großmutter in Maikammer gewesen sei (in einem Zeugnis über das erste Viertel des zweiten Schuljahres heißt es lapidar „Drei Monate auf dem Lande – Lehrer Lurch"). Aus der Grundschulzeit erwähnenswert ist noch der Umstand, daß damals die Schriftformen ständig umgestellt wurden. Es mußte der Übergang von der Schräg- über die Steilschrift zu Sütterlin und von deutschen zu lateinischen Buchstaben bewältigt werden. Ich habe das damals als verwirrend und lästig empfunden. Ich führe darauf zurück, daß ich mit meiner Handschrift auch heute noch unzufrieden bin. Jedenfalls haben meine beiden Söhne eine ungleich bessere Schrift.

## II. Höhere Schule und Studium

Ostern 1927 kam ich dann auf das staatliche Gymnasium in Bochum, das ich bis in den Sommer 1933 besucht habe. Diese Schule war für mich ein Glücksfall. Sie stellte an die Schüler sehr hohe Anforderungen, was dazu führte, daß viele Eltern ihre Kinder nicht dorthin schickten, sondern auf eine Oberrealschule oder auf ein auswärtiges Gymnasium. Von den Kindern, die es dennoch mit der Schule versuchten, scheiterten nicht wenige nach einem oder mehreren Mißerfolgen (Sitzenbleiben!) und mußten die Schule verlassen. Das Ergebnis war, daß die verbleibenden Schüler durchweg begabter waren als der allgemeine Durchschnitt und deshalb auch mehr vom Unterricht profitierten. In Bochum hat dieser Zustand übrigens zu erheblichen Auseinandersetzungen mit der Elternschaft und den Schulbehörden geführt. Der Schuldirektor hat sich aber durchgesetzt und an seiner Linie festgehalten. Trotz dieser erhöhten Anforderungen war ich in meiner Klasse unter den besseren Schülern. Meine Zeugnisse bewegten sich durchweg im „Gut"-Bereich („sehr gut" war zuvor noch nie vergeben worden). Trotzdem galt ich nicht als Streber. Ich beteiligte mich nämlich an den vorwiegend sportlichen Aktivitäten meiner Mitschüler (z.B. Ballspielen auf dem Fußballplatz oder auf der Straße und Wettkämpfe auf dem Sportplatz). Zwar ließen meine Leistungen auf diesem Gebiet sehr zu wünschen übrig. Das machte aber weder mir noch meinen Freunden etwas aus. Im Ergebnis wichtiger war, daß ich mich auch an dummen Streichen beteiligte, die wir als 10- bis 13jährige verübten. Einer davon ist mir noch in guter Erinnerung. Wir waren in der Quarta (also 12jährig) in einer Gruppe von Mitschülern nach vorgefaßtem Plan im Kaufhaus „Alsberg" in die Lebensmittelabteilung gegangen. Dort hatten wir auf dem Fußboden (ganz bewußt nicht zwischen den Lebensmitteln) eine Stinkbombe abgelegt und uns ein Stück weit zurückgezogen, um die Wirkung auf das Verkaufspersonal und die Kunden zu beobachten. Hier hatten wir aber die Rechnung ohne den Wirt gemacht. Ein Hausdetektiv hatte uns offenbar beobachtet und uns deshalb zur Rede gestellt. In den Bochumer Lokalzeitungen wurde der Vorfall aufgegriffen und als schwerwiegend, zum Teil sogar als skandalös bewertet. Vor allem wurde der Verdacht geäußert, daß unser Motiv Judenhaß gewesen sei. Intern wurde dieser Vorwurf allerdings nicht aufrechterhalten, weil man unserer zutreffenden Einlassung glaubte, gar nicht gewußt zu haben, daß Alsberg in jüdischer Hand war. Zu bemerken ist noch, daß unser Religionslehrer in der nachfolgenden Unterrichtsstunde fragte, wer an dem Vorfall beteiligt gewesen sei. Auf Grund der darauf gegebenen Antworten stellte er enttäuscht fest: „Alles Katholiken!" In dem Zeugnis, das dann später folgte, war zu lesen: „Betragen nicht befriedigend. Der Vorfall ist den Eltern bekannt".

Die meisten Mitschüler – auch ich – unterlagen dem konservativen Zeitgeist, wie er sich im Bürgertum herausgebildet hatte. Wir trugen stolz bunte Schülermützen, deren Farbe jedes Jahr wechselte (von dunkelblau über rot und grün zu weiß). Wir bevorzugten die alte Reichsflagge Schwarz-Weiß-Rot (Schwarz-Rot-Gold war die Fahne des im bürgerlichen Lager abgelehnten und mißachteten Systems; nach einer Gerichtsentscheidung durfte Friedrich Ebert als Landesverräter (!) bezeichnet werden). Damit ging wohl auch ein latenter Antisemitismus einher, den ich selbst nicht wahrnahm, der in den Medien aber bisweilen erhoben und auf den Vorwurf gestützt wurde, daß die Juden Seilschaften bildeten und sich gegenseitig durch Ämterpatronage in leitende Positionen „hochhievten".

Im Laufe der folgenden Jahre hat sich die beschriebene Sonderstellung des Bochumer Gymnasiums – namentlich nachdem der bisherige Rektor in den Ruhestand getreten war – zunehmend abgeschwächt. Als ich 1933 die Schule verließ, war der Unterschied zu anderen Schulen nur noch unerheblich. Mir selbst ist aber der Vorteil geblieben, den ich in den vorausgegangenen nahezu sieben Jahren erreicht hatte.

Im Jahre 1932 wurde meinem Vater die Stelle des Leiters der Amtsanwaltschaft in Bonn angeboten, die er nicht ohne Bedenken, aber unter freudiger Zustimmung seiner Söhne annahm. Wir zogen dann bald nach Bonn um und bauten dort – als das Bauen extrem billig war – ein Einfamilienreihenhaus. Insoweit war mein Vater der Anregung eines Kriegskameraden gefolgt, der sich als Bauunternehmer selbständig gemacht und versprochen hatte, daß er das Haus für einen Festpreis von 12.000 Mark bauen werde. Leider fiel der Unternehmer, als das Haus ungefähr zur Hälfte fertig war, in Konkurs. Wir mußten nun auf eigene Kosten weiterbauen mit dem Ergebnis, daß wir am Ende 24.000 Mark aufwenden mußten. Das führte wiederum zu einer angespannten finanziellen Lage, die allerdings durch die Sparsamkeit und die Umsicht meiner Mutter in nicht allzu langer Zeit überwunden wurde.

Weder die Machtergreifung *Hitlers* noch das Ermächtigungsgesetz hat in meinem Leben Auswirkungen gehabt. Es ging zunächst alles weiter wie zuvor, auch in der Schule. Meine Lehrer waren ausnahmslos keine Nazis und setzten deshalb ihren Unterricht wie gewohnt fort. In anderen Schulen oder Schulklassen war das häufig schon anders. Soweit dort Lehrer unterrichteten, die sich als „fortschrittlich" verstanden und deshalb in der Bewegung „mitschwammen" (Lehrer neigen übrigens mehr als andere Berufsgruppen dazu), wurde schon massiv nationalsozialistisches Gedankengut verbreitet.

Für mich trat die erste Situation, die eine Entscheidung erforderte, im Spätsommer oder Herbst 1933 ein. Die Mitglieder von nichtsozialistischen Jugendbünden wurden aufgefordert, den NS-Organisationen (Jungvolk und Hitlerjugend) beizutreten. Ich war Mitglied des katholischen Schülerbundes „Neudeutschland" (ND), der von der katholischen Kirche ins Leben gerufen worden war. Ich selbst betreute dort eine Gruppe von etwa acht bis zehn Jungen, mit denen ich mich wöchentlich einmal zu einem Heimabend traf. Ein Pater, der als Repräsentant der Kirche handelte, empfahl uns, geschlossen ins Jungvolk überzutreten. Es sei ihm zugesichert worden, daß wir dort unsere „bündische" Arbeit unverändert fortsetzen könnten und vor allem keiner weiteren Kontrolle unterlägen. Das Angebot erschien uns verlockend. Es wurde mit Zustimmung unserer Eltern von der großen Mehrzahl der Mitglieder des ND angenommen, während einige Mitschüler den Übergang verweigerten. Welches Schicksal sie später mit ihren Familien getroffen hat, weiß ich nicht. Ich fürchte, daß es schwer war.

In den ersten Jahren nach unserem Übertritt ins Jungvolk wurde die Zusicherung eingehalten. Ich betreute nach wie vor eine Jungenschaft, die alsbald durch Zugänge zwei weiterer Jungenschaften zu einem sog. Jungzug aufgestockt wurde und dessen Führung mir zufiel. Ich durfte (oder mußte?) über der Jacke eine grüne Schnur tragen (man nannte sie „Affenschaukel"), die mich als offiziell ernannten Zugführer auswies. Einige Zeit später wurde ich dann mit der Führung eines Fähnleins beauftragt, das aus drei Jungzügen bestand. Unsere Gruppe ehemaliger ND-Mitglieder wurde ergänzt durch den Zugang einer evangelischen Gruppe, die zum Jugendbund „Quickborn" gehörte. Die beiden Gruppen bildeten zusammen das Fähnlein „Frundsberg". Sie blieben aber in der praktischen Arbeit, namentlich in der Ausgestaltung der Heimabende, völlig selbständig. Auf der Straße waren wir dagegen in Zug- oder (meist) Fähnleinformation häufiger zu sehen. Mein Vorgänger als Fähnleinführer – ein guter in der Nachbarschaft wohnender Bekannter unserer Familie – mußte ausscheiden, weil er Student wurde.

Im Zusammenhang mit der Versetzung meines Vaters kam ich im Oktober 1934 an das Staatliche Beethoven-Gymnasium in Bonn. Allerdings war diese Zeit für mich kein Ruhmesblatt. Nach meiner Ankunft in Bonn habe ich mich zunächst beim Schulleiter gemeldet. Er hat mich an den Klassenlehrer der Obersekunda weiter verwiesen. Als ich dann dort in die Klasse kam, wollte man gerade damit beginnen, eine Lateinarbeit zu schreiben. Der Lehrer stellte mir frei, mitzumachen oder es zu lassen. Ich entschied mich selbstbewußt fürs Mitmachen. Wenige Tage später wurde die Arbeit mit der Bemerkung des Lehrers zurückgegeben: „Vor dem Neuen müßt Ihr Euch in acht nehmen!" Ich hatte nämlich die bei weitem beste Arbeit geschrieben. Das war nun bedauerlicherweise für mich das Signal, mich „auf die faule Haut zu legen“. Ich nahm die bestehende Möglichkeit wahr, allwöchentlich einen auf diese Weise für mich – nicht für die ganze Klasse – schulfreien Samstag in meiner Jugendgruppe zu verbringen. Auch sonst tat ich für die Schule nur das Nötigste mit der Folge, daß ich das im Abitur 1936 erreichte Gesamtprädikat „Gut“ auch hätte verfehlen können.

Nach dem Abitur wollte ich sofort mit dem Studium beginnen. Zunächst ging es mir darum, möglichst bald an einer Universität die Ausgangsposition für eine Karriere im naturwissenschaftlichen Bereich zu gewinnen. Dazu war ein Studium in Mathematik, Physik oder einem verwandten Fach notwendig, das ich dann sofort beginnen wollte. Bei der Einschreibung wurde ich an ein in der Bonner Pädagogischen Akademie tätiges Parteigremium verwiesen. Dort wurde mir eröffnet, daß ich das Fach Mathematik nur studieren könne, wenn ich zuvor zwei Jahre über die Grundlagen der nationalsozialistischen Lehre unterrichtet worden sei; als Lehrer kämen nämlich nur überzeugte Nationalsozialisten in Frage. Ich war begreiflicherweise sehr enttäuscht und konnte mich nicht dazu entschließen, mich dieser Gehirnwäsche zu unterziehen. Ich mußte mich also nach einem anderen Fach umsehen, bei dem es nicht die Möglichkeit gab, gestützt auf ein Zwischenergebnis des Studiums die Laufbahn eines Lehrers einzuschlagen. Dazu boten sich nach meiner Erinnerung nur die Rechtswissenschaft und die Volkswirtschaftslehre an, weil es dort diese Möglichkeit nicht gab. Unter diesen Voraussetzungen hatte ich keine Probleme, der Rechtswissenschaft den Vorzug zu geben.

Dann kam zu allem Unglück noch eine weitere Verzögerung meines Studienbeginns hinzu. Ich mußte einen sog. Ausgleichsdienst leisten. Die dafür an sich zuständige Behörde vertrat nämlich den Standpunkt, daß ich wegen meiner Skoliose weder zum Arbeitsdienst noch zum Wehrdienst herangezogen werden könnte. In der nur kurze Zeit später stattfindenden Musterung wurde ich jedoch als „beschränkt tauglich“ eingestuft. Das hatte nach meiner Erinnerung zur Folge, daß ich in Friedenszeiten wohl zum Arbeitsdienst, aber nicht zum Wehrdienst eingezogen werden konnte.

Die Einberufung zum Arbeitsdienst kam dann sehr bald. Ich habe den Dienst in Unterbrechung des gerade erst begonnenen Studiums im Winterhalbjahr 1937/1938 im Arbeitslager Miel bei Bonn geleistet. Hier passierte eine kuriose Geschichte:

Die ganze Lagerbesatzung war dazu eingeteilt, Drainagegräben auszuheben. Als ich nach Ablauf des ersten Monats gerade fleißig im Graben schuftete, blieben mein Zugführer und ein mir unbekannter Mann unmittelbar neben meinem Arbeitsplatz stehen. Mein Zugführer sagte: „Den können wir nehmen. Das ist ein Student; der lernt es wohl am schnellsten." Dann sagte er zu mir gewandt: „Waschen Sie sich ihren Hals und melden Sie sich beim Koch in der Küche!" Der Hintergrund war folgender: Der Koch hatte eine Einberufung zu einem Fortbildungslehrgang, der in einem Monat beginnen sollte. Als Ersatz gab es aber keinen Metzger oder Bäcker, der vielleicht besser geeignet gewesen wäre. Also traute man dem einzigen Studenten im Lager am ehesten zu, das Kochen schneller als die sonst in Frage Kommenden lernen zu können (daß ich der einzige war, hing damit zusammen, daß ich den Arbeitsdienst im Winter leistete, während die Studenten regelmäßig im Sommer kamen). In der Küche lernte ich dann unter Anleitung des Kochs, der meistens betrunken war, alle Formen des Bratens und Backens, soweit sie für die Versorgung der ungefähr 120 Arbeitsmänner praktiziert wurden. Während dieser „Ausbildungszeit" und der damit verbundenen Abwesenheit des Kochs, war ich der „Küchenchef", der den Betrieb unverändert weiterführte. Nach Rückkehr des Kochs wurde ich für meine Tätigkeit belobigt und gebeten, die wenigen Wochen bis zur Entlassung in der Küche zu bleiben.

Ich habe dann – eben kurzzeitig durch den Arbeitsdienst unterbrochen – insgesamt sechs Semester studiert. Das zweite und fünfte Semester in München, die übrigen in Bonn. Ich war in dieser Zeit sehr fleißig. Nur in meinem ersten Münchener Semester war ich von dieser Stadt so fasziniert, daß ich jeden Tag unterwegs war, um dort alles zu sehen. Ich habe fast alle Museen und Kirchen besucht. In den verschiedenen Theatern gab es trotz der Kriegszeit viele Schauspiele, Opern und Operetten. Besonders an die Aufführungen der Zauberflöte, des Freischütz und des Parzival erinnere ich mich noch lebhaft. Ich war damit so beschäftigt, daß ich meine Hörsäle während dieser (relativ kurzen) Zeit nicht von innen gesehen habe. Als ich nach dem Krieg, etwa 30 Jahre später, nach München kam, konnte ich sehr genau beschreiben, was sich infolge der Kriegseinwirkung und dem danach folgenden Wiederaufbau verändert hatte. Es war wesentlich mehr, als ich erwartet hatte.

Im Studium hatte ich insofern Glück, als in Bonn alle Professoren, bei denen ich hörte, schon vor der Machtübernahme in der Bonner Rechts- und Staatswissenschaftlichen Fakultät gelehrt hatten und deshalb kein NS-Gedankengut vertraten. Im Gegenteil: Der *Graf zu Dohna* war ein international renommierter Strafrechtslehrer, den die Nazis wohl deshalb nicht aus dem Amt entfernten, weil sie im Ausland kein Aufsehen erregen wollten. Ähnliches gilt auch für den Vertreter des öffentlichen Rechts, Professor *Ernst Friesenhahn*, der ein Gegner des Nazi-Regimes war. Ich habe bei ihm noch ausgesprochen „klassisches" Verfassungs- und Verwaltungsrecht gehört. Dafür bin ich ihm dankbar. Allerdings gab es an einigen Universitäten auch schon Professoren des Staats- und sonstigen öffentlichen Rechts, die ihre Vorlesungen, Übungen und Seminare bereits im Sinne der Nazis gestalteten. Es waren aber nur wenige. Immerhin ist mir noch der Name *Koellreutter* erinnerlich, von dem ich glaube, daß er zu dieser Gruppe gehörte. Dazu paßt auch der Umstand, daß er gerade in München, der „Hauptstadt der Bewegung", einen Lehrstuhl hatte.

Die in den einzelnen Semestern vorgeschriebenen Scheine habe ich stets mit Arbeiten im „Gut"-Bereich erworben. Die Mindeststudienzeit von sechs Semestern war dann im Sommer 1939 erreicht. Ich habe die Gelegenheit genutzt, mich sofort zur Ersten Juristischen Staatsprüfung zu melden.

## *III. Kriegseinsatz und dessen unmittelbare Vorbereitung*

Unglücklicherweise wurde damals auch noch massiv dafür geworben, die Studenten sollten während ihrer Semesterferien einen Erntedienst leisten, um den Bauern beim Einbringen der Ernte zu helfen. Diesen fehle dazu die notwendige Zahl an Helfern und auch die erforderlichen Mittel, um solche Helfer zu bezahlen. Ich habe geglaubt, mich dem nicht entziehen zu können.

Zusammen mit einem anderen Studenten wurde ich einem Betrieb in Westpreußen (nahe der Marienburg) zugewiesen, der von zwei älteren Geschwistern bewirtschaftet wurde. Dort haben wir das Getreide mit einer von Pferden gezogenen Maschine gemäht, es auf dem Boden zum Trocknen verteilt, dann in Garben gebunden und zum größten Teil noch in die Scheune eingefahren. Die Heimfahrt fand zwei Tage später statt. Dort trafen wir wenige Tage vor Kriegsbeginn ein. Daß unser Einsatz in Wahrheit eine unmittelbare Kriegsvorbereitung war (die Ernte mußte vorher herein!), konnten wir nicht erkennen.

Nach Kriegsbeginn erkundigte ich mich beim Wehrersatzamt, ob die Einschränkung, daß ich wegen meiner Skoliose nicht zum Wehrdienst eingezogen werden könne, auch im Krieg gelte. Die Frage wurde verneint, aber mit dem Hinweis verbunden, daß mit meiner Heranziehung in absehbarer Zukunft nicht zu rechnen sei. Ich habe dann aber darum gebeten, meine alsbaldige Einberufung zur Luftwaffe (Flakartillerie oder Fernmeldedienst) ins Auge zu fassen. Das geschah nicht, weil ich in den Krieg ziehen und *Hitler* unterstützen wollte, sondern weil ich mir selbst und auch anderen beweisen wollte, daß ich trotz meines Rückendefekts körperlich voll leistungsfähig war. Ob es wirklich vernünftig war, mich damit Gefahren auszusetzen, die mit Einsätzen an der Front verbunden sein konnten, möchte ich heute bezweifeln. Jedenfalls habe ich das damals nicht erkannt. Außerdem war mir die allein in Frage kommende

Alternative, in der Wehrmachtsverwaltung tätig zu werden (Schreibstube!), höchst unsympathisch.

Schon wenige Tage nach Kriegsbeginn teilte mir das Prüfungsamt mit, daß ich nun nicht das normale Examen, sondern ein sog. Notexamen ablegen müsse. Dieses bestand aus zwei Klausuren und einer mündlichen Prüfung. Das war für mich keine gute Nachricht; denn ich hatte mich sofort nach Schluß des Sommersemesters zum Examen gemeldet und bereits die Aufgabe für die Hausarbeit erhalten. Viel hatte ich allerdings wegen des Erntedienstes noch nicht zu Papier gebracht. Ich habe das Examen mit der Note „lobenswert" bestanden (Notenskala: ausgezeichnet, lobenswert, gut, befriedigend, ausreichend, mangelhaft, ungenügend; die Note „ausgezeichnet" war in der vorausgegangenen Praxis des Prüfungsamts noch nie vergeben worden).

In den ersten Wochen des Januars wurde ich dann zum Wehrdienst einberufen und einer Flakabteilung in Wolfenbüttel zugeteilt. Dort erhielt ich zunächst die für alle vorgeschriebene allgemeine Grundausbildung, die zeigen sollte, daß das Leben als Soldat hart war. Wir mußten nicht nur marschieren, sondern u.a. auch kriechen, durch den Schlamm robben und „Häschen hüpf" (wie ein Hase große Sprünge vorwärts) machen. Die Unteroffiziere, die diesen „Sport" leiteten, waren offenbar ausgesprochene Sadisten, denen es ein Vergnügen war, namentlich Abiturienten und Studenten, in dieser Weise zu schikanieren. Hier hat mir meine Bereitschaft, Soldat zu werden, leid getan, weil ich diese Art der Menschenbehandlung als unwürdig und demütigend empfand.

Nach dieser Grundausbildung folgte dann in Wolfenbüttel meine Ausbildung zum Funker. Das Verhältnis zu den Unteroffizieren war wie ausgewechselt. Es war vertrauensvoll, nahezu freundschaftlich. Ich war offenbar auch für diese Ausbildung nicht unbegabt; denn ich brachte es binnen kurzer Zeit im Morsen auf 120 Buchstaben in der Minute, was allgemein als respektable, bisher nur von Berufssoldaten erreichte Leistung beurteilt wurde. In dem zweimonatigen Lehrgang lernten wir neben dem Morsen das Einrichten von Funkstellen in Flug- und Erdkampfstellungen, die Aufgaben der Funkstellen bei der Aufnahme und Weiterleitung von Befehlen und Informationen, kurzum alles, was ein Funker wissen muß, um im Ernstfall ein Höchstmaß an erfolgreicher Zusammenarbeit zwischen den beteiligten Kampfeinheiten zu ermöglichen. Ich habe den Lehrgang mit gutem Erfolg abgeschlossen. Mir wurde Einblick in die Beurteilung gewährt, die mich als Funker für alle im Krieg in Frage kommenden Einsätze als gut geeignet qualifizierte.

An den dann folgenden Lehrgang im Fernmeldedienst (in Gütersloh) habe ich nur noch vage Erinnerungen. Das hängt wohl damit zusammen, daß ich nach dem vorausgegangenen Lehrgang kein Interesse mehr an dieser Ausbildung hatte. Ich wollte alles daransetzen, als Funker und nicht als Fernmelder eingesetzt zu werden. Gleichwohl habe ich auch diesen Lehrgang erfolgreich abgeschlossen. Wenn ich an ihn denke, verbindet sich damit immer die Vorstellung, Kabel auf Hunderte von Metern aus- und dann wieder einzurollen.

Mit diesen Lehrgängen war meine Ausbildung beendet. Danach wurde ich mit dem untersten Dienstgrad als „Kanonier“ einer Einheit zugewiesen. Es war eine Flakabteilung, die in Oberschlesien beheimatet, aber zur Zeit im Hafen von Calais eingesetzt war. Hier wartete die erste große Enttäuschung auf mich. Die Einheit hatte keine Funkstelle. Ich mußte mich deshalb damit abfinden, unmittelbar an der Kanone (2 cm Flak) eingesetzt zu werden. In Calais befanden sich unsere Stellungen auf einem Hochhaus. Wir hatten einen weiten Blick nach Norden übers Meer und nach Süden über die Stadt. Hätte man das als Tourist erlebt, wäre man sicher fasziniert gewesen. So aber mußte man immer auf der Hut sein; denn ein feindlicher Angriff auf die Stadt lag im Rahmen des durchaus Erwartbaren. „Posten schieben“ und ständig den Himmel beobachten war notwendig. Wir erledigten das in drei Schichten täglich. In Calais hat es keinen Angriff gegeben. Wir hatten deshalb im ganzen ein relativ leichtes Leben.

Nach einiger Zeit kam der Befehl zum Stellungswechsel nach Boulogne. Dort wurden unsere Geschütze in der Stadt verteilt und immer wieder an anderen Punkten eingesetzt. Geschossen wurde auch hier nicht. Überhaupt war dieser Einsatz nur eine kurze Episode. Schon sehr bald kam der Befehl zum Stellungswechsel nach St. Nazaire, dem wichtigsten deutschen U-Boothafen im französischen Westen. Er galt als besonders gefährdetes Ziel, das deshalb durch eine Vielzahl von Flakgeschützen geschützt wurde. Hier waren wir lange (bis zum April 1941) eingesetzt.

An einem warmen, durch die Sonne aufgeheizten Tag im Mai kam dann wieder der Befehl zum Stellungswechsel. Wir wurden in den äußersten Osten von Ostpreußen, den sog. „Suwalki-Zipfel“ verlegt. Wir sahen sofort, daß hier eine wohlgetarnte enorme Truppenmasse zusammengezogen war, die natürlich Anlaß zu vielen Spekulationen über den Zweck dieses Einsatzes gab. Am meisten lief das Gerücht um, Hitler habe von Rußland auf Grund des unmittelbar vor Kriegsbeginn geschlossenen Paktes die Erlaubnis erhalten, mit einer starken Armee über russischen Boden die Ölquellen von Baku zu erreichen und in Besitz zu nehmen. Es spricht einiges dafür, daß dieses Gerücht gezielt verbreitet worden ist, um ein Höchstmaß an Geheimhaltung zu erreichen; denn auf diese Weise wurden auch die beteiligten deutschen Verbände vom Einsatzbefehl überrascht. Am Vorabend des Angriffs – es war in der Abenddämmerung – wurden alle Einheiten in diesem Abschnitt zum Appell befohlen. Es wurde der Führerbefehl verlesen, daß der Angriff auf Rußland um drei Uhr morgens beginnen werde. Ich war aufs äußerste betroffen und kehrte mit der Bemerkung in unser Zelt zurück: „Kennt er denn das Schicksal von Napoleons Armee nicht?“

In der Beschreibung des Krieges werde ich mich kurz fassen und nur den wesentlichen Ablauf schildern. Allgemein möchte ich aber bemerken, daß für den Frontabschnitt, in dem wir uns im Sommer und Herbst 1941 bewegten, folgende Lage typisch war: Oft passierte tagelang, bisweilen sogar wochenlang, gar nichts nach dem Motto: „Die Hälfte seines Lebens wartet der Soldat vergebens.“ Dann gab es aber auch mehr oder weniger unerwartete Angriffe auf der Erde oder aus der Luft, die regelmäßig nicht zu nennenswerten Verlusten führten. Daß sich die Verluste in Grenzen hielten, erklärt sich nicht zuletzt auch daraus, daß die hier eingesetzten russischen Streitkräfte zahlenmäßig schwach und wahrscheinlich auch unzureichend ausgebildet waren. Nicht ganz ohne Bedeutung war auch, daß wir unsere Stellungen immer so schnell wie möglich ausbauten und Gräben anlegten, die eine gewisse Deckung gewährten. Jedenfalls hatten wir unter Angriffen bei weitem nicht so schwer zu leiden wie die Zivilbevölkerung in den Ballungsgebieten in Deutschland, etwa in Berlin, Köln, Hamburg oder Dresden. Das gilt auch für viele Frontsoldaten, aber keineswegs für die Mehrzahl.

Ganz überraschend kam die Front aber etwa 60 Kilometer hinter Smolensk zum Stehen, ohne daß erkennbar war, warum kein Befehl zur Fortsetzung des Vormarschs kam. Als wir dann merkten, daß der Aufenthalt hier länger dauern könnte, haben wir uns darauf eingestellt und ein kompliziertes Grabensystem ausgeschaufelt, das uns ein unter diesen Umständen hohes Maß an Schutz und Bewegungsfreiheit gewährte. Tatsächlich veränderte sich die Frontlinie hier bis zum Beginn der sog. „Wjasma-Schlacht“ nicht. Auch die Russen hatten nur eine dünne Abwehrfront gebildet. Geschossen wurde von beiden Seiten ganz selten. Dabei handelte es sich in der Regel um überfallartigen Artilleriebeschuß. Auf Grund meiner „Kochausbildung“ im Arbeitslager Miel war ich in der Lage, wohlschmeckende Reibekuchen zu backen. Als das ruchbar wurde, bestürmte man mich, das doch auch hier zu machen. An einigen Tagen habe ich dann von morgens bis abends an der Pfanne gestanden. Die Kuchen gingen ab wie die „warmen Semmeln“. Den dabei entstehenden Rauch haben wir in unserem Grabensystem an eine Stelle abgeleitet, die ungefähr 300 Meter von der Feuerstelle entfernt war.

Die „Wjasma-Schlacht“ verlief in ihrer ersten Phase planmäßig. Auf Grund der Gesamtlage vermuteten wir, wahrscheinlich zutreffend, daß ein Angriff auf Moskau eingeleitet wurde mit dem Ziel, die Metropole in einer Zangenbewegung von starken Panzerverbänden einzuschließen und damit vom russischen Hinterland abzuschneiden. Als dann aber das Wetter umschlug und es plötzlich zu Temperaturen um den Nullpunkt kam, verwandelte sich das Gelände in einen zähen Morast, in dem es kein Vorwärts und meist auch kein Zurück mehr gab. Wir quälten uns unsäglich, um unsere Kanonen und Fahrzeuge an einen sicheren Ort zu bringen (diese Bilder haben sich meinem Gedächtnis nachhaltig eingeprägt). Es gelang uns schließlich, unseren Flakkampftrupp in Übereinstimmung mit einem uns erteilten Befehl in der Nähe der Kleinstadt Malo Jaroslawez zu sammeln. Hier kamen wir – völlig erschöpft – einige Zeit zur Ruhe.

Ich wurde hier zum Schichtdienst an der Funkstelle eingeteilt. Im Verein mit einem anderen Funker hatten wir die ständige Verbindung mit unseren umliegenden Verbänden zu gewährleisten. Dadurch kam es, daß ich am 3. Dezember den Funkspruch auffing, daß japanische Flugzeuge einen schweren Angriff auf den Hafen von Pearl Harbor geflogen und dabei zahlreiche amerikanische Schiffe versenkt hätten. Zugleich habe Deutschland zur Unterstützung Japans Amerika den Krieg erklärt. Ich war durch diese Nachricht aufs äußerste betroffen. In Erinnerung an den ersten Weltkrieg befürchtete ich, daß wir den Krieg wahrscheinlich nicht mehr gewinnen könnten und daß es jetzt nur noch darum gehen werde, durch unseren Widerstand einen Verständigungsfrieden zu erreichen. Daß die Alliierten auf Grund ihrer Vereinbarungen unter allen Umständen die Kapitulation Deutschlands erzwingen wollten, war mir damals noch nicht bekannt.

Nach der vorzeitigen Schlammperiode setzte wiederum sehr früh ein unverhältnismäßig harter Winter ein. Wir waren noch in unseren Stellungen um Malo Jaroslawez und hatten – Gott sei Dank – einen großen unterirdischen Bunker gebaut, der gegen den Frost einigermaßen Schutz gewährte. Wir haben Frostnächte erlebt, in denen das Thermometer auf -52° Celsius sank. Da es bei dieser Temperatur aber immer windstill ist, hielt man es gar nicht für so sehr kalt. Auch ist die Gefahr von Erfrierungen nicht nur von der Temperatur, sondern auch vom Wind abhängig. Je stärker die Luft in Bewegung ist, um so häufiger kommt es zu Erfrierungen, vor allem am Kopf und an den Füßen. Gefahr drohte also nicht im Bunker, sondern draußen beim Wacheschieben und das wiederum abhängig von der Temperatur und der Windstärke. Auffallend ist nun, daß von diesen Verletzungen überwiegend die Soldaten betroffen waren, die als Ersatz die entstandenen Lücken ausfüllen sollten. Wahrscheinlich hängt das damit zusammen, daß die Neuankömmlinge keine Erfahrung im Umgang mit dem Frost hatten und ihn wohl auch nicht hinreichend ernst nahmen. Wir haben auf diese Weise mindestens 60% unserer Batteriestärke verloren, die allerdings damals noch durch Neuankömmlinge ausgeglichen wurde. Natürlich bin auch ich nicht ungeschoren davongekommen. Ich habe mir eine Erfrierung der Füße zugezogen, die zur Taubheit der Zehen geführt hat. Diese hat sich erst lange nach dem Krieg in einem Zeitraum von mehr als zehn Jahren allmählich verloren. Auch diese Frostperiode hat sich meinem Gedächtnis als schwere Zeit eingeprägt.

An einem Morgen – es war, glaube ich, im März 1942 – konnten wir aus unseren Stellungen mit dem Fernglas beobachten, wie russische Soldaten in weißen Tarnanzügen auf Skiern gegen die deutschen Frontlinien vorrückten. Das war der Auftakt zu einem verlustreichen Zurückweichen der deutschen Truppen. Die Front wurde im Tangoschritt „ein Schritt vor, zwei zurück" nach Westen zurück verlegt. Das geschah, wie man heute weiß, gegen den Rat der Generäle, die in einer einzigen großen Rückzugsoperation bis zur Ostgrenze Polens (in seinen Grenzen vor Kriegsbeginn) zurückgehen wollten. *Hitler* befahl aber, daß die Soldaten sich „am Boden festkrallen" müßten und daß jeder Meter „mit Klauen und Zähnen" zu verteidigen sei. Die Verluste waren entsprechend hoch. Viele deutsche Soldaten sind hier gefallen oder mangels zureichender Winterbekleidung erfroren.

In diese Zeit fällt auch ein Vorgang, der für mein weiteres Schicksal mitbestimmend war: Unser Batterieführer wurde aufgefordert, einen Abiturienten oder sonst einen tüchtigen Soldaten zu benennen, der für die Offizierslaufbahn geeignet sei. Er besprach die Sache mit mir. Ich bat darum, mich nicht zu melden, weil ich in der prekären Lage, in der wir uns befanden, die Truppe nicht verlassen wollte. Er bekam aber postwendend den Befehl, die Meldung dennoch abzugeben, weil jede Batterie mindestens einen Soldaten benennen müsse. So geschah es dann auch.

Unser Flakkampftrupp wurde immer dort in Stellung gebracht, wo ein russischer Angriff befürchtet wurde. Ein wichtiger Punkt, an dem wir länger blieben, war die „Rollbahn" von Roslavl nach Moskau. Zuletzt hatten wir den Auftrag, an dem Ausgangspunkt eines Tales Stellung zu beziehen und einen konkret erwarteten Angriff (Geheimdienstinformation?) abzuwehren. Es kam dann auch ein russischer Stoßtrupp. Er versuchte, in unsere Stellungen einzubrechen. Wir hatten aber unsere Geschütze rechtzeitig in Stellung gebracht und eröffneten das Feuer. Unglücklicherweise konnte mir aber ein Russe noch eine Handgranate unmittelbar vor die Füße werfen mit der Folge, daß ungefähr zehn kleine Splitter in meinen Unterschenkel eindrangen. In dieser Situation war die Schwere der Verwundung nicht erkennbar. Ich war zunächst kurze Zeit ohnmächtig, merkte aber dann doch bald, daß Blut in meinen Stiefel einsickerte. Mein Batterieführer veranlaßte, daß ich zum nächstgelegenen Truppenverbandsplatz (in der Nahe von Bobruisk) gebracht wurde. Dazu mußten wir (der mir zugeteilte Fahrer und ich) etwa 15 km durch partisanenverseuchtes Gebiet fahren und uns dabei möglichst unauffällig verhalten (abgeblendetes Licht, geringes Motorengeräusch usw.). Ohne Zwischenfälle am Ziel angekommen, wurden die Splitter sofort entfernt. Die Eingriffe waren geringfügig, hatten aber dennoch ungute Folgen. Nahezu alle (kleinen) Wunden eiterten (wahrscheinlich wegen der Stoffetzen, die in die Wunden gelangt waren) und führten mich an den Rand einer Sepsis (Antibiotika gab es hier noch nicht). Das Fieber stieg auf mehr als 40° und war deshalb höchst gefährlich. Schon am nächsten Tag ging das Fieber aber allmählich wieder zurück.

Es war für mich nicht günstig, daß ausgerechnet an diesem Tag ein Verwundetentransport nach Warschau ging. Wegen meines Fiebers hätte ich nämlich beinahe nicht mitfahren dürfen. Ich habe alle meine Überredungskunst aufbieten müssen, um den zuständigen Arzt zu veranlassen, mich mitzunehmen. Schließlich willigte er mit der Einschränkung ein, daß das auf meine ausschließliche Verantwortung geschehe. Nach einer langen Fahrt, die nach meiner Erinnerung mehr als sechs Stunden dauerte, kam der Zug in Warschau an. Hier wurde ich in das Zentrallazarett eingewiesen und auch sofort ärztlich behandelt. Nach der Untersuchung sagte der Arzt zu mir: „Was Sie da haben, ist ein bildschöner Heimatschuß. Durch die Art der Verletzung ist die Muskulatur des ganzen Unterschenkels in große Unordnung geraten und bedarf eines wochenlangen Trainings, um wieder funktionstüchtig zu werden. Sie müssen Laufen lernen wie ein Kind. Am Ende heilt aber alles ohne weitere Folgen ab." Eine recht unangenehme Folge war mir aber doch geblieben. Ein kleiner Splitter hatte am Unterarm wenige Zentimeter hinter der Handwurzel einen Nervenstrang getroffen, ihn aber nicht durchgeschlagen. Das verursachte große Schmerzen. Der Arzt stellte mich vor folgende Alternative: Entweder durchtrenne er mit einem kleinen Eingriff den Nerv mit der Folge, daß an der Hand Lähmungen auftreten könnten, deren Ausmaß nicht voraussehbar sei (Lähmung nur eines Fingers, mehrerer Finger oder unter Umständen der ganzen Hand). Wenn ich dagegen den Schmerz durchstände, hätte ich die Chance, daß innerhalb einiger Wochen langsam alles von selbst in Ordnung käme. Er bot mir an, den Zustand durch Morphiumgaben erträglicher zu machen; die Gefahr, daß ich dadurch süchtig werden könnte, verneinte er. Ich war mit seinen Vorschlägen einverstanden und bin heute froh, mich so entschieden zu haben; denn die Hand hat ihre volle Funktionsfähigkeit behalten.

In Warschau blieb ich ungefähr drei Wochen. Dann brachte mich ein Lazarettzug nach Bad Wildungen, wo ich in das örtliche Krankenhaus eingewiesen wurde. Nach etwa drei Monaten wurde ich in das Kurhotel Fürstenhof verlegt. In dieser ganzen Zeit in Wildungen habe ich nur die ersten Tage das Bett gehütet. Dann habe ich, wie vorausgesagt, „Laufen lernen" müssen. Es ging zuerst recht mühsam, besserte sich dann aber zunehmend schneller, bis dem Wehrersatzamt gemeldet werden konnte, daß ich wieder beschränkt wehrdienstfähig sei, daß aber ein Einsatz an der Front nicht in Frage komme. Hier wurde ich an eine Dienststelle in Breslau verwiesen, die für den Einsatz unserer Flakabteilung zuständig war. Ich bin dorthin gefahren und mußte warten, bis über meine weitere Verwendung entschieden wurde.

In Breslau hat man nun nach Ablauf einer unverständlich langen Zeit von mehr als drei Wochen festgestellt, daß die für mich angeordnete Offiziersausbildung noch nicht ausgeführt sei und daß sie deshalb jetzt nachgeholt werden müsse.

Da die Lehrgänge der Offiziersausbildung nicht in zeitlich dichter Folge stattfanden, sondern durch meist längere Pausen voneinander getrennt waren, mußte ich in den lehrgangsfreien Zeiten zur Truppe zurück. Diese war allerdings nicht mehr dieselbe, die ich nach meiner Verwundung verlassen hatte. Meine Einheit in ihrer alten Zusammensetzung existierte nicht mehr. Von einem Kameraden, der nach dem Krieg Verbindung mit mir aufnehmen konnte, erfuhr ich, daß unsere Einheit von russischen Panzern „überfahren" worden sei und daß alle ihr angehörenden Soldaten entweder getötet worden oder in Gefangenschaft geraten seien. Er selbst sei leicht verwundet in Nachtmärschen von insgesamt mehr als 50 km westwärts auf die ersten deutschen Vorposten gestoßen.

Da ärztlich festgestellt wurde, daß mein Einsatz im Erdkampf unterbleiben sollte, wurde ich an eine Offiziersbewerberschule in Dänemark abgeordnet, wo ich ein für die damalige Zeit verhältnismäßig ruhiges Leben hatte.

## *IV. Die Nachkriegszeit*

Als der Krieg dann zu Ende war, haben sich die Engländer, die Besatzungsmacht in Nordwestdeutschland, sehr fair verhalten. Sie rechneten mit der Möglichkeit, daß wir auf dem Rückmarsch nach Schleswig-Holstein von aufgebrachten und auf Rache sinnenden Dänen angegriffen werden könnten und ließen uns deshalb mit unseren Fahrzeugen voll bewaffnet zurück marschieren (die dänische Bevölkerung wurde darüber informiert). In einem großen Lager in der Nähe von Heide wurden wir dann entwaffnet und mit vielen weiteren Soldaten aus dem norddeutschen Raum untergebracht. Hier sollte dann über unser weiteres Schicksal entschieden werden. Es folgten etwa vier bis sechs Wochen, in denen wir zum Nichtstun verurteilt waren (Kontakt zu meinen Eltern konnte ich nicht finden, weil die Post noch nicht funktionierte).

Eines Tages wurde ich aufgerufen und einem Transport nach Westdeutschland zugeteilt. Nach mehrstündiger Fahrt kamen wir dann auf dem Münsterplatz in Bonn an.

Ich machte mich gleich zu unserem Haus auf. Es war ungefähr eine halbe Stunde zu laufen. Die Stadt war von den Bombardierungen arg zerstört. Viele Häuser waren einfach verschwunden. Ich war deshalb in großer Spannung, was aus unserem Haus und vor allem aber, was aus meinen Eltern geworden war. Etwa 200 Meter vor dem Ziel konnte ich erkennen, daß das Haus noch stand. Es war allerdings schon hier zu sehen, daß es erheblich beschädigt war. Eine Brandbombe hatte das Dach durchgeschlagen, war aber durch die Betondecke über dem ersten Stockwerk aufgefangen worden. Offenbar war sie ein Blindgänger, jedenfalls hat sie keinen Brand verursacht. Als ich dann vor dem Haus stand, versuchte ich, mich durch Klopfen bemerkbar zu machen. Meine Mutter öffnete die Tür, hinter ihr stand der Vater. Wir fielen uns in die Arme und waren glücklich, uns wiedergefunden zu haben.

Es war mir sehr bald klar, daß ich wieder ganz von vorn anfangen mußte. Was meinen Beruf betrifft, hatte ich natürlich meine juristischen Kenntnisse weitgehend vergessen. Wie ich alsbald aber feststellte, waren sie nicht verloren; sie konnten vielmehr in den folgenden Monaten des Lernens zu einem erheblichen Teil gehoben und nutzbar gemacht werden. Ich sprach etwa zehn junge Kriegsteilnehmer an, die kurz vor Kriegsende noch in einen sinnlosen Kampf geschickt worden waren. Soweit sie an der Juristerei interessiert waren, fragte ich sie, ob sie Lust hätten, an einem gemeinsamen Kurs teilzunehmen mit dem Ziel, juristische Kenntnisse zu erwerben oder schon vorhandene weiter zu entwickeln. Auf diese Weise brachte ich nach einigen Bemühungen einen Kreis von etwa zehn jungen Leuten zusammen, die das juristische Studium beginnen oder ein schon in der Kriegszeit begonnenes Studium fortsetzen wollten. Wir trafen uns fünfmal in der Woche morgens früh um sechs Uhr und arbeiteten ungefähr eine Stunde miteinander. Dann begann jeder seinen anderweitigen Arbeitstag. In dem Kurs nahm ich an Hand eines renommierten (gedruckten) Repetitoriums alle prüfungsrelevanten Gebiete durch und bereitete meine Hörer recht wirksam auf die Erste Juristische Staatsprüfung vor. Für mich bedeutete das aber, daß ich heute gründlich erarbeiten mußte, was ich morgen im Kurs vortragen wollte. Ich lebte bildlich gesprochen „von der Hand in den Mund“.

Ich mußte auch noch meine Referendarausbildung nachholen. Nach dem damals geltenden Recht wurde ich als Kriegsteilnehmer zwar wirtschaftlich so gestellt, als hätte ich nach dem Examen den sog. Vorbereitungsdienst bereits absolviert. Ich wurde deshalb im Jahr 1942 zum Assessor mit dem Zusatz (K) ernannt. Diese Ernennung wurde mir durch die Feldpost in Rußland mitgeteilt. Nach meinem Gehalt stand ich jetzt einem Assessor gleich, war aber verpflichtet, die Referendarausbildung nach dem Krieg nachzuholen und auf dieser Grundlage die Zweite Juristische Staatsprüfung abzulegen. Auf meinen Antrag wurde mir genehmigt, mit dem Vorbereitungsdienst „so bald wie möglich" zu beginnen.

Der Personenkreis, der für die Betreuung der Auszubildenden überhaupt in Frage kam, war allerdings begrenzt. Es konnte sich nur um Richter oder Staatsanwälte handeln, die für die Organisation dieses Dienstes oder für die Anleitung der einzelnen Auszubildenden verfügbar waren. Davon war aber ein nicht unerheblicher Teil zuvor schon im Krieg gefallen oder in Gefangenschaft geraten, von dort aber noch nicht entlassen. Viele waren schließlich noch nicht unter dem Gesichtspunkt überprüft, ob sie im Hinblick auf ihre Tätigkeit in der Nazi-Zeit überhaupt wieder eingestellt werden konnten. Es herrschte also ein sehr großer Mangel an dem für die Beaufsichtigung und Steuerung dieses Dienstes erforderlichen Personal. Um einen Stillstand der Rechtspflege zu vermeiden, kam es zu einer Praxis, die sich am Rande der Legalität bewegte.

Im einzelnen vollzog sich mein Dienst wie folgt: Zuerst wurde ich bei der Staatsanwaltschaft in Bonn beschäftigt. Bei dieser Tätigkeit habe ich, ohne beaufsichtigt zu werden, die Anklagen vorbereitet, die Anklageschriften ausgearbeitet und bei Gericht eingereicht. In der Hauptverhandlung habe ich die Sache in einem mündlichen Vortrag vertreten und die abschließenden Anträge gestellt. Ich kann mich noch an einen Fall erinnern, in welchem dem für die Verteilung von „Schulspeisung" (einer Spende aus Amerika) zuständigen Amtsträger der Prozeß gemacht wurde, weil er zahlreiche Kisten mit Konservendosen zur eigenen Verwendung „abgezweigt" hatte. Er ist mit acht Jahren Zuchthaus bestraft worden.

Dann hatte ich einen Amtsrichter in Zivilsachen zu unterstützen. Wir hatten jede Woche einen Termin, an dem die jeweils in der Woche erarbeiteten Urteile verkündet wurden. Das lief dann so ab: Erst wurden die Urteile verkündet, die er selbst verfaßt hatte. Dann kamen die Urteile an die Reihe, die ich erarbeitet hatte. Hier verkündete er nur den Urteilstenor. Die mündliche Begründung überließ er mir. Meistens kam es aber gar nicht mehr dazu, weil die Verfahren überwiegend durch Vergleich erledigt wurden. Soweit in diesen

Fällen Unterschriften notwendig waren, wurden sie nach einer aus Zeitgründen regelmäßig nur oberflächlichen Prüfung geleistet.

Nachdem ich auf diese Weise alle Anforderungen erfüllt hatte, wurde ich zur Zweiten Juristischen Staatsprüfung zugelassen. Ihr schriftlicher Teil, zu dem auch eine „Sechswochenarbeit“ gehörte, war schon mehrere Wochen vor dem abschließenden Prüfungstermin abgeschlossen. Die mündliche Prüfung wurde vom Präsidenten des Prüfungsamts in dessen Privatwohnung (!) in Bad Godesberg abgenommen. Als Gesamtprädikat erzielte ich die Note „Gut“.

Nach dem Examen wurde ich zuerst einer Berufungszivilkammer in Bonn zugewiesen, aber schon sehr bald nach Köln versetzt. Hier wurde ich „aufgeteilt“: Zur Hälfte stand ich dem Justizprüfungsamt Köln zur Verfügung mit dem Auftrag, Entwürfe für Aufgaben zu erarbeiten, die als Hausarbeiten (sechs Wochen Bearbeitungszeit) ausgegeben werden sollten. „Schimmel“ (Vorbilder) für solche Aufgaben konnte ich in alten Prüfungsakten im Keller finden. Nur waren sie sorgfältig unter dem Gesichtspunkt zu prüfen, ob sie auf der Grundlage des veränderten Rechts noch geeignet waren. In manchen Fällen konnte ich das durch geringfügige Änderungen des in der Aufgabe geschilderten Sachverhalts erreichen. Es war für mich eine Befriedigung, daß fast alle Vorschläge von den Prüfungskommissionen akzeptiert und dann offiziell an die Kandidaten als Sechswochenarbeiten ausgegeben wurden. Zur anderen Hälfte war ich Beisitzer in einer Zivilkammer am Kölner Landgericht.

Im Sommer 1950 suchte das Bundesjustizministerium in Bonn einen Mitarbeiter für die Abteilung 2 (Strafrecht und Strafprozeßrecht). Auf Vorschlag des Staatssekretärs im Landesjustizministerium in Düsseldorf, Herrn *Bleibtreu*, wurde ich zunächst gefragt, ob ich Interesse an dieser Aufgabe hätte.

Auf die Anfrage wegen meiner Mitarbeit im Bundesjustizministerium habe ich nicht ohne Bedenken positiv geantwortet. Der mir bekannte Senatspräsident am Oberlandesgericht Köln, *Pira*, hatte mich nämlich gewarnt und mich darauf aufmerksam gemacht, daß meine Heimatbehörde mich wahrscheinlich sehr bald aus den Augen verlieren und vergessen werde. Es könnte dann Jahre dauern, bis ich zum Landgerichtsrat ernannt würde. Ich habe deshalb nur unter der Bedingung zugesagt, daß ich zuvor zum Landgerichtsrat ernannt würde. Die Motivation für diese Bedingung wurde als verständlich angesehen und deshalb akzeptiert.

Was den akademischen Bereich betrifft, hatte ich schon während des Krieges den *Grafen zu Dohna* kennengelernt. Ich hatte mich am Ende seiner Vorlesungen und Übungen häufig mit ihm über den beklagenswerten Zustand des deutschen Strafrechts unterhalten. Leider ist er 1944, nicht zuletzt infolge der allgemeinen Notlage und der damit verbundenen schlechten Versorgung, gestorben. Daß die Beziehung zu ihm nicht nur ganz oberflächlich war, wurde durch folgenden Vorgang deutlich: Am Ende einer strafrechtlichen Vorlesung, die von den Studenten der Volks- und Betriebswirtschaftslehre besucht werden mußte, sprach *Dohna* meine Schwester *Johanna* an, die eine solche Hörerin war. Er fragte sie, ob ich ihr Bruder sei. Dabei bezeichnete er mich als den „kleinen Schlauen mit den kurzen Hosen".

Ich wandte mich schon ganz früh nach Kriegsende an seinen Assistenten *Hubert Claassen*, um mich beraten zu lassen, wie ich mit möglichst geringem Zeitaufwand promovieren könnte. *Claassen* wußte Rat. Er schlug mir vor, ein unpolitisches und begrenztes Thema zu wählen, das keinen zu großen Arbeitsaufwand erwarten lasse. Wir kamen überein, das Thema „Der Vermögensschaden in der Betrugstheorie des Reichsgerichts" vorzuschlagen. Ich ging damit zum meinem Doktorvater Professor Dr. *Hellmuth von Weber*, der bereit war, das Thema anzunehmen. Die Arbeit habe ich aber erst einmal auf Eis gelegt. Die Bibliothekszustände der Nachkriegszeit waren desolat. Spezialliteratur war meist nicht zu bekommen und das allgemeine strafrechtliche Schrifttum auch nur rudimentär vorhanden. Doch dann habe ich sechs Monate sehr fleißig gearbeitet und die Arbeit zum maßgeblichen Teil in dieser kurzen Zeit fertiggestellt. *Von Weber* hat die Arbeit geprüft und mit dem Prädikat „magna cum laude" bewertet. Er hat gemeint, daß ich wohl unschwer ein „summa cum" erreichen könnte, wenn ich mich noch einmal ein halbes Jahr mit dem Thema auseinandersetzte. Ich habe das aber deshalb abgelehnt, weil es mich in meiner weiteren beruflichen Entwicklung zu sehr gehemmt hätte. Herr *von Weber* hatte dafür Verständnis mit der Folge, daß die Arbeit so wie sie war, zu der vorgeschriebenen Veröffentlichung (in dreißig Exemplaren) abgeliefert wurde.

## *V. Im Bundesministerium der Justiz*

Am 1. November 1950 trat ich meinen Dienst im Bundesjustizministerium in Bonn an. Hier wurde ich dem Referat Nebenstrafrecht einschl. Jugendstrafrecht zugeteilt. Referatsleiter war der Oberregierungsrat *Stöcker*, der mir gegenüber sofort klarstellte, daß ich weitgehend selbständig arbeiten müsse und mich zunächst darum zu bemühen habe, den Entwurf eines Jugendgerichtsgesetzes zu erarbeiten.

Mit diesem Auftrag war ich mehr als zufrieden. Zwar waren meine Kenntnisse auf dem Gebiet des allgemeinen Strafrechts umfassender als auf dem als Nebengebiet angesehenen Jugendstrafrecht. Diese Lücke konnte ich aber relativ schnell durch intensives Studium der Fachliteratur ausfüllen. Dabei wurde mir klar, daß das Thema vor allem deshalb hohe Priorität hatte, weil schon in der Kaiserzeit eine langjährige Diskussion über die Notwendigkeit geführt worden war, ob das Jugendstrafrecht, das bisher in den §§ 55–57 des Strafgesetzbuches ganz unzureichend geregelt war, durch ein grundsätzlich neues Recht zu ersetzen sei. Leider führten diese Bestrebungen lange deshalb nicht zum Erfolg, weil man das Gebiet als Bestandteil des allgemeinen Strafrechts ansah und daher nicht von den Vorarbeiten zur Schaffung eines neuen Strafgesetzbuches glaubte trennen zu können. Erst als der Reichsjustizminister *Schiffer* diese Verbindung im Jahre 1921 auflöste und den Entwurf eines Jugendgerichtsgesetzes im Reichstag einbrachte, ging das Vorhaben voran und führte zum Reichsjugendgerichtsgesetz von 1923.

Dieses hatte den Erziehungsgedanken als Grundmaxime aufgenommen, die Erziehungsmaßregeln als selbständige strafrechtliche Maßnahmen vorgesehen und die Jugendgefängnisstrafe im Hinblick auf die Strafzumessung erheblich von der Gefängnisstrafe abgesetzt. Damit entsprach das Gesetz in seiner Grundstruktur bereits dem heute geltenden Recht. Besonders bedeutsam war schließlich die Einführung der Möglichkeit, eine Freiheitsstrafe bedingt auszusetzen; dabei muß man bedenken, daß dieser Schritt in einem Zeitpunkt getan wurde, lange bevor das Rechtsinstitut der bedingten Verurteilung auch im allgemeinen Strafrecht Rechtswirklichkeit wurde. In der Fachliteratur war man deshalb überwiegend der Meinung, daß mit diesem Gesetz ein erster großer Schritt zur Verselbständigung des Jugendstrafrechts gelungen sei, daß aber im einzelnen noch vieles weiterentwickelt werden müsse.

Bei meinem Studium des Diskussionsstandes kam mir dann das Jugendgerichtsgesetz von 1943 in den Blick. Es war ein für die Nazizeit ebenso merkwürdiges wie weittragendes Gesetz. Einerseits enthielt es Vorschriften, die als konsequente Fortentwicklung des Jugendstrafrechts gedeutet werden mußten, andererseits aber auch typisch nationalsozialistisches Gedankengut (z.B. die Vorschrift über „Jugendliche Schwerverbrecher" und die Beschränkung des Geltungsbereichs des Gesetzes auf Deutsche und Menschen artverwandten Blutes). Bei dieser Rechtslage war ich in Übereinstimmung mit der schon von Anfang an in den Ländern geübten Praxis der Meinung, daß das JGG von 1943 insoweit als fortgeltendes Recht behandelt werden konnte, als es das Jugendstrafrecht konsequent fortentwickelte; die übrigen Vorschriften waren ohnehin entweder schon aufgehoben oder wurden nicht mehr angewendet.

Es mußte jetzt geklärt werden, ob zunächst nur ein Gesetz angestrebt werden sollte, das lediglich die sofort notwendigen Änderungen brachte und die eigentliche Reform einem zweiten Schritt überließ, oder ob das Ganze besser in einem Gesetz zu regeln sei. Eine Rückfrage ergab, daß die Landesjustizverwaltungen übereinstimmend, oder jedenfalls ihre große Mehrheit, der Meinung waren, es sollte zuerst nur versucht werden, ein für das Bundesgebiet einheitliches Recht zu schaffen und mit der Reform erst danach zu beginnen. Da das auch meine Meinung war, habe ich auf dieser Grundlage den Entwurf eines Gesetzes zur Änderung des Jugendgerichtsgesetzes ausgearbeitet und als Referentenentwurf zur Diskussion gestellt. Er beschränkte sich auf das Wichtigste, namentlich auf die Beseitigung von Schlacken des Nazi-Ungeistes. Nach der vorgeschriebenen Stellungnahme des Bundesrates wurde das Gesetz im Bundestag dem Rechtsausschuß zur Beratung zugewiesen. Dieser bildete den Unterausschuß „Jugendgerichtsgesetz", der die Materie zunächst für den Ausschuß vorberaten sollte. Ihm gehörten Abgeordnete der größeren Fraktionen an. Vorsitzender war der Abgeordnete *Ewers*, der die Reform des JGG für besonders vordringlich hielt und deshalb weitergehen wollte, als es die Regierungsvorlage vorsah. Um einen Schnellschuß im Bundestag zu vermeiden, sprach ich einen Kreis von Spezialisten an (Jugendrichter, mit Jugendsachen befaßte Staatsanwälte, Jugendfürsorger usw.) und beriet mit ihnen auf der Rosenburg (dem Sitz des Bundesjustizministeriums), was in den Unterausschuß „Jugendgerichtsgesetz" eingeführt werden konnte. Diese Strategie verfolgte ich in diesem Ausschuß, in dem ich als Vertreter des Ministeriums Rederecht hatte.

Auf dieser Grundlage waren die Beratungen im Unterausschuß weitgehend problemlos und daher kurz. Es setzte sich durchweg der Vorschlag durch, den wir zuvor auf der Rosenburg erarbeitet hatten. Auch im Rechtsausschuß und im Plenum des Bundestages wurde er, soweit ich mich erinnere, unverändert gebilligt. Nach Ablauf der gesetzlichen Fristen gab auch der Bundesrat, nachdem er einige marginale Änderungen verlangt hatte, seine Zustimmung. Das Gesetz wurde am 4. August 1953 verkündet und mit Wirkung vom 1. Oktober 1953 in Kraft gesetzt (BGBl. I 751).

Erwähnen möchte ich in diesem Zusammenhang noch, daß der Rechtsausschuß aus Abgeordneten bestand, die nicht nur intellektuell hervorragende Arbeit geleistet haben, sondern in der Nazizeit auch durch Widerstand gegen das Regime hervorgetreten waren. Ich erwähne nur die Namen *Wilhelm Laforet* und *Adolf Arndt*. Ich habe in der späteren Zeit nie mehr einen so hervorragend besetzten Ausschuß erlebt.

Wenn man bedenkt, daß wir mit dem Vorhaben angetreten waren, für das Jugendgerichtsgesetz in einem ersten Schritt nur die unbedingt notwendigen Vorschriften vorzuschlagen, war durch die Initiative des Abgeordneten *Ewers* etwas anderes herausgekommen, nämlich ein Gesetz, das durch und durch

Reform war. Das zeigt sich schon daran, daß es in der Sache – von wenigen, allerdings bedeutsamen Änderungen abgesehen – bis in die jüngere Vergangenheit erhalten geblieben ist. Darauf bin ich stolz. Es wäre jetzt nur notwendig gewesen, in regelmäßigen Zeitabständen zu überprüfen, ob und wie weit sich das neue Recht bewährte oder ob in Einzelheiten Änderungen geboten waren.

Daß es nicht zu dieser Prüfung und, soweit erforderlich, Anpassung an die sich verändernde tatsächliche Lage gekommen ist, hat bedauerlicherweise auf einem Machtkampf zwischen dem Justiz- und dem Verkehrsressort beruht. Auf der Justizseite standen die Befürworter eines Rechts, das Straftaten Jugendlicher auch mit Mitteln des Strafrechts (allerdings nur als ultima ratio) bekämpfen wollte. Das war der Standpunkt wohl aller (mindestens einer überwiegenden Mehrheit) der Landesjustizverwaltungen, die zur Erreichung dieses Zwecks die Einführung der Maßregel der „Entziehung der Fahrerlaubnis" (§ 42 m StGB) vorgeschlagen und am Ende auch durchgesetzt haben (Gesetz zur Sicherung des Straßenverkehrs vom 19. Dezember 1952, BGBl. I 832). Auf der anderen Seite wurde die Einführung eines Rechts propagiert, das für die Bekämpfung der Jugendkriminalität ausschließlich das Jugendhilferecht anwenden wollte. Das wiederum wurde von nahezu allen Behörden des Fürsorgesektors vertreten. Leider sind an diesem Machtkampf alle späteren Versuche gescheitert, das Jugendgerichtsgesetz an die jeweils veränderten Verhältnisse anzupassen. Welches Gewicht diesem Umstand zukommt, mag man daran ermessen, daß nahezu alle Reformschritte in der Begründung des Jugendgerichtsgesetzes als „Experimente" bezeichnet worden waren, deren Tragfähigkeit schon nach einem relativ kurzen Beobachtungszeitraum der Nachprüfung bedurft hatte. Dazu ist es aber infolge dieses Machtkampfes nicht gekommen.

Als die Arbeit am Jugendgerichtsgesetz im Laufe der Vorbereitung und der Durchführung des Gesetzgebungsverfahrens meine Arbeitskraft nicht mehr voll ausfüllte, beteiligte ich mich an der Bereinigung des allgemeinen Strafrechts. Hier war ich als Referent für die Themen „Werbung für fremden Wehrdienst" und „Bereinigung" des Besonderen Teils des StGB (BT) federführend. Für den Staatsschutz, der damals als sehr wichtig eingestuft wurde, lag die Federführung bei Oberstaatsanwalt *Nüse* und die des Allgemeinen Teils des StGB (AT) bei Ministerialrat *Eduard Dreher*.

Die besondere Bedeutung des Staatsschutzes ergab sich daraus, daß möglichst schnell schon von Gesetzes wegen hohe Hürden aufgerichtet werden mußten, die dazu geeignet waren, das Hochkommen eines „Rattenfängers", wie *Hitler* es war, wirksam zu erschweren. Die Beratungen führten zum „Strafrechtsänderungsgesetz“ (StÄG) vom 30. August 1951, das dem StGB einen entsprechenden Abschnitt einfügte (BGBl. I 739).

Zur Frage der Werbung für fremden Wehrdienst (gedacht war hier in erster Linie an die französische Fremdenlegion) bestand keinerlei Zweifel, ihm wurde deshalb ohne größere Diskussion Rechnung getragen und § 141 a.F. (jetzt § 109 h) in das StGB eingefügt, der die angestrebte Strafdrohung enthielt (Zweites Strafrechtsänderungsgesetz v. 6. März 1953, BGBl. I 1953, 42). Aus diesem Grunde habe ich hier nur über zwei interessante Erlebnisse zu berichten, die nicht die Sache selbst betreffen. Das erste bestand darin, daß mich der *Graf Nayhauß*, ein Korrespondent des Magazins „Der Spiegel“, mit der Bitte angerufen hatte, ich möchte ihm doch den Standpunkt des BMJ zu dieser Frage näher erläutern. Ich tat das auf seinen Wunsch recht ausführlich. Mit großem Erstaunen mußte ich dann in der nächsten Spiegelausgabe das genaue Gegenteil von dem lesen, was wir besprochen hatten. Auf meine Rückfrage erklärte mir *Graf Nayhauß*, er selbst sei ebenso erstaunt gewesen wie ich. Offenbar habe der Redaktion unsere Darstellung „nicht in den Kram gepaßt“. Das zweite Erlebnis stand in folgendem Zusammenhang: Ein Mitarbeiter der Staatsschutzabteilung hatte mir die Frage gestellt, ob ich bereit sei, die Delegation eines kommunistischen Jugendbundes zu empfangen, um ihr den Standpunkt des BMJ in der Frage „Werbung für fremden Wehrdienst“ näher zu erläutern. Ich willigte ein, war mir dabei aber bewußt, daß ich mich sehr vorsichtig einlassen mußte, damit ich in der Propaganda dieses Bundes nicht mißbraucht werden konnte. Es kamen dann drei junge Leute, die das Gespräch führten und in zahlreichen Fragen versuchten, die Glaubwürdigkeit des BMJ in Zweifel zu ziehen. Nach meinem Eindruck war ihnen das nicht gelungen. Sie zogen schließlich sichtlich enttäuscht ab. Etwa eine Woche später rief mich ein Mitarbeiter des Staatsschutzes an und lobte mich. Ich hätte mich in dem Gespräch mit der Delegation sehr geschickt verhalten und mir keine Blöße gegeben. Sie wüßten das von ihrem Vertrauensmann (V-Mann), den sie in die Delegation eingeschleust hätten.

Was schließlich die „Bereinigung“ des Besonderen Teils betrifft, wurde eine große Zahl von zum Teil durchaus wichtigen Tatbeständen eingeführt (z.B. die Wahldelikte, die Nichtanzeige von schweren Straftaten und der Wucher), die in den Ländern zuvor schon als Landesrecht angewendet worden waren (3. StÄG v. 4. August 1953 BGBl. I 735 – sog. Bereinigungsgesetz). Abgeschlossen wurden diese Aktivitäten des Gesetzgebers durch die Neubekanntmachung des Strafgesetzbuches v. 25. August 1953 (BGBl. I 1083).

Unmittelbar nach Abschluß dieser Gesetzgebungsarbeiten ordnete der damalige Bundesjustizminister *Thomas Dehler* auf Vorschlag der Strafrechtsabteilung an, mit den Vorarbeiten zur einer umfassenden Reform des Strafrechts zu beginnen und einen Plan zu entwickeln, in welchen Einzelschritten das Vorhaben verwirklicht werden könnte. Das war auch meine Meinung und die aller anderen Mitarbeiter. Rückblickend glaube ich aber, daß wir zu früh begonnen haben, und zwar aus folgenden Gründen: Der Leiter der Strafrechtsabteilung *Joseph Schafheutle* war noch ganz durch die Gesetzgebungsarbeiten in der Weimarer Republik geprägt. Er war unbestritten der beste Kenner aller Entwürfe des Strafgesetzbuches, die seit 1918 – zum Teil sogar noch in der Kaiserzeit – vorgelegt worden sind. In den Beratungen konnte er immer wieder mit Auskünften über die jeweils in Frage kommende Gesetzeslage dienen. Er hielt die Ergebnisse der Reformarbeiten, zu denen man in der „Vor-Nazi-Zeit" gekommen war, überwiegend für zutreffend und deshalb für erhaltenswert. Er hat sich deshalb in der Sache kaum bewegt. Außerdem war die Kommission, die sog. „Große Strafrechtskommission", mit Mitgliedern besetzt, die fast alle noch in der Nazi-Zeit gearbeitet haben, aber nicht durch ihre Tätigkeit belastet waren. Das gilt u.a. für die Professoren *Bockelmann*, *Gallas*, *Jescheck*, *Lange*, *Sieverts* und *Welzel*, für die Richter in der Revisionsinstanz (u.a. *Baldus*), für die Richter und Staatsanwälte in der Tatsacheninstanz (u.a. *Voll*) und für die Vertreter der Landesjustizverwaltungen (u.a. *Rösch*). Nicht von diesem Einwand betroffen waren lediglich die Rechtsanwälte, weil deren Zulassung zur Anwaltschaft nur bei erheblicher Belastung verweigert wurde. Höchst mißlich war, daß die jüngere Generation aus Altersgründen noch nicht einbezogen werden konnte. Das sollte sich aber schon nach wenigen Jahren ändern und zu erheblichen Problemen führen.

Auf der beschriebenen Grundlage hat der Bundesjustizminister *Neumayer* die Mitglieder der „Großen Strafrechtskommission" berufen. Bei der Auswahl legte man großen Wert darauf, daß jedes einzelne zu berufende Mitglied in seiner täglichen juristischen Arbeit umfassende Erfahrungen gesammelt hatte und in der juristischen Öffentlichkeit kein Unbekannter war. Darüber hinaus mußten die verschiedenen juristischen Berufsgruppen (namentlich Richter, Staatsanwälte und Rechtsanwälte) entsprechend ihrer Bedeutung für den Berufsstand einbezogen werden. Schließlich waren auch der Bundestag, der Bundesrat und die Landesjustizverwaltungen zu berücksichtigen, weil sie unmittelbar für die Gesetzgebung zuständig waren. Wen die Beteiligten dann als ihre Vertreter in die Kommissionssitzungen schickten, blieb ihnen überlassen. Das Verhältnis zwischen Professoren und sonstigen Teilnehmern war sehr gut. Es hat sich ein Stil entwickelt, in dem ein Professor genauso wie ein sonstiges Mitglied behandelt wurde.

Mit den Kommissionssitzungen wurde 1954 begonnen. In der Eröffnungssitzung wurde nur über die Verfahrensregeln gesprochen. Im Ergebnis wurde hier festgelegt, welche Themen zu behandeln sind, welchen allgemeinen Regeln sie folgen und in welcher Reihenfolge sie bearbeitet werden. Beschlossen wurde auch, daß die Beratungen in „Sitzungswochen" (Sitzungen jeweils von montags bis freitags) stattfinden und daß sie an verschiedenen Orten durchzuführen sind. Außerdem wurden zwei Lesungen durchgeführt, an denen verschiedene Personen beteiligt sein konnten. Folgerichtig kam es dann auch zu zwei „Vorläufigen Zusammenstellungen" (VZ), und zwar zu einer VZ 58 und einer VZ 59. Unter diesen Umständen ist es verständlich, daß sich die Beratungen über mehrere Jahre hingezogen haben.

Der gesamte zu bearbeitende Stoff war in Einzelthemen aufgegliedert, deren Behandlung mit der Erörterung von Grundsatzfragen begann (z.B.: Soll am damals geltenden Recht verschiedener Strafarten „Zuchthaus, Gefängnis, Haft" festgehalten werden oder soll eine „einheitliche Freiheitsstrafe" eingeführt werden?). Dann folgte der Allgemeine Teil (z.B.: Wie soll die Frage des Irrtums gelöst werden?) und zum Schluß der Besondere Teil (z.B.: Wie soll der Abschnitt „Körperverletzung" gestaltet werden?). Was den Bereich des Ministeriums betrifft, haben *Eduard Dreher* und ich die Themen untereinander aufgeteilt; *Drehers* Schwerpunkt lag dabei im Allgemeinen Teil, meiner entsprechend im Besonderen Teil.

Im Allgemeinen Teil war ich jedoch für die „Konkurrenzen" zuständig, weil es sich insoweit um eine ausschließlich für den Besonderen Teil und das Nebenstrafrecht bedeutsame Vorschrift handelte. Hier habe ich mich im Einvernehmen mit den anderen Mitarbeitern, aber doch gegen Bedenken von Herrn *Schafheutle*, für die Einführung einer einheitlichen Strafe eingesetzt, wurde aber von dem „redegewaltigen" Vertreter der Anwaltschaft, Professor *Hans Dahs*, „an die Wand gespielt" mit der Folge, daß der Ausschuß die Beibehaltung der „Gesamtstrafenlösung" beschloß. Aus der Sicht der Anwaltschaft war das ein Erfolg; denn es waren bei dieser Rechtslage „fettere Prozesse" zu erwarten. Ich habe diesen Beschluß als Niederlage empfunden und mich damit getröstet, daß es sich um einen Ausnahmefall handelte und daß ich mich in fast allen anderen Zusammenhängen mit meiner Argumentation regelmäßig gut durchgesetzt hatte.

Über den Inhalt der Beratungen und über die vorbereitenden Aktivitäten zur Erfassung der damaligen Gesetzeslage ist hier nicht im einzelnen zu berichten. Er ist in den Materialien zur Strafrechtsreform („Materialien") und in den Niederschriften über die Sitzungen der Großen Strafrechtskommission („Niederschriften") dokumentiert (veröffentlicht 1959 in Bonn).

Erst im Jahr 1959 kam es zur Abschlußsitzung. Sie fand in Regensburg im „Hotel Maximilian“ statt und ist in Band 14 der Niederschriften unter dem Titel „Die heitere Seite“ dokumentiert. Sie hat zunächst bei mehreren Mitgliedern zu Mißvergnügen geführt, weil Frau *Dreher* sie so unvorteilhaft karikiert hatte, daß sie sich verletzt fühlten. Im weiteren Verlauf der Feier hat sich das aber gelegt (wahrscheinlich weil Frau *Dreher* sich bei den Betroffenen entschuldigt hat). Ich selbst bin dabei ganz gut weggekommen; denn ich wurde mit dem schlichten Hinweis erfaßt, daß meine Beiträge „gelacknert und gewelzelt“ (in Anspielung auf *Hans Welzel*) gewesen seien.

Zu erwähnen ist noch, daß sich die Niederschriften über die Sitzungen der Großen Strafrechtskommission durch ein hohes Maß an Zuverlässigkeit auszeichnen. Das ist ein Verdienst unseres Schriftführers *Karl Lenzen*, der sich mit Erfolg die größte Mühe gab, den Inhalt der Beratungen so exakt wie nur möglich wiederzugeben und zugleich ihren Umfang zu begrenzen. Er wurde aus diesem Grunde von allen Beteiligten hoch geschätzt.

Weil die Absicht bestand, den Entwurf so früh wie möglich im Bundestag einzubringen, wurde die VZ 59 von Mitgliedern des Bundesjustizministeriums (BMJ) überprüft und zunächst im „Entwurf 1960“ festgehalten. Allerdings stimmte dieser Entwurf nicht vollständig mit der VZ 59 überein. Das beruhte darauf, daß das BMJ den Entwurf nach dem in der Verfassung vorgeschriebenen Verfahren im Bundestag einbringen und seinem Inhalt nach verantworten mußte. Die daraus folgenden Änderungen betrafen überwiegend Fragen, in denen das Ministerium in den Kommissionssitzungen unterlegen war. Dieser Entwurf (E 1960) konnte aber in der damals laufenden Wahlperiode nicht mehr rechtzeitig vorgelegt werden und wurde deshalb in der folgenden Wahlperiode neu eingebracht (E 1962). In diesem Zeitpunkt war aber der Bundestag nicht mehr bereit, den für die Reformarbeiten eingesetzten „Sonderausschuß für die Strafrechtsreform“ weiterzuführen. Dadurch kam der Entwurf auf „die lange Bank“. Der Rechtsausschuß hat sich längere Zeit nicht mehr mit der Materie befaßt. Das hatte mißliche Folgen.

Als er nämlich die Beratungen Jahre später wieder aufnahm, ist er auf eine völlig veränderte Lage gestoßen. In der Zwischenzeit hatte sich ein Arbeitskreis jüngerer deutsch-schweizerischer Strafrechtslehrer gebildet, der gegen den Regierungsentwurf einen „Gegenentwurf“ erarbeitet hatte. Der Rechtsausschuß nahm darauf in folgender Weise Rücksicht: Zuerst trug der Vertreter des Gegenentwurfs seine Empfehlungen vor. Dann kam der Vertreter der Regierung zu Wort, die allerdings infolge des Ablaufs der Wahlperioden und der veränderten tatsächlichen Lage zahlreiche neue Positionen eingenommen hatte. Schließlich konnte sich auch ein Vertreter der Landesjustizverwaltungen äußern, weil das Gesetz der Zustimmung des Bundesrates bedurfte. Daraus ergab sich auch, daß die Landesjustizverwaltungen die sogenannte „Länderkommission“ gebildet hatten, deren Aufgabe es war, die Stellungnahme des Bundesrates vorzubereiten. Über den Inhalt dieser Stellungnahme ist nichts Besonderes zu sagen. Sie war überwiegend zustimmend.

Rückblickend läßt sich feststellen, daß das Justizministerium damals keinen Druck von außen erhielt. Im Gegenteil, der Einfluß des Ministeriums auf die Politik war viel stärker als heute. Wir haben unsere Positionen den Abgeordneten gegenüber vertreten, die dann alles Nötige veranlaßt haben. Aber dieser Einfluß hat sich in der Zwischenzeit geradezu umgekehrt.

Zu meiner Zeit im Ministerium war der Kontakt der Ministerialbeamten zu den Abgeordneten gut. Ich wurde sogar von einem Abgeordneten der SPD, obwohl ich als durchaus konservativ eingestuft war, gefragt, ob ich nicht Minister werden wollte. Es sollte gar kein Problem sein, mich als Minister zu inaugurieren. Er hat gesagt, ich würde die Stimmen wahrscheinlich aller Parteien kriegen. Mich um ein solches Amt zu bemühen, war mir allerdings völlig indiskutabel.

## *VI. Als Professor in Heidelberg*

Durch mein Auftreten in der Kommission und einer langen Liste von Veröffentlichungen, die mich auch in der Juristenwelt bekannt gemacht hat, bin ich wohl aufgefallen. Das hat dann dazu geführt, daß die Professoren offenbar später einmal die Köpfe zusammengesteckt und gesagt haben, daß man mich doch ganz gut in der Wissenschaft gebrauchen könnte. Die Arbeit an einer Gesetzesreform fordert eben auch gute dogmatische Kenntnisse.

So wurde ich von einem Kollegen aus der Fakultät angerufen, der mich fragte, was ich wohl tun würde, wenn ich einen Ruf nach Heidelberg erhielte. Dieses Angebot war für mich sehr überraschend, so etwas hatte es damals noch nie gegeben; schließlich habe ich keine Habilitationsschrift angefertigt. Nach langem Überlegen habe ich den Ruf an den sehr renommierten Lehrstuhl, den vor mir *Gustav Radbruch*, *Eberhard Schmidt* und *Paul Bockelmann* inne hatten, angenommen. Es lockte mich vor allem, die Wissenschaft durch meine praktischen Erfahrungen befruchten zu können.

Im Wintersemester 1963/1964 habe ich dann aufgrund eines Staatsvertrages zwischen dem Bund und dem Land Baden-Württemberg in Heidelberg angefangen. Eine Zeitlang habe ich noch beide Posten, den im Ministerium und den an der Universität, wahrgenommen. Ich habe jeweils eine halbe Woche in

Bonn und eine halbe Woche in Heidelberg gearbeitet. Ein besonderes Problem stellten für mich meine ersten Vorlesungen dar. Ich hatte ja überhaupt nichts in der Schublade, das ich für die Lehrtätigkeit hätte nutzen können. Von einem anderen konnte ich natürlich auch keine Materialien verwenden, da diese sicherlich nicht meinem Stil entsprochen hätten. So habe ich zum Teil noch in der Bahn das studiert und vorbereitet, was ich am nächsten Morgen verkünden wollte. Das scheint aber bei den Studenten gut angekommen zu sein. Vielleicht lag das auch daran, daß ich meine Erfahrungen aus der Praxis für die Lehrtätigkeit nutzen konnte. Ich habe in Heidelberg Vorlesungen über Strafrecht gehalten und habe dem Kollegen, der das gleiche Thema behandelte, den Hörsaal leergepredigt. Mein Anliegen bei den Vorlesungen war weniger, ein rhetorisches Feuerwerk zu zünden, als die strafrechtliche Dogmatik prägnant, transparent und klar darzustellen. Beliebt bei Studenten vorgerückter Semester waren meine Übungen und Seminare. Häufig ließ ich Planspiele durchführen. Einmal ließ ich etwa die Studenten einen Gesetzgebungsausschuß bilden, der die Aufgabe hatte, einen Reformentwurf für die Strafvorschriften, die das Leben schützen, zu erarbeiten.

Der Wechsel von Bonn nach Heidelberg ist uns, meiner Frau und mir, am Anfang doch recht schwer gefallen. Bonn wirkte auf uns sehr viel moderner, was wohl auch daran lag, daß der Umgang im Ministerium viel lockerer war. Heidelberg war da doch sehr altmodisch und fast ein wenig steif. Aber überraschend kam das nicht, war doch Heidelberg für seinen eher konservativen Stil bekannt. Gleichwohl war der Umgang hier sehr herzlich, so daß wir uns rasch sehr gut eingelebt hatten.

Zu den Professoren, die ich noch aus der Zeit der Großen Strafrechtskommission kannte, und die zum Teil, wie etwa *Wilhelm Gallas*, noch selbst lehrten, hatte ich ein gutes Verhältnis. Ich galt von Anfang an als völlig gleichberechtigter Kollege. Sie fanden es zum Großteil sehr gut, daß ich den Ruf angenommen hatte. Wenig später wurde die C3-Professur, also der Professor etwas niederen Ranges eingeführt. Das wäre für mich überhaupt nicht in Frage gekommen. Wäre mir so eine Stelle angeboten worden, hätte ich abgelehnt. Es war für mich wichtig, mit allen anderen gleichberechtigt zu sein. Besonders entscheidend war dabei die Frage, ob man Assistenten führen darf, oder nicht. Die Zahl der Assistenten wurde in den Berufsvereinbarungen festgelegt. Für gewöhnlich hatte man zwei. Mit zwei Assistenten bin ich immer gut zurecht gekommen.

Zwischen 1968 und 1983 konnte ich zehn Promotionen betreuen. *Ingeborg Puppe* und *Jörg Tenckhoff* wurden von mir habilitiert.

Kurz nach dem Beginn meiner Tätigkeit in Heidelberg kam auch das Projekt des „Lackner“ ins Gespräch. Die Arbeit an dem Kurzkommentar wurde von *Hermann Maassen*, den ich schon aus meiner Zeit im Ministerium kannte, angeregt. Eigentlich wurde der Kommentar von *Maassen* zusammen mit *Dreher* bearbeitet. Aber *Dreher* ist nach drei Auflagen abgesprungen, weil ihm der Kommentar von *Schwarz* angeboten wurde, den er natürlich schon allein deshalb bevorzugte, weil dieser finanziell attraktiver war. Deshalb ist *Maassen* dann an mich herangetreten. Zunächst wollte ich den Kommentar gar nicht übernehmen, letztlich wollte ich aber *Maassen* nicht sitzen lassen und habe zugesagt. Anfangs erschien der Kommentar noch als „Lackner / Maassen“. Von der 6. bis zur 21. Auflage war es dann nur der „Lackner“.

In der dritten Auflage kam es zu einer völligen Umstellung des Strafrechts. Grundlage waren überwiegend die Ergebnisse der Großen Strafrechtskommission nach einer Überarbeitung durch eine so genannte Länderkommission. Dieses neue Gesetz beherrschte ich natürlich in- und auswendig. Das hatte zur Folge, daß die nächste Auflage die erste Kommentierung zum neuen Recht enthielt. Innerhalb von nur etwa zwei bis drei Monaten war die ganze Neuauflage verkauft und es mußte nachgedruckt werden. Und auch diese Nachdrucke wurden sehr schnell verkauft. So war der „Lackner“ in aller Munde.

Das Hauptproblem bei der Kommentierung war, daß der Kommentar für den Studenten verständlich sein mußte. Der zur Verfügung stehende Platz war jedoch begrenzt. Ich mußte also aus zwei Sätzen einen machen, ohne den Inhalt zu tangieren. Das war häufig sehr schwierig. Oft habe ich stundenlang um eine gute Formulierung gerungen und zum Teil auch schlecht darüber geschlafen.

Es bedarf großer ununterbrochener Mühe, ein solches Werk aktuell zu erhalten. Daher entschloß ich mich 1995, den Kommentar abzugeben. Ich übertrug die Aufgabe ab der 21. Auflage auch an *Kristian Kühl*, der mir schon als wissenschaftlicher Mitarbeiter sehr positiv aufgefallen ist. *Kühl* schwankte anfangs noch, ob er sich diesen „großen Schuh“, wie er sich ausdrückte, anziehen sollte, hat sich aber letztlich doch überreden lassen. Im August 2001, im Vorwort der 24. Auflage, habe ich mich dann bedankt und bin endgültig vom Kommentar ausgeschieden.

Ein anderes großes Projekt, das mich über viele Jahre begleitete, war die Kommentierung zum Betrug im Leipziger Kommentar. Hier wurde mir, ganz anders als bei meinem Kurzkommentar, unbeschränkter Platz eingeräumt. Ich hatte also die Möglichkeit, allen Problemen bis in die kleinsten Verästelungen nachzugehen. Mit meiner Bearbeitung in der neunten und zehnten Auflage habe ich sowohl die juristische Literatur stark beschäftigt, als auch über 20 Jahre hinweg die Rechtsprechung beinahe schon dirigiert.

Während der Zeit der Studentenunruhen in den 1960er Jahren war die juristische Fakultät ein funktionierendes Bollwerk. Ich kann mich erinnern, daß ich, wenn ich in der Universität Vorlesungen gehalten habe, immer ein Kordon von etwa 200 Studenten um mich herum hatte. Diese haben entweder schon vor der Veranstaltung die vorderen Bänke besetzt, oder haben, wenn sich andere schon vorher im Hörsaal aufhielten, diesen für mich ohne Gewalt freigeräumt. Zweimal war ich aber dennoch in die Unruhen verwickelt: Um vom Dozentenzimmer in den Hörsaal zu gelangen, mußte man nur über den Gang gehen. Ich wurde auf diesem kurzen Wegstück fotographiert. Es dauerte gar nicht lange, da hingen in der ganzen Universität Bilder aus. Auf dem Bild war in der Mitte ich, zu meiner linken *Adolf Hitler* und zu meiner rechten – das ist das bemerkenswerte – *Helmut Schmidt* zu sehen. *Schmidt* wurde nämlich bitter übel genommen, daß er gegen die 68er in den Randalen vorgegangen ist. Ihm wurde sogar der *Ohnesorg*-Tod angelastet, was historisch völlig unhaltbar ist. Mein ältester Sohn wurde angegriffen, als er diese Plakate in der Uni herunterreißen wollte. Bei einer Podiumsdiskussion wurde ich auch attackiert. Daß es bei dieser Diskussion zu Unruhen kommen würde, war absehbar. Schon vormittags konnte man Busse mit Frankfurter Kennzeichen in der Stadt sehen. Ich bin, obwohl mir meine Frau davon abgeraten hat, hingegangen. Allerdings brachten mich bereits nach etwa einer halben Stunde Studenten nach Hause. Kurz nach Beginn der Veranstaltung wurde nämlich das Licht ausgemacht und mit Farbbeuteln geworfen. Die Farbe ging mir bis auf die Haut. Der damalige Rektor kam am nächsten Tag zu mir, um mir zu versichern, daß alles, was bei dieser Attacke kaputt gegangen sei, wie etwa der Anzug, ersetzt werden würde. Ich habe aber mit einem Hinweis auf mein Berufsrisiko abgelehnt.

Das Verhältnis der Professoren untereinander war sehr gut. Ein besonders freundschaftliches Verhältnis hatte ich zu *Karl Engisch*, den ich für einen der bedeutsamsten Strafrechtler des 20. Jahrhunderts halte. Wir sind oft zusammen spazieren gegangen und haben während dieser Spaziergänge ausgiebig diskutiert. Häufig ging es um den Häuserblock – und wenn wir angekommen waren, ging es dann gleich noch einmal um den Block, weil wir so sehr ins Gespräch vertieft waren.

Der Universität Heidelberg bin ich bis zu meiner Emeritierung treu geblieben. Anfangs habe ich aber durchaus mit dem Gedanken gespielt, Heidelberg zu verlassen. Ich habe 1970 einen Ruf aus Hamburg bekommen. Mit dem Referenten für Justiz war ich in zehn Minuten einig. Er erklärte mir, daß in den nächsten Tagen der Ruf offiziell erginge. Doch es kam nichts, so daß ich dort nachgefragt habe. Mir wurde erklärt, der Finanzsenator hätte Bedenken erhoben, weil ich zu teuer sei. Darauf habe ich eine Frist gesetzt und Heidelberg informiert. In Heidelberg wurde mir gesagt, daß ich das, was mir von Hamburg in der vorläufigen Vereinbarung zugesichert werden würde, auch in Heidelberg bekomme. Als die Frist abgelaufen war, habe ich den Ruf abgelehnt. Bis zum 1. Oktober 1982 blieb ich also der Heidelberger Juristenfakultät als Lehrer erhalten.

Wenn ich die Entwicklung des Strafrechts in den letzten 30 Jahren überdenke, komme ich zu keinem guten Urteil. Das Strafrecht ist immer unübersichtlicher geworden, immer weiter verfranst und zersplittert. In kurzer Zeit werden Gesetze geändert oder neu geschaffen, ohne die Folgen zu bedenken. Wenn irgendein Abgeordneter einen Wunsch vorbringt, muß dieser im Gesetz umgesetzt werden. Aktuelle Tendenzen lassen sachliche Argumente ins Hintertreffen geraten. Zwar ist das Kernstrafrecht, also der Allgemeine und der Besondere Teil des StGB noch ganz gut erhalten geblieben. Aber im Nebenstrafrecht ist geradezu eine Zerfaserung zu beobachten. Gerade auch die Vorschriften des Steuerstrafrechts sind viel zu ausufernd. Müßte ich heute den Politikern einen Rat geben, wie das Strafrecht zu ändern wäre, würde ich ihnen raten, es zu entrümpeln.

## *Schriftenverzeichnis (in Auswahl)*

### *1. Selbständiges Schrifttum*

Vermögen und Vermögensbeschädigung in der Betrugstheorie des Reichsgerichts, 1946.

Das konkrete Gefährdungsdelikt im Verkehrsstrafrecht. Vortrag vor der Berliner Juristischen Gesellschaft am 13. Mai 1966, 1967.

Über neue Entwicklungen in der Strafzumessungslehre und ihre Bedeutung für die richterliche Praxis. Vortrag vor der Juristischen Studiengesellschaft Karlsruhe am 12. Dezember 1977, 1978.

### *2. Kommentierungen*

Jugendgerichtsgesetz mit den ergänzenden Rechts- und Verwaltungsvorschriften des Bundes und der Länder, zusammen mit Wilhelm Dallinger, 1. Aufl. 1955, nebst Ergänzungsband I: Wehrstrafrecht des Jugendgerichtsgesetzes, 1958, Ergänzungsband II: Rechtsprechung zum Jugendgerichtsgesetz, 1958; 2. Aufl. 1965.

Wehrstrafgesetz, Kommentar, zusammen mit Eduard Dreher und Georg Schwalm, 1958.

Strafgesetzbuch mit Erläuterungen, 4. Aufl. 1967 bis 20. Aufl. 1993, 21. Aufl. 1995 bis 24. Aufl. 2007 zusammen mit Kristian Kühl.

Strafgesetzbuch, Leipziger Kommentar, §§ 253–256, 9. Aufl. 1970.

Strafgesetzbuch, Leipziger Kommentar, §§ 263–265a, 9. Aufl. 1974.

Strafgesetzbuch, Leipziger Kommentar, §§ 263–265a, 10. Aufl. 1979.

Strafgesetzbuch, Leipziger Kommentar, §§ 253–256a, 10. Aufl. 1983.

### *3. Aufsätze in Zeitschriften und Sammelwerken*

Das Gesetz der Ordnungswidrigkeiten, Die Polizei 1952, S. 86–89, S. 105–107.

Zur Neuordnung des Jugendrechts, Bundesanzeiger vom 2.2.1952, S. 10.

Der Strafrechtsteil des Gesetzes zur Sicherung des Straßenverkehrs, MDR 1953, S. 73–75.

Das Jugendgerichtsgesetz, JZ 1953, S. 527–531.

Die Strafaussetzung zur Bewährung und die bedingte Entlassung, JZ 1953, S. 428–432.

Erläuterungen zu dem Gesetz zur weiteren Vereinfachung des Wirtschaftsstrafrechts (Wirtschaftsstrafgesetz 1954), Das Deutsche Bundesrecht, 73. Lieferung vom 14.9.1954, S. 13–29.

Kollisionen zwischen Jugend- und Erwachsenenstrafrecht, GA 1955, S. 33–40.

Bericht über die siebente Arbeitstagung der Großen Strafrechtskommission vom 2. bis 6. September 1955, ZStW 68. Bd. (1956), S. 246–292, Beilage zum Bundesanzeiger Nr. 42 vom 29.2.1956, S. 1–14.

Die Abgabe des Verfahrens nach dem Jugendgerichtsgesetz, GA 1956, S. 379–382.

Wehrstrafrecht. II. Teil: Das Vierte Strafrechtsänderungsgesetz, A. Materielles Recht, JZ 1957, S. 401–406.

Verkehrsrecht und Strafrechtsreform, DAR 1958, S. 286–296.

Zur Strafverfolgungsverjährung von vor dem 8. Mai 1945 begangenen Straftaten, NJW 1960, S. 1046–1047.

Das Fünfte Strafrechtsänderungsgesetz, JZ 1960, S. 437–439.

Gedanken über die Ahndung der leichteren Verkehrszuwiderhandlungen im künftigen Recht, DAR 1960, S. 309–315.

Trunkenheit am Steuer als Gefährdungstatbestand, Blutalkohol 1962, S. 217–221.

Für und wider die Strafbarkeit des Ehebruchs, FamRZ 1962, S. 411–413.

Trunkenheit am Steuer als Gefährdungstatbestand, Blutalkohol 1963, S. 1–10.

Was soll aus den Verkehrsübertretungen werden?, Juristen-Jahrbuch, 4. Bd., 1963/64, S. 73–86.

Kriminologie und Strafrecht. Kriminalbiologische Gegenwartsfragen, Heft 6, 1964, S. 6–20.

Das Siebente Strafrechtsänderungsgesetz, JZ 1964, S. 674–677.

Das Zweite Gesetz zur Sicherung des Straßenverkehrs, JZ 1965, S. 92-95, S. 120–125.

Zur Neuordnung des Bußgeldverfahrens – Welche grundsätzlichen Verfahrensreformen sind Voraussetzung einer Umwandlung der Verkehrsübertretungen in Ordnungswidrigkeiten?, (Plenarvortrag beim 4. Deutschen Verkehrsgerichtstag 1966). Kraftfahrt und Verkehrsrecht 1966, S. 50–74.

Der Alternativ-Entwurf und die praktische Strafrechtspflege, JZ 1967, S. 513–522.

Landesverräterische Agententätigkeit, ZStW 78. Bd. (1966), S. 695–724.

Vollrausch und Schuldprinzip – OLG Köln, NJW 1966, S. 412; OLG Braunschweig, NJW 1966, S. 679; JZ 1968, S. 215–221.

Empfiehlt es sich, die Grenzen des Sexualstrafrechts neu zu bestimmen?, in: Ständige Deputation des Deutschen Juristentages (Hrsg.), Verhandlungen des 47. Deutschen Juristentages, Bd. II (Sitzungsberichte), 1969, S. K27–K52.

Die Grenzen des Sexualstrafrechts Sozialethik und Sozialschädlichkeit, Rheinischer Merkur Nr. 11 vom 14. März 1969, S. 4–5, abgedruckt auch in: Die neue Strafrechtsreform, Sonderdruck aus „Rheinischer Merkur“, 1969, S. 28–32.

Alkoholdelikt und Vorsatz, Kraftfahrt und Verkehrsrecht 1969, S. 397–411.

Möglichkeiten zur Vereinheitlichung der strafrechtlichen Ahndung von Trunkenheitsdelikten im Straßenverkehr auf internationaler Ebene, Blutalkohol 1969, S. 273–285.

Strafrechtsreform und Praxis der Strafrechtspflege, JR 1970, S. 1–10.

Gedanken zur Reform des Tatbestandes der Unfallflucht, DAR 1972, S. 283–291.

Das Strafrecht und das Strafprozessrecht auf dem Gebiet des Straßenverkehrs unter besonderer Berücksichtigung der für Ausländer geltenden Rechtslage, in: Beitzke, Günther / Lackner, Karl u.a. (Hrsg.), Ausländer im Straßenverkehr. Zivilrechtliche und strafrechtliche Probleme in Deutschland und Jugoslawien, 1972, S. 37–56.

Die Neuregelung des Schwangerschaftsabbruchs. Das 15. Strafrechtsänderungsgesetz, NJW 1976, S. 1233–1244.

Erfahrungen aus einem Seminar über die Reform der Strafvorschriften zum Schutze des Lebens, JZ 1977, S. 502–505.

Empfiehlt es sich, die Straftatbestände des Mordes, des Totschlags und der Kindestötung (§§ 211–213, 217 StGB) neu abzugrenzen?, in: Ständige Deputation des Deutschen Juristentages (Hrsg.), Verhandlungen des 53. Deutschen Juristentages, Bd. II (Sitzungsberichte), 1980, S. M25–M46.

Über die Geltung der §§ 131, 184 StGB und des § 21 GjS für Rundfunksendungen, in: Expertenkommission Neue Medien – EKM Baden-Württemberg (Hrsg.), Abschlußbericht, Bd. II, 1981, S. 189–190.

Zum Vermögensschaden bei betrügerischen Manipulationen mit Warenterminoptionen, zusammen mit Christian Imo, MDR 1983, S. 969–979.

Verfassungsrechtliche und strafrechtliche Aspekte der §§ 218 ff. StGB und ihrer Vorgeschichte, Schriftenreihe der JVL, Nr. 1, 1985, S. 13–27.

Täuschung durch bloße Nennung eines überhöhten Preises?, zusammen mit Gerhard Werle, NStZ 1985, S. 503–505.

Ist ein Rücktritt freiwillig, wenn der Täter die Tatausführung nur deshalb abbricht, weil ihm die Begehung einer anderen Straftat vordringlicher erscheint?, NStZ 1988, S. 405–406.

Zum Stellenwert der Gesetzestechnik, in: Festschrift für Herbert Tröndle, 1989, S. 41–60.

Zum ärztlichen Beurteilungsspielraum beim Schwangerschaftsabbruch und zur rechtfertigenden Wirkung einer Abtreibungs-Indikation, NStZ 1992, S. 331–333.

Zur Anwendung bundesdeutschen Strafrechts auf in der früheren DDR begangene Taten, wenn der Angeklagte vor der Wiedervereinigung in die Bundesrepublik übersiedelte, NStZ 1994, S. 235–236.

Ernst-Joachim Lampe

# Ernst-Joachim Lampe

Im Gegensatz zu Künstlern und Politikern, deren Ziel es ist, in der Öffentlichkeit zu stehen und dort Anerkennung zu finden, verläuft das Leben von Wissenschaftlern normalerweise in der Stille einer Bibliothek oder eines Labors; treten sie vor die Öffentlichkeit, dann im Allgemeinen mit dem Ziel, die Ergebnisse ihres Forschens anderen verfügbar zu machen. Auch ihre Autobiographie werden (oder sollten) sie m.E. weniger wie die Künstler und Politiker zur Selbstbesinnung bzw. der Darstellung der eigenen Entwicklung benutzen als vielmehr zur Zusammenfassung ihrer Forschungsergebnisse. Was ihnen darüber hinaus an persönlichem Erleben mitzuteilen bleibt, deckt sich weitgehend mit dem ihrer Zeitgenossen und betrifft hauptsächlich die zeitgeschichtlichen Verhältnisse, unter denen sie ihre Arbeit verrichtet und in die hinein der Zeitgeist sie verwoben hat. Insoweit haben sie nichts Außergewöhnliches mitzuteilen und können (oder sollten) es m.E. mit kurzen Hinweisen bewenden lassen.

Mit dieser Voreinstellung habe ich die Einladung angenommen, am vorliegenden Werk mitzuarbeiten. Ich werde infolgedessen nur kurz die zeitgeschichtlich bedeutsamen Ereignisse benennen, die unmittelbar in mein Leben eingegriffen haben, dann aber zusammenfassen, was ich als meine bisher für die wissenschaftliche Öffentlichkeit erbrachte Leistung ansehe. Erst am Schluss werde ich einige Verbindungslinien benennen, durch die meine Arbeit mit dem Zeitgeist und mit der Zeitgeschichte verbunden ist – entweder weil sie besonders davon beeinflusst wurde oder weil sie der Absicht entsprang, formend darauf einzuwirken.

## *A) Werdegang*

Ich bin ein Kind des Jahrgangs 1933. Das Jahr selbst hat einen schlechten Ruf, der Jahrgang ist davon nicht betroffen. Wir waren erst elf oder zwölf Jahre, als der Krieg und mit ihm das tausendjährige Reich zu Ende gingen. Zuvor konnten wir kaum kritische Nähe oder Distanz zum Naziregime entwickeln. Was wir darüber dachten, hatten wir von den Eltern übernommen, und was sie dachten, gaben sie, sofern es regimekritisch war, nur mit großer Vorsicht an uns weiter. Der Schock seines Untergangs saß denn auch bei uns nicht besonders tief. Es hatte uns bisher hauptsächlich das Elend des Krieges beschert. Anschließend bekamen wir noch das Elend der Nachkriegszeit zu spüren. Und was uns danach erwartete, war ein bisher unbekanntes Leben. Das aber konnte nur besser werden.

Zu meinen frühen Berliner Erinnerungen gehören die Bombennächte, die brennenden Häuser, die vielen Leichen, dann die Verteidigung der in Schutt und Asche gebombten Stadt. Ganz in der Nähe unserer Halenseer Wohnung verlief der S-Bahn-Ring, der nochmals eine Verteidigungslinie bilden sollte. Ich erinnere mich an die Brücken über den Ring, über die ich als Kind oft gelaufen bin und auf die fahrenden Züge hinabgeblickt habe: Wo genügend Munition vorhanden war, hatte man sie gesprengt, wo nicht, mit Panzersperren verbarrikadiert. Man hoffte wohl, den gemächlich vorrückenden Feind hier noch einige Tage aufhalten zu können, bis (vielleicht!) der Ersatz durch eine angeblich existierende Armee Paulus heranrücken würde. Vom Endsieg sprach längst keiner mehr, allenfalls von der mannhaften Verteidigung der eigenen in den wenigen noch stehenden Häusern zusammengepferchten Familien. Fanatische SS-Leute und Mitglieder der Gestapo liefen durch die Straßen. An manchen Laternen sah man die Leichen derjenigen, die sie, Richter und Vollstrekker in einem, aufgehängt hatten, manche mit einem Schild, das den Grund ihrer Hinrichtung kundtat: „Ich war zu feige, Frau und Kinder zu verteidigen." – Es war dies meine erste Bekanntschaft mit dem Recht und mit einer Macht, die ihm an Stärke überlegen ist und es deshalb pervertieren kann. Aber damals habe ich noch nicht soweit gedacht.

Anderes lag näher. Ein Kommando der Wehrmacht hatte in den letzten Wochen des Krieges in unserem Hause Quartier bezogen, um von dort Einsatzbefehle an die wenigen noch kampfbereiten Soldaten und die Männer des sog. „Volkssturms" zu geben – ältere Männer, die meistens weniger bereit waren zu stürmen als zu türmen. Von dort erhielten wir Nachricht, wo sich noch Lebensmittelvorräte befanden, und wir hatten nichts Eiligeres zu tun, als sie unter dem mäßigen Beschuss russischer Soldaten zu uns in den Luftschutzkeller zu schaffen und dort zu verteilen. Dabei fiel freilich, das muss ich gestehen, für meine Familie etwas mehr ab – aber letzthin hatte ich in vorderster Front an der Beschaffung mitgewirkt. Ich empfand das alles damals als wahnsinnig spannend und mich selbst als Held, durchaus vergleichbar mit den Helden, von denen ich in den Romanen *Karl Mays* gelesen hatte. Zur Betonung meines Heldentums hatte ich mir den Stahlhelm eines gefallenen Soldaten auf den Kopf gestülpt, der nur leider viel zu groß war und mir beim Rennen von Haustür zu Haustür jedes Mal ins Gesicht rutschte. Der Vollständigkeit (und Gerechtigkeit) halber muss ich in diesem Zusammenhang aber auch unseren Bäckermeister *Gurgas* erwähnen, der eine Backstube im Seitenflügel unseres Hauses bewohnte, diese als Schutzraum ausgebaut hatte und deshalb nur ab und zu in den gemeinsamen Luftschutzkeller kam. Er versorgte uns jedes Mal mit Broten, die er immer noch buk, so dass die gesamte Hausgemeinschaft einigermaßen wohlbehalten über das Ende des Krieges und des tausendjährigen Reiches hinwegkam.

Auch als die Bombengefahr gebannt war, mussten wir weiter im Keller hausen – angeblich bis die Gefahr durch versprengte Kämpfer gebannt war, die von der bedingungslosen Kapitulation der Wehrmacht noch nichts gehört hatten und deshalb weiterkämpften. Bei uns entstand jedoch der Eindruck, dass es zumindest den einfachen russischen Soldaten weniger um versprengte männliche Kämpfer zu tun war als vielmehr um die in den Kellern zusammengeballte weibliche Verlockung, an der sie ihre Mannhaftigkeit erproben konnten. Denn Abend für Abend klopfen sie herrisch an die Tür des Kellers, forderten Einlass und machten sich dann über die Frauen her. Tagsüber waren sie wieder freundlich, besonders zu uns Kindern, denen sie sogar Teile ihrer sicher nicht üppigen Essensration schenkten, so dass ich sie als zwar fremd aussehend, doch überwiegend sympathisch fand. Überdies hatte ich unter den Soldaten einen speziellen Beschützer, der sich nachts tröstend an mein Bett setzte, mir die Bilder seiner Familie und besonders seiner Kinder zeigte und mich so davon ablenkte, dass die Frauen währenddessen unter der Last seiner Kameraden aufschrien.

Es dauerte etwa vierzehn Tage, bis wir in unsere Wohnungen zurück durften. Wir ordneten dort alles, so gut es ging, verklebten die Fenster, die mit einer Ausnahme sämtlich in Scherben lagen, und versuchten, ein halbwegs normales Leben aufzunehmen. An Schule war nicht zu denken. Stattdessen erprobte mein Vater seine pädagogischen Fähigkeiten an mir. Er hatte den Krieg im sicheren Hinterland bei der Militärverwaltung in Brüssel überstanden und sich von dort rechtzeitig abgesetzt, bevor die Alliierten die Stadt eroberten. Auf abenteuerlichen Wegen war er überraschend bei meiner Großmutter in Niederschlesien erschienen, wo meine Mutter, meine Schwester und ich als Evakuierte lebten, und hatte uns nach Berlin zurückgeholt. Er verstand sich seinerzeit noch immer als Verwaltungsoffizier im Dienst, wenngleich ohne Aufgabenbereich, und blieb daher, statt sich zur Truppe zu melden, bei uns, bis das Reich untergegangen war und es nichts mehr zu verwalten gab. Danach sah er meine in den letzten Monaten arg vernachlässigte Erziehung als seine wichtigste Aufgabe an, ließ mich lateinische Vokabeln und Geschichtsdaten lernen und förderte meine literarische Bildung durch die Auflage, jeweils zwischen zwei Karl-May-Romanen ein „vernünftiges" Buch zu lesen. Indessen währte dies nicht lange, denn bald wurde er von der GPU verhaftet und ins Konzentrationslager Sachsenhausen gesperrt. Er starb dort, wie wir viel später hörten, nach wenigen Monaten an Hunger und Krankheit, ohne dass er bis zuletzt Kontakt mit uns aufnehmen durfte. Indessen war er nicht der Einzige aus meiner Familie, den der Tod am Ende des Krieges ereilte. Seine Mutter und Großmutter waren in Niederschlesien geblieben. Beide wurden von den zwangsweise nach Schlesien umgesiedelten Polen aus ihren Häusern vertrieben, in Viehwaggons gesperrt und dann solange hin- und hergefahren, bis sie tot waren. Zwei meiner Vettern starben auf der Flucht in einem der vielen Trecks, die Schlesien verlassen mussten, usf. Kurzum – das Ende des Reiches war fast auch das Ende einer Familie, die ihre Wurzeln lückenlos bis tief ins 17. Jahrhundert zurückverfolgte und stolz war, diese Tradition mit einer reichen Sammlung von Dokumenten und Zeugnissen belegen zu können. Ihre Zeugnisse bewahrte eine große „Ahnentruhe" auf, die dereinst an mich als ihren ältesten Spross fallen sollten. Auch sie wurde ein Opfer des Krieges.

Ab Mitte 1945 fiel dem ältesten Spross die Aufgabe zu, den Mann in der Familie zu ersetzen: aus halb abgebrannten Häusern das Holz zum Kochen und zum Heizen zu beschaffen und zu zerkleinern – ich war bald geübt, über Brandmauern zu klettern und halb verkohlte Balken abzulösen –, mit meiner Mutter aufs Land zu fahren und um Lebensmittel zu betteln, auf dem Schwarzmarkt zu „fuggern" u.a.m. Aber auch die Schule meldete sich wieder. Sie war zwar großenteils zerbombt, aber einige Klassenräume standen noch, und nach einer Stunde täglicher Aufräumarbeit in den Trümmern erhielten wir darin Unterricht. Es ging also aufwärts!

Weder meine Eltern noch ich hatten die Ideale des Nationalsozialismus verinnerlicht. Doch der Idealismus selbst war bei mir auf fruchtbaren Boden gefallen und hatte sich festgesetzt. Nach 1945 hing er heimatlos in der Luft, unklar, wohin er sich wenden sollte. Ich richtete ihn auf die Musik, die immateriellste aller Künste. Die Gefahr war gering, dass er abermals zuschanden ging. Während der Schulzeit habe ich die meiste Zeit am Klavier verbracht und „musiziert" – was sich schön anhört, aber harte Arbeit ist, zumal wenn man nur mittelmäßig dafür geeignete Hände mitbringt. Unterricht erhielt ich vom Solofagottisten der Berliner Philharmoniker *Oscar Rothensteiner*, einem hervorragenden Musiker, der auch als Pianist in ihrer Kammermusikvereinigung wirkte. Er hat mich, den durch den Krieg halb verwaisten mittellosen Bub, über viele Jahre unentgeltlich unterrichtet – ich werde ihm das immer danken. Nach dem Abitur 1950 habe ich dann auch tatsächlich ein Musikstudium (Hauptfach Klavier) begonnen – ahnungslos, wie es um den öffentlichen Musikbetrieb bestellt war. Nach einem Semester brach ich das Studium ab. Ich hatte das finanzielle Elend erkannt, das einen Pianisten durchschnittlich erwartet, und gab dem Drängen meiner Verwandten und Freunde nach, erst einmal „etwas Richtiges“ zu erlernen.

Das „Richtige“ war dann die Jurisprudenz, deren Studium ich in Frankfurt, Berlin und Mainz ohne rechte Lust absolvierte und nach sieben Semestern glücklich beendete. Ich hatte in dieser Zeit das Recht zwar als kulturelle Errungenschaft der Menschheit schätzen, die Befassung mit seinen Details aber als meinen Neigungen wenig entsprechend kennen gelernt. Nach dem 1. Staatsexamen (Anfang 1955) begann ich daher nochmals und mit eisernem Fleiß das Klavierstudium. Ich wollte, nunmehr einigermaßen abgesichert, versuchen, auf den internationalen Konzertpodien vielleicht doch noch Fuß zu fassen. Genau genommen: Ich musste erst einmal ein Semester warten, bis ich in die von mir gewünschte Klasse kam. Diese Zeit nutzte ich, um bei Prof. *Niese* in Mainz eine Doktorarbeit zu schreiben (die dann allerdings zwei Jahre lagerte, bevor sie durchgesehen und akzeptiert wurde). Erst anschließend konnte ich mich (endlich!) dem Musikstudium widmen. Es war eine glückliche Zeit – die jedoch nur drei Semester währte. Dann wurde ich 24 Jahre alt. Normalerweise ist das keine Tragödie, für mich aber wurde es eine: Der Staat entzog mir das bisher gezahlte Waisengeld, weil ich ein Studium abgeschlossen hätte und kein zweites bräuchte. Was tun? Nebentätigkeit schied aus, denn ohne vollen Einsatz für das Studium konnte ich im internationalen Konzertbetrieb keinesfalls reüssieren. Ich resignierte, meldete mich nach kurzer Krise von der Musikhochschule ab und zum Referendardienst im Bereich des Berliner Kammergerichts an. Es begannen vier Jahre meines Lebens, die ich noch heute für die verlorensten halte.

Nach dem 2. Staatsexamen versuchte ich dann auf dem Gebiet der Jurisprudenz eine Neuorientierung. Ich fragte bei Prof. *Niese* an, ob er mich habilitieren würde, bekam von ihm auch eine Zusage, aber keine Assistentenstelle, so dass ich erst einmal in die Praxis einsteigen musste. Ein Jahr lang war ich Gerichtsassessor bei der Staatsanwaltschaft in Moabit. Danach suchte in Mainz Prof. *Noll* einen Assistenten, und *Niese* vermittelte mich zu ihm. Ich kam also wieder an die Universität zurück. Doch leider entwickelte sich das Verhältnis zu meinem Chef, besonders nach *Nieses* plötzlichem Tod, nicht gerade erfreulich. *Noll* war ein Mann der Kriminalpolitik, ich dagegen hatte für meinen Idealismus inzwischen die Rechtsphilosophie als diejenige Disziplin entdeckt, die mich am besten gegen die Details der Rechtsordnung abzuschirmen versprach. So kam es, dass *Noll* den Entwurf meiner Habilitationsschrift über „Das personale Unrecht“, der mindestens zur Hälfte rechtsphilosophisch gehalten war, ablehnte: Ich solle eine rein dogmatische Arbeit einreichen. Diese fiel m.E. zwar schwächer aus als der erste Entwurf, wurde dafür aber angenommen. Die rechtsphilosophischen Teile des Entwurfs habe ich danach für meine „Rechtsanthropologie“ benutzt, mit der ich mich auf dem Gebiet der Rechtsphilosophie einführte. Die Arbeit daran war also nicht umsonst.

Als Privatdozent blieb ich fünf Jahre an der Mainzer Universität. Dann erhielt ich den Ruf auf ein Ordinariat an der noch relativ jungen Universität Bielefeld. Ich nahm ihn an, obwohl in Mainz Prof. *Lang-Hinrichsen*, mit dem mich eine freundschaftliche Beziehung verband, vorzeitig seinen Lehrstuhl geräumt hatte, um mir dort die Nachfolge zu ermöglichen. Die Annahme des Rufs nach Bielefeld, begründet durch die damals hervorragende Besetzung einiger Lehrstühle, erwies sich als schwerer Fehler. Meine Frau und ich hatten während meiner Dozententätigkeit in Mainz eine Rechtsanwaltspraxis aufgebaut, die sich hervorragend entwickelte und die wir nicht aufgeben wollten. Folglich musste ich ständig zwischen Mainz und Bielefeld pendeln, was mir auf der einen Seite den Titel eines „Spagatprofessors“ einbrachte, auf der anderen Seite Vorwürfe, dass ich meine Zeit und Kraft nicht hinreichend der Familie (und schon gar nicht deren wesentlicher Geldquelle, der Anwaltspraxis) widmete. Ich habe, so gut es ging, durchgehalten – vor allem, weil man mir in Bielefeld nach vielen Querelen letzthin gestattete, mein Lehrdeputat nebst Prüfungstätigkeit grundsätzlich im Wintersemester zu absolvieren und meiner Forschungstätigkeit grundsätzlich in Mainz nachzugehen.

Neben dieser universitären Tätigkeit war ich seit 1964 Mitglied des Professorenkreises, der mehrere Alternativ-Entwürfe vor allem zu Teilen des Strafgesetzbuchs ausarbeitete, seit 1975 Gutachter einer vom Bundesjustizministerium eingesetzten „Sachverständigenkommission zur Bekämpfung der Wirtschaftskriminalität – Reform des Wirtschaftsstrafrechts“, seit 1982 Mitglied des Beirats einer deutschen Handelsgesellschaft und nach der deutschen Wiedervereinigung 1991 Leiter eines aus Mitgliedern beider deutscher Staaten bestehenden „Arbeitskreises Strafrecht“, der sich die Vorbereitung der (letztendlich gescheiterten) Zusammenführung der beiden deutschen Rechtsordnungen zur Aufgabe gemacht hatte. Hierauf werde ich abschließend zurückkommen.

Mit 65 Jahren wurde ich emeritiert und anlässlich meines 70. Geburtstags mit einer Festschrift geehrt. Ich habe deren feierliche Überreichung benutzt, um mich noch einmal als Pianist zu bewähren, indem ich (zusammen mit zwei Berufsmusikerinnen) das Trio G-Dur aus Opus 1 von Beethoven vortrug. Auf diese Weise habe ich wissenschaftliche Berufung und künstlerische Neigung gegen Ende meines Lebens für eine kurze Zeit vereinigen können.

## *B) Wissenschaftliches Werk*

Meine *Ausgangsthese* lautete von Anfang an: Rechtswissenschaft ist keine Geistes-, sondern eine normative Sozialwissenschaft auf humanwissenschaftlicher Grundlage. Von ihr aus war ich gezwungen, soziologische und anthropologische Erkenntnisse nicht nur in meine rechtstheoretischen und rechtsphilosophischen, sondern auch in meine strafrechtsdogmatischen Untersuchungen einzubeziehen. Der wissenschaftliche Rahmen meiner Untersuchungen umfasst somit heute (1) eine (formal gehaltene) Seinslehre, die sich nicht nur auf bestimmte Klassen von Gegenständen (insbesondere Mensch und Gemeinschaft), sondern auch deren implizierendes oder possessives Haben erstreckt; (2) eine Erkenntnislehre, die sich nicht nur auf das personale Wahrhaben sowohl seiner selbst als auch einer sozialen Umwelt, sondern auch auf das (in der Sprache zum Ausdruck kommende) Wahrsein richtet; (3) eine personale Handlungslehre, die ergänzt wird durch eine soziale Zurechnungslehre; (4) eine soziale Wertlehre, die auf der personalen Freiheit und der metaphysischen Verpflichtung auf das Gute beruht; und (5) eine Entwicklungslehre, die die permanente Differenzierung des personalen Seins in einer sozialen Umwelt sowie die permanente Verstärkung des possessiven gegenüber dem implizierenden menschlichen Haben nachzeichnet.

### *I. Materielles Strafrecht*

#### *1. Allgemeine Probleme*

##### *a) Unrechtslehre*

Meine These, dass die Jurisprudenz eine normative Sozialwissenschaft ist, hat die Konsequenz, dass innerhalb der strafrechtlichen *Tatbestandslehre* der Grundbegriff weder die Handlung eines Täters noch die Verletzung oder Gefährdung eines Opfers, sondern die normwidrige *Beschädigung ihrer sozialen Beziehung* ist. Diese Konsequenz habe ich erstmals 1958/1959 anhand zweier Entscheidungen des Bundesgerichtshofs herausgearbeitet, damals allerdings noch einseitig vom Täter aus, so dass ich als Gegenstand der Unrechtswertung zwar die „Tat" benannt, diese aber ausschließlich als Produkt des Täters begriffen habe: seines („willkürlichen") Verhaltens und seiner („schaffensmächtigen") Fähigkeit zur Erfolgsherbeiführung:

> „Der objektive Tatbestand beinhaltet als ontischen Bestand das Verhalten im objektiven Sinn und die Erfolgsherbeiführung im objektiven Sinn. [...] Der subjektive Tatbestand umfasst die [...] entsprechenden subjektiven Merkmale: die Willkürlichkeit des Verhaltens und die Schaffensmacht zur Erfolgsherbeiführung."[1]

Heute sehe ich stattdessen in der „Tat" einen (durch deren „Begehung" angestoßenen) sozialen Prozess, der nicht nur von der personalen Willkür und Schaffensmacht des Täters, sondern auch vom personalen Leid und der Ohnmacht des Opfers geprägt wird. Deshalb benutze ich heute anstelle der Begriffe „objektiver" und „subjektiver Tatbestand" die Begriffe „sozialer" und „personaler Tatbestand".

Meiner Tatbestandslehre entspricht eine *Unrechtslehre*, die einerseits zwischen einem sozialen und einem personalen Unrecht unterscheidet, andererseits beide miteinander zu einem sozial-personalen Beziehungsunrecht verbindet. Sie habe ich in meiner 1966 erschienenen Habilitationsschrift über „Das personale Unrecht" entwickelt. Die Mängel der bisherigen (subjektiv-personalen vs. objektiv-impersonalen) Unrechtslehren habe ich so charakterisiert:

> „Indem Welzel einseitig auf den Subjekt- (Akt-) Unwert abstellt und allein ihm Bedeutung für das Strafrecht beimisst, vermag er der Bedeutung des Erfolges für die Strafbarkeit vorsätzlicher und fahrlässiger Delikte nicht Rechnung zu tragen. Warum der abergläubische Versuch straflos bleibt, warum die Vollendung grundsätzlich schärfer bestraft wird als der Versuch und warum die gleiche Fahrlässigkeit je nach dem Erfolg, den sie zeitigt, unterschiedliche Strafe nach sich zieht – all das kann Welzel befriedigend nicht erklären. Umgekehrt die Objektivisten: Ihnen gibt der herbeigeführte Erfolg, sei er Verletzung oder Gefährdung, den einzigen Maßstab für die strafrechtliche Sanktion. Der untaugliche Versuch, die Absichtsdelikte und darüber hinaus alle subjektiven Unrechtselemente bleiben Fremdkörper in ihrem System [...]."[2]

Meine Lehre vom *Beziehungsunrecht* vermeidet die genannten Mängel. Verletzende oder gefährdende Ereignisse begreift sie nur dann als *soziales* Unrecht, wenn sie zu menschlichem Verhalten in Beziehung stehen:

> „Das Recht regelt niemals den Schutz von Rechtsgütern schlechthin, sondern allein den Schutz von zwischenmenschlichen Beziehungen auf diese Güter. Aus diesem Grunde können Wind und Wetter nicht Subjekte des Unrechts sein."[3]

Umgekehrt begreift sie menschliches Verhalten nur dann als *personales* Unrecht, wenn verletzende oder gefährdende Ereignisse darauf zurückgeführt werden können:

---

1 Täterschaft bei fahrlässiger Straftat, in: ZStW 71 (1959), S. 579 ff. (587 f.).

2 Das personale Unrecht, Berlin 1967, S. 212.

3 Ebd., S. 214 f.; vgl. dazu auch noch unten III. 2 b).

> „Das Recht […] kann nicht allein an psychische Vorgänge im Innern des Menschen anknüpfen, sondern muss darauf warten, dass diese Vorgänge ihre Beziehung zur Objektivität des sozialen Miteinanders finden. Denn das Recht ist, wie immer man es sonst begreift, *soziale* Ordnung. […] Niemand braucht Strafe zu leiden für etwas, das er nur gedacht, nicht aber zu verwirklichen versucht hat."[4]

Als „Verhalten" begreift sie menschliches Sein, wenn ihm ein freier Wille zugrunde liegt. Die Motive dieses Willens rechnet sie allerdings nicht dem Unrecht, sondern der Schuld zu, da ihnen der unmittelbare Bezug zum sozialen Unrecht fehlt. So gelangt sie zu den aufeinander bezogenen Aussagen: „Zur Schuld gehört, wodurch der Wille bestimmt wird; Unrecht ist, wozu er sich bestimmt"[5].

Die Begriffe „soziales", „personales" und „Beziehungsunrecht" sind zunächst nur plakative Bezeichnungen, die genauerer Bestimmung noch bedürfen. In weiteren Untersuchungen habe ich daher ihren Gegenstand genauer bestimmt. *Ontologische Basis* des Unrechts sind einerseits die *Sozialität* als geordnete Gesamtheit sozialer Beziehungen, andererseits die *Personalität* des sie störenden Subjekts[6]. Da Personalität innerhalb einer Sozialität nicht nur individuelle („natürliche"), sondern auch überindividuelle („juristische") Organismen besitzen, übernimmt auch das Recht diese Doppelbedeutung: Es schützt nicht nur Rechtsgüter, die auf individuellen Bedürfnissen beruhen[7], sondern auch solche, die überindividuelle Interessen zur Grundlage haben[8], und es sieht als mögliche Verletzer nicht nur individuelle, sondern auch überindividuelle Subjekte („Verbände") an. Die Beziehung zwischen den Rechtsgütern und ihren Verletzern besitzt ebenfalls eine ontologische Basis: die *soziale Kausalität.* Sie umfasst, wie die physikalische Kausalität, das „lineare" Verhältnis zwischen Ursache und Wirkung, ferner, wie die biologische, das „funktionale" Verhältnis zwischen organismischem Akt und dessen *feedback* auf den Organismus, schließlich das „sozial-funktionale" Verhältnis zwischen personalem Verhalten und dessen sozialer Zurechnung an den Täter[9]. Schließlich hängt die besonders zu legitimierende Strafwürdigkeit des Unrechts noch vom Wert des verletzten Rechtsguts (z.B. vom Wert des individuellen Lebens, des lauteren sozialen

4 Ebd., S. 216.

5 Ebd., S. 234.

6 Zur ontologischen Struktur strafbaren Unrechts, in: FS Hirsch, 1999, S. 83 ff.

7 Rechtsgut, kultureller Wert und individuelles Bedürfnis, in: FS Welzel, 1974, S. 151 ff.

8 Überindividuelle Rechtsgüter, Institutionen und Interessen, in: FS Tiedemann, 2008, S. 79 ff.

9 Die Kausalität und ihre strafrechtliche Funktion, in: GS Armin Kaufmann, 1989, S. 189 ff.

Wettbewerbs, der kulturellen Sittlichkeit) sowie vom Maß der Pflichtwidrigkeit ab, deren Folge die Rechtsgutsverletzung war[10].

### *b) Täterschaft und Teilnahme*

Konsequenzen aus meiner Unrechtslehre habe ich zunächst für die strafrechtliche *Teilnahmelehre* gezogen: Grundlegend ist die Unterscheidung zwischen Unrechts- und Schuldteilnahme – „jene an den Folgen der Tat, diese an den Ursachen des Tatentschlusses“[11]. Der Schuldteilnahme gehören die Anstiftung und die psychische Beihilfe, der Unrechtsteilnahme die physische Beihilfe zu. Da Anstiftung und psychische Beihilfe die Ursachen für einen Tatentschluss setzen bzw. verstärken, bedingen sie einen vorsätzlich handelnden Täter. Da physische Beihilfe (regelmäßig) im Hinblick auf einen Taterfolg geleistet wird, bedingt sie lediglich einen willentlich handelnden Täter. Dass gleichwohl das Strafgesetz für beide Formen der Beihilfe einen vorsätzlich handelnden Täter voraussetzt, ist m.E. verfehlt: Es verleitet dazu, zur Vermeidung von Strafbarkeitslücken den Bereich der fahrlässigen Täterschaft auch auf Beihilfehandlungen auszudehnen[12].

Die Ausdifferenzierung der Teilnahme in *zwei* am Schuldtatbestand bestehende Formen, dagegen nur *eine* am Unrechtstatbestand bestehende, deutet bereits an, dass dem Gesetz eine der Anstiftung entsprechende Form der Unrechtsteilnahme fehlt. Zur Füllung dieser Lücke hatte ich zunächst die „Urheberschaft“ (als „Tatteilnahme“) vorgeschlagen[13]. Im Rahmen der Ausarbeitung einer Täterlehre habe ich diese später durch die „akzessorische“ Mittäterschaft ersetzt[14] – ein Meinungswandel, der weniger besserer Erkenntnis als dem Umstand geschuldet ist, dass die Teilnahme im Unrechtsbereich ohne scharfe Grenze in die Täterschaft übergeht.

Eine *Täterlehre* habe ich erst in jüngster Zeit entwickelt[15]. Im Gegensatz zur in der Literatur überwiegend vertretenen Lehre habe ich als Kriterium nicht die Tatherrschaft, sondern die Tatmacht zugrunde gelegt. *Täter* ist danach nicht,

---

10 Gedanken zum materiellen Straftatenbegriff, in: FS R. Schmitt, 1992, S. 77 ff.; die Konsequenzen für fahrlässige Straftaten hatte ich in meinem bereits zitierten Aufsatz (vgl. oben Fn. 1, S. 594) gezogen. Ich habe sie dreißig Jahre später gegen abweichende Auffassungen, insbesondere gegen die inzwischen konkurrierend aufgestellte Risikoerhöhungslehre, nochmals verteidigt (Tat und Unrecht der Fahrlässigkeitsdelikte, in: ZStW 101 (1989), S. 3 ff.).

11 Über den Begriff und die Formen der Teilnahme am Verbrechen, in: ZStW 77 (1965), S. 278.

12 Ebd., S. 279 f.

13 Ebd., S. 298 f.

14 Tätersysteme: Spuren und Strukturen, in: ZStW 119 (2007), S. 496.

15 Ebd., S. 471 ff.

wer (prospektiv) die Herrschaft über die Verwirklichung eines Tatbestands hat, sondern wer (retrospektiv) die Macht („Schaffensmacht") zu ihr hatte. *Mit*täter ist, wer diese Macht zur Tatbestandsverwirklichung mit anderen teilte, anteilig also die Tat durch gleichgerichtetes oder komplementäres Verhalten beging (z.B. ebenfalls auf das Opfer einschlug oder aber es solange festhielt, bis andere ihm die Brieftasche entwendeten). Darüber hinaus ist Mittäter derjenige, der in die Schutzsphäre des Opfers zwar lediglich eingriff, um anderen die Tatbestandsverwirklichung zu ermöglichen (z.B. das Opfer festhielt, damit andere es töten konnten), dabei sich selber aber besonders verwerflicher Mittel bediente: seine Gewalt über das Opfer oder sein Ansehen beim Opfer schwerwiegend missbrauchte, dem Opfer ein empfindliches Übel androhte oder bei ihm einen Tatbestandsirrtum hervorrief oder beförderte. Als gerechtfertigt habe ich diese Erweiterung des Täterbegriffs gehalten, weil auch das Gesetz den Gebrauch dieser Mittel für die Täterschaft voraussetzt (z.B. bei Erpressung und Betrug) und die herrschende Lehre darüber hinaus die *mittelbare Täterschaft* auf ihren Gebrauch gründet. Die Verantwortung innerhalb der erweiterten Mittäterschaft hängt allerdings („akzessorisch") davon ab, dass ein anderer Mittäter die Straftat ausführt.

Zusätzlich zu diesen beiden Modalitäten einer „horizontal" strukturierten Mittäterschaft habe ich die Anerkennung einer „vertikal" (bzw. „gestuft") strukturierten Mittäterschaft befürwortet. Diese Modalität

> „zeichnet sich dadurch aus, dass nur ein Teil der Mittäter in unmittelbarem Kontakt zum Rechtsgutsträger steht, der Kontakt der übrigen jedoch durch die Reihe derjenigen Mittäter vermittelt wird, die auf der 'graden Spur zum Verbrechen' wesentliche Beiträge geleistet haben: sei es durch die Planung der Tat, sei es durch deren Organisation oder durch die Lieferung des für ihre Ausführung benötigten Materials."[16]

Eine solche Erweiterung ermöglicht es insbesondere, die Organisatoren schwerer Straftaten ebenso als Täter zu bewerten wie die ausführenden Subjekte, nämlich als „Täter hinter den Tätern"[17].

„Organisierte Verbrechen" werden oft nicht von einmalig zusammenarbeitenden Tätern, sondern von kriminellen Vereinigungen begangen und manchmal sogar von kriminell pervertierten Staaten. Ferner können Organisationsmängel

16 Ebd., S. 517 f.

17 Die stattdessen vorgeschlagene „mittelbare Täterschaft kraft Organisationsherrschaft" ist dafür m.E. ungeeignet, weil die Organisation eines Verbrechens keine Herrschaft über seine Ausführung verleiht. Und die Anstiftung ist als Form der Schuldteilnahme zu schwach, um die Unrechtsbeteiligung von „Schreibtischtätern" zum Ausdruck zu bringen.

Ursachen für Straftaten von Wirtschaftsverbänden sein. Gegenwärtig ist insoweit strittig, ob auch solche *Unrechtssysteme* – neben den Organisatoren und den sonst daran Beteiligten – strafrechtlich zur Rechenschaft gezogen werden können und sollen. Meine Auffassung dazu habe ich vorstehend bereits angedeutet: Notwendige, aber auch hinreichende Voraussetzung ist, dass sie juristisch eigenständig existieren und daher Gegenstand strafrechtlicher Sanktionen sein können[18]. Sie tragen dann als „Rechtspersonen" für ihren „Charakter" die Verantwortung und haften für das auf dessen Mängel rückführbare *Systemunrecht*, d.h.

> „für das Unrecht der Ziele, die das System als Ganzes verfolgt, und für das Unrecht der Organisation, mittels deren es sie verfolgt."[19]

Kriminalpolitisch begründet habe ich meine Auffassung damit, dass soziale Systeme oft ein erhebliches Risikopotential für fremde Rechtsgüter angehäuft haben, das immer dann, wenn es organisiert eingesetzt oder mangelhaft verwaltet wird, seine besondere Gefährlichkeit entfaltet; und dass ein spezielles Wir-Gefühl oder ein mangelhaft ausgebildetes Verantwortungsbewusstsein die Mitglieder oft ermutigt, das Potential zu einem rechtwidrigen Zweck zu gebrauchen bzw. sorglos damit umzugehen[20].

Gegen die Verantwortlichkeit von politischen Systemen, aber auch von Wirtschaftsverbänden, hat man eingewandt, sie seien handlungs- und schuldunfähig und deshalb keine tauglichen Adressaten von Strafsanktionen. Zu Unrecht! Denn die Handlungsfähigkeit ist zwar eine hinreichende, aber keine notwendige Voraussetzung für eine Strafsanktion; notwendig ist lediglich das Vorhandensein individualer Freiheit, und die kann sich nicht nur in Handlungen, sondern auch in der Organisation von Handlungen äußern. Die Freiheit, Handlungen zu organisieren, besitzen soziale Systeme aber zumindest dann, wenn sie sich selbst organisiert haben. Und da ferner Freiheit die Aufgabe beinhaltet, sich am Sollen zu orientieren[21], schulden auch soziale Systeme die Lösung dieser Aufgabe: Sie müssen ihre Zielsetzung und ihre Organisation der Zielverfolgung auf die Normen des Rechts abstimmen. Erfüllen sie diese Schuld nicht, dann trifft sie –

18 Systemunrecht und Unrechtssysteme, in: ZStW 106 (1994), S. 693 ff., 705 ff., 721 ff.

19 Ebd., S. 703.

20 Ebd., S. 713 ff. Welche auch praktische Bedeutung das Systemunrecht besitzt, habe ich u.a. am Beispiel der *Verbrechen gegen die Menschlichkeit* dargelegt (FS Kohlmann, 2003, S. 147 ff.): Für sie sollte das politische System auch selbst strafrechtlich verantwortlich gemacht werden – neben seinen Handlangern. Notfalls – etwa, wenn es inzwischen aufgelöst wurde – sollte dies im Wege eines „objektiven Verfahrens" geschehen, worin ausschließlich die Verbrechen und die systemische Verantwortlichkeit dafür feststellt werden (ZStW 106 (1994), S. 735 ff.; FS Kohlmann, S. 171).

21 Die Problematik der Gleichstellung von Handeln und Unterlassen im Strafrecht, in: ZStW 79 (1967), S. 476 ff. (491 ff., 493).

neben ihren Organen – sozialmoralische Missbilligung, und bei groben Verstößen kann (und sollte) diese durch eine sozialmoralisch zu verstehende Strafe verstärkt werden[22].

### c) *Strafe*

Ich komme zur *Strafe* als der typischen Rechtsfolge des Strafrechts. Obwohl meine Monographie zu diesem Thema den Titel „Straf*philosophie*" trägt, möchte ich sie an dieser Stelle erwähnen, weil ihre Kernfrage nach der Strafgerechtigkeit auch für das Straf*recht* hohe Bedeutung besitzt. Die Frage habe ich in drei Schritten zu beantworten versucht:

Das *logische Verhältnis* zwischen Verbrechen und Strafe muss dem Sprachgebrauch Rechnung tragen. Darin stellt es sich als äquivalent dar, d.h. so, dass man vom Sein eines Verbrechens auf das Gesolltsein einer Strafe und vom Gesolltsein einer Strafe auf das Sein eines Verbrechens schließen kann[23].

Das *psychologische Verhältnis* zwischen Verbrechen und Strafe muss dem Rechtsgefühl Rechnung tragen. Dies ist der Fall, wenn es ihm als äquivalent erscheint: das Verbrechen als der hinreichende Grund für die Strafe und die Strafe als die hinreichende Sühne für das Verbrechen. Weil es nun die Eigenheit der Strafgesetze ist, dass sie Verbrechen als Straf*taten* vertypen, muss es Aufgabe des Gesetzgebers sein, als Folgen äquivalente *Tat*strafen anzudrohen, und Aufgabe des über einen Einzelfall urteilenden *Richters* muss es sein, innerhalb des gesetzlichen Strafrahmens die äquivalente Einzelstrafe zu finden. Dem Rechtsgefühl des Gesetzgebers gewährt dabei die soziale Anschauung, dem Rechtsgefühl des Richters die Bindung an den Tattypus sowie an den Strafrahmen eine gewisse Hilfe; doch verbleibt beiden letzthin ein Ermessensspielraum, den sie aufgrund ihrer (gesetzgeberischen bzw. richterlichen) Überzeugung von einer überpositiven Gerechtigkeit ausfüllen müssen[24].

Das *philosophische Verhältnis* zwischen Verbrechen und Strafe muss den Kriterien der überpositiven Gerechtigkeit Rechnung tragen. Sowohl Strafrahmen als auch Einzelstrafe müssen also durch das Strafunrecht, dessen Folge sie sind, überpositiv-rechtlich („naturrechtlich") legitimiert werden. Versteht man unter Strafunrecht, wie es hier geschieht, ein Beziehungsunrecht, welches das Beziehungsgefüge einer Gemeinschaft empfindlich stört, dann ist überpositiv gerecht ein Strafrahmen, der es dem Richter erlaubt, eine Einzelstrafe zu bemessen, die (1) das Beziehungsunrecht gerecht sühnt; (2) einer Wiederholung von Beziehungsunrecht gerecht vorbeugt; (3) der Allgemeinheit die Unterwor-

---

22 Op. cit. (Fn. 18), S. 724 f.

23 Strafphilosophie. Studien zur Strafgerechtigkeit, Köln u.a. 1999, S. 27 ff.

24 Ebd., S. 47 ff.

fenheit ihrer sozialen Beziehungen unter die Rechtsordnung (erneut) ins Bewusstsein ruft und dort befestigt[25].

Die gerecht bemessene Strafe soll dem Urheber einer Straftat allerdings keineswegs stets zugemessen werden. Je tiefer eine *Bestrafung* in die Persönlichkeit des Straftäters eindringt, desto mehr verlangt sie zusätzlich nach einem verständnisvollen Eingehen auf dessen Individualität. Er muss nicht nur vor einem unabhängigen Richter einer Straftat *beschuldigt*, sondern von diesem auch – nach einem ausführlichen Disput mit ihm sowie ggf. mit den von seiner Tat individuell Betroffenen – *für schuldig erkannt* werden, gesetzlich vorgesehene und einer Straftat dieser Art angemessene Strafleistungen zu erbringen. Die Leistungen sind mithin vom Richter „nach bestem Wissen und Gewissen" so festzusetzen, dass sie sich einerseits als Zumutung gegenüber dem Schuldigen, andererseits aber auch als Befriedigung der von der Tat Betroffenen sowie der Allgemeinheit vertreten lassen[26].

### *2. Einzelne Straftatbestände (insbesondere Wirtschaftsdelikte)*

Mit einzelnen Straftatbeständen habe ich mich, von zwei Ausnahmen abgesehen, nur sporadisch beschäftigt.

Die eine Ausnahme war das *Urkundenstrafrecht.* Da meine Dissertation aus diesem Bereich[27] ungedruckt blieb, habe ich ihre Ergebnisse in zwei Aufsätzen veröffentlicht. Im ersten Aufsatz habe ich begründet, warum die Konstruktion einer „Gesamturkunde" nach meiner Ansicht gesetzwidrig ist und warum ein Aussteller seine eigene Urkunde niemals verfälschen, sondern lediglich unterdrücken kann – somit nur dann strafbar ist, wenn andere zuvor ein Beweisführungsrecht an der Urkunde erworben haben[28]. Im zweiten Aufsatz habe ich die Besonderheiten von „zusammengesetzten" und „abhängigen" Urkunden herausgestellt: dass sie erst durch ihren Bezug auf ein Augenscheinsobjekt bzw. auf eine andere Urkunde zu vollständigen Urkunden werden, dann aber in dieser Einheit Strafschutz vor Fälschung und Unterdrückung erlangen[29]. Mit der Urkundenfälschung eng verwandt ist die „Fälschung technischer Aufzeichnungen". Mit ihr habe ich mich, kurz nach ihrer Pönalisierung im StGB,

25 Ebd., S. 113 ff.

26 Ebd., 1999, S. 225 ff.

27 Fälschung von Gesamturkunden und von zusammengesetzten Urkunden, Mainz 1957.

28 Die sogenannte Gesamturkunde und das Problem der Urkundenfälschung durch den Aussteller, in: GA 1964, S. 321 ff.

29 Zusammengesetzte und abhängige Urkunden, in: NJW 1965, S. 1746 ff.

eingehend befasst[30] und mir damit das Tor auch zur Befassung mit der seinerzeit neuen Form der *Computerkriminalität* geöffnet. Anhand von zahlreichen Beispielen aus der Praxis konnte ich die Notwendigkeit ihrer strafrechtlichen Bekämpfung und die dafür bereits vorhandenen Strafmöglichkeiten sowie verbleibenden Strafbarkeitslücken aufzeigen[31].

Die andere Ausnahme waren die *Wirtschaftsdelikte*. Die eben genannten Arbeiten, aber auch ein rechtspolitischer Aufsatz über den „Eigentumsschutz im künftigen Strafrecht"[32], hatten mich für die Mitarbeit in einer vom Bundesjustizministerium ins Leben gerufenen Sachverständigenkommission zur Bekämpfung der Wirtschaftskriminalität empfohlen. Für diese Kommission habe ich in den Jahren 1975 bis 1978 umfangreiche Gutachten zu fast sämtlichen einschlägigen Problemen des Wettbewerbsstrafrechts verfasst, so dass sich der Schwerpunkt meiner wissenschaftlichen Arbeit in dieser Zeit fast ganz auf das Wirtschaftsstrafrecht verlagerte. Viele der Ergebnisse habe ich anschließend teils in Zeitschriften und Festschriften, teils stark verkürzt in dem von *W. Krekeler* u.a. herausgegebenen Handwörterbuch des Wirtschafts- und Steuerstrafrechts publiziert. Die Gesetzgebung haben sie leider weit weniger als erhofft beeinflusst. Insbesondere ist meine Forderung, einen neuen Tatbestand der „Betriebssabotage" zu schaffen[33], ungehört verhallt: Unser heutiges Strafgesetzbuch kennt nur den Straftatbestand der Computersabotage, der zwar einen wichtigen Teil, aber längst nicht alle Erscheinungsformen dieses so empfindlichen Störungsbereichs abdeckt[34].

Ausführlich Stellung genommen habe ich ferner zu verschiedenen Gesetzesnormen, die außerhalb des Wettbewerbsstrafrechts die Strafbarkeit wirtschaftskriminellen Verhaltens verschärfen. Ich nenne diesbezüglich meine Monographie über den Tatbestand des Kreditbetrugs (§ 265b StGB) und meinen Aufsatz über den Tatbestand der Geldwäsche (§ 261 StGB)[35]. Erwähnenswert erscheint mir ferner meine dreiteilige Aufsatzreihe zum strafrechtli-

---

30 Fälschung technischer Aufzeichnungen. Kritisches zu § 268 n.F. StGB, in: NJW 1970, S. 1097 ff.

31 Die strafrechtliche Behandlung der sogenannten Computer-Kriminalität, in: GA 1975, S. 1 ff.

32 In: *H. Müller-Dietz* (Hrsg.), Strafrechtsdogmatik und Kriminalpolitik, 1971, S. 59 ff.

33 Betriebssabotage, in: ZStW 89 (1977), S. 325 ff.

34 Innerhalb meiner Mitarbeit am Band „Straftaten gegen die Wirtschaft" des „Alternativ-Entwurf BT" habe ich den Tatbestand ausformuliert und in der Begründung seine kriminalpolitische Bedeutung nochmals hervorgehoben.

35 Der Kreditbetrug (§§ 263, 265b StGB), Berlin 1980; Der neue Tatbestand der Geldwäsche (§ 261 StGB), in: JZ 1994, S. 123 ff.

chen Schutz der Geisteswerke, worin ich mich einesteils der Vermögensinteressen, andernteils des Persönlichkeitsschutzes von Urhebern und Erfindern angenommen habe[36].

## *II. Strafprozessrecht*

Zum Prozessrecht habe ich nur einen wichtigen Beitrag beigesteuert und den auch nur im Rahmen einer Arbeitsgemeinschaft. Es handelt sich um das unmittelbar nach der deutschen Wiedervereinigung ausgearbeitete Konzept zur Bekämpfung der Kleinkriminalität durch ein Verfehlungsverfahren.

Die bisher in der BRD publizierten Vorschläge liefen darauf hinaus, kleinkriminelle Taten entweder aus dem Strafrecht zu eskamotieren und sie ins Zivil- oder Ordnungswidrigkeitenrecht zu verlagern, oder sie zwar im Strafrecht zu belassen, ihre prozessuale Ermittlung bzw. Anklage jedoch dem Ermessen der Staatsanwaltschaft anheim zu stellen. Das von mir in Gemeinschaft ausgearbeitete Konzept sieht dagegen eine Kombination von materiellrechtlichen und prozessrechtlichen Elementen vor: Die Minima der Kriminalität sollen vom Gesetzgeber unter Berücksichtigung des Tatprinzips definiert, ihre Regulation aber – unter Beschränkung auf Maßnahmen unterhalb der Strafgrenze – nichtrichterlichen Verfolgungsorganen aufgegeben werden. Das Konzept umfasst Sühneleistungen im Rahmen eines staatsanwaltlichen Verfehlungsverfahrens, alternativ „Leistungen, die zur Wiedergutmachung der Unrechtsfolgen [...] oder sonst dem Ausgleich des Unrechts dienen", die innerhalb einer auf Versöhnung gerichteten Verhandlung vor einer Schlichtungsstelle festgeschrieben werden[37]. Zur Begründung habe ich u.a. ausgeführt: Das Schlichtungsverfahren

> „ist nicht nur für den Täter günstiger, der umfassender als im Rahmen eines gerichtlichen oder staatsanwaltlichen Verfahrens seine Konfliktsituation und seine Tatmotive offen legen und zum Gegenstand der Beratung, vielleicht sogar der Hilfe machen möchte. Es erspart auch dem Opfer die Belastungen eines öffentlichen Auftritts im Strafverfahren, wo es lediglich als Zeuge für die Wahrheitsfindung agiert, während es hier vor allem als verletztes Glied der Gemeinschaft ernst genommen wird."[38]

Meine weiteren prozessualen Untersuchungen galten u.a. der Durchbrechung der materiellen Rechtskraft von Strafurteilen, worin ich erstmals auf die Bedeutung der Verfassungsbeschwerde hingewiesen habe[39], sowie – anlässlich eines vom ZDF gedrehten Fernsehfilms – dem medialen Schutz des Straftäters,

---

36 Der strafrechtliche Schutz der Geisteswerke, in: UFITA 76 (1976), S. 141 ff.; UFITA 83 (1978), S. 15 ff.; UFITA 87 (1980), S. 107 ff.

37 Ein neues Konzept für die Kleinkriminalität: Das Verfehlungsverfahren zwischen Bußgeld- und Strafverfahren, in: *E.-J. Lampe* (Hrsg.), Vorschläge zur prozessualen Behandlung der Kleinkriminalität, 1993, S. 55 ff.

38 Ebd., S. 91.

39 Die Durchbrechung der materiellen Rechtskraft bei Strafurteilen, in: GA 1968, S. 33–49; Verfassungsbeschwerde gegen Strafurteile, in: JZ 1969, S. 287 ff.

der kurz vor dem Ende seiner Strafzeit steht[40]. Mehr rechtstheoretisch gehalten ist meine Untersuchung der richterlichen Überzeugungsbildung in der Festschrift für den scheidenden BGH-Präsidenten *Pfeiffer*[41].

## III. Grundlagenforschung zum Recht

Wie schon angedeutet, hat der Schwerpunkt meiner wissenschaftlichen Arbeit auf den logisch-methodischen und den empirisch-philosophischen Grundlagen des Rechts gelegen.

### 1. Rechtstheorie und interdisziplinäre Grundlagen des Rechts

Meine rechtstheoretischen Arbeiten betreffen (a) die juristische Propädeutik und ihre Frage: „Was ist Recht?", (b) die Probleme der juristischen Logik, insbesondere ihrer Semantik und Pragmatik, sowie (c) die Probleme der juristischen Methodik.

#### a) Was ist Recht? (Juristische Propädeutik)

Da der *Begriff des Rechts* sich weder nominal definieren noch aus einem Oberbegriff durch Angabe der spezifischen Differenz deduzieren lässt, muss man ihn induktiv entwickeln. Dabei darf man die Induktionsgrundlage nicht zu eng wählen, sie insbesondere weder (im Sinne des Gesetzespositivismus) auf die Rechtsgesetze noch (im Sinne des Rechtspositivismus) auf den Sprachgebrauch des Alltags bzw. der Juristen beschränken. Am zuverlässigsten ist eine breite ethnologische Grundlage und folglich eine „typologische" Begriffsbildung, die zwischen einem sozialanthropologisch konstanten Kernbereich und einem kulturell variablen Randbereich unterscheidet. Der Begriff „Recht" ist danach

> „die sprachliche Bezeichnung für eine Mannigfaltigkeit von Erscheinungen, die einander ähnlich (‘familienähnlich’) sind"; er betrifft „Eigenschaften, die in genetischer Betrachtung dem Recht schon immer zukamen und ihm deshalb notwendig sind (‘prototypische Eigenschaften’), und Eigenschaften, die ihm später hinzugefügt und lediglich von da an für eine hinreichende Bestimmung des Rechts gebraucht wurden (‘realtypische Eigenschaften’)."[42]

40 Der Straftäter als „Person der Zeitgeschichte", in: NJW 1973, S. 217 ff.; im Ergebnis vom Bundesverfassungsgericht bestätigt in dessen „Lebach"-Entscheidung (BVerfGE 35, 202).

41 Richterliche Überzeugung, in: FS Pfeiffer, 1988, S. 353 ff.

42 Zur Frage nach dem „richtigen Recht", in: *G. Dux u.a.* (Hrsg.), Moral und Recht im Diskurs der Moderne, 2001, S. 262.

*Notwendig* kamen dem Recht schon immer diejenigen Eigenschaften zu, die ihm die menschlichen Sozialbeziehungen zu regulieren erlauben. Und da die menschlichen Sozialbeziehungen psychisch vermittelt sind, waren es sämtlich Eigenschaften, die auf die Funktionen der menschlichen *Psyche* einwirken: (1) auf ihre emotionalen Funktionen, damit sie ein Gefühl für den rechtlichen Ordnungsgehalt des Gemeinschaftslebens entwickeln, (2) auf ihre intellektuellen Funktionen, damit sie wegweisend für ein richtiges soziales Verhalten werden, und (3) auf ihre volitiven Funktionen, damit sie dem Rechtsbewusstsein Geltung und Vorrang vor etwa abweichenden Bedürfnissen und Strebungen verschaffen.

Das Recht hatte aus diesem Grunde von Anfang an dieselben Systemeigenschaften wie die Psyche. Dadurch konnte es

- auf der vierdimensionalen Grundlage des menschlichen Gefühls (Lust – Unlust; Erregung – Beruhigung; Submission – Dominanz; Kontrolliertheit – Kontingenz) die Unterscheidungen zwischen (a) Recht und Unrecht, (b) Rechtsgrund und Rechtsfolge, (c) Recht und Pflicht sowie (d) Rechtssicherheit und Beliebigkeit (Billigkeit) entwickeln;
- auf der entsprechend dimensionierten Grundlage des Denkens die ursprüngliche Erlebniseinheit von Gefühl und Gegenstand überformen, und zwar (a) die „Merkwelt" des Rechtsgefühls mit der „Fallwelt" des Rechtswissens, (b) den Gefühlsmechanismus von Erregung und Beruhigung mit dem sachgedanklichen Mechanismus von „Sachverhalt" und „Realfolge", (c) den Gegensatz von Rechtsgefühl und Pflichtgefühl mit der gedanklichen Korrespondenz von Gesolltem und Gedurftem, (d) die gefühlsmäßige Mitte zwischen Kontrolliertheit und Kontingenz mit jener Verlässlichkeit, die zwischen den in logischer Allgemeinheit geltenden Normen und dem auf den konkreten Einzelfall bezogenen Billigkeitsrecht steht;
- auf der ebenfalls entsprechend dimensionierten Grundlage des Willens (a) Recht und Unrecht als einen für das soziale Zusammenleben gültigen zweiwertigen Verhaltensmaßstab ausweisen, (b) soziale Sachverhalte zu rechtlichen (hinreichenden oder notwendigen) Voraussetzungen bestimmter (i.d.R. erzwingbarer) Realfolgen erheben, (c) geltend gemachten Ansprüchen verpflichtende Antworten gegenüberstellen, (d) insgesamt eine Herrschaft über die sozialen Verhältnisse ausüben, die mit dem Mittel des Zwangs dem Einzelnen das notwendige Maß an Freiheit gewährleistet.[43]

43 Die vier Dimensionen des Rechts. Materialien zur Bestimmung des Rechtsbegriffs, in: Rechtstheorie 22 (1991), S. 221 ff.

Den richtigen Maßstab dafür lieferte von Anbeginn eine Gerechtigkeit, die sich ebenfalls dimensionsspezifisch in (a) soziale, (b) ausgleichende, (c) austeilende und (d) vorsorgende (gubernative) Gerechtigkeit gliederte.[44]

Da die Rechtsentstehung eng mit der Ausbildung von Staaten verbunden war, musste das Recht zusätzlich staatsbildende bzw. -erhaltende Aufgaben erfüllen: Es musste die natürlichen Individuen zu zivilisierten „Personen" umformen, welche „Rollen" verkörpern und gemeinschaftliche „Funktionen" wahrnehmen und, sofern sie auf gleicher sozialer Ebene stehen, einander gleichermaßen berechtigt und verpflichtet sind; es musste die individuale Macht des Einzelnen durch die entindividualisierte („abstrakte") Rechtsmacht des Bürgers sowie die der organischen „Gemeinschaft" durch die der organisierten „Gesellschaft" ersetzen; und es musste den hierarchischen Aufbau der „Gesellschaft" in der politischen Herrschaft eines „Staates" gipfeln lassen, dessen „Organe" die „Funktionen" seiner Mitglieder mit Hilfe des Rechts kontrollieren[45].

Damit habe ich die meisten derjenigen Attribute genannt, die den Kerngehalt eines jeden Rechts zu definieren erlauben. Vollständig lautet meine – durch Begriffsvariable noch zu ergänzende – Kerndefinition des Rechts:

> „Recht ist eine Summe von sozialen Verhaltensnormen für 'Personen'; es wertet soziale Ereignisse oder Zustände, knüpft an sie positive oder negative Folgen, begründet Ansprüche und Verpflichtungen und wirkt als Kontrollinstanz über das soziale Leben; es beruht regelmäßig auf einem sozial verfügungsmächtigen Willen (Gemeinwillen oder Willen kompetenter 'Personen', d.s. Individuen oder 'Organe' einer 'Gesellschaft' oder eines 'Staates'), seltener auf spontanen Steuerungsprozessen; es wird sprachlich gesetzt und im Streitfall von kompetenten Instanzen nach allgemeinen Verfahrensregeln durchgesetzt."[46]

### *b) Wann gilt Recht? (Juristische Logik)*

Wichtigstes Attribut des Rechts ist seine Geltung. Ausgehend von der Definition des Rechts als „sprachlich gesetzt" habe ich in meiner *Juristischen Semantik* „die Geltung von sprachlichen Feststellungen und Festsetzungen im Rechtsbereich" herausgearbeitet[47]. „Sprachlich" sind Feststellungen und Festsetzungen, wenn sie sich entweder begrifflicher Zeichen, weisender Gesten oder informativer Signale bedienen. „Geltung" besitzen sie, wenn sie rechtlich etwas Rechtserhebliches bedeuten und Bedeutung und Geltung einander nicht

44 Ebd., S. 247 ff.

45 The Concept and the Development of Law, in: ARSP 78 (1992), S. 13 ff.

46 Op. cit. (Fn. 42), S. 266.

47 Juristische Semantik, Bad Homburg u.a. 1970 S. 15.

widersprechen und dadurch aufheben – Beispiel: „The official language is German“[48].

Rechts*begriffe* erhalten juristische Bedeutung i.d.R. innerhalb von Rechts*sätzen*. Deren Geltung hängt zusätzlich davon ab, dass sie rechtlich etwas Rechtserhebliches aussagen: einen spezifisch juristischen Sachverhalt, dessen Inhalt – infolge der nur relativen Selbständigkeit von Rechtstatsachen – ein auf *Natur*tatsachen aufbauender *Rechts*sachverhalt ist. So ist etwa ein Vertragsangebot niemals bloß die Mitteilung einer natürlichen (psychischen) Bereitschaft, sondern stets auch der Ausdruck eines rechtsspezifischen Bindungswillens[49]. Darüber hinaus müssen Rechtssätze, um Geltung zu erlangen, das Ausgesagte rechtlich feststellen oder festsetzen. Diese Aufgabe obliegt einem entweder indikativen (anzeigenden), imperativen (befehlenden) oder permissiven (erlaubenden) Rechtssatz*modus*[50].

Ein Rechtssatz im *indikativen* Modus gilt, wenn er einen Sachverhalt betrifft, der in einer Ist-Aussage rechtserweislich festgestellt werden kann, oder wenn seine Soll-Aussage eine entsprechend feststellbare Erfüllungsfunktion festsetzt. So hat etwa die Soll-Aussage „A soll Eigentum und Besitz am Grundstück X auf B übertragen“ ihre Erfüllungsfunktion in der Ist-Aussage „A hat Eigentum und Besitz am Grundstück X auf B übertragen“, was rechtlich erwiesen werden kann[51]. Rechtssätze im *imperativen* Modus gelten, wenn sie von Rechtspersonen ein Verhalten (Tun oder Unterlassen) einfordern. Ist ihre Forderung hypothetisch, gelten sie jedoch nur, wenn ihr indikativer Vorsatz („Wenn A mit B über das Grundstück X einen Kaufvertrag abschließt […]“) als zureichender Grund für den Nachsatz („[…] dann soll er ihn durch Übereignung und Übergabe des Grundstücks erfüllen!“) gesetzt ist[52]. Entsprechendes gilt für Rechtssätze im *permissiven* Modus[53].

Die Semantik wird ergänzt durch eine *Pragmatik.* Als logische Pragmatik nimmt sie auf einen Sprecher sowie auf den von ihm mit dem Sprachgebrauch verfolgten Zweck Bezug, als *juristische* Pragmatik auf eine Rechtsperson und auf den von ihr mit dem Gebrauch der Rechtssprache verfolgten rechtlichen Zweck. Eine zusammenfassende Darstellung der juristischen Pragmatik fehlt bislang. Teilaspekte habe ich in zwei Festschrift-Beiträgen herausgearbeitet[54].

---

48 Ebd., S. 18 ff.

49 Ebd., S. 29 ff.

50 Ebd., S. 35 ff.

51 Ebd., S. 40 ff.

52 Ebd., S. 51 ff.

53 Ebd., S. 61 ff.

54 „Juristische“ Logik, „logische“ Jurisprudenz?, in: FS Klug, Bd. I, 1983, S. 113 ff.; Der Mensch und sein Recht, in: FS Legaz y Lacambra, 1983, S. 677 ff.

Ausgangspunkt der logischen Pragmatik ist die Person als sprechendes Wesen (*homo loquens*). Sprach*fähigkeit* hat die Natur dem Menschen mit in die Wiege gelegt; das Sprach*vermögen* entwickelt er in einer speziellen Lernperiode hauptsächlich im Umgang mit der Mutter („*Muttersprache*"). Das Vermögen, rechtlich gültige Sprechakte zu generieren und dadurch zum Subjekt einer juristischen Pragmatik zu werden, entsteht erst später unter dem Einfluss einer gemeinschaftlichen Rechtskultur. Beschränkt vorhanden ist es nach deutschem Recht mit Vollendung des siebenten Lebensjahres, vollständig mit Vollendung des achtzehnten. Von diesem Zeitpunkt an ist der Mensch eine *Rechtsperson.*

Anderes bestimmt allerdings das geltende deutsche Recht. Es erkennt zwar juristischen Gebilden den „Person"-Status nur zu, wenn ihre volle Geschäftsfähigkeit durch ein vertretungsberechtigtes Organ gewährleistet ist (§§ 26, 86 BGB), natürliche Individuen sieht es jedoch bereits „mit der Vollendung der Geburt" als Rechtspersonen an (§ 1 BGB). Diese m.E. sachlogisch unbegründete Differenz vermeidet man, indem man den Personbegriff strikt an die Fähigkeit zur rechtlichen Selbstbestimmung bindet und das geschäftsunfähige Kind folglich nur zusammen mit seinem geschäftsfähigen Vertreter als „(zusammengesetzte) Rechtsperson" gelten lässt[55].

Voraussetzung für die Rechtsbegründung seitens einer Rechtsperson ist ihre von einem Geltungswillen getragene *Erklärung*, dass etwas von Rechts wegen eintreten soll.

Wiederum verfährt das deutsche Recht widersprüchlich. Es fingiert die aufgrund von Zwang oder Irrtum ungewollte Erklärung als gültig, um dann ihre Vernichtung durch Anfechtung zu ermöglichen – und zwar fiktiv mit Wirkung „von Anfang an" (§§ 119, 123, 142 BGB). Beide Fiktionen wären überflüssig, würde es stattdessen die rechtsbegründende Wirkung von Vertrauen anerkennen und somit nicht nur dem Sprecher, sondern auch dem Angesprochenen, sofern er ebenfalls Rechtsperson ist, Rechtsbegründungskompetenz zuerkennen[56].

Zur Gültigkeit ihrer Willenserklärung bedarf die Rechtsperson rechtspragmatisch der *Verfügungsmacht* über deren Gegenstand sowie der *rechtlichen Anerkennung* dieser Macht.

Beide Voraussetzungen akzeptiert unser Recht abermals nur ungenau, indem es, statt dem Vertrauen des Erklärungsgegners Schutzqualität, dem ohnmächtigen Willen des Erklärenden Rechtsqualität beimisst[57].

Sprache ist an *Gedanken* gebunden, d.h. an abstrakte, von allen psychischen Begleitumständen gereinigte geistige Entitäten, die mit einem symbolischen Zeichen belegt und dadurch zu *Begriffen* werden können. Die Pragmatik wirkt insoweit auf die *Semantik* zurück, als die verwendeten Begriffe mit *Vorstel-*

---

55 Der Mensch und sein Recht, S. 678 ff.

56 Ebd., S. 688 ff.

57 Ebd., S. 695 ff.

*lungen* des Sprechers verbunden sein können, wenngleich nicht müssen. Werden die Vorstellungen ausgeklammert, ist die Begriffsbildung *generalisierend*, werden sie einbezogen, ist sie *individualisierend.*

Im ersten Fall ist das Mittel die *Abstraktion*

- entweder *arithmetisch* durch Exzerption derjenigen Merkmale, die den einzelnen Vorstellungen gemeinsam sind, und durch Elimination der übrigen;
- oder *geometrisch* durch Akzentuierung der Vorstellungsgleichheiten und durch Depravierung der Ungleichheiten.

Im zweiten Fall ist das Mittel die *Konkretion*

- entweder *arithmetisch* durch Konjunktion so vieler abstrakter Vorstellungen wie nötig sind, um eine konkrete Vorstellung zu erzeugen;
- oder *geometrisch* durch Strukturierung der konkreten Vorstellungen, bis leitende Gesichtspunkte deutlich werden.[58]

Ein Normgeber, der (z.B. im Sachenrecht) die Merkmalsfülle der Realität bis auf einen geringen Restbestand eliminieren will, wird sich der arithmetischen Abstraktion bedienen; die Folgen sind Rechtsklarheit aufgrund der geringen Anzahl der Begriffselemente und abstrakte Gleichheit aufgrund der Nichtberücksichtigung aller realen Besonderheiten. Ein Normgeber, der Ungleichheiten nicht eliminieren, sondern nur depravieren und sie in einem normativen Typusbegriff bewahren will, wird dagegen die geometrische Abstraktion wählen; die Folgen sind Flexibilität der Rechtsanwendung und proportionale Gleichheit aufgrund der Berücksichtigung realer Besonderheiten. Ein Normgeber, der seine Regelung auf eine Person (z.B. den Bundespräsidenten) oder eine Gesamtheit von Personen (z.B. die Kaufleute) begrenzen will, wird dafür die arithmetische Konkretion gebrauchen. Will er zusätzlich bestimmte Eigenschaften herausheben, die den konkretisierten Personen zukommen sollen (z.B. die völkerrechtliche Vertretungsmacht dem Bundespräsidenten, die Buchführungspflicht den Kaufleuten), wird er dagegen die geometrische Konkretion verwenden[59].

Auch auf die *juristische Syntaktik* wirkt die juristische Pragmatik zurück. Der richterliche Urteilsspruch beruht typischerweise auf einem *äquativen Schluss*, dem drei logische Urteile zugrunde liegen: ein erstes, dass der Tatbestand von § X erfüllt ist, ein zweites, dass dieser eine gültige Rechtsfolge anordnet, und ein drittes, dass die beiden genannten Urteile den richterlichen Urteilsspruch entweder *de lege* determinieren oder *de iure* begründen. Welche der letztgenannten Alternativen gemeint ist, hängt von der Intention des Richters ab, ob sein Spruch lediglich dem Gesetz oder auch der Gerechtigkeit gehorchen soll. Denn:

---

58 „Juristische" Logik, „logische" Jurisprudenz?, S. 118 ff.

59 Ebd., S. 129 ff.

„Das letztgenannte Urteil de iure ist synonym mit dem Gerechtigkeitsurteil. Es besagt, dass die durch Urteil A für den Tatbestand ermittelte Valenz der durch Urteil B für die Rechtsfolge ermittelten Valenz gleich ist, insgesamt also Äquivalenz zwischen Tatbestand und Rechtsfolge, z.B. zwischen Mord und lebenslanger Freiheitsstrafe, besteht."[60]

### *c) Wie findet man das „richtige" Recht? (Juristische Methodik)*

Innerhalb des äquativ schließenden Denkens begegnen sich Logik und Methodik: Die Logik stellt den Rahmen zur Verfügung, die Methodik füllt ihn aus.

Primäre Aufgabe der Methodik ist die *Formulierung der Probleme*, die die Logik offen gelassen hat: ob der gesetzliche Tatbestand X erfüllt ist, ob die vom Gesetz vorgesehene Reaktion auf die Erfüllung des Tatbestands gültig ist und ob die gesetzliche Normierung der Rechtsfolgen und der richterliche Ausspruch der Realfolgen äquivalente Reaktionen auf die Tatbestandsverwirklichung sind. Methodisch muss zu diesem Zweck der zur Beurteilung anstehende Sachverhalt aller irrelevanten Merkmale entkleidet und auf seinen juristischen Kern reduziert werden. Das Mindestniveau geben dabei die Tatbestände der Rechtsnormen vor, weil deren Merkmale sich in der Problemlösung sämtlich wiederfinden müssen. Zur Herstellung von „Individualgerechtigkeit" hat der Richter jedoch auch die individualtypischen Strukturen des Sachverhalts in die Problemstellung einzubeziehen[61].

Sind die Rechtsprobleme formuliert, folgt die *Suche nach ihrer Lösung*. Der Richter soll sich, so die methodische Forderung, der Lösungssituation möglichst zielstrebig nähern – also dem Gesetz des minimalen Energieaufwandes (s.u. *2 b*) gehorchen. Gewisse Assoziationsgesetze – ich habe die Gesetze der Berührung (Kontiguität), der Ähnlichkeit (Similarität), des Zusammenschlusses (Konvergenz) und der Bekräftigung (Affirmation) benannt – weisen ihm dafür den Weg.

Er hat z.B. aufgrund des Kontiguitätsgesetzes alle Interessen zu berücksichtigen, die von seiner Entscheidung „berührt" werden. Was das „Wie?" ihrer Berücksichtigung anbelangt, hat er sich aufgrund des Similaritätsgesetzes vor allem auf diejenigen Gründe zu konzentrieren, die sowohl mit der Problem- als auch mit der Lösungssituation in einer Ähnlichkeitsbeziehung stehen, d.h. zwischen ihnen vermitteln – weshalb die Meinung durchaus berechtigt ist, dass das juristische Denken „analogisch" verfahre. Weiterhin begründet aufgrund des Konvergenzgesetzes Ähnlichkeit infolge Berührung als juristische „Kausalität" grundsätzlich die Zurechnung des Verursachten. Und nach

60 Ebd., S. 132.

61 Grenzen des Rechtspositivismus: Eine rechtsanthropologische Untersuchung, Berlin 1988, S. 139 ff.

dem Affirmationsgesetz schließlich bestärkt eine bereits vorliegende Rechtsprechung zur Folgenzurechnung den Richter, die Entscheidung in der gleichen Richtung wie seine Vorgänger zu suchen[62].

Die richterliche Lösungssuche hat „Gesetz und Recht" in den Suchprozess einzubeziehen. Sofern sich der Zusammenhang zwischen einem Sachverhalt und einer Realfolge unmittelbar aus dem Gesetz ergibt, ist er logisch determiniert. Hat der Richter dagegen hinsichtlich des Sachverhaltens einen Beurteilungsspielraum, hinsichtlich der Realfolge einen Ermessensspielraum (etwa weil ihm das Gesetz nur einen Folgerahmen zur Verfügung stellt), dann muss er diese methodisch ausfüllen, und zwar ähnlich einem Gesetzgeber: Er muss das durch den Sachverhalt geschaffene Ungleichgewicht auf der Grundlage der *iustitia commutativa* ausgleichen, u.U. zusätzlich auf der Grundlage der *iustitia distributiva* eine Gleichheit in der Verteilung von Rechten und Pflichten wiederherstellen und auf der Grundlage der *iustitia providentialis (seu gubernativa)* den berechtigten Sicherungs- und Vorsorgebedürfnissen sowohl der Allgemeinheit als auch des Einzelnen Rechnung tragen[63].

Die Verwirklichung aller Gerechtigkeitspostulate erfordert eine jeweils eigene Methode. Für die ausgleichende Gerechtigkeit ähnelt sie dem naturwissenschaftlichen Modell des Regelkreises: Ein von dem vorgegebenen abweichender Zustand wird durch einen Ausgleichsmechanismus auf den vorgegebenen Zustand zurückgeführt. Greifen mehrere Gerechtigkeitspostulate ineinander, muss das naturwissenschaftliche Regelkreismodell allerdings wesentlich erweitert werden. So muss beispielsweise die Aufarbeitung von strafbarem Unrecht in einen teleologischen Zusammenhang hineingestellt werden, der vom Unrechtsgeschehen in der Vergangenheit ausgeht und bei dessen Bewältigung durch die Strafverbüßung in der Zukunft endet und der sich auf diesem Wege an Zielen orientiert, die oft nicht auf einen Nenner zu bringen sind: Das begangene Strafunrecht soll gesühnt[64], die gegenwärtige Herrschaft des Rechts über das Unrecht gefestigt und die Zukunft vor weiterem Strafunrecht bewahrt werden. Als Modell dafür habe ich den *„geschichtlich-progressiven Regelkreis"* vorgeschlagen[65].

Den Abschluss des richterlichen Suchprozesses bildet die *Konklusion.* Sie ist ein Ähnlichkeits- oder Analogieschluss sowohl im logischen als auch im psychologischen Sinne: Logisch stellt sie den zu beurteilenden Sachverhalt als hinreichende Voraussetzung für den Schluss auf eine Rechtsfolge fest, psychologisch verbindet sie damit das Prägnanzerlebnis einer wertmäßigen Entsprechung zwischen Sachverhalt und Rechtsfolge. Dadurch rechtfertigt sie abschließend den richterlichen Akt der Entscheidung, der das zu Beginn for-

---

62 Ebd., S. 147 ff.

63 Op. cit. (Fn. 43), S. 247 ff.; aus der Sozialperspektive können noch Forderungen nach *reziproker* und *komplementärer Gerechtigkeit* hinzutreten (vgl. Fn. 42, S. 270).

64 Unrecht und Schuld, Sühne und Reue, in: FS Baumann, Bielefeld 1992, S. 21 ff.

65 Op. cit. (Fn. 23), S. 62 ff.

mulierte Rechtsproblem löst, indem er das Recht des Einzelfalls feststellt oder festsetzt[66].

## *2. Rechtsphilosophie und interdisziplinäre Grundlagen der Gerechtigkeit*

### *a) Welches Recht ist „richtig"?*

Die juristische Methodenlehre hilft dem nach Gerechtigkeit Suchenden nur, einen Weg zum „richtigen Recht" zu finden; ob das am Ende des Wegs gefundene Recht „richtig" ist, gibt sie nicht preis. Auch die *Rechtsphilosophie* vermag das nicht ohne weiteres. Denn die Vernunft, über die sie gebietet, kann aus eigener Kraft nicht einmal zur Wesensbestimmung, viel weniger zur Richtigkeitsbestimmung des Rechts vordringen. Sie bleibt auf Hilfe angewiesen.

Ihre Versuche, solche Hilfe 'von oben' zu bekommen, sei es von einem Gott oder von einem Weltgeist, haben bisher keinen bleibenden Ertrag gebracht. 'Von oben' ertönt lediglich die Mahnung zum sittlich Guten *(„Bonum est faciendum, malum vitandum")*; was sittlich gut ist, offenbart sich nicht. Infolgedessen muss die Rechtsphilosophie auf die Hilfe 'von oben' verzichten. 'Von unten' erfährt sie lediglich die Natur des Menschen und die Art seiner sozialen Systeme. Auch diese Hilfe löst ihr die Probleme des „richtigen Rechts" nicht. Aber sie lässt sie der Lösung auf folgende Weise näher kommen:

### *b) Anthropologische Grundlagen des Rechts*

Die Rechtsanthropologen nähern sich dem „richtigen Recht", indem sie seine Richtigkeit aus der Menschengerechtigkeit herleiten. Für richtig, weil menschengerecht, halten sie ein Recht, welches das reale *Ab*bild des Menschen, d.s. seine ontologischen und realen Strukturen, in idealisierter Gestalt zum *Vor*bild erhebt[67]. Die ontologischen Strukturen zeigen den Menschen nämlich als das, *was* er ist; damit bilden sie den Rahmen, den ein menschengerechtes Recht keinesfalls verlassen darf. Und die realen Strukturen zeigen den Menschen, *wie* er ist; damit geben sie das Material vor, aus dem ein menschengerechtes Recht geformt werden muss.

*Was ist der Mensch?* Im ersten Band meiner „Rechtsanthropologie" habe ich mich auf die Darstellung seiner „Individualstrukturen" beschränkt. Ich habe den Menschen also als ein Individuum begriffen, das anderen Lebewesen zwar

66 Op. cit. (Fn. 61), S. 173 ff.

67 Das Menschenbild des Rechts – Abbild oder Vorbild?, in: *E.-J. Lampe* (Hrsg.), Beiträge zur Rechtsanthropologie, 1985, S. 20 ff.

gleicht, aber gewisse Besonderheiten aufweist, wodurch es rechtstauglich wird[68].

*Rechtsontologisch* besonders am Menschen ist zunächst sein *Stoff*, sein „Im-Recht-Sein“, d.i. sein innerer Bezug zu einem Recht, das ebenso wie er selbst durch Identität konstituiert wird und allen Menschen gleichermaßen zukommt. Rechtsontologisch besonders an ihm ist sodann seine *Form*, sein „Recht-Haben“, d.i. sein äußerer Bezug zu einer Normenordnung, die ebenso wie er selbst durch Diversität gekennzeichnet ist und unterschiedlichen Menschen unterschiedliche Berechtigungen gewährt und unterschiedliche Verpflichtungen auferlegt. Rechtsontologisch besonders ist schließlich, dass das Recht im Menschen lebt und somit auch selbst einem *Lebensprinzip* gehorcht, das eine den Augenblick überdauernde Identität (Genidentität) mit einem ständigen Wandel verbindet[69]. Zusätzliche Differenzierungen ergeben sich daraus, dass sowohl das „Im-Recht-Sein“ als auch das „Recht-Haben“ verschiedene Modalitäten (Möglichkeit und Wirklichkeit einerseits; Notwendigkeit und Zufälligkeit andererseits) annehmen können. Beispielsweise gehen die Unterschiede der Rechtsordnungen allesamt notwendig aus dem im Menschen enthaltenen identischen Rechtsstoff hervor – woraus sich u.a. die (freilich sehr begrenzte) Möglichkeit eines anthropologischen Naturrechts ergibt.

Anders als bei anderen Lebewesen ist auch die menschliche *Erkenntnis*, d.h. die Relation zwischen der Subjektivität seines Bewusstseins und der Objektivität der (sozialen) Realität; denn beide umfassen das Dasein einer Rechtsordnung. So ist etwa das Wissenselement des (strafrechtlichen) Vorsatzes die Relation zwischen einem Rechtsbewusstsein und einer auch durch das Recht konstituierten Realität, z.B. von der Wegnahme einer „fremden“ Sache. Ferner sind wiederum *Stoff und Form* innerhalb der Erkenntnis zu unterscheiden: nämlich einerseits das Wahr„haben“ als Vorstellung von einer rechtlichen Realität, andererseits das Wahr„sein“, wenn dieser Vorstellung die rechtliche Realität tatsächlich entspricht. Dabei spielt allenthalben eine Rolle, ob das Wahrsein nur individuell auf einem Evidenzerlebnis beruht, ob es aufgrund eines Erfahrungsaustausches transsubjektive Geltung beanspruchen kann oder

68 Eine Darstellung der „Personalstrukturen in der Rechtsordnung“, worin der Mensch als frei-verantwortliche, sittliche Person erscheint, bereite ich gegenwärtig vor.

69 Rechtsanthropologie. Eine Strukturanalyse des Menschen im Recht, Bd. I: Individualstrukturen in der Rechtsordnung, 1970, S. 32–136; daran knüpft u.a. meine „genetische Rechtstheorie“ an – s.u. 3.

ob es darüber hinaus rechtlich gültig ist, weil es in einem prozessualen Beweisverfahren seine Bestätigung gefunden hat[70].

Anders als bei den übrigen Lebewesen vollzieht sich schließlich der ständige *Austausch* des Menschen *mit der Umwelt.* Da seine Umwelt rechtlich gestaltet ist, erlangen sowohl die räumliche als auch die zeitliche Dimension dieses Austauschs eine spezifisch juristische Gestalt: Alle Veränderungen vollziehen sich in einem Rechtsraum – etwa der Zugang einer Willenserklärung, die Begehung einer strafbaren Tat. Jede Veränderung hat ferner ihre feste zeitliche Stelle – jede Erfindung, jeder Erbfall, jede Willenserklärung, jede Straftat. Vor allem aber ist das Recht selbst zeitgebunden – es trägt zeitgeschichtlichen Erscheinungen Rechnung und wird dadurch selbst geschichtlich[71].

*Wie ist der Mensch?* Naturgemäß ist er ein Wesen mit *Leib und Seele*, das seine Bedürfnisse in ständigem Austausch mit der Umwelt befriedigt: als Individuum zu leben, als Volk zu überleben und überdies das Leben lebenswert zu gestalten. Ein menschengerechtes Recht soll ihm dabei zur Seite stehen, indem es seine wichtigsten Bedürfnisse zu Rechten ausgestaltet. Dazu habe ich fünfzehn Grundrechte namhaft gemacht, deren Fundament das menschliche „Psychogramm" ist, d.h. die Summe aller angeborenen psychischen Programme:

1) Selbsterhaltung;
2) Selbstbestimmung;
3) Sicherheit;
4) Liebesbeziehungen;
5) Familie;
6) Freiheit und Schaffen;
7) Erwerb und Besitz;
8) Geltung und Macht;
9) ein adäquates ('menschliches') Milieu;
10) Teilnahme am sozialen Leben;
11) Möglichkeit zur Gesellung;
12) Pflege beruflicher und außerberuflicher Interessen;
13) Verwirklichung des Eigenwertes;
14) Erstreben ästhetischer und Wahrheitswerte;
15) metaphysisches und religiöses Erleben.

Alle psychisch „normalen" Menschen müssen in den Genuss dieser Grundrechte kommen, und damit dies geschieht, muss der Genuss der Grundrechte dort Schranken haben, wo er die Gleichheit aller „normalen" Menschen verlet-

70 Wissen ist im Rahmen eines individuellen Vorsatzes subjektiv wahr, im Rahmen einer gemeinschaftlichen Überzeugung transsubjektiv wahr und im Rahmen der richterlichen Überzeugung rechtsgültig wahr; ebd., S. 137–178.

71 Ebd., S. 179–200.

zen würde. Darüber hinaus kann das Gemeinwohlinteresse die Grundrechte beschränken, indem es über der grundrechtlichen „Basis“ einen spezifisch soziokulturell geprägten „Überbau“ errichtet. Doch strahlen die Grundrechte ihrerseits in diesen Überbau aus und verhindern, dass ihr Kerngehalt verengt oder verändert wird[72].

Befriedigung seiner Bedürfnisse findet der Mensch durch den Kontakt mit seiner Umwelt. Deren *Wahrnehmung* unterliegt dem Gesetz des minimalen Energieaufwandes, das wiederum anthropologisch fundiert wird von einem allgemeinen Entlastungsgesetz, wonach jeder biologische Organismus auf den Ausschluss der Reizüberflutung und Hinwendung der Aufmerksamkeit zu denjenigen Reizen tendiert, die ihm die Befriedigung seiner Bedürfnisse signalisieren. Ein menschengerechtes Recht trägt auch dieser Tendenz Rechnung: Es gestaltet den Rechtsverkehr übersichtlich aus, etwa indem es bestimmte Vertragstypen schafft und deren Inhalt, wenn auch nur dispositiv, regelt. Und es hält die Teilnehmer am Rechtsverkehr dazu an, sich vorhersehbar, d.h. nach „Treu und Glauben“, zu verhalten[73].

Der Mensch befriedigt seine Bedürfnisse *intentional* durch Handlungen, ausnahmsweise durch Unterlassungen. Die Normen eines menschengerechten Rechts werden diese Fähigkeit wiederum zugrundelegen: Der „Kauf“, die „Eingehung einer Ehe“, die „Gründung einer Aktiengesellschaft“ geschehen durch intentionale (zumeist sprachliche) Handlungen, und das Recht wird sich dem beugen. Beugen wird es sich aber auch der Tatsache, dass die Intensität der Intentionalität von den Gegebenheiten des sozialen Umfelds abhängt: Weist das Umfeld keine ins Auge fallenden Besonderheiten auf, wird das Recht z.B. nur die gewöhnliche Achtsamkeit bei der Vornahme einer Handlung, wird eine Situation üblicherweise routiniert bewältigt, wird es kein sorgfältig ausgesteuertes Wahlverhalten verlangen[74].

### *c) Soziologische und sozialpsychologische Grundlagen des Rechts*

Obwohl ich von Anfang an vorausgesetzt habe, dass Gegenstand des Rechts die *Ordnung der menschlichen Sozialbeziehungen* ist, habe ich mich der

72 Ebd., S. 201–304; ferner op. cit. (Fn. 61), S. 42 ff.

73 Ebd., S. 305–337. Welche Anforderungen sich daraus ergeben, richtet sich nach der durchschnittlichen Orientierungsleistung der menschlichen Sinnesorgane und der Verarbeitungskapazität der entsprechenden Hirnrindenpotentiale (Willensfreiheit und strafrechtliche Unrechtslehre, in: ZStW 118 (2006), S. 35).

74 Ebd., S. 338–349.

rechtssoziologischen Grundlegung eines sozialgerechten Rechts erst relativ spät zugewandt.

Unter sozialen Beziehungen verstehe ich sämtliche Funktionen (d.h. objektive Konsequenzen) sozialer Prozesse, deren Produzenten entweder soziale Individuen oder soziale Gebilde sind[75]. Untersuchungsgegenstand der allgemeinen Soziologie ist alsdann, unter welchen Bedingungen die Produzenten sich als sozial definieren und als soziale Wesen existieren[76], Untersuchungsgegenstände speziell der Rechtssoziologie sind: wie soziale Gebilde (etwa Gesellschaften) sich aus unterschiedlich stark verdichteten Beziehungen als rechtliche Einheiten konstituieren; wann und warum aus der Regelhaftigkeit sozialer Beziehungen sich Muster und Strukturen von institutioneller Kraft (Rollenerwartungen, Garantenstellungen; Sittennormen, Rechtsnormen) herausbilden; und welchen Gesetzmäßigkeiten die Entwicklung speziell rechtlicher Beziehungen und Gebilde typischerweise folgt[77].

*Un*recht ist für mich die *Störung* von sozialen Beziehungen. Die Störung braucht nicht notwendig von Menschen, schon gar nicht von menschlichem Verhalten auszugehen. Richtigerweise kennen vielmehr sowohl das Polizeirecht als auch das Zivilrecht neben der Störer- bzw. Handlungshaftung auch die Zustandshaftung (etwa für vom Nachbargrundstück herabfallende Ziegel). Nur das Strafrecht hatte bisher Mühe, seine Unrechtswertung auch auf sozialwidrige Zustände zu erstrecken. Naturgewalten, hieß es, könnten zwar Unglück, aber kein Unrecht über die Menschheit bringen. Doch dieser Argumentation hat spätestens die Entdeckung von Zustandsdelikten (z.B. Besitz von Rauschgift) den Boden entzogen. Zustandsdelikten liegt ersichtlich keine Handlung, sondern ein asozialer Zustand zugrunde. Von da aus aber ist es nicht mehr weit zu der Erkenntnis, dass auch die übrigen Delikte primär nicht auf einer menschlichen Handlung, sondern auf einem Soziologicum, nämlich einem asozialen Prozess, aufbauen und dass lediglich die persönliche Verantwortung des Täters davon abhängt, dass er den asozialen Prozess durch Handeln oder Unterlassen hätte vermeiden oder beenden können. Deshalb gilt auch für das Strafrecht:

> „Der entscheidende Gesichtspunkt ist […], ob irgendeinem Ereignis – und sei es auch einem Naturereignis – soviel an sozialer Bedeutung zugeschrieben wird, dass es menschliches Eingreifen ‘von Rechts wegen’ zur Folge haben soll. Nicht der

---

75 Op. cit. (Fn. 6), S. 86 f.

76 Strafrechtsdogmatik und Sozialwissenschaften, in: FS Lüderssen, 2002, S. 288.

77 Ebd., S. 287 f.

(das Unrecht begründende) Vordersatz der Rechtsnormen, sondern ihr Nachsatz stellt auf menschliches Verhalten ab."[78]

Nur für die Sozial*psychologie* ist die *soziale Handlung* der zentrale Begriff. Die Psychologen verstehen darunter eine zielgerichtete Einheit, deren Ausführung angestoßen wird von einem motivisch begründeten Entschluss („Vorsatz"), der sowohl den Erfolg als auch den Weg zum Ziel umfasst. Ein sozialgerechtes Recht wird den Kern ihrer Deutung übernehmen, daraus aber ein normatives Konstrukt formen, das auch die unvorsätzlichen, aber durch individuelle Sorgfalt vermeidbaren Erfolge einer Handlung in sich einschließt[79]. Und noch einen Grundbegriff kennt die Sozialpsychologie: die *Handlungserwartung*. Auch daraus entsteht im Recht ein normatives Konstrukt: Eine normale Erwartung kann durch nachfolgendes Verhalten erfüllt, aber auch enttäuscht werden; eine normative Erwartung kann es ebenfalls, aber ohne dass sie deshalb korrigiert werden muss – als Norm besteht sie weiter.

Die Nichterfüllung einer rechtlichen Handlungserwartung begründet interpersonales *Unrecht*. Dagegen ist *Schuld* die Konsequenz eines lediglich intrapersonalen (individualpsychischen) Vorgangs: Ein rechtlich Verpflichteter verarbeitet darin (mehr oder weniger selektiv) seine Erfahrungen aus den Folgen früherer Handlungen und baut hierauf einen neuen Handlungsentschluss auf, von dem er erwartet, dass seine Ausführung, obgleich Unrecht, überwiegend positive Folgen für ihn haben werde. Dieser Schuldsachverhalt geht dem Unrechtssachverhalt voraus; er führt isoliert jedoch weder zur Bestrafung noch zur Strafschärfung, denn strafrechtlich gibt es „keine Schuld ohne Unrecht"[80].

> „Schuld ist ein Defizit dominanter Normbefolgungsmotivation." Sie setzt generell voraus, dass Normadressaten „einen ihrer Autonomie unterliegenden Verhaltensspielraum ('Freiheitsraum') haben, innerhalb dessen sie insbesondere zwischen Normkonformität und Non-Konformität wählen können. [...] Motivationale Faktoren [...] begründen Schuld, sofern Unrechtsbewusstsein und Straffurcht einen 'verständigen Menschen' vom Unrechttun abgehalten hätten."[81]

### *d) Philosophische Grundlagen des Rechts*

Schuld setzt bekanntlich Willensfreiheit voraus. Der Jurist, der einen Schuldvorwurf erhebt, muss mithin von der Prämisse ausgehen, dass sein Gegenüber sich anders, nämlich rechtmäßig, hätte verhalten können. Die gegenteilige

78 Ebd., S. 282.

79 Ebd., S. 291.

80 Op. cit. (Fn. 2), S. 257 ff.

81 Op. cit. (Fn. 76), S. 292 f.

Prämisse, die Leugnung von Willensfreiheit, erschiene ihm schon deshalb untragbar, weil sie nicht nur die Möglichkeit von Schuld, sondern auch die von Recht ausschlösse. Denn Rechtsnormen sind keine motivationalen Determinanten, welche wirken können oder nicht. Sie richten sich vielmehr gebietend oder verbietend an „Personen“, und die sind außer rechtsfähig auch pflichtfähig, außer Adressaten von Rechten und Pflichten auch Entscheidungsträger über deren Wahrnehmung.

Gewiss: Nicht alle Normen des Rechts wenden sich an entscheidungs- und handlungsfähige Personen; viele dienen lediglich als Richtschnur für die Ausgestaltung des sozialen Lebens[82]. Doch überall dort, wo sie jemand für einen asozialen Zustand oder Prozess persönlich verantwortlich machen, ihm insbesondere eine Strafe androhen, gehen sie davon aus, dass er durch anderes Verhalten den Zustand oder Prozess hätte vermeiden können. Diese *Praesumtion* des Rechts lässt sich – trotz dem Widerspruch einiger Neurowissenschaftler und Psychologen – m.E. auch neurobiologisch rechtfertigen: Die permanente Vergrößerung der rationalen Zentren unseres Gehirns und die im Verhältnis dazu permanente Verkleinerung seiner emotionalen Zentren hat dazu geführt, dass unser Verhalten sich von einem überwiegend instinktiv verursachten zu einem überwiegend rational begründeten entwickelt hat. Einen Menschen aber, der auf die Frage „Was *soll* ich tun?“ antworten und seine Antwort begründen kann, dürfen wir – auch als Juristen – für autonom, d.h. als frei-verantwortlich, ansehen[83].

Der Mensch *soll* seine Freiheit zum Guten nutzen, juristisch also zu rechtmäßigem Verhalten. Das hört sich selbstverständlich an, lässt sich aber letzthin nur axiomatisch begründen. Evolutionstheoretisch liegt der Forderung wahrscheinlich die Urerfahrung von hell und dunkel, Tag und Nacht, Lichtgöttern und schwarzen Dämonen zugrunde, rechtsethnologisch die sittliche Aufgabe, mit den Mächten des Lichts gegen die Mächte der Finsternis (mögen die einen nun Götter und die anderen Teufel sein) anzukämpfen. Neurobiologisch liegt die Begründung

> „vielleicht darin, dass die allgemeine physiologische Tendenz der belebten Natur zur Höherentwicklung, dokumentiert in der Zunahme an Wert in komplexeren Nervensystemen, in dem hochkomplexen Nervensystem des Menschen die Sphäre des Bewusstseins erreicht hat und dort die psychologische Tendenz zum Höheren erzeugt. Als einziges Lebewesen *wird* jedenfalls der Mensch nicht nur höher getrieben, sondern *erlebt* er *sich* auch *so*. Und zwar erlebt er infolge seiner Unfestge-

82 Op. cit. (Fn. 61), S. 93.

83 Op. cit. (Fn. 73), S. 32 ff.

stelltheit und Weltoffenheit das Höhergetriebenwerden als einen 'Anruf' von etwas, für dessen Erfüllung er die Verantwortung vor etwas trägt."[84]

Doch selbst wenn wir uns auf das Gute verpflichtet *wissen*, können wir, was gut *ist*, nicht mit der Hilfe 'von unten' aus uns selbst erschließen. Logisch wäre der Schluss ein „naturalistischer Fehlschluss", und psychologisch liegen in der menschlichen Seele gegenläufige Tendenzen so eng beieinander, dass sich das Gute nicht herauslesen lässt. Rechtsphilosophisch können wir daher nur auf die gemeinsamen Standards aller menschlichen Kulturen, insbesondere den *minimal standard* der Menschenwürde und den *supreme standard* des gemeinen Wohls, als jede Rechtsordnung verpflichtende Axiome zurückgreifen[85]. Deren Inhalt aber können wir weder zuverlässig noch als für alle Zeiten gültig begründen.

„Menschenwürde" meint m.E. lediglich den Wert, den der Mensch im Laufe seiner Individualentwicklung (Ontogenese) erlangt hat und der rechtlich „unantastbar" geworden ist, d.h. nicht durch Rückstufung auf eine Vorstufe seines Daseins depraviert werden darf[86] – eine Rechtsordnung, die dies dennoch versuchte, würde keinen Respekt verdienen[87]. *Gemeinwohl* meint m.E. die Gesamtheit der Ziele, die einer Rechtsordnung gesetzt sind (*„Salus populi suprema lex esto!"*) und an deren Erreichung ihre Güte gemessen werden kann. Im Einzelnen sind die Ziele im Laufe der Zeit und von Volk zu Volk freilich sehr verschieden gewesen. Gleich geblieben sind jedoch Ziele allgemeiner Art: biologisch das Überleben und die Lebendigkeit der Rechtsgemeinschaft, psychologisch die Teilhabe aller Mitglieder an einem kompossiblen Maximum von Lusterlebnissen und Interessenbefriedigungen, noologisch die individuale, personale, soziale und sachliche Gerechtigkeit der sozialen Ordnung[88]. Um positive Normen daraus herzuleiten, reichen diese Begriffsbestimmungen indessen nicht aus.

### *3. Entwicklung vs. Geschichtlichkeit des Rechts*

Der Grund für die Unmöglichkeit, den Inhalt des „richtigen" Rechts genau zu bestimmen, liegt darin, dass die menschlichen Lebensverhältnisse von jeher nach Zeit und Ort unterschiedlich waren und es bis heute geblieben sind. Weder für den Menschen selbst noch für seine Umwelt gab es jemals ein Verharren, gar einen Stillstand. Deshalb mussten

84 Op. cit. (Fn. 67), S. 17.

85 Op. cit. (Fn. 67), S.18 ff.; (Fn. 23), S. 158 ff.

86 Gemeines Wohl und menschliche Würde, in: ARSP 74 (1988), S. 305.

87 Rechtswidriges Gesetz? Strafbarer Gesetzgeber? – Eine rechtsphilosophische Voruntersuchung zur sog. Regierungskriminalität in der ehem. DDR, in: *E.-J. Lampe* (Hrsg.), Die Verfolgung der Regierungskriminalität der DDR nach der Wiedervereinigung, 1993, S. 17 f.

88 Op. cit. (Fn. 86), S. 284 ff.

„beide, Recht und Gerechtigkeit, sich mit den Menschen eines Volkes und mit den Völkern wandeln."[89]

Wenn dennoch der Mensch in vielen, auch juristischen, Arbeiten als ein Wesen jenseits der Geschichte vorgestellt wird – als ein Wesen, das zwar Geschichte macht, selbst aber nicht geschichtlich ist –, dann zeugt das von einer zu engen, die unablässige Entwicklung allen Lebens ausblendenden Perspektive.

Ich habe in einer Reihe von Arbeiten versucht, die Enge dieser Perspektive zu verlassen und das Verhältnis von erfahrener Rechtsentwicklung und gestalteter Rechtsgeschichte aus höherer Warte zu erfassen. Konnte das gelingen? Ist es mir gelungen? Endgültig keinesfalls. Die Faktoren sind so vielgestaltig, dass sich Gesetzmäßigkeiten in der Rechtsentwicklung derzeit nur erahnen, nicht aber formulieren lassen. Aber eben dieser Umstand hat in mir die Überzeugung verfestigt, dass hier eines der spannendsten Probleme für die künftige Rechtsforschung liegt.

In meiner „Genetischen Rechtstheorie" habe ich erste Erkenntnisse über eine Rechtsentwicklung jenseits der Geschichte zu gewinnen versucht, indem ich sie auf *Entsprechungen* zur biotischen Entwicklung abgetastet habe. Zunächst erschienen mir die Übereinstimmungen als nicht groß: Zwar handelt es sich sowohl bei der biotischen als auch bei der Rechtsentwicklung um die *Tradition und Mutation von Eigenschaften* durch Individuen, die derselben biologischen Art bzw. demselben Rechtskreis angehören, sowie anschließend um die *Selektion* des sich am besten bewährenden Materials. Unterschiedlich sind jedoch

> „(1) das Material dieser Evolution, also (a) die evolvierenden Substanzen: in der Natur die auf Chromosomen lokalisierten genetischen Informationen über das Sein eines Individuums (dieser Art), im Recht die im Bewusstsein lokalisierten neuronischen Informationen über das Sollen aller Individuen (dieser Rechtsgemeinschaft); sowie (b) die Modalitäten ihrer evolutiven Veränderung: in der Natur die (endosomatische) Formung von individualen Chromosomensätzen und deren Weitergabe an ein neues Individuum, im Recht die (exosomatische) Formulierung von normativen Sprachsätzen und deren (identische) Weitergabe an (grundsätzlich beliebig) viele Individuen; (2) die Form der Evolution, und zwar (a) der Mutation: in der Natur die – gleichzeitig zufällige und notwendige – Veränderung der genetischen Informationen, im Recht die – gleichzeitig freie und vernünftige – Umgestaltung der neuronischen Informationen; sowie (b) der Selektion: in der Natur 'teleonom' nach dem Maß der Homöostase innerhalb des (Organismen und Umwelt umfassenden) ökologischen Systems, im Recht 'teleolog' mit der Maßgabe, dass Harmonie innerhalb des (Normenordnung und soziokulturelle Wirklichkeit umfassenden) Sozialsystems erzeugt wird."[90]

Diese Unterschiede erschienen mir als zu gewaltig, um eine Homologie zwischen biotischer und Rechtsevolution zu rechtfertigen.

---

89 Ebd., S. 295.

90 Genetische Rechtstheorie. Recht, Evolution und Geschichte, Freiburg u.a. 1987, S. 29 f.

Doch dann bin ich zu besseren Ergebnissen gelangt, indem ich die *Kräfte* miteinander verglich, welche die Entwicklung jeweils vorantreiben. Triebkraft der biotischen Evolution ist die Notwendigkeit variabler Organismen, in variablen Umwelten zu überleben; Mittel sind die Fähigkeiten der Organismen, einerseits sich an die Veränderungen der Umwelt anzupassen und andererseits die Umwelt in die eigene Lebenswelt einzupassen; Ziel ist die Stabilisierung eines optimalen Gleichgewichts (Homöostase) zwischen Organismen und Umwelt. Entsprechendes gilt offenbar auch für die Rechtsentwicklung. Deren Triebkraft ist die Notwendigkeit variabler normativer Systeme, in variablen soziokulturellen Umwelten zu 'überleben'; Mittel sind die Fähigkeiten der Rechtssysteme, einerseits die soziale Umwelt an die eigenen Ansprüche und Gewährungen anzupassen und andererseits sich in die Veränderungen der sozialen Umwelt einzupassen; Ziel ist die Stabilisierung einer sozialen Harmonie zwischen sozialer Umwelt und Rechtsordnung. Im Sinne einer Allgemeinen Systemtheorie lässt sich daher m.E. die Verwandtschaft zwischen Bio-Evolution und Rechtsentwicklung bejahen.

Problematisch bleibt dann freilich noch, ob die Rechtsentwicklung *Gesetzmäßigkeiten* folgt, die denen der Bio-Evolution entsprechen. Eine Gleichsetzung mit der biotischen *Anagenese* (Höherentwicklung) liegt nahe. Denn die Rechtsentwicklung hat ebenso wie die biotische

> „zur ständigen Komplizierung des Rechts mit den – im großen und ganzen positiv zu bewertenden – Folgen erhöhter Plastizität gegenüber sozialen Vorgängen, vermehrten Eindringens in immer neue soziale Lebensräume und verstärkter Rationalität beim Einsatz von rechtlichen Steuerungsmitteln“

geführt. Auch ist diese Entwicklung ebenso wie biotische erkauft worden

> „mit einer vermehrten Anfälligkeit gegenüber tiefgreifenden sozialen Veränderungen sowie gegenüber Einzelabweichungen im Sozialverhalten, wenn diese sich im Außenbereich des Rechtssystems, insbesondere im Außenbereich seiner gesetzlichen Tatbestände, abspielen.“[91]

Gleichwohl bleiben Unterschiede: Der Rechtsorganismus evolviert nicht wie der biotische vollständig irreversibel und orthogenetisch, sondern desto freier, je mehr er sich in rechtliche Details ausdifferenziert. Ganz offenbar überwiegt also in der biotischen Evolution der darwinische, in der Rechtsentwicklung dagegen der lamarckische Charakter. Denn

> „jenseits ihrer evolutiven Entfaltung besitzen sämtliche empirischen Rechtsordnungen von Anfang an eine eigene Geschichte, deren Gestaltung der Freiheit des menschlichen Willens unterliegt und die somit allein an das Bewusstsein der Men-

---

91 Ebd., S. 65 f.

schen gebunden ist, verantwortlich zu sein vor der (unwandelbaren) Rechtsidee und vor den (sich allmählich wandelnden) Rechtsprinzipien."[92]

Meine Erkenntnisse sind danach unvollkommen geblieben, und leider haben sie auch keine wissenschaftlich vertiefte Diskussion zur Folge gehabt, weshalb das Problem einer zur Rechtsgeschichte parallel verlaufenden Rechtsentwicklung der Lösung nicht nähergerückt ist.

Derzeit untersuche ich – zusammen mit einigen Rechtshistorikern – vergleichend die *Entwicklung frühantiker Rechtsordnungen:* ob sie entsprechende strukturelle oder inhaltliche Veränderungen aufweisen wie die Entwicklung der menschlichen Psyche in derselben Zeit und ob darüber hinaus entsprechende Gesetzesmäßigkeiten in der Entwicklung sichtbar werden. Den Sinn dieser Untersuchung erweisen m.E. folgende Überlegungen: Das Recht ist ein psychisches Phänomen. Psychologisch betrachtet hat es seine Grundlage im Rechtsgefühl, physiologisch in Sinnesreizungen und deren Verarbeitung im Gehirn. Zwar analysiert es die Sinnesreizungen nicht in Richtung auf theoretische Erkenntnis, sondern auf das Erfordernis praktischer Handlungsreaktion, doch haben psychische und juristische Kognitionen eine Reihe von Eigenschaften gemeinsam: Erstens muss eine bestimmte „Reizschwelle" überschritten werden, damit die Frage nach einer rechtlichen Reaktion auftaucht (*„Minima non curat praetor"*). Zweitens ist das Überschreiten einer „Empfindungsschwelle" erforderlich, damit eine Reaktion für erforderlich gehalten wird. Und drittens hängt die Stärke der Reaktion – wie ich experimentell für die Strafe nachgewiesen habe[93] – von der Stärke der Reizbedingungen ab: Sie steigt und fällt logarithmisch.

Nachweisen lassen sich im Rechtsgefühl ferner sowohl entsprechende Zentrierungstendenzen, wie sie für die Sinneswahrnehmungen typisch sind – Strafen werden eher der Mitte des Strafrahmens als den Eckwerten entnommen[94] –, als auch entsprechende Kontrastbildungen:

> „'Schreiende' Ungerechtigkeiten werden klarer registriert als andere. Starkes Engagement in einer Sache führt zu scharfer, schwaches Engagement ('Gleichgültigkeit') führt zu 'wachsweicher' Bewertung."[95]

Solche Kontrastbildungen (Figur-Grund-Differenzierungen) sind wichtig, weil sie dem Organismus die Orientierung in einem ansonsten diffusen Umfeld erleichtern. Die kontrastbildenden Eigenschaften werden denn auch als Orientierungsmittel unter allen

---

92 Ebd., S. 105.

93 Rechtsgefühl und juristische Kognition, in: *E.-J. Lampe* (Hrsg.), Das sog. Rechtsgefühl, 1985, S. 113, 129 ff.

94 Ebd., S. 114, 127.

95 Ebd., S. 115.

Umständen konstant gehalten: Ein Stück Kreide wird auch unter wechselnden Lichtverhältnissen als weiß angesehen, eine juristische Bewertung als gültig unabhängig sowohl von der Person des Urteilenden als auch von den Umständen, unter denen er urteilt. Der Organismus erreicht dies, indem er den Grund für seine Beurteilung in den Gegenstand hinein verlegt: Die Kreide wird für weiß gehalten, weil sie weiß *ist*; die Strafe trifft den Täter, weil er strafwürdig *ist*, usf.

Zu ergänzen bleibt dann noch, dass sich im Rechtsgefühl auch gewisse Adaptations- und Prägnanzleistungen aufweisen lassen, die denen sinnlicher Wahrnehmungen entsprechen: die Adaptation an bestimmte (z.B. gesetzliche) Ankerwerte[96]: die Prägnanz der Reaktion, die u.a. in den gesetzlichen Strafrahmen zum Ausdruck kommt[97].

Genug der Beispiele! Entwicklungstheoretisch bedeutsam ist, dass Informationen, auf deren Grundlage es zu einer Richtungsänderung in der Aktivität des Rechtsgefühls kommt, nicht nur vom Gedächtnis verstärkt aufgenommen und bei häufigerem Auftreten als „Figuren“ gespeichert werden, sondern dass aus typischerweise zu Richtungsänderungen führenden Informationen (sog. „Schlüsselreizen“) auch unser *ererbtes Langzeitgedächtnis* besteht. Dieses hat, wie eine von mir initiierte Befragung von Kindern im Alter von drei bis dreizehn Jahren ergab[98], Lösungen auch für Gerechtigkeitsprobleme bereit. Der Mensch wird also nicht nur eingestellt auf eine soziale Umwelt geboren, sondern auch ausgestattet mit einem Fundus an vorrechtlichen Überzeugungen, wie sich das Leben darin abzuspielen hat. Dieser Fundus ist nicht nur im Laufe der menschlichen Phylogenese entstanden, er reift heute auch allmählich in der Individualgenese heran.

Soweit heute schon erkennbar, umfasst der Fundus – außer der dem Recht (ebenso wie der Sprache) eigenen Struktur[99]:

(1) ein soziales Harmoniebedürfnis einschließlich der Tendenz, angemessene Sanktionen gegen Störenfriede zu verhängen;

(2) ein Bedürfnis nach gleichmäßiger Teilhabe am sozialen Leben, wozu auch die Beachtung der Bedürfnisse anderer gehört („Was du nicht willst, dass man dir tu, das füg auch keinem andern zu!“);

(3) ein soziales Ordnungsbedürfnis einschließlich der Tendenz, Gegenstände der sozialen Welt einander gestaltbildend zuzuordnen (etwa Sachen zu Personen durch das Konzept des Gehörens; Personen zu Personen durch die Konzepte einerseits der Hörigkeit, andererseits der empathischen Verbundenheit); und

(4) die Suche nach Grund und Folge, wobei als Grund die Urheberschaft für ein Ereignis, als Folge die Verantwortlichkeit hierfür begriffen wird.[100]

---

96 Nachgewiesen ebd., S. 119 f., 131 ff.

97 Bedingungen richtiger Strafbemessung, in: GS Noll, 1984, S. 232 ff.

98 Die Entwicklung von Rechtsbewusstsein im Kindesalter, in: ARSP 92 (2006), S. 397 ff.

99 Op. cit. (Fn. 43), S. 221–253.

100 Op. cit. (Fn. 98), S. 420 ff.

Die genannte Kinderbefragung hat überdies erbracht, dass eine überzufällige Übereinstimmung zwischen entwickelteren Rechtsansichten und Rechtsinstituten besteht, wie sie heute in allen Ländern mit entwickelterer Rechtskultur gelten. Es besteht daher m.E. Anlass zur Vermutung, dass die kindlichen *Reifungsprozesse* nicht nur zu einer immer klareren Erfassung gerade dieser Institute führen, sondern auch jene Entwicklung replizieren, welche die Institute im Lauf der Menschheitsgeschichte durchgemacht haben[101].

In Frage gestellt wird diese Vermutung allerdings, weil mit den Reifungsprozessen kulturelle Prägungsprozesse einhergehen, die das Rechtsgefühl auf die jeweils geltende Rechtsordnung einstimmen. Diese Prägungsprozesse, die uns auch aus dem Tierreich bekannt sind, lassen sich von Reifungsprozessen kaum zuverlässig abgrenzen, so dass eine klare Trennung zwischen genetisch überkommenem und erlerntem Rechtsbewusstsein zumindest derzeit unmöglich ist. Trotzdem lässt sich m.E. ein Kriterium für die Abgrenzung nennen (und vielleicht auch genauer erforschen): Erlerntes Rechtsbewusstsein führt nicht im selben Maße wie überkommenes zur Fixierung auf bestimmte Rechte und Pflichten; der Mensch bleibt insoweit vielmehr flexibel, um sich den Wandlungen der Rechtsordnung anzupassen[102].

Die weitere Forschung dürfte allerdings dadurch erschwert werden, dass uns beim erwachsenen Menschen die am positiven Recht geschulten Unterschiede seines Rechtsbewusstseins stärker auffallen als die genetisch überkommenen Gemeinsamkeiten. Die Suche nach Gemeinsamkeiten ist dennoch aus folgendem Grunde nicht etwa überflüssig: Sie haben in der Entwicklung der Menschheit eine größere *Konstanz* bewiesen als die durch Schulung an geltenden Rechtsordnungen erlernten, und sie werden sie auch weiterhin besitzen. Sollte daher die Menschheit jemals versuchen, sich ein universell geltendes „Völkerrecht" zu erschaffen, dann würden vor allem diese Gemeinsamkeiten es sein, auf denen es aufbauen kann[103].

## *C) Verschränkungen*

Ich habe vorstehend mein Leben kurz geschildert und meine Arbeit im Umriss vorgestellt. Ich beende meinen Rückblick, indem ich noch einige Verschränkungen benenne, die beide, Leben und Arbeit, miteinander verbunden haben und die mehr waren als ein äußeres Zusammenfallen, als „Zufall". Solche Verschränkungen hat es zweifellos gegeben, auch wenn sie mir nicht immer *bewusst* geworden sind. Dennoch machen nur sie die Öffnung eines Teils meiner Privatsphäre gegenüber der Allgemeinheit sinnvoll. Aber habe ich nicht ein-

---

101 Ebd., S. 419 f.

102 Ebd., S. 424 ff.

103 Ebd., S. 427.

gangs auch einige meiner frühen Erlebnisse am Ende des 2. Weltkriegs geschildert? Ich rechtfertige das zusätzlich damit, dass sie prägend für mein ganzes Leben waren und dass sie deshalb höchstwahrscheinlich *unbewusst* in meine Arbeit eingeflossen sind. Und ein wenig rechtfertige ich es auch damit, dass die Zeugen dieser schrecklichen Zeit allmählich aussterben.

Ein großer Teil meiner Arbeit ist gewiss mit dem *Zeitgeist* verschränkt. In erster Linie gilt das für meine Grundlagenforschungen zum Recht, insbesondere zur Verwurzelung des Rechts nicht nur im vernünftigen Denken, sondern auch in humanen (biopsychischen) und sozialen (bio- und psychosozialen) Vorgegebenheiten, die sich dem positiven Recht als „negatives Naturrecht" entgegenstellen. Sie passen sich in eine Zeitströmung ein, die naturwissenschaftliche Erkenntnisse mehr und mehr auch auf geisteswissenschaftliche Bereiche anwendet und so der Wechselwirkung von menschlichem „Gehirn und Geist" Rechnung trägt. Dass manche Neurobiologen und Psychologen meinen, in diese Rechnung sogar die eigentlich grundlegenden Positionen einbringen zu können, halte ich für verständlich, weil der Geist des Menschen ohne die Natur seines Gehirns keine Chance hätte. Gleichwohl sollte der Jurist ihren sehr weit gehenden Deutungsansprüchen m.E. Widerstand entgegensetzen – und das nicht nur, wenn er glaubt, Rechtswissenschaft als reine Geisteswissenschaft betreiben zu können, sondern auch, wenn er sie als (normative) Sozialwissenschaft versteht. Denn auch als Sozialwissenschaftler muss er den Primat des Rechts gegenüber der menschlichen Natur grundsätzlich betonen; denn sonst verfehlt er den Weg zur Gerechtigkeit der sozialen Ordnung und gibt den physisch Starken, politisch Mächtigen und wirtschaftlich Erfolgreichen die Bahn zu ihrem „Recht" frei. Nichtsdestoweniger bleiben die naturwissenschaftlichen Erkenntnisse für den Juristen wichtig. Deshalb habe ich mich nicht nur stets für einen interdisziplinären Austausch eingesetzt und zahlreiche Arbeitsgemeinschaften angeregt („Das sog. Rechtsgefühl", 1985; „Grundrechte aus der Sicht der Sozial- und Verhaltenswissenschaften", 1987; „Verantwortlichkeit und Recht" 1989; „Rechtsgleichheit und Rechtspluralismus", 1995; „Zur Entwicklung von Rechtsbewusstsein", 1997), sondern die Erkenntnisse auch soweit wie möglich in meine eigenen Arbeiten eingearbeitet. Allerdings sah ich mich da gezwungen, zunächst ein paar grobe Pflöcke einzurammen, weil das Terrain derzeit noch weitestgehend unerforscht ist. Und da ich bei meiner Kurzdarstellung im vorliegenden Rahmen zusätzlich noch dem Zwang unterlag, nur einen sehr groben Überblick über die Ergebnisse meines interdisziplinären Bemühens zu geben, viele der gewonnenen Einblicke in die empirischen Grundlagen des Rechts also auszusparen, möchte ich abschließend doch noch einmal bekenntnishaft wiederholen, dass nach meiner

Überzeugung auch künftig die Vernunft interdisziplinär den Weg zum „richtigen Recht" sicherer gehen wird als auf sich allein gestellt.

*Zeitaktuell* und daher auf längere Sicht ohne Bedeutung sind die meisten meiner dogmatischen Beiträge zum geltenden Strafrecht. Denn „drei berichtigende Worte des Gesetzgebers und ganze Bibliotheken werden zu Makulatur!" Ich habe auf die Aufzählung der Beiträge, die zum größten Teil Probleme des Vermögens- und Wirtschaftsstrafrechts betreffen, weitestgehend verzichtet, erst recht auf ein Kurzreferat ihres Inhalts. Erwähnt habe ich diejenigen, die Interpretationen neuer Gesetzesnormen enthalten, etwa der Verbrechen gegen die Menschlichkeit oder der Geldwäsche, wo ich also Neuland betreten musste.

Zwischen den vom Zeitgeist beflügelten und den tagesaktuellen stehen Arbeiten, die *aus sozialen Veränderungen hervorgehende Strafbedürfnisse* zum Thema haben. Die sicherlich wichtigste soziale Veränderung brachte die *Wiedervereinigung* der beiden deutschen Staaten. Sie erforderte nicht nur die Vereinheitlichung unterschiedlicher Rechtssysteme, sondern auch die Aufarbeitung einer staatsgetragenen Kriminalität, die in der DDR aus politischen Gründen nicht erkannt oder jedenfalls nicht verfolgt wurde. Ich habe 1991 die Initiative zur Gründung einer mit Wissenschaftlern und Praktikern aus Ost und West besetzten Arbeitsgruppe ergriffen und mit ihnen (und geladenen Gästen) zum einen eine mehrtägige Diskussion veranstaltet, wie man mit dem ungesühnten Unrecht des DDR-Regimes nach der Wiedervereinigung umzugehen habe, zum anderen einen Vorschlag ausgearbeitet, wie man gewisse positive Ansätze aus dem DDR-Strafrecht in das gesamtdeutsche Recht integrieren könne. Meine Erfahrungen innerhalb der Arbeitsgruppe scheinen mir nicht untypisch zu sein für den Prozess, in den die Wiedervereinigung insgesamt sehr schnell geriet:

> „Als der 'Arbeitskreis Strafrecht' erstmals vom 14. bis 16. Juni 1990 in Bielefeld zusammentrat, war er paritätisch mit Strafjuristen aus der BRD und der DDR besetzt. Der Schmelztiegel, in den der Vereinigungsprozess dann geriet, veränderte mit der politischen und staatsrechtlichen Situation abrupt auch die Zusammensetzung des Arbeitskreises. Ein großer Teil der Strafrechtslehrer aus der DDR verließ die Universitäten oder musste sie verlassen; die Ministerien der DDR wurden aufgelöst, ihre Beamten nur in wenigen Fällen übernommen. Der Arbeitskreis verlor dadurch viele Mitarbeiter der 'ersten Stunde'."[104]

Die Diskussionen innerhalb des Arbeitskreises verliefen nach meiner Erinnerung trotz dem im Zitat erwähnten Aderlass fruchtbar und frei von Tabus, wenngleich den Teilnehmern aus der DDR die seelische Anspannung oft an-

104 Vorschläge zur prozessualen Behandlung der Kleinkriminalität, Köln u.a. 1993, Vorwort.

zumerken war[105]. Bedauert habe ich, dass der von uns mit viel Sorgfalt ausgearbeitete Vorschlag, gewisse Anregungen zur Verfolgung von Kleinkriminalität aus dem DDR-Strafrecht zu übernehmen, keinerlei Chance hatte, in die politische Diskussion einzufließen, weil die juristische Übermacht der westlichen Verhandlungspartner beim Abschluss des „Einigungsvertrages" zu groß war, als dass es zu einer detaillierten Erörterung der unterschiedlichen Rechtsentwicklungen in Ost und West und der Möglichkeit einer Angleichung hätte kommen können.

Während mein emotionales Engagement bei der Lösung der strafrechtlichen Probleme, die sich aus der Wiedervereinigung ergaben, meinen Beiträgen zur „Verfolgung von Regierungskriminalität" wahrscheinlich auch heute noch anzumerken ist, konnte ich mich an der – ebenfalls durch soziale Veränderungen erforderlich gewordenen – *Reform des Wirtschaftsstrafrechts* in der BRD weit weniger emotional beteiligen. Die Mitarbeit in der vom Bundesministerium der Justiz eingesetzten Arbeitsgruppe, an der außer Ministerialbeamten und Vertretern der politischen Parteien auch Wissenschaftler, Richter, Staatsanwälte und weitere Praktiker beteiligt waren, gehört gleichwohl zu meinen glücklichsten Erlebnissen – und das trotz gelegentlichem Ärger, weil zahlreiche meiner Reformvorschläge mit dem m.E. inadäquaten Argument abgelehnt wurden, „sie passen nicht in die politische Landschaft". Ich hatte hier die Möglichkeit und die Pflicht, mich auf die Details einer durchaus nützlichen Gesetzesreform einzulassen – was nicht nur die Aufarbeitung der bisherigen Rechtsprechung zum geltenden Recht verlangte, sondern auch die Auseinandersetzung mit neuen Formen der Kriminalität, die auch strafrechtlich zu bekämpfen der *communis opinio* entsprach. Und das machte mir – zur eigenen nicht geringen Überraschung – Freude.

105 Traurig war, dass dennoch ein ehemaliger Mitarbeiter aus der DDR, den wir zu einem Vortrag über die sog. „Regierungskriminalität" eingeladen hatten, nicht nur den Vortrag, sondern schlechthin seine Teilnahme absagte, weil, wie er mir schrieb, „die Freiheit der Diskussion nicht gewährleistet" sei.

# *Schriftenverzeichnis (in Auswahl)*

## *1. Selbständiges Schrifttum*

Fälschung von Gesamturkunden und von zusammengesetzten Urkunden, 1957.

Das personale Unrecht, 1967.

Rechtsanthropologie. Eine Strukturanalyse des Menschen im Recht, Bd. I: Individualstrukturen in der Rechtsordnung, 1970.

Juristische Semantik, 1970.

Der Kreditbetrug (§§ 263, 265b StGB), 1980.

Genetische Rechtstheorie. Recht, Evolution und Geschichte, 1987.

Grenzen des Rechtspositivismus: Eine rechtsanthropologische Untersuchung, 1988.

Strafphilosophie. Studien zur Strafgerechtigkeit, 1999.

La dogmática jurídico-penal entre la ontología social y el funcionalismo, 2003.

## *2. Aufsätze in Zeitschriften und Sammelwerken*

Täterschaft bei fahrlässiger Straftat, ZStW 71. Bd. (1959), S. 579–616.

Ingerenz oder dolus subsequens?, ZStW 72. Bd. (1960), S. 93–107.

Die sogenannte Gesamturkunde und das Problem der Urkundenfälschung durch den Aussteller, GA 1964, S. 321–332.

Über den Begriff und die Formen der Teilnahme am Verbrechen, ZStW 77. Bd. (1965), S. 262–311.

Zusammengesetzte und abhängige Urkunden, NJW 1965, S. 1746–1749.

Objektiver und subjektiver Tatbestand beim Diebstahl, GA 1966, S. 225–243.

Die Problematik der Gleichstellung von Handeln und Unterlassen im Strafrecht, ZStW 79. Bd. (1967), S. 476–514.

Die Durchbrechung der materiellen Rechtskraft bei Strafurteilen, GA 1968, S. 33–49.

Fälschung technischer Aufzeichnungen. Kritisches zu § 268 n.F. StGB, NJW 1970, S. 1097–1104.

Eigentumsschutz im künftigen Strafrecht, in: Müller-Dietz, Heinz (Hrsg.), Strafrechtsdogmatik und Kriminalpolitik, 1971, S. 59–104.

Der Straftäter als „Person der Zeitgeschichte“, NJW 1973, S. 217–222.

Rechtsgut, kultureller Wert und individuelles Bedürfnis, in: Festschrift für Hans Welzel, 1974, S. 151–165.

Die strafrechtliche Behandlung der sogenannten Computer-Kriminalität, GA 1975, S. 1–23.

Der strafrechtliche Schutz der Geisteswerke, in: UFITA 76 (1976), S. 141–163, UFITA 83 (1978), S. 15–67, UFITA 87 (1980), S. 107–146.

Betriebssabotage, ZStW 89. Bd. (1977), S. 325–366.

Art. Wirtschaftsstrafrecht, in: Beckmann, Martin Josef (Hrsg.), Handwörterbuch der Wirtschaftswissenschaften, 30./31. Lieferung, 1981, S. 310–326.

„Juristische" Logik, „logische" Jurisprudenz?, in: Festschrift für Ulrich Klug, Bd. I, 1983, S. 113–134.

Der Mensch und sein Recht, in: Festschrift für Luis Legaz y Lacambra, 1983, S. 677–697.

Bedingungen richtiger Strafbemessung, in: Gedächtnisschrift für Peter Noll, 1984, S. 231–242.

Rechtsgefühl und juristische Kognition, in: Lampe, Ernst-Joachim (Hrsg.), Das sogenannte Rechtsgefühl, 1985, S. 110–134.

Unternehmensaushöhlung als Straftat, GA 1987, S. 241–260.

Das Menschenbild des Rechts – Abbild oder Vorbild?, in: Lampe, Ernst-Joachim (Hrsg.), Beiträge zur Rechtsanthropologie, 1985, S. 9–22.

Persönlichkeit, Persönlichkeitssphäre, Persönlichkeitsrecht, in: Lampe, Ernst-Joachim (Hrsg.), Persönlichkeit, Familie, Eigentum. Grundrechte aus der Sicht der Sozial- und Verhaltenswissenschaften, 1987, S. 73–102.

Gemeines Wohl und menschliche Würde, ARSP 74. Bd. (1988), S. 283–306.

Richterliche Überzeugung, in: Festschrift für Gerd Pfeiffer, 1988, S. 353–377.

Gleichheitssatz und Menschenwürde, in: Festschrift für Werner Maihofer, 1988, S. 253–268.

Verantwortung und Verantwortlichkeit im Strafrecht, in: Lampe, Ernst-Joachim (Hrsg.), Verantwortlichkeit und Recht, 1989, S. 286–305.

Die Kausalität und ihre strafrechtliche Funktion, in: Gedächtnisschrift für Armin Kaufmann, 1989, S. 189–212.

Tat und Unrecht der Fahrlässigkeitsdelikte, ZStW 101. Bd. (1989), S. 3–51.

Die vier Dimensionen des Rechts. Materialien zur Bestimmung des Rechtsbegriffs, in: Rechtstheorie 22 (1991), S. 221–253.

Gedanken zum materiellen Straftatbegriff, in: Festschrift für Rudolf Schmitt, 1992, S. 77–94.

The Concept and the Development of Law, ARSP 78. Bd. (1992), S. 1–21.

Unrecht und Schuld, Sühne und Reue, in: Festschrift für Jürgen Baumann, 1992, S. 21–32.

Ein neues Konzept für die Kleinkriminalität: Das Verfehlungsverfahren zwischen Bußgeld- und Strafverfahren, in: Lampe, Ernst-Joachim (Hrsg.), Vorschläge zur prozessualen Behandlung der Kleinkriminalität, 1993, S. 55–92.

Rechtswidriges Gesetz? Strafbarer Gesetzgeber? – Eine rechtsphilosophische Voruntersuchung zur sog. Regierungskriminalität in der ehem. DDR, in: Lampe, Ernst-Joachim (Hrsg.), Die Verfolgung der Regierungskriminalität der DDR nach der Wiedervereinigung, 1993, S. 15–26.

Anthropologische Struktur und Geschichtlichkeit des Rechts, in: Festschrift für Arthur Kaufmann, 1993, S. 199–217.

Wonach wir uns richten – Werte, Normen, Gesetze, in: Schiefenhövel, Wulf (Hrsg.), Gemachte und gedachte Welten: Der Mensch und seine Ideen, 1994, S. 145–170.

Der neue Tatbestand der Geldwäsche (§ 261 StGB), JZ 1994, S. 123–132.

Systemunrecht und Unrechtssysteme, ZStW 106. Bd. (1994), S. 683–745.

Was Sollenssätze ausdrücken sollten, in: Fehige, Christoph (Hrsg.), Zum moralischen Denken, Bd. I, 1995, S. 89–106.

Anthropologische Legitimation des Grundgesetzes, in: Brugger, Winfried (Hrsg.), Legitimation des Grundgesetzes, 1996, S. 189–218.

Aktuelle Probleme der Wirtschaftskriminalität, in: Hirsch, Hans Joachim (Hrsg.), Neue Erscheinungsformen der Kriminalität in ihrer Auswirkung auf das Straf- und Strafprozessrecht, 1996, S. 95–116.

Zur Entwicklung des Rechtsbewusstseins in der altrömischen Gemeinde, in: Lampe, Ernst-Joachim (Hrsg.), Zur Entwicklung von Rechtsbewusstsein, 1997, S. 182–213.

Gedankenfreiheit, Meinungsfreiheit, Demokratie, in: Lampe, Ernst-Joachim (Hrsg.), Meinungsfreiheit als Menschenrecht. Interdisziplinäre Studien zu Recht und Staat, Bd. 2, 1998, S. 69–88.

Zum Verhältnis von Handlungsrecht und Handlungspflicht im Strafrecht, in: Festschrift für Theodor Lenckner, 1998, S. 159–177.

Erziehung zum Recht als Voraussetzung für Rechtsakzeptanz, in: Pichler, Johannes W. (Hrsg.), Rechtsakzeptanz und Handlungsorientierung, 1998, S. 99–107.

Zur ontologischen Struktur strafbaren Unrechts, in: Festschrift für Hans Joachim Hirsch, 1999, S. 83–104.

Rechtsanthropologie: Entwicklung und Probleme, ARSP 85. Bd. (1999), S. 246–269.

Zur Frage nach dem „richtigen Recht“, in: Dux, Günter und Welz, Frank (Hrsg.), Moral und Recht im Diskurs der Moderne, 2001, S. 253–282.

Zur funktionalen Begründung des Verbrechenssystems, in: Festschrift für Claus Roxin, 2001, S. 45–68.

Strafrechtsdogmatik und Sozialwissenschaften, in: Festschrift für Klaus Lüderssen, 2002, S. 279–296.

Verbrechen gegen die Menschlichkeit, in: Festschrift für Günter Kohlmann, 2003, S. 147–176.

Willensfreiheit und strafrechtliche Unrechtslehre, ZStW 118. Bd. (2006), S. 1–43.

Die Entwicklung von Rechtsbewusstsein im Kindesalter, ARSP 92. Bd. (2006), S. 397–427.

Personales Unrecht im Betrug, in: Festschrift für Harro Otto, 2007, S. 623–647.

Tätersysteme: Spuren und Strukturen, ZStW 119. Bd. (2007), S. 471–518.

Überindividuelle Rechtsgüter, Institutionen und Interessen, in: Festschrift für Klaus Tiedemann, 2008, S. 79–103.

Die Bedeutung der menschlichen Freiheit in der neueren Lehre vom Strafunrecht, in: Lampe, Ernst-Joachim / Pauen, Michael / Roth, Gerhard (Hrsg.), Willensfreiheit und rechtliche Ordnung, 2008, S. 304–331.

Der Straftäter im „Kreuz der Entscheidung“, in Joas, Hans / Jung, Matthias (Hrsg.), Über das anthropologische Kreuz der Entscheidung, 2008, S. 138–165.

Klaus Lüderssen

# Klaus Lüderssen

Geboren bin ich am 2. Mai 1932, aufgewachsen zunächst in Germerode am Meißner, später in Wernigerode am Harz. Das Abitur machte ich in Fulda im Frühjahr 1952.

Das Studium der Rechtswissenschaft, mit dem ich im Sommer 1952 begann, war für mich keine Verlegenheitslösung. Philosophie, Literatur und Geschichte interessierten mich. Aber ich wollte auch Konkretes, Verbindliches, und nachdem ich noch vor dem Abitur *Gustav Radbruchs* Einführung in die Rechtswissenschaft gelesen hatte, schwanden alle Zweifel. Ein ferner Verwandter, Volkswirt, hatte mir das Buch empfohlen, das freilich mit dem Hinweis verbunden, besser sei es, mit Nationalökonomie zu beginnen. Das einschlägige Buch gab er mir gleich mit. Doch die Modelltheorien schon am Beginn des Textes fand ich zu anstrengend und zu weit entfernt von dem, worum es mir ging. Zwar war ich in erster Linie durch Theoretisches und Prinzipielles motiviert, aber der Krieg, sein Ende und die Zeit danach hatten mich in so viele kritische Lagen gebracht, dass die lebendige Subsumtion, zu der die Jurisprudenz einlud, attraktiver war. Man könnte vermuten, dass die großen völkerrechtlichen Visionen, die nun entstanden, oder die Reaktion auf die überwundene Diktatur im eigenen Land das präsumtive juristische Gemüt provozierten. Aber so war es nicht bei mir. Sogar die Nürnberger Prozesse blieben lange ein abgehobenes politisches Ereignis. Eher waren es Filme von der Art wie *Staudtes* „Die Mörder sind unter uns", die uns aufwühlten, oder *Günther Weisenborns* Berichte über die Konzentrationslager, im rororo-Format. Diese Informationen gehörten zum Arsenal der vollständigen Neuorientierung jener Generation, die *Klaus Harpprecht* einmal (in deutlicher Akzentuierung gegenüber den 68ern) die 45er genannt hat. Das Erlebnis der freundlichen Eroberung durch die Amerikaner, das es ganz leicht machte, ihrem umstandslosen Demokratieangebot zu folgen, und ein kompromissloser Pazifismus prägten mein Lebensgefühl in diesen Jahren. Aber der Gedanke, einmal Jura zu studieren, lag mir damals noch ganz fern.

Ich weiß nicht, ob das anders gewesen sein würde, wenn in meiner Familie Juristen gewesen wären, die mir vielleicht eine Anschauung hätten vermitteln können. Aber mein Vater, schon 1939 gefallen, hatte Forstwissenschaft (mit zwei Semestern Jura als Pflichtpensum) studiert, und meine Mutter war eine Offizierstochter. Beide Familien hatten allerdings im 19. Jahrhundert Juristen hervorgebracht, was ich aber erst während meines Studiums erfuhr. Einige hatten sogar bedeutende Positionen erlangt (Präfekt des Oker-Departments unter König *Jérome von Westfalen*, bzw. Kammerpräsident beim Herzog von Braunschweig), aber das war lange her. M e i n e juristischen Erfahrungen knüpften sich an moralisch-rechtliche Grenzsituationen wie Schmuggel, Schwarzhandel, Feld- und Forstdiebstahl, und produzierten in einer – mich immer beunruhigenden – Mischung mit Karl May-Lektüre ein frühes altkluges System von Abwägungsmechanismen, von dem ich glaube, dass es subkutan an den Impulsen für das Jurastudium beteiligt war.

Das Komplizierte dieser Ansammlung von Beweggründen bedarf vielleicht einer weiteren Erklärung. Bis Anfang 1949 war ich vollauf damit beschäftigt, die täglichen Überlebensbedingungen der Familie zu schaffen. Dann flohen meine Mutter, meine jüngere Schwester und ich aus der sowjetischen Besatzungszone in die amerikanische. Hier mussten wir uns trennen, weil zunächst keine gemeinsame Wohnung verfügbar war. Ich wurde für ein knappes Jahr in einer Familie aufgenommen, die mich in ein sorgenfreies Leben lancierte und aufnahmefähig machte für überfällige geistige Anregungen. Der Umzug in den Westen war über Verbindungen zustande gekommen, die innerhalb einer Gruppe höherer Forstbeamten bestanden, zu der mein Vater gehört hatte. So kam ich in den Haushalt des Forstmeisters *Wilhelm von Bismarck*. Er war mit einer Kunsthistorikerin und ehemaligen Lektorin im Ullstein-Verlag verheiratet, und beide präsentierten mir wie selbstverständlich eine Bildungswelt, die mich von heute auf morgen vergessen ließ, dass ich wenige Monate zuvor nur an Brennholz und Zuckerrüben gedacht hatte.

In der Schule verlief es ähnlich. Das Fuldaer Realgymnasium war für den mitteldeutschen Protestanten völlig überraschend in seiner fröhlichen Katholizität, ästhetisch – dergleichen hatte ich noch nie gesehen – eingebettet in das Barockviertel. Im Deutschunterricht gab es Bücherlisten – von *Emil Strauß* und *Gertrud von Le Fort* über *Jakob Wassermann*, *Thomas Mann*, *Hermann Hesse* bis hin zu *Alfred Andersch*. Ich besorgte mir alles in der fabelhaften Fuldaer Landesbibliothek. Im evangelischen Religionsunterricht, als Veranstaltung in der Diaspora sozusagen besonders ambitioniert, ging es sehr philosophisch zu. Trotzdem gefielen mir die rezitativen Gebete der Priester im Dom und dienten mir als ritualisierte Vorlage für die vielen unregelmäßigen lateinischen Verben, die ich nachlernen musste, denn im Osten hatte ich mich für den naturwissenschaftlichen Zweig entschieden. Ich hatte in Mathematik einen enormen Vorsprung, als ich nach Fulda kam, aber mein Interesse war schon erloschen, und wenn ich als Sechzehnjähriger noch chemische Experimente gemacht habe, so gehörte ich mit achtzehn zu den Schülern, die im Physikunterricht unter der Bank literarische Texte lasen. Ich sage das, weil kurz vor dem Abitur der Staatsanwalt *Dombois* einen Vortrag über das Jurastudium hielt, und dabei den topos, dass gute Mathematiker auch gute Juristen seien, in Frage stellte. Er jedenfalls sei ein nur mäßiger Mathematiker gewesen, eine Bemerkung, die ich später auch von *Helmut Coing* gehört habe, während *Günter Spendel* zur gleichen Zeit die Koinzidenz der Begabungen betonte. Vielleicht ist es gut, wenn man sowohl den logisch-systematischen wie den assoziativ-rhetorischen Zugang hat, und außerdem noch den historischen, weil Genesis und Geltung zusammen gehören – freilich eine sehr streitige These.

Daher fand ich in dem Schema der drei Typen von Jurastudenten, das *Gustav Radbruch* anbietet, nicht so recht meinen Platz, obwohl der dritte Typ mir sympathisch war. *Radbruch*[1] spricht von „Menschen mit starken und feinen Interessen, etwa philosophischen oder künstlerischen oder auch sozialen und humanitären Neigungen“, denen es „[...] zum Beispiel wegen mangelnder künstlerischer Produktivität bei starker Rezeptivität versagt ist, ihren Beruf auf ihrem beherrschenden Interesse aufzubauen [...]“. Mir aber erschien gerade die Jurisprudenz als etwas besonders Kreatives, weil sie Erklären und Verstehen kombiniert, und das alles auch noch unter dem „Entscheidungsdruck“, der eine weit verzweigte Methodologie der Verbindlichkeit hervor bringt. *Wolfgang Naucke*[2] hat dafür eine aparte Formel geprägt:

> „Der Jurist entscheidet mit Hilfe jenes durchgängig akzeptierten hoch komplizierten, objektive Auslegung oder allgemein juristisches Denken genannten Gemischs aus Gesetzestreue, Rechtspolitik, eigener und fremder Erfahrung, persönlicher Meinung, Natur der Sache, traditioneller Begründungen, Sprache und Dezisionismus.“

Darin liegt viel Resignation, aber auch die Überlegenheit gegenüber Konzeptionen, die auf Widerspruchslosigkeit, Eindeutigkeit, Geschlossenheit pochen. Als ich später in *Georg Simmels* „Einleitung in die Moralwissenschaften“ – ein von *Karl Engisch* (dessen Buch „Die Idee der Konkretisierung in Recht und Rechtswissenschaft unserer Zeit“, 1953, mich sehr beeindruckt hatte) besonders empfohlenes Werk – las, wie wichtig es sei, sich vor dem „kraftsparenden Trieb nach Einheitlichkeit des Vorstellens“ zu bewahren, dachte ich, das muss einem guten Juristen leicht fallen.

Mit diesen Vorahnungen begann ich mein Studium in Marburg. Frau *von Bismarck* hatte mir dazu geraten. Eine kleine Universität sei am Anfang besser. Ich belegte sehr viele Veranstaltungen, ging auch hin, wählte dann

---

1 Einführung in die Rechtswissenschaft, 7. und 8. Aufl., Leipzig 1929, S. 206.

2 Über die juristische Relevanz der Sozialwissenschaften, Frankfurt am Main 1972, S. 46.

jedoch aus. Keine Vorlesung ließ ich ganz fallen, begnügte mich aber mit Fragmenten.

Ich richtete mich dabei nach den Themen, die mich interessierten. Vielleicht wäre es besser gewesen, zu den Berühmtheiten zu gehen. Aber dann hätte ich mich am Ende jeweils in dem Strom der prominenten Stoffe und Fragen wieder gefunden. Die „Zufallsfunde“ im Entlegenen wären mir entgangen, und die waren es, deren Bizarrerien überraschende, einmalige Einsichten bescherten, die sich bald zu einem eigenartigen Gebilde des scheinbar nicht zueinander Passenden verbanden. Wenn der Kirchenhistoriker *Ernst Benz* (in karierter Jacke) von fernen Konzilen sprach, und der Zivilist *Schulz-Schäffer* vom Schadensersatz, mit skurrilen handgreiflichen Demonstrationen, *Erich Schwinge* morgens um sieben Uhr in der Einführung in die Rechtswissenschaft *Luthers* Spruch „Juristen, böse Christen“ leicht thüringisch gefärbt zitierte, und dann der katholische Studentenpfarrer listig-analytisch die Transsubstantiations-Lehre erklärte, während der evangelische Kollege, eitel, schwärmte und ein eulenäugiger Privatdozent permanent vom großen Theologen *Adolf Schlatter* sprach, so dass ich später glaubte, ich hätte bei ihm, dessen Epoche längst vorüber war, im Kolleg gesessen, *Friedrich Heiler* die Tafel mit Namen aus der Religionswissenschaft kreuz und quer bedeckte, *Julius Ebbinghaus* nach vierstündiger Erläuterung der Kantischen Ethik neben das Pult trat und uns fragte, ob wir jetzt nicht erleichtert seien, uns gleichsam ein Stein vom Herzen falle, *Wolfgang Abendroth* mit ungeheurer Intensität politische Soziologie vortrug – dann sah ich mich nicht im Rahmenprogramm eines *Studium generale* (die offiziell unter diesem Titel angekündigten Veranstaltungen mied ich eher), sondern im imaginären und geheimen Mittelpunkt einer Jurisprudenz als *scientia omnium rerum*, vorbereitet und schon jetzt zusammen gehalten durch die erzählende Literatur. Unter den wissenschaftlichen Büchern, die ich in diesem ersten Semester las, war das wichtigste: *Georg Jellinek*, „Allgemeine Staatslehre“. Die Anregung kam durch den schon etwas älteren Privatdozenten *Walter Meder*, der seine Staatsrechtsvorlesung nach dem Prinzip der ständigen Erweiterung der Definition vom Staat aufbaute. Am Schluss hatte er die komplette Formel. Den Ausschlag gab die baltische Akzentuierung, deshalb habe ich mir die Formel gemerkt:

> „Der Staat ist die mit ursprünglicher Herrschermacht ausgestattete dauernde Verbandseinheit, deren spezifischer Zweck es ist, rechtlich bindende Anordnungen zur Friedenssicherung zu treffen.“

Nur ein Semester bin ich in Marburg gewesen. Im Herbst 1952 kehrte ich nicht dorthin zurück, sondern arbeitete als Sales Clerk in einem Kaufhaus der EES (European Exchange System) in Fulda. In diese Zeit fällt meine erste Kant-

Lektüre, *Kritik der reinen Vernunft*. Von diesem Buch heißt es in vielen Biographien, es habe das „Kant-Erlebnis" ausgelöst. Ich kann mich diesem Cliché nicht entziehen, es war so. Bei der EES hätte ich bleiben können, Beförderung winkte, aber eine richtige Versuchung wurde das nicht, zu vieles hatte ich bereits in meinem Marburger Semester begonnen.

Jetzt zog es mich nach Frankfurt / Main, in die Großstadt. Dort gefiel mir *Gerhard Schiedermairs* dogmatische Rhetorik – blendende Vorlesungen über Schuldrecht und später Zivilprozessrecht –, mehr noch die klassische Einfachheit, die *Helmut Coing* präsentierte. Deren Faszination bestand darin, dass er in Wahrheit doppelte und dreifache Böden verwaltete, und davon lakonisch, mit Ironie oder auch sogar Zynismus nur so viel sichtbar machte, dass man die Untiefen ahnen konnte. Begriffen, deren gelehrtes Zustandekommen er zunächst beschrieb, gab er anschließend einen Schuss rechtspolitischer Vitalität. Gelegentlich stellte er Fragen an die Zuhörer, und als ich einmal antwortete, das sei doch ein Problem des „Gefahrübergangs", bekam ich statt des erwarteten unumwundenen Lobes zur Antwort: Ja, das sei das technische Wort, aber mit welchen Interessenlagen habe man es zu tun, und wie könne man sie heraus finden?

Im Strafrecht war es schwierig. Die mit rechthaberischen Aphorismen durchsetzten Vorlesungen von *Wilhelm Claß* fand ich zu studienrätlich. *Claß* galt als scharfsinnig und hielt Seminare ab, in denen es darauf ankam, die geheimen Genialitäten des Professors zu erraten. *Wolfgang Preiser* hingegen verbarg sich hinter einem Vorlesungsstil perfekter Ästhetik; seine Leidenschaft galt der Geschichte des Völkerrechts. *Günter Spendel* bot an, was ich damals suchte. Seine Vorlesung über Tat- und Täterstrafrecht, von nur einem Dutzend Studenten regelmäßig besucht, trieb mich in die Bibliothek. Mir gefielen das Bohrende, die Probleme auf die Spitze treibende seiner Rede, und seine nicht endende Bereitschaft, Fragen der Zuhörer aufzugreifen und in wissenschaftlichen Ernst zu überführen. Ich studierte die Beiträge zur kritischen Strafrechtsreform, die der um die Wende vom 19. zum 20. Jahrhundert seinem Höhepunkt zustrebende Streit zwischen soziologischer und klassischer Strafrechtsschule füllte, ging ganz darin auf und entschied mich für das klassische Tatstrafrecht, folgte *Spendel*. Als ich eines Tages *Armin Kaufmanns* „Lebendiges und Totes in Bindings Normentheorie" entdeckte, begann eine zweite Welle selbständigen Strafrechtsstudiums. Zwar imponierte mir in diesem Werk die Psychologie der Normentstehung mehr als die Ontologie. Trotzdem las ich alles von *Hans Welzel*, *Günter Stratenwerth* und *Werner Niese*, wieder war es eine große Kontroverse, der ich mich ganz überließ. Dieses Mal entschied ich mich aber – gegen *Spendel*, der ein unbeirrbarer Objektivist war – für den

Finalismus, fand, dass *Spendel* unrecht hatte mit der Parallele zum Täterstrafrecht. *Welzel* selbst formulierte im Handlungsunwert ja doch eindeutig ein Tatstrafrecht; andererseits gibt es jene merkwürdige Rede vom Verbrechen als dem Abfall von den rechtlichen Gesinnungswerten. Aber darüber sah ich hinweg, vorerst jedenfalls. Die Folgen des Finalismus für Täterschaft und Teilnahme und den Verbotsirrtum waren mir wichtiger.

Natürlich bereitete ich mich – inzwischen Stipendiat der Studienstiftung des deutschen Volkes – auf das Referendarexamen vor und verzichtete deshalb auch darauf, an weiteren Veranstaltungen der philosophischen Fakultät teilzunehmen. Das hatte ich nämlich in den ersten Frankfurter Semestern getan mit zwei Seminaren über *Max Scheler* und *Kant*. Wieder hatten mich die Themen, nicht die Personen zur Auswahl bewogen. *Theodor Adorno* und *Max Horkheimer*, die Frankfurter Größen auch schon jener Jahre, sprachen nicht über das, was ich wissen wollte.

Auf die *Rechts*philosophie habe ich allerdings auch bis zum Examen nicht verzichtet. Nachdem ich schon in den ersten Semestern vieles von *Radbruch* gelesen hatte, beschäftigte ich mich mit *Hans Kelsen* und den beginnenden Tendenzen einer gewissen *Carl Schmitt*-Renaissance. Es gehörte zum Habitus der Fünfundvierziger, dass sie mit Argusaugen latente oder offene Spuren nationalsozialistischen Denkens aufspürten, und so haben *Peter Arens* und *Rüdiger Volhard*, mit denen zusammen ich studierte, uns wechselseitig oft mit neuen „Entdeckungen" nazistischer Rechtsliteratur überrascht. *Ernst Forsthoff*, *Edmund Mezger*, *Reinhart Maurach* waren deshalb problematisch, während wir mit eindeutigen Fällen wie etwa *Hans-Jürgen Bruns*, *Friedrich Schaffstein* oder *Georg Dahm* schnell fertig waren, sie nicht weiter beachteten. Dazwischen lagen zweifelhafte Fälle, etwa *Hans Welzel* und *Richard Lange*. Wir nahmen diese Lebensläufe zur Kenntnis, zogen aber keine politischen Konsequenzen. Vielmehr genügte uns der Hochmut, Bescheid zu wissen.

Das Examen kam, *Wolfgang Preiser* war in der Kommission, und wenige Monate später – Wintersemester 1957/58 – bekam ich bei ihm einen Posten als wissenschaftliche Hilfskraft für die Strafrechtsübung. Er hatte die venia legendi für Völkerrecht und Strafrecht. Lehrstühle mit dieser Fächerkombination gab es durchaus. Die Erklärung ist einfach: Die gemeinsamen naturrechtlichen Grundlagen des Völkerrechts und des Strafrechts. Andere Gebiete des öffentlichen Rechts und das Zivilrecht haben nicht diese elementare Verankerung, und trotzdem sind die Zeiten vorbei, in denen über Straf- und Völkerrecht in einem Buche nachgedacht wurde[3]. Für *Preiser* jedoch war diese

3 *Karl Theodor Welcker*, Die letzten Gründe von Recht, Staat und Strafe, Gießen 1813.

Metaphysik noch verbindlich, wenn auch nicht in ihren abstrakten vacua, wie er sagte. Vielmehr war die erfahrbare Geschichte beider Disziplinen sein Thema, und sein Studium der übergreifenden Beziehungen zwischen Strafrecht und Völkerrecht beschränkten sich darauf. Als er im Zweiten Weltkrieg in den Niederlanden den Vorsitz eines deutschen Landesgerichtes, wie es hieß, führte, sah er bald, dass zu geringe Strafen unweigerlich die Gestapo-Haft nach sich zogen. Eine längere Gefängnisstrafe war also das humanere. Auch gelang es ihm, durch raffinierte Verzögerung der Aktenversendung Verurteilungen hinauszuzögern oder zu verhindern. Die Holländer haben das bald nach dem Krieg in einem Weißbuch hervorgehoben und *Preisers* dankbar gedacht. Er selbst hat darüber sehr viel später berichtet in dem Aufsatz: „Über die Verwirklichung des Naturrechts in der Zeit der Gewaltherrschaft“[4].

Im Mittelpunkt meiner Examenshausarbeit hatte eine agent provocateur-Problematik gestanden, und ich erwog, darüber auch meine Doktorarbeit zu schreiben. Was unter dem Aspekt des Strafgrunds der Teilnahme dazu gesagt werden muss, hatte ich als Fall-Lösung schon heraus gefunden. Aber bei der Frage nach dem Rechtfertigungsgrund stieß ich auf die bisher nicht erörterte Problematik der möglichen strafprozessualen Legitimation. Bald meinte ich daher, originell sei allein die prozessuale Behandlung des agent provocateur, und da diese Figur unter den so genannten V-Leuten ein Instrument der Polizei und nicht der Justiz war und ist, fuhr ich nach Wiesbaden zum Bundeskriminalamt, um in der dortigen Polizeiliteratur Hinweise zu finden. In der Tat stieß ich in den Zeitschriften wie „Die Polizei“ und „Kriminalistik“ auf Fragen, die im strafprozessualen Schrifttum bisher nirgends aufgetaucht waren. Aber die Beamten des Bundeskriminalamts, die ich ins Gespräch zog, blinzelten ungläubig bei meiner Themenstellung. Das seien doch ganz selbstverständliche Dinge, darum kümmere man sich nicht. Auch mit einem Verein von Privatdetektiven nahm ich Kontakt auf. Da war man schon hellhöriger, aber mehr unter dem Gesichtspunkt, ob meine Arbeit nicht vielleicht eine Gefahr sein könnte für das Handwerk der Privatdetektive. Schließlich stellte sich – durch private Vermittlung – eine Verbindung zu einem Bundesrichter her, der mein Exposé las und mir dringend davon abriet, mich weiter mit dem agent provocateur zu beschäftigen. Das sei kriminalpolitisch überflüssig und wissenschaftlich unergiebig. Überzeugt hat mich das nicht, sondern eher eine Art finsteren Trotzes entstehen lassen.

---

4 In: *Wolfgang Preiser*, Macht und Norm in der Völkerrechtsgeschichte. Kleine Schriften zur Entwicklung der internationalen Rechtsordnung und ihrer Grundlegung, Baden-Baden 1978, S. 453 ff.

Doch hatten sich inzwischen auch bei dem *Strafgrund der Teilnahme* neue Probleme ergeben. Die so genannte Verursachungstheorie schien mir uneinheitlich zu sein – entweder gab sie sich akzessorisch oder legte den Akzent auf die entfernte Urheberschaft des Teilnehmers für die Rechtsgutsverletzung. Ich hielt es daher für wichtig, erst einmal diesen Widerspruch aufzuklären und verschob daher das Prozessthema. (Erst im Habilitationsvortrag, später veröffentlicht in der Festschrift für Karl Peters (1975), kam ich darauf zurück, dann aber öfter, zuletzt in der Festgabe der Wissenschaft zum fünfzigjährigen Bestehen des BGH). Lange habe ich gebraucht, um schließlich aus zwei Theorien zum *Strafgrund der Teilnahme* – Verursachungstheorie und Schuldteilnahmetheorie – drei zu machen. Es gibt jetzt die strenge Verursachungstheorie und die akzessorietätsgebundene Unrechtsteilnahmetheorie, deutlich wird das in allen Lehrbüchern geschieden. Terminologisch in die Irre führt, dass mit der Unrechtsteilnahmetheorie nunmehr sowohl die Teilnahme an fremdem Unrecht gemeint ist (in dem Sinne, dass man jemand anderen in Unrecht verstrickt), wie jene Spielart der Verursachungstheorie, welche die Haftung für eine entfernte Rechtsgutsverletzung davon abhängig macht, dass ein fremdes Unrecht dazwischen geschaltet ist. Wenn am Ende gleichwohl nicht von vier Theorien die Rede ist, so wohl deshalb, weil der Gedanke der Haftung für fremdes Unrecht ja in der Schuldteilnahmetheorie eigentlich aufgefangen ist und mehr oder weniger pauschal abgelehnt wird (rühmliche und sympathische Ausnahme die Dissertation von *Stefan Trechsel*, 1967). So blieb also die Aufspaltung der Verursachungstheorien. Die reine Verursachungstheorie ist, wie mir immer wieder vorgehalten wird, mit den Formulierungen des Gesetzes nicht vereinbar; die akzessorische Verursachungstheorie nicht mit der Logik. In der Miyazawa-Festschrift habe ich das dreißig Jahre später noch einmal alles Revue passieren lassen, und inzwischen scheint es mir so zu sein, dass sich beim *Strafgrund der Teilnahme* ein Phänomen zeigt, auf das ich mehr und mehr auch an anderen Stellen der Rechtsordnung stoße: Gelegentlich favorisiert sie offenbar die paradoxe Lösung, das heißt, das sich Widersprechende wird gerade als sich Widersprechendes gewollt. Manchmal ist das ein eher dunkler Drang nach einer Art höherer Weisheit, manchmal erscheint es als kalte Kalkulation, wie etwa bei der Diskrepanz zwischen Beweiserhebungs- und Beweisverwertungsverboten: Die Verwertung wird erlaubt, gleichzeitig soll die Erhebung verboten bleiben und nicht etwa durch nachträgliche Verwertung „geheilt" werden.

Nicht nur an der Dissertation habe ich gearbeitet in diesen Jahren. Daneben musste die Referendarzeit absolviert werden, und außerdem war ich ein Jahr lang wissenschaftlicher Hilfsarbeiter in der Rechtsabteilung der Dresdner Bank. Eine wichtige Zeit, wie mir vor allem später, als meine Beschäftigung mit dem Wirtschaftsstrafrecht zunahm, klar wurde. In der Referendarzeit lernte ich das Nötige für das Assessorexamen, aber viel bedeutsamer waren die Nebeneffekte: Die Hintergründe beim Zustandekommen der Entscheidungen, die Wahrnehmung komplizierter Kommunikationsvorgänge, das Studium von Karrieren.

Was mich vor allem daran hinderte, schnell zu promovieren, war die „Literatur". Als ich merkte, dass das Rechtsstudium schwieriger wurde, las ich gut zwei Jahre nichts Richtiges mehr. Nun war es mit dieser Askese vorbei, und jetzt begann eigentlich erst die ernste Lektüre vor allem von *Goethe*, *Schiller*, *Balzac*, *Stendhal*, *Maupassant*, *Tolstoi*, *Dostojewski*, *Henry James* und immer wieder *Fontane* und *Thomas Mann*. In den frühen sechziger Jahren belebte sich nicht nur die literarische Szene in Westdeutschland – *Martin Walsers* „Halbzeit" und „Die Blechtrommel" von *Günter Grass* waren erschienen. Auch *Poppers* „Die offene Gesellschaft und ihre Feinde" gewann Einfluss, *Gadamer* publizierte „Wahrheit und Methode", und der Positivismusstreit entstand mit der Kontroverse zwischen *Popper* und *Adorno* auf der Arbeitstagung der Deutschen Gesellschaft für Soziologie 1961 in Tübingen. Gleichzeitig kamen die Filme von *Truffaut* und *Godard* in die Kinos, und *Peter Handkes* „Publikumsbeschimpfung" wurde aufgeführt, *Alexander Mitscherlich* erreichte die Institutionalisierung der Psychoanalyse im inzwischen gegründeten Sigmund-Freud-Institut und stellte die Verbindung zur Soziologie her. Vorbei war es mit der Heidegger-Andacht der fünfziger Jahre und der beschaulichen Selbstreferenz der Gruppe 47. Die empirische Sozialforschung begann sich – nach einer auf die Betäubung durch die NS-Katastrophe folgenden naturrechtlichen Phase – neue Forschungsfelder zu erschließen. *Fritz Bauer* schrieb „Das Verbrechen und die Gesellschaft" (1957) und leitete – nicht ganz auf der Linie dieses Buches – in Frankfurt am Main den Auschwitz-Prozess ein (1963). Jetzt schon – nicht erst 1968 – wurde der Quietismus abgelöst, der sich während der fünfziger Jahre, nachdem der Elan der späten Vierziger zum Erliegen gekommen war, ausgebreitet hatte.

Überall erhob sich die Forderung nach interdisziplinärem Arbeiten, und endlich erreichte sie auch die Jurisprudenz. Dies hatte ich vor Augen, als ich an die Vorbereitungen für meine Habilitationsschrift ging. Assessor-Examen und Promotion lagen hinter mir, ich war verheiratet, unsere zwei Kinder näherten sich dem schulpflichtigen Alter, und mein Status war der eines Stipendiaten der Deutschen Forschungsgesellschaft. Ich wollte für die Überprüfung der latent im juristischen Werturteil steckenden Tatsachenbehauptungen neue Grundlagen finden. Deshalb interessierte mich die empirische Wertphilosophie des Wiener Kreises. Ich entdeckte die wunderbare Zeitschrift „Erkenntnis“, die es zehn Jahre lang gab, und dort stieß ich auf *Hans Reichenbach*, der tatsächlich eine quasi unendliche Kette von ineinander geschalteten Zweck-Mittel-Erwägungen jedem Werturteil voraus schickte. Die gleichzeitige Lektüre von *Niklas Luhmanns* „Zweckbegriff und Rationalität“ führte mich zu modernen organisations- und entscheidungssoziologischen Arbeiten, und nun musste ich die daraus entstehenden Hypothesen, ehe sie konkretisierend erprobt wurden, nach zwei Seiten hin verteidigen.

Die eine Seite war die *kritische Theorie*, die diesem Positivismus misstraute, und deshalb ging ich an eine Auseinandersetzung mit den Positionen, die sie explizit gegenüber dem *kritischen Rationalismus* vertrat. Das tat vor allem *Adorno* in dem Nachwort zum Positivismus-Streit. Eines Tages brachte mich *Karl Heinz Bohrer* bei einer Abendeinladung mit *Jürgen Habermas* zusammen, dem ich mein Projekt vortrug. Er wandte sofort ein, dass ich *Adorno* mit der kritischen Analyse des Nachworts, das er zum Positivismus-Streit geschrieben hatte, an der schwächsten Stelle treffe, und das sei nicht fair. *Adorno* habe sich nur unter Druck auf diese Sache eingelassen und sei dabei gleichsam hinter sich selbst zurück geblieben. Ich kann aber nicht sagen, dass mich das sehr anfocht.

Vielmehr galt mein Hauptinteresse der anderen Seite. *Verifizierung* von Tatsachen war nach *Poppers* „Logik der Forschung“ unmöglich. Also musste ich versuchen, die *Falsifikations*technik für die Zweck-Mittel-Ketten *Reichenbachs* zu mobilisieren. Das bot sich insofern nicht von vornherein an, als *Popper* ja keineswegs zum „Wiener Kreis“ gehörte, sich von ihm, was allerdings nicht gleich deutlich hervortrat, durch die stillschweigende Annahme einer objektivierbaren „dritten Welt“ unterschied. In dem 2005 erschienenen Briefwechsel zwischen *Hans Albert* und *Popper* wird das sehr gründlich reflektiert. Aber warum sollten in diesem speziellen Punkt – Überprüfung von Tatsachen durch die Methode der Falsifikation – zwei sich im übrigen unterscheidende Richtungen nicht zusammentreffen? Die Basissätze, denen man die zu falsifizierenden Hypothesen gegenüber stellte, sind ja – nach der Prämisse *Poppers* – nicht ihrerseits objektive Wahrheiten, vielmehr handelt es sich auch dabei um das Ergebnis von Kommunikationen. Hier kam mir *Rudolf Carnap* mit seiner Theorie der Protokollsätze zu Hilfe. Ich ging also so weit zu behaupten, dass auch die Basissätze Hypothesen seien, die nur bei Falsifikation bestehen können, und dass der Vergleich von Basissatz und zu überprüfender Hypothese darauf hinauslaufen müsse, der konkreteren Hypothese den Vorzug zu geben. Das schien mir so gewagt, dass ich mich, nachdem ich sein Buch über *Popper* gelesen hatte, mit *Albrecht Wellmer* traf, um insbesondere die enigmatische und versteckte Wendung *Poppers* „There may be a whiff of verification“ zu diskutieren. Das Ergebnis dieser Diskussion blieb indistinkt, ich schien mit meiner Popper-Kritik eine unbequeme Öffnung zur kritischen Theorie insofern bewirkt zu haben, als auf einmal die Diskursabhängigkeit „tatsächlicher Wahrheiten" auf der Ebene der Popperschen Kommunikation über Basissätze erschien. Mit dieser Gemeinsamkeit mochte sich, wie ich in späteren Gesprächen feststellte, keine der beiden Richtungen anfreunden. Ich ließ mich auch davon nicht beirren, sah nun aber, dass bei dieser Relativierung der Basissätze die Hypothesen in einen besseren Legitimationsstatus versetzt werden mussten, und dabei konnte ich *Charles Sanders Peirce*' Philosophie oder vielleicht auch Psychologie der Abduktion heranziehen. Der Satz, dass es für Induktionen keine wissenschaftlichen Methoden gibt, gilt nicht unbedingt, wenn – bei stillschweigender Annahme einer sehr allgemeinen Prämisse – von einem Einzelfall auf eine mittlere Regel geschlossen wird. Spätere *Peirce*-Philologen, auch Juristen (*Joachim Lege* und *Lorenz Schulz*) haben mir dann freundlich zu verstehen gegeben, dafür könne ich mich nur auf den frühen *Peirce* beziehen. Diese Belehrung hätte freilich, auch wenn sie rechtzeitig erfolgt wäre, *Peirce'* Einschaltung in das System von Hypothesenaufstellung und Überprüfung nicht diskreditiert. Aber *Poppers* Inkonsequenz im Falsifikationismus ist mir immer bewusst geblieben und hat mich förmlich gequält.

Was nun noch geschehen musste, war die Anwendung der zusammen gezimmerten Methodologie auf konkrete Rechtsfälle. Ich wählte die mit Bußgeld bedrohten verbotenen Kartelle. Da gab es den so genannten Teerfarben-Beschluss des BGH, und den deklinierte ich nach der Popper / Peirce / Carnap-Methode gewissermaßen durch. Eine mikroskopische Arbeit, von der ich nicht annehmen konnte, dass sie – später einmal – Routine im Rechtsbetrieb werden könnte. Der logische Positivismus sollte durch einen soziologischen ersetzt werden – auf der Basis einander ablösender Verständigungsverhältnisse. Denn was konnte die Kommunikation über Basissätze zur Überprüfung einer Hypothese anderes sein, und dasselbe galt für die Regeln, unter denen man zur Annahme einer überprüfbaren Hypothese kam; Abduktion ist auch nur Einigung über die Relevanz höherer Prämissen als Voraussetzung für eine einigermaßen plausible Induktion vom Einzelfall zur (mittleren) Regel. Die Voraussetzungen für rechtlich relevante Anerkennungen zu erarbeiten, und in diesem Rahmen dann zu prüfen, in welchem Maße die zu verhandelnde Wirklichkeit konstruiert sei, und den dabei waltenden politischen Einfluss erfahrbar zu machen (denn um willkürliche Konstruktionen kann es sich nicht handeln) – das zeichnete sich bereits als eine größere Aufgabe ab.

Das Gefühl, dass die zu behandelnden Probleme interdisziplinär seien, hatte mich misstrauisch gemacht gegen die übliche Rezeptionshaltung, also die

Übernahme allgemeiner Theorien und Erfahrungen in das Recht. Vielmehr schien es mir auf das anzukommen, was ich etwas unbefangen das „Weiterphilosophieren" nannte. Ich war mir nicht sicher, ob *Preiser* und *Friedrich Geerds*, dessen Assistent ich inzwischen geworden war, ausreichend Sinn dafür haben würden, und meldete mich deshalb bei *Helmut Coing* an, um von ihm ein zusätzliches Gutachten – noch im Rahmen des Stipendienantrags für die DFG – zu erbitten. Er hatte mich damals gerade – offenbar spontan – angerufen wegen der mit einer langen Einleitung versehenen Edition zweier Schriften von *Feuerbach* und *Mittermaier*, die ich in der seinerzeit neuen „Theorie-Reihe" des Suhrkamp Verlages veröffentlicht hatte (1968). Er bekundete, wie später auch *Franz Wieacker* und *Karl Engisch*, Interesse an meinen rechtshistorischen Kommentaren, so dass ich mich ganz wohl fühlte mit dieser Schrift. Nach meinem Vortrag war *Coing* sofort bereit, ein Gutachten zu schreiben, schickte es mir auch bald zu, und ich glaube, es hat seinen Zweck erfüllt, obwohl ich über den kleinen Zusatz „Herr L. [...] ist nicht mein Schüler" etwas enttäuscht war. Aber die interdisziplinäre Orientierung hatte ihm offenbar gefallen, und was er dazu schrieb, machte deutlich, dass ihm meine Distanzierung von einer nur rezeptiven Methodologie einleuchtete. Auch meine empirisierend-positivistische Orientierung akzeptierte er, vielleicht in erster Linie deshalb, weil der ökonomische Schwerpunkt das ohnehin nahe legt, und *Coing* durch seine gesellschaftsrechtliche Tätigkeit in der Praxis – auf der Basis eines Gutachtens erschien in jenen Jahren eine größere Monographie über die Bedeutung der Treuhand – einen sehr direkten Zugang hatte. Jenseits davon indessen hätte er skeptisch sein müssen. Denn mit den „obersten Grundsätzen des Rechts" hatte er kurz nach dem Kriege ein bewegendes Bekenntnis zur Möglichkeit und Notwendigkeit überpositiven Rechts abgelegt und es später in seiner Rechtsphilosophie, die bis in die neunziger Jahre hinein neu aufgelegt worden ist, bekräftigt.

Selten sind Rechtshistoriker, zumal Romanisten, auch Rechtsphilosophen. Bei *Coing* kam das zusammen, und deshalb konnte er meinen Versuchen etwas abgewinnen. Der Ausdruck „soziologischer Positivismus", der sich, wenn man die Dinge so sieht, manchmal einstellt, ist zu eng. Es ist nicht nur Soziologie, die in die Erfahrungsgehalte des Rechts eingeht. Mit einem weiten Begriff von juristischer Hermeneutik, wie ihn *Emilio Betti* präsentiert hat, konnte *Coing* alle Bezugspunkte auch einer positivistisch-teleologischen Rechtsauslegung entdecken und war deshalb überhaupt nicht festgelegt auf kurze Deduktionen aus Grundsätzen. Dazu passt, dass er als einer der ersten *Viehwegs* „Topik der Jurisprudenz" dem größeren juristischen Publikum zugänglich zu machen versuchte, und das gleiche gilt von dem amerikanischen Rechtsrealismus, den er hier, von längeren USA-Aufenthalten zurückkommend, vorstellte.

Als ich einige Jahre später zur Fakultät gehörte und diese über die Einführung der Einphasen-Ausbildung diskutierte, kam es zu einer Diskussion zwischen *Coing* und mir, in der sich das Erlebnis seiner Sympathie für meine Unternehmung wiederholte, dann aber auch deutlich wurde, was uns trennte. Die Praxis sollte schon in das Studium integriert werden, formulierten die Befürworter der Einphasen-Ausbildung, allerdings unter einem sehr kritischen Aspekt, und dazu gehörte die interdisziplinäre Orientierung des Rechts. Nicht in dem Sinne, wie sich gebildete Juristen immer schon in anderen Disziplinen bewegt haben, sondern weil die Ingredienzien des Rechts gleichwertig aus Ökonomie, Soziologie, Geschichte, Psychologie etc. kommen, das Recht für sich genommen also eigentlich leer ist. Obwohl *Coing* keineswegs ein Kelsenianer war, also nicht mit dessen spezifischem Begriff von der Eigenständigkeit des Rechts arbeiten mochte, wandte er sich vehement gegen diese Idee. Mit dem Wunsch nach Interdisziplinarität verband sich die Beobachtung, dass insbesondere in der modernen Soziologie und Politologie bei grundlegenden Wertentscheidungen Tendenzen sichtbar waren, die den konventionellen Rechtsbetrieb nicht nur formell, sondern auch inhaltlich in Frage stellten. In der Fakultät waren bei den jüngeren – als Assistenten inzwischen schon an den Sitzungen beteiligten – Juristen jene Strömungen sicher virulent, aber so recht durchsetzen konnten sie sich nicht, während eine große Gruppe von Professoren sich auf die Forderung nach Erweiterung der Erkenntnismöglichkeiten und nach der Einbeziehung bisher vernachlässigter Bedürfnislagen und Wertungsquellen beschränkte. *Coing* schloss sich nicht an, sondern argwöhnte auch hier eine ungute Politisierung. Unter stillschweigender Bezugnahme auf unser Jahre zurück liegendes Einverständnis widersprach ich ihm während der Debatte in der Fakultät, er antwortete und schrieb mir dann drei Tage später einen langen Brief, um mir seinen Standpunkt noch einmal darzulegen, in der Fakultätssitzung sei ihm das nach seinem Eindruck nicht hinreichend gelungen. Ich fand das sehr spannend, verfasste eine Antwort und später auch einen Aufsatz, beschwor *Coings* universelle Perspektive auf das Recht, geschichtlich und philosophisch.

Inzwischen gingen aber die Beratungen über die Ein-Phasen-Ausbildung andere Wege. Der überwiegende Teil der Fakultätsmitglieder bekam allmählich den Eindruck, dass das Hessische Justizministerium eher schon während des Studiums die Einübung in die Praxis, also eine Art vorgezogenen Referendardienst wollte. Das war mit unseren Intentionen – maßgebenden Einfluss hatten dabei *Erhard Denninger*, *Hans-Joachim Mertens*, *Dieter Simon*, *Spiros Simitis* und *Rudolf Wiethölter*, mit ihnen zusammen zu wirken bedeutete mir viel – so wenig in Einklang zu bringen, dass die Bereitschaft, die Fakultät an der Einführung der Ein-Phasen-Ausbildung in Hessen zu beteiligen, erlosch.

Nichts davon hätte ich erlebt, wenn ich in Göttingen geblieben wäre, wohin ich (seit dem Sommersemester 1970 Privatdozent) – gleich nach einem Vertretungssemester in Köln (Wintersemester 1970/71) – auf eine, so hieß das damals, H3-Stelle berufen worden war. In Köln war ich für *Ulrich Klug* eingesprungen, der als Staatssekretär in das nordrhein-westfälische Justizministerium ging. Strafrecht, Besonderer Teil, und die Fortgeschrittenen-Übung im Strafrecht waren für mich die ersten Veranstaltungen mit sehr vielen Hörern. In Göttingen übernahm ich die Vorlesungen *Roxins*, der nach München berufen worden war. Gegen Ende des Semesters – Sommersemester 1971 – stellte sich die ernste Frage, ob ich in Göttingen bleiben, nach Kiel oder zurück nach Frankfurt am Main gehen sollte. In Göttingen hätte ich – pari passu mit *Ota Weinberger* aus Graz, dessen Absage ziemlich sicher war, auf Platz Eins der Liste – eine neu geschaffene (später von *Ralf Dreier* eingenommene) Professur für Rechtssoziologie, mit einem Institut ausgestattet, antreten können. In Kiel stand ich auf Platz Zwei der Nachfolge für *Wolfgang Naucke*, der einen Ruf nach Frankfurt am Main angenommen hatte, hinter *Hans-Ludwig Schreiber*, von dem man wusste, dass er nach Göttingen gehen würde (wäre er aber nach Kiel gegangen, hätte mich ein zweiter Ruf nach Göttingen erreicht, denn auch auf diese Liste hatten mich die Göttinger – sehr freundlich – schon platziert). In Frankfurt schließlich sollte ich auf *Günter Kohlmann* (vormals *Claß*) folgen. Kiel schied ich schnell aus, aber in Göttingen wäre ich eigentlich gern geblieben, nicht zuletzt wegen der Nähe zum Meißner, wo gerade jetzt, wie ich durch Zufall erfahren hatte, das Forstamt in Germerode, in dem ich geboren war, zum Verkauf stand, weil die Revierverwaltung nach Bad Sooden-Allendorf verlegt wurde. Aber *Hans-Ludwig Schreiber* hat es mir ausgeredet. Wir gingen, auf meinen Zug wartend, vor dem Göttinger Bahnhof auf und ab, und er erklärte mir eindringlich, dass ich mit der Frankfurter Option jetzt da stünde, wo andere erst nach fünf Jahren seien. Das war klar, die Chance, nach Frankfurt zurück zu gehen, wäre für mich nicht so ohne weiteres wieder gekommen. Andererseits hatte ich das starke Gefühl, nicht lange genug fort gewesen zu sein. Den Ausschlag gab schließlich die unwiderstehliche Überzeugungskraft des Frankfurter Kollegen *Spiros Simitis*.

Als ich im Wintersemester 1971/72 den Lehrstuhl in Frankfurt übernahm, war bei den Juristen die – bald so genannte – Achtundsechziger Bewegung in das Stadium konkreter Umsetzung in die Lehre getreten. Der normale strafrechtliche Stoff provozierte nicht wenige Studenten, mit emotionalem Ernst und aus politischer Opposition Fragen zu stellen, die ich von selbst nicht behandelt haben würde, in der Sorge, das Gros der Studenten damit zu langweilen. Nun aber hinderte mich nichts mehr, wobei mich auch rhetorisch schlechte oder gar grobe Anregungen aus dem Hörsaal nicht störten, sondern mir die Gelegenheit verschafften, die Fragen erst einmal richtig zu formulieren. Das ging so durch Jahre. Nach Ablehnung der Übernahme der einphasigen Juristenausbildung hatte die Fakultät – während meines Dekanats – das Konzept einer neuen, rein universitären Einführungsveranstaltung entwickelt, das kritische Reflexion in der Praxis mit dem Anspruch interdisziplinärer Expansion und Intensivierung des Rechtsstoffs verband. Bis in die Mitte der achtziger Jahre veränderte sich nichts. Dann kehrten wir mehr oder weniger kleinlaut zu den traditionellen Mustern zurück. Das Interesse der Studenten an den Neuerungen verschwand. Es blieb allerdings bei einem auf beiden Seiten offenen, vorurteilsfreien Stil, geprägt durch allfällige Spezialisierungen auf aktuelle rechtspolitische Fragen. In den Auswahlausschüssen der Studienstiftung des Deutschen Volkes, denen ich damals eine Weile angehörte, spiegelte sich diese Entwicklung wieder; jede Epoche hat *ihre* „Hochbegabten".

Meine Neigung, mich auf die Achtundsechziger „Bewegung" einzulassen, war schon in meinen späten Assistentenjahren durch widerstreitende Erlebnisse paralysiert worden. Ich war gegen den Vietnam-Krieg, aber nicht für den Vietcong, für die Intensivierung der Faschismusforschung, aber gegen die These, der Nationalsozialismus habe seine Wurzel in bürgerlich-kapitalistischen Strukturen, gegen die Aufrechterhaltung falscher Autoritäten, aber nicht gegen die „Notstandsgesetze", für die Beteiligung von Studenten an den Fakultätssitzungen, aber gegen politische „Umfunktionierungen" von Vorlesungen etc. Mit dem befreundeten Historiker *Notker Hammerstein*, der ebenfalls kurz vor der Habilitation stand, beobachtete ich am Rand des Bokkenheimer Universitätscampus, wie ganz fern vor einer großen Menge einige offenbar schon ältere Studenten eine Marx-Interpretation absolvierten, mit künstlichen, unaufrichtigen Toleranzgebärden für vereinzelt laut werdende abweichende Meinungen. Seit *Arthur Koestlers*, *Ignazio Silones* und *Manès Sperbers* Bekenntnissen ihrer Loslösung vom Kommunismus schien mir der Marxismus erledigt zu sein, ganz auf der Linie der schon Anfang des 20. Jahrhunderts vorgetragenen Kritik *Rudolf Stammlers*, die mir in meinem ersten Marburger Semester in die Hände fiel. Und doch war ich neugierig auf die von *Adorno*, *Horkheimer* und später von *Alfred Schmidt* und *Iring Fetscher* – dessen Marxismus-Studien schon in den fünfziger Jahren in der Buchhandlung Naacher zu sehen waren, wo wir, *Hammerstein*, *Volhard* und andere, in die wissenschaftlichen Neuerscheinungen vertieft, unsere späten Nachmittage zu verbringen pflegten – in Gang gesetzte Intellektualisierung eines Marx-Verständnisses, das im Osten längst zur bürokratischen „Abbildtheorie" versteinert war. Ganze Fächer meiner Bücherregale zu Hause sind noch gefüllt mit Derivaten jener Diskussionen, von *Jürgen Ritsert* über *Ulrich Oevermann*, *Claus Offe* und anderen Schülern von *Jürgen Habermas*, der selbst seine besondere Rolle spätestens mit „Erkenntnis und Interesse“ (1968) gefunden hatte und im Zuge der Internationalisierung seiner Perspektiven – vor allem, nachdem er zusammen mit *Carl Friedrich von Weizsäcker* die Leitung des Max-Planck-Instituts zur Erforschung der Lebensbedingungen der wissenschaftlich-technischen Welt in Starnberg übernommen hatte – immer interessanter wurde. Seine Rede vom linken Faschismus schaffte zusammen mit *Iring Fetschers* Darlegung der sechs Grundirrtümer der Terroristen langfristig die Basis für eine Säkularisierung und allmähliche geistig-soziale Überwindung der Radikalismen jener Jahrzehnte.

Ehe es soweit kam, wandte ich mich, zusammen mit *Herbert Jäger*, einem Projekt zu, das einerseits ohne die politischen Entwicklungen seit 1968 niemals zustande gekommen wäre, andererseits keineswegs Teil des Versuchs einer auf das Ganze gehenden Revolution war, sondern das Stück einer – wenn auch von revolutionierendem Geist erfüllten – praktischen Reform des Strafvollzuges.

Das Projekt begann (Ende 1973) mit wöchentlichen abendlichen Gesprächen in der halboffenen Justizvollzugsanstalt, die unter dem Namen Gustav-Radbruch-Haus bekannt geworden ist. Wir wollten nicht lediglich vernünftige Anpassungsleistungen erreichen, sondern die in der Tiefe liegenden Gründe für den Konflikt mit der Gesellschaft erforschen und daraus Konsequenzen ziehen für das, was wir emanzipative Resozialisierung nannten. Nur Studenten, die sich jenseits dessen, was die Parteiprogramme boten, einen grundlegenden Wandel unserer Gesellschaft vorstellten, waren zu der sehr zeitraubenden, von Risiken nicht freien, große persönliche Inanspruchnahme mit sich bringenden „Arbeit“ mit den Strafgefangenen bereit. *Herbert Jäger* und ich brauchten diese besondere Motivation nicht. Auch waren wir ganz frei von irgendeiner „Mission“; wir meinten vielmehr, das gehöre einfach zu unserem Beruf und sei bisher versäumt worden. „Sozialarbeit“ durfte es nicht sein, sagten die Studenten. Wir ertrugen diese selbstzerstörerische Konzeption mit Geduld und warteten ab. Einige Studenten schieden nach wenigen Wochen wieder aus, als sie merkten, dass die Gefangenen ganz ungeeignet waren, eine Gruppe von Leuten zu bilden, die – weil sie den „Mut“ gehabt hatten, die Normen zu übertreten – zum Träger revolutionärer Prozesse werden könnte. Die anderen gaben diese Illusion angesichts der drängenden individuellen Probleme der Gefangenen bald auf. In der Fakultät wurden unsere Aktivitäten bereitwillig akzeptiert, sogar aus dem Budget Gelder für Hilfskräfte bereit gestellt und ein Raum verfügbar gemacht.

Ende der siebziger Jahre machte das Gros der Studenten, mit denen wir dieses Experiment im Strafvollzug angefangen hatten, Examen. Unsere Idee, es könne daraus so etwas werden wie eine regelmäßig wiederkehrende Unterrichtseinheit unter dem Titel „Universitäre Rehabilitationshilfen für Strafgefangene", hatten wir nach ein paar Jahren bereits fallen gelassen. Die Generation von Studenten, die sich an dem Projekt beteiligt hatten, war gewissermaßen einmalig. Zwar hatte den Strafvollzug eine Art humanitäres Pathos erfasst. Die Leiter der Anstalten und ihre Mitarbeiter waren ungewöhnlich offen für Neues und ließen viele Gruppen gewähren. Ein bloßer sozialarbeiterischer Impetus hätte aber eben nicht genügt, und als es nur noch diesen gab, fand sich niemand mehr für diese „Arbeit" im Strafvollzug. Auch der professorale Anteil, der das immer noch große Misstrauen der Beamten überwinden half und dessen Funktion es jetzt hätte sein können, die dahin schwindenden rechtspolitischen Konzeptionen aufzufangen, reichte nicht für neue Rekrutierungen.

Die studentische Arbeit in der Anstalt hatte sich also erledigt. Aber einer Professionalisierung stand nichts im Wege, und so gründeten wir mit Hilfe der Deutschen Forschungsgemeinschaft, für die wir sehr sorgfältig getüftelte Anträge geschrieben hatten, das *Institut für psychoanalytische Soziotherapie und Kriminalsoziologie*. Der Anspruch, sich um einzelne Personen zu kümmern und gleichzeitig in einer Art *action research* etwas zu lernen für die gesamte Strafrechtswissenschaft, ist an diesem Institutsnamen deutlich abzulesen. Fünf Jahre Gruppenarbeit im Strafvollzug hatten wir hinter uns, und nichts sollte jetzt ausgeklammert werden, aber der Akzent lag doch vor allem auf der praktischen Beschäftigung mit Strafgefangenen und der Diskussion darüber, was diese Tätigkeit für die Erklärung und den Umgang mit Delinquenz im allgemeinen bedeutete. Seit Jahren hatten wir das in dem wöchentlichen „Plenum", das die Arbeit im Gustav-Radbruch-Haus begleitete, diskutiert und erlebt, dass die praktischen Probleme des Strafrechts offenbar besonders geeignet sind, den genuinen Gegensatz von Psychologie (insbesondere Psychoanalyse) und Soziologie aufzuheben. Ein sehr intensiver Anwendungsfall war der Versuch, die Gewerkschaften für den Strafvollzug zu engagieren. Betriebsratsvorsitzende kamen in die Anstalt zu unseren Abenden, sagten mir dann aber unter der Hand, das müssten sie vor ihren Vorgesetzten verheimlichen, weil dabei ja nichts herauskommen könne. Als ich später mit Gewerkschaftsführern sprach, hörte ich von ihnen das Umgekehrte. „Wir sind sehr für diese zusätzlichen sozialen Bemühungen der Gewerkschaften", hieß es dann, „aber die Betriebsräte 'vor Ort' können wir nicht davon überzeugen". Immerhin schafften wir es ein paar Jahre später, zusammen mit dem Arbeitsrechtler *Manfred Weiß* und dem Kriminalsoziologen *Karl Ferdinand Schumann* unter Mithilfe des jetzt als Strafverteidiger tätigen *Erich Bähr* einen einschlägigen Kongress im Zentrum für interdisziplinäre Forschung in Bielefeld zu organisieren und die Ergebnisse zu publizieren.

Wissenschaftlich intensiver war die Zusammenarbeit mit *Fritz Sack*, den ich bald nach Beginn unserer Aktivitäten im Strafvollzug kennen gelernt hatte. Nicht zufällig. Ich hatte seinen großen Essay über Kriminalsoziologie in dem von seinem Lehrer *René König* herausgegebenen „Handwörterbuch der Soziologie“ gelesen und war sehr angetan. Hier schien – auf dem speziellen Gebiet der Kriminologie – die Integration von Philosophie und Soziologie stattgefunden zu haben, viel überzeugender für mich als seinerzeit die gut gemeinten Hinweise auf die Notwendigkeit der Empirie bei *Fritz Bauer*. Der Suhrkamp Verlag brachte mich und *Fritz Sack* zusammen, und es begann eine jahrelange intensive Debatte über alle Fragen des Strafrechts (mit Ausnahme freilich der Dogmatik-Spezialitäten), die sich literarisch niederschlug in den vier Bänden „Abweichendes Verhalten“ (1975–1980) und den zwei Bänden über „Nutzen und Nachteil der Sozialwissenschaften für das Strafrecht“ (1980). Von Band zu Band spann sich die Kontroverse, manchmal lasen wir wechselseitig unsere Texte erst im gedruckten Zustand und reagierten sozusagen einen Band später. Die Resonanz bei den Kriminalsoziologen war ziemlich groß, bei den Strafrechtlern schwach, sie blieben eher misstrauisch.

Unser Institut war im Erdgeschoss des Gebäudes untergebracht, von dem wir einige weitere Etagen gemietet hatten. Dort wohnten zur Bewährung entlassene Strafgefangene, denen nahezu rund um die Uhr ein Soziotherapeut zur Verfügung stand – *one to one person care*. Bei einem dreimaligen Schichtwechsel war also die Zahl der Soziotherapeuten wesentlich größer als die der Bewohner. Mehr als zehn konnten wir deshalb nicht aufnehmen. Die Straftaten, die sie ins Gefängnis gebracht hatten, waren Eigentumsdelikte von einer gewissen wiederholten Hartnäckigkeit und keineswegs nur auf Geringwertiges bezogen. Die Arbeit mit wegen schwerer Körperverletzung oder Tötung verurteilter Personen wäre jedoch extra muros zu schwierig gewesen. Die Psychoanalytiker hatten ohnehin – analog zu dem Modell der van-Mesdag-Klinik in Groningen – gemeint, man brauche ein sicherndes Moratorium intra muros. Aber es gelang mir zusammen mit *Alexander Mitscherlich*, seinen Stellvertreter und baldigen Nachfolger *Clemens de Boor* zu überreden, dass etwas „in Freiheit“ gemacht werden müsse. Wir arbeiteten mit der theoretischen, durch Untersuchungen von *Heinz Kohut* und *Otto Kernberg* vorbereiteten Annahme, dass Hintergrund der notorischen Vermögenskriminalität eine tiefsitzende Beziehungsstörung sein müsse. Wenn es dem Kind nicht gelingt, sich aus der ausbeuterischen Mutter-Kind-Dyade zu lösen und in dem anderen, zunächst in der Mutter, ein Subjekt mit eigenen Ansprüchen anzuerkennen, es vielmehr auch in seinen späteren Jahren bei diesem nun pathologisch zu nennenden Narzissmus bleibt, dann muss dieser andere entweder ganz und gar zur Verfügung stehen, oder aber er ist eine große Bedrohung. Da die totale Ausnutzung eines anderen Menschen, von Ausnahmen abgesehen, ein Ding der Unmöglichkeit ist und auch die Beseitigung des gefährlich gewordenen Anderen nicht so ohne weiteres erfolgt, weil – trotz jenes das Leben prägenden Narzissmus – Elemente „des normalen Lebens" mit gelernt werden, müssen Surrogate gesucht werden, auf die sich der Narzissmus konzentrieren kann. Ein bevorzugter Bereich ist insoweit das fremde Vermögen.

Wir haben diese Annahme immer wieder bestätigt gefunden bei den insgesamt vielleicht fünfzig entlassenen Gefangenen, die eine Weile in unserem Projekt gewesen sind. Die therapeutische Bemühung konnte nur darin bestehen, die frühkindliche Beziehungsstörung (die entweder durch eine zu strenge oder aber auch zu nachgiebige Mutter oder Bezugsperson zustande kommt) aufzuheben durch die Inszenierung der kindlichen Situation vergleichbarer Erlebnisse, nach dem Modell der psychoanalytischen Einzeltherapie. Die Einwände der Psychoanalytiker, dass der Aufwand einer Einzeltherapie niemals versäumt werden dürfe, wenn man wirklich Erfolg haben wolle, und dass im übrigen unser Klientel nicht von der Art sei, wie sie den Begründern der Psychoanalyse vorgeschwebt habe, dass auch viele unbekannte, am Ende zu einer sozialen Gefährdung aller Beteiligten führende Faktoren zu beachten seien, waren ernst zu nehmen, und konnten – bei der Prinzipienstrenge der Psychoanalyse – nicht leicht mit pragmatischen Argumenten relativiert werden. Wir haben es aber trotzdem probiert, immerhin gab es ja im Bereich der Sozialfürsorge und der psychosomatischen Medizin auch Kurzzeittherapie-Versuche.

Alle Bestrebungen gingen dahin, die Voraussetzungen für eine gewisse, nicht durch zu viele unvertretbare Nebenfolgen erkaufte Effektivität zu schaffen. Dazu gehörte zunächst ein Netz sorgfältiger Supervision. Nur wenige Mitglieder des Sigmund-Freud-Instituts waren bereit, deshalb seien sie hier namentlich genannt: *Hermann Argelander* und *Otto Goldschmidt*. Argelander stellte sich in diesem Rahmen auch als Leiter einer Balint-Gruppe zur Verfügung. Zu den psychotherapeutischen Techniken in der Medizin, die der ungarische Psychoanalytiker *Michael Balint* (1896–1970) entwickelt hat, gehören auch Gruppengespräche mit Vertretern einschlägiger Berufe, und für unsere Soziotherapeuten war das *die* Chance, über ihre Tätigkeit zu berichten und ihre Methoden zu verfeinern. Ich habe selbst, wiewohl nicht als Soziotherapeut tätig, auch an dieser Balint-Gruppe teilgenommen, und es war nicht immer leicht, *Argelander*, der ein *Rocher de Bronce* an gefestigter Moral und sozialer Solidität war, davon zu überzeugen, dass sich hinter meiner Beteiligung an dem Projekt nicht irgendetwas durch ihn Aufzuklärendes verbarg.

Die zweite wichtige Voraussetzung für einen möglichen Erfolg war die sorgfältige Auswahl der Soziotherapeuten. Wir wollten keine hauptberuflichen

Sozialarbeiter haben, weil deren Annäherung an das Milieu des Klientel nicht aus ihren eigenen Lebenszusammenhängen stammen konnte. Vielmehr wollten wir Menschen finden, die in einem anderen Beruf – als Handwerker oder auch einfacher Arbeiter – Erfahrung hatten und trotzdem bereit waren, diese Tätigkeit für eine Weile aufzugeben und sich unserem Projekt zu widmen. Damit sollte sich aber unter keinen Umständen so etwas wie ein Missionswahn verbinden, und das Problem bei der Auswahl – Hunderte gingen durch unsere Vorstellungsgespräche – war, dass man entweder das eine oder das andere haben konnte. Die wenigen, bei denen wir im Sinne unseres Projektes fündig wurden, haben uns dann auch nicht enttäuscht, von ein oder zwei Ausnahmen abgesehen. Zu ihrer Tätigkeit gehörte auch, die Probanden ins Arbeitsleben zurückzubegleiten oder ihnen überhaupt erst eine Anschauung, was Arbeit sein könne, zu vermitteln (wir hatten deshalb eine Werkstatt gemietet, gesponsert von der Bank für Gemeinwirtschaft und der Metallgesellschaft).

Die Einzelheiten des Institutsalltages sind in so genannten Stationsbüchern und in den Protokollen über die täglichen Konferenzen festgehalten – ein ungehobener Schatz von Dokumenten, lediglich ein wenig an die Öffentlichkeit gelangt durch die Dissertation von *Christine Gutmann*, inzwischen in leitender Position in der Strafvollzugsabteilung des Hessischen Ministeriums der Justiz tätig. Von den weiteren wissenschaftlichen Arbeiten, die aus dem Projekt im Laufe der Jahre dann hervor gingen, möchte ich besonders erwähnen die Arbeiten von *Heinz Cornel*, jetzt Professor an der Alice-Salomon-Fachhochschule für Sozialpädagogik in Berlin. Seine große Untersuchung im vierten Band der später von mir herausgegebenen Reihe „Aufgeklärte Kriminalpolitik oder Kampf gegen das Böse?“ ist vielleicht das Informativste, was es über unser Projekt gibt. Außerdem möchte ich auf die zwei großen Untersuchungen hinweisen von *Ellen Reinke*, jetzt Professorin für Sozialpsychologie an der Universität Bremen, über „Leiden schützt vor Strafe nicht“ (1977) und „Psychotherapie und Soziotherapie mit Straftätern – Klinik und Forschung“ (1997). Die zentrale Figur im praktischen Betrieb des Projekts war *Jochen Toussaint*, jetzt als niedergelassener Psychoanalytiker in Frankfurt am Main tätig, der, bis ins letzte vertraut mit allen einschlägigen theoretischen Diskussionen, es fertig brachte, die Tagesarbeit der Soziotherapeuten erfolgreich anzuleiten und Krisen zu bewältigen. Es gab aber auch Fälle, in denen ich selbst – sogar nachts – gerufen wurde, um mitzuhelfen, bedrohliche Situationen aufzulösen.

1983 stand die endgültige Etablierung und gleichzeitig auch die Verlängerung des Projekts zur Begutachtung an. Die Sonderkommission der Deutschen Forschungsgemeinschaft reiste zu uns nach Frankfurt, um sich an Ort und

Stelle ein Urteil zu bilden. Den Vorsitz führte *Karl Lackner*, ein klassischer Strafrechts-Dogmatiker und von einer natürlichen konservativen Skepsis getragen. Die Sachlichkeit, mit der er das Amt des Vorsitzenden ausübte, und seine Fähigkeit, sich in ihm völlig ungewohnte Gedanken und Phantasien hinein zu versetzen, können nicht genug gerühmt werden. Ihm und *Horst Schüler-Springorum*, der als Kriminologe zu der Gruppe gehörte, ist es zu verdanken, dass wir weiter arbeiten konnten (später in meiner eigenen Tätigkeit als Fachgutachter der DFG habe ich vergleichbar aufwendige Begutachtungsverfahren nicht erlebt). Für *Herbert Jäger*, den ganz unentbehrlichen Partner, und mich bestand die Schwierigkeit, nach zwei Seiten hin zu verhandeln. Die Psychoanalytiker wollten von wissenschaftstheoretischer Absicherung nichts wissen, im Grunde aus Prinzip. Dabei ist das inzwischen durchaus ein Thema, wie die Untersuchungen von *Otto Grünbaum*, *Carlo Strenger* und *August Schülein* zeigen, und die jetzige Leitung des Sigmund-Freud-Instituts unter Frau *Marianne Bohleber-Leuzinger* hat diese Fragen längst in ihr Programm aufgenommen. Auf der anderen Seite mussten wir mit der psychologischen Gutachterin der von der DFG entsandten Gruppe um die Abstriche ringen, welche die *Action-research*-Methoden von den Forderungen verallgemeinernder Empirie machen müssen.

Nach zwei Jahren war der Schlussbericht fällig, der im wesentlichen der Anstrengung von *Heinz Cornel* zu verdanken war, aber nicht publiziert werden konnte. Wir haben uns dann bemüht, im Hessischen Ministerium der Justiz ein Interesse für die Fortführung des Projekts zu wecken, sind aber bald an den Kosten gescheitert. Was als Experiment für eine Weile finanziert werden konnte (auch schon ein Wunder), war als Dauereinrichtung einfach zu teuer. Zudem konnten wir noch keine Therapieerfolge aufweisen. Das lag in der Natur der Sache. Eine langfristig schwelende Beziehungsstörung kann auch nur langfristig wieder behoben werden. Kurzfristige „Bewährungen" haben wir sicher erreicht, und sie waren uns natürlich auch willkommen, aber „Heilung vom pathologischen Narzissmus" mit den Mitteln der Psychoanalyse war so schnell nicht zu leisten. So ungewiss wohl sein mag, ob es wirklich zu diesen Erfolgen kommen kann, so überzeugt waren wir alle am Schluss von der Richtigkeit unserer hypothetischen Diagnose. In die kriminologische Literatur hat sie gleichwohl nicht Eingang gefunden: Die Soziologie hat sich aus Furcht, über Einzelanalysen die Strukturkritik zu verfehlen, dagegen gewehrt, die professionellen Strafvollzugsexperten waren zu sehr an die traditionelle Psychologie gewöhnt (obwohl deren Vertreter im einzelnen durchaus Zugeständnisse an psychoanalytische Methoden machen), die Spezialisten für Zurechnungsfähigkeit und Schuld waren zu festgelegt, die Resozialisierungsexperten (zwar längst auf „Menschenwürde" eingeschworen und damit einverstanden, dass der Proband seine „Schuld" kennen muss, nicht aber ohne weiteres mit der Fixierung ihrer Zielsetzung auf die „Legalbewährung") zu ängstlich.

Diese spezielle Praxiserfahrung machte mich hellsichtig für das, was sonst noch zusammen kommt bei der Delinquenz und der staatlich-gesellschaftlichen Reaktion darauf. Eine Systematisierung schien geboten, und so verfasste ich eine Einführung in die Probleme der Kriminologie (1984). Ich wollte das direkt Gesehene und Gelernte und die Erfahrungen der Praxis mit den Lesefrüchten aus Strafrecht, Kriminologie, Soziologie, Psychologie und Ökonomie verbinden. Die Straftat ist ja ein Gemisch aus primär als anstößig empfundenem Sachverhalt und in den Ursprüngen oft politisch motivierter, in den Wirkungen immer stigmatisierender Zuschreibung. Man kann mit diesem Dilemma nur praktisch umgehen, indem man zu einer Art Kriminalitätsformel greift: Bei starker Legitimationskraft der Normen ist der Anteil aus der Kombination von Fehlsozialisation und defizitärer Sozialstruktur eher größer als das der Fall ist, wenn die Legitimation der Norm sinkt. Bei ganz schwacher Legitimation der Norm braucht man nach besonderen Gründen zur Übertretung kaum noch zu suchen. Die bisher nicht geklärte Problematik der Kriminologie besteht darin, dass sie das gleitende Mischverhältnis nicht ins Auge fasst, sondern nur mit absoluten Größen arbeitet. Und außerdem werden diese drei Faktoren selten zusammen gesehen. Der Legitimationsfaktor ist aber unumgänglich, damit man erklären kann, weshalb es Kriminalität auch dort gibt, wo defizitäre Sozialstruktur und Fehlsozialisation nicht oder nur in geringem Umfang zu registrieren sind.

Juristen sahen in dem Buch eine zu starke Annäherung an die moderne Kriminalsoziologie (*Günter Blau*), Soziologen hingegen denunzierten die eingeschränkte Perspektive des Juristen (*Stephan Quensel*). Natürlich war das enttäuschend, aber es machte mir nicht so viel aus, weil sich in Frankfurt inzwischen eine enge wissenschaftliche und persönliche Verbindung zwischen *Jäger*, *Hassemer*, *Naucke* und mir entwickelt hatte, die mich ganz erfüllte. Wenn ich nach meiner Rückkehr aus Göttingen gefragt worden wäre, wie ich mir nun wohl die ideale Besetzung der Frankfurter strafrechtlichen Lehrstühle vorstelle, hätte ich diese drei Namen genannt.

Am längsten kannte ich *Wolfgang Naucke*, seit der denkwürdigen, mit den brillanten Referaten von *Arthur Kaufmann*, *Claus Roxin* und *Günther Stratenwerth* das Ende des E 1962 einleitenden Hamburger Strafrechtslehrer-Tagung im Jahre 1964. Rechtsphilosophie und Kriminologie, eine damals noch kaum anzutreffende Konstellation, gehörten zu *Nauckes* venia legendi, und dem entsprach die reflektierte Empirie, mit der er sich den Fragen des Strafrechts näherte. So war es bezeichnend, dass wir, ohne voneinander zu wissen, zur gleichen Zeit an der kommentierten Herausgabe von *Feuerbachs* Landshuter Antrittsvorlesung über Philosophie und Empirie in ihrem Verhältnis zur positiven Rechtswissenschaft (1804), arbeiteten.

*Winfried Hassemer* lernte ich auf der Tagung der Deutschen Sektion der Internationalen Vereinigung für Rechts- und Sozialphilosophie in Freiburg 1970 kennen. Unter dem Einfluss *Werner Maihofers* hatte die Tagungsleitung beschlossen, auch jüngere Wissenschaftler mit kurzen Statements zu Wort kommen zu lassen. Unter ihnen war *Hassemer*. Er sprach schon so wie heute. Literarisch war ich längst mit ihm vertraut. „Tatbestand und Typus" war ganz wichtig für meine Untersuchung über „Erfahrung als Rechtsquelle"; die geschichtsphilosophisch fundierte juristische Hermeneutik, mit der *Arthur Kaufmann* bei jedem Problem arbeitete, verband *Hassemer* mit Einsichten der analytischen Philosophie und der politischen Soziologie. Gerade hatte *Ernesto Grassi* zu einer auf das Strafrecht gemünzten entsprechenden Monographie in seiner Reihe „rororo Studium" aufgefordert. Es gelang mir, ihm *Hassemer* zu vermitteln. Ein Jahr später war das Buch da unter dem Titel „Kriminalpolitik und Strafrechtsdogmatik" (1974).

Auch bei *Herbert Jäger* war es die Verknüpfung grundsätzlicher Fragen mit empirischen Untersuchungen, die den Reiz seiner strafrechtlichen Texte ausmachten. Das zeigen schon seine frühen Arbeiten über den „Rechtsgüterschutz bei den Sittlichkeitsdelikten" und über „Verbrechen unter totalitärer Herrschaft". Hinzu kam sein offenkundiges Interesse an Psychoanalyse und Literatur.

Bald hat man, obwohl wir Frankfurter dabei in erster Linie die Kritische Theorie von *Theodor Adorno*, *Jürgen Habermas* und *Max Horkheimer* assoziierten, von der *Frankfurter Schule des Strafrechts* gesprochen. Wir hatten nicht viel übrig für diese Etikettierung, fühlten uns dadurch aber zunehmend herausgefordert, das uns – offen oder latent – Verbindende zu benennen. Ganz schnell einigen konnten wir uns (oft in unseren fast legendären „Dienstagsseminaren") darauf, was wir eigentlich für selbstverständlich hielten: Dass das Strafen ausweglose Probleme aufwirft und man als Strafrechtler darunter sehr leidet. Viel Zeit habe ich gebraucht um wahrzunehmen, dass es den meisten Strafrechtswissenschaftlern nicht so geht. Im übrigen waren wir uns zwar nicht darüber einig, wie die Probleme gelöst werden könnten, wohl aber darüber, wo sie zu suchen seien. *Kein* Problem sahen wir im Verzicht auf antiquierte Fundamentalismen, in der Ablehnung eines autopoetischen Systemdenkens (das sich auf wertfreie Verwaltung gegebener Funktionen des Strafrechts beschränkt), und in der Zurückweisung der symbolischen Strafgesetzgebung.

Ernst zu nehmende Fragen hingegen sahen wir bei dem Ziel einer vernünftigen Entkriminalisierung, der Verteidigung klassischer liberaler Positionen – seien sie primär philosophisch oder „nur" politisch (demokratisch) begründet (sowohl im materiellen Recht wie im Verfahrensrecht), bei der Notwendigkeit einer Grundlagenforschung nach neuestem wissenschaftstheoretischem Standard, unter Einbeziehung induktiver Leistungen der Empirie für Wertentscheidungen, und der Ausschöpfung des Verfassungsrechts für die positive Begründung des Strafrechts, der wissenschaftlichen Politikberatung auf dem Gebiet des Strafrechts und der Suche nach (insbesondere rechtlichen) Alternativen zum Strafrecht.

Natürlich gab es verschiedene Schwerpunkte. Nur mit *Herbert Jäger* hatte ich die Psychoanalyse gemeinsam, nur mit *Naucke* die nicht endenden Kant-Diskussionen, und nur mit *Hassemer* die Konstruktivismus-Probleme der modernen Kriminologie. Und so reisten wir in wechselnder Besetzung zum ZIF in Bielefeld oder zu auswärtigen Tagungen, etwa nach Mailand, Barcelona, Pavia, Pisa, Urbino, Helsinki, Venedig und Toledo.

Als der Arbeitskreis für Strafprozessreform (1976) gegründet wurde – im wesentlichen von *Gerald Grünwald* und *Hans-Joachim Rudolphi* – (ein Parallelunternehmen zum Arbeitskreis der Professoren, die seit Jahren alternative Entwürfe zum gesamten Strafrecht produzierten) und *Hassemer*, *Naucke* und ich dazu gebeten wurden, fassten wir drei sehr bald den Plan eines interdisziplinär angelegten, auch die Kriminalistik einbeziehenden Lehrbuchs des Strafprozessrechts. Wir trafen uns jahrelang regelmäßig zu Diskussionen über die partiellen Entwürfe, die jeder von uns bald vorlegte. Das waren wunderbare Abende. Wir wissen bis auf den heutigen Tag nicht, warum sie – bei weiterhin blendenden persönlichen und wissenschaftlichen Beziehungen im übrigen – auf einmal aufhörten, kommentarlos.

So ging ich im Strafprozessrecht, nachdem der Arbeitskreis (er hatte einen Entwurf über die Verteidigung und einen über die Untersuchungshaft vorgelegt), entnervt von der Notwendigkeit legislatorischer Einigungsprozesse, sich aufgelöst hatte, eigene Wege. *Hanns Dünnebier* hatte mir im Namen des de Gruyter-Verlages die Nachfolge in der Kommentierung der Verteidigungsparagraphen im Löwe / Rosenberg angeboten, und ich griff zu, entwickelte in diesem Rahmen die „Vertragstheorie" und – nachdem ich in der 25. Auflage auch einen methodologischen Abschnitt in der Einleitung übernommen hatte – das Konzept einer weitgehenden Konfundierung von materiellem Strafrecht und Strafprozessrecht, eine Aufgabe übrigens, die auch zu denen gehörte, worüber wir Frankfurter uns weitgehend einig waren. (Seit der 26. Auflage hat mein Schüler *Matthias Jahn*, Erlangen, dankenswerter Weise einen großen

Teil der Arbeit übernommen). Zur gleichen Zeit begann ich – nachdem ich während der Zeit des Projekts eine Reihe von Pflichtverteidigungen, nicht zuletzt für unsere eigene Klientel, gemacht hatte (mit abenteuerlichen Deals im Hinterzimmer der Amtsrichter) – Verteidigungen und Gutachten in größeren Wirtschaftsstrafsachen zu übernehmen, meistens zusammen mit Anwälten. Wissenschaftlich habe ich das später vor allem in den beiden Bänden über „Entkriminalisierung des Wirtschaftsrechts" (1998 und 2007) verarbeitet.

Auch während der absorbierenden Arbeit im Strafvollzug, insgesamt zwölf Jahre, hatte ich die dogmatischen Fragen des Strafrechts nicht aus den Augen verloren und irritierte *Herbert Jäger* damit, dass ich für die Bockelmann-Festschrift (1979) nicht die für das Projekt hoch wichtige Frage der Beweisanträge zur Strafzumessung behandelte, sondern das von vielen ernsthaften Kollegen nur für „akademisch" gehaltene Problem des „Erfolgsunwerts". Seit langem beunruhigte mich die Vorstellung, dass der *Eintritt* des deliktischen Erfolgs eigentlich nicht zur Verbotsmaterie gehört – und doch konnte kein Zweifel daran bestehen, dass er für die Bestrafung relevant sein musste. Die Kriterien sind aber offenbar nicht strafrechtsintern.

Sicher wäre es erwägenswert gewesen, meine ganze Kraft auf Theorie und Praxis der psychoanalytischen Soziotherapie zu verwenden. Die Psychoanalytiker im Projekt hatten mir das sehr nahe gelegt, einschließlich der Empfehlung einer Lehranalyse. Ich blieb skeptisch gegenüber einer solchen Spezialisierung. Letztlich war es zu ihr nur gekommen auf der Basis vielseitiger Orientierungen, und die mochte ich nun nicht aufgeben. Deshalb war ich auch sehr glücklich darüber, dass sich eine Gelegenheit ergab, in die Redaktion der Zeitschrift *Strafverteidiger* einzutreten (1982). Dort war das Strafrecht im weitesten Sinne gefragt, der Verbindlichkeitsgrad, der mit der Einwerbung und Redigierung von Artikeln verbunden war, und die Zusammenarbeit mit zwei so vorzüglichen Strafverteidigern wie *Reinhold Schlothauer* und *Hans-Joachim Weider* reizten mich, vom Praxisbezug ganz abgesehen.

Die Logik eines Faches oder einer Gruppe von Fächern, die zusammen gehören, entwickelt sich nicht nach dem Prinzip einer Entelechie. Jedenfalls wird ein so praktisches Fach wie die Jurisprudenz auch von außen gesteuert. In erster Linie muss man hier die Politik nennen. Wie also kommt es etwa, dass im Strafrecht die Disponibilität der Rechtsgüter und der Zurechnungsmaßstäbe zunimmt und damit auch die Tendenz zur Verständigung oder Absprachen im Strafprozess? Beide Phänomene provozieren die Erneuerung der Frage nach der Legitimation der Strafe.

Ausgangspunkt ist der *öffentliche* Strafanspruch, das heißt, gestraft wird nicht im Namen des Deliktsopfers, sondern der Allgemeinheit, und für sie steht der Staat, vielleicht sogar die Staatsräson. Aber gilt das auch für die Demokratie? Tritt da nicht an die Stelle des Staats das Gemeinwohl? Relativ schnell kann man eigentlich sehen, dass die Trennung zwischen Staat und Gemeinwohl gleichwohl noch nicht vollzogen ist, und dass man deshalb nach den Gründen für die Entstehung des *staatlichen* Strafanspruchs suchen muss, um ihn dann von dem virtuellen Strafanspruch im Namen des *Gemeinwohls* abzusondern. Die Strafrechtshistoriker, vor allem diejenigen, die aus dem aktuellen Strafrecht kommen, haben sich zwar immer wieder mit der allmählichen Etablierung des rechtsstaatlichen Strafrechts beschäftigt, mit den Selbstbindungen und schützenden Formen. Das ursprüngliche Recht des Staates auf den Strafanspruch blieb jedoch unerklärt, wurde einfach hingenommen.

Deshalb schrieb ich in den späten achtziger Jahren eine Abhandlung über die „Krise des öffentlichen Strafanspruchs". Bald interessierten sich Rechtshistoriker dafür, die sich aus allgemeinem, neu erwachtem Erkenntnisinteresse der Entstehung des öffentlichen Strafanspruchs zuwenden wollten. Wieder kam es zu einem Projekt der Deutschen Forschungsgemeinschaft, dieses Mal unter der Federführung von *Dietmar Willoweit*, das sich über nahezu zehn Jahre erstreckte (1996 bis 2005), und dessen Ergebnisse in einer doppelten Schriftenreihe, zu deren Herausgebern ich gehöre, gesammelt wurden unter dem bewusst allgemein gehaltenen Titel „Konflikt, Verbrechen und Sanktion in der Gesellschaft Alt-Europas". Ein Dutzend Bände sind inzwischen erschienen, teils Fallstudien, teils Sammelbände über Symposien oder große systematische Untersuchungen.

Zu einer gemeinsamen Konzeption sind wir nicht gekommen. Von Beginn an standen sich zwei Fraktionen gegenüber: Entweder die Strafe hat es immer gegeben, sie ist gewissermaßen naturwüchsig, oder sie ist aus ganz bestimmten historischen Konstellationen entstanden. Das Problem war, Strafe schlechthin von öffentlicher Strafe zu unterscheiden – und auch vom Krieg. Nur unter der Voraussetzung, dass diese beiden Abgrenzungen gelingen würden, konnte sich die Hypothese konkretisieren, dass mit der Entstehung von Staaten – in Mitteleuropa im späten Mittelalter – auch die Disziplinierungsfunktion der Strafe anfiel und dass jeweils der Einfluss von Kirche und Theologie dabei maßgebend war. Die Kirche hatte inzwischen einen hoch stilisierten Sündenbegriff entwickelt, mit Blick auf die – im Rahmen dessen, was man inzwischen erste Aufklärung nennt – neu definierte unendliche Individualität des Menschen. Dem entsprach eine bereits sehr elaborierte kirchliche Gerichtsbarkeit mit Zurechnungsformen, die wir noch im heutigen Strafrecht finden, und es gelang der Kirche, auf diese Weise auch den neuen staatlichen Verbrechensbegriff zu valutieren. Deshalb waren Religionsverbrechen und Majestätsbeleidigung das Schlimmste und mussten im Namen der durch den Staat repräsentierten Öffentlichkeit streng geahndet werden. Diese Theorie und Praxis der Strafe erreichte im absolutistischen Staat ihren Höhepunkt, mit den äußeren Zeichen einer unvorstellbaren Grausamkeit. Alles, was danach kam, war der Versuch, in dieses System mehr Rationalität, Normalität, Berechenbarkeit, Liberalität und Humanität zu bringen – der Entstehungsmythos aber blieb unangetastet, und davon zehren bis heute die Theorien, die in der Straftat primär den Staatsungehorsam sehen. Dass Gemeinwohl und Staat, was das Strafrecht angeht, immer noch miteinander identifiziert werden, geht auf ein Versäumnis der Aufklärung zurück – genauer: der zweiten, sozusagen klassischen Aufklärung; ob man – gerade mit Blick auf das Strafrecht – von einer dritten, schon in Gang befindlichen oder noch bevorstehenden, unter anderem die gemeinwohlbezogene Rechtsgutsorientierung endlich durchsetzenden Aufklärung sprechen kann, war eines der Themen der im Wintersemester 1997/98 in Frankfurt am Main von der Rechtsfakultät organisierten Stiftungsgastprofessur der Deutschen Bank: „Das Individuum als perpetuum mobile der Rechtsordnung – Drei Aufklärungen".

Jedes Wort in dieser kurzen Schilderung ist umstritten, aber das Problem war endlich benannt und damit die Grundlage geschaffen für eine wirklich an die Wurzel gehende Reflexion des modernen Begriffs der Strafe. In dem im Rahmen jener Reihe von mir herausgegebenen Band „Die Durchsetzung des öffentlichen Strafanspruchs" (2002) habe ich meine Optionen zu diesem Streit dargelegt und dabei vor allem eine Frage aufgegriffen, auf die ich schon während meiner Zeit als Assistent *Preisers* im Institut für die Geschichte des Völkerrechts gestoßen war: Die anachronistische Begriffsverwendung in der Geschichtsschreibung. Damals stützten wir uns vor allem auf die Arbeit des holländischen Rechtshistorikers *Hendrik R. Hoetink.* Als 1989 mit der Wiedervereinigung die Frage auftauchte, wie man sich zu den „Taten" ehemaliger DDR-Bürger – insbesondere an leitenden Stellen in Ministerien und anderen Behörden tätige Personen – verhalten solle, ergab sich gleichsam die horizontale Version des Fremdverstehens. In der kleinen Abhandlung „Der Staat geht unter, das Unrecht bleibt" (1992) bin ich auf diese Frage, die mich seitdem beschäftigt, (auch während bewegender Diskussionen in Warschau, Krakau und Prag über *justice in transition*), ausführlich eingegangen.

Während der Vorgänge, die ein Jahr später zum Beitritt der ehemaligen DDR in die Bundesrepublik führten, war ich in den USA, wo ich an der Columbia University (New York), den Law Schools in Yale (New Haven), Des Moine

(Iowa) und Gainsville (Florida) meine Theorie von der Krise des öffentlichen Strafanspruchs präsentierte. Die methodologischen Probleme haben mich dann in eine neue interdisziplinäre Diskussion gezogen, und damit mag es zusammen hängen, dass ich besonders empfänglich war für eine breite und intensive intellektuelle Entwicklung in den USA, die sich „*Law and Literature*" oder „*Law as Literature Movement*" nennt. Alle engen Fachgrenzen überschreitend will dieses *Movement* etwas etablieren, wofür auf dem Kontinent die juristische Hermeneutik steht. Das *case law* ist in dieser Hinsicht anspruchslos, und die intellektuellen Juristen besonders der Ostküste möchten sich damit weder zufrieden geben, noch die im 19. Jahrhundert in Europa entwickelten juristischen Interpretationssysteme direkt übernehmen. Die Anleihe bei den Literaturwissenschaften hat dazu geführt, dass amerikanische Juristen gegenüber der traditionellen europäischen juristischen Hermeneutik nunmehr vielleicht eine überlegene Position haben, deren Rezeption in Europa, besonders in Deutschland, zu diskutieren wäre. In den USA gibt es verschiedene Zentren, unter anderem in Buffalo, wo *Guyora Binder* arbeitet, der zusammen mit *Robert Weisberg* (Stanford) am Ende des vergangenen Jahrhunderts das große Buch „Literary Criticism of Law" publizierte. In diesem Buch ist eigentlich alles behandelt, was man zur Zeit über das *Law and Literature Movement* wissen kann. Nach meinen Besuchen in Buffalo und Stanford gelang es mir, in Frankfurt eine Konferenz mit amerikanischen und deutschen Literaturwissenschaftlern und Juristen zu organisieren (2001); die Ergebnisse sind noch nicht publiziert. Zusammenfassende Hinweise gibt es in meinen „Produktive(n) Spiegelungen", Band 1, 2. Auflage 2002. Kleinere Symposien sind inzwischen gefolgt, weitere sind geplant.

Verbrechen und Strafen machen einen großen Teil des Stoffes der Weltliteratur aus. *Gustav Radbruch*, *Erik Wolf*, *Thomas Würtenberger* und *Paul Bockelmann*, früher *Josef Kohler* und viele andere haben deshalb über Literatur geschrieben, aber dabei eigentlich keine methodologischen Probleme gesehen. Mir haben aber schon bei meinen ersten Versuchen befreundete Literaturwissenschaftler gesagt, so gehe es nicht, ich dürfe die Literatur nicht als Erkenntnisquelle benutzen, ihre ästhetische Dimension schließe das aus, das Interesse der Literatur sei ein ganz anderes, habe mit den Stoffen nichts zu tun. In diese Debatte habe ich mich nach und nach hinein begeben, nicht zuletzt übrigens während der Sommerakademien der Studienstiftung des Deutschen Volkes, etwa 1973 mit dem Schriftsteller *Peter Handke* und dem Soziologen *Jochen Krüger* über Gefängnisliteratur, und sehr viel später (2003) mit dem Germanisten *Jochen Hörisch* über *Heinrich von Kleist*, *Hermann Melville*, *Wilhelm Raabe* und *Joseph Roth*. Ich glaube, dass Erkenntnisinteresse und Ästhetik sich *nicht* ausschließen, und habe das zuletzt in meinen Arbeiten über *Schiller* und

*Eichendorff* versucht, deutlich zu machen. Aber man muss aufpassen. Tut man das, so kann man in der „schönen Literatur" durchaus eine besondere Quelle interdisziplinären strafrechtlichen Arbeitens sehen.

Vielleicht *gelingt* hier einmal das Interdisziplinäre. Das wäre ein Trost. Denn in der Kriminologie tut sich wenig. Schon bald nach Erscheinen der mit *Fritz Sack* edierten Bände kam die Zusammenarbeit mit den „kritischen" Kriminologen ins Stocken. Woran das lag, ist schwer zu sagen. Manchmal denke ich, dass vielleicht meine Ablehnung des Rufes nach Hannover (1975), wo *Sack* inzwischen lehrte, dabei eine Rolle gespielt hat. Aber der Grund dafür war in erster Linie, dass mir auch das dortige Ein-Phasen-Modell noch kein Vertrauen einflößte; der Anteil, den die bereits einzuübende Praxis im Studium einnehmen sollte, war zu umfangreich und zu intensiv. *Fritz Sack* konnte sich jedenfalls nicht entschließen, in der gegenwärtigen Strafrechtswissenschaft irgend eine Konzeption zu fixieren, an der er sich hätte beteiligen können. Vielmehr bestand er auf dem „totaliter aliter". Praktisch sah es so aus, dass er nur das Strafrecht zur Kenntnis nahm, das seinem Feindbild entsprach. Wir hingegen, *Hassemer* und *Jäger*, aber auch die Jüngeren, wie *Cornelius Prittwitz* und *Klaus Günther*, lasen sehr viel Kriminalsoziologie und anderes Außerstrafrechtliche. Die sich „kritisch" nennende Kriminalsoziologie hat ihre Grenzen nie verlassen und lebt in einer künstlichen, durch die Repetitionen ihres eng begriffenen wissenschaftlichen Fachs produzierten selbstreferentiellen Welt. Das Interaktionsparadigma – eine Radikalisierung der mit *Kant* in ein neues Stadium getretenen subjektzentrierten Epistemologie – war so lange gut, wie es dazu diente, unerwünschte Kriminalisierungen zu entlarven. Es galt nicht mehr, als sich – spätestens mit dem Aufkommen rechtsradikaler Kriminalität in den frühen neunziger Jahren des vorigen Jahrhunderts – zeigte, dass auch kritische Kriminologen manches bestrafen möchten. Hier schien es also um „gebotene Zuschreibung" zu gehen. *Sack* hat gelegentlich selbst davon gesprochen. Aber zu einer gewissermaßen komplementären Theorie *legitimer* Zuschreibung ist es nicht gekommen. Mein Hinweis auf dieses Defizit in der Festschrift für *Fritz Sack* verhallte ungehört. Damit war klar, dass für *Sack* die Einsicht in die Aspektabhängigkeit der Erkenntnis nur die Funktion einer kritischen Kategorie hatte. Dort, wo man sie kriminalpolitisch nicht brauchen konnte, ließ er sie fallen. Philosophisch ist das ganz unhaltbar. Als in dieser Situation *Henner Hess* und *Sebastian Scheerer* die Frage stellten, „Was ist Kriminalität?" und dabei auf Grenzen der Zuschreibungskritik hinwiesen, stand das Verdikt *Sacks* bald fest. Freilich haben auch *Hess* und *Scheerer* die wissenschaftstheoretische Dimension nicht gesehen. In einem – polemischen, vom Überdruss diktierten – Artikel habe ich das dann seinerzeit gesagt. Damit brachen die Beziehungen endgültig ab.

Als in den neunziger Jahren das Strafrecht aus einer ganz unerwarteten Richtung – die „Beschwörung des Bösen“ – Anstöße erhielt, wusste ich, dass für d i e s e neue interdisziplinäre Aufgabe auf eine Zusammenarbeit mit den Kriminalsoziologen nicht mehr zu rechnen war. Die von der Volkswagen-Stiftung geförderten Tagungen, die dann zur Edition der fünf Bände „Aufgeklärte Kriminalpolitik oder Kampf gegen das Böse [...]“ führten, war deshalb vorwiegend mit Wissenschaftlern besetzt, die ihr eigenes Fach in größeren Zusammenhängen sahen. Bei der Planung und Organisation halfen mir meine Schüler, die sich damals nach und nach habilitierten. Sie haben auch fast alle Einführungen zu den einzelnen Bänden verfasst und zusätzliche Beiträge geleistet. Es sind dies *Klaus Günther*, *Lothar Kuhlen*, *Reinhard Merkel*, *Cornelius Nestler*, *Cornelius Prittwitz* und *Lorenz Schulz*. Die regelmäßigen langen und intensiven Diskussionen mit ihnen haben das letzte Jahrzehnt meines aktiven Universitätsdienstes geprägt und erfüllen mich mit großer Dankbarkeit.

In jenen Sammelbänden fanden wir uns zusammen, weil wir meinten, die Fachleute des Strafrechts und der Kriminologie sollten die Öffentlichkeit, die sich ohne weiteres für alle Fragen des Verbrechens und Strafens zuständig fühlt, über die Bedeutung des neu präsentierten „Bösen“ aufklären. Die größte Schwierigkeit besteht darin, dass die Öffentlichkeit diese Aufklärung nicht wünscht. Freilich ist der mittlere Legitimationsgrad, über den das Strafrecht verfügt, schwer begreiflich zu machen. Dass es die Strafe (noch) gibt, ist Ausdruck eines ganz bestimmten gesellschaftlichen Zwischenzustandes. Wenn der Mangel an gemeinsamer Legitimationsüberzeugung so stark ist, dass einzelne Machtzentren sich untereinander oder die ihnen unterworfenen Personen mit der Strafe nur bekämpfen, ist die rechtliche Ebene verlassen. Dort wiederum, wo die vollständige kommunikative Ruhe eingekehrt ist, muss man sich mit der Existenz der Strafe gar nicht mehr arrangieren, weil sie allenfalls marginalen Charakter hat. Nur die modernen, aufgeklärten, rechtsstaatlichen demokratischen Rechtsgesellschaften sind es, in denen die Strafe jene so schwer erklärbare Funktion – jenseits von Krieg und Kampf – hat. Wegen der vielen rechtsstaatlichen Begrenzungen des Strafens bleibt dieser Tatbestand unerkannt und man denkt, man habe mit der Legitimation der Begrenzungen auch eine Legitimation der Strafe selbst. Mit anderen Worten: So lange die Gesellschaft das Strafrecht noch braucht, ist das ein Zeichen dafür, dass der Gegensatz zwischen Macht und Partizipation nicht aufgehoben ist. Eine Strafrechtsgesellschaft ist deshalb dadurch definiert, dass es auf der einen Seite das Recht überschießende, nicht kontrollierbare Machtanteile, und auf der anderen Seite das Recht gleichsam unterlaufende Partizipationsanteile gibt. Das Strafrecht ist also die Organisationsform der in dieser Weise unvollkommenen Gesellschaft, und seine Wirkung kann immer nur die sein, machtmäßige Auseinandersetzungen so weit wie möglich zu begrenzen. Würde es mehr tun, also gerade diejenigen Bestandteile einer Gesellschaft beseitigen, die das Strafrecht erforderlich machen, dann wäre es zugleich überflüssig geworden. Daher muss man wohl bis auf weiteres mehrere Sorten von Strafrecht unterscheiden; vielleicht kann man von philantropischem und misanthropischem Strafrecht sprechen, und manchmal – etwa (neuerdings) im Völkerstrafrecht – auch von emphatischem Strafrecht.

Für diese Abstraktionen versuchen die Bände Anschauungen zu liefern. Gewaltphänomene und Makro-Delinquenz, aber auch das Verhältnis von Legalbewährung und Ich-Struktur sowie Lernprozesse im Vergleich der Kulturen, wobei mehr als in anderen vergleichbaren Anthologien auch Bezüge zu Großbritannien hergestellt werden, stehen dabei im Vordergrund, und überall wird sichtbar, dass die in den letzten zwanzig Jahren so beliebt gewordene Gegenüberstellung von Täter- und Opferinteressen ein Scheinproblem bezeichnet. Die Täterorientierung war nie Selbstzweck, immer ging es auch darum, über die Tätersozialisierung langfristig einen Schutz der potentiellen Opfer zu erreichen. Die Opferorientierung hingegen leugnet keineswegs, dass dem Opfer auf die Dauer nicht geholfen ist, wenn gegen den Verdächtigen oder Täter ohne die notwendigen rechtsstaatlichen Sicherungen vorgegangen wird.

Seit meiner Emeritierung im Jahr 2000 bin ich mit meinen beiden nach Frankfurt berufenen Schülern *Klaus Günther* und *Cornelius Prittwitz* in gemeinsamen Seminaren tätig – über die Grundlagen des Strafrechts, mit gelegentlichen aktuellen Zuspitzungen; das gleiche geschieht zusammen mit den vor allem als Strafverteidiger und Lehrbeauftragte arbeitenden Schülern *Wolf Schiller* und *Jürgen Taschke* – hier stehen wirtschaftsstrafrechtliche Themen auf dem Programm. Wissenschaftlich konzentriere ich mich auf Recht und Literatur – hier fesselt mich jetzt ganz speziell das Paradoxon der Realitätssteigerung durch Fiktion – und auf Wirtschaftsstrafrecht und Unternehmensethik – dort geht es mir um die sekundäre Funktion des Strafrechts und die Entwicklung rechtlicher Alternativen, die ein disfunktionales und rechtsstaatlich anfechtbares Wirtschaftsstrafrecht ablösen könnten. Dabei tritt das Problem auf, dass zu viele außerstrafrechtliche Regeln eine Kontrolldichte schaffen können, die am Ende stärker belastet als ein den liberalisierenden Effekt des Nichtwissens kultivierendes, restriktives Strafrecht. Angesichts dessen, dass die Legitimation des Strafrechts unter dem Einfluss der sich um rechtsstaatliche Sicherungen wenig kümmernden europäischen Exekutive gerade jetzt Verluste erleidet, ist das freilich eine paradoxe Alternative. Außerdem könnte es passieren, dass über den Umweg streckenweise transnationaler „regulierter Selbstregulierung" dem Strafrecht neue, schwer überblickbare und unbestimmt bleibende Pflichtenkataloge zugeführt werden. Das ist symptomatisch für die allgemeinen modernen Verrechtlichungstendenzen jenseits des Staates, mit deren Zunahme gleichsam spiegelbildlich auch die Enttäuschungen durch das Recht wachsen. Diesem Zirkel entkommt man auf die Dauer nur durch die Hinwendung zum soziologischen Positivismus der Anerkennungs- und Konsenstheorien, mit starker Betonung der Einheit von Genesis und Geltung. Damit werden die durch die Souveränität gezogenen Regelungsschranken auch nach außen durchlässiger und insofern die traditionellen Kriterien des Völkerrechts wieder aktuell. Deshalb sollte man vor allem die Relevanz von Sprechsituationen mittleren Grades demonstrieren – man entgeht so der Utopie der idealen Sprechsituation ebenso wie dem Opportunismus der reinen Dezision, denn es gibt ja sehr verschieden starke Zustimmung zu Rechtssätzen – von widerstrebender, vielleicht sogar nicht ohne Druck zustande gekommener Anpassung über schlicht oberfächlich-insolvente Akzeptanz, bewusste und kenntnisreiche Anerkennung bis hin zu auch Tiefenstrukturen erfassenden habituellen oder reflektierten Internalisierungen. Philosophisch und soziologisch ergeben sich für mich hier Anknüpfungen an ältere Untersuchungen (*Genesis und Geltung in der Jurisprudenz*, 1996), denen ich die überraschende Einsicht verdanke, wie viel den in der Rechtsphilosophie eher weniger gelesenen Autoren – etwa *Ernst Cassirer*, *Ernst Troeltsch* und *Georg Simmel* – für die mittlere Ebene der theoretischen Jurisprudenz abzugewinnen ist. „Nicht von den Philosophien, sondern von den Sachproblemen muss der Antrieb zu Forschung ausgehen" (*Edmund Husserl*).

Die „humanitären Interventionen" lassen ahnen, dass eine Weltinnenpolitik dermaleinst vom Krieg zum Polizeirecht, Strafrecht und Strafprozess übergehen wird. Auseinandersetzungen mit neuen Fundamentalismen lenken die Aufmerksamkeit auf die theologischen Reste in unserem Strafrecht, dies auch mit Blick auf die Zumutungen, die (wegen wachsender Religionsvielfalt) an die Verschärfung des strafrechtlichen Schutzes der Religionsausübung erhoben werden. Die Internationalisierung von Strafrecht und Strafprozess wird es à la longue erforderlich machen, erneut darüber nachzudenken, ob nicht an die Stelle des auf dem Kontinent noch weitgehend herrschenden inquisitorischen Verfahrens ein adversarisches oder kontradiktorisches treten solle. Dessen Einführung (die keineswegs etwa an die Übernahme der „Jury" gebunden wäre – nicht zuletzt Diskussionen mit britischen Kollegen in Cambridge, Oxford und London haben mich davon überzeugt) würde zu der Tendenz passen, dass im öffentlichen Leben der Staat zurückzutreten beginnt. Die langsam vielleicht die Stelle der Strafe einnehmende soziale Intervention bei schwerer Normabweichung kann nur rational und rechtsstaatlich, effektiv und liberal sein, wenn man nicht müde wird, über den Menschen mehr zu erfahren, und seine zunehmende Sensibilität für die Berechtigung seiner Bedürfnisse respektiert. Dabei sind neue Einsichten der Hirnforschung und der Psychoanalyse und auch die Verfeinerungen rechtlicher Argumentation durch die „schöne" Literatur ebenso wichtig wie die Anklage unerträglicher Zustände – im Gefängnis etwa „das Loch" (Beruhigungszelle), der Selbstmord, die sexuelle Nötigung und die „Verschubung" (Gefangenentransport), alles präsent auch in rechtsstaatlichen und liberalen Gesellschaften.

Viele Fragen. Was uns fehlt, ist ein System des modernen kriminalpolitischen Denkens, gestützt auf die Erfahrungen des abgelaufenen Jahrhunderts und die Prognosen des nächsten, bereits begonnenen. Computerisierung und Informatik, Gentechnologie und Globalisierung – davon muss man wohl ausgehen. Qualitative Sozialforschung, empirisierende Subjektphilosophie, und „Rechtsgüter"-Kultur sind zentrale wissenschaftliche Postulate. Ich glaube, dass auch für eine Strafrechtswissenschaft, die sich in dieser Weise orientiert, das gilt, was *Dieter Henrich* kürzlich über die Philosophie gesagt hat. Er meint, dass

> „rationale Klarheit und Schärfe auf der einen Seite und Empathie und Passioniertheit auf der anderen sich nicht ausschließen, dass Rationalität die Empathie nicht dämpft, und dass der diagnostische Blick auf Realitäten geschärft sein kann zugleich im Verstehen und Erfahren der Leiden der Zeit."[5]

5 Formen des Nihilismus, Narzissmus und moderner Metaphysik, ein Gespräch mit dem Philosophen Dieter Henrich, in: Mittelweg 36, 2008, Heft 2, S. 47 ff. (48).

## *Schriftenverzeichnis (in Auswahl)*

### *1. Selbständiges Schrifttum*

Zum Strafgrund der Teilnahme, 1967.

Erfahrung als Rechtsquelle. Abduktion und Falsifikation von Hypothesen im juristischen Entscheidungsprozeß, 1972.

Strafrecht und „Dunkelziffer", 1972.

Kriminalpolitik auf verschlungenen Wegen, 1981.

Kriminologie. Einführung in die Probleme, 1984.

Die Krise des öffentlichen Strafanspruchs, 1989.

Produktive Spiegelungen. Recht und Kriminalität in der Literatur, 1. Aufl. 1991, 2. Aufl. 2002, Bd. II, 2007.

Der Staat geht unter – das Unrecht bleibt? Regierungskriminalität in der ehemaligen DDR, 1993.

Abschaffen des Strafens?, 1995.

Genesis und Geltung in der Jurisprudenz, 1996.

Die Zusammenarbeit von Medizinprodukte-Industrie, Krankenhäusern und Ärzten – Strafbare Kollusion oder sinnvolle Kooperation?, 1998.

Entkriminalisierung des Wirtschaftsrechts, Bd. I 1998, Bd. II 2007.

„Daß nicht der Nutzen des Staats Euch als Gerechtigkeit erscheine". Schiller und das Recht, 2005.

Keine Strafdrohungen für gewerbliche Spielvermittler, 2006.

Eichendorff und das Recht, 2007.

Rechtsfreie Räume. Eine moderne Versuchung, im Erscheinen.

### *2. Kommentierungen und Editionen*

Löwe / Rosenberg, Die Strafprozessordnung und das Gerichtsverfassungsgesetz. Großkommentar, §§ 137–150, 24. Aufl. 1989, §§ 137–212b, 25. Aufl. 2002, 26. Aufl. 2007 (zusammen mit Matthias Jahn).

Abweichendes Verhalten, zusammen mit Fritz Sack, Bd. 1 und 2 1975, Bd. 3 1977, Bd. 4 1980.

Vom Nutzen und Nachteil der Sozialwissenschaften für das Strafrecht, zusammen mit Fritz Sack, 1980.

Aufgeklärte Kriminalpolitik oder Kampf gegen das „Böse" – ein Gegensatz?, Bd. 1–5, 1998.

Die Durchsetzung des öffentlichen Strafanspruchs, 2002.

### *3. Aufsätze in Zeitschriften und Sammelwerken*

Carl Joseph Anton Mittermaier und der Empirismus in der Strafrechtswissenschaft, JuS 1967, S. 444–448.

Kann gewaltsame Wegnahme von Sachen Erpressung sein?, GA 1968, S. 257–278.

Die strafrechtsgestaltende Kraft des Beweisrechts, ZStW 85. Bd. (1973), S. 288–319.

Wie rechtsstaatlich und solide ist ein sozialwissenschaftlich-juristisches Grundstudium?, JuS 1974, S. 131–135.

Verbrechensprophylaxe durch Verbrechensprovokation, in: Festschrift für Karl Peters, 1974, S. 349–371.

Dialektik, Topik und „konkretes Ordnungsdenken" in der Jurisprudenz, in: Festschrift für Richard Lange, 1976, S. 1014–1042.

Erfolgszurechnung und „Kriminalisierung". Die Jurisprudenz vor den Toren der Soziologie – Forschungsfragen an die Adresse der Kriminologen, in: Festschrift für Paul Bockelmann, 1979, S. 181–200.

Politische Grenzen des Rechts – rechtliche Grenzen der Politik. Zur Debatte über die Verjährung von NS-Morden, JZ 1979, S. 449–458.

Juristische Topik und konsensorientierte Rechtsgeltung, in: Festschrift für Helmut Coing, 1982, S. 549–564.

Bürgerfreiheit und Vernunft im strafenden Staat. Betrachtungen zur 150. Wiederkehr des Todesjahres von Paul Johann Anselm Feuerbach (14.11.1775–29.5.1833), JuS 1983, S. 910–913.

Diskriminierung durch Alleinlassen. Vernachlässigte Probleme der Strafjustiz im Niemandsland zwischen Sozialarbeit und Psychiatrie, in: Menne, Klaus (Hrsg.), Psychoanalyse und Justiz. Zur Begutachtung und Rehabilitation von Straftätern, 1984, S. 57–68.

Rehabilitationshilfen für entlassene Strafgefangene, neue Forschungsansätze und universitäre Arbeitsfelder, in: Festschrift für Rudolf Wassermann, 1985, S. 927–937.

Das Recht des Verletzten auf Einsicht in beschlagnahmte Akten, NStZ 1987, S. 249–296.

Der gefesselte Angeklagte, in: Gedächtnisschrift für Karlheinz Meyer, 1990, S. 269–283.

Mißbräuchliche und aktienrechtliche Anfechtungsklagen und Strafrecht – Vorüberlegungen und Materialien, in: Festschrift für Theodor Heinsius, 1991, S. 457–497.

Kontinuität und Grenzen des Gesetzlichkeitsprinzips bei grundsätzlichem Wandel der politischen Verhältnisse, ZStW 104. Bd. (1992), S. 735–784.

Das Strafrecht zwischen Funktionalismus und „alteuropäischem" Prinzipiendenken oder: Verabschiedung des „alteuropäischen" Strafrechts?, ZStW 107. Bd. (1995), S. 877–906.

Zum strafrechtlichen und kriminalpolitischen Werk von Ulrich Klug, in: Ulrich Klug zum Gedächtnis, 1995, S. 29–36.

Gebotene Zuschreibung?, in: Festschrift für Fritz Sack, 1996, S. 113–122.

Gnadenweiser Erlass von Ersatzfreiheitsstrafen?, in: Festschrift für Alexander Böhm, 1999, S. 553–580.

Universalität durch integrierende Spezialisierung – zur Gesamtausgabe der Schriften Gustav Radbruchs, Archiv für Rechts- und Sozialphilosophie, Vol. 85, 1999, S. 469–496.

Verdeckte Ermittler, in: 50 Jahre Bundesgerichtshof, Festgabe aus der Wissenschaft, Bd. IV: Strafrecht, Strafprozeßrecht, 2000, S. 883–910.

Der öffentliche Strafanspruch im demokratischen Zeitalter – von der Staatsräson über das Gemeinwohl zum Opfer?, in: Strafrechtsprobleme an der Jahrhundertwende, 2000, S. 63–74.

Irrtum und Prävention, in: Festschrift für Claus Roxin, 2001, S. 257–281.

Ein neuer § 166 StGB?, in: Festschrift für Stefan Trechsel, 2002, S. 631–644.

Der Schutz des Embryos und das Problem des naturalistischen Fehlschlusses. Skizze einer Zwischenbilanz, in: Gedächtnisschrift für Dieter Meurer, 2002, S. 209–235.

Europäisierung des Strafrechts und gubernative Rechtssetzung, GA 2003, S. 71–84.

Grenzen der „Sachkunde" des Gerichts (§ 244 Abs. 4 Satz 1 StPO). Die Beurteilung der inneren Tatseite bei jugendlichen Tätern, speziell mit Blick auf den bedingten Vorsatz, in: Festschrift für Hans-Ludwig Schreiber, 2003, S. 289–314.

Viktimologie: Ursache und Wirkung der Entdeckung des Opfers auf die Kriminologie und die Kriminalpolitik, in: Brägger, Benjamin F. (Hrsg.), Kriminologie – wissenschaftliche und praktische Entwicklungen: Gestern, heute, morgen, 2004, S. 171–190.

Das moderne Strafrecht – Zerreißprobe zwischen ultima ratio, Pragmatismus und kulturellem Hochgefühl, StV 2004, S. 97–101.

Die Folter bleibt tabu – kein Paradigmenwechsel ist geboten, in: Festschrift für Hans-Joachim Rudolphi, 2004, S. 691–712.

Primäre oder sekundäre Zuständigkeit des Strafrechts?, in: Festschrift für Albin Eser, 2005, S. 163–180.

Paradoxien im Strafrecht und Strafprozessrecht, in: Festschrift für Dieter Simon, 2005, S. 367–378.

Hans Kelsen und Eugen Ehrlich, in: Hans Kelsen, Staatsrechtslehrer und Rechtshistoriker des 20. Jahrhunderts, 2005, S. 264–275.

Aktive Sterbehilfe – Rechte und Pflichten, JZ 2006, S. 689–695.

Das Subjekt zwischen Metaphysik und Empirie. Einfluss der modernen Hirnforschung auf das Strafrecht?, in: Beiträge zu einer aktuellen Anthropologie, 2006, S. 189–205.

Aufhebung der Straflosigkeit gewerblicher Spielvermittler durch den neuen Staatsvertrag zum Glücksspielwesen in Deutschland?, NStZ 2007, S. 15–21.

Zur Konkretisierung der Vermögensbetreuungspflicht in § 266 Strafgesetzbuch durch § 87 Abs.1 Satz 1 Aktiengesetz, in: Festschrift für Friedrich-Christian Schroeder, 2007, S. 569–577.

Der „Erfolgsunwert“, in: Festschrift für Rolf Dietrich Herzberg, 2008, S. 109–122.

Verständigung im Strafverfahren. Das Modell und seine Implikationen, in: Festschrift für Rainer Hamm, 2008, S. 419–422.

Der Angestellte im Unternehmen – quasi ein Amtsträger? Der Verzicht auf die Gefährdung des Wettbewerbes in der geplanten Strafvorschrift des § 299 Abs.1 Ziff.2 StGB, in: Festschrift für Klaus Tiedemann, 2008, S 889–990.

Der Auschwitz-Prozess – Geschichte und Gegenwart, in: Festschrift für Egon Müller, 2008, S. 423–438.

„Regulierte Selbstregulierung“ in der Strafjustiz? – Ein unorthodoxer Beitrag zur Frage der Legitimation der „Absprachen“, in: Festschrift für Gerhard Fezer, 2008, S. 531–542.

„Systemtheorie“ und Wirtschaftsstrafrecht, in: Festschrift für Knut Amelung, 2009, S. 67–80.

Werner Maihofer

# Werner Maihofer

Geboren am 20. Oktober 1918, also am Ende des Ersten Weltkrieges, verbrachte ich eine glückliche Kindheit in meiner Geburtsstadt Konstanz am Bodensee. Meine Mutter, sie reichte mir, als ich erwachsen war, kaum bis zur Schulter, war eine ungewöhnlich sportliche Frau: Skiläuferin, Eisläuferin, Tennisspielerin. Sie stammte aus der Narrenstadt Stockach, aus einer munteren, lebensklugen, sangesfreudigen Sippe.

Die entscheidenden geistigen Anregungen, die meine jugendliche Entwicklung von Anfang an bestimmten, verdanke ich meinem Vater. Er war ein Markgräfler Bauernsohn von alpenländischem Aussehen, der als Ratsschreiberlehrling im südbadischen Schlingen sich aus seiner bäuerlichen Herkunft löste und es danach in Konstanz bis zum Verwaltungsdirektor brachte. Ich sehe ihn noch vor mir, wie er jährlich den Haushaltsplan der Stadt Konstanz auf unserem Esstisch ausbreitete. Dadurch, dass er mich von frühester Jugend an sonntäglich zur Besinnungsstunde der Freireligiösen Gemeinde, der er angehörte, mitnahm, und in der vorwiegend philosophische und religiöse Themen behandelt wurden, kamen wir in ein über Jahre fortdauerndes Gespräch über Gott und die Welt, das mich weit über mein Alter hinaus mit den Grundfragen der damaligen Nachkriegsepoche vertraut machte. Er war ein grundgütiger Mann, der mehr an die Seinen dachte als an sich selbst.

Mein Vater und meine Mutter, die beide von Salzburger Emigranten abstammten, führten ein für damalige Verhältnisse unbürgerliches Leben. Meine Eltern nahmen uns von frühester Kindheit an zu dem unter anständigen Bürgern damals verpönten Sonnenbaden oder gar zum Schwimmen, zum Bergsteigen, Eislaufen und Skilaufen mit. Trotz unserer bescheidenen Lebensverhältnisse erhielten mein Bruder und ich einen streng von der Mutter überwachten Musikunterricht. Mein später im Krieg gefallener Bruder wollte Pianist werden und ich musizierte mein Leben lang gerne in meiner Freizeit als Bratschist im Quartett.

In meiner Schulzeit galt mein Hauptinteresse den Sprachen Frankreichs und Englands und ihren Kulturen, da mir damals eine diplomatische Karriere vorschwebte.

In den letzten Klassen gewann jedoch der Sport eine immer größere Bedeutung, nicht nur dadurch, dass ich im Sommer zum erfolgreichen Regattasegler auf der 6 m-Rennyacht unseres Schülersegelclubs wurde, sondern auch im Winter durch die Ernennung zum Olympiakandidaten im Eiskunstlauf, was zur zweimaligen Beurlaubung von der Schule über den ganzen Winter für das Olympiatraining in Berlin und Garmisch-Partenkirchen führte. Ich war somit zu so etwas wie einer „Sportskanone“ geworden, von der meine Mutter die Hoffnung hegte, dass ich Berufssportler würde.

Meine Schulzeit fand mit dem vorzeitigen Abitur 1937 ihr Ende („Der Führer braucht Soldaten“), woran sich der für die Aufnahme eines Studiums vorgeschriebene Arbeits- und Militärdienst anschloss. An deren Ende stand dann jedoch nicht das ersehnte Studium, sondern es begann der Zweite Weltkrieg.

Als Nachrichtenoffizier nahm ich zunächst am Frankreichfeldzug teil – mit dem Sturmboot über den Rhein und durch die Maginot-Linie in den Vogesen – danach über Monate unter fast friedensmäßigen Verhältnissen in Bordeaux, in denen ich nach der geistigen Enge der damaligen eigenen Kultur Frankreich selbst in dieser bedrängten Lage als eine Offenbarung kulturellen Selbstbewusstseins und ungebrochener Weltoffenheit erlebte.

Eine ungeheuerliche Erfahrung ganz anderer Art war der Russlandfeldzug, den ich als Nachrichtenoffizier zumeist bei täglicher Arbeit im Nachrichtenzentrum der Heeresgruppe Manstein erlebte, von den Schlachten um die Ukraine und die Krim bis zu den wahnwitzigen Versuchen einer Eroberung von Leningrad und Stalingrad, mit denen dieser Feldzug in einer militärischen Katastrophe endete.

Was an Erinnerungen über den militärischen Bereich hinaus aus jener Zeit in Russland bis heute bleibt, ist das Erlebnis menschlicher Menschen. Kein Zufall darum, dass nach meiner Heimkehr aus dem Kriege meine Lektüre über ein Jahr lang russischen Klassikern galt. So groß war nach all dem Erlebten mein Bedürfnis, das Russische über den Tag hinaus zu verstehen.

Im Sommer 1945 kam ich aus amerikanischer Gefangenschaft nach Hause und im Sommer 1946 durfte ich nach so vielen Jahren endlich mein Studium in Freiburg aufnehmen.

Die Situation, in der sich die Universität bei unserer Rückkehr damals befand, lässt sich heute kaum mehr vergegenwärtigen. Wir waren nicht die üblichen jungen Studenten, sondern schon erwachsene Männer, die Schreckliches erlebt und schwere Verantwortung getragen hatten und die nun nach dieser nationalen Katastrophe darauf drängten, dass „alles neu und anders werden muss“. Ich erinnere mich noch daran, dass ich nicht ohne innere Erregung an dem Spruch vorbeigehen konnte, der an unserer Aula zu lesen war: „Die Wahrheit wird euch frei machen.“

Eben diese Wahrheit versuchten wir in der Wissenschaft zu finden. Deshalb begegneten wir den Vertretern der uns nahe stehenden Disziplinen mit einer nicht zu ermüdenden Wissbegier, was bei diesen wiederum ein entsprechendes Bemühen hervorbrachte, uns bei der Klärung der uns bedrängenden grundsätzlichen Fragen beizustehen. Sie hatten verstanden, dass unsere aus dem Krieg heimgekehrte Generation die war, auf die jetzt für die Zukunft alles ankam. Deshalb erfuhren wir von Anfang an eine wissenschaftliche Anleitung und persönliche Förderung, wie sie heute nicht mehr vorstellbar ist.

## *Wie ich zum Strafrecht kam*

Im zweiten Semester hörte ich Strafrecht bei *Schönke,* und hatte in den Semesterferien eine Hausarbeit zu schreiben. Bei ihrer Rückgabe stand darunter: „unzensiert, bitte Rücksprache". Als ich bänglich zu *Schönke* ging, sagte dieser: „Diese Arbeit haben Sie nicht selbst geschrieben." Ich sagte zu ihm: „Natürlich habe ich diese Arbeit selbst geschrieben, ich habe sie auch noch mit zwei Fingern selbst getippt." Danach fragte er mich, ob ich schon irgendwo wissenschaftlich gearbeitet hätte, was ich verneinte. Nach längerem Gespräch gab er mir die Arbeit mit Auszeichnung zurück und lud mich ein, an seinem Doktorandenseminar teilzunehmen. Dort machte ich zunächst einige Studien zu kritischen Punkten des damaligen Verbrechenssystems, wie etwa zu den „objektiven Schuldelementen" oder dem „Versuch der Unterlassung", zu denen ich erste kleinere Arbeiten veröffentlichte.

Danach beschäftigte ich mich mit dem kurz zuvor von *Welzel* entwickelten finalen Handlungsbegriff, den ich wegen seines aus der Hegelschen Moralität stammenden Begriffs der subjektiven Zwecktätigkeit als strafrechtlichen Handlungsbegriff für untauglich hielt. Nicht nur, dass von diesem Ansatz aus die Vergesslichkeits- und Nachlässigkeitsdelikte zwangsläufig aus dem Bereich strafbaren Unrechts herausgefallen wären, – eine Konsequenz, welche die Finalisten allerdings keineswegs zu ziehen bereit waren –, auch die Subjektivierung des Unrechts mit ihrer Tendenz zum Gesinnungsstrafrecht sprach dagegen.

Das brachte mich dazu, einen eigenen sozialen Handlungsbegriff zu entwerfen, wie er in meiner Promotionsschrift „Der Handlungsbegriff im Verbrechenssystem" und in einem Artikel über den „sozialen Handlungsbegriff" entwickelt ist. Danach steht am Anfang aller Zurechnung nicht die bloße Ursachensetzung, aber auch nicht nur die Willentlichkeit, sondern ein Verhalten objektiver Finalität und sozialer Relevanz: ein auf die Verletzung von Rechtsgütern gerichtetes Verhalten also. Diese Überlegungen führten zu einer alle Ebenen des Strafrechtssystems umfassenden Zurechnungslehre, wobei das Menschsein mit der Handlung, das Alssein mit dem Unrecht und das Selbstsein mit der Schuld zu tun hat.

Weshalb hier schon das Menschsein überhaupt für die Bestimmung von menschlicher Handlung gegenüber bloßem Naturgeschehen grundlegend ist, wird an folgendem, vielerörterten Beispiel deutlich, nach dem A den B in einem Gespräch so lange festhält, dass dieser verspätet aufbricht, von einem Gewitter überrascht unter einem Baum Schutz sucht und vom Blitz erschlagen wird. Ist dies eine Tötungshandlung, wie der natürliche Handlungsbegriff nahelegt, der auf den realkausalen Geschehensablauf abstellt, wonach die Erfolgsverursachung gegeben scheint? Ist nicht auch nach dem finalen Handlungsbegriff dieser Erfolg zwecktätig durch das Verhalten des A verursacht? Oder ist dieses Geschehen ein bloßes Naturgeschehen, aber kein zurechenbares Handlungsgeschehen, weil es außerhalb des von Menschen überhaupt voraussehbaren und beherrschbaren Geschehensablaufs liegt?

Dass es in diesem Beispiel für die Unterscheidung von bloßem Naturgeschehen und zurechenbarem Kulturgeschehen auf die Menschen überhaupt mögliche Voraussehbarkeit und Beherrschbarkeit solchen Geschehens ankommt, macht somit das Existential des Menschseins überhaupt zum personalen Kriterium der Unterscheidung von Handlung und Nichthandlung. Nicht anders entscheidet auch im Unrecht das existentiale Kriterium des Alsseins des normalen Bürgers, aber auch des ordentlichen Kraftfahrers oder des Arztes letztlich bei entsprechender Erfolgsverursachung und Rechtsgüterverletzung über Unrecht oder Nichtunrecht, wie ich in meiner Arbeit über den damals sogenannten „Unrechtsvorwurf" herauszuarbeiten suchte. Und zuletzt bei der Entscheidung der Frage der Schuld an einer verursachten Rechtsgüterverletzung, ob diese dem selbst eigenen Wissen und Wollen und damit dem Selbstsein als dem dritten hier in einem Straftatsystem fundamentalen Existential als Schuld zurechenbar ist, was in den heutigen immer stärker multikulturell durchmischten Bevölkerungen bei der Entscheidung der Schuldfrage nach unseren Rechtsbegriffen eine entsprechend stärkere Berücksichtigung von deren „Parallelwertung in der Laiensphäre" fordert.

## *Wie ich zur Rechtsphilosophie kam*

Nach meiner Promotion 1950 beschäftigte ich mich in Vorbereitung meiner Habilitation zum Thema „Recht und Sein" erneut mit *Heideggers* „Sein und Zeit", von dem ich mir eine eigene, mit Kommentaren versehene Abschrift hergestellt hatte.

Aus Anlass eines Seminars bei *Erik Wolf* über eine eben erschienene Schrift *Heideggers* über *Kant*, die ich heftig kritisiert hatte, lud mich *Heidegger*, dem *Erik Wolf* darüber berichtet hatte, zu einem persönlichen Gespräch zu sich nach Zähringen ein. Auf dem Weg hin und her zwischen Zähringen und unserem Wohnort Herdern wurde unser Gespräch immer grundsätzlicher. Es ging darin am Ende um nichts weniger als *Heideggers* Auffassung von Recht und Staat in „Sein und Zeit", die von ihm der Sphäre der Uneigentlichkeit zugerechnet werden, bestimmt von der „Öffentlichkeit und der Durchschnittlichkeit des Man". Während bei den Griechen, auf die er sich doch bezieht, eben in dieser Sphäre Themis und Dike die Eigentlichkeit des Daseins gewährleisten sollen. Das bedeutete nicht weniger als eine Fundamentalkritik an „Sein und Zeit", auf die ich nichts anderes als eine negative Reaktion *Heideggers* erwarten konnte. Stattdessen bestärkte *Heidegger* mich in meinem Versuch, die Existentialanalyse nicht nur an Phänomenen des Selbstseins, sondern auch an Strukturen des Alsseins anzusetzen, um damit das Alssein in seinen vielfältigen Strukturen der Sozialität zu erfassen. „Lassen Sie sich von dem, was sie mir da soeben gesagt haben, durch Nichts und Niemanden abbringen", sagte er mir am Ende dieses denkwürdigen Gesprächs. Oder, wie ich dieses in meinem Tagebuch festgehalten habe: „Gestern Abend bei *Heidegger*, meine Gedanken unerwartet bestärkend, auch da, wo sie 'Sein und Zeit' in seiner ganzen Fundamentalanalytik in Frage stellen. Hält Entdeckung des Alsseins für wesentlich Neues, was bisher noch nicht gesehen ist. Lassen Sie sich diese Arbeit nicht abspenstig machen, bleiben sie bei der Stange."

Diese Thematik hat mich ein Leben lang weiter beschäftigt, in Rechtsphilosophievorlesungen über viele Jahre in Saarbrücken und Bielefeld und in mehreren Publikationen, in denen es darum ging, die fundamentale Konstitution unseres Daseins in der Welt zu bestimmen: in seinem Menschsein, in seinem Alssein und seinem Selbstsein. In seinem Menschsein also, das jeden Menschen fundamental konstituiert und aus dem seine Menschenrechte und seine Menschenwürde stammen wie uns schon *Kant* und *Hegel* lehren und wie ich dies in meiner Schrift „Rechtsstaat und menschliche Würde" als Antwort auf *Ernst Blochs* Schrift „Naturrecht und menschliche Würde" herausgearbeitet habe. Doch verwirklicht sich dieses Menschsein nicht im leeren Raum, sondern in unserer eigentümlichen Welt des Alsseins, wie dies die beiden Hegelschüler *Feuerbach* und *Marx* uns gelehrt haben.

Vollzieht sich dieses Menschsein zum einen doch in der Geschlechtswelt, in der der Mensch als Mann oder Frau existiert, also als ein „gegenständliches Gattungswesen", wie es bei *Feuerbach* heißt, das zusammen erst den „ganzen Menschen" ausmacht und hervorbringt. Dieses Menschsein im Alssein vollzieht sich zum andern aber auch in unserer Arbeitswelt, in der der Mensch als „Herr oder Knecht“ existiert, wie es bei *Marx*, oder als „Unternehmer oder Unternommener“, wie es bei *Bloch* später heißt.

Wie in diesen beiden Welten des Alsseins, auch in ihrer Verschränkung, die „unveräußerlichen Menschenrechte“ gewährt und die „unantastbare Menschenwürde“ aller Beteiligten gewahrt werden soll, wie sie für die klassische Philosophie als fundamentale Garantien allen Menschseins, auch und gerade des Menschseins im Alssein gelten, ist das ein kardinales Problem, vor dem wir in unserer Zeit und Welt heute stehen.

Dazu tritt in der modernen Philosophie, die bei *Heidegger* oder *Sartre* nicht vom Menschsein, sondern vom Selbstsein ausgeht, die nicht minder gewichtige Frage nach den realen Chancen seiner Verwirklichung und Vervollkommnung in den Lebensverhältnissen und Rechtsverhältnissen unserer Zeit und Welt, der Geschlechtswelt, wie der Arbeitswelt, in denen sich dieses Selbstsein im Alssein vollbringt.

Nur eine solche zugleich nach den formalen Garantien der Humanität bei der Verwirklichung des Menschseins im Alssein, aber auch den realen Chancen bei der Vollbringung des Selbstseins im Alssein fragende Rechts- und Sozialphilosophie, die so deren klassische wie moderne Denkansätze vereinigt, schien mir für eine Erneuerung unserer altehrwürdigen Rechtsphilosophie eines *Stammler* oder *Radbruch* tauglich. Sie hat mich ein Leben lang weiter beschäftigt. Ihre Forderung nach Humanität und Liberalität allen Rechtsdenkens hat mich auch in meinem Strafrechtsdenken entscheidend bestimmt.

## *Meine Saarbrücker Jahre*

Nach meiner Habilitation erhielt ich bald darauf Rufe nach Saarbrücken und Würzburg auf einen Lehrstuhl für Strafrecht und Rechtsphilosophie. Da ich unschlüssig war, welchem Ruf ich folgen sollte, nahm ich zunächst beide Tätigkeiten zugleich wahr – neben einem Seminar in Freiburg – und fuhr darum mit meinem Volkswagen fast ein Jahr lang wöchentlich von Freiburg nach Saarbrücken und von dort über Würzburg nach Freiburg zurück, wo meine Frau mit damals schon vier Kindern verblieben war.

Die Entscheidung, vor der ich damals stand, und die über ein Jahrzehnt meiner eigenen Entwicklung entscheiden sollte, war nicht ganz einfach. Auf den ersten Augenschein sprach alles für Würzburg und seine hochangesehene altehrwürdige Universität. Dagegen stand Saarbrücken als eine kaum bekannte junge Universität ungewisser Zukunft, lag sie doch im Saarland, das damals kulturell und fiskalisch zu Frankreich gehörte und über dessen endgültige Zugehörigkeit zu Deutschland erst noch in einer bevorstehenden Volksabstimmung entschieden werden sollte.

Damals stand die Universität des Saarlandes unter der Leitung eines hochangesehenen französischen Präsidenten mit einem Lehrkörper von erlesenen französischen Gastprofessoren aller Fachrichtungen, die zu ihren Vorlesungen und Übungen, aber auch zu den Sitzungen aus Frankreich anreisten, und einigen wenigen deutschen Professoren für Zivilrecht, Strafrecht und öffentliches Recht, die das Studium des an der Saar in Geltung gebliebenen Rechts zu betreuen hatten und zu denen ich dann selbst gehören würde.

In den Berufungsverhandlungen mit dem Präsidenten der Universität wurde mir klar, dass Frankreich die Universität als das Prestigeobjekt ihrer Kulturpolitik an der Saar betrachtete, zu dessen großzügigem Ausbau zu einer normalen Universität mit Europaschwerpunkt man fest entschlossen war, weit über die saarländischen Möglichkeiten hinaus. Dies würde unter umgekehrten Vorzeichen auch für Deutschland gelten, sollte es die bevorstehende Volksabstimmung gewinnen. Im einen wie im anderen Falle schien mir die künftige Entwicklung dieser jungen Universität gesichert. Ich ging darum 1955 an die Universität Saarbrücken, der ich bis 1970 angehört habe und an deren weiterer Entwicklung ich als Dekan und später als Rektor tatkräftig teilnahm.

Nach Konsolidierung der Juristischen Fakultät durch meine Berufung und die nachfolgenden Berufungen von *Gerhard Kielwein*, dem letzten Assistenten *Schönkes* in seinem Institut für deutsches und ausländisches Strafrecht, und von *Arthur Kaufmann*, einem Schüler *Radbruchs* aus Heidelberg, konnte ich mich 1960, nach Gründung eines Instituts für Rechts- und Sozialphilosophie, bald auch wieder stärker diesem in meiner Habilitationsschrift beackerten Felde zuwenden.

Bei einem mehrtägigen „Darmstädter Gespräch" bot sich dazu 1965 reiche Gelegenheit zur Diskussion mit den Protagonisten der damaligen philosophischen Strömungen, die sich am Ende zu einem Zwiegespräch zwischen *Ernst Bloch* und mir über „Friedliche Koexistenz" oder „Ideologische Konkurrenz" in Demokratie und Sozialismus entwickelte. Dabei vertrat ich die These, daß die „Hoffnung unserer Zeit" in dieser ideologischen Konkurrenz beider nur scheinbar gegensätzlichen politischen Systeme liege, die zusammen erst aus dem sich ergänzenden und sie verbindenden humanitären Erbe das hervorzubringen vermögen, was einmal „klassenlose weltbürgerliche Gesellschaft" heißen könnte.

Mit eben diesem „humanitären Erbe“ hatte *Ernst Bloch* sich in seiner 1961 noch in der DDR erschienenen erstaunlichen Schrift „Naturrecht und menschliche Würde“ beschäftigt. Eine Frage, der ich dann auch von meiner Seite in einer Ernst Bloch gewidmeten Schrift „Rechtsstaat und menschliche Würde“ 1968 nachging.

Dieser philosophische Dialog mit *Bloch* fand seinen würdigen Abschluß mit der Rede, die ich bei der Verleihung des Friedenspreises an *Ernst Bloch* in der Frankfurter Paulskirche über seine „Evolution des Marxismus“ gehalten habe.

Diese rechtsphilosophischen Aktivitäten hatten unsere Universität über die Grenzen unseres Landes hinaus bekannt gemacht, ebenso wie die grundlegende Hochschulreform, deren Verfassung ich mit dem europabegeisterten Zivilrechtler *Heinz Hübner* ausgearbeitet habe und deren noch heute geltendes fortschrittliches Universitätsgesetz wir dann im Landtag durchgesetzt hatten.

In meiner weiteren Zeit als Strafrechtsprofessor in Saarbrücken rückte die Strafrechtsreform mehr und mehr in den Vordergrund.

In der Zeit nach der „Spiegelaffaire“ – in der ich in einem Leserbrief gegen den Justizminister *Franz Joseph Strauß* massiv Stellung bezogen hatte – war eine erste Reformdiskussion über unser damaliges politisches Strafrecht entbrannt, in der ich versuchte, mit Artikeln zum Thema „Pressefreiheit und Landesverrat“ (1963) und „Staatsschutz im Rechtsstaat“ (1964), den Verschärfungen der Landesbestimmungen zu Lasten der Pressefreiheit, aber auch den Staatsschutzbestimmungen zu Lasten der Bürgerfreiheiten entgegenzuwirken.

Auf die Spitze getrieben wurde diese Diskussion über den autoritären oder demokratischen Charakter unseres Staates dann durch die damals geplante Einführung von Notstandsgesetzen, zu denen ich auf einem Bundeskongress in Bonn in meinem Eröffnungsreferat „Demokratie vor dem Notstand“ (1965) mit aller Entschiedenheit Stellung bezog. Das war nicht unser Staat, in den wir nach dem Krieg heimgekehrt waren, das war auch nicht die Wahrheit, die uns von früheren Lügen und Zwängen frei machen sollte.

## *Wie es zum Alternativentwurf kam*

Weithin anerkannt war unter uns Jüngeren damals, dass unser Strafrecht in vielem noch autoritäre und auch illiberale Züge aufwies und damit den Anforderungen an ein gleichermaßen rational begründetes wie humanitär ausgestaltetes Strafrecht nicht entsprach.

Je länger wir uns mit diesen Reformdebatten beschäftigten, desto mehr wurde uns klar, dass wir noch gar nicht in dem Staat und der Gesellschaft lebten, die wir uns am Ende des Krieges und der Diktatur gewünscht und erhofft hatten. Jedenfalls wollten wir nicht in einem autoritären Staat leben, in dem die Bürgerfreiheiten, wie die Meinungsfreiheit und die Pressefreiheit durch Staatsgefährdungs- und Landesverratsdelikte geradezu demontiert wurden, ebensowenig in einer illiberalen Gesellschaft, in der noch Strafnormen gegen Gotteslästerung, gegen Kuppelei selbst unter Verlobten, eine durchgängige Bestrafung der Homosexualität sowie eine undifferenzierte Bestrafung der Abtreibung galten.

In all den damit sich stellenden Reformfragen, die eine moralische und juristische Differenzierung verlangten, blieb es bei pauschalen Antworten weltanschaulicher Herkunft aus einem Menschenbild, aber auch Strafverständnis, denen ich erfolglos mit Artikeln zu „Menschenbild und Strafrechtsreform" und über „Die kriminalpolitische Konzeption unseres künftigen Strafrechts" (1966) entgegenzuwirken versuchte.

Die immer wiederholten Debatten, die wir jungen Strafrechtler mit unserer Vätergeneration auf den Tagungen der staatlichen Reformkommission zum Strafrecht des E 62 darüber hatten, führten bei uns am Ende zu totaler Frustration. Die Verständnislosigkeit, mit der man uns begegnete, brachte *Peter Noll* und mich bei einem Gespräch nach einer dieser Tagungen in Mainz zu dem von meiner Frau angeregten Entschluss („Ihr beklagt euch immer nur, macht doch selber etwas"), selbst einen aus unseren Vorstellungen entwickelten Alternativentwurf zu unternehmen. Uns war klar, dass wir dabei anders verfahren mussten, wenn wir Erfolg haben wollten, als bei allen früheren von der Wissenschaft unternommenen und stets gescheiterten Versuchen, einen wissenschaftlichen Entwurf in der staatlichen Gesetzgebung durchzusetzen.

Vier Verfahrensweisen hielten wir für entscheidend:

Erstens, dass die Zusammensetzung des Arbeitskreises durch Kooptation erfolgen sollte, um die Homogenität innerhalb der Arbeitsgruppe dadurch zu sichern, dass jeder durch jeden gewählt worden war.

Es musste zweitens ebenso gewährleistet werden, dass die Auswahl der Teilnehmer insgesamt repräsentativen Charakter hatte, da sie der Zusammensetzung des Parlaments entsprechen musste, das diesen Entwurf verabschieden sollte.

Zum Dritten war unerlässlich, dass diese Unternehmung durch eine publizistische Kampagne vorbereitet und begleitet wurde, was zur Selbstverpflichtung aller am Ende ausgewählten 16 Teilnehmer zu mindestens zwei Medienauftritten im Monat führte, so dass die Medien bald voll waren von Artikeln und Gesprächen über Resozialisierungsstrafrecht, Strafrechtsreform etc.

Viertens haben wir uns erstmalig dafür entschieden, unseren wissenschaftlichen Entwurf von vornherein in der im Bundestag gebräuchlichen Form abzufassen und vorzulegen.

Damit begann für die erwählten Alternativprofessoren eine über die Wochenenden stattfindende Reformarbeit in wohl vorbereiteten Arbeitstagungen auf Schlössern und Burgen und zunehmend in privaten Stiftungen, die nach Ausfall der Deutschen Forschungsgemeinschaft („Gesetzgebung ist keine Forschung"), sich zuletzt entscheidend an der Finanzierung unserer Gesetzgebungsarbeit beteiligten.

Je mehr unsere Arbeit am AE voranschritt, desto enger wurde auch die Verbindung einer bestimmten Partei nahe stehenden Kollegen zu den im Sonderausschuss Strafrecht tätigen Parlamentariern, so zu *Max Güde* als Repräsentanten der CDU, zu *Adolf Müller-Emmert* als Repräsentanten der SPD und zu *Emmy Diemer-Nikolaus* von der FDP. Diese frühzeitige und fortlaufende Unterrichtung der Parlamentarier und die enge Zusammenarbeit im Fortgang unserer Arbeit führte am Ende dazu, dass unser dem Parlament vorgelegter Alternativentwurf zur Beratungsgrundlage des Sonderausschusses Strafrecht wurde und mit einigen Änderungen schließlich als neuer Allgemeiner Teil unseres heutigen Strafrechts verabschiedet wurde. Eine Erfahrung erfolgreicher Zusammenarbeit von Wissenschaft und Politik, die über den Tag hinaus Gültigkeit hat.

Im heutigen Rückblick lassen sich die Auswirkungen dieser Ablösung des Regierungsentwurfes von 1962, des E 62, durch unseren Alternativentwurf von 1966, den AE 66, am besten an einigen Beispielen verdeutlichen. Der Unterschied zwischen beiden Entwürfen lag nicht nur in einzelnen Regelungen, an denen sich unsere Kritik entzündet hatte, sondern in tiefergehenden Unterschieden, die sich einmal aus dem ganz anderen Menschenbild, das hinter den beiden unterschiedlichen Entwürfen stand, zum andern auch aus einer völlig anders gearteten Konzeption von Kriminalpolitik ergaben.

Der E 62 hatte an die Spitze der amtlichen Begründung das Bekenntnis zum Schuldstrafrecht gestellt, das seinerseits auf dem Bekenntnis zur freien sittlichen Selbstbestimmung des Menschen beruhte. Allzu glatt wurde hier die sittliche Schuld des isolierten Individuums als eine Art „staatsnotwendiger Fiktion" vorausgesetzt, die gesellschaftliche Konstitution des Menschen als eines Sozialwesens, das sich erst in der Interaktion der individuellen Prägung mit den äußeren Gegebenheiten und Zwängen herausbildet, jedoch vernachlässigt. Mit dem Blick auf den Menschen als Sozialwesen entgleitet uns jedoch die Berechtigung, das Schuldurteil emphatisch als ein sittliches Verdammungsurteil zu begreifen, dem die Strafe zwingend als vergeltender Ausgleich zu folgen habe. In dieser Sicht kann die Schuld nicht mehr Grund, sondern nur noch Voraussetzung und Grenze der Strafe sein, die sich dem Rechtsgüterschutz verpflichtet weiß.

Dieser ganz unterschiedliche Ausgangspunkt in den Strafzwecken führte denn auch zu den divergierenden Grundsätzen der Strafzumessung in den Entwürfen.

In dem § 60 E 62 wird die Schuld als Grundlage für die Zumessung der Strafe angesprochen. Mit dieser vagen Grundlagenformel wurde die Möglichkeit eröffnet, in bestimmten Fällen auch über das Maß der Schuld hinauszugehen. Der AE 66 stellte demgegenüber in § 59 Abs. 1 ausdrücklich fest, dass die Strafe niemals über das Schuldmaß hinaus festgesetzt werden darf. Zugleich wird aber, auch hier anders als im E 62, in Abs. 2 ausdrücklich festgelegt, dass das durch die Tatschuld bestimmte Maß nur insoweit auszuschöpfen sei, wie es die Wiedereingliederung des Täters in die Rechtsgemeinschaft oder der Rechtsgüterschutz erfordert.

Auch für die Art der Strafe ergeben sich aus dem Grundansatz vom Menschen als einem vergesellschafteten Wesen weitreichende Folgerungen. Erkennen wir nämlich, dass der Mensch unaufhebbar auf die Zwischenmenschlichkeit, die Interaktion in wechselseitigen Subjekt-Objekt-Beziehungen angewiesen ist, ja sich dadurch geradezu definiert, so müssen alle Strafen, die zur totalen Entgesellschaftung des Gefangenen führen, als theoretischer Irrtum und praktischer Irrweg erscheinen.

Als Folgerung daraus hat der Alternativentwurf an vielen Stellen Regelungen vorgeschlagen, die zu einer Einschränkung von Art und Umfang der Freiheitsstrafen führen sollten. Neben der Abschaffung der Zuchthausstrafe, die uns heute selbstverständlich ist, damals aber große Kontroversen ausgelöst hat, hat der Alternativentwurf die Strafaussetzung zur Bewährung, die nach dem Regierungsentwurf nur bis zu einer Gefängnisstrafe von neun Monaten möglich sein sollte, auf eine Verurteilung zu Freiheitsstrafe bis zu zwei Jahren ausgedehnt. Des weiteren hatte der AE eine Aussetzung des Strafrestes nach Verbüßung von zwei Dritteln der Strafe zwingend vorgesehen, verbunden mit der Möglichkeit, den Strafrest zu Bewährung auszusetzen. Auch das ist dann Gesetz geworden. Ein zentrales Anliegen des AE, die Zurückdrängung der resozialisierungsfeindlichen kurzen Freiheitsstrafen unter sechs Monaten, hat der Reformgesetzgeber jedoch leider nicht übernommen.

Angesichts dieser bis heute ungelösten Problematik der kurzfristigen Freiheitsstrafen bleibt unser späterer Alternativentwurf zur Wiedergutmachung, AE 92, von aktuellem Interesse. Kehrte damit doch unser Strafrecht wieder einen entscheidenden Schritt in einen Zustand vor seiner Klerikalisierung und Etatisierung zurück, die *Radbruch* so eindrucksvoll beschrieben hat.

Aus der Einsicht in den notwendig gesellschaftlichen Charakter aller Schuld ergibt sich für den Gesetzgeber die unbedingte Forderung, den Bereich des kriminell Strafbaren auf den Grundbestand der alltäglich gelebten und geübten „einfachen Sittlichkeit" und damit des „ethischen Minimums" zu beschränken.

Die Schaffung neuer, fragwürdiger Strafgesetze, die Verfestigung und der Ausbau alter, weithin als reformbedürftig oder gar obsolet angesehener Tatbestände, all das widersprach den Grundprinzipien des AEs, die sich aus dem Rechts- und Sozialstaatsgedanken des Grundgesetzes zwingend ergeben:

Zum einen soll das Strafgesetz die Magna Charta Libertatum des Bürgers sein, zum anderen darf das Strafrecht nur als ultima ratio der Sozialpolitik zur Anwendung kommen. Hieraus ergeben sich die Ziele, die der Alternativentwurf angestrebt hat.

Erstes und vornehmstes Ziel war die Humanisierung des Strafrechts, das seinerzeit noch durch hohe Strafen und einen reinen Verwahrvollzug gekennzeichnet war. Daraus folgte nicht nur die Forderung nach stärkerer Minderung der Strafen, sondern auch die vollständige Beseitigung der Ehrenstrafen und der entehrenden Zuchthausstrafen. Das Tatstrafrecht sollte anstelle des Gesinnungsstrafrechts treten, das noch aus der nationalsozialistischen Strafkonzeption stammte.

Als zweites gewichtiges Ziel ging es um die Rationalisierung des Strafrechts. Dieses Ziel sollte durch Verminderung der Gefängnisstrafen, Beseitigung der als schädlich erkannten kurzfristigen Freiheitsstrafen, erweiterte Möglichkeiten der Strafaussetzung zur Bewährung und zahlreiche andere Reaktionsformen unterhalb des Strafniveaus erreicht werden (z.B. Schuldspruch unter Strafverzicht) und die Festlegung der Besserung als Vollzugsziel.

Beide Ziele setzten die Verwirklichung des ultima ratio-Grundsatzes voraus. Strafe sollte nur noch das letzte Mittel sein, auf das eine Gemeinschaft zum Schutze ihrer Rechtsgüter zurückgreifen darf. Das heißt, Strafe ist solange unzulässig, wie es weniger eingreifende Reaktionsformen gleicher Wirksamkeit oder weniger wirksame gleicher Eingriffsintensität gibt.

Dem diente auch der Grundsatz, mit dem Strafrecht nur noch Rechtsgüterschutz zu betreiben und alle bloß moralisch legitimierten Tatbestände aus dem Strafgesetzbuch zu entfernen.

Für die Bestimmung dessen, was als Rechtsgut strafschutzwürdig ist, sollte vor allem auf den Individualgüterschutz anstelle eines diffusen Gemeinschaftsdenkens abgestellt werden. Bloße Gemeinlästigkeit sollte nicht mehr ausreichen. Der AE wollte so das strafbare Verhalten wieder auf den „Grundbestand des ethischen Minimums" und „die einfache Sittlichkeit" beschränken.

Humanität und Effektivität sind unverzichtbar, sie bedingen und begrenzen sich gegenseitig. Die einseitige Betonung des Effektivitätsgedankens haben wir ebenso abgelehnt wie ein Vergeltungsdenken, das mehr als nur die Grenze der zulässigen Einwirkung auf den Täter markiert. Das aber heißt: Nur die effektive Strafe ist human. Es ist unmenschlich, jemanden mit einem Übel zu überziehen, wenn nicht irgendwelche positiven Wirkungen dadurch erzielt werden.

Aber nicht jede effektive Strafe ist human. Die effektive Strafe wird begrenzt durch das gewichtete Maß des schuldhaft verwirklichten Unrechts (Schuld als Maßprinzip). Eine Konsequenz ist unter anderem, dass wir für das Strafmaß ausdrücklich eine Regel vorgesehen haben, nach der das Maß der Schuld unterschritten, aber niemals überschritten werden darf.

Aber auch da, wo zwar eine rechtswidrige Tat vorliegt, die aber nicht schuldhaft verwirklicht wurde, muss die Angemessenheit der sichernden Reaktion garantiert sein, wenn eine solche unumgänglich sein sollte. Diese Forderung, die wir im Alternativentwurf aufgestellt haben, ist ja auch vom Gesetzgeber übernommen worden.

Die praktischen Auswirkungen dieser Ablösung des E 62 durch unseren AE 66 sollen im folgenden an einigen Tatbeständen verdeutlicht werden:

Als erstes Beispiel ist hier der Gotteslästerungsparagraph zu nennen. Hier hatte der E 62 sogar noch zu einer Verschärfung gegenüber dem damals geltenden Rechtszustand des § 166 geführt. Danach wurde zu Gefängnis bis zu drei Jahren bestraft, wer „dadurch, dass er öffentlich in beschimpfenden Äußerungen Gott lästert, ein Ärgernis gibt." Schon diese Tatbestandsfassung war seinerzeit aus verschiedenen Gründen umstritten. War doch schon immer unklar, ob mit „Gott" der Begriff eines höchsten Wesens gemeint sei, der die polytheistischen, pantheistischen und monotheistischen Gottesvorstellungen gleichermaßen umfasst, oder nur die Gottesvorstellung der christlichen Religionsgemeinschaften. Die Rechtsprechung hatte allerdings keine Probleme damit, hier umstandslos auf die Bekenntnisformulierungen der staatlich anerkannten Religionsgemeinschaften zurückzugreifen. Ebenso unklar war auch, wie der Begriff der Lästerung zu verstehen sei. Gleichwohl wurde die Reichweite der Vorschrift dadurch eingeschränkt, dass das religiöse Gefühl mindestens einer Person, die die Äußerung unmittelbar wahrgenommen hat, verletzt wurde. Mit der Neufassung der Vorschrift durch § 187 E 62 wurde an die Stelle der Verletzung die bloße Eignung, „das allgemeine religiöse Empfinden zu verletzen", gesetzt. Damit sollte bereits dann die Möglichkeit zur Strafverfolgung geschaffen werden, wenn irgendeine staatliche oder kirchliche Stelle Anstoß nehmen wollte, eine Regelung, die gegen das Grundgebot jeder säkularen Gesellschaft zur religiösen Toleranz und Neutralität in Fragen des Glaubens verstoßen hätte.

Wir forderten stattdessen, den überkommenen Tatbestand der Gotteslästerung abzuschaffen und durch eine allgemeine Strafnorm gegen öffentliche Beschimpfung in Glaubenssachen zu ersetzen. Der Gesetzgeber hat bei der Neufassung des § 166 StGB unserem Anliegen teilweise Rechnung getragen. Wenn auch die bloße Eignung, den öffentlichen Frieden zu stören, weiterhin ausreichend sein soll, so ist doch die Bevorzugung einzelner Bekenntnisse durch die Anerkennung jedes weltanschaulichen Bekenntnisses als schutzwürdig ersetzt.

Auf der gleichen Linie lag es, dass der E 62 die einfache Homosexualität weiterhin bestraft wissen wollte. Das war ein besonders eindringliches Beispiel für die Rückwärtsgewandtheit des Regierungsentwurfs, da nicht nur die überwältigende Zahl der Vertreter der beteiligten Wissenschaften, sondern zuletzt sogar prominente Kirchenvertreter die Berechtigung einer Pönalisierung der einfachen Homosexualität zwischen Erwachsenen in Frage stellten. Hier hat sich der AE für eine konsequente Entkriminalisierung ausgesprochen und nur die gleichgeschlechtlichen Handlungen an Minderjährigen als strafwürdig angesehen.

Als nächstes ist in unserem Zusammenhang die Problematik des Landesverrats zu nennen. Die Bundesrepublik hatte gerade zwei spektakuläre, die Öffentlichkeit zutiefst aufwühlende Fälle erlebt, bei denen die Landesverratsvorschriften der §§ 99 ff. StGB – in ihrer Interpretation durch die höchstrichterliche Rechtsprechung – die entscheidende Rolle spielten: Die Spiegel-Affäre, bei der es um die publizistische Geheimnispreisgabe ging, und den Fall *Pätsch*, der den Verrat illegaler Staatsgeheimnisse zum Gegenstand hatte.

Dabei war es vor allem der konturenlose sog. materielle Begriff des Staatsgeheimnisses („Tatsachen, […] deren Geheimhaltung vor einer fremden Regierung für das Wohl der Bundesrepublik […] erforderlich ist."), der den politisch motivierten Zugriff auf unliebsame Publizisten ermöglichte. Daher forderten wir die Neuschaffung eines Tatbestandes der publizistischen Geheimnispreisgabe, dem ein formell-materieller Staatsgeheimnisbegriff zugrunde liegen sollte. Staatsgeheimnis sollte nach unserem Verständnis nur sein, was eine staatlich beauftragte Stelle selbst durch Sicherungsmaßnahmen vor allgemeiner Kenntnisnahme geschützt hat und darüber hinaus geheim gehalten werden muss, um schwere Nachteile für die Landesverteidigung zu vermeiden. Desgleichen haben wir eine ausdrückliche Regelung der Straffreiheit für illegale Staatsgeheimnisse für nötig gehalten. Dieser Vorschlag ist vom Gesetzgeber übernommen worden.

Weit davon entfernt, das Strafrecht auf einen Kernbestand eindeutig definierbaren antisozialen Verhaltens zu reduzieren, das die eindeutig substantiierbaren Interessen anderer unerträglich beeinträchtigt, hatte der E 62 nicht nur die alten weltanschaulich umstrittenen Tatbestände beibehalten und ausgebaut, sondern zudem noch Tatbestände geschaffen, die auf der ganzen Welt einzigartig waren. So war im E 62 in § 203 die Strafbarkeit einer Frau vorgesehen, die eine künstliche Samenübertragung mit dem Samen eines anderen als ihres Ehemannes durchführen ließ. Ebenso sollte die freiwillige Sterilisation unter Strafe gestellt werden.

Bei der Abtreibung sollte die von der Rechtsprechung geschaffene ethische Indikation wieder beseitigt werden. Dass der Gesetzgeber eine Frau, die Opfer eines Sittlichkeitsverbrechens geworden ist, zwingen wollte, das ihr aufgenötigte Kind auszutragen und aufzuziehen, ging selbst der Großen Strafrechtskommission zu weit, die sich in einem einstimmigen Votum dagegen ausgesprochen hatte. Das Problem der Abtreibung war übrigens der einzige Bereich, wo das auf Konsens angelegte Vorgehen im Alternativkreis nicht erfolgreich war. *Arthur Kaufmann* konnte dem Fristenmodell, das die Mehrheit des Kreises für richtig hielt, aus religiösen Gründen nicht folgen, und so machte er einen Minderheitsvorschlag, der ein Indikationenmodell zum Inhalt hatte.

Ich habe mich in einer Rede im Bundestag seinerzeit sehr für die Fristenlösung bei der Abtreibung starkgemacht, die dann vom Bundestag so beschlossen wurde. Das Verfassungsgericht hat jedoch die von uns verfochtene Lösung verworfen. Damit kam das Indikationenmodell wieder auf die politische Tagesordnung.

Andererseits ist aber nicht zu verkennen, dass die gegenwärtig gültige Regelung des Schwangerschaftsabbruchs nach Beratung unseren damaligen Intentionen sehr nahekommt. Allerdings ist der in § 218a Abs. 1 vorgesehene Tatbestandsausschluss, der aber die Rechtswidrigkeit bestehen lassen soll, ohne zugleich deren Konsequenzen wie Teilnahmestrafbarkeit und Notwehrmöglichkeit zuzulassen, ein strafrechtsdogmatisches Unikum.

Darüber hinaus kam es uns darauf an, Strafvorschriften, die wegen ihrer unglücklichen Ausgestaltung viele Abgrenzungsprobleme und Ungereimtheiten aufwiesen, durch neue Konzeptionen zu ersetzen.

Hier ist vor allem die Unterscheidung zwischen Mord und Totschlag zu nennen, die zwar seit alters her in der deutschen Rechtstradition verwurzelt ist, immer aber auch schon Gegenstand rechtsdogmatischer Kontroversen war, die dann im Jahre 1941 zur Neufassung der §§ 211 und 212 führten. Schon die Unterscheidung der mit Überlegung begangenen Tötung von der bloß vorsätzlichen war schwierig. Mit der Neufassung wurden die Schwierigkeiten aber nicht beseitigt, sondern nur durch andere dogmatische Probleme ersetzt. Dies insbesondere deshalb, weil der Bundesgerichtshof den Mordtatbestand als ein eigenständiges Delikt betrachtete und nach wie vor betrachtet, mit allen dogmatischen Konsequenzen, die sich daraus ergeben. Erinnert sei hier nur an die angeblich unbeabsichtigte Verjährung der Beihilfe zu den Nazimorden. Eine Korrektur dieser Rechtsprechung ist überfällig. Die Zusammenfassung aller vorsätzlichen Tötungen (außer der Tötung auf Verlangen) in einer Strafvorschrift, wie sie der AE in § 100 vorgesehen hatte, erscheint nach wie vor als die bessere Lösung.

Die Erstveröffentlichung des AE liegt 43 Jahre zurück. Inzwischen ist die Diskussion weitergegangen. Die Abkehr von der Behandlungsideologie wurde gefordert; kurze Schockstrafen sollten anstelle einer persönlichkeitsverändernden Therapie treten, die den Charakter einer totalitären Zwangserziehung annehmen könne; angesichts eines immer stärker politisch funktionalisierten Strafrechts (Stichwort: Feindstrafrecht) wurde die Rückkehr zu einem Kernstrafrecht mit deutlichem Vergeltungscharakter gefordert. Unter dem Einfluss dieser Diskussionen sind Resozialisierung und Prävention insgesamt in die Defensive geraten, also Zielsetzungen, die auch die des AEs waren.

Darum scheint es wichtig, deutlich zu machen, dass an den Prinzipien, die den AE 66 prägen, nicht gerüttelt werden sollte.

Dass die Resozialisierungsbemühungen nicht immer die Erfolge hatten, die man sich seinerzeit versprochen hatte, lag nicht an dem Grundgedanken, sondern an der mangelnden Durchsetzungsbereitschaft einzelner Länder. Der angeblich totalitäre Charakter der Sozialtherapie entfällt, sobald man den Gedanken der Freiwilligkeit ernst nimmt.

Die Forderung nach einem Kernstrafrecht (und dementsprechend der Entkriminalisierung aller der Tatbestände, die nicht dazu gehören) stimmt vollständig mit dem überein, was der AE gefordert hat. Die Entkriminalisierungsdebatte, die in jüngster Zeit etwas zum Erliegen gekommen ist, sollte deshalb dringend fortgeführt werden.

Was die Rückkehr zum Vergeltungsstrafrecht betrifft, so kann davor nur entschieden gewarnt werden. Der Vergeltungsbegriff ist für sich genommen leer, Anknüpfungspunkt ist meist das Vergeltungsbedürfnis der Bevölkerung. Wenn diese volatilen und jederzeit manipulierbaren Stimmungen über die Strafwürdigkeit und Strafhöhe mitentscheiden, so bleiben als erstes die Grundsätze der Humanisierung und das ultima ratio-Prinzip auf der Strecke, letztlich aber der liberale Rechtsstaat.

Somit ist und bleibt der AE da, wo er verwirklicht wurde, ein Meilenstein aufgeklärter Strafrechtspolitik, und in den Vorschlägen, die noch nicht umgesetzt werden konnten, eine Aufgabe für die Zukunft.

## *Wie ich in die Politik geriet*

Eine der Rätselfragen, die damals die politische Diskussion bewegte, war die Frage, wie die damalige Revolte der Jugend in Ost und West zu verstehen sei, die sich in den demokratischen wie den sozialistischen Systemen unter der studentischen Jugend in Berkeley wie in Prag, in Berlin wie in Peking ereignete. Dieser Frage suchte ich in Fortführung meiner früheren rechtsphilosophischen Arbeiten, nach sorgfältiger Auswertung auch der empirischen Erhebungen in einer Arbeit über „Die Revolte der Jugend für die Evolution der Gesellschaften in Ost und West“ weiter nachzugehen. Sie kommt zu dem Ergebnis, dass diese Revolte in beiden Systemen nahezu gleichlautende systemimmanente faktische Ursachen hat, wie den „Widerspruch zwischen dem biologischen und dem soziologischen Alter“ unserer heutigen Jugend hier wie dort. Dass diese Revolte jedoch geradezu gegenläufige systemübergreifende Auswirkungen hat, mit ihren Forderungen nach „Mehr Demokratie im Sozialismus“ hier und nach „Mehr Sozialismus in der Demokratie“ dort. Und dass so beiderseits eben diese Jugendrevolte das befördert, was wir die „Evolution der Gesellschaften in Ost und West“ genannt haben, hin zu einer „klassenlosen weltbürgerlichen Gesellschaft“ unserer auf dieser Erde versammelten Menschheit.

Nach dem Vortrag dieser Arbeit auf dem Eisenhüttentag 1968 in Düsseldorf trat am Ende ein mir unbekannter Mann, der mir aufmerksam zugehört hatte – es war *Walter Scheel* – auf mich zu mit den Worten: „Was Sie da soeben gesagt haben, Sie sind einer der Unsrigen, ich lade Sie hiermit zum nächsten Dreikönigstreffen der Liberalen in Stuttgart ein“.

Dort traf ich vor allem auf begeisterte Jungdemokraten, die mich beschworen, als ihr Vertreter in die Partei einzutreten. Nach einiger Bedenkzeit sagte ich schließlich zu, der FDP in der kritischen Situation, in der sie sich damals befand, beizutreten. Sie ergab sich aus der Entwicklung der ursprünglich immer auch als Rechtsstaatspartei begriffenen FDP noch unter *Dehler* zu einer zuletzt sich als nationalliberal verstehenden Partei unter *Mende*, in der nicht zufällig selbst Spitzenpolitiker wie mein Parteichef an der Saar für die Wiedereinführung der Todesstrafe eintraten. Dies führte nach einer heftigen Auseinandersetzung auf dem folgenden Parteitag zur Ablösung der gesamten nationalliberalen Führung durch sich als Sozialliberale verstehende Politiker wie *Walter Scheel*, *Karl-Herrmann Flach*, *Hans Wolfgang Rubin* und mich als damaligen „Vertreter" der Jungdemokraten.

Für diese neue sozialliberale Partei musste auch ein entsprechendes Grundsatzprogramm entwickelt werden. Dazu entstanden in monatelangen Beratungen in einer Programmkommission unter meiner Leitung die sog. Freiburger Thesen der Liberalen, die im Oktober 1971 feierlich in Freiburg verabschiedet wurden. Da aus dieser Programmatik nach der Beteiligung der Liberalen unter *Scheel* an der Regierung *Brandt* auch entsprechende Gesetze entstehen sollten, wurde ich zum Bundesminister für besondere Aufgaben, nämlich der Vermögensbeteiligung und Mitbestimmung ernannt. Diese Regierung habe ich damals als ein bleibendes „Historisches Bündnis" zwischen Bürgern und Arbeitern verstanden und auch öffentlich bezeichnet, entsprach sie doch meinem Verständnis einer künftigen, gemeinsamen sozialliberalen Politik. Aus der grundsätzlichen Übereinstimmung mit *Willy Brandt*, die ich in höchstpersönlichen, offenherzigen Gesprächen feststellte, entwickelte *Brandt* die Absicht, seinen engsten Mitarbeiter damit zu beauftragen, mit mir die Programmatik für dieses „Historische Bündnis" jenseits der Parteiprogramme von SPD und FDP zu entwickeln. Diese Absicht ist wie vieles andere durch die Guillaumeaffäre vereitelt worden. Damit fiel die SPD als programmatischer Partner eines wirklichen „Historischen Bündnisses" für alle Zukunft aus. Es war nun eine am eigenen Erfolg orientierte Zusammenarbeit pragmatischer Politiker geworden. Wie *Willy Brandt* hier durch seine eigenen Parteigenossen „zurückgetreten wurde", hat mich zutiefst erschüttert. Ich habe bei seiner Verabschiedung durch den Bundespräsidenten eine schwarze Krawatte getragen.

Ich nahm auch noch an einer weiteren Koalition als Bundesminister für besondere Aufgaben teil, um die in den Freiburger Thesen beschlossenen Grundsätze zur Vermögensbeteiligung, zur Mitbestimmung und zum Umweltschutz als gesetzliche Regelungen dieser Koalition durchzusetzen, was uns bei den Mitbestimmungsregelungen nach zähen Verhandlungen gelang.

Bei der auf die Wahl *Walter Scheels* zum Bundespräsidenten folgenden Neugestaltung der Regierung *Helmut Schmidt* wurde ich zum Innenminister ernannt. Als Innenminister war ich für die Notstandsgesetzgebung der Bundesrepublik zuständig geworden. Dies gab mir die Gelegenheit, in Zusammenarbeit mit meinem damals schärfsten Opponenten, dem Leiter der Verfassungsabteilung *Kölble*, diese Notstandsgesetzgebung Schritt für Schritt auf ihr demokratisches Minimum zurückzuführen. Ein wahrhafter „Marsch durch die Institutionen", wie man damals sagte. Da das Innenministerium damals nicht nur ein Sicherheitsministerium war, sondern zuständig auch für die Förderung von Sport, Musik und Kultur, ergaben sich für mich reiche Möglichkeiten, auch hier aus den Freiburger Thesen, aber auch aus meiner eigenen Lebenserfahrung zur Weiterentwicklung dieser politisch vernachlässigten Bereiche beizutragen.

In dem ebenso in die Zuständigkeit des Innenministeriums fallenden Bereich des Umweltschutzes hatte ich damals das heiß umstrittene Benzin-Blei-Gesetz, aber auch das Abwasserabgabengesetz durchzusetzen, die bis heute fortgelten.

Als Innenminister hatte ich zuletzt aber auch die einen Liberalen besonders fordernde Phase des auch bei uns damals ausbrechenden Terrorismus durchzustehen. Er begann zunächst mit einer Reihe von Mordtaten wie die gegen *Ponto* und *Buback*, bei deren Verfolgung einige der daran beteiligten Mitglieder der RAF in Strafhaft gerieten. Daraus ergab sich ein immer stärker werdendes Potential von in Strafhaft sitzenden Terroristen auf der einen und von in Freiheit operierenden auf der anderen Seite. Dementsprechend verlagerten die Terroristen ihre Zielsetzung von Mordtaten auf Entführungen, in der Hoffnung damit ihre inhaftierten Kollegen frei zu bekommen. Der Höhepunkt dieser Aktionen war die Entführung von *Hanns Martin Schleyer*, mit dem Ziele, dadurch die inzwischen in Stammheim einsitzenden Top-Terroristen *Baader*, *Meinhof* und *Ensslin* frei zu pressen. Als dies nicht gelang, mobilisierte die RAF ihre palästinensischen Kollegen, um durch eine Flugzeugentführung ihr Ziel durchzusetzen. Dass am Ende die von den palästinensischen Terroristen als Geiseln genommenen Passagiere der „Landshut" – einem Flugzeug der Lufthansa –, welche nach und nach zur Freipressung der in Stammheim inhaftierten deutschen Top-Terroristen erschossen werden sollten, befreit werden konnten, ist einem von mir gewagten Entschluß zu verdanken, der in Rom mit unbekanntem Flugziel gestarteten „Landshut" meine GSG 9 in einem zweiten Flugzeug mit erst unterwegs zu bestimmendem Ziel hinterher zu senden, so dass sie unmittelbar nach der Landung der „Landshut" in Mogadischu ebenfalls dort eintraf und durch einen überraschenden Angriff mit ebensoviel Können wie Glück alle Geiseln unverletzt befreien konnte.

Trotz europaweiter Fahndung gelang es leider nicht, auch *Hanns Martin Schleyer* zu befreien. Nach seiner Ermordung trat ich zurück, um die politische Verantwortung für eine damals behauptete, heute als Irrtum erkannte sog. Fahndungspanne im Bundesbereich zu übernehmen, und kehrte an die Forschungsuniversität Bielefeld zurück, der ich inzwischen angehörte, blieb aber zunächst noch im Bundestag.

Als der Bundestag nunmehr zum dritten Male über die Verlängerung der Verjährungsfrist für die Nazimorde beriet, habe ich mich dafür eingesetzt, dass die Verjährungsfrist ausschließlich für die Mordtaten, die zugleich den Tatbestand des Völkermordes erfüllten, ganz aufgehoben wird, Mord im Übrigen aber wie bisher nach dreißig Jahren verjähren sollte. Dieser Vorschlag, der zunächst auf wohlwollende Reaktionen in allen Parteien stieß, wurde letztlich verworfen, weil man darin eine rückwirkende Anwendung des Völkermordtatbestandes sehen wollte. Ich halte das nach wie vor für unzutreffend und würde es begrüßen, wenn die Verjährbarkeit des Mordes bei uns wie in allen anderen Kulturstaaten wieder eingeführt würde.

Kurz nach Wiederaufnahme meiner Vorlesungen an der Universität Bielefeld wurde ich durch eine Delegation des europäischen Hochschulinstituts in Florenz von dem Beschluss unterrichtet, mich zu ihrem neuen Präsidenten zu wählen. Dies gab mir die Möglichkeit, meine politische Arbeit auch auf europäischer Ebene fortzusetzen. In enger Zusammenarbeit mit dem Kommissionspräsidenten *Jacques Delors* und seinem Generalsekretär *Émile Noël*, den ich als meinen Nachfolger gewinnen konnte, gelang es mir, das bisher allein von den Mitgliedsländern getragene Institut auf die solide Basis einer gleichzeitigen Gemeinschaftsfinanzierung zu stellen, ohne die es heute wohl nicht mehr bestehen würde. Durch von mir initiierte gesamteuropäische Konferenzen und Projekte sowie den großzügigen Ausbau eines Forschungsstabes von sog. Jean-Monnet-Fellows gelang es zunehmend, eine Öffnung des Instituts über die ursprünglichen Beitrittsländer hinaus einzuleiten. Diese Tätigkeit bot mir auch bei Besuchen in Brüssel die erfreuliche Gelegenheit, mich an den inzwischen in Gang gekommenen Verfassungsdebatten der institutionellen Kommission der Europäischen Union zu beteiligen. Insgesamt war es die schönste Zeit meines akademischen und politischen Lebens überhaupt.

Danach kehrte ich 1988 an den heimischen Bodensee zurück und las noch einige Jahre als Honorarprofessor der Universität Konstanz „Theorie der Demokratie und Praxis der Politik“, die sich wie einige letzte Reden mit dem auch für unser Land bevorstehenden Übergang von der bisherigen Parteiendemokratie zu einer künftigen Bürgerdemokratie beschäftigt.

# *Schriftenverzeichnis (in Auswahl)*

## *1. Selbständiges Schrifttum*

Der Handlungsbegriff im Verbrechenssystem, 1953.

Recht und Sein. Prolegomena zu einer Rechtsontologie, 1954.

Vom Sinn menschlicher Ordnung, 1956.

Naturrecht als Existenzrecht, 1963.

Demokratie im Sozialismus. Recht und Staat im Denken des jungen Marx, 1968.

Rechtsstaat und menschliche Würde, 1968.

Von der Gefälligkeitspolitik zur Verantwortungsgesellschaft: Wiesbadener Grundsätze für die liberale Bürgergesellschaft, 3. Aufl. 1998.

## *2. Aufsätze in Zeitschriften und Sammelwerken*

Der Versuch der Unterlassung, GA 1955, S. 289–298.

Der Unrechtsvorwurf. Gedanken zu einer personalen Unrechtslehre, in: Festschrift für Theodor Rittler, 1957, S. 141–164.

Zur Systematik der Fahrlässigkeit. Die sogenannten vier Maßstäbe der Fahrlässigkeit als Grundelemente einer personalen Zurechnungslehre, ZStW 70. Bd. (1958), S. 159–195.

Die Natur der Sache, ARSP 44. Bd. (1958), S. 145–174.

Das Problem des Naturrechts. Gedanken zu Erik Wolfs Schrift: Das Problem der Naturrechtslehre. Versuch einer Orientierung, ARSP 46. Bd. (1960), S. 417–430.

Der soziale Handlungsbegriff, in: Festschrift für Eberhard Schmidt, 1961, S. 156–182.

Konkrete Existenz. Versuch über die philosophische Anthropologie Ludwig Feuerbachs, in: Festschrift für Erik Wolf, 1962, S. 246–281.

Pressefreiheit und Landesverrat, AfP Nr. 33 (1963), S. 385–391.

Was ist Recht? Zur Einführung in die Grundfragen der Rechtsphilosophie, JuS 1963, S. 165–171.

Menschenbild und Strafrechtsreform. Das philosophische Problem der Strafe, Zeitschrift für praktische Psychologie 3. Bd. (1965), S. 3–17.

Demokratie und Sozialismus, in: Unseld, Siegfried (Hrsg.), Ernst Bloch zu Ehren. Beiträge zu seinem Werk, 1965, S. 31–67.

Das Problem der Todesstrafe, Blätter für deutsche und internationale Politik 10 (1965), S. 44–52.

Droit naturel et nature des choses, ARSP 51. Bd. (1965), S. 233–264.

Objektive Schuldelemente, in: Festschrift für Hellmuth Mayer, 1966, S. 185–217.

Die Reform des Besonderen Teils des Strafrechts, in: Reinisch, Leonhard (Hrsg.), Die deutsche Strafrechtsreform, 1967, S.72–88.

Der Landesverrat, in: Reinisch, Leonhard (Hrsg.), Die deutsche Strafrechtsreform, 1967, S. 151–170.

Die Gotteslästerung, in: Reinisch, Leonhard (Hrsg.), Die deutsche Strafrechtsreform, 1967, S. 171–189.

Hegels Prinzip des modernen Staates, in: Festschrift für Gerhart Husserl, 1969, S. 234–273.

Der vorverlegte Staatsschutz, in: Baumann, Jürgen (Hrsg.), Mißlingt die Strafrechtsreform? Der Bundestag zwischen Regierungsentwurf von 1962 und AE der Strafrechtslehrer von 1966, 1969, S. 186–196.

Freiheit, in: Schultz, Hans Jürgen (Hrsg.), Politik für Nichtpolitiker. Ein ABC zur aktuellen Diskussion, 1969, S. 157–167.

Die Revolte der Jugend für die Evolution der Gesellschaften in Ost und West, in: Szczesny, Gerhard: Club Voltaire. Jahrbuch für kritische Aufklärung IV (1970), S. 94–111.

Zum Verhältnis von Rechtssoziologie und Rechtstheorie, in: Jahr, Günther (Hrsg.), Rechtstheorie. Beiträge zur Grundlagendiskussion, 1971, S. 247–302.

Realistische Jurisprudenz, in: Jahr, Günther (Hrsg.), Rechtstheorie. Beiträge zur Grundlagendiskussion, 1971, S. 427–470.

Gesetzgebung und Rechtsprechung im Spannungsfeld von Staat und Gesellschaft, in: Bockelmann, Paul (Hrsg.), Das Rechtswesen. Lenker oder Spiegel der Gesellschaft?, 1971, S. 31–57.

Liberale Gesellschaftspolitik, in: Freiburger Thesen der Liberalen, 1972, S. 25–54.

Von der Philosophie zur Kritik des Rechts, in: Gedächtnisschrift für René Marcic, 1974, S. 187–191.

Gesamte Strafrechtswissenschaft, in: Festschrift für Heinrich Henkel, 1974, S. 75–87.

Toleranz und Emanzipation in der Arbeitswelt. Von der politischen zur ökonomischen Demokratie, in: Schultz, Uwe (Hrsg.), Toleranz. Die Krise der demokratischen Tugend und sechzehn Vorschläge zu ihrer Überwindung, 1974, S. 175–194.

Politische Kriminalität, in: Meyers Enzyklopädisches Lexikon 14. Bd. (1975), S. 365–369.

Zur Frage der rechtsphilosophischen Relevanz der Feuerbachschen Anthropologie, in: Lübbe, Hermann und Sass, Hans-Martin (Hrsg.), Atheismus in der Diskussion. Kontroversen um Ludwig Feuerbach, 1975, S. 89–93.

Grundwerte heute in Staat und Gesellschaft, in: Gorschenek, Günter (Hrsg.), Grundwerte in Staat und Gesellschaft, 1977, S. 88–102.

Nichtverjährung des Völkermordes, ZRP 1979, S. 81–87.

Grundwertorientierung und Zukunftsperspektive, bpb 168. Bd. (1980), S. 13–25.

Europäisches Rechtsdenken heute, in: Festschrift für Helmut Coing, 1. Bd., 1982, S. 579–596.

Der Beitrag der Wissenschaft zur Vorbereitung von Gesetzen, in: Maihofer, Werner (Hrsg.), Theorie und Methoden der Gesetzgebung, 1983, S. 9–16.

Prinzipien freiheitlicher Demokratie, in: Benda, Ernst; Maihofer, Werner und Vogel, Hans-Jochen (Hrsg.), Handbuch des Verfassungsrechts, 1983, S. 173–237.

Rechtstatsachenforschung und Gesetzgebungswissenschaft, in: Heinz, Wolfgang (Hrsg.), Rechtstatsachenforschung heute. Konstanzer Schriften zur Rechtstatsachenforschung, 1. Bd. 1986, S. 157–174.

Vom republikanischen Revolutionär zum europäischen Patrioten, in: Noi si mura. Selected Working Papers of the European University Institute, 1986, S. 647–662.

Die Einheit der Kultur Europas in der Vielfalt der Kulturen Europas, in: Roobol, Wim H. und Rijksbaron, Albert (Hrsg.), Europe from a Cultural perspective. Historiography and Perceptions, 1987, S. 3–14.

Realität der Politik und Moral der Demokratie, in: Festschrift für Peter Schneider, 1990, S. 227–245.

Gerechtigkeit und Zweckmäßigkeit, ARSP Beiheft 39, 1991, S. 34–39.

Recht und Personalität, in: Festschrift für Arthur Kaufmann, 1993, S. 219–248.

Föderativverfassung und Kompetenzverteilung einer Europäischen Union, in: Weidenfeld, Werner (Hrsg.), Reform der Europäischen Union. Materialien zur Revision des Maastrichter Vertrages 1996, 1995, S. 61–74.

Was uns Pufendorf noch Heute zu sagen hat, in: Geyer, Bodo und Goerlich, Helmut (Hrsg.), Samuel Pufendorf und seine Wirkungen bis auf die heutige Zeit, 1996, S. 223–282.

Von der Ideologie der Parteien, in: Festschrift für Hermann Klenner, 1996, S. 461–510.

Recht als Maßstab für ökonomisches, soziales, politisches und kulturelles Leben in unserer Zeit, in: Festschrift für Paul Trappe, 2002, S. 203–220.

Wolfgang Naucke

# Wolfgang Naucke

## *I.*

Geboren bin ich am 8. Juni 1933 in dem Krankenhaus Carlsfeld / Kreis Bitterfeld. Aufgewachsen bin ich in dem Dorf Roitzsch / Kreis Bitterfeld / Provinz Sachsen (heute Sachsen-Anhalt). Mein Vater, aus Hannover stammend, war Arzt. In der NS-Hierarchie des Dorfes stand er hoch. Vom Beginn des 2. Weltkrieges an war er Offizier im Sanitätsdienst. Meine Mutter, aus einer begüterten, heiter-katholischen, mainfränkischen Kaufmannsfamilie, bestimmte organisatorisch und atmosphärisch einen großen Haushalt. Meine kindlichen Erfahrungsräume waren das NS-bürgerliche Elternhaus und das Dorf mit seiner Prägung durch Braunkohle-Tagebau und Landwirtschaft und mit seiner Abhängigkeit von der politisch-kriegerischen Zeitgeschichte.

## *II.*

Die Volksschule habe ich 1939–1943 in Roitzsch und Marktbreit a.M. absolviert, die Oberschule 1943–1947 in Bitterfeld, 1947–1952 in Bad Segeberg i.H. 1943–1945 war ich im Jungvolk, am Ende dieser Zeit als Jungschaftsführer (Funktion), bestätigter Oberhordenführer (Rang). Daß der Krieg verloren war, konnte man an der Änderung der Tendenz des Jungvolk-Dienstbetriebes sehen. Aus dem Einüben des siegreichen Angriffs wurde das Erlernen des unbedingten Sich-Opferns. Unerwartet war der schnelle vollständige Opportunismus der NS-Kader aller Rang- und Altersstufen beim Wegfall des NS-Rahmens. An die Stelle geschmückter Befehlsgewalt trat weinerliche Kümmerlichkeit. Machtvolle politische Großformeln lösten sich in flache Privatmeinungen auf. Nachrichten über organisiertes Töten und Quälen in den Konzentrationslagern setzten sich bei mir als Dauersperre gegen Machtansprüche fest. Die Zündung von zwei Atombomben über Japan im August 1945 schufen meine kompromißunfähige Abwehr von Leuten, die den Einsatz solcher Waffen befehlen konnten.

Im Frühjahr 1945 war die NS-bürgerliche Lebensform verschwunden. NS-Regeln und bürgerliche Regeln hatten ihre Verbindlichkeit aufgegeben. Gebildet hat sich bei mir ein stabiles Mißtrauen gegen jede mit Macht verbundene Überlegenheit und die Fähigkeit, jede auf Etiketten oder Formeln gegründete Autorität nicht ernst nehmen zu müssen. Diese Situation habe ich als Freiheit erlebt. Auch zweifelte ich nicht, zu jenen gehört zu haben, die das NS-Regime getragen hatten. In fast noch kindlicher Unbekümmertheit fand ich die Älteren komisch, die sich hinter Begriffsmauern aus „Jugendsünde“, „kein persönliches Verschulden“, „es gibt keine Kollektivschuld“, „alle haben das gemacht“, „ich war nur ein Rädchen“, „ich habe nichts gewußt“, „der Führer ist an allem schuld“ verbargen. Diese Mauer habe ich später, mit kleinen sprachlichen Anpassungen, als gar nicht komisches juristisches Muster zur Minderung von Verantwortung nach kleinen und großen Wenden wiedergetroffen.

Der Alltag 1945–1952 war organisiert durch drei unterschiedliche Besatzungsregime. Unspektakulär war die amerikanische Besatzung im Sommer 1945. Es gab keine Schule. Ich wurde Landarbeiter mit besten Zeugnissen. Perfekt war ich im zweckgerechten Führen eines Ochsengespanns. Durch die Potsdamer Konferenz vom Sommer 1945 wurde die Provinz Sachsen Teil der sowjetischen Besatzungszone. Innerhalb von Tagen fiel die Familie auf der dörflichen sozialen Skala von ziemlich weit oben nach ganz unten. In der Schule wurde Latein zwangsweise durch Russisch ersetzt. Die Auseinandersetzung zwischen Kapitalismus und Sozialismus und die materialistische Geschichtsauffassung mußten im Vokabular des SBZ-Sozialismus erlernt werden. Nach diesem Vokabular war ich Mitglied einer NS-verseuchten Familie des Klassenfeindes. Als Folge der Vereinigungsversammlung von SPD und KPD im April 1946 bestimmten SED, FDJ (Freie Deutsche Jugend, Vorsitzender ab 1946: *Erich Honecker*) und FDGB (Freier Deutscher Gewerkschaftsbund) die Lebensaussichten, die nicht bedeutend waren. Die Familie wechselte 1947 auf abenteuerlichen Wegen in die britische Besatzungszone, in der mein Vater als Kriegsgefangener lebte. Das britische Regime war wenig spürbar. Ich war Flüchtling C, also Flüchtling mit minderen Rechten. Die Gründung der Bundesrepublik 1949 betraf meine Lage nicht. Das Grundgesetz kannte kaum jemand. Der anschwellende Kalte Krieg und der Korea-Krieg machten nervös. Die Schule war uninteressant, stärkte freilich das Mißtrauen gegen alltägliche Autoritätsansprüche. Ich las viel. Zwischen dem Abitur im Februar 1952 und dem Beginn des Sommersemesters 1952 war ich ein gut verdienender Forstarbeiter.

## *III.*

Das erste juristische Semester im Sommer 1952 in Kiel war enttäuschend. Meine feste Erwartung war, daß Gegenstand der Rechtswissenschaft die zeitgeschichtlichen Großereignisse in ihrer Wirkung und Fortwirkung auf die rechtliche Situation des einzelnen Bürgers sein und daß über diesen Gegenstand detailliert vorgetragen werden würde. Ich rechnete wirklich damit, daß Rechtswissenschaft die tiefsitzende Erfahrung von der Fähigkeit simpler politischer Begriffe, jede Regel, auch das Tötungsverbot und die Garantie persönlichen Eigentums, unverbindlich zu machen, aufheben und ersetzen würde durch eine gut begründete Lehre von einem wirksam gestaltenden richtigen Recht. Bekannt gemacht worden bin ich während der ersten Wochen des rechtswissenschaftlichen Studiums in der Rechtsgeschichte mit den Quellenproblemen bei der Erforschung der Reisewege *Karls des Großen*, im Zivilrecht mit dem Wesen der Pfandflasche beim Milchkauf, im Strafrecht mit einer allgemeinen Verbrechensstruktur. Die allgemeine Verbrechensstruktur kam mir erfahrungsarm vor. Die Szenen, die ich strafrechtlich zu beurteilen lernen wollte, sahen beispielsweise so aus: Ende Januar 1945 verweigerte *Genia Saporischez*, geb. 1926, unsere ukrainische Zwangsarbeiterin, den Dienst. Der ältliche Dorfpolizist kam in Uniform und verprügelte sie roh, mit der Familie als Öffentlichkeit. *Genia* nahm den Dienst wieder auf. Es war für mich später nicht schwierig, in dieser Szene die juristisch abgesicherte, präventive Machtsumme aus Strafrecht, Ausländerrecht, Polizeirecht und Arbeitsrecht zu sehen, eine Summe, die bereitsteht, wenn sie politisch gebraucht wird. Für einen geübten Strafrechtswissenschaftler waren solche Summen auch im Sommer 1952 zu sehen. Aber die allgemeine Verbrechensstruktur des Sommers 1952 hatte mit Macht und Machtsummen nichts zu tun, wollte dies auch nicht. *Genia* übrigens hat versucht, sich ein wenig zu rächen. Nach dem Einmarsch der Amerikaner besetzte sie mit ihrem Freund den ersten Stock unseres Hauses, trug die Kleider meiner Mutter und ließ sich von der Familie bedienen. Nach einigen Wochen wurde sie mit Zwang aus dem Haus geholt und verschwand. Strafbarkeit der Beteiligten?

Das Grundgesetz von 1949 spielte im Sommersemester 1952 in Kiel eine Randrolle.

In diesem Studienbeginn habe ich später ein immer wiederkehrendes rechtswissenschaftliches Arbeitsmuster gesehen. Ein ideales Recht ist nicht der Gegenstand der Rechtswissenschaft. Die Rechtswissenschaft hat zwei Arbeitsmöglichkeiten ausgebildet. Sie kann auf intelligente Weise die herrschenden politischen Begriffe unterstützen. Erleidet sie, zusammen mit diesen Begriffen, Schiffbruch, kann sie auf betont wissenschaftliche, neutral genannte Unverbindlichkeit umschalten. Im Sommer 1952 muß ich in diesen Vorgang des Umschaltens geraten sein. Die überwiegende Zahl der Hochschullehrer, auf die ich traf, hatte ihr Amt schon in der NS-Zeit ausgeübt. Das Bemühen, betont unpolitisch-wissenschaftlich zu sein, war für den Studenten langweilig und gehaltlos. – Dankbar erinnere ich mich an die schlecht besuchten Vorlesungen des emeritierten Völkerrechtlers *Schönborn* 1952/1953. *Schönborn* referierte ausführlich über die Entwicklung und den Stand des Prisenrechts im 19. und 20. Jahrhundert. Das Prisenrecht ist eine völkerrechtlich abgesicherte Art der Piraterie. Die Anregung, auf aussagekräftige, aber wissenschaftlich vernachlässigte Strafrechtsgebiete zu achten, stammt aus *Schönborns* Darstellung des Prisenrechts als normalem Recht.

Ich las die klassischen Rechts- und Staatsphilosophien. *Kant*, dessen Texte ich in Auswahl seit der Schulzeit kannte, hielt mich fest. *Kants* Verfahren der Kritik der empirischen Rechtslehre (der Lehre vom gerade positiven Recht) fand ich prächtig. Ich war ein Leser, der von keiner Sekundärliteratur gebremst war. *Kants* drei Hauptfragen: Was kann ich wissen? Was soll ich tun? Was darf ich hoffen? (Kritik der reinen Vernunft, 1. Aufl., 1781, S. 805) schienen mir klar und eines Rechtsstudiums würdig. Die Antworten: man kann nichts sicher wissen, man kann nicht richtig handeln, man kann auf nichts hoffen, wenn man die Antworten aus der alltäglichen politischen, wissenschaftsüblichen, persönlichen Meinungsumgebung erwartet, diese Antworten kamen mir nicht sonderlich kühn vor. Gut 40 Jahre später habe ich die frühen Lese-Eindrücke, die ihre Eindrücklichkeit nicht verloren hatten, aufgeschrieben (*Kants* Kritik der empirischen Rechtslehre, 1996). Schwierigkeiten ergaben sich damals zu begreifen, was Kant – nach gelungener Kritik – mit der neuen Gründung von wahrem Wissen, richtigem Tun und aussichtsreichem Hoffen auf die reine Vernunft, auf eine säkulare Metaphysik meinte. Eine Ahnung hatte ich, daß es, wenn diese Schwierigkeiten unüberwindbar waren, mit der Gründung eines unantastbaren Rechtsbereichs ziemlich aussichtslos werden würde.

Die Diskrepanz zwischen normaler harmloser Rechtswissenschaft 1952 und eigener Erfahrung legte die Vorstellung nahe, es könne Kritik nach dem kantischen Verfahren als eigenständigen Teil der Rechtswissenschaft geben. Diese Diskrepanz legte noch näher, das Jurastudium aufzugeben. Eine Entscheidung konnte ich aufschieben. Der deutsche akademische Austauschdienst gewährte mir ein Stipendium zum juristischen Studium in Lausanne für das akademische Jahr 1953/1954. Ein kleines Reisekapital verschaffte die Anstellung in einer Fabrik für chemische Düngemittel. Für ein paar Monate wurde ich Mitglied der zuständigen Gewerkschaft, um die Interessen einer im Akkord arbeitenden Gruppe gegenüber der hartleibigen Geschäftsführung zu vertreten; die Gruppe füllte Zweizentnersäcke mit feinkörnigem, ätzendem chemischem Dünger und verlud die Säcke im Handbetrieb auf Eisenbahnwagen.

In Lausanne gab es Zeit, *Kant* beständig zu lesen. Der Französischunterricht an der Universität war hervorragend. Unter den vier deutschen Jurastudenten 1953/1954 in Lausanne entstand ein kleiner Dauerstreit. Immer, wenn ein juristisches Problem in seine politische, philosophische, staatstheoretische Abhängigkeit hätte überführt werden müssen, behaupteten die Mitstudenten, das Problem sei „dogmatisch-systematisch" zu „lösen" und bestanden darauf, daß „dogmatisch-systematisch" etwas juristisch Gehaltvolles sei. Dieser Streit war eine frühe Übung in einer Auseinandersetzung, die mein Berufsleben begleitet.

Im Sommer und im Herbst 1954 lebte ich in Italien, die meiste Zeit an der Università italiana per stranieri in Perugia. Bei der Rückkehr nach Kiel war es bis zur ersten juristischen Staatsprüfung nicht mehr weit. Ich brachte diese Prüfung im Januar 1956 hinter mich.

*Hellmuth Mayer* (1895–1980) war bereit, mir als Promotionsthema „Kant und Feuerbach" zu überlassen. Mit dieser Arbeit kam ich nicht voran. Gestört hat vor allem die intensive Information in den ersten Monaten der Referendarzeit an einem kleinen Amtsgericht über das, was alles für Recht genommen wurde. Im Herbst 1956 konnte ich – erneut mit einem Stipendium des deutschen akademischen Austauschdienstes – für ein Jahr als research student an die Universität Glasgow / Schottland gehen. Ich arbeitete, um mir das Verhältnis von Wissenschaftskritik und Wissenschaftsneugründung bei *Kant*, unter besonderer Berücksichtigung des Strafrechts, zurechtzulegen. Ich war in den Arbeitstechniken nicht erfahren genug, um dem Eindruck nachzugehen, *Kant* sei mit Wissenschaftsneugründung gescheitert. Aber ich begriff sicher, daß *Feuerbach* mit vielen *Kant*-Zitaten eine moderne effektive Kriminalpolitik nur verschönte. Daß ein solches Verfahren in der rechtswissenschaftlichen Arena aussichtsreich ist, auch als Karriereförderung, konnte ich in Glasgow nicht ahnen. Mit der fertigen Arbeit „Kant und die psychologische Zwangstheorie Feuerbachs" kam ich 1957 nach Kiel zurück. Die Gutachter, *Hellmuth Mayer* und *Karl Larenz*, nahmen die Arbeit an, hatten aber Vorbehalte, vor allem wegen der Geringachtung der Sekundärliteratur zu *Kant*. Diese Geringachtung habe ich beibehalten, mit der Einordnung als akademischen Kantpositivismus. Nach dem Assessorexamen 1960 erhielt ich die Stelle eines wissenschaftlichen Assistenten am Kieler kriminologischen Seminar, das *Hellmuth Mayer* leitete.

## *IV.*

Der Inhaber der Stelle mußte das Seminar verwalten und die Bibliothek betreuen. Ich bekam einen ersten Eindruck vom Funktionieren der Wissenschaftsverwaltung. Überrascht war ich von der Kleinheit der Räume, die für freie wissenschaftliche Arbeit übrig blieb. Als Student und Referendar bin ich freier gewesen. Die Bibliotheksarbeit verschaffte einen Überblick über die verschiedenen kriminologischen Arbeitsrichtungen. Erste Veröffentlichungen erschienen. Die Themen – die prognostische Anmaßung der Vorstellung von einem gefährlichen Gewohnheitsverbrecher, die machtvolle Modernität des § 81a StPO – haben sich als unerschöpflich erwiesen.

Die Habilitationsschrift über den Betrug erprobte das Überprüfen von Autoritäten an einem umfangreichen kriminologischen und juristischen Material. Anfang der 60er Jahre des vorigen Jahrhunderts begann die Erörterung der Frage, ob die als schwach angesehene Legitimation des Strafrechts aus der Vereinigung verschiedener Straftheorien durch sozialwissenschaftliche Einsichten gefestigt werden könnte. Im Sprachgebrauch der Straftheorie war dies der Übergang von einer Vereinigungstheorie mit Vergeltungsanteilen zur reinen Prävention durch Strafe. In den gleichen Jahren war gut sichtbar geworden, daß Strafgesetze durch die Forderung nach zeitgemäßem Rechtsgüterschutz aufzulösen waren. Diese beiden Entwicklungen waren nicht neu und wurden von der gleichen Kraft immer weiter getrieben, nämlich von der Forderung nach effektiver Verbrechensbekämpfung. Die Verbrechensbekämpfung suchte nach einer modernen empirisch-wissenschaftlichen Grundlage, die strafende und maßregelnde Eingriffe zur Minderung der Kriminalitätsmenge aussichtsreich machte. Die Verbrechensbekämpfung brauchte das kriminalpolitisch anpassungsfähige Gesetz. Die Strafrechtswissenschaft, die sich seit dem Beginn des 19. Jahrhunderts entwickelt hatte, fand und findet in ihrem begrifflichen Arsenal keine selbstverständlichen Grenzziehungen, wenn Strafrecht sich begründungslos ausweitet oder wenn es pervertiert. An der ständigen Ausdehnung des Betrugstatbestandes ließ sich diese Entwicklung genau zeigen. Die Obsession meiner Habilitationsbemühungen war, ein juristisches Mittel zur Beherrschung der parteipolitisch schwankenden Kriminalpolitik zu finden. Wissenschaftsgeschichtlich gesehen versuchte ich ohne Aussicht auf Gelingen, die um 1960 verebbende Epoche des staatskritischen Naturrechts der Nachkriegszeit, für mich bis heute bewundernswert formuliert in den Entscheidungen des Obersten Gerichtshofs für die Britische Zone (Band 1–3, 1949/1950), als strafrechtswissenschaftliche Möglichkeit zu erhalten. Die Arbeit über den Betrug beschrieb die Mittel, eine die Gesetze auflösende Kriminalpolitik zu begrenzen, so: genau gemachte Gesetze – die Betrugsvorschrift war im 19. Jahrhundert genau und eng gemacht worden – müssen so genau angewandt werden wie sie gemacht sind (Art. 103 II GG). Die Auflösung genauer Gesetze ist verfassungswidrig. Die Verfassung ist aufzufassen als Verfassung der Machtbegrenzung. Für den Betrug folgte, daß alle Erweiterungen durch Auslegung (die Auflösung des Tatsachenbegriffs, das Vereinfachen der Täuschungshandlung, die Einführung des Betruges durch Unterlassen, die freie Ausdehnung des Vermögensbegriffs) sofort aufzugeben sind. Dieses Ergebnis war schon ein Kompromiß mit mir selbst. Während der Arbeit an der Habilitationsschrift vertraute ich *Hellmuth Mayer* an, ich wüßte nicht mehr, warum Betrug überhaupt für strafwürdig gehalten werde. Sein Kommentar war, ich solle mich ordentlich ausschlafen, dann wüßte ich es wieder. Dieser Kommentar war ironisch-besorgt gemeint. Aber der Kommentar hatte einen soliden empirischen Kern. Zustimmendes oder zumindest achselzuckendes Hinnehmen des nun einmal durch das StGB gegebenen § 263 StGB ist die Bedingung für die Annahme der Strafwürdigkeit des Betruges.

*Hellmuth Mayer* fand aber auch das schließliche Ergebnis meiner Arbeit noch radikal. Die Großzügigkeit, die ihn kennzeichnete, führte zur uneingeschränkten Annahme der Arbeit. Das Zweitgutachten von *Rudolf Sieverts* / Hamburg war sehr positiv. Die Kieler Rechts- und Staatswissenschaftliche Fakultät habilitierte mich im Januar 1964 für Strafrecht, Strafprozeßrecht, Kriminologie und Rechtsphilosophie. Im Probevortrag verteidigte ich das Regreßverbot im Strafrecht. Das Mittel der Verteidigung war die Kritik an der Bedingungs„theorie", eine der politisch hintergründigsten strafrechtlichen „Theorien". Ohne dem Material Zwang antun zu müssen, ergab sich: das dogmatische Institut des Regreßverbots, das den Umfang der Zurechnung im Strafrecht einschränken soll, hat der Forderung nach größtmöglicher Intensität der Verbrechensbekämpfung nachgegeben. Juristischer Widerstand war möglich durch Beachtung der zielgerichtet gezogenen Tatbestandsgrenzen des Besonderen Teils des Strafrechts, nicht aber über die Begriffe des Allgemeinen Teils. Die chancenreichsten Fragen zu dem Vortrag kamen von den staatswissenschaftlichen Mitgliedern der Fakultät; sie bezweifelten grundsätzlich, daß die vorgetragenen strafrechtlichen Argumentationsfiguren und ihre sprachlichen Fassungen dem Problem der Zurechnung einer Tat angemessen sind.

## *V.*

Es zeichnete sich ab, daß die Kieler Fakultät meine Berufung auf ein Ordinariat in Kiel zum Wintersemester 1964/1965 betrieb. Ich nutzte die Privatdozenten-Zeit im Sommer 1964, um eine Übersicht über mein zerfaserndes Arbeitsprogramm zu finden.

Die dringlichste Frage war die nach der Verbindlichkeit des im Inhalt stetig schwankenden Strafrechts. Innerhalb von Monaten, manchmal von Stunden hatte meine Generation Täter zu Opfern und Opfer zu Tätern werden sehen, immer im Namen eines verbindlichen Strafrechts. Mein Onkel war Erster Staatsanwalt beim NS-Volksgerichtshof. Er amtierte als Gnadensachbearbeiter in den Strafverfahren nach der Tötung des SS-Führers *Heydrich* in Prag 1942/1943. Die Verfahren endeten regelmäßig mit einem Todesurteil. Dieser Onkel wurde im Sommer 1945 in unserem Haus wegen seiner Amtstätigkeit in Prag als Straftäter verhaftet und in den Waldheim-Prozessen 1945/1946 wegen Unterstützung des NS-Regimes zu 25 Jahren Zuchthaus verurteilt. Er hat 17 Jahre in DDR-Vollzugsanstalten verbüßt. Danach war er wieder Staatsanwalt im Bezirk des OLG Celle. Inzwischen gelten die Heydrich-Verfahren und die

Waldheim-Verfahren als gleichermaßen unrechtmäßig. Die Überlegung, die Heydrich-Verfahren waren zu ihrer Zeit juristisch in Ordnung, ebenso die Waldheim-Verfahren zu ihrer Zeit, nun aber wissen wir es anders, ist zu bequem.

Ich abonnierte das Bundesgesetzblatt. Aufmerksam registrierte ich, welche Strafrechtsmassen, vor allem in den Nebengebieten, angewendet werden wollten. Die übliche Antwort auf die Frage nach der Verbindlichkeit dieser, nach Tagesbedürfnissen entstehenden Massen war: diese Verbindlichkeit folge aus eben der Publikation im Gesetzblatt und – natürlich – aus der zeitgemäßen Zweckmäßigkeit zum Gesellschaftsschutz. Diese Antwort ist zeitlos. Mein Onkel soll sie zu seiner Verteidigung genutzt haben. In jüngster Zeit taucht sie in den Mauerschützen-Verfahren nach dem Ende der DDR wieder auf. Sie ist Grundlage der im Strafrecht vorherrschenden objektiven Auslegung der Gesetze.

Aber diese Figur der „jeweils zweckmäßigen Strafgesetzlichkeit" als gängige Antwort auf die Frage nach der Verbindlichkeit des inhaltlich weit pendelnden Strafrechts fand ich einer Universitätsdebatte nicht angemessen. Die Überlegung aus den Tagen des Studienbeginns, Strafrechtswissenschaft als Teil der Rechtswissenschaft müsse eine Abteilung „prinzipielle Kritik des modernen Strafrechts" ausbilden, fand überall aktuelle Stützen.

*Kants* Formulierungen, die Gesetzgebung wolle sich durch „ihre Majestät" der Kritik entziehen, wodurch sie „gerechten Verdacht" gegen sich errege, möglicherweise sei zweckmäßiges Strafrecht „ein bloß mechanisches Machwerk", was eigentlich gar kein Recht sein würde (Kritik der reinen Vernunft, 1. Aufl., 1781, Vorrede und Akademie-Ausgabe XXI, 1936, S. 178), gehörten inzwischen zu meiner Grundausstattung. Die sachlichen und persönlichen Mißlichkeiten, die sich aus dieser Ausstattung beim alltäglichen strafrechtlichen Arbeiten ergaben, wollte ich beherrschen können. Hilfreiche Ergänzung der Grundausstattung verschaffte die gespannte Lektüre *Schopenhauers* und *Nietzsches*. Schopenhauer- und Nietzsche-Texte verlangten, sich über den strafrechtlichen Schreib- und Redestil, den man künftig einhalten wollte, klarzuwerden. *Nietzsches* Fähigkeit, politische, moralische und rechtliche Regeln in ihrer dünnen Interessenabhängigkeit zu beschreiben, wirkte belebend (nicht dagegen die Organisation, die *Nietzsche* an die zerstörten Stellen setzen wollte. Man trifft auf die gleiche Schwierigkeit, die *Kant* bietet: eine wissenschaftlich weitläufig ausgeführte Kritik, z.B. des Strafens, ist so wirksam, daß ein Wiederaufbau kaum möglich ist).

Eine zweite Frage hängt mit der Verbindlichkeitsfrage, umgesetzt in ein strafrechtliches Kritikprogramm, eng zusammen, macht sie konkreter. Aus der Arbeit am Habilitationsthema kannte ich die strafrechtliche Tatsache, daß der

Betrug durch alle modernen politischen Epochen mit der gleichen juristischen Technik – in erster Linie durch das ständige Anpassen des geschützten Rechtsguts – stetig ausgeweitet worden ist. Daraus ergab sich die Suche nach Kontinuitäten im Strafrecht wie von selbst. Zu verfolgen war der noch unklare Eindruck, daß das Strafrecht seit *Feuerbach* sich, verschanzt hinter der Floskel „Strafrecht ist Rechtsgüterschutz", als Waffe zur jeweils innen- und außenpolitisch verlangten Verbrechensbekämpfung etabliert hatte. Ich nutzte für mich die Vorstellung der „Verpolizeilichung" des Strafrechts seit der Aufklärung (später vorgetragen unter dem Titel „Vom Vordringen des Polizeigedankens im Recht, d.i. vom Ende der Metaphysik im Recht", Festschrift für Erler, 1986, S. 177). Entgegen stand die Behauptung, das Strafrecht sei im Prinzip bestes Recht, nur ab und zu pervertiere es. Diese Behauptung erschien mir erfahrungswidrig. Die Prüfung von Kontinuitäten sollte Material für die Förderung der wissenschaftlichen Kritik an der modernen Strafrechtsentwicklung liefern.

Mit dem Problem der Fach-Kontinuität verbunden ist das Problem der Personen-Kontinuität. Die Strafrechtsgeneration, zu der ich gehöre, hat überwiegend universitäre Mentoren, die in der NS-Zeit Hochschullehrer des Strafrechts waren, teilweise an prominenter Stelle, und die in der Bundesrepublik, als sei nichts geschehen, ein ganz anderes Strafrecht erforschten als zuvor. Die Frage, was diese Situation für Gegenstand, Inhalt und Methode des Fachs „Strafrecht" bedeutet, ist ein wichtiger Teil der Kontinuitätsüberlegungen. Kann es sein, daß eine feste politische Grundabsicht des Strafrechts, das jeweilige Verbrechen zu bekämpfen, durch alle modernen politischen Epochen weitergegeben worden ist, und daß diese Weitergabe auch die Weitergabe der Personen, die das Strafrecht zur Verbrechensbekämpfung praktisch oder wissenschaftlich handhaben, möglich macht?

Mit *Hellmuth Mayer* konnte ich diese Frage besprechen. Er verwies darauf, daß er kein NS-Anhänger gewesen sei, die Frage für ihn und seine Habilitanden (*Friedrich Geerds*, *Joachim Hellmer*, *Friedrich-Wilhelm Krause*, *Klaus Röhl*) also nicht gelte. Ein weiteres Gespräch zeigte, daß die Frage vertrackter war. Es ging um *Freisler*. *Hellmuth Mayer* formulierte, bei aller treffenden Abwertung der Tätigkeit *Freislers* als NS-Justizstaatssekretär und als Präsident des Volksgerichtshofs sei er doch dogmatisch ein „guter Jurist" gewesen. Meine Auffassung war, eine Unterscheidung von politisch unhaltbarer und dogmatisch sauberer Strafrechtstätigkeit der gleichen Person, die Unterscheidung also von dogmatischem Unrecht und Dogmatik, sei nicht möglich; es gelte die Einheit der Juristen-Person; eine brutale Verhandlungsleitung im Volksgerichtshof oder ein juristisch widerwärtiger opportunistischer Aufsatz (z.B. *Carl Schmitt*, Der Führer schützt das Recht, zur Reichstagsrede Adolf Hitlers vom 13. Juli 1934, DJZ 1934, Sp. 945 ff.: die dogmatisch-politische Absicherung der *Röhm*-Morde 1934) mache *alle* Publikationen eines Autors juristisch gehaltlos. Eine solche Auffassung wurde als zu kompromißlos und zu unpraktisch eingestuft. Die Unterscheidung von unhaltbarer Strafrechtspolitik und schlechter Dogmatik auf der einen Seite, guter Strafrechtsdogmatik auf der anderen Seite ist aber nur die wohlfeile Möglichkeit, personelle Kontinuitäten im Strafrecht nicht erörtern zu müssen. Sie hat viele strafrechtliche Hochschullehrer nach 1945 im Amt gehalten. Diese Unterscheidung kostete nach der Wiedervereinigung die meisten Strafrechtsprofessoren der DDR das Amt. Diese Professoren konnten neben einer politisch abhängigen sozialistischen Strafrechtslehre keine gute Dogmatik aufweisen.

*Georg Dahm* (1904–1963) hielt die Frage nach langlinigen strafrechtlichen Sach- und Personenkontinuitäten für ergiebig. *Dahm*, als wissenschaftlicher Förderer des NS-Strafrechts ausgewiesen, hatte Anfang der 60er Jahre des vorigen Jahrhunderts in Kiel einen Lehrstuhl für allgemeine Rechtslehre, hielt aber strafrechtliche Übungen. Ich wurde zu Korrekturarbeiten an ihn ausgeliehen. In zurückhaltenden Ausdrücken machte *Dahm* darauf aufmerksam, daß die strafrechtswissenschaftliche Produktion vieler Angehöriger seiner Generation in und nach dem NS-Regime einer Untersuchung bedürften; aber es sei dafür zu früh. *Dahm* meinte, meine Generation könne nicht begreifen, was seine Generation am Ende der 20er und am Anfang der 30er Jahre des vorigen Jahrhunderts juristisch erlebt habe: eine tiefe Demokratiemüdigkeit, ein Verzweifeln daran, daß im Strafrecht alles diskutierbar gewesen, aber nichts geschehen sei. Die Handlungsmöglichkeiten, die für junge Strafrechtswissenschaftler 1933 entstanden seien, hätten Langeweile und Blockaden beendet.

Für mich waren solche Gespräche die Bestätigung eines ständig frisch genährten wissenschaftlichen Verdachts, dem ich nachgehen wollte und den ich nie widerlegt gefunden habe: das Strafrecht ist allgemeinpolitische, nicht nur kriminalpolitische Macht. Man kann diese Macht, je nach Zeitgeist, humanzweckmäßig lenken, aber nicht abschaffen. Wird eine Machtbegrenzung des Strafrechts, z.B. durch fest organisierte und streng eingehaltene demokratische Strukturen, müde, so ist strafrechtliche Macht ungeteilt, sofort und unbegrenzt wieder nutzbar.

Eine dritte Frage, die mich in der ruhigen Privatdozentenzeit 1964 beschäftigte, war eine Folge aus den beiden anderen Fragen. Gibt es Teile des Strafrechts, die sich nicht über die versprochenen Erfolge bei der Verbrechensbekämpfung erklären? Nach den ersten Jahren als Volljurist blieb ich sicher, daß es ein solches politisch unabhängiges, die Politik sogar abweisendes Strafrecht gibt. Was nach der Kritik des empirischen, in Großserie hergestellten positiven Strafrechts übrig bleibt, ist ein zeitloses Kernstrafrecht.

Der einzelne Bürger muß gegen die Überwältigung durch Gewalt verteidigt werden. Diese Verteidigung ist ein wichtiger Teil seiner Freiheit. Es ist gleichgültig, ob die Gewalt von einem anderen Bürger, einer Gruppe oder dem Staat angewandt wird. Dieser enge strafrechtliche Bereich tritt hervor als Wiederaufbau einer Strafgerechtigkeit nach sorgfältiger Strafrechtskritik. Dieser Wiederaufbau hängt ab vom Gelingen einer säkularen Rechtsmetaphysik nach dem kantischen Vorbild. Hier traf ich wieder auf die Frage, welche Strafrechtsmenge überhaupt verbindlich sein kann. Und ich traf auf die Möglichkeit der Unterscheidung von politisch unabhängigem, der persönlichen Freiheit verpflichtetem Kernstrafrecht und anderem, in irgendeiner Weise präventivem, für irgendjemanden nützlichem Strafrecht.

Solide oder hochmütige Einwände gegen dieses Kernstrafrecht müßten, meinte ich am Beginn meiner Universitätslaufbahn, überwindbar sein. Die Schwierigkeiten dieses Unternehmens hatte ich unterschätzt. Man kann ein etabliertes großflächiges Zweckstrafrecht mit dem Satz angreifen, der Mensch dürfe im Strafrecht nicht als Mittel zu den Zwecken anderer benutzt werden (*Kant*, Metaphysik der Sitten, Metaphysische Anfangsgründe der Rechtslehre, II. Teil, Allgemeine Anmerkung E). Jeder juristische Festredner schätzt diesen Satz. Außerhalb von Festreden ist das Strafrecht Prävention, die jenen Satz mühelos abweist unter Berufung auf die selbstverständliche Notwendigkeit zweckmäßigen Bestrafens und Maßregelns.

## *VI.*

Im Oktober 1964 wurde ich o. Professor für Strafrecht, Strafprozeßrecht, Kriminologie und Rechtsphilosophie in Kiel.

Ende 1964 haben *Helga Saare*, geboren in Greifenhagen, Tochter eines Rechtsanwalts, und ich geheiratet. Unsere Töchter sind 1969 und 1971 auf die Welt gekommen. Meine Frau und die Töchter sind Juristinnen.

In meiner Berufungsvereinbarung 1964 stand, ich hätte meine Fächer in Forschung und Lehre „angemessen zu vertreten“. Diese Formulierung gefiel mir sehr. Sie versprach Unabhängigkeit und vertraute auf den sorgfältigen Gebrauch dieser Unabhängigkeit. Ich adoptierte die Formel als Maxime für die künftige Berufsausübung.

Es wurde schnell klar, daß ich mein schönes Arbeitsprogramm nicht einfach behaglich in Einsamkeit und Freiheit würde verfolgen können. Zu viele neue Informationen mußten aufgenommen werden, Informationen, die mit meinem Programm auf den ersten Blick nichts zu tun hatten.

Mit der Kieler Antrittsvorlesung „Die Reichweite des Vergeltungstrafrechts bei Kant“ führte ich immerhin einen Teil der Themenordnung aus, die ich mir gemacht hatte: das Kernstrafrecht ist begrenzt. Es umfaßt allein die vorsätzlichen Gewalttaten gegen den Einzelnen. Nur in diesem Bereich ist der Strafende gegen alle Erklärungen, die ein Täter für sein Tun auch immer haben kann, überlegen. Alles andere Strafrecht ist Strafrecht von minderer Dignität.

Vorlesunghalten fand ich von Anfang an lehrreich. Die schauspielerhafte Seite dieser Arbeit ist anregend. Inhaltliche Verständlichkeit zu erreichen, war schwierig. Der didaktische Ehrgeiz der Studienordnungen für das Strafrecht und der strafrechtlichen Lehrbücher war nicht groß. Ich mußte mich zudem in jeder Vorlesung davon überzeugen, strafrechtlich Vernünftiges vorzutragen. Am ehesten ließ sich das erreichen, wenn man das Strafrecht darstellte als Anleitung zum Gebrauch der persönlichen Macht, zu bestrafen oder nicht zu bestrafen. Dieser Versuch stand in Spannung zu der ernst genommenen Zuständigkeit, die Fall-Lösungs-Technik einzuüben, von deren äußerlicher Beherrschung Examensergebnisse abhingen, die aber mit strafender Macht nichts zu tun hat.

Ich wurde 1965 Mitglied des Kieler Universitätsgerichts, eines Disziplinargerichts gegen Studenten. Das Gericht bestand aus dem Rektor, dem Universitätssyndikus (einem hohen Richter) und einem Mitglied der juristischen Fakultät. Tätig wurde dieses Gremium nach Übersendung von Strafakten durch ein ordentliches Gericht, das einen Studenten wegen einer Straftat verurteilt hatte. Das Universitätsgericht hatte die Befugnis, zusätzlich zur Strafe die Entfernung von der Universität, das Verbot der Immatrikulation an jeder anderen Universität, das Streichen von Semestern oder einen Verweis zu verhängen. Das Machtstück, das ich unerwartet in die Hand bekam, hat mich überrascht. Meine feinen Theorien gerieten an die Praxisprobe. Das Universitätsgericht war überholt. Ein – verglichen mit den Forderungen an andere Bürger – anspruchsvollerer Verhaltenskodex für Studenten war nicht mehr vorhanden. Das Universitätsgericht verschwand alsbald, ohne daß es formell abgeschafft werden mußte. Die Zugehörigkeit zu diesem Gericht verschaffte mir eine wichtige juristische Übung für das Ausbilden einer Strafrechtskritik. Steht eine konkrete juristische Entscheidung an, ist es kaum möglich, die Entscheidung zu verhindern mit dem Argument, die entscheidende Institution sei juristisch obsolet. Man muß die konkrete Sache entscheiden. Die Zweifel an der juristischen Haltbarkeit der entscheidenden Institution müssen in Argumente für die Entscheidung in der Sache umformuliert werden.

Ein Beispiel: Ein Jurastudent war nach den 1965 im StGB stehenden Vorschriften von einem Strafgericht wegen Beihilfe zur Kuppelei zu einer Geldstrafe verurteilt worden. Seine Mutter, Kriegerwitwe, hatte Zimmer stundenweise an Studentenpärchen vermietet. Jener Student hatte die Zimmer hergerichtet. Das Universitätsgericht sollte entscheiden, ob der Student würdig war, das Jurastudium ohne Einschränkung fortzusetzen. Ein Ausweichen vor dieser Frage gab es nicht. Die beiden älteren Mitglieder des Universitätsgerichts überließen mir das Votieren. Ich bemühte das Bagatellprinzip und das Verbot der Doppelbestrafung, das nach damals vorherrschender Lehre auf Disziplinarstrafen nicht zutraf, nach meinem Votum aber sanktionsmildernd zu berücksichtigen war. Ich erinnere mich nicht an den genauen Inhalt der Entscheidung des Universitätsgerichts. Der Student durfte jedenfalls weiterstudieren.

Umfangreichere praktische Erfahrungen brachte die Zugehörigkeit ab 1966 zum ersten Strafsenat des Schleswig-Holsteinischen Oberlandesgerichts in Schleswig. Der Senat war zuständig für Revisionen. Alle Sachen wurden, nach vorheriger schriftlicher Begutachtung durch den Berichterstatter, mündlich verhandelt und durch Urteil abgeschlossen. Der Senat war gem. § 120 GVG a.F. weiter als erstinstanzliches Gericht zuständig für die sog. kleinen Staatsschutzsachen. Ich lernte Revisionsrecht. Ich lernte, wie ängstlich das Staatsschutzstrafrecht ist.

Ich erfuhr viel über die Art, in der Instanzgerichte Tatsachen feststellen und wie sie juristisch argumentieren. Für wissenschaftliche Bemühungen kamen aus der Arbeit im Strafsenat immer neue Gegenstände. Geschäftsverteilungsprobleme und Kostenfragen sind, gemessen an der juristischen Atmosphäre, die sie entstehen lassen, und gemessen an der Wirkung auf viele Täter, viele Opfer und viele andere Prozeßbeteiligte wichtiger als die Frage, ob der Vorsatz zum subjektiven Tatbestand „gehört“. Zufrieden sehe ich auf einen kleinen Aufsatz, der, angeregt durch eine Senatsentscheidung, die Lehre von der Quotelung der notwendigen Auslagen des Angeschuldigten bedeutend gefördert hat, gegen den unklaren Text des damaligen § 467 StPO (NJW 1970, S. 84). Die Frage, ob die Strafrechtswissenschaft ihren Gegenstand treffend bestimmt, wurde durch die Beteiligung an konkreten Strafverfahren deutlicher. Darüber habe ich 1972 unter dem Titel „Über das Verhältnis von Strafrechtswissenschaft und Strafrechtspraxis“ auf einer Tagung der Strafrechtslehrer vorgetragen. Das Echo war schwach. Ein renommierter älterer Kollege fragte aufgebracht, ob ich denn meinte, die Strafrechtswissenschaft solle sich mit Entscheidungen der Einzelrichter befassen. Ich meine das. Die Formulierung des Tenors bei der Verurteilung zu Geldstrafe halte ich für ein wissenschaftliches Problem (NJW 1978, S. 407).

Ausgelöst durch die Tätigkeit im Senat habe ich regelmäßig Straf- und Maßregelvollzugsanstalten besucht, oft mit Studenten. Die Wirklichkeit des freiheitsentziehenden Straf- und Maßregelvollzuges prägte sich fester ein als jede Auffassung zur Grenze zwischen Vorbereitung und Versuch.

Ab 1968 war ich als Mitglied des Kieler Universitätssenats und als Dekan in der Selbstverwaltung der Universität. Die Studentenunruhen entfalteten sich.

Am Anfang haben die Ereignisse mich interessiert. Die eingespielte Universität hatte mich großzügig behandelt. Doch hatte ich Probleme mit dieser Universität. Sie schien mir zu selbstgewiß, z.T. prätentiös und eitel, in den Fächern zu häufig mit den persönlichen Auffassungen ihrer Professoren beschäftigt, in der Jurisprudenz zu nah an den jeweils herrschenden politischen Begriffen, unrealistisch in der Beurteilung der Reichweite strafrechtlicher Dogmen, im Jurastudium vom Bemühen um einen durch Gelehrsamkeit unabhängigen, souveränen Praktiker weit entfernt. Es entstand mit dem Beginn der Studentenunruhen eine Aussicht auf Änderung dieser Situation. Mein Interesse an den Studentenunruhen endete schlagartig. Vor einer Sitzung des Kieler Universitätssenats im Winter 1969/1970 gab es einen Tumult. Die Menge gab einen Gang frei. Durch diesen Gang kam zusammengeschlagen der Rektor, der Mediziner *Weisbecker*. Die studentische Menge jubelte. Für mich war dieser Vorfall ein abstoßendes Beispiel für die Überwältigung eines Einzelnen durch Gewalt, ein Beispiel für eine Kernstraftat.

Die studentische Unruhe war günstig für didaktische Versuche. Ein strafrechtliches Seminar, das 1969/1971 in Kiel über drei Semester zusammenblieb, schrieb eine Monographie, die aus der Literatur noch nicht verschwunden ist (*Naucke*, *Bake* u.a., „Verteidigung der Rechtsordnung", §§ 14, 23 StGB, Kritik an der Entstehung und Handhabung eines strafrechtlichen Begriffs, 1971). Ein Anhang berichtet über die Arbeitsweise des Seminars. Einer der Anreger und Mitautoren war *Klaus Marxen*, jetzt Professor für Strafrecht und Rechtsphilosophie an der Humboldt-Universität zu Berlin und Richter am Kammergericht.

In den strafrechtlichen Fächern schien unter der Überschrift „Strafrecht und Sozialwissenschaften" eine Neuausrichtung entstehen zu wollen. An der Debatte habe ich mich beteiligt, mit jenem Mißtrauen freilich, das bei der Beschäftigung mit dem Verhältnis von Betrugsdogmatik und Betrugskriminologie entstanden war. In jener Neuausrichtung fand ich das Ersetzen einer Autorität durch eine andere, fachlich das Ersetzen einer für ineffektiv gehaltenen Kriminalpolitik durch eine effektivere. Schwer entscheidbare Probleme des richtigen Strafens wurden in sozialwissenschaftliche empirische Forschungsprogramme umformuliert. Gegen diese Linie versuchte ich mir mit der Forderung nach einem „konkret-humanen juristischen Pragmatismus" zu helfen (*Naucke / Trappe*, Rechtssoziologie und Rechtspraxis, 2. Aufl., 1971, S. 79). Die Sache habe ich nicht verfolgt. Sie war gespreizt formuliert. Die Tendenz war bieder. Die kritische Kraft eines solchen Pragmatismus war gering. Eine vorbehaltlose Kritik der politischen Ziele, die ich hinter der Überschrift „Strafrecht und Sozialwissenschaften" vermutete, lag mir näher. Diese Absichten sah ich für das Strafrecht im Durchsetzen einer grenzenlosen Präventionsorganisation, die sich auf empirisch genaue Kenntnisse von strafrechtlichen Steuerungsinstrumenten stützte (Über die juristische Relevanz der Sozialwissenschaften, 1972).

Das Verfahren, einzelne strafrechtliche Institute auf ihren Machtgehalt zu untersuchen, führte ich in Publikationen zum Strafantrag, zum Verbotsirrtum, zur vorläufigen Festnahme, zu Auslegungsfragen, zum Verhältnismäßigkeitsprinzip und immer wieder zu § 81a StPO weiter. Die Arbeit als Herausgeber der Festschrift für *Hellmuth Mayer* 1966 (zusammen mit *Friedrich Geerds*) ließ nicht mehr zu besänftigende Zweifel an der wissenschaftlichen Berechtigung dieser modernen Publikationsform entstehen.

Zwischenergebnisse zu meinem Arbeitsprogramm aus der Privatdozentenzeit gelangen in Kiel nicht.

## *VII.*

Seit dem Wintersemester 1971/1972 bin ich Inhaber einer Professur für Strafrecht, Strafprozeßrecht, Kriminologie und Rechtsphilosophie in Frankfurt / Main (seit 1998 als Emeritus). Chancen, nach Konstanz oder Wien zu gehen, habe ich nicht genutzt. Ich bin der Nachfolger von *Wolfgang Preiser* (1903–1997). Das Völkerrecht, das *Preiser*, einer langen Tradition der Verbindung von Straf- und Völkerrecht folgend, intensiv bearbeitet hatte, habe ich nicht übernommen. Dieses Verhalten war kurzsichtig. Die mit den Nürnberger Prozessen gegen die NS-Oberen 1945/1946 begonnene, nach der Wiedervereinigung und dem Zusammenbruch des Ostblocks rasant fortgesetzte, erneute Annäherung des Strafrechts an das Völkerrecht wäre auf dem Hintergrund der langen Verbindung von Strafrecht und Völkerrecht besser zu verstehen gewesen, ebenso die Europäisierung des Strafrechts. Meine Veröffentlichungen aus den 70er Jahren des vorigen Jahrhunderts über Tendenzen in der Entwicklung des Strafrechts wissen aber von der erwartbaren Internationalisierung des Strafrechts nichts. Ob man das hätte wissen können? Eine der vielen Fragen an die Bestimmung des Gegenstandes der Strafrechtswissenschaft.

Das eigene Arbeitsprogramm zu verfolgen, wurde in Frankfurt noch schwieriger als in Kiel. Die Vorstellung, man könne organisatorisch unabhängig und sachlich frei strafrechtliche Probleme bearbeiten und in einer akademischen Öffentlichkeit prüfen lassen, wurde zur Illusion. Die weite Öffnung der Universität zu Politik, Gesellschaft und Markt schlug auf Arbeitsorganisation und Arbeitsinhalte zurück.

Die ersten Jahre in Frankfurt waren äußerlich bestimmt durch die weiterlaufende Unruhe an den Universitäten. Es gab eine hochgespannte ziellose politisierende Nervosität. Vorlesungssprengungen, „Putz bei Naucke", Auftritt von heulenden Stadtindianern in den Veranstaltungen waren Alltag. Interessante, in der Auswahl aber willkürliche Diskussionsverlangen (Beispiel: an der Stelle von Vorsatzerörterungen sollte darüber debattiert werden, ob Gelder aus dem Verteidigungsetat in den Universitätsetat umzuschichten seien) ergaben noch keine Linie. Meine zweijährige SBZ-Schulung in Marxismus-Leninismus machte mich unempfindlich gegen flüchtig angelesene marxistische Floskeln. Ich erhielt erneut das Etikett eines Klassenfeindes, weil ich meine Richtertätigkeit in Frankfurt fortsetzte. Angewidert hat mich die dümmliche Gewalt großer Gruppen gegen einen Einzelnen. Das Versperren eines Hörsaalausgangs durch Körpermassen und hochgereckte Knie war der Verlust selbstverständlicher Freiheit und machte mich wütend. Der Gedanke, zum Schutz meiner Vorlesungen die Polizei zu holen, kam mir nicht.

Für den strafrechtlichen Unterricht ergab sich aus der Unruhe nicht viel. Der nebelhafte Ausdruck „strukturelle Gewalt" machte die Runde. Dogmatisch folgte aus dem Ausdruck, daß Notwehr gegen einen Bürger, den man zum Träger struktureller Gewalt erklärte, zulässig war: ein gefährlicher Trick, lebensgefährliche Gewalt zu veredeln. Ich nahm diesen Trick als aussagekräftiges Beispiel für ein seit dem Beginn des 19. Jahrhunderts zu beobachtendes Verfahren, jede Politik juristisch für richtig erklären zu können. Sachnäher war die Forderung von Studenten in Strafrechtsübungen, den ideologischen Gehalt des Straftatsystems offenzulegen. Verlangt wurde freilich nur, das Straftatsystem als kapitalistisches Konstrukt zu bezeichnen. Lehnte man das ab und untersuchte die politische Fähigkeit des Straftatsystems, begrenzende Strafrechtsinstitute einer auflösenden Tendenz auszusetzen, war die Sache erledigt. Das war für parteilich formulierte Fragen zu kompliziert. Man ging zum Üblichen über, das ohnehin unter allen Aufgeregtheiten weitergegangen war, nämlich zum soliden Fälle-Lösen als Vorbereitung auf den Erwerb von Examenswissen. Der Erfolg des Buchtyps „Wessels" in der ersten Hälfte der 70er Jahre des vorigen Jahrhunderts drückt die aufatmende Rückkehr zu einer Art strafrechtlicher Universitätsnormalität aus: Erlernen von vorgegebenem, überschaubarem, akademisch standardisiertem Stoff. Für mich selbst habe ich die Debatte mit den Studenten über Politik und Strafrechtsdogmatik genutzt, um Strafrechtsdogmatik als Sicherung von absoluten freiheitsschützenden Strafrechtsgrenzen zu beschreiben (Die Dogmatisierung von Rechtsproblemen bei Kant, ZNR 1979, S. 3).

Die Debatten in der Frankfurter juristischen Fakultät über Recht verliefen in den 70er Jahren des vorigen Jahrhunderts anregend. Diese Debatten fanden in Fluren, Fahrstühlen, Büros, beim Mittagessen, oft in Plenarversammlungen aller Hochschullehrer statt. Es gab Argumentations- und Abstimmungsfraktionen mit Hierarchieansprüchen, aber, anders als in der früheren Universität, mit offenen Grenzen. Die Organisationsfrage, ob in Frankfurt juristisch einstufig oder zweistufig ausgebildet werden sollte, wurde ein Gefäß für hitzige Auseinandersetzungen über die Frage, ob es Recht gibt, und, falls ja, welchen Inhalt es haben sollte. Diese Debatte fand ich einer rechtswissenschaftlichen Fakultät angemessen. Angemessen fand ich auch, daß man sich nicht einigen konnte. Gewinner war der Landesgesetzgeber. Er dachte nicht daran, einer Frankfurter Auffassung zu folgen, das rechtswissenschaftliche Studium sei als wissenschaftliche Vorbereitung auf eine bessere juristische Praxis als die vorhandene zu ordnen. Es wurde ein JAG verabschiedet mit einem hehren Vorspruch über kritisch-aufgeklärte Juristen und harten Vorgaben für das gefälligst zu Lehrende und zu Lernende. Der Fachbereich setzte als Frankfurter Besonderheit immerhin durch, daß das Studium der Rechtswissenschaft über etwa eineinhalb Jahrzehnte mit einer einsemestrigen Einführung in die Grundlagen des Rechts begann. Die Generaldebatte im Gesamtfachbereich verlief sich fast unbemerkt.

Im Strafrecht hielt sie an. Die Auseinandersetzung über die Organisation des Universitätsunterrichts im Strafrecht wurde kompromißlos und mit persönlicher Festigkeit betrieben als Auseinandersetzung über das richtige zweckmäßige oder das richtige zweckunabhängige Strafrecht. Es wurde ein wöchentliches Seminar der Frankfurter Hochschullehrer des Strafrechts und ihrer Mitarbeiter, auch der studentischen, verabredet. Der Streit hatte ein Forum, in dem er sich entfaltete. Am Anfang beteiligt waren: *Herbert Jäger*, *Winfried Hassemer*, *Klaus Lüderssen*, *Ernst Amadeus Wolff* und ich, als distanzierter Beobachter *Friedrich Geerds*.

Für die Teilnahme an der Debatte war selbstverständliche Voraussetzung breite Informiertheit und Selbständigkeit in der Argumentation. Das Strafrecht wurde als gesamtes Strafrecht aufgefaßt, einschließlich aller nur denkbaren Grundlagenfächer und Grenzgebiete. Verständigen konnte man sich nicht, aber man erfuhr genau, auf welcher Basis eine Kollegenargumentation im Strafrecht beruhte. Alle die Themen, die mich langfristig beschäftigten (vor allem die Vorstellung von einer Strafrechtswissenschaft als ständiger Überprüfung des Strafrechts, die Abgrenzung des Kernstrafrechts, die Auffassung von der ungebrochenen, Freiheit vernichtenden Bekämpfungs-Kontinuität im Strafrecht und der Abstand zu einer routinierten Dogmatik) konnte ich vorbringen und mußte sie scharf kritisieren lassen. Dieses Verfahren beruhte auf Gegenseitigkeit. Ein strafrechtswissenschaftliches Profil wurde gegen ein anderes gesetzt. Einen Eindruck von der damaligen strafrechtlichen Auseinandersetzung in Frankfurt geben die beiden Sammelbände „Hauptprobleme der Generalprävention“, 1979, und „Fortschritte im Strafrecht durch die Sozialwissenschaften?“, 1983. Bei den hausinternen didaktischen Organisationsproblemen konnte es bei der Anlage jenes Seminars nicht bleiben. Die an Präventionszielen orientierte Strafrechtsreform von der Mitte der 70er Jahre des vorigen Jahrhunderts an und die Veränderungen des Strafrechts und der Kriminologie durch die Verfolgung und Bestrafung des RAF-Terrorismus waren unvermeidliche Gegenstände des fest eingerichteten Dienstagsseminars der Frankfurter Strafrechtler. Die Frankfurter Dauerthemen gewannen einen aktuellen Zusammenhang. Meine Meinung war, daß die präventionsorientierte Änderung des Strafrechts, vor allem der Ausbau der Maßregeln, und der präventionsorientierte Abbau strafrechtsbegrenzender Regeln zur Bekämpfung des RAF-Terrorismus eine traditionsreiche gemeinsame Grundlage hatten, die effektive Verbrechensbekämpfung, und daß diese beiden Tendenzen sich gegenseitig verstärkten. Die hart formulierten Einwände, Prävention und Strafrechtsbegrenzung schlössen sich nicht aus, man müsse auf die strafrechtswissenschaftliche Beratung der parteipolitisch bestimmten Kriminalpolitik setzen, fand ich akademisch, unpolitisch, für die persönliche Freiheit gefährlich. Diese Meinungsunterschiede wurden bis in Verästelungen des positiven Strafrechts verfolgt und bei privaten Treffen weitergeführt. Eine Neuauflage des alten Schulenstreits, an einem Ort konzentriert, war das nicht. Es ging um die Spätfolgen dieses Streits, um den Sieg der Präventionslehren, um die wissenschaftliche Freude oder das wissenschaftliche Bedauern über diesen Sieg.

Mit anderen Personen und anderen Gegenständen besteht das Frankfurter Dienstagsseminar nach wie vor. Eine Frankfurter Schule des Strafrechts, wie manchmal zu lesen ist, gibt es nicht, wohl aber einen Frankfurter Debatten-Stil. Gespiegelt ist dieser Stil in den Bänden 50, 1997 (spanische Ausgabe 2000), 69, 1999 und 100, 2007 der Frankfurter kriminalwissenschaftlichen Studien (Themen: „Vom unmöglichen Zustand des Strafrechts“, „Irrwege der Strafgesetzgebung“, „Jenseits des rechtsstaatlichen Strafrechts“).

Meine Richtertätigkeit habe ich 1972–1995 als Mitglied des 3. Strafsenats des Oberlandesgerichts Frankfurt / Main fortgesetzt. Der Senat hatte eine für mich informative Zuständigkeit: Revisionen in Straßenverkehrssachen, Rechtsbeschwerden nach dem OwiG und Rechtsbeschwerden nach dem StrVollzG. Nach der Geschäftsverteilung im Senat hatte ich einen Teil der Revisionen zu bearbeiten. In den anderen Sachen wurde ich an Beratungen des Senats zu prinzipiellen Fragen beteiligt. Der Anfang war schwierig. In der Senatsarbeit stieß ich auf eine für die Strafrechtsentwicklung aussagekräftige Situation, mit der ich nicht zurechtkam. Das Verfahren nach § 349 II StPO (Verwerfung der Revision durch Beschluß ohne mündliche Verhandlung als offensichtlich unbegründet) war eingeübt. Dieses Verfahren wirkte auf mich – gewöhnt an die mündliche Verhandlung nach sorgfältiger Vorbereitung – oberflächlich. Da der Beschluß gem. § 349 II StPO nur einstimmig möglich ist, lehnte ich in meinen Sachen die Zustimmung ab. Es gab eine mündliche Verhandlung. Ich meinte, mich juristisch professionell zu verhalten. Aber ich hatte die organisierende Kraft der Geschäftsverteilung unterschätzt. Der Vorsitzende wies mich nach einiger Zeit durchaus kollegial auf folgende gerichtsverfassungsrechtliche

Situation hin: bei der Geschäftsverteilung an die Strafsenate sei bereits eingerechnet, daß viele Sachen zeitsparend im Beschlußwege erledigt würden; mein Verhalten störe den Arbeitsablauf im Senat beträchtlich. Ich hatte die Wahl zwischen dem Ausscheiden aus dem Gericht, ständigem kollegialem Mißmut im Senat und Nachgeben bei § 349 II StPO. Ich gab nach. Ich wirkte an Beschlußverfahren nach § 349 II StPO mit, auch wenn eine schwierig zu beratende Revision erst nach mehrstündiger Debatte offensichtlich unbegründet wurde. Heute meine ich, daß dieses Verhalten falsch war.

Die ständige Arbeit in einem strafrechtlichen Spruchkörper lieferte viele Informationen, die aus der Literatur und aus der höchstrichterlichen Rechtsprechung nicht zu entnehmen sind. Die weitreichende Bedeutung des Straßenverkehrsrechts – über dieses Gebiet hatte ich mein erstes Universitätsseminar gehalten – sah ich in jeder Akte, die auf meinen Tisch kam: lebensgestaltend für alle Bürger; ständige Ausweitung; Abhängigkeit von der Automenge; Pendeln zwischen Schutz von Leben, Gesundheit und Vermögen einerseits, Ermöglichen von Verkehrsfluß, damit Unterstützung der Autohersteller und der von ihnen geschaffenen Arbeitsplätze andererseits; ständige Verschiebung der Grenze zwischen Unfall und zurechenbarer Tat; großes Ermessen bei den Sanktionen, zugleich der Versuch, über Verordnungen und Kataloge das Ermessen auszuschließen; das dauernde Vermehren und Verstärken der steuernd gemeinten Straßenverkehrsregeln bei gleichzeitiger Unwilligkeit, das Einhalten der Regeln zu organisieren. Das Vordringen der Einstellungsmöglichkeit nach § 153 II StPO in der Revision begann. Die Vorformen der Verständigung im Strafprozeß waren in den Akten zu sehen. Die Anlässe aus den konkreten Verfahren, die Gegenstände, die ich in Vorlesungen ausbreitete, nach ihrer Wichtigkeit für die Entwicklung des Strafrechts zu befragen, waren nicht zu bewältigen. Die Tätigkeit im Senat verschaffte mir einen festen Standpunkt in der laufenden Debatte über die Veränderung des Jurastudiums. „Juristenausbildung" ist ein Versprechen, das die Universität nicht halten kann. Ausbildung von Juristen in praktischen Berufen ist in der Universität nicht möglich. Strafrechtliches Revisionsrecht als Beruf muß man, gleichgültig, ob Richter, Staatsanwalt oder Verteidiger, beherrschen. Diese Beherrschung kann man im Hörsaal nicht erreichen. Aber auch durch Einüben von Routinen strafrechtlicher Revisionsarbeit ist Revisionsrecht nicht beherrschbar. Wenn man im Hörsaal verstanden hat, warum und in welchem Umfang es strafrechtliche Revisionen geben muß, welches Verfahren einer Revision angemessen ist, und anschließend anfängt, Revisionen zu bearbeiten, hat man eine Aussicht, Revisionsrecht zu beherrschen.

In den ersten eineinhalb Jahrzehnten der Frankfurter Zeit habe ich mich als Dekan der juristischen Fakultät, als Vizepräsident der Universität, als Mitglied vieler Ausschüsse und als DFG-Gutachter an der Selbstverwaltung der Wissenschaft beteiligt. Die langjährige Gutachtertätigkeit bei der DFG hielt die Überlegung wach, ob der Gegenstand der Strafrechtswissenschaft nicht zu eng aufgefaßt wird. Durch die längere Beteiligung an der Universitätsverwaltung erfuhr ich, wie die Universität sich entwickelt und ob die Selbstverwaltung diese Entwicklung gestalten kann. Aus der Nähe konnte ich beobachten, was das Zusammentun der fortschrittlichen Reformkräfte in der Universität mit dem Gesetzgeber um 1970 bewirkt hatte. Die Reformkräfte bekamen ihr Gesetz und erhielten auf diesem Weg das Übergewicht über die Gegner der Reform. In diesem konkreten Vorgang steckte ein Prinzip. In Kiel hatte ich an einer Universität angefangen, die nur eine selbstgegebene, vom zuständigen Ministerium genehmigte Satzung hatte. Der Ruf nach dem Gesetzgeber beendete die Satzungshoheit der Universität. Die Universität verlor Zutrauen und Zuständigkeit, sich selbst neu zu verfassen. Wer künftig in der Universität etwas ändern wollte, mußte den parteipolitisch geleiteten Gesetzgeber für sich gewinnen, der aber selbst zu wissen meinte, was die Universitäten zu sein hätten. Die Uninformiertheit, mit der ich die wissenschaftspolitischen Sprecher der Parteien und Wissenschaftsministerien über die Aufgabe und den Zustand der Universität habe reden hören, war überraschend.

Die Reformgesetzgebung der 70er Jahre des vorigen Jahrhunderts verteilte die Macht in der Universität neu und schuf damit ein Modell, das immer weiter ausgebaut wurde. Diese Reformgesetzgebung demokratisierte die Universitätsstrukturen, aber nicht um der Demokratisierung willen, sondern um Ruhe in der Universität zu bekommen. Kaum war die Ruhe erreicht, verlief sich der demokratische Elan ohne Aufsehen. Die aus der Reformbewegung stammenden Gremien wurden zunächst bürokratisiert, dann durch vorgeblich besser funktionierende Strukturen ersetzt. Breit hervor trat, was in den Unruhen und Reformen immer mitgelaufen war: die Umstellung der Universität auf das gerade gesellschaftlich Nützliche, an dessen inhaltlicher Bestimmung die Universität nur am Rande beteiligt war. Auch für diese Umstellung stand und steht die Gesetzesform zur Verfügung.

Für den juristischen Bereich bedeutete diese Entwicklung die Ausrichtung auf das Recht als Dienstleistung nach aktuellen, von außen an den juristischen Teil der Universität herangetragenen Inhalten. Der Ausdruck „Studium der Rechtswissenschaft (Strafrechtswissenschaft)“ verschwand. Das Strafrecht hatte, aus der Sicht der Strafgesetzgebung, als Teil des Präventionsbetriebs aufgefaßt zu werden. Für einen gewichtigen Teil der Strafrechtswissenschaft war das nicht schwierig. Dieser Teil hatte die Wendung vom Bestrafen der Tat in der Vergangenheit zur Prävention, zum strafrechtlichen Vorwegnehmen von Gefahren und Risiken, schon vollzogen. Das Beharren der Strafrechtswissenschaft auf ihrer Zuständigkeit für das Bestimmen der Richtung und der Grenze der Prävention war eine Selbsttäuschung. Diese Zuständigkeit wanderte ab in die politischen Parteien. Die Juristenausbildungsgesetze zogen die Konsequenz. Sie bestimmten immer enger, was zu lehren war. Seit dem Berufsbeginn 1964 hatte ich mir die feste Auffassung gebildet, kein Universitätsgesetz und kein Juristenausbildungsgesetz könne meiner Art, das Fach Strafrecht in Forschung und Lehre angemessen zu vertreten, etwas anhaben, solange die Studenten mir zutrauten, sie aussichtsreich für das Examen auszustatten. Mit dieser Auffassung bin ich selbst mit den didaktisch aberwitzigen Massenvorlesungen, die eine Folge der Universität als Dienstleistungsunternehmen waren, zurechtgekommen (Lob der Massenvorlesung, KJ 1997, S. 240). Mitte der 90er Jahre des vorigen Jahrhunderts war nicht zu übersehen, daß ich mich trotz aller Verwaltungserfahrung im Irrtum befand. Die gegenüber der Universität selbstgewiß auftretende Gesetzgebung erreichte den Kern der Organisation und des Inhalts von juristischen Lehrveranstaltungen und verhielt sich gelangweilt zum Problem unabhängiger rechtswissenschaftlicher Arbeit.

Nach der Wiedervereinigung 1989/1990 bin ich noch einmal in die Selbstverwaltung zurückgekehrt als Mitglied der Kommissionen zur Erneuerung zweier juristischer Fakultäten in den neuen Bundesländern. Was ich zu sehen bekam, war nicht mehr überraschend. Die Erneuerung der juristischen Fakultäten in den neuen Bundesländern war die Stunde der wissenschaftspolitischen Exekutive. Selbstverwaltung bestand in unverbindlichen Anregungen an diese Exekutive. Die arrogante juristische Figur der „Abwicklung" von Institutionen und Personen an den Universitäten der ehemaligen DDR, gehandhabt von der Exekutive, machte Selbstverwaltung der Wissenschaft gegenstandslos.

Von Frankfurt aus ergaben sich viele Möglichkeiten, strafrechtswissenschaftliche Auffassungen im In- und Ausland in Vorträgen zu präsentieren und mündliche Kommentare zu hören. Die Chancen, im europäischen Ausland, vor allem im ehemaligen Ostblock (in der DDR, in Polen und Ungarn) und in den USA vorzutragen, habe ich ausgiebig genutzt, freilich mit zunehmender Skepsis. Die persönliche Verbindung zu ausländischen Kollegen war ein großer Gewinn. Doch wenn man nicht in der Landessprache vortragen und leidlich diskutieren kann, sind die Informationsverluste deutlich und nur durch kollegiale Höflichkeit auszugleichen. Eine der bedrängendsten juristischen Unterredungen meiner Laufbahn verdanke ich einer Vortragsreise. Anfang März 1990 traf ich, bei noch bestehender DDR, in Ostberlin einen Mitarbeiter der Generalstaatsanwaltschaft der DDR im Anschluß an einen Vortrag in der Humboldt-Universität über „die Zerbrechlichkeit des rechtsstaatlichen Strafrechts". Der Fußweg von meinem West-Hotel zur Universität führte durch einen Spalt in der Berliner Mauer, für mich ein zementenes Beispiel für mißlungene, opferreiche Prävention. Die akademisch formulierte Rechtsfrage unserer Unterredung war, ob die Ermittlungsverfahren gegen *Honecker* und andere hohe Funktionäre der DDR nach DDR-Recht oder nach den Regeln des

Nürnberger Tribunals zu führen seien. Meine entschiedene Meinung war, daß allein die Regeln des Nürnberger Tribunals die geplanten Verfahren tragen und die Strafrechtsentwicklung fördern könnten. Der Gesprächspartner stimmte den juristischen Argumenten zu, die ich vorbringen konnte. Aber er wandte ein, daß ein Vorgehen nach den Regeln des Nürnberger Tribunals *Honecker* und seine Mittäter zu sehr in die Nähe von *Hitler* und *Himmler* brächten; das sei politisch nicht richtig. Lehrreicher kann man modernes strafrechtliches Argumentieren nicht erleben. Eine dringend notwendige Stütze für die Brücke zwischen Nürnberger Tribunal 1945/1946 auf der einen Seite, Jugoslawien-Tribunal 1993 und Internationalem Gerichtshof 1998 auf der anderen Seite war als Konstruktion zu sehen. Sie ist wegen interessanter juristisch-politischer Überlegungen nicht gebaut worden. Die Verfahren gegen DDR-Staatskriminelle sind in der DDR und alsbald in der BRD nach nationalem DDR- oder BRD-Recht geführt worden mit allen begrifflichen Erschwerungen und allen Privilegierungen der Täter, die unausbleiblich, teilweise willkommen waren (s. Die strafjuristische Privilegierung staatsverstärkter Kriminalität, 1996).

Die Veröffentlichungen seit dem Wechsel nach Frankfurt folgen der mit der Dissertation und der Habilitationsarbeit begonnenen Linie. Die Frage nach dem Umfang eines Strafrechts, dessen Verbindlichkeit politisch unabhängig ist, schien mir immer wichtiger. Die Frage, ob in den Kontinuitäten des modernen Strafrechts aussichtsreich nach einem solchen Strafrecht gesucht werden kann, kam mir immer aktueller vor. Ich meinte, mit dem Verfolgen dieser Fragen nicht persönliche Steckenpferde zu reiten, sondern Probleme zu beachten, denen die Strafrechtswissenschaft nicht ausweichen dürfe. Meine wissenschaftlichen Probleme waren die Probleme aus der alltäglich mich umgebenden Politik bis zum Ende des Jahrtausends und danach.

Die Zeit ab 1970 war eine wissenschaftlich schnellebige Zeit, auch im Strafrecht. Die kantige politische Sprache, die man über Jahre in der Jurisprudenz gehört hatte, wurde von einem vornehmen Ton abgelöst. An *Marx* orientierte Haltungen wurden fast über Nacht aufgegeben. Für solche Meinungswechsel bürgerte sich der aus der Geschichte der Naturwissenschaften stammende edle Ausdruck „Paradigmenwechsel“ ein. Ein fachlicher Standpunkt, den man leicht wieder aufgeben konnte, wurde ein „approach“. Es warteten Autoritäten, die übernommen werden wollten, vor allem Diskurstheorie (Konsenstheorie) und Systemtheorie. In der Wissenschaftssprache tauchten bestimmte, neu entdeckte Worte aus diesen Theorien wie Feldzeichen auf. Was vor kurzem noch Erörterung, Debatte, Überlegung war, wurde nun „Diskurs“. Die „Unmöglichkeit von Letztbegründungen“ war in aller Munde. Allerdings zog man aus dieser Unmöglichkeit nicht die kantische Konsequenz, daß diese Unmöglichkeit im Recht jede Verbindlichkeit auflöst. Man betrieb Rechtswissenschaft ohne Letztbegründung oder, weit anspruchsvoller, „als ob“ es Letztbegründungen gäbe, über die aber nicht gesprochen werden müsse. Für „ungerecht" setzte man „nicht nachvollziehbar", für „gerecht" sagte man „es gibt keine Alternative". Die Befreiung von der Suche nach Letztbegründung für das Strafen tauchte als Erlaubnis, strafrechtliche Phantasie zu entwickeln, wieder auf. Man erfand munter neue Straftaten, neue Strafen, neue Strafalternativen, neue Maßregeln, neue informelle Sanktionen und neue außerrechtliche Ordnungsmechanismen. „Legitimation durch Verfahren" entfaltete eine ähnliche Faszination wie weiland das Naturrecht. Gerade noch hatten Studenten sich dagegen verwahrt, daß in Vorlesungen lateinische Ausdrücke verwendet wurden, da fanden sie nichts dabei, die Vokabel vom „Recht als autopoietischem System" zu lernen; vielen Studenten war der Ausdruck „selbstreflexives Recht" lieber. Die „Reduktion von Komplexität" wurde zum wohlfeilen Etikett. Aus der Studentenrevolte hielt sich die Formel „hinterfragen", wohl weil sie ein einfacheres Vorgehen gestattete als „mit Gründen bezweifeln". Der Gerechtigkeitsbegriff wanderte widerstandslos in das Argumentationsarsenal der politischen Parteien ab. In der Strafrechtswissenschaft bürgerte sich ein mit dem Grundgesetz gezähmter Relativismus ein, für das alltägliche Arbeiten übersetzt in einen gemäßigten Positivismus, der ausreichend Spielraum beim Umgang mit Gesetzen bot. Dieser Spielraum wurde schnell größer, als man entdeckte, daß auch der Grundrechtsteil des GG den üblichen aufweichenden Auslegungsmethoden unterworfen werden konnte. Für meine eigenen strafrechtlichen Arbeiten habe ich daran festgehalten, daß die Stärke der Machtbegrenzung durch die Grundrechte einer zeitgemäßen Abschwächung durch einfache juristische Techniken nicht zugänglich ist (Die Legitimation strafrechtlicher Normen, in: *Lüderssen* (Hrsg.), Aufgeklärte Kriminalpolitik oder Kampf gegen das Böse, Band I, 1998, S. 156).

Die Diskurstheorie hielt ich für die alte BRD in Gedanken gefaßt, hielt sie für kongenial den flachen Konflikten der alten Bundesrepublik. Für die harten Konflikte, die ich aus meiner Biographie, aus der strafrechtlichen Praxis und aus der Entwicklung kriegerischer Politik nach 1989 kannte, war sie unergiebig. Auch schien mir die strafrechtliche Einverständnis- und Einwilligungslehre erfahrungsreicher und sorgfältiger durchdacht als eine allgemeine Konsenstheorie, die mit der Diskurstheorie offenbar verwandt war.

Die Systemtheorie kam mir für das Strafrecht unoriginell vor. Die Hauptinhalte der Systemtheorie stehen für das Strafrecht schon bei *Feuerbach*. Jede präventive Straftheorie trägt die Systemtheorie weiter. Dem frühen Protagonisten der Systemtheorie in der BRD, *N. Luhmann*, bin ich in der zweiten Hälfte der 60er Jahre des vorigen Jahrhunderts bei Tagungen zur Planung der Universität Bielefeld auf Schloß Rheda begegnet. Die Frage an die Systemtheorie, ob sie auch die Abläufe in einem Konzentrationslager theoretisch bearbeiten könne, ohne diese Abläufe als ungerecht zu bewerten, lag nahe. Die Antwort war, daß die Systemtheorie dies könne. Es gehe nur um Beobachtung. Der Einwand, es sei einer Systemtheorie doch nicht bei Strafe verboten, sondern wegen der Einsicht in das Funktionieren von Systemen geradezu aufgegeben, in ihre Überlegungen Mechanismen zur Zerstörung falscher sozialer Systeme einzubauen, wurde mit der Bemerkung, falsche Systeme kenne eine Systemtheorie nicht, abgetan. Strafrechtlich ist eine solche Theorie entweder langweilig oder politisch höchst stabilisierend. Die später zu hörende Behauptung, alles im Recht sei, z.B. durch Vernetzung und Globalisierung, so unerhört kompliziert geworden, daß man die komplexen Theorieangebote der Systemtheorie und ihrer Fortbildungen brauche, stimmt für das Strafrecht nicht. Das ständige Behaupten der unerhörten Kompliziertheit modernen Strafrechts will nicht sehen, daß die Tatsachen einfach sind und daß wir Mühe genug haben, sie praktisch zu beherrschen. Es gab seit 1970 und gibt seither immer mehr angeblich verbrechensbekämpfendes Strafrecht. Die Theorien, die unter den Universitätsunruhen hervorkamen, konnten die aus jeder Ausgabe des BGBl. herauskommenden Massen von Strafrecht, Maßregelrecht, Polizeirecht und Ordnungswidrigkeitenrecht, im Regelfall austauschbar, nicht kontrollieren.

Die Frage, wie solche Massen kontrolliert werden können, blieb wissenschaftlich meine Hauptfrage. Ich wollte das Interesse der Studenten für diese Frage gewinnen. In Kiel hatte ich begonnen und in Frankfurt habe ich fortgesetzt, für Erstsemester einführende Übersichten über das gesamte Strafrecht, seine Entwicklungstendenzen und seine Macht vorzutragen. Aus diesen Versuchen ist das Buch „Strafrecht. Eine Einführung“ geworden (1. Auflage 1975; 10. Auflage 2002). Mit diesem Buch kann man keine Fälle lösen. Aber man kann sich klarmachen, welch’ kleiner und künstlicher Ausschnitt aus dem Strafrecht das „Fälle-Lösen“ ist. Ebenfalls an die Studenten wendet sich der Text „Rechtsphilosophische Grundbegriffe“ (1. Auflage 1982; 6. Auflage 2008, neu bearbeitet von *Regina Harzer*, Mitarbeiterin an meiner Frankfurter Professur, jetzt Professorin für Strafrecht und Rechtsphilosophie in Bielefeld). Diese „Grundbegriffe“ haben eine scharf zugespitzte Absicht. Sie wollen den studentischen Leser überzeugen, daß die kantische Frage „Was ist Recht?“ (*Kant*, Metaphysik der Sitten, Einleitung in die Rechtslehre, § B) schwer, vielleicht überhaupt nicht zu beantworten ist, jedenfalls nicht dadurch zu beantworten ist, daß man immer mehr Texte im Gesetzblatt druckt und dann systematisiert. Die „Grundbegriffe“ versuchen, rechtsphilosophische Information verständlich zu formulieren. Dabei zeigt sich, daß die Antworten auf die Frage nach einem verbindlichen Recht mit den modernen Rechtstheorien immer flacher, die Kontrolle der Rechtsentwicklung durch die Wissenschaft immer schwieriger werden.

Ich suchte, dem alten Plan folgend, bei den anerkannten strafrechtlichen Autoritäten nach Kontrolltechniken für das Strafrecht und fand, daß diese Autoritäten an solchen Techniken nicht sonderlich interessiert waren. *Beccaria*, als Kronzeuge für modernes Strafrecht überall anerkannt, findet in der säkularen Strafe ein Mittel zum Zweck der Erhaltung der Staatssicherheit ohne feste Grenzen. Wenn es notwendig ist, dürfen unverbesserliche Staatsfeinde getötet, Schwerverbrecher zu lebenslanger Knechtschaft verurteilt und Körperstrafen verhängt werden (*Beccaria*: Strafrechtskritiker und Strafrechtsverstärker, Einführung zu: *Beccaria*, Von den Verbrechen und von den Strafen – 1764 –, neu übersetzt von *Thomas Vormbaum*, 2004, S. IX ff.). *Feuerbach* besteht auf dem klaren Strafgesetz, freilich nur, weil es nach seiner Meinung am besten präventiv funktioniert. Die Todesstrafe ist für *Feuerbach* unentbehrlich (*Feuerbachs* Lehre von der Funktionstüchtigkeit des gesetzlichen Strafens, in : *Hilgendorf* und *Weitzel* (Hrsg.), Der Strafgedanke in seiner historischen Entwicklung, 2007, S. 101 ff.). – Für *Binding*, den man einen Klassiker nennt, ist die Strafe Zweckstrafe. Der Zweck – die Sicherung sozialer Normen – wird durch klare generalpräventive Strafen erreicht. Die wandelbare soziale Norm macht das Strafrecht zeitgemäß, bis hin zur „Freigabe der Vernichtung lebensunwerten Lebens“ (Rechtstheorie und Staatsverbrechen, Einleitung zum Neudruck von *Binding / Hoche*, Die Freigabe der Vernichtung lebensunwerten Lebens – 1920 –, 2006, S. VI ff.). – *v. Liszt* betreibt Sicherheitspolitik durch zweckmäßiges, spezialpräventives Strafrecht. Wenn die Sicherheit es verlangt, sind die Strafknechtschaft, die Prügelstrafe und die Todesstrafe nicht zu vermeiden. Das Strafgesetz ist nur die paradoxe Beschränkung zweckmäßiger Maßnahmen (Die Kriminalpolitik des Marburger Programms 1882, in: Über die Zerbrechlichkeit des rechtsstaatlichen Strafrechts, 2000, S. 223 ff.). – *Radbruch* formuliert in der Nachfolge *v. Liszts* eine schillernde Kriminalpolitik. Was der Gesetzgeber als der Allgemeinheit dienlich vorschreibt, muß der Praktiker exekutieren. Die Grenze ist allein ein enger, timider Begriff des gesetzlichen Unrechts („Gesetzliches Unrecht“: ein aktueller juristischer Grundbegriff, in: *Faber* und *Frank* (Hrsg.), Festschrift für E. Stein, 2002, S. 283 ff.). – *Kelsen* mutet dem Juristen zu, an eine verbindliche „Grundnorm“ zu glauben, damit alles positive Recht verbindlich werde, belohnt den Juristen für diese Zumutung freilich durch das Ermöglichen eines guten Gewissens für die dogmatischen Verfahren in der Rechtswissenschaft. Daß alle Rechtsinhalte der gerade aktuellen Politik ausgeliefert werden, ist die unvermeidliche Konsequenz bei *Kelsen*. Nationalsozialistische und stalinistische Strafsysteme sind nicht als richtig oder falsch bewertbar (Die Folgen der reinen Rechtslehre für das Verhältnis von Recht und Politik, in: *Joerden* und *Wittmann* (Hrsg.), Recht und Politik, 2004, S. 37 ff.).

Die Frage der Kontinuitäten im praktizierten Strafrecht stellte sich mit der Kontinuität des entgrenzten Strafrechts bei den wissenschaftlichen Autoritäten schärfer. Die Suche nach entgrenzten strafrechtlichen Praktiken war nicht schwierig, wenn man die Suche erst einmal begann. Die Entgrenzung des säkularen Strafrechts findet sich in der französischen Revolution, im gesamteuropäischen Kolonialstrafrecht, im Strafrecht des 1. Weltkrieges, im Strafrecht der Münchener Räterepublik 1918/1919, im politischen Strafrecht am Ende der Weimarer Republik, im Strafrecht der NS-Zeit, im Strafrecht der unmittelbaren Nachkriegszeit und – sicher nicht zum letzten Mal – im Strafrecht der DDR (Nachweise in: Über die Zerbrechlichkeit des rechtsstaatlichen Strafrechts, 2000). Die Linie ist massiv und wird gegenwärtig in einem großräumigen Sicherheitsstrafrecht ausgezogen. Gegenüber dieser Massivität ist die Behauptung, immer handele es sich um Perversionen eines eigentlich guten präventiven Strafrechts, einfallslos.

Die Untersuchung einzelner aktueller strafrechtlicher Regelungen belegt, daß das entgrenzte Strafrecht in den Details angekommen ist. Die Untersuchungsgegenstände sind breit gestreut; ich halte sie für repräsentativ: Kausalzusammenhang zwischen Täuschung und Irrtum beim Betrug; Vermögensgefährdung beim Betrug; überhaupt das Modell „Betrug", dessen Wucherung nicht zu stoppen ist; straftatsystematische Einordnung des § 153 StPO; § 113 StGB; Absprachen im Prozeß; immer wieder § 81a StPO, eine Bestimmung, die an gewalttätiger ausbreitungsfähiger Modernität nicht zu übertreffen ist (Nachweise in: Gesetzlichkeit und Kriminalpolitik, 1999).

Feste Grenzen für das Strafrecht sind nicht bei seinen Autoritäten zu finden und nicht in seiner neueren Geschichte und nicht in seiner gegenwärtigen gesetzlichen Ausprägung und nicht in seiner dogmatischen Bearbeitung. Das politische Weltbild der Strafrechtsdogmatik geht über variationsreiche Entwürfe zur Verbrechensbekämpfung nicht hinaus. Es herrscht seit dem Anfang des 19. Jahrhunderts ein Straf- und Maßregeloptimismus. Die Rückfrage bei meinen Anfängen, was es mit dieser Situation auf sich habe, ergab die Antwort, daß die Kritik des Strafrechts erst noch zu formulieren ist, und zwar nicht, wie üblich, als Kritik der gerade herrschenden Kriminalpolitik anhand einer anderen Kriminalpolitik. Diese Kritik mußte zu formulieren sein als Widerstand gegen ein nur als Beitrag zur Verbrechensbekämpfung aufgefaßtes Strafrecht.

Ich begann mit dem Versuch, bei der Strafrechtswissenschaft die Einbeziehung aller neuen Beendigungsformen des Strafverfahrens (informelle Erledigungen), der Strafzumessung, der Maßregeln und der Prinzipien des Strafprozeßrechts in das Straftatsystem anzuregen (Grundlinien einer rechtsstaatlich-praktischen allgemeinen Straftatlehre, 1979 und Strafrecht. Eine Einführung, 10. Aufl.,

2002, § 7 Rn. 303 ff.). Die Resonanz war gering. Das führte zu der Freiheit, einen wichtigen Gegenstand der Strafrechtswissenschaft als Kritik des staatlichen, nur noch einem undeutlichen Sicherheitsziel verpflichteten Strafrechts zu bestimmen. Von der kriminalpolitisch orientierten Aufbereitungsdogmatik setzte ich eine liberale Strafbegrenzungsdogmatik ab (GA 1998, S. 271 ff.). Der Ausdruck, Strafrecht ist „Verbrechensbekämpfungsbegrenzungsrecht" (ZStW 1982, S. 563 f.), erlangte, wahrscheinlich wegen seiner sprachlichen Exotik, einige Bekanntheit. Wichtiger ist mir die Skizze eines Programms kritischer Strafgesetzlichkeit, das sich auf die Herauslösung und Ordnung kritischen gesetzten Rechts aus der Masse zweckmäßigen Strafrechts stützen kann (Die zweckmäßige und die kritische Strafgesetzlichkeit, dargestellt an den Lehren Feuerbachs, in: Quaderni Fiorentini, 36, 2007, S. 284 ff.). Noch wichtiger ist die Konfrontation des verbrechensbekämpfenden Straf-, Maßregel-, Ordnungswidrigkeiten- und Polizeirechts mit staatskritischen Absolutheitsregeln (Rechtstheorie und Staatsverbrechen, Einleitung zu *Binding* / *Hoche*, Die Freigabe der Vernichtung lebensunwerten Lebens – 1920 –, Neudruck 2007, S. LII). In dieser Konfrontation stecken die Anfänge eines organisierten Auseinandertretens von staatsnaher und staatsdistanzierter Strafrechtswissenschaft (Über die Zerbrechlichkeit des rechtsstaatlichen Strafrechts, 2000, S. 263 f.).

Beim Weiterarbeiten bemerke ich, daß ich gar nicht originell bin. Im Strafrecht und in der Kriminologie gibt es eine facettenreiche Linie, die als Teil der Strafrechtswissenschaft eine unabhängige Kritik an einem Strafrecht der Unterstützung der gerade aktuellen Politik formuliert.

Und wissenschaftsgeschichtlich geht es mir offensichtlich beim Entwickeln der Vorstellung von einer selbständigen, staatsdistanzierten Abteilung der Strafrechtswissenschaft um die Wiederaufnahme des strafrechtskritischen Teils des Naturrechts des 18. Jahrhunderts, um das Beharren auf der strafrechtskritischen (niemals strafrechtsbegründenden) Kraft der Menschenrechte und um den Versuch, die kantische Kritik einer bloß empirischen, positiven Rechtslehre als wissenschaftliches Handlungsprogramm aufzufassen und an Einzelheiten des modernen Strafrechts zu erproben. Ich finde mich bei meinen juristischen Anfängen wieder, in der Problemformulierung genauer und materialreicher, in der Sache wissenschaftlich wahrscheinlich nicht klüger, persönlich jedoch entschiedener.

# *Schriftenverzeichnis (in Auswahl)*

## *1. Selbständiges Schrifttum*

Kant und die psychologische Zwangstheorie Feuerbachs, Kieler Rechtswissenschaftliche Abhandlungen 3, 1962.

Beiträge zur gesamten Strafrechtswissenschaft, Festschrift für Hellmuth Mayer, Mitherausgeber, 1966.

Rechtssoziologie und Rechtspraxis, Mitherausgeber, zusammen mit Paul Trappe, Sammlung Luchterhand 8, 1970.

„Verteidigung der Rechtsordnung" (§§ 14, 23 StGB), Kritik an der Entstehung und Handhabung eines strafrechtlichen Begriffs, Mitverfasser, 1971.

Über die juristische Relevanz der Sozialwissenschaften, 1972.

Über Generalklauseln und Rechtsanwendung im Strafrecht, 1973.

Tendenzen der Strafrechtsentwicklung, 1975.

Strafrecht. Eine Einführung, 1. Aufl. 1975, 10. Aufl. 2002.

Empfiehlt es sich, in bestimmten Bereichen der kleinen Eigentums- und Vermögenskriminalität, insbesondere des Ladendiebstahls, die strafrechtlichen Sanktionen durch andere, zum Beispiel durch zivilrechtliche Sanktionen abzulösen, gegebenenfalls durch welche?, Gutachten D zum 51. DJT, 1976.

Hauptprobleme der Generalprävention, zusammen mit Winfried Hassemer und Klaus Lüderssen, 1979.

Grundlinien einer rechtsstaatlich-praktischen allgemeinen Straftatlehre, Sitzungsberichte der Wissenschaftlichen Gesellschaft an der Johann Wolfgang Goethe-Universität, 1979.

Rechtsphilosophische Grundbegriffe, 1982, 5., von Regina Harzer neu bearbeitete Aufl. 2005.

Fortschritte im Strafrecht durch die Sozialwissenschaften?, zusammen mit Winfried Hassemer und Klaus Lüderssen, 1983.

Die Wechselwirkung zwischen Strafziel und Verbrechensbegriff, Sitzungsberichte der Wissenschaftlichen Gesellschaft an der Johann Wolfgang Goethe-Universität, 1985.

Kants Kritik der empirischen Rechtslehre, Sitzungsberichte der Wissenschaftlichen Gesellschaft an der Johann Goethe-Universität, 1996.

Die strafjuristische Privilegierung staatsverstärkter Kriminalität, 1996.

Gesetzlichkeit und Kriminalpolitik, Abhandlungen zum Strafrecht und zum Strafprozessrecht, 1999.

Über die Zerbrechlichkeit des rechtsstaatlichen Strafrechts, Materialien zur neueren Strafrechtsgeschichte, 2000.

## 2. *Aufsätze in Zeitschriften und Sammelwerken*

Versuch über den aktuellen Stil des Rechts, Schriften der Hermann-Ehlers-Akademie Kiel, Nr. 19, 1986 sowie in KritV 1986, S. 189–210.

Das System prozessualer Entkriminalisierung, in: Festschrift für Gerald Grünwald, 1999, S. 403–418.

Konturen eines nach-präventiven Strafrechts, KritV 1999, S. 336–354.

Kants Rechtslehre im Alltag, in: Landwehr, Götz (Hrsg.), Freiheit, Gleichheit, Selbstständigkeit, 1999, S. 89–102.

Eine leblose Vorschrift: Art. 103 II GG, KritV Sonderheft 2000, Winfried Hassemer zum 60. Geburtstag, S. 132–138.

Staatstheorie und Verbotsirrtum, in: Festschrift für Claus Roxin, 2001, S. 503–518.

11 Thesen zur Entwicklung rechtsstaatlicher Grundlagen europäischen Strafrechts, zusammen mit Peter-Alexis Albrecht, Stefan Braum, Günther Frankenberg, Klaus Günther, Spiros Simitis, KritV 2001, S. 279–289.

„Gesetzliches Unrecht“: Ein aktueller juristischer Grundbegriff, in: Festschrift für Ekkehart Stein, 2002, S. 283–296.

P.J.A. Feuerbachs Begriff der Strafrechtskritik, in: Festschrift für Klaus Lüderssen, 2002, S. 297–304.

Bürgerliche Kriminalität, Staatskriminalität und Rückwirkungsverbot, in: Festschrift für Stefan Trechsel, 2002, S. 505–516.

Über protokollierende und summierende (neuere) Strafrechtsgeschichte, in: Eckert, Jörn (Hrsg.), Der praktische Nutzen der Rechtsgeschichte, Hans Hattenhauer zum 8. September 2001, 2003, S. 353–361.

Fragen an Feuerbachs Staatsbegriff, in: Gröschner, Rolf und Haney, Gerhard (Hrsg.), Die Bedeutung P.J.A. Feuerbachs (1775–1833) für die Gegenwart, 2003, S. 41–48.

Beccaria, Strafrechtskritiker und Strafrechtsverstärker, in: Beccaria, Von den Verbrechen und von den Strafen, 1764, aus dem Italienischen von Thomas Vormbaum, 2004, S. IX- XLVI.

Das Strafrecht der Münchener Räterepublik 1978/19 als strafrechtliches Modell, in: Naucke, Wolfgang und Seifert, Achim (Hrsg.), Barreneche, Materialien zu einer Strafrechtsgeschichte der Münchener Räterepublik 1918/19, 2004, S. XI–XV.

Das Zerfasern des Strafrechts, in: Althoff, Martina u.a. (Hrsg.), Zwischen Anomie und Inszenierung. Interdisziplinäre Studien zu Staat und Recht 31, 2004, S. 42–56.

Die Folgen der reinen Rechtslehre für das Verhältnis von Recht und Politik, in: Joerden, Jan C. und Wittmann, Roland (Hrsg.), Recht und Politik, 2004, S. 37–49.

Rechtstheorie und Staatsverbrechen, in: Binding, Karl und Hoche, Alfred (Hrsg.), Die Freigabe der Vernichtung lebensunwerten Lebens, Neudruck 2006, S. VI–LXXI.

Feuerbachs Lehre von der Funktionstüchtigkeit des gesetzlichen Strafens, in: Hilgendorf, Eric und Weitzel, Jürgen (Hrsg.), Der Strafgedanke in seiner historischen Entwicklung, 2007, S. 101–125.

Die zweckmäßige und kritische Strafgesetzlichkeit, dargestellt an den Lehren J.P.A. Feuerbachs (1775–1833), in: Principio di legalitá e diritto penale, Quarderni Fiorentini, 36, 2007, S. 321–345.

Die Zerstörung der Konkurrenzlehre durch das moderne Strafrecht, in: Institut für Kriminalwissenschaften und Rechtsphilosophie Frankfurt a.M. (Hrsg.), Jenseits des rechtsstaatlichen Strafrechts, 2007, S. 415–427.

Die Erzeugung prozessualer Gewalt durch die Auslegung materiellen Rechts, in: Festschrift für Rainer Hamm, 2008, S. 497–513.

Claus Roxin

# Claus Roxin
# Mein Leben und Streben

## *I. Persönlicher Werdegang*

Ich bin am 15. Mai 1931 in Hamburg geboren. Mein Vater war Angestellter und später Prokurist bei der Barclays Bank in Hamburg, der er – mit kriegsbedingter Unterbrechung – bis zu seiner Pensionierung treu geblieben ist. Meine Mutter war Sekretärin gewesen, hat sich aber nach ihrer Heirat, wie es damals üblich war, allein dem Haushalt und der Familie gewidmet. Vater und Mutter waren in Hamburg geboren. Die Eltern beider stammten aus Mecklenburg; ein Dorf in der Nähe von Schwerin trägt den Namen *Roxin* und ist wohl der Ursprungsort der väterlichen Familie, die sich im 19. Jahrhundert weit über die Welt zerstreut hat. Beide Großelternpaare waren aus der armen Provinz in die große Stadt gezogen, die bessere Verdienstmöglichkeiten und ein anregenderes Leben bot.

Im Elternhaus im Hamburger Elbvorort Blankenese habe ich zusammen mit einem knapp vier Jahre jüngeren Bruder, mit dem mich noch heute eine herzliche Freundschaft verbindet, eine liebevoll behütete Kindheit verlebt; ich habe dort auch noch bis zu meiner Heirat gelebt. In Blankenese besuchte ich die Grundschule und später die Oberrealschule für Jungen, die ich im Frühjahr 1950 mit dem Abitur abschloss. Die Blankeneser Schulzeit war freilich unterbrochen durch einen kriegsbedingten Aufenthalt in Essen an der Ruhr (1940 bis 1942) und in der Kinderlandverschickung (1943; in Horschitz in Böhmen).

Dass ich studieren sollte, war seit meiner frühen Jugend der Wunsch meiner Eltern. Sie hatten dafür, wie es zu jener Zeit noch Sitte war, sogar ein Sparkonto angelegt, das später der Währungsreform zum Opfer fiel. Da ich in Deutsch und allen Sprachen (auch in Geschichte) immer „gut" (im Deutschen sogar „sehr gut"), in den naturwissenschaftlichen Fächern und auch in Mathematik aber schwach war, kam für mich nur ein geisteswissenschaftliches Fach in Frage. Am liebsten wäre ich Lehrer oder Literaturwissenschaftler geworden. Denn meine didaktische Begabung war schon in der Schulzeit hervorgetreten; und ein leidenschaftlicher Leser war ich seit meinem siebenten Lebensjahr. Aber Lehrer wurden damals nicht gebraucht, weil die Kriegsheimkehrer alle Stellen besetzten. Und die Literaturwissenschaft war eine brotlose Kunst, da man ja nicht gleich eine Professur ins Auge fassen kann. Mein Vater riet mir, Jura zu studieren, da man als Jurist große und verschiedenartige berufliche

Möglichkeiten habe. Ich bin diesem Rat gefolgt und habe diese Berufswahl in keinem Augenblick bereut.

Vom Wintersemester 1950 an habe ich sieben Semester Jura an der Hamburger Universität studiert. Meine Lehrer im Strafrecht waren *Heinrich Henkel* und *Rudolf Sieverts*, *Ottokar Tesar* und *Werner Hardwig*. Meine Liebe zur Jurisprudenz ist aber durch bedeutende hamburgische Gelehrte anderer Fächer in demselben Maße geweckt worden: *Leo Raape*, *Rudolf Laun*, *Eduard Bötticher*, *Hans-Peter Ipsen* und *Hans Möller* – um nur diese zu nennen – haben meine juristische Bildung in entscheidendem Maße geprägt. Die Verbindung von abstrakter Begrifflichkeit und konkreter Lebenswirklichkeit, mit der es die Jurisprudenz zu tun hat, hat mich von vornherein angezogen. So habe ich mit großem Engagement studiert und am Studium weit mehr Freude gehabt als an der Schule.

Ich bestand das Referendarexamen im Frühjahr 1954 mit der Note „gut" und absolvierte auch die gesamte Referendarzeit in Hamburg, wo ich im Juni 1959 das Assessorexamen mit der Note „sehr gut" ablegte. In den Jahren 1954 bis 1959 war ich neben dem Referendardienst als wissenschaftliche Hilfskraft am Lehrstuhl von *Heinrich Henkel* (Strafrecht, Strafprozessrecht und Rechtsphilosophie) tätig. Während dieser Zeit hatte ich mir mehrfach zum Zwecke wissenschaftlicher Ausbildung Urlaub vom Referendardienst genommen; daraus erklärt sich die verhältnismäßig lange Zeit, die zwischen Referendar- und Assessorexamen liegt. Im März 1957 promovierte ich bei *Heinrich Henkel* summa cum laude mit einer Monographie über „Offene Tatbestände und Rechtspflichtmerkmale".

Dass ich schon in der Endphase meines Studiums dem Strafrecht mein besonderes Interesse zuwandte, mich bei *Heinrich Henkel* um die Promotion bemühte und die mir von ihm angebotene Hilfskraftstelle freudig annahm, hängt mit der Vielseitigkeit dieses Faches zusammen, das mit Philosophie, Sozialwissenschaften, Psychologie und Psychiatrie starke Berührungspunkte hat und dadurch den Horizont weitet. Auch fesselte mich der damals das Strafrecht beherrschende Grundlagenstreit zwischen kausaler und finaler Handlungslehre. Aus der Auseinandersetzung damit ist später meine eigene Systemkonzeption hervorgegangen.

Nach dem Assessorexamen bekam ich Ende 1959 – wiederum am Lehrstuhl *Henkel* – eine volle Assistentenstelle und wurde dort im Juli 1962 mit einem Werk über „Täterschaft und Tatherrschaft" habilitiert. Im Mai 1961 hatte ich geheiratet. Meine Frau ist ebenfalls Juristin; ich hatte sie einige Jahre vorher als Studentin in einem von mir veranstalteten Klausurenkurs kennengelernt. Aus der Ehe sind drei Kinder (zwei Töchter und ein Sohn) hervorgegangen.

Ich habe also meine gesamte Ausbildung in Hamburg absolviert. Ein auswärtiges Studium oder gar ein Studium im Ausland, wie es heute normal ist, war in der frühen Nachkriegszeit kaum möglich. Denn ich musste mir das Studium zum guten Teil durch Nachhilfeunterricht verdienen und durfte meine Klientel nicht verlieren. Doch war ich schon 1950 – als Austauschschüler – drei Monate in Schweden und habe später ausgedehnte Ferienreisen durch Spanien, England, Griechenland und immer wieder Italien unternommen.

Fünf Tage vor meiner Habilitation besuchte mich in meinem Hamburger Assistentenzimmer Professor *Schaffstein* und teilte mir mit, dass die Göttinger Fakultät – der meine Habilitationsschrift seit einiger Zeit ohne mein Wissen vorgelegen hatte – mich auf einen neu geschaffenen Lehrstuhl für Straf- und Strafprozessrecht sowie allgemeine Rechtstheorie berufen wollte. Ich erhielt tatsächlich kurz darauf den Ruf, lehrte aber auf Bitten der Fakultät noch im Wintersemester 1962/1963 als Privatdozent in Hamburg und trat mein Amt in Göttingen zum Sommersemester 1963 an.

Volle acht Jahre habe ich dann in Göttingen wissenschaftlich ertragreich gearbeitet – die ruhige Provinzstadt bot dafür hervorragende Möglichkeiten – und eine umfangreiche Lehrtätigkeit entfaltet, die große Resonanz fand. Einen Ruf nach Bochum, den ich 1966 erhielt, habe ich abgelehnt. Eine Rückberufung nach Hamburg, die meinem Lehrer *Henkel* vorschwebte, scheiterte am Widerstand *Schmidhäusers* (der dafür persönliche Gründe hatte). Zuvor schon war eine Berufung nach Frankfurt durch *Geerds* vereitelt worden. Doch bekam ich, was mir auch lieber war, im Jahre 1970 einen Ruf auf einen Lehrstuhl für Straf- und Strafprozessrecht sowie allgemeine Rechtstheorie an die Universität München als Nachfolger *Maurachs*, dem ich zum Sommersemester 1971 gefolgt bin. *Maurach* war ein Gegner dieser Berufung, weil er als engagierter Finalist keinen Nachfolger haben wollte, der, wie ich, mit einer „Kritik der finalen Handlungslehre“ hervorgetreten war. Er blieb aber mit dieser Auffassung in der Münchener Fakultät allein. Vor allem *Engisch*, dem sich *Bockelmann* und *Arthur Kaufmann* anschlossen, war für meine Berufung eingetreten.

Mein Wechsel von Göttingen nach München hatte verschiedene Gründe. Ich hatte mich in Göttingen sehr wohl gefühlt und gute Entfaltungsmöglichkeiten gefunden. Mit meinen strafrechtlichen Kollegen – *Schaffstein*, *Schüler-Springorum* und *Arzt* – entwickelten sich freundschaftliche Beziehungen, die im Falle *Schaffsteins* bis zu seinem Tode (2001) fortdauerten und mit *Schüler* und *Arzt* noch heute bestehen. Auch manchen anderen Kollegen – *Wieacker* und *Deutsch*, *Gamillscheg* und *Henckel* – habe ich mich sehr verbunden gefühlt. Aber München bot natürlich ein größeres Forum, mehr internationale Möglichkeiten und ein wesentlich reicheres Kulturangebot als Göttingen. Auch lockten die Alpen mehr als der Harz. Hinzu kam, dass seit 1968 die Studentenunruhen in Göttingen einen geordneten Lehrbetrieb kaum noch zuließen und mehr Zeit wegnahmen, als der Wissenschaft gut tat. Ich war zuletzt in Göttingen Vorsitzender der „Professorenschaft" der Gesamtuniversität und mit „Vollversammlungen" der Professoren und der Abfassung von Klagen gegen das niedersächsische Hochschulgesetzt so überlastet, dass ich die Übersiedelung nach München als Befreiung empfunden habe.

In München bin ich dann bis zu meiner Emeritierung im Herbst 1999 – ich war damals 68 ½ Jahre alt – 28 Jahre lang mit großem Engagement in Forschung und Lehre tätig gewesen. Ich habe mich, wie ich es dem bayerischen Ministerium für den Fall der Erfüllung meiner Wünsche zugesagt hatte, nie mehr an einer anderen Universität beworben und gehöre damit zu den allmählich selten gewordenen Professoren, die sich lebenslang nie um irgendetwas beworben haben. Das Bewerbungsverfahren wurde erst eingeführt, als ich schon in München war.

Es war – und ist – eine gute Zeit in München. Ich habe umfangreiche Lehrwerke im Straf- und Strafprozessrecht und zahlreiche andere Beiträge aus dem Gesamtbereich beider Wissenschaften veröffentlicht. Die Bibliographie meiner wissenschaftlichen Arbeiten (fremdsprachige Publikationen und Übersetzungen eingeschlossen) umfasst 60 Schreibmaschinenseiten. Daneben habe ich – überwiegend in der Großen Aula oder im Auditorium Maximum der Münchener Universität – vielbesuchte Vorlesungen abgehalten: vor allem den über ein ganzes Jahr laufenden, wöchentlich sechsstündigen strafrechtlichen Grundkurs, aber auch die Vorlesung über Strafprozess und ein in jedem Semester abgehaltenes Kolloquium über Straf- und Strafprozessrecht, in dem ich wichtige neue Entscheidungen unserer oberen Gerichte mit den Studenten analysierte und diskutierte. Meine ausgebreitete Lehrtätigkeit hat mich in München – vor allem natürlich bei den Juristen – im Laufe der Jahrzehnte zu einer stadtbekannten Erscheinung werden lassen und mir sogar zu der Medaille „München leuchtet" (in Gold) verholfen; auch unser Oberbürgermeister *Ude* und viele Mitglieder des Stadtrates waren dereinst meine Hörer gewesen.

Daneben bot München die Möglichkeit, in großem Stil internationale wissenschaftliche Beziehungen aufzubauen (ich komme darauf noch zurück). Ich habe am Münchener Institut für die gesamten Strafrechtswissenschaften, dessen geschäftsführender Direktor ich seit seiner Gründung von 1974 bis 1999 war, zahllose Kollegen und Stipendiaten aus aller Welt betreut. In sehr vielen Ländern habe ich auch wissenschaftliche Vorträge gehalten: in Spanien, Italien, Portugal, Griechenland, Polen, Israel, Serbien, der Türkei, der Schweiz, Finnland, Georgien, Japan, Korea, China, Taiwan, Mexiko, Argentinien, Brasilien, Chile, Paraguay, Peru, Kolumbien und Venezuela. In den meisten dieser 23 Länder bin ich mehrmals gewesen.

Nach meiner Emeritierung, die jetzt schon fast acht Jahre zurückliegt, habe ich zunächst das Kolloquium noch aufrechterhalten, dann aber meine Vorlesungen in München eingestellt; ich halte jetzt nur noch ein Blockseminar (zusammen mit *Ulrich Schroth*) auf der Fraueninsel im Chiemsee (im dortigen Frauenkloster). Im Übrigen habe ich aber meine wissenschaftliche Arbeit und meine internationalen Aktivitäten unvermindert fortsetzen und sogar in mancher Hinsicht noch ausbauen können.

Das gelang, obwohl der bayrische Staat und die Universität ihre Emeriti schlecht behandeln. Sie bekommen weder ein Arbeitszimmer noch einen festen Arbeitsplatz. Sie erhalten von Staats wegen nicht die geringste Sekretariatshilfe und keinerlei Unterstützung durch wissenschaftliche Hilfskräfte. Selbst die Benutzung des Briefkopfes (das sog. Corporate Design) der Universität will man den Emeriti untersagen, auch wenn sie für die Universität tätig werden. Ich will mich darüber nicht persönlich beklagen, da dieses Verhalten meiner Tätigkeit kaum Schaden hat zufügen können. Aber die verantwortlichen Politiker und Wissenschaftsmanager sollten doch bedenken – was im Ausland meist schon erkannt worden ist –, dass man beträchtliche wissenschaftliche Ressourcen verschleudert und dem Gemeinwohl schadet, wenn man leistungsfähige emeritierte und pensionierte Professoren in solcher Weise ausgrenzt und von allen Arbeitsmöglichkeiten abschneidet. Es gibt in den Geisteswissenschaften (wie auf dem Gebiet der literarischen und künstlerischen Betätigung) genügend Beispiele dafür, dass im Alter zwischen 65 und 80 noch bedeutende Leistungen erbracht werden können, zu denen Jüngere auf Grund ihrer geringeren Erfahrung in der von einem Älteren beherrschten Form oft noch gar nicht imstande sind.

Ich arbeite heute, wie überwiegend auch schon in meiner aktiven Zeit, in unserem gartenumgebenen Haus in Stockdorf (Landkreis Starnberg), das ich nach jahrzehntelanger Miete im Jahre 2003 gekauft habe. Ich wohne nach dem Auszug der erwachsenen Kinder darin allein mit meiner Frau, die im Jahre 1985, als die Familie sie nicht mehr so sehr in Anspruch nahm, das Assessorexamen nachgeholt und im Jahre 1987 bei *Hans-Heinrich Jescheck*, ihrem früheren Lehrer, promoviert hat. Sie ist dann als Anwältin und Strafverteidigerin im Wirtschaftsstrafrecht tätig geworden, seit dem Herbst 2004 als Leiterin einer eigenen Kanzlei (*Roxin* Rechtsanwälte). Auf diese Weise bringt sie viel praktische Anschauung in meine forschende und lehrende Arbeit, so wie ich umgekehrt sie manchmal bei juristischen Problemen unterstützen kann und dabei selbst wieder lerne.

Auf Grund der hoch zu rühmenden Hilfsbereitschaft meiner Amtsnachfolger – erst *Ulrich Sieber*, dann *Helmut Satzger* – kann ich die Infrastruktur unseres Institutes weiter nutzen und dort z.B. Nachrichten empfangen und absenden. Meine frühere Sekretärin, Frau *Kotting*, die für die Universität nur noch halbtags arbeitet, ist in ihrer freien Zeit jetzt als Privatsekretärin für mich tätig, so dass ich im Wesentlichen wie früher arbeiten und auch Stipendiaten und Doktoranden weiterhin betreuen kann. Auch die Kollegen, mit denen ich schon vor meiner Emeritierung freundschaftlich zusammengearbeitet habe – *Heinz Schöch*, *Klaus Volk*, *Bernd Schünemann* und *Ulrich Schroth* – unterstützen mich im Rahmen ihrer Möglichkeiten.

Seit meiner Emeritierung habe ich den zweiten Band meines großen Lehrbuchs zum Allgemeinen Teil des Strafrechts fertigstellen können (2003). Ein schwerer Schicksalsschlag zu Weihnachten 2004 (der Verlust zweier Enkelsöhne und fast auch meiner jüngsten Tochter durch den Tsunami in Thailand) hat zwar meine Lebenszuversicht, nicht aber meinen Arbeitswillen beeinträchtigen können (vielleicht war sogar das Gegenteil der Fall). So habe ich im Jahre 2006 eine wesentlich erweiterte 4. Auflage des 1. Bandes meines Allgemeinen Teils und eine 8. Auflage meiner Habilitationsschrift über „Täterschaft und Tatherrschaft“ veröffentlichen können. Daneben sind zahlreiche Aufsätze, Reden und Festschriftbeiträge entstanden.

Ich habe sogar noch eine neue internationale „Karriere“ beginnen können. Denn da ich nicht mehr durch Vorlesungen, Sitzungen und Prüfungen in München festgehalten werde, habe ich – abgesehen vom Jahre 2005, in dem ich alle Termine abgesagt hatte – meine ausländische und vor allem auch interkontinentale Vortragstätigkeit wesentlich intensivieren können. Gerade für Professoren, die nicht mehr an ihren Dienstort gebunden sind, sehe ich in der „Internationalisierung“ unseres Faches, wie ich später noch etwas näher erklären will, eine große Aufgabe.

Was die Zukunft bringen wird, ist mir verborgen. Man kann in meinem Alter keine langfristigen Pläne mehr machen. Doch bin ich entschlossen, in meinem Beruf weiterzuarbeiten, soweit meine Kräfte reichen und ich die äußeren Möglichkeiten dafür habe.

## II. Meine Arbeit in Forschung und Lehre

Ich muss vorausschicken, dass ich mich als Professor immer nur der Forschung und Lehre in meinem Fach verpflichtet gefühlt habe und an der Übernahme anderer „Ämter" in Hochschule, Politik und Gesellschaft weitgehend uninteressiert geblieben bin. Selbstverständlich habe ich den Pflichten zu genügen versucht, die mein Beruf mit sich brachte: Ich war Dekan in Göttingen (1967/1968) wie in München (1973/1974), war lange Jahre Mitglied im Studienreformausschuss des Fakultätentages (und „Miterfinder" der juristischen Wahlfachgruppen), war Fachgutachter (1973 bis 1981) und später Mitglied in der Prüfungsgruppe „Kriminologie" der Deutschen Forschungsgemeinschaft, im Auswahlausschuss der Humboldt-Stiftung (1975 bis 1980) und im Fachbeirat (1973 bis 1997, seit 1989 als Vorsitzender) sowie in verschiedenen Berufungskommissionen des Freiburger Max-Planck-Instituts. Ich war jahrzehntelang Mitherausgeber zweier strafrechtlicher Zeitschriften (der ZStW und der NStZ) und habe im Banne einer alten Tradition, die diese Aufgabe an München verwies, zahlreiche Strafrechtslehrertagungen zusammen mit den Kollegen des Veranstaltungsortes organisiert. Auch habe ich während vieler Jahre das Amt des Stipendienreferenten an der Münchener Universität bekleidet. Seit 1994 bin ich ordentliches Mitglied der bayerischen Akademie der Wissenschaften.

Aber diese unvermeidlichen und berufsbedingten „Nebenaufgaben" waren mir reichlich genug. Alle administrativen Tätigkeiten, für die man mich sonst zu interessieren versucht hat: ein politisches Amt in Hannover, das Rektorat in Göttingen, ja selbst die Leitung des Max-Planck-Instituts in Freiburg (für die mein hochverehrter Kollege *Jescheck* mich gern gewonnen hätte), habe ich ohne großes Zögern abgelehnt. Ich bin sogar aus dem „Deutschen Juristentag" ausgetreten und befremdlicherweise niemals Mitglied der AIDP geworden, um der Belastung durch weitere ehrenamtliche Aufgaben, die damit wahrscheinlich verbunden gewesen wären, zu entgehen.

Das beruhte nicht auf Faulheit oder auf der Weltscheu eines Professors, der seinen Elfenbeinturm nicht verlassen mag, sondern auf der nüchternen Erkenntnis, dass man sich durch zu viele administrative und organisatorische Tätigkeiten verzettelt und vor lauter Betriebsamkeit nicht mehr zu konzentrierter wissenschaftlicher Arbeit findet. Auch lässt sich feststellen, dass von den Professoren, die politische Aufgaben übernommen haben, fast keiner in die Wissenschaft zurückgekehrt ist. Nun ist die Politik gewiss wichtig. Aber man muss Politiker werden, wenn man sich ihr widmen will. Und ich wollte immer Professor sein und bleiben.

Eine gewichtige Ausnahme von dieser Enthaltsamkeit bei außerfachlichen und organisatorischen Aktivitäten muss ich allerdings bekennen, zumal da sie mit meinem Lebenslauf untrennbar verbunden ist und mir sogar eine gewisse Popularität eingebracht hat. Ich habe im Jahre 1969 (also noch in meiner Göttinger Zeit) mit einigen Forschern (z.B. *Heinz Stolte* und *Hans Wollschläger*) die Karl-May-Gesellschaft gegründet und war 28 Jahre lang (1971 bis 1999) ihr Vorsitzender. Der Verein, dem ursprünglich nur eine kleine Zahl von Spezialisten angehörte, ist in dieser Zeit zu einer der größten literarischen Gesellschaften Deutschlands mit einem unfangreichen Publikations- und Veranstaltungsprogramm geworden. Der biographische Ursprung dieser ungewöhnlichen Aktivität liegt bei mir darin, dass der Autor das größte Leseerlebnis meiner Jugendjahre war und dass ich die Freude am Reisen, die ich dann wissenschaftlich fruchtbar gemacht habe, mit den Helden *Karl Mays* teile. Die Biographie *Karl Mays*, der in seiner Jugend straffällig geworden war, hat mir aber auch Anlass zu meinen einzigen Ausflügen in die Kriminologie gegeben. Doch habe ich auch abgesehen davon manches über *Karl May* publiziert, was bei den Strafrechtlern nicht bekannt geworden ist. Auch bin ich noch heute „Ehrenvorsitzender" der Karl-May-Gesellschaft, Mitherausgeber ihrer Jahrbücher und Präsident des Kuratoriums der Karl-May-Stiftung in Radebeul.

Meine wissenschaftliche Arbeit hat vier Schwerpunkte gehabt (und hat sie noch heute): die von den straftatsystematischen Grundfragen bis zu den Detailfragen der Auslegung reichende Suche nach dem Fortschritt der theoretischen Erkenntnis und auch nach besseren Lösungen für die Praxis (1); die kriminalpolitische Arbeit an einer humanen, resozialisierungsfreundlichen, rechtsstaatlich-liberalen Straf- und Strafprozessgesetzgebung (2); das Bemühen um große, die Zusammenhänge und Hintergründe sichtbar machende, bei der Problemlösung argumentativ abwägende, auch darstellerisch ambitionierte Lehrdarstellungen (3) und die Förderung der internationalen Zusammenarbeit bei der Lösung der gemeinsamen Fragen unseres Faches (4). Ein Abschnitt über die „Lehre", die ich immer als eine der Forschung gleichrangige Aufgabe meines Berufes angesehen habe, soll meine wissenschaftsbiographischen Darlegungen beschließen (5).

1. Meine wissenschaftliche Arbeit umfasst den Gesamtbereich des Straf- und Strafprozessrechts. Das verdient insofern Erwähnung, als es heute ziemlich selten geworden ist. Viele Professoren beschränken sich auf den Allgemeinen oder den Besonderen Teil des Strafrechts, auf das Prozessrecht oder auf noch speziellere Bereiche unserer Wissenschaft (Wirtschaftsstrafrecht, Medizin-

strafrecht, Umweltstrafrecht, internationales Strafrecht usw.). Doch habe ich nicht alle Bereiche mit gleicher Intensität bearbeitet.

Meine „eigentliche“, auch international wirksamste Domäne waren immer die allgemeinen Lehren des Strafrechts, die ich in fast allen Bereichen durch eigenständige Forschungsbeiträge weiter zu entwickeln bemüht war. Ich will nur zwei Themenkreise herausgreifen, die mich durch mein ganzes Professorenleben begleitet haben und auch heute noch beschäftigen: die Täterlehre, die eine breite Rezeption in Deutschland (und darüber hinaus) gefunden hat, und die Arbeit an einem kriminalpolitisch fundierten Strafrechtssystem, aus deren Bereich sich die von mir wiederbelebte und in moderner Form weiterentwikkelte Lehre von der objektiven Zurechnung zu einem zentralen Diskussionsthema der deutschen und internationalen Strafrechtsdogmatik entwickelt hat.

Ich beginne mit der Täterlehre, der meine Habilitationsschrift gewidmet war, ein Buch, das mit dem Text der Erstauflage (ohne deren letztes Kapitel), aber mit einem ständig aktualisierten und stets umfangreicheren Anhang bis heute immer wieder aufgelegt worden ist. Hinzutreten – neben flankierenden Abhandlungen – Erläuterungen der §§ 25 bis 31 StGB in zwei Auflagen des Leipziger Kommentars und eine umfangreiche Darstellung der Materie in meinem Lehrbuch. Der Ursprung meines Werkes über „Täterschaft und Tatherrschaft“ liegt in dem Ungenügen an der „subjektiven“ Teilnahmetheorie der Rechtsprechung, die mit den inhaltlosen und formelhaften Begriffen des Täter- und Teilnehmerwillens die Abgrenzung von Täterschaft und Teilnahme fast zu einer Willkürentscheidung gemacht hatte. Ich wollte demgegenüber durch eine detaillierte Ausarbeitung des Begriffes der Tatherrschaft und die Einführung einer neuen Kategorie der Pflichtdelikte der Täterlehre feste Strukturen geben, die Abgrenzung der Beteiligungsformen von der subjektiven Einstellung des Handelnden auf objektiv beschreibbare Kriterien verschieben und dadurch auch den gesetzlichen Bestimmtheitsanforderungen auf diesem Gebiet zur Durchsetzung verhelfen.

Unbeschadet dieser rein juristischen Intentionen hat die Arbeit aber noch einen anderen, zeitgeschichtlichen Hintergrund. Ich sah mit Sorge, wie die Gewaltverbrechen des NS-Regimes, soweit sie überhaupt vor Gericht kamen, meist nur als „Beihilfe“ mit unverhältnismäßig geringen Strafen geahndet wurden. Im Gegensatz dazu wollte ich den Nachweis führen, dass derjenige, der eigenhändig tötet, immer Täter ist, auch wenn er dabei in fremdem Interesse handelt, dass aber der, der an den Schalthebeln des Vernichtungsapparates sitzt, ebenfalls (mittelbarer) Täter ist.

Die Lehre von der mittelbaren Täterschaft kraft organisatorischer Machtapparate ist bekanntlich 1994 vom Bundesgerichtshof – in bedenklich erweiternder Form – anlässlich der Bestrafung von Mitgliedern des Nationalen Verteidigungsrates der ehemaligen DDR übernommen worden und wird seit Jahrzehnten auch im Ausland und neuerdings im Völkerstrafrecht viel diskutiert und auch angewendet. Ich hatte sie aber aus der Anschauung des Eichmann-Prozesses in Jerusalem entwickelt. Eine meiner frühesten Veröffentlichungen (ein Zeitungsartikel aus dem Jahre 1960) trägt den Titel „Israel darf Eichmann verurteilen". Ich war auch im Jahre 1966 Mitglied einer von der Ständigen Deputation des Deutschen Juristentages einberufenen Sachverständigenkommission, die sich kritisch mit der allzu milden Behandlung der NS-Verbrechen durch die deutschen Gerichte befasste.

Die Auseinandersetzung mit den Verbrechen der NS-Zeit hat also meine wissenschaftliche Arbeit von Anfang an begleitet. Ich habe Kollegen, die mit dem NS-Regime wenigstens zeitweilig sympathisiert hatten, nie persönlich angegriffen und mich, wie im Falle meines Göttinger Kollegen *Schaffstein*, mit ihnen aus gegebenem Anlass auch befreundet, wenn sie sich aus ehrlicher Überzeugung von ihren Verirrungen in früher Zeit abgekehrt hatten.

Aber in der Sache war ich immer der Auffassung, dass das Kriegsende einen völligen Bruch mit der Vergangenheit bedeute. Darin sah ich gerade die Chance und Aufgabe von uns Jüngeren, durch die Vergangenheit Unbelasteten. Ich wollte an der Entwicklung eines strafrechtlichen Kontrastprogramms mitwirken: am Aufbau eines liberalen, rechtsstaatlichen, resozialisierungsfreundlichen, menschenrechtswahrenden Strafrechts. Diese Zielsetzung hat meine Arbeit bis heute begleitet und bildet auch den psychologischen Hintergrund meines ausgeprägten kriminalpolitischen Engagements.

Vielleicht darf ich eine persönliche Bemerkung einschalten: Anders als manche etwas ältere in der Öffentlichkeit bekannte Zeitgenossen war ich kein gläubiger Jungnazi, der erst durch die Enthüllungen der frühen Nachkriegszeit bekehrt werden musste. Das war kein persönliches Verdienst, sondern die Folge meines bei Kriegsende noch sehr jugendlichen Alters (knapp 14) und einiger dem Zeitgeist Paroli bietender Sozialisationsbedingungen. Mein Vater war beruflich nach England orientiert und nie in der „Partei" gewesen; der Pfarrer einer evangelischen Jugendgruppe, der ich in meiner Essener Zeit angehörte, und mein Klassenlehrer in der Kinderlandverschickung waren Regimegegner und machten keinen Hehl daraus; und meine intensive Karl-May-Lektüre hatte mich für die Weltfriedensidee begeistert (*May* war ein Anhänger *Bertha von Suttners*, die ihm einen schönen Nachruf gewidmet hat).

Das Dargelegte mag zeigen, dass die strafjuristische Arbeit keine bloße Paragraphenreiterei oder, wie man selbst von gelehrten Gegnern unserer Strafrechtsdogmatik bisweilen hört, ein begriffliches „Glasperlenspiel" ist, sondern dass sie – in Zustimmung und Widerspruch – durch politische, historische und soziale Gegebenheiten mitbestimmt wird, aber auch selbst von gesellschaftlichem Gestaltungswillen getragen ist. Mancher junge Jurist, der über abstrakten „Theorien" und klausurtechnischen Finessen brütet, würde sein Studium mit größerer Freude betreiben, wenn er das verstanden hätte.

Ähnliches lässt sich an einem zweiten Schwerpunkt meiner materiellrechtlichen Bemühungen, der Arbeit am Strafrechtssystem, zeigen. Selbst manche Strafrechtsprofessoren haben die gelehrten Streitigkeiten um die richtige Begründung und Anordnung der Deliktselemente im Strafrechtssystem mit dem Hin- und Herrücken von Möbeln in einer Wohnung verglichen und ihr mehr ästhetische als praktische Bedeutung beigemessen.

So ist es aber nicht. In der Zeit der Diktatur war das Verbrechen vorzugsweise als „Pflichtverletzung" gedeutet worden. Die Rechtsprechung der frühen Nachkriegszeit hatte im Bann naturrechtlicher Auffassungen die Straftat als Verstoß gegen das „Sittengesetz" verstanden und war dadurch bei den Straftaten gegen Ehe und Familie, bei den damals sogenannten Sittlichkeitsdelikten, aber auch etwa bei der Nichthinderung von Suiziden zu einer bedenklich moralisierenden Judikatur gelangt, die der Regierungsentwurf für ein neues Strafgesetzbuch (der sogenannte E 1962) weitgehend übernommen hatte.

Eine Gruppe junger Strafrechtler, zu der damals auch ich gehörte, hatte dem im Jahre 1966 einen „Alternativ-Entwurf" entgegengesetzt, in dem das strafbare Verhalten als „Rechtsgüterverletzung" verstanden wurde. „Die Strafe dient dem Schutz der Rechtsgüter [...]", heißt es in § 2 unseres Gesetzgebungsvorschlages. Dabei verstanden wir unter „Rechtsgütern" nicht irgendwelche Pflichten oder sittliche Gebote, sondern die unerlässlichen Voraussetzungen eines friedlichen und freien Zusammenlebens: Leben, Körperintegrität, Freiheit, Eigentum usw.

Aus dieser Keimzelle ist mein kriminalpolitisch fundiertes Strafrechtssystem erwachsen, an dem ich noch heute arbeite; gerade die neueste Auflage des 1. Bandes meines Allgemeinen Teils (2006) bemüht sich um den Ausbau und die Verteidigung der Rechtsgutslehre. Die vorhergehenden Epochen der strafrechtlichen Systementwicklung hatten das strafrechtliche Unrecht auf ontische Gegebenheiten, die Kausalität oder die Finalität menschlichen Handelns, gegründet, wobei der Finalismus durch die Berufung auf „sachlogische Strukturen" aus seinem Ansatz auch weittragende rechtliche Ergebnisse abzuleiten versuchte. Der Kampf zwischen „kausaler“ und „finaler“ Handlungslehre war das große strafrechtliche Diskussionsthema der beiden ersten Nachkriegsjahrzehnte, das auch mein besonderes Interesse für das Strafrecht geweckt hatte.

Ich versuche, beide Systemansätze zu überwinden, indem ich das strafrechtliche Unrecht nicht aus empirischen Gegebenheiten, sondern aus einem normativen Prinzip, dem Zweck des Strafrechts, ableite. Wenn der Zweck des Strafrechts im Schutz von Rechtsgütern besteht, dann kann Gegenstand eines strafrechtlichen Verbots nicht die Verursachung oder die Finalität menschlichen Handelns, sondern nur ein Verhalten sein, das ein unerlaubtes Risiko für ein strafrechtlich geschütztes Rechtsgut darstellt. Strafrechtliches Unrecht ist dann im Kern nicht als kausales oder finales Geschehen, sondern als Verwirklichung eines unerlaubten Risikos zu verstehen. Mit dieser Wendung ist in der allerknappsten und daher nur leitbildartigen Form die Lehre von der objektiven Zurechnung beschrieben, die heute für die strafrechtsdogmatische Diskussion dieselbe Bedeutung hat wie früher der Finalismus. Die Lehre von der objektiven Zurechnung folgt also zwingend aus den Grundgedanken eines kriminalpolitisch am Zweck des Strafrechts orientierten Systementwurfs, der seinerseits eine Antwort auf historische Fehlverständnisse über die Aufgaben des Strafrechts ist.

Bei diesen Andeutungen muss es im Rahmen einer biographischen Kurzdarstellung sein Bewenden haben. Sie mögen immerhin zeigen, dass auch Arbeiten zur Grundlegung des Strafrechtssystems in weiten Zusammenhängen stehen und dass es kein Zufall ist, wenn der Gedanke der objektiven Zurechnung sich heute in der deutschen Wissenschaft weitgehend, wenn auch natürlich nicht einhellig, durchgesetzt hat und auch im Ausland zu meinen am meisten diskutierten „Lehrstücken“ zählt.

Ich habe allerdings nie zu den Professoren gehören wollen, deren Arbeit sich darauf beschränkt, einige wenige Grundgedanken – und seien sie noch so weittragend – lebenslang zu verfolgen und auszubauen. Vielmehr habe ich neben der Entwicklung bestimmter Zentralideen immer auch alle erdenklichen anderen Probleme durch selbständige Lösungen zu fördern versucht.

Es ist schwer, davon ein Bild zu geben. So begnüge ich mich damit, stichwortartig die Themen aufzuzählen, die ich in den letzten 15 Monaten in Abhandlungen, Vorträgen und anderen Texten behandelt und zum großen Teil auch schon veröffentlicht habe (die Zeitspanne reicht von Januar 2006 bis zum März 2007, also bis zur Niederschrift dieser Darstellung): „Rettungsfolter?“; Selbstmord in mittelbarer Täterschaft; Organisationsherrschaft als eigenständige Form mittelbarer Täterschaft; Was darf der Staat unter Strafe stellen?; Zur Strafbarkeit des untauglichen Versuchs; Sterbehilfe; Einschränkungen des Notwehrrechts; Großer Lauschangriff und Kernbereich privater Lebensgestaltung; Entwicklung und moderne Tendenzen der Verbrechenslehre in Deutschland; Abhängigkeit und Unabhängigkeit des Strafrechts von Politik, Philosophie, Sozialmoral und Religion; Zur Entwicklung des Strafprozessrechts in Deutschland; Der unbeendete Versuch des Einzeltäters; Kausalität und Garantenstellung bei den unechten Unterlassungsdelikten; Zur Normativierung der „Heimtücke" im Mordtatbestand; Zur Ambivalenz von Beweisverboten im Strafprozess. Ich habe das alles – ungefähr in der Reihenfolge seiner Entstehung – bunt zusammengewürfelt, um zu zeigen, wie vielseitig die Arbeit auf unserem Fachgebiet ist und welch interessanten Themen sie sich stellen muss.

2. Meine kriminalpolitischen Bemühungen haben sich vor allem in mehr als einem Dutzend Alternativ-Entwürfen niedergeschlagen, an denen ich zwischen 1966 und 2008 als Mitverfasser beteiligt war. Zahlreiche Reden und Abhandlungen, die die Grundgedanken dieser Entwürfe erläutern und weiterführen sollen, treten hinzu. Es handelt sich bei den Alternativ-Entwürfen überwiegend um ausformulierte und begründete Gesetzesvorschläge, mit denen die Verfasser straf- und strafprozessrechtliche Reformarbeiten beeinflussen oder anstoßen wollten.

Der Gedanke, mit derartigen Alternativ-Entwürfen in die kriminalpolitische Diskussion einzugreifen, war aus der Unzufriedenheit damals jüngerer Strafrechtler mit dem schon erwähnten E 1962 entstanden. Dieser Regierungsentwurf für ein neues Strafgesetzbuch war in den Jahren 1954 bis 1962 von einer „Großen Strafrechtskommission" erarbeitet worden, an der angesehene ältere Professoren, aber auch Richter, Verteidiger und Ministerialbeamte mitgewirkt hatten. Es handelte sich um ein Gesetzgebungswerk, das die allgemeinen Lehren des Strafrechts auf der Grundlage des damaligen Erkenntnisstandes in eine überwiegend gelungene Kodifikation fasste, dessen Sanktionensystem und moralisierende Vielstraferei wir aber veraltet fanden.

Schon auf der Strafrechtslehrertagung 1963 in Saarbrücken – der ersten, an der ich als frischgebackener Professor teilgenommen habe – fand sich ein Kreis „Unzufriedener" in der Wohnung *Werner Maihofers* zusammen und überlegte, was man tun könne, um die Reform in ein moderneres Fahrwasser zu steuern. Die Initiative ergriff dann im Jahre 1964 der früh verstorbene schweizerische, aber in Mainz lehrende *Peter Noll*, der einen „Alternativ-Kreis", d.h. eine Arbeitsgemeinschaft, von damals 14 Professoren gründete. Diese haben in gemeinsamer Arbeit – an wechselnden Tagungsorten – zunächst einen neuen

„Allgemeinen Teil" des Strafrechts verfasst, der 1966 veröffentlicht wurde und mit dem Regierungsentwurf konkurrierte.

Der Alternativ-Entwurf, wie wir unseren Entwurf nannten, erhielt politisches Gewicht, als ihn die FDP als eigenen Entwurf in den Bundestag einbrachte. Noch erinnere ich mich, wie ich zusammen mit *Jürgen Baumann* im Reichstag in Berlin vor der FDP-Fraktion sprach, um sie von unserem Entwurf zu überzeugen. *Thomas Dehler*, der als Justizminister die Große Strafrechtskommission einberufen hatte, war damals der erste, der sich vom Regierungsentwurf abwandte und seiner Fraktion empfahl, sich hinter den Alternativ-Entwurf zu stellen. Auch *Eberhard Schmidt*, der letzte Schüler *Franz v. Liszts* und Mitarbeiter der Großen Strafrechtskommission, bekannte sich auf der Strafrechtslehrertagung in Münster (1967) zum Alternativ-Entwurf.

Die gegensätzlichen Positionen, die zur Abfassung des Alternativ-Entwurfs geführt haben, waren auch auf der Strafrechtslehrertagung 1964 (in Hamburg) hervorgetreten. Ich hatte dort in einem Referat die Irrtumsregelung des E 1962 heftig kritisiert. Der berühmte Kollege *Welzel*, der mich seit meiner „Kritik der finalen Handlungslehre" (1962) als wissenschaftlichen Gegner ansah, zog daraufhin ein Korreferat aus der Tasche, das im Programm gar nicht vorgesehen war und das er ohne Kenntnis meines Vortrages verfasst hatte. Das führte zu lebhaften Auseinandersetzungen. Am Ende kursierte ein „Papier", in dem eine erhebliche Zahl von Strafrechtslehrern sich mit meinen Ausführungen solidarisierte. *Karl Engisch*, der damals unsere Versammlungen leitete, hat eine Beschlussfassung darüber glücklicherweise mit der Begründung verhindert, es sei auf Strafrechtslehrertagungen noch nie über Vorträge abgestimmt worden. Das war sehr weise. Denn dadurch ist ein tiefergehendes Zerwürfnis zwischen den verschiedenen „Richtungen" der Strafrechtswissenschaft vermieden worden.

Tatsächlich war eine Verständigung der streitenden Parteien durchaus möglich. *Wilhelm Gallas*, ein führender Strafrechtler, der am E 1962 maßgeblich mitgewirkt hatte, lud mich noch am Abend meines Referates in eine Weinstube ein, wo wir lange in sehr konstruktiver Weise diskutiert haben. Auf der Strafrechtslehrertagung 1967, wo die älteren Kollegen unseren Alternativ-Entwurf kritisieren sollten, waren die Gegensätze schon sehr abgemildert. Und auch zu *Welzel*, mit dem (und *Armin Kaufmann*) ich 1971 nach Argentinien und Chile gereist war, habe ich am Ende ein sehr angenehmes Verhältnis gefunden. Bei einer Tagung der Humboldt-Stiftung in Ludwigsburg im Jahre 1974 saß ich einen ganzen Abend im Gespräch mit ihm zusammen – er lästerte gern über Kollegen – und sagte eingedenk des Umstandes, dass die Faszination durch die finale Handlungslehre meine Hinwendung zum Strafrecht wesentlich beeinflusst hatte: „Eigentlich habe ich mich Ihrer Arbeit immer sehr nahe gefühlt." Da meinte er: „Es ist nett, dass Sie das sagen, Herr Roxin. Aber Sie hätten das vielleicht etwas deutlicher zum Ausdruck bringen können." Ich konnte dem nicht widersprechen.

Aber zurück zum Alternativ-Entwurf! Die Strafrechtsreformgesetze des Jahres 1969 haben den E 1962 und den Alternativ-Entwurf zu einem Kompromiss verarbeitet, der vor allem im Sanktionensystem vieles aus dem Alternativ-Entwurf übernahm. Die Abschaffung der Zuchthausstrafe und die Einführung der Einheitsstrafe, die Zurückdrängung der kurzfristigen Freiheitsstrafe (die der Alternativ-Entwurf gänzlich hatte abschaffen wollen), die Erweiterung der Strafaussetzung zur Bewährung, das Absehen von Strafe, die sozialtherapeutische Anstalt, die allerdings nur, aber immerhin im Rahmen des Strafvollzugs verwirklicht worden ist, und auch sonstige, auf Resozialisierung abzielende Neuerungen beruhen auf den Vorschlägen des Alternativ-Entwurfs.

Der Alternativ-Entwurf zum Allgemeinen Teil des Strafgesetzbuches war einer unserer größten Erfolge beim Gesetzgeber. Von den späteren Entwürfen haben sich vor allem die Vorschläge zur Reform des Sexualstrafrechts (1968), an denen *Ernst-Walter Hanack* maßgeblich beteiligt war, beim Gesetzgeber durchgesetzt. Andere Entwürfe haben in einem zunehmend weniger reformfreundlichen Klima gesetzgeberische Regelungen nur noch punktuell beeinflusst, haben aber, wie etwa der Alternativ-Entwurf zur Wiedergutmachung im Strafrecht, die reformpolitische Diskussion vorangetrieben und können jederzeit wieder aktuell werden. Unser letzter Entwurf zur Sterbebegleitung, der federführend von *Schöch* und *Verrel* verfasst worden und im Jahr 2005 erschienen ist, hat sich immerhin auf dem Juristentag 2006 weitgehend durchgesetzt. Ein jüngster Entwurf zur Neuregelung der Tötungsdelikte ist im Jahre 2008 erschienen.

Es ist hier nicht möglich, den Inhalt der Alternativ-Entwürfe im Einzelnen zu schildern. Doch lassen sich ihre Themen und ihre jeweiligen Verfasser aus dem Internet entnehmen. Der Arbeitskreis hat die seit seiner Gründung verstrichenen 44 Jahre natürlich nur durch eine fortwährende Verjüngung überdauern können. Von den ursprünglichen Gründungsmitgliedern bin ich der einzige, der in diesem Gremium heute noch aktiv mitwirkt. Doch sind der Arbeitsstil der Gruppe und ihr Zusammenhalt unverändert geblieben.

Zeitgeschichtlich bemerkenswert an dieser „Alternativ-Bewegung" ist der Umstand, dass sie ähnlich wie die sogenannte Studentenrevolution der 60er Jahre aus einem Protest gegen die restaurativen Tendenzen der ersten beiden Nachkriegsjahrzehnte hervorgegangen ist. Während aber die Studentenbewegung sich in wesentlichen Teilen immer mehr radikalisierte und das „System" als solches durch eine Gesellschaft ersetzen wollte, die sie für „sozialistisch" hielt, haben wir uns nicht ohne einigen Erfolg um systemimmanente sozialliberale Reformen bemüht. Eine parteipolitische Bindung ist daraus freilich nicht erwachsen. Ich bin um meiner Unabhängigkeit willen nie einer politischen Partei beigetreten. *Baumann* und *Maihofer*, zwei namhafte Mitbegründer unseres Alternativ-Entwurf-Kreises, haben freilich für die FDP politische Ämter übernommen.

Eine Nähe zu den aufrührerischen Studenten konnte aus unserer Reformaktivität nicht entstehen. Meine beiden letzten Jahre in Göttingen haben mir, wenn auch in vergleichsweise harmlosen Dimensionen, einen guten Anschauungsunterricht über die Verführbarkeit der Menschen vermittelt: Studenten, zu denen ich bisher in einer von beiden Seiten sympathiegetragenen Arbeitsbeziehung gestanden hatte, hörten auf, mich zu grüßen, und beteiligten sich eifrig an krawallartigen Vorlesungsstörungen, an der „Besetzung" irgendwelcher Räume und der „Umfunktionierung" von Lehrveranstaltungen. Mir hat das bei meiner damals noch jugendlichen Kondition nicht so viel ausgemacht. Aber mancher ältere Kollege hat darüber den Glauben an die Universität und die Freude an seinem Beruf verloren. Noch in den 70er Jahren, als gerade ein neues bayerisches Hochschulgesetz erlassen wurde und ich Dekan in München war, hatte der „KBW" (Kommunistischer Bund Westdeutschlands) in „meinem" Hörsaal einen langen Artikel mit dem Titel „Winnetou im Audimax" ausgelegt, in dem ich als Wolf im Schafspelz „entlarvt" wurde. Als dies aber bei der großen Mehrzahl meiner Hörer nur noch Heiterkeit auslöste, wusste ich, dass eine vernünftige gemeinsame Arbeit wieder möglich war.

Mir selbst hat die jahrzehntelange Mitwirkung an strafrechtlichen Reformprojekten zwei zentrale Einsichten vermittelt. Die erste liegt in der Erkenntnis, dass die Kriminalpolitik ein wesentlicher Bestandteil der strafrechtlichen Arbeit an der Universität sein sollte. Der Professor soll sich nicht darauf beschränken, bestehendes Recht auszulegen und juristische „Theorien" zu entwickeln, sondern er soll sich bewusst sein, dass das Strafrecht in mancher Hinsicht gesellschaftsgestaltende Macht hat und dass er für die Art dieser Gestaltung eine Mitverantwortung trägt. Und die zweite Einsicht ist die, dass das Teamwork auch in unserem Fach ein Weg zu neuen Erkenntnissen sein kann. Der Austausch spontan entwickelter Argumente kann originelle Lösungen hervorbringen, die ein Einzelner nicht gefunden hätte. Resümierend lässt sich daher sagen, dass die ständige Arbeit an strafrechtlichen Reformprojekten mein wissenschaftliches Denken sehr bereichert hat.

3. Ein dritter Schwerpunkt meiner Arbeit liegt auf den großen Lehrwerken. Ich habe neben meiner vielfach aufgelegten Habilitationsschrift, die einen besonderen Abschnitt des Allgemeinen Teils (die Täterlehre) auf inzwischen mehr als 800 Seiten handbuchartig entwickelt, bis zu meiner Emeritierung zwei strafprozessrechtliche Lehrwerke betreut, die in ihren letzten Auflagen jeweils mehr als 500 Seiten umfassen: den didaktisch orientierten, nach Fragen und Antworten aufgebauten Band „Strafprozessrecht. Prüfe Dein Wissen“ (von der völlig neu geschriebenen 3. Auflage 1967 bis zur 15. Auflage 1997) und das von *Eduard Kern* übernommene Studienbuch „Strafverfahrensrecht“ (von der 9. Auflage 1969 bis zur 25. Auflage 1998). In meinen späteren Jahren ist ein „Allgemeiner Teil“ des materiellen Strafrechts hinzugetreten, dessen 1. Band (Grundlagen. Der Aufbau der Verbrechenslehre) 1992 (4. Auflage 2006) und dessen 2. Band (Besondere Erscheinungsformen der Straftat) 2003 erschienen ist.

Mit der Emeritierung habe ich die prozessualen Lehrwerke abgegeben, die von meinen Schülern weitergeführt werden sollen; der didaktische Band ist als *Roxin / Achenbach* 2006 in 16. Auflage erschienen. Ich habe mich zu dieser Einschränkung meiner Lehrbucharbeit entschlossen, weil die ständige Bearbeitung aller fünf umfangreichen Bücher für einen Emeritus als „Einzelkämpfer“ allenfalls dann zu schaffen ist, wenn er auf sonstige Arbeiten verzichtet. Ich will aber weiterhin auch Abhandlungen, Vorträge und Anmerkungen schreiben und meine internationalen Verbindungen pflegen.

Ich beschränke mich hier auf einige Bemerkungen zu meinem strafrechtlichen Lehrbuch, das mich in den letzten Jahren am meisten beschäftigt hat und das auf seinen mehr als 2000 Seiten die kriminalpolitischen Grundlagen des Strafrechts und die allgemeinen Voraussetzungen strafbaren Verhaltens behandelt. Es ist auf seinem Gebiet das umfangreichste Lehrwerk, das in der Nachkriegszeit aus der Feder eines einzelnen Autors erschienen ist. Ich habe bis zur Vollendung des 2. Bandes 25 Jahre lang daran gearbeitet (freilich nicht ausschließlich, sondern neben vielen anderen wissenschaftlichen Aktivitäten).

Ein solcher Umfang und eine solche Ausdauer mögen als zeitwidrig erscheinen, wenn man bedenkt, dass in rascher Folge immer neue Grundrisse und Repetitorien erscheinen, die den Lernstoff in knapper Form aufbereiten, rasch durchzulesen sind und dem Studenten die wichtigsten Informationen aus dem zu erlernenden Fachgebiet vermitteln. Nichts gegen solche Bücher! Aber ich meine doch, dass daneben auch demjenigen etwas geboten werden muss, der tiefer in die Materie eindringen will. Eine schmale Lernhilfe kann im Wesentlichen nur überwiegend vertretene Auffassungen als fertige und nicht weiter problematisierte Ergebnisse mitteilen. Wer aber verstehen möchte, ob und gegebenenfalls warum die „herrschende Lehre" die richtige ist, muss auch die sonst vertretenen Ansichten und alle relevanten Argumente kennenlernen und gegeneinander abwägen können. Dazu braucht man eine weiter ausgreifende Darstellung, wie ich sie zu geben gewillt war. Der Text ist nahezu monographisch angelegt; z.B. umfassen die Abschnitte über Täterschaft und Teilnahme und über den Versuch jeweils 329 bzw. 294 ziemlich großformatige Seiten, lassen sich also als selbständige Bücher lesen.

Der von mir gewählte Umfang bietet dem Autor auch noch einige weitere Chancen, die ich zu nutzen versucht habe. Man kann die Aneinanderreihung von Informationspartikeln, die eine komprimierte Darstellung nur bieten kann, durch eine fortlaufend lesbare Darstellung in einigermaßen geschliffener Sprache ersetzen, die die Lektüre nicht nur zu einem Lern-, sondern auch zu einem Leseerlebnis macht. Man kann auch die vielen schon veröffentlichten Beiträge zu zahlreichen Einzelthemen in eine große Gesamtdarstellung integrieren, die dahinter stehende Konzeption sichtbar machen und der Wissenschaft wie der Rechtsprechung in vielen Fällen neue und weiterführende Problemlösungen anbieten.

Natürlich bin ich mir darüber klar, dass man so hochgreifende Zielsetzungen nur mehr oder weniger verwirklichen kann. Aber man soll es im Rahmen seiner Möglichkeiten versuchen. Das bisherige Echo hat mich in der Hoffnung bestärkt, die mühevolle Arbeit nicht vergebens auf mich genommen zu haben. Beide Bände sind zu „juristischen Büchern des Jahres" gewählt worden. Spanische, chinesische und japanische Übersetzungen liegen in Teilbänden vor und sollen bald vollendet sein. Die 1997 erschienene spanische Übersetzung des 1. Bandes hat zahlreiche Nachdrucke erfahren. Einzelne Abschnitte sind auch in italienischer, portugiesischer, türkischer und griechischer Sprache erschienen.

Auch freue ich mich über Leserzuschriften, aus denen ich ersehen kann, wie intensiv sich manche Studenten mit meinen Lehren auseinandersetzen. Denn ich sehe daraus, dass es Studenten gibt, die durch eine solche problemorientierte Darstellung zu eigenem wissenschaftlichen Denken angeregt werden. Wenn man dies berücksichtigt und außerdem in Rechnung stellt, dass die Wirkung eines umfangreichen Lehrbuchs auf Wissenschaft und Rechtsprechung durchweg größer ist als der Einfluss zerstreuter Einzelbeiträge, wird man verstehen, warum ich der Lehrbucharbeit im Rahmen meines wissenschaftlichen Lebenswerkes so verhältnismäßig große Bedeutung beimesse.

4. Schließlich will ich als vierten und letzten Schwerpunkt meiner wissenschaftlichen Tätigkeit die internationale Zusammenarbeit auf dem Gebiet des

Strafrechts nennen. Ich habe davon und von meinen vielen Vortragsreisen in diverse Länder schon in meiner kurzen berufsbezogenen Lebensgeschichte erzählt und muss bekennen, dass die Beziehungen zu ausländischen Kollegen und Stipendiaten zu den Berufserfahrungen gehören, die mich wissenschaftlich und auch menschlich am meisten bereichert haben.

Auslandsbeziehungen weiten den Horizont. Man kann die sozialen und kulturellen Ursachen strafbaren Verhaltens, aber auch die Unterschiedlichkeit strafbarer Reaktionen darauf weitaus besser verstehen, wenn man seinen Aktionsradius nicht auf das eigene Land beschränkt. Man kann aus einem übernationalen Blickwinkel aber auch die Ähnlichkeit vieler Probleme – in gesellschaftlicher wie in juristischer Hinsicht – erkennen und an gemeinsamen Lösungen arbeiten, die für die beteiligten Länder eine größere Richtigkeitsgewähr bieten, die in späterer Zeit aber auch die Grundlage eines allgemeinen europäischen Strafrechts und sogar eines interkulturellen Strafrechts bilden können, für das es schon erste Ansätze gibt. Es dient dem Frieden in der Welt, wenn man solchen Entwicklungen durch internationale Kooperation vorarbeitet. Denn einheitliche Rechtsvorstellungen sind eine wichtige Voraussetzung für eine Verständigung unter den Völkern.

Auch sollte nicht verkannt werden, dass deutsches Strafrechtsdenken ein Exportartikel ist, wie ich gerade im letzten Jahr (2006) bei Reisen in die Türkei und nach China wieder gesehen habe. Wir können in vielen Ländern bei der Weiterentwicklung rechtsstaatlicher Verhältnisse und einer umfassend ausgebildeten Strafrechtsdogmatik wertvolle Hilfe leisten. Dieser Aufgabe sollten wir uns nicht entziehen.

Das alles lässt sich hier nicht näher ausführen. Aber ich will wenigstens biographisch skizzieren, wie mein internationales Beziehungsnetz zustande gekommen ist. Ich habe nie in internationalen Gremien gearbeitet, bin nie im Auftrag von Regierungsstellen gereist und habe nie an universitären „Austauschprogrammen“ teilgenommen. Vielmehr haben fast alle meine Auslandskontakte – abgesehen von einigen Reisen mit der Max-Planck-Gesellschaft – ihren Ursprung in persönlichen Verbindungen. Viele meiner Schriften sind in zahlreiche fremde Sprachen übersetzt worden. In Argentinien sollen sogar (ab 2008) meine sämtlichen Abhandlungen in einer geschlossenen Ausgabe veröffentlicht werden. Die weite Verbreitung meiner Arbeiten und eine mit den Jahren zunehmende internationale Bekanntheit haben mir viele Einladungen zu Gastvorträgen beschert, so wie umgekehrt auch ich ausländische Kollegen nach Göttingen und München eingeladen habe.

Die dadurch geschaffenen persönlichen Beziehungen haben oft dauernden Bestand gehabt und dazu geführt, dass die ausländischen Kollegen ihre Schüler zu längeren Studienaufenthalten nach München geschickt haben. Auch unabhängig davon sind viele junge Ausländer nach München – einem international seit eh und je beliebten Studienort – gekommen und von mir wissenschaftlich betreut worden. Junge Spanier haben bei mir in so großer Zahl studiert, dass ich für die Ausbildung spanischer Nachwuchswissenschaftler auf dem Gebiet des Strafrechts sogar einen Orden bekommen habe (1994: San Raimondo de Peñafort). Die Verbindung mit den ehemaligen Schülern, die in ihrer Heimat zu einem erheblichen Teil Professoren (und Professorinnen) geworden sind, hat dann wieder neue und immer weiter gespannte Möglichkeiten internationaler Kooperation im Gefolge gehabt.

Während vieler Jahre habe ich auch einen portugiesischen und einen griechischen Assistenten gehabt. Noch heute habe ich einen brasilianischen Doktoranden und Mitarbeiter (der zugleich Assistent bei *Bernd Schünemann* ist), den wir für so begabt halten, dass wir glauben, ihm eine wissenschaftliche Karriere in Deutschland eröffnen zu können. Aus alledem mag ersichtlich werden, in welchem Maße das Strafrecht heute eine internationale Disziplin geworden ist.

Meine persönliche Zusammenarbeit mit ausländischen Kollegen und Schülern und der Einfluss meiner Schriften auf die Strafrechtswissenschaft und selbst die Rechtsprechung im Ausland haben mir zahlreiche ausländische Ehrungen eingetragen, die ich hier nicht aufzählen will und die auch zum guten Teil durch das Ansehen mitbegründet sind, das die deutsche Strafrechtswissenschaft in vielen Ländern genießt. Es wird aber dadurch immerhin bewiesen, dass eine solche internationale Tätigkeit nicht nur von mir, sondern auch von den daran beteiligten ausländischen Universitäten und Kollegen als wertvoll und wichtig eingeschätzt wird. Die Beteiligten leisten dadurch einen bescheidenen individuellen Beitrag zu einer Weltstrafrechtskultur, die im Zeitalter der Globalisierung kein wissenschaftlicher Luxus, sondern eine Notwendigkeit ist.

Freilich: Hinter meinen Auslandsaktivitäten steckt nicht allein ein wissenschaftlicher Impuls, sondern auch viel Reiselust und ein lebhaftes Interesse an fremden Ländern und ihren Menschen. So haben wir uns – ich reise fast immer mit meiner Frau – in den letzten Jahren angewöhnt, an das wissenschaftliche Programm immer auch einige Urlaubstage in der Ferne anzuschließen. Ich kann mir das erlauben, seit ich als Emeritus freier über meine Zeit verfügen kann.

5. Am Schluss soll ein Bekenntnis zur Lehre stehen, die von vielen Professoren gering geachtet wird, obwohl sie zu den Hauptaufgaben ihres Berufes gehört.

Auch Studenten halten Vorlesungen oft für unergiebig und wählen stattdessen den Gang zum Repetitor oder den Griff zur Ausbildungsliteratur. Richtig ist daran nur, dass es viele schlechte Vorlesungen gibt. Das kann verschiedene Gründe haben: Faulheit von Dozenten – man verzeihe, dass ich so etwas bei unserem Berufsstand für möglich halte! – oder im Gegenteil zu großen, die Vorlesungspflichten vernachlässigenden Forschungsehrgeiz, oder, was wohl am häufigsten der Fall ist, schlichten Mangel an Lehrbegabung. Denn ertragreiches Forschen und erfolgreiches Lehren setzen zwei verschiedene Fähigkeiten voraus, die nur relativ selten auf gleichem Niveau zusammentreffen. Auch eine didaktische Ausbildung hilft da nur in Grenzen: Jeder weiß von der Schule her, dass es trotzdem immer gute und schlechte Lehrer gegeben hat. Gleichwohl sollten alle Professoren verpflichtet sein, neben der Forschung die Lehre zu einem „Hauptgeschäft" zu machen. Von den neueren Überlegungen, beide Funktionen zu trennen, halte ich nichts. Denn wer nicht selber forscht, kann immer nur so etwas wie ein Schullehrer sein, und das kann den Anforderungen einer Universitätsausbildung nicht genügen.

Auch steht außer Zweifel und ist vielfach historisch belegt, dass es – unabhängig sogar von der Größe des Auditoriums – hervorragende Vorlesungen gibt, die manchmal berufsprägend wirken und an die sich die Hörer oft lebenslang erinnern. Ich denke, solche Vorlesungen sind wichtig, weil sie zweierlei leisten, was auf anderem Wege nicht in demselben Maße erlangt werden kann.

Sie müssen erstens einen Einstieg in ein Wissensgebiet liefern, den nur die lebendige Rede in der erforderlichen Anschaulichkeit vermitteln kann. Große Lehrbücher sind zur Vertiefung des Erlernten und kompakte Grundrisse zur Wiederholung unentbehrlich. Die Schaffung einer Verständnisgrundlage, die Vermittlung von Basisinformationen und selbst die Einführung in problemlösendes Denken aber ist optimal nur durch einen Lehrer möglich. Dieser muss – und schon daran hapert es oft bei sehr klugen Professoren – in der Lage sein, sich in die Verfassung von Studenten hineinzuversetzen, die von der Sache noch nie etwas gehört haben. Er muss die Grundkenntnisse schrittweise und nachvollziehbar aufbauen, sich durch Rückfragen und Wiederholungen des Verständnisses der Hörer versichern und den Prozess juristischen Denkens durch sein eigenes Beispiel anschaulich vorführen.

Die Vorlesung soll aber noch etwas Zweites bieten, was durch Bücher – jedenfalls bei Anfängern – viel schwerer zu erreichen ist. Es muss den Hörern klar werden, dass das Vorgetragene nicht nur Lernstoff ist, sondern dass es dabei um eine Sache geht, von der für unsere gesellschaftliche Verfassung Wesentliches abhängt und die es wert ist, dass man sie in der einen oder anderen Weise zu seiner Lebensaufgabe macht. Etwas pathetisch ausgedrückt:

Es muss ein Funke überspringen und im Hörer ein Interesse an den Problemen des Faches wecken, das über die Examenspaukerei hinausreicht. Das kann niemand so gut bewirken wie ein Professor, der durch die Ausstrahlung seiner Persönlichkeit und durch die Überzeugungskraft seiner Lehren die Hörer fesseln und günstigenfalls sogar für seinen Stoff begeistern kann. Natürlich kann das nicht bei allen Hörern gelingen, aber doch bei nicht wenigen. Es war mir immer ein Glückserlebnis, wenn mir nach Jahr und Tag ein Hörer schrieb oder erzählte, wie meine Vorlesungen seine Berufswahl und sein juristisches Selbstverständnis beeinflusst haben.

Wie aber soll eine gute Vorlesung aussehen? Ich habe darüber einmal auf Bitten des bayerischen Kultusministeriums in einer von diesem veröffentlichten Zeitschrift einen Aufsatz geschrieben und will mich hier nicht wiederholen. Daher gebe ich nur ein paar Stichworte: Sie soll sorgfältig vorbereitet, klar strukturiert, möglichst frei und temperamentvoll vorgetragen und durch anschauliche Beispiele fasslich gemacht werden. Sie soll den Hörer auch zur Stellungnahme herausfordern; denn das fördert das Mitdenken. Ich habe deshalb bei wichtigen Fragen, nachdem ich die Gründe für oder gegen eine bestimmte Auffassung dargelegt hatte, die Studenten über die Vorzugswürdigkeit der einen oder der anderen Ansicht abstimmen lassen und bei sehr kontroversen Ergebnissen die Diskussion mit den verschiedenen „Parteien" weitergeführt. Gelernt hatte ich das schon in meiner Hamburger Studienzeit bei dem alten Professor *Raape*, der mit mehr als 80 Jahren noch Vorlesungen hielt und ein begnadeter Lehrer war (freilich nicht des Strafrechts, sondern des Römischen und des Internationalen Privatrechts). Die Vorlesung soll neben dem Ringen um die richtige Lösung auch die praktische Bedeutung einer Frage, ihre juristische Tragweite sowie die verfassungsrechtlichen und kriminalpolitischen Hintergründe deutlich machen.

Zur Lehraufgabe des Professors im weiteren Sinne gehört auch die Arbeit mit Stipendiaten, Doktoranden und Assistenten. Über die Arbeit mit den zahlreichen jungen ausländischen Gästen habe ich schon gesprochen. Sie fordert viel Engagement, trägt aber auch menschlich und wissenschaftlich reiche Früchte und sichert einem Professor treue Freunde und Mitarbeiter in aller Welt. Abgesehen davon ist es aber auch an sich eine sehr befriedigende Tätigkeit, jungen Wissenschaftlern helfen zu können, in ihrer Heimat eine ihren Fähigkeiten entsprechende Lebensstellung zu erlangen.

Die große und sich immer noch vermehrende Zahl meiner Doktoranden kann ich nicht genau bestimmen. Aber viele der von ihnen verfassten Dissertationen sind als Bücher erschienen und bereichern unsere Wissenschaft. Nicht wenige dieser Bücher haben ausländische Verfasser.

Ich habe sechs Assistenten habilitiert: *Hans-Joachim Rudolphi*, *Bernhard Haffke*, *Bernd Schünemann*, *Wilfried Bottke*, *Manfred Heinrich* und *Christian Jäger*. Ein siebenter Habilitand, *Hans Achenbach*, ist vor der Habilitation, die dann nicht mehr nachgeholt werden konnte, auf eine Professur berufen worden. Ohne Habilitation haben auch meine Doktoranden *Knut Amelung* und *Hero Schall* einen Lehrstuhl erlangt. Mein Doktorand *Jürgen Wolter* hat sich bei meinem Schüler *Rudolphi* habilitiert, gehört aber bis heute zum engeren Kreis auch meiner Schüler.

Mit allen meinen akademischen Zöglingen stehe ich in freundschaftlicher Verbindung und vielfach auch in wissenschaftlicher Zusammenarbeit. Dass der wissenschaftliche Nachwuchs von den Ordinarien unterdrückt und ausgebeutet würde, halte ich für eine Legende, die sich wenigstens in meinem Fach höchstens auf bedauerliche Einzelfälle stützen kann. Mein eigener Lehrer, *Heinrich Henkel*, hat mich wie ein liebender Vater behandelt und viel mehr für mich getan als ich für ihn. Überhaupt ist in der Regel das Verhältnis des akademischen Lehrers zu seinen anfänglichen Schülern für beide Parteien und auch für die Wissenschaft fruchtbar.

Ich habe freilich nie eine „Schule“ in dem Sinne gebildet, dass ich meine Doktoranden oder Habilitanden auf bestimmte Lehrmeinungen festgelegt habe. Das würde meinem Verständnis von Wissenschaft widersprechen, das gerade auf der These beruht, alle juristische Erkenntnis sei vorläufig und müsse immer wieder in Frage gestellt werden. Aber die Grundgedanken eines rechtsstaatlich-liberalen kriminalpolitisch fundierten Strafrechts teilen wir alle, weil sie sich aus der gemeinsamen Arbeit ergeben haben.

## *III. Schluss*

Abschließend lässt sich sagen, dass meine Tätigkeit als Strafrechtsprofessor mir die berufliche Lebenserfüllung gebracht hat, die ich mir von ihr versprochen hatte. Anders als manche Kollegen, die sich über mangelnde Anerkennung beklagen, fühle ich mich von der Fachwelt im In- und Ausland, von den Studenten und von der Öffentlichkeit, soweit diese von mir Notiz genommen hat, gut und manchmal sogar besser behandelt, als ich es bei kritischer Selbsteinschätzung verdient habe. (Dass einem bisweilen auch Missgunst und Abneigung entgegentreten, versteht sich von selbst und relativiert dieses Urteil nicht.) Was ich in den Grenzen meiner Begabung für Forschung und Lehre leisten konnte, glaube ich getan zu haben (und will es weiter tun). Und damit muss man zufrieden sein.

In die Zukunft unserer juristischen Fakultäten und meines Faches blicke ich mit einiger Sorge. Die fortschreitende Verschulung, die Idee, immer mehr Studenten mit immer weniger Personal und immer geringeren Sachmitteln ausbilden zu wollen, der in der Anwendung auf viele juristische Fächer abwegige Drittmittelkult, die einseitige Bevorzugung wirtschaftlich gewinnbringender Forschungen, die zunehmende Bürokratisierung und das Gremienunwesen, auf unserem Fachgebiet aber auch die politische Tendenz zu ausufernder Kriminalisierung, die mit überwachungsstaatlichen Eingriffsverschärfungen und einer Entformalisierung von Prozessentscheidungen einhergeht, drohen die wissenschaftliche Arbeit in den Hintergrund zu drängen oder in die Resignation zu treiben. Auch wird zwar wohl niemand des Geldes wegen Professor. Aber eine abschreckend geringe Honorierung, wie sie jungen Professoren heute oft geboten wird, ist der Gewinnung wissenschaftlicher Spitzenkräfte auch nicht gerade förderlich.

Andererseits steht unser Fach vor großen Herausforderungen: durch Europäisierung und Globalisierung, durch den Terrorismus und neue Formen der Kriminalität, die der technologische Fortschritt hervorbringt. Ich hoffe, dass es der deutschen Strafrechtswissenschaft, die ihre Leistungsfähigkeit und ihr Renommee bisher bewahrt hat, trotz allem gelingt, mit diesen Problemen fertig zu werden.

# *Schriftenverzeichnis (in Auswahl)*

## *1. Selbständiges Schrifttum*

Offene Tatbestände und Rechtspflichtmerkmale, 1959, 2. Aufl. 1970.

Täterschaft und Tatherrschaft, 1963, 8. Aufl. 2006.

Kriminalpolitik und Strafrechtssystem, 1970, 2. Aufl. 1973.

Karl May, das Strafrecht und die Literatur. Essays, 1997.

La Teoría del Delito en la Discusión actual, 2007.

Fundamentos político – criminales del Derecho Penal, 2008.

## *2. Kommentierungen*

Strafgesetzbuch, Leipziger Kommentar, §§ 25–29, 10. Aufl. 1978.

Strafgesetzbuch, Leipziger Kommentar, §§ 14, 30, 31, 10. Aufl. 1979.

Strafgesetzbuch, Leipziger Kommentar, §§ 25–27, 11. Aufl. 1993.

Strafgesetzbuch, Leipziger Kommentar, §§ 28–31, 11. Aufl. 1994.

## *3. Lehrbücher*

Strafprozessrecht, 3. Aufl. 1967, 15. Aufl. 1997, 16. Aufl. 2006 (als Roxin / Achenbach).

Strafverfahrensrecht. Ein Studienbuch (begründet von Eduard Kern), 9. Aufl. 1969, 25. Aufl. 1998; 26. Aufl. 2009 (als Roxin / Schünemann).

Strafrechtliche Klausurenlehre mit Fallrepetitorium, 1. Aufl. 1973, 4. Aufl. 1982, zusammen mit Bernd Schünemann und Bernhard Haffke.

Strafrechtliche Grundlagenprobleme, 1973.

Entscheidungssammlung für junge Juristen, Strafrecht, Allgemeiner Teil, 1. Aufl. 1973, 2. Aufl. 1984.

Einführung in das Strafrecht und Strafprozessrecht, zusammen mit Gunther Arzt und Klaus Tiedemann, 1. Aufl. 1983, 5. Aufl. 2006.

Strafrecht, Allgemeiner Teil, Bd. I, Grundlagen – Der Aufbau der Verbrechenslehre, 1. Aufl. 1992, 4. Aufl. 2006.

Höchstrichterliche Rechtsprechung zum Allgemeinen Teil des Strafrechts, 1998.

Strafrecht, Allgemeiner Teil, Bd. II, Besondere Erscheinungsformen der Straftat, 2003.

## 4. Aufsätze in Zeitschriften und Sammelwerken

Die Irrtumsregelung des Entwurfs 1960 und die strenge Schuldtheorie, MSchrKrim 1961, S. 211–221.

Pflichtwidrigkeit und Erfolg bei fahrlässigen Delikten, ZStW 74. Bd. (1962), S. 411–444.

Zur Kritik der finalen Handlungslehre, ZStW 74. Bd. (1962), S. 515–561.

Die provozierte Notwehrlage, ZStW 75. Bd. (1963), S. 541–590.

Straftaten im Rahmen organisatorischer Machtapparate, GA 1963, S. 193–207.

Die Behandlung des Irrtums im Entwurf 1962, ZStW 76. Bd. (1964), S. 582–618.

Zur straf- und verfassungsrechtlichen Problematik der Eidesunfähigkeit, JZ 1965, S. 558–563.

Die strafrechtliche Beurteilung der einverständlichen Sterilisation, Niedersächsisches Ärzteblatt 1965, S. 165–175.

Zur Dogmatik der Teilnahmelehre im Strafrecht, JZ 1966, S. 293–299.

Fragwürdige Tendenzen der Strafrechtsreform, Radius 1966, Heft 3, S. 33–37.

Sinn und Grenzen staatlicher Strafe, JuS 1966, S. 377–387.

Einige Bemerkungen zum Verhältnis von Rechtsidee und Rechtsstoff in der Systematik unseres Strafrechts, in: Gedächtnisschrift für Gustav Radbruch, 1968, S. 260–267.

Franz von Liszt und die kriminalpolitische Konzeption des Alternativentwurfs, ZStW 81. Bd. (1969), S. 613–649.

Rechtsstellung und Zukunftsaufgaben der Staatsanwaltschaft, DRiZ 1969, S. 385–389.

An der Grenze von Begehung und Unterlassung, in: Festschrift für Karl Engisch, 1969, S. 380–405.

Unfallflucht eines verfolgten Diebes, NJW 1969, S. 2038–2040.

Der Anfang des beendeten Versuchs. Zugleich ein Beitrag zur Abgrenzung von Vorbereitung und Versuch bei den unechten Unterlassungsdelikten, in: Festschrift für Reinhart Maurach, 1972, S. 213–233.

Kriminalpolitische Überlegungen zum Schuldprinzip, MSchrKrim 1973, S. 312–325.

Zum Schutzzweck der Norm bei fahrlässigen Delikten, in: Festschrift für Wilhelm Gallas, 1973, S. 241–259.

Über die mutmaßliche Einwilligung, in: Festschrift für Hans Welzel, 1974, S. 447–475.

Über den Notwehrexzess, in: Festschrift für Friedrich Schaffstein, 1975, S. 105–127.

Karl May, das Strafrecht und die Literatur, Gastvortrag an der Universität Bern, Juni 1977, SchwZStr 95. Bd. (1978), S. 1–32.

Die Mitwirkung beim Suizid – ein Tötungsdelikt?, in: Festschrift für Eduard Dreher, 1977, S. 331–355.

Über den Tatentschluß, in: Gedächtnisschrift für Horst Schröder, 1978, S. 145–166.

Tatentschluß und Anfang der Ausführung beim Versuch, JuS 1979, S. 1–13.

Die Strafbarkeit von Vorstufen der Beteiligung (§ 30 StGB), JA 1979, S. 169–175.

El desarrollo de la política criminal desde el Proyecto Alternaivo, in: Doctrina Penal, 2. Jahrgang, Nr. 7, Buenos Aires 1979, S. 507–523.

Wandlungen der Strafrechtswissenschaft heute, Universitas 1979, S. 913–922.

Die Wandlungen der Strafrechtswissenschaft und die gegenwärtige Situation der Kriminalpolitik, Universitas 1980, S. 23–32.

Zur Entwicklung der Kriminalpolitik seit den Alternativ-Entwürfen, JA 1980, S. 545–552.

El desarollo del derecho sobre el aborto en la República Federal de Alemania, (Die Entwicklung des Abtreibungsrechts in der Bundesrepublik Deutschland), Revista Jurídica de Cataluña, Sondernummer 1980, S. 251–264.

Wandlungen der Strafrechtswissenschaft in der Bundesrepublik Deutschland, in: Seikei Hogaku, The Journal of Legal, Political and Social Sciences, Nr. 15, Tokyo 1980, Artikel 1–22.

Der fehlgeschlagene Versuch. Zugleich ein Beitrag zum Problem der wiederholten Ausführungshandlung, JuS 1981, S. 1–9.

Probleme beim strafrechtlichen Schutz des werdenden Lebens, JA 1981, S. 542–549.

Die „sozialethischen Einschränkungen" des Notwehrrechts – Versuch einer Bilanz, ZStW 93. Bd. (1981), S. 68–104.

Entwicklung und Stand der gesetzlichen Regelung des Schwangerschaftsabbruchs, in: Böckle, Franz (Hrsg.), Schwangerschaftsabbruch als individuelles und gesellschaftliches Problem, 1981, S. 13–34.

Zweck und Rechtfertigung von Strafen und Maßregeln in der neueren westdeutschen Diskussion, in: Zeszyty Naukowe Wydzialu Prawa i Administracji Uniwersytetu Gdanskiego (Wissenschaftliche Hefte der Juristischen und Verwaltungsrechtlichen Fakultät der Universität Danzig), 1982, Nr. 10, S. 37–60.

Zur Problematik des Schuldstrafrechts, ZStW 96. Bd. (1984), S. 641–660.

Die durch Täuschung herbeigeführte Einwilligung im Strafrecht, in: Gedächtnisschrift für Peter Noll, 1984, S. 275–294.

Der durch Menschen ausgelöste Defensivnotstand, in: Festschrift für Hans-Heinrich Jescheck, 1985, 1. Hlbbd., S. 457–484.

Was bleibt von der Schuld im Strafrecht übrig?, SchwZStR 104. Bd. (1987), S. 356–376.

Bemerkungen zur actio libera in causa, in: Festschrift für Karl Lackner, 1987, S. 307–323.

Risarcimento del danno e fini della pena (Wiedergutmachung und Strafzwecke), Rivista italiana di diritto e procedura penale 1987, Heft 1, S. 3–23.

Die Stellung des Opfers im Strafsystem, Recht und Politik 1988, S. 69–76.

Die Gewissenstat als Strafbefreiungsgrund, in: Festschrift für Werner Maihofer, 1988, S. 389–411.

Finalität und objektive Zurechnung, in: Gedächtnisschrift für Armin Kaufmann, 1989, S. 237–251.

Bemerkungen zum Regreßverbot, in: Festschrift für Herbert Tröndle, 1989, S. 177–200.

Über die Reform des deutschen Strafprozeßrechts, in: Festschrift für Gerd Jauch, 1990, S. 183–200.

Strafrechtliche und strafprozessuale Probleme der Vorverurteilung, NStZ 1991, S. 153–160.

Zur Wiedergutmachung als einer „dritten Spur" im Sanktionensystem, in: Festschrift für Jürgen Baumann, 1992, S. 243–254.

Rose – Rosahl redivivus, in: Festschrift für Günter Spendel, 1992, S. 289–301.

Das Schuldprinzip im Wandel, in: Festschrift für Arthur Kaufmann, 1993, S. 519–535.

Nemo tenetur: die Rechtsprechung am Scheideweg, NStZ 1995, S. 465–469.

Was ist Beihilfe?, in: Festschrift für Koichi Miyazawa, 1995, S. 501–517.

Die Abgrenzung von untauglichem Versuch und Wahndelikt, JZ 1996, S. 981–987.

The Dogmatic Structure of Criminal Liability in the General Part of the Draft Israeli Penal Code – A Comparison with German Law, Israel Law Review, Vol. 30, Numbers 1–2, Winter-Spring 1996, S. 60–81.

Das Recht des Beschuldigten zur Verteidigerkonsultation in der neuesten Rechtsprechung, JZ 1997, S. 343–347.

Zur Rechtsstellung der Staatsanwaltschaft damals und heute, DRiZ 1997, S. 109–121.

Involuntary Self-Incrimination and the Right to Privacy in Criminal Proceedings, in: Israel Law Review, Vol. 31, Numbers 1–3, Winter-Summer 1997, S. 74–93.

Der Rücktritt bei Beteiligung mehrerer, in: Festschrift für Theodor Lenckner, 1998, S. 267–286.

Zur kriminalpolitischen Fundierung des Strafrechtssystems, in: Festschrift für Günther Kaiser, 1998, S. 885–896.

Die Verhinderung der Vollendung als Rücktritt vom beendeten Versuch, in: Festschrift für Hans Joachim Hirsch, 1999, S. 327–343.

Hat das Strafrecht eine Zukunft?, in: Gedächtnisschrift für Heinz Zipf, 1999, S. 135–151.

Die juristischen Highlights meines Lebens, Rechtshistorisches Journal 19. Bd. (2000), S. 637–640.

Lebensschutz im Strafrecht – Einführung und Überblick, (Übersetzung ins Koreanische durch Hun Cho), in: Journal of Criminal Law, Vol. 16 Special Issue, Winter 2001, S. 1–16.

Die Entsprechungsklausel beim unechten Unterlassen, in: Festschrift für Klaus Lüderssen, 2002, S. 577–586.

Zur Erfolgszurechnung bei vorzeitig ausgelöstem Kausalverlauf, GA 2003, 257–268.

Fahrlässige Tötung durch Nichtverhinderung einer Tötung auf Verlangen?, in: Festschrift für Hans-Ludwig Schreiber, 2003, S. 399–403.

Normativismus, Kriminalpolitik und Empirie in der Strafrechtsdogmatik, in: Festschrift für Ernst-Joachim Lampe, 2003, S. 423–437.

Acerca de la imputación del resultado en los cursos causales puestos en marcha antici-pa-damente (Übersetzung ins Spanische durch Manuel A. Abanto Vásquez), in: Problemas Actuales de Dogmática Penal, Lima (Peru): ARA Editores E.I.R.L., 2004, S. 69–90.

Das strafrechtliche Unrecht im Spannungsfeld von Rechtsgüterschutz und individueller Freiheit, ZStW 116. Bd. (2004), S. 929–944.

Kann staatliche Folter in Ausnahmefällen zulässig oder wenigstens straflos sein?, in: Festschrift für Albin Eser, 2005, S. 461–471.

Der Allgemeine Teil des neuen türkischen Strafgesetzbuches, GA 2005, S. 228–243.

El injusto penal en el campo de tensión entre la protección de bienes jurídicos y la libertad individual (Übersetzung ins Spanische durch Raúl Pariona Arana), LexisNexis Córdoba, Buenos Aires (Argentinien), No 5, 2006, S. 461–468.

Die Mühlenteichtheorie – Überlegungen zur Ambivalenz von Verwertungsverboten, zusammen mit Gerhard Schäfer und Gunther Widmaier, StV 2006, S. 655–661.

Organisationsherrschaft und Tatentschlossenheit, in: Festschrift für Friedrich-Christian Schroeder, 2006, S. 387–400.

Organisationsherrschaft als eigenständige Form mittelbarer Täterschaft, ZStR 125. Bd. (2007), S. 1–23.

Suç Teorisindeki Gelismeler Açisindan Türk ve Alman Ceza Hukuku Reformlarini Degerlendirme Sempozyumu, (Symposium über die Bewertung der Reformen im türkischen und deutschen Strafrecht aus der Sicht der Verbrechenslehre, Übersetzung ins Türkische durch Ali Ihsan Erdag), HPD Hukukı Perspektıler Dergısı, 7/2006, S. 48–52.

Der Schutz des Beschuldigten im deutschen Strafprozessrecht, Peking University Law Journal, Vol. 19, No. 1/2007 (General No. 109), S. 87–98.

Hans-Ludwig Schreiber

# Hans-Ludwig Schreiber

## I.

1933 wurde ich in Mönchengladbach geboren. Mein Vater, Jahrgang 1893, war Katholik, meine Mutter hingegen Lutheranerin. Ich selbst bin Katholik, aber wohl durch meine Eltern in dieser Beziehung eher Mischling, so dass ich mich als in manchen Dingen eher skeptischen Katholik bezeichnen würde. Da mein Vater ein Gegner des Naziregimes war, wurde er wiederholt versetzt. Zunächst kamen wir von Mönchengladbach, wo er Direktor des Arbeitsamtes war, nach Stettin – mein Vater wurde in der Berufsberatung beim Landesarbeitsamt tätig –, später nach Danzig. Nach Kriegsende mussten wir über Hamburg nach Hannover fliehen. Mein Vater wurde dort noch, er ist bereits 1947 gestorben, Vizepräsident des Landesarbeitsamtes.

In Hannover besuchte ich das Humanistische Gymnasium, wo ich 1951 relativ jung das Abitur abgelegt habe. Große Leidenschaft konnte ich für Übersetzungen und Interpretationen alter Sprachen aufbringen. Die Leidenschaft war so groß, dass ich sogar alte Sprachen studieren wollte. Deshalb besuchte ich noch zu Beginn des Studiums Veranstaltungen bei einem berühmten Altphilologen. Ausführlich wurde die Frage erörtert, ob im Originaltext „igni" oder „igne" gestanden war – das fand ich entsetzlich langweilig. Ein Studium der alten Sprachen kam für mich nicht mehr in Frage.

Obwohl später meine Leidenschaft für Medizin durchgebrochen ist, habe ich ein Medizinstudium nie in Erwägung gezogen. Wir Juristen beschäftigen uns zwar auch mit dem Menschen. Einem Mediziner steht der Mensch aber noch bedrängender und enger gegenüber; er ist viel stärker auf ihn angewiesen. Großes Interesse konnte ich aber für das Verhältnis des Menschen zur Ethik aufbringen. Zunächst interessierte mich die Ethik sogar mehr als das Recht, bis ich gelernt hatte, dass Recht eigentlich viel konkreter als Ethik ist.

Als ich meinem Lateinlehrer, einem vorzüglichen Mann, sagte, dass ich Jura studieren würde, entgegnete er: „Ja, für Jura fehlt Ihnen doch noch die ganze Welt." Mir ging es aber gerade darum, die Welt kennen zu lernen. Dieser Gedanke hat mich noch lange Zeit begleitet.

## *II.*

Dann wählte ich als Studienort Bonn und nicht Göttingen, wo alle meine Klassenkameraden aus Hannover hingegangen sind. Ich wollte hinaus, auch mal etwas anderes sehen, die Welt, die mir noch fehlte, kennen lernen. In Bonn lehrten damals schon *Scheuner* und *Flume*, die es verstanden, junge Studenten für die Juristerei zu begeistern. In meinem zweiten Semester kam *Hans Welzel* nach Bonn, der mich von Anfang an persönlich faszinierte, weil er ein lebendiges und praktisches Recht brachte. Er war nicht nur, wie man ihm immer nachgesagt hatte, Dogmatiker; vielmehr konnte er die Studenten durch seine lebendige Art für sich gewinnen. Daher habe ich mich auch entschlossen, nicht am Seminar von *Scheuner*, sondern an dem von *Welzel* teilzunehmen, wo ich damals ein Referat über die unechten Unterlassungsdelikte gehalten habe. Wir sagten damals, in *Welzels* Seminar säßen der Papst und die Kardinäle. Die Kardinäle, die neben *Welzel* saßen, waren *Günther Stratenwerth* und *Armin Kaufmann. Hans Joachim Hirsch*, den ich sehr schätze und für einen sehr klugen Mann halte, hat damals auch schon an den Seminaren teilgenommen. Er machte einen überaus eifrigen und sehr klugen Eindruck, die dominanteren Figuren waren aber sicherlich *Stratenwerth* und *Kaufmann*. Das Seminar bei *Welzel* hat mich nachhaltig beeindruckt – es wurde sehr viel gestritten und debattiert, nach dem Seminar ging *Welzel* im Anschluss stets ein Bier mit uns trinken; wir haben lange gesessen und diskutiert.

## *III.*

1957 habe ich das Referendarexamen mit der für mich überraschenden Note „gut" bestanden. *Welzel* bot mir sogleich eine Dissertation an. Er regte an, etwas über *Julius Binder* zu schreiben, dessen Witwe er noch in Göttingen kennengelernt hatte. Ich habe mir eine kleine Schrift von *Binder*, die 1902 erschienen ist, angesehen und dann die Entwicklung des Begriffs der Rechtspflicht als Dissertation genommen. Nach *Binders* Auffassung hat Recht nichts mit Ethik zu tun, auch Pflicht hält er für einen falschen Begriff. Recht sei vielmehr Zwang und Haftung. In der Dissertation, die sehr freundlich aufgenommen wurde, habe ich den Begriff der Rechtspflicht und ihre Entwicklung von der Stoa bis heute beleuchtet. Während dieser Zeit war ich Hilfskraft bei *Stratenwerth* und *Welzel*.

Erst nach Fertigstellung der Arbeit wurde ich Referendar. Die Referendarzeit verbrachte ich in Niedersachsen. Zeitweise war ich auch – als Referendar – in Bonn, wo ich noch bei *Welzel* als Hilfskraft gearbeitet habe. In Hannover bestand ich 1962 das Assessorexamen mit der damals seltenen Note „ausgezeichnet". Wegen der guten Note wurde ich binnen 14 Tagen, zusammen mit einem anderen, der das Examen mit „gut" bestanden hatte, bei der Justiz engagiert und trat sogleich den Dienst als Assessor in Hildesheim an.

*Welzel* hat mir damals geschrieben, mein Examensergebnis pfiffen schon die Spatzen von den Dächern; ich sollte doch noch einmal zu ihm kommen. So ließ ich mich als Richter bei der Justiz beurlauben und nahm eine Assistentenstelle bei *Welzel* an. Ich bin mit *Hans Welzel* menschlich immer sehr gut ausgekommen. Er war nicht nur ein ungeheuer konzentrierter, scharfsinniger Mann, sondern auch ein sehr guter Zuhörer. Es konnte zwar durchaus vorkommen, dass er sich, wenn man in einem Seminar etwas vortrug, was ihm nicht passte, darüber lustig machte. Am nächsten Morgen aber ließ er sich es noch einmal in Ruhe erklären und hörte trotzdem noch zu. Kollegen gegenüber, die er nicht schätzte, verhielt er sich aber zugegebenermaßen häufig sehr kritisch.

Meine Dissertation, die noch nicht publiziert war, wurde nunmehr veröffentlicht; jetzt ging es darum, ein Habilitationsthema zu finden. Ich wollte damals eigentlich etwas über den Urheberbegriff schreiben, weil ich meinte, die Hintergründe der Täterlehre noch einmal ausarbeiten zu müssen. *Welzel* meinte aber, dass mit seiner Strafrechtsdogmatik die andere Seite des Mondes entdeckt worden wäre, die aber leider nie besiedelt werden würde. Deshalb riet er mir zu einem anderen Thema. Er regte an, etwas über die Gesetzesbindung zu schreiben. Damals gab es nämlich den Streit um die Auslegung des Grundsatzes *nullum crimen, nulla poena sine lege* und die Gesetzesbindung. Als Thema habe ich dann „Gesetz und Richter" gewählt, das ich, ebenso wie die Dissertation, historisch entwickeln wollte. Den historischen Teil, es waren 400 Seiten, gab ich *Welzel*, damit er ihn sich, bevor ich mich dem systematischen Teil zuwenden würde, ansehen konnte. Aber *Welzel* genügte bereits der historische Teil, so dass dieser allein als meine Habilitationsschrift publiziert wurde. Die Arbeit fand freundliche Aufnahme.

Von den 50er Jahren kann man sicherlich als der Zeit der Schulenbildung sprechen, an der *Welzel* mit seiner finalen Handlungslehre nicht unbeteiligt war. Eine Verfeinerung und Sublimierung der Welzelschen Dogmatik fand durch *Armin Kaufmann* statt. Mehr noch als der Finalismus interessierte mich bei *Welzel* aber sein Naturrechtsbuch mit dem Ausblick auf die sachlogischen Strukturen. Wahrscheinlich ist es meiner eher praktischen Herangehensweise geschuldet, dass für mich die Frage, an welcher Stelle der Vorsatz zu untersuchen ist, weniger entscheidend war. *Welzel* hat aber nicht, auch wenn ihm das häufig nachgesagt wird, auf eine Schulenbildung Wert gelegt. Er hat nicht nur geduldet, dass seine Schüler abweichende Meinungen vertraten, er hat uns geradezu dazu animiert. Zu meiner Dissertation hat er etwa angemerkt, ich dürfe vertreten, was ich wolle, ich dürfe nur nicht schreiben, dass ich ihn für dumm hielte, weil er die Arbeit dann aus Gründen der Selbstachtung nicht annehmen könne.

Stärker noch als ich, löste sich mein Assistentenkollege *Jakobs* von *Welzels* Dogmatik. Er sollte das Welzelsche Lehrbuch übernehmen, schrieb dann aber ein neues, dem er ein völlig anderes System zu Grunde legte. *Jakobs* Freund- und Feindstrafrecht vermag mich indes nicht zu überzeugen. Der Begriff des Feindstrafrechts ist meines Erachtens durch *Carl Schmitt* verbraucht.

Während meiner Assistentenzeit hat *Hans Welzel* die rechtshistorischen und teilweise auch die rechtsphilosophischen Teile im Brockhaus übernommen und an mich delegiert. Zwar sind die Artikel dort nicht namentlich gekennzeichnet, ich kann meine Autorenschaft jedoch dadurch nachweisen, dass in einer Auflage des Brockhaus unter dem Begriff „Geltung“ ein kleiner Abschnitt „Rechtsgeltung“ enthalten ist und darin meine Dissertation zitiert wird – das hätte sonst sicher niemand getan. *Welzel* plante auch, zusammen mit meiner Assistenz ein systematisches Buch über Rechtsphilosophie zu verfassen. Allerdings kam es nicht mehr dazu, weil *Welzel* das Nachlassen seiner Kräfte bemerkte. Zum Schluss ist *Hans Welzel* an Alzheimer erkrankt. Er war noch in Bonn, hat aber geistig stark abgebaut. Seine Frau hat mich zusammen mit anderen veranlasst, *Welzel* mitzuteilen, es gäbe an der Universität keine Zimmer mehr für ihn. Ich weiß noch, wie *Welzel* mir darauf entgegnete: „Ach, Herr Schreiber, eigentlich traurig, dass Sie das so sagen, sie schämen sich ihres alten Lehrers.“ Aber es war wohl nötig, *Welzel* von der Universität fernzuhalten.

## *IV.*

Ich bin zwischenzeitlich wieder zurück zur Justiz gegangen. Insgesamt war ich sechs Jahre lang als Richter und Staatsanwalt tätig. Zeitweise arbeitete ich auch als Referent in der Gesetzgebungsabteilung des Ministeriums in Hannover. Am 16. Oktober 1970 habe ich mich in Bonn für Strafrecht, Strafprozessrecht und Rechtsphilosophie habilitiert. Dort bekam ich gleich am 1. April 1971 eine C-3-Stelle. Heute ist der Boom, der Anfang der 70er Jahre durch den Ausbau der Universitäten entstand, kaum mehr vorstellbar. Man konnte sich vor Rufen überhaupt nicht retten. Etwas überspitzt habe ich einmal formuliert, wer mehr als drei zusammenhängende Sätze geschrieben hatte, erhielt sofort mehrere Rufe. So erreichte mich im Sommer 1971 ein Ruf nach Kiel, eine Woche später einer nach Augsburg und kurze Zeit später der nach Göttingen. *Welzel* riet mir, nicht nach Kiel, weil das ein Wartesaal sei, sondern nach Göttingen zu gehen, wo er auch gewesen war. Im Herbst 1971 habe ich den Ruf nach Göttingen angenommen und bin auch dort geblieben. Bedingt durch die Ausbauzeit erhielt ich nämlich noch weitere Rufe, erst nach Heidelberg und Mannheim, 1974 nach Freiburg an das Max-Planck-Institut als Nachfolger *Jeschecks*. *Tiedemann* und *Arzt* hatten in Freiburg abgesagt und so wurde ich berufen, obwohl ich zum Auslandsrecht bisher gar nicht gearbeitet hatte.

In diese Zeit fielen auch die Studentenrevolten. In Göttingen gab es einen sehr harten, radikalen Kern. Auch an der juristischen Fakultät gab es immer wieder Störungen, im Vergleich zu anderen Fakultäten verliefen sie aber harmlos. Größere, länger andauernde Störungen hat es nicht gegeben, gleichwohl wurden meine Veranstaltungen immer wieder beeinträchtigt. Ich wurde mit Wasser bespritzt und bin mit allem möglichen beworfen worden. Allerdings habe ich mich davon nur wenig beeindrucken lassen, auch wenn ich als Faschist bezeichnet worden bin. Einmal wurde eine meiner Lehrveranstaltungen gestürmt, eine Horde kam in den Hörsaal und rief einen Streik aus. Die Meute verließ den Raum, als ich erklärte, wir seien gerade dabei, die Klassenjustiz zu erörtern. Danach kamen die Störer nicht mehr in meine Vorlesungen; wenn man sich konsequent zeigte, wurde man in Ruhe gelassen. Eine ähnliche Haltung hatten auch *Christian Starck*, der aus Würzburg kam und mit dem ich ansonsten nur selten übereinstimmte, und der exzellente Zivilist *Uwe Diederichsen*. *Claus Roxin*, mein Vorgänger in Göttingen, hat unter den 68er-Unruhen sehr gelitten. Er hat brillante Vorlesungen gehalten, die sehr gut besucht waren und daher auch viele Störer angezogen haben.

Im Nachhinein bin ich der Auffassung, dass die Entwicklungen der 68er-Zeit fällig waren. Unsere Generation war gegenüber den Institutionen zu unkritisch. Sowohl Staat, Kirche als auch Universität waren verkalkt und festgefroren. Wir haben zu vieles als selbstverständlich angenommen. Allerdings bin ich über die Wende, die viele der 68er-Generation gemacht haben, überrascht und geradezu enttäuscht. Zu viele sind nachgedunkelt und haben sich – viel schneller als andere – angepasst.

## *V.*

Nach der Ablehnung des Rufes nach Freiburg erreichte mich kein weiterer Ruf. Seit Anfang der 80er Jahre bin ich hier in Niedersachsen geblieben. Von *Roxin* habe ich den damaligen Assistenten *Knut Amelung*, der in Göttingen blieb und noch aus der unruhigen Zeit berichten konnte, übernommen. Von *Welzel* übernahm ich die Betreuung des Habilitanden *Hinrich Rüping*. *Rüping* war zwar zunächst nach Tübingen zu *Nörr* gegangen, da er sich aber mehr zum Strafrecht, besonders zur Strafrechtsgeschichte hingezogen fühlte, ist er nach Göttingen zurückgekehrt. Ich habe ihn unter Mithilfe *Friedrich Schaffsteins*, noch bevor ich jemanden promoviert hatte, bereits im Frühjahr 1974 habilitiert.

In Göttingen lehrten einige aus dem Dritten Reich belastete Professoren. Neben *Schaffstein* sind in diesem Zusammenhang vor allem *Karl Michaelis* und *Franz Wieacker* zu nennen. *Schaffstein* erlebte ich als einen liebenswürdigen, eher vornehmen älteren Herren, bei dem man sich eigentlich nicht erklären konnte, wie er so stark in den Bann des Nationalsozialismus geraten konnte. Er kam einmal zu mir, weil in den „Wegen der Forschung" in der Wissenschaftlichen Buchgesellschaft ein böser Aufsatz von ihm über das Verschärfungsverbot im Rechtsmittelverfahren abgedruckt werden sollte. Er war sich unsicher, ob er den Abdruck gestatten sollte, da er den Aufsatz als Schande für sich empfand. Ich habe *Schaffstein* geraten, der Veröffentlichung zuzustimmen. Er ist meinem Rat gefolgt und hat unter den Aufsatz geschrieben: „Wege der Forschung sind auch ihre Irrwege. Und dies dokumentiert den Irrweg."

*Franz Wieacker* hat mich sehr beeinflusst. Regelmäßig war ich mit ihm zusammen im Studienreformausschuss des Juristischen Fakultätentages. *Wieacker* kann als fanatischer Arbeiter bezeichnet werden. Es wird berichtet, dass noch kurz vor seinem Tod zwei seiner Schüler mit dem Handbuch des Römischen Rechts vor seinem Krankenbett gesessen seien, um die Korrekturen mit ihm zu besprechen. *Franz Wieacker* war ein skurriler Junggeselle, aber sicher einer der klügsten Juristen, die ich kennenlernen durfte. Bei Vorträgen saß er häufig vorne in der zweiten Reihe der Aula und redete laut dazwischen. Beim 250-jährigen Jubiläum der Universität, das in die Zeit der Studentenunruhen gefallen ist, hat er einen brillanten Festvortrag gehalten. *Weizsäcker*, der auch Göttinger Jurastudent war, sollte eigentlich den Vortrag halten. Es wurde aber gedroht, ihn zu kippen. Auf meine Empfehlung an den damaligen Präsidenten *Kamp* hat *Wieacker* dann den Festvortrag übernommen und über den Weg der Universität durch die Jahrhunderte referiert.

## *VI.*

Neben Forschung und Lehre habe ich mich stark in der Hochschulverwaltung engagiert. So war ich in Göttingen von 1981 bis 1983 Vizepräsident, von 1992 bis 1998 Präsident der Universität. Die 1974 errichtete Universität Osnabrück sollte zum Wintersemester 1980/1981 um eine Juristische Fakultät erweitert werden. Als Vorsitzender der Gründungskommission habe ich sie mit Göttinger und Münsteraner Kollegen, unter anderem *Kirchhoff*, *Götz* und *Diederichsen*, aufgebaut. In Osnabrück habe ich dann auch Vorlesungen gehalten. Einer meiner ersten Schüler dort war der jetzige Ministerpräsident *Christian Wulff*.

In Göttingen hörte bei mir auch *Gerhard Schröder*. Während der Studentenunruhen war *Schröder* einer von denen, die nie so aktiv störten, dass es kriminell wurde. Er meldete sich zwar immer wieder und machte, etwa in den Veranstaltungen meines Kollegen *Erwin Deutsch*, den das sehr ärgerte, unverschämte Bemerkungen. Vor wenigen Jahren rief mir *Schröder* eine Episode ins Gedächtnis, an die ich mich nicht mehr erinnerte, die für ihn aber offenbar von Bedeutung gewesen ist. In einer Vorlesung erläuterte ich etwas über den Vermögensschaden beim Betrug. *Schröder* meldete sich und sagte, dass meine Ausführungen falsch seien; als nichtehelicher Sohn einer Putzfrau wüsste er das besser. Ich entgegnete darauf, dieses Sachargument könne mich überzeugen, worauf der ganze Saal über ihn gelacht hätte. Das führte aber nicht dazu, dass *Schröders* Verhältnis zu seiner Universität nachhaltig getrübt worden wäre. Wir haben ihn später sogar zum Ehrendoktor gemacht, weil er sich stark für die Georgia-Augusta eingesetzt hatte. In meiner Zeit als Präsident besuchte uns *Gerhard Schröder* als Ministerpräsident Niedersachsens feierlich und fragte wörtlich: „Was braucht ihr?". Was wir brauchten, war eine Molekularbiologie, um mit Heidelberg und München mithalten zu können. Bei der Errichtung des Göttinger Zentrums für Molekulare Biowissenschaften hat er uns dann sehr unterstützt. Für ein Vorwort zu meiner Festschrift bin ich ihm dankbar.

Nach der Gründung der Universität in Osnabrück wollte der damalige Ministerpräsident *Ernst Albrecht* in Oldenburg eine weitere juristische Fakultät gründen und rief drei Sachverständige ins Kabinett, die ihm Rat geben sollten. Er wollte, wegen der fehlenden finanziellen Mittel, eine nur siebenköpfige Fakultät errichten. Dagegen habe ich mich gewandt; sieben Professoren seien für eine juristische Fakultät nicht ausreichend. *Albrecht* entgegnete, dass wir gleichzeitig, ohne uns zu kennen, in Bonn studiert hätten, er habe aber nicht Jura, sondern Ökonomie studiert. In Bonn lehrten damals nur sechs Ökonomen, die ihn dennoch genug Ökonomie gelehrt hätten, um seine zehn wirtschaftspolitischen Thesen, die er gerade dem Bundeskanzler vorgelegt hatte, aufstellen zu können. Meine Erwiderung rief minutenlanges Schweigen hervor: „Herr Ministerpräsident, Ihre wirtschaftspolitischen Thesen in Ehren, aber ich stelle mir vor, wie gut sie geworden wären, hätten Sie an einer voll ausgebauten Fakultät studieren können." Erst als sich *Albrecht* entschlossen hatte zu lachen, trauten sich auch seine Minister. An dieser Episode zeigt sich *Albrechts*

Strenge, ansonsten war er aber sehr umgänglich. Er hatte jedoch eine Art abweisendes Lächeln, das von vielen als Hochmut gedeutet wurde. Meines Erachtens war es aber eher Menschenscheu; mit seinem Auftreten hielt er sich die Leute vom Leibe. 1987 hat mich *Albrecht* dann als Staatssekretär in sein Kabinett, das bis 1990 andauerte, berufen. In diesen Jahren habe ich viel gelernt. 1990 übernahm *Gerhard Schröder* die Regierung, der den Finanzstaatssekretär *van Scherpenberg* und mich zur Strafe, weil wir für *Albrecht* gearbeitet haben, wie er gesagt hat, übernehmen wollte. Für mich kam das jedoch nicht in Frage, weil, so formulierte ich damals, jetzt so viele Schweine an den Trog drängten, und es außerdem zwischen der Albrecht-Regierung und ihm so viele Auseinandersetzungen gegeben hätte. Schließlich wurde *Helga Schuchardt* Ministerin, die für die Universitäten verheerend war. Ich bin sehr gerne wieder zur Universität zurückgegangen.

Ein Vierteljahr später wollten mich *Kurt Biedenkopf* und *Hans-Joachim Meyer* als Staatssekretär für das Sächsische Wissenschaftsministerium gewinnen. Das Angebot habe ich aber abgelehnt, da ich in der Wissenschaft bleiben wollte. Das Amt des Vorsitzenden der Hochschulstrukturkommission für das Land Sachsen habe ich aber angenommen.

## *VII.*

So war ich auch im Nebenamt als Gründungsvorsitzender für die Hallesche Juristische Fakultät tätig, bis ich 1992 Präsident der Georgia-Augusta in Göttingen wurde. Eigentlich wollte ich gar nicht Präsident werden, habe aber schließlich dem Drängen meiner Kollegen nachgegeben. Diese Zeit war für mich sehr belastend. In Göttingen hatte ich zwar auch ein Zimmer, zusammen mit meiner Frau habe ich aber eigentlich immer in Hannover gewohnt. Deshalb musste ich jeden Morgen mit dem Zug um halb sieben von Hannover nach Göttingen fahren. In Göttingen bin ich kurz nach sieben angekommen und keinen Abend vor neun Uhr nach Hause zurückgekehrt. In meiner Zeit als Präsident habe ich viel über die Universität lernen können, meine Hochachtung vor dem System „Universität" hat indes sehr gelitten. Ich musste erkennen, dass Universitäten heute eigentlich dilettantisch, beliebig und zufällig verwaltet werden.

Als ich Universitätspräsident war, wurde ich auch gedrängt, Präsident der Göttinger Händel-Gesellschaft zu werden. Obwohl ich kein Instrument spiele, bin ich ein großer Musikfreund, so dass ich das Amt letztlich doch gerne angenommen habe. Über die Gesellschaft habe ich sehr viele Leute, auch aus England, kennengelernt. Zwölf Jahre habe ich die Händelfestspiele geleitet.

Zwischenzeitlich hatte die Händel-Gesellschaft große finanzielle Probleme, die beinahe zu ihrem Niedergang geführt hätten, aber auf mein Bitten hin hat sich *Christian Wulff* sehr für uns eingesetzt. Es ist mir auch gelungen, *Wilhelm Krull*, den Generalsekretär der Volkswagenstiftung, zum Vorsitzenden des Aufsichtsrats der Händel-Gesellschaft zu machen. Mittlerweile floriert die Gesellschaft; mit *Nicholas MacGegan*, einem Schotten aus San Francisco, haben wir einen ausgezeichneten künstlerischen Leiter gewonnen; wir haben mehr als 1500 Mitglieder.

Trotz vielfältiger Verwaltungsaufgaben habe ich der universitären Lehre immer besondere Bedeutung beigemessen. Sowohl in meiner Zeit als Staatssekretär, als auch in der als Präsident habe ich weiter Vorlesungen gehalten, um den Kontakt zum Strafrecht nicht zu verlieren. Als Staatssekretär musste ich mir dazu die Erlaubnis geben lassen. Ich habe regelmäßig vier Wochenstunden beantragt, damit zumindest zwei bis drei genehmigt wurden. Als Präsident habe ich mich am ganz normalen Lehrbetrieb beteiligt und habe auch Übungen gehalten. Mir bereitete das immer große Freude und bereitet es auch heute noch; zusammen mit *Gunnar Duttge* veranstalte ich in Göttingen noch heute Seminare. Geschrieben habe ich eine ganze Menge, die Schriften bis 2003 sind in der von meinen Schülern herausgegebenen Festschrift (S. 1031 ff.) zusammengestellt.

## *VIII.*

Häufig wird Strafrecht im Gegensatz zum Zivilrecht mit seinen mannigfaltigen Erscheinungsformen als einseitig abgetan. Das ist aber viel zu kurz gegriffen. Die typischen Konflikte und Probleme des menschlichen Zusammenlebens kommen im Strafrecht geradezu wie in einem Brennglas heraus. Daraus resultiert in meinen Augen die Anziehungskraft, die vom Strafrecht ausgeht. Über meine Praxis als Richter und Staatsanwalt habe ich mich jedoch stark vom dogmatischen, theoretischen Strafrecht entfernt und mich der praktischen Anwendung und der Auswirkung auf den Menschen zugewandt. Das Eingriffshafte und Begrenzende des Rechts tritt im Medizinrecht, das gerade eine neue Blüte erlebt, besonders in den Vordergrund. Dieses Stück wirkliche Praxis, das man bei der Beschäftigung mit Medizinrecht hat, hat mich sehr gereizt.

Über die Beschäftigung mit strafrechtlicher Schuld und der Frage, wie ein Psychiater bei ihrer Feststellung mitwirken kann, ist mein erster Kontakt zur Medizin entstanden. Gemeinsam mit dem Göttinger Psychiater *Venzlaff* habe ich eine Vorlesung mit Patientenvorstellungen, sowohl Schuldfähigen als auch nicht Schuldfähigen, veranstaltet. Die Patienten erzählten dabei ihre persönliche Geschichte, der Psychiater gab seine Diagnose ab und ich versuchte, das Geschilderte juristisch einzuordnen. Diese Veranstaltung führte dazu, dass ich von der Richterakademie den Auftrag bekam, die Veranstaltung Recht und Psychiatrie abzuhalten, was ich eine ganze Reihe von Jahren gemacht habe.

Mein Kollege *Deutsch*, der in Göttingen Medizinrecht lehrte, regte an, mit den Medizinern gemeinsam Seminare zu veranstalten. Dazu haben wir Themen wie die Grundfragen der Einwilligung oder der Aufklärung ausgewählt, die wir gemeinsam mit medizinischen Kollegen und Studenten in Seminaren aufgearbeitet haben. *Deutsch* war ein erstklassiger Jurist. Hier habe ich die Ansätze *Karl Engischs*, bei dem ich in München als Student gehört hatte, aufgenommen. *Engisch*, der sich als ein von Skepsis zerfressener Mensch bezeichnete, war letztlich Pragmatiker. Seine Ideen habe ich auch in der Dogmatik aufgegriffen.

Eines meiner Grundanliegen war, den Medizinern eine Akzeptanz für Recht beizubringen, ihnen also auf der einen Seite die Notwendigkeit einer rechtlichen Ordnung vor Augen zu führen, ihnen andererseits aber auch zu zeigen, dass wir Juristen manchmal eben sehr formal und eng sein können. Ich habe mich dabei als eine Art Brückenbauer verstanden. Bei Chirurgen ist mir das ganz gut gelungen; dabei wurde ich sehr von meinem Würzburger Freund *Wachsmuth* unterstützt.

## *IX.*

Über Beginn und Ende des Lebens und über die Fragen der Grenzen des Schutzes menschlichen Lebens habe ich viel gearbeitet. Daher wurde ich immer wieder zu den von der Deutschen Gesellschaft für Chirurgie und der Deutschen Gesellschaft für Innere Medizin veranstalteten Kongressen eingeladen, um dort Vorträge zu halten. Letztes Jahr habe ich beim Internistenkongress in Wiesbaden über die Patientenverfügung referiert. Die Patientenverfügung befürworte ich zwar grundsätzlich, aber einseitig auf sie allein abzustellen halte ich für falsch. Diese Einseitigkeit wurde auch im Alternativentwurf, an dem ich mitgewirkt habe, bemängelt. Bei der Frage der früher sogenannten passiven, der indirekten Sterbehilfe, also dem Sterbenlassen, muss die Diskussion über die Patientenverfügungen hinaus weitergehen.

Im Bereich des Medizinrechts haben sich immer wieder praktische Arbeitsgruppen herausgebildet. Wir haben Strafsenate und Zivilsenate des BGH in Kliniken eingeladen, um den Richtern Operationen zu zeigen. Zwei bis drei Tage haben wir dann über Themen, die die Senate hatten, aber auch über

Themen, die die Mediziner hatten, diskutiert. Aus dieser praktischen Betätigung heraus haben sich eine ganze Reihe von Schriften entwickelt, gerade auch in den letzten Jahren. Meine jüngste Schrift zu diesem Bereich behandelt die Frage, wer eigentlich das Risiko der medizinischen Behandlung trägt. Mein Ergebnis ist, dass sich die Mediziner nicht über die Unmenschlichkeit der ärztlichen Aufklärung echauffieren sollten. Vielmehr sind sie es, die durch die ärztliche Aufklärung vor der Haftung geschützt werden. Es werden die Risiken benannt, die durch ihre Benennung auf den Patienten übergewälzt werden; Zwischenfälle, die nicht geradezu gegen die Regel verstoßen und schuldhaft herbeigeführt worden sind, muss dann der Patient tragen.

Beschäftigt man sich mit Medizinrecht, gelangt man unwillkürlich zu ganz grundsätzlichen Fragen. Besonders bedrängend stellen sich diese grundsätzlichen Fragen auch beim Spätabbruch einer Schwangerschaft, dem ich sehr skeptisch gegenüberstehe. *Gunnar Duttge* hat einen sehr guten Aufsatz geschrieben, in dem er darlegt, dass ein Spätabbruch qualitativ einem Abbruch in der Frühphase gleichkommt, wenn der frühe Embryo schon voller Mensch ist. Ich sehe das etwas anders – wenn sich der Embryo schon anschickt zu leben, gewinnt er zunehmende Wertstellung. Bei mir kommt hier eher ein praktischer Ansatz zum Tragen. Ich habe mir Spätabbrüche angesehen, auch Fetozide, bei denen dem missgebildeten, aber bereits lebensfähigen Kind mit der Nadel ins Herz gestochen wird und es so vom Leben zum Tode gebracht wird. Führt man sich diese Behandlung vor Augen, drängt es sich auf, dass ein Spätabbruch anders als ein Frühabbruch zu behandeln ist. Dogmatisch und prinzipiell kann man *Duttge* jedoch kaum widerlegen. Diese Konflikte sind schauderhaft. Man kann nur bitten, persönlich nicht vor solche Konfliktsituationen gestellt zu werden.

Viel habe ich über Transplantation gearbeitet. Zwölf Jahre war ich Vorsitzender der Deutschen Transplantationskommission, die Richtlinien für die Verteilung der Organe entwickelt. Die Grundfragen des menschlichen Lebens sind natürlich auch weltanschaulich und religiös geprägt. Gerade im Hinblick auf Embryonenschutz, Hirntod und Transplantationen habe ich mit Kardinal *Meisner* regelrechte Fehden gehabt.

In meiner Zeit als Präsident der Universität in Göttingen habe ich eine Veranstaltungsreihe begründet, in der jeden Montagabend um 18 Uhr die Fakultäten abwechselnd Vorträge auf die Frage „Was ist der Mensch?“ anboten. Die Reihe war sehr erfolgreich, an den Publikumsvorlesungen haben immer zwischen 500 und 800 Leute teilgenommen, der erste Sammelband wurde weit mehr als tausend Mal verkauft. Für einen der Vorträge wollte ich einen prominenten Kirchenvertreter gewinnen und habe deshalb bei Kardinal *Lehmann* angefragt. Wegen vielfältiger anderer Termine wollte er eigentlich ablehnen. Als ich aber andeutete, statt seiner Kardinal *Meisner* einladen zu wollen, hat er doch zugesagt und einen brillanten Vortrag gehalten.

Mit dem „Institut für die Wissenschaften vom Menschen" in Wien habe ich viel zusammengearbeitet. Das Institut wurde unter der Leitung von *Krzysztof Michalski* von Ostleuten in der Zeit gegründet, als der Ostblock noch geschlossen war, sich aber nach Westen zu öffnen begann. Im vorigen Jahr konnten wir das 15-jährige Bestehen des Instituts feiern. Alljährlich veranstaltete das Institut die Castel Gandolfo-Gespräche am Sommersitz des Papstes. An dreien dieser Gespräche habe ich teilgenommen. Wir wohnten in Castel Gandolfo, man hörte Französisch, Englisch, Polnisch und Deutsch. Viele Veranstaltungen fanden zusammen mit dem Papst statt, so durften wir auch die Morgenmesse *Johannes Pauls II.* besuchen.

Bei einer der Tagungen habe ich über Menschenrechte nach der Aufklärung gesprochen. Der Papst lud die Referenten danach zum Essen in sein Zimmer ein. *Johannes Paul II.* wurde oft vorgeworfen, stur zu sein. Ich habe ihn hier jedoch als jemanden erlebt, der gut zuhört und sehr gelassen mitdiskutiert. Zu mir sagte er, er hielte mich für einen Häretiker im besten Sinne des Wortes; Häresie komme von αἵρεσις, Auswahl. Er hielt mir vor, das, was ich akzeptiere, auszuwählen. Darauf entgegnete ich, bereit zu sein, sogar von ihm etwas anzunehmen, wenn er nicht auf dieses Stühlchen steigen und von dort herab etwas definieren würde. *Johannes Paul II.* erwiderte: „Herr Professor" – er holte tief Luft – „bin ich je auf dieses Stühlchen gestiegen, fragen Sie Ratzinger." Er wollte weitere Kritikpunkte an der katholischen Kirche hören. Mit einigen Kardinalswahlen war ich nicht einverstanden. Der Papst lehnte sich vor und sagte: „Haben Sie sich noch nie geirrt?" Das hat mich nachhaltig beeindruckt. Einzig meine Kritik an der Mariologie wies er zurück.

## *X.*

Wenn ich die Entwicklung des Strafrechts betrachte, muss ich feststellen, dass immer differenzierter sanktioniert wird. Gerade wegen meiner praktischen Erfahrung als Richter und Staatsanwalt bin ich eigentlich stets gegen diese Entwicklung aufgetreten. Meines Erachtens sollte das Strafrecht eher auf die elementaren Dinge reduziert werden.

Als Defizit der Strafrechtswissenschaft und der strafrechtlichen Ausbildung empfinde ich den fehlenden Praxisbezug, es mangelt an empirischen Kenntnissen der sozialen Wirklichkeit des Strafenwesens. In meinen Vorlesungen und in der Schrift über Verfahrensrecht und Verfahrenswirklichkeit habe ich versucht, auch wissenschaftlich darzustellen, dass wir zu wenig Erfahrung und zu wenig Empirie haben – wir haben viel zu lange rein dogmatisch gearbeitet, so wichtig die Dogmatik natürlich schon aus rechtsstaatlichen Gründen ist.

Auch den Drang zu immer mehr Drittmittelforschung sehe ich kritisch. Zu leicht werden dabei die falschen Schwerpunkte gewählt, auf die Energie verschwendet wird, zentrale Themen hingegen werden hintangestellt. Strafrecht gewinnt verschwindend wenig Drittmittel. Fünf Jahre war ich Vorsitzender und fünf Jahre stellvertretender Vorsitzender des Kuratoriums der Volkswagen Stiftung. Dort haben wir immense Drittmittel vergeben können. Allerdings achteten wir darauf, stets Themengebiete und Themenschwerpunkte auszuwählen, auf deren Basis Projekte gefördert werden, die im Zentrum des wissenschaftlichen Interesses stehen. Ziel war, nicht so beliebig wie etwa die DFG zu sein. Noch heute verfährt die Volkswagen Stiftung nach diesem Muster. Ein Vorsitzender erhält einen, seinem Fachgebiet nahestehenden Forschungsschwerpunkt zugewiesen. Es war naheliegend, mir als Schwerpunkt Verfahrensrecht und Verfahrenswirklichkeit zu geben. Im Laufe der Jahre wurde so gerade praktische Verfahrensforschung gefördert.

## *Schriftenverzeichnis (in Auswahl)*

### *1. Selbständiges Schrifttum*

Der Begriff der Rechtspflicht, 1966.

Gesetz und Richter. Zur geschichtlichen Entwicklung des Prinzips „nullum crimen, nulla poena sine lege“, 1976.

Rechtsprobleme in der Psychiatrie, zusammen mit Hans Lauter, 1978.

Parteispenden und Strafrecht, 1989.

Das europäische Menschenrechtsübereinkommen zur Bioethik – Ein Schritt auf dem Wege der Einheit des Biorechts, 2000.

Xenotransplantation von Zellen, Geweben oder Organen. Wissenschaftliche Entwicklungen und ethisch-rechtliche Implikationen, zusammen mit Jan B. Beckmann, 2000.

Was ist der Mensch?, zusammen mit Norbert Elsner, 2002.

### *2. Kommentierungen*

Systematischer Kommentar zum Strafgesetzbuch, Allgemeiner Teil, §§ 1, 2, 12, 44, 69–69b, 73–73d, 1. Aufl. 1975, 2. Aufl. 1977.

### *3. Aufsätze in Zeitschriften und Sammelwerken*

Zur Zulässigkeit der rückwirkenden Verlängerung von Verjährungsfristen früher begangener Delikte, ZStW 80. Bd. (1968), S. 348–368.

Verjährung von NS-Mordtaten – Argumente im Für und Wider, Evangelische Kommentare 1969, S. 22–24.

Probleme der Rechtsbeugung, GA 1972, S. 193–208.

Akteneinsicht für Laienrichter? Zu den Grundsätzen von Unmittelbarkeit und Mündlichkeit im Strafprozeß, in: Festschrift für Hans Welzel, 1974, S. 941–956.

Besondere Umstände in der Tat und in der Persönlichkeit des Verurteilten, in: Festschrift für Friedrich Schaffstein, 1975, S. 275–291.

Verfahrensrecht und Verfahrenswirklichkeit, ZStW 88. Bd. (1976), S. 117–161.

Wahrheit am Krankenbett aus der Sicht des Juristen, in: Zöckler, Christian Erasmus (Hrsg.), Wahrheit am Krankenbett – Hilfe für den Patienten?, 1978, S. 35–46.

Die Hauptverhandlung am „Runden Tisch“, in: Festschrift für Hermann Stutte, 1979, S. 271–278.

Die Regelung der strafrechtlichen Verantwortlichkeit im Allgemeinen Teil des neuen deutschen Strafgesetzbuches, in: Jescheck, Hans-Heinrich (Hrsg.), Strafrechtsreform in der Bundesrepublik Deutschland und in Italien, 1981, S. 71–96.

Widersprüche und Brüche in heutigen Strafkonzeptionen, ZStW 94. Bd. (1982), S. 279–298.

Das Recht auf Leben und das Recht auf Tod in juristischer Sicht, in: Kurzrock, Ruprecht (Hrsg.), Forschung und Information, 1982, S. 142–151.

Vorüberlegungen für ein künftiges Transplantationsgesetz, in: Festschrift für Ulrich Klug, 1983, S. 341–358.

Rechtliche und ethische Aspekte der Forschung, in: Kleinsorge, Hellmuth und Zöckler, Christian Erasmus (Hrsg.), Fortschritte in der Medizin. Versuchung oder Herausforderung?, 1984, S. 196–205.

Recht, Gerechtigkeit, in: Brunner, Otto / Conze, Werner und Koselleck, Reinhart (Hrsg.), Historisches Lexikon zur politisch-sozialen Sprache in Deutschland, 5. Bd. (1984), S. 231–311.

Rechtfertigungs- und Entschuldigungsprobleme bei Tatbeteiligung mehrerer, in: Eser, Albin und Fletcher, George P. (Hrsg.), Rechtfertigung und Entschuldigung. Rechtsvergleichende Perspektiven, 1985, S. 1152–1188.

Wie unabhängig ist der Richter?, in: Festschrift für Hans-Heinrich Jescheck, 1985, S. 757–775.

Grundlagen der psychiatrischen Beurteilung im Strafverfahren. Juristische Grundlagen, in: Venzlaff, Ulrich (Hrsg.), Psychiatrische Begutachtung, 1986, S. 3–77.

Rechtliche Regeln für Versuche mit Menschen, in: Helmchen, Hanfried und Winau, Rolf (Hrsg.), Versuche mit Menschen in Medizin, Humanwissenschaft und Politik, 1986, S. 15–33.

Problems of Justification and Excuse in the Setting of Accessorial Conduct, Brigham Young University Law Review, 1986, S. 611–643.

Zur strafrechtlichen Regelung der passiven und der indirekten Sterbehilfe – Alternativentwurf eines Gesetzes über Sterbehilfe, in: Schöch, Heinz (Hrsg.), Gibt es ein Recht auf einen würdigen Tod?, 1987, S. 88–102.

Rechtliche Grenzen ärztlichen Handelns, in: Steinhilper, Gernot (Hrsg.), Arzt und Abrechnungsbetrug, 1988, S. 19–29.

Die Strafgesetzgebung im „Dritten Reich", in: Dreier, Ralf und Sellert, Wolfgang (Hrsg.), Recht und Justiz im „Dritten Reich", 1989, S. 151–179.

Das Recht auf den eigenen Tod, in: Wagner, Harald (Hrsg.), Grenzen des Lebens, 1991, S. 68–88.

Der Schutz des Lebens durch das Recht an seinem Beginn und an seinem Ende, in: Festschrift für Günter Schewe, 1991, S. 120–133.

Zum Beweisantragsrecht im Ermittlungsverfahren, in: Festschrift für Jürgen Baumann, 1992, S. 383–394.

Rechtliche Kriterien der Verteilungsgerechtigkeit im Sozialstaat, in: Nagel, Eckhard und Fuchs, Christoph (Hrsg.), Soziale Gerechtigkeit im Gesundheitswesen, 1992, S. 302–314.

Tötung auf Verlangen aus juristischer Sicht, Zeitschrift für ärztliche Fortbildung 87. Bd. (1993), S. 31–54.

Die strafrechtliche Aufarbeitung von staatlich gesteuertem Unrecht, ZStW 107. Bd. (1995), S. 157–182.

Handlungsbedarf für den Gesetzgeber?, in: Laufs, Adolf u.a. (Hrsg.), Die Entwicklung der Arzthaftung, 1997, S. 341–347.

Menschenrechte nach der Aufklärung, in: Michalski, Krzystof (Hrsg.), Aufklärung heute, 1997, S. 107–121.

Wann ist der Mensch tot? – Rechtliche Perspektive, in: Höglinger, Günter U. und Kleinert, Stefan (Hrsg.), Hirntod und Organtransplantation, 1998, S. 91–99.

Zur Reform des Arztstrafrechts, in: Festschrift für Hans-Joachim Hirsch, 1999, S. 713–724.

Rechtliche Grenzen der Gentechnologie, in: Gottschalk, Gerhard (Hrsg.), Das Gen und der Mensch. Ein Blick in die Biowissenschaften, 2000, S. 240–251.

Regeln für die Organgewinnung und Organvermittlung in der Bundesrepublik Deutschland, in: Honnefelder, Ludger und Streffer, Christian (Hrsg.), Jahrbuch für Wissenschaft und Ethik, Bd. 5. 2000, S. 141–150.

Recht als Grenze der Gentechnologie, in: Festschrift für Claus Roxin, 2001, S. 891–904.

Xenotransplantation – rechtliche Aspekte, in: Grimm, Helmut (Hrsg.), Xenotransplantation. Grundlagen, Chancen, Risiken, 2003, S. 315–323.

Die „schwere andere seelische Abartigkeit“ und die Schuldfähigkeit, Forensische Psychatrie und Psychotheraphie – Werkstattschriften (WsFFPP) 2003, S. 7–16.

Die Würde des Menschen – eine rechtliche Fiktion? Bemerkungen zur Reichweite des Menschenwürdeprinzips in der Diskussion über Embryonenforschung, Klonen und Präimplantationsdiagnostik, MedR 2003, S. 367–372.

Rechtliche Grundlagen der psychiatrischen Begutachtung, zusammen mit Henning Rosenau, Psychiatrische Begutachtung 2004, S. 53–123, 5. Aufl. 2008.

Der Sachverständige im Verfahren und in der Verhandlung, zusammen mit Henning Rosenau, Psychiatrische Begutachtung 2004, S. 126–137.

Zur Strafbarkeit der Annahme von geldwerten Zuwendungen durch Städte und Gemeinden nach § 331 StGB, zusammen mit Henning Rosenau, Daniel Combe, Antje Wrackmeyer, GA 2005, S. 265–280.

Stammzellverwendung in Forschung und Therapie, in: Festschrift für Albin Eser, 2005, S. 1129–1139.

Das ungelöste Problem der Sterbehilfe. Zu den neuen Entwürfen und Vorschlägen, NStZ 2006, S. 473–479.

Ist der Mensch für sein Verhalten rechtlich verantwortlich?, in: Festschrift für Adolf Laufs, 2006, S. 1069–1078.

Tod und Recht: Hirntod und Verfügungsrecht über das Leben, Transit, Europäische Revue, Heft 33, 2007, S. 25 ff.

Strafbarkeit des assistierten Suizides, in: Festschrift für Günter Jakobs, 2007, S. 615–625.

Gesetzgeberische Initiativen zur Sterbehilfe, Zeitschrift für Evidenz, Fortbildung und Qualität im Gesundheitswesen, 2008, S. 208–214.

Alternativ-Entwurf Leben (Tötungsdelikte) (Mitverfasser), GA 2008, S. 193–270.

Haftung für das ärztliche Behandlungsrisiko, Zeitschrift für Evidenz, Fortbildung und Qualität im Gesundheitswesen, 2008, S. 520–524.

Friedrich-Christian Schroeder

## Friedrich-Christian Schroeder
## Aus Güstroff ist der Herr Schroeder

„Aus Güstroff ist der Herr Schroeder – und Protestant", sagte der Rektor zu Herrn *Hirsch*, als es um meine Berufung an die Universität Regensburg ging. Seine Vorbehalte gegen das Brandenburgische Dehnungs-w (das auch in Mecklenburg verbreitet ist) und mein Bekenntnis haben unsere spätere Zusammenarbeit jedoch nicht gestört.

Ich möchte meinen wissenschaftlichen Werdegang der Reihe nach schildern und dabei die Schwerpunkte meiner wissenschaftlichen Tätigkeit dort darstellen, wo sie zum ersten Mal in mein Leben getreten sind. Damit möchte ich zugleich der Tatsache gerecht werden, dass meine unterschiedlichen wissenschaftlichen Interessen sich nicht ablösten und auch nicht nebeneinander herliefen, sondern sich überlagerten und gegenseitig durchdrangen. Mein Lebenslauf soll auch der Würdigung der zahlreichen Personen und Institutionen dienen, die mich bereichert haben und an denen ich mitgewirkt habe.

Ich wurde am 14. Juli 1936 in Güstrow in Mecklenburg geboren. Mein Vater stammte väterlicherseits aus einer Landwirts- und Offiziers-, mütterlicherseits aus einer Professoren- und Medizinerfamilie; seine Großmutter war die Tochter des Zivilprozessualisten *Johann Julius Wilhelm von Planck* und Schwester des Nobelpreisträgers *Max Planck*. Meine Mutter kam aus einer alteingesessenen Stralsunder Ratsherren- und Juristenfamilie und hatte bis zu ihrer Heirat Germanistik und Kunstgeschichte studiert. Da auch mein Vater Berufsoffizier war, wurde er bald nach Schwerin und dann nach Stettin versetzt. Dort kam ich auch zur Schule, und ich bedaure es immer noch sehr, dass nach dem Krieg auch diese schöne – westlich der Oder gelegene – Stadt annektiert wurde. Vor den vielen Bombenangriffen flüchteten wir auf das Gut meines Onkels nach Rügen. Paradoxerweise verlebte ich dort – mitten in den Schrecken des Bombenkrieges – die schönsten Jahre meiner Jugend. Nur die Bomberpulks, die im Mittagsfrieden in Keilform von der Ostsee im Norden kommend bösartig brummend über das Gut flogen und gelegentlich von Jagdflugzeugen wie von Wespen attackiert wurden, wirkten unheimlich und drohend. Die auf dem Gut beschäftigten russischen Kriegsgefangenen beeindruckten mich, da sie mir Spielzeug schnitzen und aus Zuckerrübenschnitzeln Wodka herstellen konnten (die anderwärtige unmenschliche Behandlung der russischen Kriegsgefangenen in dieser Zeit war für uns unvorstellbar). Angesichts des Vormarschs der sowjetischen Truppen flohen wir Anfang 1945 auf einem Pferdewagen in einem Treck in Richtung Westen.

Wir kamen bis Lübeck, wenige Kilometer hinter der späteren sowjetischen Besatzungszone. Dort sah ich zum ersten Mal eine durch Luftangriffe schwer zerstörte Stadt. Das Leben als Flüchtling in einer Barackensiedlung mit seiner bunt zusammengewürfelten Bewohnerschaft und die Versuche meines Vaters, in einem anderen Beruf unterzukommen, waren für meine Eltern bedrückend, für mich als Neunjährigen aber eher interessant und sozial lehrreich. Auch hatte man das Privileg der Freude über jede kleine Verbesserung. Aber die Trauer über den Verlust der Heimat und die Teilung Deutschlands haben mein späteres wissenschaftliches Interesse an Osteuropa und der DDR und mein Engagement, dieses Interesse auch anderen nahe zubringen, bestimmt.

Da ich auf Rügen auf eine Zwergschule gegangen war, hatte ich auch deren Vorteile – das Mitlernen bei den höheren Klassen – genossen und konnte eine Klasse überspringen. So kam ich 1946 in das über die Grenzen Lübecks hinaus bekannte Katharineum, ein humanistisches Gymnasium, das auch *Thomas Mann* – allerdings mit geringem Erfolg – besucht hatte. Neben den alten Sprachen und Englisch lernte ich freiwillig Französisch und Russisch. Vor allem der Russischunterricht bei einem in Russland vor der Revolution aufgewachsenen Volksdeutschen, Schriftsteller und Kulturkritiker in der örtlichen Tageszeitung, hat mich tief beeindruckt.

## *Studium*

Da ich auf der Schule sowohl an den alten Sprachen als auch in Biologie besonderes Interesse mit entsprechendem Erfolg gehabt hatte, schwankte ich lange Zeit in der Studienwahl. Schließlich entschied ich mich für die Rechtswissenschaft, da sie den Beruf noch nicht so festlegte wie die anderen Fächer. Obwohl Hamburg wegen der Nähe ein bequemer Studienort gewesen wäre, ging ich – dem Vorbild meiner mütterlichen Vorfahren folgend – nach *Bonn.* Ein monatlicher Wechsel von 100 DM war das höchste, was meine Eltern aufbringen konnten, und machte die Unterkunft in einem Doppelzimmer erforderlich. Meine erste Vorlesung im Sommersemester 1955 hörte ich bei einem großgewachsenen, hageren Mann, der sich bitter beklagte, dass viele Gegner seine Handlungslehre angriffen. Ich hatte Mitleid und ging nach der Vorlesung zu dem Professor und sagte zu ihm: „Für Ihre Lehre spricht doch auch der Versuch!“. Heute kann ich mich für die Naivität dieser Äußerung nur genieren. Aber *Welzel* erklärte in der nächsten Vorlesung, dass er die Vorlesung schon achtzehn mal gehalten habe, aber immer noch neue Anregungen erhalte. Am Tag zuvor habe ihn ein junger Kollege darauf hingewiesen, dass gerade an der behandelten Stelle seines Lehrbuchs ein Hinweis auf den Versuch erfolgen müsse. So verlief mein höchst unvollkommener Start in eine strafrechtswissenschaftliche Karriere. Aus dem ersten Semester in Bonn sind mir vor allem noch *Flume* im Bürgerlichen und *Friesenhahn* und *Jahrreis* im Öffentlichen Recht sowie der Kunsthistoriker *Lützeler* mit einer Vorlesung über *James Ensor* in Erinnerung.

Vom Wintersemester 1955/1956 an erhielt ich aufgrund meiner Russischkenntnisse für drei Semester ein Stipendium an dem Osteuropa-Institut an der *Freien Universität Berlin.* Damit begann die schönste und interessanteste Zeit meines Studiums – die schönen neuen Gebäude in Dahlem, anregende Vorlesungen über sowjetisches Recht, russische Geschichte und Literatur, häufige Fahrten in den Ostsektor (die Mauer gab es damals noch nicht) mit Diskussionen mit Ostberliner Studenten, Theaterbesuchen (insbesondere des Berliner Ensembles mit seinen *Brecht*-Aufführungen), Buch- und Schallplatteneinkäufen. Strafrecht hörte ich bei *Oehler*; ein interessantes Seminar machte ich bei *Heinitz.* Meine häuslichen Ausarbeitungen der Vorlesungen über Allgemeine Staatslehre und über die sowjetische Rechtstheorie bei dem aus dem Baltikum stammenden Ostrechtler *Walter Meder* besitze ich heute noch. In der Zivilrechtsvorlesung von *Arwed Blomeyer* saß in der ersten Reihe ein blonder Student, der bei jeder Frage den Arm hoch riss und uns als Streber nervte. Später erfuhr ich, dass dies der spätere RAF-Anwalt *Horst Mahler* war. In Berlin erlebte ich auch im Herbst 1956 den ungarischen Aufstand mit, bei dem sich nach der anfänglichen stürmischen Hoffnung auf einen Zusammenbruch des sowjetischen Herrschaftssystems angesichts des Nichteingreifens der Westmächte tiefe Resignation einstellte.

Ich wollte – einer slawistischen Freundin folgend – mein Studium in Westdeutschland abschließen, mich aber vorher noch, beeindruckt durch sein „Handbuch der Sowjetverfassung" von 1955, bei *Reinhart Maurach* in *München* vorstellen. Nach schwieriger Zimmersuche fand ich Quartier bei einem Kosakenhetman, Vorsitzender der kosakischen Exilregierung und Dichter. Jeden zweiten Samstag tagten in der winzigen Wohnung die Vertreter der in der Sowjetunion zusammengeschlossenen Völker und stritten über die staatliche Organisation nach der Befreiung! Als mir *Maurach* in seiner Sprechstunde erklärte, dass er in diesem Semester kein Seminar halte, bat ich ihn, trotzdem eine Arbeit für ihn anfertigen zu dürfen, um ihm meine Fähigkeiten im Ostrecht zu zeigen. Er gab mir daraufhin das Thema „Das Strafrecht der UdSSR de lege ferenda". Ich durchforstete die sowjetischen Zeitschriften und Bücher in dem – damals noch in einer Etagenwohnung in der Maximilianstraße untergebrachten – Osteuropa-Institut, sammelte eine Fülle von Daten, brachte sie in ein System, diktierte das Ganze in den Semesterferien einer Sekretärin und schickte das Manuskript nach München. Inzwischen hatte ich mich entschieden, in München zu bleiben. Als ich mit klopfendem Herzen in *Maurachs* erster Vorlesung nach Semesterbeginn erschien, bat er mich ins Dekanatszimmer und erklärte: „Sie haben mit dieser Arbeit Ihr Gesellenstück geliefert. Sind Sie einverstanden, dass ich sie in die Schriftenreihe des Instituts für Ostrecht aufnehme?“. So kam ich mit 21 Jahren zu meiner ersten wissenschaftlichen Publikation. Ich wurde in die „Studienstiftung des Deutschen Volkes“ aufgenommen. Von den Vorlesungen beeindruckte mich vor allem die „Rechtsphilosophie“ von *Karl Engisch*, zumal gerade seine „Einführung in das juristische Denken“ als Kohlhammer-Taschenbuch erschienen war. Meine altphilologischen Interessen befriedigte ich durch eine Tätigkeit als Hilfskraft am Institut für Römisches Recht und die Teilnahme an einem Seminar über Papyrologie. Außerdem hörte ich den Kunsthistoriker *Hans Sedlmayr*, über dessen Buch „Verlust der Mitte“ wir schon in der Schule gestritten hatten. Eindrucksvoll waren auch die Seminare vor den Bildern im Haus der Kunst von *Walter Hess*, dessen Buch über moderne Kunst gerade in „rowohlts deutscher enzyklopädie“ erschienen war (wir verschlangen damals fast alle Bände dieser neuen Reihe). Bei einer Anti-Atom-Demonstration vor der Münchener Universität lernte ich eine Architekturstudentin kennen, die später meine Frau wurde.

Meine Bemühungen, das Recht wissenschaftlich zu erschließen, wurden mir von einem Repetitor zurechtgestutzt, der schnörkel- und schmucklose Fallösungen verlangte. Aber die Kombination von Fallösungsfähigkeit und wissenschaftlicher Unterfütterung führte dazu, dass ich im *Referendarexamen* 1959 zu meiner freudigen Überraschung die Note „sehr gut“ erhielt. Daraufhin bot mir *Maurach* zunächst eine Stelle als wissenschaftlicher Mitarbeiter im Institut für Ostrecht München an. Da inzwischen – wie von ihm mit seinem früheren Auftrag an mich vorausgesehen – ein neues sowjetisches Strafgesetzbuch ergangen war, beauftragte er mich damit, dieses Gesetzbuch zu übersetzen und zu kommentieren. Das Buch erschien 1960, ebenfalls in den „Studien des Instituts für Ostrecht / München“ („Die Grundsätze der Strafgesetzgebung der UdSSR und der Unionsrepubliken“). *Maurach* empfahl mich auch dem bekannten Marxismusforscher *Joseph M. Bochenski* für das Kapitel „Recht“ in der 2. Auflage seines „Handbuchs des Weltkommunismus“. Dieser Auftrag zwang mich zu einem intensiven Studium der Entwicklung der sowjetischen Rechtstheorie und Rechtspolitik und der Grundmerkmale des sowjetischen Rechtssystems. Das Buch konnte zwar wegen finanzieller Schwierigkeiten nicht erscheinen; ich bot den Beitrag jedoch mit Erfolg der Zeitschrift „Das Parlament“ für ihre Beilage an (1962).

Die Arbeit an diesem Beitrag ermöglichte mir, einer Einladung der hochkarätigen *Marxismuskommission der Evangelischen Studiengemeinschaft* in Heidelberg zu einem Vortrag über „Die Entwicklung rechtsstaatlicher Elemente in der Sowjetunion" zu folgen. Hieraus entwickelte sich eine langjährige Mitgliedschaft, bei der die Diskussionen insbesondere mit den damaligen Universitätsassistenten *Lübbe*, *Habermas* und *Rohrmoser* überaus lehrreich und anregend waren.

## *Assistent in München*

Inzwischen hatte mich *Maurach* als Nachfolger von *Hermann Blei* als Assistenten angestellt. *Maurach* faszinierte durch seinen scharfen Verstand, sein historisches Wissen und seine bildkräftige Ausdrucksweise, mit der er viele Formeln für die Ausfüllung von Rechtsbegriffen geprägt hat. Offiziell schneidig im Auftreten, konnte er im privaten Gespräch unerwartet herzlich sein. Mit der Assistententätigkeit begann eine intensive Mitarbeit an seinen Lehrbüchern des Allgemeinen und des Besonderen Teils des Strafrechts. Zahlreiche neue Entscheidungen und wissenschaftliche Äußerungen mussten selbstständig eingearbeitet und bewertet werden, wobei gute Arbeit als selbstverständlich hingenommen wurde. Ich habe während meiner Assistententätigkeit an der 4. Auflage des Allgemeinen und an der 4. Auflage des Besonderen Teils „mitgearbeitet", d.h., wie man wohl sagen darf, sie (ab 1963 zusammen mit *Heinz Zipf*) weitgehend selbstständig bearbeitet. Der akademische Mittelbau war damals in München hervorragend besetzt; fast alle meiner damaligen Assistentenkollegen (*Lerche*, *Herzog*, *Zöllner*, *E. Schumann*, *Richardi*, *K. W. Nörr*, *Knies*, *Heldrich*, *Isensee*, *D. Simon*, *Randelzhofer*, *P. Schlosser*, *Canaris*, *Zipf*, *W. Blomeyer*, *Buchner*) sind später Professoren oder noch mehr geworden.

1962 erlitt *Maurach* einen Herzinfarkt. Als Ersatzleute für seinen Eröffnungsvortrag auf der Bochumer Hochschulwoche (einer Werbeveranstaltung für die angestrebte Universität) schlug er einen älteren Mitarbeiter des Instituts für Ostrecht oder mich vor. Der Veranstalter Prof. Dr. *Seraphim* wählte mich mit dem Vortrag „Vierzig Jahre Sowjetrecht". Vergeblich bat ich ihn, meinen Vortrag nicht zur Eröffnung anzusetzen. Morgens auf dem Bochumer Bahnhof beachtete er mich nicht. Als ich mich zu erkennen gab, erschrak er und fragte: „Trauen Sie sich das denn zu? Der Herr Oberbürgermeister kommt". So musste ich nicht nur mein, sondern auch sein Lampenfieber überwinden. *Seraphim* stellte mich als „Direktor des Instituts für Ostrecht München" vor, und die Zeitungen wunderten sich über den „jugendlichen Direktor".

Über diesen vielfältigen Aufgaben hätte ich fast meine *Promotion* vergessen. Ich bat *Maurach*, eine meiner ostrechtlichen Publikationen als Dissertation anzunehmen. Er lehnte dies strikt ab und verlangte eine Dissertation im deutschen Strafrecht; andernfalls würde ich mit einem Exotenfach am Rande des akademischen Lebens bleiben. So sehr mich diese Ablehnung zunächst bedrückte, so dankbar bin ich *Maurach* im Nachhinein für seine Haltung. In einem Seminar bei *Karl Engisch* über Täterschaft und Teilnahme war ich auf die heterogene Begründung der mittelbaren Täterschaft gestoßen: formal-negativ beim absichtslosen und qualifikationslosen Werkzeug, materiell-positiv in den übrigen Fällen. Ich sah, dass diese Problematik in der Figur des *Täters hinter dem Täter* gipfelte. Hieraus entwickelte sich meine Dissertation, in der ich nach einer Sichtung der bisherigen Begründungen der mittelbaren Täterschaft mit ersten neuartigen Erkenntnissen die in der Literatur behaupteten Fälle des Täters hinter dem Täter zusammentrug und auf ihre Grundlagen hin untersuchte. Dabei erschien mir in dem viel diskutierten Dohna-Fall die Benutzung der bereits bestehenden Tatentschlossenheit eines anderen als das entscheidende Merkmal. Die Arbeit wurde 1962 abgeschlossen und sowohl von *Maurach* als auch von *Engisch* mit „summa cum laude" bewertet. Ich hatte das Pech, dass kurz danach *Claus Roxin* seine Habilitationsschrift über die Täterschaft veröffentlichte. Darin vertrat er für die einschlägigen Fälle die Figuren der Täuschung über den konkreten Handlungssinn und der „Tatherrschaft kraft organisatorischer Machtapparate"; letztere fand große Resonanz. Zu meiner Freude hat jedoch der Bundesgerichtshof in seiner Entscheidung BGHSt. 40, 218 auf die „Ausnutzung der unbedingten Tatbereitschaft des unmittelbar Handelnden" abgestellt, und *Roxin* hat in der mir zum 70. Geburtstag gewidmeten Festschrift (2006) eine Integration unserer beider Auffassungen entwickelt. Die Arbeit an der Dissertation zeigte mir zugleich, dass die Geschichte der Dogmatik die Entfaltung aktueller Positionen aufzeigt und damit eine wertvolle Hilfe für ihr Verständnis gibt. Das gleiche gilt übrigens für die Gesetzgebung. Dies begründete mein anhaltendes Interesse für die Geschichte der Strafrechtsdogmatik und der Gesetzgebung.

Der „Täter hinter dem Täter" wurde zu meinem Markenzeichen. Am Lehrstuhl von *Horst Schröder* in Tübingen hieß ich „der Schroeder hinter dem Schröder". Es gab bei Fakultätsfesten keine studentische Darbietung, in der nicht der „Täter hinter dem Täter" vorkam.

Angesichts dieser Ablenkungen hatte ich Sorgen vor dem Assessorexamen, zumal die Münchener Juristische Fakultät für eine Habilitation mindestens die Note „vollbefriedigend" verlangte. Zu meiner Erleichterung erzielte ich aber 1964 die Note „gut" und die Platzziffer 5 unter 264 Teilnehmern. Damit begann die schwierige Suche nach einem *Habilitationsthema.* Ich besitze heute noch einen Bogen, auf dem ich mir die Vor- und Nachteile verschiedener Themen notiert habe. Schließlich entschied ich mich für die reizvolle Aufgabe, die völlig unterschiedlichen Konzeptionen des „Staatsschutzrechts“: Verrat, Angriff auf die Staatssicherheit, Konterrevolution, die ich während meiner bisherigen Arbeit kennen gelernt hatte, in ein vergleichender Bewertung dienliches System zu bringen. Dieses konnte nur das System der geschützten Rechtsgüter sein. Aus einer umfangreichen Sichtung der wichtigsten Typen des „Staatsschutzrechts“ in der Geschichte und im Ausland und des Verhältnisses der verschiedenen Deliktstypen (Absichts-, Gefährdungs-, Ungehorsams-, Gewalt- und Äußerungsdelikte) zum Rechtsgüterschutzprinzip erschlossen sich mir der Bestand des Staates und seine Verfassung als die beiden grundlegenden Rechtsgüter, auf denen das sog. politische Strafrecht mit zahlreichen Schwundformen und Vorstufen aufgebaut war. Diese Grundkonzeption soll der Titel des Werkes „Der Schutz von Staat und Verfassung im Strafrecht“ (1970) zum Ausdruck bringen. Wieder hatte ich ein so mitreißendes Thema gefunden, dass ich die Arbeit trotz umfangreicher rechtshistorischer und rechtsvergleichender Studien in zweieinhalb Jahren abschließen konnte. Ein wesentlicher Anteil hieran gebührt meiner Frau, die mich trotz unserer drei Kinder von Hausarbeit völlig freihielt.

Im Januar 1968 hielt ich meinen Habilitationsvortrag über „Die Fürsorgepflicht im Strafprozess“ und wurde für die Fächer Strafrecht, Strafprozessrecht und Ostrecht habilitiert.

Schon während meiner Privatdozentenzeit bat mich ein junger Referendar um ein Dissertationsthema. Er sei in einem Ortsverband der CSU tätig und könne nicht allzu viel Zeit auf die Dissertation verwenden. Ich gab ihm angesichts der damaligen Vorkommnisse an den Universitäten und seines politischen Interesses das Thema „Der Hausfriedensbruch im Lichte aktueller Probleme“. Ein junger Doktorvater ist nun allerdings bei seinem ersten Doktoranden besonders kritisch. Im Nachhinein tut mir das leid, denn der junge Doktorand hatte tatsächlich Wichtigeres vor: er wurde später Chef der Bayerischen Staatskanzlei und 1993 bayerischer Ministerpräsident. Trotz meiner strengen Anforderungen hat er auch später ein gutes Verhältnis zu mir gepflegt und einmal vor Journalisten erklärt: „Ich bin stolz darauf, dass mir der Herr Professor Schroeder nichts geschenkt hat!“. Ich selber habe mich allerdings, um meine wissenschaftliche Unabhängigkeit zu behalten, nie parteipolitisch engagiert. Im Verlaufe seiner Regierungstätigkeit wurde es immer schwieriger, an *Edmund Stoiber* heranzukommen.

## *Professor in Regensburg*

Bereits drei Wochen nach meiner Habilitation erhielt ich einen Ruf an die neu gegründete Universität Regensburg auf einen Lehrstuhl für Strafrecht, Strafprozessrecht und Ostrecht. Bei meiner Berufung war ich 31 Jahre und hatte damit den Zeitverlust durch meine ostrechtlichen Arbeiten wieder aufgeholt. Es machte Freude, am Aufbau dieser Universität mitzuwirken. Es gab noch keine hierarchischen Strukturen; alle Ordnungen und Satzungen mussten neu entworfen werden. Fast jeden Monat gab es positive Nachrichten: zusätzliche Stellen, zusätzliche Räume, neue Gebäude u.ä. Außerdem hatte ich große Freude an der Ausarbeitung und der Abhaltung der Vorlesungen. Dabei machte ich es mir zur Devise, die Hörer nicht mit mehr oder weniger zahlreichen „Theorien“ zu den einzelnen Streitfragen voll zu stopfen, sondern ihnen jeweils die beiden gegensätzlichen Pole der Auslegung darzulegen und sie zu ermuntern, zwischen diesen Polen ihre eigene Position zu suchen.

Die neue Stellung als junger Ordinarius brachte zahlreiche attraktive Angebote und Betätigungsmöglichkeiten (allerdings nicht wie heute das Angebot neuer Lehrbücher und der Mitarbeit an neuen Kommentaren; man war stolz, wenn einem die Übernahme eingeführter Lehrbücher und Kommentierungen angeboten wurde).

Sofort nach meiner Berufung eröffnete mir der Verlag C. F. Müller die Möglichkeit, alle wichtigen Entscheidungen des BGH zum *Strafprozessrecht* in 15 Fällen unterzubringen und eingehend zu erörtern. Die Leser sollten dabei die Fallösung mit dem Erlernen der BGH-Rechtsprechung verbinden.

Bei meinen Forschungen zum osteuropäischen Recht hatte ich das *Recht der DDR* bisher links liegen gelassen, da es dort nur sektorale Einfügungen des sowjetischen Rechts in das überkommene deutsche Recht gegeben hatte. Dies änderte sich mit dem Erlass eines eigenen Strafgesetzbuchs der DDR von 1968. Nunmehr reizte mich die Zwitterstellung des Strafrechts der DDR zwischen der deutschen Rechtstradition und dem sowjetischen Einfluss. Ich veröffentlichte eine Reihe einschlägiger Aufsätze und eine synoptische Darstellung der Strafgesetzgebung in der Bundesrepublik und der DDR. *Richard Lange* führte mich in den *„Königsteiner Kreis“* ein, eine „Vereinigung der Juristen, Volkswirte, Beamten aus der sowjetischen Besatzungszone“. Dem Verein gehörten eindrucksvolle Persönlichkeiten an wie der ehemalige thüringische Generalstaatsanwalt Dr. *Kuschnitzki* (dessen Plädoyer von *Gustav Radbruch* in seinem berühmten Aufsatz über „Gesetzliches Unrecht und Übergesetzliches Recht“ lobend erwähnt wird), der in dem Schauprozess gegen die Deutsche Continental-Gas-Gesellschaft verurteilte spätere Frankfurter Oberbürgermeister Prof. Dr. *Willi Brundert*, der spätere Außenminister *Hans-Dietrich Genscher* sowie die Professoren *Werner Weber*, *Richard Lange*, *Wilhelm Wengler*, *Hans-Peter Schneider* und *Karl Doehring*. Der Königsteiner Kreis entfaltete eine lebhafte Tätigkeit mit Fachtagungen, wissenschaftlichen Gutachten zu aktuellen Fragen des innerdeutschen Verhältnisses und Seminaren für Studenten. Die Zusammenkünfte mit den jungen Studenten einerseits, den die deutsche Geschichte verkörpernden älteren Herren andererseits waren überaus anregend.

Nachdem die sozialliberale Bundesregierung seit 1968 jährlich „*Berichte zur Lage der Nation*" mit beigefügten wissenschaftlichen „Materialien" herausgab, wurde ich 1972 in eine Kommission zur Erstellung der Materialien „BRD – DDR. Systemvergleich Recht" berufen. Die intensive Arbeit und die vielen Sitzungen brachten viele lehrreiche Diskussionen mit namhaften Kollegen. Es war allerdings nicht ganz einfach, gegenüber dem Auftraggeber und dem Vorsitzenden der Kommission *P.C. Ludz* mit seiner Methode der „immanenten Deskription" eine kritische Darstellung des Rechts der DDR durchzusetzen. Anschließend wurde ich Mitglied und später Stellvertretender Vorsitzender des Arbeitskreises für Deutschlandforschung beim Bundesministerium für innerdeutsche Beziehungen.

Im Jahr 1970 wurde ich von dem „Arbeitskreis Juristen der CSU" eingeladen, einen kritischen Vortrag zu dem gerade vorgelegten Regierungsentwurf zum Vierten Strafrechtsreformgesetz *Sexualstraftaten* zu halten. Je mehr ich mich mit der Materie beschäftigte, desto einleuchtender erschienen mir die vorgeschlagenen Regelungen. Es war schwierig, dieses Ergebnis dem Arbeitskreis zu präsentieren. In meiner Not fand ich Hilfe bei *Feuerbach*, in dessen bayerischem Strafgesetzbuch von 1813 es die umstrittenen Regelungen über Kuppelei, Homosexualität u.a. nicht gegeben hatte. Sie waren erst im bayerischen Strafgesetzbuch von 1861 aus dem preußischen Strafgesetzbuch übernommen worden. Als ich dem Auditorium die Frage stellte: „Wollen Sie Hüter des preußischen Erbguts sein?", breitete sich Ratlosigkeit aus. Ich fragte mich, welches Rechtsgut der sexuellen Freiheit vorgelagert sein könnte, und veröffentlichte den Vortrag kurz darauf unter dem Titel „Straftaten gegen die sexuelle Selbstbestimmung" in der „Zeitschrift für Rechtspolitik". In einer der letzten Sitzungen des Rechtsausschusses wurde diese Formulierung als Überschrift des entsprechenden Kapitels des Strafgesetzbuchs übernommen. So wurde ich wieder einmal mehr oder weniger unfreiwillig zum Experten für ein Rechtsgebiet, zudem ein heikles, bei welchem es billige Witze von Seiten der Studenten zu ertragen galt. Ebenso wie das politische Strafrecht bildet auch das Sexualstrafrecht eine besondere Herausforderung für die Einordnung in den Rechtsgüterschutz. In der Folgezeit verfasste ich – neben einer Gesamtdarstellung (Das neue Sexualstrafrecht, 1975) – zahlreiche Abhandlungen auf diesem Gebiet. Auf der Suche nach einer Begründung für die Strafbarkeit des Besitzes von Kinderpornographie für den Deutschen Bundestag entdeckte ich 1990 den Schutz der Darsteller. 1992 versuchte ich, auch die Strafvorschriften gegen Pornographie in den Rechtsgüterschutz aufzugliedern („Pornographie, Jugendschutz und Kunstfreiheit").

1970 holte mich *Hans-Heinrich Jescheck* in den Wissenschaftlichen Beirat und das Kuratorium des *Max-Planck-Instituts für ausländisches und internationales Strafrecht* in Freiburg. Diesen Gremien gehörte ich 25 Jahre lang bis 1995 an. In jährlichen Sitzungen wurden alle Projekte des Instituts durchberaten und begutachtet. Hieraus ergaben sich vielfältige Anregungen und Kontakte zu vielen ausländischen Kollegen. Leider konnte meine Anregung, ein Lehrbuch der Strafrechtsvergleichung nach dem Muster von *Zweigert / Kötz*' „Einführung in die Rechtsvergleichung auf dem Gebiete des Privatrechts" zu verfassen, nicht verwirklicht werden. Immerhin hat Jescheck in sein Lehrbuch des Strafrechts zahlreiche Hinweise zur Strafrechtsvergleichung aufgenommen. Nähere Kontakte mit Vortragsreisen entwickelte ich in der Folgezeit, vor allem mit Kollegen aus Spanien, Polen, der Sowjetunion, Tschechien und der Slowakei, Japan und der Türkei.

Schon drei Jahre nach meiner Berufung nach Regensburg erhielt ich einen Ruf an die Universität Kiel. Obwohl mich die Rückkehr in meine schleswig-holsteinische zweite Heimat sehr reizte, konnte ich mich nicht entschließen, die junge Universität Regensburg mit ihrer anregenden Aufbauatmosphäre zu verlassen.

1971 lud mich das bayerische Justizministerium ein, auf einer Tagung der (damals noch „fliegenden") Deutschen Richterakademie zu dem Thema *Sport und Recht* über „Sport und Strafrecht" zu referieren. Dabei erkannte ich die Bedeutung des Themas und gab – zusammen mit *Hans Kauffmann* vom bayerischen Justizministerium – die Vorträge unter dem Titel „Sport und Recht" heraus (1972). Diese Publikation eröffnete ein neues Rechtsgebiet und löste zahlreiche Nachfolgepublikationen aus. Auch ich selber hielt in der Folgezeit eine Reihe von Vorträgen über die Bedeutung des Strafrechts für den Sport. Schon bald musste ich jedoch erkennen, dass nicht nur die Funktionäre, sondern auch die Sportler selbst den Sport vom staatlichen Strafrecht freihalten wollten. Vergeblich wies ich auf den gefährlichen Nachahmungseffekt im Fernsehen verbreiteter brutaler Fouls und der von Reportern geradezu geforderten „Notbremse" hin. Beim Doping wirkten Funktionäre, Trainer und Sportler zusammen. Ich habe mich daher bald aus diesen Rechtsgebiet, das ich sozusagen begründet hatte, zurückgezogen und das Feld anderen Rechtsdisziplinen überlassen, die hierbei mehr zu sagen haben. Aber noch 1994 bei der Gründung der Zeitschrift „Sport und Recht" wurde ich um Einwilligung in den Titel gebeten. Erst nach dem Zusammenbruch der DDR hat das Strafrecht für den Sport angesichts der heimlichen Verabreichung von Dopingmitteln eine neue Aktualität gewonnen.

Seit 1964 hatte ich auf Einladung des früheren Schriftleiters der „Juristenzeitung" *Johann Georg Reißmüller* in der *Frankfurter Allgemeinen Zeitung* „politische Bücher" zum osteuropäischen Recht, aber auch zur deutschen Rechtspolitik und Justizgeschichte rezensiert. 1973 wagte ich erstmals, der Frankfurter Allgemeinen Zeitung auch einen Beitrag anzubieten, und zwar unter dem Thema „Ist Fluchthilfe strafbar?" In der Folgezeit veröffentlichte ich ständig Beiträge zu allgemein interessanten Fragen der Rechts- und Justizpolitik, und zwar immer auf der attraktiven Rückseite des ersten Blocks der Zeitung „Die Gegenwart". Dies verschaffte mir eine große Resonanz, allerdings bei Themen wie der Verteidigung des Notwehrrechts und von Bürgerwehren sowie bei der Forderung nach Berücksichtigung der Gewöhnung an ein ausländisches Strafniveau bei der Strafzumessung auch polemische Angriffe von Seiten linker Gruppen.

1973 übertrug mir *Reinhart Maurach* die wissenschaftliche Leitung des *Instituts für Ostrecht München*, bei welchem meine ersten Publikationen erschienen waren. Dieses Institut beobachtet mit einschlägig ausgewiesenen Länderreferenten laufend die Rechtsentwicklung in Ost- und Ost-Mittel-Europa und veröffentlicht die „Studien des Instituts für Ostrecht München" und das „Jahrbuch für Ostrecht". Angesichts meiner langjährigen Mitarbeit fiel es mir nicht schwer, die Leitung des Instituts weiterzuführen. Damit verbunden war die Leitung der Fachgruppe Recht der Deutschen Gesellschaft für Osteuropakunde, für die ich alle zwei Jahre wissenschaftliche Tagungen zu organisieren hatte.

Zur gleichen Zeit erging an mich die ehrenvolle Aufforderung, in der Nachfolge von *Edmund Mezger* im *Leipziger Kommentar* die Kommentierung der §§ 56, 59 StGB zu übernehmen. Obwohl ich mit *Reinhart Maurach* die Übernahme seines Lehrbuchs des Besonderen Teils vereinbart hatte, konnte ich dieser Herausforderung zur Bearbeitung der wichtigsten Teile des Allgemeinen Teils in einem Großkommentar nicht widerstehen. Von *Mezgers* aus dem Jahre 1944 stammender Kommentierung konnte so gut wie nichts übernommen werden. Mein Bestreben ging dahin, Vorsatz und Fahrlässigkeit, die sich immer mehr zu unterschiedlichen Deliktstypen entwickelt hatten, so weit wie möglich wieder zusammenzuführen. Bei der Fahrlässigkeit verneinte ich die eigenständige Funktion der Verletzung der objektiven Sorgfalt und bemühte mich um eine Herausarbeitung der „Faktoren der Erkennbarkeit". Diese in der 9. Aufl. (1974) begründete Auffassung habe ich in der 10. Aufl. (1980) und der 11. Aufl. (1994), nunmehr unter den §§ 15–18 StGB, weiter ausgebaut. Die Übernahme des knappen, aber originellen Kommentars von *Kohlrausch-Lange* musste ich wegen Überlastung leider ablehnen; der Kommentar ging mit der 43. (!) Auflage von 1961 ein.

Im Jahr 1975 unternahm ich eine Vortragsreise durch verschiedene polnische Universitäten. Dieser Reise folgten mehrere weitere, und in der Folgezeit baute ich mit dem Kollegen *Tomasz Kaczmarek* eine Partnerschaft zwischen den juristischen Fakultäten der Universitäten Regensburg und Breslau auf. Dies war damals auf beiden Seiten nicht ganz einfach; auf deutscher Seite galt es, die Polonisierung einer der angesehensten juristischen Fakultäten Deutschlands einschließlich ihrer deutschen Bibliothek und ihren neuen Namen „Wroclaw" anzuerkennen. Die Universität Wroclaw hat die diesbezüglichen Empfindungen jedoch mit großem Takt behandelt. 1999 wurde mir von ihr der Dr. h.c. verliehen.

*Reinhart Maurach* hatte mir seinen Allgemeinen Teil anvertrauen wollen. Ich erklärte ihm jedoch, dass ich seinen *Besonderen Teil* für bedeutender hielte – das erste große Lehrbuch des Besonderen Teils seit *Binding*. Dabei spielte allerdings auch eine Rolle, dass ich die Schwächen der finalen Handlungslehre sah, aber noch keine Alternative erkannte. Nunmehr konnte ich an die Neubearbeitung gehen. Auch hier musste infolge der lebhaften Reformen vieles völlig neu geschrieben werden. Für die Sexualstraftaten hatte ich meine Monographie von 1973 als Vorarbeit verfasst. Sie mussten nunmehr in den Abschnitt über die Straftaten gegen Persönlichkeitswerte überführt werden. Das gleiche galt für die Verkehrsunfallflucht, nunmehr „Unerlaubtes Entfernen vom Unfallort". Die gemeingefährlichen Straftaten hatten sich durch das Abstellen auf die Gefährdung aller wichtigen Rechtsgüter „eines anderen" nach meinem Dafürhalten in „allgemeine Gefährdungsstraftaten" verwandelt und wurden daher von mir zwischen die Straftaten gegen den einzelnen und denen gegen die Gesamtheit gestellt. Die in den Straftaten gegen den Staat und gegen die Staatsgewalt versteckten Straftaten gegen fremde Völker, Rassen und Staaten fasste ich in einem eigenen Abschnitt zusammen. Schließlich erkannte ich das Wesen der in den Straftaten gegen die öffentliche Ordnung und gegen die Rechtspflege untergebrachten Anschluss- und Bezugsstraftaten in ihrer Richtung gegen die Durchsetzung des Strafrechts und behandelte sie in einem abschließenden Abschnitt (1985 in meiner Monographie „Die Straftaten gegen das Strafrecht" näher begründet). Der „*Maurach / Schroeder*" erschien in zwei Teilbänden 1977 und 1981. Ab der 7. Aufl. 1988/1991 nahm ich angesichts der immer größeren Flut von Publikationen, über die ich in meinem Aufsatz „Die Last des Kommentators“ (Tröndle-Festschrift 1989) meinem Herzen Luft gemacht hatte, *Manfred Maiwald* als Mitautor auf.

Einem Ruf an die Universität Hamburg vermochte ich wegen der damaligen dortigen hochschulpolitischen Verhältnisse nicht zu folgen.

Im Jahr 1978 begründete ich das *Ostwissenschaftlich Begleitstudium für Juristen an der Universität Regensburg*. Es sah ein zusätzliches Lehrangebot von vier Semesterwochenstunden auf den Gebieten der russischen Sprache, Geschichte und Wirtschaft sowie des Ostrechts in den ersten vier Studiensemestern vor. Aus verschiedenen Ergänzungsstudien für Juristen hatte ich nämlich die Erfahrung gewonnen, dass nach dem Referendarexamen die besten Absolventen eine Promotion oder ein schnelles zweites Examen anstreben, so dass für solche Ergänzungstudien die besten Studenten fehlen. Dieses Zusatzstudium erfreut sich bis heute guten Zuspruchs. Ich unternahm mit jeweils etwa zwanzig Studenten 13 Exkursionen nach Osteuropa und einmal sogar nach Peking. Die Exkursionen führten uns 1987 ins Baltikum und 1990 in die Ukraine und damit an die Brennpunkte des bevorstehenden Zerfalls der Sowjetunion. 1981 erhielt ich einen Lehrauftrag für Ostrecht an der *Hochschule St. Gallen*. Der Kontakt mit den dortigen Kollegen war sehr anregend.

Bei meiner laufenden Beobachtung der Rechtsentwicklung in der *Sowjetunion* interessierte mich neben dem Straf- und Strafprozessrecht vor allem die *Staats- und Rechtstheorie*. Ich beobachtete einen aufregenden Wandel der Definition des Staates von einem Apparat zur Unterdrückung der einen Klasse durch die andere bei *Lenin* zu einer „Bedingung der Erhaltung des menschlichen Zusammenlebens“. Diese Beobachtung veröffentlichte ich 1979 in meiner kleinen Schrift „Wandlungen der sowjetischen Staatstheorie“. Das Buch wurde nicht nur von der deutschen Ostrechtswissenschaft, die sich ganz der sowjetmarxistischen Staatsfuturologie vom künftigen Absterben des Staates zugewandt und die Lehre vom gegenwärtigen Staat vernachlässigt hatte, reserviert aufgenommen. In der Tageszeitung „Die Welt“ erschien eine höhnische Kritik, die mein Buch angesichts der Dissidentenverfolgung in der Sowjetunion mit den Lobpreisungen der Sowjetunion von Seiten westlicher Intellektueller zur Zeit der berüchtigten „Säuberungen“ verglich. Schon zehn Jahre später sollte mir die Entwicklung in der Sowjetunion Recht geben. Zugleich bestätigte mir diese Entwicklung die Erkenntnis, dass große politische Umbrüche nicht aus heiterem Himmel erfolgen, sondern durch geistige Entwicklungen vorbereitet werden.

1983 verfasste ich nach zahlreichen Einzelarbeiten eine Gesamtdarstellung des Strafrechts der DDR („Das Strafrecht des realen Sozialismus").

In meiner Habilitation „Der Schutz von Staat und Verfassung im Strafrecht" hatte ich mich eingehend mit der *Strafrechtsgeschichte* befasst. Meine Tätigkeit in Regensburg als dem Ort der Verabschiedung der Peinlichen Gerichtsordnung *Karls V.* legte es nahe, mich wissenschaftlich mit der „Carolina" zu beschäftigen. Ich befasste mich mit ihrer Entstehungsgeschichte und ihrer normativen Bedeutung und gab in den „Wegen der Forschung" der Wissenschaftlichen Buchgesellschaft die wichtigsten Aufsätze zur Carolina heraus. Zur 450. Wiederkehr der Verabschiedung veranstaltete ich zusammen mit *Peter Landau* 1982 ein wissenschaftliches Symposium („Strafrecht, Strafprozessrecht und Rezeption", 1984). Bei der Untersuchung der Wirkungen der Carolina entdeckte ich, dass die kleine Oberpfalz, deren Bezirkshauptstadt Regensburg heute ist, im 17. Jahrhundert ein Landrecht besaß, das sich in Aufmachung und Umfang mit den Kodifikationen der großen deutschen Territorialstaaten wie Preußen und Württemberg durchaus messen kann. Ich vergab Dissertationen über seine Malefizprozessordnung und sein Schuldrecht und veröffentlichte selber einige Arbeiten über die Rechtskodifikationen der Oberpfalz. Schließlich wurde mir im Jahre 2002 die Neuausgabe der Reclam-Ausgabe der Carolina anvertraut. Dabei musste ich die berühmte Einführung von *Gustav Radbruch* wegen einiger politisch nicht mehr tragbarer Äußerungen aufgeben und habe sie durch einen eigenen Anhang ersetzt, der u.a. auf die umstrittene Verfasserfrage und die Sprache eingeht und die heute nur noch schwer verständlichen „altfränkischen" Wörter erläutert.

1986 schlug mich *Eberhard Schmidhäuser* nach seiner Emeritierung den deutschen Strafrechtslehrern als Mitherausgeber der *Strafrechtlichen Abhandlungen, neue Folge* vor; zu meiner Freude und Ehre stimmten sie dem Vorschlag zu. Trotz immer neuer Gründung konkurrierender Reihen entwickelten sich die „Strafrechtlichen Abhandlungen" gut. Unter meiner Mit- und – nach *Schmidhäusers* Tod 2002 – Alleinherausgeberschaft erschienen die Bände 62–197. 1988 erhielt ich einen Ruf an die Universität Tübingen und damit an eine der ältesten und angesehensten deutschen Universitäten. Diesen Ruf musste ich leider aus familiären Gründen ablehnen.

In meiner Vorlesung *Strafprozessrecht* hatte ich die überkommene kategoriale Darstellungsweise (Grundsätze, Verfahrensbeteiligte, Prozessvoraussetzungen, Prozessgegenstand usw.) durch eine „prozessuale" ersetzt, die dem Ablauf des Verfahrens folgt und bei der alle Begriffe und Institutionen des Strafprozessrechts dort behandelt werden, wo sie zum ersten Mal im Verlauf des Verfahrens auftreten. Später hatte ich an die Stelle der herrschenden institutionellen

Darstellung der strafprozessualen Zwangsmittel eine funktionale gesetzt (JZ 1985, 1028) und neben der formellen die materielle Verteidigung wiederentdeckt (NJW 1987, 301). Diese Grundsätze brachte ich 1993 in mein Kurzlehrbuch des Strafprozessrechts ein. Die Konzeption habe ich in den folgenden Auflagen (z.Zt. 4. Auflage 2007) weiter ausgebaut. Insbesondere habe ich die bisherige institutionelle Darstellung der Verteidigung zum Recht auf Verteidigung funktionalisiert und an den Beginn des Verfahrens gestellt, zusammen mit den immer stärker werdenden Rechten des Verletzten, die in der StPO erst am Ende erscheinen. Die Beweisverbote – bei mir Einschränkungen der Eingriffsbefugnisse bei der Beweiserhebung – habe ich schon beim staatsanwaltschaftlichen Ermittlungsverfahren behandelt, wo sie zuerst wichtig werden, so dass als spezifisch für die Hauptverhandlung nur die „Einbringungsverbote" übrig bleiben. Diese Darstellung bringt mir viel „Fanpost" ein.

Bekanntlich können in Deutschland Hochschullehrer des Rechts auch als Strafverteidiger auftreten. Als ich dies einem russischen Kollegen erzählte, sagte er: „Das ist gut; kann man doch auch nicht Chirurgie lehren, wenn man noch nie geschnitten hat!". Dementsprechend übernahm ich eine Reihe von *Strafverteidigungen*, wobei ich mir immer materiell- und prozessrechtlich interessante Fälle aussuchte. Durch meine Erlebnisse dabei konnte ich meine Vorlesungen sehr beleben. Besonders eindrucksvoll war ein Fall von Steuerhinterziehung, bei dem mir der Staatsanwalt bei der Anregung einer Verfahrenseinstellung nach § 153a StPO erklärt hatte, eine Freiheitsstrafe auf Bewährung sei das günstigste, was mein Mandant erwarten könne. Mit dieser Information verließ ich die Vorlesung, und die Studenten waren sehr überrascht, als ich nach zwei Tagen mit dem Ergebnis von 90 Tagessätzen Geldstrafe zurückkam, dank der Tatsache, dass der Vorsitzende Richter das Verfahren unbedingt noch im laufenden Jahr abschließen wollte. Bei einem zu lebenslänglich verurteilten Sexualmörder ging es zunächst nur um den Urlaub. Er war mit einer „chemischen Kastration" behandelt worden und bei seinem ersten Urlaub nach 18 Jahren Verbüßung in ein Bordell gegangen, „um zu sehen, ob noch was läuft". Vertrauensvoll hatte er dies dem Anstaltspsychologen berichtet, woraufhin ihm der nächste Urlaub mit der Begründung versagt wurde: „Wer nach 18 Jahren Haft seine erste Nacht in Freiheit in einem Bordell verbringt, ist eines Urlaubs nicht würdig". Nach monatelangen vergeblichen Rechtsmitteln gegen diesen Beschluss erhob ich Verfassungsbeschwerde mit der Begründung: „Wer nach 18 Jahren unter Männern seine ersten Nacht in Freiheit nicht bei einer Frau verbringt, ist in der Haft völlig zerstört worden". Daraufhin rief mich ein Richter des Bundesverfassungsgerichts an und erklärte mir: „Wir sorgen dafür, dass Ihr Mandant wieder Urlaub bekommt. Aber bitte ziehen Sie die Verfassungsbeschwerde zurück!" Obwohl mich die verfassungsgerichtliche Klärung dieser Problematik sicher berühmt gemacht hätte, musste ich das Angebot im Interesse des Mandanten annehmen. Der Mandant, der in der Haft geheiratet hatte, wurde nach zahllosen weiteren Gesuchen und Beschwerden schließlich 1992 kurz vor Ablauf von 30 Jahren seiner Haft entlassen, nicht ohne dass die Staatsanwaltschaft noch wenige Tage vor Weihnachten Beschwerde gegen den Entlassungsbeschluss eingelegt hätte. Er lebte noch kurz bei seiner Frau, zog dann in ein Einzelzimmer in einem Altersheim und starb sechs Monate nach seiner Entlassung an einem Herzinfarkt. Es war bedrückend, mit welcher Härte damals der staatliche Strafanspruch durchgesetzt wurde. Ebenso aufschlussreich für den Zeitgeist war es allerdings, dass mich Ende der achtziger Jahren weibliche Hörerinnen angriffen, ich hätte den Täter in der Vorlesung zu positiv und frauenfeindlich dargestellt.

## *Die Zeit nach 1989*

Die Krise des sozialistischen Systems erlebte ich wegen meiner Herkunft aus Mitteldeutschland, meines Studiums in Berlin in den fünfziger Jahren und meiner Beschäftigung mit dem Sowjetsystem mit besonderer Spannung. Bei den Fernsehberichten von der Öffnung der Berliner Mauer im November 1989 konnte ich mich der Tränen nicht erwehren.

Der radikale Wechsel der politischen Umstände wirkte sich auch auf meine wissenschaftliche Tätigkeit aus. Schon Anfang 1990 wurde ich in eine Arbeitsgruppe des Bundesjustizministeriums zu Fragen des Rechts und der Rechtsangleichung berufen. In fieberhafter Eile wurde damals durchberaten, welche Bestimmungen des Rechts der DDR für Gesamtdeutschland übernommen werden könnten. Dabei wurde deutlich, welches Potenzial die Landesjustizministerien inzwischen gewonnen hatten. Bei der Frage des Ministers, wer innerhalb von zwei Tagen ein entsprechendes Gutachten vorlegen könne, mussten die anwesenden Universitätsprofessoren regelmäßig hinter den Abteilungsleitern der Justizministerien mit ihrem Mitarbeiterstab zurückstehen. Die Problematik erledigte sich dann bekanntlich durch die Totalübertragung des bundesrepublikanischen Rechts auf die DDR.

Ich verfasste eine Reihe von Aufsätzen zu den Rechtsproblemen der Wiedervereinigung, insbesondere zu dem Grundsatz „nulla poena sine lege“. 1992 wurde ich von der Präsidentin des Deutschen Bundestages als einer von zwölf Sachverständigen in die *Enquete-Kommission Aufarbeitung von Geschichte und Folgen der SED-Diktatur in Deutschland* berufen. Die Arbeit dieser Kommission war sehr intensiv. Sie führte 44 öffentliche Anhörungen und 37 nichtöffentliche Sitzungen durch; dazu kamen 13 Sitzungen meiner Berichterstattergruppe „Recht, Justiz und Polizei im SED-Staat“. Die Diskussionen mit den anderen Sachverständigen aus den Bereichen Geschichte, Theologie und Politikwissenschaft sowie mit den der Kommission angehörigen Bundestagsabgeordneten waren außerordentlich lehrreich. Als besonders konstruktiv erwies sich die Zusammenarbeit mit der Abgeordneten *Margot von Renesse* (SPD). Die Enquete-Kommission veröffentlichte einen umfangreichen Bericht als Bundestagsdrucksache 12/7820.

Mein umfangreiches Wissen über das sozialistische Rechtssystem, das ich im Laufe von 45 Jahren erworben hatte, konnte ich nun nur noch als rechtshistorische Einführung benutzen. Allerdings stellte sich bald heraus, dass die „74 Jahre Sowjetrecht“ (so der Titel einer kleinen Schrift von mir) in allen Nachfolgestaaten der Sowjetunion tiefe Spuren hinterlassen haben, die eine Kenntnis der vergangenen Epoche unerlässlich machen.

Ich wirkte und wirke im Auftrag des Europarats und anderer Institutionen mit bei der *Gesetzgebungsberatung* zum Strafrecht und Strafprozessrecht für Russland, Weißrussland, die Ukraine, Bulgarien, Moldawien, Lettland, Turkmenistan und Usbekistan. Das russische Strafgesetzbuch von 1996 und seine Neufassung von 2006 habe ich für die Sammlung ausländischer Strafgesetzbücher ins Deutsche übersetzt.

1994 wurde ich zum Mitglied des Wissenschaftlichen Beirats der *Bundeszentrale für politische Bildung* berufen. Darin habe ich bis zum Jahr 2002 alle Maßnahmen dieser wichtigen Institution mitberaten und begutachtet. 2002 wurde leider das Ostkolleg der Bundeszentrale aufgelöst, das jahrzehntelang Teilnehmer aus allen Schichten der Bevölkerung zur Information über ostwissenschaftliche Probleme zusammengeführt und dabei viele langfristige Kontakte vermittelt hatte (auch ich habe dort oft vorgetragen).

Auch sonst fielen viele Kommissionen und Foren zu gesamtdeutschen Problemen weg. 1997 beschloss auf meine Empfehlung auch der „Königsteiner Kreis“ nach fast fünfzigjähriger Tätigkeit seine Auflösung. So konsequent diese Auflösung angesichts der Erreichung der Ziele des Kreises erschien, so verschwand damit doch – ebenso wie bei dem Ostkolleg der Bundeszentrale für politische Bildung – ein Forum für Kontakte unter Teilnehmern aus allen Schichten der Bevölkerung. Auch die Hochschule St. Gallen beendete ihren Lehrauftrag für Ostrecht.

Meine wissenschaftliche Arbeit auf den übrigen Gebieten lief weiter fort. In meinen Publikationen bildeten Schwerpunkte das Sexualstrafrecht, das sich seit 1992 immer radikaler verändert, und die Nötigung, insbesondere die Auswirkungen der Entscheidung des Bundesverfassungsgerichts

BVerfGE 92, 1 aus dem Jahre 1995. Auch wendete ich mich, nachdem ich schon in meiner Dissertation Beispiele für den Täter hinter dem Täter in der Literatur aufgezeigt hatte, wieder dem Thema Literatur und Recht (*Tolstojs* „Auferstehung", *Puschkins* „Pique Dame") und der Auseinandersetzung mit der Lehre von der objektiven Zurechnung zu.

Am 30. September 2004 wurde ich emeritiert, konnte aber während der Suche nach einem Nachfolger den Apparat des Lehrstuhls noch bis zum Herbst 2005 benutzen. Meine Abschiedsvorlesung gab mit dem Thema „Der Blitz als Mordinstrument" einen Streifzug durch 140 Jahre Geschichte der Strafrechtswissenschaft und behandelte insbesondere die Lehre von der objektiven Zurechnung.

Da ein Nachfolger mit dem Spezialgebiet Ostrecht nicht gefunden werden konnte, habe ich der Fakultät eine Ausrichtung des Lehrstuhls auf das Europäische Strafrecht vorgeschlagen. Ich selber halte weiterhin Lehrveranstaltungen im Ostrecht. Dabei sehe ich mit großer Enttäuschung die Rückentwicklung Russlands zu einem autoritären Staat und die verbreitete Korruption in der russischen Justiz. Außerdem halte ich Vorlesungen zum deutschen Strafrecht und Strafprozessrecht in Istanbul, Moskau und Dnjepropetrowsk. Ich betreue nach wie vor mehrere Doktoranden und ausländische Stipendiaten. Mein Nachfolger *Tonio Walter* gewährt mir ein freundliches Gastrecht in seinen Räumen. Als Mitherausgeber der „Strafrechtlichen Abhandlungen, neue Folge" habe ich meinerseits auf dem Strafrechtslehrertag in Osnabrück 2007 den deutschen Strafrechtslehrern unter lebhafter Zustimmung *Andreas Hoyer* (Kiel) vorgeschlagen.

## *Rückblick*

Rückblickend kann ich sagen, dass mir der Beruf als Rechtswissenschaftler große Erfüllung gebracht hat und noch bringt. Ich glaube, dass ich meine Fähigkeiten hier optimal einsetzen konnte. Ich habe in meiner wissenschaftlichen Laufbahn viel Glück gehabt, aber auch vieles durch eigene Initiative erreicht. Beruf und Hobby gingen für mich ineinander über. Wo andere zur Entspannung ein Schachproblem lösen, lockten mich juristische Probleme. Mein Interesse sowohl für den Allgemeinen als auch den Besonderen Teil des Strafrechts, das Strafprozessrecht, das sowjetische und russische Recht und die Strafrechtsgeschichte präsentierte mir immer wieder abwechslungsreiche Themen mit Bezügen zur Politikwissenschaft, Geschichte und Literatur. Von den strafrechtlichen Grundsatzfragen habe ich mich eher zurückgehalten. Mehr als die Stellungnahme zu Fragen, über die schon endlos geschrieben worden ist, reizten mich die Entdeckung neuer dogmatischer Probleme bzw. die Wiederentdeckung vergessener Probleme. Hierzu möchte ich u.a. rechnen

– den Irrtum über Tatbestandsalternativen
– die Abweichung vom Vorsatz bei großflächigen Angriffsobjekten
– neuartige Absichtsdelikte
– die Konstruktion der Fahrlässigkeit
– die Grundgedanken der Mordmerkmale
– die Zustandsveränderungstheorie bei der Sachbeschädigung
– die Nötigung und Erpressung von Gegenleistungen
– die drei Arten der Nötigung
– die Urkundenfälschung in mittelbarer Täterschaft
– das einzige Eigentumsdelikt (§ 297 StGB)
– das Pornographieverbot als Darstellerschutz.

Beiträge zur Systematik habe ich vor allem auf dem Gebiet des Besonderen Teils (politisches Strafrecht, Straftaten gegen fremde Völker, Rassen und Staaten, Vermögensstraftaten, Straftaten gegen die Durchsetzung des Strafrechts) und des Strafprozessrechts geleistet. In der letzten Zeit habe ich mich allerdings auch dem System der Straftat zugewandt. Dabei interessiert mich besonders der Wert der Lehre von der objektiven Zurechnung, die die finale Handlungslehre meines Lehrers *Reinhart Maurach* abgelöst hat.

Besonders fasziniert hat mich immer wieder die historische Genesis der Dogmatik, der Aufweis, aus welchen Anfängen heraus sich unsere gegenwärtigen hoch differenzierten Konstruktionen entwickelt haben.

Ausführliche Verzeichnisse meiner Publikationen finden sich in der mir zu meinem 70. Geburtstag gewidmeten Festschrift sowie – vollständiger – im Internet unter www.uni-regensburg.de/Fakultaeten/Jura/Walter/Seiten/Schroeder.php (dort auch ein Verzeichnis der 50 von mir vergebenen und betreuten Dissertationen).

## *Schriftenverzeichnis (in Auswahl)*

### *1. Selbständiges Schrifttum*

Der Täter hinter dem Täter. Ein Beitrag zur Lehre von der mittelbaren Täterschaft, 1965.

Der Schutz von Staat und Verfassung im Strafrecht. Eine systematische Darstellung, entwickelt aus Rechtsgeschichte und Rechtsvergleichung, 1970.

Die Strafgesetzgebung in Deutschland. Eine synoptische Darstellung der Strafgesetzbücher der Bundesrepublik Deutschland und der Deutschen Demokratischen Republik, 1972.

Das neue Sexualstrafrecht. Entstehung – Analyse – Kritik, 1975.

Wandlungen der sowjetischen Staatstheorie, 1979.

Das Strafrecht des realen Sozialismus. Eine Einführung am Beispiel der DDR, 1983.

Die Straftaten gegen das Strafrecht, 1985.

Pornographie, Jugendschutz und Kunstfreiheit, 1992.

74 Jahre Sowjetrecht, 1992.

Strafgesetzbuch der Russischen Föderation, dtsch. Übersetzung und Einführung, 1. Aufl. 1998, 2. Aufl. 2007.

Besondere Strafvorschriften gegen eigenmächtige und fehlerhafte Heilbehandlung?, 1998.

Die Peinliche Gerichtsordnung Kaiser Karls V. (Carolina), hrsg. und erl., 2000.

Beiträge zur Gesetzgebungslehre und zur Strafrechtsdogmatik, 2001.

Die neue russische Strafprozessordnung – Durchbruch zum fairen Strafverfahren?, 2002.

### *2. Kommentierungen*

Strafgesetzbuch, Leipziger Kommentar, §§ 56–59 StGB, 9. Aufl. 1974.

Strafgesetzbuch, Leipziger Kommentar, §§ 15–18 StGB, 10. Aufl. 1980, 11. Aufl. 1994.

### *3. Lehrbücher und Fallsammlungen*

Strafrecht – Besonderer Teil, begr. von Reinhart Maurach, ab der 7. Aufl. zusammen mit Manfred Maiwald, Tlbd. 1: Straftaten gegen Persönlichkeits- und Vermögenswerte, 6. Aufl. 1977, 9. Aufl. 2003; Tlbd. 2: Straftaten gegen Gemeinschaftswerte, 6. Aufl. 1981, 9. Aufl. 2005.

Strafprozessrecht, 1. Aufl. 1993, 4. Aufl. 2007.

## *4. Aufsätze in Zeitschriften und Sammelwerken*

Täterschaft und Teilnahme bei eigenhändiger Tatbestandsverwirklichung. Zum Staschynskij-Urteil des Bundesgerichtshofes, Recht in Ost und West 1964, S. 97–107.

Zum Begriff der Wühlarbeit. Ein Beitrag zur Reform des politischen Strafrechts (Glosse), JZ 1966, S. 809–810.

Die Beweisaufnahme im Strafprozess unter dem Druck der Auseinandersetzung zwischen Ost und West, Recht in Ost und West 1969, S. 193–203.

Schranken für den räumlichen Geltungsbereich des Strafrechts, NJW 1969, S. 81–85.

Gibt es noch ein deutsches Strafrecht? Ein Vergleich der Strafrechtsreform in beiden Teilen Deutschlands, Königsteiner Kreis 1971, S. 1–8, Regensburger Universitätszeitung 1971, Heft 4, S. 2–7.

Die Notwehr als Indikator politischer Grundanschauungen, in: Festschrift für Reinhart Maurach, 1972, S. 127–142.

Die Herbeiführung einer Unterschrift durch Täuschung oder Zwang, GA 1974, S. 225–230.

Legalitäts- und Opportunitätsprinzip heute, in: Festschrift für Karl Peters, 1974, S. 411–427.

Das „Erzieherprivileg" im Strafrecht, in: Festschrift für Richard Lange, 1976, S. 391–400.

Die Entwicklung der Sexualdelikte nach dem 4. StrRG. Zugleich zur Theorie der Kriminalstatistik, MschKrim 1976, S. 108–115.

Straftatbestände und Kriminalität in den sozialistischen Staaten, Der Kriminalist 1976, S. 43–49, Kriminalität, Forschung und Information, Bd. 20, 1976, S. 37–45.

Der zeitliche Geltungsbereich der Strafgesetze, in: Festschrift für Paul Bockelmann, 1979, S. 785–799.

Der Irrtum über Tatbestandsalternativen, GA 1979, S. 321–328.

Die Fahrlässigkeitsdelikte. Vorbeugung und Behandlung der Täter, Deutscher Landesbericht zum Vorbereitenden Kolloquium für den XII. Internationalen Strafrechtskongress, ZStW 91. Bd. (1979), S. 257–269.

Das Strafrecht zum Schutz von Verfassung und Staat, in: Bundesministerium des Innern (Hrsg.), Verfassungsschutz und Rechtsstaat, 1981, S. 219–236.

Die Gefährdungsdelikte. Deutsche strafrechtliche Landesreferate zum XI. Internationalen Kongress für Rechtsvergleichung in Caracas 1982, Beiheft zu ZStW 94. Bd. (1982), S. 1–28.

Grundgedanken der Mordmerkmale, JuS 1984, S. 275–278.

Die Übertragung der Strafvollstreckung, ZStW 98. Bd. (1986), S. 457–485.

Rechtfertigung und Entschuldigung im deutschen Strafrecht im Vergleich zum sowjetischen, in: Eser, Albin (Hrsg.), Rechtfertigung und Entschuldigung. Rechtsvergleichende Perspektiven, Bd. I, 1987, S. 523–547.

Der Begriff der Strafverfolgung, GA 1985, S. 485–491.

Die Systematik der Vermögensstraftaten, Jura 1987, S. 113–116.

Der Umgang mit dem Umgang der Justiz nach 1945 mit ihrer eigenen Vergangenheit, Rechtshistorisches Journal 7 (1988), S. 389–392.

Die Entwicklung der Gliederung der Straftat in Deutschland, 24 Hokkaigakuen Law Journal 1988, S. 196–175 (sic!).

Die neuere Entwicklung des Strafrechts in beiden Staaten in Deutschland, in: Zieger, Gottfried und Schroeder, Friedrich-Christian (Hrsg.), Die strafrechtliche Entwicklung in Deutschland – Divergenz oder Konvergenz, 1988, S. 5–22, aktualisierte Fassung: Die neuere Entwicklung des Strafrechts in beiden deutschen Staaten, Politik und Zeitgeschichte, Beilage zur Wochenzeitung „Das Parlament", Bd. 4–5, 1988, S. 18–28.

Menschenrechte im Strafverfahren und Strafvollzug, in: Brunner, Georg (Hrsg.), Menschenrechte in der DDR, 1989, S. 257–273.

Die Fahrlässigkeit als Erkennbarkeit der Tatbestandsverwirklichung, JZ 1989, S. 776–780.

Die Strafrechtsdogmatik in der DDR, JR 1990, S. 89–93.

Die strafrechtliche Regelung des Handels in der Sowjetunion, Zeitschrift für vergleichende Rechtswissenschaft 1991, S. 444–465.

Die Reform der Straftaten gegen die Entwicklung des Sexuallebens, ZRP 1992, S. 295–297.

Zur Strafbarkeit von Tötungen in staatlichem Auftrag, JZ 1992, S. 990–993.

Die Enquetekommission des Deutschen Bundestages „Aufarbeitung von Geschichte und von Folgen der SED-Diktatur in Deutschland", Politische Studien 1992, S. 23–27.

Der Geltungsbereich der Menschenrechte in den Stadien des Strafverfahrens, GA 1993, S. 205–213.

Rechtliche Aspekte der Aufarbeitung der DDR-Geschichte und SED-Herrschaft, in: Eisenmann, Peter (Hrsg.), Bilanz der zweiten deutschen Diktatur, 1993, S. 37–54.

Das 27. Strafrechtsänderungsgesetz – Kinderpornographie, NJW 1993, S. 2581–2583.

Beihilfe zum Selbstmord und Tötung auf Verlangen, ZStW 106. Bd. (1994), S. 565–580.

Die Bestellung der Richter in Russland, Recht in Ost und West 1995, S. 165–169.

Die Grundstruktur der Nötigung und die Möglichkeiten zur Beseitigung ihrer durch das BVerfG geschaffenen Lücken, NJW 1996, S. 2627–2629.

Neuartige Absichtsdelikte, in: Festschrift für Theodor Lenckner, 1998, S. 333–348.

Probleme der Gesetzgebung in Russland, in: Schroeder, Friedrich-Christian (Hrsg.), Die neuen Kodifikationen in Russland, 1997, S. 9–26, 2. Aufl. 1999, S. 9–27.

Das neue russische Strafgesetzbuch im Lichte der Menschenrechte, in: Festschrift für Haruo Nishihara, 1998, S. 486–495.

Die Entwicklung der juristischen Promotionen in Deutschland, zusammen mit Andreas Cantzler, JuS 1998, S. 281–285.

Rechtfertigung nationalsozialistischer Terrorgesetze? – Eine Kontroverse, NJ 1998, S. 309.

Der Bundesgerichtshof und der Grundsatz „nulla poena sine lege“, NJW 1999, S. 89–93.

Die Revolution des Sexualstrafrechts 1992–1998, JZ 1999, S. 827–833.

Darf die StPO von „Tätern“ sprechen?, NJW 2000, S. 2483–2485.

Zehn Jahre strafrechtliche Aufarbeitung des DDR-Unrechts, NJW 2000, S. 3017–3022.

Das neue russische Wirtschaftsstrafrecht, ZStW 114. Bd. (2002), S. 215–235.

Die drei Arten der Nötigung, in: Festschrift für Karl Heinz Gössel, 2002, S. 415–427.

Die Entwicklung der Gesetzgebungstechnik, in: Vormbaum, Thomas und Welp, Jürgen (Hrsg.), Das Strafgesetzbuch. Supplementband 1: 130 Jahre Strafgesetzgebung: Eine Bilanz, 2004, S. 382–422.

Probleme der Übersetzung von Gesetzestexten, ZStW 117. Bd. (2005), S. 236–244.

Die Veranlassung zur Veränderung der Tatzeit, GA 2006, S. 375–378.

Der Gleichheitsgrundsatz im Recht Osteuropas im 20. Jahrhundert, in: Bock, Bettina und Lühr, Rosemarie (Hrsg.), Normen und Wertbegriffe in der Verständigung zwischen Ost- und Westeuropa, 2007, S. 197–202.

Sprache und Recht, in: Kessel, Katja und Reimann, Sandra (Hrsg.), Wissenschaften im Kontext. Kooperationsfelder der Deutschen Sprachwissenschaft, 2007, S. 431–436.

Die scheinbare Wiedereinführung der Vermögenskonfiskation in Russland, ZStW 119. Bd. (2007), S. 450–458.

Missglückte Metaphern im Strafrecht, in: Festschrift für Günther Jakobs, 2007, S. 627–633.

Das Strafrecht zwischen Tatvergeltung und Verhaltensverbot, in: Festschrift für Harro Otto, 2007, S. 165–178.

Günter Spendel

# Günter Spendel

Die vorliegende Studie verlangt vom Verfasser zwei Sichtweisen, sie erfordert einmal eine autobiographische Schilderung, zum anderen aber doch immer auch eine Darstellung im Blick auf die von ihm vertretene Strafrechtswissenschaft, die dem Leser letztlich vermittelt werden soll. Die „Selbstdarstellung" wird damit mehr zu einem Zeitbild als zu einem „Selbstbildnis", erlaubt daher mehr „Sachlichkeit" der Ausführungen als Ausdruck der „Persönlichkeit". Nicht deren Entwicklung interessiert so sehr als die der Jurisprudenz, mag auch gelegentlich eine gewisse „Subjektivität" der Darlegungen nicht zu vermeiden sein. Hierbei dürfen Ausführungen wiederholt werden, die der Autor schon in seinem Bericht über seine Jugend in der NS-Diktatur gemacht hat[1].

Geboren bin ich am 11. Juli 1922 zu Herne in Westfalen, in einer Stadt, die geographisch gesehen in der Mitte des Ruhrgebietes liegt, des auf Grund seines Steinkohlenbergbaus ursprünglich bedeutendsten deutschen Industriegebietes. An meinem Geburtstag ist das Gesetz ergangen, das auch den Frauen Zugang zu den Berufen und Ämtern der Justiz eröffnete und das sein Schöpfer, der Reichsjustizminister und Strafrechtsprofessor *Gustav Radbruch*, gegen den Widerstand seiner Ministerialbürokratie durchgesetzt hatte. Er sollte 25 Jahre später mein Doktorvater werden. Meine ersten Lebensjahre fallen in die bewegte Zeit der Weimarer Republik: am 24. Juni 1922, kurz vor meinem Geburtstag, hatten Rechtsradikale den jüdischen Reichsaußenminister *Walther Rathenau* (*1867) ermordet, der mit Reichskanzler *Joseph Wirth* (1879–1956) gelegentlich der ergebnislosen Konferenz von Genua am 16. April 1922 in Rapallo den deutsch-sowjetischen Sondervertrag in gegenseitiger Gleichberechtigung abgeschlossen hatte; am 11. August 1922, dem dritten Verfassungstag der Weimarer Republik, erschien in der Berliner Tagespresse eine eindrucksvolle „Kundgebung" des Reichspräsidenten *Friedrich Ebert* (1871–1925), die er unter die Worte „Einigkeit und Recht und Freiheit" der dritten Strophe des Deutschlandliedes gestellt hatte und mit der er dessen Einführung als Nationalhymne einleitete[2]; im August begann die Inflation; am 11. Januar

---

1 *Spendel*, Jugend in einer Diktatur. Erinnerungen eines Zeitzeugen 1933–1945, 1998.

2 Vgl. *Spendel*, Zum Deutschland-Lied als Nationalhymne, in: JZ 1988, S. 744 ff.; *ders.*, Die Nationalhymne als Staatssymbol und ihr Schutz, in: Ztschr. „MUT" 1992, H. 291, S. 18 ff.; *ders.*, Zur deutschen Nationalhymne, in: Justitia et Pax. Blumenwitz-Gedächtnisschr., 2008, S. 869.

1923 war der völkerrechtswidrige Einbruch französischer Truppen in das Ruhrgebiet.

Meine Schul- und Studienzeit war natürlicherweise weitgehend von meinen Eltern bestimmt[3]. Mein Vater, Bergingenieur und später Fachlehrer, hat sich in den 30er Jahren, als wir inzwischen nach Frankfurt am Main übergesiedelt waren und unter dem NS-Regime mein (Reform)Gymnasium in eine „Oberschule" umgewandelt wurde, in einer Schul- und Elternversammlung mit dem Direktor dafür eingesetzt, daß meine Klasse als letzte noch ausnahmsweise Griechisch als Unterrichtsfach beibehalten durfte. Meine Mutter, die Lehrerin gewesen war, hat mir zum Rechtsstudium geraten, da ich sie an ihren Vetter, einen Rechtsanwalt beim Reichsgericht, erinnerte.

Ich selbst bin über meine Studien- und Berufswahl länger mit mir zu Rate gegangen. Den entscheidenden Grund, dem mütterlichen Wunsch zu folgen, lieferte *Radbruchs* „Einführung in die Rechtswissenschaft" (7./8. Aufl. 1929), auf die mich ein Buchantiquar hingewiesen hatte. In dem Schlusskapitel „Rechtswissenschaft" dieses mich sofort ansprechenden kleinen Werkes stieß ich auf eine „Charakterologie" der verschiedenen Juristentypen, unter die ich mich einordnen konnte[4]. Zu der dritten Gruppe zählt der Verfasser zwei zum Teil gegensätzliche Naturen, die der juristischen Tätigkeit kritisch gegenüberstehen: die einen sind mehr künstlerisch gestimmte Menschen, die in der Jurisprudenz zu viel „Zwang" und gesetzliche Gebundenheit finden und sich durch feste Formen eingeengt fühlen, die anderen sind mehr wissenschaftlich eingestellte Charaktere, die in der Rechtswissenschaft zu wenig „Zwang" und zwingende Notwendigkeit sehen und über die Zufälligkeit und Wandelbarkeit der menschlichen Rechtsgesetze im Gegensatz zu den ehernen Naturgesetzen klagen. Dieser letzten Gruppe konnte ich mich zuordnen. Erst später erfuhr ich aus einem Zitat der Radbruchschen „Rechtsphilosophie" (3. Aufl. 1932, S. 100, Fn. 2[5]), daß für die Wahl des Rechtsstudiums auch eine negative Voraussetzung zu beachten ist, d.h. als eine Faustregel gelten kann: „schlechter Mathematiker – schlechter Jurist"[6]. Da Mathematik auf dem Gymnasium mein Lieblingsfach war, war ich insofern nicht auf dem falschen Wege. Allerdings ist der Umkehrschluss „guter Mathematiker – guter Jurist" wie viele Umkehrschlüsse nicht zwingend.

---

3 Zu meiner Schulzeit s. näher *Spendel* (Fn. 1), S. 14 ff.

4 *Radbruch*, Einführung, S. 206 ff., 209 = GRGA, 1. Bd. „Rechtsphilosophie I", eing. und bearb. v. *Arthur Kaufmann*, 1987, S. 211, 396 ff., 398/399.

5 *Hollenberg*, Jurist ohne Eignung, 1931.

6 Eine Regel, die ich später bei meinen Prüfungen als Dozent meist bestätigt fand.

Da ich nach achtjähriger Gymnasialzeit (das neunte Jahr, die Oberprima, war im NS-Regime abgeschafft worden) und nach dem Abitur 1940 bei der noch in demselben Jahr stattfindenden Musterung meines Jahrgangs aus gesundheitlichen Gründen vom Wehr- und Arbeitsdienst zurückgestellt worden war, konnte ich im Spätherbst in Frankfurt am Main mein Rechtsstudium beginnen, das ich nach zwei Trimestern im Sommer 1941 in Freiburg im Breisgau fortsetzte. An der Frankfurter Universität lernte ich den Zivilrechtler *Fritz von Hippel*[7], später den Öffentlichrechtler *Friedrich Giese* und den Strafrechtler *Wilhelm Class* näher kennen, an der Freiburger die Kriminalisten *Erik Wolf* und *Adolf Schönke* und den Privatrechtler *Gustav Boehmer.* Alle diese Professoren waren mehr oder minder scharfe Gegner des NS-Regimes. In der Besprechung von *Wolfs* bedeutsamen Werk „Große Rechtsdenker der deutschen Geistesgeschichte" (1. Aufl. 1939), rügte der NS-Rezensent *Ernst Krieck*, daß der Autor die Reihe statt mit *Hitler* mit dem namhaften Genossenschaftsrechtler *Otto von Gierke* (1841–1921) schließt, der dem Rassegedanken durch seine Heirat mit einer Jüdin ins Gesicht geschlagen habe[8]. Der Rechtsphilosoph, der nach 1933 auch Ausführungen zugunsten des Regimes gemacht hat, hatte sich völlig gewandelt und war zu einem entschiedenen Gegner des NS-Systems geworden. Am Ende meines ersten Freiburger (Sommer)Semesters 1941 hatte er mich aufgefordert, ihn doch einmal vor meiner Rückfahrt nach Frankfurt in die Semesterferien in seiner Privatwohnung zu besuchen. Bei diesem Besuch äußerte er sich so offenherzig und kritisch über die NS-Despotie, daß das Gespräch uns den Kopf hätte kosten können, wenn es bekannt geworden wäre. Er prophezeite mir, daß trotz der großen Anfangserfolge des im Sommer 1941 begonnenen Russlandfeldzuges sich die deutsche Armee totlaufen und das Kriegsende, an dem die Herrschaft der SS stünde, für uns schrecklich werden würde. Als ich als junger Privatdozent nach 1945 *Erik Wolf* einmal besuchte und an das Gespräch erinnerte, erzählte er mir, daß er nach dem 20. Juli 1944 wegen seiner Verbindung zu „verdächtigen" Freiburger Professoren von der Gestapo vernommen worden sei und der Beamte ihm gesagt habe, er kenne ja als Rechtsgelehrter aus der Rechtsgeschichte die Mittel, mit denen man einem Geständnis nachhelfen könne.

Der Zivilrechtler *Gustav Boehmer* machte so oft kritische Bemerkungen in seiner Vorlesung, daß er von Studenten bei der Gestapo denunziert wurde. Er entging einer Festnahme nur, weil sich der Universitätsrektor energisch für ihn einsetzte und er selbst als ehemaliger Lehrer eines Sohnes von Kaiser *Wilhelm II.*

---

7 *Spendel*, Fritz von Hippel zum 80. Geburtstag, in: JZ 1977, S. 446 f.

8 Zu dem NS-„Philosophen" *Krieck,* s. GRGA, 18. Bd. „Briefe II", (s. Fn. 9) S. 429/430.

seinen hohen Schüler und andere prominente Leute als Leumundszeugen für seine nationale Gesinnung angeben konnte. *Boehmer* war es auch, der im Kolleg eines Tages nach entsprechenden kritischen Vorbemerkungen tadelte, daß *Radbruch*, über dessen politisches Schicksal ich als junger Student bis dahin nichts Näheres wusste, sogar von manchen Kollegen gemieden und nicht mehr besucht würde. Das gab mir den Anstoß, den zur „Unperson" gewordenen Gelehrten, dessen „Einführung in die Rechtswissenschaft" mich so beeindruckt hatte, Anfang 1942 aufzusuchen. Seine Antwort auf meine Bitte um Gewährung einer Vorsprache enthielt die Warnung vor dem Besuch eines Autors, den man nach seinen Schriften schätze, weil man in diesen „sein Bestes gibt und der Alltag des Menschlichen allzu leicht dahinter zurückbleibt"[9]. Dem Satz lag wohl die Befürchtung des von einer Krankheit (Parkinson) schwer gezeichneten alten Mannes (starkes Zittern der Hände, Behinderung beim Gehen) zugrunde, auf einen jungen Menschen einen nachteiligen Eindruck zu machen. Sie war aber unbegründet; denn von seiner Person ging eine eigentümliche Ausstrahlung aus, die ich schon mehrfach zu schildern versuchte[10]. Aus der Bekanntschaft entwickelte sich, soweit das zwischen einem 64jährigen bedeutenden Gelehrten und einem 19jährigen jungen Studenten möglich ist, ein freundschaftliches Verhältnis, in dem mir *Radbruch* bis zu seinem Tode ein treuer Mentor blieb. Zum Jahresbeginn 1943 erlebte ich bei meinem Besuch gelegentlich der Rückfahrt aus den Semesterferien nach Freiburg den schrecklichen Augenblick, als die Nachricht vom Tode des Sohnes *Anselm* überbracht wurde, der in Russland im Lazarett der vor Stalingrad erlittenen Verwundung (Granatsplitter im linken Oberschenkel) erlegen war. Man kann den Schmerz der Eltern ahnen, die schon die Tochter *Renate*, eine Kunststudentin, im März 1939 infolge eines Lawinenunfalls verloren hatten.

Nach dem Ersten Juristischen Staatsexamen Ende 1943 beim Oberlandesgericht Frankfurt am Main war ich zunächst als Gerichtsreferendar gastweise im Oberlandesgerichtsbezirk Karlsruhe tätig, und zwar zuerst ein halbes Jahr am Amtsgericht Villingen im Schwarzwald, dann am Landgericht Freiburg im Breisgau, da wir Anfang 1944 in Frankfurt ausgebombt waren. Wie bereits als Student wurde ich auch als Referendar Zeuge von Verhandlungen vor einem

---

9 Abdruck des ganzen Briefes in: GRGA, 18. Bd. „Briefe II", eing. und bearb. v. *Spendel*, 1995, S. 193, Nr. 207.

10 *Spendel*, Gustav Radbruch (1878–1949), Nachruf in: Kriminalistenporträts, 2001, S. 64; *ders.*, G. Radbruch. Lebensbild eines Juristen, 1967; *ders.*, Jurist in einer Zeitenwende. G. Radbruch zum 100. Geburtstag, 1979; *ders.*, G. Radbruch. Ein musischer Jurist, in: Ztschr. „MUT", 1996, H. 352, S. 54.

„Sondergericht", d.h. einer mit drei Berufsrichtern besetzten, vorwiegend für politische Delikte bestimmten Strafkammer des Landgerichts. 1944 erlebte ich, wie ein wider Willen in ein solches Sondergericht versetzter Landgerichtsrat ein von dem Vorsitzenden erstrebtes Todesurteil wegen Wirtschaftsverbrechen durch sein Eingreifen und tatkräftige Sachverhaltsaufklärung in der mündlichen Verhandlung verhinderte und ein auf eine Freiheitsstrafe lautendes Urteil erreichte. Es gab aber auch manche Schandurteile.

Als der einzige schwere Fliegerangriff auf Freiburg erfolgte, war ich Ende 1944 zum Volkssturm eingezogen und befand mich links des Rheins im Elsass. Hier traf ich mit Freiburger Professoren zusammen, so mit dem Philosophen *Martin Heidegger* (1889–1976) und einem meiner Universitätslehrer, dem Öffentlichrechtler *Theodor Maunz* (1901–1993), von dem als bayerischem Kultusminister ich 1961 den Ruf nach Würzburg erhalten sollte. Er musste später dieses Amt wegen seiner Konzessionen an das NS-Regime aufgeben.

Nach Kriegsende und Eröffnung des Gerichtsbetriebes leistete ich meinen weiteren juristischen Vorbereitungsdienst in Frankfurt am Main ab. Ich hatte nun hinreichend Gelegenheit, mich auch in der Rolle des „Anklägers" und „Verteidigers" zu üben. In der Ausbildungsstation „Staatsanwaltschaft" hatte ich meinen mit Arbeit überhäuften Chef öfters in der Hauptverhandlung vor dem Amtsgericht zu vertreten. Später war ich mit Untervollmacht für Rechtsanwälte Verteidiger, so vor allem in Spruchkammerverfahren nach dem „Denazifizierungsgesetz" vom 5. März 1946. Die Spruchkammern, mit von politischen Parteien benannten Laien besetzt, wirkten zuweilen wie kleine „Revolutionstribunale". So habe ich z.B. erlebt, wie ein Beisitzer, offenbar ein Kommunist, seine Abneigung und Voreingenommenheit gegenüber dem zu beurteilenden NS-Belasteten auf dessen Verteidiger, also auf mich übertrug. Bezeichnend ist, daß ein Anwalt mich in den schweren Fällen mit der Vertretung in der Verhandlung betraute, um es mit der Spruchkammer nicht zu „verderben" und Erfolg in den leichten und entschuldbaren Fällen zu erreichen. Die schlimmste, kaum glaubliche Verletzung elementarer Verfahrensprinzipien (die Strafprozeßordnung war nur analog anzuwenden) erfuhr ich in einer Sache, in der sich erst im Termin herausstellte, daß schon einmal vor Wochen über einen Teil der Belastungen verhandelt worden war, was der Betroffene dem erst dann aufgesuchten Anwalt und später auch mir nicht gesagt hatte. Die Spruchkammer setzte ihre Verhandlung (wenn ich mich recht erinnere, in teilweise anderer Besetzung!) fort und war sehr erstaunt, als ich sie schließlich auf die Unmöglichkeit des Vorgehens und die Unhaltbarkeit des Spruches hinwies. Es ist verständlich, daß der mangelnde Sinn der Laienrichter für ein rechtliches Verfahren ein gewisses Mitleid mit den zu verurteilenden NS-Schuldigen erregen konnte.

Als Referendar und noch als Assessor beobachtete ich die großen Arztprozesse wegen der Geisteskrankenmorde und den ersten Prozeß wegen der Giftgaslieferungen für die Judenvergasungen. Sie endeten im ersten Falle 1946 und 1947 mit Todesurteilen, da die Todesstrafe erst durch Art. 102 des Bonner GG vom 23. Mai 1949 abgeschafft wurde. Wie in nicht wenigen Strafverfahren der damaligen Zeit tauchte auch hier der Hinweis auf, daß man deshalb „mitgemacht“ habe, weil *ohne* die Beteiligung an der Tat nicht nur derselbe, sondern (durch Einspringen von willigen Ersatzleuten) ein noch schlimmerer Erfolg eingetreten wäre[11]. Dieser Conditio-sine-qua-non-Gedanke wird ja als Kausalitätsformel zur Feststellung der Ursächlichkeit einer Handlung für eine deliktische Wirkung verwandt und war Gegenstand meiner späteren Dissertation. Sogar der „Kronjurist“ der SPD und Ankläger in einem hessischen Arztprozeß *Adolf Arndt*, ein glänzender Jurist, hat auf einem Konstanzer Juristentag 1947 irrig gemeint, daß die Formel hier (trotz Vorliegens eines Kausalzusammenhangs) versage, ein Verteidiger im Auschwitzprozeß dagegen sich abwegig auf diesen Gedankengang zur Entlastung seines Mandanten berufen[12]. Im Falle der Giftgaslieferungen ist das Schwurgericht Frankfurt in seinem Urteil mit dem Problem nicht fertig geworden[13].

Bei meinen Besuchen *Radbruchs* in Heidelberg nach 1945 ermahnte er mich, an meine Promotion zu denken. Ich hatte nie damit gerechnet, bei ihm promovieren zu können, da ich die Zulassungsvoraussetzung eines dreisemestrigen Studiums an der Heidelberger Universität nicht erfüllte. Als ich merkte, daß er sich innerlich wunderte, warum ich ihn nicht um die Annahme als Doktorand bat, erwähnte ich eines Tages diesen Sachverhalt und hörte zu meinem Erstaunen, daß die Fakultät in seinem Falle unbedenklich Befreiung von der formellen Bedingung erteilen würde. So wurden wir uns schnell einig, und *Radbruch* willigte auch in das von mir vorgeschlagene Thema zum Kausalitätsproblem ein, und zwar nicht zu der früher in der Dogmatik viel erörterten Frage, *was* im

11 Dazu *Spendel*, Der Conditio-sine-qua-non-Gedanke als Strafmilderungsgrund. Zu den Geisteskrankenmorden unter dem NS-Regime, in: Engisch-Festschrift, 1969, S. 509 = *ders.*, in Fn. 38 = Für Vernunft und Recht, 2004, S. 171.

12 Einerseits *Adolf Arndt*, Das Verbrechen der Euthanasie, in: Der Konstanzer Juristentag, 1947, S. (184) 193, andererseits *Laternser*, Die andere Seite im Auschwitz-Prozeß 1962/1963, 1966, S. 186.

13 Dazu *Spendel*, Der hypothetisch gleiche oder schwerere Deliktserfolg als Strafmaßproblem. Zum Fall der Giftgaslieferungen für die Auschwitz-Morde, in: H.-J. Bruns-Festschrift 1978, S. 249 = *ders.*, (s. Fn. 11 a.E.), S. 191.

Strafrecht als Ursache anzusehen sei (nach der herrschenden Theorie jede Bedingung eines deliktischen Erfolges), sondern zu der Frage, *wie* denn nun eine solche logisch und rechtlich einwandfrei festzustellen sei (nach der Conditio-sine-qua-non-Formel: wenn *ohne* die Handlung, d.h. bei ihrem *Hinweg*denken der Erfolg nicht eingetreten wäre). Die Hauptthese meiner Untersuchung, deren „inoffizieller" Korreferent der anscheinend damals noch nicht voll wieder eingestellte Professor *Karl Engisch* (1899–1990) war und deren späterer Druck einer Lizenz der amerikanischen Besatzungsbehörde bedurfte[14], ist die, daß beim Hinwegdenken der interessierenden Handlung nicht stillschweigend ein Ersatzfaktor hinzugedacht werden darf. Um ein leicht durchschaubares Beispiel zu bringen: Wenn ein Arzt bei einer notwendig werdenden Operation statt des gebotenen Narkosemittels Novokain das hier völlig unangebrachte Mittel Kokain anwendet und der Patient stirbt, kann die Kausalität des Kokains nicht damit geleugnet werden, daß das Novokain den Tod des Patienten wegen dessen Krankheit oder Körperbeschaffenheit vielleicht, wahrscheinlich oder sicherlich auch ausgelöst hätte. Die von mir vorgeschlagene Präzisierung der Conditio-sine-qua-non-Formel ist zwar vereinzelt in der Literatur kritisiert, vom Obersten Gerichtshof für die britische Zone und anfangs auch vom Bundesgerichtshof aber übernommen worden[15]. Sie ist dagegen später in der höchstrichterlichen Judikatur wieder vergessen und wieder fälschlich in folgendem Fall verneint worden: Der Lenker eines Lastzuges überholt auf einer 6 Meter breiten Straße einen nicht erkennbar mit einem Blutalkoholgehalt von 1,96 ‰ fahruntüchtigen Radfahrer im zu knappen Abstand von 75 cm. Der Radler, dadurch irritiert, zieht sein Rad nach links und gerät unter ein Rad des Anhängers. Nach dem Sachverständigengutachten hätte sich der tödliche Unfall (sehr) wahrscheinlich auch bei Einhaltung des üblicherweise gebotenen Abstandes von 1 oder 1,5 m ereignet[16]. Der BGH ist hier an der Kausalfrage irregeworden und hat sie zu Unrecht verneint. Daß bei Einhaltung (d.h. beim *Hinzu*denken) des üblichen – *hier* aber ausnahmsweise auch noch *zu geringen* Abstandes! – der tödliche Erfolg mit hoher Wahrscheinlichkeit eingetreten wäre, kann objektiv an dem tatsächlich gegebenen

14 Der Druck der Arbeit machte auch noch andere Schwierigkeiten. Eine Reihe von Druckereien in Frankfurt hatte die Annahme der Arbeit wegen der bevorstehenden Währungsreform und Wertlosigkeit der Reichsmark abgelehnt. Der Satz der auswärts gefundenen Druckerei wimmelte von Druckfehlern, die nicht alle beseitigt wurden.

15 Vgl. OGHSt. *1*, S. 49, 50; 321, 330; BGHSt. *2*, S. 20, 24; s. auch BGHSt. 10, S. 369, 370; BGHSt. *17*, S. 181, 186.

16 BGHSt. *11*, S. 1, 5, 7.

Bedingungszusammenhang nichts ändern und im tatsächlichen Fall selbst die Fahrlässigkeit des Lastzugslenkers nicht ausschließen[17].

Da vorstehend (s. Fn. 14) schon angemerkt wurde, daß der Dissertationsdruck mit gewissen Schwierigkeiten verbunden war, darf auch noch etwas von den unter Nachkriegswirkungen stehenden Zeitumständen berichtet werden, die einer Promotion 1947 nicht gerade günstig waren. Bei der Niederschrift der Abhandlung war die Frankfurter Seminarbibliothek wegen Ausbesserungsarbeiten geschlossen; in einem Zimmer auf dem Fußboden türmte sich ein großer Bücherberg, aus dem, wenn man Glück hatte, das gesuchte Buch „herauszufischen" war. Als ich am Vortage des Rigorosums im Frankfurter Hauptbahnhof um die erforderliche Genehmigung für die Lösung einer D-Zugs-Karte nachsuchte, um nicht am nächsten Vormittag des 25. Juli 1947 im überfüllten Bummelzug bei brütender Hitze nach Heidelberg zu fahren, lehnte zuerst der subalterne Bahnbeamte die Erlaubnis ab, weil Doktorexamen kein Grund sei. Bei der Prüfung am folgenden Nachmittag war es so heiß, daß einem Prüfer dicke Schweißperlen über die Stirn liefen und abends die Wasserleitungen versiegten.

Das Rigorosum war insofern für mich etwas schwierig, als ich die vier namhaften Heidelberger Rechtsgelehrten, die uns, d.h. einen jungen evangelischen Theologen und mich prüften, nie in der Vorlesung gehört hatte. Die Prüfung war für mich auch deshalb ungewöhnlich, weil die Herren im Gegensatz zum mündlichen Referendarexamen keinen Fall zur juristischen Beurteilung gaben, sondern mehr in Form eines Gesprächs Wissen abfragten. Der Beginn des Rigorosums ließ sich jedoch für mich sehr gut an, da der Zivilrechtler *Eugen Ulmer (1903–1988)* mich über den Versendungskauf prüfte; kannte ich nicht den Prüfer, so doch seine Monate vorher veröffentlichte Stellungnahme hierzu. Der Romanist *Wolfgang Kunkel (1902–1982)* begann zwar zu meiner Bestürzung mit Kirchenrecht, auf das ich überhaupt nicht vorbereitet war, wollte damit aber offensichtlich dem anderen Kandidaten entgegenkommen, den er zunächst nach den Bibelstellen fragte, auf die die katholische Kirche die Unscheidbarkeit der Ehe gründe. Der Mitprüfling wusste dies bestens zu beantworten, nicht aber die weitere Frage nach dem Ausnahmefall der Trennung (matrimonium non ratum et consummatum), den ich angeben konnte. *Kunkel* fragte mich, ob ich *Koschakers* Buch „Europa und das römische Recht" (1. Aufl. 1947) gelesen hätte und, wenn nicht, ob ich ihm dessen wesentlichen Inhalt nach dem Titel kurz zu entwerfen vermöchte. Er war sehr

---

17 Zu dem Fall näher *Spendel*, Conditio-sine-qua-non-Gedanke und Fahrlässigkeitsdelikt – BGHSt. *11*, S. 1, in: JuS 1964, S. 14; allgemein *ders.*, Die Kausalitätsformel der Bedingungstheorie für die Handlungsdelikte, Diss. Heidelberg 1948, S. 41 ff.

zufrieden, als ich ihm dabei unt. and. Sätze aus dem Corpus iuris wie „Quod principi placuit, legis habet vigorem" anführte, die den deutschen Kaisern sehr zupaß gekommen waren. Mein Doktorvater fragte nach der Geschichte des Wortes „Rechtsbeugung", dem Begriff der Nebentäterschaft und dem Verbrechen gegen die Menschlichkeit, der Dekan, der Öffentlichrechtler *Walter Jellinek* (1885–1955), unt. and., warum das Reichsgericht seinen Sitz in Leipzig erhalten habe, und war verblüfft über meine Antwort, die ich nach Äußerungen Prof. *Boehmers* in der Vorlesung gegeben hatte.

Als ich am nächsten Tag wieder in Frankfurt eintraf, verkehrten zwecks Stromersparnis keine Straßenbahnen mehr. Doch konnte letztlich alles die Freude über das glückliche Ende der Mühen nicht trüben, und ich dachte immer noch gern an den Abend des Prüfungstages zurück, an dem ich zu einer Art „Doktorschmaus" vom Ehepaar *Radbruch* eingeladen war, das im Gegensatz zu unserem Hungerleben in Frankfurt mit Care-Paketen und anderen Liebesgaben von Freunden und Schülern in Amerika versorgt war[18].

Ende 1948 habe ich mein Assessorexamen abgelegt und bin danach ins hessische Justizministerium berufen worden. Zwischen Prüfung und Dienstantritt habe ich an der beeindruckenden Feier des 70. Geburtstages *Radbruchs* teilgenommen, bei der der Jubilar kurz und besinnlich auf jeden der 18 Festredner und Gratulanten geantwortet hatte und von der ich im Dezember 1948 ein von ihm überprüftes und etwas ergänztes Gedächtnisprotokoll angefertigt habe[19]. Von dem Dienst in der obersten Justizverwaltung nahm ich, obwohl ich nach einem Jahr zum Regierungsrat ernannt worden wäre, nach sechsmonatiger Tätigkeit in der Strafrechtsabteilung einen einjährigen unbezahlten Studienurlaub, um meine Habilitationsschrift schreiben zu können und dann als Gerichtsassessor meinen Richterdienst am Landgericht Frankfurt am Main aufzunehmen und daneben die wissenschaftliche Laufbahn anzustreben. Ein halbes Jahr später starb, für mich unerwartet, mein unvergeßlicher Mentor *Gustav Radbruch*. Ich habe ihn zum ersten Male in meinem Nachruf zu würdigen versucht[20].

Als Habilitand hatte mich der Frankfurter Strafrechtler *Wilhelm Class* (1901–1973) angenommen, der mich im Referendarexamen geprüft hatte und mit dem ich

---

18 Von meinem Doktorvater erhielt ich zur Erinnerung mit Widmung ein Exemplar seiner kurz vorher erschienenen kleinen Schrift „Karikaturen der Justiz" von *Honoré Daumier*, von seiner Gattin Lebensmittel aus einem Care-Paket für meine Eltern und mich.

19 Vgl. GRGA, 16. Bd. „Biogr. Schr.", eing. und bearb. v. *Spendel*, 1988, S. 322.

20 Vgl. *Spendel*, Zum Tode Gustav Radbruchs, in: NJW 1950, S. 17 = (etwas erweitert) in: ders., Kriminalistenporträts, 2001, S. 64 und Fn. 1, S. 39 ff.

nach dem Kriege näher bekannt geworden war. Er war ein origineller und über sein Fach hinaus sehr belesener Gelehrter, der leider nur der Lehre lebte und als kritischer Geist sich zu sehr in der literarischen Produktion zurückhielt. In der NS-Zeit hatte er jüdische Studenten als Doktoranden angenommen, um ihnen einen Studienabschluss zu ermöglichen; in einer Vorlesung hatte er der gefährlichen Provokation eines älteren Hörers mit goldenem Parteiabzeichen erfolgreich widerstanden, wie ich selbst als Studierender erlebt habe[21].

Als Thema meiner Habilitationsschrift „Zur Lehre vom Strafmaß" hatte ich das Problem der richterlichen Strafzumessung gewählt, ein Gebiet, das bis dahin einer wissenschaftlichen Bearbeitung nicht recht zugänglich schien. Meine Überlegungen waren, kurz zusammengefasst, folgende: das Strafurteil beruht auf drei Grundfunktionen des Richters, (1) der Tatsachenfeststellung (was hat der Beschuldigte getan?), (2) der Rechtsanwendung im engeren Sinne (wie ist seine Tat rechtlich einzustufen?), (3) der Strafbestimmung (welche Strafe ist angemessen?). Die Begründung der ersten Antwort liefert die Beweiswürdigung, der zweiten die Sachverhaltssubsumtion unter einen Gesetzestatbestand, der dritten Antwort schließlich die Strafmaßbegründung. Der Begriff „Grund" hat drei „grundverschiedene" Bedeutungen: einmal die des *Real*grundes (der Täter hat z.B. eine sehr große Geldmenge unterschlagen), sodann die des *Zweck*grundes (gegen die Tat soll in erster Linie Repression geübt werden), endlich die Bedeutung des *Denk*grundes, d.h. der logisch richtigen Verknüpfung der beiden anderen Gründe (angesichts des großen Verbrechensschadens ist eine höhere Strafe angemessen und wäre eine sehr niedrige widersinnig). Das Strafmaß bedeutet als ein Mittelmaß das Maßvolle zwischen zwei Extremen, zwischen einem Zuviel und einem Zuwenig, zwischen einer zu hohen und zu niedrigen Strafe, keine einzige Größe, sondern eine Größenordnung, einen „Spielraum" für eine Reihe von Übelsgrößen, die eine schwerere oder mildere, aber noch vertretbare und angemessene Strafe darstellen („Spielraumtheorie", die auch BGHSt. *7*, S. 28, 32; 86, 89; BGHSt *29*, S. 319, 320 vertritt)[22].

Das Habilitationsverfahren hatte sich bald um ein Jahr verzögert, weil das Zweitgutachten so lange auf sich warten ließ, bis der Dekan energisch eingriff und den Korreferenten ermahnte, persönliche Spannungen zwischen den Gutachtern, die nicht mehr miteinander sprachen (nicht etwa hinsichtlich des Gutachtens über meine Abhandlung), nicht den Habilitanden fühlen zu las-

21 Vgl. *Spendel*, Zum Tode von Wilhelm Class, in: NJW 1974, S. 685; *ders.* (Fn.1), S. 35.

22 Zur Anwendung der Grundsätze in einem praktischen Fall *Spendel*, § 51 Abs. 2 (jetzt § 21 n.F.) StGB und das Problem der Strafzumessung, in: NJW 1956, S. 775 ff.

sen[23]. Als Habilitationsvortrag vor der Fakultät habe ich aus Anlass von Fällen in der forensischen Praxis das Thema gewählt: „Das richterliche Beratungsgeheimnis und seine Grenzen im Strafprozeß" (ZStW *65.* Bd. [1953], S. 403). Ein Sondergericht in Hessen hatte z.B. auf Betreiben des Vorsitzenden und eines fanatischen Beisitzers den jüdischen Angeklagten, einen 29jährigen ungarischen Diplomingenieur, der seit seiner Studienzeit vier Liebesverhältnisse mit „arischen" Mädchen angeknüpft hatte, wegen „Rassenschande" als „gefährlichen Gewohnheitsverbrecher" zum Tode verurteilt. Der andere Beisitzer (nach 1945 in die Sozialgerichtsbarkeit versetzt) hat unter Offenbarung des Beratungsgeheimnisses ausgesagt, daß er gegen das Urteil gestimmt hat[24]. In meiner Antrittsvorlesung vom Mai 1953, der neben zahlreichen Studenten auch eine Reihe meiner Kollegen aus der Justiz beiwohnten, nahm ich zu einer grundsätzlichen Frage meines Faches Stellung und bekannte mich nicht zuletzt aus rechtsstaatlichen Gründen „Zur Notwendigkeit des Objektivismus im Strafrecht" (ZStW *65.* Bd. [1953], S. 319). Denn wo statt objektiver Tatkriterien subjektive Tatmerkmale und überhaupt die Subjektivität des Täters im Vordergrund stehen, da wird auch leicht die Subjektivität des Gesetzgebers und vor allem die des Richters vorherrschend und die Rechtssicherheit eingeschränkt.

Kurz vor meiner Antrittsrede war ich zum Landgerichtsrat und Richter auf Lebenszeit ernannt worden. Als Richter und Privatdozent hatte ich nun zwei Herren zu dienen, was bekanntlich schwer ist, d.h. in der Rechtsprechung und der Wissenschaft tätig zu sein, was die Publikationsarbeit belastet. Meine Doppelstellung wurde mir allerdings später dadurch erleichtert, daß mir unter Verzicht auf die Richterbezüge eine Diätendozentur übertragen wurde. Der Strafrichter hat besonders dessen eingedenk zu sein, daß er mit seinen Entscheidungen nicht nur dem Einzelnen gerecht werden muss, sondern auch der Allgemeinheit, daß er mit seinen Urteilen auch nach außen, in der Öffentlichkeit die Macht des Rechts gegenüber dem Verbrechen zu demonstrieren hat. Der große Strafverteidiger *Max Alsberg* (1877–1933) hat in seiner Schrift „Das Weltbild des Strafrichters" (1930) sogar ein gewisses Streben nach Macht als kennzeichnend für die strafrichterliche Einstellung angenommen, das einen Schutz vor einem zu selbstherrlichen „Richterkönigtum" durch Rechtsmittel-

---

23 Ein ähnlicher Fall der Verzögerung des Korreferats trat bei *Radbruchs* Dissertation ein, was zu einer Kontroverse zwischen *von Liszt* und *Kohler* führte, s. GRGA 16. Bd. (Fn. 19), S. 210.

24 Zu dem Fall s. näher *Spendel*, Freispruch für die NS-Justiz? Strafrechtliche Ahndung von Justizverbrechen in Deutschland, in: *Jürgen Weber / Piazolo* (Hrsg), Justiz im Zwielicht, 1998, S. 65, 70 ff.

verfahren erfordere. Natürlich hat es uns mit Genugtuung erfüllt, als unsere Strafkammer durch energisches Zugreifen einem raffinierten Betrügertrio (französischer Kaufmann mit dem Kreuz der Ehrenlegion, ehemaliger deutscher Legationsrat und deutscher Kaufmann) das Handwerk legen und die weitere Auszahlung von zwei Millionen DM aus der für die Besatzungsmacht bestimmten Bundeskasse verhindern konnte, da die Gauner noch mehr praktisch wertlose Tarnnetze aus dem Indochina-Krieg verkaufen wollten. Es war übrigens das einzige Mal, daß ich die Gewährung eines dreitägigen freien bzw. „sicheren Geleits" (§ 295 StPO) für den zu vernehmenden französischen Beschuldigten erlebt habe. Die gerichtliche Praxis wirft oft Fragen auf, an die man in der juristischen Theorie gar nicht mehr denkt. Sie bietet ein Anschauungsmaterial, das so manche dogmatische Spitzfindigkeit unwesentlich erscheinen lässt.

Der Beginn meiner Dozentenzeit und Vorlesungstätigkeit war persönlich überschattet von dem plötzlichen Tod meines Vaters. Aber nicht nur privat, sondern auch im öffentlichen Bereich hatte sich manches verändert. Im ersten Jahrzehnt nach 1945 wirkte noch sehr die NS-Zeit nach. In der obersten Justizverwaltung und zunächst auch in den Gerichten waren dennoch kaum durch das NS-Regime belastete Juristen anzutreffen. Erst auf Grund des gemäß Art. 131 GG neu geregelten Beamtenrechts kehrten viele nur formal belastete in ihre Ämter zurück. Ein älterer Kollege, der dem NS-Regime nicht ablehnend gegenüberstand, gestand mir immerhin einmal, daß es ihm doch sehr schwer gefallen sei, als Staatsanwalt der Vollstreckung des Todesurteils an einem Manne beizuwohnen, der im Kriege schon wegen des Diebstahls von Sachen in einem Kaufhaus zur Höchststrafe verurteilt worden war. Kam die Rede auf ihre zum Teil bedenkenlose Anwendung nationalsozialistischer Gesetze wie die Nürnberger Rassengesetze, beriefen sich diese Juristen gemäß dem damals herrschenden Rechtspositivismus auf den Satz „Gesetz ist Gesetz". Daß die Lehre nicht ein (natürlich kein ausschließlicher!) Grund für den blinden Gesetzesgehorsam und für das anstandslose „Mitmachen" gewesen sein soll, wie heute manche Autoren behaupten, ist einfach falsch und offenbart Unkenntnis der Praxis.

Im Universitätsbetrieb war die Lage 1945 insofern etwas anders, als so mancher Professor nicht allein formal (Mitgliedschaft in der NSDAP usw.), sondern auf Grund seiner dem Unrechtssystem huldigenden Schriften nachweisbar dem „Führerstaat" bereitwillig gedient hat. So schlugen sich einige Gelehrte anfangs als Repetitoren durch wie der scharfe NS-Strafrechtler *Georg Dahm* (1904–1963) in Kiel oder traten vor Gericht als Verteidiger auf wie z.B. *Heinrich Henkel* (1903–1981), der mir mehrfach vor unserer Strafkammer begegnete, ein Herr von freundlichem und verbindlichem Wesen, von dem man nicht vermutet hätte, daß er nachdrücklich für den NS-"Führerstaat" eingetreten ist[25].

Die personelle Kontinuität in der Strafrechtslehre war jedoch, von wenigen Ausnahmen abgesehen, relativ bald wiederhergestellt; bei einigen dauerte es etwas länger. So übernahm der namhafte Dogmatiker *Edmund Mezger* (1883–1962), der vor allem in der Kriminalpolitik und Kriminologie NS-Gedanken verfochten hatte und am 20. Oktober 1945 von der amerikanischen Militärregierung seines Amtes enthoben worden war, erst nach fast genau drei Jahren am 1. Okt. 1948 wieder seine Professur in München[26]. 1954 wurde der 1952 emeritierte Gelehrte Mitglied und stellvertretender Vorsitzender der neuen Strafrechtskommission. Daß er noch 1944 bei der hohen SS-Leitung („Reichssicherheitshauptamt") vorstellig geworden ist, als Kriminologe studienhalber das Konzentrationslager Dachau besuchen zu dürfen, um „gewisse Menschentypen ansehen zu können", musste erst ein spanischer Strafrechtler 1962 entdecken[27]. Bei einigen Rechtsgelehrten, so ist mit Recht gesagt worden, schien es, „als ob das Dritte Reich in ihrer Biographie nicht stattgefunden hätte"[28]. Sie schrieben an Festschriften für Kollegen mit und erhielten selbst solche Ehrungen, so z.B. der überzeugte NS-Strafrechtler *Schaffstein*, als wenn „nichts gewesen wäre". Schriftenverzeichnisse darin enthielten nur Auszüge, so daß man die belastenden Arbeiten weglassen konnte. In Geburts-

25 Er hat 1934 eingehend zu begründen versucht, daß der „Geist der Aufklärung" als „Gegner" des Nationalsozialismus zu bekämpfen sei und „die nationalsozialistische Bewegung den volksverbundenen [...] deutschen Menschen geschaffen" habe (Strafrichter und Gesetz im neuen Staat. Die geistigen Grundlagen, H. 3 in der von *Carl Schmitt* herausgegebenen Reihe „Der dtsch. Staat der Gegenwart", S. 11, 65), s. weiter *dens.*, Die Unabhängigkeit des Richters in ihrem neuen Sinngehalt, 1934, H. 10, S. 8, 21, dieser Grundsatz sei nur „Gefäß", das mit neuem Inhalt zu füllen und „Selbständigkeit in der Bindung an die leitenden Grundsätze des völkischen Führerstaates" sei. Noch nach seinem Lehrbuch „Das deutsche Strafverfahren" (1943, S. 172/173) ist der Richter „den leitenden Grundsätzen des völkischen Führerstaates verpflichtet" und „der Führer oberster Gerichtsherr". In seiner Neuauflage von 1953 (S. 144 ff. ), in der folgenden dritten von 1968 als 1. bezeichnet, wird die richterliche Unabhängigkeit als „Freiheit der Bindung" an die das Staatswesen tragenden politischen Grundideen „umgeschrieben".

26 Zu ihm *Thulfaut*, Kriminalpolitik und Strafrechtslehre bei Edmund Mezger (1883–1962). Eine wissenschaftsgeschichtliche und biographische Untersuchung, 2000, und dazu *Spendel*, „Wer vor seiner Vergangenheit flieht, verliert immer das Rennen", in: RuP 2005, H. 4, S. 237.

27 *Muñoz Conde*, Die Besuche Edmund Mezgers im KZ Dachau im Jahre 1944, in: JJZG 4. (2002/2003) S. 369.

28 *Gerhard Wolf*, Befreiung des Strafrechts vom nationalsozialistischen Denken, in: JuS 1996, S. 871.

tagsartikeln oder Nachrufen wurde über die Vergangenheit unter der NS-Diktatur kurz oder beschönigend hinweggegangen. Der Strafrechtler *Hellmuth Mayer* (1895–1980) schrieb 1952 ganz unbefangen im Vorwort seines Lehrbuchs „Strafrecht. Allgemeiner Teil“: sein „Strafrecht des deutschen Volkes“ von 1936, in dessen Vorwort sich der Verfasser mit dem Hinweis auf seine Übereinstimmung „mit den Grundgedanken der ‘Leitsätze für ein nationalsozialistisches Strafrecht’“ dem damaligen Regime empfohlen hatte, „erarbeitete die Grundlagen“ seines neuen Werkes. Er rühmte sogar, der Titel des damaligen Buches sollte „als Kampftitel“ (?) „daran mahnen, daß das Recht [...] nicht aus kurzlebigen Parteiprogrammen geschöpft werden kann“[29]. An die NS-Phrasen der Rechtsgelehrten zitierend zu erinnern ist heute noch für so manche fast „anstößiger“, als diese Sätze damals verfaßt zu haben. Umgekehrt sind Strafrechtslehrer als Vertreter des NS-Regimes bezeichnet und angegriffen worden, die es nicht waren, so der Militärstrafrechtler *Erich Schwinge* (1903–1994)[30]. Daß hier zum großen Teil eine Ignoranz besteht, zeigt nur, wie wenig sachgerecht man oft die NS-Diktatur und ihre Anhänger wie Gegner zu beurteilen weiß.

Es nimmt daher nicht wunder, daß sich die Strafrechtslehrer nach 1945 anfangs kaum mit den NS-Verbrechen, vor allem mit den NS-Justizverbrechen, näher beschäftigt, sondern sich lieber dem Streit um die Handlungslehre zugewandt haben. Ein Autor wie *Welzel*, für den 1935 „uns alle das ungeheure politische Geschehen der nationalsozialistischen Revolution die Frage nach unserem geschichtlichen Standort und die Auseinandersetzung mit dem Vergangenen mit unmittelbarer Kraft aufzwang“[31], verfocht nun tunlichst seine finale Handlungsdoktrin. Die Subjektivierung des Strafrechts, die im NS-Regime unter dem Schlagwort vom Willensstrafrecht verstärkt eingesetzt hatte – alle Diktaturen bekämpfen die kritische, für sie „staatsfeindliche“ Gesinnung! – setzte sich nach 1945 zum Teil unter anderen Namen trotz aller Betonung der Notwendigkeit rechtsstaatlichen Denkens fort[32].

Ich habe mich an solchen Erörterungen nicht beteiligt, sondern mich anderen Problemen des formellen und materiellen Strafrechts zugewandt wie der Teilrechtskraft, der Rechtsstellung des Strafverteidigers, der objektiven und subjektiven Versuchstheorie, der richterlichen Strafzumessung oder der Straf-

---

29 *Hellmuth Mayer*, Strafrecht. Allgemeiner Teil, 1953, S. XII.

30 Vgl. *Spendel*, Kriminalistenporträts. Neun biographische Miniaturen, 2001, S. 92 und *dens.*, Juristen zwischen Rechtsstaat und Diktatur, in: RuP 2007, H. 1, S. 46, 50 ff.

31 *Welzel*, Naturalismus und Wertphilosophie, 1935, S. VII.

32 Vgl. auch *Spendel*, Der Begriff des Unrechts im Verbrechensbegriff, in: Ulrich-Weber-Festschrift, 2004, S. 3, 13 ff.

rechtsreform. Hinzu kam, daß ich durch meine Strafkammertätigkeit sehr in Anspruch genommen war. In meiner Dozentenzeit hatte ich eine unerwartete Begegnung mit dem Philosophen und Musiktheoretiker *Theodor Adorno* (1903–1969), der an der Frankfurter Universität viel von sich reden machte. Ich kannte nur seine weitgehend unverständlichen Aufsätze in der Tagespresse und hatte die philosophische Seminarbibliothek nur aufgesucht, um nach einer Schrift zu einem mich bewegenden logischen Problem zu forschen; er konnte mir aber in der Frage auch nicht weiterhelfen. Als ein Student ihn in meiner Gegenwart um einen Termin für irgendeine mündliche Prüfung bat und als Wunschthema *Kants* Kategorienlehre nannte, gerierte sich der Angesprochene vor mir erst als den hinsichtlich des vorgeschlagenen Gegenstandes kritischen und strengen, dann aber schließlich als leutseligen Professor, der doch auf den Vorschlag des schon unsicher gewordenen und zur Aufgabe seines Vorhabens neigenden Studiosus einging. 1963 gab es einen Eklat, als in der Frankfurter Studentenzeitschrift „Diskus" ein Artikel erschien, der Gedichte des NS-Reichsjugendführers *Baldur von Schirach* (1907–1974) mit einer lobenden Rezension eines Prof. *Theodor Wiesengrund* von 1934 enthielt und mit der persönlichen Frage endete, ob Prof. *Adorno* (1903–1969) mit diesem identisch sei. Der so zur Rede gestellte Gelehrte, der als rassisch Verfolgter von 1934–1949 in England und in den USA gelebt hatte, mußte seinen peinlichen Anbiederungsversuch zugeben und konnte nur sein sonstiges „Œuvre" als „Gegenleistung" anführen. In der 60er Jahren der Studentenunruhen wurde *Adorno* von den linken Geistern, die er selbst gerufen hatte, attackiert. Die vorstehende Reminiszenz ist um so mehr erlaubt, als im Augenblick, da diese Zeilen geschrieben werden, im Buchhandel eine Monographie mit dem wenig verheißungsvollen Titel „Eine Kritik der juristischen Vernunft. Rezeptionsversuche der Negativen Dialektik Adornos für die Dogmatik des Strafrechts" angekündigt wird. In der Arbeit versucht der Autor „diverse Momente der vernünftigen Unvernunft juristischer Rationalität aufzuzeigen". Dies werde „anhand geläufiger dogmatischer Probleme aus dem Strafrecht gezeigt, die [...] nur Ausdruck der immanenten Unvernunft und der notwendigen Schwäche des juristischen Begriffs [...]" seien[33].

1958 war ich zum apl. Professor an der Frankfurter Universität ernannt worden, 1961 nahm ich einen Ruf als Nachfolger des emeritierten Professors

33 Der Doktorand *Vasco Reuss* sucht die Bedeutung von *Adornos* „negativer Dialektik" wortreich darzustellen „als [...] das Selbstbewußtsein des Denkens von Nichtidentität seines *Begriffs* mit der gedachten Sache" (S. 55/56). „Das positive Recht" [...] „eine Form der Unwahrheit gegenüber dem Nichtbegrifflichsein des Begriffs" (S. 112). Zur Lösung der gebrachten Fälle bedarf es nicht einer „dialektischen" Theorie in gespreizter Sprache.

*Ulrich Stock* (1896–1974)[34] auf das Würzburger Strafrechtsordinariat an, das früher der bekannte Vertreter der klassischen Strafrechtsschule *Friedrich Oetker* (1854–1937)[35] innegehabt hatte, und quittierte endgültig den Richterdienst. 1962 heiratete ich; meine Frau hat glücklicherweise Verständnis für meine Arbeit und ist mir, besonders bei der großen Gustav-Radbruch-Gesamtausgabe, eine treue Gehilfin auch beim Lesen der Korrekturen geworden. Immer mehr beschäftigten mich neben den Beiträgen für Fach- und Festschriften die unzureichend abgeurteilten NS-Verbrechen, vor allem die NS-Justizverbrechen (s. auch vorstehend Text zu Fn. 24), so z.B. ein Fall, mit dem ich schon als Assessor im hessischen Justizministerium zu tun hatte: ein Amtsrichter in Wetzlar (und ebenso dann das Landgericht als Rechtsmittelgericht) hat drei Monate vor Erlass der berüchtigten Nürnberger Rassegesetze den Antrag auf Bestellung des Aufgebots zwischen einem „arischen“ Mann und seiner jüdischen Verlobten entgegen dem eindeutig noch geltenden Gesetz abgelehnt[36]. Im Gegensatz zu den anderen Autoren, sofern sie sich überhaupt zu solchen Fällen äußerten, begnügte ich mich nicht mit gelegentlich gefällten allgemeinen Verdammungsurteilen über das NS-Unrecht, sondern analysierte konkrete Sachverhalte und kritisierte die zum Teil völlig ungenügende Aburteilung durch die Gerichte[37]. Einen Teil meiner Aufsätze mit Abdruck einiger Gerichtsentscheidungen habe ich in meinem Sammelband „Rechtsbeugung durch Rechtsprechung“ (1984) veröffentlicht. Eine Genugtuung war mir, offen

---

34 Vgl. *Spendel*, Geburtstagsansprache zum 70., in: Ders. (Hrsg.), Studien zur Strafrechtswissenschaft, Stock-Festschrift, 1966, S. 9; *ders.*, Ulr. Stock zum 70. Geburtstag, in: NJW 1966, S. 873; *ders.*, Nachruf für Ulrich Stock, in: NJW 1975, S. 630.

35 *Spendel*, Der Würzburger Strafrechtler Friedrich Oetker und das Shylock-Problem, in: Vom mittelalterlichen Recht zur neuzeitlichen Rechtswissenschaft (Trusen-Festschrift), 1994, S. 365; *ders.*, Oetker, Friedrich, in: NDB 19.Bd., 1999, S. 469.

36 *Spendel*, Zur Problematik der Rechtsbeugung, in: Radbruch-Gedächtnisschr., 1968, S. 312 = *ders.*, Rechtsbeugung durch Rechtsprechung, 1984, S. 21.

37 Weitere Aufsätze des Verf.: Justizmord durch Rechtsbeugung, in: NJW 1971, S. 537 = Rechtsbeugung durch Rechtsprechung, 1984, S. 37.
Der hypothetisch gleiche oder schwerere Deliktserfolg als Strafmaßproblem. Zum Fall der Giftgaslieferungen für die Auschwitzmorde, in: H.-J.-Bruns-Festschrift, 1978, S. 249 = Für Vernunft und Recht, 2004, S. 191;
Justiz und NS-Verbrechen. Die „Standgerichtsverfahren“ gegen Admiral Canaris u.a. in der Nachkriegsrechtsprechung, in: Klug-Festschrift 1983, S. 395 = Rechtsbeugung […] (s. Fn. 36) S. 89;
Unrechtsurteile der NS-Zeit, in: Jescheck-Festschrift, 1985, 1. Bd., S. 179 = Für Vernunft […] (s. vorsteh.), S. 215;
Mord durch ein „Standgericht“ – SchwG Würzburg und BGH, in: JuS 1988, S. 856;
Freispruch für die NS-Justiz? Strafrechtliche Ahndung von Justizverbrechen in Deutschland, in: RuP 1997, S. 229 = *Jürgen Weber / Piazolo* (Hrsg.), Justiz im Zwielicht, 1998, S. 65.

gesagt, die wenngleich späte, doch selbstkritische Zustimmung und Anerkennung meines Standpunktes durch den Bundesgerichtshof (s. besonders BGHSt. *41*, S. 317, 329/330, 339/340). Im Sommer 1968 hielt ich an der Würzburger Partner-Universität Caen (Normandie) einen Vortrag über die Geisteskranken-Morde unter dem NS-Regime, der von den französischen Zuhörern sehr interessiert aufgenommen wurde[38].

Ab Winter-Semester 1968/1969 war ich Dekan der damals noch rechts- und staatswissenschaftlichen Fakultät, 1970 Mitglied des Fach- bzw. Strukturausschusses für die juristische Fakultät der neugegründeten Universität Augsburg, 1971 des Berufungsausschusses. Von der sich damit bietenden Möglichkeit der Übernahme eines Strafrechtslehrstuhls an dieser Hochschule machte ich keinen Gebrauch. 1974 lehnte ich auch einen Ruf an die Universität Köln als Nachfolger *Richard Langes* ab[39]. 1973 war in hohem Alter meine Mutter verstorben. Welche Bedeutung sie für meine Entwicklung auch in politischer Hinsicht gehabt hat, habe ich im Vorwort des ihrem Andenken gewidmeten Sammelwerkes „Rechtsbeugung durch Rechtsprechung“ (1984) und in meiner Schrift „Jugend in einer Diktatur“ (1998) angedeutet.

Wie im Vorigen bemerkt, war ich schon seit meinem Dienst im hessischen Justizministerium auf praktische Fälle der Rechtsbeugung gestoßen und hatte mich dann später mit NS-Justizverbrechen im Fachschrifttum auseinandergesetzt. Ich habe sogar in meiner richterlichen Praxis selbst einen Fall der angeblich mehr auf dem Papier stehenden Strafvorschrift erlebt, d.h. einen Versuch dieses Delikts, dessen Vollendung ich verhindern konnte. In einer Strafsache wegen Abtreibung leugnete die Angeklagte die Tat, obwohl die Indizien gegen sie sprachen. Als die beiden Schöffen nicht von dem Indizienbeweis und der Schuld der Frau überzeugt waren, wies der wegen seiner politischen Belastung erst später wieder ins Amt gekommene Vorsitzende den protokollierenden Referendar an, den Schuldspruch „schon einmal niederzuschreiben“. Ich vermochte das unter Hinweis auf die Abstimmungsregeln und die für die Verurteilung fehlende Mehrheit (nicht 4 zu 1, § 263 I StPO) zu verhindern, da die von mir statt vom Vorsitzenden belehrten Laienrichter nun erst recht für Freispruch stimmten. Am nächsten Vormittag wollte mich der Landgerichtsdi-

---

38 La condition „sine qua non“ en tant que principe d`atténuation de la peine. Contribution à l'étude de l'assassinat des aliénés sous le regime nazi, Revue de Science criminelle et de Droit pénal comparé, Numéro 2, 1969, p. 363, dtsch. Fass. (am Schluss etwas geänd.) in: Engisch-Festschrift, 1969, S. 509 = Für Vernunft und Recht (s. Fn. 37 II. Abs.), S. 171.

39 *Spendel*, Strafrechtsgelehrter in Zeiten des Umbruchs, in: Richard Lange zum Gedächtnis, 1996, S. 17 = RuP 1997, H. 1, S. 38.

rektor unter vier Augen in einem kurzen Gespräch in Erinnerung an den vorausgegangenen Vorfall ermahnen, „daß wir Berufsrichter doch" bei einer solchen (für ihn klaren) Beweislage „zusammenhalten müssten", damit seine Absicht, die Schöffen über die für den Schuldspruch nötige Mehrheit im Unklaren zu lassen und das Strafprozeßrecht zu verletzen, d.h. zu beugen, bestätigend.

Das Verbrechen der Rechtsbeugung beschäftigte mich auch theoretisch aus zwei Gründen, einmal wegen einer speziellen Interpretationsfrage und Gesetzesänderung, zum andern als Gegenstand der Kommentierung. Nach 1945 war die höchstrichterliche Judikatur bemüht, den Tatbestand zuerst subjektiv, später dann objektiv einengend auszulegen. Der BGH hat den früher im Gesetz ausdrücklich genannten Vorsatz gesetzwidrig auf den direkten beschränkt[40]. Danach hätte keine Rechtsbeugung vorgelegen, wenn das Gericht den jüdischen Angeklagten wegen „Rassenschande" verurteilt hätte, obwohl es die „Tat" nicht als sicher nachgewiesen angesehen, ein mögliches Fehlurteil aber in Kauf genommen hätte. Bei dem Einführungsgesetz zum neuen Allgemeinen Teil des Strafgesetzbuchs vom 2. März 1974 sollte die Regierungsvorlage diese verfehlte Rechtsprechung durch die Einfügung der Worte „absichtlich oder wissentlich" bestätigen und den bedingten Rechtsbeugungsvorsatz ausschließen. Diese Gesetzes"reform" verhindert und damit die an sich selbstverständliche Anerkennung eines Eventualvorsatzes als ausreichende Strafbarkeitsvoraussetzung mit durchgesetzt zu haben, darf ich mir als Erfolg zuschreiben. Denn in meiner Antwort auf die Anfrage aus einem Landesjustizministerium konnte ich den Fragesteller von dem Fehler des geplanten Gesetzesvorhabens überzeugen. Seine entsprechende Unterrichtung der mit dem Gesetzgebungsproblem befassten Stellen führte unter Berücksichtigung der auch von anderen Autoren außer mir in der Literatur vertretenen, die Rechtsprechung kritisierenden Ansicht zur Streichung der geplanten Gesetzesänderung. Nachdem dem BGH der von ihm eingeschlagene Weg verbaut ist, hat er allerdings nunmehr, besonders hinsichtlich der Justizverbrechen der SED-Diktatur, erklärt, daß nicht jede eindeutig objektive Rechtsverletzung und -beugung eine Rechtsbeugungshandlung sei, sondern nur ein schwerer Verstoß gegen das Recht.

Der andere Grund für die nähere Beschäftigung mit der Strafvorschrift war, daß ich Ende der 70er/Anfang der 80er Jahre um die Mitarbeit an unserem größten Strafgesetzbuchkommentar, dem Leipziger Kommentar, gebeten

40 Dazu *Spendel*, Zur strafrechtlichen Verantwortlichkeit des Richters. Die Vorsatzform bei der Rechtsbeugung, in: Heinitz-Festschrift, 1972, S. 445; s. auch *dens.*, Leipz. Komm., StGB, 10. Aufl., 28. Lfg. 1982, § 336 a. F., Rn. 77 ff.

worden bin. Der erste Paragraph, den ich zu erläutern hatte, war ausgerechnet der Rechtsbeugungsparagraph[41]. Es überrascht daher nicht, daß ich bald wieder meinen Blick auf die Justizverbrechen der anderen deutschen Diktatur richtete und eine ganze Reihe von Untersuchungen hierzu schrieb[42]. Eine gewisse Zusammenfassung dieser Arbeiten bildete mein Vortrag zum 10. Jahrestag der deutschen Wiedervereinigung, den ich im Mai 2000 auf einer Tagung der London School of Economics hielt[43].

Neben § 336 a.F., dann § 339 n.F. hatte ich die z.T. schwierigen §§ 323a–c (Vollrausch, Gefährdung einer Entziehungskur und unterlassene Hilfeleistung) und die §§ 32, 33 StGB (Notwehr und Notwehrexzess) zu kommentieren. Auch hier habe ich seit meiner Habilitationsschrift (1954) an einer objektivistischen Verbrechenslehre und einem von der klassischen Verbrechenssystematik ausgehenden, nur zur subjektiven Tatbestands- und Schuldseite präzisierten Deliktsbegriff festgehalten[44]. So lehne ich z.B. bei der Notwehr einen auch dem Gesetz unbekannten „Verteidigungswillen" als „subjektives Rechtfertigungselement" ab[45]. Die alte These *Radbruchs*, daß sich für die Handlungs- und unechten Unterlassungsdelikte kein einheitlicher Oberbegriff finden lasse, die nach manchen Autoren angeblich heute noch nicht widerlegt sein soll, dürfte ich in einer allerdings in der Literatur nicht beachteten kurzen Stellungnahme entkräftet haben. Es ist irrig, in der aktiven und passiven Begehungsweise kontradiktorische (statt richtig konträre) Begriffe zu sehen[46]. Der

41 Vgl. Leipz. Komm., 10. Aufl. (s. Fn. 40).

42 „Mauerschützen" – Prozeß und Bundesgerichtshof, in: Ztschr. „MUT" 1993, H. 309, S. 29 = (etwas gekürzt) RuP 1993, H.2, S. 61;
Der Bundesgerichtshof zur Rechtsbeugung unter dem SED-Regime, in: JR 1994, S. 221 = „MUT" 1994, H. 325, S. 20;
Rechtsbeugung und BGH – eine Kritik, in: NJW 1996, S. 809;
DDR-Unrechtsurteile in der neueren BGH-Judikatur – eine Bilanz, in: JR 1996, S. 177;
Unrechtsentscheidungen des SED-Regimes und BGH-Judikatur, in: *Jürgen Weber / Piazolo* (Hrsg.), Justiz im Zwielicht, 1998, S. 257;
Der Fall Robert Havemann – Beispiel einer Justizfarce, in: JR 1999, S. 221 = „MUT" 1999, H. 387, S. 28.

43 SED-Justizverbrechen und Strafrecht, in: RuP 2000, H. 4, S. 226 = (leicht gekürzt) „MUT" 2000, H. 398, S. 26 = Für Vernunft und Recht, 2004, S. 237.

44 Vgl. auch *Spendel*, Zum Begriff des Verbrechens, in: Küper-Festschrift, 2007, S. 597.

45 *Spendel*, Gegen den „Verteidigungswillen" als Notwehrerfordernis, in: Bockelmann-Festschrift, 1979, S. 245; Notwehr und „Verteidigungswille", objektiver Zweck und subjektive Absicht, in: Oehler-Festschrift, 1985, S. 197.

46 Vgl. *Radbruch*, Der Handlungsbegriff in seiner Bedeutung für das Strafrechtssystem, 1904, S. 140; *Spendel*, Jurist in einer Zeitenwende. Gustav Radbruch zum 100. Ge-

Gegensatz ist z.B. nicht „ertränken“ – „*nicht*-ertränken“, sondern „ertränken“ – „ertrinken-*lassen*“ (= *nicht*-aus-dem-Wasser-ziehen)! Die seit Jahrzehnten strittige Frage, ob und inwiefern von einer Kausalität der Unterlassung gesprochen werden kann, hoffe ich auch exakt beantwortet zu haben[47]. Die Autoren, die diese Frage verneinen, haben ganz vergessen, daß in Rechtslehre und Rechtsprechung des Strafrechts als Kausalitätslehre die *Bedingungs*- oder Äquivalenztheorie herrschend ist, nach der schon *jede Bedingung* einer verbrecherischen Folge als Teil- oder Mitursache angesehen wird, genau genommen also *nicht* nach einem *Kausal-*, *sondern* nach einem *Konditional*zusammenhang gefragt wird. Daß aber Unterlassungen als negative Bedingungen für einen Deliktserfolg notwendig sein können, ist nicht zu leugnen. Insofern läßt sich dann auch nach dieser Theorie bei den unechten Unterlassungsverbrechen wie bei den Handlungsverbrechen von einem Kausalnexus sprechen. Besser und richtig wäre natürlich, den Ausdruck „Konditionalzusammenhang“ zu gebrauchen.

Den „Errungenschaften“ der modernen Strafrechtsdogmatik mit ihren Begriffsbildungen „Tatherrschaft“, „Täter hinter dem Täter“[48], „Handlungs- und Erfolgsunrecht“ usw. habe ich nichts abgewinnen können. Die Neigung mancher Strafrechtsgelehrten zu neuen Konstruktionen hat z.T. zu praxisfernen Theorien geführt, die fast zum Selbstzweck geworden sind und sich der Judikatur entfremden. Bei diesen Autoren merkt man, daß sie nicht oder kaum in der forensischen Praxis tätig waren.

Zur Feier meines 70. Geburtstages 1992 im Toscana-Saal der Würzburger Residenz wurde mir unt. and. von meinem früheren Doktoranden und Habilitanden *Manfred Seebode* eine voluminöse Festschrift mit 50 Beiträgen überreicht. In meiner Dankrede nach den verschiedenen Festansprachen bemerkte ich scherzhaft zu dem Buchpräsent, daß ich mit so vielen Mitarbeitern nicht habe rechnen können, da ich wohl von einigen sich fortschrittlich dünkenden jüngeren Kollegen schon der älteren Rechtsgeschichte zugerechnet würde, was bei der Zuhörerschaft große Heiterkeit auslöste.

---

burtstag, 1979, S. 33; *ders.*, GRGA, 17. Bd. „Briefe I (1898-1918)“, 1991, S. 322; jetzt auch s. Fn. 47, Herzberg-FS., S. 250.

47 *Spendel*, Kausalität und Unterlassung, in: Strafrecht zwischen System und Telos, Herzberg-Festschrift, 2008, S. 247; s. auch schon *dens.*, in: JZ 1973, S. 137 f.

48 *Spendel*, Der „Täter hinter dem Täter“, – eine notwendige Rechtsfigur? in: Richard-Lange-Festschrift, 1976, S. 245; *ders.*, Zum Begriff der Täterschaft, in: Lüderssen-Festschrift, 2002, S. 60.

Zu den umfangreichen Kommentierungen kam bald die Mitarbeit an einem anderen großen Werk hinzu, die Mitwirkung an der von *Arthur Kaufmann* (1923–2001) herausgegebenen 20bändigen Gesamtausgabe der Schriften *Gustav Radbruchs* (1878–1949). Mir waren zunächst drei Bände übertragen, und zwar der Band 16 „Biographische Schriften" (1988) und die Briefbände 17 und 18 (1991 und 1995). Kurz vor dem Tode des Herausgebers habe ich noch auf dessen Bitte 2001 als Emeritus den letzten, ursprünglich zwei anderen Mitarbeitern zugeteilten Textband Nr. 4 übernommen und 2002 unter dem Titel „Kulturphilosophische und kulturhistorische Schriften" herausgebracht. Diese Gesamtausgabe gibt außer dem Bild einer bedeutenden Juristen- und Gelehrtenpersönlichkeit, die auf die Wissenschafts- und Kulturgeschichte wie auf die politische Geschichte eingewirkt hat, auch ein Zeugnis der Zeitverhältnisse vom Ende des 19. und von der ersten Hälfte des 20. Jahrhunderts. Sie ist im deutschsprachigen Raum ein erst- und einmaliges Unternehmen[49]. Ich habe mich bemüht, die in den Schriften und Briefen *Radbruchs* erwähnten Personen und Ereignisse näher zu erläutern und so dem Leser das Verständnis der Texte zu erleichtern. Der sog. Editionsbericht zu den vier von mir bearbeiteten Bänden – beim zweiten Briefband z.B. bis auf die Hälfte des Buchumfanges angeschwollen – ist mehr ein Kommentar zu den Publikationen des namhaften Rechtsgelehrten[50]. Ein Rezensent hat denn auch schon zu dem ersten von mir herausgebrachten Band (Nr. 16 „Biographische Schriften") bemerkt, daß mit dem „Editionsbericht" „ein höchst aufschlussreicher Kommentar" zu historischen und politischen Ereignissen gegeben wird, den man wie die Schriften *Radbruchs* „fast gesondert lesen kann"[51].

Die Mitwirkung an diesem Werk kam meiner Neigung zu biographischer Arbeit entgegen. *Radbruch* selbst hatte noch 1909 das mangelnde Interesse der Juristen an der Darstellung ihrer großen Gestalten beklagt. Heute ist in dieser Hinsicht manches anders geworden. So habe auch ich einige biographische Schriften verfaßt, vor allem über *Radbruch* selbst[52], über *Josef Kohler*[53] und

---

49 *Spendel*, Individualität durch Universalität. Zur Gustav-Radbruch-Gesamtausgabe, in: Universitas, 1988, S. 691.

50 Vgl. die Rezensionen zu den Bänden 4, 16, 17 und 18 von *Hollerbach*, JR 2003, S. 394; 1988, S. 481/482; 1992, S. 262; 1996, S. 43; von *Ulrich Weber*, JZ 2004, S. 1120; 1993, S. 1153; 1996, S. 721.

51 Vgl. *Edgar Reiners*, Übernationales Rechtsdenken – Zur Radbruch-Gesamtausgabe, in: Friedens-Warte, 67. Bd. (1987), S. 285.

52 Vgl. schon Fußn. 10.

53 *Josef Kohler*. Bild eines Universaljuristen, 1983; *Josef Kohler* (1848–1919), Jurist, in: Lebensbilder bedeutender Würzburger Professoren, 1995, S. 178 = Savigny-Ztschr., Germ. Abt., 113. Bd. (1996), S. 434 ff.

*Julius Hermann von Kirchmann*[54]. 2001 habe ich eine Reihe biographischer Würdigungen unter dem Titel „Kriminalistenporträts. Neun biographische Miniaturen“ herausgebracht, vorher bereits kurze Artikel zu Juristen, die auch für die allgemeine Literatur bedeutsam geworden sind wie *Paul Johann Anselm Feuerbach*, *Jhering*, *Hermann Kantorowicz*, *von Kirchmann*, *Franz von Liszt*, *Radbruch* und *Erich Schwinge*, im Bertelmannschen Literaturlexikon veröffentlicht[55].

1990 emeritiert, bin ich gleichwohl nach wie vor literarisch tätig. Einer meiner letzten Aufsätze gilt einer in jeder Hinsicht brisanten Frage, der nach der Berechtigung des Abschusses eines Terroristenflugzeugs, das Passagiere als Geiseln mit sich führt[56]. Auf Anregung meines geschätzten Fakultäts- und Fachkollegen *Eric Hilgendorf* habe ich 2004 einige zum Teil über mein Fach hinausgreifende Studien wie „Über eine rationalistische Geisteshaltung als Voraussetzung der Jurisprudenz“, „Wider das Irrationale unserer Zeit“ oder über „Die goldene Regel als Rechtsprinzip“, aber auch über strafrechtliche Fälle und Fragen von allgemeiner Bedeutung gesammelt und unter dem Titel „Für Vernunft und Recht“ herausgegeben[57]. Mit diesem Titel werden zwei Begriffe angeführt, die für mein Leben wesentlich und bestimmend waren. Der erste spricht für das Bestreben, der Macht des kritischen Denkens zu vertrauen und sich nicht verblendet auf unklare Gefühle und einen blinden Glauben oder Willen zu verlassen, wie es so viele in den beiden deutschen Diktaturen getan haben. Denn „Vernunft ist des Rechtes Kern und des Gesetzes Seele“ lautet ein schönes Wort, das ich schon im Vorwort des vorstehend genannten Bandes angeführt habe. Der zweite Begriff im Buchtitel weist auf das Bemühen um das Recht hin, dessen der Mensch im Zusammenleben mit seinesgleichen bedarf wie des Lichts zum Sehen, der Luft zum Atmen gemäß der Formel des Rechtsgelehrten *Heinrich* (*von*) *Cocceji* „Ubi societas ibi ius“.

---

54 Jul. Herm. von Kirchmann. Zugleich ein Stück preußischer Justizgeschichte, in: Recht u. Kriminalität, Friedr.-Wilh.-Krause-Festschrift, 1990, S. 3; J.H. v. Kirchmann (1802–1884), in: *Spendel*, Kriminalistenporträts, 2001, S. 24.

55 Die unsinnige Berufsangabe zu *von Kirchmann* hat nach meinem Imprimatur ein Redaktionsmitglied „aus Scherz“ eingesetzt!

56 *Spendel*, Luftsicherheitsgesetz und Bundesverfassungsgericht. Eine notwendige Kritik, in: RuP 2006, H. 3, S. 131 = Ztschr. „MUT“ 2007, H. 482, S. 62.

57 Das Buch ist durchweg positiv aufgenommen worden, s. zuletzt *Laufs'* Rezension, in: Savigny-Ztschr., Germ. Abt., 123. Bd. (2006), S. 413 ff.; *Maria-Katharina Meyer*, Rezension, in: ZfInternat. Strafrechtsdogmatik. 2008, S. 348 ff.

# Schriftenverzeichnis (in Auswahl)

## 1. Selbständiges Schrifttum

Die Kausalitätsformel der Bedingungstheorie für die Handlungsdelikte. Eine kritische Untersuchung der Conditio-sine-qua-non-Formel im Strafrecht, Diss. Heidelberg 1948.

Zur Lehre vom Strafmaß, Frankfurt am Main 1954.

Gustav Radbruch, Lebensbild eines Juristen, Hamburg 1967.

Jurist in einer Zeitenwende. Gustav Radbruch zum 100. Geburtstag, Heidelberg 1979.

Josef Kohler, Bild eines Universaljuristen, Heidelberg 1983.

Rechtsbeugung durch Rechtsprechung. Sechs strafrechtliche Studien, Berlin 1984.

Jugend in einer Diktatur. Erinnerungen eines Zeitzeugen 1933–1945, Asendorf 1998.

Kriminalistenporträts. Neun biographische Miniaturen, Asendorf 2001.

Für Vernunft und Recht. Zwölf Studien, Tübingen 2004.

## 2. Kommentierungen und Editionen

Strafgesetzbuch, Leipziger Kommentar, §§ 32, 33, 323 a–c, 336, 10. Aufl. 1982–1988, 11. Aufl. 1992–1999.

Bearbeitung (Einleitung und Erläuterung) der Bände 4, 16–18 der Gustav-Radbruch-Gesamtausgabe (hrsg. von Arthur Kaufmann); 4. Bd.: Kulturphilosophische und kulturhistorische Schriften, Heidelberg 2002. 16. Bd.: Biographische Schriften, Heidelberg 1988; 17. Bd.: Briefe I (1898–1918), Heidelberg 1991. 18. Bd.: Briefe II (1919–1949), Heidelberg 1995.

## 3. Aufsätze in Zeitschriften und Sammelwerken

Über eine rationalistische Geisteshaltung als Voraussetzung der Jurisprudenz, in: Beiträge zur Kultur- und Rechtsphilosophie (Festschrift für Gustav Radbruch), Heidelberg 1948, S. 68–89.

Materiellrechtliche Straffrage und strafprozessuale Teilrechtskraft, in: ZStW 67. Bd. (1955), S. 556–571.

§ 51 Abs. 2 StGB und das Problem der Strafzumessung, NJW 1956, S. 775–777.

Der sogenannte Umkehrschluss aus § 59 StGB nach der subjektiven Versuchstheorie. Eine logisch-juristische Studie, ZStW 69. Bd. (1957), S. 441–459.

Grundfragen jeder Strafrechtsreform. Eine Studie zur Systematik des Strafrechts, in: Festschrift für Theodor Rittler, 1957, S. 39–54.

Zur Vollmacht und Rechtsstellung des Strafverteidigers, JZ 1959, S. 737–741.

Die kriminalpolitischen Aufgaben der Strafrechtsreform, NJW 1960, S. 1700–1706.

Zur Unterscheidung von Tun und Unterlassen, in: Festschrift für Eberhard Schmidt, 1961, S. 183–199.

Strafrecht und Strafverfahren im Straßenverkehr, in: Dtsche Landesref. zum VI. Internat. Kongr. f. Rechtsvergl. in Hamburg 1962, 1962, S. 337–378.

Die Begründung des richterlichen Strafmaßes, NJW 1964, S. 1758–1765 = Österr. Jur.-Ztg. 1964, S. 593–600.

Wahrheitsfindung im Strafprozeß, JuS 1964, S. 465–473.

Kritik der subjektiven Versuchstheorie, NJW 1965, S. 1881–1888.

Zur Neubegründung der objektiven Versuchstheorie, in: Studien zur Strafrechtswissenschaft. Festschrift für Ulrich Stock (hrsg. von G. Spendel), 1966, S. 89–114.

Beweisverbote im Strafprozeß, NJW 1966, S. 1102–1108.

Zur Kritik der subjektiven Versuchs- und Teilnahmetheorie – BGHSt. 11, S. 268, JuS 1969, S. 314–318.

Zur Entwicklung der Strafzumessungslehre, ZStW 83. Bd. (1971), S. 203–242.

Wider das Irrationale unserer Zeit, in: Persönlichkeit in der Demokratie. Festschrift für Erich Schwinge, 1973, S. 21–38.

Zur Dogmatik der unechten Unterlassungsdelikte, JZ 1973, S. 137–144.

Der Würzburger Fürstbischof Julius Echter von Mespelbrunn und die Idee der Universität, in: Julius Echter und seine Zeit. Gedenkschrift aus Anlass des 400. Jahrestages der Wahl des Stifters der Alma Julia zum Fürstbischof von Würzburg am 1. Dezember 1573, 1973, S. 163–178.

Fahrlässige Teilnahme an Selbst- und Fremdtötung, JuS 1974, S. 749–756.

Rechtsstaat für den Verbrecher – Polizeistaat für den Bürger? in: Um Recht und Freiheit. Festschrift für Friedrich August Freiherr von der Heydte, 1977, 2. Bd., S. 1209–1233.

Fritz von Hippel zum 80. Geburtstag, in JZ 1977, S. 446–447.

Beihilfe und Kausalität, in: Festschrift für Eduard Dreher, 1977, S. 167–187.

Der Gegensatz rechtlicher und sittlicher Wertung am Beispiel der Notwehr, DRiZ 1978, S. 327–333.

„Heimtücke“ und gesetzliche Strafe bei Mord, JR 1983, S. 269–273.

Der BGH und das Mordmerkmal „Heimtücke“, StrVert. 1984, S. 45–48.

Keine Notwehreinschränkung unter Ehegatten, JZ 1984, S. 507–509.

Notwehr und „Verteidigungswille“, objektiver Zweck und subjektive Absicht, in: Festschrift für Dietrich Oehler, 1985, S. 197–208.

Rechtsbeugung im Jugendstrafverfahren, JR 1985, S. 485–490.

Zum Begriff des Vorsatzes, in: Festschrift für Karl Lackner, 1987, S. 167–183.

Rechtspositivismus und Strafjustiz nach 1945, JZ 1987, S. 581–587.

Zum Deutschland-Lied als Nationalhymne, JZ 1988, S. 744–749.

Das Unrechtsbewusstsein in der Verbrechenssystematik, in: Festschrift für Herbert Tröndle, 1989, S. 91–105.

Schillers „Wilhelm Tell“ und das Recht, SchwZStR 107. Bd. (1990), 2. H. (Festgabe für Hans Walder), S. 154–167 = (etwas erweitert) „MUT“ 1991, H. 287, S. 32–44.

Die Nationalhymne als Staatssymbol und ihr Schutz, in: „MUT“ 1991, H. 291, S. 18–26.

Zum Problem der Bedrohung durch einen Gewalttäter, in: Festschrift für Rudolf Schmitt, 1992, S. 205–214.

Der „Landesverrats“-Vorwurf gegen Friedrich Ebert. Ein politisch-juristisches Lehrstück, in: „MUT“ 1992, H. 299, S. 19–26.

Briefe an Gustav Radbruch, in: Strafgerechtigkeit, Festschrift für Arthur Kaufmann, 1993, S. 321–351.

Der Würzburger Strafrechtler Friedrich Oetker und das Shylock-Problem, in: Vom mittelalterlichen Recht zur neuzeitlichen Rechtswissenschaft, Festschrift für Winfried Trusen, 1994, S. 365–380.

Zur Aufhebung von NS-Unrechtsurteilen, ZRP 1997, S. 41–44.

Actio libera in causa und Verkehrsstraftaten, JR 1997, S. 133–137.

Zur Strafzumessung bei einem Tötungsversuch an einem Sterbenden, JZ 1997, S. 1185–1188.

Unzulässiger richterlicher Eingriff in eine Haftsache, JZ 1998, S. 85–88.

Actio libera in causa und kein Ende, in: Festschrift für Hans Joachim Hirsch, 1999, S. 379–390.

Gustav Radbruch und Ricarda Huch, in: Festschrift für Alexander Böhm, 1999, S. 837–847.

Zum Begriff der Täterschaft, in: Festschrift für Klaus Lüderssen, 2002, S. 605–611.

Gustav Radbruch. Leben und Werk des großen Rechtsgelehrten, in: Brockhaus Infothek, Jan. 2002, Dokum. Nr. 13 225, S. 1–9.

Zur Stimmenmehrheit des Revisionsgerichts im Strafprozeß, in: Gedächtnisschrift für Ellen Schlüchter, 2002, S. 647–652.

Die Idee der Verteidigung, in: Festschrift für Günter Kohlmann, 2003, S. 683–692.

Radbruch, Gustav Lambert, in: NDB 21. Bd., 2003, S. 83.

Gustav Radbruchs politischer Weg, in: Gustav Radbruch als Reichsjustizminister (1921– 1923), 2004, S. 23–34.

Der Begriff des Unrechts im Verbrechenssystem, in: Festschrift für Ulrich Weber, 2004, S. 3–16.

„Wer vor seiner Vergangenheit flieht, verliert immer das Rennen“, in: RuP 2005, H. 4, S. 237–244.

Justiz und Politik. Analyse eines politischen Rufmordes, in: Friedrich Ebert als Reichspräsident (1919–1925), 2005, S. 59–74 = in: Der Strafgedanke in seiner historischen Entwicklung (Ringvorlesung der juristischen Fakultät Würzburg), 2007, S. 597.

Vergessene Juristen: Wilhelm Kahl – Wissenschaftler und Reformer, RuP 2006, H. 2, S. 112–115.

Juristen zwischen Rechtsstaat und Diktatur, RuP 2007, H. 1, S. 46–54.

Zum Begriff des Verbrechens, in: Festschrift für Wilfried Küper, 2007, S. 597–605.

Kausalität und Unterlassen, in: Strafrecht zwischen System und Telos. Festschrift für Rolf Dietrich Herzberg, 2008, S. 247–253.

Zwei Rechtsgelehrte und die NS-Diktatur, RuP 2008, H. 2, S. 100–105.

Zur deutschen Nationalhymne, in: Iustitia et Pax, Gedächtnisschrift für Dieter Blumenwitz, 2008, S. 869–880.

Rudolf Wassermann †, NJW 2008, S. 2401 = Zum Tode von Rudolf Wassermann, RuP 2008, H. 3, S. 129.

Zum Vergehen der unterlassenen Hilfeleistung, in: Festschrift für Manfred Seebode, 2008, S. 377–386.

Günter Stratenwerth

# Günter Stratenwerth

Geboren am 31. Januar 1924 als Sohn eines städtischen Beamten und seiner Frau, die er nach der Heimkehr aus dem Ersten Weltkrieg geehelicht hatte, bin ich bis zu meinem siebten Lebensjahr in Naumburg an der Saale aufgewachsen. Nachdem meinem Vater der Staatsdienst verleidet war, wechselten meine Eltern Anfang 1932 nach Bielefeld, dem Heimatort meiner Mutter und zumeist auch ihrer Vorfahren. Dort hat mein Vater zunächst im Immobilienbüro eines älteren Verwandten und später selbstständig gearbeitet, als Steuerfachmann bzw. ehrlicher (und daher nicht sonderlich erfolgreicher) Makler. Die Schule habe ich im März 1942 mit dem Abitur abgeschlossen, um bereits zwei Wochen später Soldat zu werden.

Ich gehörte zu einem Jahrgang, der praktisch bereits verpflichtet war, mit 14 Jahren Mitglied der Hitlerjugend zu werden. Wählen konnte man nur zwischen dem Dienst in der Allgemeinen HJ und in einer ihrer Sonderformationen, wobei ich mich, nicht zuletzt wegen der geringen Zahl der Mitinteressenten, für die Flieger-HJ entschieden habe. Das hieß nicht nur Mitarbeit beim Bau von Segelflugzeugen, sondern ab dem 15. Lebensjahr auch Flugunterricht (bis zum Erwerb des Luftfahrerscheins für Segelflugzeugführer im Winter 1941/1942). Unter diesen Umständen lag es, als im Frühjahr 1942 der Militärdienst bevorstand, aber noch die Waffengattung gewählt werden konnte, nahe, für die Luftwaffe zu optieren. Nach der Rekrutenschule und einigen Monaten Besatzungsdienst in Frankreich begann dann freilich nicht, wie erhofft, die Schulung mit Motorflugzeugen. Die sowjetische Armee hatte mit einer großen Zangenbewegung begonnen, Stalingrad einzuschließen, und die rumänischen Truppen, die das hätten verhindern sollen, waren geflüchtet, so dass sich *Hermann Göring* veranlasst sah, an ihrer Stelle damals so genannte „Luftwaffenfelddivisionen" ins Feld zu schicken, gebildet aus jungen Angehörigen seiner Truppen, die mitsamt ihren Offizieren über keinerlei infanteristische Ausbildung verfügten. Sie wurden bereits beim ersten Ansturm eines schon zahlenmäßig weit überlegenen Gegners dramatisch dezimiert, ich selbst, im November des Jahres, dabei verwundet. Nach einem entsprechenden Aufenthalt im Lazarett fand ich im Frühjahr 1943 meine Einheit wieder, inzwischen nur noch 150 von ursprünglich 3.000 Mann. Bei einem Heimaturlaub im Sommer 1943 gelang es dann meinem Vater, entrüstet, dass sein fliegerisch so qualifizierter Sohn als Infanterist in Russland verschlissen wurde, meine Versetzung zur Flugzeugführerschule zu erreichen – wie, habe ich nie begriffen. Jedenfalls bestand der Rest meiner militärischen Laufbahn in der Ausbildung zunächst zum Motorflugzeugführer und dann, entgegen meinen damaligen Wünschen einer Teilnahme am Endsieg, zum Fluglehrer, als der ich in Dresden, bis zu dessen Zerstörung im Februar 1945, tätig gewesen bin. Es folgte noch eine Verlegung nach Bayern und, am Beginn eines durch Schneesturm vereitelten Kommandounternehmens, am 30. April 1945 eine Notlandung in den Alpen, am Tauernpass in der Nähe eines als Luftwaffenerholungsheim(!) dienenden Hotels. Damit war der Krieg für mich zu Ende.

Ab Mitte 1945 wieder in Bielefeld, erfuhr ich im Herbst beim Besuch eines früheren Lehrers, dass am nächsten Tag die Universität Göttingen wiedereröffnet werde, und habe mich dort umgehend immatrikuliert. Eigentlich hatte ich ja Flugzeugbauer werden wollen; aber das schien zu jener Zeit nicht sehr aussichtsreich. Also habe ich mich gleichzeitig für Mathematik, mein altes Lieblingsfach, und, faute de mieux, auch für Jurisprudenz eingeschrieben. Die Mathematik war mir dann doch zu abstrakt, so dass es beim ersten Anlauf geblieben ist. Und bei der Jurisprudenz zeigte sich sehr schnell, zu meiner Überraschung, so etwas wie eine Begabung. *Paul Bockelmann* hat sie mir schon nach wenigen Semestern attestiert (und sehr viel später dann ja auch versucht, mich als Nachfolger von *Karl Engisch* nach München zu holen – und nie so recht verziehen, dass ich das ausgeschlagen habe). Fasziniert hat mich, wie alle, die dabei gewesen sind, die „Einführung in die Rechtswissenschaft“ durch *Hans Welzel*, ein Versuch, verständlich zu machen, was da in den zwölf Jahren NS-Herrschaft geschehen war, und nichts interessierte diese von allen Schlachtfeldern Europas zurückgekehrten Studenten mehr als das. Im Übrigen haben wir damals sozusagen „alles“ gehört, von Geschichte über Literatur, Musikwissenschaft (unvergesslich eine Vorlesung mit krächzenden Schallplatten über die Beethoven-Symphonien!) und Astronomie bis zur Philosophie, vertreten vor allem durch den großen *Nicolai Hartmann*, und natürlich jede Menge Rechtswissenschaft. Unsere damaligen akademischen Lehrer haben später gesagt, noch nie und nie wieder hätten sie eine so aufgeschlossene und wissbegierige Generation von Studenten gehabt wie diese, die nachzuholen versuchte, was sie in den Kriegsjahren versäumt hatte.

Die Göttinger Juristische Fakultät verfügte bei ihrem Neuanfang über eine ganze Reihe hervorragender Professoren. Um nur einige Namen zu nennen: Das Strafrecht vertraten *Paul Bockelmann*, *Eberhard Schmidt* und, neben der Rechtsphilosophie, *Welzel*, das Privatrecht *Ludwig Raiser* und *Franz Wieacker*, das Öffentliche Recht *Gerhard Leibholz* und *Rudolf Smend*. Über ihre Rolle während der NS-Zeit wussten wir nur, was man in ihren Schriften nachlesen konnte, und das ging bei keinem von ihnen über verbale Konzessionen hinaus. Wohl aber reagierten wir natürlich auf den sehr unterschiedlichen Stil ihrer

Lehrveranstaltungen. *Bockelmann* war, vor allem in seiner „Kriminologie“, rhetorisch brillant und schaffte es, jede Vorlesungsstunde pünktlich zum Klingelzeichen mit einem Bonmot zu schließen[1], *Eberhard Schmidt*, in den Vorlesungen sehr verständlich und klar, stieß in den Übungen (bei diesen Studenten!) auf lebhafte Opposition, wenn er versuchte, seine Lösung autoritativ durchzusetzen[2], *Welzel* war in den strafrechtlichen, anders als in den rechtsphilosophischen Vorlesungen und den Seminaren, ziemlich mühsam. *Wieacker* und *Smend* haben uns fasziniert. Philosophie lehrte, außer dem eher gestrengen *Nicolai Hartmann*, in dessen Seminar man herausfinden musste, was bereits in seinen Büchern stand, der weithin unbekannt gebliebene, liebenswerte Balte *Kurt Stavenhagen*[3], dem meine Habilitationsschrift gewidmet ist. In dessen überaus anregendem Gesprächskreis, dem ich bis zu seinem frühen Tod im Jahre 1951 angehört habe, habe ich viel gelernt; aus ihm ist eine ganze Reihe späterer Inhaber philosophischer Lehrstühle hervorgegangen. Philosophie hatte mich auch schon als Schüler interessiert, mit der Lektüre „zeitgemäßer“ Autoren wie *E.G. Kolbenheyer*, und später in viel freier Zeit in Dresden mit Ausleihen aus der dortigen Volksbibliothek; *Descartes'* „Discours de la méthode“ hat bei mir die Bombennächte überlebt. Die Philosophie war auch der Grund für die Neigung zum Strafrecht.

Vom allgemeinen juristischen Wissensstoff hatte ich schon nach sechs Semestern genug und meldete mich, was damals noch möglich war, zum Referendarexamen, das ich dank einer theoretischen Hausarbeit (über „Arten und Behandlung des Irrtums im Strafrecht“) im Januar 1949 mit „gut“ bestand. Eine Dissertation wollte ich bei *Welzel* schreiben, natürlich möglichst systematisch über das Naturrecht, das uns damals, im Rückblick auf die NS-Zeit, alle beschäftigte. Aber *Welzel*, der mit den Vorarbeiten zu „Naturrecht und materiale Gerechtigkeit“, der ersten Auflage von 1951, beschäftigt war, ließ mir nur die Wahl zwischen *Johannes Duns Scotus* und *Wilhelm von Ockham*, beides Autoren, deren Werke es nur in Lateinisch gab. Ich habe mich für *Duns Scotus* entschieden und konnte, dank kleinem Latinum, nach einem Jahr intensiver Arbeit das Doktorexamen schon im Februar 1950 ablegen[4]. *Welzel*

---

1 Beim Thema der Willensfreiheit lautete es: „God gives us our wives, for God gives us our motorcars.“

2 „Wenn *ich* sage, der Ladeninhaber hat keinen Gewahrsam, dann *hat* er keinen Gewahrsam […]!“

3 Kant und Königsberg, Göttingen 1949; Person und Persönlichkeit, Untersuchungen zur Anthropologie und Ethik, aus dem Nachlass hrsg. von Harald Delius, Göttingen 1957.

4 Die Naturrechtslehre des Johannes Duns Scotus, Göttingen 1951.

folgte bei seiner Darstellung der Geschichte des Naturrechts der Gegenüberstellung von intellektualistischen und voluntaristischen Ansätzen, und *Duns Scotus* war es gewesen, der dem aristotelisch geprägten Lehrgebäude *Thomas von Aquins* mit seinem Vorrang der Ratio wieder, in der augustinischen Tradition, den Primat des Willens entgegengesetzt hatte[5]. Daneben war ich Korrekturassistent zuerst bei dem Privatrechtler *Hans Niedermeyer*, dessen überaus spannende Vorlesungen freilich nur für Fortgeschrittene verständlich waren, und dann bei *Welzel*. 1951 war ich, entgegen meinem Wunsch, sogleich mit weiterer wissenschaftlicher Arbeit zu beginnen, auf dringendes Anraten *Welzels* auch in den Referendardienst eingetreten, den ich 1954 mit dem Großen juristischen Staatsexamen (ein weiteres Mal mit „gut") abgeschlossen habe. Erste Lehrerfahrungen, die sich später als überaus nützlich erwiesen haben, verschafften mir ein strafrechtliches Repetitorium, das ich schon nach dem Referendarexamen begonnen und bis zum Ende der Göttinger Zeit fortgeführt habe.

1952 folgte *Welzel* dem Ruf nach Bonn. Als Assistenten nahm er *Armin Kaufmann* mit, trotz meiner älteren Rechte, nachdem ich mich in seinen Seminaren mit ihm über die Behandlung der irrigen Annahme einer rechtfertigenden Sachlage entzweit hatte. Stattdessen wurde ich 1953 Assistent beim Völkerrechtler *Herbert Kraus*, der eine große Sammlung unveröffentlichter Urteile über Kriegsverbrechen besaß und sie geordnet und ausgewertet haben wollte. Sie waren der Anstoß zur Wahl des Habilitationsthemas „Verantwortung und Gehorsam"[6]. Bei ihm ging es, wie der Untertitel sagt, um die strafrechtliche Wertung hoheitlich gebotenen Handelns oder kurz: um Grund und Grenzen rechtlicher Gehorsamspflicht, die natürlich in praktisch allen jenen Prozessen eine wesentliche Rolle gespielt hatte. 1955 bot mir *Welzel* dann die Assistentenstelle beim neu gegründeten Rechtsphilosophischen Seminar in Bonn an, und dort habe ich mich 1956 habilitiert, mit der Antrittsvorlesung über „Das rechtstheoretische Problem der 'Natur der Sache'"[7]. *Welzel* hatte ja inzwischen in seinem Naturrechtsbuch die Lehre von den sachlogischen Strukturen entwickelt, und mir ist es auch hier darum gegangen, den Geltungsgrund und die Reichweite solcher Gesetzmäßigkeiten zu erkunden. Das Ergebnis war, dass sie nur dann in den Blick kommen, wenn der Mensch als *Person* gesehen wird, wie ich es in der Habilitationsschrift, inspiriert durch *Stavenha-*

5 *Welzel*, Naturrecht und materiale Gerechtigkeit, 4. Aufl. Göttingen 1962, 66 ff.

6 Tübingen 1958.

7 Tübingen 1957.

*gens* Untersuchungen, als maßgebenden Wertgesichtspunkt dargelegt hatte[8] (ohne sie hier zu zitieren).

Es folgten die Jahre als Dozent. Vielen Teilnehmern in Erinnerung geblieben sind aus jener Zeit die gemeinsamen Seminare von *Welzel*, *Armin Kaufmann* und mir, bei denen *Kaufmann* und ich häufig miteinander stritten, während *Welzel* lange schwieg, um am Ende ex cathedra die „richtige" Lösung zu verkünden. Er war aber durchaus bereit, nach einigen Tagen weiteren Nachdenkens, seine Meinung zu revidieren und uns dies auch wissen zu lassen.

1960 erreichte mich ein Ruf nach Erlangen. Damals standen *Eberhard Schmidhäuser*, *Armin Kaufmann* und ich als mögliche Kandidaten in unterschiedlicher Reihenfolge auf mehreren Berufungslisten, und in Erlangen war ich es gewesen, der den Ruf erhielt. Ich erinnere mich gern an diese Universität. Aber schon nach drei Semestern kam der Ruf nach Basel. Die dortige Fakultät hatte sich schon zu Bonner Zeiten für mich interessiert, aber zunächst *Eberhard Schmidhäuser* und *Armin Kaufmann* zu gewinnen versucht, die aus unterschiedlichen Gründen ablehnten. Mich verlockte vor allem der Gedanke, Deutschland einmal von außen zu sehen, nachdem ich praktisch zwei Jahrzehnte lang nicht aus dem Land herausgekommen war. Der Lehrstuhl, den *O. A. Germann* innegehabt hatte, war seit 1959 vakant und ich der Notnagel, der noch blieb (und von dem man wohl kaum erwartet hatte, ihn nicht wieder loszuwerden). Ich bin daher in Basel mit offenen Armen empfangen worden, als ich dort im Wintersemester 1961/1962 begann, und habe mich in dieser alten Universität, mit ihrer noch überschaubaren Zahl von Studenten, sehr rasch sehr wohl gefühlt. Zwar war es nötig, zunächst schweizerisches Recht zu lernen, das sich bei näherem Zusehen dann doch in wesentlichen Punkten, nicht zuletzt in seiner Praxis, vom deutschen Recht unterscheidet. (Die entsprechenden Vorlesungsskripten sind in ihrer Substanz zu dreien meiner vier Lehrbücher zum schweizerischen Strafrecht geworden[9].) Aber es blieb doch immer genügend Raum und Zeit für eigene wissenschaftliche Arbeit, zunächst vor allem am Allgemeinen Teil I zum deutschen Strafrecht, für den mich 1962 der Heymanns Verlag angeworben hatte[10]. Ich wollte daher Basel nicht schon 1963, als mich Rufe nach Bochum und Göttingen erreichten, wieder verlassen.

---

8 Verantwortung und Gehorsam, 82 ff.

9 Schweizerisches Strafrecht, Allgemeiner Teil I: Die Straftat, Bern 1982 (3. Aufl. 2005); Besonderer Teil I: Straftaten gegen Individualinteressen, Bern 1973 (6. Aufl. mit *Guido Jenny*, 2003); Besonderer Teil II: Straftaten gegen Gemeininteressen, Bern 1974 (6. Aufl. mit *Felix Bommer*, 2008).

10 Strafrecht, Allgemeiner Teil I: Die Straftat, Köln / Berlin / Bonn / München 1971 (5. Aufl. mit *Lothar Kuhlen*, 2004).

Schwieriger wurde die Entscheidung 1967 bei einem Ruf nach München. Es war schon damals eine Massenuniversität, bei der ich fürchtete, auf alles, was ich in Basel besonders schätzte, verzichten zu müssen, vor allem auf die Freiheit in der Verfolgung meiner wissenschaftlichen Interessen. Auch war meine Familie hier besonders gut aufgehoben. Auf der anderen Seite war mir klar, dass bei Ablehnung eines so ehrenvollen Rufes kaum noch Aussicht auf eine Rückkehr nach Deutschland bestand. Ich habe mich dann doch entschlossen, in Basel zu bleiben, und mich auch bei einem letzten Ruf, 1975 nach Heidelberg, davon nicht mehr abbringen lassen.

Wieviel Glück ich damit gehabt habe, nicht nach München gegangen zu sein, ist mir erst nachträglich bewusst geworden: Die schweren Auseinandersetzungen bei der Studentenrevolte um 1968 sind mir erspart geblieben. Zu ihrer Vorgeschichte muss man wissen, dass die Bemühungen um eine Hochschulreform angesichts des Versagens der deutschen Universitäten gegenüber dem NS-Regime bereits in den ersten Nachkriegsjahren begonnen hatten, in erster Linie mit dem Ziel, nach außen ihre Abhängigkeit vom Staat zu vermindern und nach innen die Mitwirkungsrechte bei ihrer Selbstverwaltung über den Kreis der Ordinarien hinaus auf Nichtordinarien und Studenten zu erweitern. Davon zeugt eine Fülle von Literatur[11]. Auch die „Göttinger [später: Deutsche] Universitätszeitung", zu deren Redaktion ich jahrelang gehört habe, hat sich an dieser Diskussion intensiv beteiligt. Alle Reformbestrebungen sind zunächst jedoch nach relativ kurzer Zeit gescheitert. Mir war daher nicht unverständlich, dass politisch engagierte Studenten sie in den späten 60er-Jahren wieder aufgenommen haben. Nur gehörte man mit dieser Haltung zum Kreis der sogenannten „Liberalen", die an den deutschen Universitäten vielerorts in den dann folgenden, aufgeheizten Auseinandersetzungen zwischen den beharrenden Kräften und den revoltierenden Studenten zerrieben worden sind. Auch in Basel hat es natürlich einiges an Unruhe gegeben. Aber hier konnten die gesprächsbereiten Mitglieder des Lehrkörpers, nicht zuletzt dank der Überschaubarkeit der Verhältnisse, den Kontakt auch zu den rebellischen Studenten stets aufrechterhalten. Und jemanden vehement zu bekämpfen, den man sonst als akademischen Lehrer schätzt und mit dem man immer noch diskutiert, dürfte eben nicht ganz einfach sein. Wir haben uns auch, beispielsweise durch eine vernünftige Praxis der Disziplinarkommission, mit Erfolg bemüht, jede Konfrontation zu vermeiden. Auswirkungen gab es aber im Lehrkörper. Hier sollte bei Berufungsfragen plötzlich auch die oft nur geargwöhnte hochschul-

11 Siehe nur *Ludwig Raiser*, Die Universität im Staat, Heidelberg 1958; *Ernst Anrich*, Die Idee der deutschen Universität und die Reform der deutschen Universitäten, Darmstadt 1960.

politische Einstellung möglicher Anwärter eine Rolle spielen, was zum Teil sehr unerfreuliche innerfakultäre Auseinandersetzungen zur Folge hatte. Maßvolle Reformen, vor allem bei den Mitspracherechten aller Gruppen von Universitätsangehörigen, haben im Übrigen ziemlich bald zu weitgehender Beruhigung der Gemüter geführt. Aber die zuvor spürbare starke Verbundenheit zwischen Stadt und Universität hat sich doch nie wieder hergestellt.

Meine wissenschaftliche Neigung galt zunächst in erster Linie (und gilt bis heute) der Arbeit an den Regeln der strafrechtlichen Zurechnung, ohne dass ich je das Bedürfnis verspürt hätte, hier ein (weiteres) neues System zu schaffen. Es waren intrasystematische Fragen, die mich beschäftigt haben. Dazu gehörte etwa, beim vermeidbaren Verbotsirrtum vor seiner gesetzlichen Regelung, die analoge Anwendung der für die verminderte Zurechnungsfähigkeit geltenden Bestimmung von Art. 51 Abs. 2 damaliger Fassung, die *Welzel* aus meiner Examensarbeit in die 2. Auflage seines Lehrbuchs von 1949[12] übernommen hat (und die mit § 17 StGB Gesetz geworden ist), während er im Jahr zuvor noch geglaubt hatte, dass sich ein solcher Irrtum nur im Rahmen mildernder Umstände berücksichtigen lasse[13]. Beschäftigt hat mich, unter anderem, ebenso das Moment der Verletzung fremder Selbstbestimmung im Rahmen der Prinzipien der Rechtfertigung[14], die Abgrenzung von Vorsatz und Fahrlässigkeit[15], die Notwendigkeit einer Abgrenzung der Verantwortungsbereiche vor allem bei arbeitsteiligem Handeln[16] oder die genauere Fassung des Prinzips der Risikoerhöhung[17], usw. In der Schweiz war es zunächst das Bestreben, die Auseinandersetzung mit dem Strafgesetzbuch von 1942 auf den Stand der Gegenwart zu bringen, nachdem die letzten größeren Darstellungen kurz vor oder nach seinem Inkrafttreten erschienen waren. Dazu gehörte, in meiner Basler Antrittsvorlesung, auch ein Blick auf die neuere Entwicklung der strafrechtlichen Unrechtslehre[18].

---

12 Das Deutsche Strafrecht in seinen Grundzügen, 2. Aufl. Berlin 1949, S. 83.

13 Der Irrtum über die Rechtswidrigkeit des Handelns, SJZ 1948, 368 ff. (= Abhandlungen zum Strafrecht und zur Rechtsphilosophie, 1975, 250 ff. [256]).

14 ZStW 68 (1954) 41 ff.

15 ZStW 71 (1959) 51 ff.

16 Arbeitsteilung und ärztliche Sorgfaltspflicht, in: FS Eb. Schmidt, 1961, 383 ff. Fragen aus dem Grenzgebiet zwischen Recht und Medizin haben mich auch in der Folgezeit immer wieder beschäftigt, nicht zuletzt in Arbeitsgruppen der Schweizerischen Akademie der medizinischen Wissenschaften.

17 Bemerkungen zum Prinzip der Risikoerhöhung, in: FS Gallas, 1973, 227 ff.

18 Handlungs- und Erfolgsunwert im Strafrecht, Schweiz. ZStrR 79 (1963) 233 ff.

Immer wichtiger ist mir aber auch die Erkundung der Wirklichkeit des Strafrechts geworden. Dazu hat ganz wesentlich die 1964 beginnende Arbeit am Alternativ-Entwurf des Strafgesetzbuches beigetragen. Der Anstoss kam von *Peter Noll*, damals an der Universität Mainz (der mir nur mit Mühe verzeihen konnte, dass ich ihm den Lehrstuhl in Basel „weggenommen" hatte). Die Arbeit mit ihm allein zu machen, erschien mir einigermaßen vermessen, auch wenn der von ihm geprägte Titel besagen sollte, dass es nicht um einen eigentlichen Gegenentwurf, sondern nur darum ging, die bisherige Kritik am Entwurf 1962 „in formulierte Vorschläge zu fassen"[19]. Zur Mitarbeit eingeladen wurden folglich alle Kollegen (und *Anne-Eva Brauneck*), die sich bereits in wissenschaftlichen Beiträgen kritisch zum E 1962 geäußert hatten. Dieser Kreis hat sich dann, unterstützt von der Thyssen-Stiftung, in kürzeren Abständen zu mehrtägigen, nach meiner Erinnerung intensiven, aber meist recht entspannten Diskussionen irgendwo in Deutschland in ruhigen Hotels getroffen (deren Weinvorräte gelegentlich beim abendlichen Zusammensein arg strapaziert worden sind). In der Sache ergab sich zur allgemeinen Überraschung sehr schnell weitgehende Übereinstimmung in den Grundlinien einer Reform, und dies nahezu unabhängig von der Zugehörigkeit der Beteiligten zu irgendwelchen Schulen. Das betraf zunächst und vor allem das kriminalpolitische Konzept. Der E 1962 war, im Rückblick auf die NS-Zeit, geprägt von der Abwehr aller Bestrebungen, den straffälligen Menschen zum bloßen Objekt irgendwelcher auf Verbrechensbekämpfung gerichteten Maßnahmen zu machen, und bekannte sich daher zu einem rein auf Schuld und Vergeltung bezogenen Strafrecht. Der AE-Kreis wollte demgegenüber im Straftäter auch den faktisch vielfach unfreien Menschen sehen, dem man helfen sollte, die Lebensschwierigkeiten zu überwinden, die ihn hatten kriminell werden lassen. Das Ziel konnte nur ein System der strafrechtlichen Sanktionen sein, das nicht einseitig auf Repression[20] oder Therapie festgelegt war, sondern den praktischen Ausgleich beider erstrebte[21]. Der Allgemeine Teil des AE ist unter diesen Umständen schon in etwas mehr als einem Jahr entstanden[22]. Dass er dann einigen Einfluss auf den Fortgang der Arbeiten an der Großen Strafrechtsreform von 1969 erlangte, war auch das Ergebnis von Gesprächen zwischen Vertretern des BJM und des AE in einer kleinen Arbeitsgruppe, in

---

19 *Jürgen Baumann* u.a., Alternativ-Entwurf eines Strafgesetzbuches, Allgemeiner Teil, Tübingen 1966, 3.

20 Besonderes Aufsehen hat dabei ein Beitrag von *Ulrich Klug* erregt: Abschied von Kant und Hegel, in: Jürgen Baumann (Hrsg.), Programm für ein neues Strafgesetzbuch, 1968, 36 ff.

21 Näher *Stratenwerth*, Leitprinzipien der Strafrechtsreform, Köln / Opladen 1970, 7 ff.

22 1. Auflage Tübingen 1966.

der wir unsere Vorschläge näher erläutert haben. Die (natürlich eher zurückhaltenden) Reaktionen der älteren Kollegen auf den AE sind in den Referaten auf der Strafrechtslehrertagung 1967 in Münster i.W. und im zugehörigen Diskussionsbericht nachzulesen[23].

Was mir bei den Beratungen über ein künftiges System der strafrechtlichen Sanktionen besonders deutlich wurde, war das fast vollständige Fehlen empirischer Untersuchungen über den tatsächlichen Anwendungsbereich und den Vollzug strafrechtlicher Maßregeln der Besserung und Sicherung auch in der Schweiz. Entsprechende Basler Dissertationen, schon von 1965 an vergeben, haben freilich erst in den 70er-Jahren zu erscheinen begonnen[24]. Ich hatte inzwischen, 1969, ein Freisemester in den USA verbracht, hauptsächlich in New York, Chicago und Berkeley, ebenfalls mit dem Ziel, mir durch den Kontakt mit amerikanischen Kollegen und den Besuch zahlreicher Strafanstalten oder auch, obwohl es das Problem hierzulande noch gar nicht gab, Einrichtungen zur Behandlung Drogenabhängiger einen Einblick in die dortigen Verhältnisse zu verschaffen. Dies gab den Anstoß, zusammen mit den ebenfalls am Alternativ-Entwurf beteiligten Kollegen *Peter Noll* und *Hans Schultz* sowie *Philippe Graven* von Genf, mit Doktoranden eine empirische Untersuchung des schweizerischen Strafvollzuges an Erwachsenen, unter Einschluss aller größeren Anstalten des Landes, zu beginnen. Zu seiner Durchführung diente, um Quervergleiche zu ermöglichen, ein im Wesentlichen von meinem damaligen Assistenten ausgearbeitetes Untersuchungsprogramm[25]. Die Doktoranden, die zunächst in „ihrer" Anstalt ein dreimonatiges Praktikum absolvieren mussten, um mit den Verhältnissen vertraut zu werden, haben auf dieser Grundlage insgesamt 1248 Insassen und 614 Angestellte eingehend befragt[26]. Dabei sind, unter nicht geringen Schwierigkeiten, immerhin elf größere Doktorarbeiten entstanden, in einer eigenen Reihe von 1976–1983 publiziert[27]. Ihnen wird einiger Einfluss auf seither erfolgte Reformen des hiesigen Freiheitsstrafvollzuges zugeschrieben (ohne dass sich das in irgendeiner Weise erhärten ließe). Eingegangen sind manche Einsichten in die Wirk-

23 ZStW 80 (1968) 1 ff., 119 ff.

24 *Christian Brückner*, Der Gewohnheitsverbrecher und die Verwahrung in der Schweiz gemäß Art. 42 StGB, Basel / Stuttgart 1971; *Peter Aebersold*, Die Verwahrung und Versorgung vermindert Zurechnungsfähiger in der Schweiz, Basel / Stuttgart 1972; *Peter Kuentz*, Die Behandlung der Gewohnheitstrinker nach Art. 44 StGB, 1975.

25 *Stratenwerth / Aebersold*, Der schweizerische Strafvollzug – Programm, Methode und Durchführung einer empirischen Untersuchung, Aarau / Frankfurt am Main, 1976.

26 Näheres in *Stratenwerth / Bernoulli*, Der schweizerische Strafvollzug – Ergebnisse einer empirischen Untersuchung, Aarau / Frankfurt am Main / Salzburg, 1983.

27 Der schweizerische Strafvollzug, Aarau / Frankfurt am Main, 1976 ff.

lichkeit des schweizerischen Straf- und Maßregelvollzugs aber in den vierten Band meiner Lehrbücher zum Schweizer Strafrecht[28], den ich ohne solche Vertrautheit mit den tatsächlichen Verhältnissen nicht zu schreiben gewagt hätte.

Eines der Lebensziele meiner Generation ist es gewesen, zu verhindern, dass sich in Deutschland je wiederholen könnte, was in der Zeit der NS-Herrschaft geschehen war. Entsprechend ausgeprägt war unser rechtsstaatliches Engagement. Es äußerte sich bei mir unter anderem, außer in der schon erwähnten redaktionellen Mitarbeit bei der „Göttinger" bzw. „Deutschen Universitätszeitung", 1955 auch in der Mitwirkung bei einem Aufstand der ganzen Universität Göttingen gegen die Ernennung des durch rechtsextreme Aktivitäten bekannt gewordenen FDP-Mitglieds *Leonhard Schlüter*, der dadurch zum Rücktritt gezwungen wurde, und nicht zuletzt in wissenschaftlichen Arbeiten. Eine unvergessliche Lehre hat mir dabei schon sehr früh *Eberhard Schmidt* in seinen Strafrechtsübungen bei einer Hausarbeit mit dem Thema des „Übergesetzlichen Notstands" erteilt. Ich fand dabei seinen Aufsatz von 1928[29], in dem es heißt, dass es Sache des *Staates* sei, darüber zu befinden, ob das Leben der Schwangeren oder das des Nasciturus von höherem Wert sei, und schrieb dagegen eine wilde Polemik, äußerst gespannt, wie er, der in Diskussionen ja wenig duldsam wirkte, wohl reagieren werde. Seine Schlussbemerkung lautete: „Warum gleich so heftig? Im ganzen Gut". Ich habe ihm das nicht zuletzt durch einen Beitrag zu seiner Festschrift von 1961 gedankt.

Rechtsstaatliche Fragen haben mich auch in der Schweiz immer wieder beschäftigt und tun es nach wie vor, insbesondere bei entsprechenden Defiziten im Bereich der strafrechtlichen Maßregeln und hier vor allem der Sicherungsverwahrung[30]. Entsprechende Empfindlichkeit hat einmal sogar zu einem öffentlichen Skandal geführt. 1969 wurde in der Schweiz ein kleines Buch mit dem Titel „Zivilverteidigung" an alle Haushaltungen verteilt, mit dem Ziel, jedermann (und jede Frau) darüber zu belehren, welche Vorkehrungen sie im Zeichen der sogenannten zivilen Landesverteidigung treffen könnten und

---

28 Schweizerisches Strafrecht, Allgemeiner Teil II: Strafen und Maßnahmen, Bern 1989 (2. Aufl. 2006).

29 Das Reichsgericht und der übergesetzliche Notstand, ZStW 49, 350 ff.

30 Beginnend mit: Zur Rechtsstaatlichkeit der freiheitsentziehenden Maßnahmen im Strafrecht, Schweiz. ZStrR 82 (1966) 337 ff.; sodann: Strafrechtliche Maßnahmen an geistig Abnormen, Schweiz. ZStrR 89 (1973) 131 ff.; Zur Rechtfertigung freiheitsbeschränkender sichernder Maßnahmen; ebda. 105 (1988) 105 ff.; Die freiheitsentziehenden Maßnahmen im bundesrätlichen Entwurf für die Revision des Allgemeinen Teils des StGB, ebda. 117 (1999) 277 ff.; Neuere Tendenzen im Maßnahmerecht: Vereinbarkeit mit ethischen Grundsätzen? Aktuelle Juristische Praxis 2000, 1345 ff.

rechtzeitig ins Auge fassen sollten[31]. Dass ich mich – als Deutscher! – über dieses (später auch offiziell herabgestufte) Machwerk in vorgerückter Stunde höchst abfällig geäußert habe, was eine „linke" Zeitung öffentlich bekannt machte, löste einen Sturm der Entrüstung aus mit dem Ziel, mich von Basel zu vertreiben. Erst mein Verweis auf Reminiszenzen an die Verfolgung der Homosexuellen in der NS-Zeit und öffentliches Eintreten von *Peter Noll* für mich hat diese Episode beendet. Immerhin wurde ich nur mit einiger Verzögerung in eine Expertenkommission berufen, die sich in der Folgezeit mit der Vorbereitung von Reformen im Besonderen Teil des schweizerischen StGB zu beschäftigen hatte, angefangen mit drei verschiedenen Entwürfen über die Neuregelung des Schwangerschaftsabbruchs (die *alle* zunächst in Volksabstimmungen verworfen worden sind), sodann, jeweils gesondert, der Delikte gegen Leib und Leben, der Sexual- und Familiendelikte, Ende der 70er-Jahre von neuen Tatbeständen zur Bekämpfung von Geiselnahmen und Terrorakten und schließlich der Urkunden- und Vermögensdelikte im Blick insbesondere auf die Computerkriminalität. 1986 begannen dann, auf der Grundlage eines Vorentwurfs von *Hans Schultz*, die Arbeiten einer weiteren Expertenkommission zur umfassenden Reform des Allgemeinen Teils, insbesondere des Systems der strafrechtlichen Sanktionen, das in seiner Substanz noch aus dem 19. Jahrhundert stammte. Dabei ging es vor allem, nach deutschem und österreichischem Muster, um die Zurückdrängung kurzer Freiheitsstrafen und wieder auch um stärkere rechtsstaatliche Sicherungen im Bereich der strafrechtlichen Maßregeln, die dann freilich, unter dem Eindruck des radikalen Wandels der kriminalpolitischen Einstellung in der Öffentlichkeit, im weiteren Gesetzgebungsprozess in ihr Gegenteil verkehrt worden sind. Hier haben die Auseinandersetzungen bis in die Gegenwart fortgedauert, beispielsweise in den Fragen einer nachträglichen oder einer durch Volksabstimmung eingeführten, im Widerspruch zur EMRK praktisch nicht mehr überprüfbaren, lebenslangen Sicherungsverwahrung[32].

---

31 Darin findet sich unter anderem die Aufforderung, in Zeiten der Kriegsgefahr „auch die kleinsten verdächtigen Beobachtungen sofort und genau dem nächsten Polizeiposten" zu melden, mit dem Beispiel eines „alleinstehenden Junggesellen", in dessen Wohnung, wie der „Aufräumerin" aufgefallen war, ein kleiner Kanister Heizöl stand, „obschon kein Ölofen in der Wohnung war", und der „mehrmals von einem Unbekannten aufgesucht worden war". Bei einer Untersuchung stellt sich heraus, dass er mit diesem „widernatürliche Beziehungen pflegte" und von ihm gezwungen werden sollte, das Öl in das Trinkwasserreservoir zu schütten: „Bekanntlich macht ein Liter Heizöl eine Million Liter Trinkwasser unbrauchbar" (S. 184).

32 Dazu etwa: *Karl-Ludwig Kunz / Günter Stratenwerth*, Zum Bericht der Arbeitsgruppe „Verwahrung", Schweiz. ZStrR 123 (2005) 2 ff.

Zum Lehrauftrag des Basler Ordinariats gehört auch die Rechtsphilosophie. Veröffentlicht hatte ich hier, außer den schon genannten Arbeiten, 1958 nur im Fischer-Lexikon Philosophie, das zu einer Art Bestseller geworden ist, den Artikel „Rechtsphilosophie", kaum mehr als eine Zusammenfassung von *Welzels* Naturrechtsbuch. In Basel blieb mir, als dem trotz massiv steigender Studentenzahlen lange Jahre einzigen vollamtlichen Vertreter des Strafrechts, für die Philosophie allerdings wenig Raum. Regelmäßig halten konnte ich nur Einführungen in die Materie, die ich freilich immer wieder neu geschrieben habe, und Seminare. Daraus ist eine Reihe verstreuter Beiträge zu Zeitschriften und Sammelbänden hervorgegangen. Was mich in der Sache jedoch seit den späten 80er-Jahren zunehmend beschäftigt hat, war die Auseinandersetzung mit dem Erbe der Aufklärung, nicht zuletzt im Blick auf die nunmehr allenthalben spürbare Krise der westlichen Zivilisation[33], wie meine Beiträge etwa zu den Festschriften für *Werner Maihofer*[34] und *Arthur Kaufmann*[35] ausweisen. Damit geriet ich in Gegensatz zu den Exponenten der (strafrechtlichen) 'Frankfurter Schule', öffentlich erstmals beim Internationalen Forschungskolloquium „100 Jahre Finnisches Strafgesetzbuch" im September 1990 in Helsinki und vor allem durch mein Referat bei der Basler Strafrechtslehrertagung 1993[36]. Was uns trennt, ist nicht das Bedürfnis, der zunehmenden Instrumentalisierung des Strafgesetzes zu tagespolitischen, um nicht zu sagen: populistischen, Zwecken entgegenzutreten. Darin sind wir einig. Angelpunkt des Streits über die Rechtsgutsfrage sind allein die Kriterien, mit deren Hilfe das geschehen könnte und sollte. Während die Frankfurter meinen, das Strafrecht auf den Schutz individueller Interessen beschränken zu sollen, und sich damit an einem Gesellschaftsbild orientieren, das (wie ich meine: einseitig) auf die Aufklärung zurückweist[37], scheint es mir angesichts der gegenwärtigen Bedrohung allen Lebens auf der Erde unabdingbar, den legitimen Anwendungsbereich des Strafrechts zu erweitern[38]. Das habe ich in meiner kleinen Schrift

---

33 Mit Seminaren u.a. zu *Hans Jonas*, Das Prinzip Verantwortung, Frankfurt am Main 1979; *Dieter Birnbacher*, Ökologie und Ethik, Stuttgart 1986.

34 „Größtmögliche Freiheit?", 1988, 571 ff.

35 Wie wichtig ist Gerechtigkeit?, 1993, 353 ff.

36 Zukunftssicherung mit den Mitteln des Strafrechts?, ZStW 105 (1993) 679 ff.

37 Repräsentativ der vom Institut für Kriminalwissenschaften Frankfurt a.M. herausgegebene Sammelband: Vom unmöglichen Zustand des Strafrechts, 1995.

38 Zum Begriff des „Rechtsgutes", in: FS Lenckner, 1998, 377 ff.; Kritische Anfragen an eine Rechtslehre nach „Freiheitsgesetzen", in: FS E.A.Wolff, 1998, 495 ff.; „Wahres" Strafrecht?, in: FS Lüderssen, 2002, 373 ff.; Kriminalisierung bei Delikten gegen Kollektivrechtsgüter, in: *Hefendehl / v. Hirsch / Wohlers* (Hrsg.), Die Rechtsgutstheorie, Baden-Baden 2003, 255 ff.; Zur Legitimation von „Verhaltensdelikten", in: *v. Hirsch / Seelmann / Wohlers*, Mediating Principles, Baden-Baden 2006, 157 ff.

'Freiheit und Gleichheit' näher zu begründen versucht[39]. Von hier aus erklärt sich letztlich ebenso mein Interesse an der Regelung einer strafrechtlichen Unternehmenshaftung[40], die mir im Prinzip dringend geboten scheint. Wie wenig mit dem Rechtsgutsdogma auszurichten ist, bildet nicht zuletzt auch das Fazit jahrzehntelanger praktischer Erfahrung in Sachen Strafgesetzgebung.

Um internationale Kontakte habe ich mich nie bemüht. Das Bestreben, in zwei Fachgebieten in zwei verschiedenen Rechtsordnungen bei der fortwährend steigenden Flut von Publikationen einigermaßen auf dem Laufenden zu bleiben, schien mir anspruchsvoll genug. Allerdings ist Einiges von meinen Publikationen in andere Sprachen übersetzt worden, so vor allem mein deutscher Allgemeiner Teil I[41] und die kleine Schrift über „Die Zukunft des strafrechtlichen Schuldprinzips" von 1977 ins Spanische[42]. *Marcelo Sancinetti* und *Patricia Ziffer* haben meine Texte zur Unrechtslehre auch in einer Monographie zusammengeführt[43]. Von anderen Arbeiten gibt es eine italienische Version[44]. Wichtiger ist mir die Mitarbeit bei ausländischen Gesetzgebungsarbeiten gewesen, so wiederholte Male als Mitglied einer Expertengruppe der Schweiz, die den Auftrag hatte, der Slowakei bei den dortigen Arbeiten am Entwurf eines neuen Strafgesetzbuchs zu helfen, und in den 90er Jahren bei mehreren Aufenthalten in Bolivien, dessen damaliger Justizminister, der vor vielen Jahren in Basel studiert hatte, dringend gebotene Strafrechtsreformen in Angriff nehmen wollte. Die neuen Fragestellungen zu bearbeiten, die sich demgegenüber nunmehr aus der Internationalisierung, insbesondere der Europäisierung des Strafrechts ergeben, überlasse ich dagegen gern meinen jüngeren Kollegen.

---

39 Bern 2007.

40 Dazu: Strafrechtliche Unternehmenshaftung?, in: FS Rudolf Schmitt, 1992, 295 ff.; Zurechnungsprobleme im Unternehmensstrafrecht, in: FS Burgstaller, 2004, 191 ff.; Voraussetzungen einer Unternehmenshaftung de lege ferenda, Schweiz. ZStrR 126 (2008) 1 ff.

41 So die 2. Aufl. von 1976 durch *Gladys Romero*, Madrid 1982; die 4. Aufl. 2000 durch *Manuel Cancio Melià* und *Marcelo A. Sancinetti*, Cizur Menor / Buenos Aires 2005. 2006 ist noch eine Übersetzung der 5. Aufl. 2004 (mit *Lothar Kuhlen*) durch *Meng Yang* ins Chinesische erfolgt, was immer ihr Sinn sein mag.

42 El futuro del principio juridico penal de culpabilidad, 1980, von *Enrique Bacigalupo*.

43 Acción y resultado en derecho penal, Buenos Aires 1991, 2. Aufl. 2006.

44 So etwa von der Rede über 'Das Strafrecht in der Krise der Industriegesellschaft' von 1993: Il diritto penale nella crisi della società industriale, Materiali per una storia della cultura giuridica XXIV (1994) 249 ff.; oder den Beitrag 'Wie wichtig ist Gerechtigkeit?', in: FS Arthur Kaufmann, 1993, 353 ff.: Quanto è importante la giustizia? Ebda. XXV (1995) 405 ff.

Im übrigen ist eine autobiographische Skizze, wie ich denke, nicht der Ort, um über die Aufgabe des Strafrechts im Allgemeinen und die Rolle, die man dabei gespielt hat, im Besonderen nachzudenken. Es kann ja nur um das hochproblematische Geschäft gehen, die Grundregeln eines einigermaßen friedlichen Zusammenlebens so gerecht wie möglich mit Vernunft und Augenmaß durchzusetzen. Das beginnt bei der kritischen Auseinandersetzung mit bestehendem oder eben auch künftigem Recht. Für die Lehre von der Straftat bedeutet es, dass sie, wie die Erfahrung in einem Land wie der Schweiz nachdrücklich lehren kann, im Blick auf die Praxis betrieben und nicht zum Selbstzweck werden sollte. Neue Aufgaben stellen sich ihr ohnehin, insbesondere bei neuen Kategorien von Delikten, in reichem Maße. Nicht weniger wichtig ist freilich die wissenschaftliche Begleitung der Ausgestaltung und Praxis der strafrechtlichen Sanktionen. Angesichts der Emotionen, die Rechtsbrüche bei den Betroffenen und in der Öffentlichkeit auslösen können, erscheint das als schwierig genug. Man wird das Strafrecht bei diesem Geschäft, so zynisch es klingt, in erster Linie wohl als Instrument zum kontrollierten Umgang mit solchen Emotionen betrachten müssen. Dabei kann man, nach einer der Maximen, die meine Generation bei allen ihren Vorschlägen zur Reform des Sanktionensystems und des Strafvollzuges geleitet hat, hinter den Bedürfnissen der Allgemeinheit nach Vergeltung zwar einen Schritt zurückbleiben, aber kaum mehr als das. Dass auch auf solchem Wege – man denke nur an die weitere Zurückdrängung der Freiheitsstrafe – Einiges zu erreichen war, ohne dass die öffentliche Ordnung zusammengebrochen wäre, dürfte kaum zu bestreiten sein. Alles Weitere müssen wir ohnehin unseren Nachfolgern überlassen.

# Schriftenverzeichnis (in Auswahl)

## 1. Selbständiges Schrifttum

Die Naturrechtslehre des Johannes Duns Scotus, 1951.

Das rechtstheoretische Problem der „Natur der Sache", 1957.

Verantwortung und Gehorsam. Zur strafrechtlichen Wertung hoheitlich gebotenen Handelns, 1958.

Publizistischer Landesverrat, 1965.

Tatschuld und Strafzumessung, 1972.

Der Schweizerische Strafvollzug. Programm, Methode und Durchführung einer empirischen Untersuchung, zusammen mit Peter Aebersold, 1976.

Die Zukunft des strafrechtlichen Schuldprinzips, 1977.

Der Schweizerische Strafvollzug: Ergebnisse einer empirischen Untersuchung, zusammen mit Andreas Bernoulli, 1983.

Was leistet die Lehre von den Strafzwecken?, 1995.

Das Strafrecht in der Krise der Industriegesellschaft, 1998.

Freiheit und Gleichheit, 2007.

## 2. Kommentierungen

Schweizerisches Strafgesetzbuch. Handkommentar, zusammen mit Wolfgang Wohlers, 2007, 2. Aufl. 2009.

## 3. Lehrbücher

Schweizerisches Strafrecht. Allgemeiner Teil, Bd. 1, Die Straftat, 1. Aufl. 1982, 3. Aufl. 2005.

Schweizerisches Strafrecht. Allgemeiner Teil, Bd. 2, Strafen und Massnahmen, 1. Aufl. 1989, 2. Aufl. 2006.

Schweizerisches Strafrecht. Besonderer Teil I: Straftaten gegen Individualinteressen, 1. Aufl. 1973, 6. Aufl. zusammen mit Guido Jenny, 2003.

Schweizerisches Strafrecht. Besonderer Teil II: Straftaten gegen Gemeininteressen, 1. Aufl. 1974, 6. Aufl. zusammen mit Felix Bommer, 2008.

Strafrecht, Allgemeiner Teil I: Die Straftat, 1. Aufl. 1971, 5. Aufl. zusammen mit Lothar Kuhlen, 2004.

## *4. Aufsätze in Zeitschriften und Sammelwerken*

Strafprozessuale Zwangsmaßnahmen bei inzidenter Normenkontrolle, JZ 1957, S. 299–303.

Dolus eventualis und bewusste Fahrlässigkeit, ZStW 71. Bd. (1959), S. 51–71.

Arbeitsteilung und ärztliche Sorgfaltspflicht, in: Festschrift für Eberhard Schmidt, 1961, S. 383–400.

Zur Funktion strafrechtlicher Gesinnungsmerkmale, in: Festschrift für Hellmuth von Weber, 1963, S. 171–191.

Zum juristischen Begriff des Todes, in: Festschrift für Karl Engisch, 1969, S. 528–547.

Zum Streit der Auslegungstheorien, in: Festschrift für Oscar Adolf Germann, 1969, S. 257–274.

Bemerkungen zum Prinzip der Risikoerhöhung, in: Festschrift für Wilhelm Gallas, 1973, S. 227–239.

Unbewußte Finalität, in: Festschrift für Hans Welzel, 1974, S. 289–305.

Zur Relevanz des Erfolgsunwertes im Strafrecht, in: Festschrift für Friedrich Schaffstein, 1975, S. 177–193.

Der Versuch des untauglichen Subjekts, in: Festschrift für Hans-Jürgen Bruns, 1978, S. 59–69.

Strafrecht und Sozialtherapie, in: Festschrift für Paul Bockelmann, 1979, S. 901–921.

Zum Prinzip des Sozialstaats, in: Festschrift für Kurt Eichenberger, 1982, S. 81–91.

Zur Individualisierung des Sorgfaltsmaßstabes beim Fahrlässigkeitsdelikt, in: Festschrift für Hans-Heinrich Jescheck, 1985, Hlbd. 1, S. 285–302.

Zur Rechtfertigung freiheitsbeschränkender sichernder Massnahmen, Schweiz. ZStrR 105. Bd. (1988), S. 105–124.

„Größtmögliche Freiheit"?, in: Festschrift für Werner Maihofer, 1988, S. 571–586.

Objektsirrtum und Tatbeteiligung, in: Festschrift für Jürgen Baumann, 1992, S. 57–69.

Strafrechtliche Unternehmenshaftung?, in: Festschrift für Rudolf Schmitt, 1992, S. 295–307.

Wie wichtig ist Gerechtigkeit?, in: Festschrift für Arthur Kaufmann, 1993, S. 353–362.

Zukunftssicherung mit den Mitteln des Strafrechts?, ZStW 105. Bd. (1993), S. 679–696.

Kritische Anfragen an eine Rechtslehre nach „Freiheitsgesetzen", in: Festschrift für Ernst Amadeus Wolff, 1998, S. 495–507.

Zum Begriff des „Rechtsgutes", in: Festschrift für Theodor Lenckner, 1998, S. 377–391.

Die Entwicklung der strafrechtlichen Normen zur Bekämpfung der Geldwäscherei, in: Wiegand (Hrsg.), Die Banken im Spannungsfeld zwischen öffentlichem Recht und Privatrecht, 1999, S. 17–30.

Neuere Tendenzen im Massnahmerecht: Vereinbarkeit mit rechtsethischen Grundsätzen?, Aktuelle Juristische Praxis Bd. 9 (2000), S. 1345–1351.

„Wahres" Strafrecht?, in: Festschrift für Klaus Lüderssen, 2002, S. 373–381.

Das künftige System der Sanktionen im Erwachsenenstrafrecht – ein kriminalpolitischer Fortschritt?, in: Dittmann u.a. (Hrsg.), Zwischen Mediation und Lebenslang: neue Wege in der Kriminalitätsbekämpfung, 2002, S. 371–384.

Zum Behandlungsabbruch bei zerebral schwerst geschädigten Langzeitpatienten, in: Festschrift für Hans-Ludwig Schreiber, 2003, S. 893–901.

Kriminalisierung bei Delikten gegen Kollektivrechtsgüter, in: Hefendehl / v. Hirsch / Wohlers (Hrsg.), Die Rechtsgutstheorie. Legitimationsbasis des Strafrechts oder dogmatisches Glasperlenspiel?, 2003, S. 255–260.

Zurechnungsprobleme im Unternehmensstrafrecht, in: Festschrift für Manfred Burgstaller, 2004, S. 191–200.

Die Strafen im Bagatellbereich nach künftigem Recht, ZStrR Bd. 122 (2004), S. 159–168.

Zur Legitimation von „Verhaltensdelikten", in: Hirsch / Seelmann / Wohlers (Hrsg.), Mediating principles: Begrenzungsprinzipien bei der Strafbegründung, 2006, S. 157–165.

Universitäre Strukturen und gesellschaftlicher Wandel – am Beispiel der Universität Basel, in: Hügli / Küchenhoff / Müller (Hrsg.), Die Universität der Zukunft: Eine Idee im Umbruch?, 2007, S. 103–114.

Sachlogische Strukturen?, in: Festschrift für Günther Jakobs, 2007, S. 663–674.

Die Verjährung beim Unterlassungsdelikt, in: Festschrift für Franz Riklin, 2007, S. 245–254.

Voraussetzungen einer Unternehmenshaftung de lege ferenda, Schweiz. ZStrR Bd. 126 (2008), S. 1–16.

Tötung und Körperverletzung mit Einwilligung des Betroffenen, in: Festschrift für Knut Amelung, 2009, S. 355–363.

Klaus Tiedemann

# Klaus Tiedemann
## Leben und Beruf

### I.

Geboren wurde ich am 1. April 1938 in Unna, einer mittelalterlich geprägten kleinen Stadt am westfälischen Hellweg, der alten Handels- und Königsstraße vom Rheinland in den Osten. Den Hellweg säumen gotische Hallenkirchen, die in der nur mäßig gewellten Landschaft von weitem sichtbar, freilich in meiner Erinnerung gewaltiger als in Wirklichkeit sind, wie ich kürzlich bei einer Reise in die alte Heimat feststellen musste. In der Stadtkirche von Unna, die durch den Prediger und Liederdichter *Philipp Nicolai* eine gewisse Bekanntheit erlangte und an der mein Vater eine Zeit lang nebenberuflich als Organist tätig war, wurde ich getauft und konfirmiert.

Die äußeren Wirren des Zweiten Weltkrieges machten sich hier, am östlichen Rand des Ruhrgebietes, erst gegen Kriegsende bemerkbar, als britische Flieger nachts Brandbomben über Wohngebieten abwarfen und tagsüber mit dem Bordmaschinengewehr Jagd auch auf die Zivilbevölkerung machten. Unser Haus im „Bornekamp", einem langen Tal, das über Wälder und Felder bis hin zur Ruhr führt, hielt dank der im Keller nachträglich angebrachten Fichtenholz-Stützpfeiler, so genannten Stempeln aus den nahe gelegenen Kohlegruben, allen Erschütterungen stand. Das Anwesen war noch von meinem Großvater *Martin Burghardt* erworben worden, einem erfolgreichen Maler und an der Essener Folkwang-Schule ausgebildeten Kunstmaler, strenger Obermeister seiner Handwerksinnung und Kavallerist im Ersten Weltkrieg. Jetzt halfen Kriegsgefangene des vor dem Ende stehenden Zweiten Weltkriegs aus einem Lager in der Nachbarschaft gegen schmale Rationen von Brot und Tabak, die zertrümmerten Fensterscheiben seines Hauses durch Bretter zu ersetzen, die man irgendwie „organisieren" musste.

Schön bleiben in der Erinnerung die zum Klettern einladenden Kalk-Felsen des Bornekamp, der ihnen vorgelagerte und im Winter gefährlich schlittengeeignete „Katzenbuckel", die zum Verstecken und – erneut – zum Holzdiebstahl auffordernden Lärchenwäldchen, über die ein Feldwart wachte, mit dem es bei Entdeckung um die Wette zu laufen galt. Zur Ruhr gab es keine direkte Straße. Vielmehr mussten meine jüngere Schwester *Lore* und ich mit den Fahrrädern den knapp 400 m hohen „Haarstrang" erklimmen, dessen Südhang aus Kreidegestein steil zur Ruhr und zur Möhne hin abfällt. Die Möhnetalsperre wurde durch in ihrem Vaterland berühmt gewordene *dam busters* aus der Luft zerstört, und erst der Haarstrang hielt die weitflächigen haushohen Überschwemmungen auf. Nach Kriegsende floss die Ruhr wieder sauber und nahezu kraftvoll anmutig durch weite Wiesen. Nichts erinnerte hier an das benachbarte, nach diesem Fluss benannte Industriegebiet, in dem damals Kohlestaub die Fensterbretter und die Nasen verklebte. Manchmal wurde ich von Freunden zum Paddeln eingeladen – ein schon wegen der hohen Liegegebühren für die Boote an der Ruhr besonderer Luxus, der für uns auch dann noch unerreichbar war, als der Vater aus skandinavischer Kriegsgefangenschaft heimkehrte und sogleich wieder als Lehrer am Städtischen Mädchengymnasium eingestellt wurde.

Vielleicht hat der prächtige Baumbestand des Bornekamp meine spätere Vorliebe für alte Bäume begründet, wie ich sie auch jetzt hinter meinem atriumähnlichen Garten an den Ufern eines kleinen Gebirgsflusses sehe, der einen Namen keltischen Ursprungs trägt. Bei der Niederschrift dieser Erinnerungen höre ich neben seinem leicht polternden Fließen den unvergessenen *Ibrahim Ferrer* mit seinem kubanischen Volkslied: „En el tronco de un arbol […]“ (In den Stamm eines Baumes ritzte ein Mädchen / mit Vergnügen ihren Namen. / Und der Baum, hiervon berührt, / ließ eine Blüte auf sie fallen.) Leider geht es für den Baum, aus dem natürlich der Sänger spricht, recht melancholisch weiter: Er trägt für immer den Namen seiner Schönen; „aber was hat sie mit seiner armen Blüte gemacht?“ (Y tú que has hecho de mi pobre flor?). Um „meine“ Bäume auf öffentlichem Grund steht es freilich noch viel schlimmer, da der Gemeinderat von Staufen im Breisgau südlich Freiburg, wo ich seit 35 Jahren wohne, mit einer Stimme Mehrheit von SPD und GRÜNEN beschlossen hat, hier ein Kleinkraftwerk zur Gewinnung alternativer Energie zuzulassen, obwohl das Bundesumweltministerium für Gewässer dieser kleinen Größenordnung inzwischen von derartigen Vorhaben abrät. Im Bestand bedroht sind damit hoch gewachsene und solitär stehende Linden, Eschen sowie – mir gegenüber – ein feingliedriger Ginkgo, in China und Japan heiliger Baum und aus *Goethes* West-östlichem Divan bekannt. Die Staufener GRÜNEN wollen nach Fällung der schönen alten Bäume für „Nachpflanzung“ sorgen. Sancta simplicitas!

In Unna besuchte ich nach der Herder-Volksschule, die gegen Kriegsende zeitweilig geschlossen blieb, das Pestalozzi-Gymnasium. Gute Lehrer, deren Befähigung mir erst nachträglich klar wurde, weckten in mir das Interesse an fremden Sprachen und Kulturen und an der europäischen Idee, aber auch an Physik und Chemie, an Geschichte, Literatur und Musik. Die naturwissenschaftlichen Neigungen legte ich mit dem Beginn des rechtswissenschaftlichen

Studiums 1957 nicht ganz ab. Ich konnte ihnen später unter anderem anlässlich meiner langen Beratertätigkeit für die Alexander von Humboldt-Stiftung in Bonn und als Vorsitzender ihres Feodor Lynen-Auswahlausschusses wieder nachgehen. Auch habe ich diese Neigungen offenbar meinem 1965 geborenen Sohn *Michael* vererbt, der Maschinenbauer wurde und als Entwicklungsingenieur bei Siemens / Bosch in München tätig ist. Die von meinem Vater überkommene literarisch-musikalische Richtung ging auf *Philip* über, der sich schon bald nach seiner Geburt 1969 als besonders kreatives Kind entpuppte und heute Theaterregisseur in Berlin ist. Der gefürchtete Kritiker *Gerhard Stadelmaier* hat ihn in der Frankfurter Allgemeinen Zeitung wiederholt als den musikalischsten Regisseur seiner Generation bezeichnet.

Das Studium führte mich nach dem Abitur 1957 nach Göttingen, wo ich von meinem späteren Fakultätskollegen *Franz Wieacker* bleibend beeindruckt wurde, sodann nach Freiburg und Münster und schließlich nach Paris. Dort lernte ich als freier Mitarbeiter des großen Kriminalpolitikers *Marc Ancel* die französische Rechtskultur kennen, aber auch die französische Lebensart insgesamt schätzen, etwa durch meine „Entdeckung" des Philosophen und Psychologen *Gaston Bachelard* mit seinen einfühlsamen Werken zu allen Elementen dieser Welt (zu denen die Bäume nach westlicher Auffassung freilich nicht zählen): L'eau et les rêves; L'air et les songes; La terre et les rêveries u.a.m.

Nach der in Paris vorbereiteten Münsteraner Promotion 1962 bei *Karl Peters* folgte ich diesem bedeutenden Kriminalisten als Assistent nach Tübingen, wo ich nach dem in Stuttgart abgelegten Assessorexamen im Sommersemester 1968 habilitiert wurde, nachdem ich dort bereits 1963 die damalige Rechtsreferendarin *Inge Karin Hoffmann* geheiratet hatte; sie machte sich später als Fachanwältin für Familienrecht einen Namen. Noch am Abend der Habilitation erhielt ich einen dem Tübinger Dekan in Erwartung meines Erfolges zu treuen Händen anvertrauten Ruf des Hessischen Kultusministeriums auf den Lehrstuhl für Strafrecht an der Universität Gießen, dem einzigen damals freien Lehrstuhl dieses Faches in Deutschland. Die Universität Gießen war nach ihrer Schließung in der NS-Zeit einige Jahre zuvor wieder eröffnet worden und konnte sich mit der Erinnerung an große Namen des Strafrechts schmücken: *Beling*, *Frank*, *von Liszt*, die freilich alle nur vorübergehend dort wirkten. Ihre im Universitätsarchiv von mir ausgegrabenen Bilder gaben meinem bescheidenen Dienstzimmer den Hauch strafrechtlicher Tradition in einer unruhigen Zeit, in der die später so genannten 1968er mit der Gesellschaft auch die Universität erzittern ließen, bevor sie auf die übliche Karriereleiter stiegen. Gießen wurde zum Tummelplatz für Pseudo-Revolutionäre, die in dem benachbarten Frankfurt mangels hinreichender Marx-Engels-Kenntnisse nicht reüssierten. Mit ihnen in nächtelangen Kommissionssitzungen bei chinesischem Tee in endlosen Debatten konfrontiert zu werden, war kein Vergnügen. Für einen persönlichen Lichtblick sorgte eine Zugverbindung, die einmal in der Woche aus Frankfurt eine Eisenbahnladung junger Studentinnen und Studenten brachte, die in meinen Strafrechtsübungen in einer provisorischen Baracke in der Licher Straße „normales" Strafrecht lernen und dabei eher die Note „befriedigend" attestiert erhalten wollten, statt als anonyme Diskutanten kriminalpolitischer Projekte in Frankfurt oder Gießen alle mit dem Prädikat „sehr gut" bedacht zu werden. Da die Bundesbahn keine Rücksicht auf universitäre Planungen nehmen konnte, musste der Übungsbeginn um 20 Minuten verschoben werden. Hierfür hatten fast alle Teilnehmer Verständnis – außer denjenigen, die mich vor der Baracke mit Megaphonen als jungen Reaktionär begrüßten. In Wahrheit bin ich wohl eher ein alter Traditionalist: Golf spiele ich fast ausschließlich mit Eisenschlägern, und in meiner zweiten Wahlheimat, dem Oberwallis, wo die wasserreiche junge Rhone in ihrem wilden Bett vom Hang des Furkapasses aus tonnenschweren Gneis- und Granitbrocken riesige Kieselsteine geformt hat, trinke ich bei *Fernanda Fux* und *Louis Müller* eher den alten Humagne rouge oder den Landroten Cornalin als die verbreitete und beliebte *assemblage* Dôle.

Den Anfang der Studentenunruhen hatte ich übrigens noch in Tübingen erlebt. Vor einer mit schwerem Gerät auf das vorsorglich verschlossene Juristische Dekanat anrückenden Meute ergriff der damalige Dekan *Karl Peters* mit dem einzigen Exemplar meiner bei der Fakultät eingereichten Habilitationsschrift die Flucht und entkam, obwohl nie sportlich trainiert, aber durch lange Wanderungen im Sauerland und im Schwarzwald in guter körperlicher Verfassung, durch das Fenster des ebenerdigen Dekanats. Auch sonst war manches neu. Der Rektor der Universität, der hoch angesehene Zivilist und spätere Kirchentagspräsident *Ludwig Raiser*, war recht erstaunt, als er bei öffentlichen Diskussionen in der Aula der Universität mit „Du" angeredet wurde. Der Fortschritt brach sich unter dem Banner von *égalité* und *fraternité* Bahn!

Nach einem kurzen Intermezzo auf einem Lehrstuhl für Strafrecht in Göttingen kehrte ich 1973 erleichtert und glücklich von dem beibehaltenen Wohnort am Vogelsberg bei Gießen nach Freiburg in eine angesehene und damals gefestigte Fakultät zurück. Hier hatte ich bis zu meiner Emeritierung im Jahre 2003 den Lehrstuhl für Strafrecht und Strafprozessrecht inne und wurde Direktor des einst von *Erik Wolf* gegründeten Instituts für Kriminologie und Wirtschaftsstrafrecht. Das Institut hatte eine wechselvolle Geschichte – vom Seminar für Gefängniskunde unter *Erik Wolf* über die Firmierung „Kriminologie und Strafvollzugskunde“ unter meinem Vorgänger *Thomas Würtenberger* bis zu der mit ihm abgestimmten Umbenennung mit der noch heute gültigen Bezeichnung. Die Hervorhebung des Wirtschaftsstrafrechts in der Benennung ergab sich höchst aktuell aus einem großen Forschungsauftrag des Bundesjustizministeriums, den der damalige Ministerialdirektor Dr. *Krüger* auf der Regensburger Strafrechtslehrertagung mit mir abgesprochen hatte. Er schrieb mir im November 1971 auf einer nicht mehr ganz neuen Schreibmaschine, wie sie damals bei den Behörden durchaus üblich war, mit leicht beschädigten Druckbuchstaben, dass er für seinen Minister und seinen Parlamentarischen Staatssekretär unsere Absicht bestätige, das Wirtschaftsstrafrecht modernen Bedürfnissen anzupassen, beginnend mit gesetzgeberischen Maßnahmen gegen den verbreiteten Subventionsschwindel zu Lasten öffentlicher Haushalte einschließlich dem der Europäischen (Wirtschafts-) Gemeinschaft. Noch in Gießen startete ich mit einigen Assistenten, Doktoranden und Praktikern eine Bestandsaufnahme und Auswertung aller erreichbaren Straf- und Verwaltungsverfahren wegen Subventionsmissbrauchs. Hieraus wurde später ein ausformulierter Gesetzgebungsvorschlag in einem Buch, dessen Fallschilderungen in Absprache mit dem Ministerium neutralisiert werden mussten, damit nicht ein Anleitungswerk für künftige Kriminelle entstand – wurde das Buch doch in 10.000 Exemplaren auch in Bahnhofsbuchhandlungen verkauft.

Die Berufung in die seit 1972 tätige Kommission des Bundesjustizministeriums zur Bekämpfung der Wirtschaftskriminalität (Reform des Wirtschaftsstrafrechts), die bereits erwähnte Tätigkeit für die Alexander von Humboldt-Stiftung, Aufgaben im Forschungsbeirat des Bundeskriminalamts und jeweils mittelfristige Beraterleistungen für den Europarat, das Generalsekretariat der UNO sowie die EG-Kommission führten zu umfangreichen Aktivitäten und Belastungen neben den von mir stets besonders ernst genommenen Lehr- und Prüfungsverpflichtungen an der Freiburger Juristenfakultät. Ehrenvolle Angebote wie das der Medizinischen Fakultät, mich als gemeinsamen Vertreter der beiden Fakultäten in den damals allmächtigen, aber jede Woche tagenden Verwaltungsrat der Universität zu entsenden, musste ich aus Zeitgründen ähnlich wie manche andere arbeitsintensive Aufgaben *intra muros* ablehnen. Selbstverständlich habe ich aber pünktlich und mit Engagement die Ämter des Dekans und des Prodekans sowie des Sprechers des Professorenkonvents für die Fakultät versehen, der ich auch gegenüber ehrenvollen Rufen auf den Lehrstuhl meines älteren Freundes *Jürgen Baumann* in Tübingen und auf die strafrechtliche Direktorenstelle des Freiburger Max-Planck-Instituts für ausländisches und internationales Strafrecht als Nachfolger meines seit Studienzeiten hoch verehrten akademischen Lehrers *Hans-Heinrich Jescheck* treu geblieben bin. Ich habe es vorgezogen, mein zunächst eher kleines Fakultätsinstitut zu leiten, es auszubauen und zu einem Zentrum internationaler wissenschaftlicher Begegnung zu machen. Meine bereits für den Vorgänger tätige Sekretärin *Evelyn Wihler*, von den zahlreichen ausländischen Gästen zu Recht als Mutter des Instituts bezeichnet, hat mich dabei über drei Jahrzehnte unterstützt.

## *II.*

In der Zeit bis zur Habilitation waren meine *wissenschaftlichen Schwerpunkte* von denen meines Doktorvaters *Karl Peters* bestimmt gewesen, dessen Lehrbuch „Strafprozess“ mich schon als Student fasziniert hatte und an dessen Neubearbeitung ich in Tübingen als sein Assistent mitwirken durfte. Sanft gedrängt wurde ich dabei von Frau *Hatwig Peters*, die deutlich sah, dass ihr Mann über viele Jahre von der ihm vom Bundestag übertragenen empirischen Erforschung der Fehlerquellen im Strafprozess absorbiert sein würde. *Karl Peters*, den ich in seinem Wochenendhaus bei Meschede im Sauerland oft besucht habe, analysierte in der von ihm gegründeten Tübinger Forschungsstelle für Strafprozess und Strafvollzug mit seinem Team mehr als 1.000 Wiederaufnahmeverfahren, nämlich alle erreichbaren Fälle des Verdachts von strafrechtlichen Fehlurteilen seit 1945. Dies war eine faszinierende und einmalige Aufgabe, nachdem bis dahin meist nur Strafverteidiger literarisch über einzelne Wiederaufnahmefälle und ihre persönlichen Folgerungen hieraus berichtet hatten. Ich selbst habe in diesem Zusammenhang vor allem auch das ausländische Schrifttum zur Wiederaufnahme von Strafverfahren zusammengetragen und ausgewertet. Durch die Arbeit am Strafprozessrecht ergab sich für mich eine intensive Beschäftigung mit dem Beweisrecht, beispielsweise mit dem bis heute nicht ganz geklärten Problem des V-Mann-Beweises. Eine Reihe größerer und kleinerer Abhandlungen zum *Strafprozessrecht* stammt aus dieser Tübinger Zeit.

Daneben trat das *Strafvollzugsrecht* in den Vordergrund. Ich suchte es in meiner von Peters betreuten rechtsvergleichenden Dissertation mit dem Verfassungsrecht und der Rechtsvergleichung zu verbinden. Bei der Lektüre einiger Bände des Bundesjustizministeriums zur Vorbereitung der großen Strafrechtsreform war mir nämlich aufgefallen, dass eine Lücke bei der Darstellung des Verhältnisses des Strafvollzugsrechts zum Verfassungsrecht bestand und beklagt wurde. Die interdisziplinäre Nähe zu dem letzteren Rechtsgebiet hat mich auch später immer wieder beschäftigt. Sie geht wohl noch auf meine studentische Tätigkeit am Münsteraner Seminar des früh verstorbenen Staats- und Steuerrechtlers *Friedrich Klein* zurück, der mich auch zu ersten größeren verfassungsrechtlichen Aufsätzen inspiriert hatte: Vorarbeiten zu dem Grundgesetz-Kommentar von *v. Mangoldt* / *Klein* bildeten meine ersten wissenschaftlichen Gehversuche und führten später zu der schmeichelhaften Bemerkung des Gießener Dekans, man hätte mich ebenso gut auf einen Lehrstuhl für Verfassungsrecht berufen können.

Die Habilitation in Tübingen widmete sich einem anderen weißen Fleck auf der Landkarte der „gesamten Strafrechtswissenschaften", nämlich dem von diesen bis dahin nahezu völlig vernachlässigten Nebenstrafrecht und der Erprobung allgemeiner strafrechtlicher Lehren an diesem heute wichtigen Rechtsgebiet. Der Kölner Ordinarius *Richard Lange*, der mich zu dieser 1968 abgeschlossenen Untersuchung besonders beglückwünschte und sie in der Juristenzeitung zustimmend besprach, war einer der ganz wenigen Strafrechtslehrer, die sich diesen Fragen des heute oft als „modern" bezeichneten Strafrechts zuwandten. Wie bei Lange, so lag auch bei mir das Hauptgewicht auf dem wirtschaftlichen Teil des Nebenstrafrechts – womit sich der neue wissenschaftliche Schwerpunkt *Wirtschaftsstrafrecht* geradezu zwangsläufig ergab. Ein wissenschaftlicher Zufall wollte es, dass *Fritz van Calker*, ein akademischer Lehrer meines eigenen Lehrers *Karl Peters*, Reichstagsabgeordneter, Mitglied der Kommission zur Reform des Strafrechts seit 1902 und Mitherausgeber der sechzehnbändigen Vergleichenden Darstellung des Deutschen und Ausländischen Strafrechts, mit dem jungen Urheberstrafrecht des beginnenden 20. Jahrhunderts bereits einen partiellen wirtschaftsstrafrechtlichen Schwerpunkt gebildet hatte. *Peters* selbst war an diesem Gebiet eher unter prozessualen Gesichtspunkten interessiert, forderte er doch schon in der ersten, 1952 erschienenen Auflage seines Lehrbuchs zum Strafprozess unter ethischen und sozialen Aspekten eine bessere Bekämpfung der damals von der Strafjustiz und von der Strafrechtswissenschaft weitgehend übersehenen white collar-Kriminalität, die kurz zuvor durch den US-amerikanischen Soziologen *Edwin Sutherland* in den Blickpunkt der internationalen Kriminologie gerückt worden war. Bei späteren US-Aufenthalten begegnete ich dessen Schülern *Donald Cressey* und *Marshall Clinard*; mit ersterem hielt ich in Yale ein vergleichendes Seminar zur Wirtschaftskriminalität ab, mit dem zweiten formulierte ich in Zusammenarbeit auch mit dem australischen Kriminologen *John Braithwaite* für die UNO in New York frühe *standards* zur Produktsicherheit und zum ethischen Minimum in Unternehmen.

Während meine Habilitationsschrift „Tatbestandsfunktionen im Nebenstrafrecht" noch theoretisch-dogmatischer Natur war und zunächst wenig beachtet, später aber von Fachkollegen als grundlegend für das heutige Wirtschaftsstrafrecht bezeichnet wurde, führte die Beschäftigung mit der einschlägigen Strafrechtspraxis geradezu zwingend zu *kriminalpolitischen Reformfragen*, die ich über viele Jahre mit Vertretern aller Sparten der Wirtschaftsberufe insbesondere in meinen Universitätsseminaren, aber auch anlässlich vieler Vorträge landauf, landab in Deutschland diskutiert habe. Ein mehr als 100-seitiger programmatischer Problemaufriss mit Lösungsanregungen, den ich als Gutachten zum 49. Deutschen Juristentag 1972 erstellt hatte, wurde nach Einsetzung der bereits erwähnten Reformkommission des Bundesjustizministeriums von dieser in sechsjähriger intensiver Tätigkeit unter Mithilfe von zahlreichen externen Gutachtern abgearbeitet. In der vielköpfigen Kommission, die mehrmals jährlich eine Woche lang an unterschiedlichen Orten in Deutschland tagte und im europäischen Ausland Nachahmung fand, wurde heftig gestritten, wobei der Streit nicht selten quer durch die vertretenen Berufsgruppen verlief, häufig aber auch Blöcke gebildet wurden. Der renommierte Bremer Generalstaatsanwalt *Dünnebier* regierte die Kommission mit harter Hand, bis er durch den milderen Generalstaatsanwalt *Weinmann* aus Stuttgart als Vorsitzender abgelöst wurde; dieser machte seinem Namen Ehre und führte uns an auch kulinarisch bemerkenswerte Stätten. Meine Freundschaft mit dem jüngst verstorbenen BGH-Präsidenten *Pfeiffer* datiert aus dieser Zeit der Kommissionsarbeit ebenso wie die Verbundenheit mit dem Gesellschaftsrechtler und späteren Heidelberger Rektor *Ulmer*.

Die Reformvorschläge unserer Kommission zum Straf- und Strafprozessrecht, aber auch zum Zivil-, Insolvenz- und Gesellschaftsrecht wurden auf Vorschlag *Pfeiffers* wörtlich in Paragraphenform ausformuliert, um spätere Abwandlungen der Ministerien und des Gesetzgebers von vornherein evident zu machen. Die Ergebnisse mündeten in das 1. Gesetz zur Bekämpfung der Wirtschaftskriminalität von 1976 (mit den im Strafgesetzbuch neuen Tatbeständen des Subventions- und des Kreditbetruges sowie der Neufassung der Insolvenzdelikte und ihrer Einstellung in das StGB). Es folgte 1986 das 2. WiKG (mit Straftatbeständen zur Computerkriminalität sowie zum Kapitalanlagebetrug, zum Scheck- und Kreditkartenmissbrauch und zu Straftaten gegen die Sozialversicherung). Mit einiger Verspätung kam es 1997 auf der Grundlage dieser Vorarbeiten an Stelle des zunächst geplanten 3. WiKG zur Schaffung des 26. Abschnitts des Strafgesetzbuchs mit dem Titel „Straftaten gegen den Wettbewerb". Neu war hier vor allem der heutige § 298 StGB zu dem historisch alten Problem der Submissionsabsprachen. Gegen einen solchen (bereits im Preußischen Strafgesetzbuch von 1851 enthaltenen) Straftatbestand war die Bauwirtschaft jahrzehntelang Sturm gelaufen und hatte unter Einschaltung des Bundeswirtschaftsministeriums und zahlreicher Gutachter von *Engisch* bis *Lüderssen* einige Zeit mit Erfolg seine Verwirklichung verhindert – aufschlussreiche Genese eines Tatbestandes des Wirtschaftsstrafrechts!

An der Vorbereitung der Reformen war mein Freiburger Institut mit Forschungsaufträgen zunächst zur Subventionskriminalität und sodann zu den Wettbewerbsdelikten, später zur Computerkriminalität und einer ganzen Reihe von Einzelfragen, insbesondere des Insolvenzstrafrechts, beteiligt. Meine Mitarbeiter und späteren Kollegen *Ulrich Sieber* (mit dem Schwerpunkt Computerkriminalität und Informationsrecht), *Gerhard Dannecker* (mit den Schwerpunkten Steuer- und Wettbewerbsstrafrecht), *Joachim Vogel* (Betrugs- und Kapitalmarktstrafrecht) sowie *Tonio Walter* (vergleichendes Betrugsstrafrecht und Straftaten gegen das geistige Eigentum) haben mich bei diesen Forschungen ebenso wie bei den späteren umfangreichen Erläuterungen der neuen Straftatbestände für den „Leipziger Kommentar", dessen Mitherausgeber ich bei der 12. Auflage wurde, unterstützt. Zu den Genannten trat, aus der rechtsphilosophischen Tradition *Erik Wolfs* und seines Freiburger Schülers *Alexander Hollerbach* stammend, *Urs Kindhäuser*, der sich nach der von mir betreuten Habilitation über die Gefährdung im Strafrecht ebenfalls Fragen des Wirtschaftsstrafrechts wie dem Subventions- und dem Kreditbetrug, dem Wucher u.a.m. zugewandt und inzwischen erfolgreiche eigene Lehrwerke zu allen Teilgebieten des Strafrechts verfasst hat.

Das noch unsystematische, aber doch bereits deutlich konturierte neue deutsche Wirtschaftsstrafrecht und seine Grundansätze: abstrakte Gefährdungsdelikte, echte und unechte Sonderstraftaten, Sonderverkehrspflichten und Leichtfertigkeitsbestrafung, Auffang- und Aufgreiftatbestände, habe ich in Vorträgen und Seminaren auch im interessierten Ausland vorgestellt – von Japan über China sowie Vorderasien und Nordafrika bis nach Nord-, Mittel- und Südamerika, selbstverständlich auch in wohl allen Staaten Europas. Anhörungen im britischen Parlament, in der französischen Reformkommission, im schwedischen Justizministerium und im Rechtsausschuss des Deutschen Bundestages sowie in seinem Sonderausschuss für die Strafrechtsreform verbanden sich mit schriftlichen Beratungsleistungen für die kanadische, finnische, italienische und spanische Reformarbeit. Die Vorbereitung und Durchführung solcher Auslandsprojekte stimulierten *rechtsvergleichende* Überlegungen und Tätigkeiten, die ich nie einseitig als Export deutschen Gedankengutes verstanden, sondern als Diskurs mit wechselseitiger Befruchtung aufgefasst habe. Nicht wenige meiner Veröffentlichungen inspirieren sich aus Gedanken und Parallelen im ausländischen Strafrecht und Schrifttum. Die insbesondere in den romanischen Ländern überwältigende Gastfreundschaft hat diesen Dialog in natürlicher und schönster Weise gefördert und in Verbindung mit meinen literarischen Interessen auch dazu geführt, dass ich meine Italienischkenntnisse verbessert und Spanisch neu gelernt habe. Dies hat es mir ermöglicht, meinen Lieblingsschriftsteller *García Márquez* (der Baum als *axis mundi*!), aber auch andere lateinamerikanische Erzähler wie *Roa Bastos*, *Carpentier* und den Vater der „magischen Literatur" *Juan Rulfo* zu lesen, lange bevor deren Werke ins Deutsche übersetzt wurden. Mit Freiburger Romanisten habe ich hierüber ebenso oft gesprochen wie über *Gaston Bachelard* und *Saint-John Perse*, dem ich wegen seiner Hölderlin-ähnlichen feierlichen Bildsprache ebenfalls besonders zugetan bin. Spanischsprachige Freunde und Kollegen haben mir geholfen, diese literarischen Interessen zu befriedigen. Bei eigenen Südamerikaaufenthalten habe ich ganze Kartons mit Büchern nach Deutschland verschifft – was nicht immer so einfach war, wie man sich es vorstellen mag: Von Kolumbien aus mussten größere Büchersendungen durch ein Bindfaden-Fenster gekennzeichnet werden, das es der Postverwaltung ermöglichte, ohne Öffnung der Sendung von außen Zahl und Art der Bücher zu kontrollieren. Dies hat an meine handwerklichen Fähigkeiten gewisse Anforderungen gestellt, die aber dadurch belohnt wurden, dass ich diese Werke ganze Winternächte lang in Staufen mit einer wärmenden *ruana* bekleidet lesen konnte.

In nicht wenigen Ländern, vor allem in Spanien und Südamerika sowie in Ostasien, aber z.B. auch in Griechenland und der Türkei, haben meine kriminalpolitischen Vorschläge in Anpassung an die jeweilige sozioökonomische Situation, aber auch im Vorgriff auf absehbare Entwicklungen (zum Beispiel des Computerwesens) die Reformdiskussion belebt oder erst angestoßen. Dass diese heute nahezu weltweit geführt wird, beruht auf der Einsicht, dass wirtschaftlicher Rechts- und Machtmissbrauch auch mit den Mitteln des Strafrechts bekämpft werden muss, wenn er – wie oft – durch außerstrafrechtliche präventive Maßnahmen nicht einzudämmen ist. Ich habe mich bemüht, diese Einsicht auch auf Großveranstaltungen der UNO und der Internationalen Strafrechtsvereinigung (AIDP), deren Vizepräsident ich seit langem bin, zu fördern. Dabei habe ich von Anfang an – seit der Habilitationsschrift und dem Juristentagsgutachten – mit allem Nachdruck unterstrichen, dass wirtschaftlich-unternehmerisches Handeln Orientierungs- und Rechtssicherheit braucht. Ich habe daher Reformfragen nach der *lex condenda* stets deutlich von der Auslegung und Handhabung der *lex criminalis lata* getrennt und zum Beispiel bei deren Bezugnahme auf außerstrafrechtliche Generalklauseln für eine enge Handhabung und ihre Beschränkung auf anerkannte Wertungen plädiert. Dies ist nicht immer richtig verstanden worden. Viele haben gemeint, wer für eine bessere Bekämpfung der Wirtschaftskriminalität eintrete, müsse auch das geltende Recht im Wege der Auslegung und Rechtsfortbildung bis an seine äußersten Grenzen dehnen.

Die Beschäftigung mit der Rechtsvergleichung und den Auslandsstrafrechten führte zu dem weiteren Schwerpunkt der *Rechtsangleichung* in wirtschaftlich einheitlichen (und wirtschaftsrechtlich harmonisierten) Räumen wie der *EG* (EU), aber auch – diesem Modell folgend – dem südamerikanischen Mercado Común del Sur (Mercosur), an dessen strafrechtlicher Absicherung besonders die argentinischen Kollegen arbeiten. Mit ihnen gewann ich als Mitglied einer dreiköpfigen, noch von dem Staatspräsidenten *Alfonsín* eingesetzten Berufungskommission zur Neustrukturierung der Strafrechtslehre und der Kriminologie an der Staatsuniversität Buenos Aires engen Kontakt, der durch Freiburger Forschungsaufenthalte angesehener Humboldt-Stipendiaten wie den Rechtsphilosophen *Eugenio Bulygin* und *Carlos Nino* oder dem Wirtschaftsstrafrechtler *Edgardo Rotman*, der später in den USA lehrte, aufrecht erhalten und erweitert wurde, nachdem ich schon bei einer früheren Humboldt-Vortragsreise den kurze Zeit später verstorbenen Protagonisten des argentinischen Wirtschaftsstrafrechts *Enrique Aftalión* kennen und persönlich schätzen gelernt hatte. Der von uns an die erste Stelle der Berufungsliste von Buenos Aires gesetzte *Raúl Zaffaroni*, dem ich in der Folgezeit häufig wieder begegnet bin, machte eine herausragende – auch politische – Karriere. Neben seiner Tätigkeit als Strafrechtsprofessor ist er heute Richter am Obersten Gerichtshof Argentiniens und der bestbekannte sowie höchstdekorierte Strafrechtler Lateinamerikas, das sich früher mit dem spanischen Emigranten *Jiménez de Asúa* und seinen argentinischen Schülern neben Deutschland an die Weltspitze des Strafrechts gesetzt hatte. Es bleibt mir in unvergesslicher Erinnerung, als junger Doktorand diesem eleganten, enzyklopädisch gebildeten Wissenschaftler im Institut von *Marc Ancel* in der rue Saint-Guillaume in Paris begegnet zu sein. Sein Wissen über alle wichtigen Strafrechtsordnungen der Welt war unübertroffen, seine Kenntnis der Strafrechtsdogmatik unbeschreiblich. Seine Sicht der Rechtsvergleichung und von der Zukunft des Strafrechts war entsprechend großartig und überzeugend, tiefgründig und nobel. Als ich das vielbändige (und teure) spanischsprachige Lehrwerk zum Strafrecht von *Jiménez de Asúa* dem Gießener Bibliotheksdirektorium zur Anschaffung empfahl, galt es eine lange, aber schließlich erfolgreiche Anschaffungskampagne durchzustehen, die sich natürlich auch auf zahlreiche andere Bücher bezog. Ob nach meinem Weggang von Gießen noch jemand das Werk von *Jiménez de Asúa* benutzt hat, weiß ich nicht.

Objektiv wie subjektiv wurde später Peru neben Spanien zu einem Bezugs- und Schwerpunkt meiner rechtsvergleichenden Interessen. Nach Argentinien und Kolumbien, wo ich mich der Freundschaft des später bei dem von Regierungstruppen unternommenen Sturm auf den Obersten Gerichtshof getöteten *Alfonso Reyes* erfreuen durfte (*Reyes* hatte noch telefonisch bei dem Staatspräsidenten interveniert, um die gewaltsame Befreiung des Gerichtshofes von den Terroristen zu verhindern), war und ist Peru ein – in Europa nicht selten verkanntes – Zentrum niveauvoller Strafrechtswissenschaft. Den Zugang zu ihr, aber auch zu den dortigen Menschen überwiegend indianischer Abstammung und ihren archaischen Kultstätten eröffneten mir die späteren Freunde *Raúl Peña Cabrera*, Ordinarius an der ältesten, von *Karl V.* 1551 gegründeten amerikanischen Universität San Marcos, und *José Hurtado Pozo*, Lehrstuhlinhaber an der Katholischen Universität von Lima und jetzt an der Universität Fribourg / Schweiz. Peña, der selbst nur spanisch sprach und äußerlich eher einem Mexikaner glich, besaß eine große Sammlung präkolumbianischer Kunst und schuf mit Hilfe einer selbst finanzierten großen Forschergruppe strafrechtliche Lehrwerke, die sich auf internationalem Forschungsstand befanden; sie berücksichtigten die gesamte deutsche, spanische und italienische Strafrechtsdiskussion. Sein früher, von ihm vorausgeahnter Tod hat mich sehr berührt. Ich sehe ihn immer noch vor mir, wie er als Rektor der Universität San Martín mit rebellischen Studenten verhandelte, in stoischer Ruhe und flankiert von einem martialisch wirkenden Soldaten mit Maschinenpistole. Sein Schüler *Hurtado* trat mit einer soziologisch und kulturgeschichtlich fundierten Schrift über die Rezeption fremder Rechte („La ley importada“) in das Licht internationaler Aufmerksamkeit und wirkt heute in der Schweiz, wo er als Stipendiat bei *François Clerc* promoviert hatte, als Vermittler zwischen französischem und deutschem Strafrechtsdenken.

Die in Europa inzwischen weit voran getriebene Rechtsangleichung und *Harmonisierung der Strafrechtsordnungen* insbesondere im wirtschaftlichen Bereich ist im Übrigen entgegen manchen Missverständnissen nicht mit Rechtsvereinheitlichung identisch. Sie dient vielmehr der Rechtsgleichheit und damit der Gerechtigkeit und Rechtssicherheit bei der juristischen Behandlung grenzüberschreitender und ausländischer wirtschaftlicher Vorgänge. Nationale Besonderheiten des Strafrechts sollen und können auch in einheitlichen Wirtschaftsräumen beibehalten werden, wie es der nicht in Kraft getretene Europäische Verfassungsvertrag im Anschluss an die Rechtsprechung des Europäischen Gerichtshofes vorsah: Frankreich und Großbritannien sollen nicht zur Aufgabe ihres Systems von (widerlegbaren) Schuldvermutungen, Österreich soll nicht zur Abschaffung seines in Deutschland nur im Ordnungswidrigkeitenrecht etablierten Einheitstäterbegriffs im Strafrecht gezwungen und Dänemark nicht zur Einführung eines strafrechtlichen Analogieverbots veranlasst werden. Es ist aber vor allem spannend, abzuwarten, wie die laufenden Arbeiten an der politischen Umsetzung des zurechtgestutzten Verfassungsvertrags, nämlich dem Reformvertrag von Lissabon vom 13. Dezember 2007, mit diesen strafrechtlichen Fragen umgehen und ob sie die vom Verfassungsvertrag vorgesehene Einführung einer partiellen supranationalen Strafrechtspflege bestätigen werden. An der Begründung einer solchen Forderung habe ich als Vertreter der deutschen Strafrechtswissenschaft in Brüssel mehrere Jahre lang mitgearbeitet.

## *III.*

Im *zeitgeschichtlichen Kontext* hatten meine empirisch gestützten und von der Praxis meist unterstützten Anregungen und Forderungen zur nationalen und internationalen strafrechtlichen Bekämpfung der Wirtschaftskriminalität in der Strafrechtswissenschaft zunächst gegen verbreitetes Desinteresse, später – nach einstimmiger Verabschiedung des 1. WiKG durch den Deutschen Bundestag – gegen teilweise massive Anfeindungen zu kämpfen. Schon der Begriff der Wirtschaftskriminalität musste in der Öffentlichkeit anfangs dahingehend verteidigt werden, dass er selbstverständlich nicht meint, „die Wirtschaft" sei kriminell – ebenso wie die Bezeichnung als Frauen-, Jugend- oder Greisenkriminalität ja nicht auf die gesamte Geschlechts- und Altersgruppe abzielt. Konservativen Kollegen, auch in der Richterschaft, war die gesamte Richtung zur Bekämpfung der Wirtschaftskriminalität zu kritisch oder gar im parteipolitischen Sinne „linkslastig". Linksliberalen Kollegen dagegen erschien sie als bedrohlich, da diese auf Zurückdrängung des Strafrechts („Entkriminalisierung") eingeschworen und für seine partielle Ausweitung auch dort nicht zu gewinnen waren, wo es um den Schutz eindeutig neuer und schutzbedürftiger Interessen und Rechtsgüter geht. Ganz linken Ideologen schließlich erschien die Bekämpfung der Wirtschaftskriminalität als unerwünschte Stabilisierung des kapitalistischen Wirtschaftssystems. Anderen Fachgenossen wiederum war das Tempo der Gesetzgebungsarbeit zu hoch, weiteren ihre Nichtbeteiligung hieran unverständlich.

In den 80er Jahren des 20. Jahrhunderts beruhigte sich diese Ideologisierung und Polarisierung zunächst, so dass die Regierung *Kohl* den Entwurf des 2. WiKG ohne Problem in und durch das Gesetzgebungsverfahren brachte. Heute sind Doktorarbeiten und Habilitationsschriften im Wirtschaftsstrafrecht, auch soweit dieses das Nebenstrafrecht betrifft, üblich und selbstverständlich geworden, und die Einrichtung von Schwerpunktbereichen zu diesem Fach in der Universitätsausbildung bringt einschlägige Lehrbücher, Examensklausuren und Fallsammlungen hervor. Innerhalb weniger Jahrzehnte ist aus einem nahezu unbeachteten Gebiet geradezu ein Modethema geworden, das auch die EU-rechtlichen Harmonisierungseinflüsse einbezieht.

Der Einfluss von Brüssel auf das nationale Wirtschaftsstrafrecht ist allerdings in neuester Zeit ein Dorn im Auge mancher Strafrechtler geworden, insbesondere soweit es um den Strafschutz von EU-Interessen, zumal finanzieller Art, geht – obwohl die EU ohne hinreichendes Finanzvermögen und seinen effektiven Schutz natürlich nicht funktionsfähig wäre. Die Europäisierung des Strafrechts führt neuerdings Strafrechtslehrer zu einer Antihaltung zusammen, die ohne diesen Anlass kaum zu ihrer Allianz gefunden hätten. Rhetorische Paukenschläge und der Verweis auf die zwischen 1933 und 1945 erfolgte Abschaffung rechtsstaatlicher Garantien werden als Beleg für das offenbar diesen Kritikern vorbehaltene analytisch-konstruktive Denken gegenüber europarechtlichen Maßnahmen und Plänen angeführt. Mancher Seher verkündet gar den Untergang der deutschen Strafrechtskultur.

Strafrechtstheoretisch geeint wird die neue europakritische Richtung vor allem durch die weitgehende, bereits gegenüber dem 1. und 2. WiKG kritisch vorgebrachte Verwerfung kollektiver Rechtsgüter. Die an sich gewiss richtige Abkehr von dem völkischen Gemeinschaftsdenken der NS-Zeit mag zu der in der Strafrechtswissenschaft verbreitet fortwirkenden Ablehnung der „überindividuellen" oder sozialen Rechtsgüter beigetragen haben. Für das dem Wirtschaftstrafrecht benachbarte Umweltstrafrecht, dessen Reform und Einstellung in das Strafgesetzbuch ich Ende der 70er Jahre für den Bundestag wissenschaftlich begleitet habe, gilt (oder galt) Entsprechendes. Für dieses ebenfalls moderne Rechtsgebiet ist heute jedoch anerkannt, dass die klassischen Straftatbestände der Tötung und Körperverletzung auch bei ihrer Ergänzung durch einen Straftatbestand der Brunnenvergiftung im deutschen Recht seit dem 19. Jahrhundert (heute: gemeingefährliche Vergiftung) nicht ausreichen, um Umweltverstöße hinreichend zu ahnden. Hier sind die Erfolge und Schäden eklatant oder doch deutlich sichtbar, auch wenn sie häufig nicht unmittelbar den Einzelnen treffen. Im eigentlichen Wirtschaftsstrafrecht ist die Sichtweise immer noch weitgehend anders – mag die Situation auch nicht mehr ganz so einseitig sein wie zu Beginn der Reform in den 70er Jahren des 20. Jahrhunderts, als der Senatspräsident beim Bundesgerichtshof *Werner Sarstedt* bei einer Taxifahrt vom 49. Juristentag in Düsseldorf zum gemeinsamen Hotel ironisch bemerkte, er habe in seiner ganzen Berufslaufbahn noch nie von einem Fall von „Wirtschaftskriminalität" gehört, und der nicht weniger angesehene Berner Strafrechtslehrer *Hans Schultz* nach meinem Referat zu diesem Thema im Schweizer Bundeshaus zu Beginn seines eigenen mündlichen Vortrags ausführte, die Schweiz kenne keine, oder fast keine, Wirtschaftskriminalität. Die schriftliche Fassung hat diese Aussage allerdings erheblich abgeschwächt.

Heute bricht sich die Erkenntnis Bahn, dass weniger die traditionelle Rechtsgutslehre als vielmehr der verfassungsrechtliche Grundsatz der Verhältnismäßigkeit auf nationaler und supranationaler Ebene den Maßstab dafür abgibt, was der Gesetzgeber unter Strafe stellen darf. Die Anerkennung wirtschaftlicher und durch das Wirtschaftsrecht verfestigter Institutionen wird ebenso wie die Erkenntnis wirtschaftlicher Interessenkonflikte in der Strafrechtswissenschaft freilich immer noch durch pure Ideologie und teilweise auch durch fehlendes Verständnis für komplexe wirtschaftliche Vorgänge behindert. Es ist kein Zufall, dass der liberale Kölner Strafrechtslehrer *Ulrich Klug*, den ich bei einem Kuraufenthalt im bayerischen Oberstdorf näher kennen lernte und mit dessen Schüler *Kohlmann* mich eine lange Freundschaft verband, aus seiner Nachkriegstätigkeit im Bankwesen die Überzeugung mitbrachte, die vielfältigen Interessenlagen der heutigen Wirtschaft könnten durch allgemeine, primär auf den Individualverkehr zwischen zwei oder drei Personen abstellende Straftatbestände wie Betrug und Untreue nicht hinreichend erfasst werden. Er hat dies allerdings weder in einer juristischen Fachzeitschrift noch in einem Lehrbuch oder Festschriftbeitrag zum Ausdruck gebracht, sondern in dem Großkommentar zum GmbH-Gesetz von *Hachenburg* geäußert. Diesen nimmt der normale Strafrechtler weiterhin nur zur Hand, wenn er selbst in einem Strafgesetzbuch-Kommentar den StGB-Tatbestand des § 266 zu erläutern – oder für die Verteidigung im Strafverfahren ein Rechtsgutachten zum Vorwurf der Organuntreue zu erstatten hat.

## *Schriftenverzeichnis (in Auswahl)*

### *1. Selbständiges Schrifttum*

Die Rechtsstellung des Strafgefangenen nach französischem und deutschem Verfassungsrecht. Rechtsvergleichende Untersuchungen zur gesamten Strafrechtswissenschaft, 1963.

Entwicklungstendenzen der strafprozessualen Rechtskraftlehre unter besonderer Berücksichtigung des ausländischen Rechts, 1969.

Tatbestandsfunktionen im Nebenstrafrecht, 1969.

Strafrechtspolitik und Dogmatik in den Entwürfen zu einem Dritten Strafrechtsreformgesetz, 1970.

Welche strafrechtlichen Mittel empfehlen sich für eine wirksamere Bekämpfung der Wirtschaftskriminalität?, Gutachten C zum 49. Deutschen Juristentag, 1972.

Delinquenzprophylaxe, Kreditsicherung und Datenschutz in der Wirtschaft, zusammen mit Christoph Sasse, 1973.

Straftaten und Strafrecht im deutschen und französischen Bank- und Kreditwesen, zusammen mit Jean Cosson, 1973.

Subventionskriminalität in der Bundesrepublik. Erscheinungsformen, Ursachen, Folgerungen, 1974.

Kartellrechtsverstöße und Strafrecht, 1976.

Wettbewerb und Strafrecht, 1976.

Wirtschaftskriminalität und Wirtschaftsstrafrecht in den USA und in der Bundesrepublik Deutschland, 1978.

Die Neuordnung des Umweltstrafrechts, 1980.

Poder Económico y Delito, 1985.

Die gesetzliche Milderung im Steuerstrafrecht, dargestellt am Beispiel der Abzugsfähigkeit von Parteispenden, zusammen mit Gerhard Dannecker, 1985.

Doitsu oyobi EG ni okeru keizaihanzai to keizaikeiho (Wirtschaftskriminalität und Wirtschaftsstrafrecht in Deutschland und der EG), 1990.

Verfassungsrecht und Strafrecht, 1991.

Lecciones de derecho penal económico (comunitario, español, alemán), 1993.

La armonización del derecho penal en los Estados miembros de la Unión Europea, Bogotá, Universidad Externado de Colombia, 1998.

Temas de derecho penal económico y ambiental, 1999.

Derecho penal y nuevas formas de criminalidad, 2000, 2. Aufl. 2007.

Constitución y Derecho penal, 2003.

## *2. Kommentierungen*

Strafgesetzbuch, Leipziger Kommentar, §§ 283–283d, 264–265b, 263a, 298–302, 11. Aufl. 1996; §§ 298–302, 12. Aufl. 2008; §§ 283–283d, 12. Aufl. 2009.

GmbH-Strafrecht, Kommentar 1. Aufl. 1981 bis 3. Aufl. 1995, 4. Aufl. 2002 (unter dem Titel: GmbH-Strafrecht).

Konkursstrafrecht, Sonderausgabe aus dem Leipziger Kommentar, 1. Aufl. 1985, 2. Aufl. 1995 (unter dem Titel: Insolvenzstrafrecht).

Wirtschaftsbetrug, Sonderausgabe aus dem Leipziger Kommentar mit Einführung und Nachträgen, 1999.

## *3. Lehrbücher und Fallsammlungen*

Wirtschaftsstrafrecht und Wirtschaftskriminalität, Bd. 1: Allgemeiner Teil; Bd. 2: Besonderer Teil, 1976.

Einführung in das Strafrecht und Strafprozessrecht, zusammen mit Gunther Arzt und Claus Roxin, 1. Aufl. 1983, 5. Aufl. 2006.

Die Zwischenprüfung im Strafrecht, 1. Aufl. 1987, 2. Aufl. 1993 (unter dem Titel: Die Anfängerübung im Strafrecht), 3. Aufl. 1997, 4. Aufl. 1999.

Wirtschaftsstrafrecht. Einführung und Allgemeiner Teil mit wichtigen Rechtstexten, 1. Aufl. 2004, 2. Aufl. 2007.

Wirtschaftsstrafrecht. Besonderer Teil mit wichtigen Gesetzes- und Verordnungstexten, 1. Aufl. 2006, 2. Aufl. 2008.

## *4. Aufsätze in Zeitschriften und Sammelwerken*

Das Grundrechtsproblem im französischen Rechtsstaat, DÖV 1962, S. 367–373.

Eine europäische Erklärung der Rechte des Strafgefangenen, JZ 1962, S. 245–248.

Haftung für Gesundheitsbeschädigungen Gefangener, NJW 1962, S. 1760–1762.

Aufopferungsansprüche im Strafverfahren?, MDR 1964, S. 971–975.

Gleichheit und Sozialstaatlichkeit im Strafrecht, GA 1964, S. 353–376.

Zeugen vom Hörensagen im Strafverfahren, JuS 1965, S. 14–21.

Die normative Grundlage des deutschen Strafvollzuges, NJW 1967, S. 87–91.

Beteiligung an Aufruhr und Landfriedensbruch, JZ 1968, S. 761–769.

Bemerkungen zur Rechtsprechung in den sog. Demonstrationsprozessen, JZ 1969, S. 717–726.

Die mutmaßliche Einwilligung, insbesondere bei Unterschlagung amtlicher Gelder, JuS 1970, S. 108–113.

Zur Reform der Vermögens- und Wirtschaftsstraftatbestände, ZRP 1970, S. 256–261.

Verwaltungsstrafrecht und Rechtsstaat, ÖJZ 1972, S. 285–291.

Wirtschaftsgesetzgebung und Wirtschaftskriminalität, NJW 1972, S. 657–665.

Der Subventionsbetrug, ZStW 86. Bd. (1974), S. 897–920.

Die Bekämpfung der Wirtschaftskriminalität als Aufgabe des Gesetzgebers (am Beispiel der Steuer- und Subventionskriminalität), GA 1974, S. 1–14.

Die Fortentwicklung der Methoden und Mittel des Strafrechts, ZStW 86. Bd. (1974), S. 303–348.

Zeitliche Grenzen des Strafrechts, in: Festschrift für Karl Peters, 1974, S. 193–208.

Der Wechsel von Strafnormen und die Rechtsprechung des Bundesgerichtshofes, JZ 1975, S. 692–694.

Straftatbestand und Normambivalenz, in: Festschrift für Friedrich Schaffstein, 1975, S. 195–210.

Ziele und Probleme wirtschaftskriminologischer Forschung, in: Festschrift für Richard Lange, 1976, S. 541–554.

Grundfragen bei der Anwendung des neuen § 283 StGB, NJW 1977, S. 777–783.

Handelsgesellschaften und Strafrecht – Eine vergleichende Bestandsaufnahme, in: Festschrift für Thomas Würtenberger, 1977, S. 241–256.

Die Überschuldung als Tatbestandsmerkmal des Bankrotts, in: Gedächtnisschrift für Horst Schröder, 1978, S. 289–305.

Datenübermittlung als Straftatbestand, NJW 1981, S. 945–952.

Handhabung und Kritik des neuen Wirtschaftsstrafrechts – Versuch einer Zwischenbilanz, in: Festschrift für Hanns Dünnebier, 1982, S. 519–540.

Der Vergleichsbetrug, in: Festschrift für Ulrich Klug, 1983, S. 405–417.

Der Allgemeine Teil des europäischen supranationalen Strafrechts, in: Festschrift für Hans-Heinrich Jescheck, 1985, S. 1411–1440.

Das Parteienfinanzierungsgesetz als strafrechtliche lex mitior, NJW 1986, S. 2475–2479.

Die Bekämpfung der Wirtschaftskriminalität durch den Gesetzgeber – Ein Überblick aus Anlaß des Inkrafttretens des 2. WiKG am 1.8.1986, JZ 1986, S. 865–874.

Die strafrechtliche Vertreter- und Unternehmenshaftung, NJW 1986, S. 1842–1846.

Gründungs- und Sanierungsschwindel durch verschleierte Sacheinlagen, in: Festschrift für Karl Lackner, 1987, S. 737–760.

Die „Bebußung“ von Unternehmen nach dem 2. Gesetz zur Bekämpfung der Wirtschaftskriminalität, NJW 1988, S. 1169–1174.

Reform des Sanktionswesens auf dem Gebiete des Agrarmarktes der Europäischen Wirtschaftsgemeinschaft, in: Festschrift für Gerd Pfeiffer, 1988, S. 101–117.

Umweltstrafrecht – Bewährung oder Reform?, zusammen mit Urs Kindhäuser, NStZ 1988, S. 337–346.

Art. Wirtschaftsstrafrecht, in: Herders Staatslexikon, 7. Aufl. 1989, Bd. 5, Sp. 1068–1071.

Stand und Ziele der internationalen kriminologischen Forschung auf dem Gebiet der Wirtschaftskriminalität, in: Festschrift für Franz Pallin, 1989, S. 445–464.

Untreue bei Interessenkonflikten – am Beispiel der Tätigkeit von Aufsichtsratsmitgliedern, in: Festschrift für Herbert Tröndle, 1989, S. 319–335.

Der Strafschutz der Finanzinteressen der Europäischen Gemeinschaft, NJW 1990, S. 2226–2233.

Zum Verhältnis von Allgemeinem und Besonderem Teil des Strafrechts, in: Festschrift für Jürgen Baumann, 1992, S. 7–20.

Zur Geschichte eines Straftatbestandes des ungenehmigten Rüstungsexportes, in: Festschrift für Günter Spendel, 1992, S. 591–609.

Europäisches Gemeinschaftsrecht und Strafrecht, NJW 1993, S. 23–31.

Strafrecht in der Marktwirtschaft, in: Festschrift für Walter Stree und Johannes Wessels, 1993, S. 527–543.

Das deutsche Wirtschaftsstrafrecht im Rahmen der Europäischen Union, in: Festschrift für Koichi Miyazawa, 1995, S. 673–683.

Zum Stand der Irrtumslehre, insbesondere im Wirtschafts- und Nebenstrafrecht, in: Festschrift für Friedrich Geerds, 1995, S. 95–111.

Computerkriminalität und Strafrecht, in: Festschrift für Günther Kaiser, 1998, S. 1373–1385.

Das Betrugsstrafrecht in Rechtsprechung und Wissenschaft, in: Festgabe für den Bundesgerichtshof, 2000, Bd. IV, S. 551–567.

Der Allgemeine Teil des Corpus Juris, in: Huber, Barbara (Hrsg.), Das Corpus Juris als Grundlage eines Europäischen Strafrechts, 2000, S. 61–66, S. 123 ff.

Der XVI. Internationale Strafrechtskongreß der Association Internationale de Droit Pénal, ZStW 112. Bd. (2000), S. 704–705.

Der Strafprozeß im Denken von Karl Peters, JZ 2000, S. 139–145.

Die EU als Rechtsquelle des Strafrechts, in: Festschrift für Claus Roxin, 2001, S. 1401–1413.

Wettbewerb als Rechtsgut des Strafrechts, in: Festschrift für Heinz Müller-Dietz, 2001, S. 905–918.

Wettbewerbsstrafrecht, in: Tiedemann, Klaus (Hrsg.), Wirtschaftsstrafrecht in der Europäischen Union, 2002, S. 279–293.

Neue Aspekte zum strafrechtlichen Schutz des Bankgeheimnisses, NJW 2003, S. 2213–2215.

Schmiergeldzahlungen in der Wirtschaft – Alte und neue Reformprobleme, in: Festschrift für Ernst-Joachim Lampe, 2003, S. 759–769.

Der Untreuetatbestand – ein Mittel zur Begrenzung von Managerbezügen? – Bemerkungen zum „Fall Mannesmann", in: Festschrift für Ulrich Weber, 2004, S. 319–331.

Gegenwart und Zukunft des Europäischen Strafrechts, ZStW 116. Bd. (2004), S. 945–958.

Bemerkungen zur Zukunft des europäischen Strafprozesses, in: Festschrift für Albin Eser, 2005, S. 889–899.

Strafbarkeit des Offenbarens und Verwertens von Bundesbankangaben nach §§ 55a, 55b KWG, ZBB 2005, S. 190–192.

Zur Gesetzgebungstechnik im Wirtschaftsstrafrecht, in: Festschrift für Friedrich-Christian Schroeder, 2006, S. 641–647.

Betrug und Korruption in der europäischen Rechtsangleichung, in: Festschrift für Harro Otto, 2007, S. 1005–1064.

Strafrecht im Europäischen Verfassungsvertrag, in: Festschrift für Heike Jung, 2007, S. 987–1004.

Grundsätzliche und rechtspolitische Bemerkungen zum Straftatbestand der Wirtschaftskorruption, in: Festschrift für Peter Gauweiler, 2009, S. 533–542.

Zur Klageerzwingungsbefugnis von Aktionären wegen Organuntreue, in: Festschrift für Volkmar Mehle, 2009 (im Druck).

Herbert Tröndle

# Herbert Tröndle

## I.

Meine Wiege stand im Obergeschoß einer Dorfschmiede, die mein Großvater *Blasius Tröndle* gegen Ende des vorvergangenen Jahrhunderts dort errichtete, wo die Straße von St. Blasien durch die Albschlucht mit ihren Felstunneln im Hochrheintal endete und wo damals der Pferdefuhrverkehr zur Bahnstation Albbruck besonders rege war.

Mein Vater *Joseph Tröndle* übernahm 1913 die Schmiede, in der auch Schlosser- und Installationsarbeiten verrichtet wurden, und heiratete *Rosa Häseli*, meine Mutter. Sie war eine Halbwaise aus einer sehr einfachen, kinderreichen Familie und stammte aus dem benachbarten schweizerischen Grenzland. Gleich bei Ausbruch des Krieges wurde mein Vater Soldat. Er blieb es bis Ende 1918.

Am 24. August 1919 erblickte ich als drittes Kind meiner Eltern das Licht der Welt. In meiner Kindheit drängte es mich nie in die Werkstatt meines Vaters. Lieber blieb ich in der Nähe meiner Mutter in Küche und Haushalt. Sie brachte mir auf ihre Weise ihr Schulwissen bei: So konnte ich, lange bevor ich in die Schule kam, in der richtigen Reihenfolge sämtliche Schweizer Kantone aufsagen. Auch mit Buchstaben und Zahlen machte sie mich vertraut.

Ein Ereignis besonderer Art war es für mich, daß mein Vater – ich war damals sieben oder acht Jahre alt – ein fabrikneues Klavier kaufte. Da er spürte, daß meine Eignung zum Schmiedeberuf, wie der Familientradition entsprechend, gering war, meldete er mich daher nach der vierten Volksschulklasse im Waldshuter Gymnasium an.

In der Schule interessierten mich Mathematik und naturwissenschaftliche Fächer weniger, vielleicht auch des geringen pädagogischen Geschicks der Lehrer wegen. Hingegen begeisterte mich alles, was mit Kunst und Musik zu tun hatte. Schon in der Quinta lieh mir der Musiklehrer *Heinrich Münz* ein schuleigenes Violoncello. Er brauchte in seinem Schulorchester einen weiteren Cellisten. Im Cellospiel unterwies mich ein Albbrucker Volksschullehrer, der mir in wenigen Monaten das, was damals im Schulorchester zu leisten war, beizubringen verstand.

Überhaupt, was ich so „nebenher" trieb, hielt ich damals für wichtiger als meine Schularbeiten. Daher wollte ich in kurzschlüssiger Unlust mit der

„mittleren Reife“ meine Schulzeit beenden und meldete mich im Gymnasium ab, nachdem sich mein Vater bei der Deutschen Bank für mich um eine Lehrstelle bemüht hatte. Aber bevor ich sie antreten sollte, kam die Nachricht, daß sie aus unvorhergesehenen Gründen nicht frei werde. Kurzerhand, da ich keinen besseren Rat erhielt, setzte ich meine Schulzeit in der Obersekunda fort. Da ich mich erkennbar interessierter zeigte als ehedem, lobte mich mein Lateinlehrer so sehr, daß ich plötzlich wieder Lust am Lernen empfand. Bekannt wurde übrigens auch, daß künftig die Gymnasialzeit von neun auf acht Jahre verkürzt werde (damit früher „zu den Fahnen geeilt“ werden konnte!) und mir daher das Abitur ein Jahr früher winkte, als ich die Banklehre hätte abschließen können.

Im März 1938 machte ich mein Abitur mit ordentlichem Ergebnis und bekam einen Musikpreis. Schon einige Monate zuvor meldete ich mich, wie die gesamte Klasse, freiwillig zum Wehrdienst. Dem gingen sechs Monate Reichsarbeitsdienst voraus.

Dort widerfuhr mir gänzlich Unerwartetes: Schon nach drei Tagen konnte ich Pickel und Schaufel vertauschen gegen – eine Rundschriftfeder! Dem Chef des Lagers fiel nämlich schon beim ersten Stubenappell mein Name an der Spindtüre auf: Dort stand er, weil ich das schöner fand, in gotischer Schrift. Flugs bestellte der Oberstfeldmeister mich ein und gab mir den Auftrag, die (erst vier Jahre alte!) Lagerchronik in gotischer Schrift auf Pergamentpapier zu bringen. Wochenlang nahm mich das in Anspruch und da dem Amtswalter in der Schreibstube auch meine Verläßlichkeit im Führen von Tabellen und Verzeichnissen auffiel, konnte ich die sonst wenig beliebte Arbeitsdienstzeit auf ungewöhnlich angenehme Weise zu Ende bringen.

## *II.*

Die Militärzeit verlief von Anfang an so angenehm nicht, zum Beispiel die winterliche Geländeausbildung am schweren Maschinengewehr oder ein pausenloses Stechschrittexerzieren in Zwölferreihe während einer ganzen Woche morgens und nachmittags je vier Stunden (!), damit auch in der kleinen Garnisonsstadt Villingen am 20. April eine Militärparade ohne Fehl stattfinden konnte! Nach einem knappen Jahr militärischen Drills brach der Krieg aus. Unser Infanterie-Regiment 75 blieb im Westen und kam am 10. Mai 1940 im Frankreichfeldzug zum Fronteinsatz. Beschwerlich war er insbesondere, weil Infanteristen zufolge des Zurückflutens der französischen Armee Marschleistungen von täglich 60 Kilometer und darüber zu erbringen hatten. Nach dem Waffenstillstand ging es mit dem Marschieren wiederum weiter: Von der Loire bis in die Nähe des Genfer Sees. Dort blieben wir zur Sicherung der Demarkationslinie bis zum Frühjahr 1941. Erst nach mehr als zwei Jahren Militärzeit wurde ich Unteroffizier und Offiziersanwärter. Für Angehörige einer bespannten Einheit war das mit Reitunterricht verbunden: Täglich eine Stunde vor Dienstbeginn. Und da wir unsere Reitkünste zunächst ohne Sattel und Steigbügel (!) zu versuchen hatten, war, wie wir sagten, „das Paradies der Erde auf dem Rücken der Pferde" am Anfang äußerst strapaziös und bis zur Gewöhnung an diese Prozedur auch schmerzhaft.

Im März 1941 wurde unser Regiment verladen und kam zur Vorbereitung des nächsten Fronteinsatzes in ein Barackenlager in Südostpreußen. Im Juni begann das Marschieren wieder, durch die herrliche Seenlandschaft der Masuren in den „Suwalki-Zipfel". Am 22. Juni 1941 morgens drei Uhr durchbrach von dort unser Regiment die sowjetischen Grenzstellungen. Nach Kämpfen im litauischen Grenzgebiet begann wiederum der Marsch über hunderte von Kilometern in den Osten, freilich immer wieder unterbrochen durch tagelange Kämpfe mit den zurückweichenden Russen. In den ersten Wochen des Ostfeldzuges wurde ich Feldwebel; soweit es vorwärts ging, war ich – ungleich angenehmer – seitdem zu Pferde. Der Vormarsch war allerdings immer wieder länger durch heftige und verlustreiche Kämpfe unterbrochen (Doppelschlacht von Bialystok, schwere Kämpfe bei Witebsk und Smolensk und im Oktober Doppelschlacht bei Wjasma und Brjansk). Mitte Oktober 1941, ich wurde inzwischen Leutnant, wurde unsere Division zufolge der schweren Verluste aus dem Frontabschnitt zurückgenommen. Schon Ende Januar 1942 rollten wir wiederum in den Osten zurück in Richtung Ilmensee und Staraja Russa, wo „der Russe" mit einer riesigen Stoßarmee – für einen Winterkrieg bestens ausgestattet und ausgebildet und gefrorene Flußläufe und Sümpfe ausnutzend – ein deutsches Armeekorps im „Kessel von Demjansk" eingeschlossen hatte. Noch aus den Eisenbahnwaggons heraus gerieten wir in arktischer Kälte und nicht hinreichend winterausgerüstet in tagelange schwerste Abwehrkämpfe. So stand ich z.B. Ende Februar an einem sonnigen Wintertag, aber bei mindestens 30 Grad Kälte – um nur diesen Vorgang zu erwähnen – mit einem sMG-Zug und einem Schützenzug in metertiefen Schneegräben auf dem Stützpunkt D. einer vielfachen Übermacht angreifender Russen gegenüber. Nach starkem Artilleriebeschuß rannten auf einer ausgedehnten Schneefläche tief gestaffelt die Russen immer wieder auf unsere Stellung zu. Nur das Standhalten, so meine nüchterne Überlegung, konnte noch eine gewisse Chance des Überlebens bieten. Nach Stunden ließ der russische Ansturm nach. Meine Gruppe, durch den Feindbeschuß fast zur Hälfte ausgefallen, blieb durch das Vorrücken der Russen von unserer Einheit abgeschnitten. Erst in der zweiten Nacht danach gelang es mir und den Übriggebliebenen, wieder Anschluß an mein

Bataillon zu finden. Alle Kameraden meiner Gruppe wurden mit Orden ausgezeichnet, ich erhielt das Eiserne Kreuz I. Klasse.

In den folgenden Monaten – es wurde wieder Frühling – erzwang unsere Division in mehrwöchigen harten Kämpfen, immer wieder durch Sturzkampfflieger unterstützt, gemeinsam mit anderen Einheiten in einem schmalen Schlauch den Durchbruch in den Demjansker Kessel. Da wir schwere Verluste zu beklagen hatten, wurde ich am 11. Mai 1942 in das III. Bataillon als Führer der 11. (Freiburger) Kompanie abkommandiert, die gerade zur Hälfte mit blutjungen, wenige Monate ausgebildeten Soldaten aufgefrischt worden war.

Sechs Wochen später, in einer verhältnismäßig ruhigen, nur durch gelegentliches Störfeuer bedrohten Verteidigungsstellung – wir warteten gerade auf die Feldküche – zerbarst am 27. Juni 1942 nachmittags in meinem Kompaniegefechtsstand ein Volltreffer aus einem feindlichen Granatwerfer. Er riß mir den linken Unterschenkel weg und zertrümmerte meinen rechten Fuß. Aus der Nachbarkompanie rannte ein Kamerad über feindeingesehenes Gelände herbei, leistete mir erste Hilfe und brachte mich wiederum mehrere hundert Meter zurück auf den Verbandsplatz, wo ein Arzt mich notdürftig versorgte. Ein mehrstündiger Einzeltransport brachte mich auf den wenige Kilometer hinter der Frontlinie, in einem Zelt, untergebrachten Hauptverbandsplatz. Dort amputierte mir Stabsarzt Dr. *Schneider* beide Beine im Unterschenkel so fachgerecht, daß sie bereits nach neun Wochen wieder zugeheilt waren. Und nie mehr wurde, bis auf den heutigen Tag, an den Beinstümpfen irgendeine ärztliche Nachbehandlung notwendig.

Ich schreibe das gegen Ende meines neunten Lebensjahrzehnts in dankbarem Gedenken an das Können des Feldchirurgen und an die Hilfe meiner Kameraden, die mir beistanden, aber auch deswegen, weil für mein späteres Leben diese Details schlechthin entscheidend und für mein Ergehen mitbestimmend waren: Von Anfang an empfand ich meine Verletzung, trotz ihrer Schwere, fast wie ein Stück „Befreiung", war doch nun für mich „entschieden", was ohnehin kein gutes Ende nehmen konnte: Ich war nämlich der zweitletzte Offizier des ganzen Regiments, der bis dahin vor erheblichen Kriegsverletzungen verschont geblieben und ohne Unterbrechung in Rußland im Fronteinsatz war. Und 43 Jahre später wurden mir meine Reaktionen unmittelbar nach der Verwundung geschildert: *Konrad Fink* aus Ehingen – mit dem Namen kannte ich ihn bis dahin überhaupt nicht – fragte bei mir, nachdem er in der Zeitung gelesen hatte, daß mir das Große Bundesverdienstkreuz verliehen worden war (1985), schriftlich an, ob ich „der Leutnant Tröndle" sei, den er im Sommer 1942 mit einem Kameraden auf den Verbandsplatz getragen habe. Dieser schwer verwundete Leutnant habe nämlich, wie er sich noch nach Jahrzehnten genau erinnere, beide Hände in die Höhe gehalten und unter anderem gesagt, „Klavierspielen kann ich noch!"

Auf dem Hauptverbandsplatz, wo ich einige Tage, bevor ich ins Feldlazarett kam, liegen bleiben mußte, holte ich mir ein schweres Dekubitalgeschwür, das mir über ein halbes Jahr, insbesondere aber in der sommerlichen Hitze während des mehrtägigen Transports in einem überfüllten Lazarettzug von Pleskau über Riga nach Insterburg, sehr zu schaffen machte. Etwa zwei Wochen nach der Verwundung kam ich im Reservelazarett in Insterburg in kontinuierliche ärztliche Behandlung, was insbesondere wegen meiner Aufliegewunden besonders dringend war. Im August wurde mir aus dem Felde zu meiner völligen Überraschung das Deutsche Kreuz in Gold ins Lazarett übersandt.

Einige Wochen später, als sich mein Gesamtbefinden gebessert hatte, kam ich von Insterburg in mein Heimatlazarett nach Badenweiler. Dort forcierte ich, nachdem meine Rückenwunden im wesentlichen abgeheilt waren, meine Gehversuche. Als ich mit meinen Prothesen – immer wieder durch Wundlaufen unterbrochen – zurechtkam und für längere Wegstrecken auch das Fahrrad wieder zu nutzen verstand, ließ ich mich Ende Mai 1943 – inzwischen zum Oberleutnant d.R. befördert – ins Reservelazarett Hoven in Freiburg verlegen, um dort mit meinem Studium beginnen zu können. Ich immatrikulierte mich im Sommersemester 1943 als stud. rer. pol., besuchte, soweit das neben der Lazarettbehandlung möglich war, unter anderem Vorlesungen bei *Eucken* und *von Dietze*, fand aber zum volkswirtschaftlichen Studium wenig Zugang. Ich wechselte daher ab dem zweiten Semester in die rechtswissenschaftliche Fakultät und hörte bei *Schönke*, *Maunz*, *Erik Wolf*, *Boehmer* und *Beyerle* und machte Anfängerübungen.

Zum Wintersemester 1944/1945 zog ich nach Jena. Dort besuchte ich Vorlesungen im Zivilrecht und Zivilprozeß bei *Krusch* und *Schultze-v. Lasaulx*, im Strafrecht und in der Strafrechtsgeschichte bei *v. Weber*, im Verfassungs- und Verwaltungsrecht bei *Giese* und *Wacke* sowie im Völkerrecht und in Rechtsgeschichte bei *Liermann* und *Jerusalem*, außerdem machte ich Übungen für Vorgerückte und hörte bei *Johannsen* Einführung in die Philosophie.

Für den Ortswechsel nach Jena war entscheidend, daß meine spätere Ehefrau, *Ilse Dosse*, die ich 1943 kennengelernt hatte, in Weimar auf der Meisterschule studierte und dort vor dem Abschluß stand. Sie war eine Tochter des Predigerseminardirektors lic. *Fritz Dosse* in Wolfenbüttel, der damals als Major d.R. in Jugoslawien eingesetzt war. Seine Einwände gegen die Bindung seiner Tochter mit einem katholischen, aus einem gänzlich anderen Umfeld stammenden Mann hielt er nicht mehr aufrecht, nachdem seine Ehefrau, meine spätere

Schwiegermutter, mich bei einem Besuch im Herbst 1944 kennengelernt hatte und er der Menschenkenntnis seiner Frau voll vertraute. Weihnachten 1944 verlobten wir uns im Pfarrhaus in Groß Stöckheim.

Trotz der Kriegsereignisse und der Zerstörung der Innenstadt von Jena durch Bombenangriffe lief auch in den ersten Monaten des Jahres 1945 der Vorlesungsbetrieb weiter. Nach dem Semesterende war auch das Ende des Krieges nicht mehr weit. Das Vorrücken der Front stand meiner Heimfahrt nach Südbaden entgegen. Ich fuhr daher mit meiner Verlobten in ihr Elternhaus im Braunschweiger Land. Dort heirateten wir am 5. April 1945. Die kirchliche Trauung nahm Probst *Leistikow*, ein befreundeter Amtsbruder meines Schwiegervaters, vor. Der Weg zur vorausgegangenen standesamtlichen Trauung – ich trug an diesem Tag zum letztenmal meine Offiziersuniform – führte uns bereits durch Panzerabwehrgräben.

## *III.*

Das Kriegsende und die ersten Monate hernach, als aller Not am größten war, verbrachte ich mit meiner Frau im Pfarrhaus in Groß Stöckheim. Dort hatten wir dank der Fürsorge und des großen Gartens meiner Schwiegermutter unser Auskommen. Während jener Monate bot mir die riesige Bibliothek meines Schwiegervaters – er und seine beiden Söhne kehrten aus dem Kriege nicht zurück – reichliche Gelegenheit, mich fortzubilden: *Windelbands* „Geschichte der Philosophie" fand mein bevorzugtes Interesse.

Da die Universität Göttingen als erste bereits im September 1945 ihre Pforten wieder öffnete, zögerte ich keine Minute, die Universitätsstudien wieder aufzunehmen. Im Ganzen taten die äußerst beschwerlichen Umstände während der unmittelbaren Nachkriegszeit einem intensiven Lehrbetrieb keinen Abbruch. Noch Jahrzehnte später schwärmten Universitätslehrer vom Engagement jener Studenten, die damals die Hörsäle füllten. Gerade in Göttingen waren auf allen Fachgebieten herausragende Vertreter zu hören, so im Zivil- und Zivilprozeßrecht *Raiser*, *Beitzke*, *von Gierke* und *Felgentraeger*, im Straf- und Strafprozeßrecht *Eberhard Schmidt*, *Welzel* und *Bockelmann*, im öffentlichen Recht *Smend*, sowie *Grewe* im Völkerrecht und *Niedermeyer* und *Wieakker* im römischen Recht. Ich beteiligte mich im Zivil-, Handels- und Strafrecht an den Übungen für Vorgerückte sowie mit sehr gutem Erfolg an denen im Zivilprozeßrecht und belegte ferner ein verfassungs- und rechtsgeschichtliches Seminar.

Nach Abschluß meines sechsten Semesters meldete ich mich beim Oberlandesgericht Celle zur Ersten Juristischen Staatsprüfung. Die mündliche Prüfung fand am 13. März 1947 in Celle statt. Am Tage zuvor teilte der Vorsitzende der Prüfungskommission, Senatspräsident *Redepenning*, den Kandidaten unter anderem mit, daß die außergewöhnlichen Zeitumstände, insbesondere kriegsverursachte Unterbrechungen der Studien, Kriegsverletzungen und die dadurch bedingten Schwierigkeiten bei der Prüfungsvorbereitung den Mitgliedern der Kommission aus grundsätzlichen Erwägungen keinen Anlaß geben werde, von den üblichen Prüfungsanforderungen irgendwie abzuweichen. Die Prüfung bestand ich als bester unter acht Kandidaten mit der Note „vollbefriedigend".

In den Sommermonaten des Jahres 1947 brachte ich meine Dissertation zum Thema

> „Der § 814 BGB, insbesondere seine Anwendung auf
> fehlerhafte gegenseitige Verträge"

bei Professor Dr. *Beitzke* zum Abschluß.

Da ich zur Ableistung meines juristischen Vorbereitungsdienstes in meine Heimat zurückkehren wollte, stand ein Umzug aus der britischen Zone in die französische bevor: Im Jahre 1947 ein abenteuerliches Unternehmen: Um das damals besonders kostbare Umzugsgut – es befand sich ein echtes Biedermeierzimmer meiner Frau darunter – sicher an den Bestimmungsort zu bringen, richtete ich mich gegen Zahlung einer zweiten Klasse-Fahrkarte in dem betreffenden Eisenbahnwaggon häuslich ein. Auf diese Weise behielt ich meine Habe stets im Auge. Diese Fahrt von Hannover an meinen Heimatort Albbruck dauerte sechs Tage!

## *IV.*

Beim Ein-Mann-Amtsgericht Säckingen, wo ich meinen Vorbereitungsdienst am 1. September 1947 begann, nahm mich von Anfang an die praktische Arbeit voll in Anspruch. Amtsgerichtsrat *Fehrenbach* hat mich von vornherein – mehr als sonst üblich – an fast allen seinen Dienstgeschäften teilnehmen, Entscheidungsgründe fertigen und kommissarische Zeugenvernehmungen durchführen lassen. So war ich nach sechs Monaten mit den Aufgaben eines Amtsrichters voll vertraut und kam die folgenden acht Monate an die Staatsanwaltschaft Waldshut. Dort war damals lediglich ein planmäßiger Staatsanwalt tätig, der zugleich den dienstunfähig erkrankten Oberstaatsanwalt zu vertreten hatte, und dem ich als Amtsanwalt zugeteilt wurde. Ich hatte daher eigenverantwortlich den größten Teil der staatsanwaltlichen Geschäfte bei den sechs Amtsgerichten zu erledigen. Dabei trat ganz in den Hintergrund, daß auch noch der Termin für mein Rigorosum an der Universität Göttingen bevorstand. Ich war daher – bisher kam ich bei mündlichen Prüfungen ganz gut zurecht – sehr kühn, mich ohne besondere Vorbereitung „vom Waldshuter Schreibtisch weg“ in Göttingen dem Rigorosum zu stellen. Wenig glückverheißend erschien dann auch schon das Äußere: An jenem Winterspätnachmittag war nämlich, wie damals oft in Göttingen, der Strom abgestellt und alles dunkel, abgesehen von den Gebäuden der Besatzungsmacht. Im Raum, in dem ich geprüft wurde, fackelten auf dem Tisch lediglich zwei kleine „Hindenburglichter“. Nicht einmal lesen hätte man können. Die Atmosphäre war gespenstisch. Und nur schattenhaft waren dem Doktoranden die gegenübersitzenden Mitglieder der Prüfungskommission erkennbar. Wenig aufhellend mochten auch dessen Antworten gewesen sein. Nach einer längeren Beratung teilte mir der Vorsitzende der Kommission Professor *Niedermeyer* ebenso freundlich wie entschieden mit, daß unbeschadet meiner gut beurteilten Dissertation meine mündlichen Leistungen eine Promotion nicht rechtfertigen und ich Gelegenheit haben werde, in Jahresfrist die mündliche Doktorprüfung zu wiederholen.

Diese „Lehre“ hatte für mich freilich auch heilsame Folgen: Um übers Jahr besser vorbereitet zu sein und gleichwohl meinen Vorbereitungsdienst wie bisher fortsetzen zu können, vor allem aber auf Verwendungsaufträge, die mich wirtschaftlich etwas besser stellten (ich hatte inzwischen eine vierköpfige Familie), nicht verzichten zu müssen, beschloß ich, einfach früher aufzustehen und vor Beginn des dienstlichen Tagewerks allmorgendlich jeweils zwei Stunden meine theoretischen Kenntnisse aufzufrischen und zu erweitern. Das geschah, kam wohl auch meiner praktischen Tätigkeit und nicht zuletzt der – wiederum in Jahresfrist anstehenden – Zweiten Juristischen Staatsprüfung zugute. Während meiner Ausbildungsstation beim Landratsamt Waldshut brachte ich mein Rigorosum hinter mich und wurde im Sommer und Herbst 1949 mehrfach bei den Amtsgerichten Lörrach und Säckingen als Urlaubsvertreter und Dienstverweser jeweils mehrere Wochen eingesetzt.

Am 15. Juli 1950 bestand ich beim Oberlandesgericht Freiburg die Zweite Juristische Staatsprüfung mit dem Prädikat „gut“ und der Lokation 1 unter fünfzehn Kandidaten.

Das Badische Justizministerium in Freiburg übernahm mich als Gerichtsassessor in den badischen Justizdienst und übertrug mir ab 1. Oktober 1950 als Dienstverweser die mir wohlvertrauten richterlichen Geschäfte des Amtsgerichts Säckingen. Hierzu gehörten sämtliche Zivil- und Strafsachen, einschließlich der Haftsachen sowie die Dienstgeschäfte des Vorstandes des Amtsgerichtsgefängnisses. Als Dienstanfänger hatte ich somit ein beträchtliches Arbeitsquantum zu schultern: alljährlich mehr als 400 Zivilprozesse, allwöchentlich eine Zivilsitzung und eine Strafsitzung mit meist mehreren

Sachen und ferner allmonatlich die Gerichtstage in Rheinfelden sowie auf den damals noch schlecht erschlossenen Hotzenwaldgemeinden Rickenbach und Herrischried. Damals mögen die dortigen Verhältnisse denen nicht ganz unähnlich gewesen sein, wie sie vor gerade 100 Jahren *Joseph Victor von Scheffel*, der damalige „Dienstrevisor" beim Bezirksamt Säckingen, in seinen „Reisebildern aus dem Hauensteiner Schwarzwald" geschildert hatte.

Um stets mit allen Dienstgeschäften auf dem Laufenden zu bleiben, mußte ich auch die Abendstunden und regelmäßig die Wochenenden in Anspruch nehmen. Dies war in jenen Aufbaujahren nach dem Kriege auch in der Justiz nichts Ungewöhnliches. „Freizeitdenken" war noch nicht im Schwange. Erst Ende 1952 wurde dem Amtsgericht Säckingen ein weiterer Assessor mit halber Kraft zugewiesen, nachdem ich erkennbar wegen physischer Überforderung für mehrere Wochen dienstunfähig erkrankte und ich in einem ausführlichen Bericht dem Justizministerium – inzwischen – Stuttgart nachgewiesen hatte, daß vor dem Kriege (1937), als das Gericht noch zwei planmäßige Amtsgerichtsräte hatte, der damalige Geschäftsstand gegenüber dem derzeitigen sogar zum Teil geringer gewesen war.

Ab 1. September 1953 ließ ich mich, da ich ohnehin eine dienstliche Veränderung anstrebte, als sog. „Hilfsarbeiter" an den Bundesgerichtshof abordnen. Chefpräsident *Hermann Weinkauf* wies mich als „Hilfsarbeiter" dem 1. Strafsenat zu. Meinen Einwand, „eigentlich" Zivilrechtler zu sein, ließ er nicht gelten: „Wenn Sie in Ihrem Alter (und er meinte wohl auch als noch nicht planmäßiger Richter) bereits zum Bundesgerichtshof kommen, müssen Sie schon mich über Ihre Verwendung entscheiden lassen". Damals konnte ich freilich nicht ahnen, daß meine Zuweisung als „Hiwi" (so der Jargon!) in einen *Strafsenat* für meinen ferneren beruflichen Weg die entscheidende Weiche gestellt hatte. Am Arbeitsplatz in Karlsruhe tat sich mir dienstlich eine neue Welt auf: Ich brauchte mich nun nicht mehr wie bisher zur Beratung „mit mir selbst" zurückzuziehen, sondern hatte zu allen juristischen Problemen schon bei meinen Hiwi-Kollegen hochqualifizierte und erfahrene Gesprächspartner, abgesehen vom Zugang zur BGH-Bibliothek. Was ich für den Senat zu bearbeiten hatte, teilte mir dessen Vorsitzender Dr. *Max Hörchner* zu. Aus den Voten und Arbeiten, die ich während jener Zeit gefertigt habe, ist ein Gutachten zur Frage der „Teilnahme an unvorsätzlicher Haupttat" hervorzuheben. Entgegen der Auffassung des 4. Strafsenats, der eine solche Teilnahme an unvorsätzlicher Haupttat für möglich hielt (BGHSt. 4, S. 355; 5, S. 47), habe ich dargelegt, daß die Verurteilung wegen Teilnahme – wie auch der 2. Strafsenat inzwischen entschied (BGHSt. 9, S. 370) – stets voraussetzt, daß der Haupttäter vorsätzlich, aber nicht notwendig mit Unrechtsbewußtsein gehandelt hat. Auch das 2. Strafrechtsreformgesetz (1969) stellte dies inzwischen gesetzlich klar. Mein Gutachten erschien als Beitrag in Goltdammer's Archiv 1956, S. 129 ff.

Da inzwischen meine Familie das Getrenntleben leid war – seit über zwei Jahren holte mich meine Frau mit 4 kleinen Kindern jeden Samstag abend (damals wurde samstags noch gearbeitet!) am Bahnhof ab und brachte mich am Montag früh wieder hin –, bat ich, meine Abordnung zum Bundesgerichtshof zum Jahresende 1955 aufzuheben und mich – ich war seit Ende 1953 planmäßiger Amtsgerichtsrat – ans heimatliche Landgericht Waldshut zurückabzuordnen. Senatspräsident *Hörchner* stellte mir ein erfreuliches Dienstzeugnis aus und bescheinigte mir hierin – ich war inzwischen 36 Jahre alt – meine Eignung zum Bundesrichter.

Beim Landgericht Waldshut trat ich am 2. Januar 1956 meinen Dienst an.

Ende Juni 1956 zeichnete sich eine grundlegende, für mich völlig überraschende Veränderung ab: Das Bundesjustizministerium suchte einen weiteren Referenten für die Strafrechtsreform und bat darum, falls ich Interesse hätte, mich in Bonn vorzustellen. Nach einer zweiwöchigen Bedenkzeit erklärte ich mich bereit, mich an das Bundesjustizministerium abordnen zu lassen.

## *V.*

Mit dem Dienstantritt beim Bundesjustizministerium am 1. Oktober 1956 änderte sich meine dienstliche Tätigkeit von Grund auf. Dort amteten *Josef Schafheutle* als Leiter der Strafrechtsabteilung, *Eduard Dreher* als Generalreferent für die Strafrechtsreform, daneben als Referenten *Karl Lackner* und *Georg Schwalm*. Ich hatte als weiterer Referent zunächst meinen Kenntnisstand aufs Laufende zu bringen: Die Große Strafrechtskommission hatte ihre Verhandlungen schon am 6. April 1954 begonnen und während zweier Jahre bis zu meinem Dienstantritt beim Ministerium schon eine Reihe von Grundsatzfragen und einen großen Teil des Allgemeinen Teils eines Strafgesetzbuchs in erster Lesung beraten. Erstmals im Dezember 1956 nahm ich an einer Kommissionsberatung teil. 1958 gehörten im Besonderen Teil vor allem die Urkundenstraftaten, der Wucher und die Volltrunkenheit in meine Zuständigkeit und in der 2. Lesung (1959) insbesondere die Täterschaft und Teilnahme, der Notstand, die falsche Verdächtigung, die Rechtsbeugung und die Vergehen bei Wahlen und Abstimmungen. Die letzte (143.) Sitzung der Großen Strafrechtskommission fand am 19. Juni 1959 statt.

Die 540 Druckseiten umfassende Begründung des beschlossenen Strafgesetzentwurfs (E 1960/1962) fertigten die Sachbearbeiter. Davon oblagen mir im Allgemeinen Teil die Begründung der Vorschriften über den Geltungsbereich, den Sprachgebrauch, die Täterschaft und Teilnahme, Notwehr und Notstand, im Besonderen Teil die Begründung der Urkundenstraftaten, der gemeinlästigen Straftaten, der Vergehen bei Wahlen und Abstimmungen, der falschen Verdächtigung und der Gefährdung der Rechtspflege.

Mir bot die Teilnahme an den Beratungen der Großen Strafrechtskommission, aber auch an den vorbereitenden Arbeiten der Strafrechtsabteilung des Bundesjustizministeriums die einmalige Möglichkeit „wie in einem Oberseminar allerhöchsten Niveaus" – so drückte es später *Hans-Heinrich Jescheck*, das damals jüngste Kommissionsmitglied, aus[1] – den Allgemeinen und Besonderen Teil, die Strafrechtsdogmatik und das Sanktionensystem sowie „Lehre und Praxis mit den Besten des Fachs durchzustudieren".

Nachzutragen ist, daß ich am 5. September 1958 auf einer „fliegenden" Stelle des Landes Baden-Württemberg zum Oberlandesgerichtsrat befördert wurde. Zu einer Übernahme in den Bundesjustizdienst habe ich mich, da ich unabhängiger Richter bleiben wollte, nicht entschlossen.

Ende des Jahres 1960 erfuhr ich vom Landgerichtspräsidenten *Fuchs*, daß für das Landgericht Waldshut demnächst eine weitere Landgerichtsdirektorenstelle geschaffen werde und, falls ich mich bewürbe, er nachdrücklich dafür eintreten werde, daß ich die Stelle bekomme. Auf diese Weise tat sich eine ganz überraschende Möglichkeit auf, mich dienstlich zu verändern *und* Richter zu bleiben. Als auch meine Frau sich bereit zeigte, abermals nach Waldshut zurückzukehren, aber nur, falls wir dort ein Haus bauen, hatte ich plötzlich ein neues Ziel vor Augen. Mein älterer Bruder, der das väterliche Geschäft in Albbruck weiterführte, wies mir auch bald einen gut gelegenen und preiswerten Bauplatz in Waldshut nach. So stellte ich mich innerlich auf einen Ortswechsel ein und bewarb mich am 10. März 1961 um die Landgerichtsdirektorenstelle in Waldshut in der sicheren Erwartung, daß die von Präsident *Fuchs* initiierte und unterstützte Bewerbung die Wirkung beim Ministerium nicht verfehlen werde. Hierin hatte ich mich freilich geirrt: Als ich wenige Tage später in Stuttgart vorsprach, eröffnete mir Ministerialrat *Karl Henn*, der Personalreferent des Ministeriums, daß ich aus verschiedenen Gründen wenig Chancen habe, die Stelle zu erhalten. Sie sei schon einem anderen Richter in Aussicht gestellt, auch hätte ich, so wurde mir unter anderem mitgeteilt, nur dreieinhalb Jahre richterliche Erfahrung in der Landesju-

1 *Jescheck*, Beiträge zum Strafrecht 1980–1998, S. 649.

stiz. Gegen den Hinweis auf einen mir vorgehenden Richter konnte ich wenig einwenden. Schließlich wußte ich, daß im ganzen Land Baden-Württemberg der jüngste Landgerichtsdirektor mir sogar zehn Lebensjahre voraus hatte. Erstaunt war ich aber darüber, daß Tätigkeiten beim Bundesgerichtshof und beim Bundesjustizministerium bei der Beurteilung einer Bewerbung um eine Richterstelle im Lande offenbar nichts galten. Darüber berichtete ich Ministerialdirektor *Schafheutle* und *Hermann Maassen*, dem persönlichen Referenten des Bundesjustizministers, mit dem Bemerken, daß künftig qualifizierten Landesbediensteten schwerlich eine Abordnung zu obersten Bundesbehörden geraten werden könne, wenn, wie in meinem Fall, nach viereinhalb Jahren Referententätigkeit beim Bundesjustizministerium nicht einmal eine bloße Versetzungsbewerbung – ich stand schließlich schon im Rang eines Landgerichtsdirektors – an den alten, verhältnismäßig entlegenen Platz Erfolg verspricht. Wie ich später erfuhr, hat hierwegen der damalige Bundesjustizminister *Schäffer* seinen Stuttgarter Kollegen, Minister *Haußmann* angerufen. So wandte sich das Blatt: Minister *Haußmann* ließ Bundesjustizminister *Schäffer* wissen, daß ich die Waldshuter Landgerichtsdirektorenstelle erhalten werde.

## *VI.*

Am 19. Juni 1961 trat ich nun als Landgerichtsdirektor wieder meinen Dienst beim Landgericht Waldshut an und übernahm die erstinstanzliche und die Berufungsstrafkammer. Aber bereits zeichneten sich am neuen Dienstsitz weitere Veränderungen ab: Das im Entstehen begriffene neue Landgerichtsgebäude – erst dort hatte ich Aussicht auf ein eigenes Dienstzimmer – stand vor der Vollendung, der von mir sehr geschätzte *Ludwig Fuchs* ließ sich als Präsident an das Landgericht Konstanz versetzen, neuer Präsident wurde *Heinrich Zimmermann.*

Auch der Neubau meines eigenen Hauses schritt voran. Dabei kamen dem Architekten die Ideen und die Vorstellungskraft meiner Frau bei der Planung und der Ausführung des Baus zugute. Auch die Entscheidungen über die Ausgestaltung im Detail lagen vornehmlich in ihren Händen, meist mehr als bei mir. Ende August 1962 zogen wir mit der ganzen Familie von Bonn in unser fertiggestelltes Eigenheim in Waldshut.

Landgerichtspräsident *Zimmermann* erlitt im Sommer 1963 einen schweren Verkehrsunfall und war längere Zeit dienstunfähig. Ich wurde daher zum Ständigen Vertreter des Landgerichtspräsidenten ernannt. 1964 brachte wiederum einen Präsidentenwechsel. Präsident *Zimmermann* trat am 1. Dezember

1964 krankheitshalber in den Ruhestand. Neuer Präsident wurde *Alfons Beising*. Es fügte sich, daß die Verabschiedung des alten und die Einführung des neuen Präsidenten mit der 100-Jahrfeier des Landgerichts verbunden werden konnte. Sie fand am 9. Dezember 1964 mit zahlreichen geladenen Gästen in Anwesenheit des Justizministers, des Oberlandesgerichtspräsidenten, der Präsidenten der benachbarten Bezirke sowie der Präsidenten der angrenzenden kantonalen Obergerichte – wie 100 Jahre zuvor – im Schwurgerichtssaal statt. In meiner Festansprache zur Säkularfeier wies ich darauf hin, daß 1864 die Gründung des (damaligen) Kreisgerichts Waldshut einer Tradition aus vorderösterreichischer Zeit folgte. Mit einer Unterbrechung in der ersten Hälfte des 19. Jahrhunderts war die Stadt Waldshut nämlich seit Jahrhunderten Sitz einer Mittelinstanz für den Bereich des südlichen Schwarzwaldes.

Anfang des Jahres 1966 legte mir das Justizministerium nahe, mich um die freiwerdende Stelle des Leiters der Staatsanwaltschaft Offenburg zu bewerben. Dies tat ich. Denn durch einen solchen Ortswechsel werde, so wurde mir schriftlich bestätigt, im Falle des Weggangs von Präsident *Beising*, ohne daß eine verbindliche Zusage gegeben werden könne, eine Voraussetzung dafür geschaffen, ihn zu benachfolgen, während das Nachrücken eines Ständigen Vertreters des Präsidenten nach der Haltung des Ministeriums nicht in Betracht komme.

## *VII.*

Zum 2. Mai 1966 wurde ich Leiter der Staatsanwaltschaft Offenburg. Das abermalige Getrenntleben von Familie war freilich deswegen eine besondere Belastung für meine Frau, weil zur gleichen Zeit auch unser ältester Sohn als Soldat einrückte.

Besonders aktuell war damals die in Baden-Württemberg höchst umstrittene und kontrovers praktizierte Strafzumessung beim Massendelikt der Trunkenheit im Straßenverkehr: Im Oberlandesgerichtsbezirk Stuttgart wurden auch bei Ersttätern fast ausnahmslos Gefängnisstrafen ohne Bewährung (meist eine Woche) ausgesprochen, im Oberlandesgerichtsbezirk Karlsruhe hingegen wurden in diesen Fällen kurze Freiheitsstrafen regelmäßig zur Bewährung ausgesetzt. Hiergegen zog ich in Vorträgen und in der juristischen Literatur[2], vor allem auf dem 5. Deutschen Verkehrsgerichtstag 1967 in Goslar[3] zu Felde und legte im einzelnen dar, daß beide kontroversen Meinungen nicht dem

2 BA 1966, S. 457 ff.; DRiZ 1967, S. 261.

3 Die Justiz 1967, S. 156 ff.

Gesetz entsprechen, kriminalpolitisch sowohl in der milderen als auch in der vermeintlich strengeren Form verfehlt und justizpolitisch beklagenswert seien. Vielmehr seien nach dem Gesetz bei Ersttätern in Fällen folgenloser Trunkenheit im Verkehr in der Regel hohe Geldstrafen auszusprechen und ggfl. Ratenzahlungen zu bewilligen.

Als Leitender Oberstaatsanwalt verfuhr ich so und wies meine Staatsanwälte an, in Fällen folgenloser Trunkenheit im Verkehr bei Ersttätern grundsätzlich eine Geldstrafe in Höhe eines monatlichen Bruttoeinkommens des Täters zu beantragen. So kam es, daß im Landgerichtsbezirk Offenburg in diesen Fällen regelmäßig auf hohe Geldstrafen erkannt wurde. Weder der Generalstaatsanwalt *Albert Woll* noch Justizminister *Schieler* erhoben hiergegen Einwände. Soweit dies im Rahmen des geltenden Rechts möglich war, versuchte ich in meiner Amtsführung auch Verbesserungen, wie sie das künftige Strafrecht vorsah, mitzuberücksichtigen. Irgendwelche Weisungen des für strenge Dienstaufsicht bekannten Generalstaatsanwalts habe ich nie erhalten. In berichtspflichtigen Sachen teilte ich ihm stets zugleich mit, wie ich zu verfahren gedenke. So war ich mir, falls der Generalstaatsanwalt nicht widersprach (was er nie tat), seiner Billigung wie auch der Übernahme seiner Mitverantwortung sicher.

Der Strafrechtsausschuß des Richterbundes, über dessen Arbeit ich in der Deutschen Richterzeitung 1968, S. 123 im einzelnen berichtet habe, hat 1966 im Rahmen der Rechtsmittelreform in Strafsachen über die Forderung nach einer zweiten Tatsacheninstanz in Strafkammersachen beraten. Nach den Erfahrungen der Reformentwicklung der letzten 100 Jahre verbiete es sich, so mein Referat[4], gegen Strafkammer- und Schwurgerichtsurteile die Berufung vorzusehen. Irrtümern im tatsächlichen Bereich sei durch die Verbesserung der Besetzung der erstinstanzlichen Gerichte und durch eine Neugestaltung des Revisionsverfahrens zu begegnen. Auch in amts- und schöffengerichtlichen Sachen sei die Berufung im Grunde entbehrlich. Denn der Berufungsrichter gleiche – aphoristisch formuliert – einem Koch, von dem man erwartet, daß er mit weniger Fleisch und geringeren Zutaten einen besseren Braten bereitet.

Im Juli 1966 wurde ich Mitglied des Landesjustizprüfungsamtes Stuttgart. Ferner haben mich damals die Herausgeber des Leipziger Kommentars, *Paulheinz Baldus* und *Günther Willms*, als Mitautor für die 9. Auflage dieses Kommentars verpflichtet.

---

4 GA 1967, S. 161 ff.

## *VIII.*

Am 19. Juni 1968 überreichte mir der SPD-Justizminister *Schieler* die Ernennungsurkunde zum Landgerichtspräsidenten in Waldshut. So wurde ich der zweitjüngste Landgerichtspräsident der ganzen Bundesrepublik, obwohl ich noch nie einer politischen Partei angehört und schon gar nicht der SPD nahegestanden habe. Der Minister hielt sich aber daran, daß mir von seinem Vorgänger die Stelle zwar nicht verbindlich zugesagt, wohl aber in Aussicht gestellt wurde. Mitbestimmend war hierbei sicher auch, daß mein Kampf gegen die kurzfristige Freiheitsstrafe in der Praxis und in der Theorie ein besonders rechtspolitisches Anliegen des Ministers war. Ich habe über die tieferen und justizpolitisch nutzbringenden Sachgründe des in Süddeutschland üblichen Wechsels zwischen staatsanwaltschaftlichem und richterlichem Amt gesprochen[5] und näher dargetan, daß unbeschadet der Weisungsgebundenheit der Staatsanwälte und der Unabhängigkeit der Richter letztlich auch dem Staatsanwalt Eigenschaften wohlanstehen, die den Richter auszeichnen.

Auf einer Tagung der Deutschen Richterakademie sowie auf Fortbildungstagungen sprach ich „Über den Umgang des Richters mit den anderen Verfahrensbeteiligten“[6] und hob hervor, daß vor allem Fairness und Noblesse de robe für den forensischen Stil bestimmend sein müssen.

Vom 29. September bis 5. Oktober 1969 fand der X. Internationale Strafrechtskongreß in Rom statt. Ihm ging im April 1969 in Prag ein vorbereitendes Kolloquium voraus. In der III. Sektion dieses Kongresses hatten *Karl Peters* und ich über das Thema „Die Aufgabe des Gerichts bei der Anwendung der Strafen“ die deutschen Landesberichte zu erstatten[7].

Die beiden Strafrechtsreformgesetze 1969 brachten als rechtspolitischen Fortschritt den Vorrang der Geldstrafe: Der Anteil der Geldstrafen im Vergleich zu den Freiheitsstrafen wuchs von 67 Prozent vor der Reform schlagartig auf 86 Prozent, im Bereich amtsgerichtlicher Verurteilungen sogar auf 90 Prozent. In der 9. Auflage des Leipziger Kommentars (1971) habe ich diese Neuerung, die einen epochalen Wandel in der strafgerichtlichen Alltagspraxis führte, dargestellt und im Schrifttum erstmals umfassend erläutert (§§ 27 bis 33 StGB a.F.). In einer Reihe von Vorträgen habe ich die Geldstrafe als Rechtsfolge im Verkehrsstrafrecht behandelt[8]. Den Versuch der Verkehrsgerichtsta-

---

5 DRiZ 1968, S. 364.

6 DRiZ 1970, S. 213.

7 ZStW Bd. 81 (1969), S. 84–113; vgl. auch Bd. 82 (1970), S. 578.

8 Kriminologische Gegenwartsfragen, Heft 10 (1972), S. 138.

ge, durch Strafzumessungsempfehlungen zur Einheitlichkeit der Rechtsauslegung beizutragen, habe ich gegenüber einer sachwidrigen Kritik von *Jagusch* in Schutz genommen[9], auf einer Tagung für Rechtsvergleichung in Hamburg eingehend dargelegt, wie das Tagessatzsystem in der Praxis sachgemäß durchzusetzen und zu vollstrecken ist[10], und in zwei Vorträgen im Universitätsinstitut für Kriminologie in Wien[11] und auf Einladung der rechtswissenschaftlichen Fakultät der Universität Graz[12] mich vergleichend mit der Regelung des Tagessatzsystems in Österreich auseinandergesetzt.

In einer Gastvortragsreihe zum Thema „Probleme der Strafprozeßreform“, die der Fachbereich Rechtswissenschaft der Freien Universität Berlin im Sommersemester 1974 veranstaltet hat und an der auch *Jescheck*, *Dünnebier*, *Roxin* und *Karl Peters* beteiligt waren[13], habe ich „Zur Reform des Rechtsmittelsystems im Strafverfahren“ gesprochen und dargelegt, daß im Falle der Einführung eines dreistufigen Gerichtsaufbaus schon aus strukturellen Sachzwängen die Berufung abgeschafft, die Revision erweitert und das Verfahren vor dem Strafrichter vereinfacht (Vorschaltverfahren) werden müsse.

Obwohl der Primat der Resozialisierung unter den Strafzwecken seit den Strafrechtsreformgesetzen absolut unbestritten ist, habe ich 1975 in einem Vortrag vor der Gesellschaft Hamburger Juristen[14] darauf aufmerksam gemacht, daß unter anderem bei der Neufassung der Strafaussetzung zur Bewährung (§ 56 StGB) der Resozialisierungsgedanke keine sachgemäße Berücksichtigung gefunden habe. Überhaupt sei die „Resozialisierung des Täters“ durch die Forderung einer „Resozialisierung der Gesellschaft“ in eine Krise geraten, insbesondere erschwere die kriminalsoziologische Lehre des labeling approach und die sog. Sündenbocktheorie das Resozialisierungsbemühen in der Praxis.

Meinen Unmut als Tatrichter brachte ich darüber zum Ausdruck[15], daß das Bundesverfassungsgericht im Schily-Beschluß vom 14. Februar 1973[16] dem erkennenden Gericht in jenem Stammheimer Terroristenprozeß fast zwei Jahre

---

9 BA 1991, S. 73.

10 ZStW 86 (1974), S. 545 ff.

11 MDR 1972, S. 461.

12 ÖJZ 1975, S. 589.

13 Hrsg. von *Hans Lüttger*, Probleme der Strafprozeßreform, Sammlung Göschen 2800, 1975, S. 127.

14 „Unsere gesellschaftliche Wirklichkeit als Widersacherin der Resozialisierung“, Die Justiz 1976, S. 88.

15 DRiZ 1975, S. 327, 403.

16 BVerfG 34, S. 293.

lang (bis zum Inkrafttreten des Gesetzes vom 20. Dezember 1974)[17] jede Möglichkeit genommen hatte, sich – wie bisher gewohnheitsrechtlich anerkannt war[18] – Komplizenanwälten, also advocati inhabiles, aus eigenem Recht zu erwehren.

Das Justizministerium Baden-Württemberg lud im Jahre 1978 bundesweit Strafkammervorsitzende, die mit solchen Terroristenprozessen befaßt sind, zu einem Erfahrungsaustausch nach Saulgau ein und beauftragte mich, um jedem Verdacht einer Justizlenkung von vornherein zu begegnen, mit der Leitung dieser aufschlußreichen Tagung.

Auf dem Verkehrsgerichtstag 1976 wandte ich mich nachdrücklich gegen die Forderung, bei leichtem Verschulden die Strafbarkeit der fahrlässigen Tötung und der fahrlässigen Körperverletzung abzuschaffen[19]. Denn würde bekannt, daß leichtes Fahrlässigkeitsverschulden stets straffrei ist, hätte dies unvorhergesehene Folgen: Schon im Ermittlungsverfahren ergäben sich kaum lösbare Probleme, denn beim ersten Zugriff läßt sich zwar meist beurteilen, ob ein Fahrlässigkeitsvorwurf in Betracht kommt, nicht aber dessen Schwere. Der Verkehrsgerichtstag ist mir gefolgt.

Nachzutragen ist, daß ich von 1973 bis 1988 persönliches Mitglied des Kuratoriums und des Fachbeirats des Max-Planck-Instituts für ausländisches und internationales Strafrecht in Freiburg gewesen bin.

## *IX.*

Im Herbst 1975 bat mich *Eduard Dreher,* ab der 38. Auflage (1978) seinen StGB-Kommentar fortzuführen. Um die Übernahme des Kommentars vorzubereiten, ließ er mir eineinhalb Jahre Zeit: Er selbst stellte währenddessen noch, ohne von mir eine Zuarbeit zu erwarten, die 37. Auflage (1977) des Kommentars fertig, in die noch eine Fülle gesetzlicher Neuerungen einzubringen war. Bei mir stand einer Übernahme dieses bei C.H. Beck erscheinenden Kommentars zunächst noch der Umstand entgegen, daß ich seit 1967 beim Verlag Walter de Gruyter Mitautor des Leipziger Kommentars und für die bereits in Bearbeitung begriffene 10. Auflage seit 1973 anstelle des verstorbenen *Paulheinz Baldus* als Mitherausgeber schon tätig war und vertraglich in Pflicht stand. Den größeren Teil meiner Kommentierung für diese Auflage hatte ich zwar schon abgegeben. Da ich aber neben einer Fortführung des

17 BGBl. I S. 3686.

18 NJW 1972, S. 2140.

19 DRiZ 1976, S. 129.

Dreherschen Kommentars keinesfalls Mitherausgeber eines Großkommentars hätte bleiben können, erklärte sich *Helwig Hassenpflug* vom Verlag Walter de Gruyter in überaus entgegenkommender Weise bereit, mich aus meinen Verpflichtungen als Mitherausgeber und Mitautor des Leipziger Kommentars zu entlassen.

Mein Einstieg in diesen Praktikerkommentar war gewiß dadurch erleichtert, daß *Eduard Dreher* nach 15 von ihm besorgten Auflagen mir eine Kommentierung von 1335 Druckseiten übergab, die auf dem neuesten Stand war und nach Anlage und Inhalt keine Wünsche offen ließ, die an einen Handkommentar gestellt werden können. Mir war es auch Hilfe und Beruhigung, daß Oberregierungsrat (später Regierungsdirektor) *Karl Lenzen*, der schon seit der 23. Auflage (1961) – er war Referent im Bundesjustizministerium – den Anhang, die Titelei und das Sachverzeichnis des Kommentars eigenverantwortlich betreut hatte, als qualifizierter Sachkenner auch mir mit seiner Detailkenntnis in der Kommentierung zur Seite zu stehen versprach.

1976 wurde ich in die Ständige Deputation des Deutschen Juristentages gewählt. Ferner hat mir die Universität Freiburg 1977 einen Lehrauftrag erteilt: Ich setzte mich – in wöchentlichem Wechsel mit dem Freiburger Strafverteidiger *Gerhard Hammerstein* – 14-tägig zweistündig jeweils mit aktuellen Entscheidungen des Bundesgerichtshofs aus dem materiellen Strafrecht, die ich ohnehin zu kommentieren hatte, auseinander. Außerdem mußte ich die noch ausstehende und nachzuholende Neubearbeitung der Urkundenstraftatbestände für die 10. Auflage des Leipziger Kommentars zwischenschieben (sie erschien 1982 mit 218 Druckseiten!). All das war dadurch möglich, daß ich damals meine gesamte Freizeit und meist auch Urlaubstage hierfür in Anspruch nahm. Meine Frau war das inzwischen gewohnt und hat mich durch ihre stetige Fürsorge in guter Verfassung gehalten.

Bei meinem Beitrag zur Festschrift für *Eduard Dreher* (1976) zu dessen 70. Geburtstag ging es um die umstrittene Frage, ob das Verbot der Rückwirkung von Strafgesetzen (Art. 103 Abs. 2 GG) auch für die Rechtsprechung gilt. Einem Gedanken von *Max Planck* folgend, der sich mit „Scheinproblemen der Wissenschaft“ auseinandergesetzt hatte, kennzeichnete ich die Frage des Rückwirkungsverbots bei Rechtsprechungswandel als ein solches „Scheinproblem der Strafrechtswissenschaft“.

In der ersten von mir besorgten (38.) Auflage des Dreherschen Kommentars habe ich – im Ergebnis meiner Kommentierung im Leipziger Kommentar folgend – die Erläuterungen zur Tagessatzgeldstrafe neu gefaßt, für das Verhältnis zwischen der Bundesrepublik und der DDR entgegen der Vorauflage den funktionalen Inlandsbegriff zugrunde gelegt und die Regeln des internationalen Strafrechts für maßgebend gehalten. Über alle folgenden Auflagen – ich bearbeitete den Kommentar bis 1999 (49. Auflage) – habe ich in dem im Hause Beck erschienenen und von *Willoweit* herausgegebenen Sammelband „Rechtswissenschaft und Rechtsliteratur im 20. Jahrhundert" (2007, S. 835) im einzelnen, wenn auch kursorisch, berichtet. Hierauf verweise ich.

Am 11. Juli 1980 wurde ich Honorarprofessor an der Universität Freiburg.

Auf dem 53. Deutschen Juristentag in Berlin (1980) hatte ich den Vorsitz in der strafrechtlichen Abteilung, in der es um eine Reform der Tötungsdelikte ging, *Albin Eser* das Gutachten erstattete und *Karl Lackner* und *Hans Fuhrmann* Referenten waren.

Besonders nachdrücklich habe ich mich 1982 in Vorträgen auf der Hermann-Ehlers-Akademie in Hamburg und der Evangelischen Akademie in Herrenalb unter dem Titel „Die Vernachlässigung und Ausbeutung des Rechtsstaates in unserer Zeit"[20] sowie im Fernsehen bei Südwest 3 in Stuttgart in der Gesprächsrunde „Omnibus" (u.a. mit *Däubler-Gmelin*, *Willi Geiger* und *H.-J. Rudolphi*) auf das zunehmende Unvermögen des Staates hingewiesen, sich der Rechtsbrüche derer zu erwehren, die ihn mißachten. Es werde verkannt, daß die Freiheiten des Einzelnen in einem Rechtsstaat nicht nur *vor* staatlichem Machtmißbrauch zu schützen sind, sondern ebenso *durch* staatlichen Machtgebrauch gegenüber Rechtsverletzern.

Zu beanstanden ist insbesondere, daß das Strafrecht seit 1970 als Instrument des politischen Machtkampfes diente und schon gar nicht mehr versucht wurde, für die Änderung grundlegender strafrechtlicher Normen einen breiten parlamentarischen Konsens zu finden. Vor allem bei der Neuregelung des Demonstrationsstrafrechts im 3. Strafrechtsreformgesetz fehlte es hieran: Sachlich nicht gerechtfertigte Freiheitsrechte einzelner wurden, dem Zug der Zeit folgend, überbetont; leichtfertig vernachlässigt hingegen elementare Schutzinteressen rechtstreuer Bürger auf friedliches Zusammenleben. So verstärkte sich der Trend und die Bereitschaft zu Gewalttätigkeiten, weil die Neuregelung Gewalttäter nachgerade einlädt, hinter friedlichen Demonstranten risikolos zu agieren. Bis auf den heutigen Tag kann daher der Staat nicht einmal mehr einem Krawalltourismus von vornherein wirksam entgegentreten.

Auf einer Tagung in der Katholischen Akademie in Freiburg zum Thema „Der verantwortliche Umgang der Medizin mit ihren Risiken" habe ich mich 1983 in einem Referat „Selbstbestimmungsrecht des Patienten – Wohltat oder

---

20 Die Welt v. 8.5.1982, Geistige Welt, S. I; Zeitwende 54. Jhrg. Jan. 1983, S. 1 ff.

Plage?“[21] mit den Gründen auseinandergesetzt, warum die zivilrechtliche Rechtsprechung meist höhere Anforderungen an den Umfang der ärztlichen Aufklärungspflicht stellt als die strafrechtliche Judikatur und darauf hingewiesen, daß insoweit übersteigerte Anforderungen weder der sachgemäßen Berufsausübung der Ärzte noch dem Wohl der Patienten zu dienen vermögen.

## *X.*

Ende August 1984 trat ich aus Altersgründen in den Ruhestand, was freilich nur bedeutete, daß ich meiner dienstlichen Pflichten ledig wurde. Meine Vorlesungs-, Prüfungs- und Vortragsverpflichtungen blieben und noch einiges kam dazu: Schon im September 1984 hatte ich den Vorsitz in der strafrechtlichen Abteilung des 55. Deutschen Juristentages in Hamburg zum Thema „Die Rechtsstellung des Verletzten im Strafverfahren“, wo *Peter Rieß* das Gutachten erstattete und *Walter Odersky* sowie *Gerhard Hammerstein* referierten. – Als Mitglied des Vorstandes der deutschen Landesgruppe der Internationalen Strafrechtsvereinigung (AIDP) nahm ich im Oktober 1984 an dem einwöchigen Kongreß in Kairo teil.

Im Dezember 1984 wurde ich in einer öffentlichen Anhörung im Rechtsausschuß des Bundestages[22] in der Frage einer Änderung des § 101 StVollzG (Frage der Zulässigkeit einer Zwangsernährung hungerstreikender Gefangener) als Gutachter bestellt und vertrat die Auffassung, daß eine Zwangsernährung gegen den aktiven Widerstand eines Gefangenen, der aus freien Stücken einen Hungerstreik begonnen hat und fortführt, unzulässig ist. Der abstoßende Vorgang einer Zwangsernährung widerspricht nämlich dem Grundrecht des Gefangenen auf körperliche Unversehrtheit und verstößt gegen die Menschenwürde[23]. Inzwischen ist in § 101 StVollzG i.d.Fass. vom 27. Februar 1985 klargestellt, daß Vollzugsärzte und Vollzugsbehörden nicht mehr verpflichtet sind, hungerstreikende Gefangene nach Eintritt akuter Lebensgefahr gegen ihren Willen unter Gewaltanwendung zu ernähren. Eigentlich ist es in einem Rechtsstaat überhaupt nicht zu rechtfertigen, Gefangene, die aus freier Willensentschließung hungerstreiken, zwangszuernähren. Der Gesetzgeber hätte daher die Zwangsernährung überhaupt verbieten müssen[24].

---

21 MDR 1983, S. 881.

22 Ausschußdrucks. Sten. Prot. Nr. 40 v. 14.12.1984.

23 Ausführlich Festschrift für Kleinknecht (1985), S. 411 f.

24 Schriftenreihe d. Bayer. Ärztekammer 1986, S. 1 ff.

Bei meiner offiziellen Verabschiedung als Landgerichtspräsident, die erst ein halbes Jahr später zugleich mit der Einführung meines Nachfolgers *Thomas-Heinrich Brunckhorst* stattfand, hat mir Justizminister *Heinz Eyrich* im Auftrag des Bundespräsidenten das Große Verdienstkreuz des Verdienstordens der Bundesrepublik Deutschland überreicht. In einer überaus freundlichen Würdigung meiner Tätigkeit als Landgerichtspräsident hat er – ich erwähne das wegen meiner zahllosen sonstigen Aktivitäten – mich als „Institution" und als „vertrauenswürdiger, verläßlicher und kompetenter Sachwalter der Belange des Bezirks" bezeichnet.

Vom Ruhestand spürte ich freilich nichts: in den Jahren 1985 und 1986 wurde ich persönlich besonders stark gefordert: Zum einen durch die aufwendige Neubearbeitung der 43. Auflage meines Kommentars (erschienen Ende 1986), wo zufolge acht Änderungsgesetze, darunter das Zweite Gesetz zur Bekämpfung der Wirtschaftskriminalität, der Gesetzestext des StGB an 60 Stellen neu zu erläutern war. Zum andern hatte ich für den 56. Deutschen Juristentag Berlin (September 1986) das strafrechtliche Referat zum Thema „Recht auf den eigenen Tod? Strafrecht im Spannungsverhältnis zwischen Lebenserhaltungspflicht und Selbstbestimmung" vorzubereiten. Im Mai 1986 widersprach ich im Rechtsausschuß des Bundestags als Sachverständiger mit Erfolg den Plänen einer „Geldstrafe zur Bewährung".

Zu allem hat mich das Bundesverfassungsgericht in einem Sammelverfahren für die mündliche Verhandlung vor dem 1. Senat am 15. Juli 1986 zum Sachverständigen für die Frage der Verfassungsmäßigkeit des § 240 StGB bestellt. Ich habe im einzelnen dargelegt, daß gegen die Verfassungsmäßigkeit des § 240 StGB durchgreifende Einwände *nicht* erhoben werden können[25]. In seinem Urteil vom 11. November 1986 hat das Bundesverfassungsgericht (E 73, S. 206) zwar in den Leitsätzen ausgesprochen, daß das Nötigungsmittel der Gewalt dem grundgesetzlichen Bestimmungsgebot genüge, die Verfassung ferner nicht gebiete, die Teilnahme an Sitzdemonstrationen sanktionslos zu lassen, aber hervorgehoben, daß die nötigende Gewalt bei Sitzdemonstrationen nicht zugleich die Rechtswidrigkeit der Tat indiziere. Das Urteil hat – insoweit abweichend von meiner Stellungnahme – wegen Stimmengleichheit wichtige Fragen offen gelassen und allein schon in der Art seiner Diktion, namentlich

---

25 Vgl. dazu ausführlich: Plädoyer für die Verfassungsmäßigkeit des § 240 StGB, Festschrift für K. Lackner (1987), S. 628 ff.

durch Überbetonung der nichttragenden Gründe des Urteils, die strafgerichtliche Praxis irritiert[26] und daher die Rechtsunsicherheit erheblich verstärkt.

Bis zu einem gewissen Grade vermochte der 1. Strafsenat des BGH im Urteil vom 5. Mai 1988 (BGHSt. 35, S. 270) diese Rechtsverwirrung zu beseitigen. Er hat darauf hingewiesen[27], daß das Bundesverfassungsgericht nur Nachrüstungsgegner im Blick gehabt, die Bedeutung der Nötigungsvorschrift als Schutzfunktion für jedermann verkannt habe und das Ob des Strafens nicht der subjektiven Beliebigkeit von Fernzielen abhängig gemacht werden könne. Durch eine weitere Entscheidung vom 10. Januar 1995 hat derselbe Senat des Bundesverfassungsgerichts (E 92, S. 1) die Situation für die Praxis dadurch noch verschlimmert, daß die Mehrheitsmeinung des Senats glaubte, die „erweiternde Auslegung des Gewaltbegriffs" in § 240 StGB als „Verstoß gegen Art. 103 Abs. 2 GG" bezeichnen zu sollen; das freilich zu Unrecht, weil nach allgemeiner Meinung nur Auslegungs*willkür* ein Verfassungsverstoß darstellen kann. In der Festschrift für *Walter Odersky* (1996, S. 284 ff.) sowie in der Festgabe „50 Jahre Bundesgerichtshof" (2000, S. 527 ff.) habe ich im einzelnen dargelegt, daß das Bundesverfassungsgericht, ohne die Rechtsfolgen zu erkennen, nicht nur die einfachrechtliche Frage der Auslegung des Gewaltbegriffs, sondern auch noch die verfassungsrechtlichen Konsequenzen der eigenen Vorentscheidung (E 73, S. 206) durch Fehlinterpretation des § 15 Abs. 3 S. 3 BVerfGG falsch beurteilt hat. Wiederum hat der 1. Strafsenat des BGH zufolge der Bindungswirkung der verfassungsgerichtlichen Entscheidung durch eine gekünstelt scheinende Begründung im Urteil vom 20. Juli 1995 (BGHSt. 41, S. 182) die Verwirrungen zu einem Teil beseitigt, die die verfassungsgerichtliche Entscheidung vom 10. Januar 1995 (E 92, S. 1) in das einfache Recht hineingetragen hat.

Ich komme auf den 56. Deutschen Juristentag 1986 (Berlin) zurück, wo ich mein Referat zum schon erwähnten Thema „Recht auf den eigenen Tod?"[28] vor über 800 Zuhörern gehalten habe. Ich trat unter anderem dem „Alternativentwurf Sterbehilfe" entgegen, der die erlaubten, aber in der Begründung umstrittenen Fälle der Sterbehilfe gesetzlich klären wollte. Auch widersprach ich jeder gesetzlichen Freigabe der Tötung auf Verlangen (§ 216 StGB), jedoch soll an der Straflosigkeit der Teilnahme an fremder Selbsttötung grundsätzlich festgehalten werden.

---

26 Festschrift für K. Rebmann (1989), S. 485; ferner *W. de Boor / Meurer* (Hg.), Über den Zeitgeist, Bd. 2 (1995), S. 406 ff.

27 Hierzu mein Beitrag wie Fn. 26, S. 481.

28 Verhandlungen des 56. Deutschen Juristentages 1986 Bd. II Teil M, S. 29 ff.

In einem Referat zur gleichen Thematik habe ich – in einer für Nichtjuristen verständlichen Diktion – unter dem Titel „Warum ist die Sterbehilfe ein rechtliches Problem?“[29] am 10. November 1986 in der vollbesetzten Aula der Universität Freiburg die Vorlesungsreihe des Studium Generale eröffnet.

Für den sog. „Ravensburger Fall“, in dem ein Ehemann das Beatmungsgerät seiner im Endstadium einer unheilbaren Krankheit leidenden Ehefrau abgestellt hat, habe ich in der Festschrift für Hans Göppinger (1989, S. 595 ff. „Strafrechtlicher Lebensschutz und Selbstbestimmung des Patienten“) näher dargetan, daß der Ehemann im Ergebnis schon deswegen mit Recht freigesprochen wurde, weil das Beenden einer nicht konsentierten Sterbeverlängerung im Grunde gar keinen Straftatbestand erfüllt.

Zu meinem 70. Geburtstag (1989) haben *Hans-Heinrich Jescheck* und *Theo Vogler* eine bei Walter de Gruyter erschienene Festschrift von 918 Seiten herausgegeben, an der sich 50 Autoren beteiligt haben.

Bei der öffentlichen Anhörung vom 15. Januar 1997 vor dem Rechtsausschuß des Bundestages über die Entwürfe eines Transplantationsgesetzes habe ich mich auf den Standpunkt gestellt[30], daß es für die Organentnahme *stets* einer höchstpersönlichen Einwilligung des voll aufgeklärten Organspenders bedarf und eine *gesetzliche* Bestimmung des genauen Todeszeitpunktes weder möglich noch notwendig ist. Ob der Organtod des Gehirns („Hirntod“) mit dem Ganzheitstod des Menschen gleichgesetzt werden kann, ist eine umstrittene rein medizinische Frage. Der Gesetzgeber kann sie daher nicht „klären“. Der Hirntod ist aber unstreitig der point of no return („Entnahmekriterium“), der nach wirksamer höchstpersönlicher Einwilligung des Betroffenen die Organentnahme erlaubt.

Im Transplantationsgesetz vom 5. November 1997 (BGBl. I S. 2631 ff.) geht der Gesetzgeber allerdings vom Hirntod als Ganzheitstod aus und läßt nach Eintritt des Hirntodes für eine Organentnahme auch die Zustimmung von Angehörigen ausreichen. Gegen diese Regelung, so habe ich in der Festschrift für *Hans Joachim Hirsch* (1999, S. 780) näher dargelegt, bestehen deswegen durchgreifende Bedenken, weil sie Hirntote wie Leichen behandelt.

In einer Veranstaltung der Deutschen Gesellschaft für Medizinrecht (DGMR) am 27. April 1991 in Wiesbaden habe ich mich mit den rechtlichen Problemen der „Verordnung von Kontrazeptiva an Minderjährige“ auseinandergesetzt und

---

29 ZStW 99 (1987), S. 25 ff.

30 Abgedr. in Zeitschrift für Lebensrecht (ZfL) 1997, S. 3 ff.; vgl. ferner FAZ vom 17.5.1997 „Fremde Feder“.

anhand von Beispielen darauf hingewiesen[31], daß eine „Pillenverordnung“ an strafunmündige Mädchen nie hinter dem Rücken der Eltern und in nur ganz seltenen Ausnahmefällen in Betracht kommen kann.

Am 11. November 1992 fand eine öffentliche Anhörung beim Rechtsausschuß des Deutschen Bundestages statt, wo ich im einzelnen die Verjährungsprobleme behandelt habe, die sich bei der strafrechtlichen Verfolgung von SED-Unrechtstaten ergeben[32].

Das Bundesverfassungsgericht hat nicht nur – wie schon erwähnt – bei der rechtlichen Beurteilung der Sitzblockaden die grundgesetzlichen Freiheitsrechte der Art. 5 und 8 GG überdimensioniert[33], hierbei einfachrechtliche Fragen „verfassungsrechtlich überladen“ (*Schlaich*) und auf diese Weise Schutznormen des einfachen Rechts vernachlässigt oder ausgehebelt. So existiert ein Ehrenschutz im Bereich der öffentlichen Meinungsbildung kaum noch („Soldaten sind potentielle oder geborene Mörder“)[34], was zur Verrohung der Umgangsformen im öffentlichen Leben führt. Ferner greift der Tatbestand der Verunglimpfung der Staatssymbole (§ 90a StGB) nicht mehr, wenn z.B. der Hersteller eines üblen Machwerks (Collage, auf der ein Männertorso auf die Bundesflagge uriniert) sich auf Art. 5 Abs. 3 GG berufen kann (BVerfGE 81, S. 298). Verschiedentlich hat das Bundesverfassungsgericht in solchen, auf Unverständnis stoßenden Entscheidungen rein tatrichterliche Wertungen der Fachgerichte durch eigene ersetzt[35], hierdurch den Prüfgegenstand geändert und auf diese Weise nicht verallgemeinerungsfähige, nur dem jeweiligen Zeitgeist entgegenkommende Einzelentscheidungen getroffen, was für die Konsistenz des Rechtsmittelsystems und für die Instanzgerichte schwer lösbare Probleme schafft.

Am 25. April 1992 hat mich Ministerpräsident *Erwin Teufel* für hervorragende Verdienste um das Land Baden-Württemberg mit der „Verdienstmedaille des Landes Baden-Württemberg“ ausgezeichnet.

Im Verlag C.H. Beck ist aus Anlaß meines 80. Geburtstages (1999) eine von *Walter Odersky* herausgegebene Sammlung eines Teils meiner Aufsätze mit dem Titel „Antworten auf Grundfragen. Ausgewählte Beiträge eines Strafrechtskommentators aus drei Jahrzehnten“ (505 Seiten) erschienen.

---

31 Abgedr. in MedR 1992, 320; ebenso Festschrift für R. Schmitt (1992), S. 231 ff.

32 Abgedr. in „140 Jahre GA“ (1993), S. 241 ff.

33 Vgl. Festschrift für W. Odersky (1996), S. 295.

34 BVerfGE 86, S. 1 ff.

35 Wie Fn. 32, S. 269, 273, 280.

## *XI.*

Neben allem bisher Ausgeführten haben mich seit meiner Pensionierung (1984) in besonderem Maße die heftigen Auseinandersetzungen in Anspruch genommen, die um die Reform der Regelung des Schwangerschaftsabbruchs geführt worden sind. In vielen wissenschaftlichen Publikationen, zahllosen Vorträgen und sonstigen Veröffentlichungen ging es mir stets darum, entsprechend dem grundgesetzlichen und verfassungsgerichtlichen Gebot, den Schutz des Lebens Ungeborener, insbesondere seinen Vorrang gegenüber den Interessen der Schwangeren zu betonen. Freilich ganz dem Zeittrend zuwider. *Rolf Stürner*[36] brachte es schon vor über zwei Jahrzehnten (1985) auf den Punkt: „Die Wucht der Emanzipationswelle überspült das wehrlose werdende Leben!" Dieser Fakt kennzeichnet die Situation bis auf den heutigen Tag. Um dieser folgenschweren Entwicklung entgegenzuwirken, wurde im Jahre 1984 dank der Initiativen des Kölner Notars *Werner Esser* die „Juristenvereinigung Lebensrecht" unter anderen von *Willi Geiger*, *Günter Dürig*, *Wolfgang Rüfner*, *Karl Lackner* und *Adolf Laufs* gegründet. Von Anbeginn gehörte auch ich dem Vorstand dieser Vereinigung an.

Meine Kommentierung des StGB gab mir bis zur 49. Auflage (1999) regelmäßig Anlaß, den Gang der Reform und der Regelung des Schwangerschaftsabbruchs kritisch zu verfolgen. Auch sonst habe ich in zahlreichen Abhandlungen dargelegt, daß letztlich die Reformbemühungen *nicht* zu einem besseren Lebensschutz geführt haben. Bereits die nach dem 15. Strafrechtsänderungsgesetz zum Mißbrauch einladende und „fristenlösungsgleich" praktizierte Notlagenindikation[37] führte eher zu einer Zunahme von Abtreibungen. Ferner behandelte die „Kind-als-Schaden-Rechtsprechung" des VI. Zivilsenats des BGH[38] den ungeborenen Menschen gleich einer verfügbaren Sache und setzte abtreibende Ärzte, ohne die Folgen zu bedenken, Schadenersatzansprüche von beträchtlicher Höhe aus, wenn der Abtreibungsakt mißlingt.

In meinem Votum im Anhörungsverfahren des Deutschen Bundestags vom 14. November 1991 zugunsten einer verfassungskonformen Regelung[39] erhob ich Einwände gegen die eingebrachten Gesetzesentwürfe, die das Leben des Kindes – offen oder verdeckt – *allein* in die Verfügungsgewalt der Schwange-

---

36 JZ 1985, S. 753.

37 Zum Ganzen, ZRP 1989, S. 54 ff.

38 MedR 1986, S. 31.

39 § 218 im vereinten Deutschland. Gutachten der strafrechtlichen Sachverständigen im Anhörungsverfahren des Deutschen Bundestages, 1992, S. 177 ff.; Festschrift für G. Spendel (1992), S. 615.

ren stellten und im Ergebnis dem sog. „Dritten Weg“ von *Rita Süssmuth*, der damaligen Bundestagspräsidentin, folgten. Sie suchte die offensichtlich verfassungswidrige Fristenregelung der DDR, eines gescheiterten Unrechtsstaates, mit der verfassungswidrig praktizierten Indikationsregelung eines Wohlfahrtsstaates zu kombinieren[40] und wies, ohne auf das Lebens*recht* des Kindes Bedacht zu nehmen, der Frau als „Hauptbetroffenen“ den letzten „verantworteten Gewissensentscheid“[41] über das Weiterleben des Kindes zu.

Auch *Albin Eser*, der in Fragen des Lebensschutzes vor „allzu voreiligen, ‘verfassungspositivistischen’ Begründungen oder gar Übersteigerungen“ warnte und die Menschenwürdegarantie für konsensbedürftig hält, widersprach ich[42]. Erstaunlich ist vor allem, daß *Eser* mit seinem als „notlagenorientierten Diskursmodell“ bezeichneten „Mittelweg“ etwas für die „Eigeninteressen des betroffenen Kindes“ erreichen will, wenn er vom Indikationsmodell die letzten (schwachen) Sicherungen dadurch zurücknimmt, daß er die *Dritt*beurteilungsbasis durch die *Selbst*bestimmungsbasis ersetzt, und was er vom appellativen Aspekt der Beratung erhofft, wenn er zugleich eine non-direktive (also nicht auf den Lebensschutz bezogene) Beratung favorisiert[43].

Der derzeitigen gesetzlichen Regelung, dem Schwangeren- und Familienhilfeänderungsgesetz (SFHÄndG) vom 21. August 1995[44] liegt das sog. *Beratungsschutzkonzept* zugrunde. Das Bundesverfassungsgericht hat zwar im 2. Fristenregelungsurteil (E 88, S. 203) das Schwangeren- und Familienhilfegesetz (SFHG) vom 27. Juli 1992[45] insofern für verfassungswidrig und nichtig erklärt, als es eine „rechtfertigende Fristenregelung mit Beratungspflicht“ vorgesehen hatte, zugleich aber in einer „Vollstreckungsanordnung“ dieses Beratungsschutzkonzept nicht nur – zumindest versuchsweise – verfassungsrechtlich akzeptiert, sondern für eine Übergangszeit sogar in Kraft gesetzt.

Von vornherein habe ich diese verfassungsgerichtliche Hinnahme des „Beratungsschutzkonzeptes“ für unbegründbar gehalten[46]. Denn wer die „Letztverantwortung“ für einen straffreien Schwangerschaftsabbruch *allein* der Schwangeren überläßt, gibt den individuellen Lebensschutz preis[47] und ver-

40 Hierzu mein Artikel in: „Die Welt“ v. 6.8.1990.

41 Kirche und Gesellschaft (KuG) 1991, S. 13.

42 KuG (1991), S. 9.

43 Spendel-FS (Fn. 39), S. 619 f.

44 BGBl. I S. 1050.

45 BGBl. I S. 1398.

46 Schriftenreihe der Juristen-Vereinigung Lebensrecht e.V. (JVL) Nr. 10 (1993), S. 71 ff.

47 JVL (Fn. 46) Nr. 12 (1995), S. 91 ff.

stößt in krasser Weise gegen die vom Gericht im selben Urteil in Leitsätzen dekretierte, auf das *einzelne* Leben bezogene *staatliche* Schutzpflicht[48]. Hier geht es auch nicht, wie Gerichtsmitglieder verlauten ließen, um einen Kompromiß, vielmehr ist eine Inkompabilität gegeben. Daraus erklärt sich auch, daß aus dem Urteil jeder diejenigen Argumente entnehmen kann, die ihm gerade passen. So wenn Bischof *Lehmann* zu dieser „historisch wegweisenden Entscheidung" meint, „der wahre Gewinner ist der Mensch", während die damalige FDP-Abgeordnete *Uta Würfel* – realistischer – erkennt, daß erstmalig in der deutschen Geschichte die Letztverantwortung der Schwangeren respektiert werde und der Wechsel zur Fristenlösung mit Beratungspflicht vollzogen sei. Deutlich wird die Widersprüchlichkeit dieses Beratungsschutzkonzepts auch dadurch, daß ein geradlinig handelnder, verantwortungsbewußter Arzt überhaupt nicht leisten kann, was dieses Beratungsmodell ihm gebietet, von ihm erwartet und ihm erlaubt: daß er nämlich einen rechtswidrigen und ärztlich nicht verantwortbaren, der eigenen vorausgegangenen Beratung zuwiderlaufenden Tötungsakt straflos vornehmen darf, aber einer unangemessen hohen Strafsanktion ausgesetzt ist, wenn er seinen Beratungs-, Aufklärungs- und Vergewisserungspflichten nicht nachgekommen ist[49].

Am 1. Oktober 1995 trat mit dem SFHÄndG[50] das vom Verfassungsgericht favorisierte Beratungsschutzkonzept in Kraft. Den Grundwiderspruch dieses Konzepts ließ der Gesetzgeber von vornherein unerörtert. Er wich sogar von weiteren verfassungsgerichtlichen Vorgaben – in der Erwartung, daß sich kein Normenkontrollkläger finden werde! – ab, nahm weitere ärztliche Schutzpflichten zurück und dehnte die Straffreiheit auf das gesamte tatbeteiligte Umfeld aus. Auf diese Weise wurden auch an sich austragungsbereite, aber hilflose und zu einer *eigen*verantwortlichen Entscheidung gar nicht fähige Schwangere den Pressionen eines hilfsunwilligen Umfeldes ausgesetzt: Sind also Kind *und* Mutter am schutzlosesten, ist *beider* Schutzlosigkeit überhaupt erst die Folge dieses „Beratungsschutzkonzepts"[51]. Verfehlt ist ferner die – freilich einer irrigen Meinung des Verfassungsgerichts folgenden – Auffassung des Gesetzgebers, der Tatbestandsausschluß des § 218a Abs. 1 schlösse auch die Nothilfe zugunsten des Ungeborenen aus. Schließlich hat der Gesetzgeber aus „ethischen Gründen" die embryopathische Indikation auf dringenden Wunsch der Kirchen und Behindertenverbände zwar gestrichen, ihr aber in einer (erweiterten) medizinisch-sozialen Indikation „Unterschlupf" gewährt

48 MedR 1994, S. 356.

49 MedR 1994, S. 357.

50 Hierzu meine eingehende Besprechung in: NJW 1995, S. 3009 ff.

51 BTag-UA-SFHÄndG Prot. Nr. 3 (11.5.1995), S. 117 ff.

und für diese – nach Art. 3 Abs. 3 S. 2 GG von vornherein unzulässige – Indikation auch die (bisherige) 22-Wochen-Frist wegfallen lassen und damit – absolut unverantwortbar – das Tor für die Vervielfachung skandalöser Spätabtreibungen – jährlich etwa 800, von denen etwa 100 Feten ihre Abtreibung überleben – geöffnet.

Nach allem liegt auf der Hand, daß das SFHÄndG 1995 den Schutzauftrag, den *verbesserten* Schutz Ungeborener nämlich, von Grund auf verfehlt hat. Die Rechtsordnung trifft es im Kern, wenn für das Rechtsgut Leben in einem Teilbereich fundamentale Rechtsgrundsätze dispensiert werden, eine Unrechtsteilnahme erwünscht, rechtlich ermöglicht und gefördert wird und Ärzte zu rechts- und standeswidrigem Verhalten veranlaßt werden.

Gleichwohl: Das „Beratungsschutzkonzept" blieb ersichtlich tabuisiert. Und dies, obwohl es sich in grotesker Verkehrung der staatlichen Schutzpflicht dann zu einem „Verletzungsgesetz"[52] entwickelt, wenn Schwangere im Stich gelassen und in *fremd*bestimmter Weise zum Schwangerschaftsabbruch genötigt werden. *Günther Jakobs*[53] versagt daher dem Beratungskonzept überhaupt den Charakter eines „rechtlich möglichen Systems". Denn es suche eine Konfliktlösung nie auf Täterkosten, sondern stets „auf Opferkosten", was mit der Anerkennung des (für den Konflikt gar nicht verantwortlichen) Opfers als Inhaber eines eigenen Rechts unvereinbar ist. All das hat für das Rechtsbewußtsein der Allgemeinheit verheerende Folgen. Wer dennoch meint, mit dem Beratungskonzept immer noch „retten zu können, was zu retten ist", verkennt, daß er das ineffiziente Schutzkonzept am Leben hält und das Rechtsbewußtsein weiter beschädigt: Niemand kann auf die Dauer Leben retten (wollen), wenn er zugleich auch die rechtlichen Voraussetzungen für dessen Preisgabe mitliefern muß[54].

Selbst für die *Kriminologie* blieb das „Beratungsschutzkonzept" ein Tabu[55]. Zwar hat sich der Kriminologe *Günther Kaiser* selbst auf den Standpunkt gestellt, daß der Schwangerschaftsabbruch in das Kapitel „Gewalt in der Familie" gehöre. Gefolgschaft hat er aber hierfür in der kriminologischen Literatur nicht gefunden. Ist es aber, so ist zu fragen, kriminologisch so uninteressant, daß man den Gewaltcharakter des Schwangerschaftsabbruchs ebenso verschweigt, wie man im Tatbestand des § 218 das eigentlich geschützte Rechtsgut eliminiert? Immer wieder hat man das Versagen der Indikationsre-

52 Festschrift für H. Müller-Dietz (2001), S. 922.

53 Wie Fn. 52, S. 923, 931.

54 Wie Fn. 52, S. 936.

55 Festschrift für G. Kaiser (1998), S. 1387 ff.

gelung beklagt, ohne offen zu legen, daß sie gleich einer Fristenregelung praktiziert worden ist. All das ist nur mit dem von *Noelle-Neumann* beschriebenen Phänomen der „Schweigespirale“ zu erklären: Gegenargumente werden, weil nicht im Trend liegend, ausgeblendet oder nicht zugelassen[56].

Wie wirkkräftig die „Schweigespirale“ ist, erkennt man daran, daß es bisher, um das Beratungsschutzkonzept im Ganzen nicht auf den Prüfstand stellen zu müssen, nicht einmal gelungen ist, dessen skandalöseste Folge, die Zunahme von Spätabtreibungen, von Gesetzes wegen zu verhindern. Immer wieder wird bekannt, daß Feten solche „grauenvolle“ (*Däubler-Gmelin*) und als „nicht rechtswidrige Barbarei“ (*Georg Hefty*) zu bezeichnenden Abtreibungsakte überleben. So in jenem „Oldenburger Fall“, in dem nach einem in der 25. Schwangerschaftswoche ärztlich eingeleiteten Schwangerschaftsabbruch eines an Trisomie 21 leidenden Kindes, das zwar schwer geschädigt mit dem Leben davon kam, aber liegen blieb und erst 9 Stunden nach der Geburt neonatalogisch behandelt wurde. Die Staatsanwaltschaft Oldenburg stellte das Ermittlungsverfahren gegen den beschuldigten Mediziner zweimal mit offensichtlich unschlüssiger Begründung ein. Meiner kritischen Anmerkung gegen diese Verfügung[57] zufolge wurde das Verfahren schließlich wieder aufgenommen und endete nach Jahren mit einem rechtskräftig gewordenen Strafbefehl.

Zentrale Probleme schuf das „Beratungsschutzkonzept“ auch für kirchliche Beratungsstellen. Im Auftrag des Vorsitzenden der deutschen Bischofskonferenz *Karl Lehmann* (aber wohl auf Betreiben von Erzbischof *Dyba*) habe ich, nachdem das Beratungskonzept gesetzlich akzeptiert worden ist, für die Bischofskonferenz 1995 eine rechtliche Stellungnahme[58] darüber abgegeben und die Rechtsgründe im einzelnen dargetan, warum der katholischen Kirche eine Mitwirkung ihrer Beratungsstellen im System der staatlichen Schwangerschaftskonfliktberatung *nicht* empfohlen werden kann: Für das „plurale“ Beratungsangebot dieses Systems werden nämlich kirchliche Beratungsstellen für unverzichtbar gehalten. Damit geht von deren Einbindung in dieses staatliche System eine stabilisierende Wirkung aus. Kirchliche Beratungsstellen tragen auf diese Weise auch eine *Mit*verantwortung für das legalisierte System

56 *Günther Kaiser* hat in einem an mich persönlich gerichteten Schreiben meiner Kritik im FS-Beitrag (Fn. 55) wie folgt zugestimmt: „Sie haben die Einwände so klar begründet, daß ich nicht sehe, wie ich ihnen überzeugend ausweichen könnte. Gleichwohl fürchte ich, wird sich in der Sache nichts ändern. Auch dafür haben sie die Gründe genannt.“

57 NStZ 1999, S. 462.

58 Die Neue Ordnung Nr. 1/1996, S. 51.

im Ganzen und geraten hierdurch in die Sackgasse gesetzlichen Unrechts[59]. Denn das Schutzkonzept ist mit der gesetzlichen *Pflicht* verbunden, stets Atteste auszuhändigen, die gegenüber der (mißlungenen) Beratungstätigkeit wie ein actus contrarius wirken, unter Umständen sogar als instrumentum sceleris, dann nämlich, wenn – für die schweigepflichtige Beraterin erkennbar – eine hilflose Schwangere ihren gesetzlichen Anspruch auf Aushändigung der als Tötungsfreigabe drapierten Beratungsbescheinigung auf massiven Druck von Partner und Umfeld geltend macht.

Mein Gutachten blieb in der Bischofskonferenz unerörtert. Dessen Ergebnis mißfiel nämlich dessen Vorsitzenden *Karl Lehmann*, der seit Jahren – vergeblich – die vatikanische Billigung der kirchlichen Mitwirkung am deutschen „Beratungsschutzkonzept" zu erhalten suchte, obwohl er selbst noch 1992[60] die Einbindung kirchlicher Stellen in ein Verfahren für ausgeschlossen hielt, das die Ausstellung von Beratungsbescheinigungen zur wesentlichen Voraussetzung für die straffreie Tötung des ungeborenen Menschen machte.

Hierin liegt auch der Grund, warum die päpstliche Entscheidung vom 18. September 1999 den katholischen Beratungsstellen verboten hatte, solche Beratungsbescheinigungen auszustellen. Anhänger des katholischen Laienvereins Donum Vitae setzen gleichwohl, ohne auf die päpstlichen Gründe einzugehen, die gesetzliche Schein-Beratung fort, leisten damit ihren Beitrag am Fortbestehen eines ineffizienten, nicht selten kontraproduktiven und juristisch unhaltbaren Schutzmodells und dokumentieren durch Nichtkenntnisnahme der päpstlichen Gründe besonders deutlich ihre Sachbefangenheit zufolge ihres Vorverhaltens.

In meinem Festschriftbeitrag für *Harro Otto*[61] habe ich noch einmal zusammengefaßt, was das „Beratungsschutzkonzept" im vergangenen Jahrzehnt letztlich erbracht hat und es als „Reglementierung einer Preisgabe des Lebensschutzes Ungeborener" bezeichnet. Denn dieses „Schutzkonzept" ist nüchtern betrachtet – jedenfalls im Ergebnis für den Ungeborenenschutz – erfolglos geblieben. Niemand behauptet im Ernst, die Zahl der Abtreibungen sei erheblich vermindert worden.

Das Konzept führt zu einer fristenlösungsgleichen Regelung, die tragenden Grundsätzen der früheren verfassungsgerichtlichen Rechtsprechung widerspricht. *Von Campenhausen*[62] schilt sie mit Recht als „Ärgernis", weil sie „zu bekämpfen vorgibt, was sie tatsächlich gestattet". In der Tat. Das wesentlich

59 ZfL (Fn. 30) 1997, S. 51 ff.

60 Wie im päpstlichen Schreiben vom 21.9.1995 zitiert ist.

61 2007, S. 821 ff.

62 Rhein. Merkur v. 13.2.1998.

Neue ist eben *nicht* Beratung und Beratungsangebot – auch die frühere Indikationsregelung sah sie vor –, das neue und letztlich Entscheidende ist vielmehr, daß *allein* der Schwangeren ohne Rücksicht auf das Ergebnis der Beratung die Letztverantwortung über das Leben des Kindes überlassen ist. Ohne es auszusprechen, aber ganz bewußt, hat der Gesetzgeber den *Vorrang* des Lebensrechts Ungeborener eindeutig verneint. Die Vokabel „Beratungsschutzkonzept" ist semantisch ein Trugwort: Nur auf die Vorderseite der Medaille hebt sie ab, die Kehrseite, die das Konzept kennzeichnet, bleibt unerwähnt. Der objektive Sinn des Beratungsscheins erschöpft sich in der Förderung des (rechtswidrigen) Abbruchs, also in einer Beihilfe zur rechtswidrigen Tat. Von jeher involviert das Beratungsschutzkonzept für *Karl Lackner* daher eine „Aufforderung zur Unrechtsteilnahme".

Durch nichts tritt die Erfolglosigkeit dieses „Schutzkonzepts" stärker hervor, als durch die Tatsache, daß in Deutschland das Geburtendefizit ausgeglichen wäre, rechnete man der niedrigen Geburtenziffer die hohe Zahl der staatlich geförderten Schwangerschaftsabbrüche hinzu (*Robert Spaemann*). Für unfaßbar halte ich es, daß die zuständige Ministerin *Ulla Schmidt* verlautbart[63], es liege „im gesamtgesellschaftlichen Interesse" (!), die staatlichen Leistungen für den Schwangerschaftsabbruch aus Steuermitteln zu finanzieren und „auch weiterhin über die Staatskasse" abzurechnen. Machen hier ideologisch besetzte Standpunkte nicht einmal mehr vor blanker Unvernunft halt? Entnimmt doch unsere kinderarme Gesellschaft der zerrütteten Staatskasse alljährlich Millionenbeträge, um Hunderttausende Kinder am Weiterleben zu hindern.

## *XII.*

Im Rückblick auf ein langes Leben, das in seiner zweiten Hälfte aus der Sicht eines Justizpraktikers durch intensives Beschäftigen mit strafrechtlichen Fragen ausgefüllt war, kann ich zum einen nur unterstreichen, was *Ernst Benda* in der Frankfurter Allgemeinen Zeitung v. 3. Januar 2005 hervorgehoben hat[64], „die Zeit um 1955" war, „ganz anders, als später im unruhigen Jahr 1968 behauptet wurde, nicht eine der Restauration, sondern des Aufbruchs in eine bessere Zeit" und es habe „kaum jemals so viel zuversichtliche Leistungsbereitschaft gegeben wie in dieser Zeit".

Dem derzeitigen Gesetzgeber war es wichtiger, lautstark erhobene Forderungen von rein hedonistisch gesinnten Minderheiten zu erfüllen – das Lebenspartnerge-

---

63 Vgl. hierzu *Büchner*, ZfL (Fn. 30) 2004, 52.

64 Zit. nach *Di Fabio*, Die Kultur der Freiheit, 2005, S. 210, 213.

setz (2001) und das Prostituiertengesetz (2001) belegen das –, als für die Zukunft absolut lebenswichtige Fragen auch nur zu thematisieren und zum Beispiel dafür zu sorgen, daß Mütter, die ihre Kinder austragen, nicht allein gelassen werden, und Familien, die mehrere Kinder aufziehen, hierwegen nicht in Not geraten: *Udo Di Fabio* hat in seinem Buch „Die Kultur der Freiheit" (2005[65]) unter anderem beklagt, daß durch die „Maxime des perfektionierten Individualismus" „die Sicherung künftiger Generationen [...] schlicht ausgeblendet worden ist", „die generative Ungerechtigkeit", das Grundproblem unserer Zeit, habe zu „deutlich spürbaren Vitalitätsverlusten der deutschen Gesellschaft" geführt. Ihrer „Zukunftsvergessenheit" könne nur durch die „bewußte Korrektur" der der „Alltagsvernunft" widersprechenden „Fehlentwicklung unseres kulturellen Alltagssystems" gewehrt werden. Das ist in der Tat auch ein zwingendes rechtsstaatliches Gebot. So verweist *Di Fabio* schon in seiner Kommentierung darauf[66], daß es „mit der staatlichen Pflicht, menschliches Leben zu schützen", unvereinbar sei, generell die „Kosten der Tötung Ungeborener aus öffentlichen Kassen zu finanzieren und [...] der Solidargemeinschaft aufzuerlegen".

Am Ende des 9. Jahrzehnts meines bewegten Lebens ist mir besonders deutlich, daß ich manches, was ich erreicht habe und was mir gelungen ist, glücklichen Fügungen und dem Zuspruch treuer Weggefährten verdanke. Mein ganzes Leben aber wäre so nicht verlaufen, hätten mich – auch im Hinblick auf meine Kriegsverletzung – nicht immerfort die Fürsorge und Geduld meiner Frau begleitet. Dies schon von Anbeginn, als es unmittelbar nach dem Kriege an allem fehlte und aller Zukunft noch im Dunkeln lag. Aber auch später: Meine rastlosen beruflichen und wissenschaftlichen Aktivitäten wären nicht denkbar gewesen, hätte ich nicht die Gewißheit gehabt, daß in Haus und Familie stets meine Frau *Ilse* gegenwärtig war und für den rechten Gang der Dinge Sorge trug. Obwohl unsere vier verheirateten Kinder und unsere neun Enkel weit verstreut wohnen, begegnen wir ihnen zu unserer Freude immer wieder bei besonderen Anlässen. Daß wir selbst in unseren alten Tagen, Jahre nach der Diamantenen Hochzeit, bei erträglichem Befinden immer noch in unserem Hause mit seinem Blumengarten, den meine Frau mit Hingabe gestaltet und pflegt, gemeinsam verbringen können, empfinden wir als Gnade und erfüllt uns mit Dankbarkeit. Würden wir nach einem besonderen Wunsch befragt, so verhielten wir uns wie Philemon und Baucis.

65 Wie Fn. 64, S. 133, 144, 149, 151, 161.

66 *Maunz-Dürig*, *Di Fabio*, GG (2004), Rdn. 44 zu Art. 2 Abs. 2.

# Schriftenverzeichnis (in Auswahl)

## 1. Selbständiges Schrifttum

Der § 814 BGB, insbesondere seine Anwendung auf fehlerhafte gegenseitige Verträge, 1948.

Neuregelung des Lebensschutzes Ungeborener im geeinten Deutschland, Nr. 16 der Reihe „Kirche und Gesellschaft“, 1991.

Antworten auf Grundfragen. Ausgewählte Beiträge eines Strafrechtskommentators aus drei Jahrzehnten, hrsg. von Walter Odersky, 505 Seiten, 1999.

## 2. Kommentierungen

Strafgesetzbuch, Leipziger Kommentar, §§ 1–12, 9. Aufl. 1970.

Strafgesetzbuch, Leipziger Kommentar, §§ 60, 61–72, 9. Aufl. 1971.

Strafgesetzbuch und Nebengesetze, Beck'scher Kurzkommentar, 38. Aufl. 1978 bis 49. Aufl. 1999.

## 3. Aufsätze in Zeitschriften und Sammelwerken

Zur Frage der Teilnahme an unvorsätzlicher Haupttat, GA 1956, S. 129–160.

Die Rechtsprechung des Bundesgerichtshofs in Strafsachen. Materielles Recht, Bände 12–15 der amtlichen Sammlung, GA 1962, S. 225–256.

Das Problem der Einheitsstrafe, Der Vollzugsdienst 1964, S. 65–74.

Die Strafzumessung bei Trunkenheitsdelikten im Straßenverkehr, Blutalkohol 1966, S. 457–475.

Die Rechtsprechung des Bundesgerichtshofs in Strafsachen. Materielles Recht, Bände 16–19 der amtlichen Sammlung, GA 1966, S. 1–32.

Zur Frage der Berufung in Strafsachen – Rückschau und Ausblick, GA 1967, S. 161–182.

Der Sachverständigenbeweis, JZ 1969, S. 374–378.

Die Aufgabe des Gerichts bei der Anwendung der Strafen, ZStW 81. Bd. (1969), S. 84–113.

Über den Umgang des Richters mit den anderen Verfahrensbeteiligten, DRiZ 1970, S. 213–218.

Das Problem der Strafzumessungsempfehlungen, Wider ihre Gegner – Für ihre Kritiker, Blutalkohol 1971, S. 73–83.

Die Geldstrafe im neuen Strafensystem, MDR 1972, S. 461–468.

Die Rechtsprechung des Bundesgerichtshofs in Strafsachen. Materielles Recht, Bände 20–24 der amtlichen Sammlung, GA 1973, S. 289–313, S. 321–343.

Die Geldstrafe in der Praxis und Probleme ihrer Durchsetzung unter besonderer Berücksichtigung des Tagessatzsystems, ZStW 86. Bd. (1974), S. 545–594.

Vom Fortschritt, der auf der Stelle tritt, MDR 1975, S. 617–621.

Abschaffung der Strafbarkeit der fahrlässigen Tötung und der fahrlässigen Körperverletzung bei leichtem Verschulden?, DRiZ 1976, S. 127–132.

Straßenverkehrsgefährdung auf Transitstraßen nach Berlin (West) straflos?, JR 1977, S. 1–4.

Rückwirkungsverbot bei Rechtssprechungswandel?, in: Festschrift für Eduard Dreher, 1977, S. 117–136.

„Zurückstellung der Strafvollstreckung" und Strafaussetzung zur Bewährung, MDR 1982, S. 1–6.

Selbstbestimmungsrecht des Patienten – Wohltat oder Plage?, MDR 1983, S. 881–887.

Vollrauschtatbestand und Zweifelsgrundsatz, in: Festschrift für Hans-Heinrich Jescheck, 1985, S. 665–690.

Zwangsernährung und Rechtsstaat, in: Festschrift für Theodor Kleinknecht, 1985, S. 411–428.

Plädoyer für die Verfassungsmäßigkeit des § 240 StGB, in: Festschrift für Karl Lackner, 1987, S. 627–640.

„Soziale Indikation" – Rechtfertigungsgrund?, Jura 1987, S. 66–75.

Warum ist die Sterbehilfe ein rechtliches Problem?, ZStW 99. Bd. (1987), S. 25–48.

Nochmals – Sterbehilfe, lex artis und mutmaßlicher Patientenwille, MedR 1988, S. 163–166.

Der Schutz des ungeborenen Lebens in unserer Zeit, ZRP 1989, S. 54–61.

Lohnfortzahlung bei Schwangerschaftsabbruch, NJW 1989, S. 2990–2993.

Verwaltungshandeln und Strafverfolgung – Konkurrierende Instrumente des Umweltrechts?, NVwZ 1989, S. 918–927.

Sitzblockaden und ihre Fernziele, in: Festschrift für Kurt Rebmann, 1989, S. 481–508.

Schwangerschaftskonfliktberatung im Richtungsstreit, in: Festschrift für Willi Geiger, 1989, S. 190–206.

Zum Begriff des Menschseins, NJW 1991, S. 2542–2543.

Verordnung von Kontrazeptiva an Minderjährige – eine Straftat?, MedR 1992, S. 320–325.

Ideologie statt Jugendschutz?, ZRP 1992, S. 297–302.

Das zweite Fristenlösungsurteil des Bundesverfassungsgerichts und die Folgen, MedR 1994, S. 356–358.

Kriminalistik und Strafrecht, JR 1995, S. 361–364.

Das Schwangeren- und Familienhilfeänderungsgesetz, NJW 1995, S. 3009–3019.

Die Rechtphilosophie Norbert Hoersters und die Abtreibungsdebatte, GA 1995, S. 249–260.

Das Bundesverfassungsgericht und sein Umgang mit dem „einfachen Recht", in: Festschrift für Walter Odersky, 1996, S. 259–296.

Der Hirntod als die Voraussetzung der Organentnahme, ZfL 1997, S. 3–6.

Zum Problem der Spätabtreibungen, Schriftenreihe der Juristenvereinigung Lebensrecht, 1999, S. 95–110.

Irrungen und Wirrungen der verfassungsgerichtlichen Rechtsprechung zu Sitzblockaden, in: 50 Jahre Bundesgerichtshof. Festgabe der Wissenschaft, 2000, S. 527–549.

Unzeitgemäße Betrachtungen zum „Beratungsschutzkonzept", in: Festschrift für Heinz Müller-Dietz, 2001, S. 919–939.

Das „Beratungsschutzkonzept". Die Reglementierung einer Preisgabe des Lebensschutzes Ungeborener, in: Festschrift für Harro Otto, 2007, S. 821–842.

Schwarz / Dreher / Tröndle / Fischer. Strafgesetzbuch, in: Dietmar Willoweit (Hrsg.), Rechtswissenschaft und Rechtsliteratur im 20. Jahrhundert, 2007, S. 835–849.

Ulrich Weber

# Ulrich Weber

Ich wurde am 18. September 1934 als einziges Kind des Architekten *Karl Weber* und seiner Ehefrau *Paula*, geb. *Widmaier*, in Stuttgart-Bad Cannstatt geboren. Aufgewachsen bin ich in Stuttgart-Untertürkheim, wo bereits meine Großeltern väter- und mütterlicherseits als Handwerker ansässig waren. Obwohl einziges Kind meiner Eltern, wurde ich nicht als Einzelkind groß, sondern mein ungefähr zwei Jahre jüngerer, in unmittelbarer Nachbarschaft wohnender Cousin *Gerhard Saur* und ich waren fast ständig zusammen und fühlten uns als Brüder. Mein Vater betrieb ein Architekturbüro, meine Mutter erledigte dort neben dem Haushalt Schreibarbeiten. Das 1931 von meinem Vater erbaute Haus wies Bauhauselemente auf und war – für die damalige Zeit sehr fortschrittlich – mit Zentralheizung und einem Badezimmer ausgestattet. Aus früher Kindheit in deutlicher Erinnerung ist mir das Auto meines Vaters, ein Mercedes Heckmotor-Modell, konstruiert von Ferdinand Porsche – ein heute kaum noch bekannter Vorläufer des späteren VW-Käfers, der Heckmotor-Legende.

Mit den 1939 Bestandteil der Alltagssprache gewordenen Begriffen „Krieg“ und „Kriegsausbruch“ konnte ein Fünfjähriger nicht viel anfangen, wohl aber hat sich mir auf Dauer eingeprägt, dass mein Vater (Jahrgang 1899 und 1917/1918 noch Teilnehmer des 1. Weltkriegs) schon in den ersten Tagen des 2. Weltkriegs Uniform trug. Mir hatten es vor allem die Koppel und das Seitengewehr angetan. Mein Vater tat einige Monate als Pionier mit einem Pferdefuhrwerk Dienst im Westen (von „Westfront“ konnte 1939 noch nicht gesprochen werden) und war überwiegend in der Rheinpfalz stationiert. – Wie sie auch später immer wieder berichtete, setzte meine Mutter „alle Hebel in Bewegung“, um die Freistellung meines Vaters zu erreichen, was ihr um die Jahreswende 1939/1940 auch gelang. Maßgebend für seine Entlassung aus der Wehrmacht war wohl ein Umbauauftrag der kriegswichtigen Firma Daimler Benz in Untertürkheim. – Nach dem Frankreichfeldzug wurde mein Vater dienstverpflichtet zum „Wiederaufbau der Westmark“. Mit meiner Mutter besuchte ich ihn in Metz und später in Saarbrücken.

Meine Eltern lehnten als überzeugte Anhänger der Weimarer Republik und Pazifisten *Adolf Hitler* und die nationalsozialistische Bewegung scharf ab. Sie hielten den verhassten Krieg spätestens mit dem Überfall der deutschen Wehrmacht auf die Sowjetunion am 22. Juni 1941 und der Kriegserklärung an die USA im Dezember 1941 für verloren. Meine Mutter (Jahrgang 1900) war schon als junge Frau, gleich nach dem 1. Weltkrieg, der Deutschen Friedensgesellschaft beigetreten und unterstützte die Paneuropa-Bewegung des Grafen *Coudenhove-Kalergi*. Meine Großeltern mütterlicherseits, die neun Kinder großgezogen haben, sympathisierten mit der sozialistischen Arbeiterbewegung. In ihrem Wohnzimmer hingen zwei schöne gerahmte Drucke, einer zeigte *Friedrich Schiller*, der andere *August Bebel*. Daneben hing eine Fotografie des im 1. Weltkrieg gefallenen ältesten Sohnes. Zwei andere Söhne, *Eugen* und *Fritz Widmaier*, von mir hochgeschätzte Onkel, waren Arbeitersportler und gehörten der 1956 vom Bundesverfassungsgericht[1] verbotenen KPD, später, bis zu ihrem Tod in den 1980er Jahren, der DKP und der VVN an. Beide waren zu Beginn des „Dritten Reiches“ wegen Verteilens antifaschistischer Literatur zu einer ein- bzw. eineinhalbjährigen Gefängnisstrafe verurteilt worden, die sie in der Rottenburger Strafanstalt verbüßten[2]. Als gegen sie zu Beginn der Ermittlungen Haftbefehl erging und frühmorgens zwei Gestapobeamte sie auf der Stelle mitnehmen wollten, sagte meine Großmutter energisch „Die trinken jetzt Kaffee, und solange warten Sie“, was die Beamten taten. Glücklicherweise blieben die Onkel vom KZ verschont. Die deutsche Wehrmacht hat sich an ihrer politischen Haltung nicht gestoßen und beide zu Beginn des Russlandfeldzugs eingezogen.

Wie durch nicht wenige Familien im „Dritten Reich“, verlief auch durch die meinige ein politischer Graben: Waren die Untertürkheimer Verwandten durchweg Nazigegner, so waren die Nürnberger Verwandten – Kinder und Schwiegerkinder der dort verheirateten Schwester meiner Untertürkheimer Großmutter – frühzeitig Anhänger der NSDAP und Träger des goldenen Parteiabzeichens. Bei familiären Treffen der politisch so unterschiedlich eingestellten Verwandten blieben politische Themen weitgehend ausgeklammert. Gegen Ende des Krieges wurden die Nürnberger Verwandten von den Untertürkheimern bedauert, weil ihre Häuser bei Luftangriffen zerstört worden waren. Die Anteilnahme wurde jedoch mit der Bemerkung zurückgewiesen, der Führer werde nach dem Endsieg dafür sorgen, dass alles besser und schöner wieder aufgebaut werde. – Auf der anderen Seite hatte meine Großmutter die Verleihung des Mutterkreuzes, die von den Nürnbergern vorgeschlagen worden war, zurückgewiesen.

Politische Divergenzen und unterschiedliche Einschätzungen der militärischen Lage erlebte ich auch, als ich nach den Schulferien im Sommer 1943 wegen

1 Urteil des Ersten Senats vom 17.8.1956, BVerfGE 5, 85.

2 S. dazu *Alfred Hauser*, Nationalsozialismus, Widerstand, Verfolgung, in: Untertürkheim und Rotenberg. Ein Heimatbuch, 1983, S. 371.

der zunehmenden Fliegerangriffe auf Stuttgart mit meinem Cousin *Gerhard* zu dessen Verwandten auf einen Bauernhof in Ruppertshofen, Kreis Schwäbisch Gmünd, verbracht wurde. Der dortige Onkel *Wilhelm* war Mitglied der SA und glaubte ebenfalls noch an den Endsieg. Als meine Mutter nach der Invasion der Alliierten in der Normandie (6. Juni 1944) zu Besuch kam und angesichts des zügigen Vormarsches der amerikanischen und englischen Truppen in Frankreich die Meinung äußerte, jetzt sei der Krieg bald vorbei, wurde ihr energisch widersprochen mit der Begründung, man lasse absichtlich möglichst viele feindliche Soldaten weit herein und mache dann oben den Sack zu. Auch das Misslingen des Attentats auf *Adolf Hitler* am 20. Juli 1944 wurde in den Gesprächen der Erwachsenen je nach politischer Einstellung und Einschätzung der militärischen Lage unterschiedlich kommentiert: Bedauern, dass der Anschlag nicht gelungen war, einerseits, Berufung auf die Vorsehung, unter deren besonderem Schutz der Führer stehe, andererseits. Mein Vater vertrat die Auffassung, vielleicht habe das Scheitern auch sein Gutes, weil andernfalls viele Deutsche glauben würden, *Hitler* hätte den Krieg doch noch gewonnen, und deshalb die totale Niederlage leugnen würden. Vielleicht dachte er dabei auch an die Dolchstoßlegende nach dem 1. Weltkrieg.

Der Ruppertshofer Schulleiter, bei dem ich im dritten und vierten Jahr der Grundschule Unterricht hatte, war zugleich Ortsgruppenleiter der NSDAP und führte ein disziplinarisch strenges Regiment, aber wir haben in den Schulfächern viel gelernt. Die Freizeit verbrachten wir überwiegend auf dem Feld, im Wald und vor allem auf Wiesen, wo ich zusammen mit meinem Cousin Kühe gehütet habe. Das zunächst vorhandene Heimweh verschwand ziemlich rasch. Aus Gesprächen der Erwachsenen bekamen wir Kinder mit, dass der Krieg immer schrecklicher wurde und immer mehr Opfer forderte. Was sich hinter den steigenden Verlustzahlen an einzelmenschlichem Leid verbarg, verspürte ich schmerzlich durch zwei Ereignisse im Freundeskreis meiner Eltern: Im Januar 1943 erhielt eine Freundin, deren Ehemann kurz vor dem Krieg verstorben war, die Nachricht, ihr einziger Sohn sei in Stalingrad vermisst. Ich sehe diese Frau noch heute weinen, was immer geschah, wenn wir sie besuchten oder sie bei uns war. Sie hat bis weit in die 1950er Jahre hinein vergeblich gehofft, ihr Sohn komme wieder. Da sie sich einer Todeserklärung lange widersetzte, kam es zu Spannungen mit ihrer noch jungen Schwiegertochter, die verständlicherweise eine neue Bindung eingehen wollte. – Ein enger Freund meiner Eltern, *Gustav Amelung* (dessen Sohn *Peter* mein Jahrgang und mein ältester Freund ist) war beim Flugwachkommando in Stuttgart dienstverpflichtet. Das Gebäude der Dienststelle erhielt bei einem Fliegerangriff in der Nacht vom 24./25. Juli 1944 einen Volltreffer, und von diesem liebenswürdigen Menschen, den wir Kinder sehr gemocht hatten, wurde nichts mehr gefunden, nicht einmal der Fetzen eines Kleidungsstücks.

In Untertürkheim und anderen Stuttgarter Neckarvororten verbreitete die Verhaftung der Familie *Schlotterbeck* und ihrer Gesinnungsfreunde wegen Vorbereitung zum Hochverrat im Juni 1944 Angst und Schrecken, die, wenn im Verwandten- und Freundeskreis darüber gesprochen wurde, auch mich erfassten: Drei Angehörige der sehr geachteten Familie *Schlotterbeck* aus Untertürkheim-Luginsland und sechs ihrer in einem antifaschistischen Kreis verbundenen Freunde, insgesamt neun Personen, wurden am 30. November 1944 in Dachau hingerichtet. *Hermann Schlotterbeck*, ein weiteres Familienmitglied, wurde wenige Tage vor Kriegsende, Anfang April 1945, von Gestapo-Beamten erschossen. Eine nach Kriegsende von meinem Vater mitinitiierte Gedenkstätte auf dem Untertürkheimer Friedhof erinnert an diesen Widerstandskreis. Außerdem wurde am Schlotterbeckschen Haus Annastraße 6 in Untertürkheim-Luginsland eine Gedenktafel angebracht[3]. Zu *Friedrich Schlotterbeck*, dem einzigen Überlebenden seiner Familie, s. unten bei Fn. 5.

Nach den Weihnachtsferien 1944/1945, die mein Cousin *Gerhard* und ich in Untertürkheim verbrachten, gingen wir nicht zurück nach Ruppertshofen, da unsere Eltern mit einem baldigen Kriegsende rechneten und der Meinung waren, jetzt müsse man zusammenbleiben. Bei Einkaufsgängen, auf denen ich meine Mutter begleitete, sprach sie häufig länger mit anderen Untertürkheimern, von denen man wusste, dass sie dem Regime ebenfalls kritisch gegenüberstanden, u.a. – trotz Religionsverschiedenheit – mit dem katholischen Stadtpfarrer und seiner Köchin sowie mit dem in Untertürkheim sehr populären *Ernst Äckerle*, der Mitglied der „Naturfreunde" war und den ich immer nur in einem Trachtenjanker gesehen habe. Als kurz vor Weihnachten 1944 die Ardennenoffensive begann, habe ich noch heute in den Ohren, wie er zu meiner Mutter sagte „Oh Paula, jetzt dauerts wieder noch länger". – Im Herbst 1944 stand ich als nunmehr Zehnjähriger für das Jungvolk an. Auf den Rat meiner Mutter, die darauf hinwies, die hohen Stuttgarter Nazis setzten sich schon ab, ging ich einfach nicht hin.

Im April 1945 wurde Stuttgart auf der linken Neckarseite von den Franzosen, auf der rechten (wo auch Untertürkheim lag) von den Amerikanern besetzt. Für mich war es wie ein Wunder, dass man abends nicht mehr verdunkeln musste, es keinen Fliegeralarm und kein Rennen in den Luftschutzbunker mehr gab und dass die Glocken der benachbarten katholischen Kirche sehr lange geläutet wurden. Die kurz vor dem Einmarsch von deutscher Seite erfolgte

---

3 S. dazu die Fotografien bei *Hauser* aaO. (Fn. 2), S. 367, 372 und 373.

Sprengung der Neckarbrücken – wir hörten die Detonationen, die die Fensterscheiben erzittern ließen – war wegen der gleichzeitigen Besetzung der Stadtteile links und rechts des Neckars militärisch sinnlos; nur die Bevölkerung hatte in der unmittelbaren Nachkriegszeit unter den damit verbundenen Behinderungen zu leiden. – Die Franzosen mussten sich alsbald aus Stuttgart nach Süden, hinter die Autobahn München-Stuttgart-Karlsruhe zurückziehen, weil die Amerikaner diese wichtige Verkehrsbindung ausschließlich in eigener Regie haben wollten. Dass ganz Stuttgart damit zur amerikanischen Besatzungszone gehörte, wurde von der Bevölkerung lebhaft begrüßt, weil die Versorgungslage besser war als unter den Franzosen, die, wie es hieß, selbst nichts hatten und rigoros Reparationsansprüche durchsetzten. Auch bei uns Kindern waren die Amerikaner beliebt, weil wir von ihnen Süßigkeiten und etwas erhielten, was wir bis dahin gar nicht gekannt hatten: Kaugummi, auf dem wir sehr lange herumbissen, auch wenn das Pfefferminzaroma längst verschwunden war.

Mein Vater war einige Tage vor dem Einmarsch der Amerikaner heimgekommen. Er hatte sich in der allgemeinen Auflösung mit dem Fahrrad von seinem letzten Dienstort, Neustadt an der Weinstraße, abgesetzt und war auf Nebenstraßen nach Untertürkheim gefahren. Bis zur Besetzung ging er nicht mehr aus dem Haus, um nicht noch zum Volkssturm eingezogen zu werden. Nach Einrichtung der Militärverwaltung in Stuttgart wurde mein Vater zum Bezirksbürgermeister (spätere Bezeichnung: Bezirksvorsteher) von Untertürkheim ernannt. Um seine Aufgaben war er nicht zu beneiden, z.B.: Vertrauensbildende Aufnahme von Beziehungen zu den zahlreichen russischen Kriegsgefangenen, die überwiegend für Daimler-Benz gearbeitet hatten und in einem großen Barackenlager untergebracht waren; Beschaffung von Unterkünften für die aus den Ostgebieten Vertriebenen, teilweise in dem von den russischen Kriegsgefangenen verlassenen Baracken; Einrichtung von Essensausgaben und – in den Wintern 1945/1946 und 1946/1947 (besonders hart) – von Wärmestuben.

Öfter wurde mein Vater auch zu Hause von Hilflosen und Ratsuchenden aufgesucht. Auch bekamen wir häufig Besuch von im „Dritten Reich" Verfolgten, z.B. von den Kommunisten *Willi Bleicher* und *Friedrich Schlotterbeck*. *Bleicher* saß von 1934 bis 1938 wegen Gefährdung der Staatssicherheit und Vorbereitung zum Hochverrat im Jugendgefängnis Ulm und anschließend von 1938 bis zum Kriegsende im KZ Buchenwald. 1951 zur SPD übergetreten, wurde er später hoch geachteter IG-Metall-Bezirksleiter im Tarifbezirk Nord-

Württemberg / Nord-Baden[4]. *Frieder Schlotterbeck* (geb. 1909), dem einzigen Überlebenden der oben erwähnten Untertürkheimer Widerstandsgruppe, war die Flucht in die Schweiz gelungen[5], wo er eine Funktion beim Internationalen Roten Kreuz in Genf übernommen hatte. *Schlotterbeck*, ein sehr eigenwilliger Kopf, ging bereits 1948 in die DDR, wo er später erneut Opfer politischer Verfolgung wurde und von 1953 bis 1956 im Zuchthaus saß[6]. – *Willi Bleicher* ist 1981, *Frieder Schlotterbeck* 1979 verstorben.

Weiter erschienen bei uns – und bei meinem kommunistischen Onkel – auch NSDAP-Mitglieder, die zur Vorlage in ihren Spruchkammerverfahren bestätigt haben wollten, dass sie „eigentlich immer dagegen" oder „völlig unpolitisch" waren; sog. Persilscheine.

Ich wurde im Oktober 1945 nach deren Wiedereröffnung in die Oberschule für Jungen (später: Wirtemberg-Gymnasium) in Untertürkheim aufgenommen. Im ersten und den folgenden Schuljahren waren wir 38 Schüler in der Klasse. Das Schulgebäude und die Klassenzimmer waren nicht in bestem baulichem Zustand, die Turnhalle etwas heruntergekommen und ohne Duschen. In den Wintern 1945/1946 und m.W. auch noch 1946/1947 fiel der Unterricht öfter aus, weil wegen fehlenden Brennmaterials nicht geheizt werden konnte. Wir mussten am späteren Vormittag erscheinen und Hausaufgaben abholen, deren Ausarbeitung am nächsten Tag kontrolliert wurde. Angesichts der damaligen widrigen Verhältnisse wirkt es auf mich eher lächerlich, wenn heute aus vergleichsweise geringfügigen Anlässen über „unhaltbare Mängel" an den Schulen geklagt wird.

In den ersten Jahren nach 1945 wurden wir u.a. von bereits pensionierten Studienräten unterrichtet, die wegen des Lehrermangels reaktiviert worden waren. Die Kriegsteilnehmer unter den jüngeren Lehrern trugen teilweise noch Uniformen, von denen sie die Militäreffekten entfernt hatten. Über das „Dritte

---

4 Bleichers wurde kürzlich aus Anlass seines 100. Geburtstages (geb. am 27. Oktober 1907) gedacht und vor allem auch an die wesentlich ihm zu verdankende Rettung eines in Buchenwald inhaftierten jüdischen Jungen vor der Deportation in ein Vernichtungslager erinnert. Das 1944 drei Jahre alte „Kind von Buchenwald", Stefan Jerzy Zweig, jetzt ein Mann von 66 Jahren, war bei der Gedenkveranstaltung anwesend; vgl. den Bericht im „Schwäbischen Tagblatt" vom 27.Oktober 2007. Auch von seinem langjährigen Gegenspieler bei Tarifverhandlungen auf Arbeitgeberseite, Hanns Martin Schleyer, wurde Bleicher persönlich sehr geschätzt.

5 Über die Verfolgung und seine Flucht schrieb er das Buch „Je dunkler die Nacht, [...] ". Erinnerungen eines deutschen Arbeiters 1933–1945, Erstausgabe 1945, letzte Ausgabe 1986.

6 Aufschlussreich dazu, *Christa Wolf*, Ein Tag im Jahr. 1960–2000, Taschenbuchausgabe 2005, Anmerk. S. 634.

Reich“ und den verlorenen Krieg sowie die verübten Massenverbrechen wurde im Unterricht bis zu meinem Abitur 1954 so gut wie überhaupt nicht gesprochen. Der Geschichtsunterricht, der dem Altertum breiten Raum gewährte, drang während meiner ganzen Schulzeit nie weiter vor als bis zum Bismarckreich.

In den Anfangsschuljahren war ich ein mittelmäßiger Schüler, wurde dann aber besser und erhielt zum Abitur sogar einen Preis. Was die spätere Brauchbarkeit des Erlernten anlangt, so war für mich der Unterricht in den Fremdsprachen – Englisch und Französisch – nützlich, weiter die in der Oberstufe im Fach „Kunsterziehung“ neben Malen und Zeichnen (wo ich nie ein Held war) unterrichtete Kunstgeschichte. Wenn ich nach Ende der Schulzeit im In- und Ausland kunsthistorisch bedeutsame Stätten oder Kunstausstellungen besuchte, stellte ich immer wieder bewundernd fest, wie viel uns unser Kunsterzieher, Gymnasialprofessor *Berthold Roth*, über die kunstgeschichtlichen Epochen, über Bau- und Malstile sowie über große Künstler vermittelt hatte.

Weniger erfreuliche Erinnerungen habe ich an den Musikunterricht. Da ich von Haus aus kein Instrument spielte, konnte ich keine Noten lesen und habe das auch nie gelernt. Offenbar haben die Musiklehrer Notenkenntnisse vorausgesetzt und sich folglich in den Schulstunden überwiegend mit den Mitschülern befasst, die ein Instrument spielten und deshalb auch dem Schulorchester angehörten. Auch meine sängerischen Fähigkeiten hielten sich in engen Grenzen. Ich konnte vorgesungene oder -gespielte Töne kaum richtig nachsingen. So wurde ich einmal beim Zeugnissingen von einer Musiklehrerin geohrfeigt, weil sie glaubte, ich wolle sie durch das falsche Nachsingen von auf dem Klavier angegebenen Tönen ärgern. Dabei konnte ich es wirklich nicht besser.

Zur Zeit des Eintritts in die Oberschule trat ich auch einem Untertürkheimer Sportverein bei, und zwar der Abteilung für Geräteturnen. Der Vereinssport führte zu guten Leistungen im Schulsport, wo ich im Zeugnis dann immer „sehr gut“ bekam. Dass ich im Verein nicht Fußball spielte, ist in erster Linie der ablehnenden Haltung meiner Mutter zuzuschreiben. Sie hegte gegen diese Sportart eine tief verwurzelte Aversion, die ihren Ursprung darin hatte, dass zwei ihrer Brüder Fußball spielten und meiner mit ihren vielen Kindern ohnehin überlasteten Großmutter von Zeit zu Zeit die Trikots der ganzen Mannschaft zum Waschen brachten – in der waschmaschinenlosen Zeit in der Tat eine arge Zumutung. Als Zuschauer ging ich mit Schulfreunden in den späten 1940er Jahren bis Mitte der 1950er Jahre aber doch sonntags öfters zu Fußballspielen ins Neckarstadion (heute Gottlieb-Daimler-Stadion, demnächst wohl Mercedes-Benz-Arena, in der NS-Zeit Adolf-Hitler-Kampfbahn), wo der Eintritt für Schüler 50 Pfg. kostete. Die beiden Stuttgarter Vereine, die damals in der Süddeutschen Oberliga spielten, der VfB (die Roten) und die Kickers (die Blauen) hatten jeweils eine starke Anhängerschaft. Meine Sympathie galt und gilt dem VfB, allerdings heute wegen der Kommerzialisierung des Sports und der fehlenden Verwurzelung der meisten Spieler im Stuttgarter Raum nur noch abgeschwächt. – Für das aktiv ausgeübte Geräteturnen wurde ich bald zu groß, bekam vor allem zu lange Beine. Deshalb wechselte ich nach relativ kurzer Zeit zur Leichtathletik über, wo ich ordentliche Leistungen erbrachte, namentlich im Hochsprung sowie im Diskus- und Speerwerfen. Ein Sportunfall in der A-Jugend, der mich ungefähr zwei Jahre außer Gefecht setzte, beendete meine Karriere im Leistungssport. Freizeitsport, u.a. den von den Sportinstituten der Universitäten Würzburg und Tübingen veranstalteten Dozentensport, habe ich bis vor wenigen Jahren betrieben. Seither bin ich wegen einer Hüftarthrose auf Hüftsport in einer Präventionsgruppe des Tübinger Sportinstituts eingeengt.

Das Ende der unmittelbaren Nachkriegs(und Not-)zeit wird markiert durch die am 21. Juni 1948 vollzogene Währungsreform, die zur Folge hatte, dass es in den Lebensmittelläden von einem Tag auf den anderen (fast) alles wieder gab. – Meine Eltern ärgerten sich darüber, dass einige Tage vor diesem Stichtag, als schon sonnenklar war, dass die Reichsmark ihren Wert völlig verlieren wird, ein Bauherr meinem Vater in eben dieser Währung noch rasch den erheblichen Rest des schon vor dem Krieg entstandenen Anspruchs auf Architektenhonorar bezahlte.

In der Oberstufe des Gymnasiums stellte sich die Frage der Berufswahl. Wegen meiner allenfalls mittelmäßigen zeichnerischen und gestalterischen Begabung kam Architektur, also ein Beruf in den Fußstapfen meines Vaters, nicht in Betracht. Obwohl ich dafür wohl geeignet gewesen wäre, verwarf ich ein Philologiestudium, weil ich nicht Lehrer werden wollte – in meiner damaligen Vorstellung die allein realistische Berufsaussicht aufgrund eines Sprachenstudiums.

Im Rahmen des Schulunterrichts haben wir zwar verschiedene Betriebsbesichtigungen vorgenommen (besonders beliebt: Brauereien), aber nie eine Gerichtsverhandlung besucht, m.E. ein Mangel, dem hoffentlich inzwischen abgeholfen ist. Durch Zeitungsberichte neugierig geworden, setzte ich mich aber aus eigenem Interesse als Zuhörer in Verhandlungen vor dem Stuttgarter Amts- und Landgericht – wegen deren größerer Anschaulichkeit überwiegend in strafprozessuale Hauptverhandlungen, darunter auch wegen NS-Gewaltverbrechen. In der Rolle eines Richters oder Staatsanwalts konnte ich mich durchaus vorstellen. Nachdem mir von fertigen Juristen aus dem Bekanntenkreis versichert worden war, das Jurastudium sei entgegen einer damals unter Laien verbreiteten Auffassung nicht „trocken", nahm ich im Sommersemester 1954 an der Eberhard Karls Universität Tübingen das Studium der Rechtswissenschaft auf, das ich als sog. weißer Jahrgang ohne Unterbrechung durch Wehrdienst zu Ende führen konnte. Anders als heute gab es keine Studienberatung und keine Informationsveranstaltungen für Erstsemester. Bei der Zusammenstellung des Stundenplanes folgte man den Angaben im Vorlesungsverzeichnis und dem, was die anderen machten. Zusätzlich zu den juristischen Erstsemesterveranstaltungen besuchte ich den von einem sehr fähigen Tübinger Oberstudienrat, Dr. *Rieber*, abgehaltenen Lateinkurs, weil ich in der Schule kein Latein hatte und für die rechtswissenschaftliche Promotion das Große Latinum, das ich dann im Februar 1955 am Tübinger Uhland-Gymnasium erwarb, Zulassungsvoraussetzung war. Als ich im Herbst 1958 die Erste Juristische Staatsprüfung ablegte und an eine Promotion denken konnte, war dafür das Latinum nicht mehr erforderlich.

Wie die meisten damaligen Studentenzimmer befand sich auch meines in der Wohnung der Vermieter. Und wie die meisten Kommilitonen hatte ich kein fließendes Wasser, sondern einen Wasserkrug und eine Waschschüssel für die Morgentoilette. Da ich ein Zimmer „mit Bedienung" hatte (monatlicher Mietpreis 37,50 DM), stellte die Vermieterin, sobald sie ihren Mann versorgt hatte und dieser gegen 7.10 Uhr aus dem Haus gegangen war, ein ausgemustertes leicht lädiertes Milchkännchen mit dem heißen Rasierwasser herein, später den Frühstückskaffee und zwei Marmeladenbrote. Im Winter wurde abends gegen 18 Uhr im Zimmerofen Feuer gemacht, so dass ich es bei meiner Rückkehr von der Universität warm hatte. In dasselbe Haus zog, ebenfalls zum Studienbeginn im Sommersemester 1954, *Reinhard Bosch* aus Nagold ein. Wir freundeten uns rasch an und besuchten gemeinsam Vorlesungen sowie das Juristische Seminar und trafen uns in der Freizeit zu gemeinsamen Unternehmungen, etwa zu Wanderungen auf der Schwäbischen Alb und im Schwarzwald. Die enge Freundschaft mit *Reinhard Bosch*, der zuletzt Direktor des Amtsgerichts Biberach war, wird bis heute gepflegt, insbesondere auf einer jährlichen gemeinsamen Wanderung. Da nach wie vor auch freundschaftlicher Kontakt zu verschiedenen ehemaligen Klassenkameraden bestand, die ebenfalls in Tübingen studierten, verspürte ich kein Bedürfnis, mich einer akademischen Verbindung anzuschließen. Auch sprach mich das Gehabe in verschiedenen Verbindungen, wo ich Keilgast war, nicht an, so dass ich nirgends beitrat.

Von den Professoren, bei denen ich zu Beginn des Studiums hörte, sehe ich noch deutlich vor mir den Strafrechtler *Eduard Kern* (Strafrecht Allgemeiner und Besonderer Teil), die Zivilrechtler *Konrad Zweigert*, auch Rechtsvergleicher und Richter am Bundesverfassungsgericht (Einführung in die Rechtswissenschaft) und *Walter Erbe* (Allgemeiner Teil des Bürgerlichen Rechts) sowie den Öffentlichrechtler *Walter Merk* (Allgemeine Staatslehre). *Kern* hielt inhaltlich durchaus anspruchsvolle Vorlesungen, jedoch in einer so verständlichen und ungekünstelten Sprache, dass man das wohltuende Gefühl gewann, das rechtswissenschaftliche Studium ohne Schwierigkeit bewältigen zu können. *Kern* hielt es auch für wichtig, die teilweise gravierenden Folgen und damit den Ernst der Strafrechtsanwendung deutlich zu machen. Deshalb besuchte er schon mit Anfangssemestern die Strafanstalt Rottenburg. Diese Exkursionen klangen stets aus in sehr anregenden geselligen Spätnachmittagen in ländlichen Gaststätten, z.B. in der Schloßgaststätte in Bühl (Kreis Tübingen)[7]. Für den Zusammenhalt der Studenten untereinander und das Vertrauen zu den Professoren sind solche Zusammenkünfte von nicht zu unterschätzender Bedeutung. Prof. *Erbe* war FDP-Abgeordneter im Stuttgarter Landtag und als Wissenschafts- und Kulturpolitiker sehr gefragt. Seine Vorlesungen mussten wegen dieses politischen Engagements nicht selten ausfallen, was zur Folge hatte, dass unter uns Studenten erzählt wurde, das BGB sei um einen § 2386 ergänzt worden: „Der Erbe haftet nicht für ausgefallene Vorlesungen". Zu *Merk* ging man in erster Linie deshalb, weil er die Marotte hatte, keine Fremdwörter zu gebrauchen, sondern alles eindeutschte, sogar in Gesetzen gebrauchte Begriffe wie „Bundesrepublik" (= Bundesfreistaat). Das hatte einen gewissen Unterhaltungswert und wurde von den Studenten auf die Spitze getrieben, etwa in dem hektographiert kursierenden „merk-würdigen Wörterbuch", wo z.B. Revolver übersetzt war mit „Meuchelpuffer" und Tablette mit „Gesundheitsrundling". Auch wurde erzählt, der Teilnehmer an einem von *Merk* abgehaltenen Seminar habe, um auszuloten, wie weit man mit der Verdeutschung gehen könne, auf das Titelblatt seiner Arbeit geschrieben „Samenzuchtanstalt bei Bekenner Gelehrtem Merk", was *Merk* mit der Randbemerkung versehen haben soll „im Grundsatz richtig, geht aber wohl etwas zu weit".

Begeisternd waren die Vorlesungen von *Günter Dürig*, bei dem ich zunächst Allgemeines, später Besonderes Verwaltungsrecht sowie Verfassungsrecht II

---

7 Bühl gehörte bis zur napoleonischen Territorialreform Anfang des 19. Jahrhunderts zu Vorderösterreich. Rechtshistorisch interessant ist eine dem Schloss in österreichischer Zeit eingeräumte und bis heute bestehende dingliche Tanzgerechtigkeit, die den jeweiligen Wirt der Schlossgaststätte von der Vergnügungssteuer für Tanzveranstaltungen und sonstige Lustbarkeiten befreit. Dieses Privileg soll nur dann erlöschen, wenn am Todestag der Kaiserin *Maria Theresia* eine derartige Veranstaltung stattfindet. Obwohl die Finanzbehörde an diesem Tag (29. November) immer auf der Lauer liegt, ob nicht getanzt wird, konnte ein Verstoß bisher nicht festgestellt werden.

(Grundrechtsteil) hörte. Vor allem diese Grundrechtsvorlesung war ein Glanzlicht im Öffentlichen Recht. *Dürig* wurde nicht müde, uns klarzumachen, dass die im Grundgesetz garantierten Grundrechte – anders als die Grundrechte der Weimarer Reichsverfassung – nicht bloß „ethisches Höhengeklingel" seien, sondern aktuell und unmittelbar geltendes Recht, an dem sich alle Staatsgewalten zu orientieren hätten. Außergewöhnlich einprägsame Formulierungen trugen dazu bei, dass man am frühen Nachmittag – *Dürig* las überwiegend um 14 Uhr – auch an heißen Tagen des Sommersemesters zu *Dürig* und nicht ins Freibad ging.

Da es damals für Tübinger Studenten, die aus dem Schwabenland stammten, üblich war, einige Semester auswärts zu verbringen, wechselte ich zum Wintersemester 1955/1956 an die Universität München, wo ich drei Semester studierte. Da mein Vater im Februar 1955 überraschend verstorben war, fiel meiner nun alleinstehenden Mutter die Zustimmung zu dem Wechsel des Studienorts nicht leicht, weil ich von München aus nicht an jedem Wochenende nach Hause (Stuttgart) kommen konnte. Besonders schwer fiel ihr der Abschied, als ich Anfang November 1956 zu Beginn des Wintersemesters wieder nach München fuhr. Denn nach dem Ungarn-Aufstand (ab 23. Oktober 1956) und dessen Niederschlagung durch die Sowjetunion Anfang November 1956 war häufig die Rede von einem Eingreifen der Westmächte und dem Ausbruch eines Krieges.

In München haben sich mir die Lehrveranstaltungen von *Karl Engisch* besonders eingeprägt. Bei ihm hörte ich mit großem Genuss und Gewinn Rechtsphilosophie und machte die Strafrechtsübung für Fortgeschrittene, die manchmal auch von dem schon wegen der Lautstärke seines Vortrags eindrucksvollen Assistenten *Hermann Blei* abgehalten wurde, meinem späteren Kollegen an der Freien Universität Berlin. Im Vergleich zu *Engisch*, der Wärme ausstrahlte, wirkte *Reinhart Maurach* in seiner Vorlesung über Jugendstrafrecht eher kalt und schneidend. Höhepunkte für mich waren weiter die Veranstaltungen von *Alfred Hueck* (Vorlesung sowie Übungen im Handels- und Gesellschaftsrecht) sowie von *Friedrich Berber* (Vorlesungen zur Staatsphilosophie sowie zum Völkerrecht). Etwas Besonderes war das Konversatorium über Verfassungsgerichtsbarkeit, das der damalige Präsident des Bundesverfassungsgerichts *Josef Wintrich* mit großem Ernst abhielt. Behandelt wurde auch das KPD-Verbotsurteil von 1956, das *Wintrich* eindrucksvoll rechtfertigte, u.a. damit, dass es in der Weimarer Republik versäumt wurde, energisch gegen Verfassungsfeinde vorzugehen. Im übrigen legte er dar, dass eine Demokratie trotz aller Wehrhaftigkeit nicht zu retten sei, wenn die Mehrheit der Bevölkerung nicht zu ihr stehe.

In der Freizeit faszinierten mich die großartigen Kunstsammlungen in den Münchener Museen. Einer meiner Freunde hatte Verwandte in Freising. Vor allem wegen der sehr hübschen Töchter fuhren wir manchmal von München aus dorthin. Beliebt war ein Spaziergang von Freising nach Weihenstephan, wo man den Bierkeller der berühmten dortigen Brauerei besuchte. Im Sommersemester 1957 kehrte ich zum Abschluss des Studiums nach Tübingen zurück, wohin während meiner Abwesenheit einige Professoren berufen worden waren, deren Vorlesungen großen Zuspruch fanden und deren Wirken in Tübingen wesentlich zum hohen Ansehen der juristischen Fakultät beitrug: die Zivilisten *Fritz Baur* und *Josef Esser*, der Strafrechtler *Horst Schröder* sowie der Öffentlichrechtler *Otto Bachof*. Da ich die Pflichtvorlesungen in den Kernfächern bereits gehört hatte, stand der Besuch von Vertiefungsveranstaltungen und Kursen zur Examensvorbereitung im Vordergrund. Das Angebot der Tübinger Fakultät war auch insoweit vorbildlich, was zur Folge hatte, dass sich private Repetitorien in Tübingen nicht halten konnten. Dazu trugen auch die in den Semesterferien von Assistenten abgehaltenen Ferienkurse bei. Im Strafrecht nahm ich mit großem Gewinn an dem von *Theodor Lenckner*, meinem späteren Kollegen und Freund, durchgeführten Kurs teil.

Der hervorragende Pädagoge *Baur* hielt – damals noch eine Seltenheit – spezielle Vorlesungen für Examenskandidaten ab, in denen einem wichtige Rechtsinstitute und der Zusammenhang zwischen zahlreichen Einzelregelungen erstmals richtig klar wurden. Der glänzend vortragende *Horst Schröder* veranstaltete in jedem Semester einen strafrechtlichen Klausurenkurs, in dem man vollends auf seine Lehren eingeschworen wurde, die vor allem aus den Vorbemerkungen zu einzelnen Teilen des Schönke / Schröder, die wir Studenten wie ein Lehrbuch benutzten, geläufig waren. Er trug die von ihm vertretenen Theorien, etwa die Vorsatztheorie, so vor, dass andere Auffassungen für uns nur Irrlehren sein konnten.

Im Herbst 1958 legte ich die Erste Juristische Staatsprüfung ab und begann im Januar 1959 den Referendardienst, der damals dreieinhalb Jahre dauerte und alles andere als straff organisiert war, so dass in dieser Zeit die Anfertigung einer Dissertation und die Ausübung einer Nebentätigkeit möglich war. Viele Referendare arbeiteten in einer Anwaltskanzlei mit. Ich wurde noch im Dezember 1958, einige Tage nach der mündlichen Staatsprüfung, von dem verehrten Prof. *Fritz Baur* als Doktorand angenommen und bearbeitete ein Thema aus dem Immobiliarsachenrecht, das damals die Rechtsprechung zu beschäftigen begann: „Die Anwendung der Vorschriften über Rechte an Grundstücken auf die Vormerkung“. Wie andere Kandidaten, die im Examen ein überdurchschnittliches Ergebnis erzielt hatten, wurde ich vom Dekanat der

Juristischen Fakultät ersucht, im Sommersemester 1959 als Korrekturassistent an Übungen mitzuwirken. Ich wurde dann – ohne dass man darauf hätte Einfluss nehmen können – dem frisch nach Tübingen berufenen Prof. *Jürgen Baumann* für die strafrechtliche Anfängerübung zugeteilt, landete also zufällig im Strafrecht. Alsbald hatte *Baumann* dann eine Assistentenstelle zu besetzen und bot sie mir an. Wer ihn persönlich kannte, wird bestätigen, dass *Jürgen Baumann* von einem unwiderstehlichen Optimismus erfüllt war, der vor keiner Aufgabe zurückschreckte und keinen Zweifel aufkommen ließ, mit auftretenden Schwierigkeiten alsbald fertig zu werden. Diese Charaktereigenschaften wirkten auf junge Menschen ansteckend, auch auf mich, der ich eher etwas zögerlich veranlagt bin. Da er überdies für Bedenken oder gar Widerspruch wenig übrig hatte, sagte ich zu. Als Beispiel für die zupackende Art *Baumanns* sei das Ergebnis einer Diskussion mit uns Assistenten über den Entwurf eines StGB 1962 im Jahre 1963 angeführt. Wir wiesen darauf hin, dass es offenkundig im Bundesministerium der Justiz wenig Eindruck mache, wenn in einzelnen Aufsätzen der amtliche Entwurf immer nur (negativ) kritisiert werde. Von Nöten sei ein ausformulierter Gegenentwurf. Am nächsten Morgen kam *Baumann* strahlend an seinen Lehrstuhl und verkündete „Fünf Paragraphen habe ich schon!“[8].

Trotz der faszinierenden Tätigkeit bei *Jürgen Baumann* stellte ich meine zivilrechtliche Dissertation fertig. Das Promotionsverfahren wurde mit dem Rigorosum am 29. Juni 1962 abgeschlossen, die Zweite Juristische Staatsprüfung mit dem mündlichen Examen am 20. Juni 1963.

Ich hoffe, dass meine eigenen strafrechtlichen Arbeiten mitunter ein wenig erkennen lassen, wie stark mich das Schaffen *Jürgen Baumanns* (22. Juni 1922 – 26. November 2003) und die Mitarbeit an seinem Werk, das hier naturgemäß nicht (mit-)behandelt werden kann[9], beeinflusst haben. Vorbildlich waren insbesondere sein Bemühen um Verständlichkeit und die Ablehnung jeglichen unklaren Tiefsinns sowie seine Forderungen einer Beschränkung des Strafrechts auf das gesellschaftlich unbedingt Nötige, was allerdings nicht nur zu

---

8 1963 erschien dann als Heft 274/275 der Reihe „Recht und Staat“ im Verlag Mohr-Siebeck der *Baumann'sche* Entwurf eines Strafgesetzbuches, Allgemeiner Teil – bekanntlich die Initialzündung für die ab 1966 von einem Arbeitskreis deutscher und schweizerisches Strafrechtslehrer vorgelegten Alternativ-Entwürfe.

9 Würdigungen *Jürgen Baumanns* finden sich insbesondere in der Einleitung „Strafrecht – Reform und Reformation“ der zu seinem 70. Geburtstag von Arzt und den anderen Schülern 1992 herausgegebenen Festschrift, sowie in: Zum Gedenken an Prof. Dr. iur. Jürgen Baumann (1922–2003), Akademische Gedenkstunde am 12. November 2004, Tübinger Universitätsreden N.F. Bd. 43, mit Beiträgen seiner Schüler zu den wichtigsten Schaffensbereichen *Baumanns*.

Vorschlägen der Streichung entbehrlicher Strafvorschriften, sondern auch der Schaffung neuer Bestimmungen führen konnte, etwa solcher zur besseren Bekämpfung der Wirtschaftskriminalität, damit nicht nur archetypische Rechtsgutsangriffe wie der überwiegend von kleinen Leuten begangene Diebstahl geahndet werden können. Auch erfüllte mich aufgrund meiner antifaschistischen Herkunft der frühzeitige engagierte Einsatz *Baumanns* für die gerechte Ahndung von NS-Verbrechen mit großer Genugtuung. – Im Hinblick auf das heute mitunter kräftig ausgeprägte Anspruchsdenken junger Kollegen soll die eher spartanische räumliche und bibliotheksmäßige Ausstattung *Baumanns* und seiner Kollegen anfangs der 1960er Jahre nicht unerwähnt bleiben: *Baumann* hatte ein gemeinsames Dienstzimmer mit dem Zivil- und Wirtschaftsrechtler *Ernst Steindorff*; gleichfalls ein Zimmer hatten *Joachim Gernhuber* und *Ferdinand Elsener*, und bei *Ludwig Raiser* saß sein Assistent mit im Zimmer.

Privat wurden in der Assistentenzeit Bande geknüpft, die bis heute halten: 1960 Eheschließung mit *Isolde*, geb. *Sinn*, die ich schon in den Vorlesungen kennengelernt hatte; Beginn von Freundschaften, namentlich mit *Gunther Arzt*[10], der 1961 auch die Patenschaft für meinen erstgeborenen Sohn übernommen hat und mit dem mich über das Persönliche hinaus die gemeinsame Arbeit an den später (2000) zu einem Lehrbuch vereinigten Lehrheften zum Besonderen Teil des Strafrechts verbindet. Überhaupt rekrutiert sich vornehmlich aus den Reihen der damaligen Assistenten und Korrekturassistenten ein Freundeskreis, der nicht zuletzt durch jährlich zweimalige Treffen zum Doppelkopf auch äußerlich zusammengehalten wird[11]. Kein selbstverständlicher Glücksfall ist es, dass auch die jeweiligen Ehefrauen harmonisch in die Runde passen.

Da ich mich noch nicht endgültig auf die Universität oder die Justiz festlegen wollte und *Jürgen Baumann* dezidiert die Auffassung vertrat, als Hochschullehrer müsse man zuvor etwas Praktisches gemacht haben, trat ich 1963 auf Empfehlung meines Doktorvaters *Fritz Baur* beim Verlag Mohr Siebeck, Tübingen, als Redakteur der dort erscheinenden Juristenzeitung ein. Obwohl einen der Zwang, alle zwei Wochen ein Heft herauszubringen, ganz schön auf

10 Würdigung im Glückwunsch von *Peter Popp* zum 70. Geburtstag, in: JZ 2006, 961.

11 Da Doppelkopfspielen in meinen Augen nichts Ehrenrühriges an sich hat und die meisten Beteiligten einen gewissen Bekanntheitsgrad aufweisen, also der Datenschutz keine Rolle spielt, nenne ich neben *Gunther Arzt* die Namen: *Wolfgang Grunsky, Fritz Hahn, Jörg Hub, Klaus Kneppe, Konrad Menz, Martin Nellmann, Alfred Sengle* und *Dieter Wolfram*. Leider weilen nicht mehr unter uns *Peter Steinbach* und *Manfred Wolf*; s. zu Letzterem den Nachruf von *Wolfgang Grunsky* in: JZ 2007, 1145.

Trab hält, habe ich mich bei der JZ sehr wohlgefühlt. Dazu trugen neben dem damaligen großzügig liberalen Verleger, dem noblen *Hans Georg Siebeck* (den ich zunehmend auch bei der rechtswissenschaftlichen Buchproduktion beriet) auch die Herausgeber der Zeitschrift bei, namentlich *Fritz Baur*, *Karl Siegfried Bader* und *Walter Mallman*, die mich wirksam unterstützten. Das gilt auch für meinen Vorgänger in der Redaktion *Ottmar Ballweg* (später Professor in Mainz), mit dem ich persönlich auf derselben Wellenlänge lag und der mich sehr hilfreich in die Redaktionsgeschäfte einführte. Obwohl wir mit Ernst bei der Sache waren, haben wir uns häufig köstlich amüsiert, vor allem über manche Wichtigtuerei von Personen, die es am wenigsten nötig hatten. Sehr anregend und für die Zeitschrift fruchtbar war auch die Zusammenarbeit mit den zu meiner Unterstützung bei den Redaktionsgeschäften stundenweise tätigen Referendaren, mit denen ich teilweise bis heute freundschaftlichen Kontakt pflege, so mit *Bernd Bürglen* (später Rechtsanwalt in Köln) und *Rolf Stürner* (später Professor in Konstanz und dann in Freiburg i.Br., seit 1982 als Nachfolger seines Lehrers *Fritz Baur* Mitherausgeber der JZ).

Bei der Auswahl der veröffentlichten Artikel war es mein Bestreben, als einziges Kriterium die fachliche Qualität als Maßstab anzulegen. Das hatte fast zwangsläufig zur Folge, dass hin und wieder Beiträge erschienen, die bei einem Teil der Leser und vor allem bei den Betroffenen aus politischen oder ideologischen Gründen auf Widerspruch stießen, ja Empörung hervorriefen. In besonderem Maße war dies der Fall bei dem im Jahrgang 1961 begonnenen und 1964 fortgesetzten Bericht von *Thilo Ramm* über die Rechtsprechung des Bundesarbeitsgerichts[12], in dem u.a. der Vorwurf erhoben wurde, das BAG habe sich in der Ära *Nipperdey* von der Bindung an das Gesetz gelöst und politisch argumentiert und entschieden. – Leicht vorstellbar ist, dass auch unter den Herausgebern der Zeitschrift der Aufsatz von *Grünwald* in JZ 1966, 633 zu der (vom Verfasser verneinten Frage), ob der Schusswaffengebrauch an der Zonengrenze strafbar ist, sehr kontrovers diskutiert wurde. Es spricht für den bei den Herausgebern herrschenden liberalen Geist, dass keiner von ihnen gegen die Veröffentlichung dieses Aufsatzes ein Veto erhoben hat.

Nicht zuletzt wegen seiner Gegnerschaft zum NS-Regime und seiner Verdienste um die Wiederaufrichtung einer rechtsstaatlichen Justiz nach dem Zusammenbruch von 1945 besonders geschätzt habe ich stets den Gründungsherausgeber der Juristenzeitung, *Karl Siegfried Bader*. Sehr gerne bin ich deshalb auch seinem späteren Wunsch nachgekommen, sein von Juli

---

12 Nachweise der einzelnen Teile des Berichts sowie der Kritik daran im Schlusswort von *Ramm*, JZ 1966, 214.

1945 bis Juni 1946 geführtes Tagebuch für die Herausgabe in der Wohleb-Gedenkschrift zu bearbeiten und zu kommentieren[13]. Zum 100. Geburtstag *Baders* (geb. 27. August 1905) fand vom 20. bis 22. Mai 2005 im Fürstenbergischen Schloss in Donaueschingen eine Gedenkfeier statt, für die ich mit einem Referat über „Das Straf- und Strafprozessrecht sowie die Kriminologie im Werk Karl Siegfried Baders" betraut war[14].

Die im Laufe der Zeit erworbene Routine bei der Erledigung der Redaktionsgeschäfte verschaffte mir Zeit für eigene Arbeiten. Da *Jürgen Baumann* immer wieder auf eine Habilitation drängte, entschloss ich mich Anfang der 1970er Jahre zu einer Untersuchung des strafrechtlichen Schutzes des Urheberrechts[15]. Entscheidend für die Wahl dieses Themas war einmal meine Beteiligung an der Verfolgung von Raubdrucken, von denen auch der Verlag Mohr Siebeck betroffen war, vor allem durch unbefugte Nachdrucke der Werke *Max Webers*, zum anderen der Umstand, dass zum Urheberstrafrecht seit der 1894 erschienenen Monographie von *van Calker*[16] keine umfassende Darstellung mehr erschienen war, obwohl sich die einschlägigen Gesetze mehrfach geändert hatten und diese Spezialmaterie des Strafrechts zunehmend praktische Bedeutung erlangte. Mein Habilitationsverfahren wurde mit dem mündlichen Vortrag am 13. Februar 1975 über den „Mißbrauch prozessualer Rechte im Strafverfahren"[17] abgeschlossen. Ich erhielt die venia legendi im Straf- und Strafprozessrecht sowie im Urheberrecht. – Der Juristenzeitung blieb ich nach Ausscheiden als Redakteur im Jahre 1976 als für Strafrecht zuständiger Herausgeber bis 2002 verbunden.

---

13 Gelb-Rot-Gelbe Regierungsjahre, badische Politik nach 1945, Gedenkschrift zum 100. Geburtstag Leo Wohlebs, hrsg. von *Paul-Ludwig Weinacht*, 1988, S. 33.

14 Abgedruckt zusammen mit anderen auf der Gedenkveranstaltung gehaltenen Vorträgen im 124. Bd. (2007) der Zeitschrift der Savigny-Stiftung für Rechtsgeschichte, germ. Abt., S. 919. Der Vortrag von *Hollerbach*, Karl-Siegfried Bader in Freiburg, ist abgedruckt in den Freiburger Universitätsblättern, Heft 170 (2005), S. 85, das Referat von *Bühler*, Karl-Siegfried Bader als Förderer der rechtlichen Volkskunde, in den Forschungen zur Rechtsarchäologie und Rechtlichen Volkskunde, Bd. 23 (2005), S. 13.

15 *Ulrich Weber*, Der strafrechtliche Schutz des Urheberrechts. Unter Berücksichtigung der bestehenden zivilrechtlichen Schutzmöglichkeiten, Tübingen 1976. – Der Untertitel bringt ein Anliegen zum Ausdruck, das mir immer wichtig war, nämlich mit dem das Strafrecht beherrschenden Subsidiaritätsgrundsatz auch wirklich ernst zu machen.

16 *Fritz van Calker*, Die Delikte gegen das Urheberrecht. Nach deutschem Reichsrecht dargestellt, Halle a. S. 1894.

17 Abgedruckt in: GA 1975, 289. – Zu einem Extremfall des prozessualen Rechtsmissbrauchs (hier des Beweisantragsrechts) s. in jüngerer Zeit *Fezer*, in: Festschrift für U. Weber, 2004, S. 475.

Der Schutz geistiger Leistungen, gerade auch mit den Mitteln des Strafrechts, hat wegen der rasanten Entwicklung und massenhaften Verbreitung neuer Medien sowie wegen des weitgehenden Fehlens faktischer Schutzmöglichkeiten gegen die unbefugte Nutzung seither erheblich an Bedeutung gewonnen. Ich habe mich – infolge von Publikationsverpflichtungen im Kernstrafrecht – mit neueren Entwicklungen des Urheberrechts leider nicht mehr umfassend und kontinuierlich, sondern eher nur sporadisch befassen können[18]. Den Verzahnungen des Urheberstrafrechts mit dem Kernstrafrecht habe ich verschiedene Beiträge gewidmet, so der Frage, ob Urheberdelikte geeignete Vortaten für die Erfüllung von Anschlusstatbeständen wie Hehlerei und Strafvereitelung sein können[19], sowie Problemen der Überlagerung des Strafanwendungsrechts (§§ 3 ff. StGB) durch Regeln des Urheberrechts[20]. Mit urheberstrafrechtlichen Fragen, die ich selbst nicht bearbeiten konnte, habe ich eine ganze Reihe tüchtiger Doktoranden betraut[21], u.a. meine späteren Habilitanden *Detlev Sternberg-Lieben*[22] und *Bernd Heinrich*[23].

Die durch die akzessorische Ausgestaltung des Urheberstrafrechts gebotene intensive Befassung mit dem zugrundeliegenden (Urheber-)Zivilrecht, weiter meine zivilrechtliche Dissertation sowie schließlich die JZ-Tätigkeit, die sich auf alle Rechtsgebiete erstreckte, hielten meinen Blick vor allem für das Zivilrecht und seine vielfältigen Verflechtungen mit dem Strafrecht offen. In meinen strafrechtlichen Arbeiten habe ich immer wieder versucht, zivilrechtliche Institute für eine sachgerechte Begrenzung des Strafrechts nutzbar zu machen[24].

---

18 S. insbesondere meine Beiträge in Film und Recht, 1980, 335; in der Festschrift für Sarstedt, 1981, S. 379 (zum Musikdiebstahl); Artikel „Urheberstrafrecht" im Handwörterbuch des Wirtschafts- und Steuerstrafrechts; Neue Medien und geistiges Eigentum, in: Das Recht vor der Herausforderung eines neuen Jahrhunderts. Deutsch-japanisches Symposion in Tübingen 1996, 1998, S. 77; Bekämpfung der Videopiraterie mit den Mitteln des Strafrechts, in: Schriftenreihe des Instituts für Rundfunkrecht an der Universität zu Köln, 1993, S. 51.

19 In Festschrift für Horst Locher, 1990, S. 431 (zu § 259 StGB), und in Gedächtnisschrift für Karlheinz Meyer, 1990, S. 633 (zu § 258 StGB).

20 In Festschrift für Stree und Wessels, 1993, S. 613.

21 S. *Rainer Sieg*, Das unzulässige Anbringen der richtigen Urheberbezeichnung (§ 107 UrhG), 1985; *Burkhard Rochlitz*, Der strafrechtliche Schutz des ausübenden Künstlers, des Tonträger- und Filmherstellers und des Sendeunternehmens, 1987.

22 *Detlev Sternberg-Lieben*, Musikdiebstahl, 1985.

23 *Bernd Heinrich*, Die Strafbarkeit der unbefugten Vervielfältigung und Verbreitung von Standardsoftware, 1993.

24 S. z.B. den Beitrag „Zur strafrechtsgestaltenden Kraft des Zivilrechts", in: Festschrift für Fritz Baur, 1981, S. 133; weiter: Strafaufhebende Rückwirkungen des Zivilrechts?

Im Wintersemester 1975/1976 habe ich einen Lehrstuhl an der Universität Bielefeld vertreten, im Sommersemester 1976 einen solchen an der Freien Universität Berlin. Diese Vertretung mündete in die Berufung auf eine AH 5-Stelle (vergleichbar C3 im Bundesgebiet), so dass ich im Herbst 1976 mit meiner Familie nach Berlin (Frohnau) zog. Meine Söhne – damals fünfzehn, dreizehn und sieben Jahre alt –, die in Tübingen und dortigen Freundeskreisen verwurzelt waren, kamen nur ungern mit, fühlten sich dann aber nach kurzer Zeit in Berlin sehr wohl. Dazu hat wesentlich mein Fakultätskollege, der Zivil- und Versicherungsrechtler *Horst Baumann*[25] beigetragen, dem es z.B. auf Ausflügen an die Berliner Seen rasch gelang, mit der Vorstellung aufzuräumen, Berlin sei nichts als eine unwirtliche Steinwüste. Mit *Horst Baumann* und seiner Familie verbindet uns bis heute eine warmherzige Freundschaft. Auch waren die Berliner Mitschüler gegenüber den Zugezogenen sehr aufgeschlossen, und ich konnte mich nur wundern, dass sich meine Söhne nach kurzer Zeit mit Klassenkameraden in waschechtem Berlinerisch unterhielten. – An der Juristischen Fakultät der FU hatte ich naturgemäß den intensivsten Kontakt zu den Kollegen des Strafrechts, erfreulich ungezwungen zu den der jüngeren Generation angehörenden und alsbald zu Freunden werdenden *Klaus Geppert* und *Ulrich Eisenberg*. Zwischen den älteren Kollegen *Hans Lüttger*[26] und *Hermann Blei*[27] gab es zwar Spannungen, was uns Jüngere aber nicht daran hinderte, zu beiden gute nachbarschaftliche Beziehungen zu pflegen. Dies gilt auch für das persönliche Verhältnis zu Fakultätskollegen, die politisch vergleichsweise extreme Positionen vertraten, was in Berlin öfter vorkam als an anderen Universitäten.

Da eine Heraufstufung meiner Professur auf C4 nicht möglich war, folgte ich 1980 einem Ruf an die Universität Würzburg. Beim Abschied von den Berliner Kollegen fragte mich einer, ob ich den Unterschied zwischen der Wüste und Würzburg kenne. Da mir dazu nicht gleich etwas einfiel, gab er die Antwort selbst: Die Wüste lebt! – Jeder einigermaßen Kundige weiß natürlich, dass Unterfranken mit dem Main eine reichgesegnete Landschaft und Würzburg mit der Marienfeste, der Residenz und dem Käppele eine Perle unter den

---

In: Gedächtnisschrift für Ellen Schlüchter, 2002, S. 243; „Auswirkungen der Gesetzgebung zur gleichgeschlechtlichen Lebenspartnerschaft im Strafrecht", in: Gedächtnisschrift für Rolf Keller, 2003, S. 325.

25 S. zu ihm die zu seinem 65. Geburtstag 1999 vom Verein zur Förderung der Versicherungswirtschaft an den drei Berliner Universitäten herausgegebene Festschrift.

26 Würdigung im Glückwunsch von *U. Weber* zum 70. Geburtstag in JZ 1985, 325.

27 Würdigung im Nachruf von *Rogall* in NJW 1999, 3541.

deutschen Städten ist, an der viel zu oft auf der Nord-Süd- und West-Ost-Autobahn nur vorbeigefahren wird.

In der Würzburger Juristischen Fakultät herrschte ein aufgeschlossen liberaler und kollegial-freundschaftlicher Geist. Zum Zusammenhalt trugen u.a. die gut organisierten Fakultätsausflüge in die Würzburger Umgebung sowie das traditionelle gemeinsame Weihnachtsessen bei. Überwiegend emeritierte Fakultätskollegen trafen sich einmal in der Woche an einem Stammtisch, zu dem mich alsbald mein Vorgänger auf dem Lehrstuhl, *Walter Sax*, einlud. Dort wurden freundschaftliche Beziehungen zu hoch angesehenen älteren Kollegen hergestellt, denen ich sonst wohl kaum näher gekommen wäre: *Franz Laufke, Günther Küchenhoff, Maximilian Ronke* und *Heinz Paulick*. Auch in fachlicher Hinsicht sehr anregend war für mich die freundschaftliche Verbundenheit mit meinen strafrechtlichen Kollegen *Günter Spendel*[28] und *Friedrich-Wilhelm Krause*[29], nach ihren Habilitationen auch mit *Rainer Paulus* und *Klaus Laubenthal* sowie nach ihrer Berufung nach Würzburg im Jahre 1987 mit der leider viel zu früh verstorbenen *Ellen Schlüchter*[30], Schülerin von *Jürgen Baumann*. Aus rechtshistorischer Sicht auf das Glücklichste bereichert, wurde das strafrechtliche Gespräch durch den lieben Freund *Winfried Trusen*[31], der mir wichtige Einsichten in die mittelalterliche Strafrechtspflege und die Entstehung der Carolina vermittelte. – Das gemeinsame Interesse am rechtlichen Schutz geistiger Leistungen und von Persönlichkeitsgütern führte zur wissenschaftlichen Begegnung sowie zur Begründung und ständigen Vertiefung einer persönlichen Freundschaft mit dem *Hubmann*-Schüler *Hans Forkel*[32]. – Über den für mich ungewöhnlich anregenden strafrechtlichen Diskurs hinaus verbindet mich mit *Günter Spendel* die übereinstimmende Beurteilung der jüngeren deutschen Geschichte, namentlich die Sympathie für die Weimarer Republik sowie die Verehrung von *Friedrich Ebert* und *Gustav Radbruch*, gepaart mit der kompromisslosen Ablehnung totalitärer Unrechtssysteme. – Der bedeutende unterfränkische Unternehmer *Edgar Michael Wenz* (6. Juli

---

28 Würdigungen in den Glückwünschen von Seebode zum 70. Geburtstag in JZ 1992, 667 und von *U. Weber* zum 80. Geburtstag in JZ 2002, 655 sowie in der zu seinem 70. Geburtstag 1992 von *Manfred Seebode* herausgegebenen Festschrift.

29 Würdigungen in der von *Ellen Schlüchter* und *Klaus Laubenthal* zum 70. Geburtstag 1990 herausgegebenen Festschrift „Recht und Kriminalität" sowie im Glückwunsch von Laubenthal zum 80. Geburtstag in JZ 2000, 1100.

30 S. meinen Nachruf in JZ 2000, 1046, sowie insbesondere die Gedächtnisschrift für Ellen Schlüchter, hrsg. von *Gunnar Duttge* u.a., 2002.

31 Würdigung in: Vom mittelalterlichen Recht zur neuzeitlichen Rechtswissenschaft, Festschrift für Winfried Trusen, 1994.

32 Würdigung im Glückwunsch zum 70. Geburtstag von *Claus Ahrens* in JZ 2006, 512.

1923 – 13. September 1997)[33], der sich – ein „zweispuriges Leben“ – wissenschaftlich vor allem auf den Gebieten der Rechtssoziologie, Gesetzgebungslehre und Wissenschaftspolitik literarisch engagierte und 1990 Honorarprofessor an der Universität Würzburg wurde, gab den mäzenatisch unterstützten Anstoß zu den 1984 ins Leben gerufenen „Würzburger Vorträgen zur Rechtsphilosophie, Rechtstheorie und Rechtssoziologie“, an denen ich bis zu meinem Weggang von Würzburg nach Tübingen neben *Edgar Michael Wenz* und dem bekannten und von mir auch persönlich hoch geschätzten Staatsrechtslehrer *Hasso Hofmann* als Herausgeber mitwirken konnte[34]. – 1988 trat ich zusammen mit *Hasso Hofmann* und einem weiteren Würzburger, dem Öffentlich- und Europarechtler *Dieter H. Scheuing* (*Bachof*-Schüler aus Tübingen) in den Mitarbeiterkreis eines ab 1994 im Werner-Verlag erscheinenden Gemeinschaftskommentars (Loseblattwerk) zum Bundes-Immissionsschutzgesetz ein. Ich bearbeitete dort die einschlägigen Straf- und Bußgeldvorschriften.

Keine Universität erschien mir so reizvoll, um auch nur mit dem Gedanken zu spielen, von Würzburg wegzugehen – Ausnahme: Tübingen. Dabei war es nicht so, dass ich, falls sich die Chance bot, fest entschlossen war, an die alte Heimatuniversität zurückzukehren. Es waren dann auch keine rational zwingenden Gründe, die 1989 zum Wechsel nach Tübingen geführt haben. Ich bin mir bis heute noch nicht ganz sicher, ob die Entscheidung richtig war, zumal sich mit Tübingen auch traurige Ereignisse verbinden, die nach der Rückkehr eingetreten sind: Tod des jüngsten Sohnes und einiger alten Freunde, u.a. *Jürgen Baumanns*[35] und *Theodor Lencknerss*[36]. Mit großer Befriedigung erfüllt mich, dass sich bis zu meinem Eintritt in den Ruhestand 1999 meine vier Schüler an der Tübinger Juristischen Fakultät habilitieren konnten: 1991 *Wolfgang Mitsch* mit einer Schrift über „Rechtfertigung und Opferverhalten“, 1995 *Detlev Sternberg-Lieben* („Die objektiven Schranken der Einwilligung im Strafrecht“), 1996 *Eric Hilgendorf* („Tatsachenaussagen und Werturteile im

---

33 Würdigung in: Rechtsforschung, Rechtspolitik und Unternehmertum. Gedächtnisschrift für Edgar Michael Wenz, hrsg. von *Ulrich Karpen, Ulrich Weber* und *Dietmar Willoweit*, 1999.

34 Heute wird die Reihe, in der bis 2008 38 Hefte erschienen sind, herausgegeben von *Horst Dreier* und *Dietmar Willoweit*.

35 S. zu ihm die oben Fn. 9 angegebene Literatur.

36 Würdigungen in der zu seinem 70. Geburtstag 1998 von *Albin Eser, Ulrike Schittenhelm* und *Heribert Schumann* herausgegebenen Festschrift, weiter in den Glückwünschen zum 70. Geburtstag in JZ 1998, 720 (*Heribert Schumann*) und NJW 1998, 2104 (*Peter Cramer*), in den Nachrufen von *Joachim Vogel* in JZ 2006, 1167 und *Jörg Eisele* in NJW 2007, 38 sowie in meinem Artikel über Lenckner in den Baden-Württembergischen Biographien, Bd. IV, 2007, S. 205.

Strafrecht, entwickelt am Beispiel des Betruges und der Beleidigung") und 1999 *Bernd Heinrich* („Der Amtsträgerbegriff im Strafrecht"). Ich bin sehr froh darüber, dass auch andere Fakultäten die Fähigkeiten dieser jungen Wissenschaftler günstig beurteilen, so dass sie alle relativ kurz nach der Habilitation berufen worden sind, *Mitsch* nach Potsdam, *Sternberg-Lieben* nach Dresden, *Hilgendorf* nach Konstanz, später nach Würzburg, *Heinrich* ebenfalls zunächst nach Konstanz, später an die Humboldt-Universität zu Berlin. – 2007 konnte ich erfreulicherweise als Zweitgutachter noch an der Habilitation von *Ulrike Schittenhelm* („Das Nachtatgeschehen am Beispiel von objektiven Strafbarkeitsbedingungen und tätiger Reue") mitwirken und damit ein dem 2006 verstorbenen Kollegen und Freund *Theodor Lenckner* gegebenes Versprechen erfüllen, mich nötigenfalls um diesen Abschluss seiner langjährigen treuen Mitarbeiterin zu kümmern. Besonderen Dank schulde ich meinen Schülern für die Herausgabe der mir zum 70. Geburtstag 2004 dargebrachten Festschrift. Dieser Dank gilt auch allen Autoren, die sich daran mit attraktiven Beiträgen zu einer Vielzahl interessanter Themen beteiligt haben und mich so mit einem prachtvollen bunten Geburtstagstrauß beschenkt haben.

So lange es noch geht, will ich mich auch künftig mit dem Recht und besonders mit dem Strafrecht beschäftigen, so demnächst in Gestalt einer Neuauflage von Arzt / Weber, Besonderer Teil, an der sich auch *Eric Hilgendorf* und *Bernd Heinrich* beteiligen, danach einer Neuauflage von Baumann / Weber / Mitsch, Allgemeiner Teil.

Diese und andere Arbeiten wären ohne die Benutzung der Lehrstuhlbibliothek schwerlich zu bewältigen. Last but not least möchte ich deshalb auch an dieser Stelle meinem Nachfolger *Joachim Vogel* verbindlich dafür danken, dass ich nicht nur ein Zimmer sowie den Zugang zur Bibliothek behalten konnte, sondern überhaupt in den Lehrstuhl integriert wurde, mit der Möglichkeit sehr anregender fachlicher Gespräche und wirksamer Hilfe in der Auswertung der modernen Medien durch die tüchtigen und liebenswürdigen Mitarbeiter des Lehrstuhlinhabers.

# *Schriftenverzeichnis (in Auswahl)*

## *1. Selbständiges Schrifttum*

Die Anwendung der Vorschriften über Rechte an Grundstücken auf die Vormerkung, 1962.

Der strafrechtliche Schutz des Urheberrechts, unter Berücksichtigung der bestehenden zivilrechtlichen Schutzmöglichkeiten, 1976.

Strafrechtliche Verantwortlichkeit von Bürgermeistern und leitenden Verwaltungsbeamten im Umweltrecht, 1988.

## *2. Kommentierungen*

Im Gemeinschaftskommentar zum BImSchG, hrsg. von Koch, Hans-J. / Scheuing, Dieter, Bearbeitung der §§ 62, 62a BImSchG, §§ 325, 325a, 327, 329, 330, 330a StGB, 1998 ff.

## *3. Buchveröffentlichungen als Mitautor*

Lampe / Lenckner / Stree / Tiedemann / Weber, Alternativ-Entwurf eines Strafgesetzbuches, Besonderer Teil, Straftaten gegen die Wirtschaft, 1977.

Strafrechtsfälle und Lösungen, zusammen mit Jürgen Baumann und Gunther Arzt, 1. Aufl. 1963, 6. Aufl. 1986.

Baumann, Strafrecht Allgemeiner Teil, Mitautor seit der 8. Aufl. 1977, ab 10. Aufl. 1995 zusammen mit Wolfgang Mitsch, 11. Aufl. 2003.

Strafrecht, Besonderer Teil. Ein Lehrbuch in 5 Heften, zusammen mit Gunther Arzt:

Strafrecht, Besonderer Teil, LH 1: Delikte gegen die Person, 1. Aufl. 1977, 3. Aufl. 1988.

Strafrecht, Besonderer Teil, LH 2: Delikte gegen die Person (Randbereich), Schwerpunkt: Gefährdungsdelikte, 1983.

Strafrecht, Besonderer Teil, LH 3: Vermögensdelikte (Kernbereich), 1. Aufl. 1978, 2. Aufl. 1986.

Strafrecht, Besonderer Teil, LH 4: Wirtschaftsstraftaten, Vermögensdelikte (Randbereich), Fälschungsdelikte, 1. Aufl. 1980, 2. Aufl. 1989.

Strafrecht, Besonderer Teil, LH 5: Delikte gegen den Staat, gegen Amtsträger und durch Amtsträger, 1982.

Strafrecht, Besonderer Teil, zusammen mit Gunther Arzt, 2000.

## *4. Aufsätze in Zeitschriften und Sammelwerken*

Fristverlängerung oder nicht? Zur Berechnung der Strafantragsfrist, wenn das Fristende auf einen Sonntag, allgemeinen Feiertag oder Sonnabend fällt, JZ 1971, S. 490–494.

Der Missbrauch prozessualer Rechte im Strafverfahren, GA 1975, S. 289–305.

Überlegungen zur Neugestaltung des Untreuestrafrechts, in: Festschrift für Eduard Dreher, 1977, S. 555–571.

Aussetzung des Restes des Ersatzfreiheitsstrafe nach § 57 StGB? in: Gedächtnisschrift für Horst Schröder, 1978, S. 175–187.

Die Überspannung der staatlichen Bußgeldgewalt. Kritische Bemerkungen zur neueren Entwicklung des materiellen Ordnungswidrigkeitenrechts, ZStW 92. Bd. (1980), S. 313–345.

Das Tiede-Verfahren vor dem US Court for Berlin, in: Festgabe für Ulrich von Lübtow, 1980, S. 751–772.

Grundsätze und Grenzen des strafrechtlichen Schutzes des Urheberrechts und der verwandten Schutzrechte, Film und Recht 1980, S. 335–344.

Zur strafrechtsgestaltenden Kraft des Zivilrechts, in: Festschrift für Fritz Baur, 1981, S. 133–145.

Zur strafrechtlichen Erfassung des Musikdiebstahls, in: Festschrift für Werner Sarstedt, 1981, S. 379–392.

Fälschungsdelikte in Beziehung auf den Führerschein, Jura 1982, S. 66–77.

Strafrechtsreform, in: Handwörterbuch der Kriminologie, 5. Bd., 1983, S. 40–76, 2. Aufl. 1998, S. 40–76.

Konzeption und Grundsätze des Wirtschaftsstrafrechts (einschließlich Verbraucherschutz), Dogmatischer Teil II: Das Wirtschaftsstrafrecht und die allgemeinen Lehren und Regeln des Strafrechts, ZStW 96. Bd. (1984), S. 376–416.

Beschränkung und Verbot von Beweismitteln in sportgerichtlichen Verfahren, in: Württembergischer Fußballverband (Hrsg.), Beweisprobleme in der Sportrechtsprechung, 1984, S. 8–29.

Garantenstellung kraft Sachherrschaft? – Zur strafrechtlichen Verantwortlichkeit für beleidigende Parolen auf Sachen, in: Festschrift für Dietrich Oehler, 1985, S. 83–95.

Artikel „Urheberstrafrecht", in: Handwörterbuch des Wirtschafts- und Steuerstrafrechts, 1986.

Das zweite Gesetz zur Bekämpfung der Wirtschaftskriminalität (2. WiKG), NStZ 1986, S. 481–488.

Die Vorverlegung des Strafrechtsschutzes durch Gefährdungs- und Unternehmensdelikte, in: Die Vorverlegung des Strafrechtsschutzes durch Gefährdungs- und Unternehmensdelikte, Referate und Diskussionsbericht der Arbeitssitzung der Fachgruppe für Strafrechtsvergleichung 1985, hrsg. von Hans-Heinrich Jescheck, Beiheft zur ZStW 1987, S. 1–36.

Probleme der strafrechtlichen Erfassung des Euroscheck- und Euroscheckkartenmissbrauchs nach Inkrafttreten des 2. WiKG, JZ 1987, S. 215–218.

Strafrecht – Der Sportschütze als Nothelfer, JuS 1988, S. 885–887.

Können sich Gemeinderatsmitglieder durch ihre Mitwirkung an Abstimmungen der Untreue (§ 266 StGB) schuldig machen?, Strafrechtliche Bemerkungen zu Nettesheim, BayVbl. 1989, S. 166–169.

Zur Wirkung des Todes des Antragsstellers auf das gerichtliche Klageerzwingungsverfahren, in: Gedächtnisschrift für Armin Kaufmann, 1989, S. 781–788.

Zum Verhältnis von Bundes- und Landesrecht auf dem Gebiet des straf- und bußgeldrechtlichen Denkmalschutzes, in: Festschrift für Herbert Tröndle, 1989, S. 337–353.

Strafrechtliche Aspekte der Sportwette, Konstanzer Arbeitskreis für Sportrecht, 1988, in: Rechtsprobleme der Sportwette, 1989, S. 39–73.

Sind die Urheberdelikte (§§ 106 ff. UrhG) für die Hehlerei (§ 259 StGB) geeignete Vortaten?, in: Festschrift für Horst Locher, 1990, S. 431–439.

Probleme der Strafvereitelung (§ 258 StGB) im Anschluss an Urheberstraftaten (§§ 106 ff. UrhG), in: Gedächtnisschrift für Karlheinz Meyer, 1990, S. 633–639.

Objektive Grenzen der strafrechtlichen Einwilligung in Lebens- und Gesundheitsgefährdungen, in: Festschrift für Jürgen Baumann, 1992, S. 43–55.

Einwände gegen die Lehre von der Beteiligung an eigenverantwortlicher Selbstgefährdung im Betäubungsmittelstrafrecht, in: Festschrift für Günter Spendel, 1992, S. 371–380.

Die Bekämpfung der Videopiraterie mit den Mitteln des Strafrechts, in: Wesen und Bekämpfung der Videopiraterie, Schriftenreihe des Instituts für Rundfunkrecht an der Universität zu Köln, Bd. 59, 1993, S. 51–69.

Zur Anwendbarkeit des deutschen Urheberstrafrechts auf Rechtsverletzungen mit Auslandsberührung, in: Festschrift für Walter Stree und Johannes Wessels, 1993, S. 613–623.

Freiheit und Bindung des Strafrichters bei der Beurteilung bürgerlicher Rechtsverhältnisse, in: Festschrift für Winfried Trusen, 1994, S. 591–604.

Neue Medien und geistiges Eigentum: Diskussionsbemerkungen aus strafrechtlicher Sicht, in: Das Recht vor der Herausforderung eines neuen Jahrhunderts: Erwartungen in Japan und Deutschland: Deutsch-japanisches Symposium in Tübingen vom 25. bis 27. Juli 1996, 1998, S. 77–87.

Probleme der Versuchsstrafbarkeit bei mehreren Tatbeteiligten, in: Festschrift für Theodor Lenckner, 1998, S. 435–455.

Begrenzung des Strafrechts durch die Toleranz und Sicherung der Toleranz durch das Strafrecht, in: Gedächtnisschrift für Edgar Michael Wenz, 1999, S. 487–500.

Die strafrechtliche Erfassung des Versicherungsmißbrauchs nach dem 6. Strafrechtsreformgesetz von 1998, in: Festschrift für Horst Baumann zum 65. Geburtstag, 1999, S. 345–357.

Zur Reichweite sektoraler gesetzlicher „Missbrauchsklauseln“, insbesondere des § 330d Nr. 5 StGB, in: Festschrift für Hans Joachim Hirsch, 1999, S. 795–808.

Bemerkungen zum Bundesrats-Entwurf eines Graffiti-Bekämpfungsgesetzes, in: Gedächtnisschrift für Dieter Meurer, 2002, S. 283–290.

Strafaufhebende Rückwirkungen des Zivilrechts?, in: Gedächtnisschrift für Ellen Schlüchter, 2002, S. 243–254.

Auswirkungen der Gesetzgebung zur gleichgeschlechtlichen Lebenspartnerschaft im Strafrecht, in: Gedächtnisschrift für Rolf Keller, 2003, S. 325–339.

Das Straf- und Strafprozessrecht sowie die Kriminologie im Werk Karl Siegfried Baders, Zeitschrift der Savigny- Stiftung für Rechtsgeschichte 124. Bd. (2007), S. 919–924.

Rücktritt vom vermögensgefährdenden Betrug, in: Festschrift für Klaus Tiedemann, 2008, S. 637–647.

Untreue durch Verursachung straf- und bußgeldrechtlicher Sanktionen gegen den Vermögensinhaber?, in: Festschrift für Manfred Seebode, 2008, S. 437–448.

Theodor Lenckner

*Edward Schramm*

# Erinnerungen an Theodor Lenckner

## *I.*

*Theodor Lenckner* wurde am 14. Juli 1928 in Schwäbisch Hall als erster Sohn von vier Söhnen des evangelischen Pfarrers *Erich Lenckner* und dessen Frau *Ella* (geb. *Hutten*) geboren. Er verstarb am 5. November 2006 im Paul-Lechler-Krankenhaus in Tübingen. Er wurde im Familiengrab der Familie *Lenckner* auf dem Alten Friedhof in Giengen an der Brenz beigesetzt[1].

*Lenckner* entstammt einer alten württembergischen Theologenfamilie, die seit der Reformation in Württemberg immer wieder Pfarrer und Dekane gestellt hat. Auch zahlreiche Gelehrte, Professoren, Juristen und Philosophen finden sich in dem sehr weit verzweigten *Lenckner*'schen Stammbaum. Dazu gehört etwa der bedeutende Strafrechtswissenschaftler, Dichter und Hegelianer *Christian Reinhold Köstlin* (1813–1856).

*Theodor Lenckner* verbrachte seine Kindheit in dem Dorf Adolzhausen im Hohenlohischen, einer fränkisch geprägten Region im Nordosten von Baden-Württemberg, und sodann ab 1935 in Hermaringen, einem Dorf auf der Schwäbischen Alb im Brenztal bei Heidenheim. *Lenckner* malte nicht nur gerne, sondern war auch musisch sehr begabt; bis zuletzt liebte er die Barockkompositionen von *Johann Sebastian Bach* und *Händel*. Er war ein guter Pianist und erzählte, dass er in der Kirche seines Vaters manchmal die Orgel spielte. Sein protestantisches Elternhaus war, wie *Lenckner* betonte, liberal und dem Nationalsozialismus gegenüber ablehnend eingestellt[2]. Noch während der Schulzeit wurde *Lenckner* 1944 als Flakhelfer am Schluchsee im Südschwarzwald eingesetzt, wobei er dort an den Scheinwerfern, nicht am Geschütz stand. 1948 erwarb er in Heidenheim die Hochschulreife an der Oberschule für Jungen.

Ein Studium der Geschichte, für die er sich Zeit seines Lebens sehr interessierte, kam für ihn nicht in Betracht, da er sich nicht in der Rolle des Lehrers

1 Nachrufe von *Eisele*, NJW 2007, S. 38 und *Vogel*, JZ 2006, S. 1167.

2 Vgl. *Weber*, in: Sepaintner (Hrsg.), Baden-Württembergische Biographien, Bd. IV, Stuttgart 2007, S. 205.

vorstellen konnte[3]. Er trug sich zunächst mit dem Gedanken, Arzt zu werden oder eine Offizierslaufbahn einzuschlagen. Er entschloss sich schließlich, Jura zu studieren. Seine Eltern befürworteten diese Entscheidung und unterstützen ihren Sohn. Er schrieb sich an der württembergischen Landesuniversität in Tübingen ein, so wie dies bereits sein Vater und manch anderer Vorfahre aus dem Zweig der *Lenckners* getan hatten. Unter sehr bescheidenen äußeren Lebensumständen nahm er 1948 an der Eberhard-Karls-Universität sein Jurastudium auf. Er ging täglich vom fünf Kilometer entfernten Derendingen, wo er in einem Bauernhof ein winziges Zimmer mit Blick auf einen Misthaufen im Innenhof hatte, zu Fuß zur Uni. Er widmete sich mit großem Ehrgeiz dem Studium. Daneben war er, der Familientradition folgend, Mitglied der (nichtschlagenden) Tübinger Burschenschaft „Königsgesellschaft Roigel". Er schloss das Studium 1952 mit der Note „sehr gut" ab.

Noch in *Lenckners* späten Jahren war in Gesprächen mit ihm spürbar, in welch besonderer Weise in den Jahren nach dem 2. Weltkrieg das deutsche Recht unter der historischen Belastung der nationalsozialistischen Unrechtsherrschaft und ihrer Verbrechen stand. *Lenckner* – als ein Jurastudent der unmittelbaren Nachkriegszeit – verstand dieses historische Erbe durchaus auch als wissenschaftliche Herausforderung. Immer wieder kam *Lenckner*, der häufiger in Seminaren das Thema Nationalsozialismus und Strafrecht thematisierte, etwa auf *Roland Freisler*, den Präsidenten des nationalsozialistischen Volksgerichtshofs, zu sprechen. Die von *Freisler* betriebene Pervertierung des (Straf-)Rechts und des Strafverfahrens sowie das Gebaren *Freislers* in der Richterrobe, das *Lenckner* zutiefst verabscheute, waren für ihn nach seinem eigenen Bekunden eine wichtige Triebfeder dafür, die Rechtswissenschaften zu studieren und einen Beitrag dazu zu leisten, dass solche Figuren und ein derartiges Rechtsdenken niemals wieder in Deutschland die Oberhand gewinnen können.

Es sei zitiert, was *Lenckner* hierzu in einer Tübinger Ringvorlesung im Jahre 1989 vortrug: In den Jahren von 1933 bis 1945 fand

> „die Pervertierung des Rechts ihren sichtbarsten Ausdruck wohl gerade im Strafrecht [...]. Die Aufhebung des Gesetzlichkeitsprinzips, uferlos gefaßte Deliktstatbestände, die zur kleinen Münze gemachte Todesstrafe sind nur einige Stichworte, und noch keine fünfzig Jahre sind es her, seit die sogenannte Rassenschande in unserem Land ein zuchthauswürdiges Verbrechen war (mit einer Höchststrafe von 15 Jahren) und Menschen unter Heranziehung der berüchtigten Volksschädlingsverordnung oder des 1941 verschärften Gewohnheitsverbrechergesetzes deswegen sogar zum Tode verurteilt wurden. Daß auch die Rechtsprechung des Reichsgerichts zu dem sogenannten Blutschutzgesetz für das damalige höchste Gericht alles

---

3 *Weber* a.a.O. (Fn. 2), S. 206.

andere als ein Ruhmesblatt war, sollte dabei gleichfalls nicht vergessen werden. [...] Der junge und als Provisorium gedachte Staat 'Bundesrepublik Deutschland' mußte mit einem Strafrecht in seine Geschichte eintreten, das, wenngleich durch die Besatzungsmächte inzwischen von den typischen NS-Bestimmungen gesäubert, überschattet war von jener dunkelsten Epoche unserer Geschichte und ihrem schamlosen Mißbrauch staatlicher Strafgewalt."[4]

Von 1953 bis 1957 absolvierte er seinen Juristischen Vorbereitungsdienst in Ulm und Tübingen. Danach war er kurz an der Südwestdeutschen Landwirtschaftsbank in Stuttgart tätig, um, wie er einmal sagte, „richtig Geld zu verdienen". Doch schon bald zog es ihn „reumütig"[5] an die Universität zurück. Zunächst war er ab 1958 für zwei Jahre Geschäftsführer des Reichsstudentenwerks in Liquidation[6], zu dessen Vorstand *Horst Schröder* gehörte. Er wurde sodann 1960 Assistent von *Horst Schröder* an der Universität Tübingen[7]. Während seiner Habilitationsphase heiratete *Lenckner* 1961 in Ludwigsburg seine Frau *Sigrid* (geb. *Hutten*).

Als *Lenckner* später Professor in Tübingen war, blickte er von seinem Schreibtisch in der Neuen Aula aus stets auf eine an der Wand hängende Fotographie seines akademischen Lehrers. *Schröder*, ein vielfach gerühmter Lehrer und großer Kommentator des Strafgesetzbuchs – der von *Adolf Schönke* begründete und von *Schröder* fortgeführte Kommentar trägt bis heute ihrer beider Namen –, war der entscheidende Förderer *Lenckners*: Bei ihm war *Lenckner* von 1960 bis 1964 Assistent, und bei ihm wurde *Lenckner* für die Fächer Strafrecht und Prozessrecht im Jahre 1964 habilitiert. *Erika Schröder*, die Witwe von *Horst Schröder*, erhielt bis zuletzt ein – stets von *Lenckner* persönlich überreichtes – Exemplar der neuesten Auflage des Schönke / Schröder. Dabei darf jedoch nicht übersehen werden, dass *Lenckner* – ebenso wie sein Tübinger Lehrstuhl-Nachfolger *Kristian Kühl* – dogmatisch von *Wilhelm Gallas* und dessen personaler Unrechtslehre mitgeprägt wurde, die ein Fundament der späteren Kommentierung von *Lenckner* zu den dogmatischen Grundlagen des Verbrechenssystems bildete[8]. Ebenso hatte *Lenckner* – wiederum wie später auch *Kühl*[9] – bei *Gallas* promoviert.

---

4 *Lenckner*, 40 Jahre Strafrechtsentwicklung in der Bundesrepublik Deutschland, in: Nörr (Hrsg.), 40 Jahre Bundesrepublik Deutschland – 40 Jahre Rechtsentwicklung, 1990, S. 325 f.

5 *Eisele*, NJW 2007, S. 39.

6 *Cramer*, NJW 1998, S. 2104.

7 Zu den Arbeitsbedingungen bei Schröder vgl. *Cramer* a.a.O. (Fn. 6).

8 Vgl. *Lenckner / Eisele*, in: Schönke / Schröder, 27. Aufl. 2006, Vorbem. §§ 13 ff. Rn. 37, 43–45, 49, 114.

9 *Kühl*, Die Beendigung des vorsätzlichen Begehungsdelikts, 1974.

Dabei war es gerade der hohe Abstraktions- und Schwierigkeitsgrad der Tübinger strafrechtlichen Vorlesungen von *Gallas*, die *Lenckner* in den ersten Semestern des Studiums fast dazu veranlasst hätte, das Jurastudium aufzugeben. Sein Vater konnte ihn davon abbringen, indem er ihn mit den Worten ermahnte, dass man das, was man einmal begonnen habe, auch zu Ende bringen müsse. Es war wiederum *Gallas*, der *Lenckner* unmittelbar nach der glänzend bestandenen mündlichen Prüfung im 1. Staatsexamen darauf ansprach, ob er nicht bei ihm promovieren wolle. *Lenckner* nahm das Angebot an, wurde Assistent von *Gallas* und schrieb während seines Referendariats, das damals noch dreieinhalb Jahre dauerte, seine Doktorarbeit zum Prozessbetrug, für die er 1957 die Note „summa cum laude" erhielt.

*Lenckner* setzte sich in seiner 1965 erschienenen, bis heute grundlegenden Habilitationsschrift über den Notstand „ausführlich und tiefdringend auch mit rechtsphilosophischen und rechtstheoretischen Grundlagenfragen" auseinander und erwies sich als „skeptischer Rechtsphilosoph" (*Winfried Hassemer*)[10]. *Lenckner* erhielt aufgrund der Güte seiner straf- und strafprozessrechtlichen Veröffentlichungen sogleich nach der Habilitation einen Ruf auf die Universität Münster und war dort von 1964 bis 1972 – auch in den stürmischen Jahren der „68er" – ordentlicher Professor für Straf- und Strafprozessrecht. Er hat immer wieder daran erinnert, dass er eine glückliche Zeit in Münster verbracht hat. In seiner Münsteraner Phase begründete er in einer Urteilsanmerkung mit der „Lager-Theorie" einen Lösungsansatz zum Dreiecksbetrug, den noch heute jeder Jurastudent kennt und der zu den Klassikern der Betrugsdogmatik gehört: „Ein Betrug liegt vor, wenn der getäuschte Dritte, der dem Täter die Sache verschafft, bildlich gesprochen, im Lager des Geschädigten steht"[11]. In seiner Münsteraner Zeit an ihn ergangene Rufe an die Universitäten Gießen und Heidelberg lehnte er ab. Im Jahre 1972 kehrte er an seine Heimatuniversität Tübingen zurück und wurde Nachfolger auf den Lehrstuhl von *Karl Peters*. *Lenckner* blieb der Tübinger Juristenfakultät – trotz eines Rufs an die Universität München (1977) – bis zu seiner Emeritierung im Jahre 1996 treu.

## *II.*

Nachdem *Schröder* 1973 völlig unerwartet während einer Reise in Via Reggio (Italien) bei einem Badeunfall verstarb[12], trug sich der Beck-Verlag zunächst

---

10 *Hassemer*, Freistellung des Täters aufgrund von Drittverhalten, in: Festschrift für Theodor Lenckner, 1998, S. 97.

11 *Lenckner*, Anm. zu OLG Stuttgart, Urt. v. 14.7.1965, JZ 1966, S. 320 (321).

12 Vgl. die Nachrufe von *Lenckner*, JZ 1973, S. 799 und *Stree*, NJW 1973, S. 1968.

mit dem Gedanken, *Lenckner* allein den Kommentar „Schönke / Schröder" zur Gänze zu übertragen. Angesichts der Kommentierungs-Last, die durch die Reformen des 2. bis 5. StrafrechtsreformG sowie des EGStGB, die in den Jahren 1973 bis 1975 in Kraft traten, ausgelöst wurde, drängte *Lenckner* mit Erfolg darauf, dass die drei anderen *Schröder*-Schüler *Albin Eser*, *Peter Cramer* und *Walter Stree* als Co-Autoren aufgenommen wurden[13]. Dieses Vierer-Teamwork sollte sich von der 18. Auflage (1975) bis zur 25. Auflage (1997), somit über zwei Jahrzehnte, als außergewöhnlich erfolgreich erweisen: Der Schönke / Schröder zählt seitdem in besonderem Maße zu den führenden Strafrechtskommentaren in Deutschland.

*Lenckner* oblag von der 18. bis zur 25. Auflage auch die Gesamtredaktion des Kommentars. Er sorgte zudem für den inhaltlichen Abgleich der Kommentierung. Nicht selten telefonierte er mit seinen Kommentar-Kollegen, um für die bis heute gerühmte, einheitliche Linie der Kommentierung bei Streitfragen zu sorgen. *Lenckner* trug auch numerisch bis zur 25. Auflage die Hauptlast der Kommentierung.

Das Herzstück des Kommentars – die dogmatischen Passagen zu den Grundfragen des Allgemeinen Teils (Rn 1–133 vor § 13 StGB) und die Rechtfertigungsgründe – stammte von *Lenckner*. Daneben war er zuständig für die Kommentierung der Bestimmungen zur Schuldfähigkeit (§§ 20, 21 StGB), der Straftaten gegen die öffentliche Ordnung (§§ 123 ff. StGB), der Aussagedelikte (§§ 153 ff. StGB), der Delikte gegen Personenstand und Ehe (§§ 169 ff. StGB), der Sexualdelikte (§§ 174 ff. StGB), der Beleidigungstatbestände (§§ 185 ff. StGB), einzelner Wirtschaftsstraftaten einschließlich der Untreue (§§ 264, 265a–266b StGB), der umweltgefährdenden Abfallbeseitigung (§ 326 StGB) und der Schweigepflichtverletzungen im Amt (§§ 353a–355 StGB).

Nach 22 Jahren intensiver Kommentararbeit gingen erst mit der 26. Auflage (2001) weite Teile der Kommentierung *Lenckners* auf *Walter Perron* (§§ 19–21, 32–37, 174–174b, 176, 184c, 264, 265a–266b, 353a–355 StGB), z.T. auf *Detlev Sternberg-Lieben* (§§ 121–131 StGB), *Günther Heine* (§ 326 StGB) und mit der 27. Auflage (2006) auch auf *Jörg Eisele* (Rn. 1–133 Vor § 13, §§ 174–174b StGB) über. *Lenckner* meisterte die in der 27. Auflage bei ihm verbliebenen Passagen (Vorbem. vor § 32, §§ 153–173, §§ 185–206 StGB) mit tatkräftiger Unterstützung von *Ulrike Schittenhelm.*

Der Schönke / Schröder ist das wissenschaftliche Hauptwerk von *Lenckner*; es stand „im Zentrum des Tübinger strafrechtlichen Schaffens Lenckners"

13 Vgl. *Eser*, Schönke / Schröder Strafgesetzbuch, in: Willoweit (Hrsg.), Rechtswissenschaft und Rechtsliteratur im 20. Jahrhundert, 2007, S. 851, 860.

(*Ulrich Weber*)[14]. Ihm ordnete er alles andere unter. Der Schönke / Schröder war *Lenckners* große wissenschaftliche Lust und nicht minder schwere Last zugleich.

## *III.*

*Lenckner* gehörte zu denjenigen Professoren, die am besten an der Universität arbeiten konnten. Der Schönke / Schröder entstand mithin in seinem geräumigen Büro in der Neuen Aula. *Lenckner* traf man dort täglich von vormittags bis spät abends – lediglich unterbrochen von einer Mittagspause – an. Häufig brannte bis 21 oder 22 Uhr abends das Licht in seinem Büro in der Neuen Aula, und nahezu jeden Samstag und häufig auch den Sonntagvormittag verbrachte Lenckner am Lehrstuhl, um zu grübeln und an jedem Satz seiner Kommentierung zu feilen. Immer wieder bemühte er sich um größtmögliche sprachliche Präzision und Klarheit im Ausdruck, immer wieder wurden die Passagen überarbeitet. Es dauerte sehr lange, bis *Lenckner* mit einem Kommentierungsentwurf zufrieden war. An einer einzigen Randnote des Kommentars saß er manchmal ein Vierteljahr. Ohne Übertreibung wird man feststellen dürfen, dass zuweilen erst die vielleicht 50. Fassung einer Randnote an den Verlag geschickt wurde. Doch selbst dies war dann häufig nicht die definitive Fassung, weil *Lenckner* auch noch in den Druck- und manchmal sogar noch in den Revisionsfahnen korrigierend oder ergänzend in den Text eingriff.

Am Lehrstuhl von *Theodor Lenckner* herrschte eine ganz besondere Diskussions- und Wissenschaftskultur. *Lenckner* suchte in einer ganz außerordentlichen Weise das Gespräch mit seinen Mitarbeitern. Dabei blieb kein Thema ausgespart, der Bogen spannte sich von der kommunalen Politik oder Weltpolitik bis hin zum Verhältnis der Geschlechter. Im Mittelpunkt standen naturgemäß strafrechtsdogmatische Probleme. Häufig leitete *Lenckner* die Diskussionen, die umrahmt von hunderten Büchern in der Lehrstuhlbibliothek stattfanden, mit der folgenden Frage ein: „Wie würden Sie folgenden Fall beurteilen?" Die Streitfragen wurden intensiv besprochen, kein Argument oder Gegenargument wurde unterdrückt oder ins Lächerliche gezogen. Das Argument des studentischen Hiwis wurde genauso ernst genommen und wog nicht leichter als das langjähriger Assistenten; auch unsinniges oder polemisches Reden war zulässig. Über ein einzelnes dogmatisches Problem wurde teilweise über Wochen, wenn nicht gar über Monate hinweg diskutiert. Man unterhielt und stritt sich

14 *Weber* a.a.O. (Fn. 2), S. 206.

häufig in dem Gefühl, dass die Zeit keine Rolle spielt, dass die Zeit am Lehrstuhl geradezu aufgehoben ist.

Das Geheimnis der herausragenden Kommentierungen von *Lenckner* liegt – neben dem kaum zu übertreffenden wissenschaftlichen Wissen *Lenckners* – in dieser unendlichen, zähen Geduld und dem Höchstmaß an Konzentration, mit der sich *Lenckner* auf den Gesetzestext einließ – ein Schriftgelehrter par excellence, so wie sich vielleicht ein Bibelexeget oder ein Rabbiner auf einen Text einlässt –, in dem sorgsamsten Studium der Gesetzesmaterialien, der intensiven Rezeption der wissenschaftlichen Diskussion, im langsamen Entstehungsprozess einer dogmatischen Ansicht, dem ständigen Einbeziehen des Für und Wider, dem Ausloten einer Lösung in alle Richtungen und der Offenheit für Diskussionen und der bedingungslosen Toleranz auch gegenüber kritischen Gegenstimmen. In unserer heutigen, schnelllebigen Zeit, die auch den Wissenschaftsbetrieb erreicht hat, wirken Wissenschaftler wie *Lenckner*, ein Professor in seiner Einsamkeit und Freiheit, ganz im Humboldtschen Sinne, im Rückblick wie eine sich im Aussterben befindliche Spezies.

Es gab noch kein juris, beck-online, westlaw oder andere Online-Datenbanken, als *Lenckner* in den 70er bis 90er Jahren seine Kommentierungen verfasste. Seine Datenbank bestand vielmehr aus zwei Karteikästen. Alle maßgeblichen Zeitschriften und Sammlungen von Urteilen wurden regelmäßig gesichtet. Die Fundstellen der für ihn relevanten Entscheidungen, Aufsätze und Monographien notierte er auf DIN-A6-Karteikärtchen, die nach der Reihenfolge der von ihm bearbeiteten Paragraphen einsortiert wurden. Stand eine Neuauflage des Kommentars an, wurden diese Kärtchen dann peu à peu abgearbeitet.

Er ließ sich zudem von seinem Buchbinder in Ulm einen privaten Schönke / Schröder erstellen. Hierzu wurden aus einem Exemplar des Schönke / Schröder alle Seiten gelöst und anschließend in zwei Büchern neu gebunden, wobei zwischen jeder bedruckten Seite ein unbeschriebenes Blatt eingebunden wurde. Diese weißen Seiten dienten dann für Notizen, spontane Einfälle oder Zufallsfunde, die neben dem gedruckten Text von ihm handschriftlich festgehalten wurden. Die beiden Skizzenbücher bildeten den Ur-Stoff für die spätere Kommentierung.

*Lenckner* notierte seine Gedanken auf allem, was nicht „niet- und nagelfest“ war. Man konnte seine dogmatischen Ausführungen z.B. am Rand einer Zeitung, auf der Rückseite von Briefen, auf Visitenkarten oder auf Briefumschlägen finden. Nicht selten war es der Fall, dass er mitten im Gespräch, in dem man sich über Gott und die Welt unterhielt, auf einmal in sein Sakko griff, seine Brieftasche herauszog und auf einem Einkaufszettel, Briefumschlag oder Kontoauszug einen Gedanken, der ihm zu notieren wert schien, aufschrieb. Manchmal verließ er, während er in sein Diktiergerät sprach, mitten im Satz sein Büro, um sich beim Bäcker Brot zu kaufen, zum Kiosk zu gehen oder um auf dem Gang auf und ab zu gehen, um diesen Satz sogleich nach seiner Rückkehr und genau an der abgebrochenen Stelle zu vervollständigen.

Bei der Kommentararbeit ließ sich *Lenckner* zwar von seinen Assistenten auch dergestalt zuarbeiten, dass sie ihm schriftliche Kommentierungsvorschläge unterbreiteten. Aber *Lenckner* war ein in höchstem Maße anspruchsvoller und kritischer Chef, der mit allergrößter Gewissenhaftigkeit arbeitete und keinerlei Abstriche von dem wissenschaftlichen Niveau des Kommentars duldete. Von den Einfügungsvorschlägen der Assistenten blieb manchmal noch nicht einmal ein einziges Komma übrig. Dennoch konnten die Mitarbeiter ihren Beitrag durchaus wieder erkennen, freilich in der Metamorphose, die sie in der Überarbeitung durch *Lenckner* erfuhr. Er machte es sich nicht leicht. In seinem Arbeitsethos fühlte er sich, obwohl er Schwabe war, stets dem preußischen Ideal der Pflichterfüllung verbunden. Einen längeren Urlaub hat er sich zumindest ab Mitte der 80er Jahre nicht mehr gegönnt.

*Lenckner* erwies sich stets als dankbarer Chef. Geradezu legendär am Lehrstuhl waren die vier Reisen, zu denen *Lenckner* in den 70er Jahren seine Assistenten nach der Fertigstellung des Schönke / Schröder als Belohnung einlud. So flog man zweimal nach Tunesien und zweimal nach Marokko, einmal auch begleitet von *Walter Stree* und dessen Mitarbeitern. *Lenckner*, ein ausgezeichneter Kenner des Werks *Karl Mays* und außerdem Mitglied der *Karl-May*-Gesellschaft, machte sich dort mit seinen Assistenten auf die Suche nach dem Schott El Dscherid, dem Salzsee im Süden Tunesiens, und zitierte, dort angekommen, auswendig aus dem dort spielenden Karl-May-Abenteuerroman „Durch die Wüste“. Während einer Marokko-Reise begegnete man einmal tief im Innern der Sahara am Rande einer Oase den „blauen Männern der Wüste“, den Tuaregs. Sie luden *Lenckner*, *Stree* und seine Assistenten in ihr Zelt ein. Dort öffnete das alte Oberhaupt der Tuaregs die Schatzkiste des Stamms und bot, da die Tuaregs in dieser Zeit eine große Hungersnot litten, ihren wertvollen Schmuck als Tausch gegen Nahrung an.

## *IV.*

Das dogmatische Glasperlenspiel, das Betreiben einer Strafrechtswissenschaft „l'art pour l'art“ war die Sache von *Theodor Lenckner* nicht. Strafrechtswissenschaft war für ihn eine praxisbezogene Wissenschaft. Im Zentrum des

Schönke / Schröder stand weiterhin das Schröder'sche Ziel, als „Mittler zwischen Theorie und Praxis" zu wirken[15]. Die dogmatische Durchdringung des Strafrechts war dabei für *Lenckner*, wie er einmal betont hat, „Knochenarbeit", doch darf auch dabei nicht übersehen werden, welche tiefe geistige Befriedigung Lenckner aus der Beschäftigung mit strafrechtlichen Fragestellungen zog.

Dabei war es *Lenckner*, wie er selbst betont hat, immer wichtig, ein Professor im wahrsten Sinne des Wortes zu sein. Professor komme vom lateinischen *profiteri*, d.h. sich öffentlich bekennen; ein Professor sei jemand, der sich zu etwas bekenne. *Lenckner* ging es bei seinen wissenschaftlichen Positionen deshalb auch darum, Farbe zu bekennen, eine Position einzunehmen, für etwas zu stehen (damit auch angreifbar zu sein) und andere von der Richtigkeit und Wichtigkeit der Ansicht zu überzeugen. So hat er schon früh im Schönke / Schröder etwa Straftaten, die verdeckte Ermittler als „Keuschheitsprobe" begehen müssen, um in das Innere einer kriminellen Organisation vordringen zu können, nach der Vorschrift des rechtfertigenden Notstands, § 34 StGB, gerechtfertigt[16], und dies, obwohl ihm Praktiker geraten hatten, sich zu solch einem heiklen Thema besser nicht öffentlich zu äußern.

Seine Kommentierungen zu den dogmatischen Grundlagen des Strafrechts sowie zu Rechtfertigungsgründen, namentlich zur Notwehr und zum Notstand, aber auch seine Erläuterungen zu den anderen von ihm bearbeiteten Strafnormen (z.B. zu den Aussagedelikten oder zur Untreue[17]) gehören zu den tiefsinnigsten und sprachlich ausgefeiltesten Darstellungen, die man zu diesen Themen finden kann. Sie haben Wissenschaft wie Rechtsprechung gleichermaßen nachhaltig beeinflusst. Seine Kommentierung der Notwehr kennzeichnet ein sehr ausgewogener Standpunkt, bei dem weder dem Individualschutz noch der Rechtsbewährung der Vorrang eingeräumt wird; *Lenckner* knüpfte dabei in der Grundtendenz an *Hans-Heinrich Jescheck* an: „Die moderne Entwicklung des Notwehrrechts ist die Geschichte seiner sozial-ethisch begründeten Einschränkungen"[18]. Auch entdeckte Lenckner eine neue Kategorie von Rechtfertigungsgründen, die, von *Ernst-Joachim Lampe* fortentwickelt, als

15 Vgl. das Vorwort von *Schönke / Schröder* (Fn. 8).

16 *Lenckner / Perron*, in: Schönke / Schröder (Fn. 8), § 34 Rn. 41c.

17 So etwa die von Lenckner entwickelte sog. strenge Gesellschaftertheorie bei der Untreue zum Nachteil einer GmbH; vgl. *Schramm*, Untreue und Konsens, 2005, S. 123.

18 *Jescheck*, Strafrecht AT, 3. Aufl. 1978, § 32 III; *Lenckner / Perron*, in: Schönke / Schröder (Fn. 8), § 32 Rn. 43.

„unvollkommen zweiaktige Rechtfertigungsgründe“ bezeichnet werden[19]. In der Online-Datenbank juris finden sich rund 800 Entscheidungen, in denen sich Gerichte auf *Lencknes* Kommentierung im Schönke / Schröder berufen haben.

Bei aller Wichtigkeit der Kommentararbeit darf das besondere Interesse *Lenckners* für Probleme aus dem medizinisch-juristischen Grenzbereich nicht übersehen werden. So interessierte er sich insbesondere für Fragen der Schuld und Schuldfähigkeit, die er nicht nur in den Kommentierungen zu §§ 20, 21 StGB im Schönke / Schröder, sondern auch in einem großen und grundlegenden Beitrag für das Handbuch der forensischen Psychiatrie behandelt hat[20]. Aber auch Fragen der ärztlichen Schweigepflicht und heute besonders aktuelle Themen wie die künstliche Befruchtung waren Gegenstand seiner Arbeit.[21] Darüber hinaus widmete sich *Lenckner*, gemeinsam mit seinem Schüler *Wolfgang Winkelbauer*, schon früh dem Thema Computerkriminalität[22].

## *V.*

*Lenckner* konnte durchaus ein sehr strenger Lehrer sein. Er hatte in den 23 Jahren seiner Tübinger Professur nur 26 Doktoranden, was eine vergleichsweise geringe Zahl darstellt. Während man heutzutage den Eindruck gewinnt, dass bei Promotionen die Note „summa cum laude“ inflationär und selbst für mittelmäßige Doktorarbeiten vergeben wird, kann man die Zahl der Dissertationen, die *Lenckner* in den insgesamt 30 Jahren seiner Professorentätigkeit als Erstgutachter mit dieser Bestnote ausgezeichnet hat, an einer Hand abzählen – es waren ihrer *drei*. Nur wirkliche Spitzenarbeiten hatten nach seiner Ansicht höchstes Lob verdient, wie etwa die große, 1993 abgeschlossene Doktorarbeit seiner Assistentin *Ulrike Schittenhelm* zum sowjetischen Strafrecht[23].

---

19 *Lenckner,* in: Schönke / Schröder (Fn. 8), Vorbem. §§ 32 ff. Rn. 16; *Lampe*, GA 1978, S. 7.

20 *Lenckner*, in: Göppinger / Witter, Handbuch der forensischen Psychiatrie I, Teil A, 1972, S. 1 f.

21 Stichworte Künstliche Insemination, Kastration, Schwangerschaftsabbruch und Sterilisation, in: Evangelisches Staatslexikon, 2. Aufl. 1975, 3. Aufl 1987.

22 *Lenckner,* Computerkriminalität und Vermögensdelikte, 1981; *Lenckner / Winkelbauer*, Computerkriminalität – Möglichkeiten und Grenzen des 2. WiKG. CR 1986, S. 483, S. 654 u. S. 824.

23 *Schittenhelm*, Strafe und Sanktionensystem im sowjetischen Strafrecht. Grundlinien der Kriminalpolitik von den Anfängen bis zum Ende des Sowjetstaats, 1994.

Nicht minder konsequent war er bei der Erstellung von Rechtsgutachten: Er entschloss sich erst dann, einen Gutachtenauftrag anzunehmen, wenn er von der Richtigkeit des gewünschten Ergebnisses überzeugt war – Gefälligkeitsgutachten, in denen das Recht aus Gründen des „schnöden Mammons" zugunsten des Auftraggebers zurechtgebogen wird, hat er niemals geschrieben. Für Heiterkeit sorgten bis zuletzt am Lehrstuhl die in einem Schreibtisch aufbewahrten softpornographischen – heutzutage höchst harmlos anmutenden – Zeitschriften und Aufklärungsschriften, deren strafrechtliche Relevanz er in den 70er Jahren gemeinsam mit *Heribert Schumann* und *Eberhard Goll* für ein Flensburger Erotik-Unternehmen zu begutachten hatte.

*Lenckner* kam immer wieder einmal darauf zu sprechen, wie sehr er seinerzeit beim Verfassen seiner Habilitation von seinem Habilitationsvater *Schröder* unter Druck gesetzt wurde: Er musste *Schröder* regelmäßig vom Fortgang der Arbeit berichten sowie Teile der Habilitation zum Lesen geben. *Lenckner* hat, so seine Worte, darunter „unglaublich gelitten" und sich deshalb damals „geschworen", wenn er Professor sei, werde er seinen Assistenten alle Freiheit beim Verfassen ihrer Arbeiten geben. Der Appell an die Eigenverantwortung und das selbstständige wissenschaftliche Arbeiten wurde von seinen Mitarbeitern zwar geschätzt. Das *Laissez Faire* hatte aber auch seine Schattenseiten: Während an anderen Lehrstühlen Assistenten mit Höchstgeschwindigkeit promoviert oder schon in ganz jungen Jahren habilitiert wurden, dauerte am Lehrstuhl von *Lenckner* das Erstellen der Doktorarbeit oder Habilitation sehr viel länger. Dies lag freilich auch daran, dass der Perfektionismus *Lenckners* auf seine Mitarbeiter abfärbte, die darauf bedacht waren, sich dem wissenschaftlichen Niveau ihres Vorbilds zu nähern – und gut Ding will Weile haben.

Am Lehrstuhl *Lenckner* wurde sehr viel geraucht. *Lenckner* war ein leidenschaftlicher Zigaretten- und Pfeifenraucher, obwohl ihn viele – darunter sein Freund und Arzt Dr. *Christian Caspers* – über Jahrzehnte hinweg immer wieder auf die schädlichen Auswirkungen des Rauchens hinwiesen. Zuweilen ging sogar das Gerücht um, am Lehrstuhl *Lenckner* sei es eine Einstellungsvoraussetzung, Raucher zu sein (über viele Jahre waren in der Tat alle Mitarbeiter Zigarettenraucher), oder dass die Bücher, die man dort ausleihe, dampfen würden.

*Lenckner* berichtete davon, dass in seinen Studienzeiten selbst im Hörsaal geraucht wurde, und mancher Professor mit der Zigarette in der Hand seine Vorlesung hielt. Das Rauchen im Hörsaal ist zwar schon lange Geschichte. Aber selbst an den Lehrstühlen ist seit dem Inkrafttreten des baden-württembergischen Nichtrauchergesetzes im Herbst 2007 das Rauchen, wie in allen Räumlichkeiten der Universität Tübingen, gänzlich verboten. Raucher müssen, wie die Hunde, nach draußen vor die Türe. *Lenckner* hätte sich in der Neuen Aula bei einem solch raucherfeindlichen Klima vermutlich nicht mehr wohlgefühlt.

*Lenckner* war mit einer – den Professoren häufig nachgesagten – Eigenschaft geschlagen – der Zerstreutheit. Unzählige Kaffeemaschinen und Kochplatten gingen am Lehrstuhl kaputt, weil *Lenckner* vergessen hatte, sie auszuschalten. Seine Assistenten trugen sich mit dem Gedanken, am Lehrstuhleingang ein Schild anzubringen mit dem Text: „Lenckners Materialprüfungsanstalt". Immer wieder wurden Töpfe aufgrund der Hitzewirkung mit der Kochplatte verschmolzen und leuchteten am Morgen glutrot, weil *Lenckner* am Vorabend das Drücken des Ausschaltknopfes versäumt hatte. Auch mit der Ordnung in seinem Zimmer stand es nie zum Besten. Er arbeitete inmitten von unzähligen Bücherbergen, in einer weiten Landschaft aus Zeitschriftenbänden und zahllosen Zetteln. Einmal legte er, weil sonst in dem riesigen Büro nirgendwo mehr Platz war, Examensklausuren auf einen Papierkorb, den die Putzfrauen ordnungsgemäß am nächsten Tag entsorgten. *Lenckner* stand später am Mülleimer der Neuen Aula und fischte die Klausuren mit der Hand aus dem Müll.

*Lenckner* hatte ein Ohr für die privaten Nöte seiner Mitarbeiter und griff ihnen, wo nötig, unter die Arme (auch finanziell). Nach der Trennung von seiner Frau Mitte der 80er Jahre wurden die schönen Räumlichkeiten seines Lehrstuhls in der Neuen Aula in gewisser Weise seine Heimat und seine Mitarbeiter zu einer Art Ersatz-Familie. Wie herzlich das Verhältnis untereinander war, zeigte sich etwa an seiner Feier zum 70. Geburtstag im Kreise der Kollegen und Mitarbeiter im Silchersaal des Tübinger Restaurants „Museum": Seine langjährige Sekretärin *Heidi Alexi*, die „Mutter" des Lehrstuhls *Lenckner*, trug ein Gedicht zu den Vorbereitungen der Feier vor, über das man Tränen lachte, und sein früherer Mitarbeiter *Martin Schairer* setzte sich ans Piano und sang in Manier eines *Udo Jürgens*: „70 Jahr, graues Haar, so stehst du vor mir [...]." Zu diesem Anlass wurde *Lenckner* eine Festschrift überreicht, in der Kollegen und Schüler ihre besondere Wertschätzung für ihn zum Ausdruck brachten[24].

Auch nach seiner Emeritierung im Jahre 1996 blieb die Universität die Heimat von *Theodor Lenckner*. Sein Strafrechts-Kollege *Fritjof Haft* hatte *Lenckner* in einer sehr großzügigen Geste aus dem Bestand seines Lehrstuhls ein großes Arbeitszimmer mit Blick auf den Geschwister-Scholl-Platz zur Verfügung gestellt. In dem Raum konnte *Lenckner*, gemeinsam mit seiner langjährigen Assistentin *Ulrike Schittenhelm*, weiterhin intensiv wissenschaftlich arbeiten

24 *Eser / Schittenhelm / Schumann* (Hrsg.), Festschrift für Theodor Lenckner zum 70. Geburtstag, München 1998.

und mit ihr am Kommentar bis kurz vor seinem Tode weiterarbeiten. So entstanden unter seiner Ägide schließlich noch zwei Auflagen des Schönke / Schröder. Gemeinsam mit *Lenckner* erstellte *Ulrike Schittenhelm* für die 27. Auflage die Kommentierung in den Vorbemerkungen zu § 32, der Aussagedelikte, der Delikte gegen Ehe und Personenstand sowie der Beleidigungsdelikte. Bereits mit der 26. Auflage (2001) übernahm – dazu bereits oben (III.) – im wesentlichen *Walter Perron*, ein Schüler von *Albin Eser*, weite Teile der *Lenckner*'schen Kommentierung. Als in den beiden letzten Lebensjahren von *Lenckner* die geistigen und körperlichen Kräfte stärker nachließen, erklärte sich darüber hinaus *Jörg Eisele*, ein „Tübinger Gewächs" und Schüler von *Ulrich Weber* und *Fritjof Haft*, dazu bereit, von *Lenckner* einen weiteren Teil der Kommentierung zu übernehmen.

Zu den Schülern bzw. langjährigen Mitarbeitern von *Theodor Lenckner* zählen seine beiden Habilitanden Prof. Dr. *Heribert Schumann* (Universität Leipzig) und Privatdozentin Dr. *Ulrike Schittenhelm* (Universitäten Tübingen und Dresden), sodann Prof. Dr. *Wolfgang Winkelbauer* (Rechtsanwalt in Stuttgart und Lehrbeauftragter an der Universität Tübingen), Dr. *Martin Schairer* (Bürgermeister von Stuttgart und ehemaliger Polizeipräsident von Stuttgart), *Detlev Döring*, Dr. *Eberhard Goll* (Rechtsanwalt in Stuttgart), Prof. Dr. *Martin O. Wegenast* (Fachhochschule des Bundes Bonn), Dr. *Markus Wehinger* (Rechtsanwalt in Frankfurt am Main), *Sigrid Schlenker* (LG Hechingen), Dr. *Stéfanos Emm. Kareklás* (Rechtsanwalt in Thessaloniki, Griechenland; international legal consultant), *Jörg Müller* (Justizministerium Baden-Württemberg), Dr. *Matthias von Beckerath* (T-Systems), Dr. *Edward Schramm* (Universität Tübingen), Dr. *Martin Felsinger* und Dr. *Tilo Wiech* (Rechtsanwälte in Stuttgart) sowie *Jochen Herkle* (AG Horb, OLG Stuttgart).

## *VI.*

*Lenckner* war ein unabhängiger Geist. Er kann nicht in eine bestimmte politische Schublade gesteckt werden; auch ist nicht bekannt, dass er Mitglied einer Partei gewesen wäre. Doch kann man mit gutem Gewissen behaupten, dass er vom süddeutschen Liberalismus geprägt war, und eine freiheitliche Gesinnung die kriminalpolitische Basis seiner Lehre bildete. *Liberté* war *Lenckner*, der an einem 14. Juli – dem Jahrestag des Sturms auf die Bastille – geboren wurde, mindestens genauso wichtig wie *fraternité* und *egalité*. Dogmatisch mag man dies widergespiegelt sehen etwa in der Entwicklung des (Eigen)-Verantwortungsprinzips bei der objektiven Zurechnung, das er schon früh herausgearbeitet hat und später von seinem Schüler *Heribert Schumann* fortentwickelt wurde[25]:

> „Jeder hat sein Verhalten grundsätzlich nur darauf einzurichten, dass er selbst Rechtsgüter nicht gefährdet, nicht aber – weil dies in deren eigene Zuständigkeit fällt – auch darauf, dass dies andere nicht tun.“[26]

Seine Freundschaft zu den liberalen Strafrechtswissenschaftlern *Jürgen Baumann* und *Ulrich Weber* waren Ausdruck dieser Sympathie für ein freiheitliches, dem ultima-ratio-Prinzip verpflichtetes Strafrecht. Zudem wirkte er intensiv an den seit 1966 von einem Arbeitskreis deutscher und schweizerischer Strafrechtslehrer vorgelegten, von einem liberalen Geist getragenen Alternativ-Entwürfen zum Allgemeinen und Besonderen Teil des Strafrechts sowie zum Strafprozessrecht mit[27].

Im Mittelpunkt seiner Überlegungen zur Strafe standen die relativen, d.h. general- und spezialpräventiven Straftheorien. Die Vorstellung eines absoluten, rein vergeltenden Strafrechts, die in den letzten Jahren eine Renaissance erlebt hat und wieder in den Mittelpunkt der Strafzweckdiskussion gerückt ist, war für ihn in solcher Ausschließlichkeit nicht richtig und historisch überholt. Dies hat *Lenckner* in einem Beitrag von 1972 betont:

> „In dem 1966 von 14 Strafrechtslehrern vorgelegten Alternativ-Entwurf ist dies so formuliert: ‚Strafe zu verhängen ist kein metaphysischer Vorgang, sondern eine bittere Notwendigkeit in einer Gemeinschaft unvollkommener Wesen, wie sie die Menschen nun einmal sind' [...]. Da das Strafrecht als Teilgebiet des Rechts nicht mehr sein kann als eine dem Menschen notwendige Friedensordung, kann auch die Strafe nur als ein Instrument im Dienste dieser Friedensordnung verstanden werden: Sie ist das äußerste, aber unverzichtbare Mittel zum Schutz besonders wichtiger Rechtsgüter gegen besonders verwerfliche Angriffe.“[28]

Zwanzig Jahre später hat er, in einem Vortrag in Athen, die Bedeutung der sozialen Funktion des Strafens, vor allem den spezialpräventiven Strafzweck der Resozialisierung des Täters, bekräftigt:

> „Die Erfolgsbilanz mag im Augenblick wenig ermutigend sein. Dennoch: Daß die Resozialisierungsidee aus dem Konzept moderner Kriminalpolitik wieder verschwinden könnte, ist undenkbar, auch wenn von ihr oft genug nur die viel bescheidenere Zielsetzung der Vermeidung von Entsozialisierung übrig bleibt. Das

---

25 *Schumann*, Strafrechtliches Handlungsunrecht und das Prinzip der Selbstverantwortung der anderen, 1986.

26 *Lenckner*, Fs. Engisch (1969), S. 506; *Lenckner / Eisele*, in: Schönke / Schröder (Fn. 8), Vorbem. §§ 13 ff. Rn. 100/101a.

27 *Weber* a.a.O. (Fn. 2), S. 206.

28 *Lenckner* (Fn. 18), S. 21 f.

> zutiefst humane Anliegen, das hinter der Resozialisierungsidee steht, der Gedanke sozialer Mitverantwortung auch im Strafrecht, darf nicht mehr verloren gehen."[29]

Innerhalb des Alternativ-Entwurf-Kreises hat sich *Lenckner* beim Thema Schwangerschaftsabbruch, das er für ein unlösbares strafrechtliches Ewigkeitsproblem hielt, in den früher 70er Jahren für die Fristenlösung stark gemacht. Auch später wurde er, als in den 90er Jahren eine Neuregelung des § 218 StGB anstand, im Gesetzgebungsverfahren gehört, wo er, von der FDP beauftragt, für eine Fristenlösung mit obligatorischer Beratung plädierte:

> „Der Schutz des ungeborenen Lebens muß in erster Linie durch das Schaffen von Rahmenbedingungen erreicht werden, durch welche die Entscheidung für das Kind ermöglicht oder jedenfalls erleichtert wird, indem die vielfältigen Ursachen, die Frauen zu einem Abbruch der Schwangerschaft drängen, nach Möglichkeit beseitigt werden. Das Strafrecht kann in diesem Gesamtzusammenhang, wie auch sonst, nur die ultima ratio sein. Eine Lösung, die 'ohne Rest aufgeht', gibt es hier jedoch nicht [...] Letztlich kann die Entscheidung daher nur nach dem Prinzip der Wahl des kleineren Übels erfolgen."[30]

Das Bundesverfassungsgericht hat sich bei seiner Konzeption der (später vom Gesetzgeber überwiegend übernommenen) Regelungsvorgaben zum § 218 StGB – im Kern eine Fristenlösung mit Beratungspflicht, allerdings unter Beibehaltung bestimmter Indikationslösungen – an *Lenckner* orientiert und in der zentralen Aussage des Urteils auf ihn berufen:

> „Werden [...] Schwangerschaftsabbrüche unter bestimmten Voraussetzungen aus dem Straftatbestand ausgeklammert, so bedeutet dies lediglich, daß sie nicht mit Strafe bedroht sind. Eine Entscheidung des Gesetzgebers darüber, ob der Schwangerschaftsabbruch in anderen Teilen der Rechtsordnung als rechtmäßig oder rechtswidrig anzusehen und zu behandeln ist, bleibt damit offen."[31]

Auf dieser dogmatischen Grundlage war verfassungsrechtlich die Möglichkeit geschaffen worden, einerseits den Schwangerschaftsabbruch unter bestimmten Voraussetzungen für straffrei zu erklären, andererseits aber an seiner Rechtswidrigkeit und rechtlichten Missbilligung festzuhalten und so eine Kostenübernahme des Eingriffs durch die Krankenkasse auszuschließen.

Leidenschaftlich diskutiert wurde am Lehrstuhl auch die Strafbarkeit der Auschwitzlüge, wo *Lenckner* eine – nicht von allen Mitarbeitern geteilte – dezidiert kritische Haltung zur Pönalisierung der Auschwitzlüge innerhalb der § 185 StGB und § 130 StGB einnahm. Das Absprechen eines besonders

---

29 *Lenckner*, Der Strafprozeß im Dienst der (Re-)Sozialisierung, in: JuS 1983, 340.

30 *Lenckner*, in: Baumann / Günther / Keller / Lenckner, § 218 im vereinten Deutschland, 1992, S. 121 f.

31 BVerfGE 88, 203 (274).

schweren Schicksal könne keine Beleidigung sein[32], und auch die Regelung in § 130 Abs. 3 StGB zum Bestreiten der Gaskammer-Morde sei gesetzgeberisch missraten:

> „So wie Auschwitz immer ein Trauma der Deutschen bleiben wird, so ist ein solches [...] offenbar auch die Auschwitzlüge für das deutsche Strafrecht."[33]

Auch die Kommentierung des Sexualstrafrechts lag in der Hand von *Lenckner*, obwohl er, wie er immer wieder bemerkte, zu diesem Deliktsbereich keinerlei wissenschaftliche Affinität besaß. Er war schon früh dafür, die bis 1997 nicht vom Tatbestand des § 176 StGB a.F. erfasste Vergewaltigung in der Ehe unter Strafe zu stellen, da es sich dabei „um [...] eine Einschränkung" handelte,

> „die [...] nicht mehr zeitgemäß ist. Mit Beweisschwierigkeiten kann sie ebensowenig begründet werden wie mit dem Hinweis auf die (zusätzliche Belastung) der Ehe durch eine strafrechtliche Verfolgung, da dies für andere Straftaten unter Ehegatten in gleicher Weise gelten müßte [...]. Auch mit einem Rekurs auf das 'Wesen der Ehe' läßt sich die gegenwärtige Regelung nicht rechtfertigen [...], denn zu diesem gehört zwar die einverständliche, aber nicht die mit Gewalt usw. erzwungene Sexualität. Eine Reform der §§ 177 ff. [...] ist insoweit daher geboten."[34]

Als im Jahre 1997 das Gesetz entsprechend geändert wurde, wurde, so *Lenckner*,

> „ein neues Kapitel in der bis in die Anfänge des Strafrechts zurückreichenden Geschichte der Sexualdelikte geschrieben [...]".

Es sei

> „ein echter Fortschritt, wenn es der Gesetzgeber heute nicht mehr bei dem bloßen Bekenntnis beläßt, daß die Ehegattennotzucht 'eigentlich' eine Vergewaltigung ist, sondern sie als solche auch behandelt."[35]

Mit der konkreten Ausgestaltung der neuen §§ 177, 178 StGB durch den Gesetzgeber war er freilich nicht zufrieden.

Keine Berührungsängste und schon gar nicht Homophobie zeichneten *Lenckner* beim Umgang mit dem Thema Homosexualität aus. Mit der 1969 erfolgten Aufhebung des § 175 StGB a.F., der die Homosexualität unter erwachsenen Männern unter Strafe gestellt hatte, hat man das StGB 'von einem Tatbestand entrümpelt', der sich „ohnehin schon überlebt" hatte[36]. Zwar hielt er die von Schwulen- und Lesbengruppen in den 70er und 80er Jahren erhobene Forde-

32 *Lenckner*, in: Schönke / Schröder (Fn. 8), § 185 Rn. 3.

33 *Lenckner / Sternberg-Lieben*, in: Schönke / Schröder (Fn. 8), § 130 Rn. 20.

34 *Lenckner*, in: Schönke / Schröder, 23. Aufl. 1988, § 178 Rn. 1.

35 *Lenckner*, NJW 1997, 2801.

36 *Lenckner* (Fn. 4), S. 333.

rung nach völliger Abschaffung des § 175 StGB für verfrüht, solange in der Gesellschaft homosexuelle Lebensformen nicht allgemein anerkannt seien:

> „Wohl aber ist es, solange die männliche Homosexualität mit einer erheblichen, auch mit einer Streichung des § 175 nicht beseitigten gesellschaftlichen Diskriminierung verbunden ist, eine legitime Aufgabe des Strafrechts, den noch nicht in voller Selbstverantwortung handelnden jungen Menschen davor zu bewahren, in eine u.U. zu schweren Belastungen führende Außenseiterposition zu geraten. Auf den nur noch einen reinen Jugendschutztatbestand enthaltenden § 175 StGB völlig zu verzichten [...], liefe daher darauf hinaus, daß der zweite vor dem ersten Schritt getan wird.“[37]

Als jedoch 1994 im Gefolge gesamtdeutscher Strafrechtsangleichung der § 175 StGB gestrichen wurde, sah *Lenckner* keinen Anlaß, missbilligende Worte hierfür zu finden:

> „Die Entscheidung des Gesetzgebers ist [...] letztlich nur der Ausdruck einer veränderten gesellschaftlichen Realität sowie des Bemühens, homosexuelle Betätigung nicht mehr zu diskriminieren.“[38]

Bemerkenswert war ebenso ein Seminar in den 80er Jahren, im dem es u.a. um die Straflosigkeit weiblicher Homosexualität ging und an dem sich einige Vertreterinnen einer Tübinger Lesbengruppe beteiligt hatten: Sie fühlten sich durch Pönalisierung nur männlicher Homosexualität in ihrer Sexualität nicht ernstgenommen und umgekehrt diskriminiert.

Auch im Bereich der Beleidigungsdelikte kamen wichtige Impulse von *Lenckner*. Er erwies sich dabei als Anhänger eines interpersonalen Ehrbegriffs, wie ihn *Ernst Amadeus Wolff*, ebenfalls ein Schüler von *Wilhelm Gallas*, entwikkelt hatte, bezog dabei aber auch die grundlegenden Arbeiten zur Ehre von *Hans Joachim Hirsch* ein. *Lenckner* fand für die – nur ausnahmsweise unter den Tatbestand des § 185 StGB fallende – Sexualbeleidigung eine prägnante Formel, die auch vom BGH aufgegriffen wurde:

> „Erst wenn der Täter zu erkennen gibt, daß er die Betroffene z.B. als 'Flittchen', 'dumme Gans' oder sonst als eine Person einschätzt, 'mit der man so etwas ohne weiteres machen kann', sind hier [...] die Grenzen zur Beleidigung überschritten.“[39]

Sodann prägte er die Rechtsprechung zum *Tucholsky*-Zitat „Alle Soldaten sind Mörder“ mit, in dem er dieser Äußerung letztlich deshalb ihren beleidigenden

---

37 *Lenckner*, in: Schönke / Schröder, 24. Aufl. (1991), § 175 Rn. 1.

38 *Lenckner*, in: Schönke / Schröder, 25. Aufl. (1997), § 182 Rn. 1.

39 *Lenckner*, in: Schönke / Schröder (Fn. 8), § 185 Rn. 4. Vgl. BGH NStZ 1987, 21 und 1992, 34 m. Anm. *Keller* JR 1992, 246.

Charakter absprach, weil er darin eine pauschale Kritik am „Beruf“ des Soldaten erblickte, die den einzelnen Soldaten nicht erreiche:

> „Auch die Bezeichnung von Soldaten als ‘(potentielle) Mörder’“ kann „je nach Kontext und sonstigen Umständen nur als plakative Kennzeichnung radikal pazifistischer Wertvorstellungen über das ‘Soldentenhandwerk’ als solches zu verstehen sein, ohne dass damit zugleich der sittliche Geltungswert des Soldaten als Person angegriffen werden soll.“[40]

Zu den letzten größeren Arbeiten von *Lenckner* zählten ein großes Gutachten für einen Weltkonzern und ein daraus hervorgegangener Aufsatz zum Amtsträgerbegriff in Zeiten der Privatisierung. Dogmatisch scharfsinnig kam er zu einer funktionalen Interpretation des Amtsträgerbegriffs und seiner verschiedenen Spielarten, die an die wahrgenommene Funktion und die organisatorische Einbindung des Privaten in die staatliche Verwaltung anknüpfte. Ein freiberuflicher Planungsingenieur, der im Auftrag einer Stadt die Ausschreibung für ein städtisches Bauprojekt vorbereitete und dabei „geschmiert“ wurde, war danach – mangels organisatorischer Einbindung in die Kommunalverwaltung und aufgrund der bei dieser verbliebenen alleinigen Entscheidungszuständigkeit über die Auftragsvergabe – kein Amtsträger und damit kein tauglicher Täter einer Bestechlichkeit[41]. Der BGH hat sich, wenngleich er der Interpretation *Lenckners* nur zum Teil folgen wollte, in einigen Korruptionsentscheidungen immer wieder auf diesen Ansatz bezogen (etwa in BGHSt 43, 96 und 43, 370).

## *VII.*

*Lenckner* genoss bei seinen Tübinger Professorenkollegen aufgrund seiner persönlich bescheidenen und kollegialen Art hohes Ansehen[42]. (Kollegen-„bashing“ war ihm übrigens völlig fremd – selbst in vertrauter Runde hörte man von ihm nie abfällige Äußerungen über Kollegen). Auch bei den Studenten war *Lenckner* ein sehr geachteter Professor, der hochkonzentrierte, in hohem Maße lehrreiche Vorlesungen hielt, es dabei freilich seinen Zuhörern nicht immer leicht machte und in den strafrechtlichen Übungen für seine durchdachten, sehr knapp formulierten, schwierigen, aber stets fairen Aufgaben bekannt war.

---

40 *Lenckner*, in: Schönke / Schröder (Fn. 8), § 185 Rn. 8.

41 *Lenckner*, Privatisierung der Verwaltung und „Abwahl des Strafrechts“? ZStW 106 (1994), S. 502; *Schramm*, JuS 1999, 333.

42 *Vogel,* JZ 2006, 1167, 1168.

Bei besonderen geschichtlichen Ereignissen hielt er sich – auch hier ein Ausnahmewissenschaftler – nicht an den Plan, sondern ließ die Vorlesung ausfallen und diskutierte statt dessen mit den Studenten das Geschehen, so etwa nach der Maueröffnung im Herbst 1989 oder nach dem Ausbruch des 2. Golfkriegs im Jahr 1991. Begehrt waren naturgemäß auch die Hörerscheine für den Schönke / Schröder, mittels derer man – gegen die Unterschrift des Professors – einen Rabatt von 20% auf das über 300 DM teure Buch erhielt – einen Nachlass, den es seit einer Reform des Buchpreisbindungsgesetzes im Oktober 2002 nicht mehr gibt[43].

Seine Vorlesungen und Seminare bewegten sich auf hohem Niveau und waren immer gut besucht. Dabei veranstaltete *Lenckner* seine Seminare sehr gerne als dreitägige Blockseminare im Heinrich-Fabri-Institut der Universität Tübingen in Blaubeuren, wo er sich unter der Obhut der Pächter, der Brüder *Bechtle*, besonders wohlgefühlt hat. Für ihn war dies immer auch eine Rückkehr zu den Ursprüngen der Tübinger Universität, war es doch der Blaubeurer Abt *Heinrich Fabri*, der die päpstliche Genehmigung für die Gründung der Universität einholte. Das hölzerne Abbild *Fabris* ziert – gemeinsam mit demjenigen des weltlichen Gründers der Tübinger Universität, dem Uracher Grafen *Eberhard im Bart* – den beeindruckenden Hochalter des Blaubeurer Klosters, vor dem *Lenckner* häufig bewundernd stand. Stets suchte *Lenckner* in Blaubeuren den dort in besonderer Weise möglichen Austausch mit den studentischen Teilnehmern.

Auch der interdisziplinäre Dialog war *Lenckner* wichtig; als Beispiel sei hierfür ein Blaubeurener Seminar zur Schuldfähigkeit genannt, das er gemeinsam mit Prof. *Klaus Foerster* von der Tübinger Uniklinik, Sektion Forensische Psychiatrie, veranstaltet hatte. Der damalige Vizepräsident des BGH, *Hannskarl Salger*, kam hierzu aus Karlsruhe angereist, um die Zuhörer von der Richtigkeit der promillediagnostischen Interpretation der §§ 20, 21 StGB zu überzeugen – eine Auffassung, die der BGH allerdings inzwischen wieder aufgegeben hat[44].

Auch von Strafrechtspraktikern und in den Ministerien Baden-Württembergs tätigen Juristen, von denen mancher in seiner Studienzeit Hörer in *Lenckners* Vorlesungen war, wurde er sehr geschätzt. Besondere Verbundenheit empfand *Lenckner* mit seinem alten Kommilitonen und Freund Dr. *Karl-Dieter Mutschler*, Richter am OLG Stuttgart in einem Familiensenat und ihn bei der Kommentierung des § 170 StGB unterstützend, mit Prof. Dr. *Rolf Keller*,

---

43 Vgl. hierzu *Brintzinger*, Die Hand des Professors, taz v. 8. 10. 2002, S. 16.

44 *Lackner / Kühl*, StGB, 26. Aufl. 2007, § 21 Rn. 3.

Ministerialdirektor am Justizministerium Baden-Württemberg und Honorarprofessor an der Universität Tübingen[45], und Prof. Dr. *Otto Boeckmann*, Vorsitzender Richter am Oberlandesgericht Stuttgart a.D. und gleichfalls Honorarprofessor an der hiesigen Universität.

Die Belastung durch den Schönke / Schröder und die Beanspruchung durch die persönliche, auch pflegerische Betreuung seines behinderten Sohnes führten dazu, dass *Lenckner*, während er sich in den 60er und 70er Jahren noch häufig auf Tagungen im Ausland aufhielt (z.B. in Madrid, wohin er die lange Strecke damals noch mit einem VW Käfer fuhr, oder in Athen) und zudem zahlreiche Gelehrte aus Griechenland, Italien, Osteuropa und dem Fernen Osten an seinem Lehrstuhl betreute, sich in den letzten Jahrzehnten weitgehend von Kongressen zurückgezogen hat. Er hat es zutiefst bedauert, dass er in den letzten Jahren seiner Professur wissenschaftliche Verbindungen ins Ausland nicht stärker pflegen konnte. Nach den polnischen Strafrechtswissenschaftlern *Krusinski* und *Krokowski* in den 80er Jahren waren die letzten, höchst renommierten Gäste in den 90er Jahren die Prof. *Alfred Jalinski* und *Olga Dubovik* (Institut für Staat und Recht, Moskau) und Prof. *Osamu Sakuma* (Universität Osaka), die teilweise über zwei Jahre am Lehrstuhl zu den Themen Umweltstrafrecht bzw. Schwangerschaftsabbruch forschten.

Zu den ausländischen Doktoranden von *Lenckner* zählten unter anderem *Peter John Edward Jackson* (Kent, Großbritannien; Promotion 1987: „Die Zulässigkeit von Beweismaterial über die Vernehmung Tatverdächtiger im englischen Strafrecht“), *Christos Satlanis* (Aitoloakarnanias, Griechenland; Promotion 1988: „Die Subjektstellung des Beschuldigten im griechischen Strafverfahren unter den strafprozessualen Garantien des Art. 6 der Europäischen Menschenrechtskonvention“), *Stéphanos Emm. Kareklás* (Thessaloniki, Griechenland; Promotion 1990: „Die Lehre vom Rechtsgut und das Umweltstrafrecht“) und schließlich *Sang-Won Oh* (Taegu, Südkorea; Promotion 1996: „Grundlage der Schuld und verminderte Schuldfähigkeit – eine strafrechtsdogmatisch-rechtsphilosophische Untersuchung“), der danach Professor an der Hongik-Universität (Seoul, Südkorea) wurde.

## *VIII.*

*Lenckner* hatte kein ungebrochenes Verhältnis zur Stadt Tübingen. Nicht selten bezeichnete er Tübingen als „Rattennest“ (wodurch er häufig den

---

45 Vgl. *Lenckner*, Worte des Gedenkens am Grab von Prof. Dr. Rolf Keller, in: Gedächtnisschrift für Rolf Keller, 2003, S. XVII.

Protest der Mitarbeiter auf sich zog, von denen die meisten Tübingen liebten). Dies mag in erster Linie mit dem Schicksal seines Sohnes *Tilman* zusammenhängen, der, wie *Lenckner* erzählte, aufgrund des Kunstfehlers eines Arztes und der dadurch ausgelösten Komplikationen bei der Geburt spastisch schwerstbehindert 1963 in der Tübinger Frauenklinik zur Welt kam. Für eine Vorgehensweise, die für Eltern behinderter Kinder in solchen Fällen heute selbstverständlich geworden ist, hatte *Lenckner*, wie er immer wieder hervorhob, seinerzeit keinen Sinn: Er machte keinerlei Schadensersatz- oder Schmerzensgeldansprüche gegen die Klinik geltend. Die Stadt blieb für ihn immer mit der traumatischen Geburt seines *Tilman* verbunden und so negativ besetzt. Sein zweites Kind *Bettina* kam 1973 ohne Behinderung in Tübingen zur Welt.

Aber auch die einzige Tageszeitung Tübingens, das links-alternative Schwäbische Tagblatt, und die in der Stadt in den 70er Jahren linke bzw. in den 80er Jahren politisch vorherrschende, „verbohrte" (*Lenckner*) rot-grüne Gesinnung haben ihm, einem bei aller Liberalität doch auch konservativ denkenden Rechtswissenschaftler, nicht wirklich behagt. Dennoch hat er vieles aufgesogen, was in der Universitätsstadt geschah, und hatte er Verständnis für manches „linke" oder „grüne" politische Anliegen, auch wenn er diese Position nicht teilte. So forderte *Lenckner* etwa eine Amnestie für Gegner der Nachrüstung: Sie hatten in den 80er Jahren gerade auch in Baden-Württemberg, wo in Mutlangen und Heilbronn Pershing-II-Raketen und Marschflugkörper stationiert werden sollten, in Form von Sitzblockaden und anderen Akten zivilen Ungehorsams vor und in den Kasernen der Amerikaner gegen den Nato-Nachrüstungs-Doppelbeschluß protestiert. Sie wurden deshalb u.a. vom OLG Stuttgart wegen Hausfriedensbruchs und Sachbeschädigung verurteilt.

*Lenckner* merkte hierzu an:

> „Das positive Recht hält [...] keine Rechtfertigungsgründe für Akte zivilen Ungehorsams bereit [...]. Was bleibt, ist aber auch Unbehagen und nicht zuletzt eine gewisse Ratlosigkeit. Der zivile Ungehorsam bedient sich der Verletzung – auch strafrechtlicher – Normen bewusst als Mittel zum Zweck, was auf Dauer keine Rechtsordnung, will sie sich nicht selbst in Frage stellen, hinnehmen kann. Auf der anderen Seite sieht der 'zivil Ungehorsame' nicht nur nicht wie ein 'Krimineller' aus, sondern er ist auch keiner, dies jedenfalls nicht im landläufigen Sinn. Im vorliegenden Fall waren es Mitbürger, die aus Sorge um ihr und unser aller Leben gegen das Strafgesetz verstießen, um ein Zeichen gegen eine von ihnen als verhängnisvoll gehaltene politische Entscheidung zu setzen. Das Strafgesetz kann sie deshalb nicht privilegieren (außer bei der Strafbemessung), auf der anderen Seite können die Gräben, die hier aufgebrochen sind, mit den Mitteln des Strafrechts auch nicht zugeschüttet werden. Was dann noch bleibt, können wohl nur Verlegenheitslösungen sein: Die Zeit der 'Null-Lösungen' ist auch die Stunde der

Amnestie. Eine solche wäre hier gewiss nicht anstößiger als die noch vor wenigen Jahren erwogene Parteispenden-Amnestie."[46]

## *IX.*

Eine tiefe Zäsur im Leben von *Theodor Lenckner* bedeutete die Geburt von *Tilman*. Für ihn war er ab Mitte der 80er Jahre allein verantwortlich, und ihm fühlte er sich ganz besonders verpflichtet. Über *Tilman* gewann *Lenckner* einen Zugang zu einer anderen Welt – der Welt der behinderten Menschen und ihrer Begleiter. Durch das Handicap seines Sohnes empfand sich *Lenckner* immer wieder – so seine eigenen Worte – als „Wanderer zwischen zwei Welten", der Welt der Wissenschaft und der Welt der behinderten Menschen. Wie wichtig ihm *Tilman* war, zeigt sich auch in der Ablehnung des höchst ehrenvollen Rufs an die Ludwig-Maximilians-Universität München im Jahre 1977. Der Grund lag darin, dass *Lenckner* die Einrichtungen der Körperbehindertenförderung Neckar-Alb (KBF) in Mössingen für die Versorgung seines behinderten Sohnes als besonders geeignet ansah.

*Lenckner* wurde 1985 in den Vorstand der KBF gewählt und gehörte ihm drei Amtsperioden lang bis 1994 an. Während seiner ehrenamtlichen Tätigkeit hat er, gemeinsam mit anderen Eltern behinderter Kinder und zahlreichen Mitarbeitern der KBF, so etwa dem KBF-Geschäftsführer Dr. *Thomas Seyfarth*, *Roswitha Müller-Engelfried* und *Thomas Stösser* (WFB Gomaringen), beim Aufbau von Einrichtungen für behinderte und alte Menschen in Tübingen, Reutlingen und im Zollernalbkreis mitgewirkt. *Lenckner* trug seinen Teil dazu bei, dass *Tilman* in einer Wohngruppe der KBF in Mössingen und seit Beginn der 90er Jahre im Wohnheim der KBF in Bodelshausen sehr gut aufgehoben war sowie eine Beschäftigung in der Werkstatt für behinderte Menschen (WFB) in Gomaringen fand. In der KBF war er zudem ein höchst geschätzter Ratgeber für juristische Fragestellungen. Er selbst thematisierte wissenschaftlich das Thema Behinderung in einem Aufsatz zum Verhältnis von Sexualität und Strafrecht bei behinderten Menschen[47]. Zudem war er 1. Vorsitzender des Vereins „Hilfe für Behinderte", der 1985 in Mössingen gegründet wurde und die Integration erwachsener behinderter Menschen ins Zentrum der Arbeit gerückt hat.

---

46 *Lenckner*, Strafrecht und ziviler Ungehorsam – OLG Stuttgart, NStZ 1987, 121, JuS 1988, 349 (355).

47 *Lenckner*, Juristische Aspekte im Umgang mit der Sexualität behinderter Menschen, in: Färber / Lipps / Seyfarth, Sexualität und Behinderung. Umgang mit einem Tabu. 2. Aufl. 2000. S. 169–183.

Wegen seines wissenschaftlichen Oeuvres – *Lenckner* war „einer der führenden Strafrechtswissenschaftler unserer Zeit“ (*Fritjof Haft*)[48] –, aber auch wegen dieses Engagements für die Behindertenfürsorge wurde *Lenckner* 1999 im Kleinen Senat der Universität Tübingen vom damaligen baden-württembergischen Wissenschaftsminister *Klaus von Trotha* das Verdienstkreuz 1. Klasse des Verdienstordens der Bundesrepublik Deutschland verliehen.

## *X.*

*Lenckners* Vita zeigt ein von außergewöhnlichen wissenschaftlichen Leistungen, aber auch von großen persönlichen Herausforderungen geprägtes Wissenschaftlerleben. Es ist Ausdruck seiner Bescheidenheit, dass er nicht selten im Gespräch zu später Stunde, wenn er in seinem griechischen Stammlokal „Poseidon“ auf dem Tübinger Waldhäuser Ost den Tag ausklingen ließ, starke Selbstzweifel an der Richtigkeit seiner Berufswahl und am Wert seines eigenen wissenschaftlichen Werkes zum Ausdruck brachte. Seine Gesprächspartner haben ihm stets widersprochen und ihn auf die große Leistung, die er erbracht hat, verwiesen, doch ließ er sich davon wirklich überzeugen? Man muss es bezweifeln.

*Lenckner* hatte einen zunehmend melancholischen Blick auf das Leben. „O tempora! O mores!“ – dieses Zitat von *Cicero* war ein häufiger Ausspruch von ihm, wenn er traurig auf den Gang der Geschichte blickte und die Zeichen der Zeit deutete. Es waren aber auch gerade die hohe Sensibilität, menschliche Wärme, Nachdenklichkeit und der tiefe Ernst, die das Charisma dieses Mannes ausmachten.

*Theodor Lenckner* war ein introvertierter, fast schüchterner Mensch. Auf ihn trifft in besonderer Weise der Satz „Mehr Sein als Schein“ zu. Die begeisterte oder ausladende Geste, der rhetorische Überschwang, der große, effekthascherische Auftritt vor der Menge oder das „Hoppla jetzt komm ich“ waren seine Sache nicht. Er sprach sehr leise, und er war ein Freund leiser Töne. So sei am Ende dieser Erinnerungen an *Theodor Lenckner* eine Gedichtzeile aufgeführt, die er manchmal zitierte – sie stammt aus dem „Cherubinischen Wandersmann“ des Barockdichters *Angelus Silesius*: „Mensch werde wesentlich: denn wenn die Welt vergeht / so fällt der Zufall weg / das Wesen, das besteht.“

---

48 *Haft*, Theodor Lenckner zum 75. Geburtstag, NJW 2003, S. 2076.

# *Schriftenverzeichnis Theodor Lenckners (in Auswahl)*

## *1. Selbständiges Schrifttum*

Der Prozeßbetrug, 1957.

Der rechtfertigende Notstand. Zur Problematik der Notstandsregelung im Entwurf eines Strafgesetzbuchs (E 1962), 1965.

Computerkriminalität und Vermögensdelikte, 1981.

## *2. Kommentierungen*

Strafgesetzbuch, Schönke / Schröder Kommentar, neubearbeitet u.a. von Theodor Lenckner, 18. Aufl. 1976 – 27. Aufl. 2006.

## *3. Aufsätze in Zeitschriften und Sammelwerken*

Die Einwilligung Minderjähriger und deren gesetzlicher Vertreter, ZStW 72. Bd. (1960), S. 446–463.

Notwehr bei provoziertem und verschuldetem Angriff, GA 1961, S. 299–314.

Das Zusammentreffen von strafbarer und strafloser Begünstigung, JuS 1962, S. 302–307.

Zeugnisverweigerungsrecht des Arztes wegen beruflicher Schweigepflicht, NJW 1964, S. 1186–1188.

Aussagepflicht, Schweigepflicht und Zeugnisverweigerungsrecht, NJW 1965, S. 321–330.

Die Rechtfertigungsgründe und das Erfordernis pflichtgemäßer Prüfung, in: Festschrift für Hellmuth Mayer, 1966, S. 165–184.

Ärztliches Berufsgeheimnis, in: Göppinger, Hans (Hrsg.), Arzt und Recht – Medizinische Grenzprobleme unserer Zeit, 1966, S. 159–199.

Anmerkung zu OLG Stuttgart v. 14.7.1965 – 1 Ss 306/95, JZ 1966, S. 320–321.

Zum Problem des Vermögensschadens (§§ 253, 263 StGB) beim Verlust nichtiger Forderungen, JZ 1967, S. 105–110.

Zum Begriff der Täuschungsabsicht in § 267 StGB, NJW 1967, S. 1890–1895.

„Gebotensein" und „Erforderlichkeit" der Notwehr, GA 1968, S. 1–10.

Wertausfüllungsbedürftige Begriffe im Strafrecht und der Grundsatz „nullum crimen sine lege", 1. Teil JuS 1968, S. 249–257, 2. Teil JuS 1968, S. 304–310.

Technische Normen und Fahrlässigkeit, in: Festschrift für Karl Engisch, 1969, S. 490–508.

Vermögensschaden und Vermögensgefährdung beim sog. Eingehungsbetrug, JZ 1971, S. 320–324.

Kausalzusammenhang zwischen Täuschung und Vermögensschaden bei Aufnahme eines Darlehens für einen bestimmten Verwendungszweck, NJW 1971, S. 599–601.

Strafe, Schuld und Schuldfähigkeit, in: Göppinger, Hans und Witter, Hermann (Hrsg.), Handbuch der forensischen Psychiatrie, Bd. 1, 1972, S. 3–286.

Psychiatrische Probleme des Privatrechts, zusammen mit Heribert Schumann, in: Göppinger, Hans und Witter, Hermann (Hrsg.), Handbuch der forensischen Psychiatrie, Bd. 1, 1972, S. 287–356.

Probleme beim Rücktritt des Beteiligten, in: Festschrift für Wilhelm Gallas, 1973, S. 281–306.

Zum Tode von Horst Schröder, JZ 1973, S. 799–800.

Mitbeschuldigter und Zeuge, in: Festschrift für Karl Peters, 1974, S. 333–348.

Strafgesetzgebung in Vergangenheit und Gegenwart, in: Festschrift gewidmet der Tübinger Juristenfakultät zu ihrem 500jährigen Bestehen, 1977, S. 239–261.

Zum Tatbestand der Strafvereitelung, in: Gedächtnisschrift für Horst Schröder, 1978, S. 339–357.

Strafrecht. Allgemeiner Teil, in: Weber-Fas, Rudolf (Hrsg.), Jurisprudenz. Die Rechtsdisziplinen in Einzeldarstellungen, 1978, S. 467–482.

Rettet die sozialtherapeutische Anstalt als Maßregel der Besserung und Sicherung, zusammen mit Gunther Arzt u.a., ZRP 1982, S. 207–212.

Begünstigung, Strafvereitelung und Vereidigungsverbot nach § 60 Nr. 2 StPO, NStZ 1982, S. 401–404.

Der Strafprozeß im Dienst der (Re-)Sozialisierung, JuS 1983, S. 340–345.

Grund und Grenzen der strafrechtlichen Selbstanzeige im Steuerrecht und das Wiederaufleben der Berichtigungsmöglichkeit im Fall der Außenprüfung, zusammen mit Heribert Schumann und Wolfgang Winkelbauer, wistra 1983, S. 123–128, S. 172–177.

Strafrechtliche Probleme im modernen Zahlungsverkehr, zusammen mit Wolfgang Winkelbauer, wistra 1984, S. 83–89.

Die Wahrnehmung berechtigter Interessen, ein „übergesetzlicher" Rechtfertigungsgrund?, in: Gedächtnisschrift für Peter Noll, 1984, S. 243–256.

Das Notwehrrecht des Angreifers, JR 1984, S. 206–209.

Der Grundsatz der Güterabwägung als Grundlage der Rechtfertigung, GA 1985, S. 295–313.

Gründe und Grundlagen des strafrechtlichen Verbots. Prinzipien der Kriminalisierung, Strafwürdigkeit und Straftauglichkeit, zusammen mit Ulrike Schittenhelm, in: Eser, Albin und Kaiser, Günther (Hrsg.), Viertes deutsch-sowjetisches Kolloquium über Strafrecht und Kriminologie, 1985, S. 17–37.

Computerkriminalität – Möglichkeiten und Grenzen des 2. WiKG, zusammen mit Wolfgang Winkelbauer, CR 1986, S. 483–488, S. 654–661, S. 824–831.

Arzt und Strafrecht, in: Forster, Balduin (Hrsg.), Praxis der Rechtsmedizin für Mediziner und Juristen, 1986, S. 570–614.

Stichworte Künstliche Insemination, Kastration, Schwangerschaftsabbruch und Sterilisation, in: Evangelisches Staatslexikon, 2. Auflage 1975, neubearbeitete 3. Aufl. Stuttgart 1987. Bd. 1, Sp. 1318–1343 (Künstliche Insemination), Sp. 1478–1479 (Kastration); Bd. 2, Sp. 3083–3090 (Schwangerschaftsabbruch), 3503–3506 (Sterilisation).

Das Merkmal der „Nicht-anders-Anwendbarkeit" der Gefahr in den §§ 34, 35 StGB, in: Festschrift für Karl Lackner, 1987, S. 95–112.

Die pränatale Embryonenschädigung mit postnatalen Folgen – Würdigung des § 1 Diskussionsentwurf eines Embryonenschutzgesetzes, zusammen mit Wolfgang Winkelbauer, in: Günther, Hans-Ludwig und Keller, Rolf (Hrsg.), Fortpflanzungsmedizin und Humangenetik – Strafrechtliche Schranken?, 1987, S. 211–224.

Strafrecht und ziviler Ungehorsam, JuS 1988, S. 349–354.

Behördliche Genehmigung und der Gedanke des Rechtsmißbrauchs im Strafrecht, in: Festschrift für Gerd Pfeiffer, 1988, S. 27–43.

40 Jahre Strafrechtsentwicklung in der Bundesrepublik Deutschland. Der Besondere Teil des StGB, seine Liberalisierung und ihre Grenzen, in: Nörr, Knut Wolfgang (Hrsg.), 40 Jahre Bundesrepublik Deutschland – 40 Jahre Rechtsentwicklung, 1990, S. 325–345.

Votum zugunsten einer Fristenlösung mit obligatorischer Beratung, in: Baumann, Jürgen u.a. (Hrsg.), § 218 im vereinten Deutschland, 1992, S. 121–134.

Zur „Verletzung der Vertraulichkeit des Wortes": § 201 nach dem 25. Strafrechtsänderungsgesetz, in: Festschrift für Jürgen Baumann, 1992, S. 135–154.

Walter Stree zum 70. Geburtstag, JZ 1993, S. 454–455.

Privatisierung der Verwaltung und „Abwahl des Strafrechts"? Zur Frage der strafrechtlichen Amtsträgereigenschaft am Beispiel der für die Bauverwaltung tätigen Planungsbüros, ZStW 106. Bd. (1994), S. 502–546.

Das 33. Strafrechtsänderungsgesetz – das Ende einer langen Geschichte, NJW 1997, S. 2801–2803.

Mitsichführen einer Schusswaffe als Gegenstand teleologischer Reduktion?, NStZ 1998, S. 257–258.

Juristische Aspekte im Umgang mit der Sexualität behinderter Menschen, in: Färber, Hans-Peter u.a. (Hrsg.), Sexualität und Behinderung. Umgang mit einem Tabu. 2. Aufl. 2000, S. 169–183.

Zur Strafgesetzgebung unserer Zeit: Der zu neuem Leben erweckte § 127 StGB, in: Gedächtnisschrift für Rolf Keller, 2003, S. 151–164.

# ANHANG

# Personenregister

# Juristische Zeitgeschichte

Herausgeber: Prof. Dr. Dr. Thomas Vormbaum, FernUniversität in Hagen

**Abteilung 1: Allgemeine Reihe**

1 *Thomas Vormbaum (Hrsg.):* Die Sozialdemokratie und die Entstehung des Bürgerlichen Gesetzbuchs. Quellen aus der sozialdemokratischen Partei und Presse (1997)
2 *Heiko Ahlbrecht:* Geschichte der völkerrechtlichen Strafgerichtsbarkeit im 20. Jahrhundert (1999)
3 *Dominik Westerkamp:* Pressefreiheit und Zensur im Sachsen des Vormärz (1999)
4 *Wolfgang Naucke:* Über die Zerbrechlichkeit des rechtsstaatlichen Strafrechts. Gesammelte Aufsätze zur Strafrechtsgeschichte (2000)
5 *Jörg Ernst August Waldow:* Der strafrechtliche Ehrenschutz in der NS-Zeit (2000)
6 *Bernhard Diestelkamp:* Rechtsgeschichte als Zeitgeschichte. Beiträge zur Rechtsgeschichte des 20. Jahrhunderts (2001)
7 *Michael Damnitz:* Bürgerliches Recht zwischen Staat und Kirche. Mitwirkung der Zentrumspartei am Bürgerlichen Gesetzbuch (2001)
8 *Massimo Nobili:* Die freie richterliche Überzeugungsbildung. Reformdiskussion und Gesetzgebung in Italien, Frankreich und Deutschland seit dem Ausgang des 18. Jahrhunderts (2001)
9 *Diemut Majer:* Nationalsozialismus im Lichte der Juristischen Zeitgeschichte (2002)
10 *Bianca Vieregge:* Die Gerichtsbarkeit einer „Elite". Nationalsozialistische Rechtsprechung am Beispiel der SS- und Polizeigerichtsbarkeit (2002)
11 *Norbert Berthold Wagner:* Die deutschen Schutzgebiete (2002)
12 *Miloš Vec:* Die Spur des Täters. Methoden der Identifikation in der Kriminalistik (1879–1933), (2002)
13 *Christian Amann:* Ordentliche Jugendgerichtsbarkeit und Justizalltag im OLG-Bezirk Hamm von 1939 bis 1945 (2003)
14 *Günter Gribbohm:* Das Reichskriegsgericht (2004)
15 *Martin M. Arnold:* Pressefreiheit und Zensur im Baden des Vormärz. Im Spannungsfeld zwischen Bundestreue und Liberalismus (2003)
16 *Ettore Dezza:* Beiträge zur Geschichte des modernen italienischen Strafrechts (2004)
17 *Thomas Vormbaum (Hrsg.):* „Euthanasie" vor Gericht. Die Anklageschrift des Generalstaatsanwalts beim OLG Frankfurt/M. gegen Werner Heyde u. a. vom 22. Mai 1962 (2005)
18 *Kai Cornelius:* Vom spurlosen Verschwindenlassen zur Benachrichtigungspflicht bei Festnahmen (2006)
19 *Kristina Brümmer-Pauly:* Desertion im Recht des Nationalsozialismus (2006)
20 *Hanns-Jürgen Wiegand:* Direktdemokratische Elemente in der deutschen Verfassungsgeschichte (2006)
21 *Hans-Peter Marutschke (Hrsg.):* Beiträge zur modernen japanischen Rechtsgeschichte (2006)

## Abteilung 2: Forum Juristische Zeitgeschichte

1 *Franz-Josef Düwell / Thomas Vormbaum (Hrsg.):* Themen juristischer Zeitgeschichte (1) – Schwerpunktthema: Recht und Nationalsozialismus (1998)
2 *Karl-Heinz Keldungs:* Das Sondergericht Duisburg 1943–1945 (1998)
3 *Franz-Josef Düwell / Thomas Vormbaum (Hrsg.):* Themen juristischer Zeitgeschichte (2) – Schwerpunktthema: Recht und Juristen in der Revolution von 1848/49 (1998)
4 *Thomas Vormbaum:* Beiträge zur juristischen Zeitgeschichte (1999)
5 *Franz-Josef Düwell / Thomas Vormbaum:* Themen juristischer Zeitgeschichte (3), (1999)
6 *Thomas Vormbaum (Hrsg.):* Themen juristischer Zeitgeschichte (4), (2000)
7 *Frank Roeser:* Das Sondergericht Essen 1942–1945 (2000)
8 *Heinz Müller-Dietz:* Recht und Nationalsozialismus – Gesammelte Beiträge (2000)
9 *Franz-Josef Düwell (Hrsg.):* Licht und Schatten. Der 9. November in der deutschen Geschichte und Rechtsgeschichte – Symposium der Arnold-Freymuth-Gesellschaft, Hamm (2000)
10 *Bernd-Rüdiger Kern / Klaus-Peter Schroeder (Hrsg.):* Eduard von Simson (1810–1899). „Chorführer der Deutschen" und erster Präsident des Reichsgerichts (2001)
11 *Norbert Haase / Bert Pampel (Hrsg.):* Die Waldheimer „Prozesse" – fünfzig Jahre danach. Dokumentation der Tagung der Stiftung Sächsische Gedenkstätten am 28. und 29. September in Waldheim (2001)
12 *Wolfgang Form (Hrsg.):* Literatur- und Urteilsverzeichnis zum politischen NS-Strafrecht (2001)
13 *Sabine Hain:* Die Individualverfassungsbeschwerde nach Bundesrecht (2002)
14 *Gerhard Pauli / Thomas Vormbaum (Hrsg.):* Justiz und Nationalsozialismus – Kontinuität und Diskontinuität. Fachtagung in der Justizakademie des Landes NRW, Recklinghausen, am 19. und 20. November 2001 (2003)
15 *Mario Da Passano (Hrsg.):* Europäische Strafkolonien im 19. Jahrhundert. Internationaler Kongreß des Dipartimento di Storia der Universität Sassari und des Parco nazionale di Asinara, Porto Torres, 25. Mai 2001 (2006)
16 *Sylvia Kesper-Biermann / Petra Overath (Hrsg.):* Die Internationalisierung von Strafrechtswissenschaft und Kriminalpolitik (1870–1930). Deutschland im Vergleich (2007)
17 *Hermann Weber (Hrsg.):* Literatur, Recht und Musik. Tagung im Nordkolleg Rendsburg vom 16. bis 18. September 2005 (2007)
18 *Hermann Weber (Hrsg.):* Literatur, Recht und (bildende) Kunst. Tagung im Nordkolleg Rendsburg vom 21. bis 23. September 2007 (2008)

## Abteilung 3: Beiträge zur modernen deutschen Strafgesetzgebung Materialien zu einem historischen Kommentar

1 *Thomas Vormbaum / Jürgen Welp (Hrsg.):* Das Strafgesetzbuch seit 1870. Sammlung der Änderungen und Neubekanntmachungen; Vier Textbände (1999–2002) und drei Supplementbände (2005, 2006)
2 *Christian Müller:* Das Gewohnheitsverbrechergesetz vom 24. November 1933. Kriminalpolitik als Rassenpolitik (1998)

3 *Maria Meyer-Höger:* Der Jugendarrest. Entstehung und Weiterentwicklung einer Sanktion (1998)
4 *Kirsten Gieseler:* Unterlassene Hilfeleistung – § 323c StGB. Reformdiskussion und Gesetzgebung seit 1870. (1999)
5 *Robert Weber:* Die Entwicklung des Nebenstrafrechts 1871–1914 (1999)
6 *Frank Nobis:* Die Strafprozeßgesetzgebung der späten Weimarer Republik (2000)
7 *Karsten Felske:* Kriminelle und terroristische Vereinigungen – §§ 129, 129a StGB (2002)
8 *Ralf Baumgarten:* Zweikampf – §§ 201–210 a.F. StGB (2003)
9 *Felix Prinz:* Diebstahl – §§ 242 ff. StGB (2003)
10 *Werner Schubert / Thomas Vormbaum (Hrsg.):* Entstehung des Strafgesetzbuchs. Kommissionsprotokolle und Entwürfe. Band 1: 1869 (2002); Band 2: 1870 (2004)
11 *Lars Bernhard:* Falsche Verdächtigung (§§ 164, 165 StGB) und Vortäuschen einer Straftat (§ 145d StGB), (2003)
12 *Frank Korn:* Körperverletzungsdelikte – §§ 223 ff., 340 StGB. Reformdiskussion und Gesetzgebung von 1870 bis 1933 (2003)
13 *Christian Gröning:* Körperverletzungsdelikte – §§ 223 ff., 340 StGB. Reformdiskussion und Gesetzgebung seit 1933 (2004)
14 *Sabine Putzke:* Die Strafbarkeit der Abtreibung in der Kaiserzeit und in der Weimarer Zeit. Eine Analyse der Reformdiskussion und der Straftatbestände in den Reformentwürfen (1908–1931), (2003)
15 *Eckard Voßiek:* Strafbare Veröffentlichung amtlicher Schriftstücke (§ 353d Nr. 3 StGB). Gesetzgebung und Rechtsanwendung seit 1851 (2004)
16 *Stefan Lindenberg:* Brandstiftungsdelikte – §§ 306 ff. StGB. Reformdiskussion und Gesetzgebung seit 1870 (2004)
17 *Ninette Barreneche:* Materialien zu einer Strafrechtsgeschichte der Münchener Räterepublik 1918/1919 (2004)
18 *Carsten Thiel:* Rechtsbeugung – § 339 StGB. Reformdiskussion und Gesetzgebung seit 1870 (2005)
19 *Vera Große-Vehne:* Tötung auf Verlangen (§ 216 StGB), „Euthanasie“ und Sterbehilfe. Reformdiskussion und Gesetzgebung seit 1870 (2005)
20 *Thomas Vormbaum / Kathrin Rentrop (Hrsg.):* Reform des Strafgesetzbuchs. Sammlung der Reformentwürfe. Band 1: 1909 bis 1919. Band 2: 1922 bis 1939. Band 3: 1959 bis 1996 (2008)
21 *Dietmar Prechtel:* Urkundendelikte (§§ 267 ff. StGB). Reformdiskussion und Gesetzgebung seit 1870 (2005)
22 *Ilya Hartmann:* Prostitution, Kuppelei, Zuhälterei. Reformdiskussion und Gesetzgebung seit 1870 (2006)
23 *Ralf Seemann:* Strafbare Vereitelung von Gläubigerrechten (§§ 283 ff., 288 StGB). Reformdiskussion und Gesetzgebung seit 1870 (2006)
24 *Andrea Hartmann:* Majestätsbeleidigung (§§ 94 ff. StGB a.F.) und Verunglimpfung des Staatsoberhauptes (§ 90 StGB). Reformdiskussion und Gesetzgebung seit dem 19. Jahrhundert (2006)
25 *Christina Rampf:* Hausfriedensbruch (§ 123 StGB). Reformdiskussion und Gesetzgebung seit 1870 (2006)
26 *Christian Schäfer:* „Widernatürliche Unzucht“ (§§ 175, 175a, 175b, 182, a.F. StGB). Reformdiskussion und Gesetzgebung seit 1945 (2006)

27 *Kathrin Rentrop:* Untreue und Unterschlagung (§§ 266 und 246 StGB). Reformdiskussion und Gesetzgebung seit dem 19. Jahrhundert (2007)
28 *Martin Asholt:* Straßenverkehrsstrafrecht. Reformdiskussion und Gesetzgebung seit dem Ausgang des 19. Jahrhunderts (2007)
29 *Katharina Linka:* Mord und Totschlag (§§ 211–213 StGB). Reformdiskussion und Gesetzgebung seit 1870 (2008)
30 *Juliane Sophia Dettmar:* Legalität und Opportunität im Strafprozess. Reformdiskussion und Gesetzgebung von 1877 bis 1933 (2008)
31 *Jürgen Durynek:* Korruptionsdelikte (§§ 331 ff. StGB). Reformdiskussion und Gesetzgebung seit dem 19. Jahrhundert (2008)
32 *Judith Weber*: Das sächsische Strafrecht im 19. Jahrhundert bis zum Reichsstrafgesetzbuch (2009)
33 *Denis Matthies*: Exemplifikationen und Regelbeispiele. Eine Untersuchung zum 100-jährigen Beitrag von Adolf Wach zur „Legislativen Technik" (2009)
34 *Benedikt Rohrßen*: Von der „Anreizung zum Klassenkampf" zur „Volksverhetzung" (§ 130 StGB). Reformdiskussion und Gesetzgebung seit dem 19. Jahrhundert (2009)

**Abteilung 4: Leben und Werk. Biographien und Werkanalysen**

1 *Mario A. Cattaneo:* Karl Grolmans strafrechtlicher Humanismus (1998)
2 *Gerit Thulfaut:* Kriminalpolitik und Strafrechtstheorie bei Edmund Mezger (2000)
3 *Adolf Laufs:* Persönlichkeit und Recht. Gesammelte Aufsätze (2001)
4 *Hanno Durth:* Der Kampf gegen das Unrecht. Gustav Radbruchs Theorie eines Kulturverfassungsrechts (2001)
5 *Volker Tausch:* Max Güde (1902–1984). Generalbundesanwalt und Rechtspolitiker (2002)
6 *Bernd Schmalhausen:* Josef Neuberger (1902–1977). Ein Leben für eine menschliche Justiz (2002)
7 *Wolf Christian von Arnswald:* Savigny als Strafrechtspraktiker. Ministerium für die Gesetzesrevision (1842–1848), (2003)
8 *Thilo Ramm:* Ferdinand Lassalle. Der Revolutionär und das Recht (2004)
9 *Martin D. Klein:* Demokratisches Denken bei Gustav Radbruch (2007)
10 *Francisco Muñoz Conde:* Edmund Mezger – Beiträge zu einem Juristenleben (2007)
11 *Whitney R. Harris:* Tyrannen vor Gericht. Das Verfahren gegen die deutschen Hauptkriegsverbrecher nach dem Zweiten Weltkrieg in Nürnberg 1945–1946 (2008)

**Abteilung 5: Juristisches Zeitgeschehen Rechtspolitik und Justiz aus zeitgenössischer Perspektive**

Mitherausgegeben von Gisela Friedrichsen („Der Spiegel")
und RA Prof. Dr. Franz Salditt

1 *Diether Posser:* Anwalt im Kalten Krieg. Ein Stück deutscher Geschichte in politischen Prozessen 1951–1968. 3. Auflage (1999)

2 Jörg Arnold (Hrsg.): Strafrechtliche Auseinandersetzung mit Systemvergangenheit am Beispiel der DDR (2000)
3 *Thomas Vormbaum (Hrsg.):* Vichy vor Gericht: Der Papon-Prozeß (2000)
4 *Heiko Ahlbrecht / Kai Ambos (Hrsg.):* Der Fall Pinochet(s). Auslieferung wegen staatsverstärkter Kriminalität? (1999)
5 *Oliver Franz:* Ausgehverbot für Jugendliche („Juvenile Curfew") in den USA. Reformdiskussion und Gesetzgebung seit dem 19. Jahrhundert (2000)
6 *Gabriele Zwiehoff (Hrsg.):* „Großer Lauschangriff". Die Entstehung des Gesetzes zur Änderung des Grundgesetzes vom 26. März 1998 und des Gesetzes zur Änderung der Strafprozeßordnung vom 4. Mai 1998 in der Presseberichterstattung 1997/98 (2000)
7 *Mario A. Cattaneo:* Strafrechtstotalitarismus. Terrorismus und Willkür (2001)
8 *Gisela Friedrichsen / Gerhard Mauz:* Er oder sie? Der Strafprozeß Böttcher/Weimar. Prozeßberichte 1987 bis 1999 (2001)
9 *Heribert Prantl / Thomas Vormbaum (Hrsg.):* Juristisches Zeitgeschehen 2000 in der Süddeutschen Zeitung (2001)
10 *Helmut Kreicker:* Art. 7 EMRK und die Gewalttaten an der deutsch-deutschen Grenze (2002)
11 *Heribert Prantl / Thomas Vormbaum (Hrsg.):* Juristisches Zeitgeschehen 2001 in der Süddeutschen Zeitung (2002)
12 *Henning Floto:* Der Rechtsstatus des Johanniterordens. Eine rechtsgeschichtliche und rechtsdogmatische Untersuchung zum Rechtsstatus der Balley Brandenburg des ritterlichen Ordens St. Johannis vom Spital zu Jerusalem (2003)
13 *Heribert Prantl / Thomas Vormbaum (Hrsg.):* Juristisches Zeitgeschehen 2002 in der Süddeutschen Zeitung (2003)
14 *Kai Ambos / Jörg Arnold (Hrsg.):* Der Irak-Krieg und das Völkerrecht (2004)
15 *Heribert Prantl / Thomas Vormbaum (Hrsg.)*: Juristisches Zeitgeschehen 2003 in der Süddeutschen Zeitung (2004)
16 *Sascha Rolf Lüder:* Völkerrechtliche Verantwortlichkeit bei Teilnahme an „Peace-keeping"-Missionen der Vereinten Nationen (2004)
17 *Heribert Prantl / Thomas Vormbaum (Hrsg.)*: Juristisches Zeitgeschehen 2004 in der Süddeutschen Zeitung (2005)
18 *Christian Haumann:* Die „gewichtende Arbeitsweise" der Finanzverwaltung. Eine Untersuchung über die Aufgabenerfüllung der Finanzverwaltung bei der Festsetzung der Veranlagungssteuern (2008)

## Abteilung 6: Recht in der Kunst

Mitherausgegeben von Prof. Dr. Gunter Reiß

1 *Heinz Müller-Dietz:* Recht und Kriminalität im literarischen Widerschein. Gesammelte Aufsätze (1999)
2 *Klaus Lüderssen (Hrsg.):* »Die wahre Liberalität ist Anerkennung«. Goethe und die Juris prudenz (1999)
3 *Bertolt Brecht:* Die Dreigroschenoper (1928) / Dreigroschenroman (1934). Mit Kommentaren von Iring Fetscher und Bodo Plachta (2001)
4 *Annette von Droste-Hülshoff:* Die Judenbuche (1842) / Die Vergeltung (1841). Mit Kommentaren von Heinz Holzhauer und Winfried Woesler (2000)

5 *Theodor Fontane:* Unterm Birnbaum (1885). Mit Kommentaren von Hugo Aust und Klaus Lüderssen (2001)

6 *Heinrich von Kleist:* Michael Kohlhaas (1810). Mit Kommentaren von Wolfgang Naucke und Joachim Linder (2000)

7 *Anja Sya:* Literatur und juristisches Erkenntnisinteresse. Joachim Maass' Roman „Der Fall Gouffé" und sein Verhältnis zu der historischen Vorlage (2001)

8 *Heiner Mückenberger:* Theodor Storm – Dichter und Richter. Eine rechtsgeschichtliche Lebensbeschreibung (2001)

9 *Hermann Weber (Hrsg.):* Annäherung an das Thema „Recht und Literatur". Recht, Literatur und Kunst in der NJW (1), (2002)

10 *Hermann Weber (Hrsg.):* Juristen als Dichter. Recht, Literatur und Kunst in der NJW (2), (2002)

11 *Hermann Weber (Hrsg.):* Prozesse und Rechtsstreitigkeiten um Recht, Literatur und Kunst. Recht, Literatur und Kunst in der NJW (3), (2002)

12 *Klaus Lüderssen:* Produktive Spiegelungen. 2., erweiterte Auflage (2002)

13 *Lion Feuchtwanger:* Erfolg. Drei Jahre Geschichte einer Provinz. Roman (1929). Mit Kommentaren von Theo Rasehorn und Ernst Ribbat (2002)

14 *Jakob Wassermann:* Der Fall Maurizius. Roman (1928). Mit Kommentaren von Thomas Vormbaum und Regina Schäfer (2003)

15 *Hermann Weber (Hrsg.):* Recht, Staat und Politik im Bild der Dichtung. Recht, Literatur und Kunst in der Neuen Juristischen Wochenschrift (4), (2003)

16 *Hermann Weber (Hrsg.)*: Reale und fiktive Kriminalfälle als Gegenstand der Literatur. Recht, Literatur und Kunst in der Neuen Juristischen Wochenschrift (5), (2003)

17 *Karl Kraus:* Sittlichkeit und Kriminalität. (1908). Mit Kommentaren von Helmut Arntzen und Heinz Müller-Dietz (2004)

18 *Hermann Weber (Hrsg.)*: Dichter als Juristen. Recht, Literatur und Kunst in der Neuen Juristischen Wochenschrift (6), (2004)

19 *Hermann Weber (Hrsg.):* Recht und Juristen im Bild der Literatur. Recht, Literatur und Kunst in der Neuen Juristischen Wochenschrift (7), (2005)

20 *Heinrich von Kleist:* Der zerbrochne Krug. Ein Lustspiel (1811). Mit Kommentaren von Michael Walter und Regina Schäfer (2005)

21 *Francisco Muñoz Conde / Marta Muñoz Aunión:* „Das Urteil von Nürnberg". Juristischer und filmwissenschaftlicher Kommentar zum Film von Stanley Kramer (1961), (2006)

22 *Fjodor Dostojewski:* Aufzeichnungen aus einem Totenhaus (1860). Mit Kommentaren von Heinz Müller-Dietz und Dunja Brötz (2005)

23 *Thomas Vormbaum (Hrsg.):* Anton Matthias Sprickmann. Dichter und Jurist. Mit Kommentaren von Walter Gödden, Jörg Löffler und Thomas Vormbaum (2006)

24 *Friedrich Schiller:* Verbrecher aus Infamie (1786). Mit Kommentaren von Heinz Müller-Dietz und Martin Huber (2006)

25 *Franz Kafka:* Der Proceß. Roman (1925). Mit Kommentaren von Detlef Kremer und Jörg Tenckhoff (2006)

26 *Heinrich Heine:* Deutschland. Ein Wintermährchen. Geschrieben im Januar 1844. Mit Kommentaren von Winfried Woesler und Thomas Vormbaum (2006)

27 *Thomas Vormbaum (Hrsg.):* Recht, Rechtswissenschaft und Juristen im Werk Heinrich Heines (2006)
28 *Heinz Müller-Dietz:* Recht und Kriminalität in literarischen Spiegelungen (2007)
29 *Alexander Puschkin:* Pique Dame (1834). Mit Kommentaren von Barbara Aufschnaiter/Dunja Brötz und Friedrich-Christian Schroeder (2007)
30 *Georg Büchner:* Danton's Tod. Dramatische Bilder aus Frankreichs Schreckensherrschaft. Mit Kommentaren von Sven Kramer und Bodo Pieroth (2007)
31 *Daniel Halft:* Die Szene wird zum Tribunal! Eine Studie zu den Beziehungen von Recht und Literatur am Beispiel des Schauspiels „Cyankali" von Friedrich Wolf (2007)
32 *Erich Wulffen:* Kriminalpsychologie und Psychopathologie in Schillers Räubern (1907). Herausgegeben von Jürgen Seul (2007)
33 *Klaus Lüderssen:* Produktive Spiegelungen: Recht in Literatur, Theater und Film. Band II (2007)
34 *Albert Camus:* Der Fall. Roman (1956). Mit Kommentaren von Brigitte Sändig und Sven Grotendiek (2008)
35 *Thomas Vormbaum (Hrsg.):* Pest, Folter und Schandsäule. Der Mailänder Prozess wegen „Pestschmierereien" in Rechtskritik und Literatur. Mit Kommentaren von Ezequiel Malarino und Helmut C. Jacobs (2008)

**Abteilung 7: Beiträge zur Anwaltsgeschichte**

Mitherausgegeben von Gerhard Jungfer, Dr. Tilmann Krach
und Prof. Dr. Hinrich Rüping

1 *Babette Tondorf:* Strafverteidigung in der Frühphase des reformierten Strafprozesses. Das Hochverratsverfahren gegen die badischen Aufständischen Gustav Struve und Karl Blind (1848/49), (2006)
2 *Hinrich Rüping:* Rechtsanwälte im Bezirk Celle während des Nationalsozialismus (2007)

**Abteilung 8: Judaica**

1 *Hannes Ludyga:* Philipp Auerbach (1906–1952). „Staatskommissar für rassisch, religiös und politisch Verfolgte" (2005)
2 *Thomas Vormbaum:* Der Judeneid im 19. Jahrhundert, vornehmlich in Preußen. Ein Beitrag zur juristischen Zeitgeschichte (2006)
3 *Hannes Ludyga:* Die Rechtsstellung der Juden in Bayern von 1819 bis 1918. Studie im Spiegel der Verhandlungen der Kammer der Abgeordneten des bayerischen Landtags (2007)